野上　建紀

伊万里焼の生産流通史

近世肥前磁器における考古学的研究

中央公論美術出版

本書は、独立行政法人日本学術振興会平成二十八年度科学研究費補助金（研究成果公開促進費）の交付を受けた出版である。

口絵1　史跡天狗谷窯跡（佐賀県有田町）

口絵2　史跡泉山磁石場（佐賀県有田町）（筆者撮影）

口絵3　史跡畑ノ原窯跡（長崎県波佐見町）（筆者撮影）

口絵4　史跡畑ノ原窯跡検出状況（長崎県波佐見町）

口絵5　玄界島海底遺跡採集遺物（福岡市教育委員会保管）（筆者撮影）

口絵6　有田内山地区（佐賀県有田町）（筆者撮影）

口絵7　稗古場窯跡（佐賀県有田町）出土染付芙蓉手皿（有田町教育委員会保管）（筆者撮影）

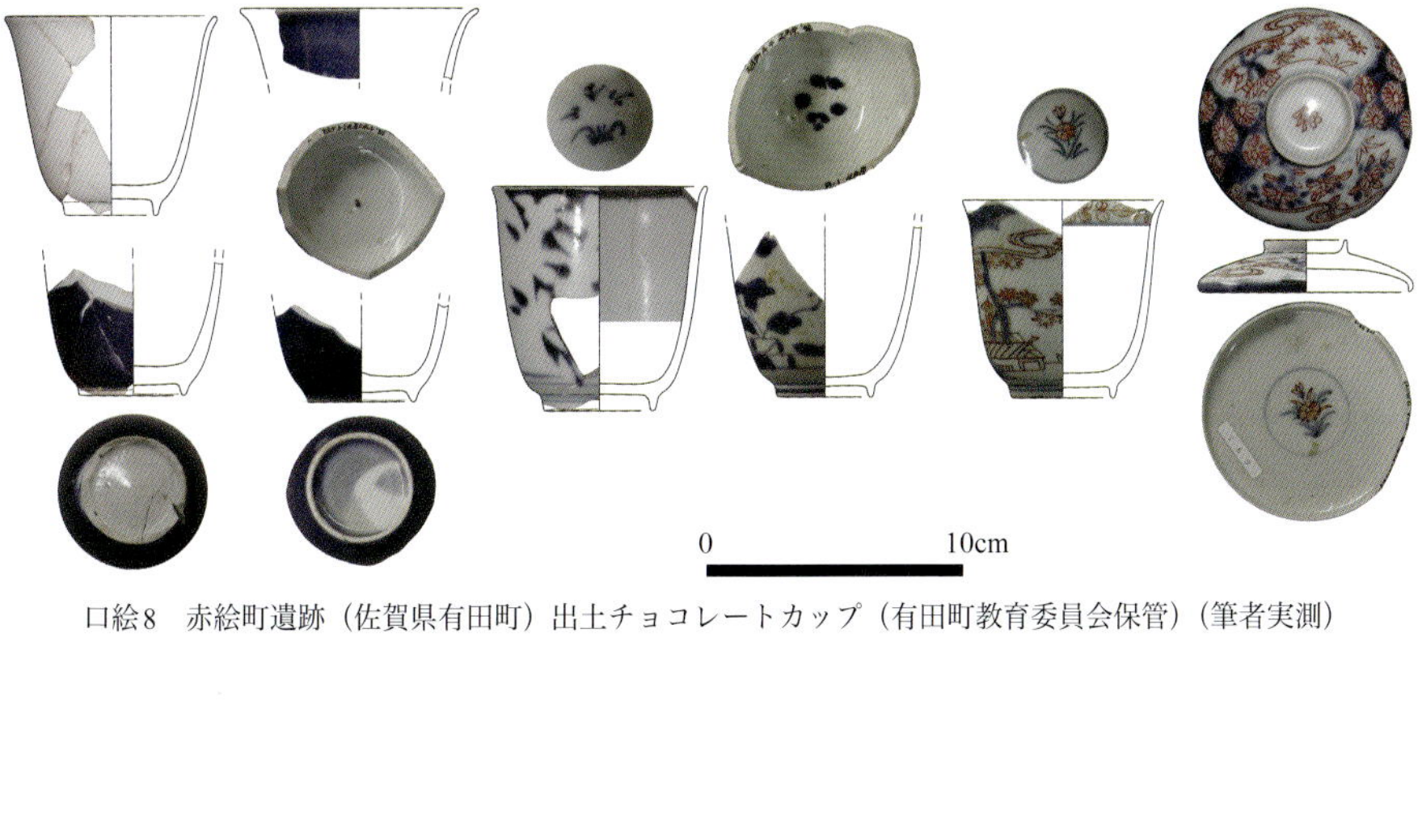

口絵8　赤絵町遺跡（佐賀県有田町）出土チョコレートカップ（有田町教育委員会保管）（筆者実測）

口絵9　中尾山風景（長崎県波佐見町）（筆者撮影）

口絵10　中尾上登窯跡（長崎県波佐見町）（筆者撮影）

口絵11　広瀬向窯跡（佐賀県有田町）

口絵12　志田西山窯跡（佐賀県嬉野市）（筆者撮影）

口絵13　田ノ江（富江）窯跡（長崎県五島市）（筆者撮影）

口絵14　岡湊神社（福岡県芦屋町）（筆者撮影）

口絵15　岡垣海岸（福岡県岡垣町）（筆者撮影）

口絵16　岡垣海岸採集遺物（添田征止氏採集）（筆者撮影）

口絵17 茂木港外遺跡発見状況（長崎市茂木沖）

口絵18 茂木港外遺跡出土遺物（長崎市茂木沖）（NTT-WEマリン長崎事務所海底線史料館所蔵）（筆者撮影）

口絵19 池尻海底遺跡採集遺物（佐賀県玄海町）（玄海町教育委員会保管）（筆者撮影）

口絵21　芦屋沖海底遺跡調査中の筆者（撮影：山本祐司）

口絵20　芦屋沖海底遺跡遠望（福岡県芦屋町）（筆者撮影）

口絵22　芦屋沖海底遺跡の状況（福岡県芦屋町・岡垣町沖）（撮影：山本祐司）

口絵23　芦屋沖海底遺跡採集遺物（福岡県芦屋町・岡垣町沖）（芦屋町歴史民俗資料館所蔵）（筆者撮影）

口絵24 イントラムロスの町並み（フィリピン・マニラ）（筆者撮影）

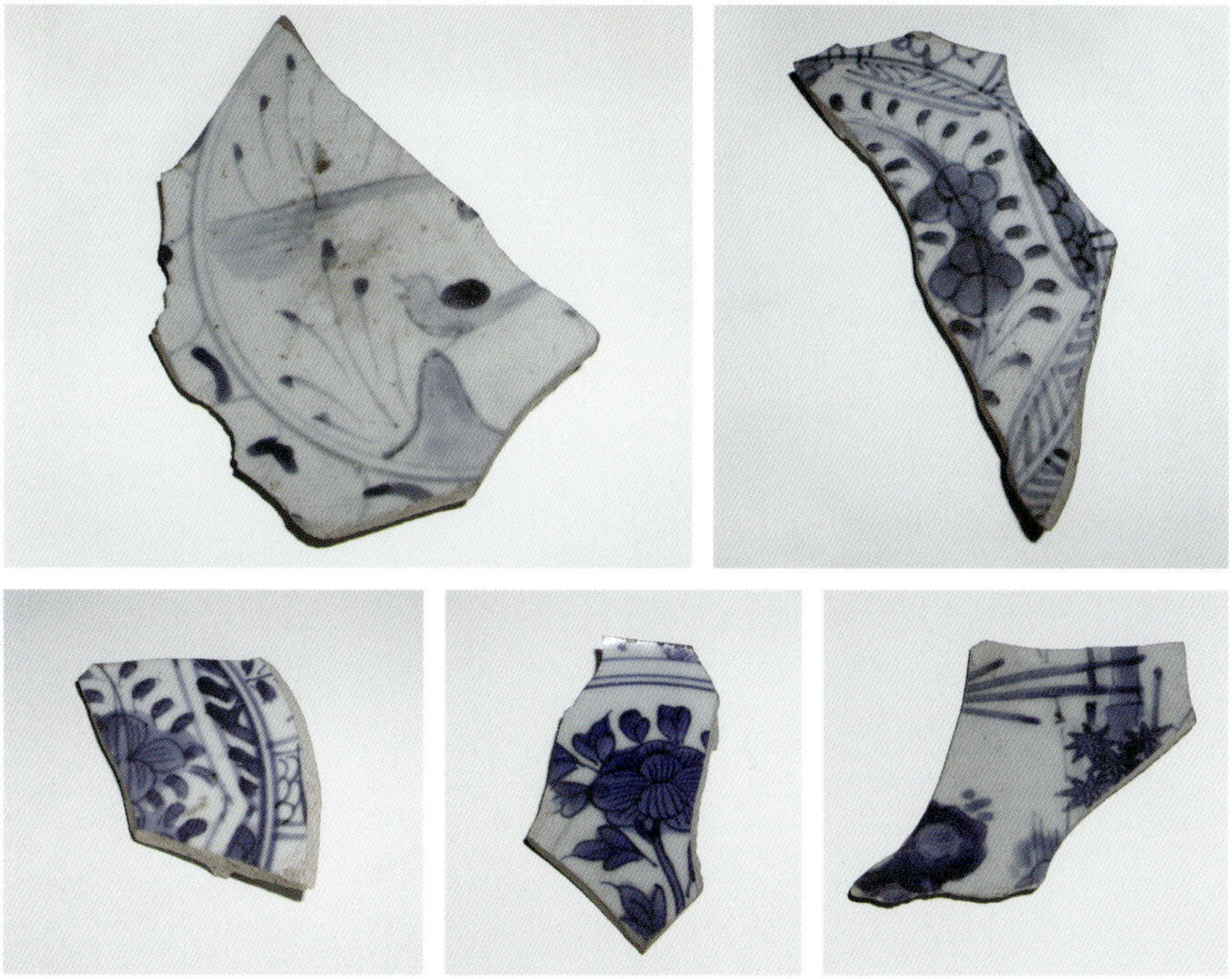

口絵25 イントラムロス出土の肥前磁器（フィリピン・マニラ）（筆者撮影）
（Courtesy: National Museum of the Philippines）

口絵26　セブシティ・コロン通り
（フィリピン・セブシティ）
（筆者撮影）

口絵27　旧イエズス会宅跡（フィリピン・セブシティ）（筆者撮影）

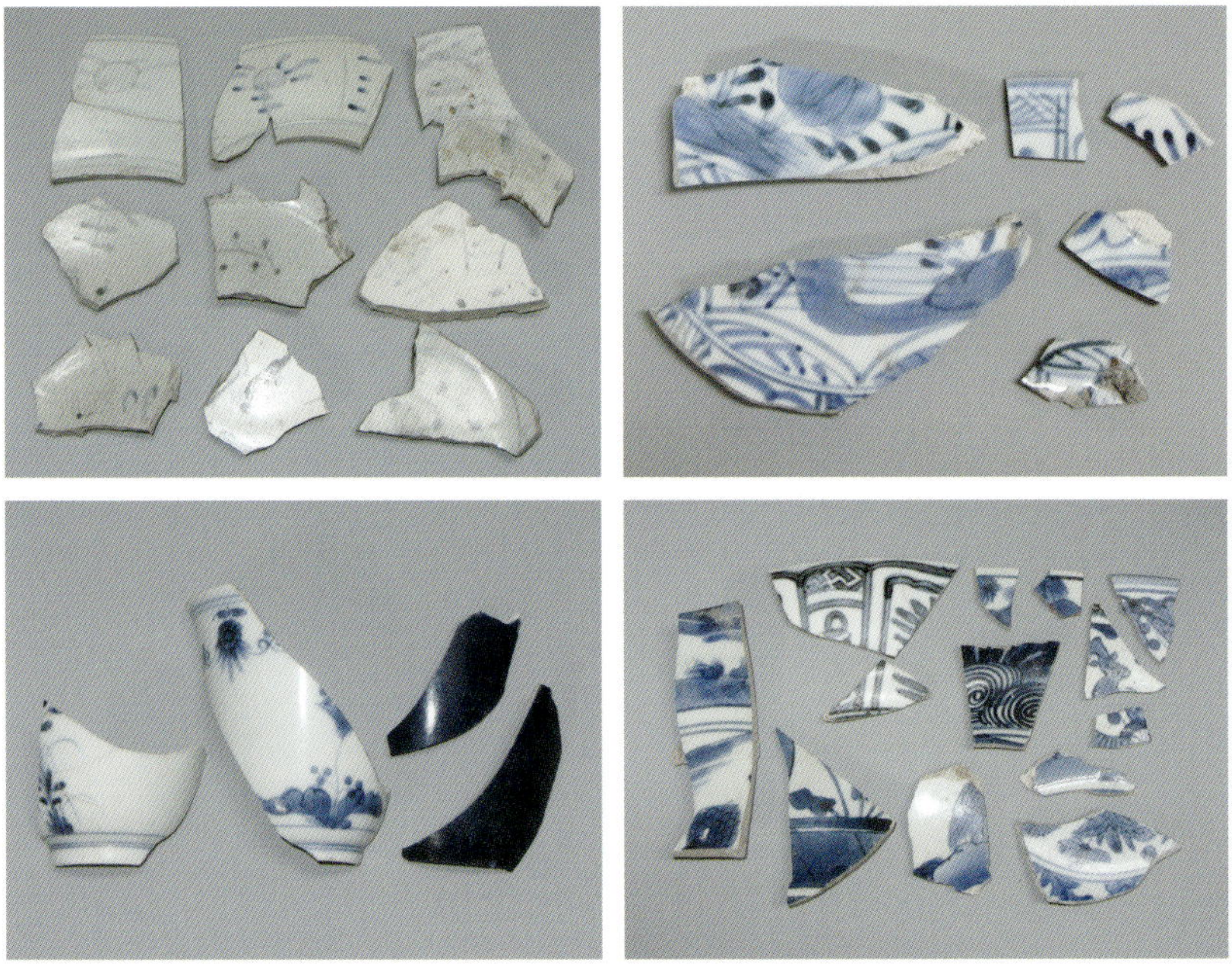

口絵28　旧イエズス会宅跡出土の肥前磁器（フィリピン・セブシティ）（Courtesy: Jesuit House）（筆者撮影）

口絵30 ボルホーン教区教会遺跡調査風景（筆者撮影）

口絵29 ボルホーン教区教会遺跡遠景（フィリピン・セブ島）（筆者撮影）

口絵32 中国磁器と肥前磁器（ボルホーン教区教会遺跡）（Courtesy: University of San Carlos）

口絵31 副葬された肥前磁器（ボルホーン教区教会遺跡）（Courtesy: University of San Carlos）

口絵34 副葬された肥前磁器の色絵壷（ボルホーン教区教会遺跡）（Courtesy: University of San Carlos）

口絵33 副葬された肥前磁器（ボルホーン教区教会遺跡）（Courtesy: University of San Carlos）

口絵35　テンプロ・マヨールと大聖堂（奥）（メキシコシティ）（筆者撮影）

口絵36　テンプロ・マヨール遺跡出土の肥前磁器（Courtesy: INAH）（筆者撮影）

口絵37　カサ・デル・リスコの噴水（メキシコシティ）（筆者撮影）

口絵38　カサ・デル・リスコの噴水に見られる肥前磁器と中国磁器（メキシコシティ）（筆者撮影）

口絵39　アンティグア・グアテマラ（グアテマラ）（筆者撮影）

口絵40　サント・ドミンゴ修道院遺跡（左）とサン・フランシスコ修道院遺跡（右）（グアテマラ）（筆者撮影）

口絵41　サント・ドミンゴ修道院出土の肥前磁器（グアテマラ）（筆者撮影）
（Courtesy: El Proyecto Arqueológico Hotel Museo Casa Santo Domingo）

口絵42　アルマス広場（キューバ・ハバナ）（筆者撮影）

口絵43　ハバナ市内出土の東洋磁器(Courtesy: Museo de Arqueología de la Oficina de Historiador de la Ciudad de La Habana)（筆者撮影）

口絵44　サンタ・クララ修道院遺跡（キューバ・ハバナ）（筆者撮影）

口絵45　サンタ・クララ修道院遺跡出土の肥前磁器（筆者撮影）

口絵46　リマの大聖堂（ペルー・リマ）(筆者撮影)

口絵47　ボデガ・イ・クアドラ遺跡(ペルー・リマ)（筆者撮影）

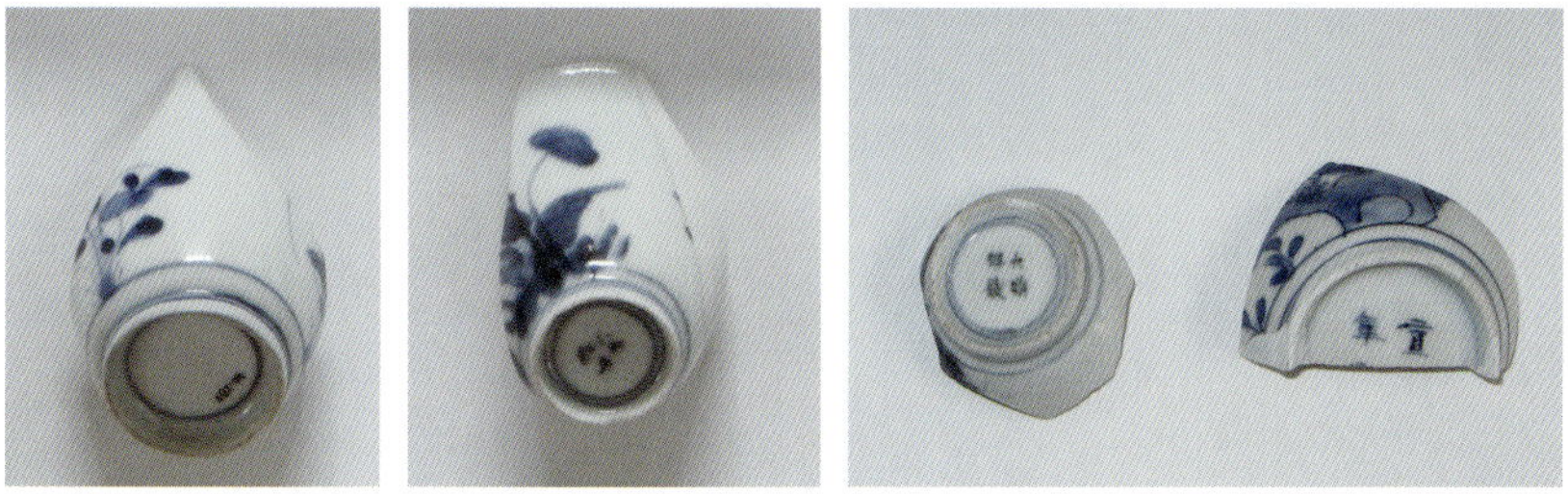

口絵48　ボデガ・イ・クアドラ遺跡出土の肥前磁器（ペルー・リマ）(Courtesy: El Museo de Sitio Bodega y Quadra)（筆者撮影）

口絵50 トゥンハの広場（コロンビア）（筆者撮影）

口絵49 トゥンハの町並み（コロンビア）（筆者撮影）

口絵51 サント・ドミンゴ教会内部（コロンビア・トゥンハ）（筆者撮影）

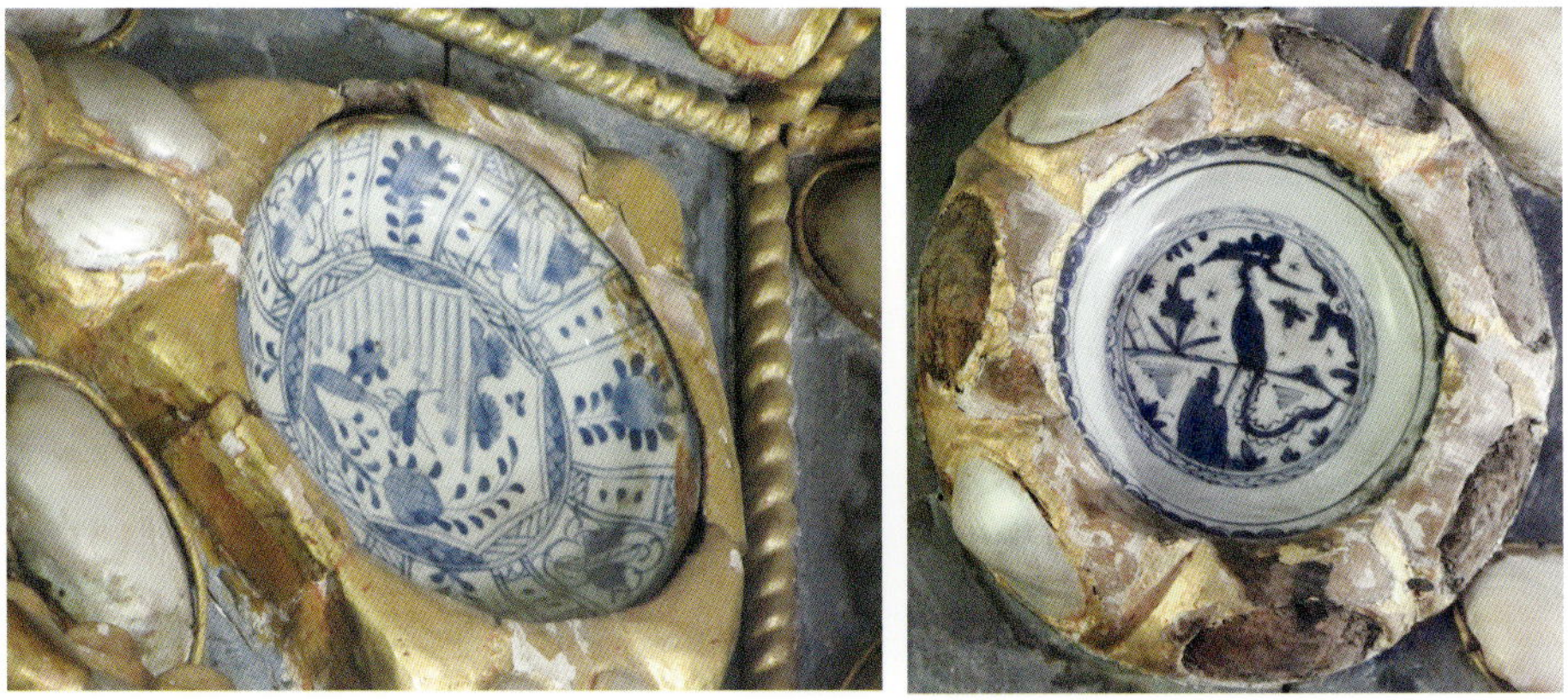

口絵52 サント・ドミンゴ教会内部の装飾に使われた肥前磁器（左）と中国磁器（右）（コロンビア・トゥンハ）（筆者撮影）

目次

第7章　窯業圏の拡大と地域的分業化の確立……391

口絵目次

図版目次

表目次

伊万里焼の生産流通史

近世肥前磁器における考古学的研究

序章

はじめに

本書は、江戸時代の伊万里焼、すなわち近世肥前磁器の生産と流通について、主に考古資料を用いて明らかにしようとするものである。肥前磁器は、一七世紀初めに九州の北西部で、日本で初めての磁器として誕生したやきものである。全国津々浦々に運ばれ、江戸時代中期まで国内の磁器市場をほぼ独占していた。また、国内だけでなく、アジアをはじめアフリカ、ヨーロッパ、そして、アメリカ大陸など世界中の海外市場に輸出され、その先々のそれぞれの文化に大きな影響を与えた磁器である。そして、誕生から数百年を経た現代においても肥前の磁器産業は、地域の基幹産業の一つとして脈々と息づいている。

肥前とは旧国名の一つであり、現在の佐賀県と長崎県（壱岐・対馬を除く）の範囲に該当する（第1章図1）。日本の本土の西端に位置しており、大陸に最も近く、古くから大陸との交流が盛んに行われてきた地域である。そこには平和的な文物交流や人的交流もあれば、負の交流とでも言うべき、武力による衝突や緊張もあった。肥前磁器はそうした正負の交流の結果、生まれて、発展してきたものである。肥前磁器は、唐津焼すなわち肥前陶器の技術を基底としながら、生産が始まった。その肥前陶器の技術の源流は、一六世紀末に朝鮮半島から導入されたものであり、有田焼の陶祖とされる李参平こと金ヶ江三兵衛自身もまた豊臣秀吉による朝鮮出兵の際に鍋島軍が連れ帰った陶工である。磁器生産の開始に大陸の技術的な影響が強くあったことは明らかである。

そして、磁器が誕生したその後の歴史もまた大陸の動向と深い関わりを持っている。江戸時代を通して、大陸の影響を受け続けてきたと言ってもよい。とりわけ一七世紀後半に肥前の窯業が飛躍的に発展し、輸出産業となるまでに成長した背景には、中国の王朝交替に伴う混乱によって、中国磁器の輸出が激減したという事情があった。さらに江戸時代中期以降に日本国内において肥前磁器が全国流通し、磁器使用が一般化するきっかけもまた大陸の事情によるものであった。中国国内の混乱の収束により中国磁器の再輸出が本格化したことによって、肥前の磁器産業は国内に新たな市場を開拓せざるをえなくなったのである。その結果、肥前磁器は文字通り、津々浦々にもたらされることになった。このように肥前磁器の歴史は一産地の窯業史にとどまるものではなく、日本の文化・経済・社会史ならびにアジア史までもが映されている。

近代以降、日本の工業製品は盛んに海外輸出され、我が国は技術立国、貿易立国として存立してきた。現在の肥前磁器の産業は伝統産業として語られることが多いが、かつての肥前磁器は世界中の需要に応えた最先端の工業製品であり、その後の世界に渡った日本の工業製品の先駆けではなかったかと思う。国際的な商品として、「陶磁の道」を運ばれた肥前磁器の歴史を生産と流通の両面からたどっていきたいと思う。

研究史と課題

研究史を述べる前にまず用語の整理をしておきたいと思う。江戸時代においては、肥前で焼かれた陶器を総称して「唐津焼」とよばれたように、肥前の磁器の総称として「伊万里焼」の名称が用いられてきた。早くから伊万里津が肥前磁器の主要生産地である有田の積出し港として機能していたため、その積出し港の名に因んでよばれたものであり、今でも広くその意味で通用している。一方、現在では伊万里市の行政範囲で焼かれた陶磁器という意味で伊万里焼の名称を用いる場合もある。つまり、肥前磁器の総称ではなく、産地名称として用いられており、伊万里焼という言葉は複数の意味をもっている。そのため、表題ではその歴史的用語として一般的に知られている伊万里焼の名称を用いたが、本文中では、産地名称と混同しないために、肥前で焼かれた磁器の総称としては、伊万里焼という言葉は用いず、肥前磁器と表記した。そして、磁器だけでなく陶器も含んで言及する場合は肥前陶磁とした。それから、有田焼、波佐見焼、三川内焼、志田焼などは産地名称として用いている。

続いて考古学の分野における肥前陶磁についての先行研究について、その成果の概略を示すことにしよう。肥前陶磁については美術史、工芸史など多くの分野で研究が進められてきたが、考古学の一分野として近世考古学が確立し、その中で肥前陶磁が扱われるようになったのは比較的最近のことである。そして、肥前陶磁の考古学的研究は、主に生産地における研究と消費地における研究が行われてきた。

生産地における研究は、生産施設である窯跡や工房などの出土資料によって、生産された製品の種類や形態を分析し、成形技法や装飾技法を研究する。あるいは窯や窯道具の種類や形態を分析して、焼成技法を研究するものであり、主に生産技術史を考える上で重要な研究である。こうした生産地の考古学的研究は、一九六〇年代後半の三上次男、倉田芳郎らによる有田町天狗谷窯跡の発掘調査に始まる（口絵1）。それ以前においても古窯跡の発掘調査は行われているが、その方法の確実性及び客観性を考えると、天狗谷窯跡の発掘調査を肥前陶磁の考古学的研究の嚆矢として問題はあるまい。

そして、一九八〇年代に入り、生産地における肥前陶磁の研究は飛躍的に進展することになる。一九八三年から佐賀県立九州陶磁文化館が有田及び有田周辺の窯跡の発掘調査を行い、大橋康二はその成果をもとに近世を通して肥前陶磁の明確な時期区分を行い、編年を作り上げた（大橋一九八四ａ）。それまで陶磁器の年代については数少ない紀年銘資料を除けば、感覚的に推定されることが多かったが、氏の研究成果に至って、初めて考古学的な検証による年代の推定が可能になった。以後の肥前陶磁の編年研究はその枠組みのもとに行われている。

そして、一九八〇〜一九九〇年代にかけて肥前の各地域の古窯跡の発掘調査が網羅的かつ計画的に行われるようになった。佐賀県では一九八二年に伊万里市教育委員会による伊万里市内の古窯跡群の発掘調査が始まり、一九八七年に有田町教育委員会による有田町内の古窯跡群の発掘調査が始まった。その後、武雄市、西有田町（現有田町）、嬉野町（現嬉野市）、塩田町（現嬉野市）、浜玉町（現唐津市）、北波多村（現唐津市）などの古窯跡群が各教育委員会によって発掘調査されており、佐賀県の主要な窯業地をほぼ網羅している。長崎県においても一九七〇〜一九八〇年代にかけて単発的に古窯跡の発掘調査が行われてきたが、一九九〇年代より波佐見町や佐世保市の古窯跡群の計画的な発掘調査が始まる。特に有田と並ぶ磁器の大生産地である波佐見の古窯跡群の発掘調査成果は、消費地遺跡における研究に大きな影響を与えた。それまで有田の製品を中心に生産地研究が進められていたが、多くの消費遺跡で一般的に出土するのはむしろ波佐見で出土する製品に類したものであったからである。生産地における古窯跡出土資料は飛躍的に増加し、肥前全体の出土製品を概観することができるようになり、これらをもとに二〇〇〇年には九州近世陶磁学会によって、『九州陶磁の編年』（九州近世陶磁学会二〇〇〇）がまとめられた。

一方、消費地における研究は、生活遺跡や墓などからの出土資料によって、使用された製品の種類、形態、量を分析し、当時の消費形態を研究するものであり、生活文化史、経済史を考える上で重要な研究である。また、生産地における出土資料と比較することで陶磁器の流通に関する研究も進められてきた。

近世考古学に先行して確立した中世考古学の調査研究の進展に伴い、その延長上で近世まで含めて調査された例も少なくないが、近世を主たるテーマとしたもので消費遺跡における肥前陶磁の研究を行ったのは、一九七〇年代に佐々木達夫が行った江戸遺跡の調査と分析が最初と言ってよかろう（佐々木達夫・花江一九七五、動坂貝塚調査会一九七八）。氏は窯跡の発掘調査の成果を生かしながら、江戸などの消費遺跡の出土陶磁器を器種、型式毎に分類し、評価を与える作業を行い、さらに消費地における陶磁器の流通と消費について論じていった。その方法はその後の消費地研究に継承されている。

そして、一九八〇年代になると大橋康二が全国の消費地の遺跡で出土した肥前陶磁を網羅的に集成した。この成果が発表された企画展『国内出土の肥前陶磁』（佐賀県立九州陶磁文化館一九八四b）は画期的であった。この展覧会を契機に肥前陶磁に対する共通認識は広まり、急速に近世の消費遺跡の調査や研究が進むこととなった。以後、現在に至るまで江戸、大坂などの大消費地をはじめ、金沢、長崎などの地方都市、そして、地方農村部の遺跡においても近世遺跡の調査事例が増加し、全国の消費遺跡における肥前陶磁資料も多様かつ莫大なものとなってきている。特に一九九〇年代以降は文献史料に残る火災などの災害に伴う一括資料が増加し、多くの関連研究会で紹介された。大橋康二による生産地における編年研究によって、消費遺跡の火災面などの遺構に伴う一括資料の年代の特定が比較的容易になったことによるものであるが、これら年代推定可能な一括資料の増加は、それぞれの消費地における編年研究の水準を押し上げ、絶対年代に基づいた製品組成の変遷を可能にしている。さらに一九九〇年代には消費地における研究は、東南アジアなど海外の消費地までその範囲が広がっていく。一九九〇年の佐賀県立九州陶磁文化館の展覧会『海を渡った肥前のやきもの展』（佐賀県立九州陶磁文化館一九九〇c）はその嚆矢となった。以後、インドネシア、ベトナムなどを中心に東南アジア各地の遺跡の発掘調査の中で肥前陶磁の研究が行われ、東南アジアにおける貿易史や生活文化史まで研究領域が広がっている。

一九九〇年代から二〇〇〇年代にかけて、インド洋海域、南アフリカ、ヨーロッパなど、東南アジア以外の地域の発掘資料も数多く紹介されるようになった。日蘭交流四〇〇周年記念となった二〇〇〇年には、『古伊万里の道』と題する展覧会が佐賀県立九州陶磁文化館で開催され、オランダのアムステルダムから出土した肥前陶磁片が紹介された。さらに二〇一〇年に開催された九州近世陶磁学会二〇周年記念の国際シンポジウム『世界に輸出された肥前陶磁』（九州近世陶磁学会二〇一〇）では、東南アジアやヨーロッパから研究者が有田を訪れ、世界各地の肥前陶磁の出土事例を報告し、討論を行った。そして、二〇〇〇年代には肥前陶磁の太平洋ルートの研究も始まった。マニラから太平洋を越えてアカプルコへ到達するガレオン貿易ルートによって運ばれた肥前陶磁の研究である。以前はほとんど議論されることもなかった貿易ルートであったが、近年は筆者らの調査によってメキシコ、グアテマラ、キューバ、ペルーなど中南米・カリブ海での出土資料が蓄積しつつあり、本書でも一章を割いて述べることにしている。

これら生産地と消費地の研究に加えて、流通に関わる遺跡の研究が、一九九〇年代より行われている。水中考古学による沈没船研究の成果を積極的に取り入れることから始まったものであり、港や蔵、沈没船といった遺跡を主な研究対象とした。これらの遺跡は、生産地と消費地をつなぐものであり、流通に関わる直接的な情報をもつ遺跡である。そして、二〇一〇年には海底や海岸から発見された肥前陶磁を集成した展覧会『海揚がりの肥前陶磁――海に残された有田焼――』が有田町歴史民俗資料館によって開催された。生産、流通、そして、消費、廃棄という肥前陶磁のライフヒストリーを考古学資料で描けるようになった。

このように肥前陶磁の考古学的研究は、この半世紀の間に大きく進展し、肥前陶磁についての主たる研究方法となったといってよいと思う。本書もまたその成果の上に成り立つものであるが、これまでの研究方法は製品の属性あるいは窯場の属性を明らかにするものが主であり、窯場相互の関係構造そのものが研究されることは少なかった。また、地域性を個別に論ずることはあっても窯業圏全体の中での地域性を論じたものは少なかった。肥前地区には数多くの窯場があり、それらによって窯業圏が形成されているが、窯業圏とは単に空間的に限定された地理的範囲を意味するものでないことはもちろんのこと、単なる窯場の集合体でもない。つまり、窯場はそれぞれ無関係に存在しているものではない。それぞれの窯場が直接的あるいは間接的な関わりをもちながら、全体としてまとまりとなっているものが窯業圏である。例えば窯業圏における最も小さな単位は窯焼きであり、窯焼きが集合して一つの窯場を構成する。いくつか複数の窯場が一つの生産システムを共有することによって地域的窯業圏を構成する。さらに複数の地域的窯業圏がより大きなシステムやネットワークを共有することで肥前全体の窯業圏を構成している。窯業圏の形成は一方でこうしたシステムやネットワークの構築にほかならないと考える。肥前全体の窯業を考える上で窯場の相互の関係構造の把握は重要な課題であろうと思う。また、増加する国内外の消費地遺跡の出土資料や、水中考古学による流通に関わる遺跡の調査成果を活用しながら、流通のあり方を明らかにしていくことも大きな課題である。

そこで、本書では、まず肥前磁器の生産の遺跡である窯跡、流通過程の遺跡である沈没船、消費過程および廃棄結果の都市の遺跡などの考古学資料によって、その生産・流通・消費の流れを復元したい。次に生産地である有田や波佐見を中心とした肥前地区における発掘調査を主とした成果をもとに、窯場の地域性に注目し、窯場の相互関係の構造を把握することを軸としながら、窯業圏の形成過程を考察することとする。さらに肥前磁器を運んだ船が沈んだ日本近海、アジアやアフリカ、ヨーロッパの海、さらには肥前磁器がもたらされ、消費されて廃棄された日本全国、アジア、アフリカ、ヨーロッパ、アメリカなどの流通過程の遺跡や消費地遺跡を調査対象として、肥前磁器の国内外の流通のあり方を明らかにし、肥前磁器の歴史的意義を改めて考えてみたいと思う。

本書の構成

本書は第1章から第11章及び結論によって構成されている。

第1章と第2章では肥前の窯業の形態と変遷を概観する。これまでの肥前陶磁に関する研究の主体であった製品の他、生産施設、陶工、商人などとりわけ磁器産業の性格を形づくる個々の要素について、その形態や変遷を明らかにしようと思う。同時にこの作業は第3章以降の考察を行う上での基礎的作業としても位置づけられるものである。

第3章から第9章までは、第1章および第2章で明らかにした個々の要素を組み合わせて、あるいはさらに詳細な分析を行い、肥前の窯業圏の形成過程を明らかにしようと思う。第1章および第2章がいわば肥前の窯業を要素ごとに縦割りにしたものであれば、第3章から第9章までは段階ごとに区切った横割りの構成となる。

第3章では、肥前の窯業の成立期から地域的窯業圏の形成期までを明らかにする。すなわち、成立期の窯業圏の成立要因や成立過程を明らかにする。そして、肥前の窯業圏の中核的存在であり続けた有田と波佐見の窯場の成立過程を考察し、相互比較を行いながら、生産システムを共有することによるそれぞれの地域的窯業圏の形成について明らかにする。

第4章から第6章では、肥前の海外輸出の実態をその背景とともに明らかにする。そして、第7章では、有田と波佐見のそれぞれ性格の異なる窯場の成立あるいは変遷を考察し、相互比較を行いながら、大量輸出時代を迎えた肥前の窯業圏がどのように拡大し、圏内における地域的分業化を確立するに至ったかを考察する。

第8章から第10章では、有田と波佐見の窯業圏の様相から一七世紀末の展海令以後の肥前窯業圏の対応を明らかにする。また、一八世紀末～一九世紀初から急速に成長した有田・波佐見以外の窯業圏の様相から生産機構の変容について明らかにする。

第11章では、第3章から第10章までに明らかにした肥前磁器の生産と流通の特質をまとめてみようと思う。そして、近代以降の肥前の窯業圏にどのようにつながっていくかについても考えてみようと思う。

最後に結論では、本書の概略を整理してまとめることにする。

なお、引用及び参考文献は、一括して文献目録としてまとめており、本文中には著者名あるいは編者名や発行者名と発行年のみを掲載している。引用及び転載挿図も同様に、その出典は一括して目次の後にまとめており、図版中には、著者名あるいは編者名や発行者名と発行年のみを掲載している。同一の著者と発行年で複数の文献がある場合は、アルファベットを発行年の後に付して区別してある。

第1章　生産の形態と変遷

産業はいろいろな側面をもっている。どの側面をどのように捉えるかによって、その産業の特質は変わってくるように思う。例えば製品の変遷からわかることは、製品の製作技術的な変遷であり、需要の性格的な変遷である。しかし、製作技術の水準の推移がそのまま産業としての水準の推移とならないことはいうまでもない。また、需要に応じて生産する製品が変わることが必ずしも産業構造の変化を伴うとは限らない。同じ産業構造を維持しながら需要に応じて生産する製品を変えていく場合もある。あるいは逆に産業構造の変化が必ずしも製品そのものの変化となって現れるとも限らない。生産地の内的要因による変化の場合、製品そのものの変化にはつながらない場合もあるのである。

序章で述べたように、これまでの近世肥前窯業の考古学的研究は製品を主としたものであった。製品がその産業を知る上で最も重要で有効な資料の一つであることは疑いないが、製品のみでその産業が理解できるわけではない。生産される製品をとりまく環境もまた重要である。そこで第1章では近世の肥前窯業を多面的に考察するために、生産空間である生産施設、それら生産施設から生みだされる製品、製品を生産していた人々など産業を構成する要素ごとにその形態と変遷を明らかにしたいと思う。

第1節　生産施設

陶磁器はさまざまな生産工程を経て完成に至る。例えば染付製品の場合の主要な生産工程を順に記せば、原料採掘、製土、成形、絵

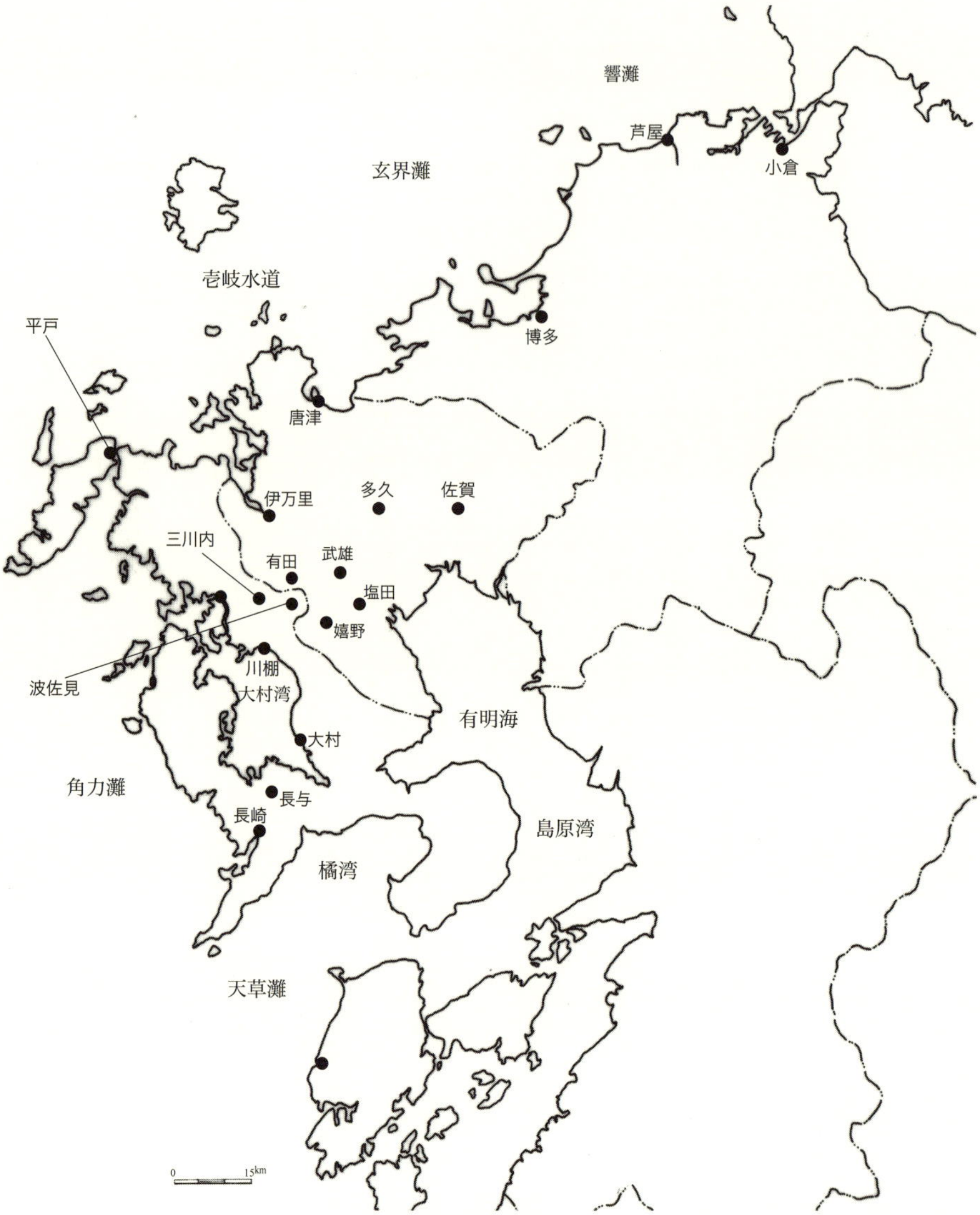
響灘
芦屋
小倉
玄界灘
壱岐水道
博多
平戸
唐津
伊万里
多久
佐賀
三川内
有田
武雄
塩田
嬉野
波佐見
川棚
大村湾
有明海
大村
角力灘
長与
長崎
島原湾
橘湾
天草灘
0
15km

図1　肥前地区関連地図

付け（下絵付け）、施釉、焼成（本焼き）である。素焼きが行われる場合は、成形と絵付けの間に素焼き工程が加わる。さらに染錦製品など上絵付けが行われる場合は焼成（本焼き）後に絵付け（上絵付け）、上絵焼成（赤絵焼成）が加わる。

これらの生産工程はそのための生産空間を伴い、一般的にはそのための生産施設を有している。生産工程によっては複数の生産工程が同一施設で行われる場合もある。以下、原料の採掘から水簸に至るまでの製土に関する生産施設、細工場を中心とした生産施設、素焼きに関する生産施設、本焼き焼成に関する生産施設、上絵付けに関する生産施設の順に事例をあげながら、その形態や空間的配置を考えてみたい。

第1項　製土に関する生産施設

原料である陶石の採掘から粉砕、そして水簸に至るまでの磁器生産の工程の順に沿って、原料採掘地、水碓施設、水簸施設とみていく。いずれも考古資料に乏しく、文献史料や民俗資料を併せて考えてみたいと思う。

1　原料採掘地

(1)　肥前地区の原料産地

有田地区

有田における最大の原料採掘地は泉山磁石場（江戸時代は土場）である（口絵2、図2〜5）。ほぼ江戸時代を通して有田皿山の磁器原料を供給し、産業の根底を支えていた。そして、泉山の原料は近代以降も採掘が続くが、やがて天草陶石にとって代わられ、現在は採掘が中止されている（図3）。泉山磁石場跡は一七世紀〜二〇世紀にわたって綿々と営まれた遺跡である。泉山磁石場の発見については諸説あるが、後に述べるように寛永一四年（一六三七）の窯場の整理統合が泉山磁石場の発見を前提としていることは確かであろうから、一六三七年までには発見されていたのであろう。

発見にまつわる人物は金ヶ江三兵衛、家永正右衛門、高原五郎七らが伝えられている（史料１・２）。そして、『金ヶ江家文書』には泉山磁石場の発見後、初めて築いた窯が天狗谷窯とあり（有田町史編纂委員会一九八五ａ、五六六頁）、泉山磁石場の発見は金ヶ江三兵衛が有田に移った年から天狗谷窯の開窯の年までの間となる。『金ヶ江家文書』によれば、金ヶ江三兵衛は元和二年（一六一六）に有田に移ったとされる（有田町史編纂委員会一九八五ａ、七頁）。そして、第3章で述べるように天狗谷窯の開窯は一六三〇年代である可能性が高く、泉山磁石場の発見は一六一六〜一六三〇年代の間となるが、『金ヶ江家文書』にある記載のように泉山磁石場の発見後、初めて築いた窯が天狗谷窯であるとすれば、泉山磁石場の発見そのものも一六三〇年代から大きくは遡るものではないであろう。

それでは泉山磁石場の発見によって磁器生産が盛んになったのは確かだとして、磁器創始の段階においても泉山の原料が使用されていたのか。磁器創始の年代を具体的に示すことはできないが、寛永元年（一六二四）には鍋島忠茂が「せいじの今焼茶碗」を注文していることから（大橋一九八九ｄ、二〇頁）、一六二四年以前には磁器が創始されていることがわかる。しかし、現段階ではその磁器の創始と泉山磁石場の発見の前後関係は明らかではない。すなわち、有田の西部地区あるいはその周辺に磁器生産が可能な原料が存在した可能性と、泉山の原料が持ち込まれて初めて磁器生産が可能になった可能性を考えなければならない。現在のところ、有田の西部地区あるいはその周辺で確実に磁器生産が可能な原料は確認されていないが、文献史料にはその存在を示唆する内容が見られる

図2 「有田皿山職人尽し絵図大皿」（泉山磁石場部分）

図3 泉山磁石場（佐賀県有田町泉山）

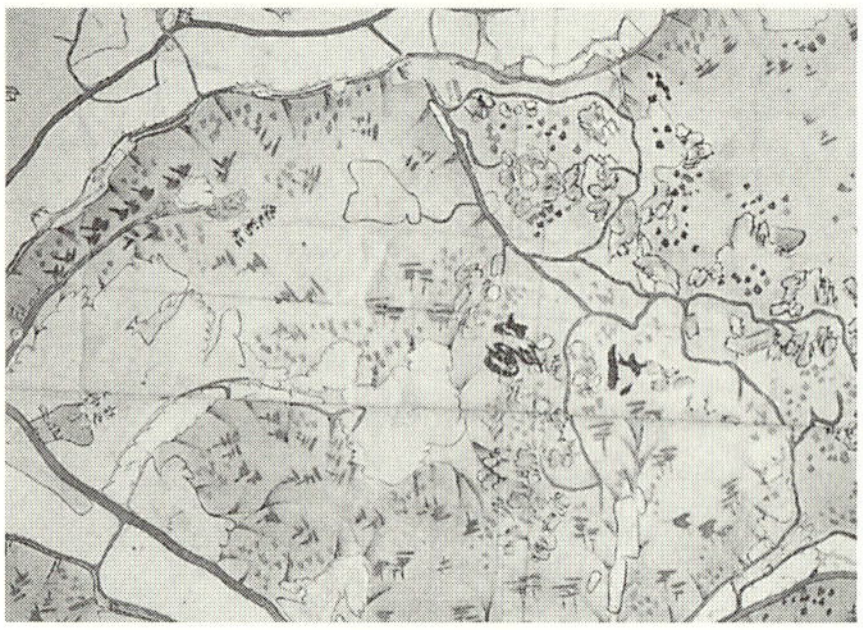
図4 『安政六年松浦郡有田郷図』（泉山磁石場部分）

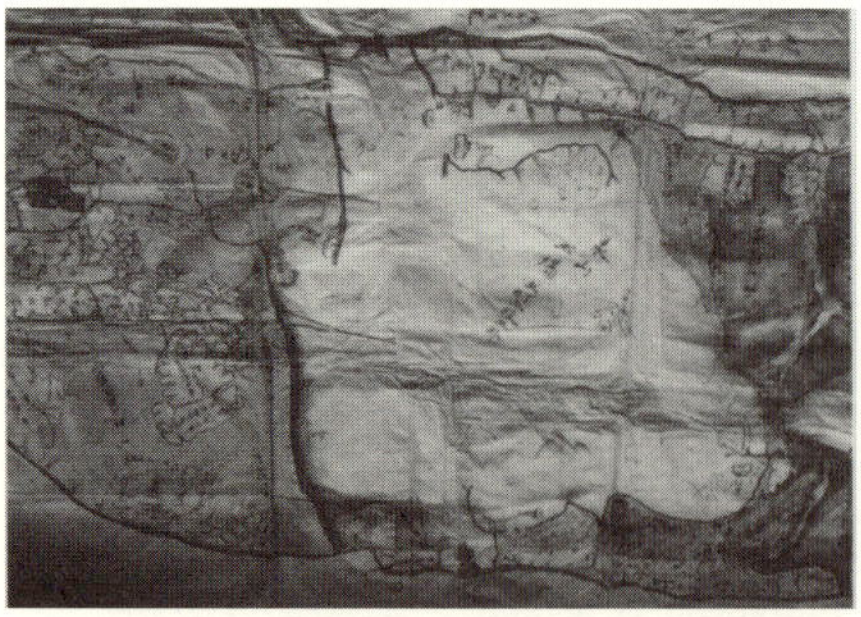
図5 慶応4年（1868）『田代家絵図』（泉山磁石場部分）

（村上一九九七a、二七三頁）。

次に泉山の原料採掘地の採掘形態について記す。『金ヶ江家文書』（史料3）には、最初に泉山磁石場を伐り開いた三兵衛が支配しており、当初は採掘賃だけで原料を窯焼きに渡していたが、後に冥加銀を納めるようになったという（有田町史編纂委員会一九八五a、五六八頁）。また、『多久家文書』にある「金ヶ江清五兵衛系図写」によれば初代金ヶ江三兵衛の次男の清五左衛門の代より土伐支配を勤めるとある（有田町史編纂委員会一九八五a、五九〇頁）。また、同「手頭」には初代金ヶ江三兵衛の嫡子三兵衛に釜焼方を譲り、次男清五左衛門に境目土穴を譲り、清五左衛門養子久左衛門の実弟与次兵衛に白土穴を譲ったことが記される。初代金ヶ江三兵衛は窯焼きであり、かつ土穴の所有者（管理者）でもあったが、その死後は嫡子と次男でその職務を分けているようである。泉山磁石場の発見に功績があったとされる初代金ヶ江三兵衛の生存中はその支配が名実ともに認められていたとしても次世代には制度として公認されることが必要とされたのではないか。藩と土伐り支配との関わりについて、冥加銀は必ずしも一方的な課税ではなく、冥加銀を納めることによって所有権を認めさせる意味合いもあったのではなかったかと推測している。そして、江戸後期においては土穴（採掘坑）を所有する「土穴持ち」には運上銀が課せられ、採掘する「土伐り子」にも「土伐り札」を持たせて、その札に運上銀が課せられている。一方、窯焼きは採掘された陶石を受け取る（買い取る）仕組みになっている（宮田一九八五、五二-七三頁）。

そして、文献に現れる泉山以外の原料（必ずしも胎土に使用されるものではない）を挙げておこう。『皿山代官旧記覚書』（以下、代官旧記）の「雑ノ部一通・安永巳年日記」（一七七三）には、境目土・白土・辻土・上薬土・青磁土・枝松土・荒物上薬土・舞々谷目砂土・山土・岩谷辻土などが挙げられている（有田町史編纂委員会一九八五a、五五-五六頁）。そして、『制度考』（有田町史編纂委員会一九八八b、六四九-六五〇頁）には、泉山白磁坑・同所鷹取山［青磁礦と云う］・中樽山字保屋谷［地土と云う］・白川谷［山土］・岩谷川内山字下大谷［地土と云う］・白川山字象鼻［輝土と云う氷紋を現する者］・上幸年（平か）山字舞々谷［地土と云う］などを挙げ、これらを「此れ皆磁器に用ゆる所の礦属にして、我有田の山林に在る所の諸坑たり、因て之を泉山礦場の付属となし。」としている。これらはいずれも生産遺跡であるが、具体的に調査された事例は知らない。そして、『酒井田柿右衛門家文書』の「元禄三年午　七ツ之内　土合帳　二月吉日」（有田町史編纂委員会一九八五a、四七九-四八一頁）によれば、「大鉢土」製作のために配合する原料土として、白土・枝松・まひ、、土・岩谷河内辻・板川内□応法山□ばり・□□□などを挙げており、その他に「御道具土覚」・「青磁土」・「御道具白焼土」・「並染付土覚」・「白焼土」など製品の種類によって、異なる土の配合を試みているようである。

史料1　『皿山代官旧記覚書』「安永弐巳年日記」（池田編一九六六、四七六頁）

尤有田郷小溝原暫在宅仕陶器焼立候ニ付、従直茂様出精仕、末々相続之儀為蒙　仰出由ニ御座候得共、土払底仕、焼立不相叶ニ付、壱岐守孫正エ門方々土床探促仕、当皿山え分ケ入、只今之土場を見出シ、白川山天狗谷と申所ニ焼物壱登リ塗立、南京焼仕候、

史料2　『酒井田柿右衛門家文書』「口上手続覚」（柿右衛門調査委員会編一九五七、二四三頁）

高原五郎七と申者、（中略）元和三年南川良罷越、其辺川ニ明礬流居候を見附、水上え上土有之候と相考、川筋ニ相伝候処泉山え白土有之見出試候処

史料3　『金ヶ江家文書』（有田町史編纂委員会一九八五a、五六八頁）

然は土場之義、最初伐開候ニ付而三兵衛支配ニ而段々伐出致繁盛、伐子凡四拾人程ニも相成広々ニ掘崩候処ゟ、為冥加、土伐御運上相願、年々相納候付、于今、御益ニ相成居候。最前ハ右土代銀無之、伐賃丈ニ而引取候段申伝候義は、只今之釜焼老人共存罷在候。

嬉野地区

嬉野地区の磁器生産地は吉田地区と不動山地区の二ヶ所があり、吉田地区には鳴川石とも称される吉田陶石が知られる。その発見については天正五年（一五七七）に龍造寺隆信の大村有馬攻略の道案内として吉田から大村へ通ずる間道を通る途中、羽口川上流の鳴川（西川内）にさしかかったとき川底にある陶石を発見したとする伝承がある（中島一九三六、一八八-一八九頁、嬉野町教育委員会一九九八、四頁）。また、現在、吉田地区で確認されている磁器製品は一六五〇～一六六〇年代以降の製品である。その吉田2号窯跡の一七世紀の製品の胎土は化学分析により、有田の製品よりもかなりチタンの比率が高いことが判明している（長佐古ほか一九八八、長佐古一九八九、四三四-四四一頁、山崎ほか一九九四、一一七-一一八頁）。染付製品と色絵素地のいずれにおいても明らかに有田で生産される製品の素地とは異なり、有田の泉山の原料とは異なる原料が用いられたと考えられている。おそらくこの鳴川石など地元の原料が使用されたものと考えられる。

そして、『肥前陶磁史考』によれば、宝暦一二年（一七六二）より吉田地区の中でも伝兵衛領地だけは佐賀本藩の支配に属するため、有田泉山の陶石五〇〇苞（四二、五〇〇斤）だけ毎年採ることを許されたという（中島一九三六、一八九頁）。一方、『蓮池藩請役所日記』元文三年（一七三八）には「蓮池私領吉田山へ一か年に土五百俵ずつ月々渡し」とある（有田町史編纂委員会一九八五a、九九頁）。一八世紀代には吉田地区へも泉山の陶石を配分していたことがわかる。

また、不動山地区ついては、『代官旧記』には天明四年（一七八四）に内野山の窯焼が南京焼（磁器）の焼成を行いたい旨の願書の中に不動山の白土を用いて磁器焼成を試みたことが記されることから（嬉野町教育委員会一九八八、三頁）、磁器原料が産出されていたのであろう。なお、昭和六〇年（一九八五）には佐賀県立九州陶磁文化館の依頼で佐賀県窯業試験場（現佐賀県窯業技術センター）が不動山窯の陶片の胎土分析を行い、チタン含有量などの点で有田地区の胎土とは元素組成が異なることが判明している（佐賀県立九州陶磁文化館一九八九、一頁）。不動山地区は波佐見地区の三股・中尾地区とは山を挟んで対峙しており、原料は同じく虚空蔵山の噴火により噴出した流紋岩とされる。不動山地区では青磁製品が比較的多い点など共通する要素も見られ、原料の品質や性格が生産される製品の種類に影響を与えた可能性がある。

波佐見地区

波佐見地区における主たる磁器原料産地は三股砥石川採石場である。その他に中尾地区や永尾地区でも採石されたという。三股・中尾・永尾地区はいずれも波佐見町の南東部に位置しており、それらの陶石は虚空蔵山の噴火により噴出した流紋岩からなる（波佐見史編纂委員会一九七六、二五一-二六頁）。

『皿山旧記』に「一、三俣皿山　慶長十年之此立初」とあり、『郷村記』の「三ツ股皿山」の項に「一、当山三ツ股皿山は慶長年中始めて建之」とあること（太田一九六二、六四-六六頁）、さらに永尾地区にある山神社の玉垣に「当山元建　慶長四亥年　玉垣再建　明治二十六　巳年」と刻まれていることから（太田一九六二、一二一-一三頁）、慶長年間（一五九六〜一六一五）には三股地区などで窯業が始まったと考えられたため、陶石の発見もその頃と推測されていた。現在、これらの地区で出土している磁器製品は一六三〇年代以降の製品であり、慶長年間まで遡る資料は確認されていない。

中尾地区については、太田新三郎が「三河内今村寿一郎所蔵」として引用している史料に「三之丞は大村領字中尾川内皿山に陶土を発見」と記されている（太田一九六二、七四頁）。『今村氏文書』の一部と思われるが、この文書は興味深い内容が記されているものの、内容そのものが矛盾している部分も多い史料である。なお、文久二年（一八六二）の同文書には古い窯場の記録として、「一、中尾河内皿山　今村三之丞」と記されており、平戸藩の今村家と何らかの関わりがあった可能性はある。また、『皿山旧記』や『郷村記』には中尾山は正保元年（一六四四）に成立したと記される（太田一九六二、六四-六六頁）。発掘調査においても中尾地区では一六四〇年代と推測される資料が出土しているので、一六四〇年代以前に発見された可能性が高い。

平戸地区

平戸藩内の磁器原料は網代石が知られる。『本朝陶器攷証』安政四年（一八五七）には、朝鮮人陶工巨関の子三之丞が良質な土を求めて領内を探しまわり、寛永一〇年（一六三三）に針尾島三ツ岳で陶石を発見したとある（松下二〇〇〇、二九〇頁）。そして、『五代弥次兵衛正幸書留置』では、寛永一四年（一六三七）に「三ツ岳網代を地土として色々工風をこらし漸くニ焼物色合等も宜敷ニ付藩主へ申上」と記される。長葉山窯では遅くとも一六四〇年代には磁器生産を行っていると推測できるため、年代的には合致する。

五島地方

『鶚山君御直筆日記』には、明和四年（一七六七）に大村藩より陶工が来て五島藩の小田（長崎県五島市）で焼物を始めたという。そして、天和二年（一六八二）の掟書に「楊梅の皮、焼物土石並薬石、（中略）右の品々他所えこれを出さざるよう（後略）」とあることから、以前から五島藩にとって陶石あるいは釉石が重要な産物の一つであったことが知られ、波佐見や三川内方面に売られていたという（吉永一九八八、一三一頁）。また、『工芸史料』巻三には「天保年間有田の豪商久富与次兵衛というあり、泉山の石を以って釉料を製するに、釉水の乾くに遅きを以って、平戸の土石を試用するに甚だ燥き易く、人工を省くこと大なり。而して又五島の土を用いることを発明す」（黒川一九七六、一五七頁）とあり、有田でも釉石として使用した可能性がある。

⑵　肥前地区以外の原料産地

天草地方

熊本県天草の下島西海岸、都呂々、下津深江、小田床、高浜などから産出する流紋岩で、江戸初期から砥石材料として用いられていたという（有田町史編纂委員会一九八八b、四〇八頁）。天草陶石の使用開始については諸説ある。その一つが正徳二年（一七一二）嬉野市吉田地区の窯場に供給したことが始まりという説である（有田町史編纂委員会一九八八b、四〇八頁）。また、一つは寛文二年（一六六二）に今村如猿が天草石を発見したという説である（佐世保市教育委員会一九七五、四一頁）。さらに正徳二年（一七一二）に木原山の横石藤七兵衛が天草から早岐の港に荷揚げされる砥石を原料にしたという説もある（中島一九三六、二二六頁）。一方、陶石を産出する天草西海岸では一六六〇年代にはすでに窯場が成立し、磁器生産を行っているので、一六六〇年代には天草陶石を使用したと推測される。しかし、天草地方においては一時期、窯場が中断していると思われ、宝暦一二年（一七六二）上田伝右衛門は肥前の陶工、山路幸右衛門を招聘して天草島高浜に窯を築いて製陶をはじめたとされる（有田町史編纂委員会一九八八b、四〇八頁）。

そして、江戸後期における天草陶石の使用の普及を示す史料がある。その一つである『上田家文書』の寛政八年（一七九六）『近国焼物大概帳』（上田宜珍日記輪読会）の記載から、天草陶石の使用状況に応じて窯場を分類してみる。

1　天草陶石で磁器を生産する窯場
筒江皿山、志田皿山、浜皿山、吉田皿山、佐々皿山

2　地土に天草陶石を配合して磁器を生産する窯
弓野皿山、三河内皿山、長与皿山、稗木場皿山

3　天草を使用していない窯
有田内山と外山諸窯、稗木場皿山を除いた波佐見諸窯、平戸藩領の志佐皿山、木原皿山

そして、肥前以外では筑前、筑後、肥後、薩摩、伊予、安芸国の窯場まで天草陶石の使用が及んでいる。有田地区と波佐見地区を

除けば、大半の磁器窯が天草陶石を使用していることになる。こうした状態は平賀源内が明和八年（一七七一）に天草陶石について、「揖斐十太夫様代官所肥後国天草郡深江村産　一、陶器土　右の土、天下無双の上品に御座候。今利焼・唐津焼・平戸焼等、皆々この土を取り越し焼き候」（今泉・小森一九二五、四八四-四八六頁）と記していることとも矛盾しない。

中国蘇州

稀な例であるが、中国の陶土を用いた窯がある。『工芸志料』巻三には、亀山窯について「天保年間に至り、支那蘇州の土を用いて酒器、小茶柱の類を造る。土質粗にして鼠色なり。呉須の磁器に似て黯色の青華画を着す。一時文人墨客の好尚に適す。」とある（黒川一九七六、一六二頁）。いわゆる蘇州手と称されるものであり、伝世品には「以唐山蘇州土崎陽亀山造之」の銘が記されたものがある。この蘇州土について、当初は中国船の船底に敷いていたバラストを利用したものであったという（高田一九九八、二〇頁）。そして、亀山焼窯ではこの蘇州土を用いて焼かれたと推定される製品が出土している（長崎市埋蔵文化財調査協議会一九九八、PL.2-35.36、PL3-46）。

(3)　肥前地区で使用された陶石

肥前地区で使用された磁器原料は、大きく分けて肥前地区の陶石産地と肥前以外の陶石産地（主に天草地方）に分けられる。肥前地区の陶石産地は佐賀藩・大村藩・平戸藩の三藩が接する付近に集中している。この地域は佐賀県杵島地域を典型とする杵島層（第3紀層）を基盤とし、陶石の原料となる流紋岩はこの杵島層を貫いて溢流したものである。有田地区の泉山陶石、白川陶石、竜門陶石などは黒髪山の噴火、波佐見地区の三股陶石、中尾陶石及び嬉野地区の陶石などは虚空蔵山の噴火によって溢流した流紋岩であり、平戸地区の三ツ岳陶石（網代石）は針尾断層に沿って溢出した流紋岩である（有田町史編纂委員会一九八八b、三九一-四〇八頁、波佐見史編纂委員会一九七六、二五-二六頁）。一方、天草地方の天草陶石は、天草下島北部の西海岸の南北約二五～三〇kmの範囲にまたがる地域に埋蔵している。この地域は大部分が中生代白亜紀層であり、火山作用によってこの白亜紀層に生じた亀裂に噴出し冷却して形成された流紋岩が天草陶石として使用されている（有田町史編纂委員会一九八八b、四一一-四一四頁）。

そして、それらの陶石の発見の経緯はさまざまである。不明な点が多いが、泉山陶石や網代石などは磁器生産のために探し回って発見したとの伝承がある。また、伝承の中には川中に発見して、上流に遡り鉱床を発見した経緯を記すものもある。陶石の地質的な形成過程と露出過程を考えれば、川の侵食作用によって下流に陶石の石屑が流れ出したものを発見することや上流に遡って削られて露出した箇所を発見することもありうると考えられる。一方、天草陶石の場合はすでに砥石として使用しており、磁器生産のために発見されたわけではない。これは愛媛県砥部地方も同様であり、磁器生産以前から砥石の産地として知られていた地方である。当初は砥石として使用していたものを磁器需要に応じて磁器原料として使い始めている。また、木原山の横石藤七兵衛のように天草から砥石として移入されたものを磁器原料として使用し始めることもあったようであり、砥部の場合は大坂の砥石問屋和泉屋治兵衛が砥石の原石の屑片を利用して磁器生産を考えたとされている（波佐見史編纂委員会一九七六、四〇三-四〇五頁）。

発見の経緯がどういったものであれ、これらの陶石が磁器生産地にとってその産地の成立や性格を決定づける最も大きな要因の一つであることは間違いない。一七世紀前半の磁器産地は原料産地を領内に有する地域に限られており、磁器産地として成立するための必須の前提条件となっている。そして、その前提条件を変容させたものが天草陶石であろう。良質で豊富な天草陶石の供給は、それまで原料入手が困難であった地域においても磁器産地の成立を可能にしている。一八世紀後半に至っては有田地区や波佐見地区を除いた多くの窯場で使用が普及している。

逆に有田地区や波佐見地区の窯場が天草陶石を使用しない理由を考えると、第一には豊富な原料産地が近くにあるからであろう。そのため、波佐見地区の中でも比較的原料産地と距離をもつ稗木場窯では天草陶石を一部使用している。しかし、距離的な問題だけではないことも確かである。生産システムについては後に述べることになるが、波佐見地区の場合、江戸後期においては生産コストを下げることによって量産する生産システムを整えている。いかに良質な原料であっても遠隔地から原料を取寄せ、コストが上がるような選択はしなかったものと思われる。有田の場合は波佐見とは逆に肥前の中では最高の技術水準にあったので、排他的な窯業圏を形成していたことによる。また、佐賀藩が泉山陶石を一元的に管理することによって、窯業圏そのものを管理する体制をとっていたことにもよる。『代官旧記』「文化六巳御改正達帳」（池田編一九六六、三〇六頁）に「近来外山土渡方之儀間ニハ上土打紛レ不宜旨候」（史料4）とあり、外山に上土が混入しないようにとある。そして、実際に罰せられた例もまたある（史料5・6・7）。有田地区内においても内山地区と外山地区を区分し、使用する陶石を制限することによって管理を行っている。その結果、泉山陶石に対する過剰な信頼が生じ、品質に最も敏感であった有田地区が、天草陶石の使用が最も遅れた地域となる結果となった(1)。波佐見地区では明治一四、一五年（一八八一・一八八二）頃から一般に使用するようになったが（太田一九六二、一一三頁）、有田では明治二六年（一八九六）の愛知県井上松兵衛、松風嘉定の現地視察、さらに京都陶磁器試験所所長藤江永孝らの現地視察によって、泉山陶石と比べた天草陶石の優位性が証明されたことから、徐々に使用が始まったのである（有田町史編纂委員会一九八八、四一一頁）。そして、現在では有田、波佐見を含めて肥前のほとんどの磁器の窯元が天草陶石を使用している。

史料4　『皿山代官旧記覚書』「文化六巳御改正達帳」（池田編一九六六、三〇六頁）

文化六年巳御改正達帳

〔中略〕

一、近来外山土渡方之儀間ニハ上土打紛レ不宜旨候、右ハ専御国産之品位ニ相懸リ、第一上土少分たり共、外山等ニ取扱候通ニ而ハ
自然と他領ニ相洩候躰之儀出来可致哉も難計、不容易儀ニ候条、〔後略〕

史料5　『皿山代官旧記覚書』「明和五子申渡帳」（池田編一九六六、四〇七頁）

明和五子申渡帳

〔中略〕

一、応法山窯焼　徳右エ門
其方儀干魃之末、粉土所持不仕、釜入不相叶ニ付、泉山罷在重右エ門相頼、同所釜焼孫兵衛ゟ粉土壱駄借請候由ニ而、黒牟田山牛方
次右エ門を以、去ル廿九日取寄候節、右之者白川山筋付通ニ付、町警固之者見咎、役筋相達候末、相調候処、無案内故、右之次第之
由、手形を以申出候、一躰焼物土外山へ持出候節ハ、役筋へ相達其通差免候上、口屋番所へも点合差通候筈之処、前断之次第不届至
極候、依之、右粉土取揚候上、夫科代三拾人申付候也、〔後略〕

史料6　『皿山代官旧記覚書』「文化二丑申渡帳」（池田編一九六六、四三〇頁）

文化二丑申渡帳

〔中略〕

一、応法山釜焼　六三郎

其方儀、去ル十七日焼物土壱荷取寄途中ニ而見咎候末、其否相調子候処、稗古場山罷在候一類七右エ門へ同山筋捨土等有之候半ハ、至所望呉候様兼而頼置、右土取寄候申出候、一躰焼物土無手数取扱不相叶品柄、縦令、捨リ土たり共、役筋え不申届、右之次第殊更使之者長崎小嶋村弥兵太と申者ニ而、旅人を雇置、旁不届至極候、其〆吃度可申付候得共、宥免を以銀拾匁科代申付候也、〔後略〕

史料7　『皿山代官旧記覚書』「文化六巳申渡帳」（池田編一九六六、四三一頁）

文化六巳申渡帳

〔中略〕

一、応法山釜焼　重右エ門

右之者儀、調子候処、致釜焼職之処、当四月陶器土払底ニ付、同所釜焼九兵衛へ申談、上薬土五俵当借之内同所牛方之者へ運来候様頼置候処、右之者白川山長次郎所前ニ而不計急病差出、持運不相叶ニ付、上薬土壱荷長次郎所へ相預置候を、雇人円十と申者へ取残候土荷ヒ来呉候様相頼候由候処、土荷札所持不仕、扨又大切成土を無謂者所へ数十日預置、彼是御法を背無調法之至候、依之、上薬土壱荷被御取揚、科銀十匁被相懸候上可捨候也、

2　水碓施設

陶石を粉砕するためには、一般に水力を利用した水碓（図6）が用いられたが、その使用の開始時期は明確ではない。水碓などの砕石・粉砕装置が必要か否かは原料の性格によって決定されるものであり、それは必ずしも現代で言う陶器と磁器という区分とは一致しない。陶器生産においても水碓が用いられている例は小鹿田焼など他産地では見られるし、肥前においても磁器創始段階ではどういった性格の原料を使用していたのか明らかではない。すなわち、磁器の創始と水碓などの砕石・粉砕施設の使用開始を結び付ける根拠はない。今のところ、言えるのは少なくとも泉山磁石場の陶石の使用開始以後は何らかの砕石・粉砕装置が必要であったであろうということである。

そして、水碓の使用開始について、波佐見では寛文年間（一六六一～一六七三）に始まったとする文献史料がある。大村藩の『皿山

図6 「有田皿山職人尽し絵図大皿」（水碓部分）

旧記』には「正保元年甲申年立初　同年迄七拾壱年に相成候　附皿山之水唐臼福田代助と申者相始候由」（正保元年は一六四四年）とあり（太田一九六二、六四頁）、『大村記』には「右水からうす寛文八申年福田代助と云者工夫を以仕出すなり　焼物土はたるためなり　壱ヶ年に拾人手間にかわる」（寛文八年は一六六八年）とある（波佐見町教育委員会一九八六）。水唐臼とは水碓のことであろう。波佐見においても一七世紀初めには村木地区で磁器の焼成を開始し、一六三〇～一六四〇年代には原料産地に近い三股地区などにも窯場が成立しているため、水碓を使用せずに磁器を生産した時期があったことを示している。もちろん、有田と波佐見では使用開始年代に差があることも考えられる。しかし、畑ノ原窯など村木地区の窯場は有田の南川原地区の窯場と技術的に深い関わりが指摘されており、既に砕石された原料が有田から波佐見にもたらされた可能性を除いて、有田で水碓が使用されていれば大きく遅れることなく、波佐見にも導入される方が自然であろう。少なくとも寛永一四年（一六三七）の窯場の整理統合以前においてはそうであろうと思う。よって、有田においてもやはり水碓を使用せずに磁器を生産していた時期があった可能性が考えられる。

それでは、水碓以外にどういった装置を使用していたのか。最も可能性が高いのは「踏み碓」であろう。踏み碓とは人力によって穀類をつく農業用の装置で、一般に唐臼といえばこの踏み碓のことを指している。踏み碓については一八世紀においても使用した例が見られる。すなわち、『代官旧記』「請達一通・明和五子年申渡帳」（池田編一九六六、二五八頁）には、旱魃のため水碓が稼働しなくなった場合に「ふみ碓」の使用が許可されているのである（史料8）。「貞右衛門宅にて、ふみ碓を相はめ」とあるところから、宅地内に設置できる装置であったようである。明和五年（一七六八）の段階では平常時には水碓が利用されていることが分かるが、一方、陶石を粉砕するためには水碓を使用しなくても可能であることを示している。そして、近年、踏み臼跡と推定される穴が中樽一丁目遺跡で発見されている。すり鉢状に開く円形の穴の周囲に赤褐色の粘土を張っており、上から杵で突いても底面が沈まないように、平らな石が底に敷かれているという（村上二〇一四）。この遺跡で発見された三軒の工房跡すべてに残ることから、工房に不可欠の常設の施設であった可能性が高いという（村上二〇一四）。

そして、砕石装置の動力として、水力と人力の両方がある点については、中国でも同様である。『中国陶瓷見聞録』（史料９）によれば、一八世紀初めの景徳鎮における白不子の製法が記されている（ダントルコール一九七九、八四-八八頁）。槓桿の原理を利用する点は肥前の水碓と同様であり、動力としては「人力又は水力」を利用していることがわかる。一七世紀中頃までには色絵技術をはじめとした中国の生産技術が肥前に導入されており、そうした技術の一つに水碓があった可能性も考えなければならないだろう。

水碓の使用開始についてはまだ不明な点が多いが、前掲の『大村記』に「壱ヶ年に拾人手間にかわる」とあるように原料の砕石・粉砕工程に大きな技術革新をもたらし、より効率的な大量生産を可能にしたと考えられる。

それでは、江戸時代の水碓の数と位置を考えてみたい。『酒井田柿右衛門家文書』（有田町史編纂委員会一九八五ａ、五四六-五五〇頁）には、下南川原筋に設置されていた水碓の数が記されている。文政一二年（一八二九）八月時の記録であり、総数は一二丁である。内訳は柿右衛門二丁（運上銀六分）、兵太夫二丁（同五分）、清市一丁（同三分）、次吉二丁（同五分）、竹吉二丁（同五分）、峰吉一丁（同七分）、徳兵衛二丁（同五分）である。ここで同文書の文政一二年（一八二九）八月の下南川原登の所有状況の記録をみてみると、柿右衛門二室（運上銀三四匁七分）、兵太夫四室（同四八匁八分）、清市二室（同二一匁六分）、次吉一室（同一〇匁三分）、竹吉二室（同三四匁六分）、徳兵衛二室（同二七匁四分）、伊右衛門一室（同一八匁六分）で、計一四室とある。これらを対照させてみると、峰吉は下南川原筋に水碓一丁を所有しながら、下南川原登の窯室は所有していない。一方、伊右衛門のように下南川原筋に水碓は所有しないが、下南川原登の窯室一室を所有する者もいて、同じ地区における水碓と登り窯の所有者は必ずしも一致しない。伊右衛門などは別の地区に水碓を所有していたのかもしれない。所有者が一致するものに限れば、水碓一一丁に対して窯室一三室である。ちなみに後述するように『代官旧記』「雑ノ部一通・文化十一戌年日記」（池田編一九六六、二二九-二三二頁）にみる文化一一年（一八一四）の時点の窯室の総数は内山地区で二五〇室、外山地区（広瀬・市ノ瀬・嬉野・志田を含む）で一六六室、合計四一六室である。『安政六年松浦郡有田郷図』（一八五九）に見られる窯室の数は内山地区で約二一一室、外尾山・黒牟田山・応法山・広瀬山の四窯場で約九四～九六室、合計約三〇五～三〇七室である。幕末期においては窯室の数から推測しても有田皿山では三〇〇～四〇〇丁以上の水碓があったものと推定される。

また、大村藩の波佐見においてはどうか。『大村記』（波佐見町教育委員会一九八六）にみる元禄年間頃の水碓の数は一三〇丁、『郷村

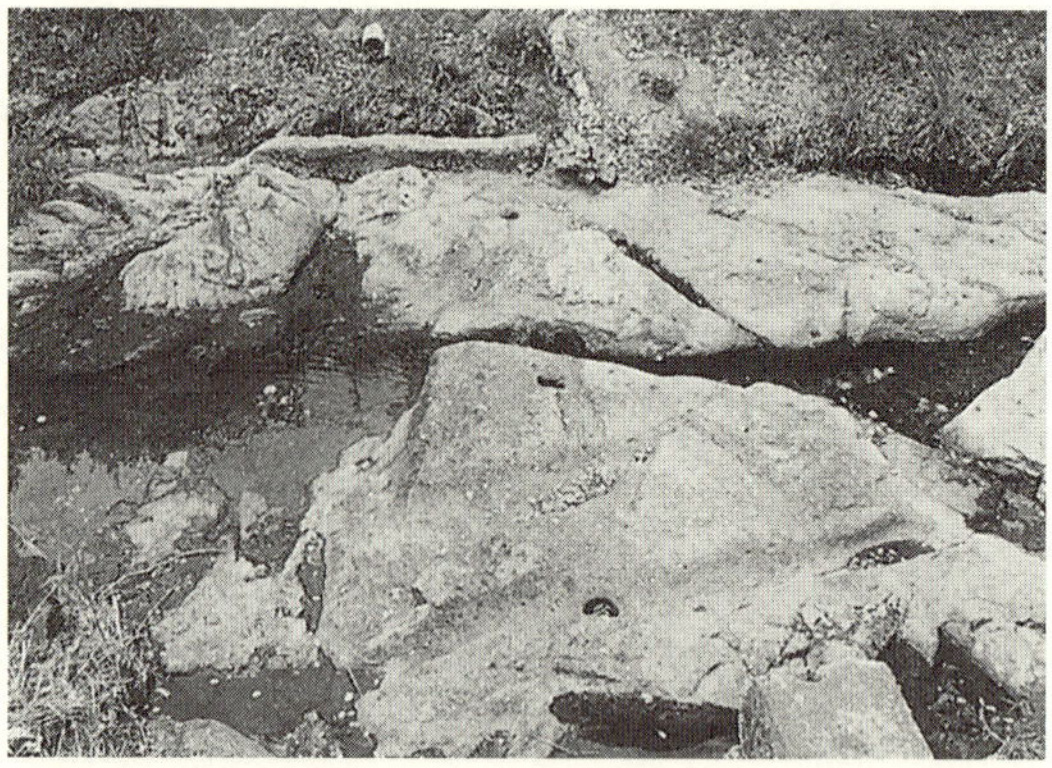

図7　水碓小屋柱穴跡（佐賀県有田町白川）

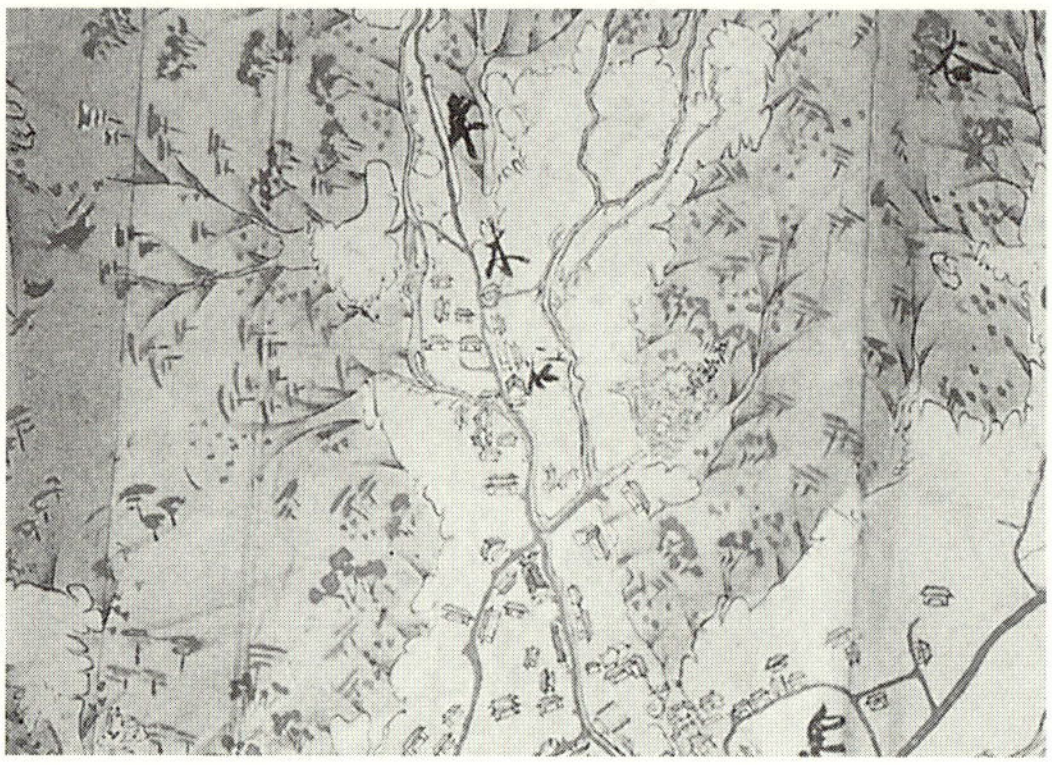

図8『安政六年松浦郡有田郷図』（年木谷部分）

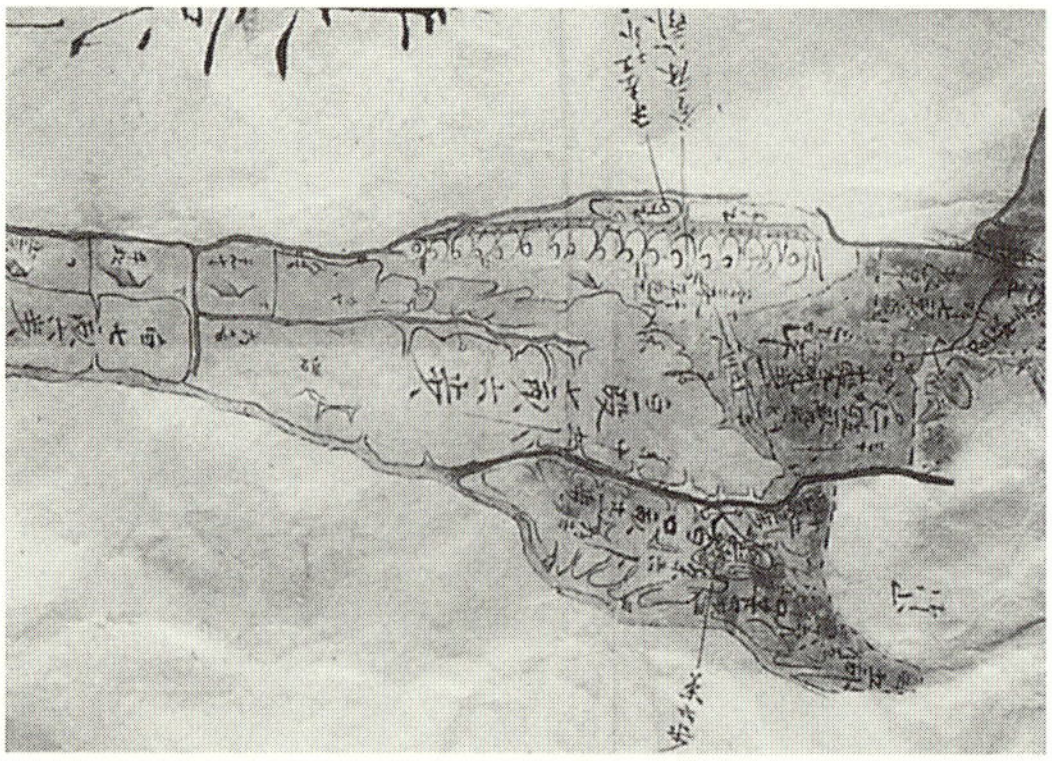

図9　慶応4年（1868）『田代家絵図』（年木谷部分）

記』にみる天保年間頃の水碓の数は三二七丁である。そして、同史料からみた窯室の数はそれぞれ九八室、二一五室（内、本釜一六〇室）である。元禄年間頃及び天保年間頃、いずれの時期も水碓の数が窯室の数を大きく上回っている。波佐見地区の状況をそのまま有田皿山の状況にあてはめるわけにはいかないだろうが、波佐見地区の水碓と窯室の比率をみると、前にあげた有田皿山の三〇〇～四〇〇丁という見積もりは少なすぎるかもしれない。

また、明治時代の記録を参考までにあげておこう。明治七年（一八七四）の『諸職工商業器械其外諸稼税収入簿』（明治行政資料）には三十七大区（旧有田皿山・新村・曲川村・大木村・大里村を管轄）で「金三十四円七十二銭三厘　水碓鑑札二百七十二枚税」とある。また、明治三四年度（一九〇一）佐賀県歳入歳出予算をみると、歳入の部、営業税の中に第二六項水碓税金七四円一〇銭があげられている。明治三三年（一九〇〇）に定められた翌三四年度の佐賀県営業税雑種税をみると、水碓の年税は一個金三〇銭となっている。これらの数字から計算すれば、佐賀県下における水碓の数は二四七である。

次に江戸時代の水碓の位置は、当時の絵図によってある程度おさえることが可能である。『慶応四年辰八月』の絵図（個人蔵）には、図上に「碓」と明記され小屋が描かれている（図9）。水碓小屋であろう。その水碓小屋あるいは水碓床の所有者も記されている。この絵図は範囲が泉山・年木谷周辺に限られているが、水碓小屋の位置を『安政六年松浦郡有田郷図』（佐賀県立図書館所蔵）に対照させてみると、その位置には小屋らしき図が屋根のみ描かれている（図8）。聞き取り調査（一九九六年七月五日）によって確認された水碓の位置や現在の川床に柱穴のみ残る水碓小屋（図7）の位置にも同様の小屋が描かれており、水碓小屋を表現していると思われる。川岸に描かれたその小屋の位置を地図上に入れて、水碓分布図を作成してみた（図10）。もちろん、川岸にある小屋全てが水碓小屋である確証はないが、その多くは水碓小屋と考えてよいと思う。その他、『肥前國西松浦郡有田皿山水碓床見取圖』にも水碓床が記されている。これは水碓床について詳細に描かれているが、水碓床以外の情報が少ないことから、現地図上に正確に位置を入れていくことは難しい。

『安政六年松浦郡有田郷図』に描かれている水碓小屋の分布をみてみると、河川の各所に点在しているものの、中・上流域に比較的集中している（図10）。特に泉山磁石場周辺・年木谷・白川・猿川・応法などは水碓小屋と思われる小屋が多く見られる。これは江戸末期の分布であるが、それ以前の時期においても水碓の構造に大きな違いがなければ、水碓の立地条件として中・上流域が適していることは変わりないと思う。しかし、白川・猿川・応法などの上流域で当時の窯場や町並みと距離的にかなり離れた位置にも築かれている点については、最初からそうした位置に水碓小屋が築かれていたとは考えていない。波佐見においても元禄期頃と天保期頃とでは水碓の数が記録上二・五一倍に増加しており、需要の増加に応じて徐々に上流域へと分布が拡大していった結果と思われる。

こうした窯場から離れた位置に水碓小屋が築かれている例は、少なくとも位置的には窯場の中心的空間から原料の砕石・粉砕工程が切り離されて存在できることを示している。前述した下南川原筋の水碓所有者と下南川原登の所有者が一致していないこともそれを示すものであろう。また、『代官旧記』「請筋へ相達諸伺一通・文政十一子年日記」（一八二八）にも、「本幸平山五兵衛より上水碓一丁、岩谷川内山庄作へ譲り請けと相成り候。運上銀一匁」とあり、本幸平山の窯焼きが使用していた水碓を岩谷川内山の窯焼きへ譲っている（有田町史編纂委員会一九八五ａ、一一〇頁）。この場合も必ずしも水碓は登り窯、あるいは細工場の近くにある必要はないこ

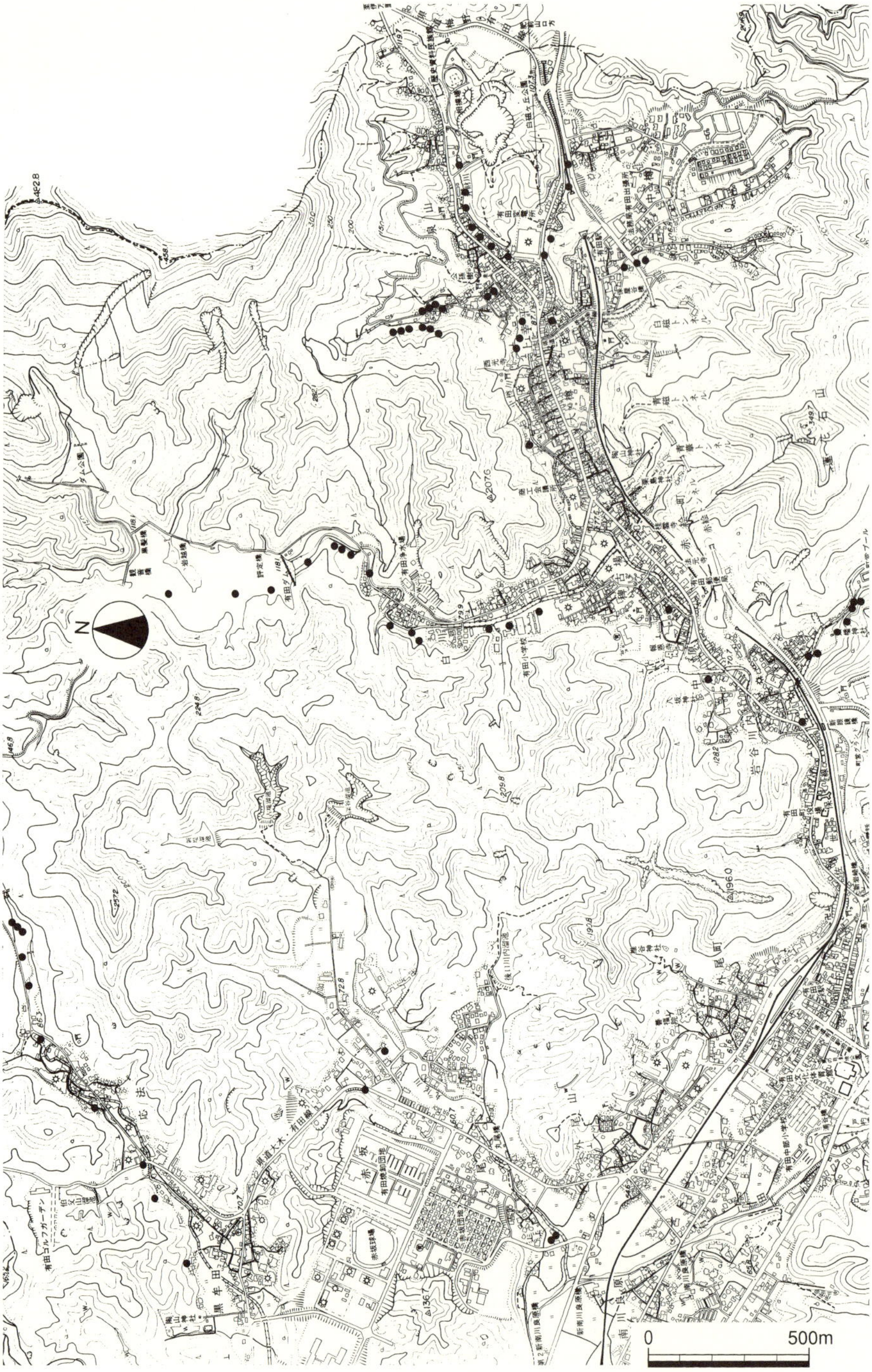

図10 『安政六年松浦郡有田郷図』にみる水碓小屋推定箇所

とを示している。そして、窯焼きの屋敷から水碓まで陶石を運ぶ時は、「水碓通札」を携行しなければならなかったというが、それが至近の距離であれば、そうした制度もあまり意味を持たない。ある程度の距離を運ぶことを前提としていたと思われるのである。そして、『制度考』（有田町史編纂委員会一九八八ｂ、六三五-六五〇頁）には砕石を生業とする「賃替」の存在が記されている（史料10）。賃替の存在は窯焼きにとって水碓の所有そのものが不可欠なものではないことを示すものであり、同時に砕石・粉砕工程の分業化を示すものである。賃替えの始まりについては明確ではないが、原料の砕石工程が他の工程に比べて分業化しやすい下地をもっていたことは確かであろう。

そして、「有田皿山職人尽し絵図大皿」（有田陶磁美術館所蔵）をみてみると、水碓小屋の背後の石垣の上の段にも水流が見え、その水が水碓の水受けに落とされ、川の本流と思われる流れに注ぎ込まれている（図６）。水町和三郎著『伊万里染付大皿の研究』に掲載されている写真に見られる水碓も同様の構造のようである。また、明治一〇年（一八七七）の資料の中に水碓の新築の記述（有田町史編纂委員会一九八五ａ、一二一-一二三頁）が見られるが、それには「井手を築き直し、又は持ち溝を築き、小屋脇を掘り切るなど、且つ、石垣石の荷い寄せ」、「岩の鉢ほり」、「鉢に水さし候ゆえ碓床脇三方水除け切り通し」などの工程とその費用が記されている。井堰や溝を設けて水を導いていることや水除けのための施設を築いていたことがわかる。川の本流から水を引き込み、水碓の受け皿に水を落とす場合、受け皿が最も高くなる位置以上の高さから水を導かなければならないために、水碓小屋の手前（上流）に井手（井堰）を築く必要があったのであろう。『川内家文書』（史料11）の中に水碓の「井堤」の高さについて、水碓所有者と付近の住民との間で紛争が起こったことが記されるが（有田町史編纂委員会一九八五ａ、一一九-一二一頁）、おそらくこの「井堤」を高くするのは水を引き込みやすいようにするためと思われる。それから、『安政六年松浦郡有田郷図』には水碓小屋が中洲状の場所に建てられているもの、自然の水路ないし人工的な水路を水碓小屋に引き込んでいるように見えるものもある。描かれている水路は比較的長いものも含まれる。水路が長ければそれだけ高低差が生じるので、井堰を高く設ける必要がなくなると思われる。

史料８　『皿山代官旧記覚書』「明和五子申渡帳」（有田町史編纂委員会一九八五ａ、一一八頁）

白川山窯焼き治部右衛門　其の方儀、名代札を申し請け、窯焼き職を仕来り候ところ、当夏以来、打ち続きの旱魃（で）水碓相止り、粉土難儀に及び、職方相かなわず、これにより、同所に罷り在り候貞右衛門宅にて、ふみ碓を相はめ、土拵え仕りたく相願い候につき、差しゆるし候条、粉土など取り散らさず、万端念を入れ、相調え申すべく候。以上。

史料9　『中国陶瓷見聞録』「白不子の製法」（1）（ダントルコール一九七九、八四-八八頁）

さて次に、其の製法を可申述候。先ず鉄槌を以て岩塊を破砕致し候。而る後、砕かれたるその小片を乳鉢中に入れ、槓桿の端に石をつけ鉄を以て補強したる者を使用して、それを甚だ細かき粉末と致し候。これ等槓桿は、人力又は水力にて絶えず活動致し居り候。其の状は、製紙器の槌に異ならず候

史料10　『制度考』（有田町史編纂委員会一九八八b、六四八頁）

然るに製磁家其礦石を以て、水碓［唐臼と云う］に運搬し、粉末するも自個の水碓を所有せさる者は為めに之れを他の水碓に委託せさる可からす。此に於て他の水碓た所有する者は賃銭を取り、之れを粉末するを以て業となす者あり。之れを賃替と云う。

史料11　『川内家文書』（有田町史編纂委員会一九八五a、一一九-一二一頁）

恐れながら願い奉る口上覚　それがしどもの町内、橋際に水碓床これあり候ところ、右の井堤、古来より持ち溝、岩崖を伐り、その並に井堤を築き上げおり候ところ、頃日、右水碓床の持ち主、町内宗右衛門、本幸平山窯焼き清吉、上幸平山吉太郎、右三人にて井堤を凡そ一尺四、五寸新たに高め申され候。

3　水籏施設

(1)　肥前地区における水籏施設遺構

肥前地区における水籏施設遺構は以下の事例が確認されている。

幸平遺跡

佐賀県有田町幸平に所在する。二〇〇一年有田町教育委員会が発掘調査を行う。出土遺構は土壙、溝、柱穴などである。出土遺物

は色絵製品を含む陶磁器、煙管・寛永通宝などの金属製品、下駄などの木製品などである。二〇〇一年の発掘調査では、水簸施設と推測される遺構が検出されている。長方形の丸底状の溝には陶石の屑と思われる白色土が付着し、白色粘土も出土する。ただし、全体の構造等は不明である。多くの溝が設けられており、水回りに配慮した施設と推測されるが、その構造は不明瞭である。撹拌させるための道具と推測される遺物も出土している。

泉山一丁目遺跡

泉山一丁目遺跡では、幕末〜明治前期頃に築かれ、昭和初期頃まで使用されたと推定される水簸施設が検出されている（有田町教育委員会二〇一六）。調査者によると水簸用の二つの枡状の方形遺構とそれらを連結する水路、そこに投入する粉砕した陶石の貯蔵施設、水簸によって生じた排土の廃棄場所など、水簸関連施設がまとまって検出されている（村上二〇一四）。方形遺構は、当初は底面・側面ともに板材を組んで製作されているが、途中で側板の上部に数段レンガを積んで、表面に薄くセメントを塗った状態で使用されている（村上二〇一四）。

中樽一丁目遺跡

一七世紀中頃から工房として利用されてきた遺跡である（有田町教育委員会二〇一六）。この遺跡では水簸の際の水槽（オロ）と推定される方形の土壙が発見されている。

吉田1号三〇九四－一遺跡

佐賀県嬉野市大字吉田字白岩に所在する。一九九四年嬉野町教育委員会が発掘調査を行う。遺構は溝状遺構、土壙、水槽状遺構などが検出されている（嬉野町教育委員会一九九八）。出土遺物は吉田1号窯で生産された製品が多く、吉田1号窯に伴う工房施設の可能性が高い。一九九四年の発掘調査では、水簸施設と推測される遺構が二ヶ所検出されている。一つは白灰色の薄い泥漿と一部に篭を広げて敷いた状態で木片の並びが検出されており、浅底で割竹状に近い形状をしている。そして、それに平行して泥漿を流したと思

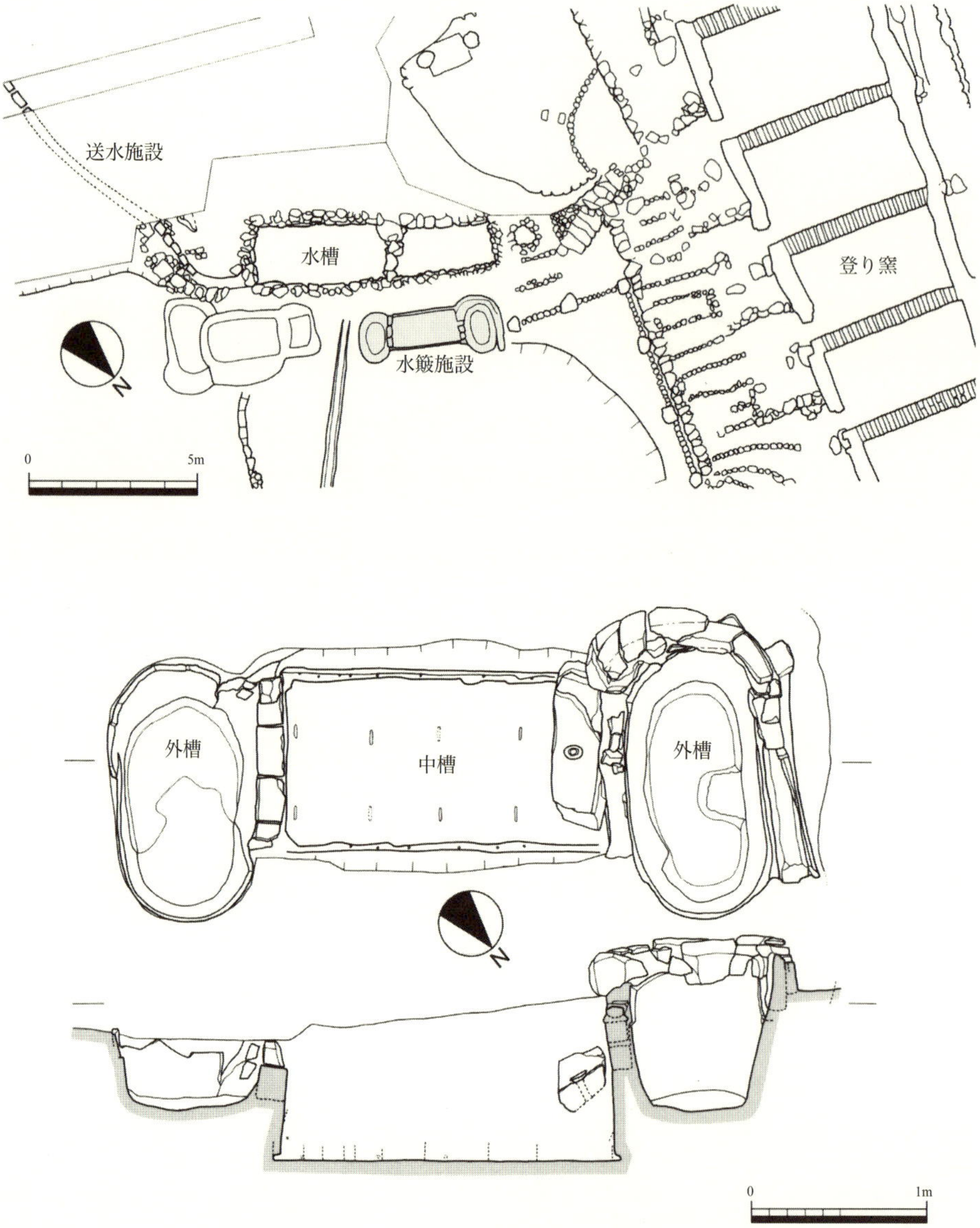

図11　瀬上窯跡検出水簸施設平面図（南関町役場1991より転載）

われる溝が検出されている。もう一つは溝状の遺構とその溝に繋がる水槽状の遺構が検出されている。水槽は長軸二・六二m、幅一・四〜一・六六m、深さ約一mであり、溝の方向にやや窄まった長方形を呈している。水槽内には隅部、壁の中間部、溝とつながる部分に計一〇本の杭跡が残されており、溝との境は板塀を立てていたと考えられ、貯水施設と排水溝を設けていたと推定される。そして、水槽の西側に径七〇cm程度の楕円形の遺構があるが、水槽との関係は明確ではない。

吉田1号三〇九八遺跡

佐賀県嬉野市大字吉田字白岩に所在する。一九九六年嬉野町教育委員会が発掘調査を行う。集石遺構、土壙、溝状遺構、水槽状遺構構などが検出されている（嬉野町教育委員会一九九八）。出土遺物は吉田1号窯で生産された製品が多い。付近の吉田1号窯に伴う工房施設の可能性が高いが、建物跡などは検出されていない。

(2)　肥前地区以外における水簸施設遺構

瀬上窯

小代焼の窯跡であり、熊本県南関町大字宮尾字下山田に位置する陶器窯である。胴木間と八室の焼成室をもつ登り窯が確認されており、隣接して水簸施設、物原、そして、轆轤跡を含む細工場が検出されている（南関町役場一九九二）（図11）。この窯跡で検出されている水簸施設は「有田皿山職人尽し絵図大皿」に描かれている図（図12）や小鹿田焼の民俗例と類似したものである。発掘調査報告書によると、外槽に相当する水槽は、トンバリ屑・花崗岩・凝灰岩の切り石などを適当に配置して粘土で固め、その上を漆喰で覆っているという。形は方形ではなく、小判状の長円形である。そして、中槽との境に設置されたと考えられる凝灰岩の切り石には、直径三cmの孔が穿たれ、水を流せるように工夫されている。中槽に相当する水槽は長方形をなしており、厚さ一寸程度の板材を組み合わせて箱状につくられている。底

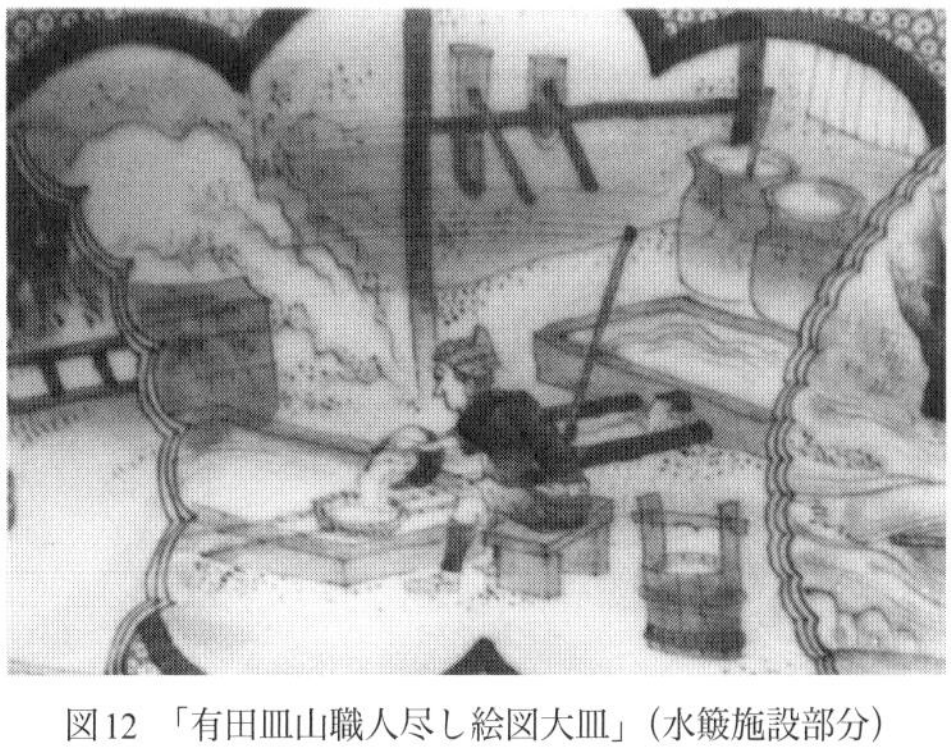

図12　「有田皿山職人尽し絵図大皿」（水簸施設部分）

板は三枚の板材が使用されており、金具で互いに繋ぎあわされている。そして、外槽と中槽を比較した場合、中槽の方が深く掘り込まれている。後述する工程を考えると当然であろうと思われる。また、外槽の底部には一～二cmの厚みで粘土が堆積し、中槽の底部には砂目の多い土が二〇～三〇cm堆積していたという。これも工程内容と矛盾するものではない。これら堆積物は発掘調査で検出される際の目安にもなるであろう。

さらに瀬上窯では水簸施設に隣接して、大小の水槽が検出されている。いずれも石組であり、大水槽の方は長方形をなし、送水管が設けられ、水を流し込めるようにしてある。ただし、内壁・底壁とも漏水防止のための工夫は行なわれていない。おそらく水簸で使用する大量の水はこの大水槽からくみ取られたものであろう。小水槽の方は円形で用途は不明という。

(3) 肥前における水簸作業

「有田皿山職人尽し絵図大皿」には、水簸作業の図が描かれている(図12)。それによれば長方形の水槽が二つ描かれ、その二つの水槽を連結するように細長い水槽が見える。ここでは二つの長方形の水槽を「外槽」、細長い水槽を「中槽」と称することにする。図では、一方の外槽の排水口から中槽に水が流れ出しており、もう一方の外槽では「チョッパゲ」と称される容器で泥漿をくみとり、「シイノ」で漉している。描かれている図中の水簸施設の構造あるいは用具類は、小鹿田焼の水簸のそれと極めて類似している。施設の外観はほとんど変わらないし、使用されている用具類も材質等の違いこそあれ、よく似ている。そこで、小鹿田焼の水簸方法(南関町役場一九九一、一二四-一二六頁)を紹介しながら、描かれている図中の作業について説明したい。まず、小鹿田焼の水簸方法の手順を記す。

①水碓で粉砕した元土と大量の水を中槽に入れて攪拌する。②攪拌して泥漿となったものを容器で外槽に漉しながら移す。③外槽を満たしたら、粘土が沈殿するまでそのままにしておく。④沈殿したら外槽の排水口の栓を抜いて上水を中槽に移す。⑤外槽が粘土で満たされるまで、①～④を繰り返す。⑥外槽の水分を抜く。⑦粘土がある程度の固さになったら、オロという筵を敷いた四角な槽に移す。⑧粘土を乾燥させるための窯の上にのせて水気を抜く。あるいは陰干しを行う。

図中に描かれている作業は、②と④の工程である。これを同時に行っているとすれば、二つの外槽を交互に利用していたのかもしれない。また、⑦～⑧の工程は「有田皿山職人尽し絵図大皿」では、別の図に描かれている。その図によれば、粘土を乾燥させるための窯として、後述する素焼き窯が用いられているようである。

『中国陶瓷見聞録』（ダントルコール一九七九、八六-八八頁）の中にも水簸に関する記載が見られるが、基本的な作業工程は変わらないようである。史料12の下線〔A〕の「水を満たせる大缸」が「中槽」にあたり、下線〔B〕の「水を充たせる別の器」が「外槽」にあたる。そして、下線〔C〕の「乾燥用の大いなる型」が「オロ」にあたるものであろう。

史料12　『中国陶瓷見聞録』「白不子の製法」（2）（ダントルコール一九七九、八六-八八頁）

次には、〔A〕水を満たせる大缸の中に此の粉末を入れ、鉄のシャベルを以て之を強く攪動仕り候。而して数分間その儘に放置すれば、指四、五本の厚さのクリーム状のもの表面に浮かび候。之を取って（やはり）〔B〕水を充たせる別の器に注入仕り候。斯くして数度にわたり最初の缸の水を攪拌して、毎度うかぶところのクリームを採取する時は、遂に粉末ならざる滓のみ底に残り申し候。この滓を取りて復た磨砕仕り候。さて、最初の缸より採取せるクリームを入れし別の器には、やがて泥漿の沈殿を生じ候。水のよく澄みきれるを待ちて、沈殿を攪さざるよう器を傾けて水を去り、此の泥漿を〔C〕乾燥用の大いなる型の中に移し申し候。而してその全く乾き終わらざる前に、之を分割して多くの小さき正方形となし、何百にて幾何と売買仕り候。これ等をば、其の形と色との故に白不子と呼び申し候。此の泥漿を入るる型は、大きく且つ幅広き箱ようのものに有之候。其の底には、凹凸なきよう煉瓦を竪に竝べ置き候。斯く敷かれたる煉瓦の上に、箱一杯に、粗布を張り申し候。さて其処へ泥漿を流し込み、暫くして復た別の布を以て之を蔽いて、其の上に煉瓦を横に敷き竝べ候。斯くすれば、水分のみ速やかに除去され、瓷器の材質は何等失う処なくして硬化乾燥し、容易に甎の形と為し得るわけに有之候。（『中国陶瓷見聞録』）

第2項　細工場を中心とする生産施設

ここでいう細工場とは、土捏ね・成形・装飾・施釉などを行う作業空間をさしている。工房の中心的な存在である。しかし、登り窯の調査事例の数に比べて、細工場の調査事例は極めて少なく、有田町内で明確な遺構を伴った細工場の検出例は少ない。後述する赤絵窯の存在の可能性から工房があったことを推測する例がいくつかあり、細工場の存在を推測させるが、工房の中での細工場の位置づけがわかるまでには至らない。

(1) 肥前地区における細工場遺構

赤絵座を含む可能性をもつ工房の遺構については、第5項で述べることにして、ここではそれ以外の工房の遺構をあげる。

甕屋遺跡

甕屋遺跡では掘立柱建物跡一八棟が検出及び確認されており、これらは甕屋窯跡（特にA窯跡）に関連した生活跡（工房跡）と考えられている（佐賀県教育委員会一九九六）。この中に細工場も含まれているものと思われる。

山辺田遺跡

山辺田窯跡の南側下方に広がる平坦地に位置している工房跡である。以前より付近で色絵片が採集されることから赤絵工房を含む工房跡の存在が推定されていたが、一九九八年の発掘調査では色絵片の他、掘立柱建物跡と思われる柱穴群が確認された（日本の色絵磁器技術始まりの美術史的・考古学的研究調査団ほか二〇一四）。出土遺物の年代から、山辺田窯跡の操業期間に限った工房跡である。

中樽一丁目遺跡

中樽一丁目遺跡は、一七世紀中頃から継続して、少なくとも明治期までは工房として利用されてきた遺跡である。轆轤を据えたクルマツボが検出されている（村上二〇一四）。前述したように踏み臼と推定される穴や水簸の際の水槽（オロ）などの施設が発見されている。さらに後述するように素焼き窯の遺構も確認されている。

(2) 肥前地区以外の細工場遺構

瀬上窯

前述したように小代焼の窯跡であり、登り窯の他、隣接して水簸施設、物原、そして、轆轤跡を含む細工場（図13）が検出されている（南関町役場一九九二）。細工場は登り窯の焼成室の出入口側の下方の平坦地に検出されている。轆轤跡と推定される土壙は九基検出され、そのうち八基はほぼ一列に並んでいる。その方向は細工場の長い方の壁に平行している。轆轤跡はその多くが二段掘り、あるいは三段掘りである。轆轤の「心木」を固定させるためのものである。轆轤跡の中には「トンバリ肩」によって、土壙の壁面を築いているものも見られる。また、轆轤跡の列から約六m離れた位置で釉薬槽跡が検出されている。まず、地面に穴を掘り、底には手頃な石二つを密着させて置く。その後、壁面や底部に赤っぽい粘土を厚さ一～三cmに張り、その内側に厚さ三～五cmの漆喰を塗って固めた構造を有するという。形状は底部がスリバチ状にすぼまるものであるが、上部は削平のため不明であるという。また、用途については、釉薬の調合用のものか、貯蔵用のものか、あるいは釉薬掛けのための施設であるのか、不明であるとしている。そして、発掘調査報告書の中では細工場の推定復元プランが紹介されている。壁に沿って轆轤が並んでいる点、その轆轤の列からいくらか離れた位置に何らかの施釉施設がある点などは、有田の江上昭蔵家の細工場（図18-4）と同様である。

切込窯

切込窯は江戸時代後期に磁器を焼成した窯場であり、登り窯は西山・中山・東山とよばれる三ヶ所にそれぞれ築かれている。発掘調査は一九五〇年の宮城県史編纂室による西山窯跡の調査（未報告）、一九七五年の東北大学考古学研究室による西山窯付属工房跡の調査、一九八八年の中山窯跡及び建築遺跡の調査が行なわれている。細工場と思われる遺構、あるいはその可能性がある遺構が検出されているのは、一九七五年及び一九八八年の調査である（宮崎町教育委員会一九九〇）。

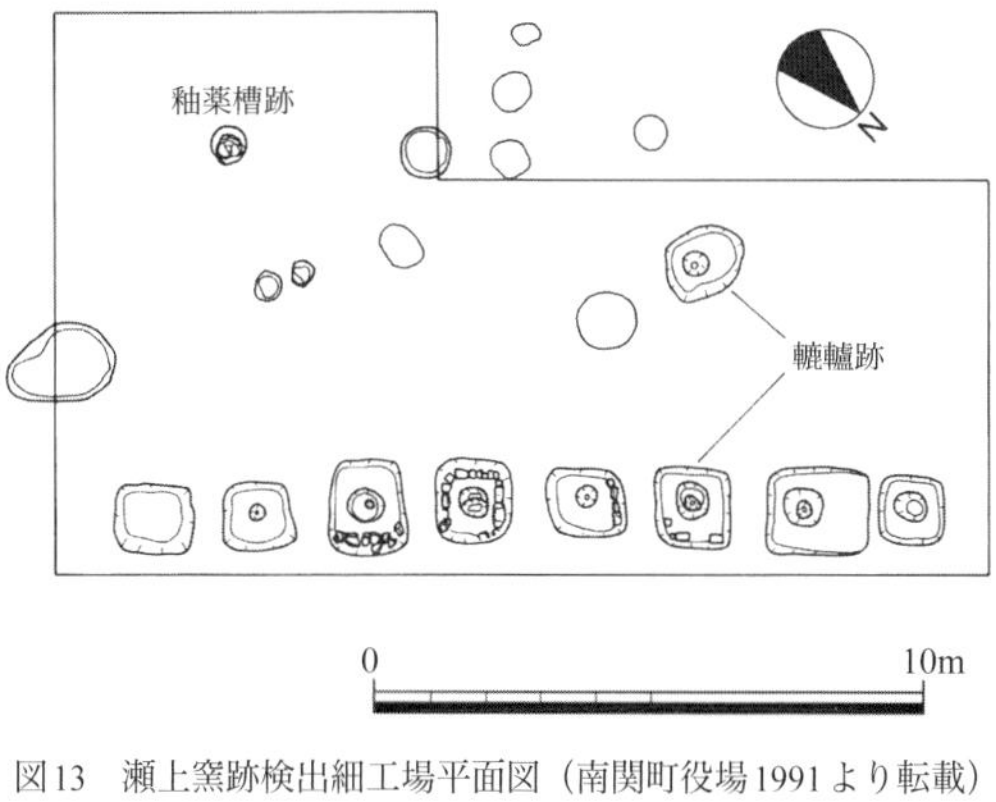

図13　瀬上窯跡検出細工場平面図（南関町役場1991より転載）

まず、一九七五年の発掘調査で検出された西山窯付属工房跡（図14）については、「切込焼工房・登窯屋の復元案」と題する論考がある（飯淵・永井・田中一九九一）。ここでは、その内容を中心に紹介したい。細工場と推定されている遺構は軸受、削り台、指貫（ゆびさし）等の轆轤用具が出土している。そして、礎石、礎石穴の状況より、平面規模が四間×三間であったと推定している。轆轤は細工場の南西側の壁に沿って三基もしくは四基あったと推定されているが、有田で見られるように土間を掘り下げてはいないとしている。その理由としては東北地方の山間部という地理的・気候的条件をあげている。そして、西側半分の中央部には敷物状圧痕部には、筵や茣蓙を敷いたものと思われ、それを挟むように北東側の壁には絵書座があったと推定している（図14）。そして、東半分は土間であったと推定している。配置等は有田の江上昭蔵家の細工場に似るが、復元する際の参考資料の一つにその平面プランを使用しているので、そのようになったのかもしれない。

松山窯跡

松山窯跡は石川県加賀市松山に所在する一九世紀の九谷焼の窯跡である。一九七九〜一九八〇年に金沢大学考古学研究室によって発掘調査が行なわれた。その結果、登り窯二基、平窯一基、色絵窯一基、工房跡一棟、物原二ヶ所などが発見されている（佐々木一九八三）。細工場（図15）はこの工房跡に含まれる。登り窯の出入口側の下方の平坦地に築かれ、調査では礎石が検出されている。この配置は瀬上窯と同様である。報告によれば工房内には轆轤心石三基、色絵窯一基が残されており、陶土が三ヶ所に積まれている。轆轤心石は厚さ一三cmで、五〇×四〇cm前後の長方形の石を用い、中心に一四×一〇cmほどの長方形孔をうがち、石の四方を煉瓦で押えている。

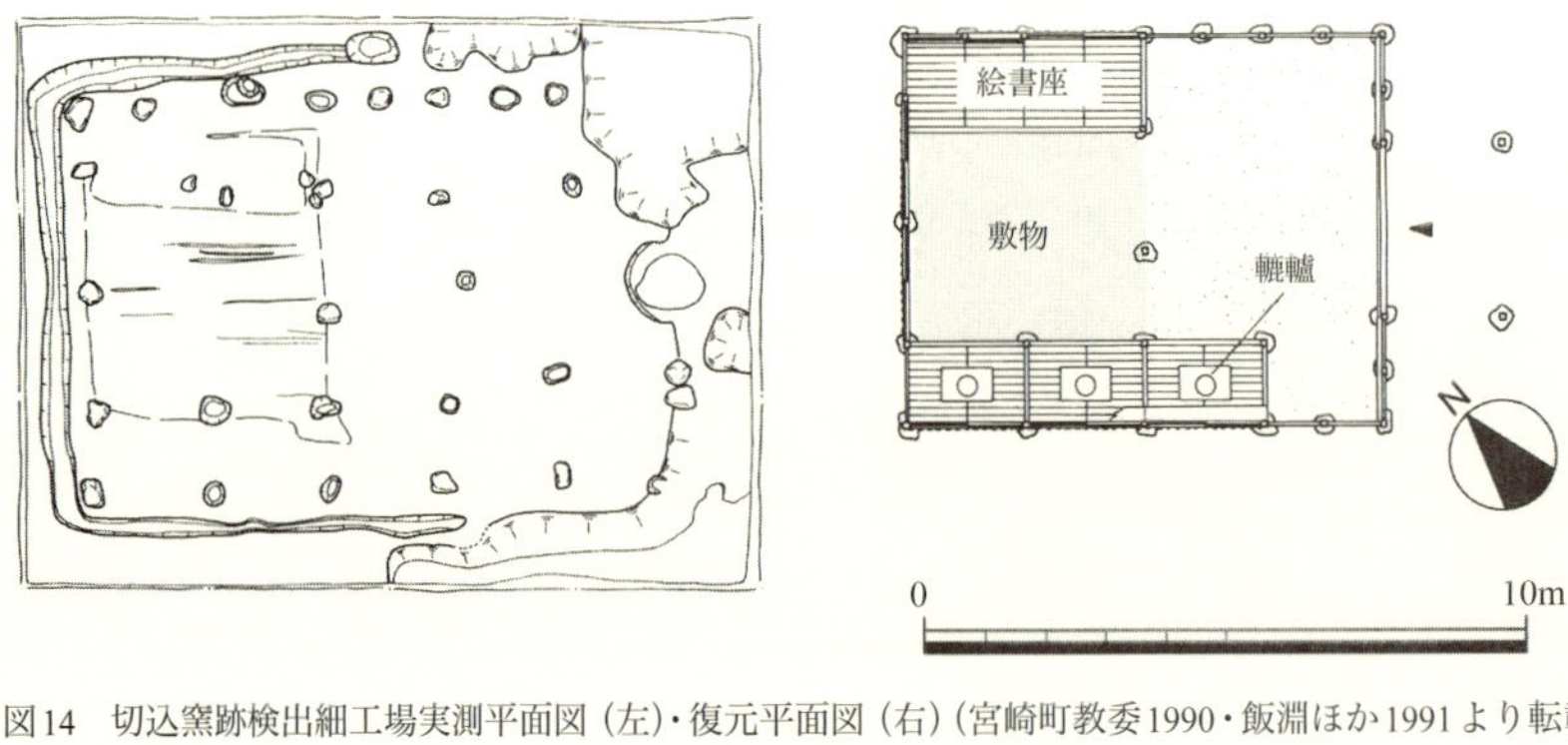

図14　切込窯跡検出細工場実測平面図（左）・復元平面図（右）（宮崎町教委1990・飯淵ほか1991より転載）

(3)　肥前地区の細工場

「有田皿山職人尽し絵図大皿」（図16）には、中央部分に大きく細工場の風景が描かれている。細工場が生産工程の中核をなしていることがわかる。その絵から復元を試みた模式図を作成した（図17）。仮にこうした細工場の跡を発掘調査した場合、通常、遺構として検出されるのはまず柱穴であろう。そして、床面の堅さの違いによって土間の位置がわかると思われる。しかし、これらの遺構は細工場に限らず一般的な建物跡でも検出されるものであり、細工場の特徴的な配置を理解しなければ、細工場として認識できないであろう。また、土中に残る遺構としては轆轤のクルマツボが挙げられる。これは細工場の遺構としては特徴的なものとなりうるが、小さな細工場の場合、すなわち、轆轤の数が少ない場合は明確に認識できるか疑問である。何らかの遺物、例えば絵の中の石臼、甕、あるいは製作工具類（多くは木製品であるため遺存状態に難があるが）などの遺物を伴わなければ細工場と認識することは困難である。そ

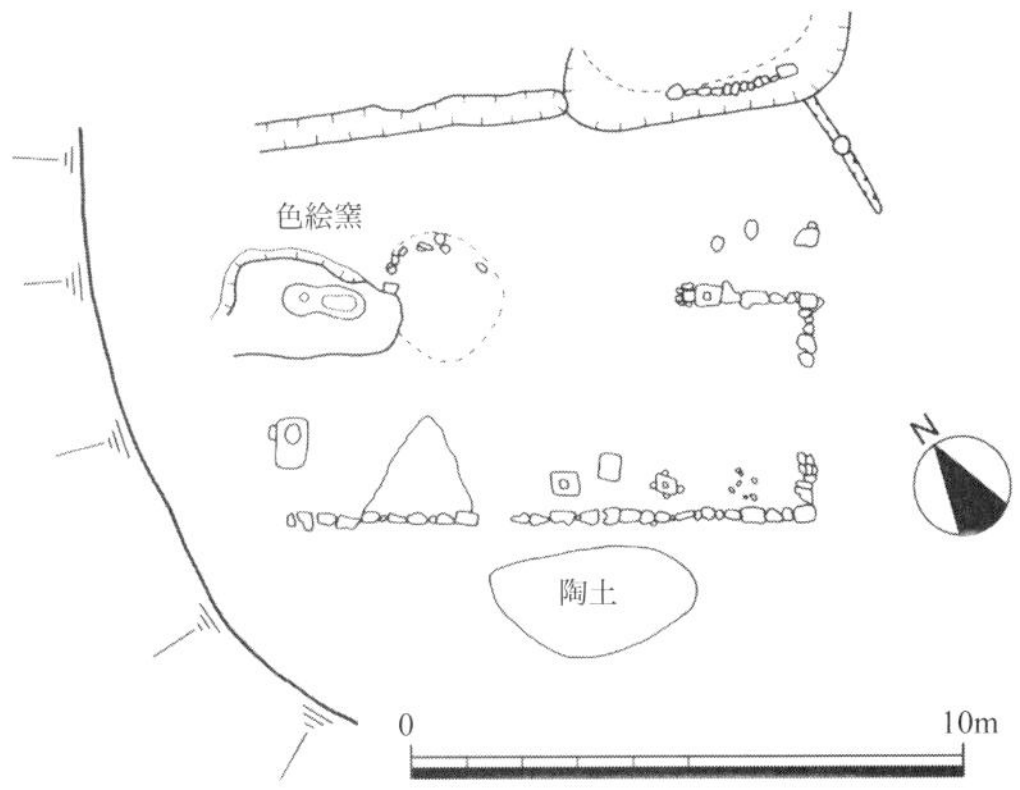

図15　松山窯跡検出細工場平面図（佐々木1983より転載）

図16　「有田皿山職人尽し絵図大皿」（細工場部分）

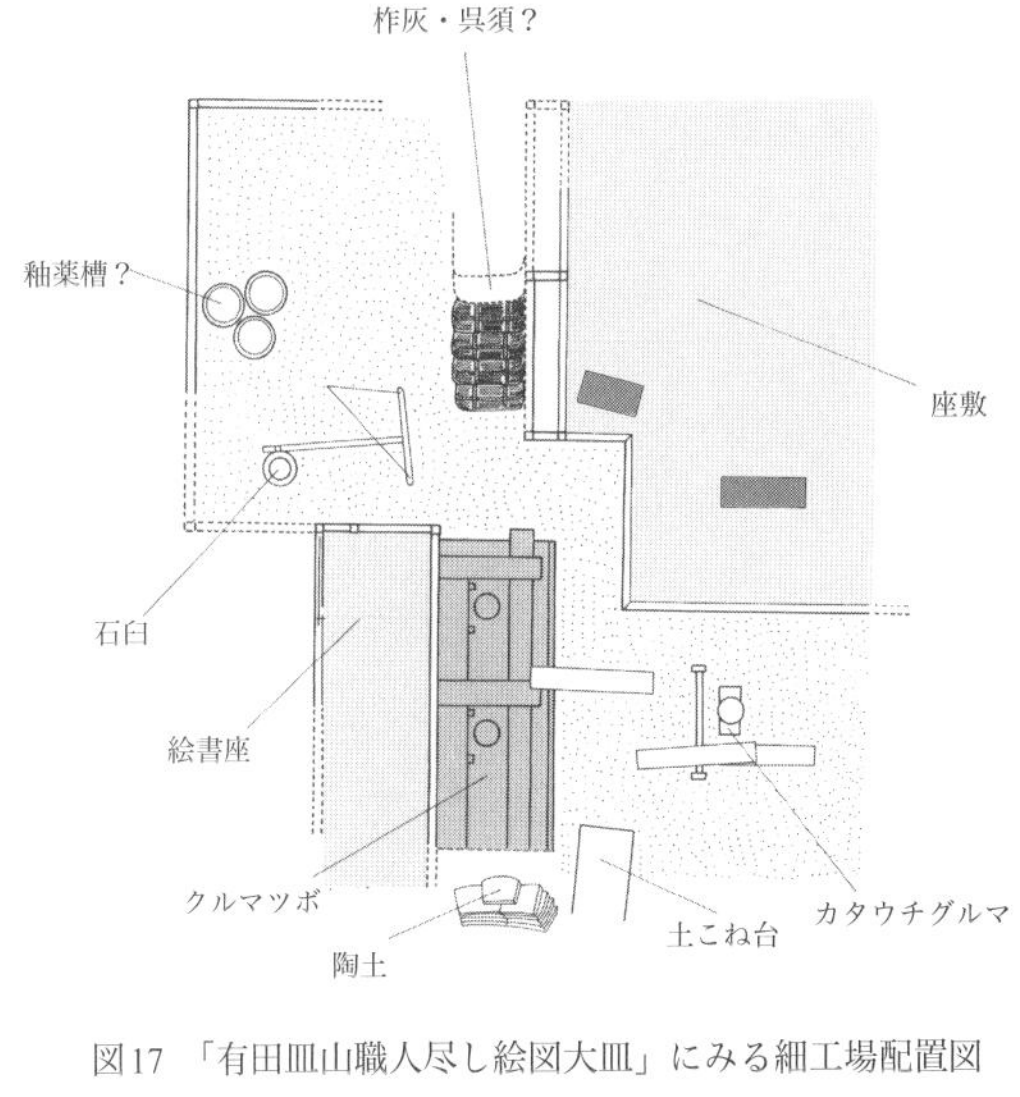

図17　「有田皿山職人尽し絵図大皿」にみる細工場配置図

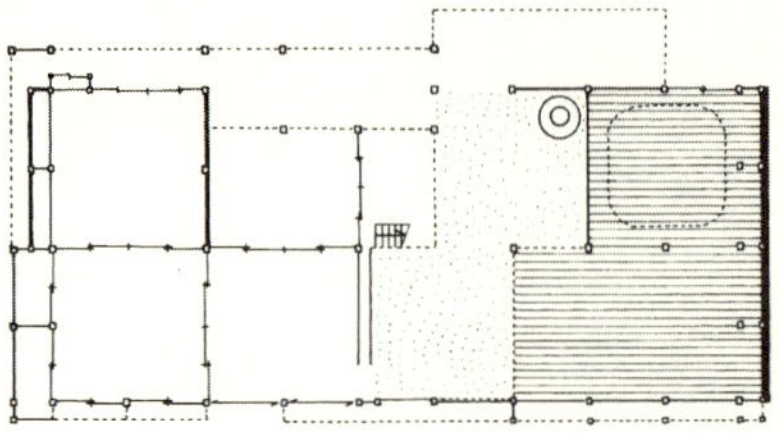

1　池田広孝家復元平面図

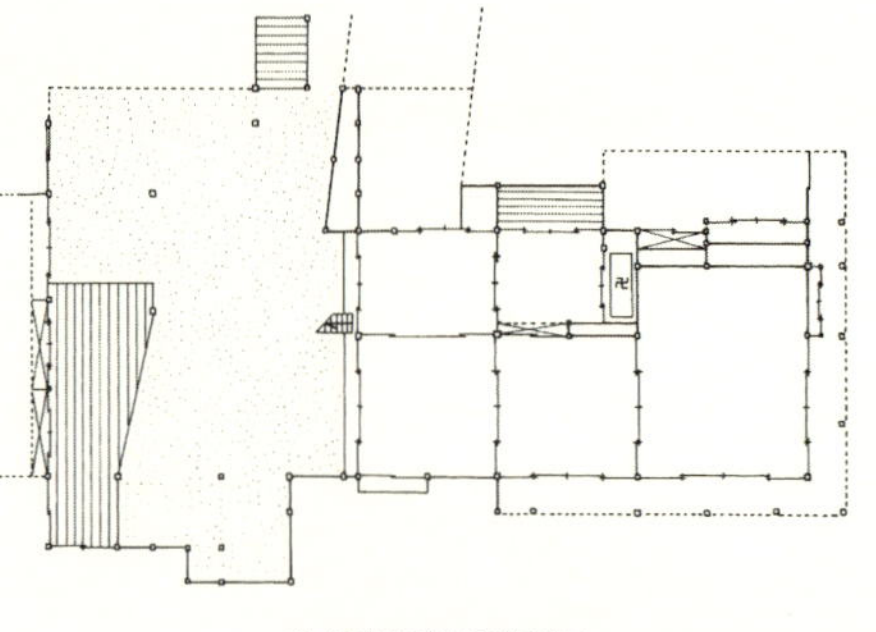

2　辻常喜家復元平面図

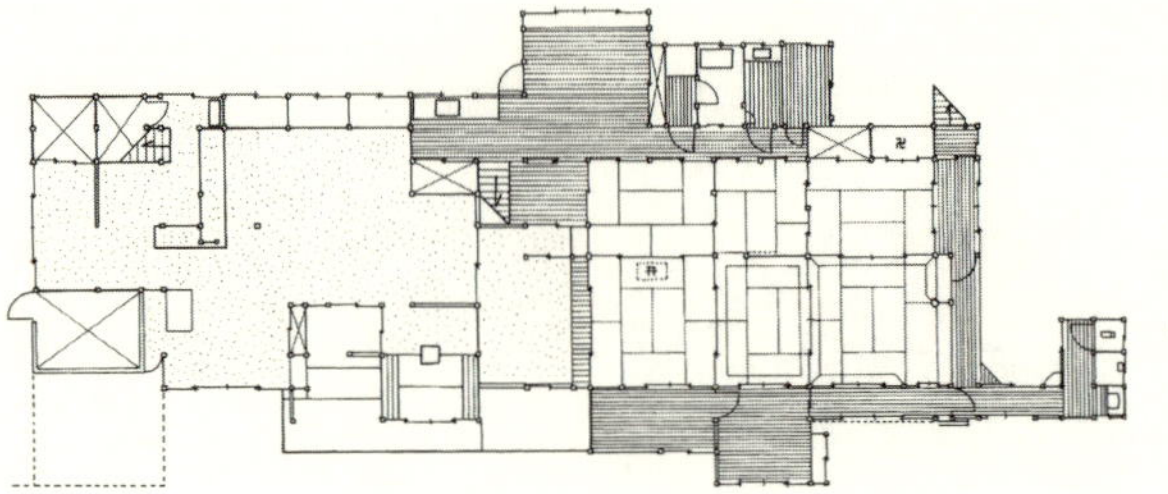

3　瀬戸口義久1階平面図

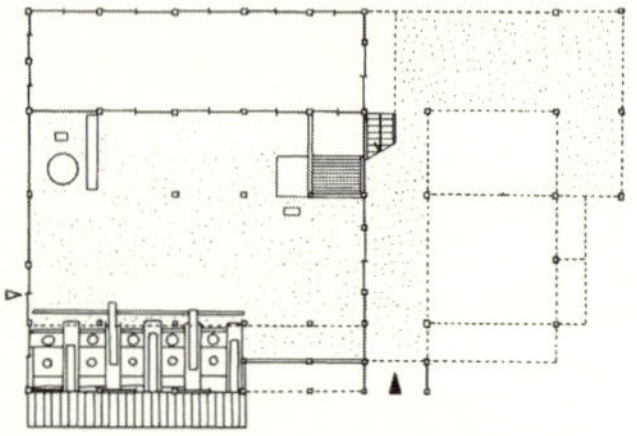

4　江上昭蔵家細工場復元平面図

図18　有田町内に所在する窯元の平面図（有田町教委1985より転載）

して、仮に認識することができたとしても立体的に復元することは至難であろう。よって、民俗例などを参照しながら予測的に調査するしかないと思っている。

『有田内山伝統的建造物群保存対策調査報告書』（有田町教育委員会一九八五）によれば、明治時代以前の窯元の家で現存しているものは文政一一年（一八二八）の文政の大火以前の池田広孝家、大火後再興された辻常喜家、安政年間以後に増築されたとみられる瀬戸口義久家、幕末の建築とみられる江上昭蔵家の四家である（図18）。細工場はこの窯元の敷地内にあったようである。いずれの家も大規模で平入り、土間が全平面の約二分の一と広いのがきわだった特徴であるとしている。後者の特徴については、「窯焼型の町家の平面形式上の特質は、農家とも商家とも異なる主屋の大半を占めた広大な作業空間（細工場）にこそ認められる」とも記しており、発掘調査の際に検出される土間の占有面積によっても細工場と推測することが可能であるかもしれない。ただし、窯焼型の町家で、旧状を復元することができたのは六戸に過ぎなかったため、一般的な平面形式の詳細は明らかではないとしている。また、報告書では聞き取り調査により江上昭蔵家の細工場を復元している。それによれば細工場は中央の土間と、その両側にあるクルマツボ、絵書座の三つの部分に分けられ、クルマツボは土間より一mほど掘り下げられ、中に五台ほどの轆轤が据え付けられ、奥行は約二ｍほどであったという。絵書座の床は土間より一段高くなっており土間とは建具で仕切られていたという。そして、絵書座の傍らでは釉薬かけが行なわれていたという。配置はともかく構造は「有田皿山職人尽し絵図大皿」に描かれた細工場と大異ない。

瀬上窯・切込窯・松山窯跡の調査例はいずれも工房ないし細工場は生産施設として独立した建物となっており、窯焼きの居住施設とは別に設けられている。こうした地方の比較的小さな窯場の特徴であろう。江戸後期の有田内山地区の窯焼きの町屋の特徴は作業空間の占める面積が大きいことであったが、それは町屋として見た場合の特徴であり、工房として見た場合、むしろ居住空間と一体となっている点が有田内山地区の特徴といえる。産地の規模、生産形態、立地条件によって工房の形態も変化するものと思われる。よって、有田でも比較的土地に恵まれた外山地区、あるいは内山地区であっても江戸前期においては、江戸後期の内山地区とは異なる特徴をみせる可能性もある。

第３項　素焼きに関する生産施設

素焼きに関する施設である素焼き窯についてみていく。素焼きは製品の成形後に摂氏九〇〇度前後で一度焼成を行うものである（有田町史編纂委員会一九八五ａ、二〇五頁）。そして、素焼き工程は磁器生産にとって必ずしも必要な工程ではなく、磁器の創始段階では素焼きは行われていないし、また、製品の種類によっては素焼きを行わずに焼成されることも少なくない。また、近代には本焼き焼成のための登り窯の最上室で余熱を利用した素焼きが行われており（有田町史編纂委員会一九八五ａ、二〇七頁）、生産工程上は必ずしも素焼き専用窯を必要としていない。肥前地区における素焼き窯の検出例はほとんどなく、他地区の素焼き窯遺構や民俗資料などを含めて考えてみたい。

(1)　肥前地区における素焼き窯遺構

瀬古窯跡

瀬古窯跡は長崎市東町字北ノ砂古に所在する一九世紀頃の窯である。文化二年（一八〇五）開窯と伝えられる。発掘調査では登り窯一基、物原、素焼き窯と思われる遺構などが検出されている（長崎市埋蔵文化財調査協議会二〇〇〇）。報告書によれば、素焼き窯と思われる遺構は、トンバイで築いた火床境や硬化した火床面、白色砂が残る砂床面を有し、その背後に五〇～六〇cm大の安山岩礫を半円状に配した溝を備えている。砂床面は火床に向かって約七度で傾斜しており、わずかながら素焼きの細片が散布し、火床の外側では炭及び大量の素焼き片が出土している。床面の構造は平床式と思われる（図19-1）。

中樽一丁目遺跡

中樽一丁目遺跡で発見された工房跡の一角に素焼き窯遺構が検出されている。薪を焚く火床と製品を詰める砂床があったと思われるが、砂床はすでに削平されており、かろうじて火床が残っていたという（村上二〇一四）。

(2) 肥前地区以外の素焼き窯遺構

三田古窯

三田市三輪字宮の越に所在する三輪明神窯の発掘調査によって、素焼き窯が一基検出されている（三田市教育委員会一九八一）。写真をみる限り、平床式か有段式のようである。全長四m、幅五mを有している。

堂島蔵屋敷跡

元禄元年（一六八八）に成立した堂島新地の上に築かれ、一七一六年以前には廃されたと推測される本焼き陶器窯に付随して、素焼き窯と推定される二基の昇焔式の円筒状の窯が検出されている（大阪市文化財協会一九九九）。遺存状態がよい2号窯は全長約一・五mで円筒状の燃焼室（上部は焼成室）と方形の焚口が連接した形をしている（図19-2）。円筒部の直径は底部で約〇・五mあり、やや広がりながら立ち上がる。方形部の長さは〇・九m、幅は〇・三mである。底面の高さは円筒底面の円形部が方形部より五cmほど高くなっている。円筒部の底部にはサヤ鉢が伏せてあり、支柱となっている。地下にはさらに二段、合計三段のサヤ鉢が積まれている。3号窯は平面形は2号窯と同様であるが、残りが悪く、残存長・焼成室幅ともに〇・九mである。

松山窯跡

細工場の項でも触れたが、松山窯跡では素焼き窯と思われる平窯（図19-4）が一基検出されている（佐々木一九八三）。登り窯の下方の平坦地に工房跡に隣接するように築かれている。窯は長さ二・七m、最大幅一・七mで、床は傾斜しているという。実測図をみると有牀式のようである。

萩焼古窯

萩焼古窯の第七次発掘調査によって、素焼き窯が二基検出されている（山口県教育委員会・日本工芸会山口支部一九九一）。いずれも長門市大字深川湯本字三ノ瀬に所在する。1号素焼き窯（図19-3）は平床式で、床面の平面形は円形で、内法は直径一四〇cmである。焚き口部は幅六〇cmで自然石を段重ねに築いている。2号素焼き窯（図19-3）は有牀式で、燃焼室と焼成室に分かれる。検出部分の窯体規模は全長三・八〇m、焼成室の最大幅は内法で二・四二m、奥行二・二一mである。燃焼室は奥壁に向けてやや扇形に拡がる平面形をなし、遺存部分の最大幅は二・一〇mである。焼成室は

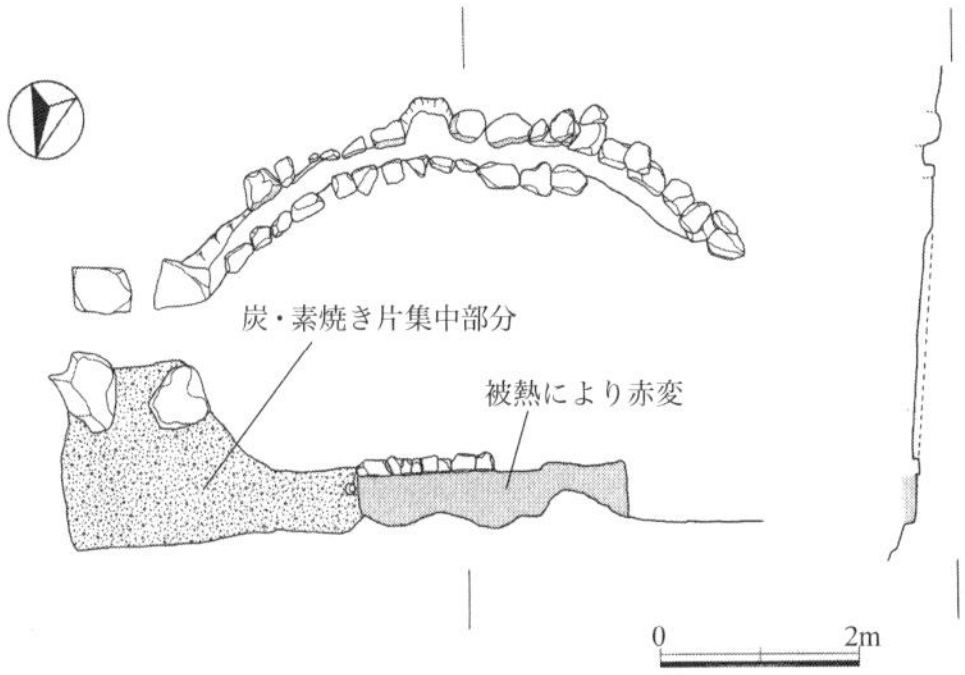

1　瀬古窯跡検出素焼き窯平面図
（長崎市埋蔵文化財調査協議会2000より転載）

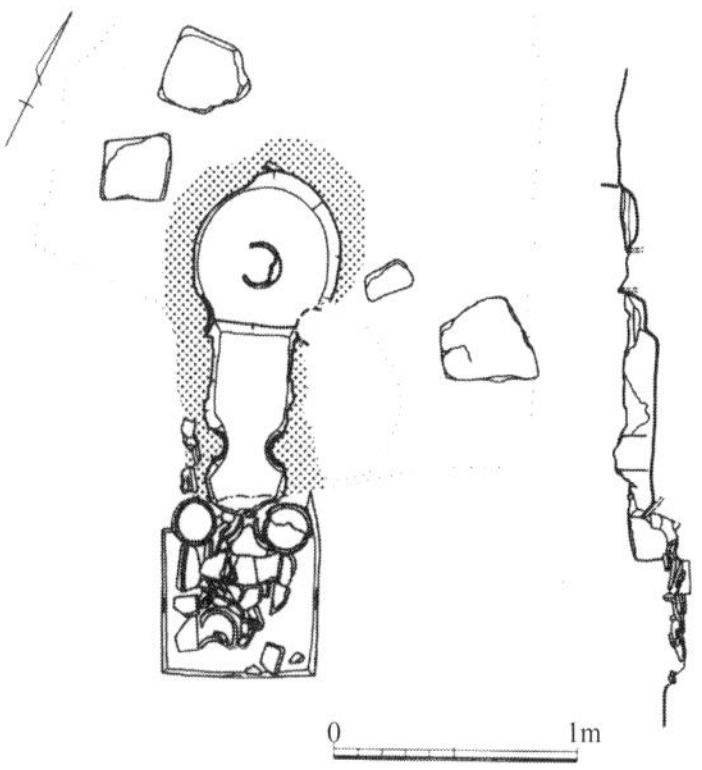

2　堂島蔵屋敷跡検出2号窯平面図
（大阪市文化財協会1999より転載）

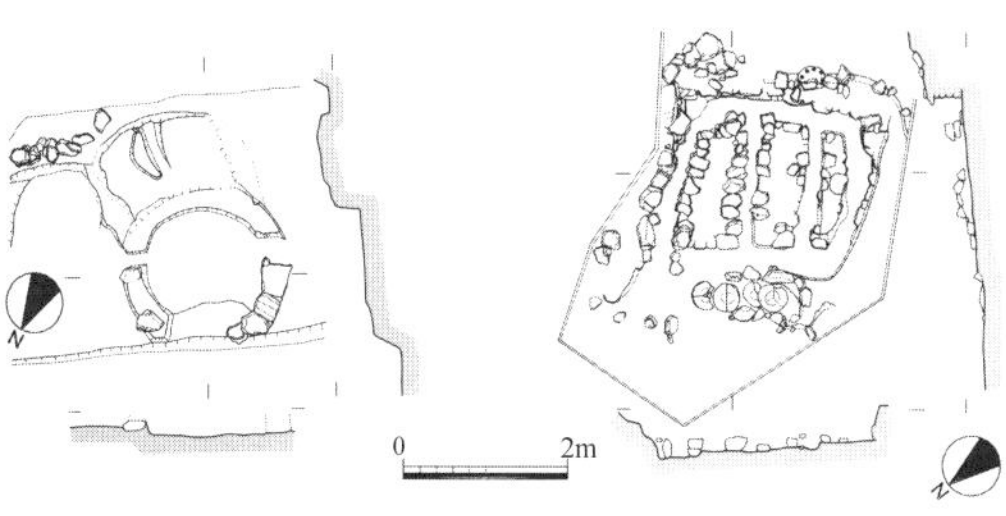

3　萩焼古窯跡検出素焼き窯平面図（左：1号窯、右：2号窯）
（山口県教委ほか1991より転載）

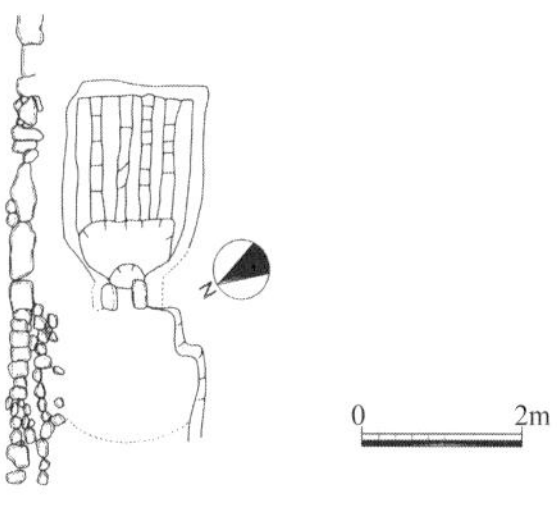

4　松山窯跡検出素焼き窯平面図
（佐々木1983より転載）

図19　各地の窯跡から検出された素焼き窯の平面図

牀が三列配置され、礫を主体に幅四二～八一cm、奥行一四三～一六五cmの長方形に構築されている。

(3)　肥前地区の素焼き窯

寛政一一年（一七九九）に出版されたという『日本山海名産図会』（註解千葉一九七〇、一六七頁）には、「素焼窯は図するごとく糀室の如き物にて器物を内に積み重ね、火門一方にありて薪を用ゆ。度量を候い火を消し其まま能くさます。」とあり、文政一三年（一八三〇）に出版された欽古堂亀祐著の『陶器指南』（欽古堂・註解河村一九三三）には「素焼窯はたき口よりさし木をもってやく、すやき、一円に火のまはりしとき、風穴より風を入、其時至てたき口を窯せきをもってとづるなり。窯せきは窯の戸口を塞ぐ際用うる砂の交りたる土を言う」とある。肥前では一七世紀中頃より素焼きが始まると考えられているが、有田町内では江戸時代の素焼き窯の検出例は中樽一丁目遺跡の一例のみである。

肥前の江戸後期の素焼き窯の構造については、「有田皿山職人尽し絵図大皿」によって知ることができる（図20）。窯には製品の出し入れを行う出入口があり、出入口から入ったところに「火床」を設けていることから、出入口が「木口」として使われていることがわかる。そして、「砂床」は火床よりトンバイ二段分高い位置にある。砂床ではトチンを並べてその上に製品を置いている。この場合、トチンが素焼き窯用の窯道具であるのか、それとも本焼き用の窯道具の生地を素焼きしている状態であるのか、不明である。後述する赤絵町遺跡では素焼きされた窯道具が出土しており、素焼き窯で窯道具として利用しながらその素焼きも行うことが合理的と思われる。窯の側壁には、登り窯で見られるような「色見穴」は少なくとも出入口側には見られない。窯の後方は「煙出し」と思われるものがトンバイによって築かれている。その上には薪が積んであり、おそらく窯の余熱で乾燥させるためであろう。後述する『安政六年松浦郡有田郷図』に描かれている素焼き窯と思われる単窯（図21）にもトンバイで築かれた煙出しと思えるものが描かれている例がある。なお、その絵図では登り窯の煙出しも同様に描かれたものが見られる。また、『安政六年松浦郡有田郷図』の単窯には覆屋が描かれているものも含まれているが、「有田皿山職人尽し絵図大皿」に見られる素焼き窯には「覆屋」は描かれていない。登り窯で行う本焼きほど焼成温度も高くなく、また一室のみの焼成で焼成時間も短いことから、簡易的な覆屋で十分であったのかもしれない。そして、「有田皿山職人尽し絵図大皿」によれば、窯を囲むように四本の柱が立てられ、棹が渡されており、これはさらに皿板を渡して製品の素地などをのせて窯の余熱で乾燥させた可能性がある。窯の後方にも同じく柱を立てて、棹をわたして皿板の上に製品をのせている光景が描かれている。また、窯の上に液状のものを流しかけている光景が描かれているが、窯に隣接して「オロ」と思われる施設が描かれているため、そのオロから取り出したものを窯の上にかけて、窯の余熱を利用して乾燥させるものかもしれない。そして、構造的には人間一人が窯の上にのって作業をしてもよい程度の強度を有していたことがわかる。以上、「有田皿山職人尽し絵図大皿」に見る素焼き窯を中心に記したが、焼成室そのものは登り窯のそれに似た構造を有しており、登り窯を築く技術があれば特に新しい技術は必要ではないと思われる。そして、素焼き窯で焼成する際には、生じる余熱も最大限活用させようとしたことも理解できる。

そして、素焼き窯の分布については、『安政六年松浦郡有田郷図』に単窯が描かれていることを佐々木達夫らが発表している（佐々木・玉林一九七四、一三－一七頁）。江戸時代の有田の中で単窯構造をもつ窯は、赤絵窯・乾（こう）かし窯・素焼き窯などであるが、配置を考えると、この場合はやはり多くが素焼き窯を描いたものと思われる。佐々木達夫らが集計した資料によると、単窯は内山地区で三三基、外山地区（黒牟田山・応法山・広瀬山・外尾山）は三基で、合計三六基である。窯場により数の差が見られるが、全ての素焼き窯が描かれているわけではないのかもしれない。

また、赤絵町遺跡では土型・窯道具が大量に出土する土壙が検出された。これら土型及び窯道具は「素焼き」程度の焼成で十分可能なものである。赤絵町の赤絵屋が「型屋」及び「窯道具屋」を兼ねていた可能性が高い。

図20　「有田皿山職人尽し絵図大皿」(素焼き窯部分)

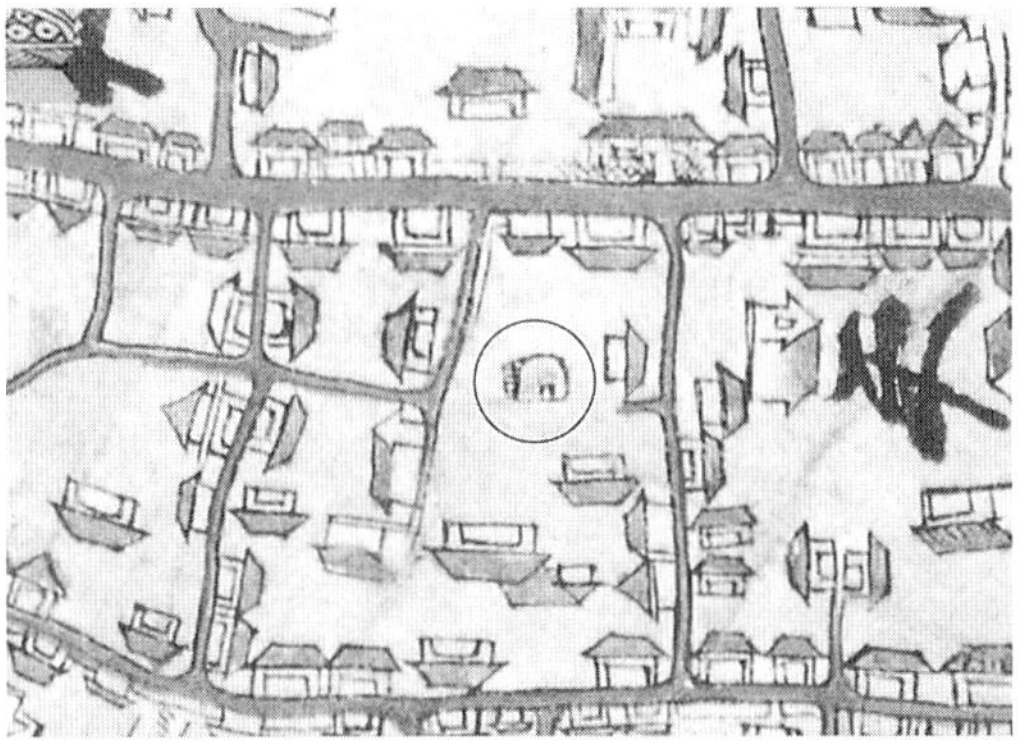

図21　『安政六年松浦郡有田郷図』に描かれている素焼き窯

ここで、他産地の素焼き窯、あるいはその可能性のある遺構の検出例をみると、少なくとも構造的にいくつかの種類があるようである。まず、昇焔式と横焔式に分けられ、後者は牀の有無によって、有牀式と無牀式に分けられる。そして、無牀式はさらに床面が平坦な平床式と床面に段を有する有段式に分けられる。前述の「有田皿山職人尽し絵図大皿」に描かれているような素焼き窯は平床式にあたり、肥前においては江戸後期の一般的な素焼き窯は平床式であったと思われる。素焼き窯の地域差については、おそらく地域の違い、あるいは、技術の導入先の違いが窯構造の違いとなって現れているのであろう。

第4項　本焼き焼成に関する生産施設

肥前陶磁の生産施設の中で最も考古資料が豊富なものが本焼き焼成に関する登り窯である（図22〜24）。一九六〇年代後半に行われた天狗谷窯跡の発掘調査から一九七〇年代にかけての窯跡調査は、窯体内部の調査が中心で全掘された例も多い。登り窯の正確な全体規模、焼成室数を知るにはよい資料となっている。一九八〇年代以降の調査は、物原の層位的堆積の把握を重視した調査が増加し、窯体の調査は一部にとどめたものが多くなるが、焼成室の規模や窯体の範囲確認は行われているので、おおよその全体規模と焼成室数を推定できるようになっている。また、近年では肥前の窯業の技術導入の問題にも関わる岸岳系陶器窯の考古資料が増加している。

一方、文献史料から焼成室数を知ることができるものもある。一つは運上銀に関する記載等の中で焼成室数を記したもの（『代官旧記』など）、一つは絵図などに登り窯の姿が描かれているもの（『安政六年松浦郡有田郷図』など）などである。ただし、これらは近世後期以降のものが多く、近世前期における登り窯の規模が記されたものは少ない。そして、肥前地区以外では、天草の高浜の『上田家文書』などのように築窯技術について記した文献史料も残る。高浜焼は肥前の陶工が深く関わっていると推測されるので、当時の肥前の築窯技術をおおよそ推測することができる。

このように登り窯に関する資料は決して少なくないが、その研究は製品などに比べて遅れがちである。技術導入の問題も含めて残された研究課題も多い。大橋康二は焼成室規模によって時期区分し、それぞれの時期の焼成技術を考察することで、登り窯の変遷を初めて考古学的に明らかにしたが（大橋一九八六b）、それに続く研究は今のところ見られない。ここでは近年、増加した古窯跡の発掘調査資料等から、登り窯の数と分布、焼成室規模と数の変遷などを概観していきたい。

1　肥前の古窯跡発掘調査例

肥前地区の古窯跡について、大橋康二は佐賀県・長崎県内の古窯跡の一覧表を作成しており（大橋一九八九d、三九-四六頁）、それによると佐賀県内二二五ヶ所、長崎県七〇ヶ所の計二九五ヶ所の古窯跡をあげている。そして、一九九八〜一九九九年に作成した肥前古陶磁窯跡保存基礎台帳（佐賀県肥前古陶磁窯跡保存対策連絡会一九九九、二五-八六二頁）には佐賀県内の三四六の古窯跡が記載されている。大橋康二の一覧表作成後に発見された窯もあるが、基礎台帳の方は基本的には一つの登り窯に一つの番号を与えているため、このような数字の差となっている。同様の理由で遺跡台帳と基礎台帳の数も一致しない。また、基礎台帳作成後に新たに発見されたり、あるいは別の窯としていたものが同一の窯であることがわかった例もあり、これまでにいくらか増減がみられる。

図22「有田皿山職人尽し絵図大皿」（登り窯部分）

図23　登り窯遺構（黒牟田新窯）

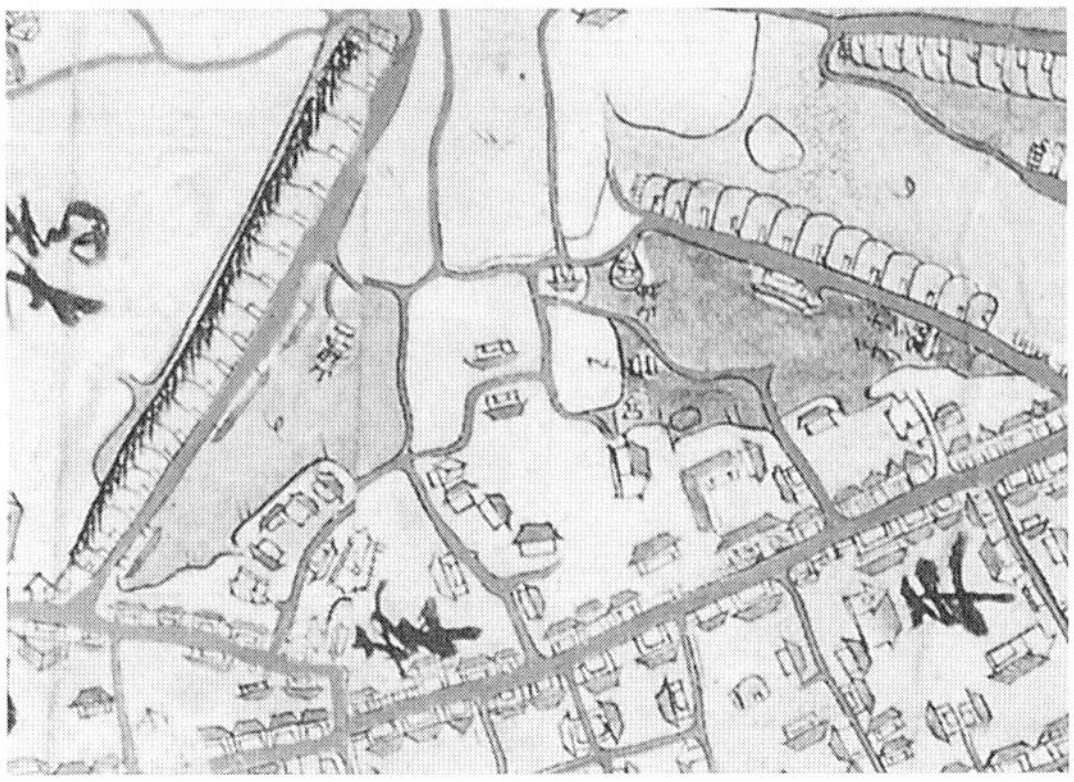

図24『安政六年松浦郡有田郷図』に描かれている登り窯

表1　主要肥前古窯跡一覧表

（佐賀県）

番号	窯跡名	所在地	調査年	調査主体
1	楠木谷窯跡	佐賀県西松浦郡有田町泉山	1985. 1990. 1992	佐賀県立九州陶磁文化館・有田町教育委員会
2	枳藪窯跡	佐賀県西松浦郡有田町泉山	1996	有田町教育委員会
3	年木谷1号窯跡	佐賀県西松浦郡有田町泉山	1987	佐賀県立九州陶磁文化館
4	年木谷3号窯跡	佐賀県西松浦郡有田町泉山	1993. 1996	有田町教育委員会
5	小樽2号窯跡	佐賀県西松浦郡有田町中樽	1984	有田町教育委員会
6	山小屋窯跡	佐賀県西松浦郡有田町中樽	1986	有田町教育委員会
7	白焼窯跡	佐賀県西松浦郡有田町幸平	2002	有田町教育委員会
8	谷窯	佐賀県西松浦郡有田町幸平	1976	有田町教育委員会
9	天狗谷窯跡	佐賀県西松浦郡有田町白川	1965~1970.1999~2001	有田町教育委員会
10	中白川窯跡	佐賀県西松浦郡有田町白川	1989	有田町教育委員会
11	下白川窯跡	佐賀県西松浦郡有田町白川	1987	佐賀県立九州陶磁文化館
12	稗古場窯跡	佐賀県西松浦郡有田町稗古場	1958	古伊萬里調査委員会
13	天神山窯跡	佐賀県西松浦郡有田町稗古場	1990	有田町教育委員会
14	天神町窯跡	佐賀県西松浦郡有田町岩谷川内	1991	有田町教育委員会
15	猿川窯跡	佐賀県西松浦郡有田町岩谷川内	1969	佐賀県教育委員会
16	岩中窯跡	佐賀県西松浦郡有田町岩谷川内	1999	有田町教育委員会
17	長吉谷窯跡	佐賀県西松浦郡有田町岩谷川内	1978	有田町教育委員会
18	禅門谷窯跡	佐賀県西松浦郡有田町戸杓	1989	有田町教育委員会
19	一本松窯跡	佐賀県西松浦郡有田町戸杓	1989	有田町教育委員会
20	向ノ原窯跡	佐賀県西松浦郡有田町戸杓	1991. 1994	有田町教育委員会
21	外尾山窯跡	佐賀県西松浦郡有田町外尾山	1991	有田町教育委員会
22	丸尾窯跡	佐賀県西松浦郡有田町丸尾	1988	有田町教育委員会
23	掛の谷窯跡	佐賀県西松浦郡有田町応法	1966. 1992	佐賀県文化館・有田町教育委員会
24	弥源次窯跡	佐賀県西松浦郡有田町応法	1966	佐賀県文化館
25	窯の谷窯跡	佐賀県西松浦郡有田町応法	1988. 1992	有田町教育委員会
26	山辺田窯跡	佐賀県西松浦郡有田町黒牟田	1972~1975	有田町教育委員会
27	多々良の元窯跡	佐賀県西松浦郡有田町黒牟田	1988	有田町教育委員会
28	黒牟田窯跡	佐賀県西松浦郡有田町黒牟田	1991	有田町教育委員会
29	小溝下窯跡	佐賀県西松浦郡有田町南原	1987	有田町教育委員会
30	小溝中窯跡	佐賀県西松浦郡有田町南原	1987	有田町教育委員会
31	小溝上窯跡	佐賀県西松浦郡有田町南原	1986. 1993~1996	佐賀県立九州陶磁文化館・有田町教育委員会
32	清六ノ辻1号窯跡	佐賀県西松浦郡有田町南原	1987	有田町教育委員会
33	清六ノ辻大師堂横窯跡	佐賀県西松浦郡有田町南原	1987	有田町教育委員会
34	清六ノ辻2号窯跡	佐賀県西松浦郡有田町南原	1982	有田町教育委員会
35	小物成窯跡	佐賀県西松浦郡有田町下南山	1986. 1992. 1995	有田町教育委員会
36	天神森窯跡	佐賀県西松浦郡有田町下南山	1974. 1995	有田町教育委員会
37	南川原窯ノ辻窯跡	佐賀県西松浦郡有田町下南山	1985. 1990	佐賀県立九州陶磁文化館・駒澤大学
38	平床窯跡	佐賀県西松浦郡有田町下南山	1986. 1992	有田町教育委員会
39	柿右衛門窯跡	佐賀県西松浦郡有田町下南山	1976~1978	有田町教育委員会
40	樋口窯跡	佐賀県西松浦郡有田町上南山	1982. 1984. 1988	有田町教育委員会・佐賀県立九州陶磁文化館
41	ムクロ窯跡	佐賀県西松浦郡有田町上南山	1990	有田町教育委員会
42	二ノ瀬窯跡	佐賀県西松浦郡有田町		
43	コウタケ窯跡	佐賀県西松浦郡有田町	1999	西有田町教育委員会
44	茂右衛門窯跡	佐賀県西松浦郡有田町大木松尾口	1998	佐賀県立九州陶磁文化館・西有田町教育委員会

45	広瀬向窯跡	佐賀県西松浦郡有田町大木黒岩	1985. 1996~1997. 2003~2007	佐賀県立九州陶磁文化館・ 有田町教育委員会
46	小森窯跡	佐賀県西松浦郡有田町大木小森・牧口	1991. 1992	西有田町教育委員会
47	弁財天窯跡	佐賀県西松浦郡有田町大木広瀬	1995	西有田町教育委員会
48	蔵本古窯跡	佐賀県西松浦郡有田町大木山門・蔵本		西有田町教育委員会
49	迎の原窯跡	佐賀県西松浦郡有田町大木中川内	1971	西有田町教育委員会
50	迎の原高麗神窯跡	佐賀県西松浦郡有田町大木中川内	1994	西有田町教育委員会
51	原明窯跡	佐賀県西松浦郡有田町曲川本谷	1964~1965. 1993	西有田町教育委員会
52	瓶屋窯跡	佐賀県伊万里市脇田町瓶屋	1988	伊万里市教育委員会
53	古瓶屋中窯跡	佐賀県伊万里市脇田町古瓶屋	1992	伊万里市教育委員会
54	櫨ノ谷窯跡	佐賀県伊万里市南波多町高麗櫓切	1967	伊万里市教育委員会
55	大川原窯跡	佐賀県伊万里市南波多町大川原山ノ口他	1967. 1993	佐賀県立九州陶磁文化館ほか
56	上多々良窯跡	佐賀県伊万里市南波多町府招仏谷	1989	伊万里市教育委員会
57	梅坂窯跡	佐賀県伊万里市大川町立川野田川丸	1991	伊万里市教育委員会
58	東田代筒江窯跡	佐賀県伊万里市大川町香平	2008~2011	伊万里市教育委員会
59	神谷窯跡	佐賀県伊万里市大川町立川原枇杷木	1986	伊万里市教育委員会
60	一若窯跡	佐賀県伊万里市大川町原空毛	1991	伊万里市教育委員会
61	焼山上窯跡	佐賀県伊万里市大川町川原辻	1987	伊万里市教育委員会
62	焼山中窯跡	佐賀県伊万里市大川町川原辻	1987	伊万里市教育委員会
63	焼山下Ａ窯跡	佐賀県伊万里市大川町川原辻	1981	伊万里市教育委員会
64	勝久窯跡	佐賀県伊万里市松浦町堤川鴫助	1990	伊万里市教育委員会
65	卒丁古場窯跡	佐賀県伊万里市松浦町堤川泉水	1990	伊万里市教育委員会
66	阿房谷窯跡	佐賀県伊万里市松浦町山形筆谷	1984	伊万里市教育委員会
67	茅ン谷１号窯跡	佐賀県伊万里市松浦町山形辻	1983	伊万里市教育委員会
68	茅ン谷２号窯跡	佐賀県伊万里市松浦町山形辻	1993	伊万里市教育委員会
69	鞍ヶ壺窯跡	佐賀県伊万里市松浦町山形下高尾	1992	伊万里市教育委員会
70	餅田窯跡	佐賀県伊万里市松浦町山形田	1988	伊万里市教育委員会
71	金石原窯辻窯跡	佐賀県伊万里市松浦町中野原金石原	1987	伊万里市教育委員会
72	岳野山窯跡	佐賀県伊万里市松浦町中野原鍋通	1990	伊万里市教育委員会
73	市の瀬高麗神上窯跡	佐賀県伊万里市大川内町谷馬木	1987	伊万里市教育委員会
74	市の瀬高麗神下窯跡	佐賀県伊万里市大川内町谷馬木	1991	伊万里市教育委員会
75	岩谷大山口窯跡	佐賀県伊万里市大川内町大山口	1981	伊万里市教育委員会
76	権現谷高麗神窯跡	佐賀県伊万里市大川内町権現谷	1989	伊万里市教育委員会
77	権現谷窯跡	佐賀県伊万里市大川内町権現谷	1985	鍋島藩窯調査委員会・ 伊万里市教育委員会
78	鍋島藩窯跡	佐賀県伊万里市大川内町二本柳	1952. 1972 ～ 1977	伊万里市教育委員会
79	日峰社下窯跡	佐賀県伊万里市大川内町二本柳	1989. 2000. 2014	伊万里市教育委員会
80	徒幾川内窯跡	佐賀県伊万里市大川内町三本柳	1992	伊万里市教育委員会
81	御経石窯跡	佐賀県伊万里市大川内町三本柳	1982	伊万里市教育委員会
82	清源下窯跡	佐賀県伊万里市大川内町三本柳	1982	伊万里市教育委員会
83	ダンバギリ窯跡	佐賀県武雄市山内町宮野板ノ川内	1983	佐賀県立九州陶磁文化館
84	窯ノ辻窯跡	佐賀県武雄市山内町宮野板ノ川内	1982. 1983	山内町教育委員会・ 佐賀県立九州陶磁文化館
85	百間窯跡	佐賀県武雄市山内町宮野板ノ川内	1984	佐賀県立九州陶磁文化館
86	川古窯ノ谷下窯跡	佐賀県武雄市若木町川古釜ヶ谷	1992	武雄市教育委員会
87	七曲窯跡	佐賀県武雄市武内町真手野黒牟田	1992	武雄市教育委員会
88	錆谷窯跡	佐賀県武雄市武内町真手野黒牟田	1991	武雄市教育委員会
89	山崎御立目窯跡	佐賀県武雄市武内町真手野平古場	1995	武雄市教育委員会
90	祥古谷窯跡	佐賀県武雄市武内町真手野平古場	1995	武雄市教育委員会
91	李祥古谷窯跡	佐賀県武雄市武内町真手野内田	1997	武雄市教育委員会
92	萱ノ谷窯跡	佐賀県武雄市武内町真手野内田	1998	武雄市教育委員会
93	大谷窯跡	佐賀県武雄市武内町真手野内田	1990	武雄市教育委員会
94	古屋敷窯跡	佐賀県武雄市武内町真手野内田	1995	武雄市教育委員会

95	小峠窯跡	佐賀県武雄市武内町真手野内田	1990	武雄市教育委員会
96	宇土谷1号窯跡	佐賀県武雄市武内町真手野宇土	1993	武雄市教育委員会
97	焼ヶ峰窯跡	佐賀県武雄市朝日町中野半上	1966	武雄市教育委員会
98	三の丸窯跡	佐賀県武雄市武雄町武雄	1961	武雄市教育委員会
99	小山路窯跡	佐賀県武雄市東川登町永野内田	1992	武雄市教育委員会
100	釜ノ頭窯跡	佐賀県武雄市西川登町小田志白木原	1996	武雄市教育委員会
101	新立山窯跡	佐賀県武雄市西川登町小田志白木原	1995	武雄市教育委員会
102	白木原1号窯跡	佐賀県武雄市西川登町小田志白木原	1993	武雄市教育委員会
103	白木原2号窯跡	佐賀県武雄市西川登町小田志白木原	1994	武雄市教育委員会
104	甕屋A窯跡	佐賀県武雄市西川登町小田志亀谷	1987	武雄市教育委員会
105	甕屋B窯跡	佐賀県武雄市西川登町小田志尻無	1986	武雄市教育委員会
106	土井木原窯跡	佐賀県武雄市西川登町神六土井木原	1997	武雄市教育委員会
107	浜町皿山窯跡	佐賀県鹿島市浜町皿山	1992	佐賀県立九州陶磁文化館
108	志田東山2号窯跡	佐賀県嬉野市塩田町久間北志田	2000	塩田町教育委員会
109	志田東山3号窯跡	佐賀県嬉野市塩田町久間東山	2001	塩田町教育委員会
110	志田西山1号窯跡	佐賀県嬉野市塩田町久間光武	1990	佐賀県立九州陶磁文化館
111	志田西山2号窯跡	佐賀県嬉野市塩田町久間西山	1999	塩田町教育委員会
112	大草野窯跡	佐賀県嬉野市塩田町大草野南	1996	塩田町教育委員会
113	本源寺窯跡	佐賀県嬉野市塩田町谷所木野	1998	塩田町教育委員会
114	上福2号窯跡	佐賀県嬉野市塩田町馬場下町分上福	1997	塩田町教育委員会
115	内野山北窯跡	佐賀県嬉野市嬉野町下宿坂下平	1988	佐賀県教育委員会
116	内野山南窯跡	佐賀県嬉野市嬉野町下宿坂下平	1993	嬉野町教育委員会
117	内野山西窯跡	佐賀県嬉野市嬉野町下宿高尾平	1991	嬉野町教育委員会
118	皿屋谷1号窯跡	佐賀県嬉野市嬉野町不動山皿屋南谷	1977. 1996	佐賀県教育委員会・ 嬉野町教育委員会
119	皿屋谷2号窯跡	佐賀県嬉野市嬉野町不動山皿屋南谷	1977	佐賀県教育委員会
120	皿屋谷3号窯跡	佐賀県嬉野市嬉野町不動山枯木	1978	嬉野町教育委員会
121	皿屋谷4号窯跡	佐賀県嬉野市嬉野町不動山皿屋谷	1996	嬉野町教育委員会
122	皿屋谷5号窯跡	佐賀県嬉野市嬉野町不動山皿屋谷	1996. 1997	嬉野町教育委員会
123	吉田1号窯跡	佐賀県嬉野市嬉野町吉田白岩	1989. 1995	佐賀県立九州陶磁文化館・ 嬉野町教育委員会
124	吉田2号窯跡	佐賀県嬉野市嬉野町吉田瓢箪	1988. 1992	佐賀県立九州陶磁文化館・ 嬉野町教育委員会
125	川久保窯跡	佐賀県佐賀市久保泉町川久保牟田々	1998	佐賀市教育委員会
126	小十冠窯跡	佐賀県唐津市梨川坂	1984	唐津市教育委員会
127	御茶碗窯跡	佐賀県唐津市町田5丁目1324番地		
128	坊主町窯跡	佐賀県唐津市坊主町	1984	唐津市教育委員会
129	飯胴甕下窯跡	佐賀県唐津市北波多稗田帆柱	1956	肥前陶磁研究会古唐津調査部会
130	飯胴甕下窯跡	佐賀県唐津市北波多稗田帆柱	1998	北波多村教育委員会
131	帆柱窯跡	佐賀県唐津市北波多稗田帆柱	1994	佐賀県立九州陶磁文化館
132	皿屋窯跡	佐賀県唐津市北波多稗田杉谷	1997	佐賀県立九州陶磁文化館
133	皿屋上窯跡	佐賀県唐津市北波多稗田杉谷	1999	佐賀県立九州陶磁文化館
134	田中窯跡	佐賀県唐津市北波多田中字千草野	2012	唐津市教育委員会
135	道納屋窯跡	佐賀県唐津市相知町佐里岸嶽	1999	相知市教育委員会
136	平松窯跡	佐賀県唐津市相知町佐里平松	2001	相知市教育委員会
137	山瀬上窯跡	佐賀県唐津市浜玉町山瀬	1997. 1999	浜玉町教育委員会
138	山瀬下窯跡	佐賀県唐津市浜玉町山瀬	1996	浜玉町教育委員会
139	諸浦窯跡	佐賀県東松浦群玄海町大字諸浦石木	1993	玄海町教育委員会
140	唐人古場窯跡	佐賀県多久市多久町梅野	1993	多久市教育委員会
141	大山新窯跡	佐賀県多久市西多久町板屋		
142	白石焼皿山窯跡	佐賀県三養基郡みやき町白壁皿山	2005~2009	みやき町教育委員会

(長崎県)

番号	窯跡名	所在地	調査年	調査主体
143	畑ノ原窯跡	長崎県東彼杵郡波佐見町村木郷畑原	1981	波佐見町教育委員会
144	古皿屋窯跡	長崎県東彼杵郡波佐見町村木郷小ヅツエ	1994	波佐見町教育委員会
145	山似田窯跡	長崎県東彼杵郡波佐見町村木郷山似田	1990	波佐見町教育委員会
146	百貫西窯跡	長崎県東彼杵郡波佐見町村木郷百貫	1992	波佐見町教育委員会
147	下稗木場窯跡	長崎県東彼杵郡波佐見町稗木場郷堂ノ前	1993	波佐見町教育委員会
148	辺後ノ谷窯跡	長崎県東彼杵郡波佐見町皿山郷辺後ノ谷	1991	波佐見町教育委員会
149	高尾窯跡	長崎県東彼杵郡波佐見町皿山郷辺高尾	1995. 2001	波佐見町教育委員会
150	皿山本窯跡	長崎県東彼杵郡波佐見町皿山郷櫨ノ尾	1998	波佐見町教育委員会
151	鳥越窯跡	長崎県東彼杵郡波佐見町湯無田郷鳥越	1994	波佐見町教育委員会
152	長田山窯跡	長崎県東彼杵郡波佐見町井石郷長田山	1996	波佐見町教育委員会
153	広川原窯跡	長崎県東彼杵郡波佐見町中尾郷葉山	2002	波佐見町教育委員会
154	中尾下登窯跡	長崎県東彼杵郡波佐見町中尾郷下登	1979. 1991	金沢大学・波佐見町教育委員会
155	中尾上登窯跡	長崎県東彼杵郡波佐見町中尾郷白岳	1991	波佐見町教育委員会
156	中尾大新窯跡	長崎県東彼杵郡波佐見町中尾郷アカイ倉	2004. 2005	波佐見町教育委員会
157	咽口窯跡	長崎県東彼杵郡波佐見町三股郷咽口	1990	波佐見町教育委員会
158	三股青磁窯跡	長崎県東彼杵郡波佐見町三股郷三股	1997	波佐見町教育委員会
159	三股古窯跡	長崎県東彼杵郡波佐見町三股郷三股	1993	波佐見町教育委員会
160	三股本登窯跡	長崎県東彼杵郡波佐見町三股郷山ノ神	1999	波佐見町教育委員会
161	三股新登窯跡	長崎県東彼杵郡波佐見町三股郷新釜	1992	波佐見町教育委員会
162	永尾本登窯跡	長崎県東彼杵郡波佐見町永尾郷永尾山	1992	波佐見町教育委員会
163	永尾高麗窯跡	長崎県東彼杵郡波佐見町三股郷山ノ神	1993	波佐見町教育委員会
164	木場山窯跡	長崎県東彼杵郡波佐見町三股郷木場山	1990	波佐見町教育委員会
165	長葉山窯跡	長崎県佐世保市三川内町	1997. 1998	佐世保市教育委員会
166	三川内東窯跡	長崎県佐世保市三川内町	2000	佐世保市教育委員会
167	三川内西窯跡	長崎県佐世保市三川内町	2000	佐世保市教育委員会
168	牛石窯跡	長崎県佐世保市新行江町		佐世保市教育委員会
169	江永古窯跡	長崎県佐世保市江永町	1974	佐世保市教育委員会
170	木原地蔵平窯跡	長崎県佐世保市木原町	1977	佐世保市教育委員会
171	葭の本窯跡	長崎県佐世保市木原町 587-9 番	1982	佐世保市教育委員会
172	松浦皿山窯跡	長崎県松浦市志佐町白浜免京地1036 番地	1980~1981	松浦市教育委員会
173	福井窯跡	長崎県佐世保市吉井町直谷免	1983~1985	長崎県立美術博物館
174	中野窯跡	長崎県平戸市山中町紙漉地区	1992~1993	平戸市教育委員会
175	土井の浦窯跡	長崎県大村市陰平町	1989	大村市教育委員会
176	長与窯跡	長崎県西彼杵郡長与町嬉里郷田尾	1973. 1993	長与町教育委員会
177	ハラタラ窯跡	長崎県諫早市土師野尾町	1979	諫早市教育委員会
178	中道窯跡	長崎県諫早市土師野尾町	1979	諫早市教育委員会
179	鬼木上窯跡	長崎県長崎市現川町	1983~1984	長崎市教育委員会
180	観音窯跡	長崎県長崎市現川町	1999	長崎市教育委員会
181	瀬古窯跡	長崎県長崎市東町 2484-1	1995~1996	長崎市教育委員会
182	亀山焼窯跡	長崎県長崎市伊良林	1996	長崎市教育委員会

そして、これまで発掘調査が行われた肥前地区の古窯跡をまとめたものが表1である。一八〇ヶ所以上の古窯跡が発掘調査されている。その中で佐賀県に所在する窯跡は一四二ヶ所以上であり、内訳は有田町五一ヶ所、伊万里市三一ヶ所、武雄市二四ヶ所、鹿島市一ヶ所、嬉野市一七ヶ所、佐賀市一ヶ所、唐津市一三ヶ所、玄海町一ヶ所、多久市二ヶ所、みやき町一ヶ所である。有田町・伊万里市の二市町で佐賀県全体の五七％以上を占めている。長崎県に所在する古窯跡は四〇ヶ所であり、内訳は波佐見町二二ヶ所、佐世保市八ヶ所、松浦市一ヶ所、平戸市一ヶ所、大村市一ヶ所、長与町一ヶ所、諫早市二ヶ所、長崎市四ヶ所である。波佐見町だけで長崎県全体の五三％以上を占めている。

2　肥前の窯構造の変遷の概要

朝鮮半島の登り窯が肥前地方に導入されるのは、一六世紀末のことである。初期の窯構造はさまざまであり、単室登り窯、割竹式登り窯、連房式階段状登り窯などに分けられるが、有田で磁器が生産される一七世紀の初め以降は、一部の陶器窯を除いて、連房式階段状登り窯が標準的な窯構造となっていく。その後も改良が加えられるが、基本的な焼成の仕組みと構造は幕末に至るまで変わらない（図25）。すなわち、胴木間と複数連なる焼成室からなり、胴木間には正面に焚口が一つ設けられている。焼成室は片側に出入口（木口）が設けられ、焼成室内部は火床と砂床に分けられ、平坦な床面と高い奥壁を有する。そして、「温座ノ巣」とよばれる横狭間を通して、下方の焼成室の熱と炎が上方へと伝わる仕組みとなっている。

一方、基本的な焼成の仕組みや構造には変化がなくともその規模や平面プランは大きく変わっていく。胴木間の横幅と焼成室の横幅に差があまりない初期の窯の場合、胴木間から最上室まで同じ幅で続く平面プランをしているが、年代が下がるにつれて、焼成室の規模が拡大し、胴木間と最も大きい焼成室の横幅の差が生じることによって、扇状に広がっていく部分ができる。そのため、肥前の登り窯は、胴木間と扇状部分、そして、焼成室規模が一定する部分によって構成されるものが一般的となる。扇状部分の長さは最も大きい焼成室の横幅にほぼ比例することになり、一八～一九世紀であれば胴木間から九室程度までは扇状に広がり、一〇室以降は側壁ラインがほぼ平行線をたどる形をしている。

一方、焼成室数が少ない登り窯の場合、胴木間と扇状部分のみとなり、平面プランは扇状を呈する。焼成室数が少ない扇形の平面

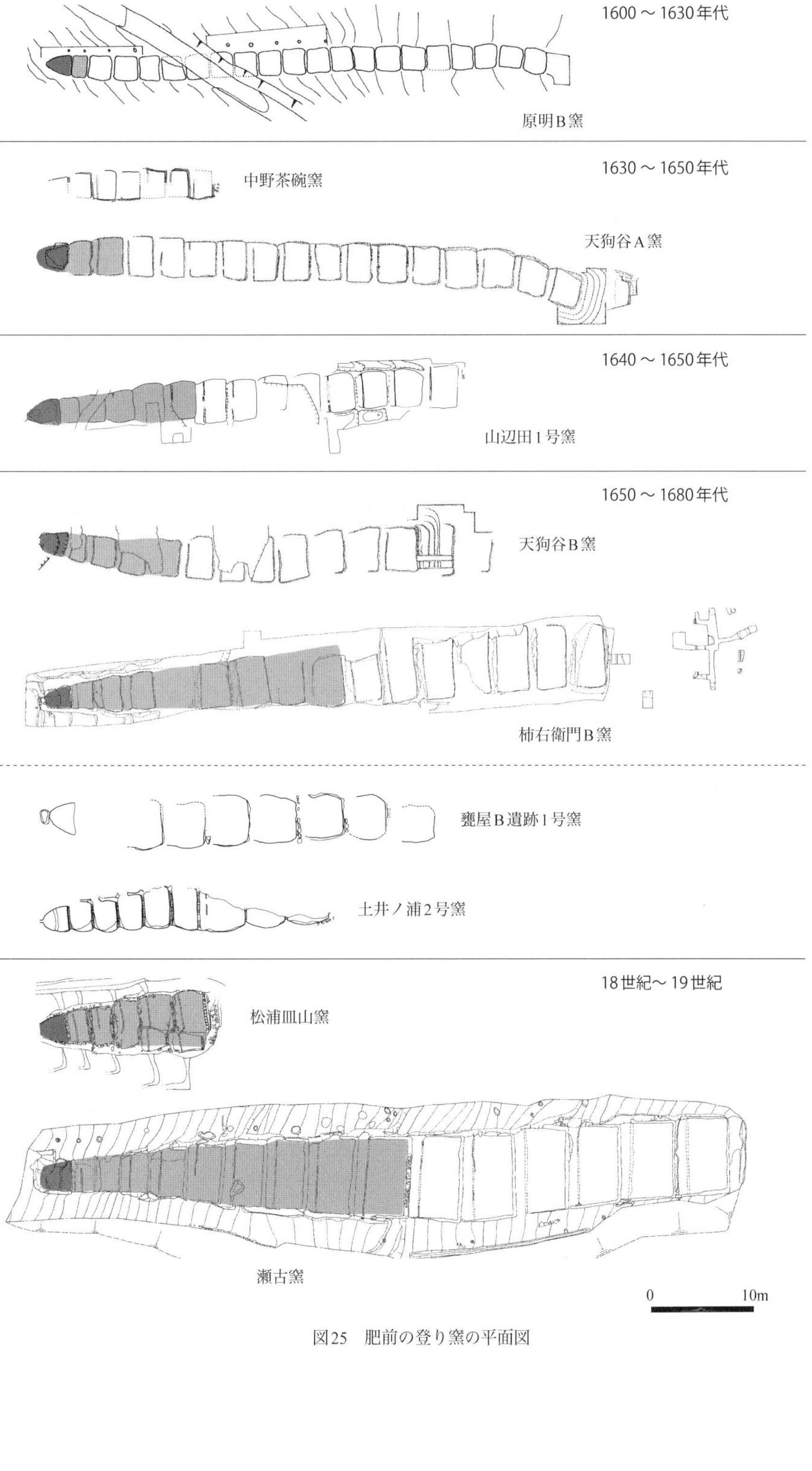

図25　肥前の登り窯の平面図

プランの窯構造は、焼成室数が多い登り窯の扇状部分の構造と基本的に変わりないが、扇の広がりの角度がやや大きい。少ない焼成室で焼成空間をできるだけ確保するためであろう。

そして、窯の規模の拡大に伴い、構築材も変化していく。初期の窯は一部に自然石や加工石材が用いられることもあるが、基本的に粘土で築かれている。一部の窯を除き、一七世紀前半までは温座ノ巣の部分を除いてレンガ（トンバイ）の使用は認められない。そして、一六五〇年代頃より奥壁のみレンガで築くことが始まり、一七世紀後半の間に一般化する。続いて一八世紀中頃〜後半になると、側壁までレンガで築いた窯が現れると推定されている。一九世紀初の大山新窯の側壁は温座ノ巣の高さまでレンガで築かれているが、それ以上の部分は塗り壁である。近代以降の登り窯で天井部までレンガで築かれた窯が残るが、総レンガ造りとなる正確な時期は明らかではない。

そして、肥前の登り窯の窯構造そのものが大きく変化するのは、近代以降である。近代になると、複数の焚口を有する胴木間が導入される。胴木間の横幅が広くなることで扇状の部分が必要でなくなり、全長も短くなり、平面プランも大きく変わる。

窯詰め技法については、砂床にトチン、ハマを敷き詰めて、その上に製品を置いて焼く方法が最も一般的であった。そして、江戸後期になると焼成室規模の拡大とともに天井が高くなり、室内の上部空間を活用するために天秤積みとよばれる窯詰め技法が行われるようになる。ボシとよばれる匣鉢は磁器の生産開始以降、江戸時代を通して使用されるが、瀬戸・美濃や京・信楽のように匣鉢積みするためのものではなく、品質の高い製品を焼くための道具であった。積極的に匣鉢積みを行うようになるのは近代に入ってからのことである。

3　登り窯の数と分布

登り窯の数は、一部の文献史料を除けば、現存する古窯跡の数から推測するほかない。古窯跡の数から厳密に同時期に操業した窯の数を知ることは難しい。すでに消滅している古窯跡もあるであろうし、窯の耐用年数が短い段階の方が古窯跡の数が数字上多くなることは容易に推察される。ここでは主に有田・波佐見周辺の古窯跡についてみていく（図26、表2）。

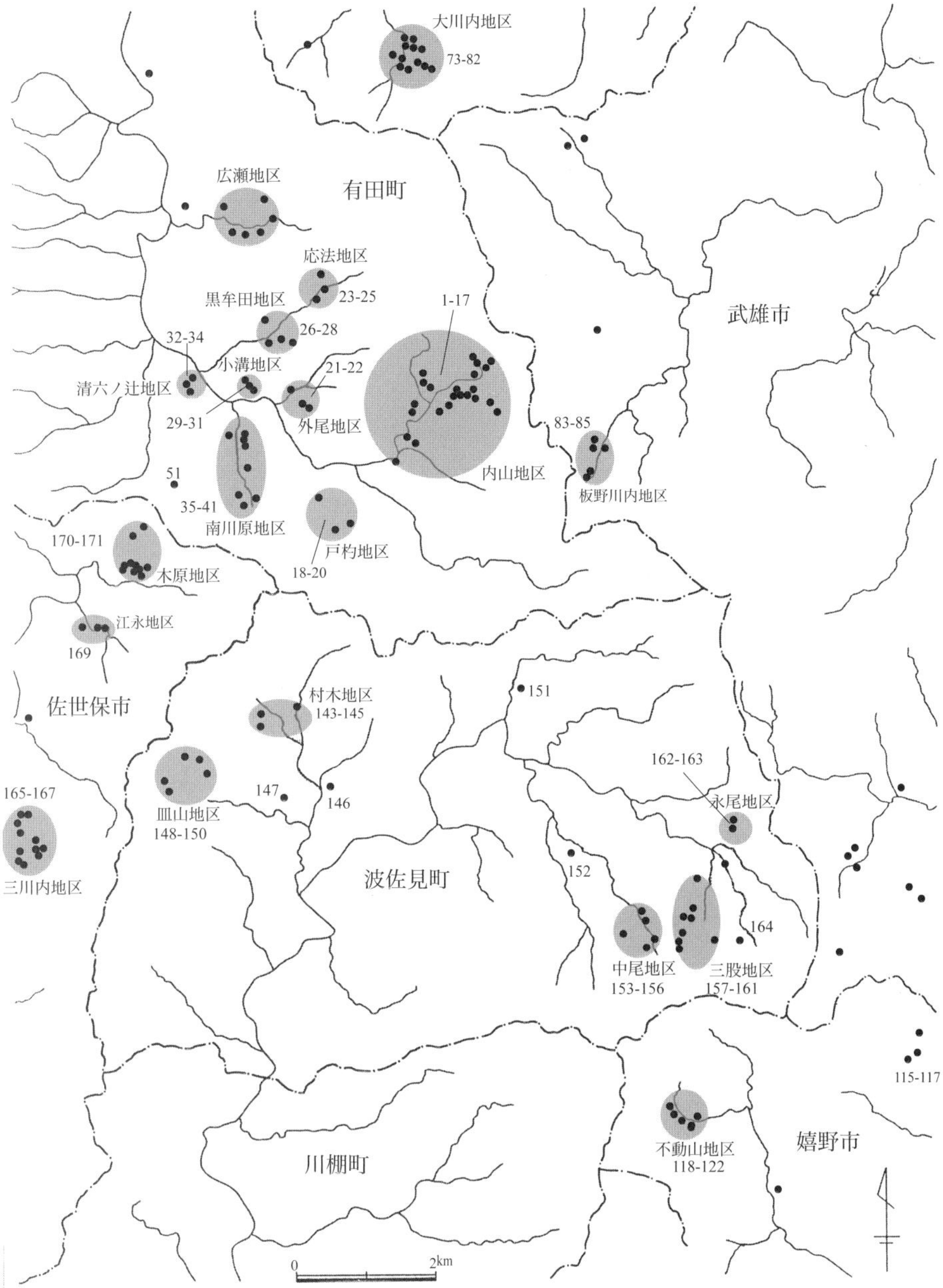

図26　有田・波佐見周辺古窯跡分布図（番号は表1に対応）

表2　窯の概数の変遷

グラフ上の年代	1590～1610	1600～1630	1630～1650	1650～1660	1660～1680	1680～1740	1740～1780	1780～1860
内山地区（有田町）	0	5	11	12	7	9	9	11
外山地区（有田町）	5	19	9	13	8	6	5	7
有田地区（有田町）	5	24	20	25	15	15	14	18

グラフ上の年代	1590～1610	1600～1630	1630～1650	1650～1660	1660～1680	1680～1740	1740～1780	1780～1860
小森谷窯	1							
原明A窯	1	1						
原明B窯		1						
原明C窯		1						
原明D窯		1						
二ノ瀬窯		1						
弁財天窯		1						
迎の原上窯		1						
コウタケ窯			1	1				
広瀬向1号窯				1	1			
広瀬向3号窯						1		
広瀬向2号窯							1	1
茂右衛門窯							1	1
天神森2号窯	1							
天神森3’号窯	1							
天神森8号窯		1						
天神森1号窯		1						
天神森3号窯		1						
天神森4号窯								
天神森5号窯		1						
天神森7号窯		1						
天神森9号窯		1						
小物成2号窯	1	1						
小物成1号窯		1						
小溝上1号窯	1	1						
小溝上2号窯								
小溝上3号窯		1						
小溝上4号窯								
小溝上5号窯								
小溝中窯		1						
小溝下窯		1						
清六ノ辻1号窯		1						
清六ノ辻2号窯		1						
清六ノ辻太師堂横窯		1						
山辺田4号窯	1							
山辺田7号窯		1						
山辺田6号窯			1					
山辺田9号窯			1					
山辺田3号窯			1					
山辺田4’号窯			1					
山辺田1号窯				1				
山辺田2号窯				1				
多々良の元B窯			1					

多々良の元A窯			1				
多々良の元C窯				1	1		
多々良の元D窯						1	1
黒牟田新窯							1
向ノ原1号窯	1						
向ノ原2号窯	1						
向ノ原3号窯		1					
禅門谷窯		1					
一本松窯		1					
外尾山1号窯	1						
外尾山2号窯		1					
外尾山4号窯			1				
丸尾窯			1				
外尾山3号窯				1			
外尾山5号窯					1		
外尾山6号窯						1	1
外尾山廟祖谷窯							1
掛の谷1号窯			1				
掛の谷2号窯			1				
弥源次窯			1	1			
窯の谷窯			1	1	1	1	1
平床窯			1				
南川原窯ノ辻G窯			1				
南川原窯ノ辻F窯				1			
南川原窯ノ辻E窯					1		
南川原窯ノ辻D窯						1	1
柿右衛門B窯				1			
柿右衛門A窯				1			
樋口4号窯			1				
樋口1号窯			1	1			
樋口2号窯					1		
樋口3号窯						1	1
ムクロ谷窯					1		
猿川B窯	1	1					
猿川窯1			1				
猿川窯2					1	1	1
天神町窯		1					
長吉谷窯			1	1			
天神山窯			1				
稗古場窯	1	1	1	1	1	1	1
天狗谷E窯	1	1					
天狗谷A窯							
天狗谷D窯							
天狗谷B窯			1				
天狗谷C窯							
中白川窯		1	1				
下白川窯		1	1	1	1	1	1
谷窯			1	1	1	1	1
白焼窯					1	1	1
前登窯				1	1	1	1

西登窯					1	1	1	1
大樽窯			1	1	1	1	1	1
山小屋窯			1					
中樽窯								
小樽1号窯		1	1					
小樽2号窯		1	1					
小樽2号新窯								1
楠木谷1号窯			1					
楠木谷2号窯				1				
枳薮窯				1				
年木谷3号窯				1				
年木谷3’号窯						1	1	1
年木谷1号窯								1
グラフ上の年代	1590〜1610	1600〜1630	1630〜1650	1650〜1660	1660〜1680	1680〜1740	1740〜1780	1780〜1860
西有田町合計	2	7	1	2	1	1	2	2
有田町合計	5	24	20	25	15	15	14	18
有田地区合計	7	31	21	27	16	16	16	20

グラフ上の年代	1590〜1610	1600〜1630	1630〜1650	1650〜1660	1660〜1680	1680〜1740	1740〜1780	1780〜1860
下稗木場窯	1							
畑の原窯		1						
古皿屋窯		1						
山似田窯		1						
百貫西窯						1		
鳥越窯		1	1					
三股青磁窯			1					
三股古窯			1	1				
三股古窯’						1		
咽口窯				1	1			
三股上登窯							1	1
三股本登窯						1	1	1
三股新登窯						1	1	1
広川原窯			1	1				
中尾上登窯				1	1	1	1	1
中尾下登窯					1	1	1	1
中尾大新窯						1	1	1
永尾高麗窯					1			
木場山窯					1	1		
永尾本登窯						1	1	1
長田山窯						1		
辺後ノ谷窯					1			
向平窯					1			
高尾窯					1	1		
皿山本登窯					1	1	1	1
グラフ上の年代	1590〜1610	1600〜1630	1630〜1650	1650〜1660	1660〜1680	1680〜1740	1740〜1780	1780〜1860
四皿山	0	0	3	4	8	9	8	8
四皿山以外	1	4	1	0	1	3	0	0
波佐見地区合計	1	4	4	4	9	12	8	8

(1) 有田地区（表3）

有田では胎土目積み段階より窯が現れるが、その時期に知られている有田町内の窯は四ヶ所四～六基である。黒牟田地区の山辺田窯跡、小溝地区の小溝上窯跡、南川原地区の小物成窯跡・天神森窯跡などである。この内、山辺田窯跡（4号窯）の焼成室の床面では胎土目積み陶器と砂目積み陶器が両方出土しており、他の窯場も砂目積み段階まで継続して生産している。そして、有田では砂目積み段階になると、急激に窯の数は増加する。砂目積み段階の陶器が出土する窯は前述の山辺田窯跡、小溝上窯跡、小物成窯跡、天神森窯跡に加え、小溝地区の小溝中・下窯跡、清六ノ辻地区の清六ノ辻1号窯跡・清六ノ辻大師堂横窯跡・清六ノ辻2号窯跡、戸杓地区の禅門谷窯跡・向ノ原窯跡、外尾地区の外尾山窯跡などである。この他、有田東部地区の天神山窯跡・小樽1号窯跡・小樽2号窯跡や武雄市山内町の百間窯跡でも少量出土している。確認されるもので二〇基以上を数え、分布範囲も拡大している。また、泉山の原料採掘地の発見以後は有田の東部地区（後の内山地区）にも次第に窯が築かれている。

そして、寛永一四年（一六三七）の窯場の整理統合を迎えるが、有田では七ヶ所の窯場が廃されていることが文献史料で知られる。それらが西部地区（後の外山地区に属する）を中心としたものであったことも明らかになっており、この窯場の整理統合によって、西部地区の窯場は激減する。また、窯場の整理統合では東部地区を中心に一三ヶ所の窯場に統合されたというので、最低一三基以上の窯が有田皿屋にあったと推測される。その中で東部地区以外の窯場で確実に残されたもの

表3 有田地区（旧有田町）における窯の概数の変遷

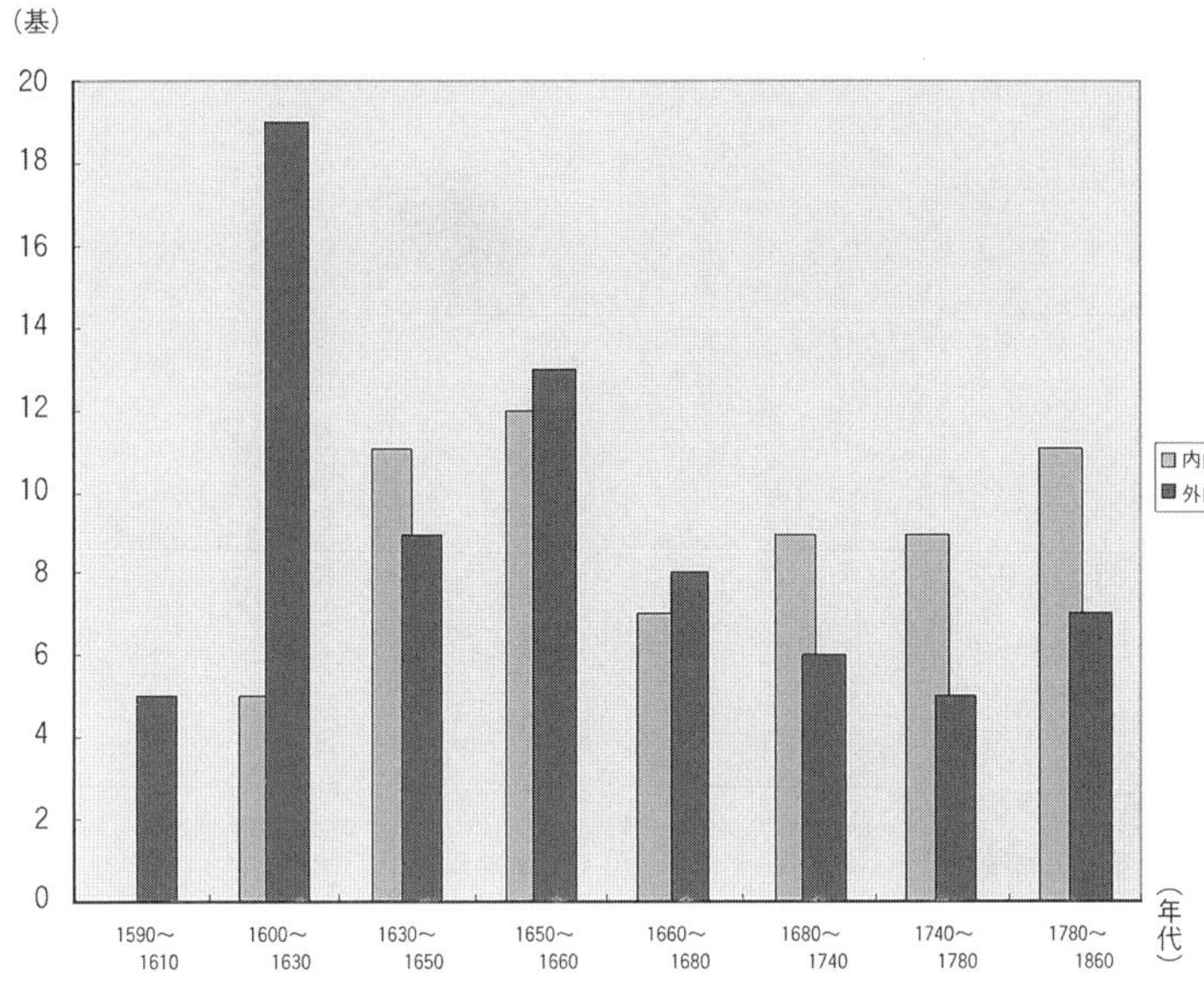

は、黒牟田山であるが、その他に外尾山や戸杓地区などの窯場も残された可能性がある。よって、当時の東部地区の窯場は一〇ヶ所程度と思われる。

一六五〇年代前半の窯場を知る上で、承応二年（一六五三）の『万御小物成方算用帳』（佐賀県立図書館所蔵、有田町史編纂委員会一九八五c、一九〇-一九二頁）は重要である。それによれば有田皿屋の窯場は一四ヶ所であり、位置不明な日外山を除けば、内山地区九ヶ所、外山地区三ヶ所、その他（板ノ川内山）一ヶ所の内訳である。その他、有田皿屋以外として、嬉野・南川原・広瀬・方ノ瀬（市ノ瀬）・手古場（平古場）などの皿屋が記載されている。内山地区の窯場の数は大きく変わらず、内山地区以外の窯場が増加し、分布範囲にも拡がりが見られる。

まず、内山地区からみてみる。『万御小物成方算用帳』には、岩屋川内山、稗古場山、上白川山、中白川山、下白川山、大樽山、中樽山、小樽山、歳木山の九ヶ所の内山地区の窯場が記される。そして、考古資料において一六五〇年代前半を操業期間に含む可能性がある窯は、岩屋川内山の猿川窯・天神町窯・岩中窯、稗古場山の稗古場窯、天神山窯、上白川山の天狗谷窯、中白川山の中白川窯、下白川山の下白川窯、小樽山・中樽山の小樽1号窯、2号窯、山小屋窯、歳木山の楠木谷窯、年木山3号窯、枳薮窯などである。大樽山の西登窯でもこの時期の製品が採集されており、また、『万御小物成方算用帳』には窯場の記載がないものの幸平山の谷窯もこの時期の製品が出土する。これらの窯の中で、染付見込み荒磯文碗・鉢の出土をみない窯は、天神町窯、小樽1号窯、2号窯、山小屋窯、年木山3号窯、枳薮窯などであり、これらは一六五〇年代頃に廃窯となっている可能性が高く、天神町窯を除けば、年木山や小樽山、中樽山など内山地区の中でも東部に位置する窯場である。

そして、一六五〇年代後半〜一六六〇年代に『竜泉寺過去帳』（佐賀県西松浦郡有田町所在）の記載が見られる窯場は、上白川窯、中白川山、稗古場山、大樽山、下幸平山、上幸平山、岩谷川内などである（野上一九九四、一二一-一二三頁）。承応二年の文献には見られなかった窯場名は下幸平山と上幸平山であり、それらの位置は内山地区の幹線（往還）沿いにあたる。そして、一六五〇年代中頃〜一六六〇年代頃に大量に生産されたと推測される染付見込み荒磯文碗が出土する窯は、猿川窯、岩中窯、長吉谷窯、稗古場窯、天神山窯、天狗谷窯、中白川窯、下白川窯、谷窯、楠木谷窯などである。ただし、楠木谷窯の場合、皿類が製品の主体であるため極めて少ない。

さらに寛文一二年（一六七二）銘があったとされる報恩寺の鐘には、「上幸平山、大樽山、下幸平山、上白川山、冷古場山、赤絵町、中野原町、岩屋川内山」の銘があったという（久米邦武『有田陶器沿革史』）。一六五〇年代後半～一六六〇年代の窯場と比べても大差ないが、白川地区の窯場が上白川山だけとなっている。一六七一年までには白川地区の窯場は統合されていると推定されるので、上白川山とは下白川窯のことをさすものと推測される。そして、一六七〇年代頃に操業されていたと推測される窯は、白川山の下白川窯、下幸平山の谷窯、稗古場山の稗古場窯、岩谷川内山の長吉谷窯などであり、判明する分では一つの窯場に一つの登り窯のみとなっている。内山地区の窯場は一六五三年以降、年木谷、中樽川の上流域に続いて、白川上流の窯場も廃される一方、上幸平山や下幸平山など内山地区を東西に貫く幹線沿いに新たに窯場が築かれている（野上一九九四、二五-二六頁）。さらに窯場ではないが、上絵付け業者が集中する赤絵町もこの幹線沿いに形成される。

次に外山地区をみてみる。承応二年（一六五三）の『万御小物成方算用帳』には、有田皿屋の窯場として外尾山、黒似田山（黒牟田山）、南川原山、その他に南川原、広瀬、平古場、市ノ瀬、嬉野など五ヶ山がある。この他にも黒牟田山の一部として応法山が成立していた可能性がある。範囲が明確ではない部分もあるが、寛永一四年（一六三七）の窯場の整理統合の頃と比べると窯場の数は増加している。そして、考古資料において一六四〇～一六五〇年代に興ったと推測される有田周辺の外山地区の窯は、南川原地区の樋口窯・南川原窯ノ辻窯など、外尾山地区の丸尾窯など、応法地区の窯の谷窯・掛の谷1号窯・掛の谷2号窯など、広瀬地区のコウタケ窯・広瀬向窯などの窯である。一方、一六四〇～一六五〇年代に廃窯となった窯は、向ノ原窯や一本松窯などの戸杓地区の窯場である。全体的には外山地区の窯場は増加傾向にあると言えよう。さらに一六五〇～一六六〇年代に興った窯は、南川原地区の柿右衛門窯、平床窯など、応法山の弥源次窯などである。そして、一六六〇年代までは全体的には増加傾向にあるが、一六七〇年代には南川原地区を除いて、内山地区と同様に一つの窯場に一つの登り窯のみとなる窯場が多い（野上一九九四、二九頁）。すなわち、下南川原山については柿右衛門窯の廃窯まで、南川原窯ノ辻窯と二基併存していたと思われるし、上南川原山についても一七世紀末には開窯したムクロ谷窯が一八世紀前半に廃窯するまで樋口窯と二基併存していたと思われるが、その他の窯場はそれぞれ一基のみとなるようである。黒牟田山などは一六六〇年代には山辺田窯が廃窯し、多々良の元窯のみとなり、外尾山も丸尾窯が廃窯し、外尾山窯のみとなり、応法山も弥源次窯のみとなる。

江戸後期の窯の数については古文献史料によっても知ることができる。まず、文化一一年（一八一四）の『代官旧記』（池田編一九六六、二二九-二三二頁）によれば、内山地区一一登、外山地区（有田町内）五登、同（有田町外）六登を数える。ただし、これには大川内山は含まれていない。そこで内山地区において一七世紀末以降、新たに築かれたと推測される窯場あるいは窯を挙げていく。上幸平及び大樽周辺の窯については明らかではないが、泉山本登（年木谷3号窯）・泉山新登（年木谷1号窯）・小樽登（小樽2号窯）・中樽登（中樽登）・白焼登（白焼窯）などが挙げられる。泉山・小樽・中樽といった窯場は、窯場の再編成の際に一度廃されている地区である。外山地区においては窯場そのものには大きな変化は見られないものの広瀬山（広瀬向窯と茂右衛門窯）、市ノ瀬山（市ノ瀬本登と新登）などでは新たに窯が築かれ、二基の窯が併存しているようである。その中で広瀬山については天明六年（一七八六）の『代官旧記』（佐賀県立九州陶磁文化館一九八六、三頁）には「本登（広瀬向窯）」と「新登（茂右衛門窯）」の名が見られることから、その時点では既に二基併存していたことがわかる。次に『安政六年松浦郡有田郷図』（一八五九）によれば、内山地区に一一登、外山地区（有田町内）五登を数える。ただし、南川原地区は含まれておらず、上南川原山・下南川原山にそれぞれ一基ずつあったとすれば、外山地区（有田町内）には七登あったことになる。文化一一年の記録と比較した場合、内山地区は一登減少し、外山地区（有田町内）は二登増加している。内山地区は泉山新登（年木谷1号窯）が見られず、外山地区では外尾山や黒牟田山で一基ずつ増加し、二基の窯が併存している。

また、不測の事態と思われるが、窯場が中断している例もある。後に述べるように応法山では享保の大飢饉（一七三二）の際に庄屋を失い、近隣の窯場である黒牟田山の者が引越して庄屋となり再興している（後掲史料15、野上一九九四、四五-四六頁）。この例の他にも比較的短期間の間、操業が中断された窯もあったと推測されるが、現段階では具体的に知ることはできない。

(2)　波佐見地区（表4）

胎土目積み段階に窯業が始まり、砂目積み段階で窯が多くなる点は有田と共通である。現段階で確認されている胎土目積み段階の窯は下稗木場窯跡の一基、砂目積み段階の窯は畑ノ原窯跡（口絵3・4）、古皿屋窯跡、山似田窯跡、鳥越窯跡の四基である。有田町内の窯の数が胎土目積み段階で四～六基、砂目積み段階で二〇基以上であることに比べると、両段階の生産規模は小さく、有田の比較的大きな窯場の一つないし二つ程度のものであろう（野上一九九七c）。さらに波佐見地区の砂目積み段階の窯がいずれも陶器主体の窯であるのに対し、有田の砂目積み段階の窯には、磁器主体の窯も含まれている。よって、磁器生産を比べた場合、その規模は陶器生産以上に差が大きい。

磁器専業化が進む段階に有田の西部地区を中心とした地域から原料産地により近い地域に窯が多く築かれていくようになる点は同様である。一七世紀前半に磁器主体に生産を行った窯場は三股地区（三股古窯、三股青磁窯）、中尾地区の二ヶ所の三〜四基である。今後、この時期の窯が発見される可能性もあるため、正確な登り窯の数を推定することは難しい。

表4　波佐見地区（波佐見町）における窯の概数の変遷

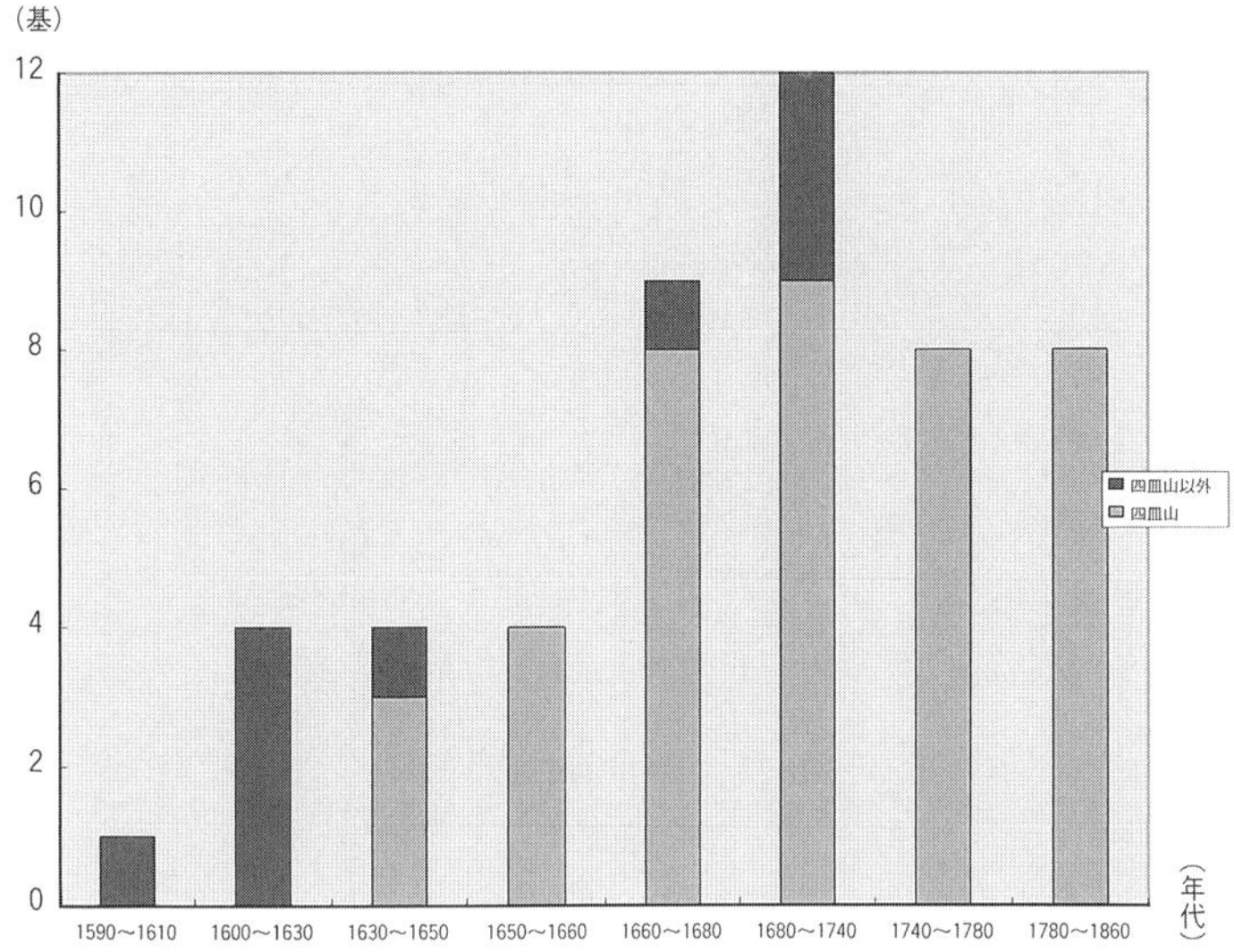

波佐見地区において、窯の数が増加し、分布範囲も拡大するのは一六六〇年代である。それは文献史料においても考古資料においても確認することができる。すなわち、一六五〇年代以前においては三股地区（三股古窯・三股青磁窯）と中尾地区（広川原窯・中尾上登窯）であったのが、一六六〇年代には永尾山、木場山、稗木場山など新たな窯場が興っている。一七世紀後半の染付荒磯文碗・鉢が出土している窯を挙げてみると、三股山（咽口窯）、中尾山（中尾上登窯・中尾下登窯）、永尾山（永尾高麗窯・永尾本登窯）、木場山（木場山窯）、稗木場山（辺後ノ谷窯・皿山本登窯・向平窯・高尾窯）など、一〇基を数える。もちろん、これら全てが同時に操業していたわけではないが、一六六〇年代以降に急激に窯が増加したとみてよいであろう。

次に『大村記』（波佐見町教育委員会一九八六、二七−三〇頁）には、元禄年間頃の窯場の状況が記されているが、その記載から推測される窯の数は八基程度である。これは基本的には一七世紀後半の窯場の状況と変わりないものと思われるが、一方でこの頃より新たに開窯している窯がいくつかある。すなわち、中尾大新窯・「稗木場新登（具体的な窯は不明）」・百貫西窯・長田山窯などである。この中で中尾大新窯や「稗木場新登」などは旧来の窯場の範囲に築かれているが、百貫西窯や長田山窯などは旧来の窯場から離れた位置に築かれている。

そして、一八世紀中頃には木場山窯・百貫西窯・長田山窯・高尾窯などが廃窯する。高尾窯を除いて、いわゆる波佐見四皿山の中心から離れた位置にあたっており、この時点で窯の分布は波佐見四皿山の地域に限られるようになる。

また、細かい数値の信憑性は疑わしい点もあるが、『上田家文書』の寛政八年（一七九六）『近国焼物大概帳』（上田宜珍日記輪読会）では、波佐見地区には七基の窯があったことが知られる。その内訳は三股山二登、中尾山三登、永尾山一登、稗木場山一登である。そして、『郷村記』（藤野編一九八二、三一〇–三一三頁・三八四–三八五頁）に見る天保年間頃の窯の数は八登である。その内訳は三股山三登、中尾山三登、永尾山一登、稗木場山一登である。後述する焼成室の数では、元禄年間頃と天保年間頃とでは、大幅な増加が見られるが、窯の数ではあまり変化ないことがわかる。

4　焼成室の規模と数の変遷

(1)　焼成室の規模（表5）

焼成室の規模については、大橋康二が時代とともに拡大する傾向を指摘している（大橋一九八六b、六二頁）。そこで拡大の変遷を知るために、各窯のおおよその築窯時期を推定し、焼成室面積及び横幅の最大値・平均値・最小値を出してみた（表6・7）。その結果、最も大きな拡大率を示す時期はまだ焼成室が小さな段階の一七世紀初であるが、その他、一七世紀中頃と一七世紀末～一八世紀初の規模の拡大が著しい。一六五〇年代前半以前に開窯したと思われる天狗谷E・A窯や楠木谷1号窯などは横幅三m台程度、一六五〇年代中頃に開窯したと思われる天狗谷B窯（B窯後期）や掛の谷2号窯などは横幅四m前半台の規模である。そして、一六六〇年代には開窯したと推定される柿右衛門B窯や辺後ノ谷窯などでは横幅五m以上の窯が現れるのである。一七世紀末～一八世紀初については、柿右衛門B窯に続く柿右衛門A窯や一六八〇年代に開窯するムクロ谷窯などは横幅五m台であるのに対し、一七世紀末～一八世紀初に開窯したと思われる窯の中で横幅七m台の窯が現れるのである。有田ではまだ検出例はなく、地域差を考慮しなければならないが、こうした横幅七m台の窯が波佐見などでは検出されている。例えば百貫西窯は横幅七・六三m、奥行四・三四mの規模を有している（波佐見町教育委員会一九九三、一一七頁）。しかも百貫西窯では側壁にトンバイを使用していない。少なくとも側壁にトンバイを使用せずに横幅七ｍ後半台の窯を築くことが可能ということである。トンバイの使用は規模拡大というよりは耐久性や築窯コストの問題と関わりがあるのかもしれない。そして、一八世紀から一九世紀にかけても焼成室規模は拡大していき、横幅八ｍ台の窯も現れるようになる。

表5　焼成室の横幅・奥行・面積一覧表

窯跡名	年代区分	横幅（m）	奥行（m）	焼成室面積（m^2）
焼山下A窯跡	1580～1600年代	1.5	1.7	2.55
迎の原上窯跡	1590～1620年代	2.19	1.84	4.03
天神森7号窯跡		2.19	2.07	4.53
葭の本1号窯跡		2.2	2.2	4.84
葭の本2号窯跡		2.21	2.22	4.91
山辺田4号窯跡		2.24	2.39	5.35
原明B窯		2.28	2.26	5.15
天神森4号窯跡		2.4	2.65	6.36
畑ノ原窯跡		2.4	2.2	5.28
天神森3号窯跡		2.88	2.5	7.20
山辺田7号窯跡		2.48	2.38	5.90
葭の本3号窯跡		2.55	2.85	7.27
原明A窯		2.59	2.51	6.50
清六ノ辻2号窯跡		2.76	2.02	5.58
茅ノ谷1号窯跡		2.8	2.35	6.58
山辺田9号窯跡	1620～1640年代	2.5	2.4	6.00
猿川B窯跡		2.43	2.2	5.35
天狗谷E窯跡		3.44	2.88	9.91
百間窯跡		3.6	2.16	7.78
山辺田2号窯跡	1640～1660年代	2.9	2.85	8.27
山辺田1号窯跡		3.18	2.85	9.06
天狗谷A窯跡		3.53	3.17	11.19
掛の谷窯跡		3.76	3.41	12.82
天狗谷D窯跡		3.85	3.75	14.44
天狗谷B窯跡		4.0	3.41	13.64
不動産皿屋谷3号窯跡	1660～1680年代	4.73	3.82	18.07
地蔵平東A窯跡		4.14	4.1	16.97
清源下窯跡		4.6	3.75	17.25
辺後ノ谷窯跡		5.03	4.65	23.39
柿右衛門B窯跡		5.36	3.62	19.40
御経石窯跡		5.5	3.0	16.50
江永C窯跡		5.5	3.6	19.80
柿右衛門A窯跡	1680～1700年代	5.83	4.25	24.78
ムクロ谷窯跡		5.8	4.1	23.78
樋口2号窯跡		4.8	*4.2*	*20.16*
朝妻窯跡	1690～1720年代	6.1	3.7	22.57
江永A窯跡		7.12	4.6	32.75
高尾窯跡		7.22	4.39	31.70
百貫西窯跡		7.63	4.34	33.11
瀬古窯跡	1800～1820年代	7.5	5.0	37.50
大山新窯跡		6.0	3.2	19.20
小樽2号新窯跡		8.5	4.96	42.16
黒牟田新窯跡	1840～1860年代	7.6	4.8	36.48
谷窯跡		7.35	4.82	35.43
窯の谷窯跡		8.0	4.4	35.2

（斜体は推定。表中の年代区分は操業年代の幅を示すものではない。）

表6　焼成室面積の変遷（×：最大値、▲：平均値、◆：最小値）

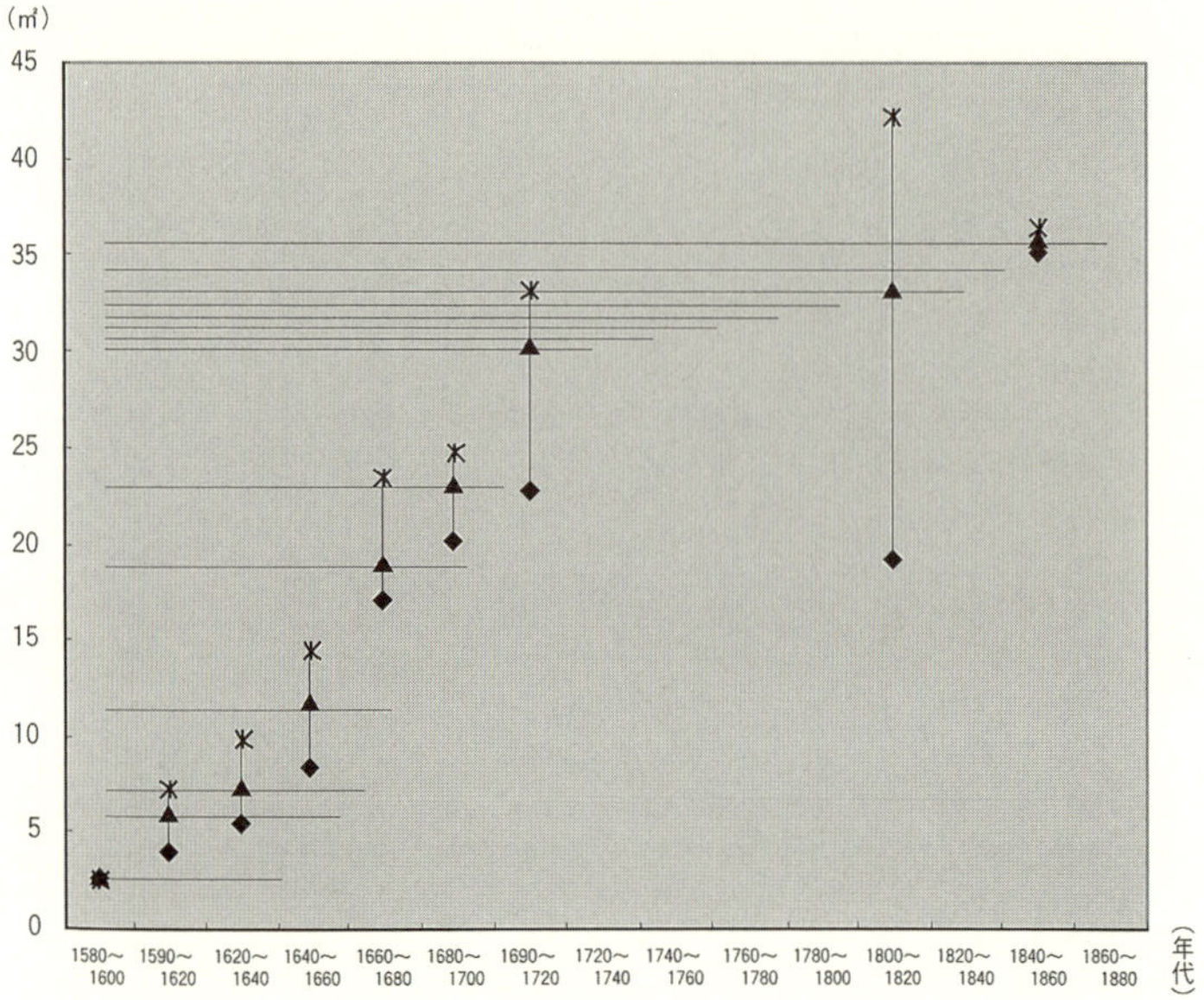

表7　焼成室横幅の変遷（×：最大値、▲：平均値、◆：最小値）

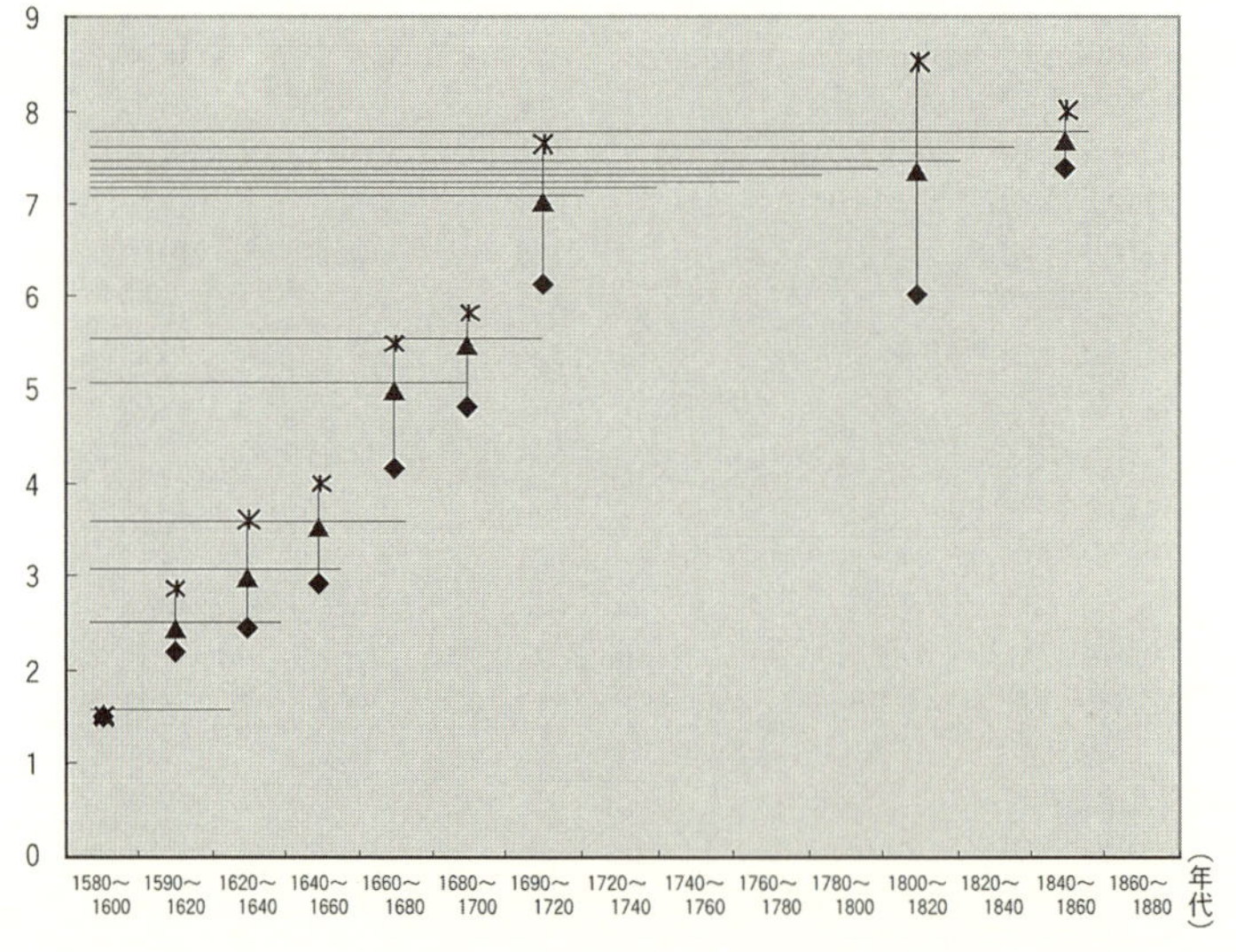

(2)　窯の長さと焼成室の数（表8）

各窯のおおよその築窯時期を推定し、窯の長さと焼成室数の最大値・平均値・最小値を出してみた（表9・10）。一七世紀の窯を除いて、窯体を全掘した例が乏しいが、傾向はつかめると思う。岸岳系唐津陶器諸窯は概ね一〇室以下の窯であるが、胎土目積み段階以降、焼成室の数は格段に増加する。一〇数室から二〇数室の焼成室を有する窯が一般的となる。長さも五〇mを上回る窯が現れる。

そして、寛永一四年（一六三七）の窯場の整理統合で、有田の西部地区を中心に窯場が廃され、東部地区を中心とした範囲に統合された段階では、焼成室の数の平均値・最大値いずれも大幅な減少を見せるが、単に減少したとするよりは、むしろ砂目積み段階のような長大な窯がなくなって均等化した面があったのではないかと思われる。理由としては、窯場の整理統合事件に管理体制の確立という側面があったことや有田の東部地区の地理的条件によって制約されたことなどがあげられる。一方、西部地区の一六六〇年代頃

表8　窯の長さ・焼成室数一覧表
（斜体は推定。表中の年代区分は操業年代の幅を示すものではない。）

窯跡名	年代区分	窯の長さ(m)	室数	備考
飯洞甕下窯跡	1580～1600年代	1.5	7	
焼山上窯跡		18.8	10	
焼山中窯跡		20.05	11	
唐人古場窯跡		16.5	8	
阿房谷窯跡	1590～1620年代	43	20	
清六ノ辻2号窯跡		41	19	
原明A窯跡		44.7	17	
原明B窯跡		50.26	21	
小溝上1号窯跡		66	*30*	
山辺田4号窯跡		50	16	
畑の原窯跡		*54*	*24*	
迎の原上窯跡		26.4	12	
山辺田7号窯跡		31	13	
天狗谷A窯跡	1640～1660年代	53	16	
山辺田1号窯跡		40	13	
掛の谷1号窯跡		53.43	17	
辺後ノ谷窯跡	1660～1680年代	55	13	
不動産3号窯跡		60	17	
柿右衛門B窯跡		69	18	
高尾窯跡	1690～1720年代	*100*	*23*	
広瀬本登	1780～1800年代		33	『代官旧記』1787
外尾山窯跡	1800～1820年代		10	『代官旧記』1814
樋口3号窯跡			13	
南川原窯ノ辻窯跡			14	
多々良の元D窯跡			18	
窯の谷窯跡			20	
広瀬向2号窯跡			16	
茂右衛門窯跡			19	
市ノ瀬窯跡			20	
市ノ瀬新窯跡			14	
嬉野下登窯跡			13	
志田新登窯跡			9	
年木谷3号窯跡			29	
年木谷1号窯跡			15	
中樽窯跡			25	
小樽2号新窯跡			15	
前登窯跡			22	
西登窯跡			20	
大樽窯跡			25	
白焼窯跡			23	
谷窯跡			24	
下城川窯跡			22	
稗古場窯跡			17	
猿川窯跡			13	『代官旧記』1814
三股新登窯跡	1840～1860年代	推定100	21	『郷村記』天保年間頃
三股上登窯跡			23	（安光・灰安光を含む）
三股下登窯跡			24	

中尾下登窯跡		推定100	26	
中尾上登窯跡		160	33	
中尾大新窯跡			39	
永尾本登窯跡		155	29	
皿山本登窯跡			20	
外尾山窯跡	1850～1870年代		15	『安政絵図』1859
外尾山廟祖谷窯跡			8	
多々良の元D窯跡			13	
黒牟田新窯跡			10	
窯の谷窯跡			19	
広瀬向2号窯跡			15	
茂右衛門窯跡			16	
鍋島藩窯跡		137	25	
年木谷3号窯跡			28	
中樽窯跡			19	
小樽2号新窯跡			16	
前登窯跡			12	
西登窯跡			14	
大樽窯跡			22	
白焼窯跡			22	
谷窯跡			25	
下白川窯跡			20	
稗古場窯跡			17	
猿川窯跡			16	
樋口3号窯跡			6	『元治絵図』1864
南川原窯ノ辻窯跡			6	

には柿右衛門B窯跡のように一八室、六九ｍの規模を有するような窯が存在したが（有田町教育委員会一九七八、五頁）、東部地区と西部地区の地理的条件の違いを考慮に入れなければならないだろう。

それから、一八～一九世紀については資料が乏しいが、文献史料によっていくらか推測することができる。天明七年（一七八七）の『代官旧記』では当時、広瀬本登が三〇室ないし三三室の焼成室があったことを伝えている（佐賀県立九州陶磁文化館一九八六、三頁）。次に文化一一年（一八一四）『代官旧記』（池田編一九六六、二二九-二三二頁）によれば、内山地区の窯場は焼成室総数二五〇室で、一二登あるので平均二〇室程度である。最も焼成室の多い窯で泉山本登（年木谷3号窯）の二九室、最も少ない窯で岩谷川内登（猿川窯）の一三室である。一方、外山地区（有田町内及び広瀬山のみ）は総数一一〇室であり、七登あるので平均一五室程度である。内山地区との合計は三六〇室となり、平均一八～一九室となる。一八世紀の史料が欠落しているため、単純に比較できないが、一七世紀の内山地区の窯に比べて、一九世紀初の窯の焼成室数は増加している。焼成室規模も拡大していることから、窯の長さは長大なものとなっている。次に『安政六年松浦郡有田郷図』（一八五九）によれば、内山地区の焼成室は総数二一一室、平均約一九室で文化一一年に比べると減少している。最も焼成室の多い窯は泉山本登（年木谷３号窯）で二八室前後、最も少ない窯は前登窯で一二室前後となっている。外山地区（ただし、南川原地区を除き、広瀬山を含む）では七登で九四〜九六室程度、平均一三室である。これに元治元年（一八六四）『元治元年有田郷図』（佐賀県立図書館所蔵）に描かれた下・上南川原山の二登一〇〜一二室を加えると、九登で一〇四〜一〇八室、平均一一〜一二室となる。最も焼成室の多い窯で応法登（窯の谷窯）の二〇室程度、少ない窯で下・上南川原山の五〜六室である。文化一一年に比べると全体の総数はあまり変化が見られないものの、平

表９　窯の長さの変遷（×：最大値、▲：平均値、◆：最小値）

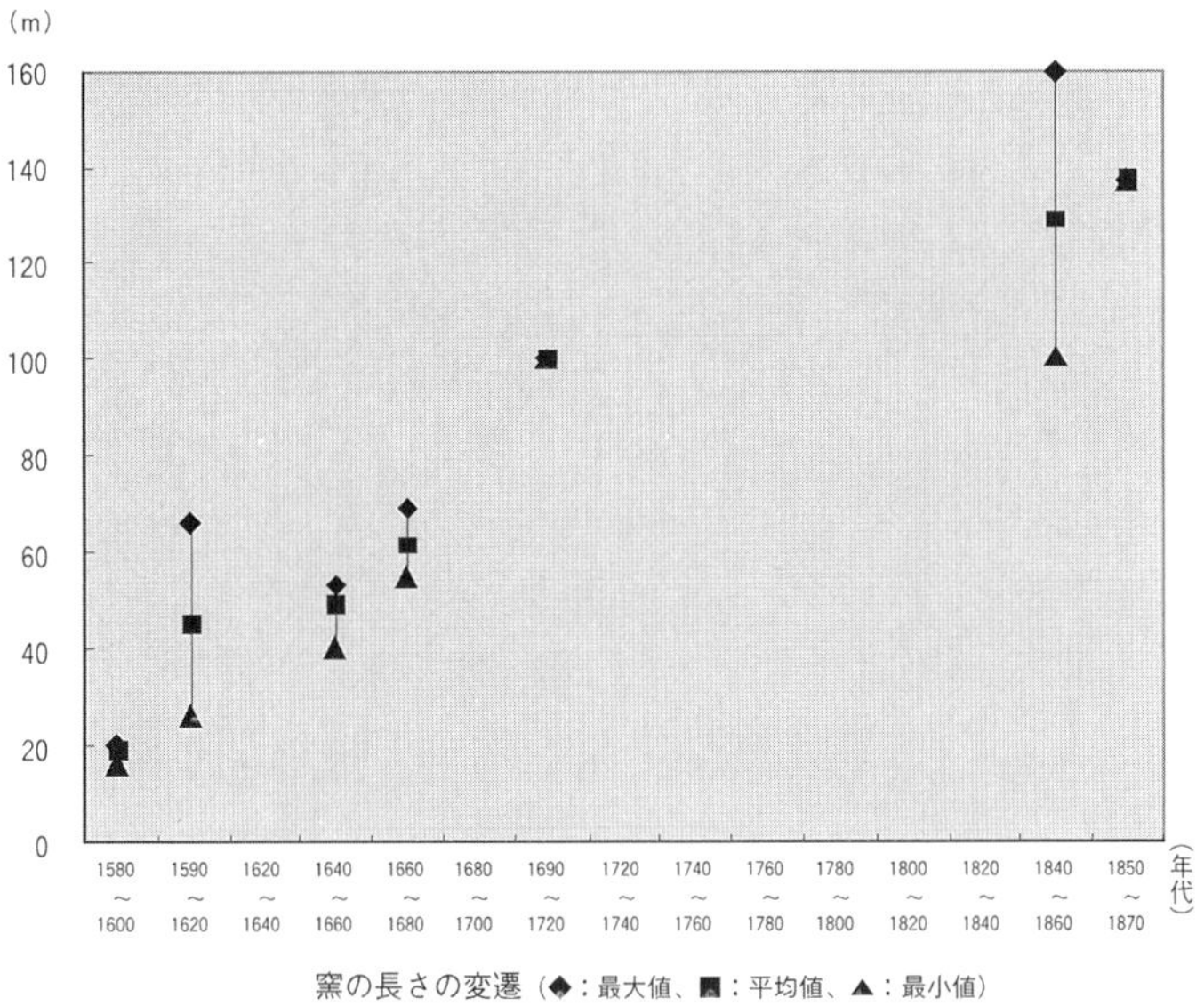

表10　焼成室数の変遷（×：最大値、▲：平均値、◆：最小値）

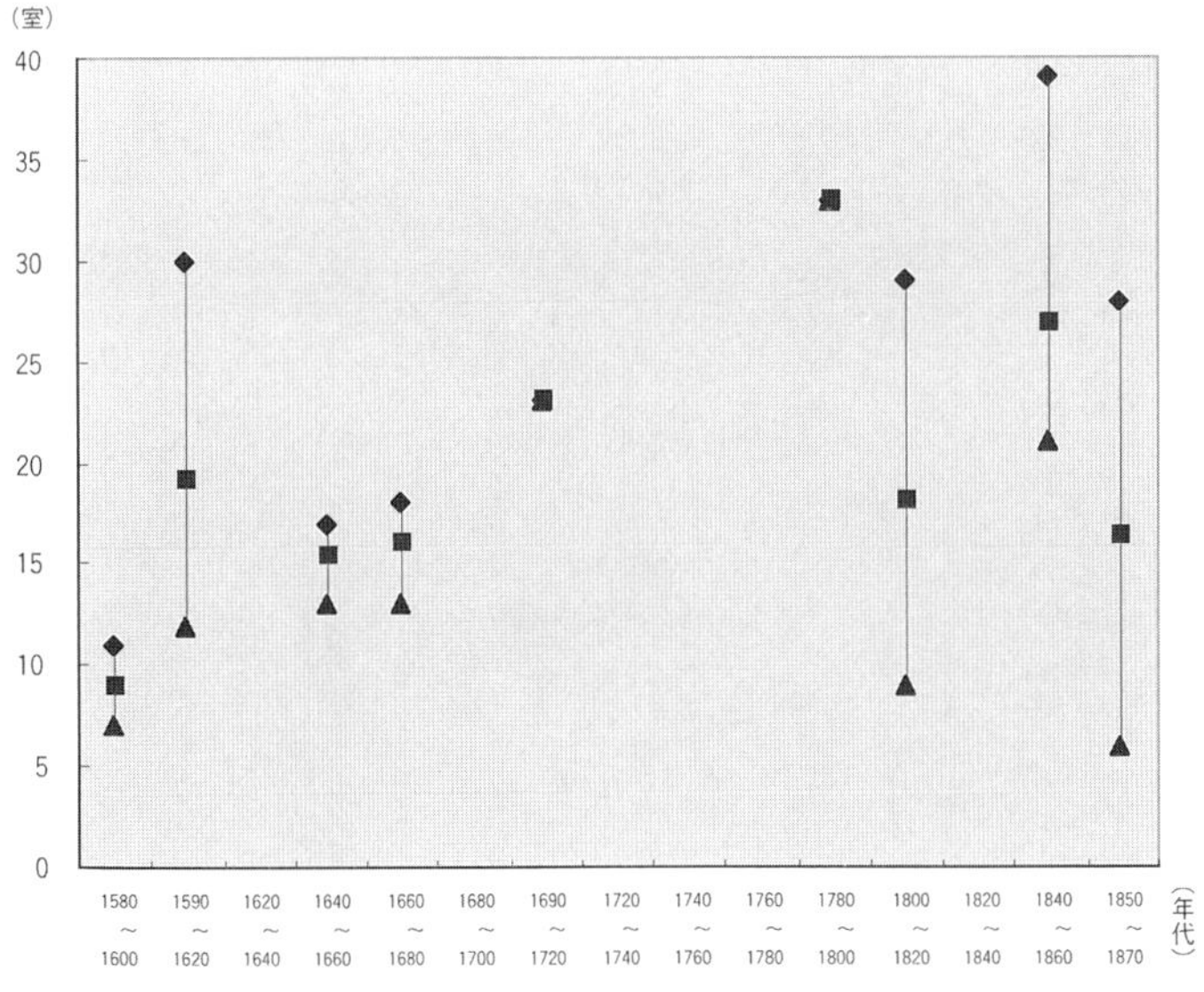

均数は減少し、その変動も窯場によってかなり異なっている。まず、南川原地区の焼成室数の減少が著しい。当時の南川原地区には下南川原山（南川原窯ノ辻窯）、上南川原山（樋口3号窯）などがあるが、『代官旧記』文化一一年（一八一四）にはそれぞれ一四室、一三室の焼成室があったことが記されているのに対し、元治元年の絵図ではいずれも焼成室は五～六室しか描かれていない。五〇年ほどの間に半数以下となっている。一方、外尾山や黒牟田山などでは逆に焼成室の総数は増加している。『代官旧記』文化一一年によれば、外尾山の登り窯は焼成室一〇室を有する一基のみであるが、安政六年の絵図には外尾山窯（焼成室一五室程度）、外尾山廟祖谷窯（焼成室八室程度）の二基描かれている。同様に黒牟田山においても文化一一年当時は焼成室一八室を有する一基のみであるが、安政六年の絵図には多々良の元D窯（焼成室一三室程度）、黒牟田新窯（焼成室一〇室程度）の二基が描かれている。いずれの窯場も焼成室の総数は増加している。

一方、この時期に格段に焼成室総数が増大している窯場が志田地区である。志田地区については寛政二年（一七九〇）の『塩田郷志田村』（佐賀県立図書館所蔵）には二基しか描かれていないが、幕末と見られる『志田村庄屋文書』（嬉野市歴史民俗資料館所蔵）の絵図によれば志田西山に二基三六室（本登二一室、新登一五室）、志田東山に三基五二室の焼成室が描かれており、格段に増加している（小木ほか一九九四）。肥前以外の地方窯との競合の時代にあって格段に生産能力を向上させており、最も急成長した窯場の一つである。

次に波佐見についてみることにする。『大村記』に見られる元禄年間頃の窯の焼成室数は総数九八室、平均数は窯の数が明らかではないため、不明であるが、永尾山（一三室）・木場山（五室）・稗木場山（一三室）、あるいは『大村記』・『郷村記』をみてみることにする。開窯の記載があるものの正式に稼働していない稗木場新登（六室）などの焼成室数をみる限り、焼成室の数は多くない。おそらく数室から一〇数室のものであったであろうと思われる。『郷村記』に見られる窯の焼成室数は総数二一五室、平均二六～二七室である。『大村記』と比較した場合、格段に増加している。この変化の様相について、高尾窯の調査結果は興味深い。中野雄二は一八世紀初頭には高尾窯が水平距離一〇〇m、焼成室二三室程度を有する巨大窯が成立していた可能性を指摘している（中野一九九六、三七頁）。すなわち、一七世紀末～一八世紀初頭にかけて、前述した焼成室規模の拡大とともに、焼成室数においても増加した窯が現れた可能性を指摘できるのである。

(3)　焼成回数

『代官旧記』「役方一通・天明二寅年日記」（池田編一九六六、六八–七〇頁）には「有田皿山の窯々積み入れ手数の儀、本文の通り申し達し候につき、役内において吟味を遂げ候ところ、一体先年御仕法替えの節、一か年に都合百五十度、その上、下げ積みの儀は、外に御運上を相納め候通りに相定め申し置き候ところ、近年は其の通りに窯入れこれなく、ようやく年に百三十四、五度ならで積み入れ仕らず云々」と記される。天明二年（一七八二）の頃で一年間に一三四～一三五回とあるが、これは登り窯の延べ焼成回数と思われる。そして、『上田家文書』の寛政八年（一七九六）『近国焼物大概帳』には有田皿山は二四登が記され、『代官旧記』「雑ノ部一通・文化十一戌年日記」（池田編一九六六、二二九–二三二頁）には二三登が記されている。この登り窯の数と延べ焼成回数から計算すると、一年間の一つの登り窯の焼成回数は平均五～六回となる。また、明治九年（一八七六）のアメリカのフィラデルフィアで開催された万国博覧会の日本出品解説によると、登り窯の室数は約二〇〇、耐用年数は約一五年、一年に六回あるいは八回点火すると説明されているという（有田町史編纂委員会一九八五a、二四九頁）。さらに明治一四年の『勧業課商工掛事務簿』（前山一九–）によれば、有田皿山には一三登、本窯数二一一軒、錦窯九〇軒、焼成回数はおよそ一八〇六度と記される。おそらくこれは内山地区に限ったものと思われる。そして、一八〇六度という数値は、おそらく焼成室の延べ焼成回数と思われ、その数値から計算すれば一年間の一つの登り窯の焼成回数は八～九回となる。

波佐見の登り窯の焼成回数について、元禄年間頃の『大村記・波佐見村』によれば稗木場山・三股山・木場山・永尾山・中尾山いずれも一年間に九回焼成していたという。一方、天保年間頃の『郷村記』によれば、稗木場山が一年に六回、三股山が一年に三回とあり、元禄年間頃と比較して、大幅に減少している。さらに前掲の『勧業課商工掛事務簿』によれば、波佐見には一二登、窯数八八個、一か年に焼き出し度一窯につき三度と記されている。

第5項　上絵付けに関する生産施設

上絵付け工程は、すでに本焼き焼成を行った色絵素地に上絵付けを行う工程であり、一般的には色絵付けと称されるが、有田などでは赤絵付けとよんでいる。そのため、有田では上絵付けを行う空間を赤絵座、上絵付け焼成を行う窯を赤絵窯、上絵付け業者を赤絵屋と称している。以下、肥前地区の赤絵座や赤絵窯の遺構と推定される事例をあげ、さらに他産地の上絵付け窯（色絵窯）についてもあげていこうと思う。

(1) 肥前地区における赤絵座推定遺跡及び赤絵窯

赤絵町遺跡

有田町赤絵町に所在する。寛文年間頃には成立したと伝えられる赤絵町の遺跡である。一九八八年有田町教育委員会が発掘調査を行う（有田町教育委員会一九八九）。出土遺構は赤絵窯二基（ただし、下部構造のみ）、建物跡、溝などである。出土遺物は色絵磁器を含む陶磁器、金属製品、木製品などである。

赤絵窯と推定される遺構が二ヶ所（1号窯跡・2号窯跡）検出されている。1号窯跡は、窯本体は消失しており、床下構造だけが遺存している（図27左）。床面の土が径一・五mの範囲で火熱を受けて赤色化しており、その部分から約八〇cm離れた位置に幅四〇cm程度の溝が設けられている。そして、赤色化した床面の下には、火熱を受けて土がこびりついた陶磁器片の層が見られ、さらにその下には地面を掘って砂層が幾重にも重ねられている。こうした築窯技術は、尾形乾山がその著書『陶工必要』の中で述べている、上絵付けの窯は排水のために地面を掘って砂や瓦を敷くとする記載にほぼ合致している。また、床下から出土している磁器の中には「和二戌天」銘をもつ磁器片が含まれている。「和二」は「享和二」と思われ、享和二年（一八〇二）の干支（壬戌）とも矛盾しない。よって、1号窯跡は一八〇二年以降に築かれた赤絵窯であると推測される。次に2号窯跡であるが、これも残念ながら床下構造しか遺存していない（図27右）。床下に土壙が掘られていることは1号窯跡と共通である。覆土は焼土を含んでおり、下から磁器片・素焼き片・砂を多量に含む層が堆積している。そして、土壙上に堆積している土層からは窯壁片らしい素焼き状態の遺物が出土している。また、床下から出土している製品は一八世紀前半を中心としたものであり、2号窯の築窯年代はそれ以降であることが推測される。そして、床下遺物の中には上絵具の焼成具合を試したと思われる碗も含まれており、2号窯築窯以前にもこの付近に赤絵窯が存在したことを推測させる。

以上、赤絵町遺跡で検出された赤絵窯について述べたが、いずれも道路に面した母屋の裏に位置している。この点については後述する吉村家赤絵窯の立地と同様である。『安政六年松浦郡有田郷図』には赤絵窯が描かれていないが、この絵図は基本的に道路に面した建物などは忠実に描かれている一方、建物の背後については多くの部分略されている。そのため、赤絵窯などは描かれなかった可能性がある。あるいは吉村家赤絵窯のように建物内部に設置されていたため、絵図には描かれていない可能性も考えられる。

泉山口屋番所遺跡

有田町泉山に所在する。一九九二年有田町教育委員会が発掘調査を行う（野上一九九三）。出土遺構は土壙、柱穴などがある。出土遺物は一六四〇～一六五〇年代頃の色絵製品を含む陶磁器などがある。付近の楠木谷窯に伴う工房施設であった可能性が考えられている。『酒井田柿右衛門家文書』に「然者、赤絵者之儀、釜焼其外之者共、世上くわっと仕候得共、（後略）」（有田町史編纂委員会一九八五a、五五五頁）とあるように色絵が創始されると、その技術は比較的短期間のうちにひろまったようである。そして、赤絵町成立以前は、上絵付け業者、あるいは上絵付けも行う窯焼きが各窯場に点在していたと思われる。泉山口屋番所遺跡は後述する山辺田窯跡付近の山辺田遺跡と同様にそのように点在していた頃の色絵製品が出土している遺跡である。

泉山口屋番所遺跡は、遺跡名が表すように泉山にあった「口屋番所」の跡である。しかし、その設置年代は明らかではなく、設置以前は赤絵窯を含む工房が付近にあったことが推測されている。赤絵窯の遺構そのものは検出されていないが、色絵磁器片が約三〇点ほど出土している。いずれも一七世紀中頃の製品である。色絵磁器製品のみの出土であれば、この程度の出土量から赤絵窯の存在を示唆することは早計であるが、

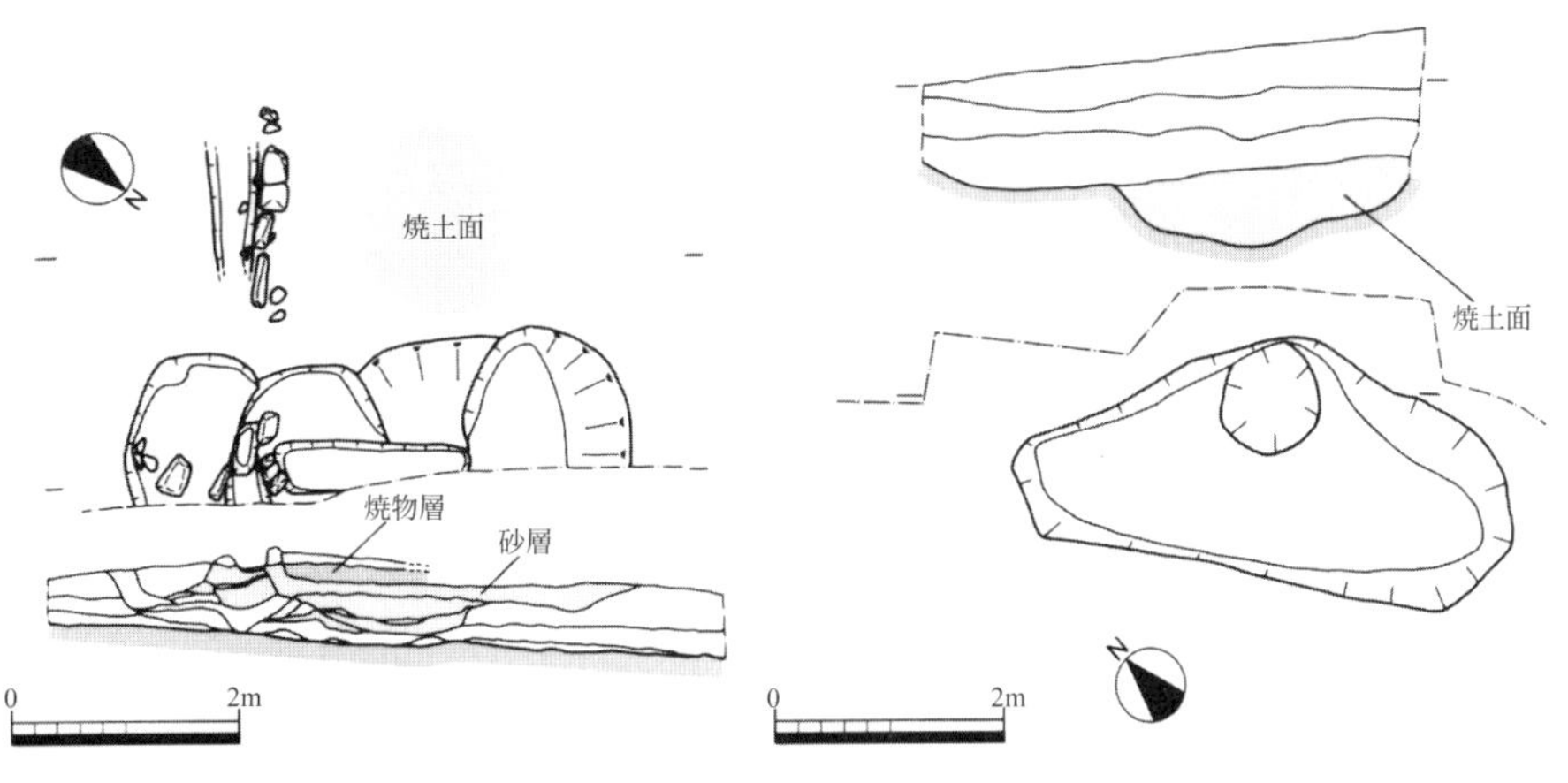

図27　赤絵町遺跡検出1号窯（左）・2号窯（右）実測図（有田町教育委員会1989bより転載）

製品とするための上絵付けとは思えないもの、すなわち戯れ言で描いたものや試験的に描いたものが含まれている。さらに染付碗片の断面に赤絵具が断面に付着したものも含まれており、これは擦ると赤絵具は剥落してしまい、焼成は受けていないようである。こうした資料から赤絵窯の存在が推測されている。しかし、その具体的な位置は明確ではない。

そして、この泉山口屋番所遺跡が位置する地域の窯場は、一七世紀中頃は「年木山」と称されていたことが、付近の年木谷3号窯跡の発掘調査で確認された。一七世紀中頃に操業されたと推測される年木谷3号窯（旧窯）の床下から「年木山□左衛門　大明　右合七百三□」と呉須書きされたハマが出土したのである（有田町教育委員会一九九四a）。「年木山」は『酒井田柿右衛門家文書』の中に「一、赤絵初リ、伊万里東島徳左衛門申者、長崎ニ而志いくわんと申唐人ら伝受仕候。尤、礼銀凡拾枚被指出申候。左候て、某本年木山に罷居候節、相頼申候故、右赤絵付立申候へ共、能無御座候。〔後略〕」（有田町史編纂委員会一九八五a、五五一頁）とあることから、色絵の創始問題に関連してよく取り上げられてきた窯場である。有田の中では比較的早い段階で上絵付けの技術を導入した可能性が高い。考古資料においても付近の楠木谷窯跡では色絵素地と思われる製品が多数出土している。そして、泉山口屋番所遺跡で出土する色絵磁器の生産年代の下限は、楠木谷窯の操業年代の下限とほぼ一致し、かつ赤絵町遺跡で出土する最も古い色絵磁器の一群の年代の上限に近いものである。よって、泉山口屋番所遺跡付近にあったと推定される赤絵窯では、赤絵町成立以前、あるいは成立の頃まで、楠木谷窯などで焼成された色絵素地が持ち込まれ、上絵付けされていたと推測されるのである。また、泉山口屋番所遺跡の出土遺物の中には楠木谷窯の操業年代に続く時期の製品が、色絵磁器はもちろん染付製品などにおいても見られない。文献史料においても『竜泉寺過去帳』の中の「年木山」の記載が寛永二一年（一六四四）の初見から明暦元年（一六五五）までに集中し、以後は例外的に貞享五年（一六八八）に一例見られるだけであり、窯場の中断期間があったことが推測される。よって、赤絵窯のみならず、工房そのものが楠木谷窯の廃窯あるいは年木山の廃止とともに廃されたと推測される。

ここで、楠木谷窯跡などの登り窯と泉山口屋番所遺跡付近にあったと思われる赤絵窯を含む工房との地理的関係を考えれば、かなり合理的な位置にあると思う。登り窯のある丘陵を背後に、その麓の平坦地に工房は位置している。当時の生産工程を考えると、まず泉山の原料採掘場から陶石を持ち込み、土場の周辺あるいは年木谷の水碓で砕石を行う。そして、泉山口屋番所遺跡周辺などの平坦地にある工房で細工を行い、楠木谷窯などで本焼きをする。そして、本焼きされた製品を再び工房に持ち込み上絵付けを施して、出荷するというものである。磁器生産の主要な工程がこの窯場内でほぼ完結する環境である。特に泉山の原料採掘地に最も近い窯場であるために、磁器生産そのものだけを考えれば最適の環境と言えるのである。しかし、前述したようにその後、年木山は窯場そのものが廃されている。こうした地理的環境の優位性が薄れる新たな立地条件が生まれたということである。

幸平遺跡

赤絵窯そのものは確認されていないが、赤絵窯の構築材の可能性をもつ窯壁片が出土する（有田町教育委員会二〇〇二）。この窯壁片は本焼きの登り窯とは異なり、低火度で焼かれたもので、前記の赤絵町遺跡でも大量に出土しているものである。調査地そのものは水捌けが非常に悪く、必ずしも窯の立地に適した場所ではないが、調査地付近に赤絵窯があった可能性は考えられる。また、多数の色絵素地、色絵片が出土している。碗の中に色絵具が付着した例や試片も含まれる。一七世紀後半の堆積層、あるいはその後の整地層の中から出土しているもので、染付製品よりも色絵、色絵素地の可能性が高い白磁製品の方がむしろ量的には多い。年代は一六五〇～一六八〇年代を中心としたものと推定され、器種は碗、瓶、人形類が多く、皿類は比較的少ない。

山辺田遺跡

有田町黒牟田に所在する。一九九八～一九九九年有田町教育委員会が発掘調査を行う。出土遺構は土壙、柱穴などであり、柱穴には木柱が残るものもある。遺跡に隣接する道路工事の際には色絵磁器、色絵素地が多数出土している。山辺田窯跡に伴う工房施設の遺構が含まれている可能性がある。

山辺田窯跡の一九七二～一九七五年の発掘調査では大量の色絵素地と五個体ほどの色絵片が出土している。しかし、この段階では山辺田窯がこうした初期色絵素地を大量に生産した窯であることは確かであるとしても出土した色絵片が山辺田窯で上絵付けされたものであるかについてはまだ確証に乏しかった。それら色絵片が表土付近から出土しているという状況もあったが、製作工程上、上絵付けされた製品が本焼き窯の登り窯付近に持ち込まれる必然性がないと思われたからでもあった。しかし、その後、他の登り窯でも色絵片が出土する例が増加した。例えば柿右衛門窯跡・ダンバギリ窯跡・天神山窯跡・樋口窯跡・下白川窯跡・吉田２号窯跡などである。すなわち、製作工程上は持ち込まれる必然性がなくても何らかの理由（後世の場合も含めて）で持ち込まれる状況があったことが推測される。そして、山辺田窯では一九八七年及び一九九一年の防災工事の際にも3・4号窯跡の物原付近から新たに色絵素地が大量に出土している。その中にも三〜四個体の色絵片が含まれていた。

そして、これまでの山辺田窯跡出土色絵片は全て登り窯及びその周辺から出土したものであったが、一九九三年の山辺田窯跡周辺の工事では、付近の平坦地から色絵素地及び色絵片が出土した。面積にしてわずか一平方メートルの限られた範囲から出土した資料の中には色絵素地数百点、色絵片三〇数点が含まれていた。さらに一九九三年の出土地点に隣接する山辺田遺跡の一九九八〜一九九九年の発掘調査でも色絵片が出土している。一九九三年の出土地点及び山辺田遺跡の位置は、山辺田窯跡のある丘陵を背後にもつ平坦地であり、山辺田窯の工房の位置として自然な環境にある。こうした位置から色絵素地や色絵片が出土する意義はその数にもまして大きい。赤絵町成立以前においては、赤絵窯は工房に付帯する施設と思われ、色絵素地及び色絵片が出土する必然性が製作工程上からも考えられるからである（野上一九九三、一〇四-一〇五頁）。さらに二〇一三〜二〇一五年にかけて行われた発掘調査では、数多くの色絵片や色絵素地の他、赤絵窯の窯壁片や「矢」とみられる窯道具が出土し、赤絵窯と推定される焼土面も検出されている（日本の色絵磁器技術始まりの美術史的・考古学的研究調査団ほか二〇一四、村上二〇一六）。出土する製品は色絵素地や色絵片以外の染付製品も山辺田窯で生産されたと推定されるものが大半を占めており、幕末の『安政六年松浦郡有田郷図』にはほぼ江戸時代を通して操業された多々良の元窯跡のある対岸の平坦地を中心に集落が描かれているが、一九九三年の出土地点及び山辺田遺跡の位置には建物らしきものは描かれていない。山辺田窯跡の廃窯後、いずれかの段階で工房も廃されたと推測される。

弥源次窯跡付近

弥源次窯跡については、一九六六年に発掘調査が行なわれているが（佐賀県文化館一九七〇）、窯体は確認されておらず、不明な点が多い。ここではまず発掘調査以前の文献の記載をあげてみたいと思う。一九三六年の『肥前陶磁史考』によれば、「松山の古窯品は、専ら油壷のみ焼かれしものの如く、それは丸胴形か主なる形にて、白地物多きは其上に赤繪を施せしものであろう。」（中島一九三六、三二〇頁）とあり、この「松山の古窯」が弥源次窯跡のことと思われる。そして、一九五九年の『古伊萬里』（古伊万里調査委員会編一九五九、四二二頁）には「未開の高麗人窯は油壷の完器や陶片が圧倒的で「油壷窯」といっても過言ではなく、〔中略〕後に赤絵付をするための無地の油壷」が多量に出土するとある。この「未開の高麗人窯」も弥源次窯跡をさすものと思われる。また、一九六四年の『佐賀県の遺跡』（佐賀県教育委員会一九六四、四一四頁）には「弥源次古窯跡」の概要として「主として油つぼが出土しているが、まれに染付もある。」とし、出土品として「江戸時代初期の白磁（山土を相当混入したと思われる）の無地ものと、染付がある。」としている。これらの記載からは残念ながら正確な出土地点は明らかにされないが、色絵素地となりうる白磁油壷が大量に出土していることは明らかである。そして、一九六六年の発掘調査であるが、まず遺構の性格が明確ではない。報告書（佐賀県文化館一九七〇）には「この物原は操業当時の純粋な状態でなく、整地作業の折に上下の層が混合している」と記される。今となっては報告書の中の決して多くない記述から推測するしかないが、単なる物原の出土状況としては不自然な点が目につく。物原と推定している根拠として、「遺構が不明なためと、狭い割に遺物の多いこと」を挙げているが、遺物の量では物原かどうかは判断できるものではない。そして、一九六六年の調査以前の文献の記載ではいずれも油壷がほとんどであるのに対し、一九六六年の調査では油壷の割合が一一％、その他の瓶を含めても二〇％程度である。製品の主体は皿・平鉢であり、六一％を占めているのである。確かに同じ窯の物原でも調査箇所によってはこのような違いは大いにありうるのであるが、報告書の記載を見てみると、皿類については「床砂の中から丸皿が五〜六枚重なったまま出土」しているのに対し、瓶や碗については「真っ黒い腐食土で粘土状の中から瓶や碗などがほぼ完全な形で出土」しているのである。この両者は遺構の性格が異なると考えるべきであろう。まず、皿や平鉢の類については、出土状況から見て窯もしくは物原からの出土であるかもしれないが、一九六六年以前の文献の記述を考えると、全てが弥源次窯跡の製品であるかどうかはわからない。調査地点の背後に位置する窯の谷窯跡では一七世紀中頃の皿類が比較的出土しており、窯体の正確な位置がわからない現段階では、窯の谷窯跡の製品である可能性も考えなければならない。次に碗や瓶類についてであるが、一九六六年の調査以前の文献の記載や応法山の他の窯場資料を見る限り、瓶類の中でも油壷は弥源次窯で生産された可能性が高い。しかし、出土状況から見て窯もしくは物原に伴うものではないように思う。それでは、どういった性格をもつ遺構であったのか。瓶や碗類の中には上絵付けしたものが一〇点以上見られる。油壷に限れば出土数の約一割に上絵付けが施されている。上絵付けされた製品の割合の高さを考えると、赤絵窯を含む工房があった可能性が考えられる。もちろん、単に整地用として赤絵窯を含む工房から持ち込まれた可能性もあるが、いずれにせよその付近にあったと思われる。そして、『安政六年松浦郡有田郷図』を見てみると、一九六六年の調査地点は平坦地として描かれており、工房の立地条件としては矛盾しない。

そして、色絵製品の生産年代であるが、上限は一六五〇年代頃として問題ないと思うが、下限については明確ではない。消費地遺跡などの出土状況をみると、赤絵町の成立後も上絵付けを行っていた可能性が高い（野上一九九四、三三一-三三八頁）。赤絵町の成立で、全ての窯場で上絵付けが分業化され切り離されたわけではないようである。南川原山の柿右衛門窯においても赤絵町成立以降のものと思われる色絵製品が出土しているし、『酒井田柿右衛門家文書』の中にも上絵付けを行った可能性を示唆する資料が見られる（有田町史編纂委員会一九八五a、五五六頁）。

吉田2号窯跡付近

吉田2号窯跡の北方約五〇〇mの祇園遺跡から色絵製品が採集されている（佐賀県立九州陶磁文化館一九八九）。その地区は「幽軒」あるいは「幽軒屋敷」とよばれ、蓮池藩系の医家である鄭家の居住地とされている。また、祇園遺跡から採集された色絵製品の中にも「鄭」銘をもつものが含まれている。そして、一九八八年に発掘調査された吉田2号窯跡の物原においても色絵製品が出土しており、その調査地から八〇m北西の宅地の工事現場（皿屋横道J４０６３）からも色絵製品が出土している。いずれの色絵製品も一六五〇～一六六〇年代のものと推定されている。吉田2号窯跡では色絵素地となりうる白磁製品も出土していることから、一七世紀中頃上絵付けが行なわれていたことは確かだと思われる。しかし、赤絵窯を含む工房の具体的な位置は明らかではない。窯の付近、あるいは祇園遺跡付近にあった可能性が考えられる。

ここで、一七世紀中頃の吉田山の生産工程を考えてみると、原料の採掘から上絵付けまでの主要な工程はこの吉田山の窯場内で完結するものである。吉田2号窯は佐賀本藩ではなく蓮池支藩に属するが、窯場の形態そのものは有田皿山の一七世紀中頃までの窯場と似るものと思われる。

吉村家赤絵窯

吉村家赤絵窯（有田町岩谷川内所在、現在は有田町歴史民俗資料館敷地内に移築）は、近代以降に築窯され、昭和期まで使用された窯である。移築復元作業の際に記録したことを以下に述べたい。記録日は一九九六年五月三一日〜六月七日であり、簡易的な方法で実測作業も行った（野上一九九七、四二–四三頁）。

赤絵窯の床下構造については、発掘調査を行っておらず、不明である。赤絵窯は大中小の三基存在する。三者の基本的な構造は変わりない。いずれも内窯と外窯の二重構造になっており、製品は内窯の内部に詰められ、直接炎が当たらない構造となっている。平面形態は円形の窯の本体部と、燃焼室から「焚き口」にかけて張り出した部分からなる。そして、最も大きな窯の窯体下部にのみ小窓が数ヶ所設けられている。

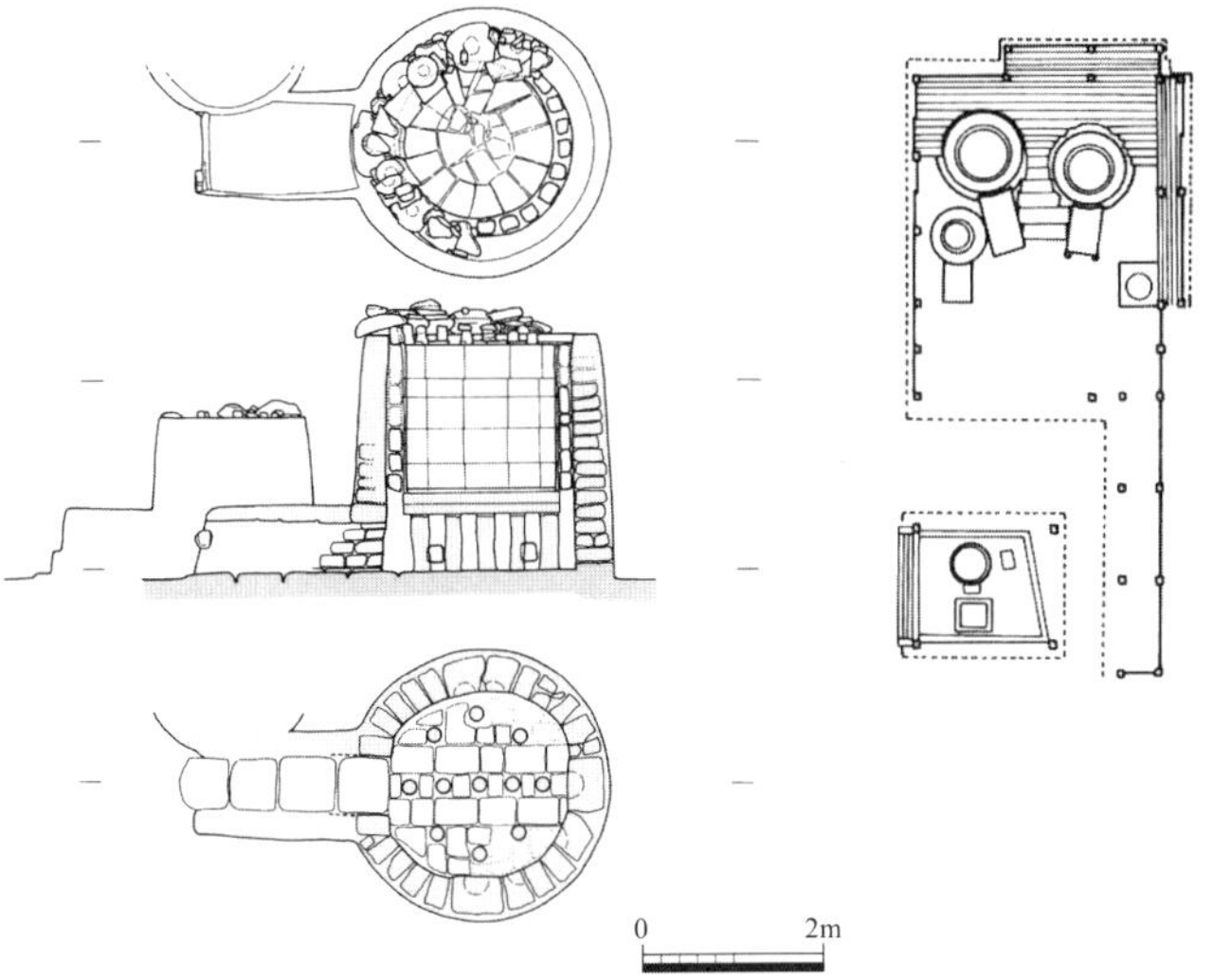

図28　吉村末男家赤絵窯平面図・断面図（左）、工房平面図（右）
（工房平面図は有田町教委1985より転載）

ここでは、最も大きい窯について述べていきたい（図28）。まず、基礎部分について述べると、焚き口から燃焼室にかけて張り出した部分には、大ハマの縁を裁断し、方形にしたものを四つ一列に並べてある。外窯の壁の基礎部分にはトンバイ、大ハマを円形に並べてあるが、その際は内側の面を揃えてあり、外側はトンバイ等の大きさによって凹凸がある。外側は後で上から粘土で塗られるため、多少の凹凸があっても構わないのである。大ハマは窯の主軸線上に一つ、主軸と直交する線上に一つずつ配している。登り窯など本焼き用の窯の廃材を積極的に利用しているのは、焼成の際の過剰な収縮を避けるためと思われる。さらに壁の内側の床面については、内窯を支える支柱を配する箇所を除いて、トンバイが敷き詰められる。そして、支柱は大トチン状の円柱を窯の主軸上に五本並べ、その両端の支柱を直径とする円周上に等間隔に支柱を立てる。支柱は計一一本であり、その配置は主軸に対して左右対称である。なお、焚き口に近い方の支柱には薪で焼成した際に自然釉がかかり、かなりの高温でこの窯が焼かれていたことがわかる。内窯の内部を上絵付け焼成に必要な温度まで上げて維持するためには、その燃焼室の温度は相当なものであったと思われる。

そして、それらの支柱の上に内窯の外底部がのせられる。外底部は円形であるが、円を四等分した扇形の板状のものを組み合わせて円板形にしている。これを二段積み重ねる。その際、分割線をずらして積み重ねている。また、内窯の外底部を水平に保つためには支柱との間に粘土を挟んでそれぞれの高さを調節している。内窯の外底部の縁に内窯の壁が立てられているが、これも外底部と同じ材質である。そして、壁の内側に内底がつくられる。扇状の板を並べてあるが、その配置には不規則な部分がある。

次に外窯の壁であるが、内窯の壁と平行してつくられる。いわば内窯の壁を追いかけるようにつくられる。内窯の壁は板状のものを積み上げていく方法であり、円筒形をなす。外窯の壁の内面との間に「内窯押え」を挟んで固定しながらつくられる。「内窯押え」はレンガ状のもので、内窯の外周に一二列もうけられている。炎はその間を昇っていくのである。外窯の壁はその基礎部分と同じくトンバイを積み上げていくものである。強度的に弱点となる張り出し部分との接合部には、登り窯などで用いられた「火除け」を利用している。

(2) 肥前以外の赤絵座推定遺跡及び赤絵窯

松山窯跡

松山窯跡では、工房跡から上絵窯が一基検出されている（佐々木一九八〇）（図29－1）。上絵窯は工房の北側隅に砂混りの粘土で基礎を作り、少し掘り込まれて焼けた下部が残って

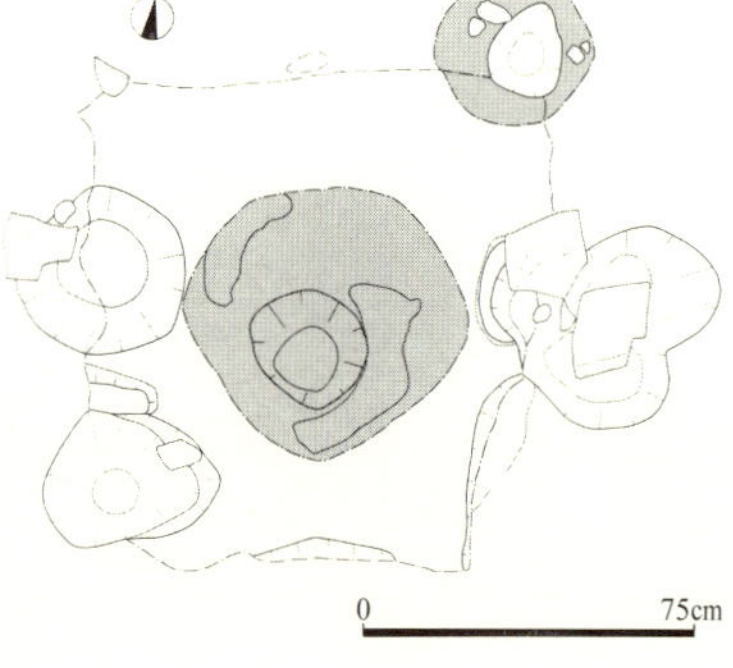

2　九谷A遺跡検出赤絵窯平面図
（石川県教委ほか2006）

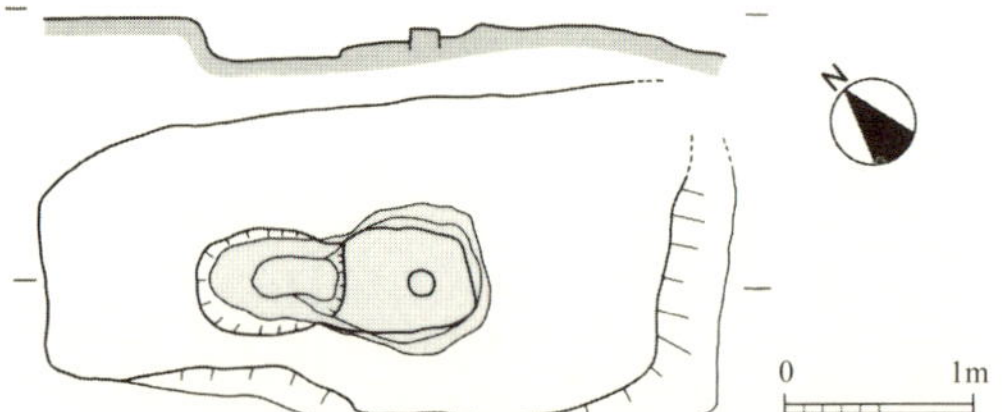

1　松山窯跡検出赤絵窯平面図（佐々木1980bより転載）

図29　肥前地区以外の赤絵窯遺構

いるが、上部の煉瓦積みなどの構造は何もない。焼成室は円形で、赤く焼けた部分の径は外側が七八cm、内側が六五cmで、中央に径一四cmの粘土製円柱が支柱として埋められている。燃焼室は長方形で長さ七〇cm、幅四二cmで、底部は燃焼室より一五cm低い。全体の平面形は瓢箪形であるという。前述した吉村家の赤絵窯と比較して、規模の違いはあるものの基本的な構造には大きな違いは見られない。ただ、吉村家の赤絵窯では燃焼室と焼成室の床がほぼ水平に作られている点が異なっている。

そして、この調査では上絵窯が工房に付帯する施設であることが確認された。有田においては赤絵町成立とともに、上絵付け工程が本焼き工程から切り離されてしまい、結果的に赤絵窯が窯焼きの工房に付帯するものではなくなってしまったが、赤絵町成立以前においては松山窯跡と同様に工房に付帯した施設であったと思われるのである。よって、細工場については遺構を検出してもそのように認識するのが難しいと前述したが、赤絵窯の検出によって当時の工房の位置を推定することができると思われる。

若杉窯跡

石川県小松市八幡地内の八幡遺跡では、若杉窯後半期（一九世紀中葉前後）の窯跡一基と物原が石川県埋蔵文化財保存協会によって発掘調査されている（藤田一九九五）。その出土遺物の中に上絵付けの際に用いられた上絵内窯片が含まれている。径約五六cm前後の内窯本体は素焼製で厚さ二・三cm、内面には上下約八cmの間隔で断面三角形状の突帯が張り付けられており、製品を並べる仕切り板の支えとしているという。また、上絵付け用の色見片も見られる。

九谷A遺跡

九谷A遺跡は中世から近世にかけての集落遺跡である。一九九四年にその一部が第一次調査として発掘されている（石川県立埋蔵文化財センター一九九五）。大聖寺川を挟んだ対岸には江戸前期の九谷窯跡がある。この調査地では九谷窯の製品がかなり出土しており、中には焼き歪んだり、焼成不良のものが含まれている。色絵片が三点出土していることも注目される。そして、付近に工房があったのではないかと推定されている。さらに二〇〇〇年の調査では一七世紀中頃～後半の赤絵窯の床下と推定される遺構（図29-2）も検出されている（石川県教育委員会ほか二〇〇六）。

(3)　肥前地区における赤絵窯

赤絵町遺跡の発掘調査以後、色絵磁器の資料は格段に増加したが、赤絵窯の構造や赤絵の焼成技法など明らかでない点が多い。有田町内では近代以降の薪焼成による赤絵窯が二ヶ所（計五基）が現存し、内窯と外窯の二重構造をもつ円筒形の昇焔式窯であることが確認される（図28・30・31）。『酒井田柿右衛門家文書』（史料13）に記される「一　赤絵釜　壱ツ」（有田町史編纂委員会一九八五a、五五六頁）という表現から江戸時代においても独立した単窯であったと推測されるものの、具体的な構造は不明である。赤絵町遺跡で江戸後期の赤絵窯が二基確認されているが、床下構造のみの検出で上部構造は明らかではない。その他、付近に赤絵窯を含む工房があったと推定される遺跡はいくつかあるが、いずれも赤絵窯本体そのものの遺構は確認されていない。ただし、赤絵窯の一部と推定される窯片は赤絵町遺跡、幸平遺跡、山辺田遺跡などで出土している。

図30　吉村家赤絵窯移築復元窯（有田町歴史民俗資料館）

肥前以外の遺跡では松山窯、九谷A遺跡などで赤絵窯である可能性をもつ遺構が検出されている。中でも九谷A遺跡で発見された赤絵窯と推測される遺構は肥前の赤絵窯を研究する上で重要である。九谷A遺跡と川を挟んで対峙する九谷1号窯では「明暦弐歳　九谷　八月六…」銘の色見片が出土することから一七世紀中頃には成立した窯場であることは明らかである。また、九谷1号窯の構造は肥前の形態と同様で、肥前から築窯技術を含んだ磁器生産技術が導入されたと考えられる。そして、嶋崎丞は、九谷1号窯は最初から色絵付を前提とする白磁生産が主目的の窯であったと考えており（嶋崎一九八七、一七頁）、実際に色絵素地となる白磁製品が大量に出土している（九谷古窯調査委員会一九七一、一九七二、楢崎一九九三）。よって、肥前から導入された磁器生産技術の中に上絵付け技法も含まれていた可能性が高く、九谷窯周辺に登り窯と同様に同時期の肥前の赤絵窯の影響を強く受けた色絵窯が築かれたと推測されるからである。これはほぼ同時期に肥前の磁器生産技術を導入し、色絵を行った可能性が高い

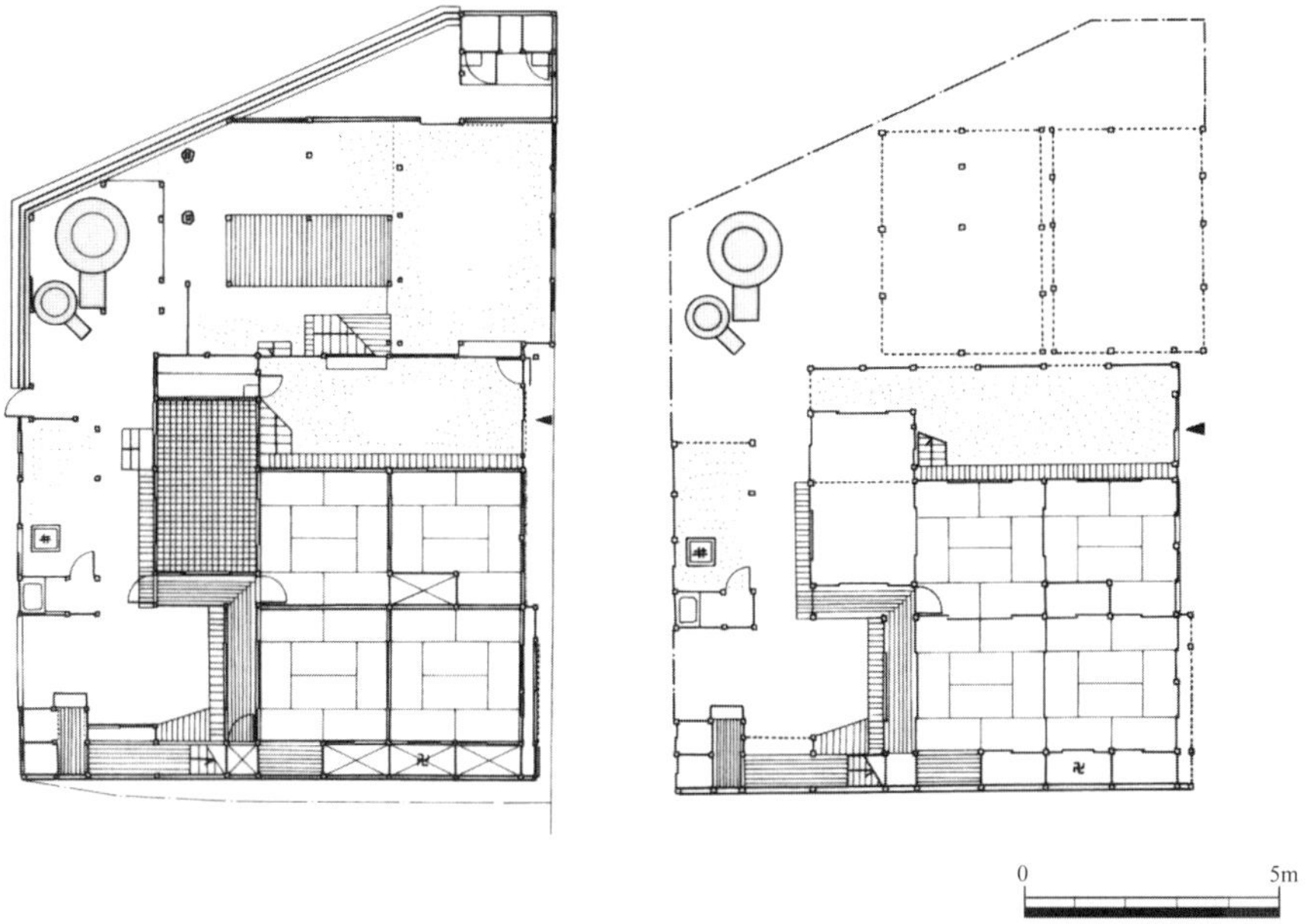

図31　大島長芳家1階平面図（左）、復元平面図（右）（有田町教委1985より転載）

姫谷窯についても同様であり、こうした肥前以外の色絵製品の生産地における検出例も肥前の赤絵窯の構造を推測する手がかりとなろう。

そして、肥前の近代以降の薪焼成による赤絵窯と形態的によく似るのが、堂島蔵屋敷跡で検出された一七世紀末〜一八世紀初の素焼き窯である。昇焔式である点、燃焼室と焼成室が上下二段となり、円筒状である点など共通する。佐藤隆はこの素焼き窯に伴う本焼き陶器窯は京都あるいは京都・信楽に連なる系譜上で考えた方がよいとしている（佐藤一九九九、五九頁）。一方、慶安二年（一六四九）に加賀藩の重臣本多政長に茶匠金森宗和が送った書状には「御室焼物今日いろゑ出来申」（『本多房州宛書状』）とあることから、一七世紀中頃には京焼においても仁清が御室焼で上絵付けを行っていたことが記されており、形態は不明であるものの色絵窯が存在していた可能性が高い。仁清の色絵窯と堂島蔵屋敷跡で検出された素焼き窯の関係を示す証左はないが、素焼き窯と色絵窯はその用途こそ異なるものの同じく低火度焼成の窯であることは共通している。それぞれ窯が専門化する前の段階では構造的に類似していた可能性も考えられる。堂島蔵屋敷跡の素焼き窯は、ほぼ同時期に始まったとされる肥前と京焼の上絵付け技法の関わりを考える上でも重要な資料となろう。

史料13　『酒井田柿右衛門家文書』「覚」（有田町史編纂委員会一九八五a、五五六頁）

覚

一、本釜　壱軒　一、唐臼小屋　壱ツ　一、御道具屋　壱ツ　一、唐臼　弐丁　一、大車　弐丁、一、赤絵釜　壱ツ、一、米　五俵、

一、銀　弐百目　右之通、今度公儀御焼物方ニ付而、出来立候内、如書載被下由申来リ候条、可被得其意候。巳上。大続覚左衛門

十一月廿九日　山田善五衛門　酒井田柿右衛門殿

第2節　陶工の動向

考古資料によって製品の比較から陶工集団の移動を推測できる場合もあるが、文献史料の方がより具体的である。例えば過去帳には没年、居住地、名などが記されており、丹念に見ていけば、具体的な陶工の動向がわかる場合もある。また、統計的に処理することで陶工全体の動向の傾向を知ることもできる。現在、有田の陶工などが記された過去帳で確認できるものには、『竜泉寺過去帳』と『浄源寺過去帳』などがある。特に『竜泉寺過去帳』は寛永二一年（一六四四）より現存しており、陶工の動向を知る上で有効な資料となろうと思う。なお、竜泉寺は佐賀県西松浦郡有田町に所在する寺であり、その過去帳の記載は初代金ヶ江三兵衛の実在を証明した史料として知られる。

ここでは、一七世紀前半、一七世紀後半、一八世紀以降の三つの時期について、過去帳からみた有田皿山の陶工の動向を考えてみたいと思う。

(1)　一七世紀前半（表11）

『竜泉寺過去帳』（以下、過去帳）の中で最も古い記載年である寛永二一年（一六四四）に記載のある窯場は年木山、上白川、下白川、黒牟田山、外尾山の五ヶ所である。続いて一六四五年に広瀬山の初見が確認される。そして、確認される一七世紀前半の窯場の記載数は、年木山（六名）、上白川（七名）、下白川（一名）、黒牟田山（二名）、外尾山（二名）、広瀬山（二名）である。その他、窯場と特定

表11　江戸前期における『竜泉寺過去帳』窯場別記載一覧表

年代	黒牟田	黒牟田山	広瀬山	応法山	外尾山	外尾	南川原	南川原山	大川内	吉田山	一瀬山
1644	○	○○			○						
1645	○		○								
1646	○					○○○	○○				
1647											
1648											
1649											
1650					○						
1651											
1652											
1653											
1654	○						○○				
1655							○				
1656	○										
1657			○								
1658	○○○		○			○					
1659						○	○○				
1660	○										
1661	○○		○								
1662			○		○	○				○○	
1663										○	
1664										○	
1665						○				○○	
1666											
1667	○									○	
1668	○			○○							
1669			○○○		○	○	○				
1670											
1671	○										
1672		○									
1673				○				○			
1674			○○○	○○		○	○				
1675			○								
1676	○	○	○								
1677	○					○	○				
1678	○	○	○			○					
1679		○	○○						○○		
1680							○		○		
1681				○			○				
1682		○	○				○				
1683									○		
1684	○		○			○	○				
1685	○		○○○○		○						
1686			○			○○	○				
1687						○	○				
1688							○				
1689	○		○				○				
1690											
1691		○	○○○			○	○				○
1692		○○○	○				○				
1693		○○									
1694	○		○					○			
1695		○				○	○				
1696			○			○					
1697		○	○				○○				
1698			○○○				○○○				
1699											
1700			○			○	○○○				
1701		○	○○○			○	○				
1702	○		○○								
1703		○○	○○○○		○	○○		○			

年代	年木山	上白川	中白川	下白川 (白川)	稗古場	赤絵町	大樽	下幸平 (本幸平)	上幸平	岩谷川内
1644	○	○○		○						
1645										
1646										
1647										
1648										
1649										
1650	○○○									
1651		○					○			
1652	○						○○			
1653										
1654		○								
1655	○	○					○			
1656										
1657		○○								
1658		○					○			
1659			○					○		
1660		○								
1661		○			○				○	
1662										
1663					○					○
1664							○			
1665										
1666		○○								
1667								○		
1668		○○○								
1669										
1670										
1671				○						
1672				○○			○			
1673				○						
1674										
1675					○					
1676				○			○			
1677				○			○			
1678				○○						
1679				○						
1680						○		○		
1681				○○						
1682									○	
1683					○		○			
1684										
1685										
1686				○	○○				○	
1687	○									
1688				○			○			
1689							○			
1690										
1691									○	
1692					○			○		
1693							○	○○		
1694						○				
1695						○		○		
1696						○	○			
1697										
1698				○○○						
1699										
1700					○					
1701					○					
1702										
1703				○			○			○

できない記載として、黒牟田（五名）、外尾（三名）、南川原（五名）がある。

寛永一四年（一六三七）の窯場の整理統合では「黒牟田、岩屋川内皿屋より上、年木山切り、上白川切り」の合計一三ヶ所の窯場に統合されている。その際、多くの窯場が廃された有田の西部地区（後の外山地区）の中でも黒牟田山や外尾山は、発掘資料によって窯場の整理統合以降も継続して操業されたと推測されるため、過去帳に両者の記載が見られることは年代的に矛盾しない。広瀬山も一六四〇年代に遡る製品が出土しているため、一六四五年に広瀬山の記載が見られることと矛盾しない。一方、寛永一四年の窯場の整理統合直後の段階ですでに一〇ヶ所程度の窯場は東部地区にはあったと推測される。また、承応二年（一六五三）の『万御小物成方算用帳』に記載されている窯場をみると、位置不明な日外山を除いて、有田の東部地区には九ヶ所（板ノ川内山を含めると一〇ヶ所）の窯場がある。それらの中で発掘調査が行われている窯場ではいずれも一七世紀前半の製品が出土しており、記載の信憑性を裏付けている。しかしながら一七世紀前半代の有田の東部地区の過去帳の記載をみると、年木山、上白川、下白川の三ヶ所に限られているのである。

ここで一七世紀前半の陶工の動向に関するその他の文献史料をみてみる。まず、前述したように『金ヶ江家文書』には、三兵衛は元和二年（一六一六）に有田に移り住んだ頃、最初は有田の西部地区に住んでいたが、泉山磁石場を発見し、最初に天狗谷窯を築いたとある。家永家もほぼ同様の内容である。一方、有田町稗古場の報恩寺境内にある「萬了妙泰道婆之塔」の碑文には、金ヶ江家と同じく朝鮮人陶工である深海家の由来が記されている。現在、碑文そのものは塔の風化によって判読が困難な状態であるが、その内容は『有田皿山創業調子』（久米邦武著）によって知ることができる。それによれば元和四年（一六一八）の深海宗伝の死後、その妻百婆仙は有田で良質な陶石が発見され磁器生産が盛んになっていることを知り、武雄の内田から一族を率いて稗古場に移り住んだとある。すなわち、泉山磁石場の発見によって、有田の西部地区や武雄など有田の東部地区周辺の既存の窯場から、有田の東部地区へ陶工が移り住んだことが記される。そこで有田町にある竜泉寺の地理的位置を考え合わせると、過去帳に記載されている東部地区の窯場の記載は、金ヶ江三兵衛と同様に有田の西部地区から東部地区に移り住んだ陶工ゆかりの記載であると推測される。もちろん、有田の西部地区周辺にある寺は竜泉寺だけではない。そのため、記載のある窯場だけが有田の西部地区から陶工が移り住んだ窯場というわけではない。しかし、記載のある東部地区の窯場が、有田の西部地区など西方から移り住んだ陶工を含んだ窯場であることは確かであろうと思う。

(2) 一七世紀後半（表11）

『竜泉寺過去帳』（以下、過去帳）において一七世紀後半に初見が確認される窯場は、一六五一年の大樽山、一六五九年の中白川、下幸平（後の本幸平）、一六六一年の稗古場、上幸平、一六六三年の岩谷川内、一六六八年の応法山、一六七三年の南川原山、一六六二年の吉田山、一六七九年の大川内山、一六九一年の一瀬山などである。その他、窯場ではないが、一六八〇年に赤絵町の初見が確認される。この段階で当時の有田内山地区、有田郷の外山地区の全ての窯場の記載が見られるようになる。

まず、有田の内山地区の窯場について、注目されるのは一六五九年から一六六三年にかけて初見が見られる窯場が集中していることである。『万御小物成方算用帳』には小樽山、中樽山などの記載があるが、発掘資料によれば、一六五〇年代中頃には廃されていると考えられる。また、すでに述べたように有田町にある報恩寺の鐘銘には寛文一二年（一六七二）銘とともに「上幸平山、大樽山、下幸平山、上白川山、冷古場山、赤絵町、中野原町、岩屋川内山」の銘があったと伝えられている。これらが当時の有田内山地区の窯場と町であろう。よって、一六五〇年以前は年木山と白川地区に限られていたのに対して、一六六三年までには当時の全ての窯場の記載が見られるようになる。

ここでは、まず過去帳の記載から初代金ヶ江三兵衛没後の金ヶ江一族の動向からみていきたい。三兵衛は明暦元年（一六五五）に没している。その翌年の明暦二年（一六五六）の文書には金ヶ江家一族一〇名が連名で記されている（有田町史編纂委員会一九八五a、五六〇-五六一頁）。金ヶ江与四左衛門、同津左衛門、同佐左衛門、同藤左衛門、同十左衛門、同十右衛門、同清五左衛門、同十兵衛、同八左衛門、徳永弥三右衛門の一〇名である。これら一族の名を過去帳の記載の中に求めてみる。三兵衛家については一六六〇年上白川三兵衛娘、一六六三年稗古場三兵衛女房、一六八三年稗古場山三兵衛、一六九二年稗古場三兵衛孫八、一七〇四年稗古場山三兵衛親と続き、一六六三年以降は稗古場山の記載が続く。また、稗古場山の初見である一六六一年の十兵衛子も金ヶ江一族である可能性があり、過去帳における稗古場山の記載開始も金ヶ江家の移動が要因であろうと推測される。発掘資料によれば、稗古場窯は一六三〇年代には開窯していると考えられるため、金ヶ江一族が新たに稗古場山の窯場を新たに興したのではなく、既存の窯場に移動したということであろう。金ヶ江与四左衛門については、伊万里町に同名の記載が見られる。その他、津左衛門、佐左衛門、藤左衛門家は白川に残るようであるが、佐左衛門は延宝四年（一六七六）には白川山金ヶ江佐左衛門親とあるものの、享保一三年（一七二八）赤絵町鐘ヶ江佐左衛門母、享保一五年（一七三〇）赤絵町金ヶ江佐左衛門弟覚左衛門とあり、赤絵町に移っている。それ以後、赤絵町では幕末～明治まで金ヶ江姓の記載が続く。すなわち、一八世紀後半には安永五年（一七七六）金ヶ江武右衛門子、安永七年（一七七八）金ヶ江武右衛門娘、寛政七年（一七九五）金ヶ江武右衛門などの記載があり、安永八年（一七七九）頃とされる「赤絵付家督相続定法」の制定に関わったとされる一六軒の赤絵屋の中に「武右衛門」の名が認められることから、赤絵屋を営んでいたのであろう。そして、十右衛門については、一七世紀には記載は見られないが、一八世紀に入ると元禄一六年（一七〇三）黒牟田山十右衛門娘、正徳三年（一七一三）黒牟田山十右衛門、明和九年（一七七二）広瀬山十右衛門娘きくなどの記載が見られる。いずれも外山地区の窯場である。苗字が記されていないので、同一人物なのか不明であるが、『御屋形日記』延享二年（一七四五）には「広瀬山居住金ヶ江十右衛門」と記されている。清五左衛門については過去帳では確認できなかったが、江戸後期の文献に登場する泉山の土庄屋あるいは土刈り庄屋の金ヶ江清五左衛門の祖先であろう。また、八左衛門は一六五二年に大樽山に記載が見られ、一六五九年の幸平山、一六六七年幸平山へと続いている。一六五九年の八左衛門子の記載は幸平山の初見であり、大樽山の初見も八左衛門の記載の前年にあたる。大樽山や幸平山の記載開始も金ヶ江家の移動による可能性が高い。そして、大樽山は承応二年（一六五三）の『万御小物成方算用帳』に記載が見られるが、幸平山はみられない。そのため、一六五三年から一六五九年の間に開窯した可能性も考えられ、幸平山については開窯そのものに金ヶ江一族が関わった可能性が考えられる。一方、この幸平山に該当する窯として谷窯跡が考えられるが、谷窯跡出土遺物の製品組成が白川地区の天狗谷窯に類似している点は、金ヶ江一族の関わりを示唆しているものの、現在の磁器製品の編年観では谷窯の開窯年代が一六四〇年代まで遡る可能性があり、開窯年代を一六五三～一六五九年の間に限定できるものではない。徳永弥三右衛門については過去帳では確認できなかった。徳永家についても広瀬山に残る元禄一三年（一七〇〇）六月一一日銘の「天照皇太神宮」碑の会構衆名として金ヶ江氏とともに名を連ねていることを確認するのみである。以上のことから、金ヶ江一族が関わった可能性が高い一七世紀後半の東部地区の窯場は、上白川など白川地区の窯場、稗古場山、大樽山、幸平山である。一七世紀後半に見られる過去帳に記載がある内山地区の窯場の増加は金ヶ江一族の移動が一因であることがわかる。

次に有田の外山地区について、応法山、南川原山の記載が初めて見られる。その他、黒牟田山は一六四四年に初見が見られるものの、以後の記載が見られなかったが、一六七二年に再び記載が始まり、以後記載が継続的に続くようになる。まず、後に述べるように一六七〇年代の応法山についての記載の中には金ヶ江一族が含まれていることは確かである。応法山の延宝二年（一六七四）の権之允内儀の記載は応法山に残る石碑から金ヶ江一族の記載であることが判明した。応法山に残る石碑には「本□正意　延宝二□□　秋九月□日」とあり、施主として金ヶ江千兵衛の名が刻まれている（第7章図136）。よって、寛文一三年（一六七三）応法皿山千兵衛娘、延宝二年（一六七四）応法山千兵衛も金ヶ江一族であることがわかる。応法山は承応二年（一六五三）の『万御小物成方算用帳』には記載がないが、発掘資料によれば一六五〇年代には開窯していると推測される。よって、金ヶ江一族は既存の窯場に加わったのであろうと推測される。前述のとおり、広瀬山も金ヶ江一族の関わりが大きな窯場であるが、いつ頃から関わりをもつのか明らかではない。

また、有田の内山地区から陶工が外山地区へ移ったことが推測される窯場は、柿右衛門窯などの南川原山である。すでに述べたように『酒井田柿右衛門家文書』によれば、赤絵については初代柿右衛門である喜三右衛門がもともと年木山にいた頃に始めたとある（有田町史編纂委員会一九八五a、五五一頁）。年木山とは有田の東部地区の泉山磁石場に最も近い窯場の一つである。該当する窯は楠木谷窯、枳薮窯、年木谷3号旧窯などである。特に柿右衛門窯との密接な関わりが指摘されるのが楠木谷窯である。両者には共通の意匠の製品も多い。そして、年木山の窯場は楠木谷窯を含めていずれも一六六〇年頃には廃されていると推測されている。このことは過去帳の中の年木山の記載が一六四四年～一六五五年に集中していることとも矛盾しない。一方、南川原山の記載を見てみると、一六七三年に初見が見られるものの次に現れるのは一六九四年であり、柿右衛門窯の操業期間の間の記載数は少ない。金ヶ江一族の動きの中で見られたような稗古場山、応法山の記載例とは異なり、連続性がない。よって、少なくとも年木山で過去帳に記載されていたグループは南川原に移っていないと推測される。すなわち、単純に年木山にいた陶工がそのまま全て南川原へ移ったわけではないと推測される。このことは逆に当時の年木山には、過去帳に記載されるグループと記載されないグループが混在していたことを示している。

伊万里郷の外山地区については、大川内山、一瀬山などの記載が見られる。大川内山は延宝七年（一六七九）に初見が見られ、一八世紀以降も散見される。しかし、集中しているのは初見の一六七九年から一六八三年までの間である。藩窯の設置あるいは本格的な運営に際して、有田の陶工が移住したことを推測させる。一瀬山については、元禄四年（一六九一）に記載が見られるが、この時期に操業したと推定される窯は確認されていない。ただし、『万御小物成方算用帳』には一ノ瀬と推定される「方ノ瀬」の記載があるため、窯場としてはすでに成立していたのであろう。

有田・伊万里以外の窯場については、嬉野の吉田山などの初見が確認される。一七世紀後半の吉田山の窯場としては吉田2号窯が発掘調査されており、一六五〇～一六六〇年代には開窯していると推測されている。そして、過去帳の記載は寛文二年（一六六二）から同七年（一六六七）に集中しており、開窯に際して、吉田山に竜泉寺過去帳に記載されるグループの陶工が移住したことをうかがわせる。『肥前陶磁史考』には、吉田山の陶器生産を発展させるために、有田郷の南川原より副島、牟田、金ヶ江、家永の四人を招致して指導者となしたとある（中島一九三六、一九〇頁）。この根拠と年代は明らかではないが、吉田2号窯の背後には「天満宮・正八幡宮・稲荷社　天保十二年辛丑夘月大吉日　当家七代副嶋善左衛門」銘の石塔が存在するため、副島一族が窯業を営んでいたことは確かなようである。金ヶ江一族の一部が過去帳に記載されていることは、すでに述べたし、副島家についても一八世紀には過去帳に記載が見られる。過去帳に記載されるグループが吉田山に移住したことと矛盾しない。そして、有田の窯場と同名の人物の記載も見られる。まず、応法山と同名の記載が見られる。寛文七年（一六六七）「吉田山藤五左衛門内儀」と寛文八年（一六六八）「応法山藤五左衛門内儀」、寛文五年（一六六五）「吉田山七良兵衛内儀」と享保一八年（一七三三）「応法山副島七良兵衛」である。七良兵衛の場合は少し年代に開きがあるが、副島姓であることは注目される。両者の窯場の同名の人物が同一人物であれば、いずれも有田から吉田山へ行き、続いて応法山へ移動したことになろう。また、白川地区にも同名の人物の記載が見られる。承応三年（一六五四）「上白川千右衛門娘」、寛文二年（一六六二）「吉田山千右衛門子」、寛文一一年（一六七一）「白川千右衛門」である。千右衛門が同一人物とすれば、白川地区から一六五〇～一六六〇年代に一時的に吉田山へ行ったことになる。偶然の一致であるかもしれないが、『肥前陶磁史考』にある記述と考え合わせると興味深い。また、元禄四年（一六九一）に始まる『浄源寺過去帳』に吉田皿屋喜右エ門とあり、吉田山の記載は享保一八年（一七三三）まで見える。『竜泉寺過去帳』に記載されない別のグループも吉田山に移住していたことを推測させる。

一七世紀後半の記載がある窯場の増加は、有田内山地区内部における陶工の移動、有田内山地区から有田郷の外山地区への移動、

表12　江戸中期における『竜泉寺過去帳』記載数の推移

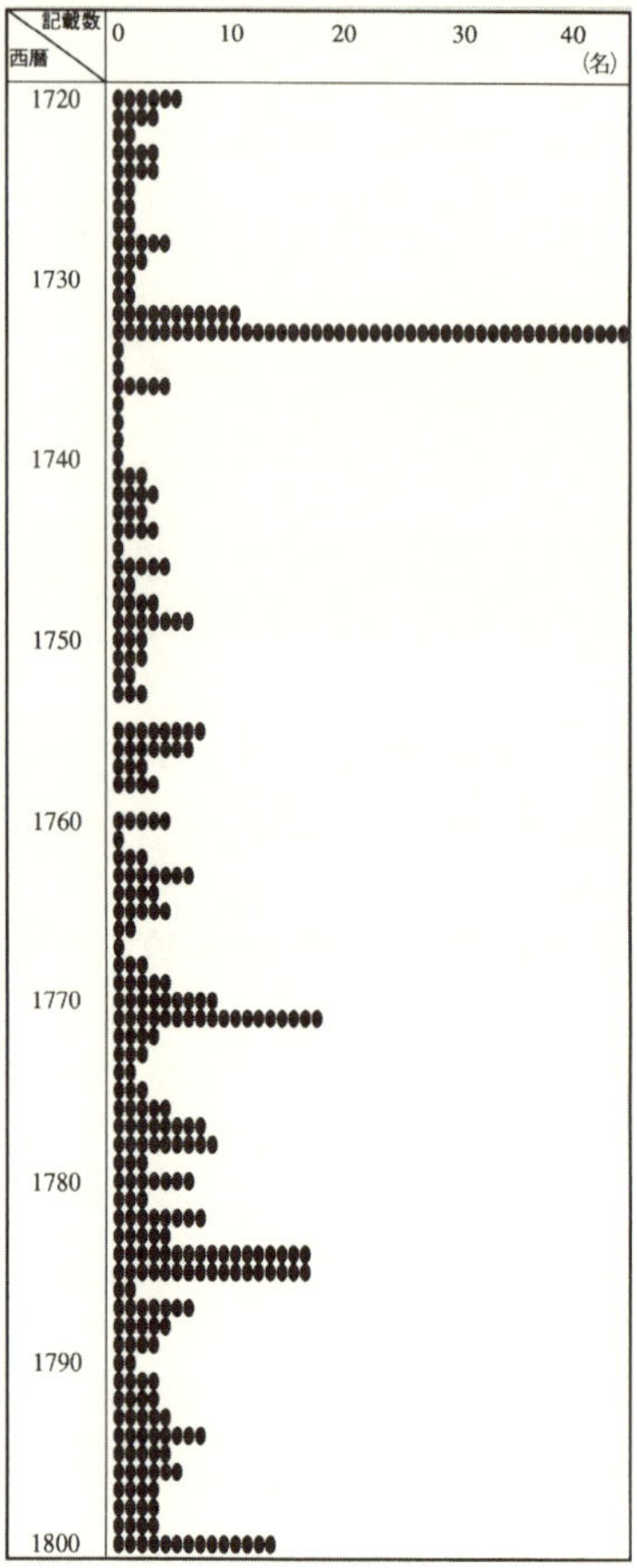

あるいは有田内山地区や有田郷の外山地区から有田以外の窯場への陶工の移動を表しているとみてよい。特に明暦元年（一六五五）に初代金ヶ江三兵衛が没した後は、内山地区では急激に新たな窯場の記載が増えるし、外山地区においても各窯場の記載数が急増しており、これらは金ヶ江家一族を含んだ陶工の移動とみてよいであろう。そして、大橋康二はこの時期の金ヶ江一族の動きをその勢力拡大とみている（大橋一九八八e、五三-五五頁）。すなわち、寛永一四年（一六三七）の窯場の整理統合によって、一時的に一三ヶ所の窯場に統合されたが、需要の増大に伴い、収まりきらなくなり、一六四〇～一六五〇年代には再び周辺に窯場が増加する。そして、応法山、広瀬山、南川原山など増加した窯場に金ヶ江家に関わる石碑が見られることから金ヶ江一族の勢力拡大とみている[2]。一方、こうした動きが金ヶ江一族に限るものではないことも確かである。年木山から南川原山へ陶工が移ったことは確実であるものの、過去帳ではその動きを読み取れない。おそらく記載されていたグループは南川原へ移らず、記載されないグループのみが移ったと推測されるのである。また、一七世紀後半に有田の周辺地域に新たに窯場が興る場合などには有田地区からの比較的大きな集団の動きがあるようである。過去帳の記載もその窯場の開窯年代に近い年代に一時的に増加する。そして、吉田山は『浄源寺過去帳』の記載も見られるため、有田地区から移った陶工にはいくつかのグループが含まれていることもわかる。

(3)　一八世紀（表12）

『竜泉寺過去帳』は飢饉による災害を裏付ける史料でもある。一八世紀の主な飢饉は享保の大飢饉（一七三二）、明和の大旱魃（一七七〇）、天明の大飢饉（一七八二〜一七八七）などである。平年の記載数が平均三〜四名であるのに対し、享保の大飢饉の翌年である享保一九年（一七三三）には四四名、明和の大旱魃の翌年である明和八年（一七七一）には一八名、天明の大飢饉の際には天明四・五年（一七八四・一七八五）の両年で三四名の記載が見られる。

享保の大飢饉は西日本を中心に被害をもたらした災害である。その翌年の過去帳の記載数からもその被害の大きさが理解できる。また、その後数年間の記載数の数値の低さは人口が減少したことを推測させる。この災害が肥前の窯業界に与えた影響は大きく、有田のみならず波佐見においても「近年皿山衰微」（波佐見史編纂委員会一九七六、四一五-四一六頁）する状態であった（史料14）。また、この大飢饉によって窯場そのものが中断することもあったようである。例えば応法山の場合、享保一八年（一七三三）には一〇名の記載がある。そして、『代官旧記』文化九申日記（池田編一九六六、四頁）には、享保一七年の大凶作によって応法山の庄屋役を勤めるものがなくなり、黒牟田山に住んでいた林右エ門が応法山に引っ越し、再興したという内容が記されている（史料15）。その子一郎右エ門が宝暦一一年（一七六一）から庄屋役を勤めているので、一七三一〜一七六一年までの間に一時期中断した時期があったことになる。

史料14　『大村家古文書』「見聞録第五九巻」（波佐見史編纂委員会一九七六、四一五-四一六頁）

享保十九年寅年飢饉、領中所々に皿山之有り瀬戸物焼出し候へ共、近年皿山衰微、右の場所は数多の人も入込み渡世仕候へ共、左様の儀与りかね候

史料15　『皿山代官旧記覚書』文化九申日記（池田編一九六六、四頁）

口達　有田外皿山応法山　庄屋　一郎右ヱ門

一、右之者儀、宝暦十壱年ゟ庄屋役相勤、当年まで五拾弐ヶ年、堅固ニ勤方仕、殊ニ、親亡林右ヱ門と申者、享保十七年大凶作ニ而、右山庄屋役相勤候者無之ニ付、地来黒牟田山住居之者ニ候処、応法山へ引越相勤候様被付、一山再興仕候儀、委曲別紙之通、〔後略〕

第3節　製品の変遷

肥前陶磁の特質を明らかにする上で、生産された製品から得られる情報は多い。製品は当時の生産技術を反映するだけでなく、市場の需要をも反映するものであるからである。そして、その情報を活用するためにはその年代を知ることが基本的な作業として考えられよう。年代を特定することによって、初めて比較検討が可能になるからである。

生産遺跡の中で製品が最も出土する遺構は古窯跡の物原である。焼成過程で失敗した大量の製品が層をなして堆積している。一般に物原の下層になるほど廃棄年代が古く、上層になるほど廃棄年代が新しい。そして、その窯の最終段階の製品と推定される製品が焼成室の床上に残された製品である。しかし、これらの資料で推定される年代はあくまでも相対年代である。開窯年代や廃窯年代が文献史料などに残されている場合もあるが、多くの場合はそうした資料には恵まれない。そして、これらの窯跡出土資料に絶対年代を与える方法として、熱残留磁気年代測定法など理化学的な方法があるが、これまで十分な成果は得られていない。

陶磁器に絶対年代を与える方法として、年代や年号が記された紀年銘資料を出土製品と比較する方法があげられる。小木一良はこうした紀年銘資料を集成し、肥前磁器の変遷を概観する試みを行っている（小木一九八八）。しかし、紀年銘資料が技術水準の高い製品あるいは特殊な製品に偏りがちであるのも確かであり、一般的な製品にそのまま応用できない面もある。一方、近年は消費遺跡において年代推定可能な遺跡が数多く調査されている。とりわけ、文献史料に残されている火災などの災害に伴う資料は廃棄年代が明らかな資料となる。また、消費遺跡から出土する資料は一般的な製品が多く、窯跡から出土する製品と比較しやすいことも都合がよい。そのため、年代の推定可能な遺跡の資料から得られる絶対年代と生産遺跡の出土資料から得られる相対年代を組み合わせて、製品の変遷を考えることが最も有効であろうと考える。

第1項　年代の推定できる遺跡出土資料

肥前陶磁が出土する一六世紀末～一九世紀にかけての年代の推定可能な遺跡の出土資料を整理する。それをまとめたものが表13で

表13　年代推定可能な遺跡及び遺構一覧表

番号	遺跡・遺構名	廃棄推定年代	備考
1	境環壕都市遺跡SKT19	1585-1615	天正13年（1585）銘木簡が出土。慶長20年（1615）には埋められている。
2	大坂城跡OS83-15次	1598	1598年に石垣が築造されている。
3	奈良奉行所跡	1603-1604	慶長8-9年（1603-4）頃、部長所が移設。
4	平安京内膳町遺跡SK42	1604	慶長9年（1604）銘木簡が出土。
5	堺環壕都市遺構SKT573ほか	1615	慶長20年（1615）の大火による焼土層。
6	大坂城OS83-15次ほか	1615	慶長20年（1615）の大坂夏の陣。
7	大坂城OS83-15次第3下層	1620	元和6年（1620）の大坂城再築工事。
8	大坂城下町AZ（OJ）87-5、SX201	1622	元和8年（1622）の魚市場移転。
9	武雄市みやこ遺跡	1625	寛永2年（1625）に河川改修。
10	岡山市二日市遺跡	1637-1640	寛永14-17年（1637-40）に存続した鋳銭座。
11	境環壕都市遺跡SKT14地点SF001・調御寺跡	1648-1652	承応2年（1653）銘や慶安銘の蔵骨器が出土する墓地の下から出土。
12	大坂城OS83-15次第3中・上層	1657	明暦3年（1657）の絵図に描かれている大堤の盛土より出土。
13	都立一橋高校遺跡など	1657	明暦大火以前の墓地。大火に伴う焼土層など。
14	万才町遺跡SK15・35・62	1663	寛文3年（1663）の大火。
15	築町遺跡	1663	寛文3年（1663）の大火。
16	五島町遺跡	1663	寛文3年（1663）の大火。
17	栄町遺跡	1663	寛文3年（1663）の大火。
18	慈光寺蜂須賀家臣墓加嶋重玄室墓	1663	寛文3年（1663）没。
19	済海寺遺跡14号墓	1664	寛文3年（1663）没。
20	富田川河床遺跡	1666	寛文6年（1666）の大洪水。
21	花の木遺跡	1672	寛文12年（1672）銘の墓。
22	松江城下町遺跡	1678	寛文18年（1678）の大火。
23	東京大学構内遺跡中央診療棟地点L32-1	1682	天和2年（1682）の火災。
24	東京大学構内遺跡中央診療棟地点H32-5	1682	天和2年（1682）の火災。
25	東京大学構内遺跡医学部附属病棟地点	1682、1703	天和2年（1682）と元禄16年（1703）の火災。
26	松尾勘兵衛墓	1688	元禄8年（1695）銘の墓。
27	伊丹郷町遺跡	1688-1702	元禄元年（1688）、同12年（1699）、同15年（1702）のいずれかの火災。
28	湯山遺跡	1695	元禄8年（1695）の火災。
29	伊丹郷町遺跡	1699-1702	元禄12年（1699）、同15年（1702）のいずれかの火災。
30	梶尾家墓	1697	元禄10年（1697）没。
31	新地唐人荷蔵跡	1702	元禄15年（1702）に築造。
32	東京大学構内遺跡御殿下記念館537号遺構	1703	元禄16（1703）の火災。
33	住吉町西遺跡Ⅰ号006号遺構	1707	宝永4年（1707）の富士山噴火。
34	隼町遺跡096遺構	1707	宝永4年（1707）の富士山噴火。
35	小田原城下法雲寺跡	1707	宝永4年（1707）の富士山噴火。
36	小田原城下三の丸大久保雅楽介邸第Ⅳ地点	1707	宝永4年（1707）の富士山噴火。
37	同志社大学新島会館地点	1708	宝永5年（1708）の大火。
38	波佐見町黒板家墓地	1709	宝永6年（1709）銘の墓。
39	大坂城下町跡OJ92-18船場道修町遺跡	1708-1724	宝永5年（1708）あるいは享保9年（1724）の大火。
40	伊達綱宗公墓	1711	正徳元年（1711）没。
41	枚方宿遺跡	1711	宝永8年（1711）の火災。
42	堂島蔵屋式跡SK501	1716	享保元年（1716）の大火以前。
43	住友銅吹所跡	1724	享保9年（1724）の大火。

44	尾張藩上屋敷跡	1725	享保10年（1725）の火災。
45	伊丹郷町遺跡	1729	享保14年（1729）の火災。
46	大聖寺八間道遺跡	1729	享保14年（1729）の火災。
47	慈光寺蜂須賀家臣墓速水元次娘墓	1732	享保17年（1732）没。
48	大分市府内城三ノ丸遺跡SK14・15	1743	寛保3年（1743）の火災。
49	下本多町遺跡	1759	宝暦9年（1759）の火災。
50	旧芝離宮庭園遺跡	1782	天明2年（1782）に埋立てられた堀割。
51	鎌原遺跡	1783	天明3年（1783）の浅間山噴火。
52	隼町遺跡001号遺構	1792-1794	寛政4年（1792）あるいは寛政6年（1794）の火災。
53	和泉伯太藩上屋敷跡	1823	文政6年（1823）の火災。
54	慈光寺蜂須賀家臣墓中村弘遠長女墓	1838	天保9年（1838）没。
55	平安京左京六条三坊七町	1858	元治元年（1858）の大火。
56	慈光寺蜂須賀家臣墓樫原源兵衛直義室墓	1861	文久元年（1861）没。
57	下関市奇兵隊陣屋跡	1865-1869	慶応元年（1865）〜明治2年（1869）に陣屋が存続。
58	広島県宇治島沖	1867	1867年に沈没した「いろは丸」。
59	開陽丸遺跡	1868	1868年に沈没した「開陽丸」。

ある。表にあげた遺跡の他に年代の推定が可能な遺跡として、開窯年代あるいは廃窯年代が明らかな古窯跡、沈没年代が明らかな海外の沈船遺跡、そして、ベトナムのドンテェック遺跡ムォン族領主墓（一六五〇年、一六六三年）、インドネシアのティルタヤサ遺跡（一六八二年）などの海外の消費地遺跡などがある。

そして、年代の推定可能な遺跡や遺構の出土資料は、その性格によって、(1)文献史料に残る火災など災害に伴う資料、(2)文献史料等によって年代が明らかな造成工事等の人為的行為を基準とする出土資料、(3)文献史料等により設置年代が明らかな施設の出土資料、(4)埋葬年代が明らかな墓から出土した資料、(5)紀年銘をもつ資料と共伴する資料、(6)文献史料に築窯年代や廃窯年代が残される古窯跡資料、(7)沈没年代の明らかな沈船資料などに分けられる。

(1)の場合、災害を示す遺構や土層を基準に災害前に廃棄された資料、災害時あるいは災害直後に廃棄された資料、災害の後に廃棄された資料を考えることができる。最も推定年代の幅が狭いものは、災害時あるいは災害直後に廃棄された資料である。災害による被害が大きい場合、出土する資料の量も多く、災害の多くが突発的なものであることを考えると、廃棄される際に選別されず、災害直前の組成を保ったまま一括廃棄される可能性が高いからである。一方、問題がないわけではない。火災は頻繁に起こりうる災害であり、文献史料に見られるどの火災に該当するか、検証する必要があり、その規模によっては文献史料には記されていない火災に伴う可能性も考えられる。特に調査範囲が狭い場合は判断が難しいものとなる。(2)の場合、(1)と同様に造成工事等に伴う遺構や土層を基準にその人為的行為の前に廃棄された資料、人為的行為中に廃棄された資料、人為的行為後に廃棄された資料を考えることができる。最も推定年代の幅が狭いものは、造成土や埋土の中に含まれる資料のような人為的行為中に廃棄された資料である。ただし、(1)のような突発的な災害と異なり、一度どこかに廃棄されていたものを含む可能性、すなわち二次廃棄のものが多く含まれる可能性も高い。(3)の場合、施設の設置期間に使用された製品が廃棄されたものである可能性が高いが、設置された以前の製品が持ち込まれることもあるし、施設の廃止後、施設と関わりなく廃棄されることもありうる。すなわち、その設置期間に特定しうるかどうかは設置期間の前後の土地利用による。(4)の場合は埋葬年代以前に出土製品が生産、消費されたことを示すものであるが、改葬などが行われていないことが前提である。もちろん、改葬年代が明らかな場合は、改葬年代以前に生産、消費されたことを示すものとなる。(5)の場合は、出土遺物が紀年銘をもつ資料の年代と近いことが推測されるが、必ずしも結びつくものではない。ここではまず廃棄状況が問題となる。共伴して出土したことよりも共伴して廃棄されたことを示す資料が重要である。そして、共伴して廃棄されたことが明らかになったとしても年代のかけ離れた遺物が同時に廃棄されることもありうることである。ここにあげた資料の中では最も慎重に扱わなければならない資料である。(6)の場合、性格的には(3)に似るが、(3)の出土資料が消費された製品であるのに対し、(6)の出土資料は失敗品であり、使用されずに廃棄されたものである。よって、その資料は築窯年代から廃棄年代の間に限られる可能性が高い。そして、窯の最初の製品の特定は難しいが、最後に焼成された製品は焼成室の床上に残されていることが多く、これらは窯の廃棄年代に近い製品であることが推定される。(7)の場合は(1)や(3)に似るが、出土資料の廃棄年代は沈没年代と考えてよかろう。資料が船上での使用品でなく、商品である場合、使用期間がないため、生産年代も沈没年代に近い製品と推定することもできる。ただし、こうした推定が可能であるのも船体が確認されている場合であって、そうでない場合は単一の船か、複数の船か検証する作業が必要になる。

それぞれの資料には問題点もあり、その性格を考慮して使用するとともに、一つの遺跡の出土事例のみで年代を推定することは避けて、総合的にいろいろな角度から検証しながら変遷を考えていく必要があろう。

第2項　製品の変遷

肥前陶磁の製品について、初めて考古学的に江戸時代を通して明確に時期区分を行い、その変遷を明らかにしたのは大橋康二である。大橋康二はまず初期の唐津系陶器に胎土目積み技法と砂目積み技法の二つの目積み技法があることに着目し、その前後関係を推測した（大橋一九八三a、五一九-五三二頁）。そして、磁器製品に砂目積み技法が見られるものの、胎土目積み技法は見られないことから、胎土目積みが主体となる時期を陶器の時代としてⅠ期（一五八〇〜一六〇〇年代）、胎土目積みから砂目積みへ移行して、磁器生産が主体となっていく時期をⅡ期として、Ⅱ期の間の寛永一四年（一六三七）の窯場の整理統合を画期ととらえ、陶器から磁器への時代とするⅡ-1期（一六〇〇〜一六三〇年代）と磁器中心の時代とするⅡ-2期（一六三〇〜一六五〇年代）に分けた。そして、盛んに海外貿易を行った時期を海外輸出時代としてⅢ期（一六五〇〜一六九〇年代）とし、海外貿易が減退して国内市場の比重が高まる時期をⅣ期（一六九〇〜一七八〇年代）、さらに地方窯との競合を迎える時期をⅤ期（一七八〇〜一八六〇年代）とする五期区分を行った（大橋一九八四a、一九八八d）。以後の生産地及び消費地における編年はその枠組みのもとに行われている。

そして、近年はとりわけ消費地における編年の進展が著しく、廃棄年代が明らかな遺構をもとに細かな編年作業が進められている。一方、生産地ではこれまで有田地区の窯を中心に発掘調査が行われてきたが、近年は肥前一帯の窯跡の発掘調査が行われるようになっている。それぞれの窯の編年を進めるとともに地域性を明らかにすることが課題となってきている。編年が細かくなればなるほど窯差や地域差を考慮せざるをえなくなるからである。

ここでは有田を中心とした佐賀藩の磁器生産地の製品の変遷をみていこうと思う。有田は肥前の磁器生産地の中核的存在であり、とりわけ製品の意匠や造形の面では常に肥前の磁器生産地をリードしてきた。肥前全体の製品の変遷を知る上でもまずはその有田を中心とした製品の変遷を明らかにすることが必要と思われるからである。

1　碗・皿の変遷（章末資料1〜52）

肥前磁器の主要な器種は碗、皿である。種類、量ともに多く、肥前磁器の全体的な変遷を考える上で最も取り組みやすく、現在、最も編年が進んでいる器種でもある。古窯跡から出土する製品から得られる相対年代に第1項でまとめた年代の推定可能な遺跡出土資料から得られる絶対年代等を組合せながら、その変遷を追ってみたい。なお、時期区分は大橋編年に沿って設定している。

Ⅱ-１期（一六一〇〜一六三〇年代）

Ⅱ-１期の年代の上限は一六一〇〜一六二〇年代初めの磁器生産開始の頃、下限は寛永一四年（一六三七）の窯場の整理統合前後である。磁器創始期の製品を抽出することは難しいが、向ノ原１〜２号窯ではⅡ-１期の碗・皿の変遷を見ることができる（有田町教育委員会一九九一）。１号窯物原９層では多くの灰釉碗とともに砂目積みされた磁器碗・小坏・皿が出土する（資料１-図１〜５、資料19-図１）。１号窯物原７層では陶器は少なく磁器が大半を占め、砂目積み磁器は見られない。７層で見られる資料（資料１-図12〜17、資料19-図８〜12）の中には寛永二年（一六二五）に水没したとされる武雄市みやこ遺跡の出土資料に類品が見られる。物原６層以上の製品の多くは２号窯のものと思われるが、上層では次のⅡ-２期でよくみるイゲ縁皿などが出土する。絶対年代を比定する根拠は持たないが、１号窯物原９層出土の製品をⅡ-１期の初期の資料と推定し、１号窯物原７層出土製品、天神森３号・４号・ＩＴａ窯築窯以前の土層から出土した製品（資料１-図９・18〜20、資料19-図６・７）をⅡ-１期の中でも相対的に古い製品として、Ⅱ-１期前半の製品と推定した（有田町教育委員会一九七五、一九九六）。

また、寛永一四年（一六三七）の窯場の整理統合の際には有田では七ヶ所の窯場が廃されている。その七ヶ所の窯場の特定は当時の窯場の数え方が不明であるため難しいが、有田の東部地区の早い段階の窯場（小樽２号窯や岩中窯、猿川窯、天狗谷窯など）の製品と、共通する意匠の製品が出土する天神森７・４・３号窯、小溝上３〜５号窯、小溝下窯、迎の原上窯などが含まれる可能性が高い。よって、少なくともこれらの窯の焼成室床上あるいは窯内出土資料（資料２-図17〜21、資料20-図13〜17）についてはⅡ-１期の後半の製品と考えてよかろう。そして、天神森窯出土の瑠璃釉掛分け碗の類品は鎌倉市円覚寺門前遺跡で出土し、迎の原上窯出土の染付菊花型打皿（資料21-図９・10）の類品は岡山市二日市遺跡の寛永通宝鋳銭座跡で出土している。この鋳銭座の存続期間は寛永一四年（一六三七）〜一七年（一六四〇）に限られている。また、大坂城跡及び大坂城下町跡では一六二〇年あるいは一六二二年を下限にもつ遺構や土層から肥前磁器が出土した例はなく、かつ出土している陶器も生産地で磁器と共伴する砂目積み段階のものではなく、胎土目積み段階のものが主体である。比較的遠隔地にまで肥前磁器が流通するようになるのは、Ⅱ-１期の後半すなわち一六二〇〜一六三〇年代になってからではないかと思われる。Ⅱ-１期の後半とした窯あるいは遺構の出土製品は陶器よりも磁器を主体としている。Ⅱ-１期の中でも磁器主体の窯が現れ、増加した段階に至って、遠隔地まで広く流通されるようになったと考えられる。

Ⅱ-2期（一六三〇～一六五〇年代）

Ⅱ-2期の製品で特徴的なものは、碗であれば高台無釉碗、皿であれば蛇の目高台皿とイゲ縁皿である。いずれもⅡ-1期において一部の窯で少量見られたものであるが、一般化するのはⅡ-2期になってからである。Ⅱ-2期の碗の変遷は天狗谷E・A・D窯（B窯前期）のそれぞれの床上資料に見ることができる。一方、皿類は板野川内地区の窯ノ辻窯、あるいは技術的に水準の高い窯ではないが、戸杓地区の各窯出土資料に見ることができる。

天狗谷窯についての詳細は後述するが、E窯の床上資料（資料3-図17・18）の年代は寛永一六年（一六三九）銘の染付碗（資料3-図12）と類似したものを含むことから一六三〇年代後半～一六四〇年代前半と推定される。青磁掛分け碗は高台無釉であるが、染付碗は高台内も施釉されている。E窯に続くA窯の床上資料（資料5-図15～20）でも染付碗が含まれるが、多くは高台内も施釉されたものである。山小屋窯においても青磁や鉄釉の掛分け碗などは高台無釉のものが多いのに対し、染付碗は高台内も施釉したものが多い（資料5-図1～12）。そして、A窯に続くと思われるD窯になると、染付碗でも高台無釉にするものが多くなる（資料6-図9・10）。また、正保三年（一六四六）銘の染付皿の文様に酷似した文様が描かれた天狗谷窯出土染付碗が高台無釉である。さらに高台無釉の染付碗は後出の染付日字鳳凰文皿と共伴することが多い。Ⅱ-1期で見られる高台無釉の向付や小坏が瑠璃釉などの色釉の掛分け製品であることを考えると、一六三〇年代後半～一六四〇年代前半には青磁釉や鉄釉、瑠璃釉などの色釉の掛分け碗に高台無釉にするものが現れ、一六四〇年代を中心に流行し、色釉の掛分け碗にやや遅れて一六四〇年代から一六五〇年代にかけて染付碗においても流行したものと思われる。

一方、蛇の目高台の皿は向ノ原3号窯、一本松窯（資料24-図19・21）、山小屋窯（資料23-図11・14）、窯ノ辻窯、ダンバギリ窯などで多く出土している。蛇の目高台の皿は一六四〇年代を中心とした生産年代が考えられ、一六五〇年代には一般の小皿よりはむしろ手塩皿などに見られるようになる。向ノ原3号窯はⅡ-1期の向ノ原1・2号窯に続く窯である。イゲ縁の皿はⅡ-1期にはあまり見られないが、向ノ原2号窯には現れ（資料22-図15）、続く禅門谷窯（資料22-図19・23）、一本松窯（資料24-図1～3）、向ノ原3号窯（資料23-図2・3）では多く見られる。その中で相対的に年代が古い向ノ原2号窯、禅門谷窯では蛇の目高台の皿をみない。よって、蛇の目高台皿よりやや早く出現し、一六三〇～一六四〇年代頃に生産されたと思われる。

Ⅱ-2期になると、全国の消費地遺跡における出土例も急増する。大阪市ＯＳ83-15第3層中層・上層出土遺物にはこの時期の製品が多く含まれている（積山一九九六、二〇頁）。上限が元和六年（一六二〇）、下限が明暦三年（一六五七）の土層であり、Ⅱ-1期の製品も含まれているが、主体をなすのはⅡ-2期の製品である。Ⅱ-1期に多い筒形碗が比較的見られる一方、天目形碗は口縁部外周に圏線を入れただけのものが目立つ。青磁釉や鉄釉の高台無釉碗が多いが、染付碗は高台内まで施釉したものが多い。一六三〇～一六四〇年代を中心とした製品群ではないかと思われる。また、一六四八～一六五二年に下限を持つ堺環濠都市遺跡ＳＫＴ14地点ＳＦ001出土資料もこの頃の好資料である。青磁掛分け高台無釉の天目形碗や丸碗は、一六四〇年代を中心に広く流行するものであるし、やや口縁が内湾する形の碗も山小屋窯などで見られる。折縁にした口縁部に渦文などを巡らした皿も向ノ原3号窯や山小屋窯など一六四〇年代を中心に見られるものである（資料23-図2・7）。

Ⅲ期（一六五〇～一六九〇年代）

Ⅲ期は長崎市内の各遺跡で一六六三年の火災に伴う遺構出土資料によって一六六三年以前の製品を知ることができる。特に万才町遺跡のＳＫ35などは、海外輸出用として蔵に納められていたものが火災のため一括廃棄されたものと考えられており、一六六三年から大きく遡らない時期の製品が主体であると推定される。一方、生産地におけるⅡ-2期の末からⅢ期にかけての変遷は染付日字鳳凰文皿と染付見込み荒磯文碗、染付芙蓉手皿、染付寿字鳳凰文皿の出土状況からみていくことにする。これらの製品は比較的多くの窯場で出土するものであり、窯相互の比較を行いやすく、編年作業にとっても有効である。いずれも詳細は第4章で述べるため、概略と年代の根拠を示すにとどめておく。

まず、いくつかの調査事例をあげていくことにする。楠木谷1号窯では慶安元年（一六四八）銘の染付皿（資料26-図1）に類似した製品が物原下層から出土し、また承応二年（一六五三）年銘の製品が物原から出土している。そして、染付日字鳳凰文皿（資料26-図4）は物原下層よりやや上の層より出土しはじめ、1号窯の床上資料の中にも数多く含まれている。よって、楠木谷1号窯では一六四〇年代末頃から生産が始まり、一六五三年以降においても数多く生産されている。床上に見られる日字鳳凰文皿は他の窯でも一般に見られるタイプのものであるが、物原では文様の一部を取り入れた製品やあまり一般的でない製品が多く見られる。いわばまだ海外輸出用として規格化されていない。海外で数多く出土するようなタイプが大半を占めるようになるのは一六五〇年代前半～中頃になってからであり、その後、肥前各窯で量産されたと思われる。1号窯よりも相対的に新しいと思われる2号窯でも日字鳳凰文皿は出土するが数は少ない。おそらく有田内山においては海外輸出向けの皿類の生産の比重が染付芙蓉手皿などに移りつつあるのではないかと思われる。

掛の谷1号窯では物原最下層から上層に至るまで染付日字鳳凰文皿が大量に出土する。物原上層では、下層では見られなかった染付見込み荒磯文碗、逆台形ハマ、桶形ボシ、墨弾き技法の製品、ハリ支え技法の製品などが現れる。掛の谷2号窯の段階のタイプはベトナムなどでも見られるし、長崎市万才町遺跡の寛文三年（一六六三）の大火に伴う資料にも含まれている。

天狗谷B・C窯と中白川窯物原出土資料はⅢ期の変遷を追える資料である。天狗谷B・C窯は層位的に古い方から天狗谷B窯11室奥壁下（資料7-図1・2・6～8）、B窯床上（資料7-図20～24）、C窯床上資料と続く。B窯11室奥壁下からは承応歳（一六五二～一六五四）の可能性がある銘をもつ染付圏線文碗とともに見込み荒磯文碗が出土する。続くB・C窯では網目魚文碗とともに見込み荒磯文鉢が出土する。一方、中白川窯物原は最下層（6層）、下層（5層）、上層（3・2層）に分けられる。最下層は高台無釉碗などが出土し、下層ではB窯11室奥壁下と同様に染付圏線文碗と見込み荒磯文碗が出土し（資料7-図10～19）、上層では見込み荒磯文鉢、白磁鉢、染付芙蓉手皿が加わる（資料7-図25～29、資料33・資料34）。白磁鉢は東南アジアなどに輸出された色絵菊唐草文鉢などの色絵素地と思われる。染付芙蓉手皿については三種類以上の大きさに規格化されたものであり、その量産は万治二年（一六五九）に始まるオランダ連合東インド会社による大量注文と関わりがあろう。そして、上層の組み合わせは鹿児島県吹上浜採集資料に見られる。また、現段階では白川地区における事例でしかないが、見込み荒磯文の碗と鉢の出現時期を比べると碗の方が早い。

外尾山4号窯は物原が良好な状態で遺存している。古い方からⅣh層（資料25-図11～16）、Ⅳf～e層（資料29-図12～17、資料30-図1～3）、Ⅳc～b層（資料30-図4～11）、Ⅲ層（資料35-図5・7・8・11・12）の順に見ていく。Ⅳh層では一六五一年箱書銘の色絵皿に類似した白磁皿が出土し、高台内を蛇の目釉剥ぎした青磁皿は大皿にわずかに見られるだけで畳付のみ釉を剥いだ青磁中皿が多い。Ⅳf～e層では少量見込み荒磯文鉢が見られ、天狗谷B窯11室奥壁下出土資料に類似した碗が見られる。Ⅳc～b層では見込み荒磯文鉢が数多く出土している。Ⅲ層では上質の芙蓉手皿が出土する。そして、4号窯に続く3号窯（資料35-図1～4・6・10・13～15）では寿字鳳凰文皿、芙蓉手皿（粗製・上質いずれも）が出土している。

多々良の元窯のⅢ期の窯はＡ窯、Ｃ窯である。いずれも網目文碗と見込み荒磯文碗が出土するが、Ａ窯の網目文碗が魚文を入れたものが多いのに対し、Ｃ窯のものは魚文が入らない。また、Ｃ窯ではＡ窯では見られなかった寿字鳳凰文皿が見られる。

Ⅲ期の末頃からⅣ期にかけて操業されたムクロ谷窯では寿字鳳凰文皿が出土する。寿字鳳凰文皿が出土するほとんどの窯で見込み荒磯文碗が出土するが、ムクロ谷窯では見込み荒磯文碗は出土をみない。

以上の調査事例の結果も踏まえて、Ⅲ期の主要製品である海外輸出向けの製品の変遷を考えてみる。染付日字鳳凰文皿は高台無釉の染付碗と共伴する例が多く、Ⅱ-２期に多く見られた辰砂で文様を描いたものも見られる。日字鳳凰文皿は海外需要をあまり意識しないタイプが一六四〇年代後半頃から作られたと思われるが、海外輸出を強く意識して肥前の各窯で量産されるのは一六五〇年代中頃からではないかと思われる。一方、見込み荒磯文碗は一六五〇年代中頃～後半に当初より海外輸出を意識して有田の内山地区の一部の窯で生産が始まり、一六五〇年代後半以降になると有田諸窯を中心に生産が始まる。しかし、有田周辺の雑器窯も含めて量産されるようになるのは一六六〇年代以降と思われる。そして、波佐見の文献史料に見られる開窯記録と出土資料をみれば、とりわけ文様の崩れが著しいものが一六六〇年代後半以降の製品には多く見られるようになる。染付芙蓉手皿は粗製のタイプと上質のタイプに分れるが、前者は一六五〇年代には生産が始まり、有田の外山地区や周辺の窯場でも盛んに生産された。後者は一六五〇年代末頃に生産が始まり、有田の内山地区や南川原地区を中心に生産されている。寿字鳳凰文皿は一六六〇年代頃より有田を中心に生産が行われている。下限は見込み荒磯文碗よりやや下がると思われる。上質の芙蓉手皿や寿字鳳凰文皿が日字鳳凰文皿と共伴する例はほとんどないが、有田の外山や周辺の窯場では日字鳳凰文皿と見込み荒磯文碗、粗製の芙蓉手皿などが共伴する例が多い。

国内向けの製品については、以上に述べた海外輸出製品との共伴関係から年代を推定できる。例えば国内向けの主要製品の一つが網目文碗であるが、堺環濠都市遺跡ＳＫＴ14地点ＳＦ001においてすでに見られるが、有田では見込み荒磯文碗と共伴することが多い。有田の外山や周辺諸窯では日字鳳凰文皿とも共伴する。一六六〇～一六七〇年代の製品はティルタヤサ遺跡出土資料によって知ることができる。海外の消費地遺跡であるが、製品は国内向けに作られたものが結果的に海外に運ばれたと推測されるものが少なくない。この遺跡ではⅢ期よりもむしろⅣ期から一般的になる見込み五弁花文に類する文様の製品が出土している。また、そして、一六七〇～一六八〇年代の製品については東京大学構内遺跡の天和二年（一六八二）の火災に伴う資料等がある（資料37-図1～13）。とりわけ当時の最高水準の製品の様相を知ることができる貴重な資料と言えよう。一六八〇年代以降、あるいはⅣ期に一般化すると考えられている文様がすでに一部の窯では出現していたことを示すものである。ティルタヤサ遺跡にしても東京大学構内遺跡出土資料にしても比較的品質の高い製品が多く、一般的な製品より先行して意匠等が考案された可能性が高い。文様やスタイルの一般化の過程を考える上でも重要な資料と言えるだろう。一方、一六七〇～一六八〇年代の一般の製品あるいは比較的品質の低い製品については今なお良好な資料は見られない。おそらく一六五〇～一六六〇年代と大きく変わらない製品を継続して生産していたのではないかと思われる。

Ⅳ期（一六九〇～一七八〇年代）

Ⅳ-1期（一六九〇～一七四〇年代）とⅣ-2期（一七四〇～一七八〇年代）に分けて記す。Ⅳ-1期は廃棄年代が明らかな消費地遺跡が多い。コンニャク印判について、東京大学構内遺跡の中で一六八二年を下限にもつ遺構ではコンニャク印判による製品、染付型紙摺り技法による製品ともに出土していないが、一七〇三年を下限にもつ遺構ではコンニャク印判による製品が出土している。また、伊丹郷町遺跡の一六九九年あるいは一七〇二年の火災に伴う遺構ではコンニャク印判による製品、染付型紙摺り技法による製品がともに出土しており、小田原城遺跡など一七〇七年の宝永火山灰が確認される遺構でも両者が確認されている。なお、コンニャク印判製品については、元禄九年（一六九六）箱書銘の製品（資料40-図20）が知られる。

また、一七〇〇～一七一〇年代頃と推定される消費地遺跡では、高尾窯物原Ⅳ～Ⅲ層出土の染付碗、窯の谷窯物原下層（H層）出土の染付碗・油壺・瓶、色絵油壺など、波佐見諸窯などの蛇の目釉剥ぎ・高台無釉の染付皿、波佐見・三川内諸窯の陶胎染付碗・火入れなど、内野山窯の銅緑釉碗・皿、京焼風陶器、刷毛目碗などの組合せがよくみられる。特に枚方宿遺跡の一七一一年の火災に伴うと推定されている遺構は、焼物の小売り商家であった可能性が高く、一七一一年以前のあまり遡らない時期に購入した製品群であろうと推測される。肥前磁器の海外輸出が減退したことで、国内向けに積極的に販売を始めた製品がこうした製品であったのであろう。そして、それらの組成の一部は一七四〇～一七五〇年代頃と推定される消費地遺跡でも見られるが、使用期間を考慮しなければならないため、そのまま一七四〇～一七五〇年代の製品組成と認められるものか明らかではない。

一方、生産地においてはムクロ谷窯の出土資料で主に皿類の変遷を追うことができる。ムクロ谷窯出土資料は古い方から物原下層（11～7層）、物原上層（4～2層）、床上資料（1室及び5室）に分けられる。物原下層（資料41-図5・6）ではⅢ期に多い寿字鳳凰文皿の他、東大構内遺跡では元禄一六年（一七〇三）を下限とする東大編年Ⅳb期にあたる製品が出土する。赤絵町遺跡A-1Ⅳ層土壙1（資料41-図1～4）もこの時期であろう。物原上層（資料9-図35・36、資料43-図6～14）では蓋付碗、見込み環状梅文皿などが出土する。見込みに環状梅文を入れた製品は「宝永全家（一七〇四～一七一一）」銘の伝世品（資料43-図5）が知られる。床上資料（資料45-図1～10）の中には元文三年（一七三八）、享保一六年（一七三一）などの箱書銘をもつ伝世品と同様の製品が含まれている。よって、一七三〇～一七四〇年代の資料と考えられる。また、ムクロ谷窯と操業期間が重なり、一八世紀第一四半期には廃窯したと思われる窯が樋口2号窯である。続く樋口3号窯ではムクロ谷窯物原上層の資料と同様の製品が出土している。南川原窯ノ辻窯は一七世紀中頃より江戸時代を通して操業された窯であるが、一九八五年調査時資料については一七世紀末～一八世紀第一四半期までのものとしてよかろう。また、文献史料等から一七三〇年代を中心とした操業期間と推定される上福2号窯の出土資料がある（資料44-図10～14）。上福2号窯は付近に享保一九年（一七三四）銘の石祠が立ち、『蓮池藩請役所日記』には元文二年（一七三七）に御法度であった赤絵をオランダ向けに焼成し、処罰を受けた記録が見られる（塩田町教育委員会一九九八、一-二頁）。窯跡からは海外輸出向けの芙蓉手皿や色絵素地などが出土している。この時期、有田以外の窯でこうした製品が作られるのは珍しい。また、享保年間、清朝が再び海禁を行い、その間「受皿付茶碗」などを大量に輸出した記録が見られる。赤絵町遺跡2号窯に見られる資料がその類ではないかと思われる。その他、Ⅳ-1期に含まれる資料として、多々良の元C窯、窯の谷窯物原下層出土資料などがある。

Ⅳ-2期については廃棄年代が明らかな消費地遺跡の資料も少なく、生産地においても広瀬向2号窯を除いて良好な資料が少ない。Ⅳ-2期の広瀬向2号窯は粗製の青磁染付碗を主体に生産した窯であり、粗製の碗類の変遷を追うには好資料である。広瀬向2号窯物原6層にみられる地山の粘土すなわち窯の築き直しは天明七年（一七八七）の同窯の築き直しに該当する可能性が高いことから、物原6層の遺物の年代は一七七〇～一七八〇年代と推定される。広瀬向2号窯の上限については物原6層の製品と物原最下層及びほぼ同時期に堆積したと推定される3号窯覆土の製品があまり変わらないことから、一七七〇～一七八〇年代から大きく遡ることはないと思われるが、年代幅をとって物原最下層（10層）及び3号窯覆土の製品（資料11-図30～38）を一七五〇～一七八〇年代、その上層の製品（資料12-図9～17・21～31）を一七六〇～一七八〇年代とした。そのため、必ずしも一七五〇年代まで遡るという意味ではない。また、絶対年代の比定は難しいが、おおまかな製品の変遷は赤絵町遺跡の出土資料に見ることができる。赤絵町遺跡B-1Ⅲc層～Ⅲb層などの製品（資料12-図1～4・19・20、資料46-図1～6）がこの時期に該当すると思われる。

Ⅴ期（一七八〇～一八六〇年代）

文化一〇年（一八一三）～文政元年（一八一八）操業の大山新窯では広東碗と端反碗が共伴しており、一八一〇年代には端反碗が生産されていることを知る（資料13-図39～43）。また、文化八年（一八一一）開窯の小樽2号窯の物原下層（3層）では広東碗が主体である（資料13-図34～38）。享和二年（一八〇二）銘の可能性が高い「和二戌天」銘が入る染付小片が出土し、「文化年製（一八〇四～一八一八）」銘をもつ皿に類似した製品が含まれる赤絵町遺跡1号窯床下資料（資料48-図1～5）では広東碗が中心で、端反碗は極めて少ない。一方、1号窯床下資料と類似する製品が出土する赤絵町遺跡Ⅱ層（整地層）を切って埋められた2号埋甕資料（資料14-図1～5）では端反碗が主体であり、また和泉伯太藩上屋敷跡の文政六年（一八二三）の火災に伴う資料の中では広東碗は主体を占めていない（資料14-図6・7）。そして、広東碗の生産年代の下限については、大村藩の天保九年（一八三八）の「釜方日雇並諸職人賃銭極」（波佐見史編纂委員会一九七六、四二七頁）に「小広東」や「中広東」の名が見え、端反碗に碗形の主流を譲ったとしても一八四〇年代頃までは生産していた可能性がある。よって、おおまかに広東碗や筒形碗などが主体を占める遺跡や遺構を一七八〇～一八一〇年代、広東碗と端反碗が混在する遺跡や遺構を一八一〇～一八四〇年代、端反碗が主体を占める遺跡や遺構を一八二〇～一八六〇年代とした。

また、『代官旧記』文化一一年（一八一四）の記載に見られず、天保十□年（一八三九～一八四四）銘の石碑が付近に立つ黒牟田新窯の物原下層の資料（資料51-図4～7）を一八三〇～一八六〇年代とした。年木谷3号窯は、おそらくⅣ期の段階から操業されていたと推測されるが、発掘調査箇所では端反碗が主体をなしていたため（資料15、資料50-図15～18）、これらを一八二〇～一八六〇年代とし、天保一二年（一八四一）頃より海外貿易を開始する久富与次兵衛に関わる「蔵春亭三保造」銘の製品が含まれる床上資料（資料16-図6～8）を一八四〇～一八六〇年代とした。有田以外では志田西山6号窯出土資料（資料50-図1～14）や吉田1号窯の資料がこの時期に該当する。志田西山６号窯出土資料の碗は端反碗中心で、広東碗が見られないため、一八二〇～一八六〇年代としてもよいと思われるが、採集品である上、大山新窯と共通する製品も見られるため、一八一〇～一八六〇年代とした。なお、志田西山はⅣ期より操業が続けられているが、伊万里商人横尾武右衛門が文化乙丑（一八〇五）に商い始め、「世に広く陶器の運路」を開いた内容を記した記念碑が志田西山の山ん神に残る（前山一九九〇c、五八六-五八七頁）。有田の赤絵町遺跡1号窯床下資料に見られる口紅を入れた染付山水型打皿などを模倣した志田西山の製品が全国に流通するのはこの頃からではないかと思われる。

そして、産地の識別が困難な資料ではあるが、慶応元年（一八六五）～明治二年（一八六九）まで存続した奇兵隊陣屋跡出土資料（資料16-図9～24、資料52-図7）、慶応三年（一八六七）沈没の「いろは丸」沈船資料（資料16-図27）、明治元年（一八六八）沈没の「開陽丸」沈船資料（資料16-図25・26）をあげた。開陽丸の出土資料には明治以降の製品も含まれていたが、摩耗痕がなく、ほぼ完形を保っているもののみをここでは挙げている。

2　紅皿・紅猪口の変遷（章末資料53）

紅皿、紅猪口については、その初現期には器種の識別が困難であるが、一七世紀末～一八世紀初めには確実に出現している。紅皿は主に菊花状に内面型打し、高台を貼り付けたもの（A類、資料53の3など）と、貝殻状に型押し成形されたもの（B類、資料53の7など）に分けられる。いずれも高台無釉である。A類は菊花形の他に丸形（資料53の15）もある。A類は一六八〇～一七〇〇年代には現れ、Ⅳ期を通して見られる。B類はA類よりやや遅れて出現すると思われるが、遅くとも一七一〇～一七二〇年代には見られる。そして、Ⅳ期からⅤ期にかけて長期間にわたって作られている。紅猪口は一六八〇～一七〇〇年代には現れ、Ⅳ期からⅤ期にかけて作られている。染付の他、色絵製品も多い。紅皿A類は一八世紀前半のものに比べ、一八世紀後半のものはやや小型化する傾向が見られる。紅皿B類は一八世紀前半には口径が小さく、器高が高いものが比較的見られ、丸みをおびて外面の筋目の幅が広いものが多く見られる。一八世紀中頃以降は貝殻状のものが一般的となるが、一八世紀代のものは口縁の幅が比較的狭いものが多いのに対し、一八世紀末～一九世紀初めにはやや口縁の幅が広いものが現れ、一八二〇年代頃からさらに口縁の幅の広いものが多くなる。施釉は概して雑である。一概には言えないが、一八世紀代～一九世紀初めのものが外面上半部まで釉がかかるものが多いのに対し、一八二〇年代以降のものは内面と口縁部付近のみ施釉してあるものが多い。そして、一八五〇～一八六〇年代頃には蛸唐草文を型押した紅皿（資料53の48・49）が現れる。これは貝殻状のものよりは器高の割に口径が大きく、平らな形をしている。紅皿B類全体を通してみると、器高が高く丸みをおびたものから、平らな形に変化していく傾向があるようである。一方、紅猪口の高台は一般的な碗と同様に畳付のみ釉を剥いだものである。Ⅳ期の製品に比べてⅤ期の製品の方が高台が低く、小さなものが多い。

3　瓶・壺の変遷（章末資料54～56）

有田町教育委員会が一九九二年に行った窯の谷窯の発掘調査の成果をもとに応法地区における瓶類の製品の変遷をみていく。応法地区は一七世紀中頃に成立した窯場であり、有田外山地区に位置している。一七世紀後半から瓶の生産を開始し、一八世紀後半以降は製品の大半を瓶などの袋物が占めるようになり、幕末に至っている。発掘調査で瓶類が主体に出土したことは、文化一二年（一八一五）に成松万兵衛信久が設けたとされる製品種別制度に応法山は「神酒瓶及び小瓶」に限られたとされたとする内容（中島一九三六、五〇九頁）とも矛盾しない。江戸中期以降において、有田おそらく肥前地区の中で最も瓶類を生産した窯場であり、全国の消費地遺跡で出土する肥前産の粗雑な小瓶や油壷の多くがこの応法地区の製品であると推定される。そのため、単一の窯場の製品の変遷ではあるが、全体の変遷の概要をつかむことが可能である。

そして、応法地区の窯場の製品の特徴として、有田の中では最も品質の劣る製品が大半を占めていることがあげられる。すでに述べたように『代官旧記』文化六年（一八〇九）の請達には外山に上質の陶石が混入しないように番人に念を押す内容が記されているし（池田編一九六六、三〇六頁）、『代官旧記』明和元年（一七六四）の運上銀の記載（池田編一九六六、二四九頁）には、他の有田皿山の窯場の陶器壱俵につき銀六分であるのに対し、応法山は「一、応法山之儀ハ、下焼物ニ付」として、銀五分と記されている（史料16）。そのため、同じ形の瓶であっても有田の内山地区で生産されていた製品とは品質的に大きく異なることは明らかであり、装飾に重きを置いた瓶、特殊な形状の瓶、大型の瓶などは少ない。そのため、一七世紀末～一八世紀前半にヨーロッパなど海外向けに生産された装飾品としての大壺や大瓶の類は出土しない。ここであげる瓶類の変遷は、主に国内向けの実用品としての瓶類の変遷と考えてよいであろう。

まず、時期区分を行いたい。弥源次窯の段階、窯の谷窯Ⅰ～Ⅴ期の六段階を設ける。絶対年代はおおよそ弥源次窯の段階（一七世紀後半）、窯の谷窯Ⅰ期（一七世紀末～一八世紀中葉）、Ⅱ期（一八世紀後半～一九世紀初）、Ⅲ期（一九世紀前葉）、Ⅳ期（一九世紀中葉）、Ⅴ期（一九世紀後半）である。

器形は体部がラッキョウ形をするラッキョウ形瓶（資料55）、ラッパ状の口をもつ瓶（資料56）、鶴首瓶（資料55）、小瓶（1類・2類、資料56）、瓶子形瓶（資料56）、筒形瓶（資料56）、油壷（資料54）に分類する。そして、口部形態について、口部が外側に曲り開くもの（a類）、口縁端部のみ外側に開くもの（b類）、首部から口部にかけてゆるやかに開くもの（c類）、口部が直行するもの（d類）、口部が内側にすぼまるもの（e類）に分類する。底部形態について、高台をもつもの（a類）、刳り高台のもの（b類）、平底のもの（c類）に分類する。文様、釉種などについてはその名称によって分類する。

(1)　一七世紀後半

一九六六年に発掘調査された弥源次窯の製品をとりあげる。出土製品の性格についてはすでに述べたとおりである。ラッキョウ形瓶、ラッパ状の口をもつ瓶、小瓶、油壷などが出土している。

ラッキョウ形瓶やラッパ状の口をもつ染付瓶などは、品質において差異が見られるものの長吉谷窯などでも類品が出土している。ラッパ状の口をもつ瓶には色絵付けされたものもある。

小瓶は底部形態c類である。類品は窯ノ辻窯、広瀬向窯、吉田2号窯で出土している。ただし、いずれも弥源次窯の製品に比べて丸みをおびている。

油壷の多くは白磁であり、色絵付けされたものもある。油壷は重心が低く、肩部が直線的なものが多い（資料54）。一七世紀中頃～後半にかけて、応法地区以外で油壷が出土している例としては、広瀬向窯、天狗谷窯、吉田2号窯、長吉谷窯、赤絵町遺跡などがあげられるが、いずれも重心は低い。弥源次窯の油壷製品の中で計測可能なものについて、（最大径の位置の高さ／器高）の数値を計測したところ、〇・二八～〇・三五の数値を得た（表14）。出土色絵油壷に絵付けされた絵具は、主に赤と緑であり、文様は芙蓉手文様、網目と梅花文、網目・丸文などが見られる。配色や文様構成は赤絵町遺跡Ⅴ層段階に見られる海外輸出用の色絵磁器に類似する。

表14　応法地区出土油壷計測数値（1）

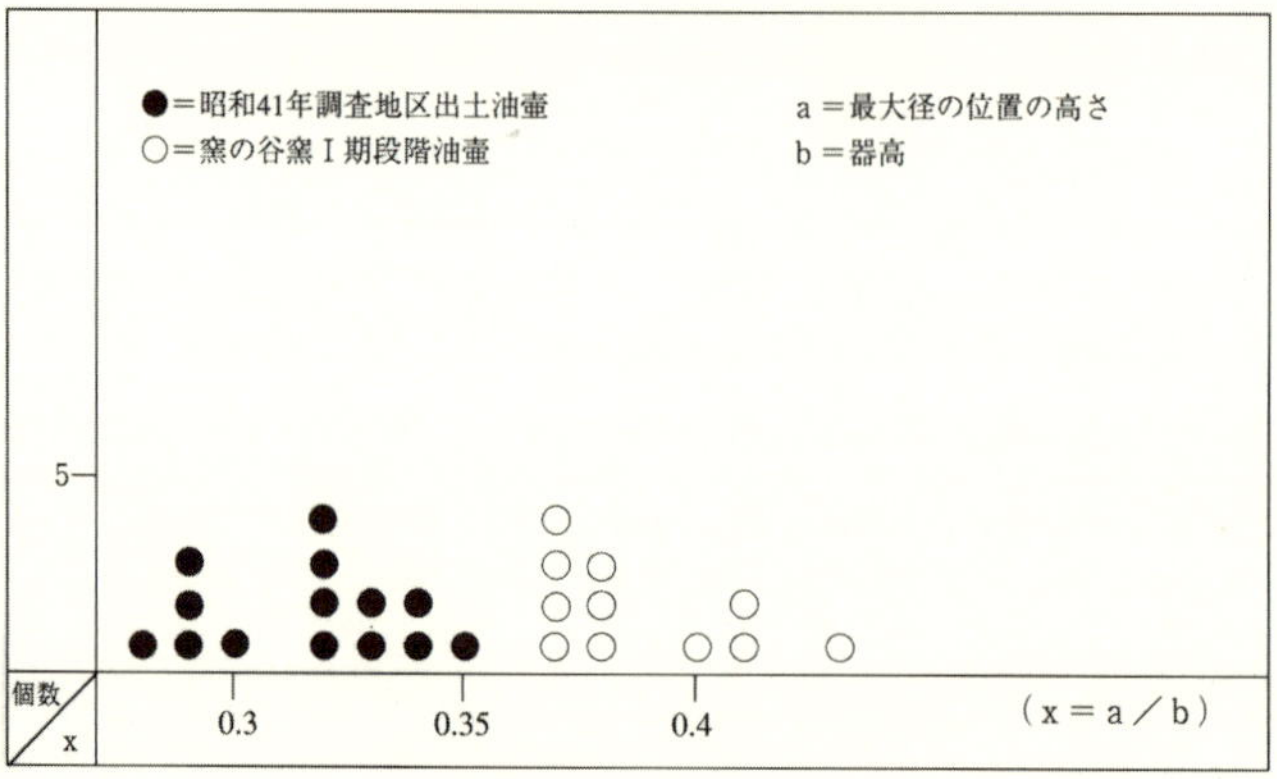

表15　応法地区出土油壷計測数値（2）

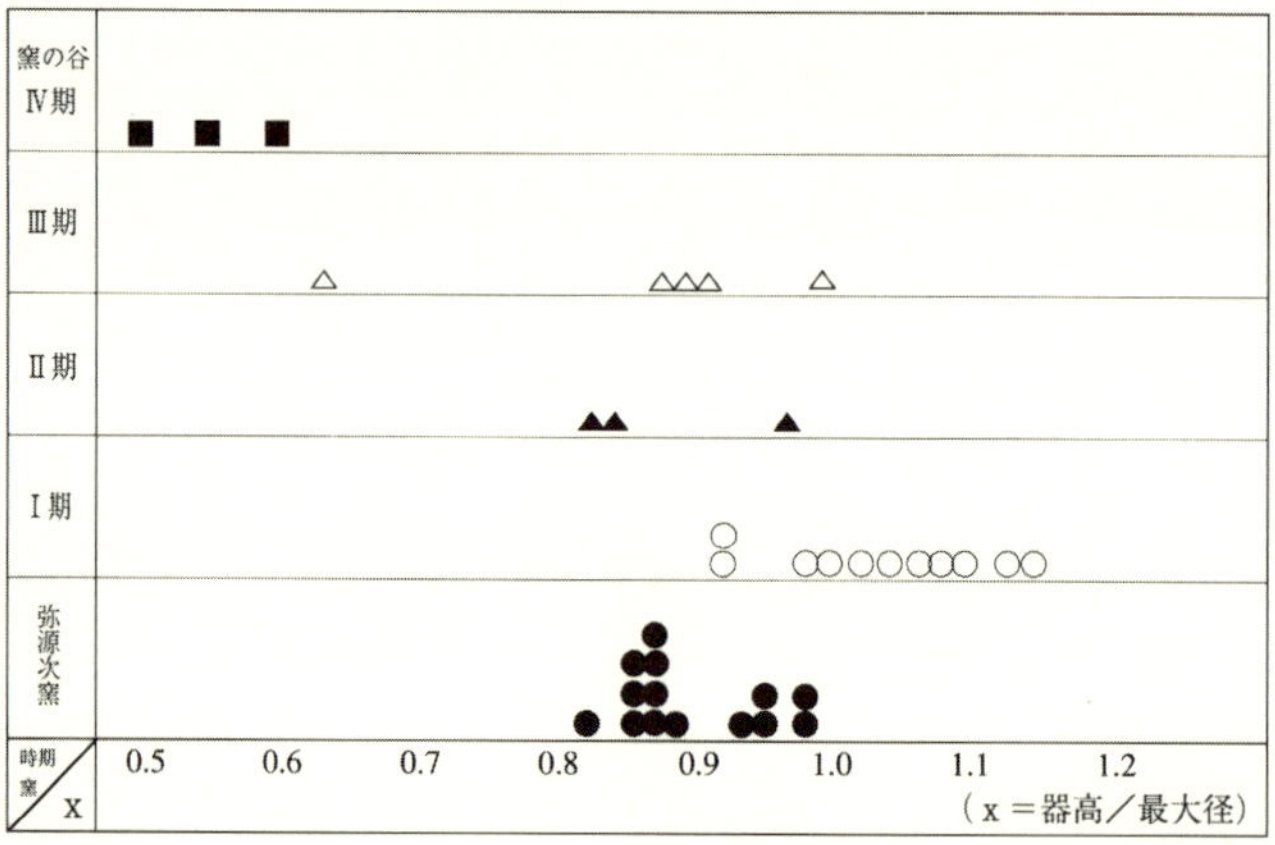

芙蓉手文様のある色絵油壺は、東京大学構内遺跡御殿下記念館886号遺構、東京大学構内遺跡医学部附属病院F34-11、旧芝離宮庭園遺跡、細工町遺跡などで出土している。東京大学構内遺跡御殿下記念館886号遺構の芙蓉手文油壺と共伴する遺物は、一六六〇～一六九〇年代の肥前磁器製品や延宝七年（一六七九）を下限にもつ焼塩壺などである。東京大学構内遺跡医学部附属病院F34-11は天和二年（一六八二）～元禄一六年（一七〇三）の間に廃棄されたものと推測されている。

網目・丸文油壺は、一橋高校地点、旧芝離宮庭園遺跡などで出土している。網目・梅花文油壺は旧芝離宮庭園遺跡で出土しており、その類形の鳳凰文油壺が一橋高校地点、東京大学構内遺跡医学部附属病院F34-11で出土している。

(2)　一七世紀末～一八世紀中葉

一九九二年に発掘調査を行った窯の谷窯跡のⅠ期と区分した資料が該当する。ラッキョウ形瓶、ラッパ状の口をもつ瓶、鶴首瓶、小瓶1類、油壺などが見られる。主流をなすものは鶴首瓶、油壺である。全体的な傾向として、この段階の製品は染付文様の種類が他の段階に比べて多い。主な文様としては、巻唐草文・丸文・牡丹唐草文・宝文・草花文・藤花文などがある。蛸唐草文はまだ少ない。ラッキョウ形瓶は口部形態a類であり、住友銅吹所跡では享保九年(一七二四)の妙知焼に伴う出土資料の中に巻唐草文瓶の類品が含まれている。

鶴首瓶は、口部形態a類・b類・c類などが見られるが、a類・b類が大半を占める。底部形態はa類・b類いずれも見られるが、a類が主流を占める。

小瓶1類は、口部形態a類、底部形態b類であり、「太神宮」銘が入る。

油壺は、染付文様の種類、量とも一七世紀後半段階に比べて増加しており、白磁の割合が小さくなっている。そして、前段階にはなかった染錦素地が少量見られる。計測可能なものについて、(最大径の位置の高さ/器高)の数値を計測したところ、〇・三七~〇・四三の数値を得た(表14)。一七世紀後半段階より重心が高くなっている。また、肩部に丸みをもつものが増えている。

一七世紀後半と同様に少なくとも一八世紀初までは色絵油壺が生産されている。赤絵町成立後も赤絵町以外で色絵付けが行われていたことは確実である。出土色絵油壺に絵付けされた絵具は、赤色のみを使用している。この段階の色絵油壺は東京大学構内遺跡御殿下記念館地点537号遺構・271号遺構、枚方宿遺跡、兵庫津遺跡などで出土している。東京大学構内遺跡御殿下記念館地点537号遺構は元禄一六年(一七〇三)を下限とする遺構であり、共伴する焼塩壺は天和二年(一六八二)以降のものである。同遺跡271号遺構も元禄一六年(一七〇三)を下限とする遺構である。枚方宿遺跡の宝永八年(一七一一)の火災に伴う資料は、陶磁器小売店の商品と推測されているもので使用期間はないものと思われる。よって、一七一一年に近い時期に生産された可能性が高い。この段階の製品の中でも色絵油壺に限っては、一七世紀末~一八世紀初に生産された可能性が高い。

(3) 一八世紀後半~一九世紀初

一九九二年に発掘調査を行った窯の谷窯跡のⅡ期と区分した資料が該当する。「寛政」と推測される「寛□六月吉日」銘の陶片が共伴している。寛政年間は一七八九~一八〇一年である。鶴首瓶、小瓶1類、油壺・小瓶2類、瓶子形瓶などが見られる。口部形態a類は、全ての器形の瓶において減少するか、みられなくなる。この段階の文様は、蛸唐草文、菊唐草文、松竹梅文、梅花文などが大半を占めており、その他の文様は少ない。また、瓶の足部に蓮弁文などの文様を入れたものが増加してくる。この段階以降、松葉状の連続した文様を足部に入れるようになるが、大小の松葉状の文様を交互にめぐらせているのは、この段階のみである。

鶴首瓶の口部形態はa類・b類がみられなくなり、c類が主流となり、d類が出現する。

小瓶1類は口部形態b類、底部形態a類が主である。文様は松竹梅文、あるいはその崩れがほとんどである。

油壺は前段階よりさらに丸みを帯び、口部形態b類が主流をなす。色絵油壺の出土はみない。

前段階まではあまり見られなかった器形に小瓶2類、瓶子形瓶がある。小瓶2類は梅花文と竹笹文を描いたものが多く、他に蛸唐草文のものがある。一九八八年の発掘調査では、源氏香文の小瓶2類がこの段階のみで確認されている。瓶子形瓶はごく少量出土するのみである。

(4)　一九世紀前葉

一九九二年に発掘調査を行った窯の谷窯跡のⅢ期と区分した資料が該当する。「文政…応法…卯十一…」銘の瓶が含まれている。文政年間の卯年は一八一九年である。器形の構成は前段階と大差ない。文様は蛸唐草文が大半を占め、小瓶1類などの松竹梅文、小瓶2類などの梅花文・蛸唐草文・菊唐草文以外の文様はほとんどみられなくなる。

鶴首瓶の口部形態はd類が主体となる。底部形態もb類の割合が大きくなり、底部を刳り込む深さが深くなる傾向が見られる。

小瓶1類は口部形態b類・d類の両方が見られる。文様は松竹梅文と蛸唐草文であるが、前段階のものに比べて松竹梅の梅花を点で表現したものが姿を消している。

小瓶2類は前段階に比べて胴部の張りが小さくなっている。

瓶子形瓶はこの段階より出土量が増加する。白磁と蛸唐草文の製品の二種類があるが、大形のものはこの段階でのみ確認された。

油壺は基本的な形は前段階と変わらないが、首部が直立しているものが多くを占めるようになっている。また、次の段階で主流となる扁平形のものがごく少量みられる。

筒形瓶が前段階あるいはこの段階からみられるようになる。

(5)　一九世紀中葉

一九九二年に発掘調査を行った窯の谷窯跡のⅣ期と区分した資料が該当する。器形の種類は前段階と変わらない。鶴首瓶の口部形態はd類ないしe類である。底部形態もb類が多い。文様の大半は蛸唐草文である。小瓶1類は口部形態b類の割合が小さくなり、c類・d類などが多くなっている。文様の大半が蛸唐草文と松竹梅文である。小瓶2類は前段階に比べて肩の張りがなくなっている。瑠璃釉、白磁、染付の三種類があり、染付の文様は蛸唐草文である。油壺は扁平形が主流をなす。計測可能なものについて(高さ/最大径)の数値を計測したところ、〇・五一～〇・六〇の数値を得た(表15)。前段階までの同様の数値は〇・八二～一・一四であり、大きく変化している。また、同じ扁平形でも胴部の張りの部分の丸みがなくなり、鋭く折れるものへと変わっていく傾向が認められた。

(6)　一九世紀後半

一九九二年に発掘調査を行った窯の谷窯跡のV期と区分した資料が該当するが、この段階の全体的な把握には至っていない。一八世紀後半から一九世紀中葉にかけての傾向の延長に位置づけられるとともに、幕末～明治にかけての新しい化学技術の獲得、皿山支配体制の緩みないし崩壊を裏付ける資料を伴っている。新しい化学技術の典型的な例が精製コバルトの使用である。そして、瓶の変遷とは直接関わりないことであるが、一八世紀後半以降、瓶などの袋物以外の製品をほとんど生産しなかった窯の谷窯において、袋物以外の製品の割合が大きくなっている。また、海外輸出用の染錦素地なども出土し、これらの素地や顔料は前段階までのものと異なり良質なものを使用している。これらは良質原料の制限や器種分業を定めた皿山支配体制の終焉を意味するものと考えてよいであろう。

史料16　『皿山代官旧記覚書』「明和元申申渡帳」(池田編一九六六、二四九頁)

申渡

一、先年、陶器方御仕与有之節ゟ、運上銀被相除候山々、今般如跡方運上銀六分ツヽ、相納候様被仰付候段ハ、先達而相達置候、右ニ付而手数左之通、〔中略〕

一、応法山之儀ハ下手者ニ付而、運上銀壱俵ニ付、銀五ツ、被相懸候、事、〔後略〕

註

1 近世においても有田の貿易商久富与次兵衛が泉山陶石と天草陶石の混合使用を試み、成功した例はある（中島一九三六、五二八頁）。その一方、久富家から貿易の一枚鑑札を譲り受けた田代紋左衛門は天草陶石を使用していた三川内で生産された素地に上絵付けをさせたことで、責めを受けている（中島一九三六、五三九頁）。また、近代に入っても明治二九年（一八九九）の西松浦郡陶磁器品評会で賞を与えた品について、後に天草陶石が混入されていることが発覚したことから、入賞が取り消され、問題を引き起こしている。中島浩氣の述べるように「一面には又我泉山石を尊重する特種の名誉を、永遠に保持せんとせしものに、過ぎなかった」のである（中島一九三六、五三七頁）

2 応法山の石碑は延宝二年（一六七四）銘の金ヶ江千兵衛施主の碑であるが、広瀬山、南川原山の石碑は江戸中期以降のものであり、金ヶ江一族がいつの段階でこれらの窯場に加わったのか明らかではない。

［第１章資料］

碗の変遷図

資料1

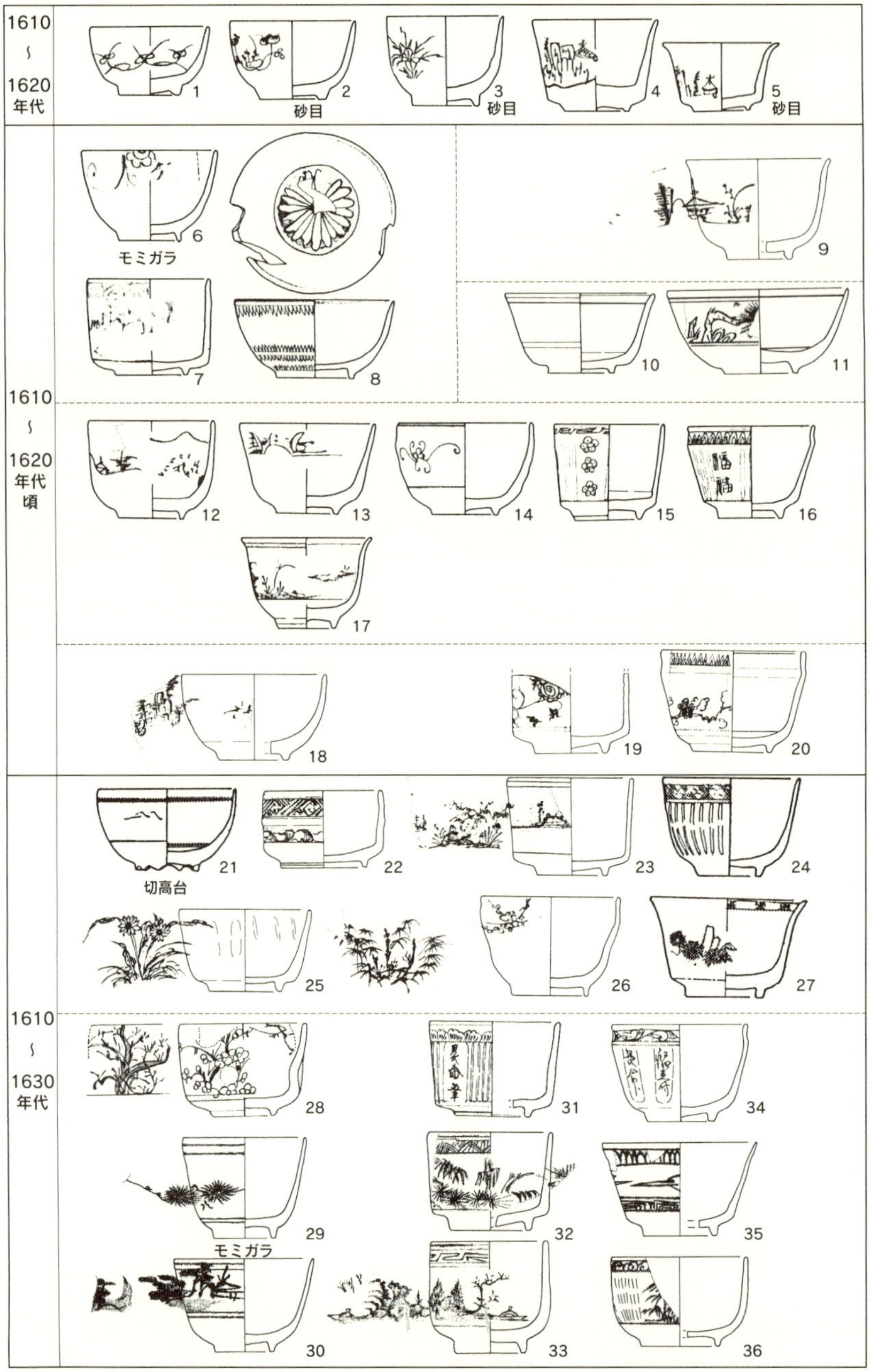

1～5向ノ原1号窯物原9層　6～8向ノ原1号窯物原8層　9天神森窯　10・11小溝中窯
12～17向ノ原1号窯物原7層　18～27天神森窯　28～36小溝上窯

資料 2

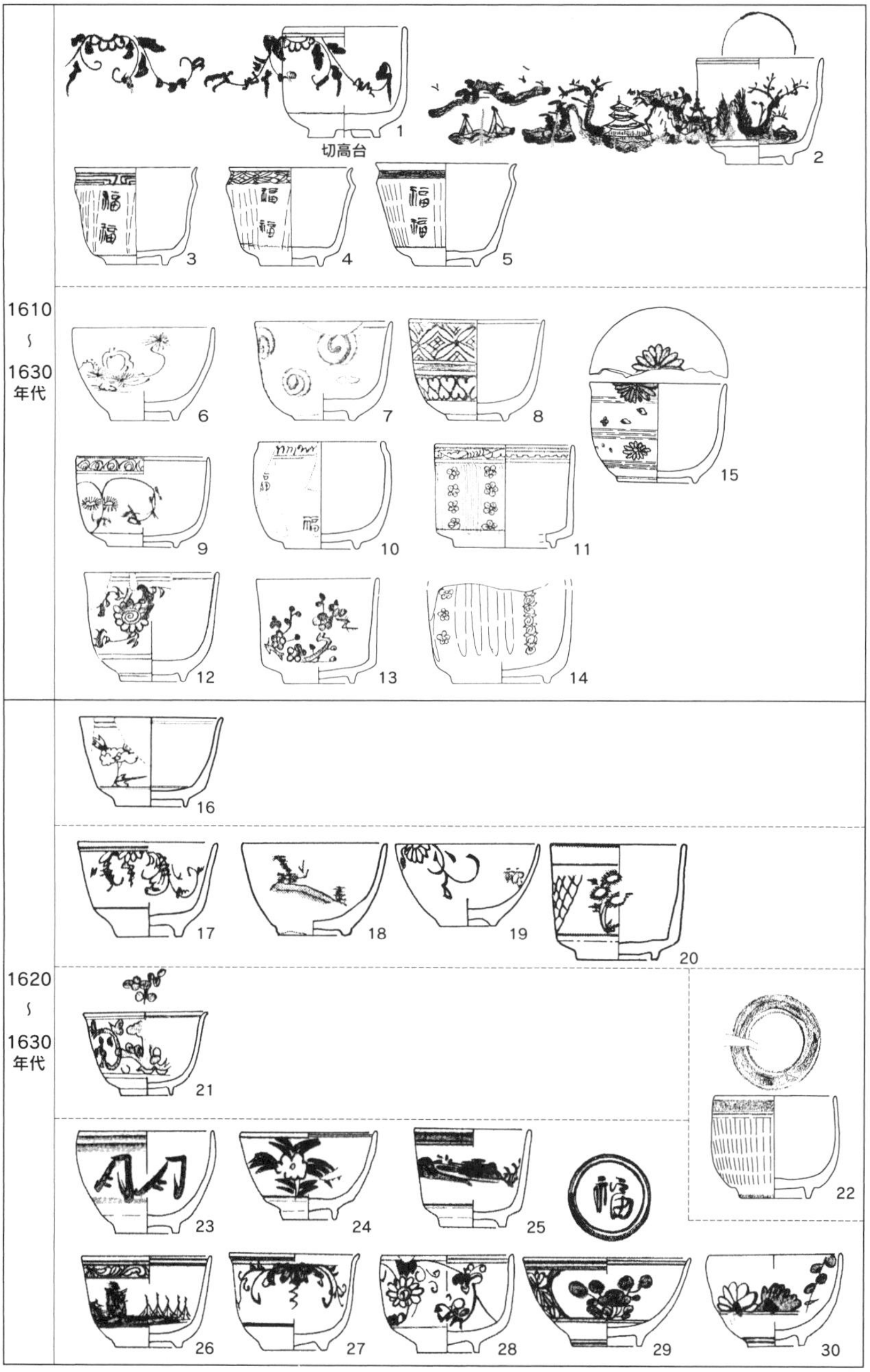

1 〜 5 小溝上窯　6 〜 15 外尾山窯　16 向ノ原 2 号窯　17 〜 20 天神森 4 号窯床面
21 天神森 3 号窯窯内　22 小溝上 3 号窯床面　23 〜 30 小溝下窯

資料3

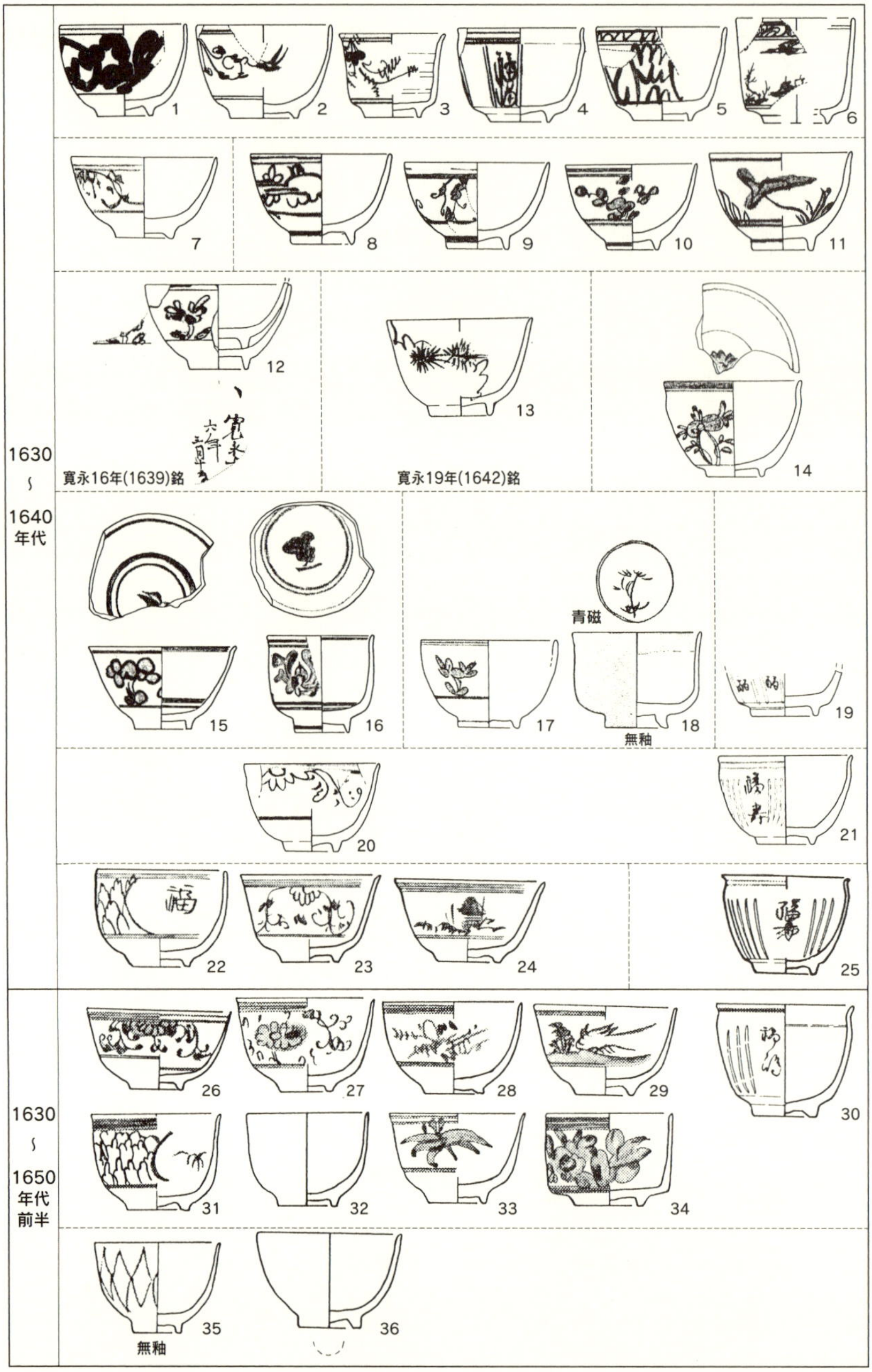

1〜6小樽2号窯　7向ノ原2号窯　8〜11禅門谷窯　12・15・16天神山窯　13稗古場窯　14外尾山
17・18天狗谷E窯床面　19天神町窯　20・21多々良の元B窯　22〜24山辺田9号窯　25山辺田3号窯
26〜36山辺田6・7号窯

資料４

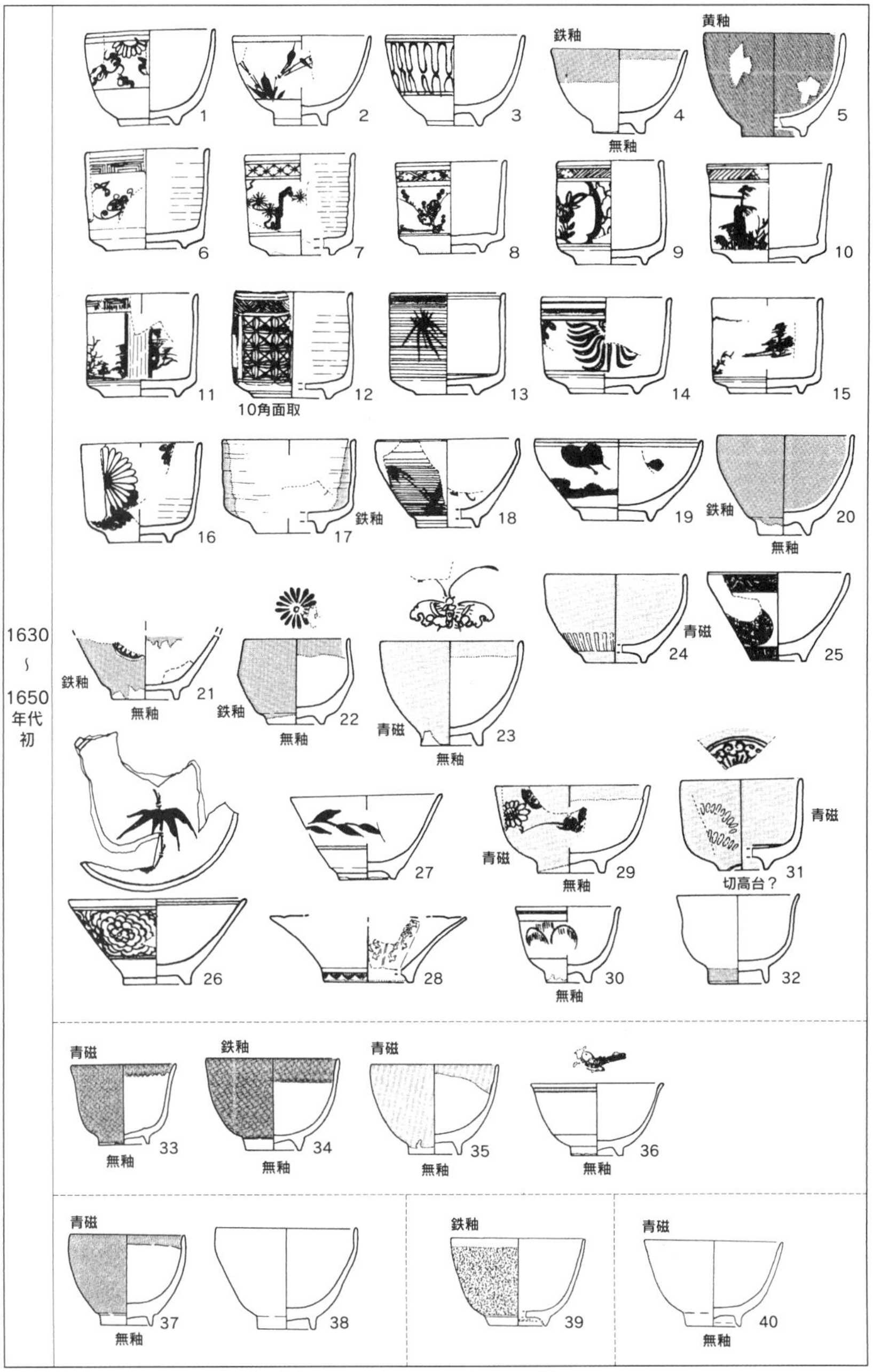

1〜32百間窯　33〜36小樽2号窯　37・38天神山窯　39下白川窯　40中白川窯

資料5

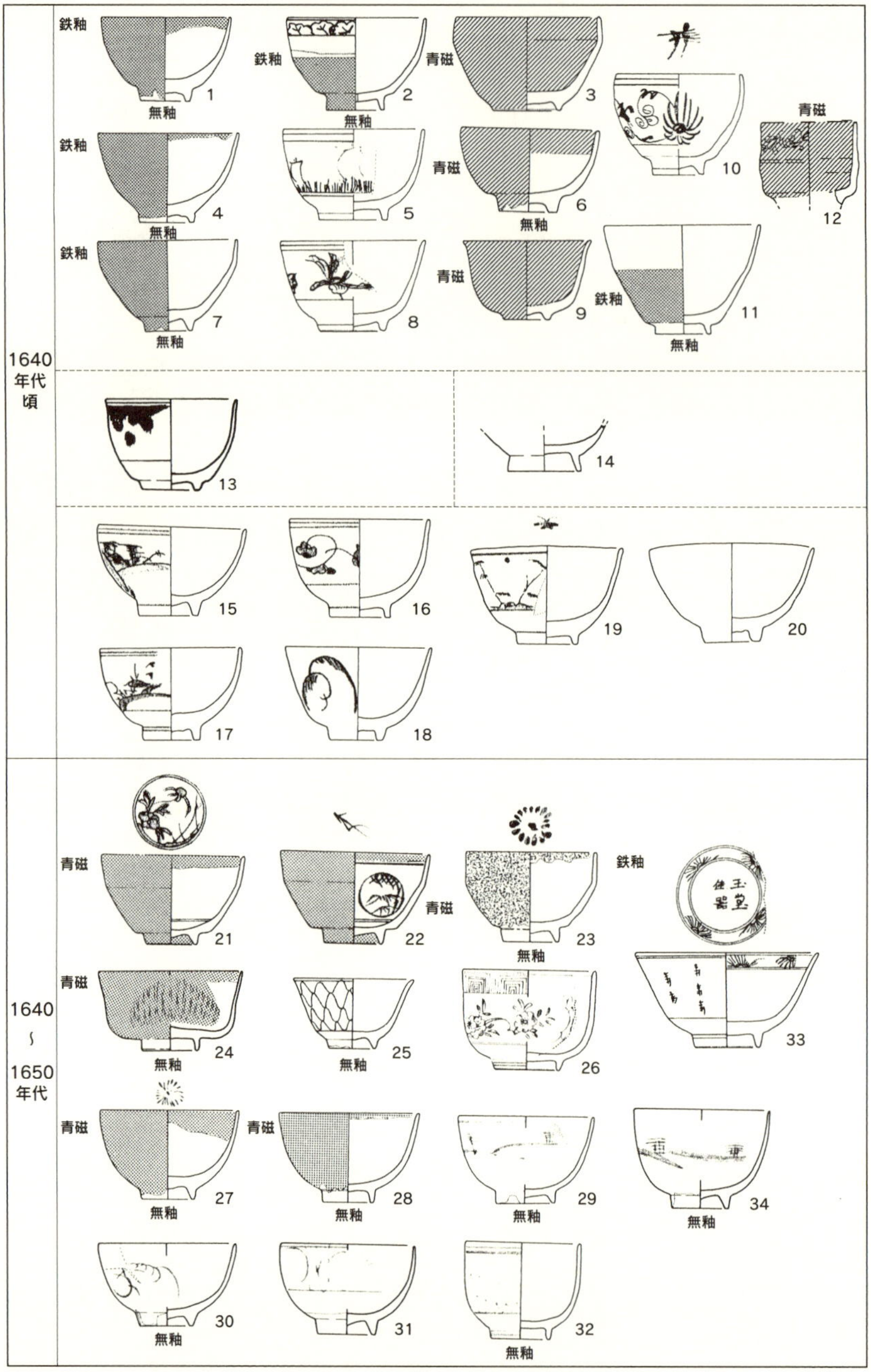

1～12山小屋窯　13樋口窯　14一本松窯　15～20天狗谷A窯床面　21～34谷窯

資料６

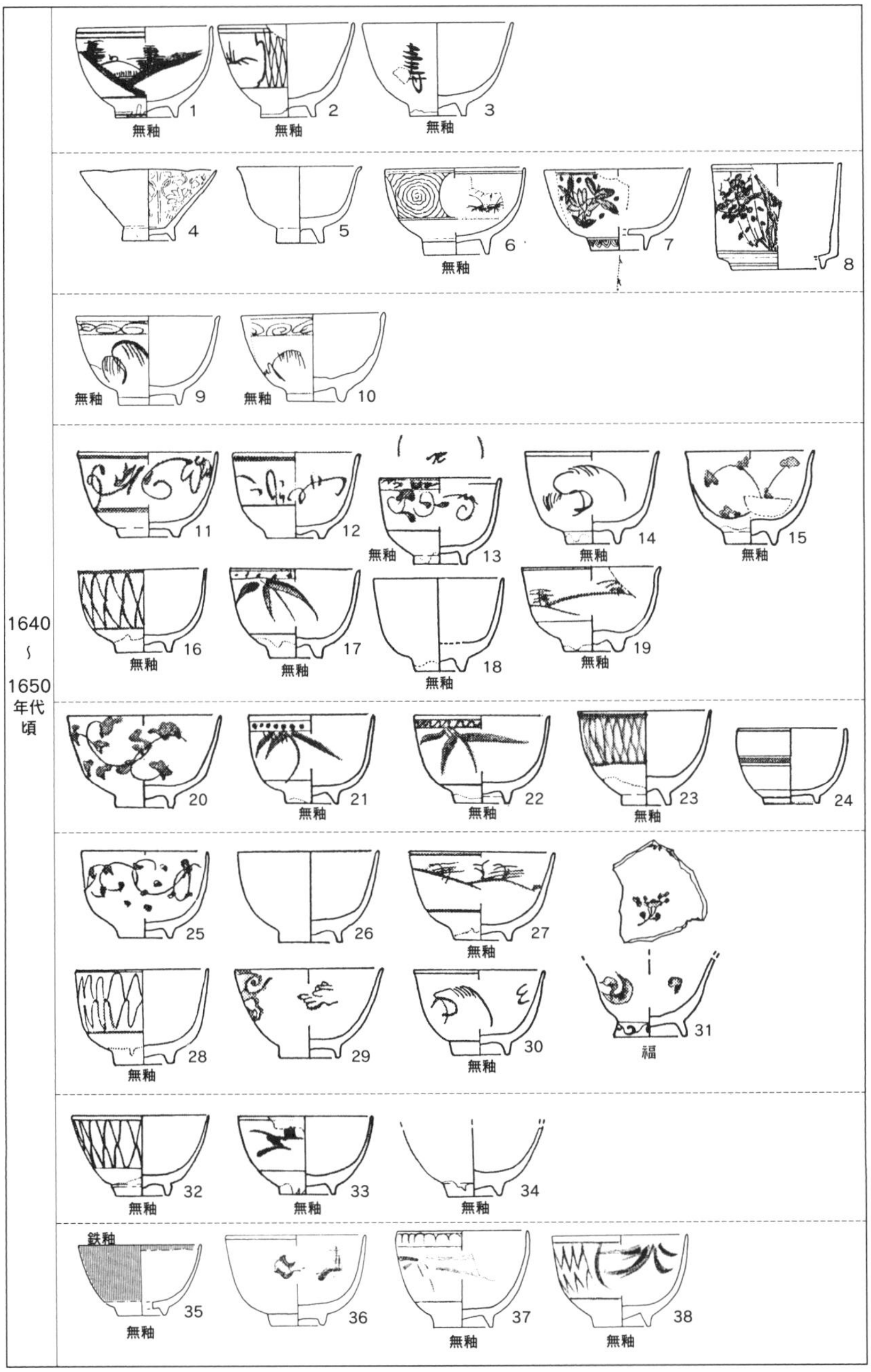

１〜３小樽２号窯　４〜８天狗谷Ａ・Ｄ窯　９・10天狗谷Ｄ窯床面　11〜19山辺田４号窯
20〜24山辺田１号窯　25〜31山辺田２号窯　32〜34コウタケ窯　35〜38掛の谷２号窯

資料 7

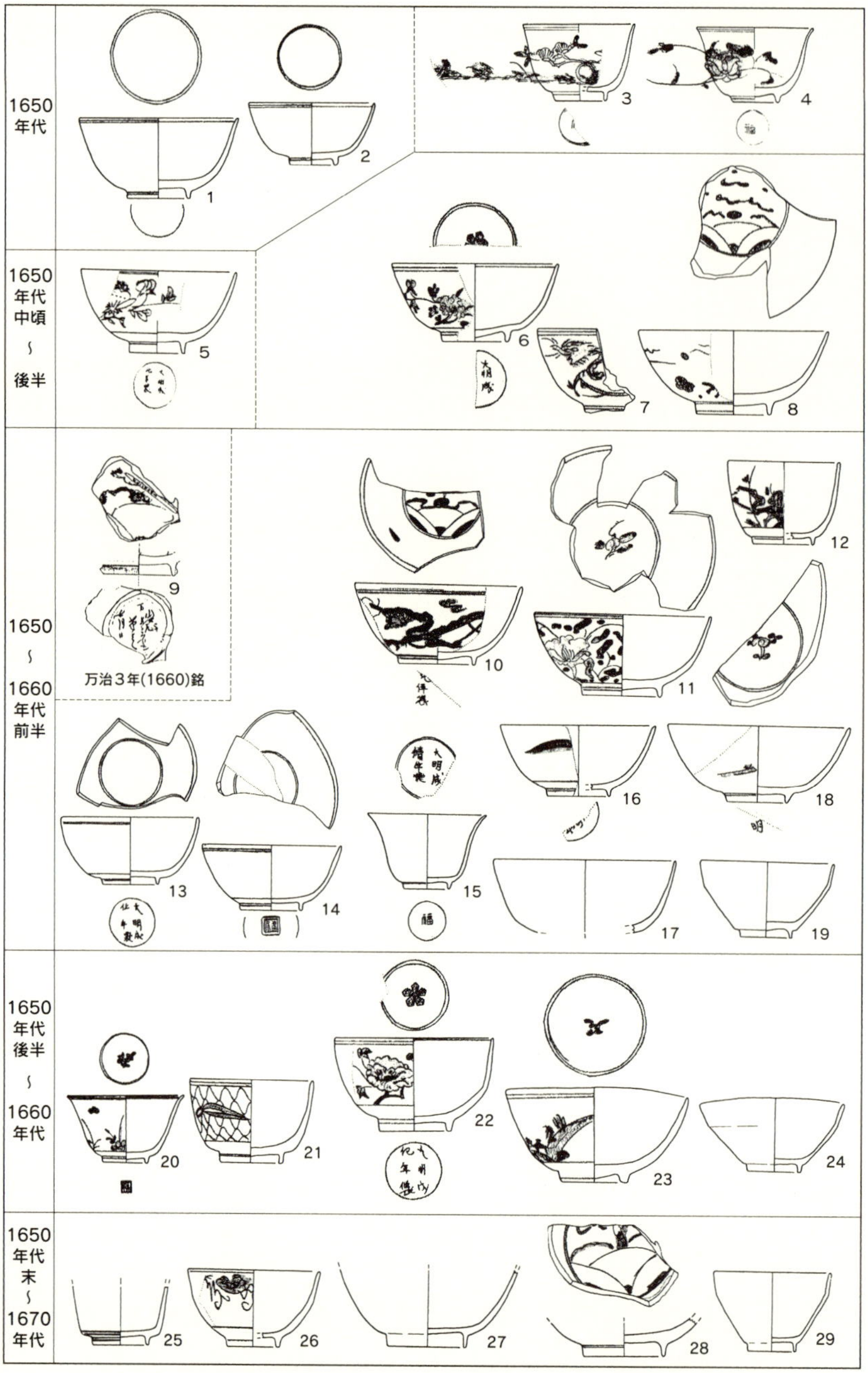

1・2・6〜8天狗谷B窯11室奥壁下　3・4枳藪窯　5外尾山4号窯　9長吉谷窯
10〜19中白川窯物原5層　20〜24天狗谷B窯　25〜29中白川物原3層

資料８

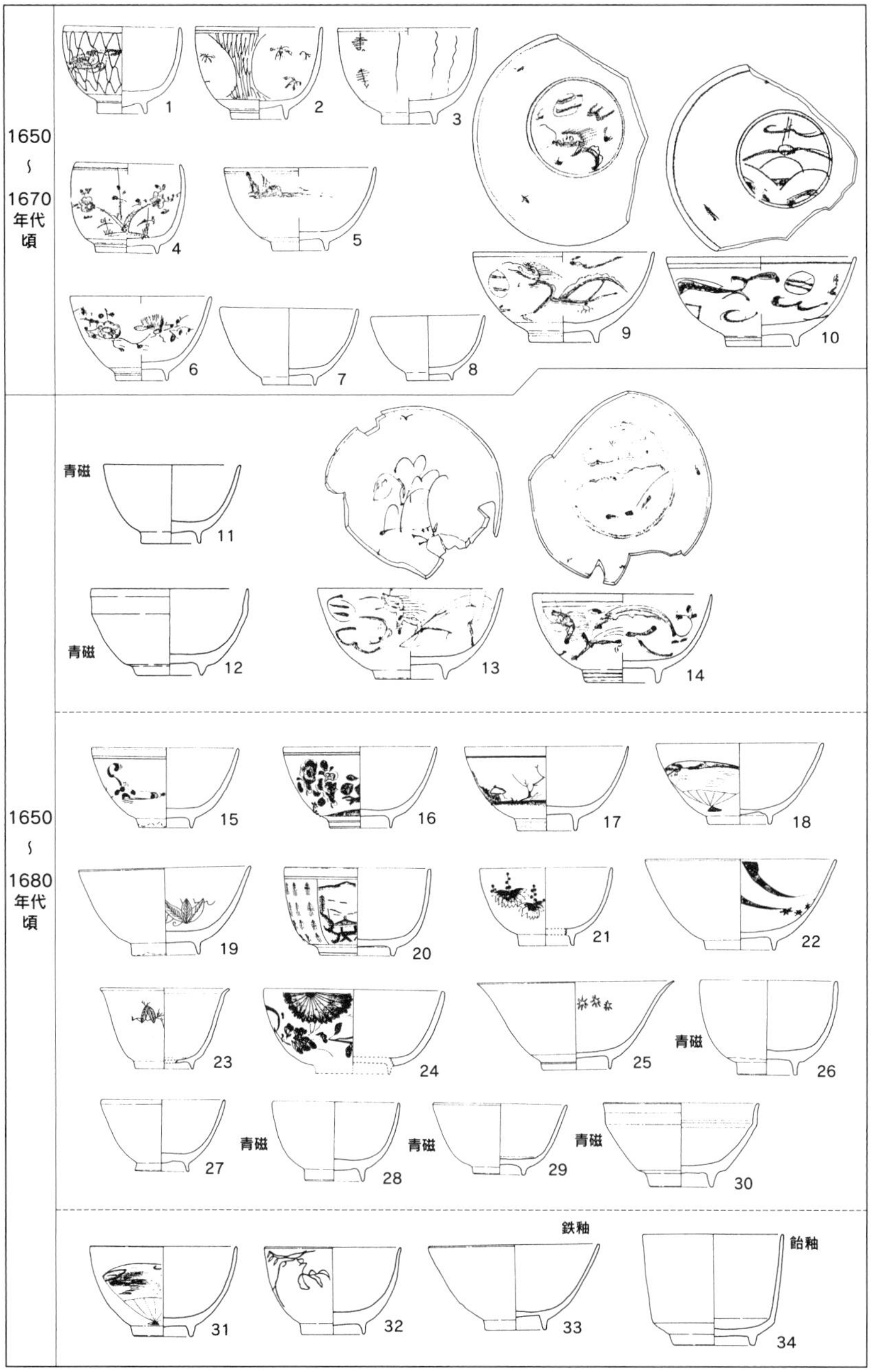

1～10弥源次窯　11～14皿屋谷1号窯　15～30皿屋谷3号窯
31～34皿屋谷3号窯窯内

資料9

1～16東京大学構内遺跡　17南川原窯ノ辻窯　18ムクロ谷窯物原7層　19多々良の元C窯
20～23樋口2号窯　24～33窯の谷窯　34［参考］赤絵町遺跡　35・36ムクロ谷窯物原2層
37樋口3号窯

［第1章資料］碗の変遷図

資料10

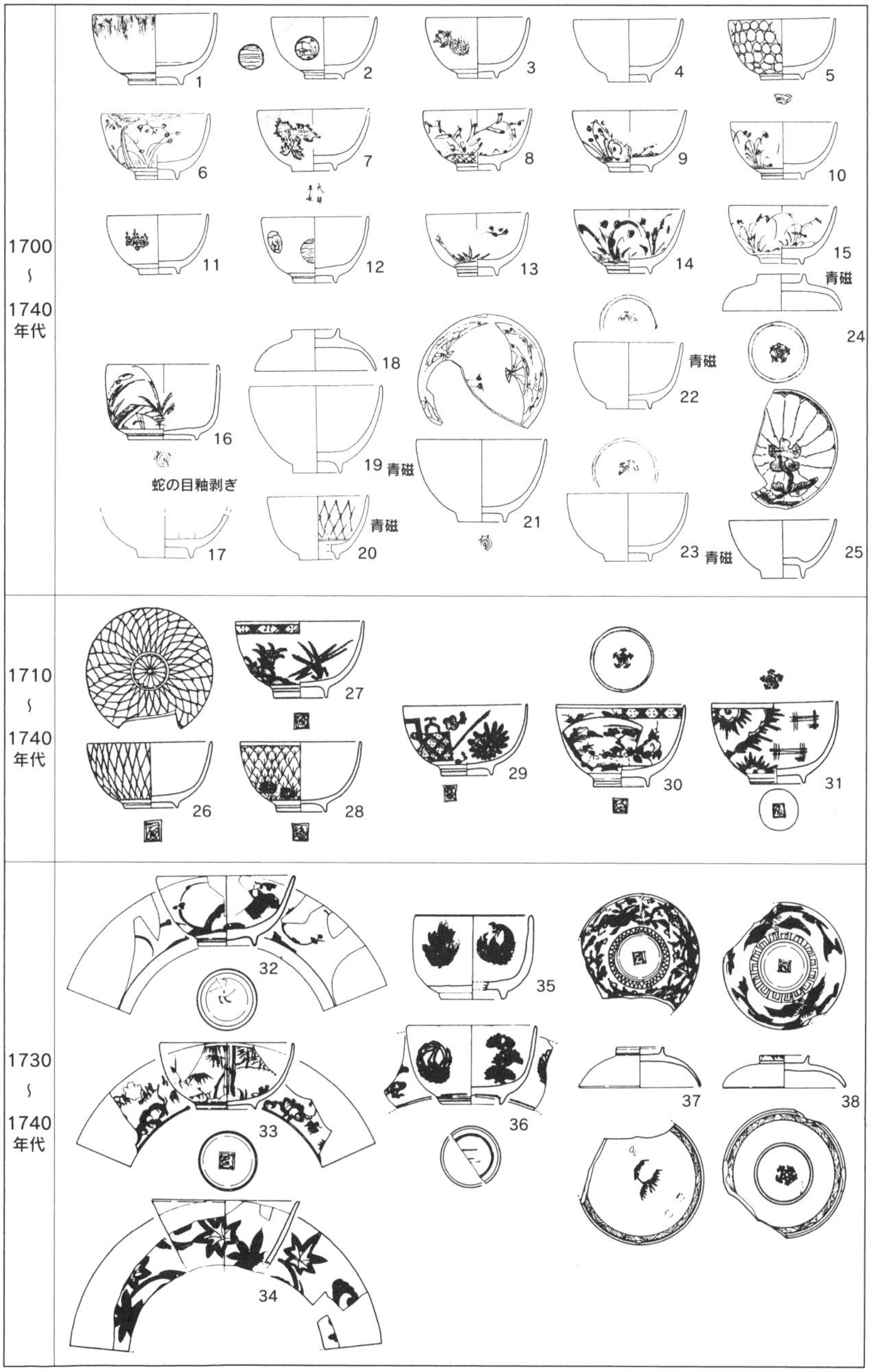

1〜25窯の谷窯　26〜31赤絵町遺跡2号窯　32〜38上福2号窯

資料11

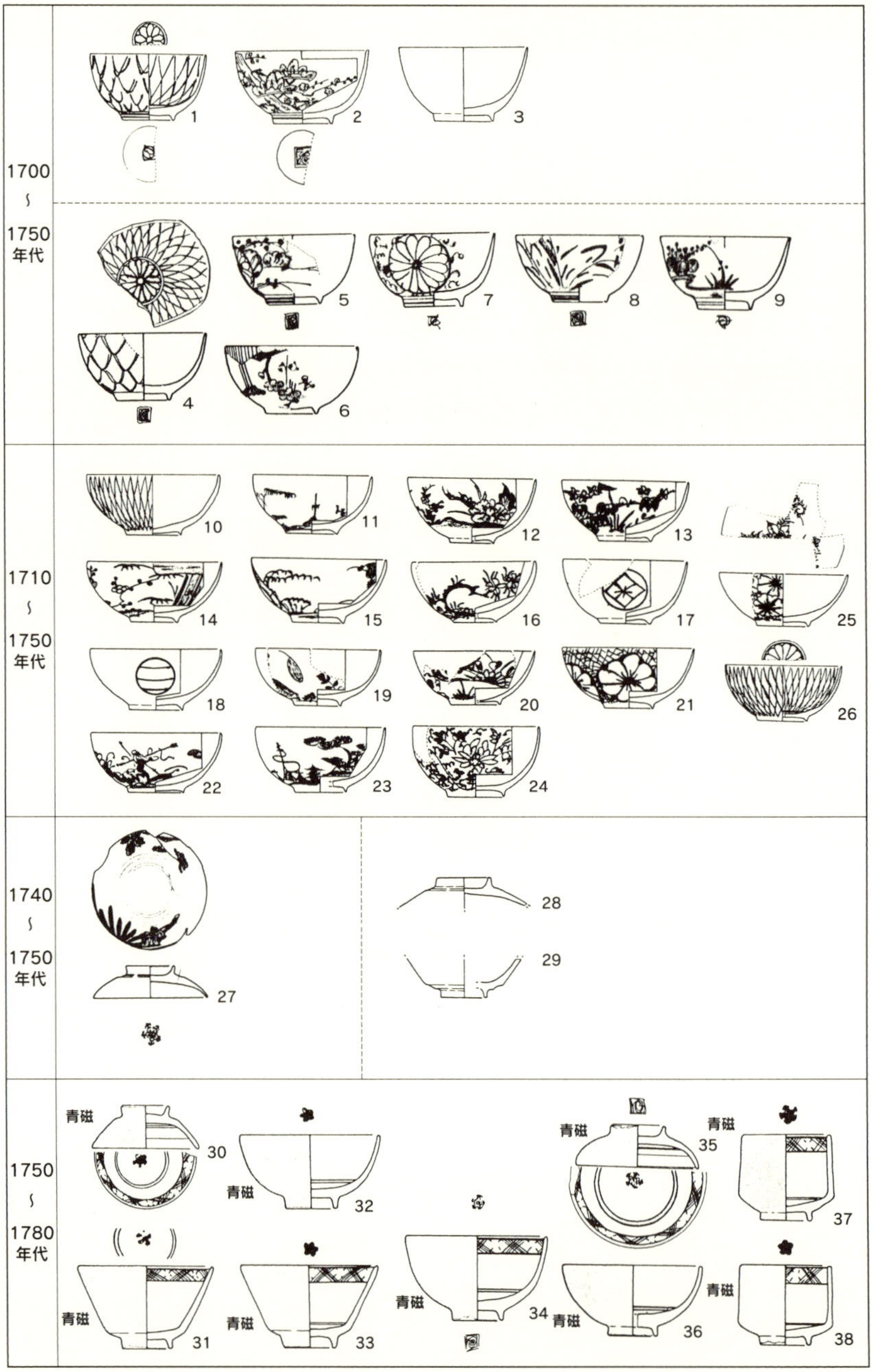

1〜3・10〜26・28・29志田西山1号窯　4〜9吉田2号窯　27赤絵町遺跡
30〜32・37広瀬向3号窯覆土　33〜36・38広瀬向2号窯物原10層

資料 12

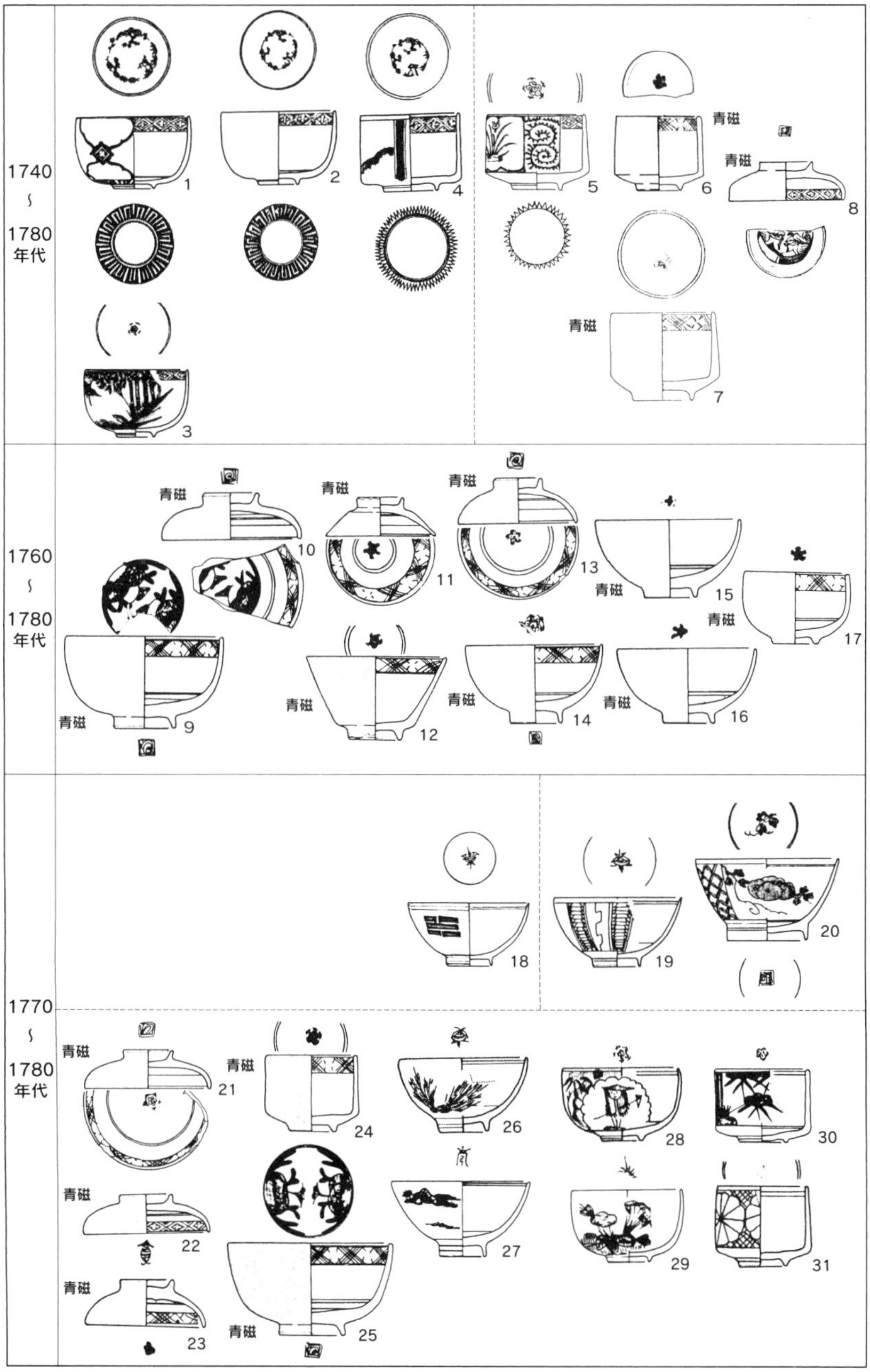

1 〜 4・19・20 赤絵町遺跡　5 〜 8・18 窯の谷窯　9 〜 17 広瀬向 2 号窯物原 9 層
21 〜 31 広瀬向 2 号窯物原 6 層

資料13

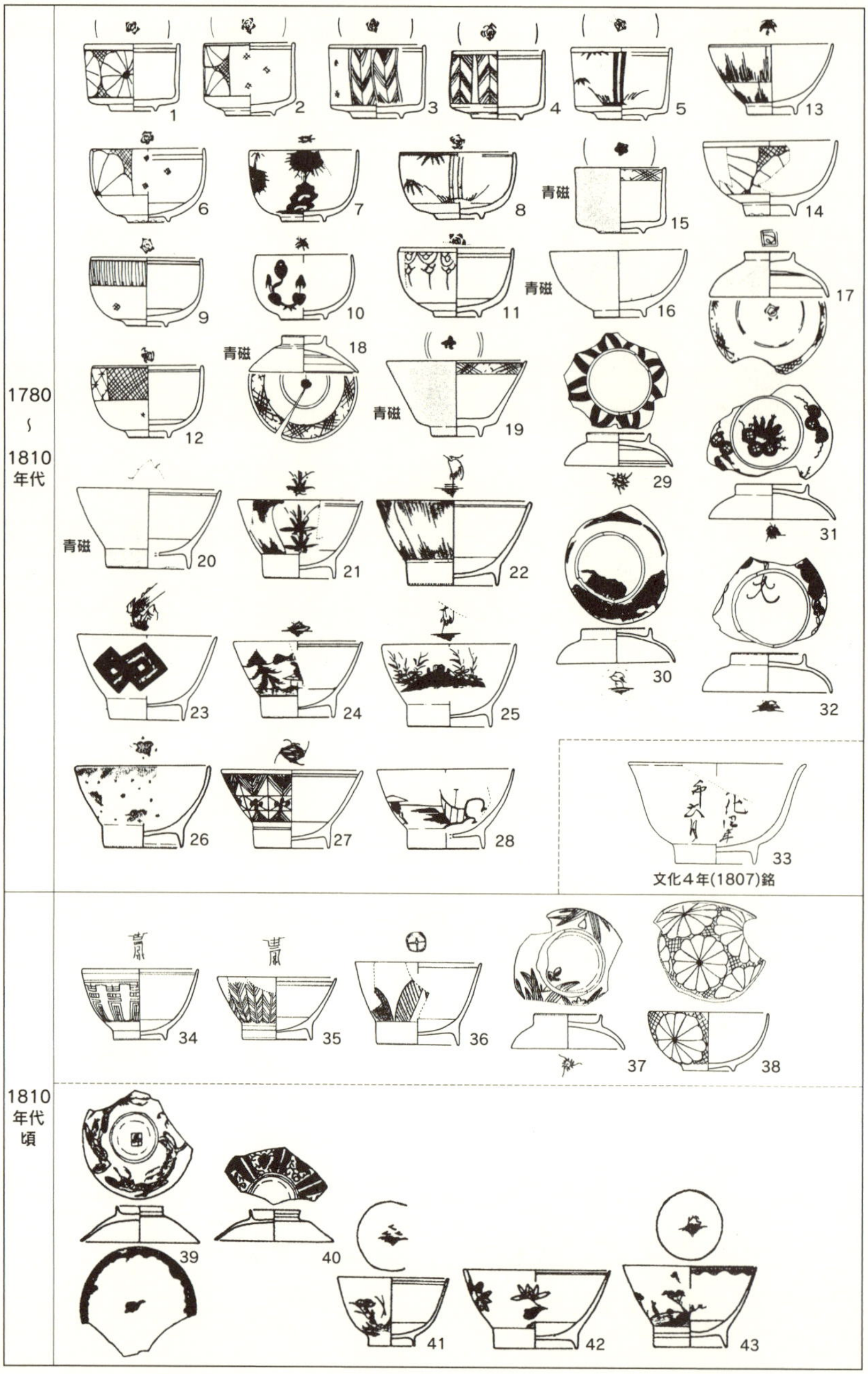

1〜32広瀬向2号窯物原4層　33吉田1号3094-1遺跡　34〜38小樽2号窯物原3層
39〜43大山新窯

資料14

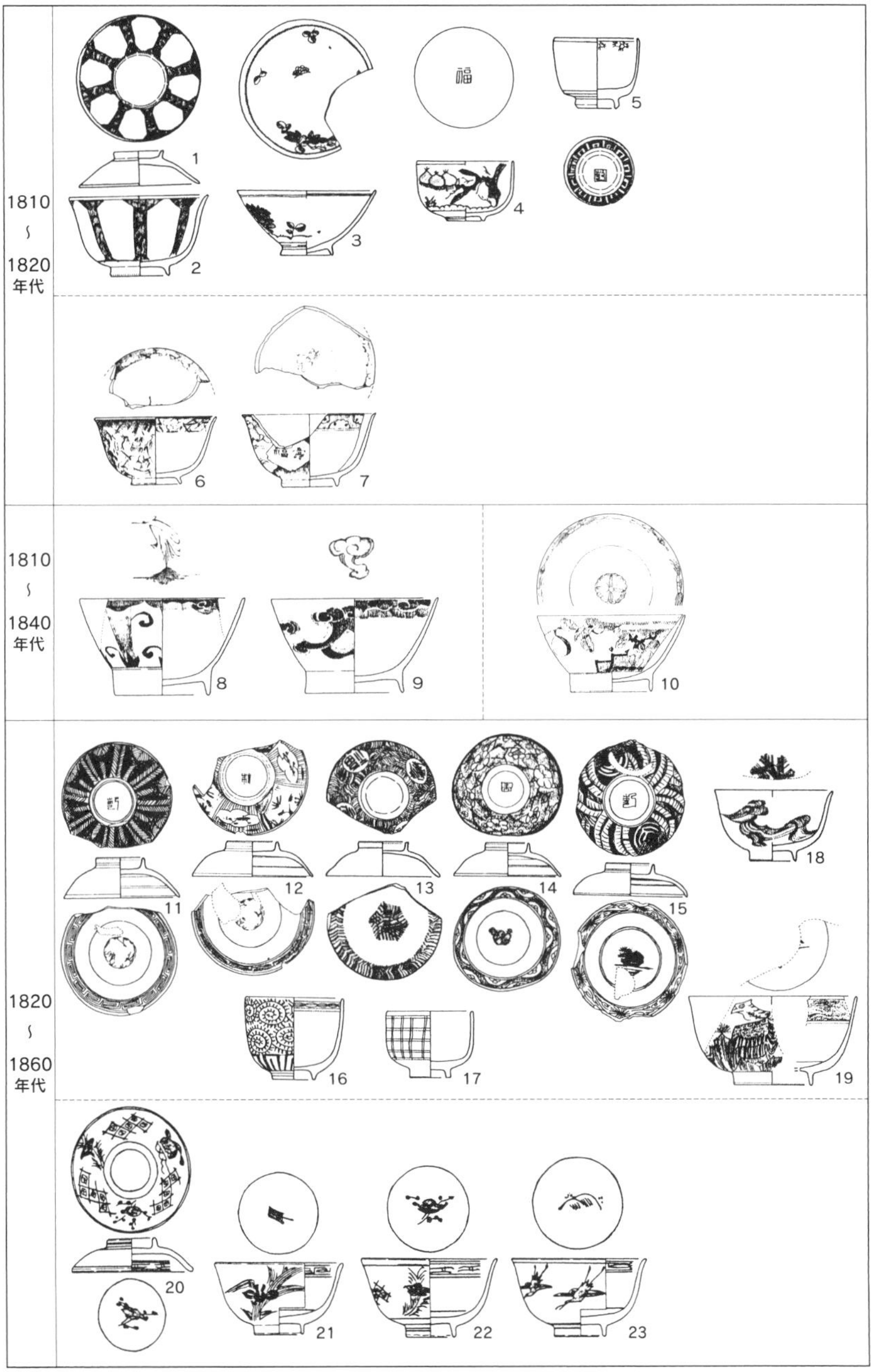

１〜５赤絵町遺跡B-2 Ⅰ層カメ内　６・７［参考］和泉伯太藩上屋敷跡　８・９吉田１号3094-1遺跡
10長崎市万才町遺跡　11〜19小樽２号窯　20〜23芦屋海岸沖海底遺跡

資料15

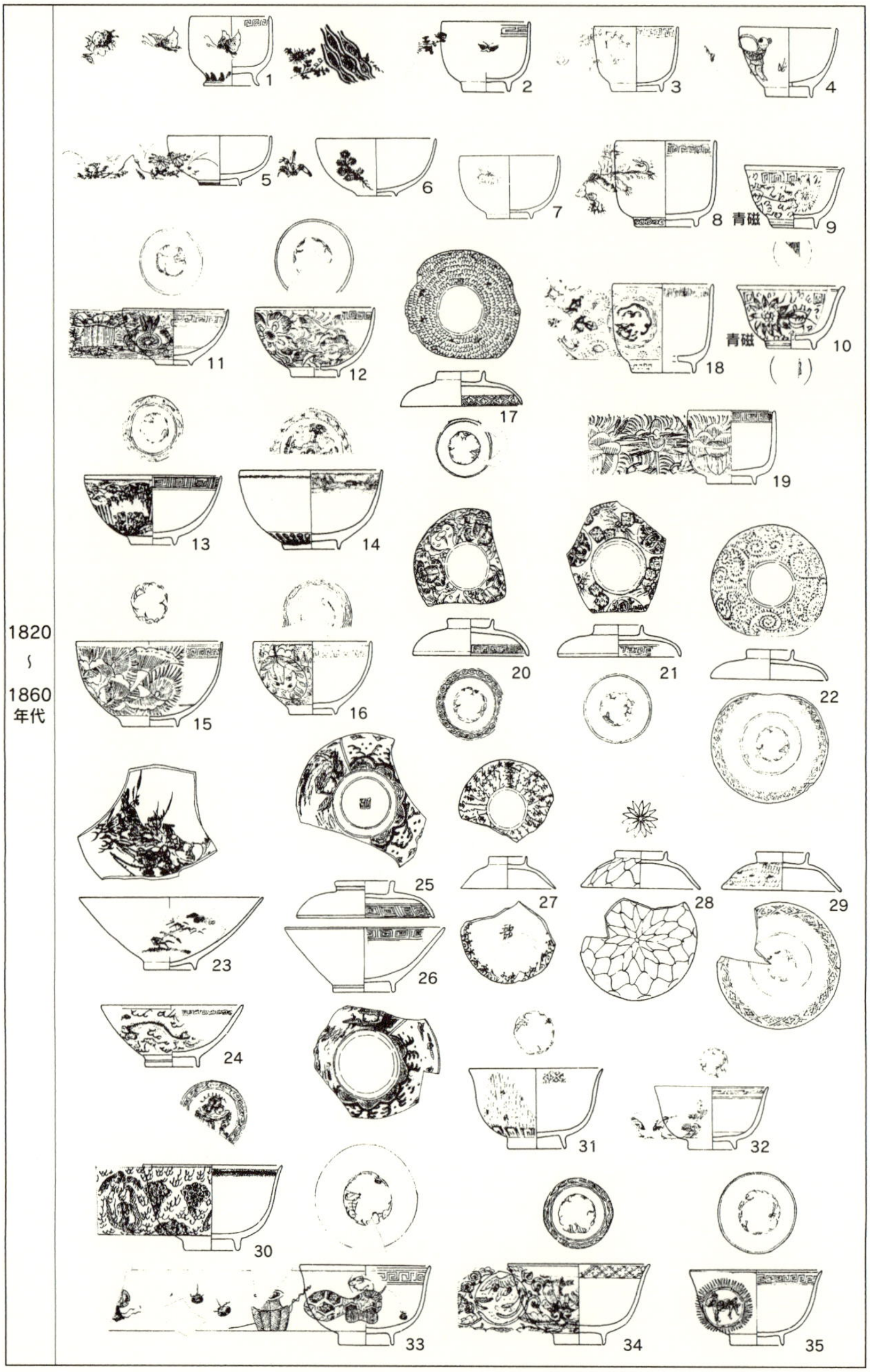

1～35年木谷3号窯

資料16

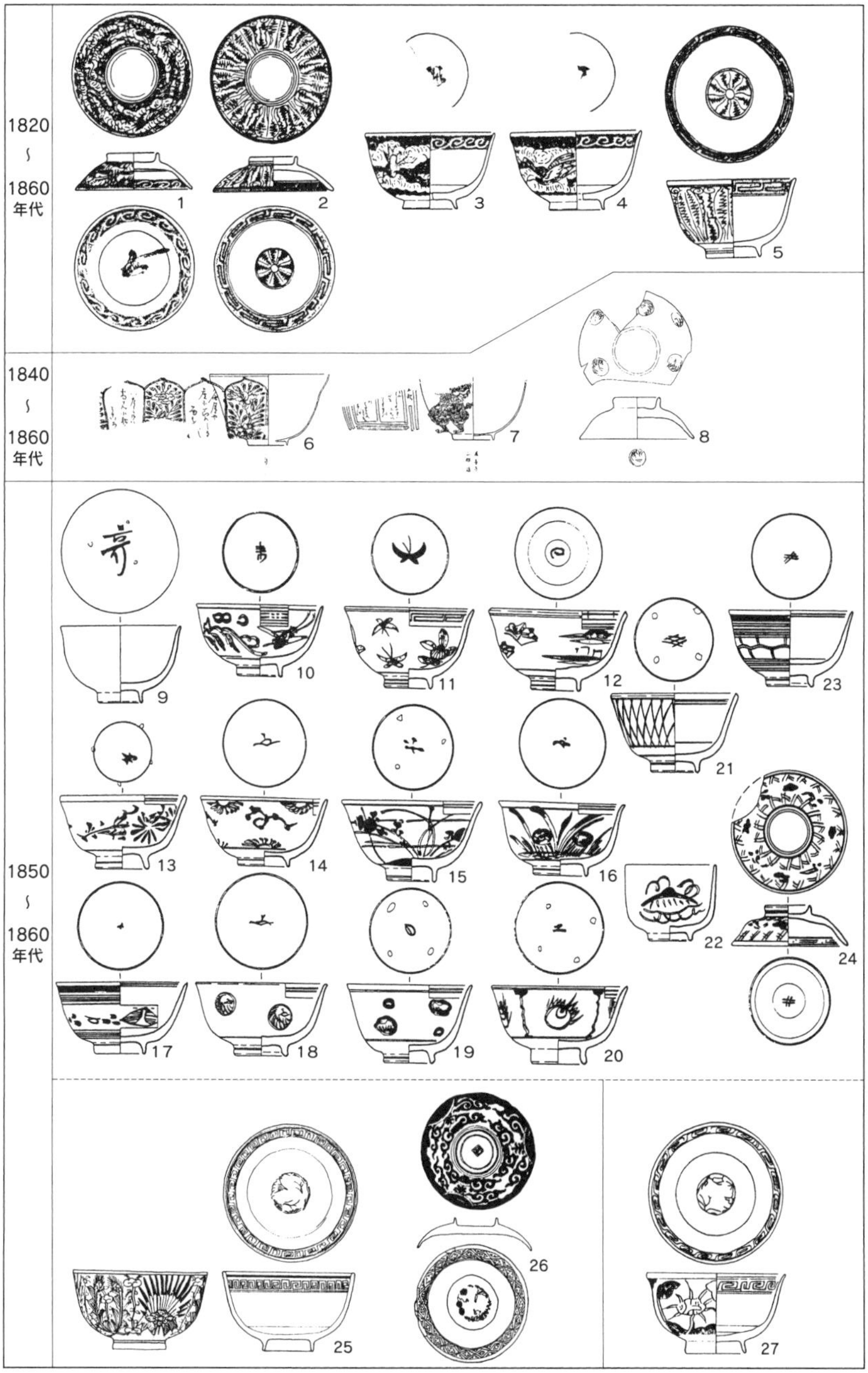

1〜5池尻海底遺跡　6〜8年木谷3号窯2室床面　9〜24［参考］下関市奇兵隊陣屋跡
25・26［参考］開陽丸　27［参考］いろは丸

小坏の変遷図

資料17

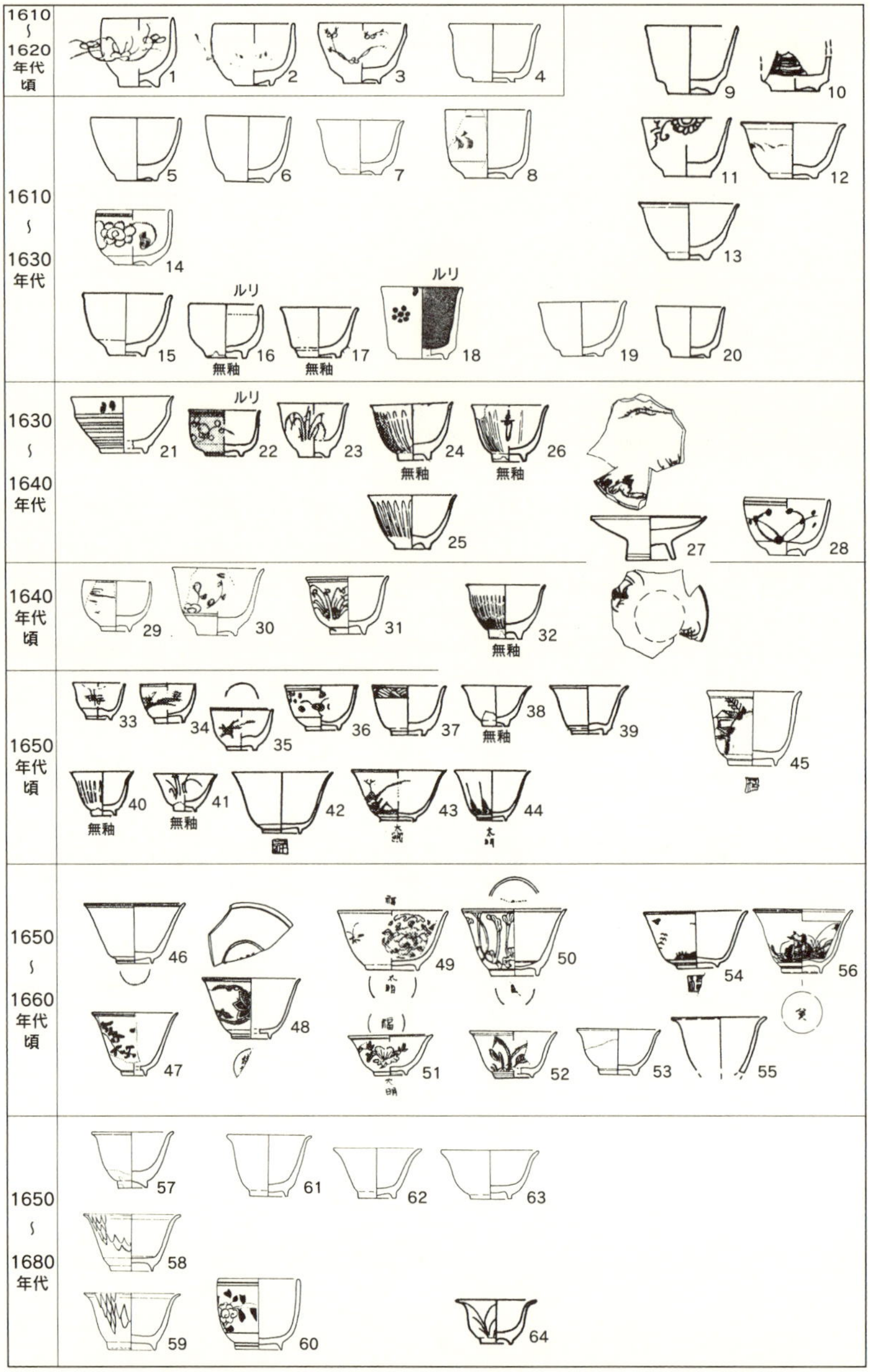

1～3向ノ原1号窯　4小溝中窯　5～8小物成窯　9～12原明A窯　13原明B窯　14小溝上窯
15～18天神森窯　19外尾松窯　20向ノ原2号窯　21禅門谷窯　22～24窯ノ辻窯　25窯ノ辻窯床面
26・27百間窯　28小樽2号窯　29・30山小屋窯　31一本松窯　32百間窯床面　33～44ダンバギリ窯
45楠木谷窯　46天狗谷B窯　47・48中白川窯　49・50猿川窯　51～53谷窯　54・55吹上浜
56万才町遺跡　57吉田2号窯　58～60皿屋谷3号窯　61～63弥源次窯　64広瀬向窯

資料18

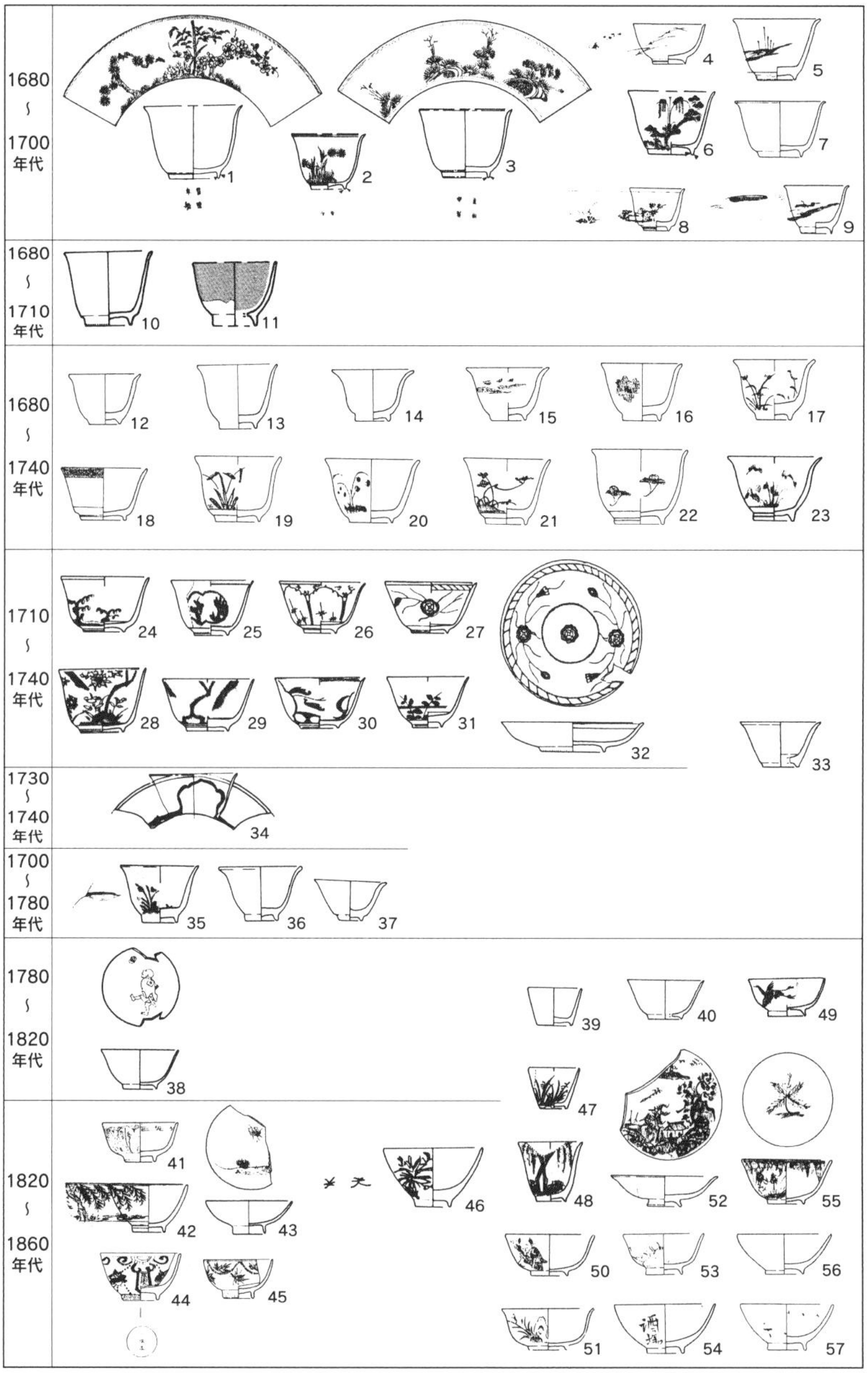

1～9東京大学構内遺跡　10・11樋口2号窯　12～23窯の谷窯　24～31赤絵町遺跡　32［参考］赤絵町遺跡
33志田西山1号窯　34上福2号窯　35～37窯の谷窯　38［参考］赤絵町遺跡　39小樽2号窯物原3層
40志田西山窯　41～43年木谷3号窯　44・45方才町遺跡　46芦屋海岸沖海底遺跡　47・48小樽2号窯
49年木谷1号窯　50～57吉田1号3094-1、3098遺跡

資料19

皿の変遷図

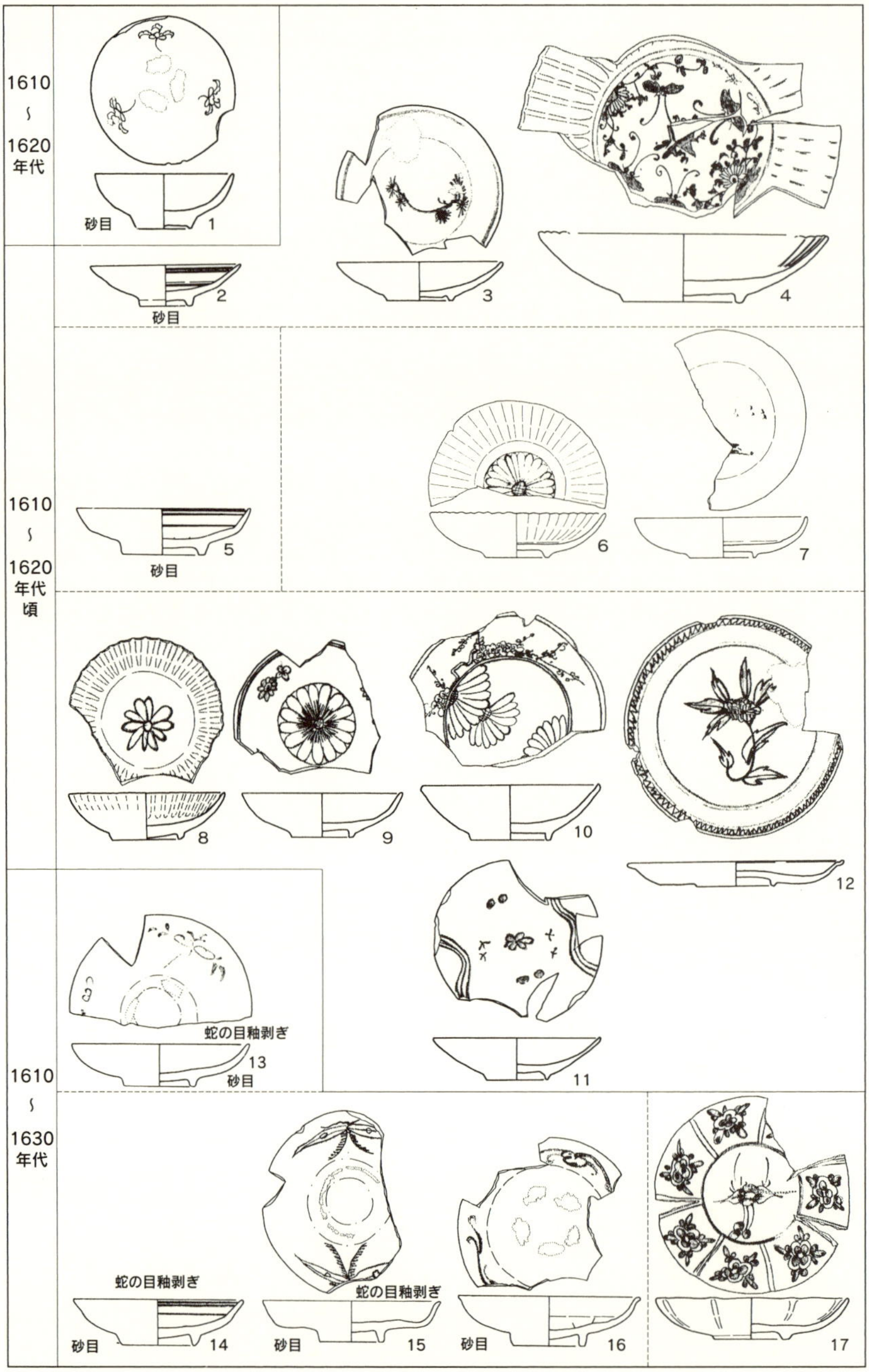

1向ノ原1号窯物原9層　2～4向ノ原1号窯物原8層　5小溝中窯　6・7天神森窯
8～12向ノ原1号窯物原7層　13外尾山窯　14～16小溝上3～5号窯　17小溝上2号窯床上

資料20

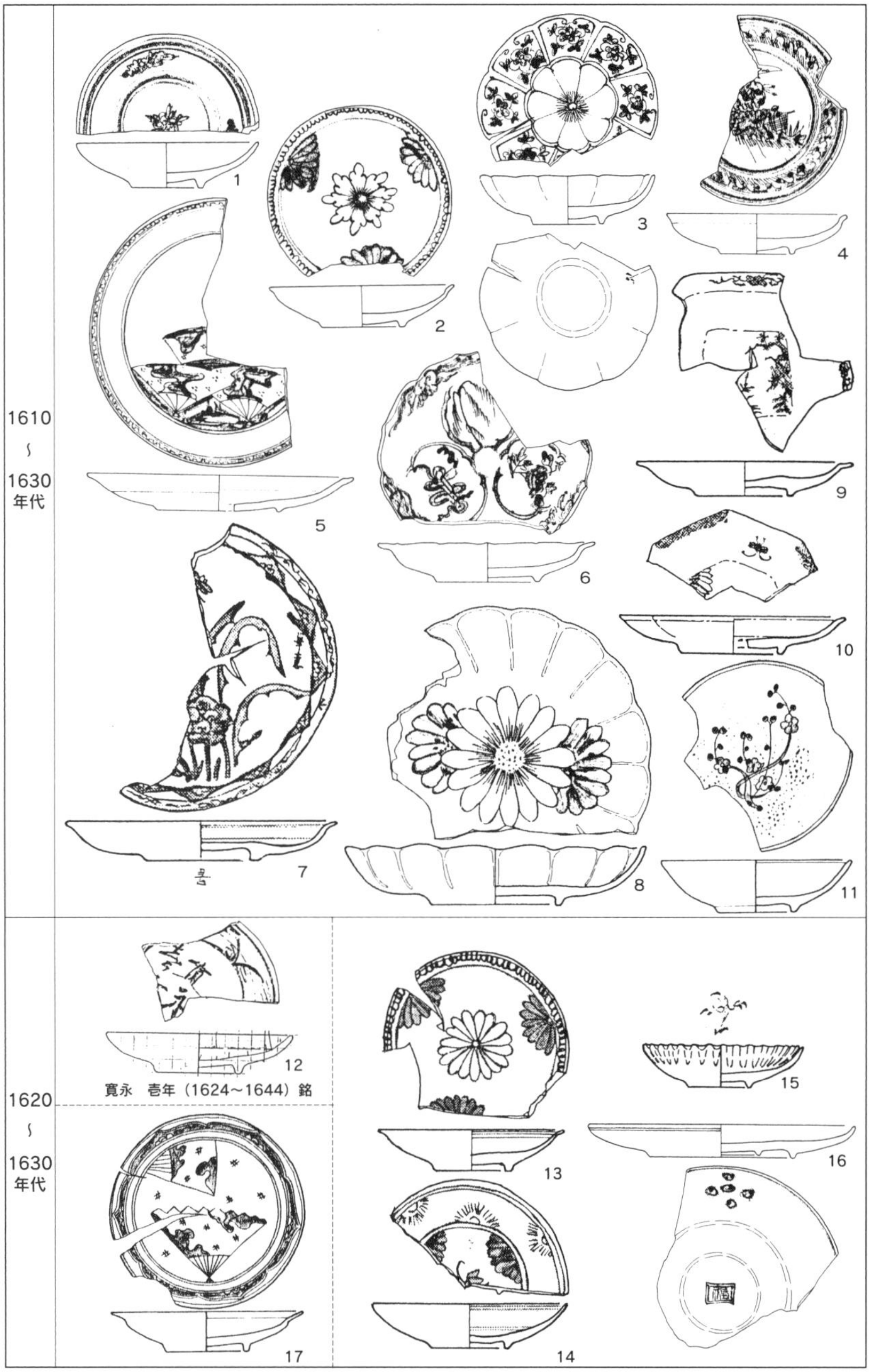

1〜12天神森窯　13〜16天神森4号窯　17天神森7号窯床上

資料21

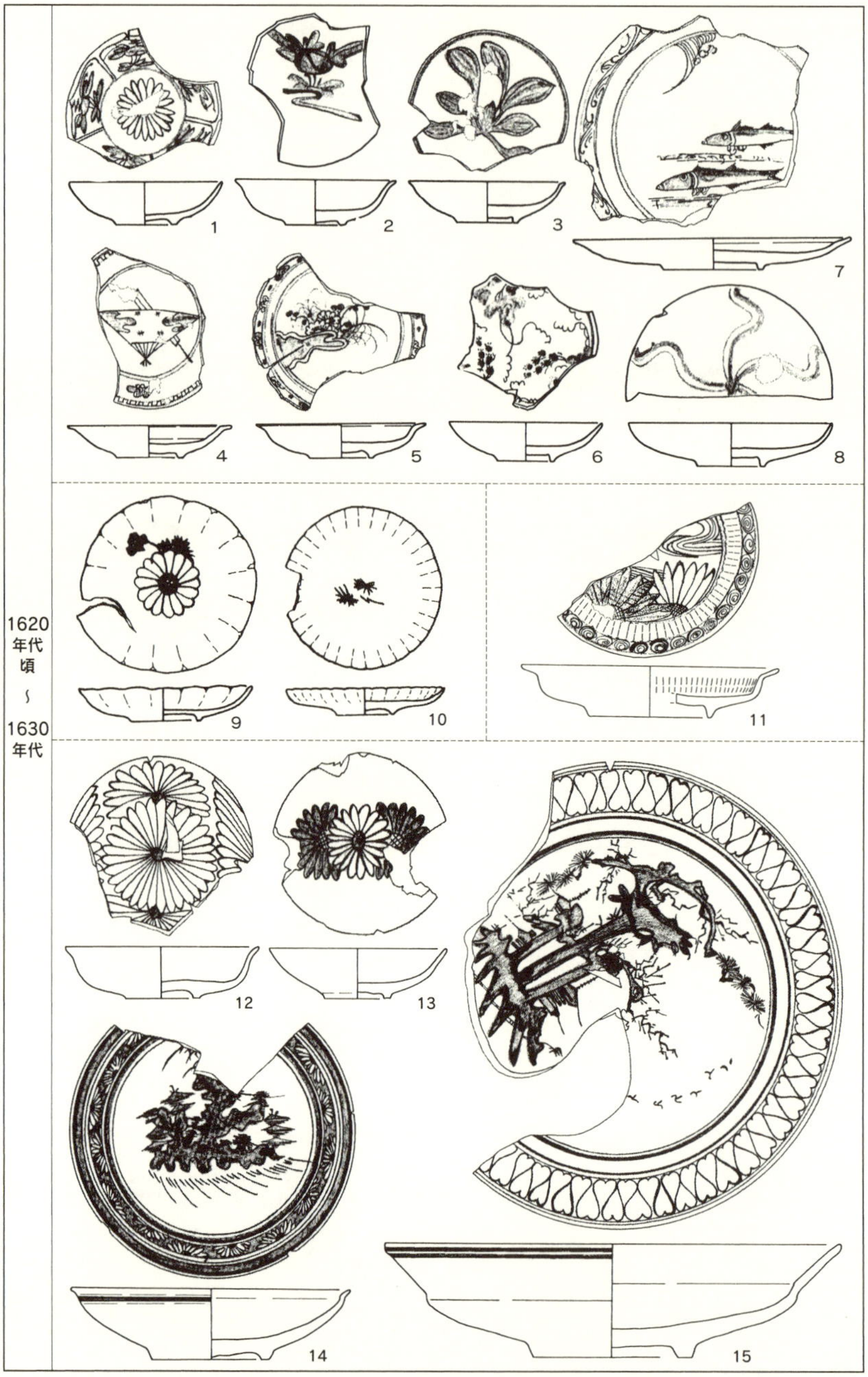

1～8向ノ原2号窯　9・10迎の原上窯床面　11小溝上窯　12～15小溝下窯

資料22

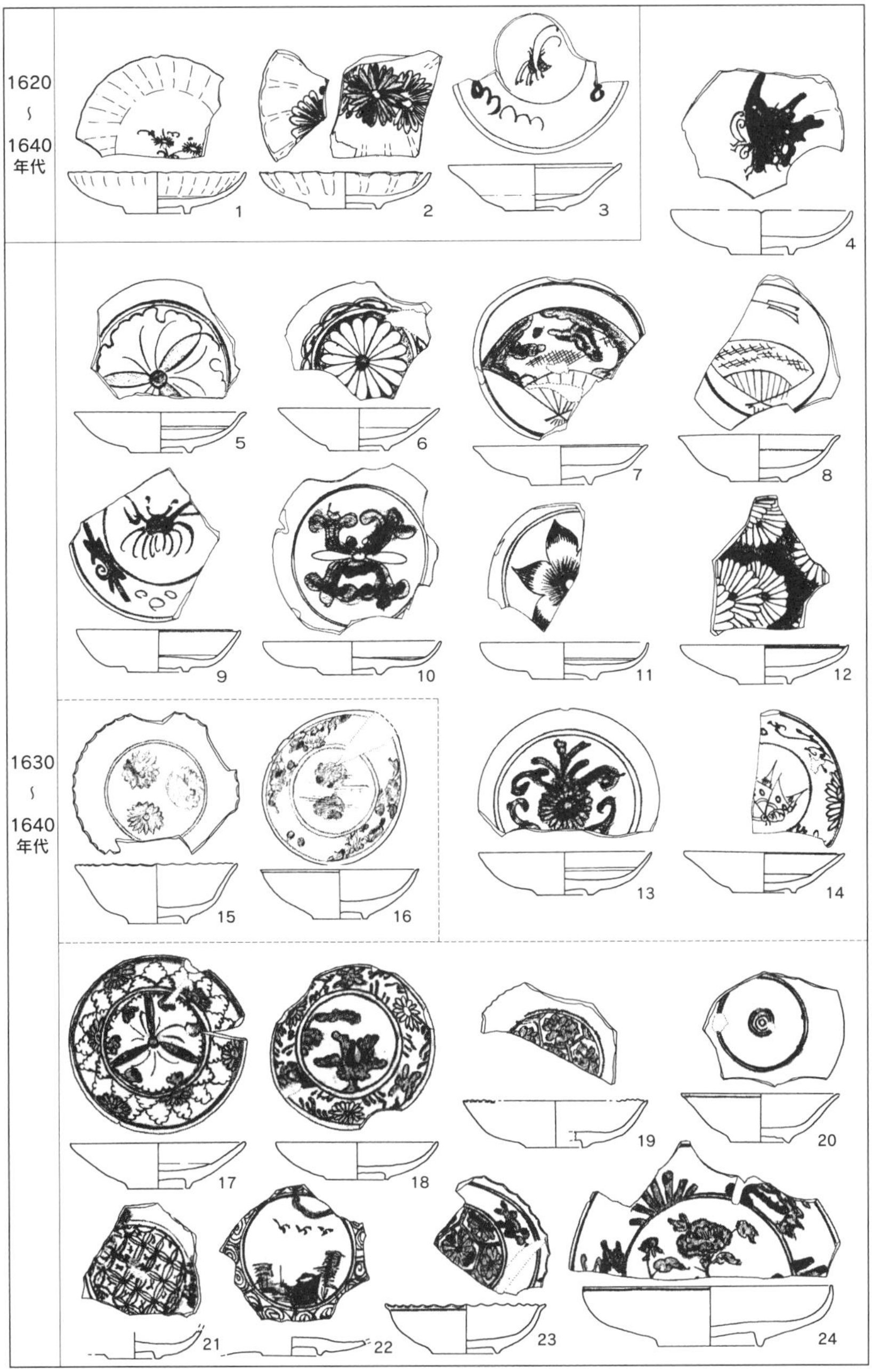

1 〜 14 小樽 2 号窯　15 向ノ原 2 号窯 8 室東脇落込み覆土　16 向ノ原 2 号窯 8 室床面
17 〜 24 禅門谷窯

資料23

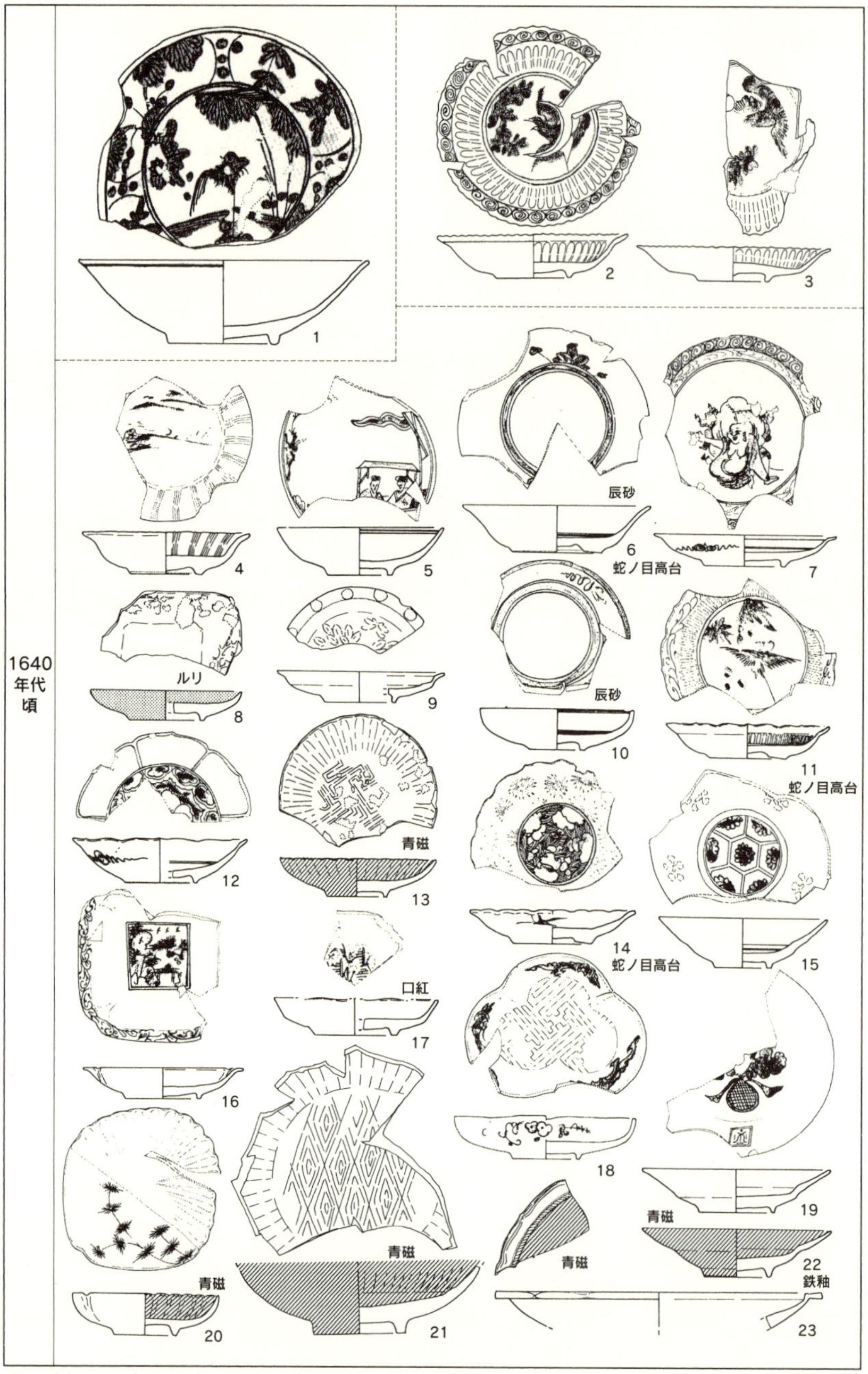

1禅門谷窯床上　2・3向ノ原3号窯　4～23山小屋窯

資料24

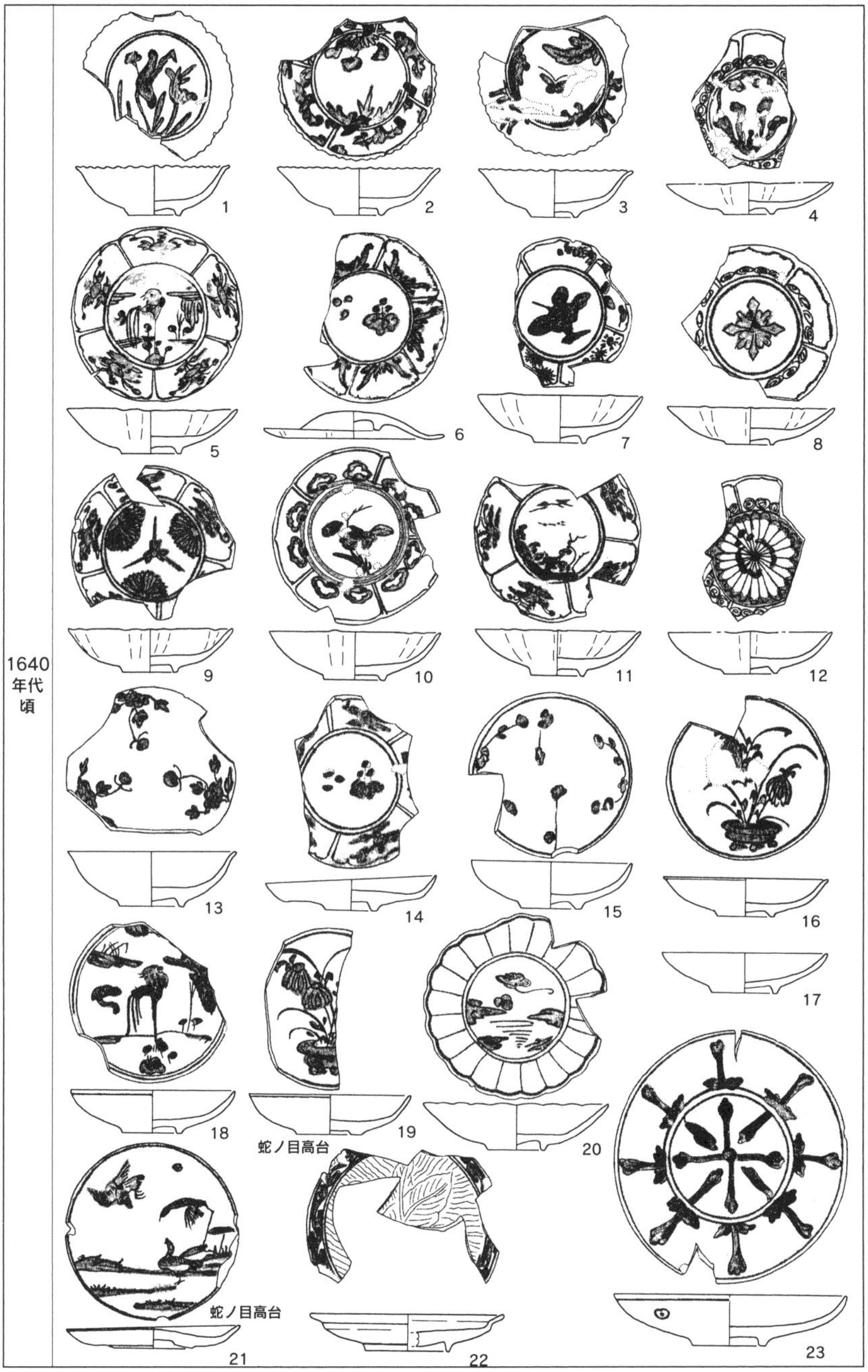

1 ～ 23一本松窯

資料25

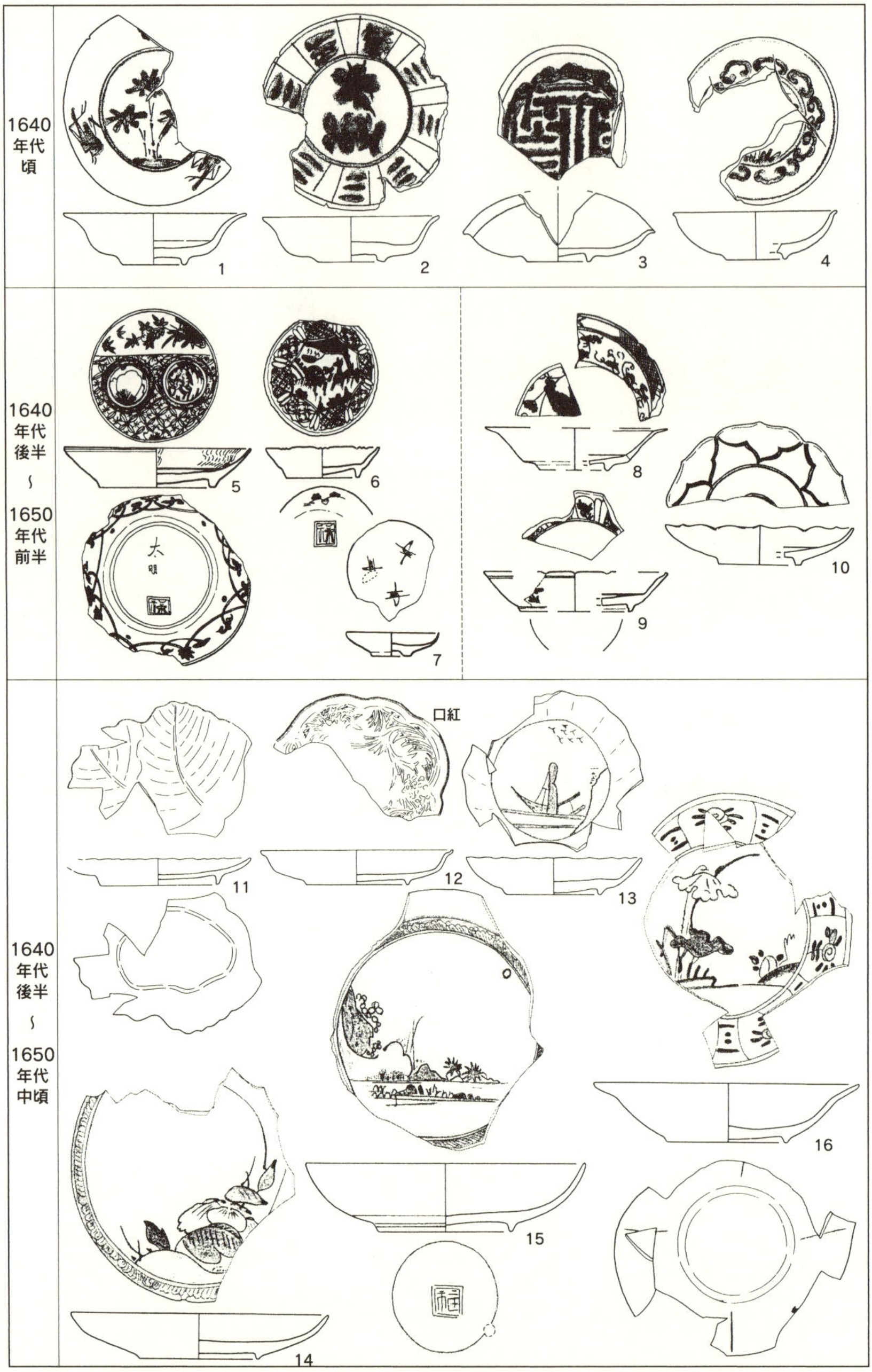

1～4年木谷3号窯　5～7百間窯床上　8～10小樽2号窯　11～16外尾山4号窯物原下層

資料26

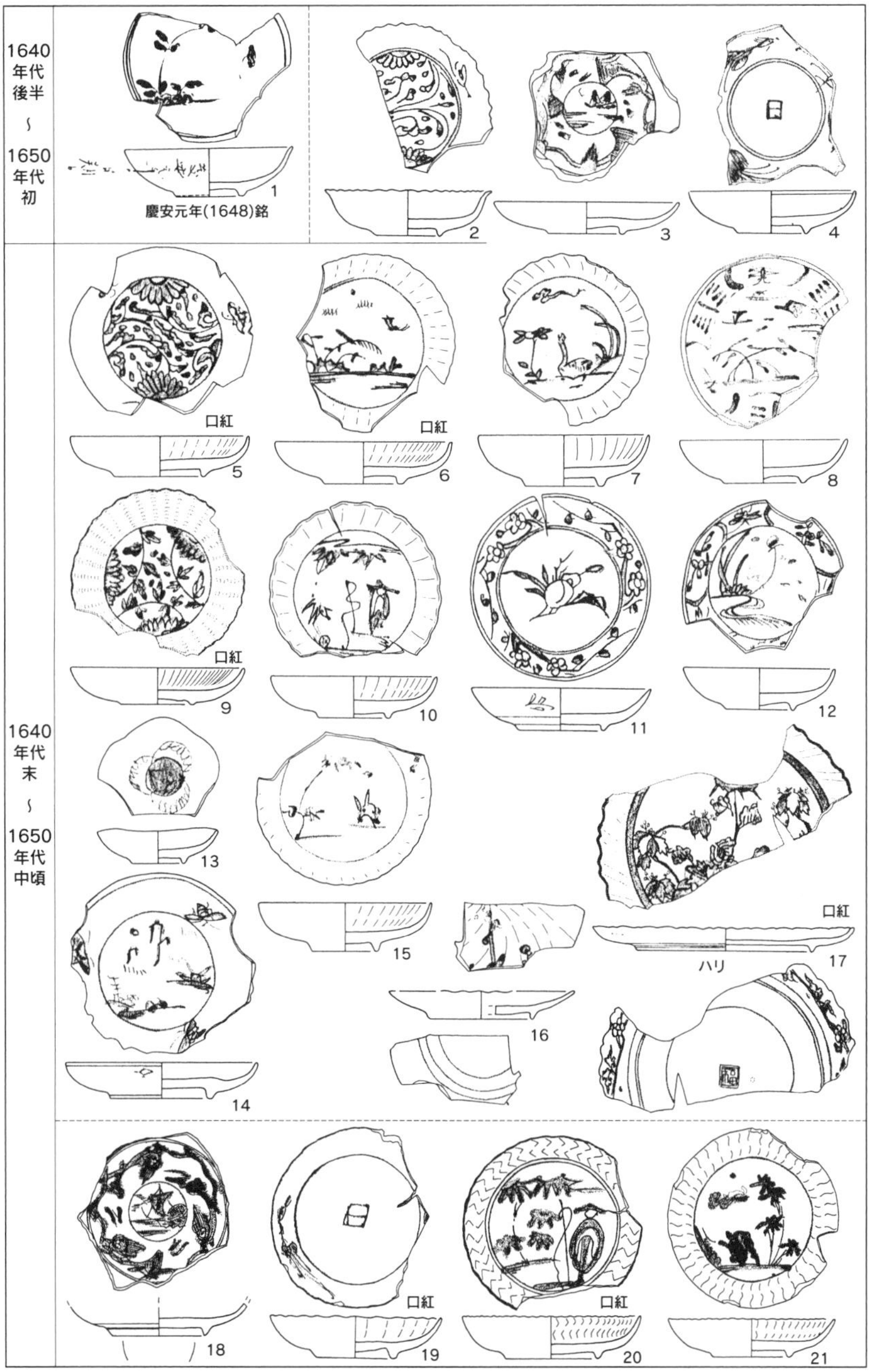

1泉山口屋番所遺跡　2～17楠木谷1号窯　18～21年木谷3号窯

資料27

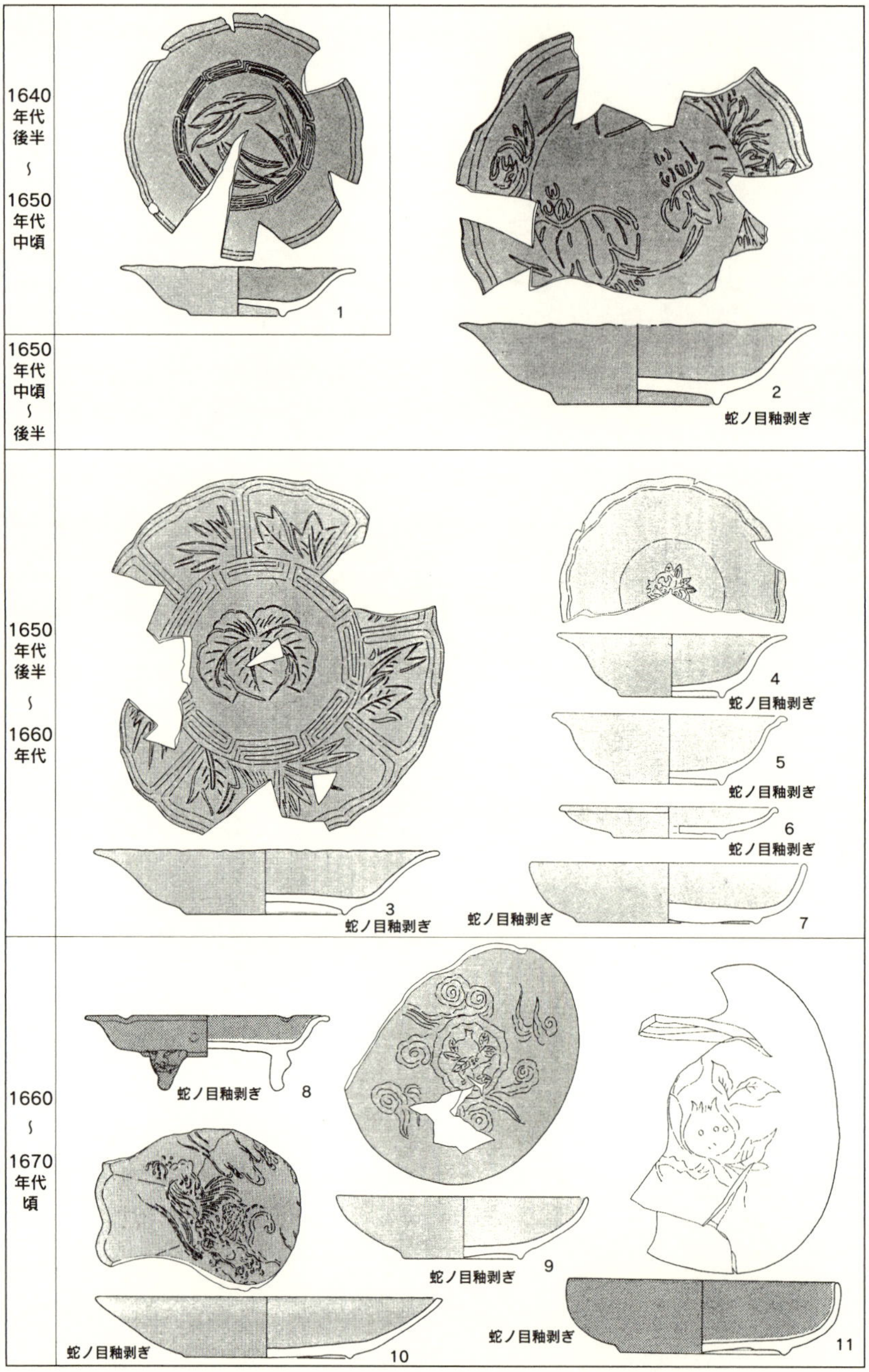

1外尾山4号窯物原ETⅣh層　2外尾山4号窯物原ETⅣg層　3～7外尾山4号窯物原ETⅣc・b層
8・11下白川窯　9外尾山4号窯物原ETⅢ層　10外尾山3号窯

資料28

1～19楠木谷2号窯　20・21楠木谷2号窯床上

資料29

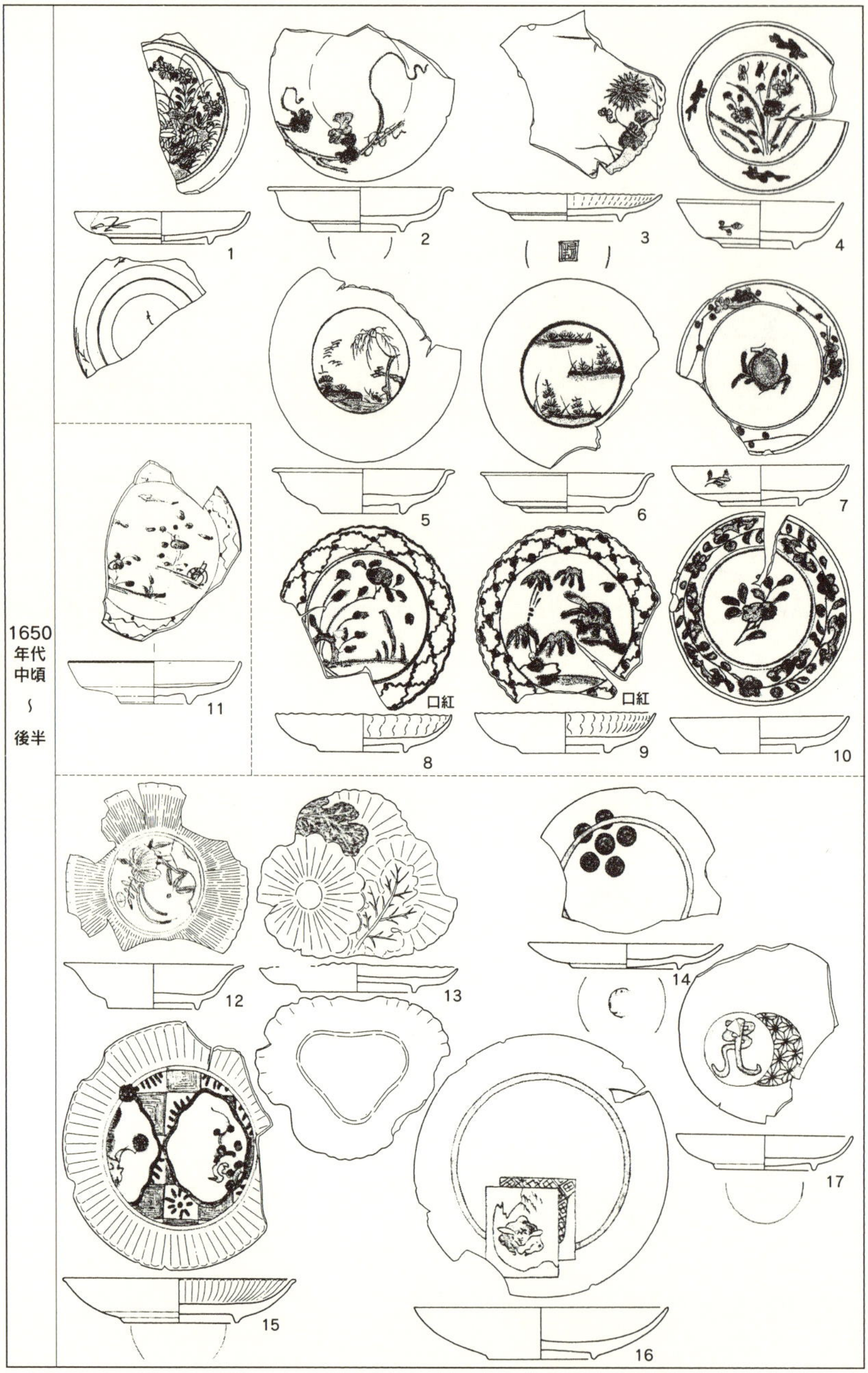

1～10年木谷3号窯　11万才町遺跡　12～17外尾山4号窯物原Ⅳe層

資料30

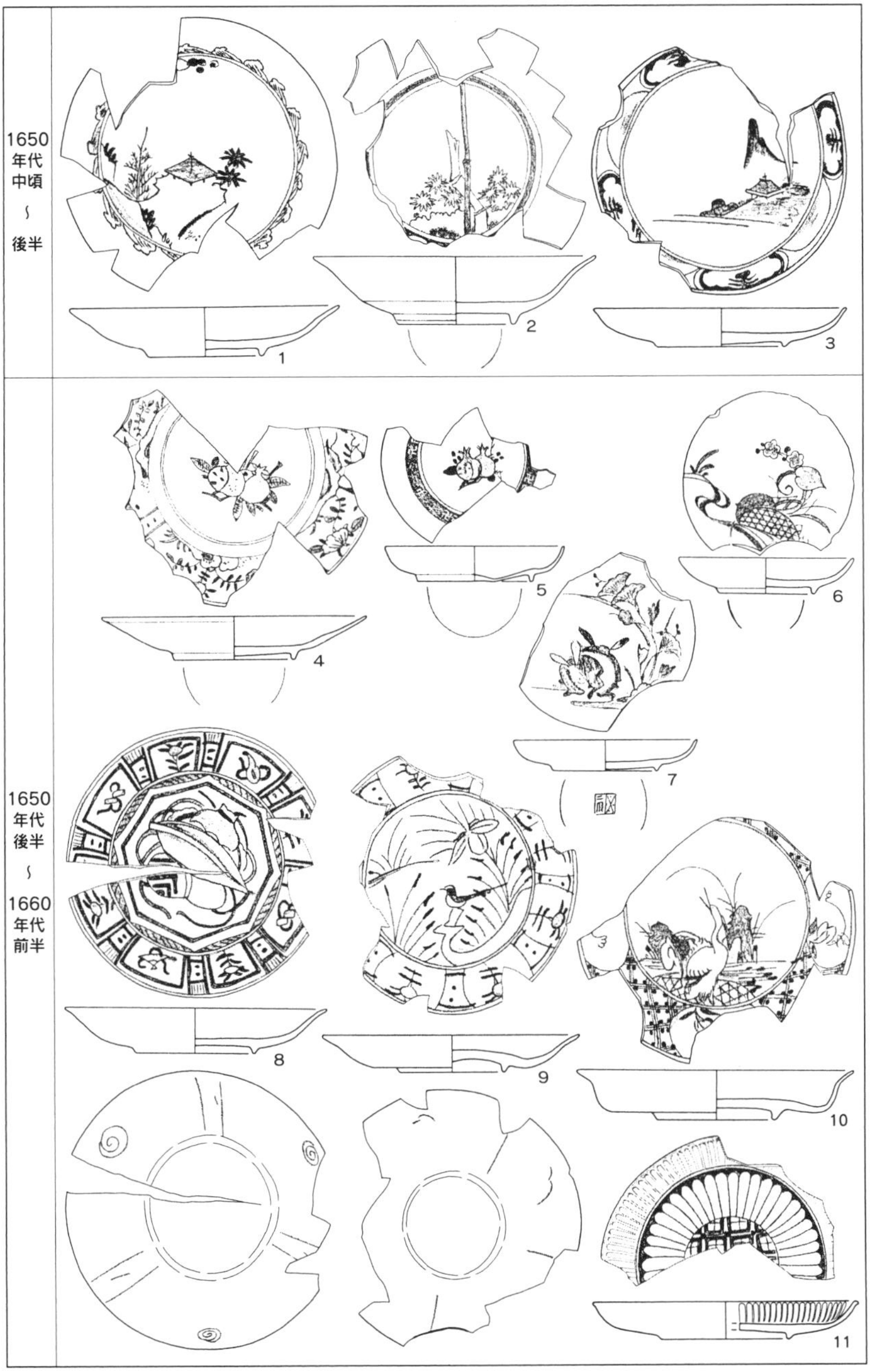

１～３外尾山４号窯物原Ⅳｆ・ｅ層　４～11外尾山４号窯物原Ⅳｃ層

資料31

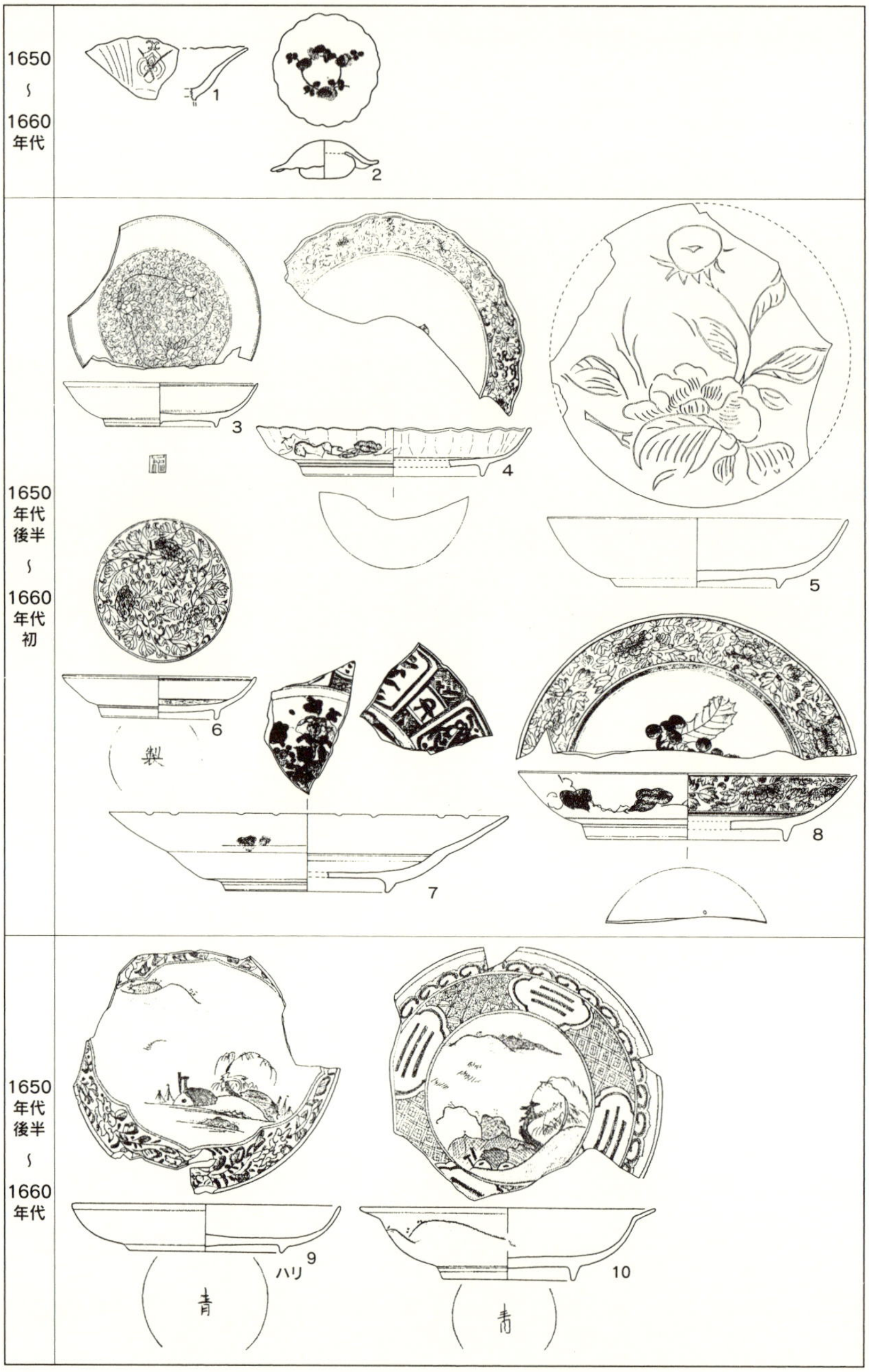

1・2中白川窯物原5層　3〜8万才町遺跡　9・10外尾山4号窯物原Ⅳa層

資料32

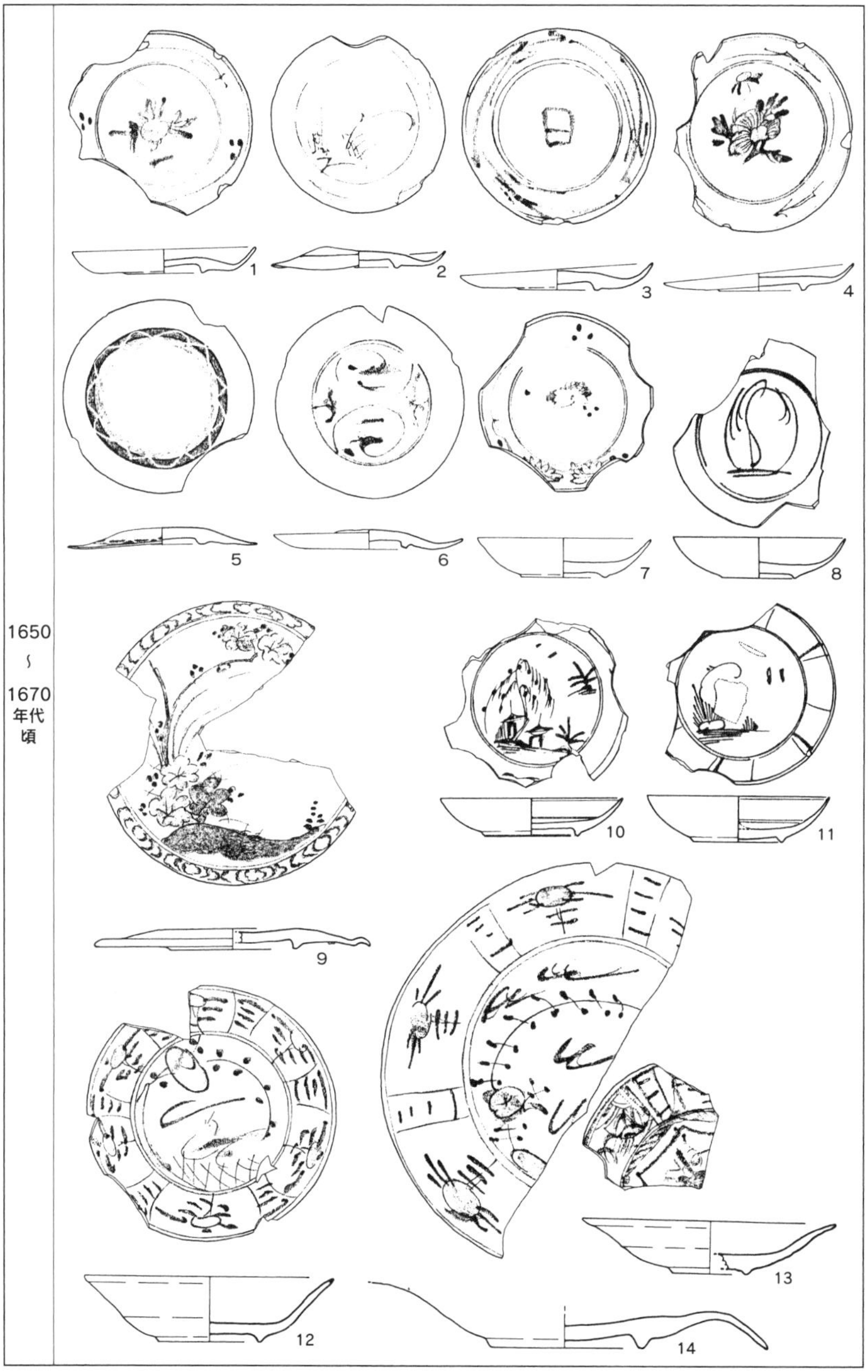

1～14吉田2号窯

資料33

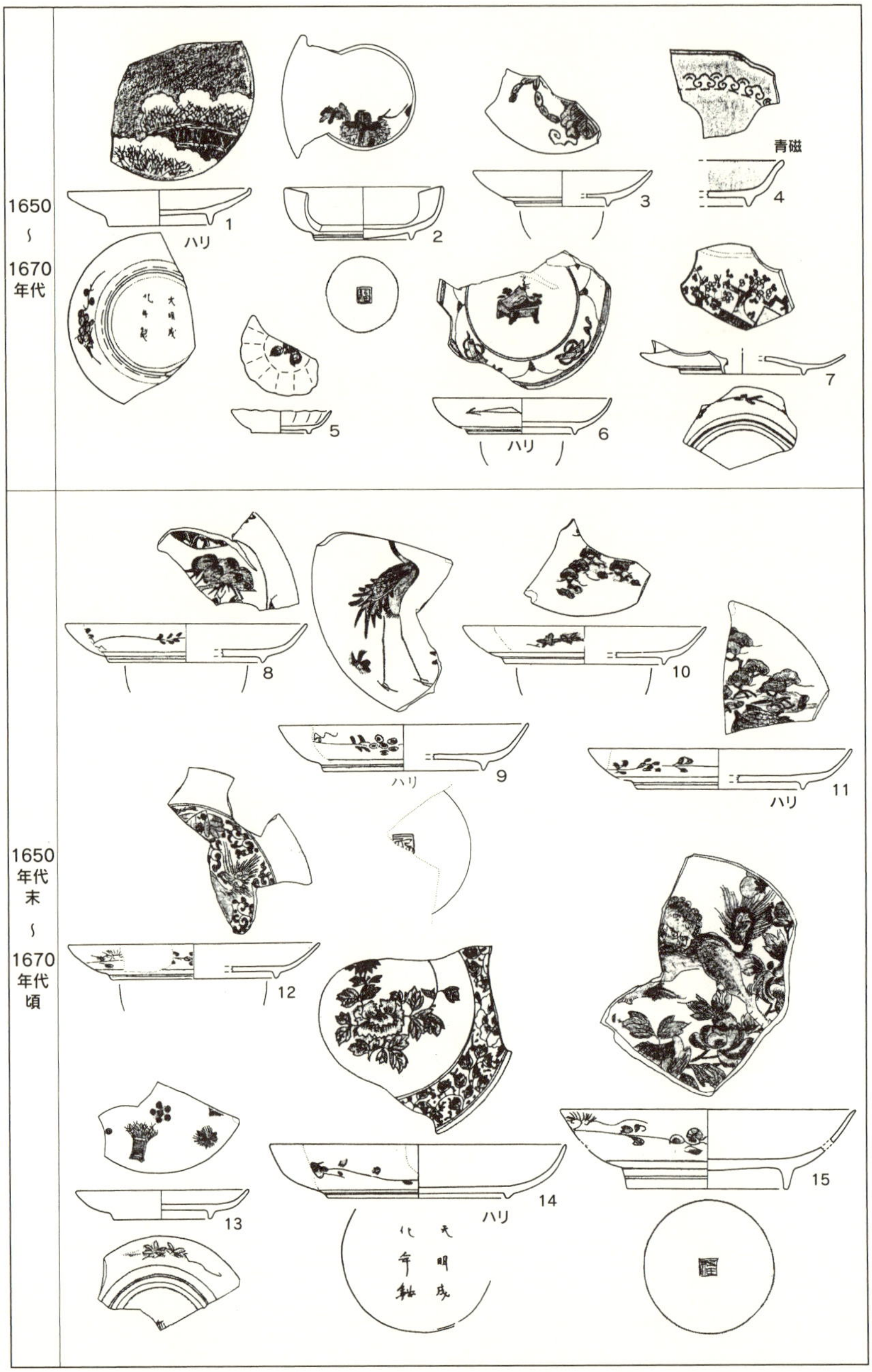

1・4・14中白川窯　2・3・6・8〜10・12・15中白川窯物原3層　5・7中白川窯物原4層
11・13中白川窯物原2層

資料34

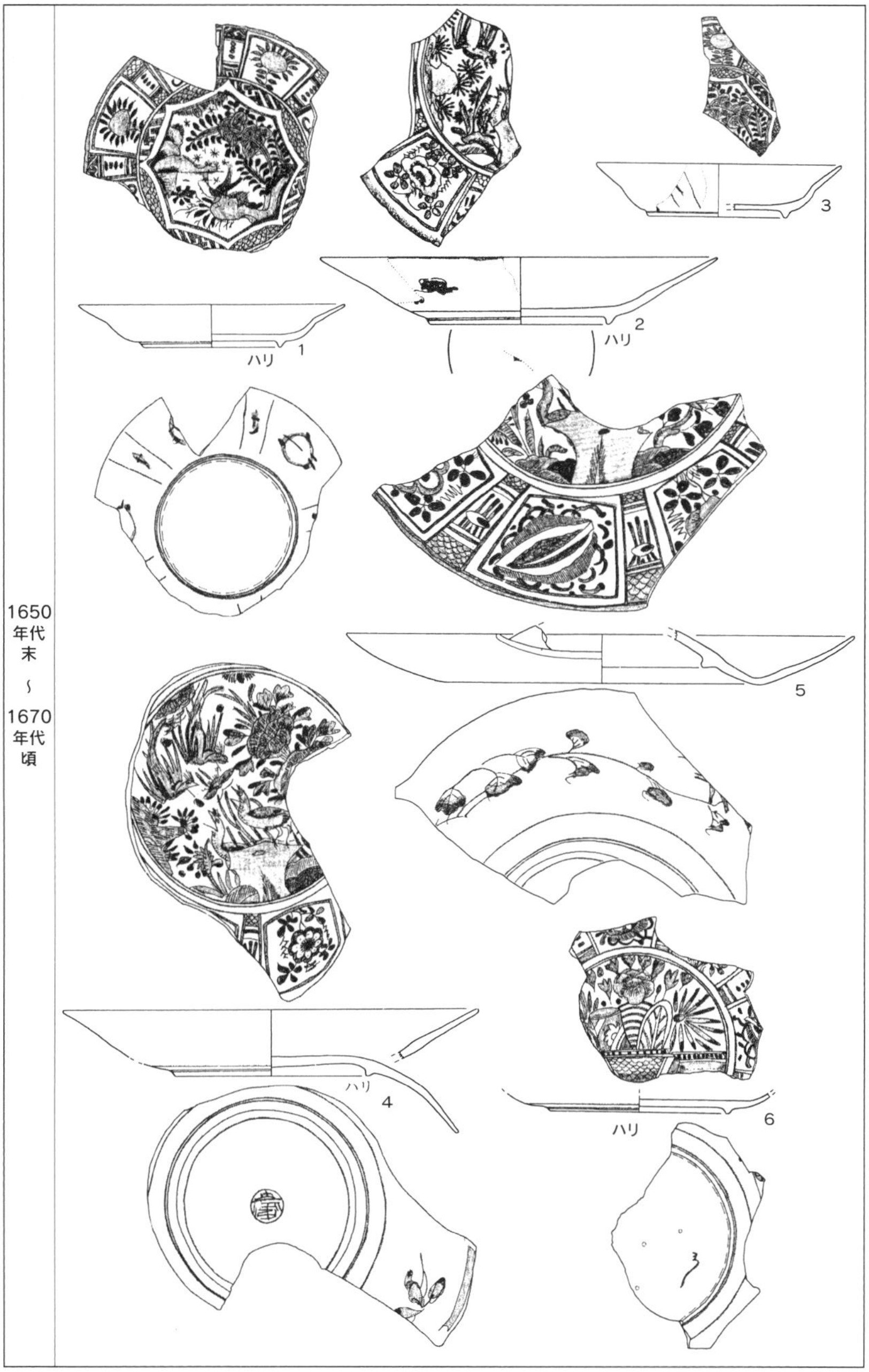

1・4～6中白川窯物原3層　2中白川窯　3中白川窯物原2層

資料35

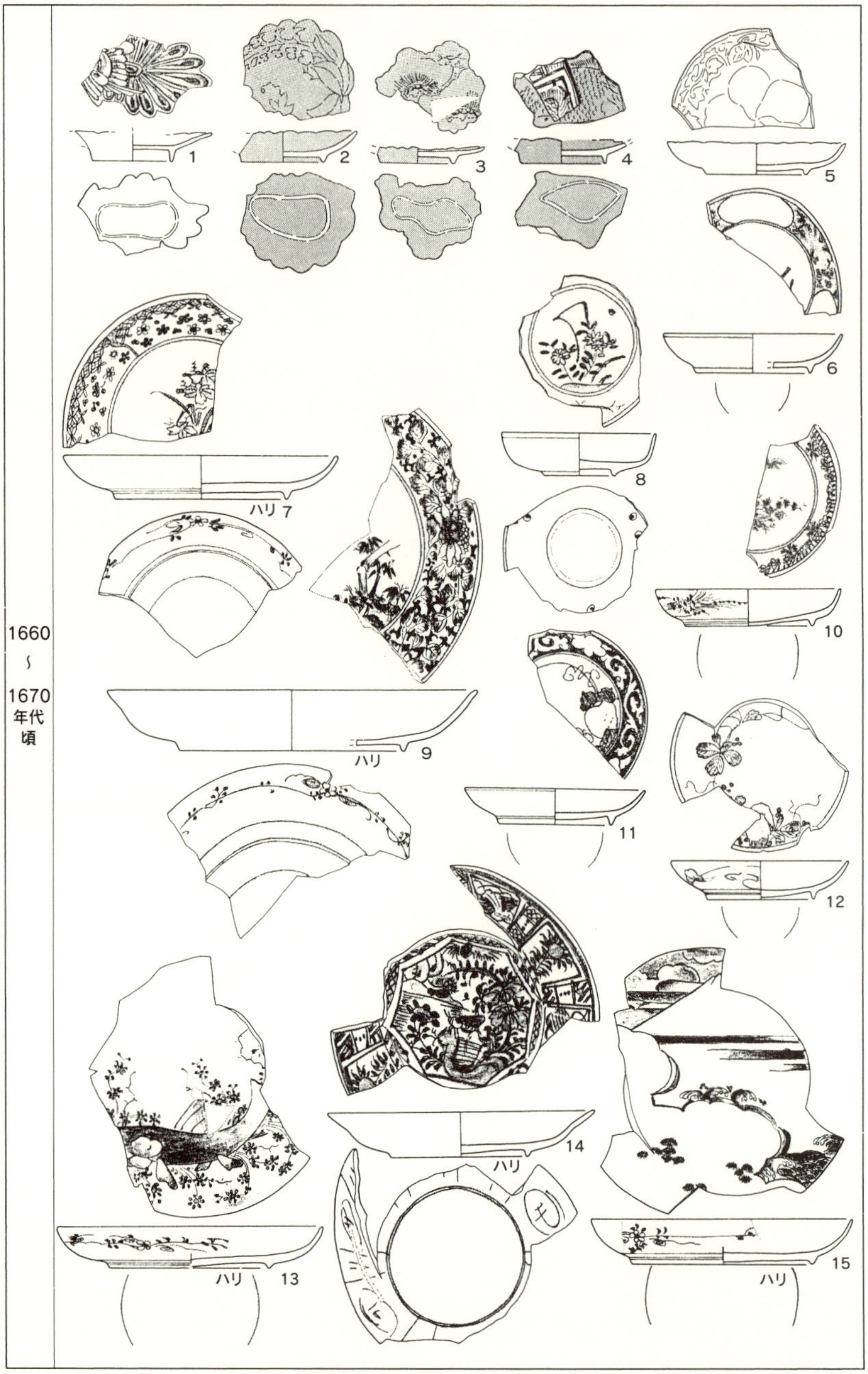

1〜4・6・9・10・13〜15外尾山3号窯　5・7・8・11・12外尾山4号窯物原Ⅲ層

資料36

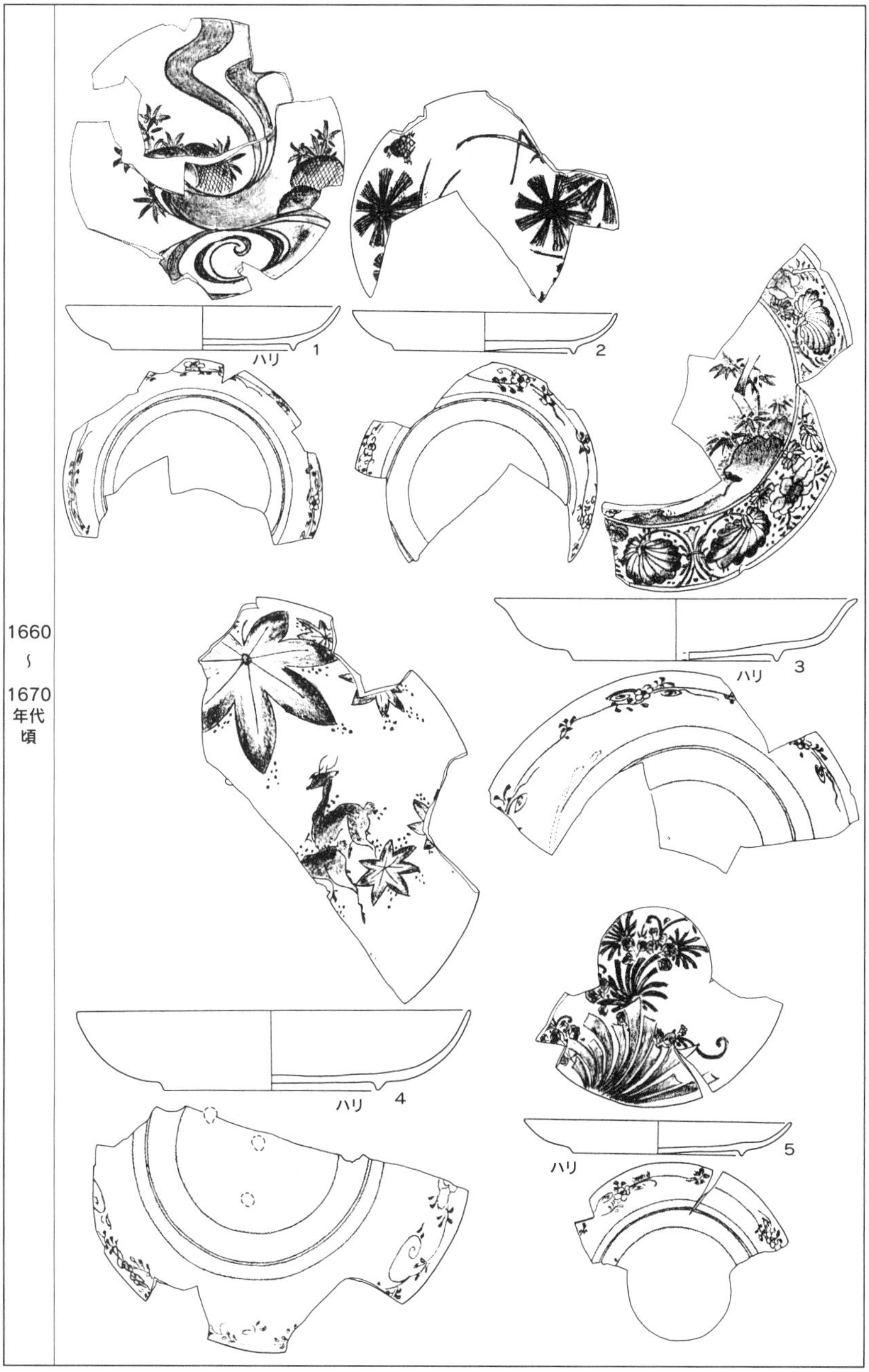

1～5外尾山3号窯

資料37

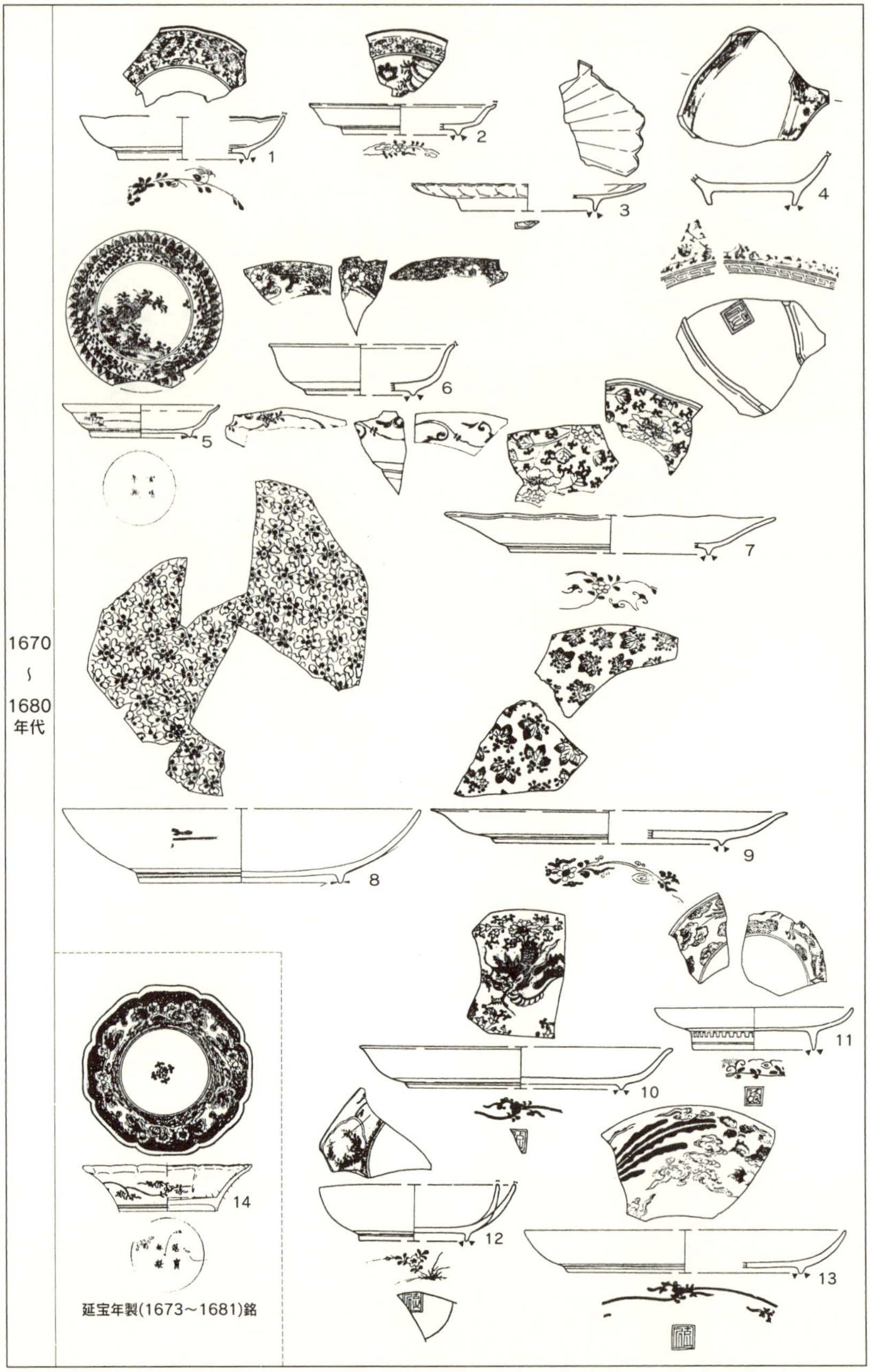

1～13東京大学構内遺跡　14伝世品

資料38

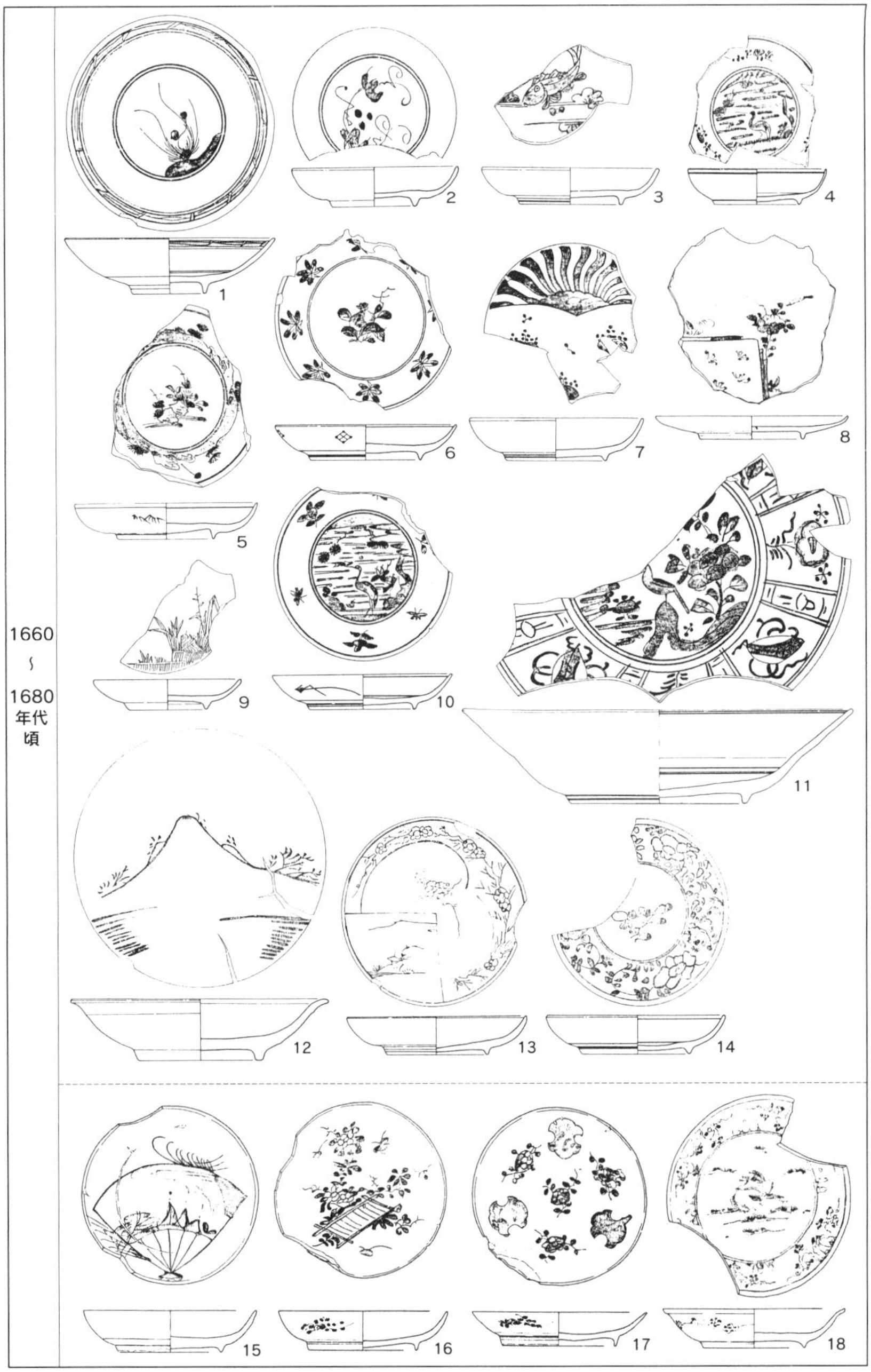

1 〜 14 皿屋谷窯跡群　15 〜 18 皿屋谷 1 号窯

資料39

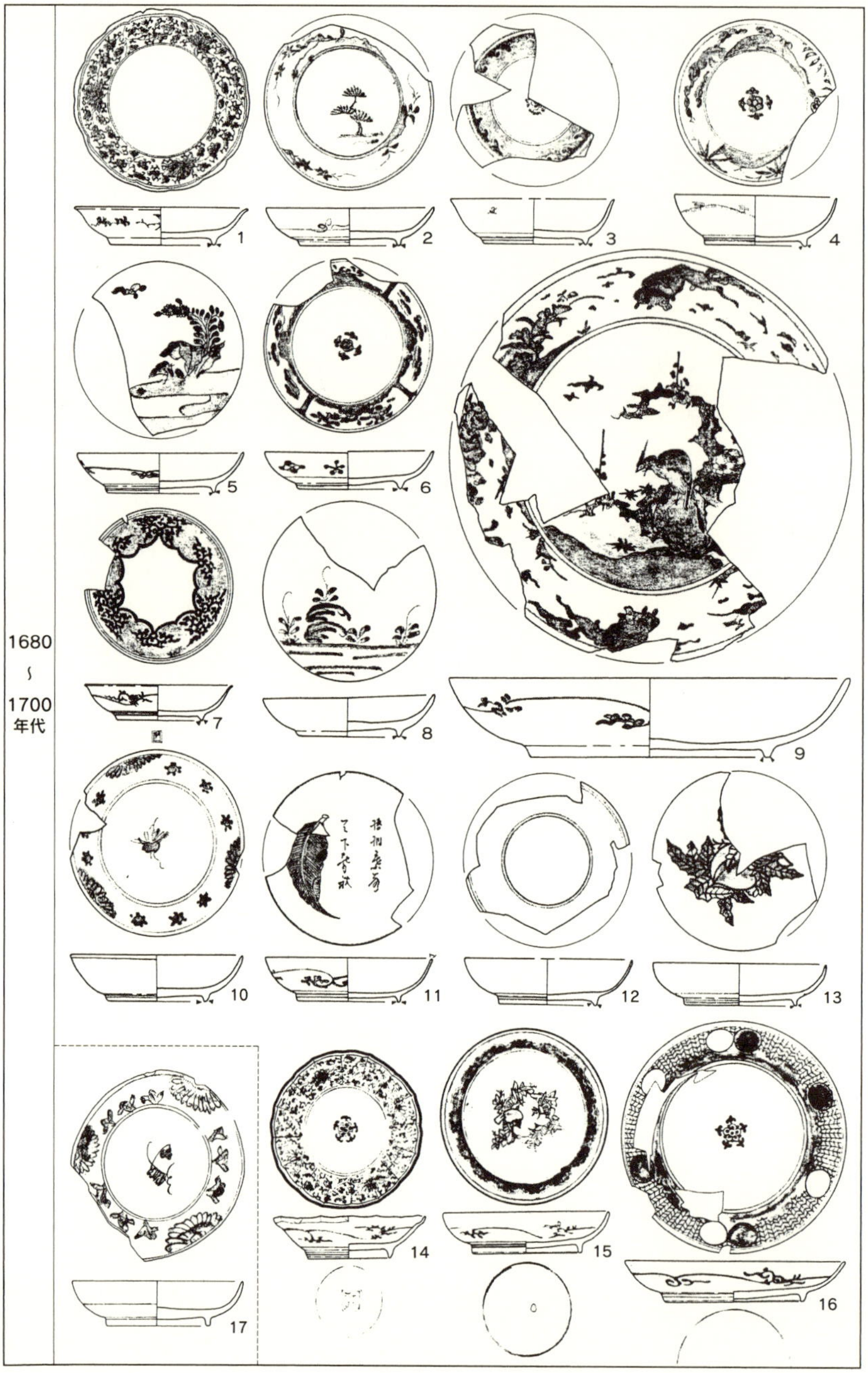

1〜16東京大学構内遺跡　17吉田2号窯

資料40

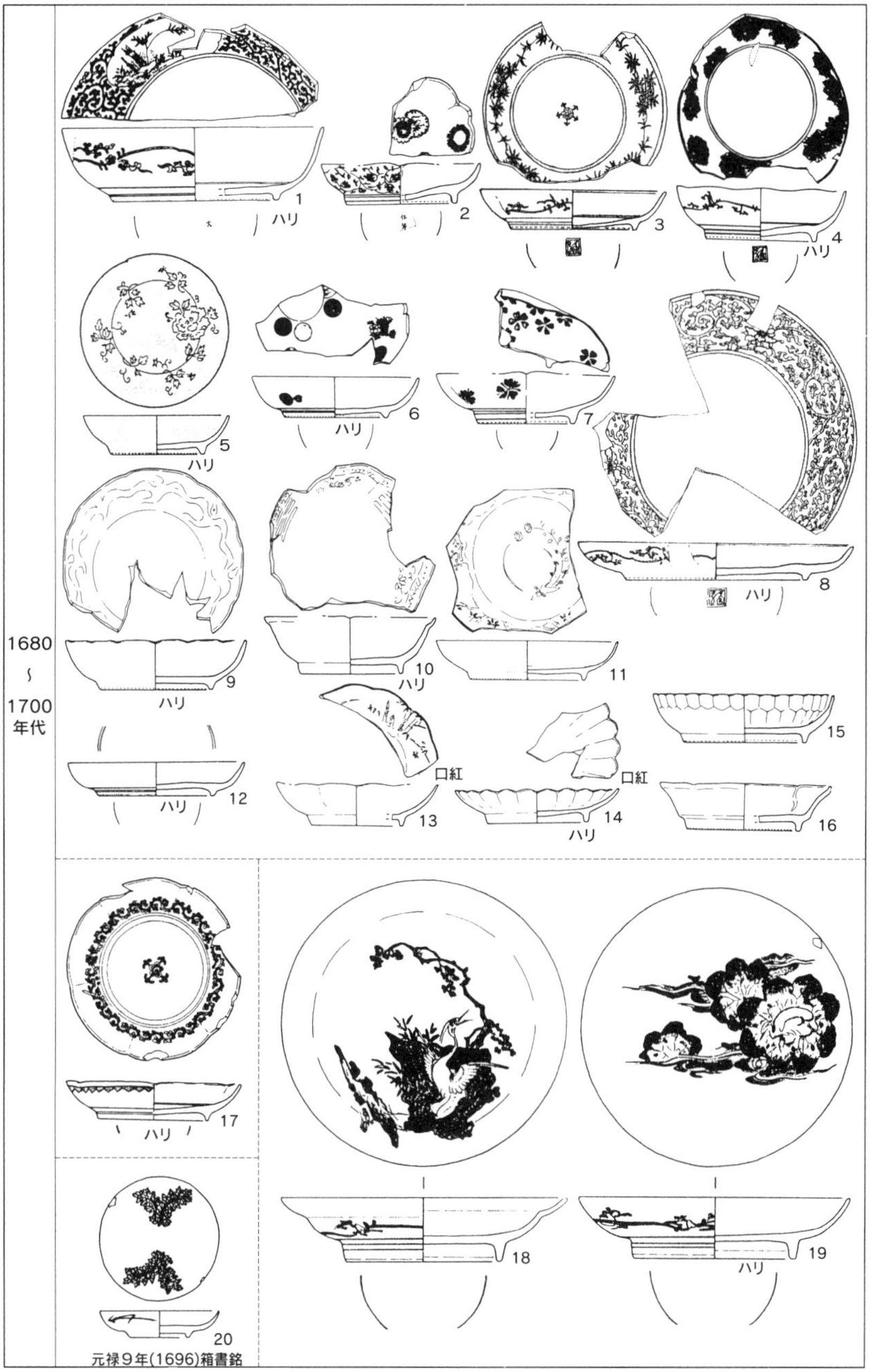

1～16南川原窯ノ辻窯　17赤絵町遺跡　18・19釉倉島沖海底遺跡　20伝世品

資料41

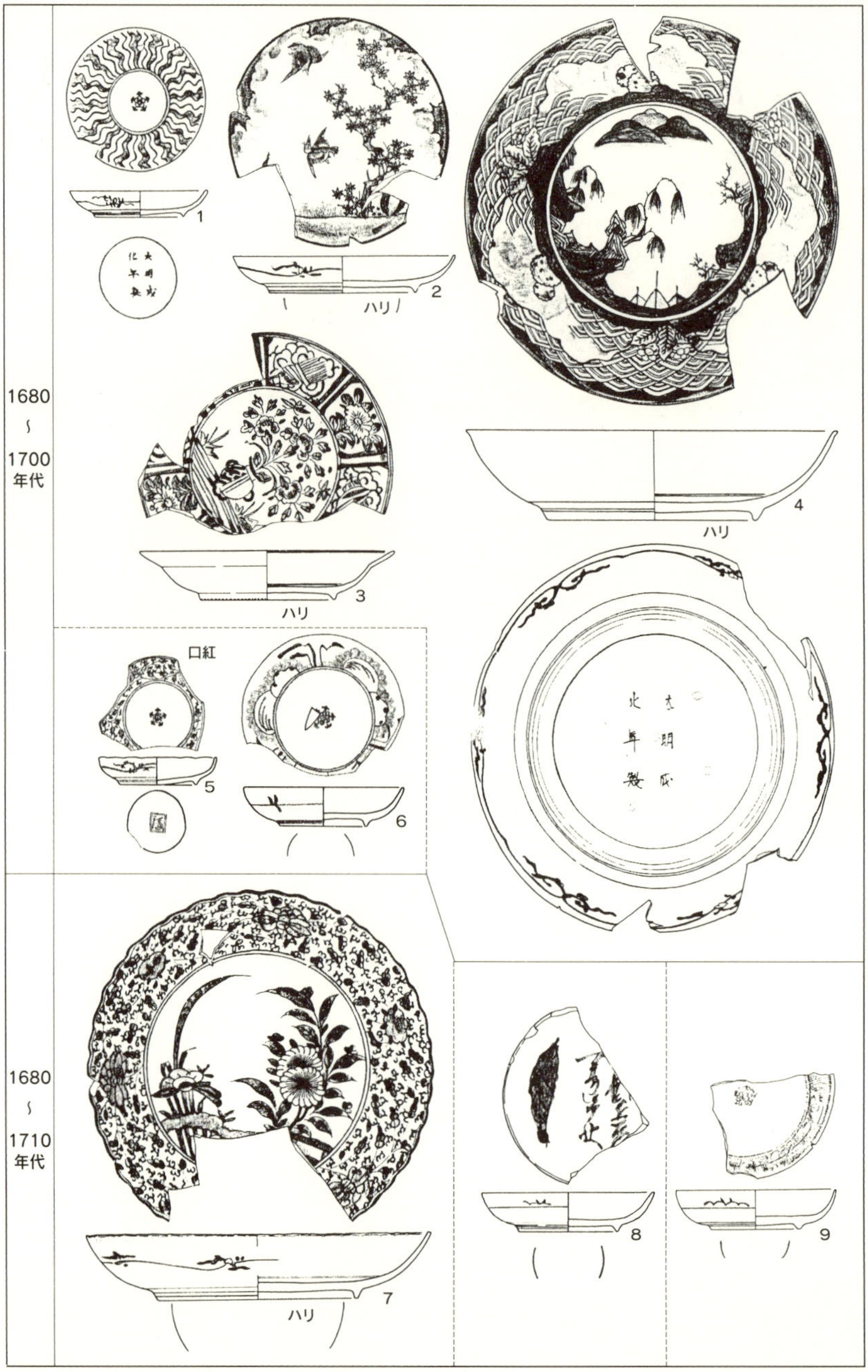

1～4・7赤絵町遺跡　5ムクロ谷窯物原7層　6ムクロ谷窯物原9・8層　8多々良の元C窯　9窯の谷窯

資料42

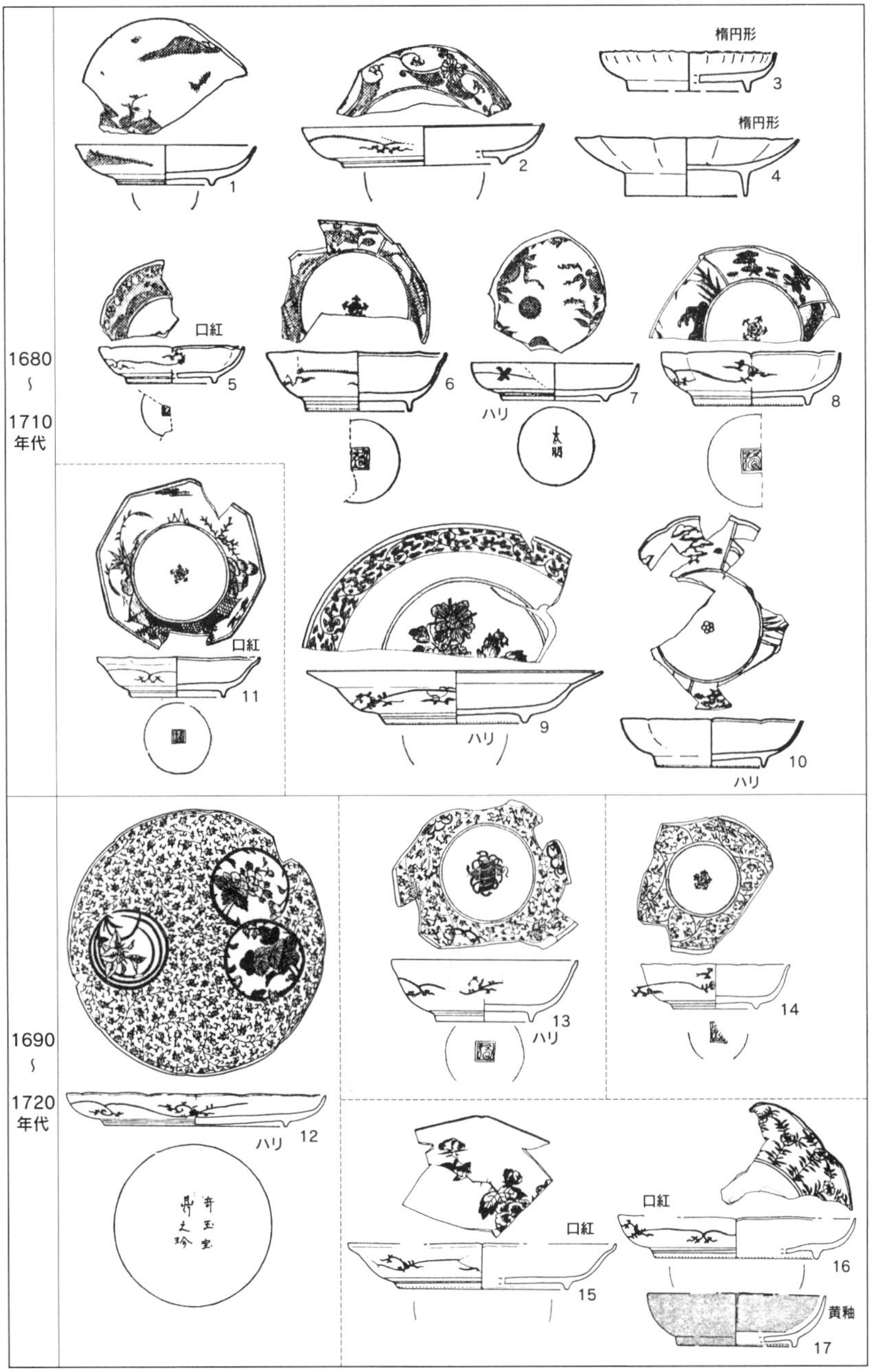

1〜10樋口2号窯　11樋口2号窯床上　12赤絵町遺跡　13外尾山窯　14窯の谷窯　15〜17南川原窯ノ辻窯

資料43

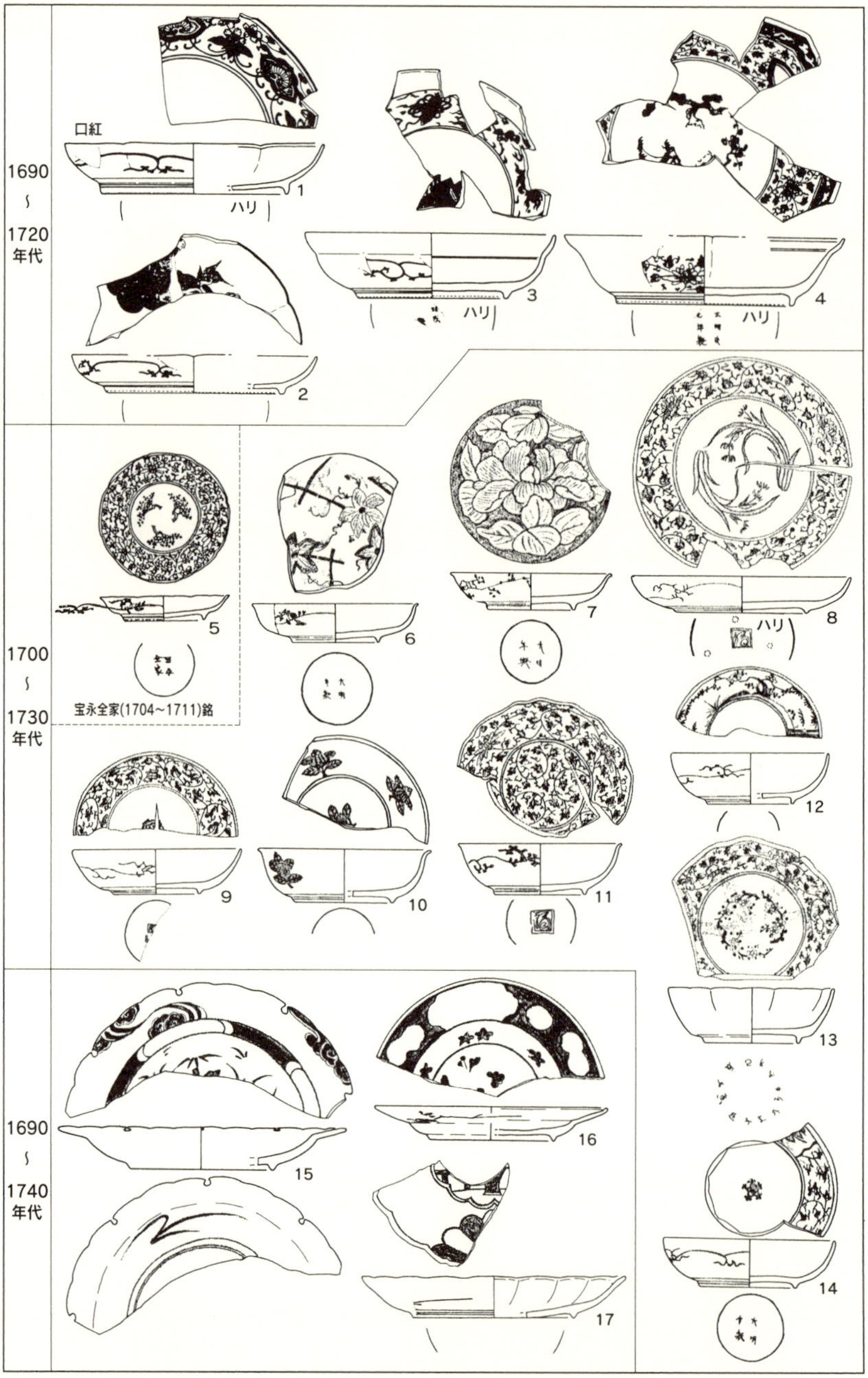

1～4南川原窯ノ辻窯　5伝世品　6～14ムクロ谷窯物原4～2層　15外尾山窯
16多々良の元C窯　17窯の谷窯

資料44

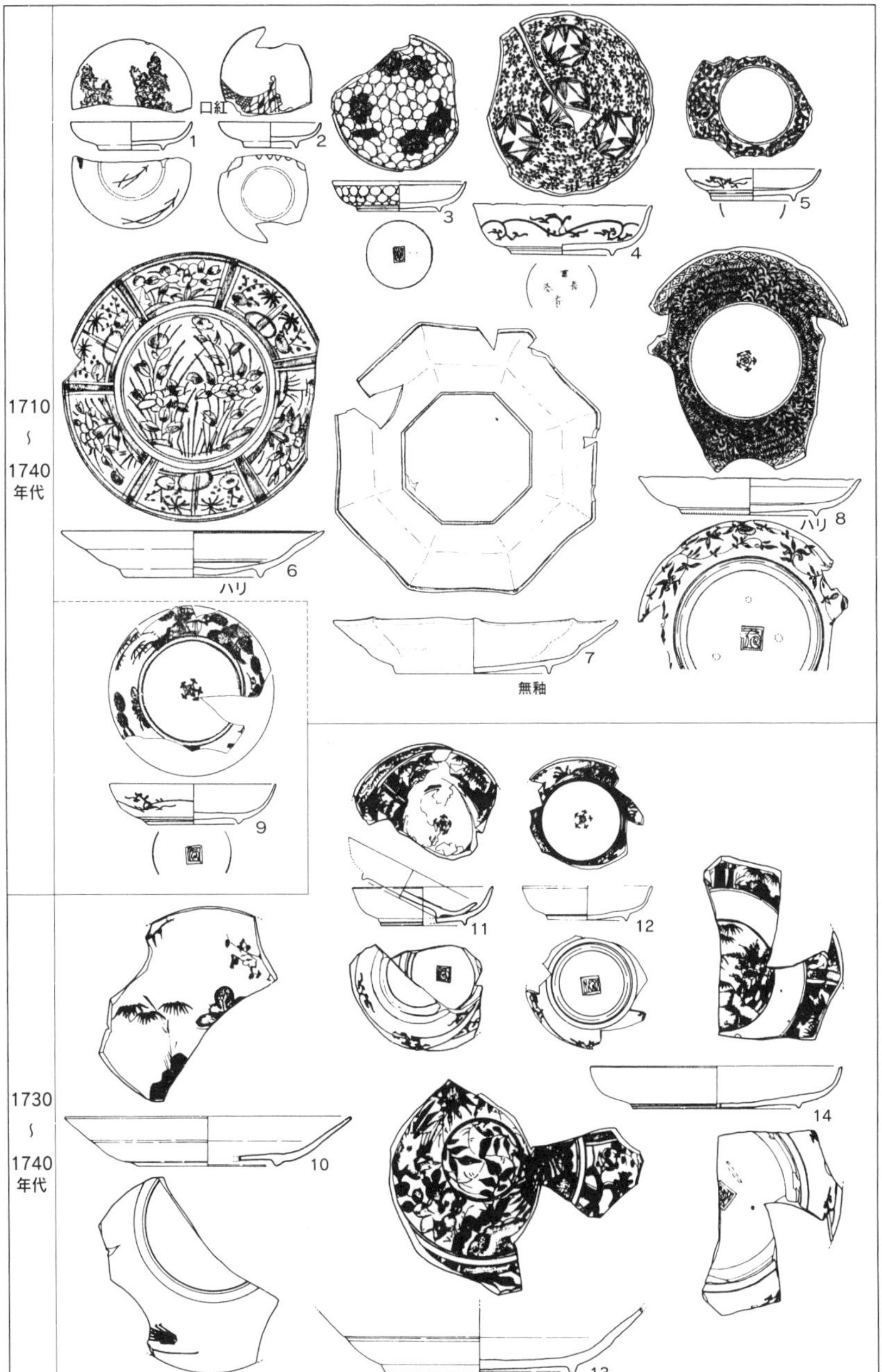

1 〜 8 赤絵町遺跡 2 号窯　9 志田西山 1 号窯　10 〜 14 上福 2 号窯

資料45

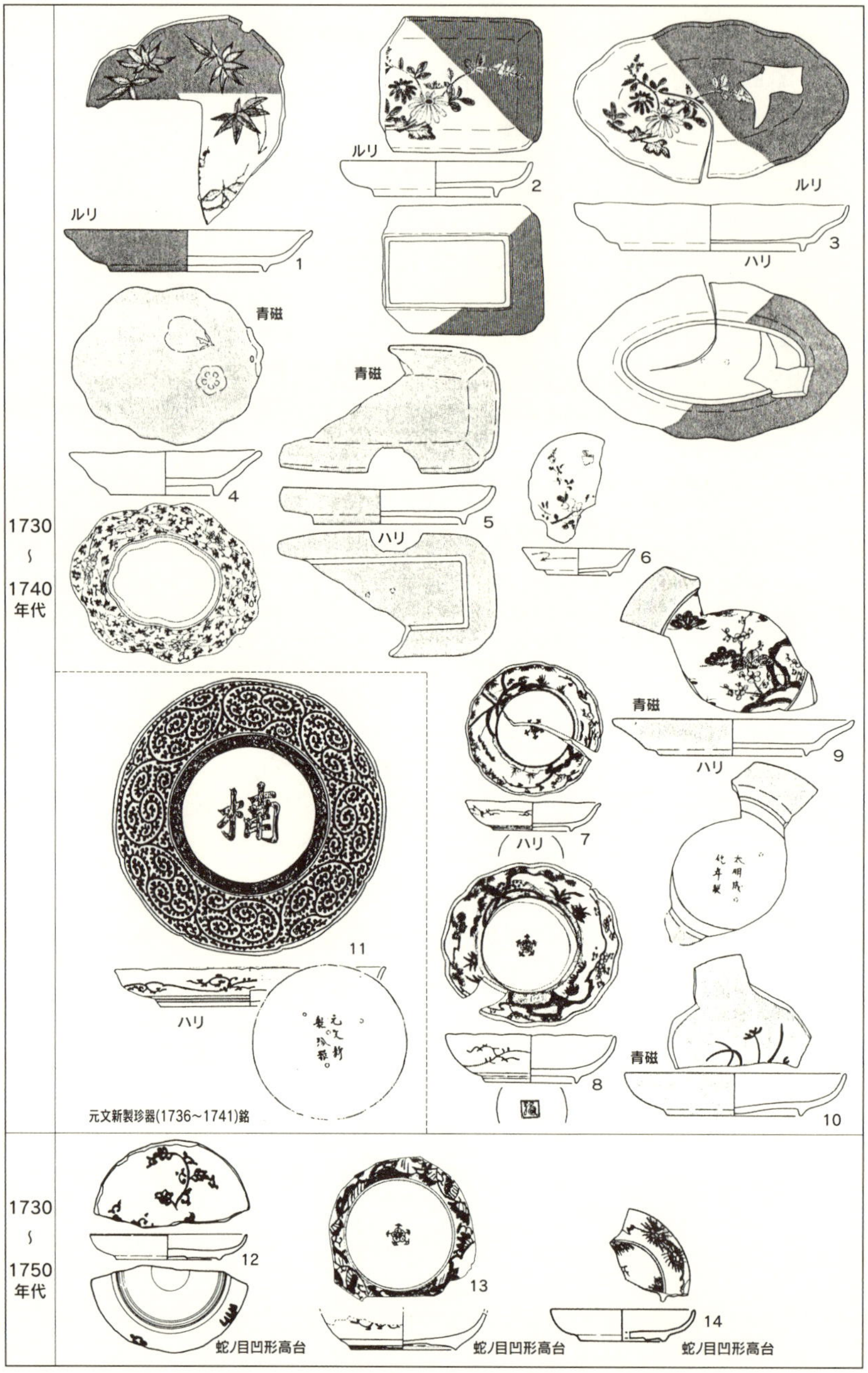

1〜10ムクロ谷窯床上　11伝世品　12上福2号窯　13志田西山1号窯　14広瀬向窯

資料46

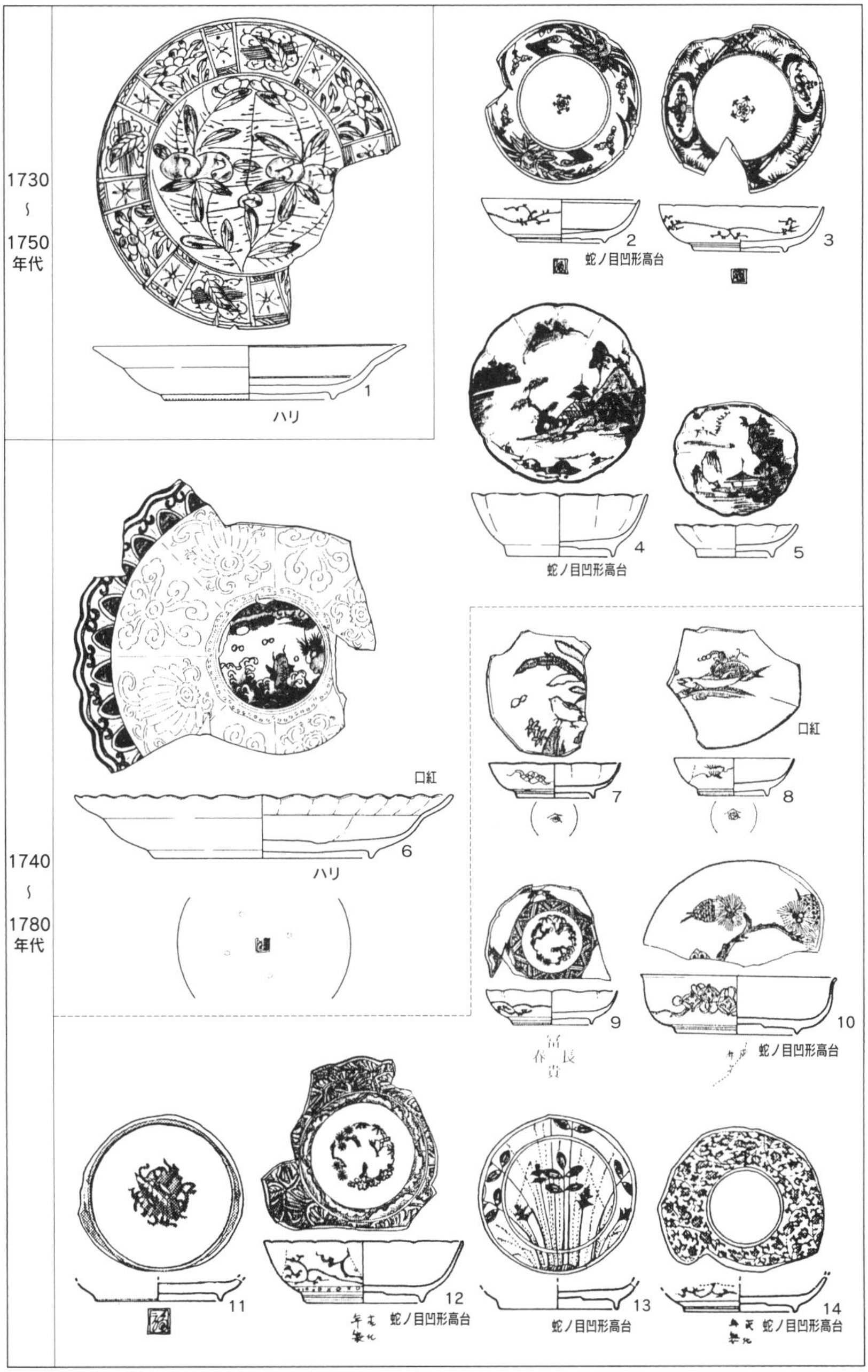

1～6赤絵町遺跡　7～14樋口3号窯

資料47

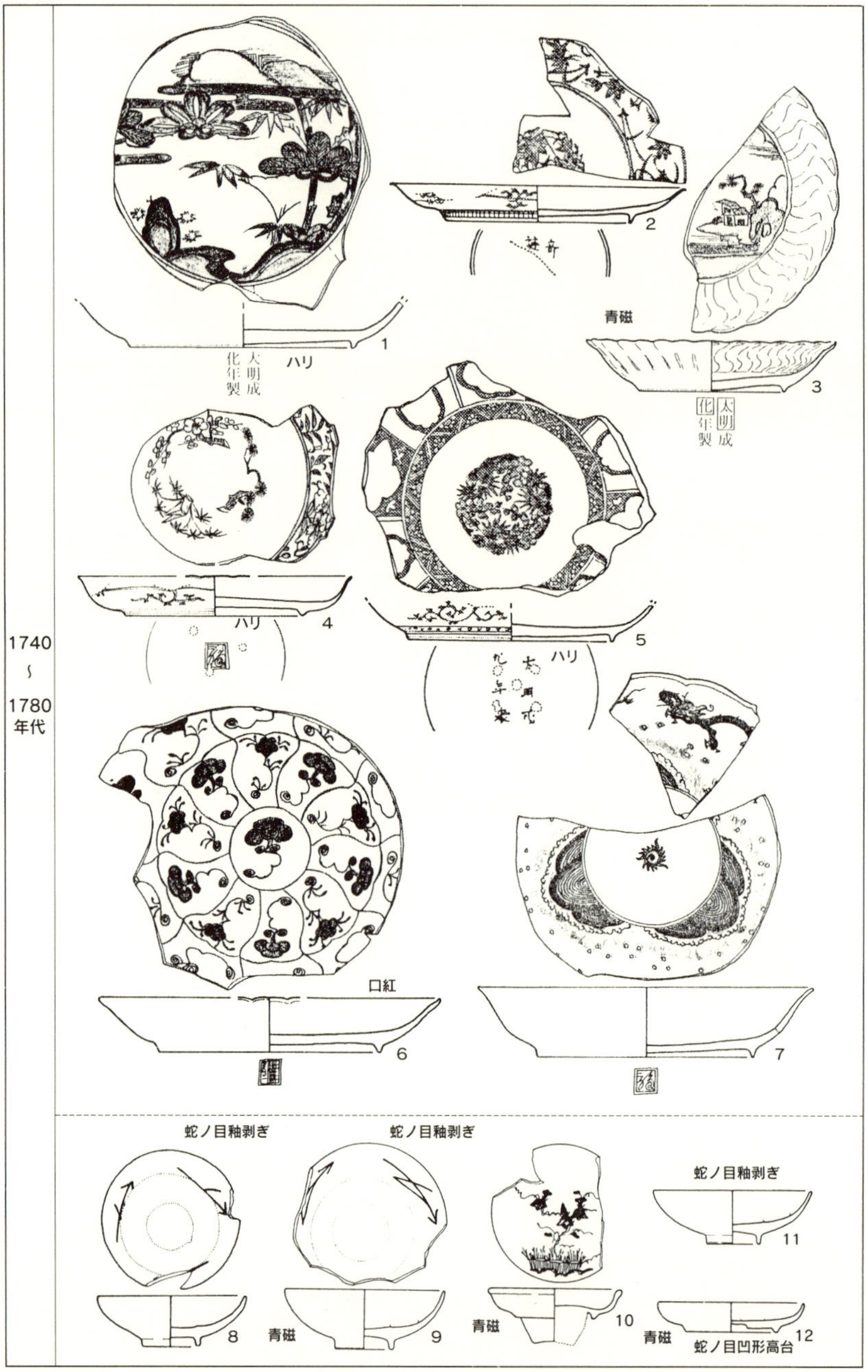

1〜7樋口3号窯　8〜12広瀬向2号窯物原5〜7層

資料48

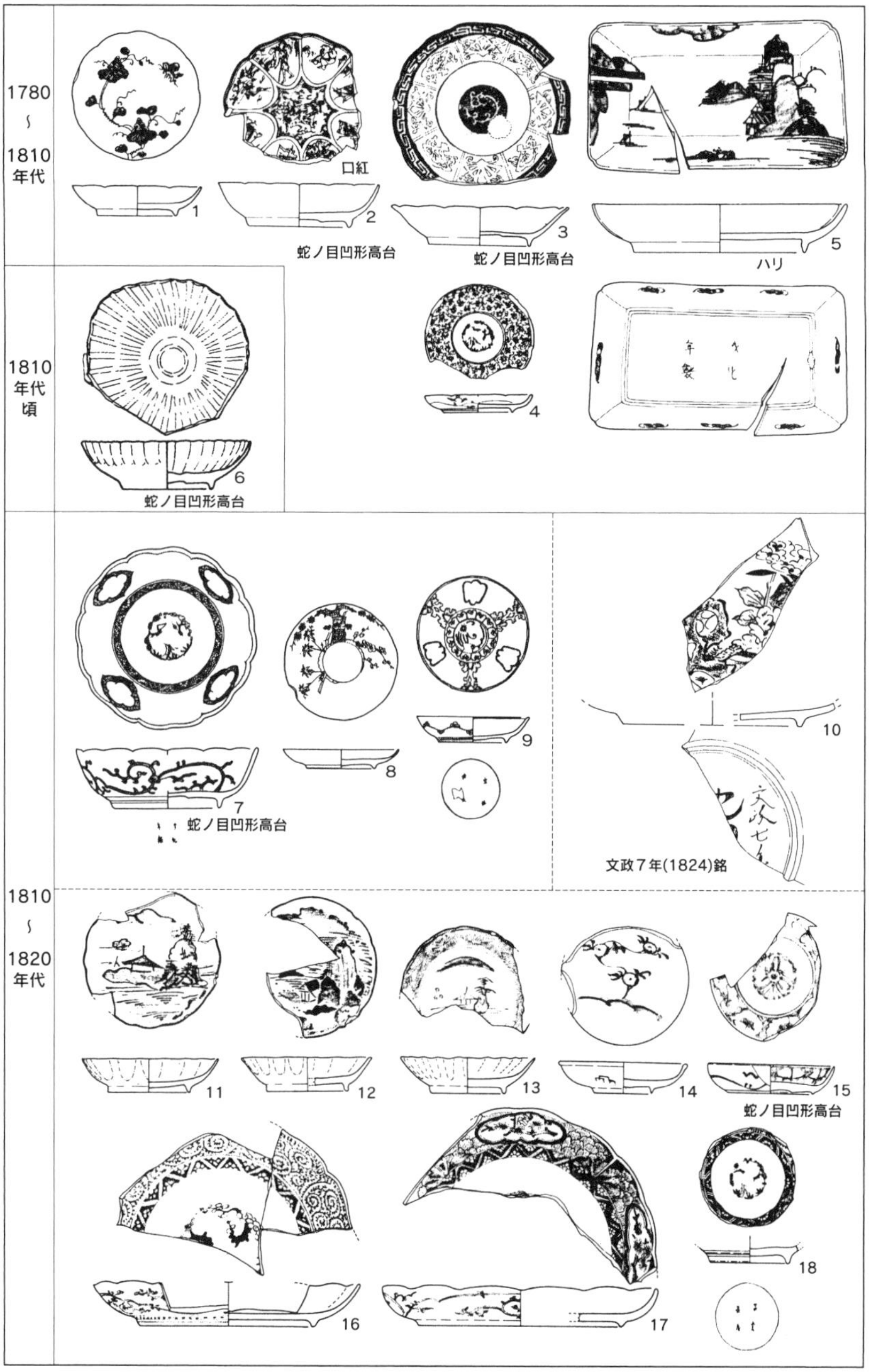

1 ～ 5 赤絵町遺跡 1 号窯床下　6 大山新窯　7 ～ 9 赤絵町遺跡　10 小樽 2 号窯　11 ～ 18 和泉伯太藩上屋敷跡

資料49

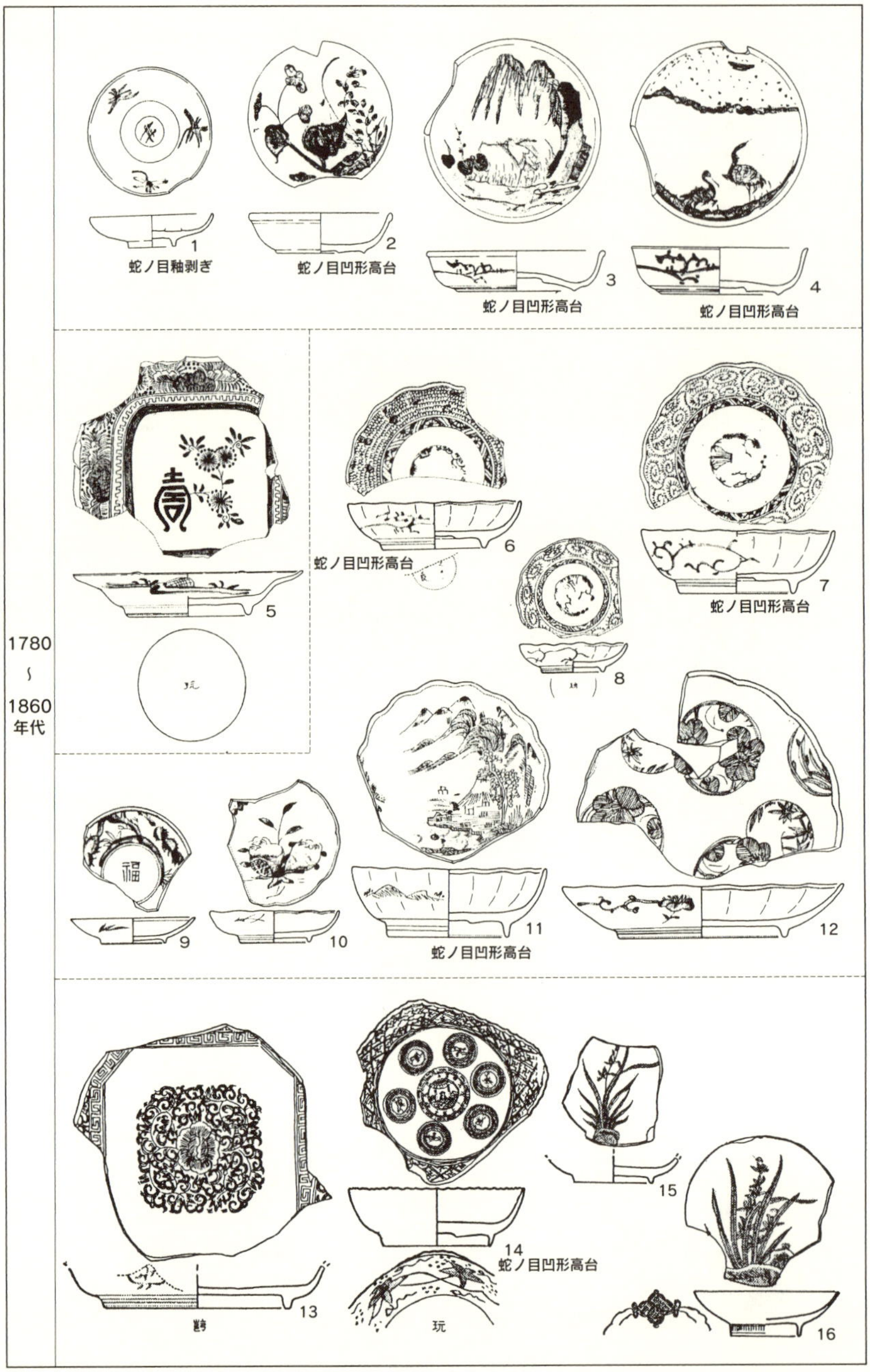

1吉田1号窯　2〜4吉田1号3094-1遺跡　5多々良の元D窯　6〜12谷窯　13〜16樋口3号窯

資料50

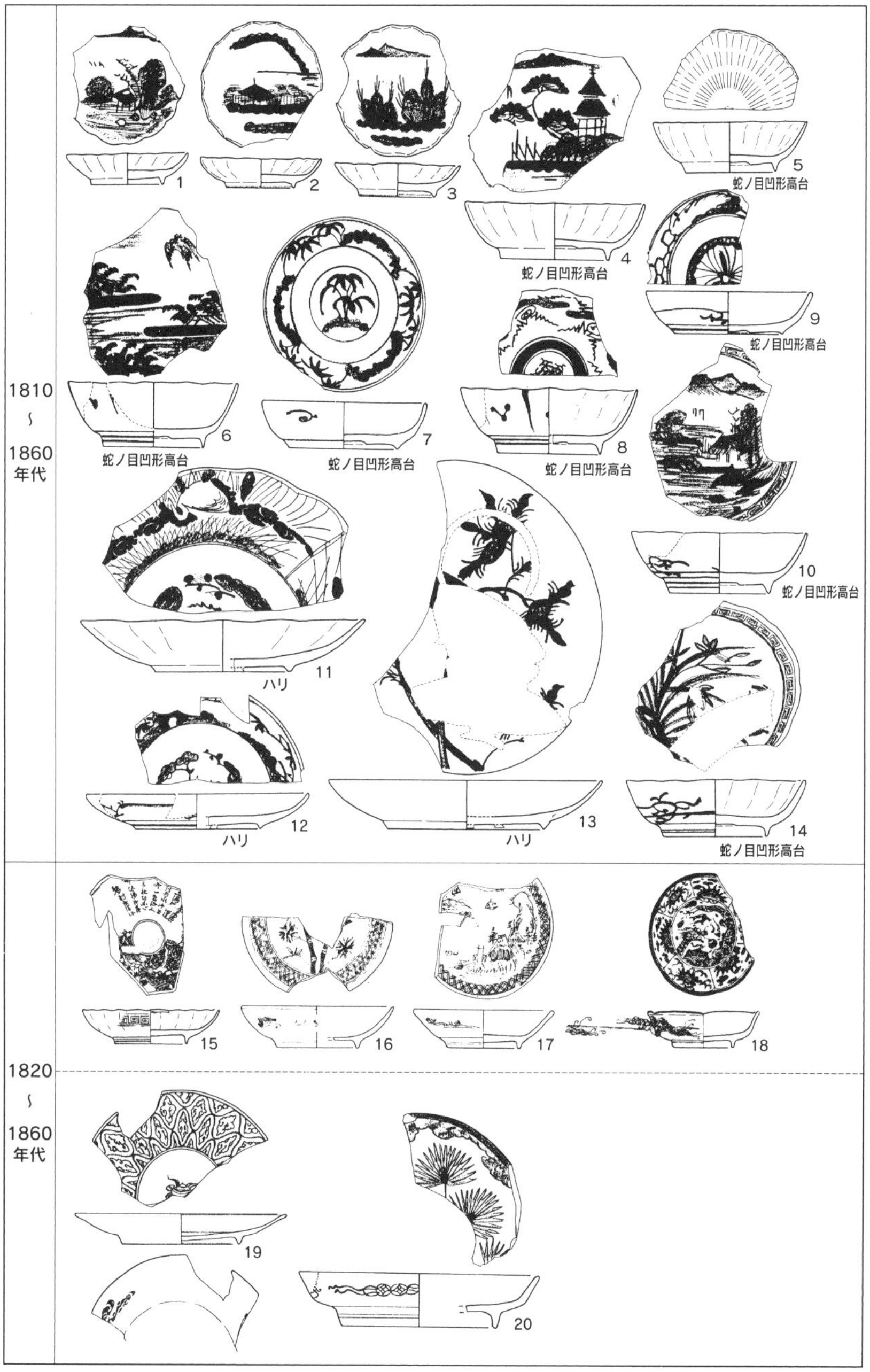

1〜14志田西山6号窯　15〜18年木谷3号窯　19・20小樽2号窯

資料51

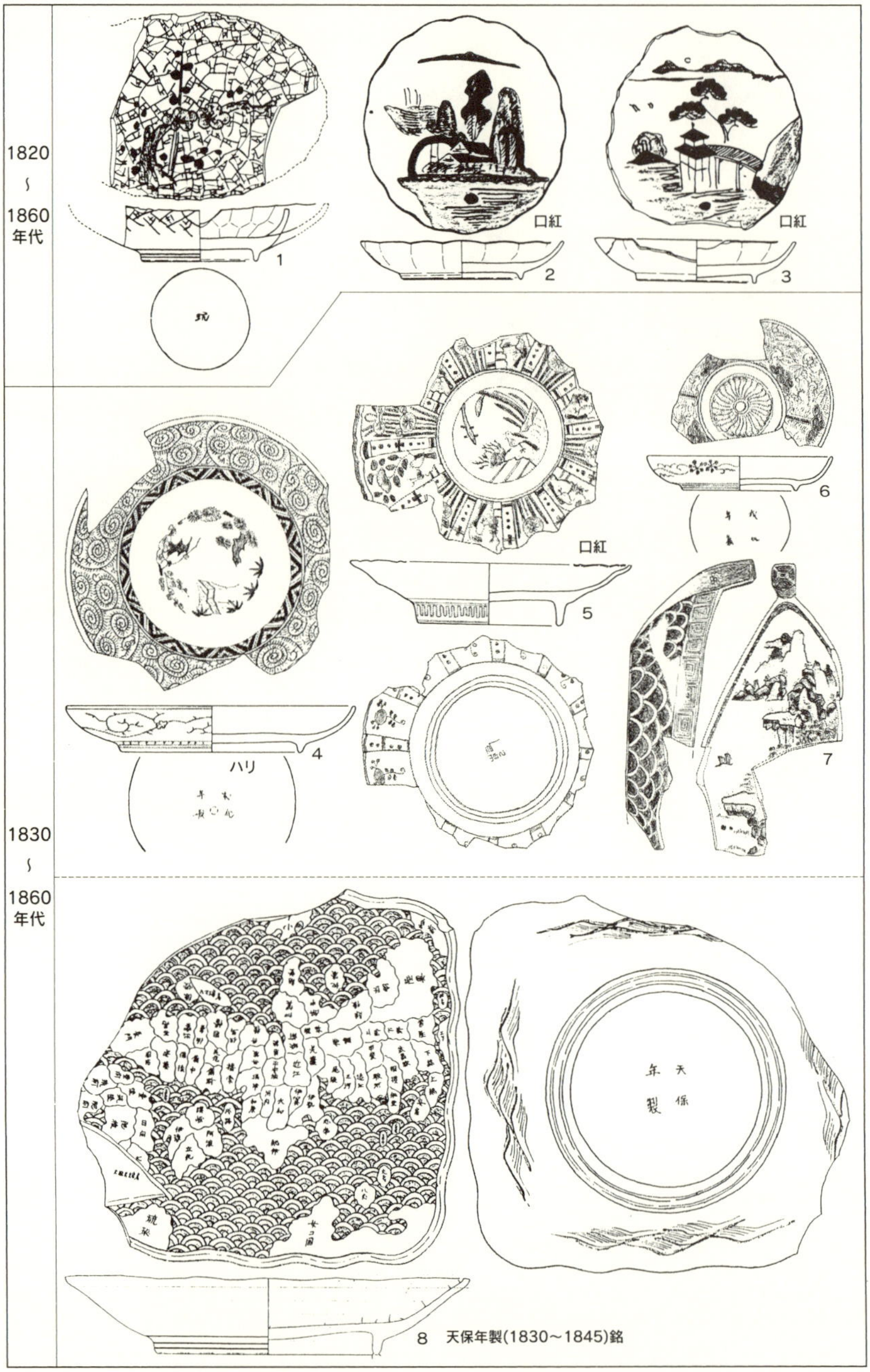

1～3芦屋海岸沖海底遺跡　4～7黒牟田新窯　8多々良の元窯

資料52

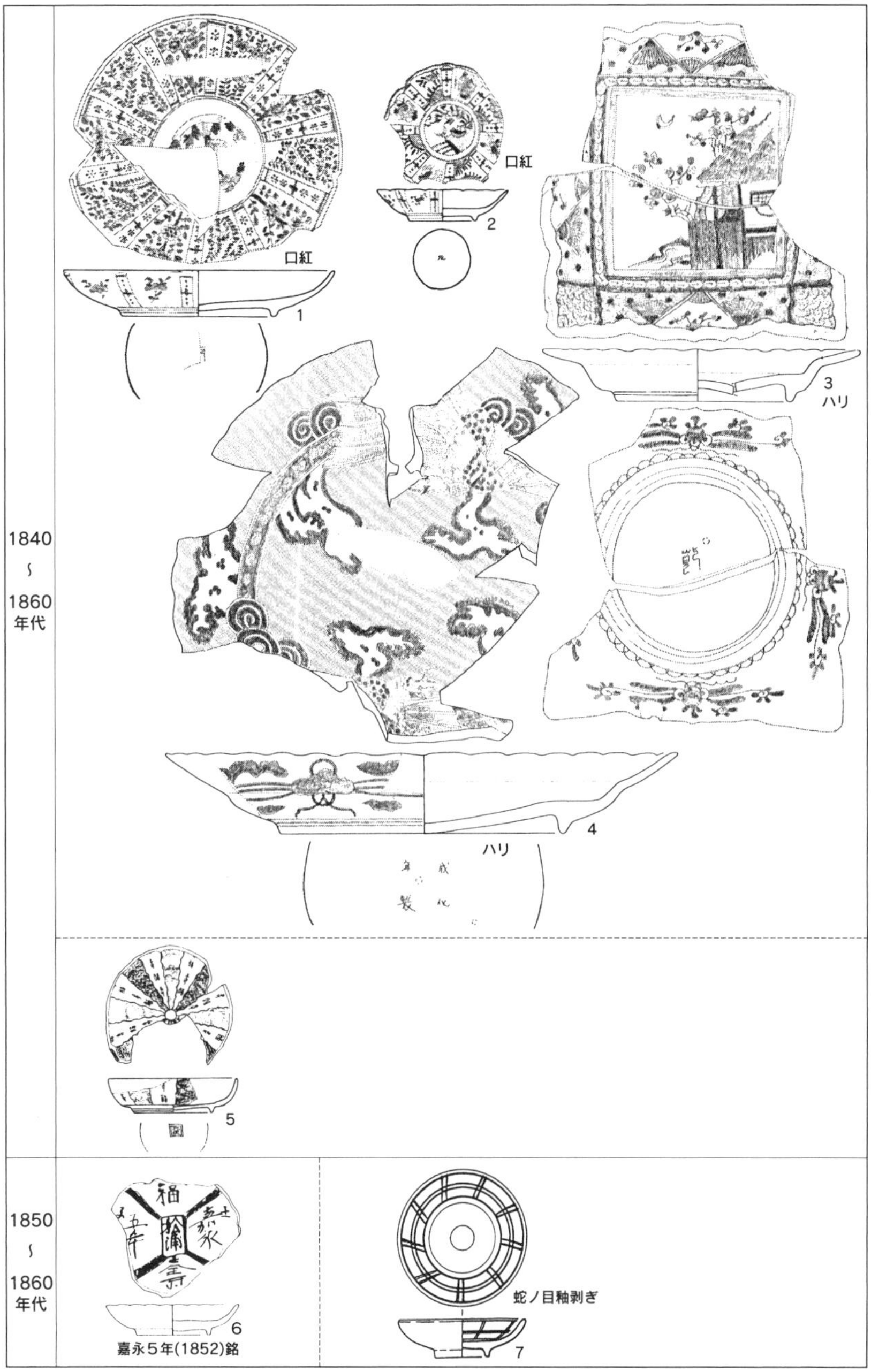

1〜4黒牟田新窯　5年木谷3号窯1室床上　6志田西山窯　7［参考］下関市奇兵隊陣屋跡

紅皿・紅猪口の変遷図

資料53

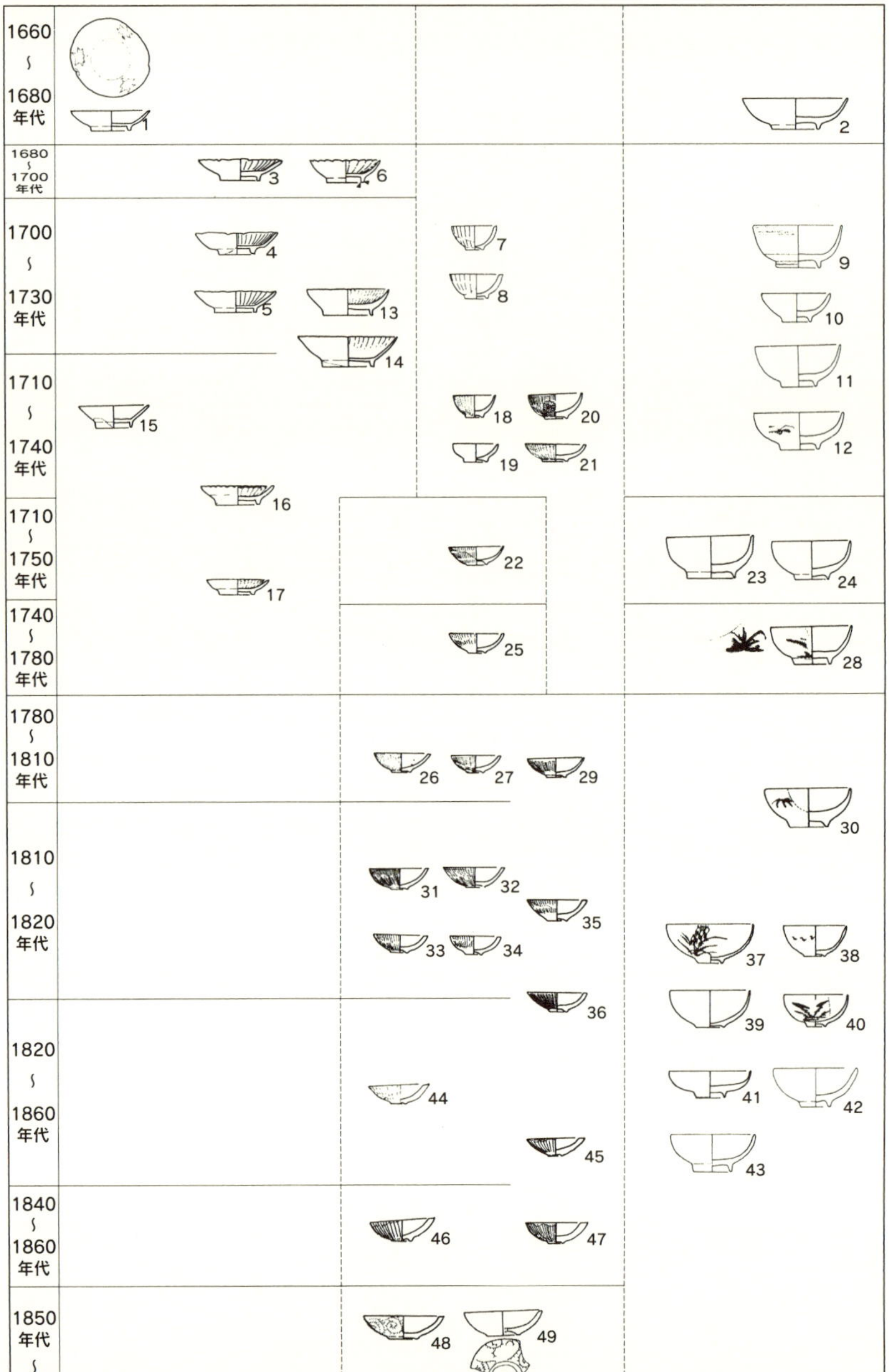

1・2赤絵町遺跡　3～5ムクロ谷窯　6東京大学構内遺跡　7～12窯の谷窯　13～21赤絵町遺跡　22～24志田西山1号窯　25～27赤絵町遺跡　28窯の谷窯　29年木谷1号窯　30吉田2号窯周辺　31・32小樽2号窯　33・34赤絵町遺跡　35谷窯　36年木谷1号窯　37・38年木谷1号窯　39～41小樽2号窯　42吉田1号3098遺跡　43・44年木谷3号窯　45広瀬向2号窯　46・48黒牟田新窯　47谷窯　49下白川窯

油壷の変遷図

資料54

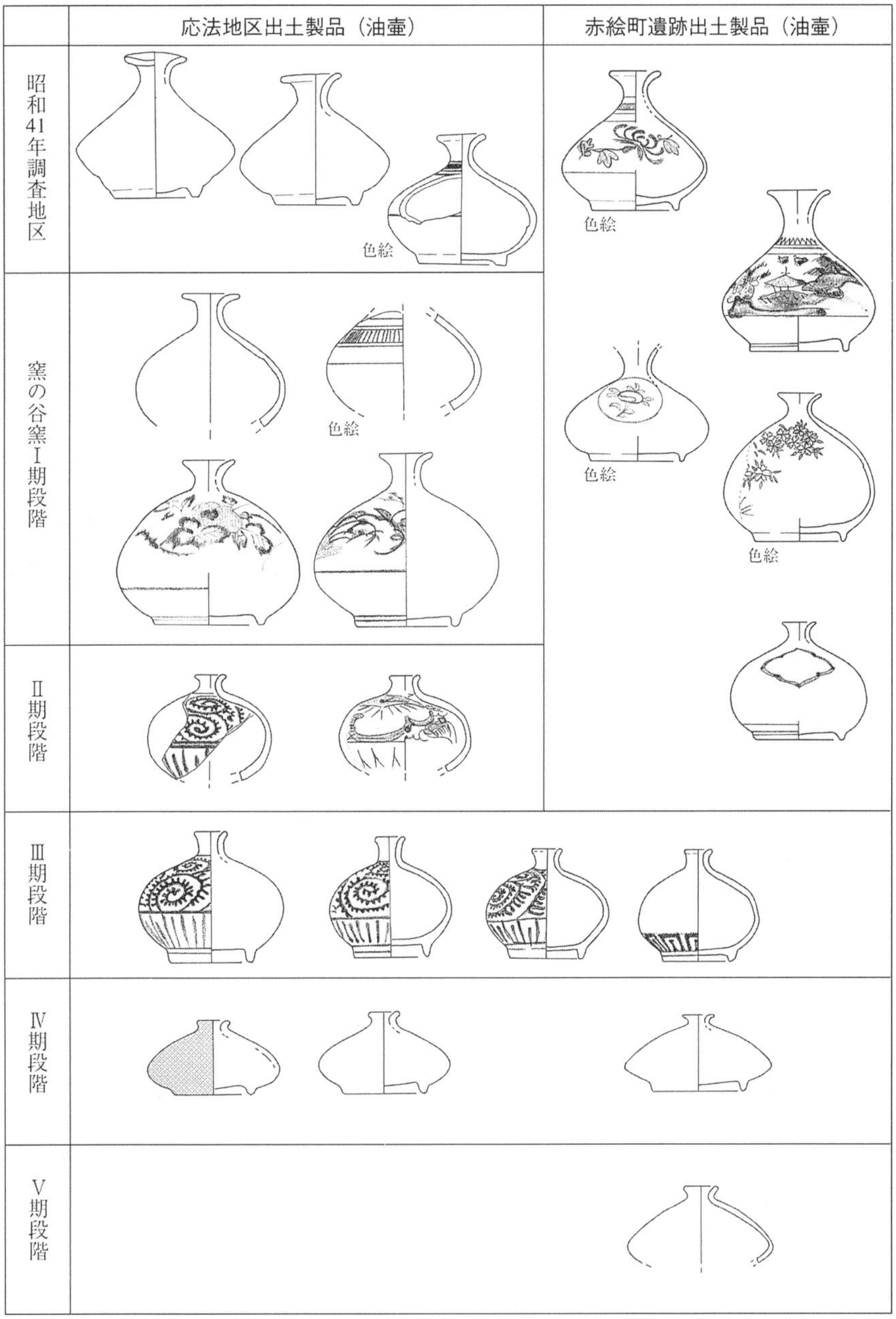
応法地区出土製品（油壷）
赤絵町遺跡出土製品（油壷）
昭和41年調査地区
窯の谷窯Ⅰ期段階
Ⅱ期段階
Ⅲ期段階
Ⅳ期段階
Ⅴ期段階
色絵
色絵
色絵
色絵
色絵

資料55

瓶の変遷図

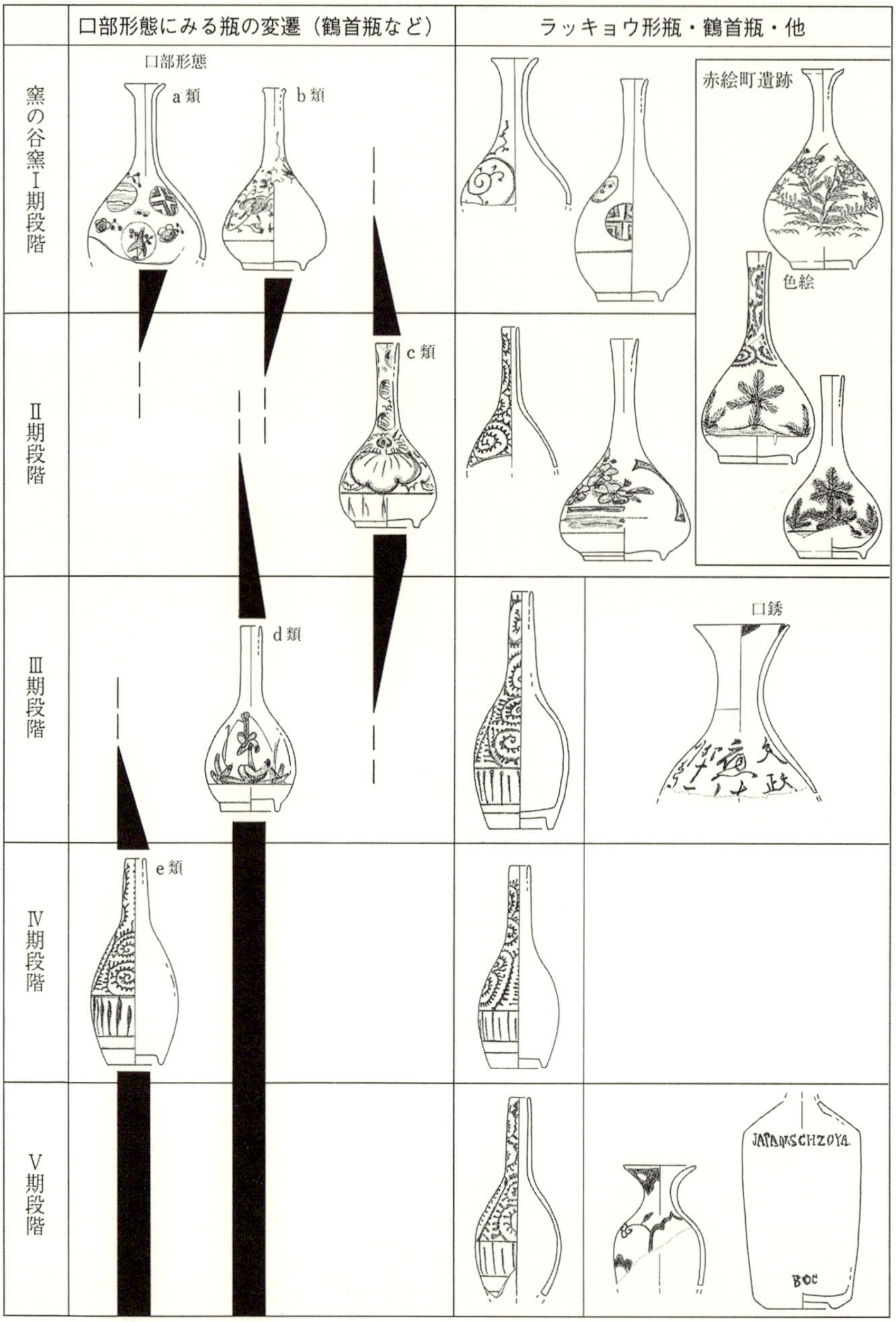

口部形態にみる瓶の変遷（鶴首瓶など）
ラッキョウ形瓶・鶴首瓶・他
窯の谷窯Ⅰ期段階
Ⅱ期段階
Ⅲ期段階
Ⅳ期段階
Ⅴ期段階
口部形態
a 類
b 類
c 類
d 類
e 類
赤絵町遺跡
色絵
口銹
JAPANSCHZOYA
BOC

資料56

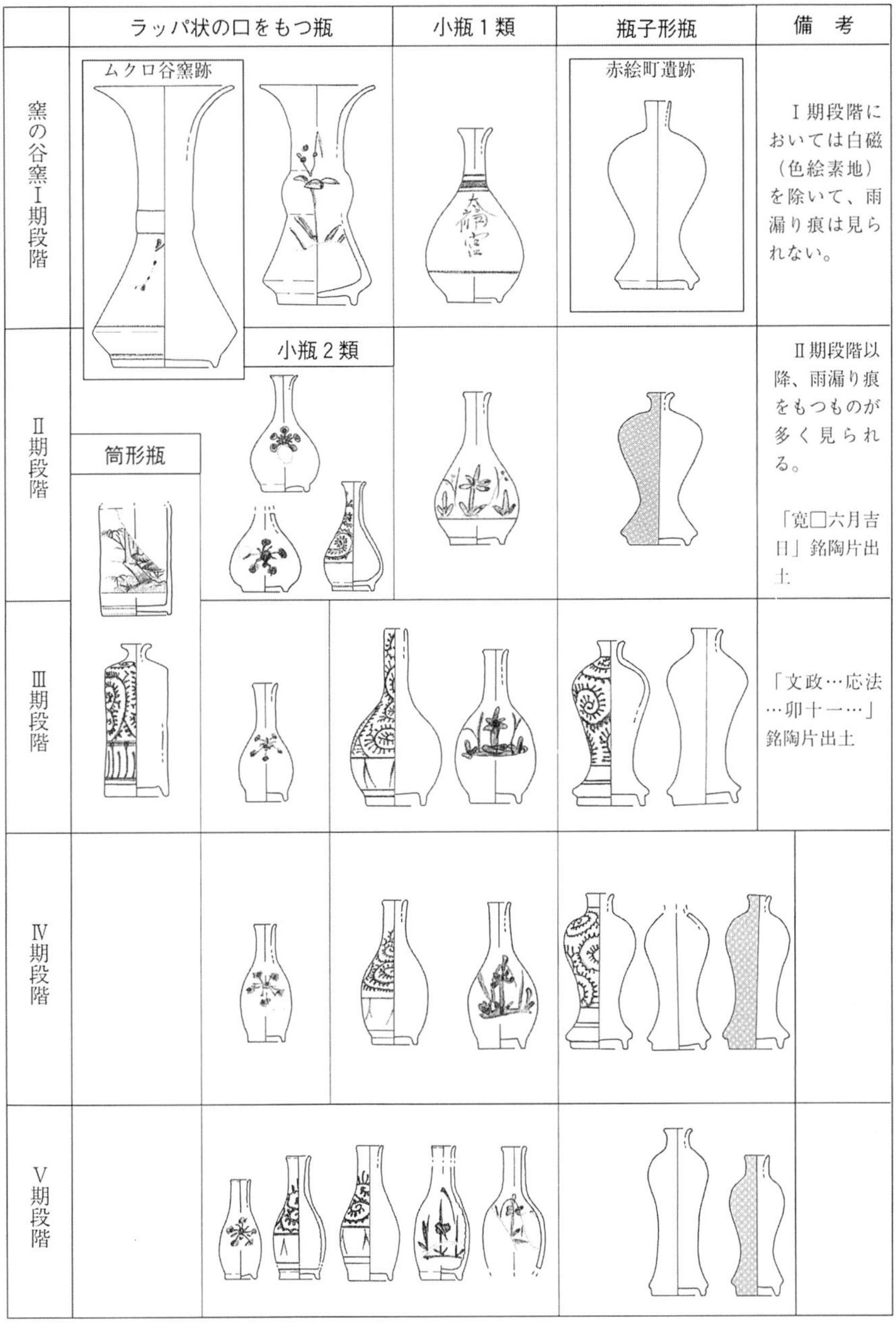
ラッパ状の口をもつ瓶
小瓶１類
瓶子形瓶
備　考
ムクロ谷窯跡
赤絵町遺跡
窯の谷窯Ⅰ期段階
Ⅰ期段階においては白磁（色絵素地）を除いて、雨漏り痕は見られない。
小瓶２類
Ⅱ期段階
筒形瓶
Ⅱ期段階以降、雨漏り痕をもつものが多く見られる。
「寛□六月吉日」銘陶片出土
Ⅲ期段階
「文政…応法…卯十一…」銘陶片出土
Ⅳ期段階
Ⅴ期段階

第2章　流通の形態と変遷

肥前陶磁の商圏は、全国一円に及び、一時期は海外へも大量に輸出されている。肥前窯業、とりわけ磁器産業は近接する市場よりはむしろ遠隔地の市場に立脚した産業といえる。遠隔地の市場を対象とする場合、産業そのものの中で商人が担う役割は大きく、その流通機構が生産地に与える影響は大きいと考えられる。そして、そうした肥前陶磁の流通に関する研究は、主に文献史料によって行われてきた。前山博の研究成果（前山一九九〇c）などがそうである。前山博は主に近世後期の古文書史料をもとに研究を進めており、生産地の卸商人である伊万里商人、市場に直売りを行った旅商人、さらには佐賀藩による流通統制などその内容も多岐にわたっている。また、幕末期の陶器商人については山田雄久の研究成果がある（山田一九九四）。

一方、考古資料においても消費地から出土した資料によって流通に関する研究が行われている。消費地の遺跡の庬大な資料を生産地の資料と比較することにより、その商圏を探ろうとするものであり、消費地の遺跡の出土資料が示す陶磁器の廃棄形態や製品組成や量などから流通のあり方を論じる方法である。これは近世の陶磁器に限るものではなく、中世以前の陶磁器においても同様にその研究方法がとられているが、資料の性格上、最終的に廃棄された状態から具体的な流通形態を推測することは困難である。考古資料において陶磁器の具体的な流通形態を知るには、やはりその過程において形成された遺跡の資料を研究することが重要であろうと思うのである。

第1節　流通に関する遺跡

ここでは流通に関する遺跡について述べる。そして、本書では流通過程に形成された遺跡を流通遺跡とよぶことにする（野上一九九八c、一九九九a、二〇〇一f）。流通過程とは、製品が商品として完成した時から最終的な消費者に手渡されるまでの過程である。流通遺跡という名称そのものは一般的なものではないと思うが、その概念と特質はすでにこれまでの考古学研究にも含まれていたものである。吉岡康暢は中世陶磁の流通に関する研究の中で交通運輸形態とそれを規定した地域の流通機構の進展度を具体的に捉える考古学的方法として、港湾遺跡と沈船遺跡をとりあげている（吉岡一九八九、一一六頁）。また、佐々木達夫は中国陶磁器が運ばれた経路や方法など具体的な姿について、港湾遺跡や沈没船、街道沿いの遺跡の発掘調査が、断片的であれ、直接的な情報をあたえるとする（佐々木一九九二、一九八頁）。陶磁器生産を生産、流通、消費の一連のシステムの中で考えようとする時、流通に関する具体的かつ直接的な資料である流通遺跡を研究する意義は大きい。しかしながら、これまで大きな研究の進展をみていない。それは資料数の少なさに加え、その資料そのものがもつ性格によるところもある。

流通遺跡ついては個々の遺跡が取り上げられることはあっても一つのテーマとしてまとめられたものはこれまでになかった。そこでまずはその流通に関する遺跡について、どのような遺跡が想定され、どういった種類の遺跡があるのか、あるいはどういった性格を有するのか、述べていきたい。

第1項　流通遺跡の資料の年代と廃棄状況

流通遺跡における陶磁器の年代と廃棄状況を生産遺跡や消費遺跡のそれと比較しながら考察してみようと思う。佐々木達夫は陶磁器出土品の年代には、生産年代、使用年代、廃棄年代という三種類の年代があるとする（佐々木一九九二、一八七頁）。説明するまでもなく、生産年代は陶磁器が作られた年代であり、陶磁器そのものの年代にあたる。使用年代が陶磁器が使用されていた年代であり、社会的機能を有していた年代である。そして、廃棄年代は遺跡に捨てられた、あるいは埋もれた状態になった年代である。

まず、生産遺跡では基本的に生産途上で廃棄されたものが出土する。特別な理由がある場合を除いて、失敗なく完成された製品については出荷され、生産遺跡には残らない。基本的には生産に失敗した場合にのみ残される結果となる。使用されずに廃棄されるために生産年代と廃棄年代の差は小さく、生産遺跡からの出土品の年代は生産年代とほぼ一致する。生産遺跡からの出土品は陶磁器本来の役割をもって社会に流通したものではないが、生産遺跡から出土する遺物全体の傾向は市場の流通状況と概ね合致すると考えられるため、社会に流通した陶磁器を間接的に知ることができる。一方、個々の製品についてみた場合、製品の種類や生産技術によって破損率は異なる場合もある。一点一点ボシに入れて焼成する製品と十数枚重ね積みして焼成する製品では破損率は異なってくる。破損率が異なれば出土する率にも差が生じることとなる。その場合は失敗品が多いからといって生産量が大きかったとは単純に言えない。現代の生産技術では失敗品も少ないが、決して江戸時代より生産量が小さいとは言えないのと同じである。

消費遺跡は基本的に使用過程において廃棄されるものである。伝世して現在まで残るものを除けば、ほとんど全てが廃棄されるため、その地域社会に流通した陶磁器を反映しやすい。しかし、消費遺跡から出土する遺物の年代は廃棄年代である。すぐに廃棄されることもあろうし、長期間使用された後に廃棄されることもある。あるいは災害等により一括して廃棄されることもある。よって使用年代の幅によって、生産年代と廃棄年代の差が異なってくる。そして、使用年代は製品の種類によっても異なるため、陶磁器の出土状況が必ずしも当時の生活空間を反映しているとは限らない。破損率の高い種類のものは廃棄されやすく、出土量が多くなるが、他の種類に比べて数多く同時に使用していたということにはならないのである。

それでは流通遺跡の場合はどうか。基本的に商品であることは間違いなく、完成された製品が出土する。その廃棄年代は陶磁器の生産年代と使用年代の間に位置するものである。使用期間が全くないため、生産年代と廃棄年代の差は小さい。そして、陶磁器に関して言えば、何らかの理由で破損したり、災害や事故に遭遇した場合にのみ遺跡に残される。例えば店舗の場合、商品は通常はその店舗にとどまらず販売されるものである。つまり、流通遺跡から出土する陶磁器は、実際に販売された製品が出土するのではなく、販売される予定であった製品が出土する。通常はよく売れるものほどより多く流通させようとするのであろうから、ある程度は社会に流通していた陶磁器を反映していると言えるだろうが、より売れるものほどとどまらず、売れ行きの悪いものほど店舗に残されることも理論上考えられる。その場合、流通遺跡の出土状況がその地域社会で好まれた需要を反映しているとは言えない。しかし、良好な流通遺跡の場合、生産遺跡や消費遺跡で見られる製品の種類による破損率の差を考慮しなくてもよい。例えば陶磁器を積載した船がそのまま沈没すれば、製品の種類に関係なく、一括して廃棄される結果となるからである。

第2項　流通遺跡の種類

工業的に生産された陶磁器が集散と運搬を繰り返しながら流通していくであろうことは容易に推測できる。そのため、流通遺跡は大きく集散の遺跡と運搬の遺跡に分けられる。

集散の遺跡としては産地問屋や消費地問屋、小売店などの店舗あるいは港湾施設などの遺跡が考えられる。発掘調査による出土状況から遺跡の性格が明らかになる場合もあるが、文献史料などによってそうした施設の位置が特定されている場合もある。

運搬の遺跡としては陸運あるいは水運による運搬途上の遺跡が考えられる。陸運の場合、運輸手段は人力、牛馬、荷車などである。陶磁器が特に近距離運搬において陸運されていたことは文献史料等においても明らかであり、陸運途上においても何らかの事情で破損し、廃棄される状況があったであろうが、運輸手段を考えると遺跡としては残りにくい。一方、水運の場合、河川、湖、海における運搬があり、手段は船や筏である。いずれも航路そのものは痕跡を残さないが、水運途上で何らかの事情によって廃棄されることは頻繁に起こりうることである。例えば船上からの積荷の投棄、船の沈没などである。陸上に比べて廃棄された積荷は回収されにくいため、積荷が廃棄された状態で遺存する可能性が高い。

第3項　流通遺跡の性格と問題

集散の遺跡の場合、流通に関わると推定される遺跡であっても流通に限られた性格を有する遺跡は少ない。当該遺跡にとって流通に関わる部分はその一側面にすぎない場合が多い。各々の遺構あるいは遺物が消費過程のものか、流通途上のものか、判断することは難しい。店舗の遺跡から出土する磁器製品の全てが商品とは限らないし、生活用品が含まれていることは容易に推測されるからである。集散の遺跡の場合、その性格上の曖昧さを考慮しなければならない。また、流通に関わる遺構や遺物であったとしても長期間にわたって廃棄されたものについては、一般にどのような製品が流通していたかを知るには有効であっても具体的な流通形態を知ることはできない。当時の具体的な流通形態を知るためには一括廃棄資料のように製品の同時性を確認できる資料を求めなければならない。また、陸上に位置する集散の遺跡は周辺の他の遺跡と比較することによってその遺跡の空間的、社会的な位置づけを知ることが可能である。

運搬の遺跡の中で川運途上の遺跡の場合は、生活空間に近く、川船による茶船の例などもあるため、消費過程のものか、流通途上のものか、判断することが難しい。集散の遺跡と同様に性格上の曖昧さが残る。一方、海運途上の遺跡の場合、とりわけ沈船資料はその性格が集散の遺跡に比べてより明らかであり、流通途上と容易に判断できるものが多い。もちろん船上での使用品も考慮しなければならないが、近世においては商品として運搬される陶磁器に比べて、量的には少ないものであろう。製品の種類による破損率の差も小さいため、製品の同時性を確認しやすい。よって、沈船資料は集散の遺跡が包含するような性格の曖昧さもなく、当時の流通形態を示す直接的な資料となりうる。

海運途上の沈船遺跡の問題はその遺跡そのものの性格よりもむしろ周辺環境にある。すなわち、沈船遺跡は海底で形成され、今なお海底にある。海底の遺跡においても陸上の遺跡と同様の精度で発掘調査が行われ、公表されれば問題ないが、国内ではそうした例はほとんどない。日本周辺の海域からは数多くの肥前陶磁が引揚げられているが、考古学的調査によるものは数えるほどしかないのが現状である。もちろん、これらの資料も流通形態を知るための情報を有しているが、考古学的調査が行われた場合に比べて資料価値が失われていることは確かであり、少なくとも客観性という点において著しく劣るものとなる。

そして、沈船遺跡の資料が流通形態を知るために有効であるのは、生産年代と廃棄年代の差が小さい製品が一括廃棄されているためである。しかし、沈船遺跡の場合は引揚げられた製品を現在の編年基準に照らし合せてその一括性を判断する傾向がある。本来、遺物の一括性は出土状況によって確認されるべきものである。編年基準に照らしてみる場合、製品の生産年代が大きく離れているのであれば、複数の船とわかるが、年代が近接していればその判断ができないことになる。そして、同時期の船が複数同じ海域で沈没することもありえないことではない。一隻の積荷であるのか、複数の船の積荷であるのか、それによって資料が示す流通形態は大きく異なってくる。目的地や船籍が異なる船であればなおのことである。それでは、海底において陸上と同様に資料の一括性が確認できるかどうか。陸上の遺跡の場合、遺構あるいは土層の検出状況によって確認されている。沈船遺跡で遺構に相当しうるものは船体である。船体を厳密な意味で遺構と認められるかどうかは議論の余地があるが、少なくとも一括性の確認においては陸上の遺構と同様の役割を担うことができる。製品が船体に伴うかどうかは、陸上の遺跡において遺構に伴うかどうかに等しい意味がある。沈船遺跡がもつ情報を最大限にいかすためには、考古学的調査が必要であり、それによって一括性を確認しなければならない。逆に考古学的調査によらないものについては、一括性に関する曖昧さを認めながら活用しなければならない。沈船遺跡は流通形態についての直接的な資料であるがゆえに細かな検討が必要である。

また、沈船の遺跡は周辺の遺跡と切り離されて存在しているため、その遺跡の社会的な位置づけを知ることが難しい。沈船遺跡が示す流通形態が当時の一般的な形態であるのか、あるいは特殊な形態であるのか、その遺跡だけでは判断できない。空間的な位置についても海難時において通常の航路から遠く離れる場合もしばしばであるため、沈没箇所が必ずしも流通過程をそのまま反映しているとは言えない。その点において船体を厳密な意味で遺構と認めにくいのである。よって、沈船資料を用いて流通形態を論じる場合には空間的、社会的な位置づけが確認できる集散の遺跡の出土資料との比較が不可欠である。相互の情報を比較しながら流通形態の復元を試みる必要がある。

第2節　肥前陶磁の流通に関する遺跡

肥前陶磁に関する流通遺跡を性格別に整理する。そして、これらを表にまとめたものが表16・17である。ただし、これらの遺跡から出土する全ての肥前陶磁が流通過程に廃棄されたものではない。流通と消費の複合的な性格をもつ遺跡もある。そして、商品としての流通ではないが、肥前陶磁が積載されている沈船遺跡も加えている。ここでは流通遺跡を集散の遺跡と運搬の遺跡に分けて整理してみる。

第1項　集散の遺跡（表16）

集散の遺跡について、流通に関わる遺跡を判断した根拠についてまとめてみると、以下のようになろう。

①　製品の出土状況
②　製品が流通する際に付属していたものが出土
③　文献史料等により存在が明らかな施設

①によって判断される例は赤絵町遺跡、枚方宿遺跡、万才町遺跡ＳＫ15・35・62などである。陸上の遺跡の場合、複合的な性格を有していることが多く、出土する陶磁器については流通途上のものであるか、消費過程で廃棄されたものであるか、判断は難しい。使用痕が顕著であるものは消費過程である可能性が高いが、逆に使用痕が見られないから流通途上とは限らない。購入後、未使用のまま廃棄されることも理論上ありうるからである。よって、流通遺跡として扱い、その出土資料から流通のあり方を考える場合、量的な分析が必要である。大量に同一種類が出土する製品は流通途上のものと考えるのが妥当であるが、量的に少ない製品は流通途上であるか、消費過程であるか、細かな検討が必要である。赤絵町遺跡は上絵付けを行う生産施設の遺跡であるので、同一種類の製品が多数出土することはむしろ当然であるが、上絵付けを行う必要のない染付製品も多数出土している。また、その中には海外向け製品も多く含まれており、全てが生活用品とは思えない。そして、赤絵屋と商人の兼業は、朝鮮貿易を行った北島栄助（源吾）など文献記録からも裏付けられる（池田編一九六六、三二七–三二八頁）。万才町遺跡ＳＫ15・35・62は火災による一括廃棄資料である。寛文三年（一六六三）の大火に伴う廃棄土壙と思われる。海外向け製品を多く含む肥前陶磁が出土している。上質のものが多く、同一種類の製品が複数あることから、蔵に納められていたものと推測されている。海外向けの製品については当遺跡が立地する長崎市街が最終的な消費地とは考えにくく、長崎の港から積み出され、海外輸出される予定であったものと推測される。枚方宿遺跡でも火災に際して一括廃棄された陶磁器類が多数出土している。碗・小坏・皿・仏飯器・油壷などの同一種類の製品が、数個体から十数個体以上出土している。日常生活でこれらの製品を使用したとは考えられない。同一種類の碗・皿が複数個体出土することについては、陶磁器商でなくとも飲食店の遺跡でもありうることであろうが、仏飯器や油壺の場合はそれも考えにくい。以上のことから、製品から判断する場合、海外輸出向けの製品については、最終的な消費地が海外であることが推測できることから、比較的判断しやすい。一方、国

表16　肥前陶磁における集散に関する遺跡

番号	遺跡名	所在地	種別・性格	備考
1	赤絵町遺跡	佐賀県西松浦郡有田町赤絵町	生産地卸店	赤絵屋と商人の兼業。
2	伊万里市内遺跡	佐賀県伊万里市	生産地卸店	出荷時に廃棄されたと考えられるハリが大量に出土。
3	早岐瀬戸遺跡	長崎県佐世保市早岐2丁目	港湾施設	肥前各地の陶器が出土。
4	常磐橋西勢溜り跡	北九州市小倉北区室町2丁目3番	港湾施設	主に19世紀以降の製品が中心。
5	旧佐賀藩大坂蔵屋敷船入遺構	大阪市北区西天満2丁目1番10号	港湾施設・蔵屋敷	18世紀前半〜中頃の製品が中心。水門石垣、人掘石垣が遺存。
6	広島藩大坂蔵屋敷跡	大阪市北中之島4丁目	港湾施設・蔵屋敷	18〜19世紀の製品が出土。300点近い木簡が出土している。
7	枚方宿遺跡三矢町第23次	大阪府枚方市三矢町	小売店	宝永8年（1711）の火災で焼失した茶碗店と推定されている。
8	五島町遺跡	長崎県長崎市五島町	蔵屋敷	鹿島藩、深堀藩蔵屋敷跡。
9	銅座町遺跡	長崎県長崎市銅座町	蔵屋敷	対馬藩蔵屋敷跡。
10	出島和蘭商館跡	長崎県長崎市出島町	貿易拠点	対オランダ貿易の拠点。
11	新地唐人荷蔵跡	長崎県長崎市新地町13番10号	貿易拠点	対唐人貿易の拠点。 元禄12年（1699）に着工、元禄15年（1702）に竣工。
12	万才町遺跡	長崎県長崎市万才町3番13号	貿易商	寛文3年（1663）の火災層より海外向け製品が大量に出土。
13	栄町遺跡	長崎県長崎市栄町2-33	貿易商	寛文3年（1663）の火災層より海外向け製品が大量に出土。

内向けについては碗・皿などのように消費過程でも同一種類のものが一〇個体以上のセットとして使用されうるものよりは、むしろ仏飯器、香炉などのように五個体以上のセットとして使用する可能性が低い器種や使用痕が明確な擂鉢などの方が判断しやすい。

②によって判断される例は伊万里市内遺跡、万才町遺跡、広島藩大坂蔵屋敷跡などである。伊万里市内遺跡では製品の焼成時に変形を防ぐために使用されたハリが大量に出土している。万才町遺跡SK401では窯道具であるハマが出土している。中国製のハマと思われることから中国磁器の輸入に際して、製品とともにもたらされたものであろう。肥前磁器の入荷とは直接関わりを示すものではないが、商人の施設であったことは推定できる。窯道具であるハマが製品とともに荷積みされる明確な理由はないが、タイ湾のコ・シーチャンKo Si Chang 1などの沈没船資料の中にも中国製のハマが中国磁器とともに見られるため、窯道具が製品とともに積み出されることがあったことは確かである。広島藩大坂蔵屋敷跡では広島藩の国元から蔵屋敷に運び込まれた荷に付けられていた木簡が出土する。陶磁器に関わる記載はなく、米、玄米の荷に付けられていたものであろうが、おそらく陶磁器の荷にもこうした荷札が付けられていたことであろう。

③によって判断あるいは確認された例は常磐橋西勢溜り跡、旧佐賀藩大坂蔵屋敷船入遺構、広島藩大坂蔵屋敷跡、万才町遺跡（蔵春

亭店舗跡）、出島和蘭商館跡、新地唐人荷蔵跡などである。いずれも絵図や文献からおおよその位置が確認されており、その性格についても明らかにされている。しかし、遺跡の発掘調査によって、どういった陶磁器がこれらの施設で扱われていたかということは推測できるが、具体的にどのようにして陶磁器を流通させていたかということを知ることは難しい。やはり、遺跡全体の性格が明確な場所であっても流通途上に一括廃棄された資料などがなければ流通形態の復元には至らない。その中で旧佐賀藩大坂蔵屋敷船入遺構では、比較的短期間に廃棄された可能性が高い肥前陶磁が土壙より出土しており、これらは当時の流通統制を反映している可能性が高い。すなわち、これらの陶磁器の年代は佐賀藩が国元から大坂の蔵屋敷に運び込む御屋敷売制が行われていた時期にあたることから御屋敷売制に伴って大坂蔵屋敷まで回送されてきた商品である可能性が高い。また、運搬途上や荷の揚げ卸しの際に破損したものが港で廃棄されることがあるが、広島藩大坂蔵屋敷跡の例でみると、船入内は比較的短い時間幅で浚渫が繰り返されているようなので、流通に関わる遺物があったとしてもそれは船入が機能を有していた段階の終末に近いもののみが残される結果となる。玄界灘沿岸採集資料等をみると、河口港などでは川の上流で廃棄された遺物が流出する可能性もあるのである。

次に遺跡の性格ついてみてみる。まず、国内流通について赤絵町遺跡、伊万里市内遺跡、枚方宿遺跡などは商人の施設の遺跡である。赤絵町遺跡は生産者が商人を兼ねる例、伊万里市内遺跡は産地問屋的なものであろう。枚方宿遺跡の場合は消費問屋か小売店ではないかと推測される。常磐橋西勢溜り跡は港湾施設であり、陸路と海路の接点でもある。旧佐賀藩大坂蔵屋敷船入遺構、広島藩大坂蔵屋敷跡、五島町遺跡、銅座町遺跡などは蔵屋敷であり、船入などの港湾施設も有するものも含まれる。

海外流通については江戸時代の海外貿易港であった長崎に出島和蘭商館跡、新地唐人荷蔵跡、万才町遺跡ＳＫ177・ＳＥ９などが見られる。また、生産地である有田の赤絵町遺跡も海外流通に関わっていると思われる。出島和蘭商館跡は対オランダ貿易の拠点である。新地唐人荷蔵跡などは対唐人貿易の拠点である。ただし、新地唐人荷蔵跡の場合、その設置年代から考えて肥前陶磁の海外輸出との関わりは薄い。万才町遺跡ＳＫ177・ＳＥ９は幕末の有田の貿易商久富家の店舗跡であり、文献史料でもその位置が裏付けられている。一九世紀の海外輸出の拠点の一つである。

第2項　運搬の遺跡（表17、図32）

運搬については、水運と陸運の二種類が考えられるが、今のところ、陸運途上の遺跡は確認されていない。一方、水運途上の遺跡や遺物の可能性をもつものとして、海底や海岸で発見された遺跡や遺物がある。その内、河川の運搬途上のものは国内の柱本茶船遺跡、海外のアユタヤ川の二ヶ所のみである。

海底や海岸で発見された遺跡や遺物は、全国の海や海岸に分布しているが、それらの性格は一様ではない。その性格や状況はさまざまである。商品として船に積み込まれたものもあれば、船上で使用するために持ち込まれたものもある。また、陸側から海に廃棄されたものもある。そして、それらが発見される状況も一様ではない。海底で発見されるものもあれば、海岸に打ち上げられたものもある。同じ海底であっても陸地から遠く離れた外海の海底もあれば、港の海底に沈んだものもある。同じく海岸に打ち上げられたものであっても、海底にあったものが打ち上げられたものもあれば、陸上から海へ流出したものが流れ着くものもある。このように海から揚がった陶磁器の性格や状況はさまざまである。以下、それらについて整理する。

1　遺跡の状況や環境

船が頻繁に航行する海域ほど遭難する船も多いことは言うまでもない。かつその海域が海の難所であれば、より遭難の数は増えることになる。しかし、遭難するだけでは、遺跡とはならない。遺物が残るような環境でなくてはならないし、それが発見されて初めて遺跡として認識される。それに至る過程は、遺跡をとりまく環境に大きく左右される。

まず水深について、北海道松前町小松前川河口、石川県飯田海岸、広島県宮島・似島、福岡県岡垣海岸、鹿児島県吹上浜などの海岸から、石川県舳倉島沖のような推定水深八〇〇ｍの海底までさまざまであるが、数十ｍ以内の比較的浅い海域が多い。後述するように発見要因の中で潜水漁などによって偶発的に発見される例が大きな割合を占めており、潜水漁が行われる水深の範囲となると、やはり水深は限られてくる。

また、水深とも関わりをもつものであるが、陸地からの距離は比較的近い遺跡が多い。多くの遺跡が汀線から一〇〇ｍ以内にある。

表17　海底および海岸等で発見された肥前陶磁一覧表

遺跡等の名称	所在地	水深(m)	肥前陶磁の年代	文献	備考
鷹島海底遺跡	長崎県松浦市鷹島南岸	10～20	17世紀初～19世紀	鷹島町教育委員会1992	伊万里湾口に位置する。
小値賀島沖	長崎県北松浦郡小値賀町周辺	5～10数	18～19世紀		中世以来の中国陶器や碇石が発見されている。
的山迎海岸	長崎県北松浦郡大島村				海岸採集品に染付磁器片を含む。
池尻海底遺跡	佐賀県東松浦郡玄海町大字池尻地先	4～6	1820～1860年代	玄海町教育委員会1996	染付蓋付碗のみ。
玄界島海底遺跡	福岡市玄界島南西海岸沖	3～8	1600～1630年代	塩屋1988a、林田1995	唐津系陶器がほとんど。
江口浜	福岡県宗像郡玄海町江口浜		近世	石井1992、1997	生活遺跡の可能性あり。
花見浜	福岡県古賀市花見浜		18～19世紀	石井1992、1997	刈目川上流の流出か。
津屋崎海岸	福岡県福津市曽根鼻付近		18～19世紀	石井1992、野上1998c	有田以外の周辺の窯場の製品が多い。
岡垣海岸	福岡県遠賀郡岡垣町岡垣海岸		16世紀末～19世紀	石井1992、野上1998c	18世紀後半～19世紀前半が主。
芦屋海岸	福岡県遠賀郡芦屋町芦屋海岸		18～19世紀	石井1992、野上1998c	1978年には古銭・陶磁器が漂着。
芦屋沖海底遺跡	福岡県遠賀郡芦屋町芦屋海岸沖	20	1820～1860年代	野上1998c	有田外山・志田地区の陶器が100点以上。
若松海岸等	北九州市若松区若松海岸			「若松高校研究紀要13集」	「青白磁染付」が発見されている。
藍島周辺	北九州市小倉北区藍島		18世紀後半～19世紀	塩田町歴史民俗資料館1993	志田地区の染付磁器皿を確認。
下荷内島沖	山口県周防大島町下荷内島沖		1740～1780年代	真鍋1994	海底の砂泥層から引揚げられたという。
広島県宮島	広島県廿日市市宮島町		江戸～近代	野上2011a	干潟で久保公子氏採集。
広島県似島	広島市南区似島		江戸～近代	野上2011a	久保公子氏採集。
倉橋島沖	広島県呉市倉橋島沖	70～150	近世	倉橋町1991	唐津系陶器の他に上野・高取系陶器など。
波方町唐津崎沖	愛媛県今治市波方町唐津崎沖		17～19世紀	野上2011a	
早崎水中遺跡	香川県香川郡直島町直島地先	18～21	近世	古崎1998	12～13世紀の土師器、瓦器、青磁、白磁が中心。
沖ノ島北方海底遺跡	和歌山市加太友ヶ島	30	1700～1780年代	和歌山市教育委員会1997	肥前磁器の他に15世紀の中国青磁・青花引揚げ。
伊良湖畔	愛知県伊良湖畔				採集品を「伊良湖焼」として販売した伝承。
神津島沖海底遺跡	東京都神津島村観音地先	25～29	1820～1860年代	東京都教育委員会1993	石製品や堺擂鉢などと共に出土。
興津海浜遺跡	千葉県勝浦市興津浜		近世	興津海浜遺跡調査会2010	先史時代から近世にかけての遺物が採集されている。
石見銀山沖泊	島根県大田市温泉津沖泊	0～6	18～19世紀	小川2010、野上2011a	2009年潜水調査
浜田市国府海岸	島根県浜田市国府海岸		主に18～19世紀	野上2011a	久保公子氏採集。

出雲市日御碕	島根県出雲市日御碕	20	18世紀	野上2011a	岡本哲夫氏採集。ダイビング中に偶然発見された。
隠岐の島町津戸	島根県隠岐の島町津戸		18～19世紀	野上2011a	小島あずさ氏採集。久保公子氏所有。
舳倉島沖	石川県輪島市舳倉島沖	800	1680～1700年代	読売新聞北陸支社	中皿（径21cm前後）4枚。
珠洲市飯田海岸	石川県珠洲市		18～19世紀	野上2011a	約700点の肥前磁器が漂着しているという。
陸奥湾脇野沢沖	青森県むつ市脇野沢松ヶ崎沖250m	約11	幕末～明治	青森県史編さん考古部会編2003	越後産の松前徳利（焼酎徳利）が主体。波佐見の笹徳利が1点見られる
小松前川河口	北海道松前郡松前町小松前川河口		近世～近代	佐々木ほか2010、野上2011a	陸上の遺跡等から流出したものと推定される。
鴎島沖	北海道桧山郡江差町鴎島付近海底	3～8	不明	佐藤2015	北前船という。詳細は不明。
上ノ国漁港遺跡	北海道桧山郡上ノ国町字勝山496番地先	1.5～7	1590年代～近代	上ノ町教育委員会1987	多くは生活使用品の廃棄物と思われる。
茂木港外遺跡	長崎市茂木町茂木港沖	15～20	1650～1740年代	野上1998d、2001a	嬉野・武雄地区の唐津系陶器がほとんど。
吹上浜	鹿児島県南さつま市		1650～60年代	大橋1985a	中国等のジャンク船？東南アジア向け。
柱本茶船遺跡	大阪府高槻市柱本地先		17～19世紀	柱本遺跡調査会1972	18～19世紀の肥前磁器が80%を占める。
Avondster	スリランカのゴール沖		1650年代		1659年沈没のアーフォントステル号
Kien Giang	ベトナム南部のキェンザン海域？		1660～1670年代	チン・カオ・トゥオン1999	染付芙蓉手皿が引揚げられている。
Zuytdorp	オーストラリア西海岸沖		1670～1700年代		1712年沈没のザウトドルプ号の引揚品。
Götheborg	スウェーデン・ヨーテボリ沖		1730～1740年代	Berit Wastfelt1990	1745年沈没のヨーテボリ号
Geldermalsen	シンガポール沖	10以下	1730～1740年代	C. J. A. Jörg1986	1752年沈没のヘルデルマルセン号の積荷。
Oosterland	ケープタウンのテーブル湾	5～7	1690年代	Bruno 1993	1697年沈没のオースターランド号の積荷。
アユタヤ川採集品	タイのアユタヤ川		1650～1680年代	大橋1990c	染付磁器碗・鉢が引揚げられている。
宇治島沖	広島県福山市走島町宇治島沖	27	1820～1860年代	真鍋1994	1867年沈没の「いろは丸」
開陽丸	北海道桧山郡江差町字中歌町沖	4～12	19世紀	江差町教育委員会1982	1868年沈没の「開陽丸」

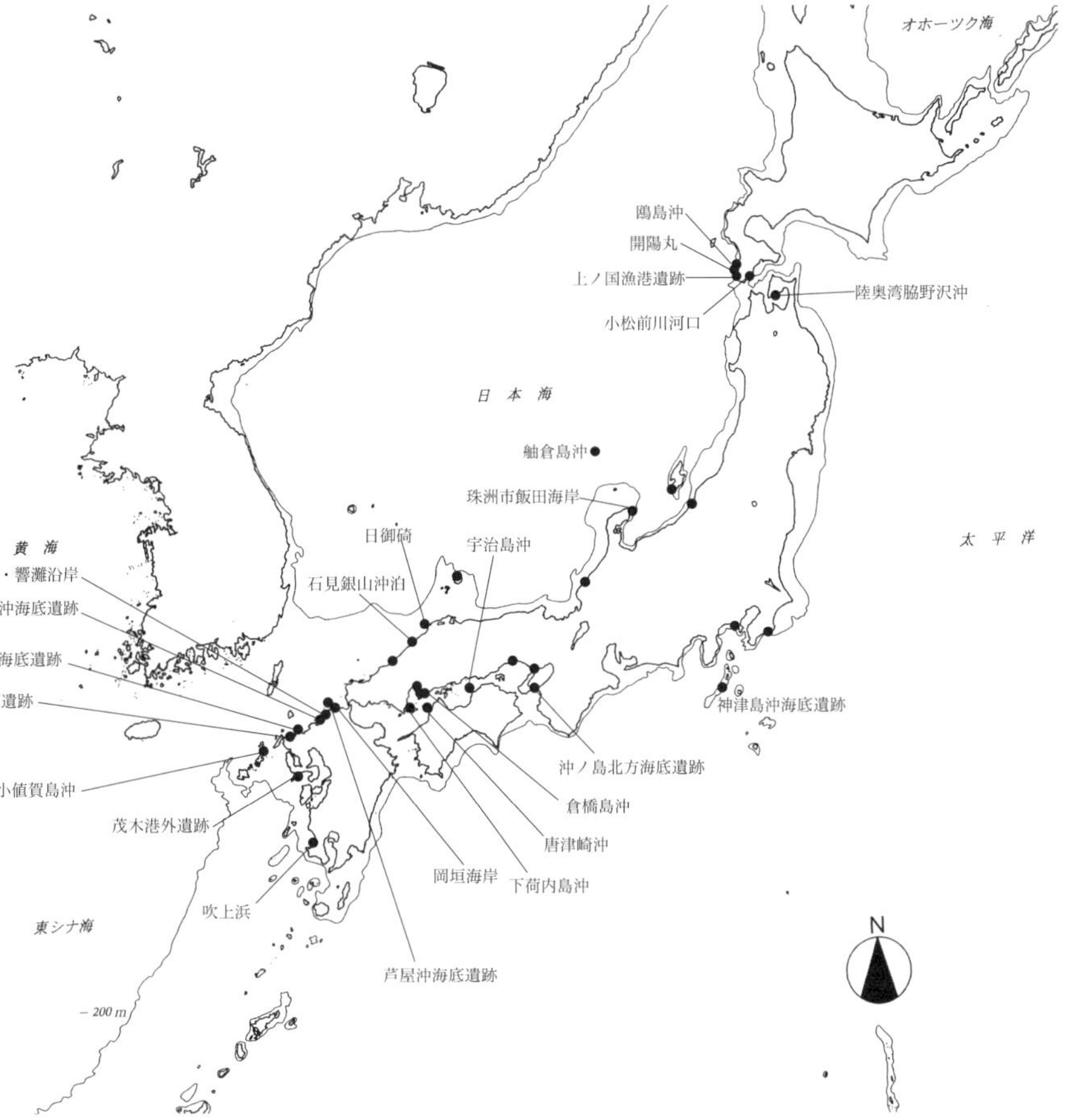

図32　日本周辺における海底・海岸発見の肥前陶磁分布図

当時の国内航路が沿岸航路中心であったこともおり由として考えられるが、暗礁などへの座礁が最終的な沈没要因であることが多かったことも理由であろうと思う。また、陸地に近い方が概して水深も浅く、遺跡がより発見されやすいということもあろう。

海底の底質はさまざまであり、その違いによって遺存状態が異なってくる。岩礁の場合、概して透明度が高く、陶磁器などの遺物を発見しやすいが、遺物の良好な遺存状態は望みにくい。破損していることが多い。特に有機質の遺物は残りにくい。埋没することがないので、異なる年代の遺物が海底に混在する場合も多い。例えば山見沖海底遺跡などでは、一六世紀末〜一七世紀初めのタイ陶器などが遺物の主体であるが、一八〜一九世紀の肥前磁器も見られる。砂地の場合、陶磁器が埋もれていなければ、表面の摩耗が著しい。いわゆるローリングによって、やすりをかけたような状態となる。最も摩耗や破損が少なく、陶磁器以外の遺物も残りやすいのは、泥などの堆積土であるが、陶磁器が埋もれることが多く、かつ透明度が低いことが多いので、発見しにくい。海底下に埋没するため、遺物の一括性も保持しやすいが、水深が浅い場合は、波などによって海底の土砂ごと攪拌され、動かされるため、新旧の遺物が混在することもある。開陽丸やいろは丸の発掘調査で明らかに沈没年代よりも新しい遺物が出土することもそうした理由によるものであり、層序が年代的な意味を持たない場合も少なくない。

2　遺跡や遺物の発見経緯

海底で発見されている肥前陶磁の多くが潜水漁や底引き網漁などの漁によって、偶然発見されている。やはり日常的に海に接している活動によって、発見されることが多い。これは東アジアにおいては日本に限ったことではなく、韓国や中国でも同様に最初の発見要因は漁撈活動であることが多い。漁の種類はさまざまであり、漁の種類を括弧内で記すと、次のようになる。脇野沢沖（ホタテ漁）、舳倉島沖（カニ漁）、珠洲沖（サザエ漁）、山見沖海底遺跡（アワビ漁）、唐津沖（蛸つり漁）、倉橋島沖（底曳き網漁、べたこぎ）、玄界島海底遺跡（アワビ・ウニ・サザエ漁）などである。アワビ漁やサザエ漁などは、おおよその引揚げ地点を知ることができるが、底曳き網漁のように網を移動させながら行う漁の場合、最終的に網を引揚げて陶磁器を発見した時にはすでに陶磁器の原位置から大きく離れていることが多く、その位置を特定することは難しい。

漁撈活動以外では、レジャーダイビング（日御碕、芦屋沖海底遺跡など）、海底工事作業（茂木港外遺跡など）及びそれに伴う事前調査（池尻海底遺跡、上ノ国漁港遺跡など）、海岸における採集活動（岡垣海岸、吹上浜、小松前川河口、飯田海岸、国府海岸、津戸など）の中で発見されている。また、沈没記録や遭難記録、伝承からおおよその位置が推定されていたものが開陽丸、いろは丸、鷹島海底遺跡などである。また、海底に船体が見えたという証言によって調査された例が鴎島沖である。ただし、鷹島海底遺跡の遭難記録は、元寇の記録であり、肥前陶磁とは関わりない。

3　遺跡の形成過程

海底で発見される陶磁器は、運搬途上に沈んだものと、港で廃棄されたものがある。陸地から離れた海域で沈んだものの多くは、沈没船あるいは沈没積荷に伴うものである。北海道開陽丸遺跡、青森県脇野沢沖、石川県舳倉島沖、広島県いろは丸遺跡、和歌山県沖ノ島北方海底遺跡（加太友ヶ島沖海底遺跡）、山口県下荷内島沖、唐津崎沖、広島県倉橋島沖、東京都神津島沖海底遺跡、福岡県芦屋沖海底遺跡、福岡県玄界島海底遺跡、佐賀県池尻海底遺跡、長崎県鷹島海底遺跡、長崎県茂木港外遺跡などが該当する。

船体が確認されている開陽丸やいろは丸の陶磁器を除けば、沈没船そのものなのか、それとも遭難に際して積荷のみが海中投棄されたものか、区別することは難しい。沈んだ遺物の量から判断すれば下荷内島沖、神津島沖海底遺跡などは沈没船である可能性が高い。また、北海道鴎島沖（前浜）の海底では、かつて和船の帆柱を見ることができたとも伝えられ、船そのものが沈んでいた可能性が高い。すなわち、港は必ずしも安全な場所ではなく、船が沈むこともあったと言える。

一方、港の海底から発見される陶磁器の多くは陸上から廃棄されたものも多いと思われる。船からの荷揚げ時に破損が確認されて、そのまま廃棄されたものもあったし、港で使用された陶磁器が廃棄されることもあった。上ノ国漁港遺跡、島根県沖泊などで発見される陶磁器は、港で廃棄されたものであろう。鴎島沖の遺物の一部もその可能性をもつ。

海岸発見の陶磁器は、運搬途上に沈んだものと陸地からの廃棄あるいは流出したものに分けられる。福岡県岡垣海岸、鹿児島県吹上浜などで採集されている陶磁器は、沈没船あるいは沈没積荷の一部と推定される。吹上浜の陶磁器は一六五〇～一六六〇年代頃と陶磁器の年代が限られており、一度の遭難と推定されるが、岡垣海岸の場合は陶磁器の年代幅が広く、複数回にわたる遭難によるものと推定される。

海岸に廃棄されたものがそのまま残される場合もある。干潟などではローリングによる摩耗もなく、廃棄された時と近い状態のまま発見される。広島県宮島の干潟で発見される陶磁器などはそうした例であろう。あるいは陸地から河川等によって、海まで流され、それらが海岸に打ち上げられる場合もある。松前町小松前川河口付近の海岸や珠洲市飯田海岸などで採集されている陶磁器などは、そうした理由による可能性が高い。なお、飯田海岸では陶磁器だけでなく、ビー玉やガラス玉が大量に漂着している。

4　陶磁器の性格

海揚がりの陶磁器の性格について整理する。海揚がりの陶磁器は、まず流通過程にあるものと消費過程にあるものに分けられる。

さらに前者は①商品、②容器（商品の一部）、後者は③船上の使用品、④陸上の使用品に分けられる。均一な性格をもつ遺跡もあれば、これらの異なる性格の陶磁器が混在する遺跡もある。

①商品

積荷として船に積み込まれたものである。一般に同一種類のものが複数見られる場合が多い。例えば舳倉島沖（図33）、沖ノ島北方海底遺跡（加太友ヶ島沖）（図34）、下荷内島沖（図35）、芦屋沖海底遺跡（口絵23、図36）、岡垣海岸（口絵16、図37）、玄界島海底遺跡（口絵5、図38）、池尻海底遺跡（口絵19、図39）、茂木港外遺跡（口絵18、図40）、吹上浜（図41）などである。沈んでいる船が一艘のみであれば、陶磁器の年代幅も限られる場合が多い。

港に沈んでいる陶磁器にも商品が含まれていることがある。例えば、港内で沈んだ船の積み荷、荷揚げの際に破損が判明した陶磁器や港に保管中に破損して廃棄されたものも性格的には商品である。ただし、これらは前に述べた集散の遺跡に分類する方が適当であるかもしれない。

②容器

商品の一部ではあるが、陶磁器そのものが商品というよりは、むしろ内容物が商品である。脇野沢沖の資料（図42）は容器として運ばれたものであろう。

③船上の使用品

船上の乗組員などが使用するために船に持ち込んだものである。船は小さいながらも乗組員にとっては生活空間であり、生活用品として陶磁器も船に持ち込まれた。船の乗組員の人数に見合う程度の量であることが一般的である。開陽丸で発見されている陶磁器は使用品とみるべきであろう。同じく船体が発見されているいろは丸についても、商品を積んでいた船ではあるものの、出土している陶磁器の量が少なく、性格がはっきりしない。また、海外のアーフォントステル号やオースターランド号では、内容物が残ってい

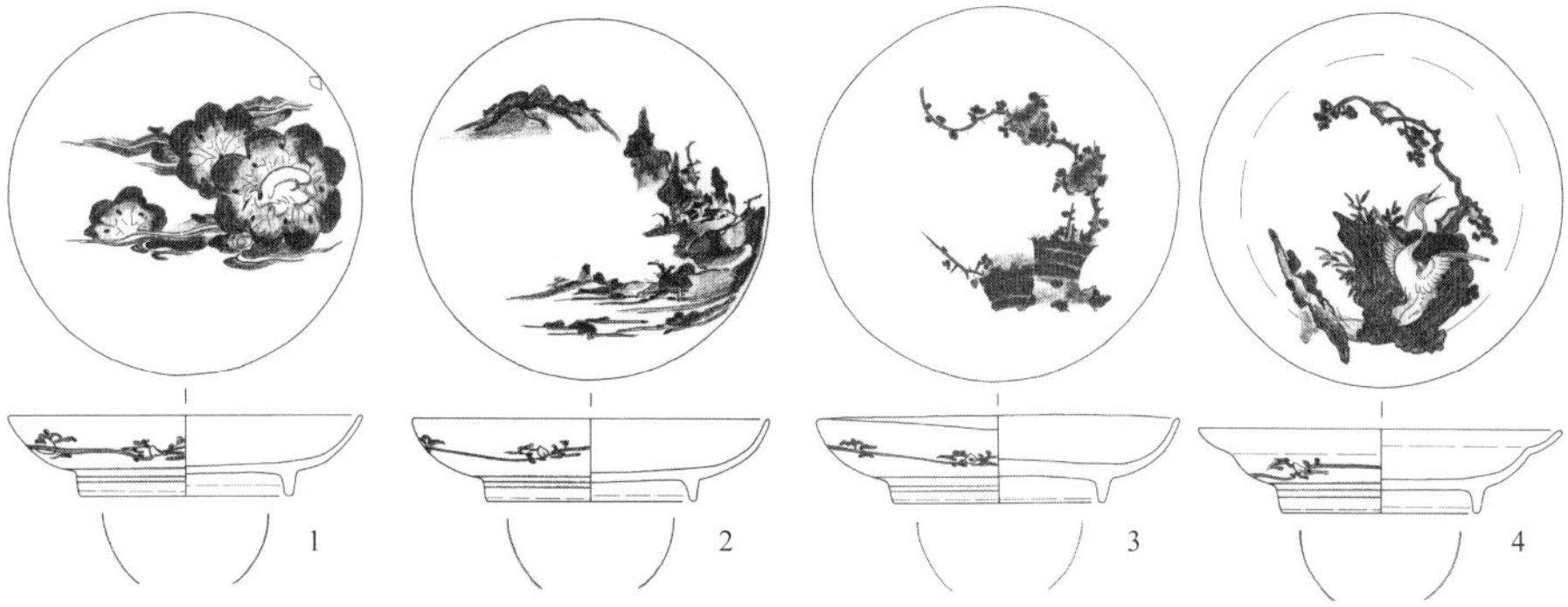

図33　石川県舳倉島沖引揚げ資料（黒部市所蔵、筆者実測）

図34　沖ノ島北方海底遺跡（加太友ヶ島沖）引揚げ資料（和歌山市教委1997より転載）

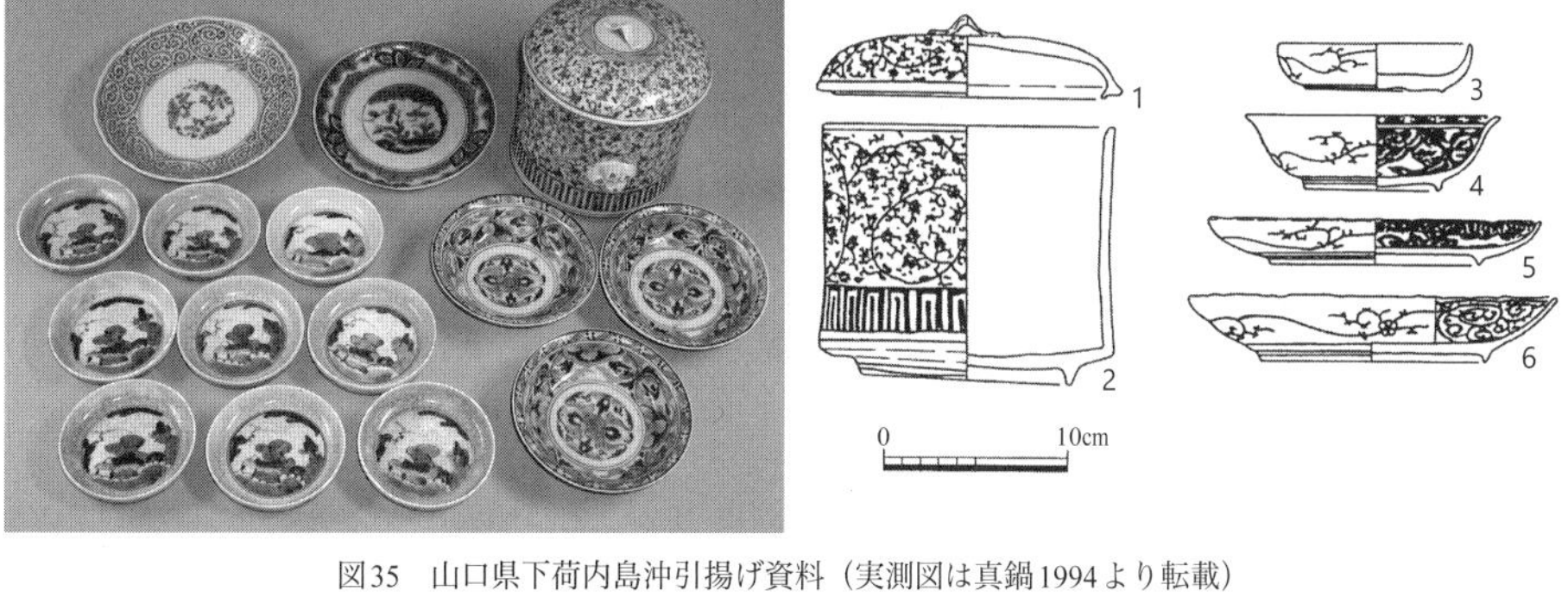

図35　山口県下荷内島沖引揚げ資料（実測図は真鍋1994より転載）

図36　芦屋沖海底遺跡引揚げ資料（芦屋町歴史民俗資料館所蔵）

図37　岡垣海岸採集資料（添田征止コレクション）

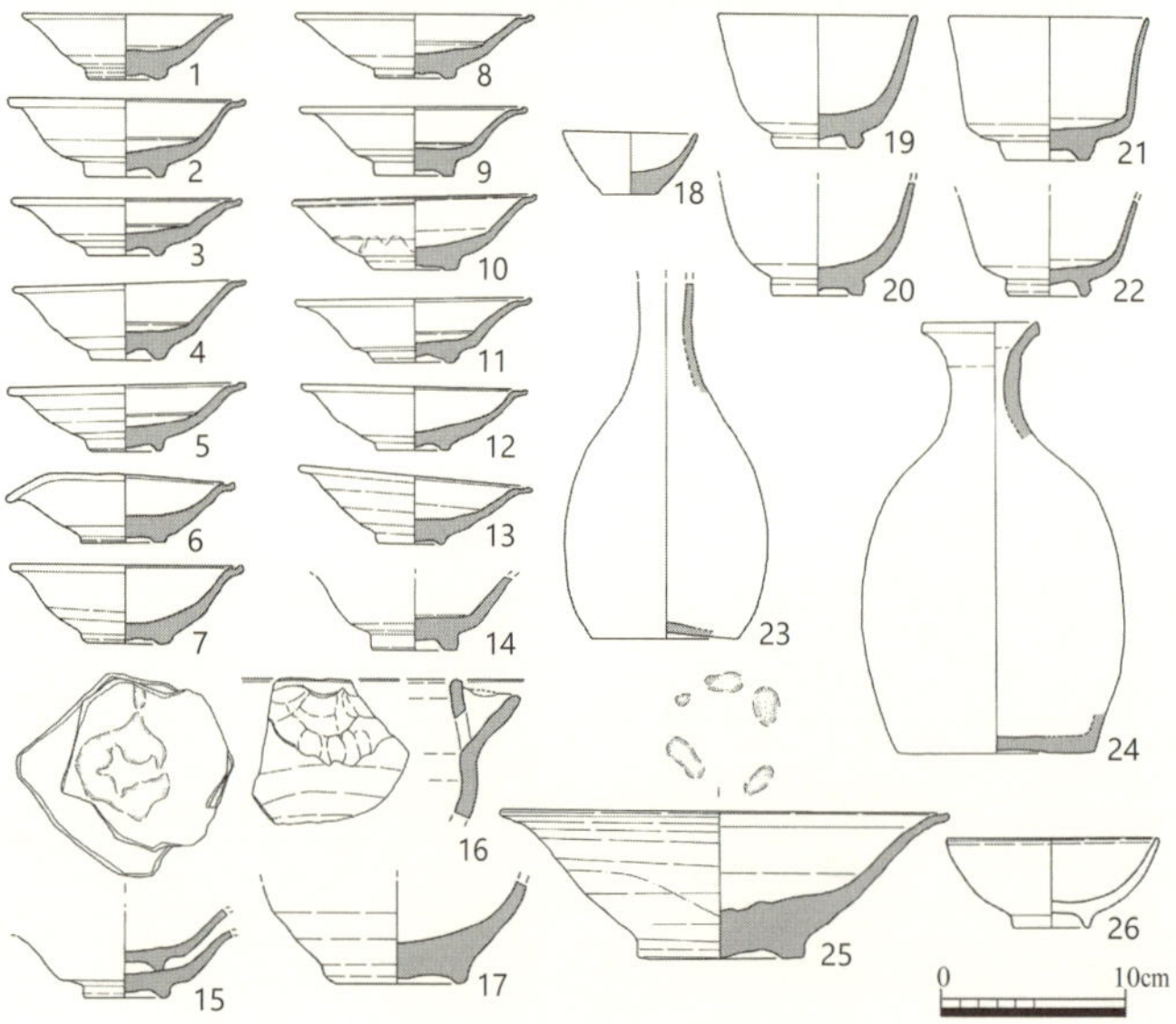

図38　玄界島海底遺跡出土資料（林田1995より転載）

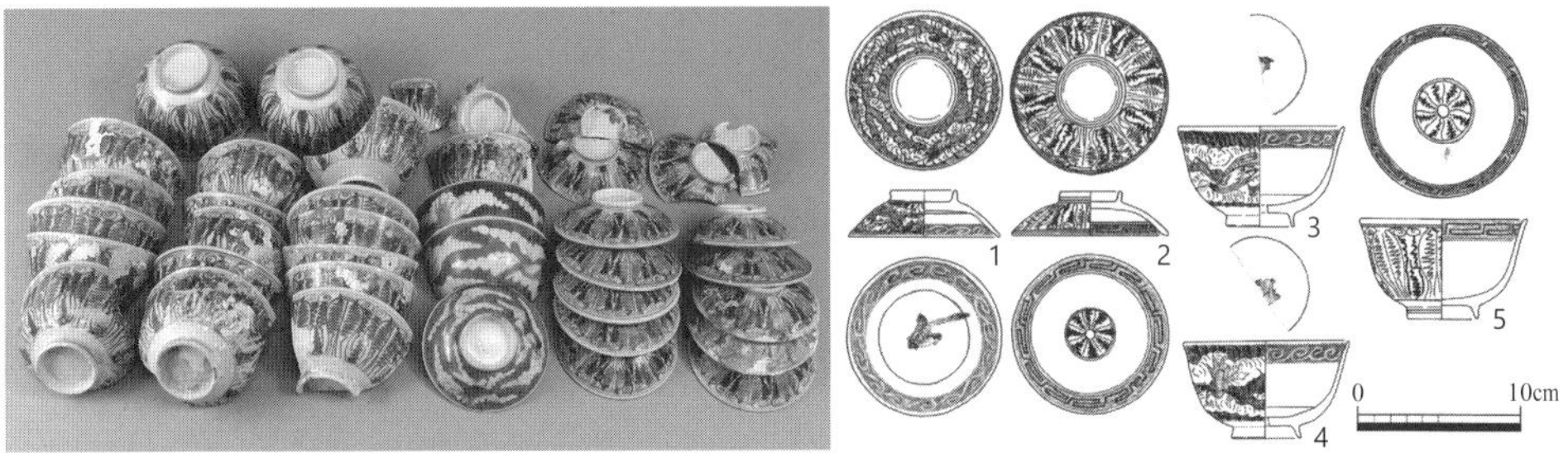

図39　玄海町池尻海底遺跡出土資料（実測図は玄海町教委1996より転載）

図41　鹿児島県吹上浜採集資料

図40　茂木港外遺跡出土遺物

図42　陸奥湾脇野沢沖引揚げ資料（むつ市教委所蔵）

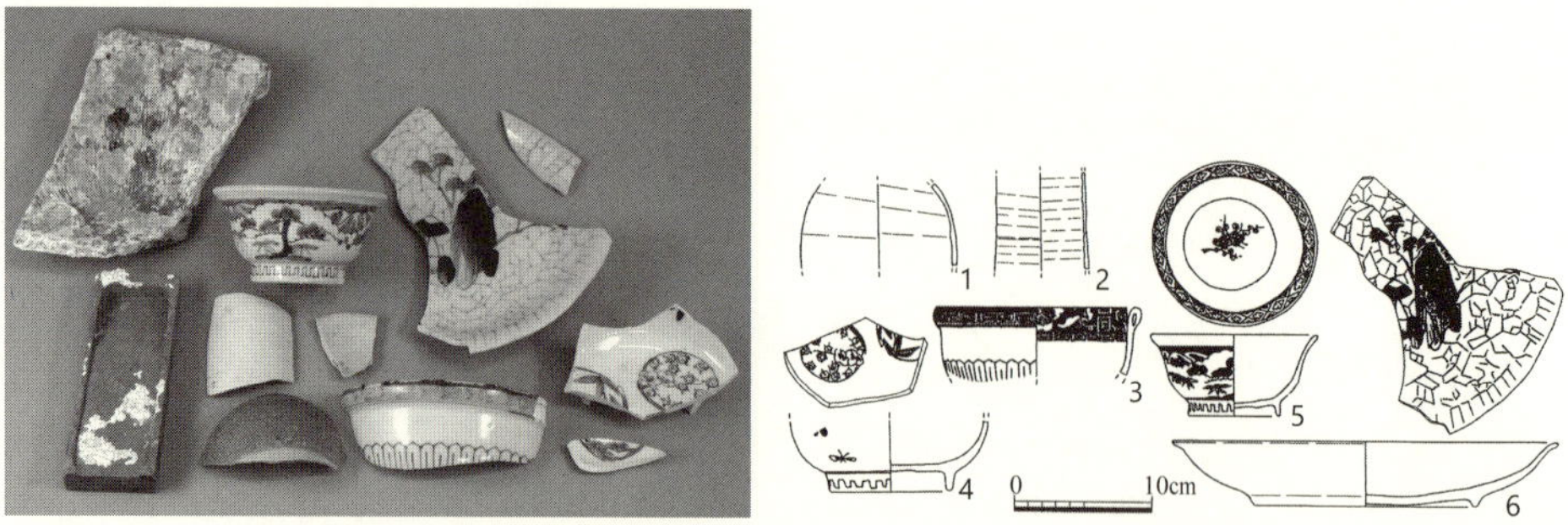

図43　神津島沖海底遺跡出土資料（実測図は小林・山本1993より転載）

図45　石見銀山沖泊引揚げ資料（大田市教委所蔵）

図44　上ノ国漁港遺跡出土資料

図47　愛媛県唐津崎沖引揚げ資料

図46　広島県倉橋島沖引揚げ資料

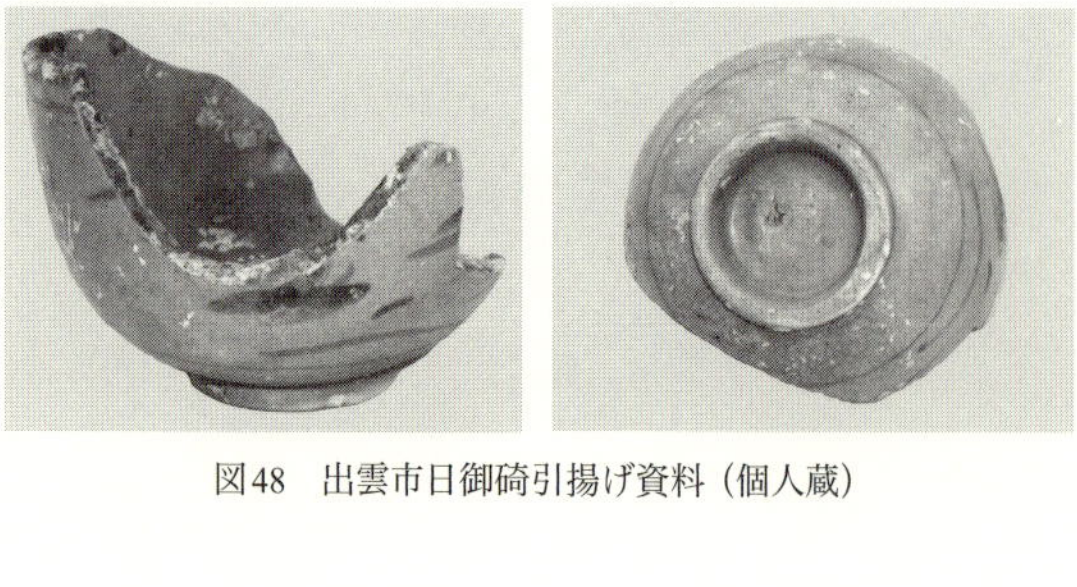

図48　出雲市日御碕引揚げ資料（個人蔵）

る医療容器が発見されており、これらも船上の使用品とみるのが妥当であろう。神津島沖海底遺跡の遺物（図43）の中で使用痕跡が著しいものは使用品の可能性が高い。

④陸上の使用品

港や付近の町で使用された陶磁器が海に廃棄されたもの、陸上の遺跡の陶磁器が海に流出したものなどである。前者は上ノ国漁港遺跡（図44）、沖泊（図45）などが該当する。上ノ国漁港遺跡の出土遺物の中には修復を行った焼継師が記名しているものも含まれており、明らかに使用品であったことがわかる。後者は小松前川河口、飯田海岸などが該当する。性格的には陸上の遺跡の遺物と変わりない。陶磁器の年代幅が広く、種類も豊富である。港や付近の生活と歴史を物語る資料である。

以上のことを踏まえて、運搬途上の遺跡や遺物である可能性が高いものに限定していくと、国内では池尻海底遺跡、玄界島海底遺跡、岡垣海岸、芦屋沖海底遺跡、沖ノ島北方海底遺跡、神津島沖海底遺跡、舳倉島沖、脇野沢沖、茂木港外遺跡、吹上浜などとなる。他に倉橋島沖引揚げ資料（図46）、唐津崎沖引揚げ資料（図47）、日御碕引揚げ資料（図48）なども運搬途上の遺物である可能性がある。開陽丸の遺物は船上の使用品とみてよい。いろは丸は商船ではあるが、出土している陶磁器が少なく、性格がはっきりしない。海外の沈没船遺跡は、発見されている製品の数が少なく、船上での使用品の可能性もあるため、商品として載せられていたものか確定できない。そして、上ノ国漁港遺跡、鴎島沖、島根県沖泊などの遺物の一部は、集散の遺跡としての流通過程のものである可能性をもつ。

第３節　肥前陶磁の積出し港

第１項　生産地と積出し港

胎土目積み段階の唐津系陶器の出土分布は関西から東日本日本海側にかけて多く、東日本太平洋側には極めて少ない（大橋一九八四

a、一五二頁）。そして、この時期にどういった商人がそれらをもたらしたかについては明らかではない。これらの地方に後世「唐津物」の呼称が焼物一般を指すものとして根強く残る（前山一九九〇c、三一頁）ことを考えれば、唐津系陶器の生産の初期段階に積出し港として、あるいは商人として「唐津」が関わり、玄界灘を経由して市場にもたらされたことを推測させるが、具体的な根拠をもたない。

砂目積み段階の唐津系陶器、あるいは同時代の磁器の流通の担い手についても明らかではない。玄界島海底遺跡から大量に出土している唐津系陶器（図38）がこの時期のものであり、海運によって玄界灘を経由して消費地に向かったであろうことは確認される。また、玄界島海底遺跡から出土した資料は報告を見る限り、有田及びその周辺で生産されたものと推測されるものが多くを占める。後述する有田の西部地区を中心とした窯業圏が確立している段階（野上一九九七b、二一三頁）と思われ、この段階ではすでに有田の西部地区に最も近い外港である伊万里津が積出し港となっている可能性が高い。そして、伊万里湾に位置する鷹島海底遺跡からは砂目積み折縁皿が出土している（図49－1）。この製品を実見して観察したところ、製品に使用痕は見られず、砂目にも摩耗が見られない。すなわち、生活用品の廃棄ではなく、流通途上の製品の可能性が考えられる。肥前陶磁の積出し港としての伊万里津の形成時期を考える上で鷹島海底遺跡を含む当海域の調査は注目される。そして、伊万里の商人が比較的早い段階から肥前陶磁の流通に関わっていたことは、いくつかの文献によって推測することができる。寛永一九・二〇年（一六四二・一六四三）には、伊万里商人である東嶋徳左衛門は大坂商人とともに「山請」を許されている（前山一九九〇c、二七－二九頁）。東嶋徳左衛門は大坂商人が陶磁器の商売のために訪れた際に折衝にあたっていることから、その頃にはすでにある程度陶磁器の流通に関わっていたのであろう。そして、一六三八（寛永一五）年に著された『毛吹草』には「唐津・今利ノ焼物」（前山一九九〇c、三一－三二頁）と記されていることをみても当時、伊万里が陶磁器の流通に関わっていたことを推測させるのである。

一方、『酒井田柿右衛門家文書』によれば、有田の年木山の窯焼きであった喜三右衛門が赤絵付けに成功し、その製品を長崎に持参して加賀藩の御用商人塙市郎兵衛に売り始めたという（有田町史編纂委員会一九八五a、五五一頁）。正保四年（一六四七）頃のことである。有田の窯焼きが長崎に直接製品を持ち込んだ例である。全ての窯焼きが直接長崎に持ち込んだとは思えないが、伊万里の商人の協力が不可欠だとしても一部の有力な窯焼きは長崎で販売するルートをもっていたのであろう。また、同文書には喜三右衛門が金銀焼付に成功し、明暦四年（一六五八）年に藩主に献上しており、その後有田の中ノ原町長右衛門・吉太夫が長崎へ販売に持参したともある（有田町史編纂委員会一九八五ａ、五五二頁）。有田の商人が長崎に直接持参して売り込んでいるようである。

そして、有田から伊万里に至る経路については、『肥前陶磁史考』に上手路と下手路の二つの陸路があると記されている（中島一九三六、五一四頁）。上手路は宮野村（武雄市山内町）を経て伊万里に至る経路で、下手路は有田川に沿って伊万里に至る経路である。距離はいずれも約一二kmで差がない。この記述は明治期以降の内容であるが、江戸期においてもいずれかのルートをとったと思われる。伊万里から積み出された陶磁器は各消費地に海路によって運ばれたことは明白であるが、海外輸出製品については長崎を経由しなければならない。慶安年間（一六四八〜一六五一）作と思われる「大日本五道中図屏風」には、伊万里湾を出て九十九島をぬけ、小瀬戸・三重浦の沖を通って長崎港に入る航路が朱線で描かれており（有田町史編纂委員会一九八五ａ、一三四頁）、伊万里津と長崎を結ぶ海路があったことがわかる。おそらく有田地区で生産された海外輸出製品もこの海路によるものがあったと思われる。

また、『伊万里歳時記』巻之二の天保年間の記録をみると、伊万里では佐賀藩の陶磁器だけでなく、「旅陶器」として平戸藩の木原、三河内、江永、大村藩の波佐見、唐津領の椎ノ峰などの陶磁器を扱っていることが記されており、他藩領内の窯場の陶磁器を積み出していたことも知られている（前山一九九〇ｃ）。しかし、伊万里だけが肥前陶磁の積出し港であったわけではなく、波佐見焼は川棚港、三川内焼は早岐港から積み出されていたし、塩田川やその支流域の窯場の製品は塩田港からも積み出されていた。

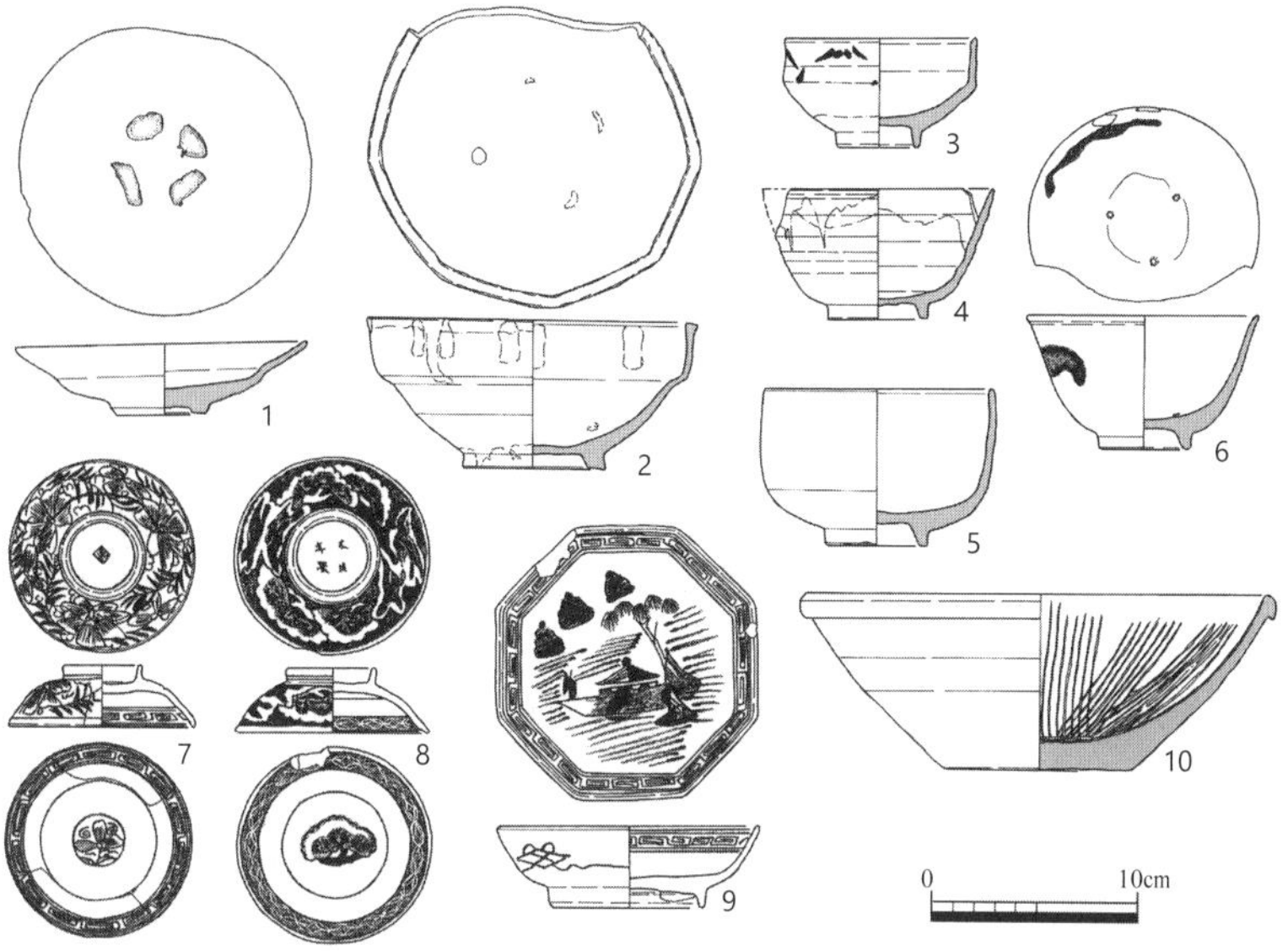

図49　鷹島海底遺跡出土資料（鷹島町教委1992より転載）

先の『伊万里歳時記』巻之二をみても記録に見られる旅陶器の量は決して多くはない。例えば伊万里から積み出した陶磁器の総量の中で波佐見焼が占める割合は一〇%にも満たない。これがそのまま生産量の割合を示すものとは考えにくく、川棚港など大村藩領内の港から直接、消費地に積み出されるものや他の港から積み出されるものが多かったことを示している。波佐見焼が川棚港から積み出されていたことは文献史料からも知ることができる。すなわち、『九葉実録』の寛文七年（一六六七）の項には「八月二日定ム　波佐見皿山ゟ川棚江駄賃の覚　一三ノ俣中尾河内長尾三所ゟ川棚迄皿荷壹駄之駄賃銀弐匁但壹駄弐拾八貫目と相定也　一ひへこはゟ川棚迄駄賃銀壹匁五分貫目右同断　船賃之覚　一川棚ゟ時津迄之船賃如御定　一川棚ゟ長崎迄之船賃焼物壹俵ニ付壹分九厘ツ、右之通ニ相定波佐見皿山奉行岩永七郎衛門川棚別當八左衛門江申渡候事」（大村史談会編一九九四、三四頁）とある。陸路と海路の区別は「駄賃」と「船賃」と区別されていることからもわかる。駄賃が重量（貫目）によって定められるのに対し、船賃は容量（俵）によって定められている。陸路の駄賃については、三ノ俣（三股山）・中尾河内（中尾山）・長尾（永尾山）から川棚までが二八貫目の一駄当たり銀二匁、ひへこは（稗木場山）から川棚までが同じ条件で銀一匁五分とある。距離が遠く、かつ地形的に険しい三股山など残る三地区の方がやや高い。また、俵詰の場所については明確ではないが、少なくとも川棚からは俵詰されているようである。その川棚には「川棚別當」が置かれている（大村史談会編一九九四、四九頁）。これについては川棚宿の河畔に港があって、港近くに専門の皿山役所別当が駐在したという。流通に関しても藩が管理していることがわかる。川棚から長崎までは一俵あたり一分九厘とあり、時津とは別に定められている。一俵あたりの平均重量は不明であるが、運搬距離を考えると陸路に比べて格段に安価である。陶磁器のように重量があるものを大量に運搬する場合、海路が選ばれるのは当然と思われる。そして、時津までは「如御定」とあり、すでに規定されていたが、肥前陶磁の海外貿易の本格化によって、長崎までの船賃を改めて定める必要性が生まれたと思われる（野上一九九五-一九九六）。

そして、幕末の『郷村記』「川棚村」には「一原田役所　當役所造立の年間不詳、先年波佐見皿山陶器俵物取計として、皿山役所より建し所と云」とあり（藤野編一九八二、二三〇頁）、川棚が江戸後期においても波佐見地区の陶磁器の流通を管理する港であったことを推測される。川棚の「町并浦湊之事」として「一川棚浦（中略）従川棚浦諸方海上里敷　城下江六里　松原江五里　彼杵江貳里　三町分江四里　龜の浦江貳里　伊の浦江三里　時津江九里」（藤野編一九八二、二〇二-二〇三頁）とあるが、寛文七年（一六六七）の記録とは異なり、長崎は記されていない。また、川棚浦・小串浦・三ッ越浦に「大坂登り正水夫」がそれぞれ九人・六人・一人がいると記され、「船數」はそれぞれ七八艘・四八艘・一一艘あると記されているが、焼物については触れていない。近隣の彼杵村・江串村・千綿村などに比べて格段に多いという数ではない（野上一九九五一一九九六）。川棚が波佐見焼の流通に大きく関わっていることは、これまでにも指摘されているが、その実態は全く明らかではない。

蓮池藩においては領内唯一の河川港である塩田港の商人が吉田皿山の焼物商売にあたっており、享保年間には塩田商人の協力があって、船五艘に焼物を積んで大坂へ送り出した記録も見られる（前山一九九〇c、六七頁）。この場合、河川港である塩田港から有明海に出たものであろう。また、一六九二（元禄五）年には「志久津エ、紀伊国より、家具為売買、旅船参着、云々」（前山一九九〇c、四九頁）とあるように、六角川中流域の河川港である志久津に紀州商人の船が訪れている。その他、同年には播州網干の米積船や播州赤穂の米積船が入津している。志久津から陶磁器が積出されたかどうかはわからないが、河川を利用した盛んな海上交通は理解できる。塩田川における塩田港と同様に陶磁器を積出す河川港が他にも存在した可能性が考えられる。

第2項　積出し港の使い分け

「旅陶器」として、他藩の陶磁器が伊万里から積み出されていたことはすでに述べたが、逆に有田焼が伊万里以外の港から積み出された例もある。例えば、『肥前陶磁史考』には、天保年間（一八三〇〜一八四三）の送り荷は有田から岩峠、波佐見を経由して川棚に至り、川棚から大村湾を横断して時津に、風波の強い時には伊木力に着いたと記されている（中島一九三六、五一四-五一五頁）。外海を通ることなく長崎まで運搬することができるこのルートは地理的には最も有利なものである。よって、幕末〜明治期の海外輸出製品については、このルートをとった可能性がある。また、幕末においては播州高砂商人松尾屋が平戸藩早岐浦に店を設けて平戸藩領や佐賀藩領、さらには大村藩領の陶磁器を買入れ、大坂方面へと販売している（山田一九九四、五四頁）。この場合の積出し港は店を構えていた早岐浦であったと思われる。

それでは、これらの港はどういった使い分けが行われていたのであろうか。まず伊万里からどのような地方や地域に積み出されていたか見てみる。前にも掲げた『伊万里歳時記』巻之二にある「伊万里積出陶器荷高国分」をみると、ほぼ日本全国に肥前陶磁が積み出されていたことがわかるが、その中で薩摩地方など伊万里からみて南方に位置する市場へは積み出されていない（野上一九九八、三〇頁)。また、文久三年(一八六三)の文献史料に見られる伊万里津の遠国船頭の内訳をみると、九州内では筑前・豊前・豊後・日向・対州・壱州・唐津・伊万里などの遠国船頭は見られるものの、やはり肥後・薩摩の遠国船頭は見られない。「伊万里積出陶器荷高国分」に薩摩地方などの記載が見られないことについて、大橋康二は薩摩の自国産業の保護政策によって肥前陶磁が薩摩領内にあまり入り込まなくなったことを示しているとする(大橋二〇〇三、五〇頁)。一方、「伊万里積出陶器荷高国分」には、薩摩や大隅だけでなく、筑後や肥後の名も見えない。そのため、「伊万里積出陶器荷高国分」に名が見えない理由を薩摩藩における自国産業の保護政策だけに求めることはできないと考える。ここで改めて伊万里の地理的位置を考えてみると、伊万里は玄界灘に向いた港である。肥前陶磁の流通の主な担い手である筑前商人や紀州商人も玄界灘を経由して、自らの本拠地や全国の市場へと向かうのである。一方、筑後・肥後・薩摩地方の場合、玄界灘を経由してもたらされる地域ではない。伊万里から筑後・肥後・薩摩地方へ海路で行くためには玄界灘とは反対の方向に回り込まなくてはならない。そのため、北松浦半島を回り込む必要がない分、これらの地域に向けては伊万里よりも早岐の方が積出し港として有利である。あるいは塩田川流域の志田焼などは塩田港から塩田川を下って、有明海に出れば、容易に筑後地方に至るし、さらに八代海を南下すれば薩摩にも至る。言い換えれば筑後・肥後・薩摩地方の商人は、伊万里に行くまでもなく、肥前の陶磁器が手に入るのである。そのため、肥前からみて南方の市場については、伊万里を起点としない流通のネットワークがあった可能性を考えることができるのである。それでは伊万里に運び込むことが容易で、かつ伊万里商人との結びつきも強い有田の窯場の製品も伊万里を起点としない流通のネットワークによって南方の市場へ流通していたのであろうか。

この問題については、有田焼が早岐や川棚から積み出され、南方の市場に運ばれており、その中には長崎に運ばれて海外輸出されていたものが少なからずあったと筆者は考えていた(野上二〇〇四a、二〇〇五)。江戸時代、海外への積出し港が長崎に限られていたため、海外市場もまた肥前から見て南方の市場に含まれるからである。ただし、当時はまだ肥前陶磁の積出し港の発掘調査例がほとんどなく、文献史料と窯跡の出土状況から推測した仮説を提示するに過ぎなかった。まず仮説の根拠とした資料からみていく。幕末において、有田焼が大村藩の川棚から積み出されていた可能性についてはすでに述べたが、享保年間の記録をみると、「一、有田皿山其御蔵入より出候焼物を大配分之商人共買入、御私領之焼物と一船ニ積込仕登候節者、〔後略〕」とあり(前山一九九〇、六二頁)、有田皿山など佐賀本藩直轄の「御蔵入」領域の焼物を蓮池・武雄のような「大配分」領域の商人が買い入れることがあったことがわかる。さらに嬉野市塩田町にある常在寺境内にある天明元年（一七八一）建立の「金比羅宮」石碑には「泉山釜焼中」や「岩谷川内釜焼中」など有田の窯焼きの刻名が見られ、塩田港を起点とした流通のネットワークの中に有田焼も組み入れられていた可能性を示している。窯跡の出土状況については、伊万里市の大川内山の資料に注目した。一七世紀後半に肥前で磁器を生産したほとんどの窯場では海外向けの製品を生産しているが、大川内山ではそうした製品がほとんど出土しない。このことについて大川内山が佐賀藩の藩窯を前提した窯場であったためと考えていたが（野上一九九六、五四頁）、それだけではなく、大川内山が伊万里には近いものの、早岐や川棚には遠い位置にあるということと関わりをもつのではないかと考えたのである（野上二〇〇四ａ、四頁）。つまり、有田皿山の海外向け製品は伊万里よりは長崎に近い早岐や川棚から積み出されていたため、それらに遠い大川内山が地理的に不利であったと考えたのである。また、大橋康二は大川内山では碗など国内向け磁器や京焼風陶器碗・皿など国内需要を視野に入れたものであり、伊万里港に近いところで国内向けの有田より安い磁器生産窯を設けるなど、長崎により近い地域との地理的な役割区分を考えていたと指摘する（大橋二〇〇四、一四四頁）。確かに大川内山は有田皿山の中でも長崎から遠い位置にある窯場ではあるものの、長崎への積出し港が伊万里であったなら、実際の距離はともかく、伊万里に近い大川内山の方が行程的には長崎に近いことになる。そのため、大川内山が長崎から遠いことから、長崎により近い地域との地理的な役割区分を行っていたとすれば、それはとりもなおさず長崎への伊万里以外の積出し港の存在を示唆するものとなる。

以上のような資料から前記の仮説を提示したわけであるが、この仮説を裏付ける資料が現れた。二〇一四年から行われている早岐瀬戸遺跡の発掘調査による調査成果である（馬場二〇一六）。早岐瀬戸遺跡では、ベトナムで数多く発見される有田の染付日字鳳凰文皿が複数個体まとまって出土した他、東南アジア向けに生産された有田の染付鉢や色絵製品が多数出土している。早岐の港が有田焼の海外向け製品の積出し港の一つであったことが明らかになったのである。さらに海外向けに限らず、一七世紀前半以来の有田焼や波佐見焼の染付や青磁の出土も見られることから、長崎を含む南方の国内市場向けの製品の積出し港として、藩境を越えて機能していた可能性を示している。

第4節　肥前陶磁の流通に関する航路及び形態について

肥前陶磁の流通航路は大きく分けて国内流通航路と海外流通航路に分けられる。さらに国内流通航路は隔地流通航路と局地流通航路に分けられる。隔地流通航路は伊万里など肥前陶磁の積出し港を起点とした場合、伊万里―玄界灘―日本海沿岸、伊万里―玄界灘―瀬戸内海―大坂あるいは江戸など太平洋沿岸の二つの主要航路が考えられる。そして、局地流通航路は生産地に比較的近い地域への流通航路や隔地流通航路の寄港地（荷揚げ地）を起点とした近隣地域への航路が考えられる。一方、海外流通航路は生産地―長崎―東シナ海を経て、東南アジア・南アジア・アフリカ・ヨーロッパなどの海外消費地へ向かうものである。その他、対馬の宗氏を介した対馬口や薩摩の島津氏を介した琉球口なども海外貿易の窓口としての役割を有しており、そうした貿易港から肥前陶磁が積出された可能性も残されている。

ここでは国内流通の隔地流通航路を便宜的に玄界灘（A）、瀬戸内海（B）、太平洋（大坂―江戸間）（C）、日本海（D）の海域に分け、隔地流通航路（A）～（D）、局地流通航路（E）、海外流通航路（F）の順に文献史料等から推測される流通形態を示し、海底遺跡等から出土した資料に解釈を与える作業を行いたい。

（A）玄界灘を経由する輸送―肥前～玄界灘～全国市場―

前述したように一六〇〇～一六三〇年代の鷹島海底遺跡出土資料（図49）や玄界島海底遺跡出土資料（口絵5、図38）により、初期の段階からすでに玄界灘を航行した船に肥前陶磁が積載されていたことも知る。そして、玄界灘海域の地理的位置を考慮すれば、九州中南部など一部の地域へ向けられたものを除いて、江戸時代を通して国内向けの多くの肥前陶磁は玄界灘を経由したと推定される。玄海町池尻海底遺跡出土資料（図39）や芦屋沖海底遺跡引揚げ資料（図36）はその輸送途上のものであろう。また、これらの海底遺跡以外にも大量の肥前陶磁が玄界灘沿岸では採集されているが、その目的地については明らかではない。しかし、玄界灘沿岸で採集される肥前陶磁が年代的に大きな偏りを見せること、すなわち一八世紀後半～一九世紀のものが大半であることについては何らかの解釈を与えなければならない。一八世紀前半以前と一八世紀後半以降の肥前陶磁の生産量をそのまま反映しているとは思えない。詳細については後述するが、やはり、これは玄界灘沿岸を本拠地にもつ筑前商人の活動と関わりがあると思われるのである。玄界灘沿岸採集資料の中で具体的に筑前商人が扱った肥前陶磁の特定はできないものの、その量の増加は筑前商人の活動の盛行によるものと考えられる。

（B）瀬戸内海を経由する輸送―肥前～瀬戸内海～大坂―

図50　広島県宇治島沖引揚げ資料（実測図は真鍋1994より転載）

瀬戸内海で出土する陶磁器は多い。宇治島沖出土資料（図50）のように船上における生活用品として使用されたと思われるものもあるが、下荷内島沖引揚げ資料（図35）・倉橋島沖引揚げ資料（図46）、唐津崎沖引揚げ資料（図47）などは商品として荷積みされた肥前陶磁と思われる。前述の通り、胎土目積み段階より関西地方に運ばれており、肥前の陶磁産業の初期の段階から流通ルートとして存在している。

瀬戸内海における肥前陶磁の流通を大きく二つに分けると、一つは物資の集散地としての大坂への運搬、あるいは江戸への直送であり、もう一つは買積み船を含めた瀬戸内海沿岸の消費地への販売である。大坂への直送は大坂を基点として販売消費されるものと、さらに江戸などに回送され、販売されるものがある。江戸などへ向かうものについては後述するとして、ここでは大坂向けを中心に説明したいと思う。すでに述べたように寛永一四年（一六三七）の窯場の整理統合の数年後、大坂の商人塩屋惣五郎の手代塩屋与左衛門・ゑぐや次郎左衛門が焼物商売のため伊万里に着き、伊万里の商人東嶋徳左衛門とともに「山請」が許されている。結局、この大坂商人による直接的かつ独占的取引は失敗に終わるのであるが、当時すでに関西地方においては一定の市場を形成していたか、大坂を基点とした各地への流通機構が存在していたものと思われる。そして、延宝年間（一六七三～一六八〇）には大坂において「肥前いまり焼物問屋」が六軒存在している（前山一九九〇c、四二-四三頁）。一八世紀に入ると享保一一～一二年（一七二六～一七二七）における一手問屋制、享保一九年（一七三四）からの御屋敷売制、元文四年（一七三九）〜寛延二年（一七四九）の御上仕入制、明和元〜三年（一七六四〜一七六六）の大坂為替方仕組、享和元年（一八〇一）の見為替仕法など、流通制度に変化が見られる（前山一九九〇c、三五二-三五四頁）。流通制度に変化が見られても瀬戸内海の交易ルートとしての重要性は変わらないことから、こうした流通制度が考古資料としての海底出土遺物にどのように反映されるか明らかではないが、前述したように旧佐賀藩大坂蔵屋敷船入遺構から出土した資料は興味深いものである。一八世紀前半〜中葉の一定の期間に日常雑器として製作された肥前陶磁器がまとまって大坂の蔵屋敷まで運送されてきたが、何らかの事情によって、販売される以前の比較的短期間に廃棄されたと思われる遺構が検出されている。全てが商品であったと断定できないが、これらの肥前陶磁の年代は上記の御屋敷売制から御上仕入制までの年代とおおよそ一致し、これらの陶磁器は御屋敷売制・御上仕入制に伴って大坂蔵屋敷まで回送されてきた商品である可能性が高い（中村一九九一、三五-三六頁）。

次に瀬戸内海沿岸の消費地への販売についてであるが、一例を挙げれば大坂の手仲買の一人である木津屋吉兵衛は嘉永三年（一八五〇）に繰綿を仕入れて伊万里へ行き、これを売り捌いた代金で陶器を仕入れ、これを瀬戸内海の寄港地で売り捌きながら大坂へ戻っている（有田町史編纂委員会一九八八a、一八四-一八五頁）。仕入れた荷物は八六二俵と三一八堤であり、大坂に着いた時の残り荷は木原物（二一七俵）、志田・大川内・弓野（一六九俵）であり、肥前各地の陶磁器を仕入れている。また、瀬戸内海周辺に本拠地をもつ陶磁器の旅商人は伊予商人・下関商人・防州商人などがあるが、下関商人などは瀬戸内海沿岸を市場とするよりは、大坂あるいは日本海側に移出あるいは継送する役割が大きかったようである（前山一九九〇c、八八八頁）。

（C）大坂・江戸の二大都市間の輸送――大坂〜江戸――

江戸への肥前陶磁の流入に関しては文献の上では『徳川実記』慶安四年（一六五一）に将軍家光が「今利新陶の茶碗皿御覧ぜらる」とある（大橋一九八九d、二六頁）。そして、寛文年間（一六六一〜一六七二）には紀州箕嶋の商人が漆器を積んで伊万里に赴き、その帰り荷に焼物を購入して江戸に送ったと伝えられる（前山一九九〇c、三九頁）。さらに『制度考』によれば江戸の商人伊萬里屋五郎兵衛が有田に来て辻喜右衛門に磁器を製造させたという（有田町史編纂委員会一九八五b、六三六-六三七頁）。寛文年間より下がった天和〜正徳年間（一六八一〜一七一五）には「伊萬里屋」は数軒はあったと推測されるが、やがて享保年間には問屋荷受制へと統御されていく（前山一九九〇c、四二頁）。そして、詳しくは後述するが、天保六年（一八三五）の「伊万里積出陶器荷高国分」（前山一九九〇c、三五七-三五九）に報告された伊万里津から積出された陶磁器の国別内訳をみると、江戸は六万俵で全体の二〇％近くを占めている。関八州全体では一一万俵となり、三五％を占める。江戸を含めた関東地方が国内最大の消費地であることを浮き彫りにしている。また、『重宝録』（東京市史稿港湾編三、二八-二九頁）にある安政三年（一八五六）に江戸に入津した瀬戸物の数量を見れば、肥前陶磁と思われる記載は「紀州様御蔵入御国産」・「松平肥前守御国産」・「大村丹後守様同」・「筑前様持下荷物」の計八八，七六八俵である。

江戸への肥前陶磁の海上輸送は、大坂（あるいは兵庫）を経由して江戸に回送する場合と大坂を経由せずに江戸に直送する場合が考えられる。前者は大坂と江戸の二大都市を結ぶ都市間流通機構にのったものであろう。大坂から江戸への日用品輸送としては菱垣廻船が知られるが、その起源は元和五年（一六一九）に泉州堺の商人が紀州富田浦から二五〇石積ほどの廻船を雇い、大坂から木綿・油・綿・酒などの荷物を積み入れ、江戸に海上輸送したことにあるといわれ、以後は大坂・江戸間を定期的に荷物輸送することになったという（渡辺一九九二、二九九頁）。後に台頭してくる樽廻船とともに大坂・江戸間の都市流通機構に直結する廻船で、廻船問屋の雇船として存在した（渡辺一九九二、三〇〇頁）。そうした廻船が陶磁器を運んだことを示す文献史料も存在する。例えば『大日本近世史料諸問屋再興調二』によれば、嘉永三年（一八五〇）大坂日吉橋問屋嶋屋佐右衛門仕立廻船に青筵・瀬戸物・藍玉などを一緒に積み込むケース、鉄・藍玉・瀬戸物・畳表などを一緒に積み込むケース、畳表・青筵・藍玉・茶・瀬戸物・摺鉢・数の子・荒砥などを一緒に積み込むケースなどが認められる（東京都教育委員会一九九三、四五頁）。そして、神津島沖海底遺跡出土資料（図43）は大坂ないし西宮の船問屋で荷物を積み込み、江戸入帆を目的とした運賃積船である千石積船が神津島沖で遭難した結果、形成された遺跡と考えられている（山本・山内一九九四、一二〇頁）。積荷は肥前陶磁以外に擂鉢・硯・石灯篭などが確認されている。もちろん、その他にも積荷はあったものと思われる。そして、瀬戸内海の沖ノ島北方海底遺跡から引揚げられている肥前磁器（図34）も大坂から江戸へ向かう途上に沈んだものである可能性がある。一方、大坂を経由せずに九州から江戸へ直送する航路そのものは早くから存在している。例えば九州の小倉細川藩は藩手船に加え、廻船を雇い、大量の藩米を大坂に海上輸送し、その換金化につとめたが、時には「大廻り」といって瀬戸内海から紀伊半島を迂回し江戸に直送することもあったという（渡辺一九九二、二六八頁）。また、買積みによる筑前商人ら旅商人の買積み船による販売も必ずしも大坂を経由する必要性はない。天保四年（一八三三）には筑前商人である船越大黒屋幸右衛門が「江戸行難船」しており（前山一九九〇c、四六七頁）、また、武蔵国生麦村（現横浜市鶴見区生麦町）で名主をつとめた関口藤右衛門家の代々の当主が書き継いだ『武州関口日記』には筑前商人から直接焼物を購入している記事が見られる（佐々木一九八七、二二四-二二六頁）。筑前商人は商人自身が船主であり、かつまた船頭であることを考えると、都市間の流通機構にのって流通販売されたものではないと思われる。

ここで前掲の安政三年に江戸入津した瀬戸物の記載を再び見てみる。筑前商人が扱ったと思われる「筑前様持下荷物」は筑前商人の買積み船であろう。「紀州様御蔵入御国産」は御国産と称しているが、紀州商人が運んだものであろうか。あるいは紀州商人が大坂まで運び、その後大坂・江戸間の流通機構にのって運ばれたものであるかもしれない。「松平肥前守御国産」は蔵元が扱った国産陶器仕組の荷であり（前山一九九〇c、三〇二頁）、大坂あるいは兵庫を経由してもたらされたものであろう。安政年間（一八五四〜一八五九）の伊万里の陶器商人犬塚家の「荷積登せ船控」には富田屋が兵庫において積み入れ江戸の蔵元への運送を担っていることが記されており、富田屋は大坂か兵庫あたりの菱垣廻船問屋系列の一人と推測されている（前山一九九〇c、二五六-二六三頁）。よって、「松平肥前守御国産」は大坂・江戸の都市間の流通機構にのって運ばれたものと思う。そして、「大村丹後守様同」についても、寛保三年（一七四三）から大村藩の焼物の専売制度が実施されたとされるので（波佐見史編纂委員会一九七六、四一四頁）、都市間の流通機構にのって運ばれたものと思われる。

（D）日本海を経由する輸送——肥前〜日本海沿岸——

胎土目積み段階の唐津系陶器の出土分布から考えると、日本海沿岸ルートは初期の段階から肥前陶磁の流通ルートとして存在したと思われる。しかも北海道上ノ国漁港遺跡出土資料（図44）などに見られるように北海道南西部にまで流通圏は及んでいる。近世以前より北国から九州方面への航路が開かれていたことは豊臣秀吉の朝鮮出兵時に北国船が輸送船として動員されていることからも明らかであるが、慶長年間ごろより小倉藩などの北九州の廻船が出羽方面にまで産物の輸送にあたり、瀬戸内海方面の廻船も近世初頭から日本海方面に進出している（渡辺一九九二、二六八-二八〇頁）。初期の段階の肥前陶磁を輸送した担い手について明らかではないにせよ、日本海を北上して日本海沿岸に肥前陶磁をもたらす流通ルートは当然のことながらあったのであろう。そして、大橋康二は溝縁皿などの砂目積み陶器皿が、日本海側の秋田や青森、北海道で出土するものの太平洋側の福島、宮城、岩手では見られないことについて、この地域の木材交易の結果と推測している（大橋二〇〇一、七頁）。

石川県舳倉島沖引揚げ資料（図33）も日本海を北上中、何らかの海難に遭遇し、海底に沈んだ肥前陶磁が引揚げられたものであろうが、その流通の担い手は不明である。この資料の年代は一六八〇～一七〇〇年代のものであり、寛文年間の河村瑞賢による西廻り海運の刷新以後の製品である。また、北陸地方を本拠地とする北前船の本格的な活躍以前のものでもある。そして、北前船がその雑多な積荷の中の一つとして、肥前陶磁を運んだことは、北前船に注文を行っていることからもわかる。それによれば製品名や価格などを記して注文を行っている（佐々木一九九七、一七一頁）。おそらく大坂あるいは中継地である下関などで購入して、日本海沿岸地域にもたらしていたのであろう。

また、江戸後期になれば旅商人の活躍が見られる。全国の地方市場を商圏とした筑前商人はもちろんのこと、出雲商人（雲州商人）、新潟商人（越後商人）が伊万里へ来て、陶磁器を購入し、日本海沿岸にもたらしている。出雲商人は山陰地方、新潟商人は北陸地方や東北地方の日本海側を商圏としていたと推測されている（前山一九九〇c、三六五‐三六六頁）。さらに伊万里の陶器商人の活躍も見られる。『犬塚家史料』「慶応二年（一八六六）船方勘定帳」には伊万里の陶器商人犬塚家の手船の積荷が記されているが、乾宝丸の項には「五番立　北国行分」焼物三，六〇三俵とあり、乾寿丸の項には「卯（慶応三年）九月十五日立」焼物四，二九二俵の内訳に江州行三七二俵が含まれている。その一方で島根県浜田市外ノ浦の清水屋「諸国御客船帳」の肥前国の部に「乾寿丸　勝助」の名が見られるという（前山一九九〇c、八七九‐八八〇頁）。

（E）局地流通航路

前山博は幕末期の局地型の小船頭として、豊前・豊後・日向・壱州・対州の商人を挙げ、さらに伊万里・唐津の船頭についても一部の例外を除き、長崎県北部の沿岸や一帯の島々を商圏とした商人であったという（前山一九九〇c、八四九‐八五三頁）。こうした小船頭の活躍は肥前陶磁の積出し港である伊万里を基点としたものだけでなく、全国の廻船の寄港地、すなわち荷揚げ地を基点としたものもあったのであろう。すなわち、生産地から遠く運ばれる長距離輸送の廻船とその寄港地を基点とした短距離輸送が連結することで肥前陶磁は文字通り津々浦々にもたらされたと思われる。

（F）海外流通航路

集散の遺跡は当時の海外貿易港である長崎に集中しており、運搬の遺跡はすでに述べたように文献史料等から推定される長崎を起点として、東シナ海～東南アジア、さらにインド洋～喜望峰～大西洋～ヨーロッパへという航路上に位置している。しかし、その資料の数は少なく、流通形態を示すような資料はさらに限られる。アーフォントステル号 Avondster（第5章図82）は最終的には運搬船として沈んでおり、発見されている肥前磁器は船上の使用品である可能性が高い。オーストラリア西海岸で沈んだザウトブルプ号 Zuytdorp（第5章図84-3）で発見されている肥前磁器もまた船上の使用品あるいは見本品である可能性が高い。オースターランド号 Oosterland（第5章図83-4）、ヨーテボリ号 Götheborg（第5章図84-2）、ヘルデルマルセン号 Geldermalsen（第5章図84-1）などの陶磁器の積荷の主体は中国磁器であり、肥前磁器を商品として主体的に扱ったものではない。キェンザン Kien Giang 引揚げ資料（第5章図83-2・3）は資料の種類と量ともに少ない。アユタヤ川採集品もやはり主体は中国磁器である。肥前磁器も七七点と少なくないが、川運途上の遺跡であり、その性格上、消費過程のものも含まれている可能性が高い。その中で鹿児島県吹上浜採集品（図41、第5章図83-1）は肥前磁器を主体とするもので量的にも豊富である。東南アジアの海外消費地で出土が確認される製品が多く、長崎から肥前磁器を積載して出帆し、東南アジアなど南方に向う途上で、沈没あるいは廃棄された製品と推定される（大橋一九八五a、二八二頁）。少量、中国磁器も確認されており、中国ジャンク船であった可能性が高い。ただし、海岸採集品という性格上、やはり曖昧な点も残る。一方、肥前陶磁の海外流通については、近年、海外消費地の出土資料が増加しており、それらの分析を行うことが先決であろうと考える。また、当時の東アジアの磁器の流通全体の中で肥前磁器の海外流通を考える作業も必要である。

第3章　窯業圏の成立と地域的窯業圏の形成

肥前の窯業は一六世紀末の陶器生産に始まる。いわゆる唐津焼の生産である。一六世紀末から一七世紀初にかけて唐津焼の窯は肥前一帯に広がり、そうした中で一七世紀初には有田周辺で磁器生産が開始された。肥前の磁器生産の開始については、文禄・慶長の役の際に連れ帰られた朝鮮人陶工によって始まったとするのが一般的な考えである。その具体的な創始の内容については諸説あるが、いずれにせよ大陸からの技術導入により日本国内最初の磁器生産が始まったことは確かである。以後、肥前の磁器産業は社会的環境の変化に対応しながら現在に至るまで継続され、その磁器生産の中心であった有田や波佐見では今なお地域の基幹産業として存続している。

第1章と第2章においては、肥前の窯業を性格づける個々の要素について、その形態と変遷を概観した。次にそれら個々の要素を組み合わせて、窯業圏の形成過程を明らかにしていきたいと思う。第3章では窯業圏の成立から有田・波佐見などの地域的窯業圏の形成過程について述べる。現在、これらの地域は有田焼、波佐見焼の産地として知られており、こうした地理的な産地形成はこの時期に成立している。そして、第4・5・6章では海外輸出に対応した生産システムが形成される過程、第7・8・9章では海外輸出の減退に対応した過程についてそれぞれ述べようと思う。年代をあてはめるとすれば、一六世紀末～一七世紀前半、一七世紀中頃～後半、一七世紀末以降となる。

第1節　三藩境界域窯業圏の成立

すでに述べたように肥前の窯業は、陶器生産に始まる。その中で相対的に古いとされている窯が佐賀県唐津市北波多の岸岳城周辺に分布する古窯群である（大橋一九八九d、一一頁）。窯の数も少なく、焼成室も概ね一〇室以下の小さなものである。つまり、窯場の規模も小さく、生産量もまだ大きくない。そして、その立地は山間部に位置するものが多く見られる。登り窯であれば、傾斜地が必要であることは言うまでもないが、集落から離れた地域にある窯も多い。おそらく生産工程において自己完結性の高い性格をもち、窯の立地条件としては、燃料の問題が大きな要素となっていると思われる。こうした立地条件は後の有田や波佐見の大規模な生産地よりは地方の小規模な窯業地のそれに近いように思う。

そして、有田の西部地区及び周辺地域の窯場は胎土目積み段階に始まる。ここで言う有田の周辺地域とは有田町の南側及び南西側に隣接する波佐見町、佐世保市木原地区を含めた範囲とする。有田の西部地区で胎土目積み陶器が出土する窯場は、天神森窯、小物成窯、小溝上窯、原明窯、小森窯などがあり、小森窯を除いて胎土目積み段階で廃されることなく、砂目積み段階まで継続して操業されている。そして、有田の南側に隣接する波佐見地区の胎土目積み段階の窯は下稗木場窯である。この窯では砂目積み陶器は出土していない。さらに同じく有田の南西側に隣接する木原地区の胎土目積み段階の窯は、葭の本1号窯、柳の本窯、牛石窯などである。葭の本窯や柳の本窯は砂目積み段階まで継続して操業されている。一方、砂目積み陶器が出土する窯は、有田の西部地区では前記の四ヶ所の窯場をはじめ、二〇基以上の登り窯が確認されている。波佐見地区においても四基に増加している。木原地区における砂目積み段階の窯は、葭の本2号・3号窯、柳の本窯、地蔵平窯などで窯の数の上においては胎土目積み段階と大きな変化はないが、まだ未調査の窯が多く、今後確認例が増える可能性が高い。

そして、この段階の窯の立地条件としては比較的平野に面した丘陵地が選ばれている。また、有田で胎土目積み段階に始まる窯場は全て砂目積み段階まで同一の窯場（同一の窯ではない）で操業が続けられており、窯場の固定化も進んでいるようである。この大きな理由は陶工の人口の増加であると思う。胎土目積み段階から砂目積み段階にかけて焼成室の数も増大し、かつ窯の数も急激に増加しており、これは人口の増加を反映していると考えてよいと思う。小さな窯場の段階では集落に近いという利便性よりは燃料が豊富な山間部に窯場の環境が求められたが、急速に人口が増大し、窯場そのものが大きなものとなれば、山間部だけでは収まらなくなったのであろう。同時に窯場そのものが大きなものとなれば固定化も進むものと思われる。すなわち、窯業の急速な発展によって増大した人口を支えるだけの環境を山間部には求められなくなったためと思われる。この段階を後の有田の東部地区（内山地区）を中心とした窯業圏の段階と比較して、窯業がまだ農業と切り離せない段階と位置づけることもできるが、それは窯業そのものが産業として未熟というよりは、むしろ窯業の急速な発展が豊富な労働力を必要としたために潜在的な労働力を抱える農業地と結びついた可能性が考えられる。

このように有田の西部地区及び周辺地域では胎土目積みから砂目積みへと明確に変化し、急激に窯の数も増加することとなったが、一方、伊万里市周辺地域では陶器窯一一ヶ所の内、胎土目積みを中心とする段階の窯が七ヶ所に対し、砂目積みを中心とする段階の窯は四ヶ所に過ぎず、武雄市周辺地域の陶器窯においても胎土目積みを中心とする段階の窯が四ヶ所、砂目積みを中心とする段階の窯が三ヶ所、両者が混在する窯が一ヶ所となっている（村上一九九七b、四-五頁）。伊万里市周辺地域や武雄市周辺地域では、有田西部地区及び周辺地区で見られた砂目積み段階における急激な窯場の増加をみない。もちろん、砂目積み技法の普及の度合に地域差があることも最近の調査で明らかになってきている。例えば砂目積み段階で最も一般的な製品として、灰釉の溝縁皿があるが、嬉野市塩田町の大草野窯跡では胎土目積みされた灰釉溝縁皿が多数出土している（塩田町教育委員会一九九七）。中には胎土目積み段階に一般的な装飾技法である鉄絵が溝縁皿に施されているものもある。こうした組合せは有田周辺では見られない。有田周辺などでは胎土目積みから砂目積みへと明確に変化していったが、地域によっては旧来の技術（ここでは胎土目積み技法）をそのまま残しながら、製品のスタイルだけ取り入れることもあったのであろう。そのため、必ずしも有田の周辺の窯場のように明確に目積み技法が変化していない可能性が高い。それにもかかわらず消費遺跡の出土状況が有田周辺の胎土目積みから砂目積みへの製品の変化と合致していることを考えると、砂目積み段階においてはすでに有田周辺が生産量において窯業の中心であったと考えることができる。

そして、佐々木達夫は砂目積み段階で最も一般的な製品である灰釉溝縁皿（図51-1、図52-1）の主な分布範囲（図53）が佐賀藩・大村藩・平戸藩の三藩の境界地域に位置していることを指摘する（佐々木一九八八、二四〇頁）。当時、藩境を越えて多くの陶工が往来し

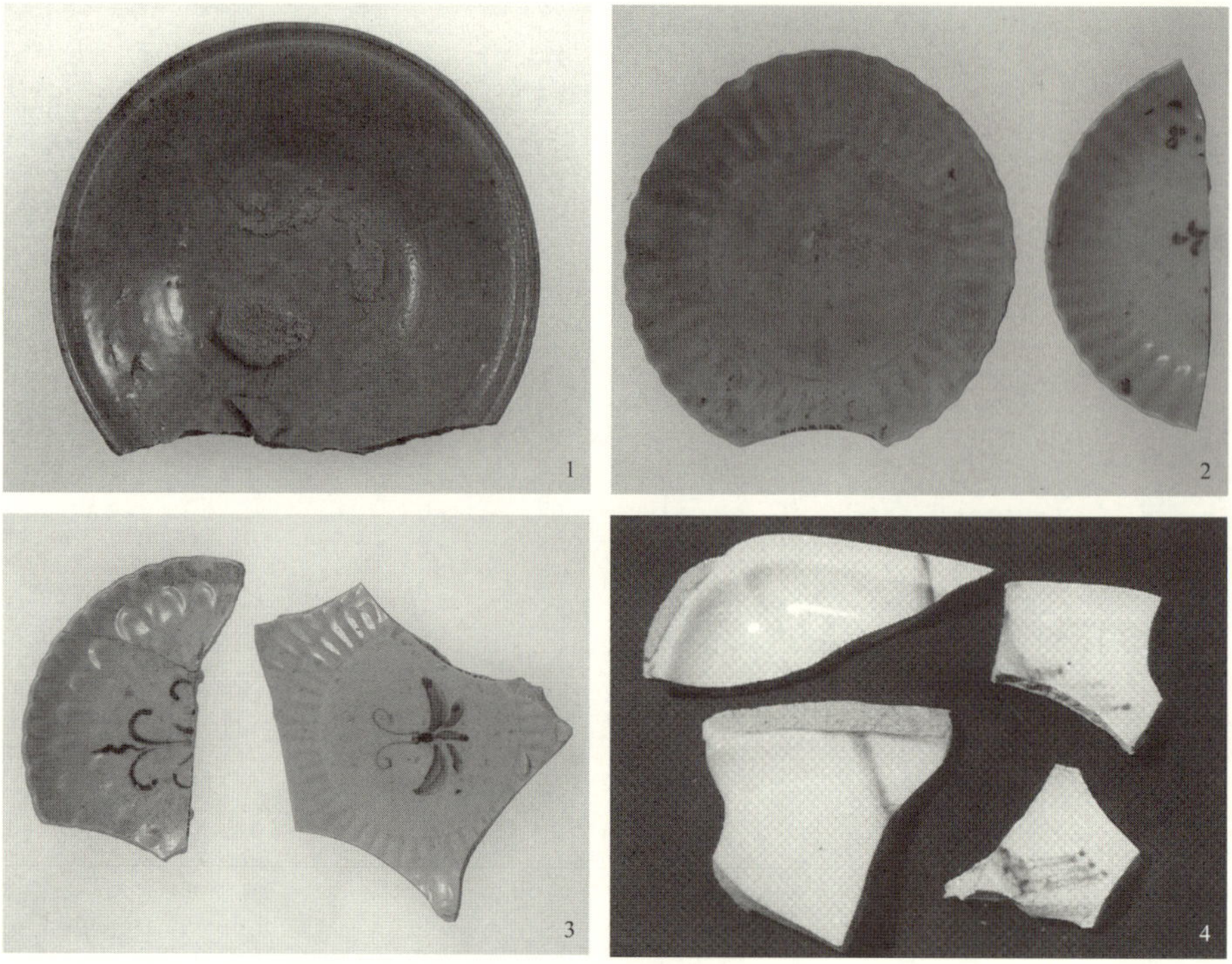

図51　畑ノ原窯跡出土遺物（波佐見町教委所蔵）

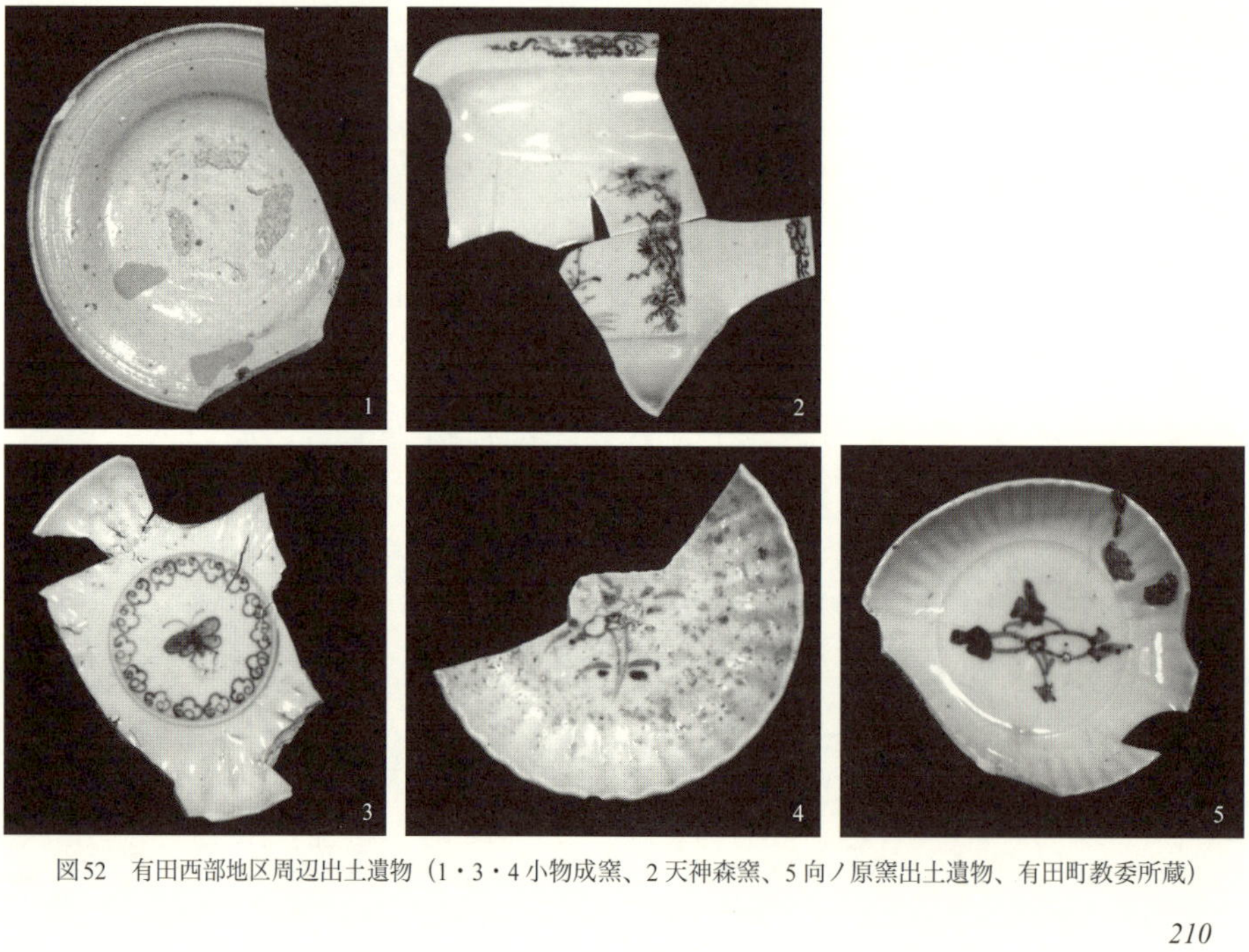

図52　有田西部地区周辺出土遺物（1・3・4 小物成窯、2 天神森窯、5 向ノ原窯出土遺物、有田町教委所蔵）

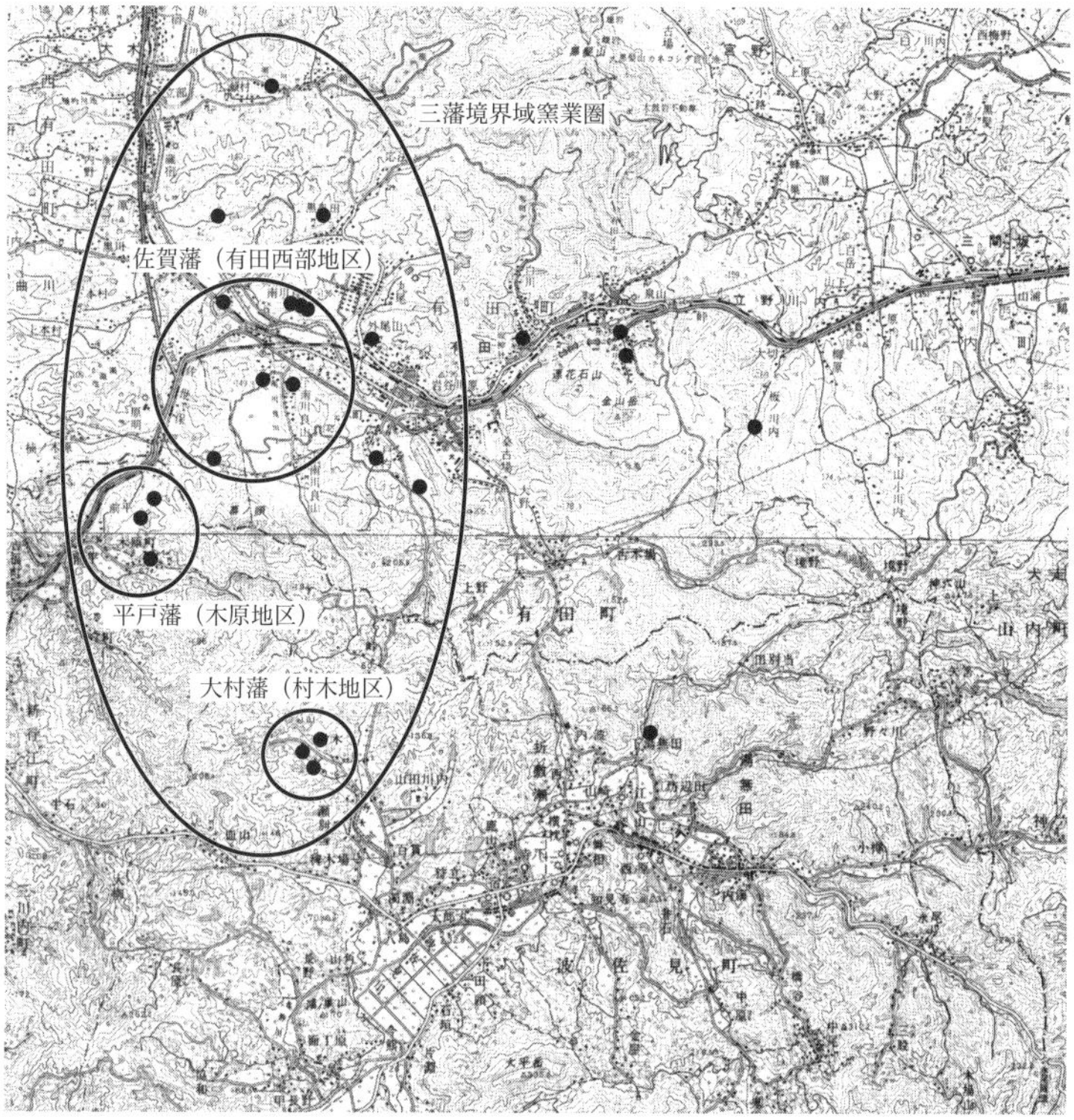

図53　砂目積み段階の古窯跡分布図

ていたことは文献史料からもうかがえる。例えば『肥陽舊章録』によれば、鍋島勝茂は寛永一四年三月二〇日、多久美作にあてて、「古唐人・同嫡子、一職数年居付候て罷在候者ニハ、何様焼物可差免事。唐人之内ニも、他国より参、其所ニ家を持候ハぬ者ハ、可相払事。又扶持人・徒者・町人・旅人、此者共何も焼者先様御法度可申付、但、其所に居付候て罷在候者、百姓を仕可罷居と申者ハ、其まま召置、焼物ハ不仕様堅可申付事」という書状を出している。「唐人之内ニも、他国より参、其所ニ家を持候ハぬ者」が有田にいたことを示している。陶工の移動が頻繁に行われた状況では藩境に対する意識も希薄であったのではないかと思われる。政治的には藩が異なるものの、経済活動においては藩境を越えた同一の窯業圏を形成していたのではないかと思われる。技術的な交流が行われていたことは、これらの地域の窯跡から出土している製品からも知ることができる。例えば有田の西部地区と波佐見の村木地区の両者の製品を比較してみる。村木地区は有田の西部地区の中心である南川原と山一つ隔てて隣接している地区であり、波佐見の砂目積み段階の中心的な位置を占める。そして、村木地区の畑ノ原窯は灰釉溝縁皿を大量に生産した窯である。灰釉溝縁皿はもちろんのことその他の製品も有田の西部地区の製品に極めて類似している。そして、畑ノ原窯で出土している磁器は染付、白磁、青磁の三種類である。染付二三点、白磁四五点、青磁六点の計七四点である。染付はほとんどが型打皿で、白磁、青磁もその多くは型打皿である。磁器皿の高台は比較的広く、削りも丁寧なものが多い。重ね積みをしたものは見られず、陶器皿の焼成方法とは異なる。こうした型打技法を用いた磁器皿は有田町の西部地区の溝縁陶器皿が出土する窯では比較的多く見られるものである。特に菊花形に型打した磁器皿（図51-2・3）は有田町では南川原の小物成窯・天神森7号窯・天神森4号窯、戸杓地区の向ノ原窯など、大木地区の迎の原窯などで出土している（図52-3〜5）。また、畑ノ原窯出土の染付型打方形皿（図51-4）などは天神森窯出土製品に類似する（図52-2）。この砂目積み段階においては、両者の製品は極めて類似しており、焼成技法、装飾技法に基本的な差異はない。

　有田の西部地区と波佐見の村木地区が基本的な焼成技法や装飾技法を共有していたことは明らかであるが、一方、生産された磁器の量と種類の数は大きく異なっている。村木地区の窯場では製品に対する磁器の割合はわずか一〜二%であり、種類も小皿が大半を占める。村木地区の磁器製品の類例を有田の西部地区に求めれば、磁器の割合が比較的高い窯あるいは遺構に多く、特に型打技法による菊花形の磁器皿は、有田の西部地区では量産された磁器の一つである。迎の原上窯は有田の西部地区の中では、生産される磁器の器種も少なく技術水準も決して高い方ではないが、それでも最終段階の床上出土の製品五三点全てが磁器製品であり、その中の四一点以上が型打技法による磁器皿である。遺跡内で出土した遺物四〇二点のうち、七〇%以上は磁器製品である。すでに磁器の量産期に入っているとみてよい。そして、今のところ、平戸藩領においては同時期の磁器生産そのものが確認されていない。三藩の境界地域において、基本的な焼成技法や装飾技法を共有する窯業圏が藩境を越えて形成されたが、登り窯の数から推測される陶器を含めた全体の生産規模においても当時最も付加価値の高い製品である磁器の生産においても有田の西部地区が中心地であったと推測される。そして、有田の西部地区の中でも磁器の種類と量が最も豊富な窯場が、天神森窯のある南川原地区、小溝上窯のある小溝地区を中心とした有田の西部地区の各窯場である。言い換えれば付加価値の高い製品を大量に生産した窯場である。後世の文書ではあるが、小溝や南川原はよく初期の段階の窯場として現れる。『金ヶ江家文書』（有田町史編纂委員会一九八五a、五六六頁）などでは三兵衛（いわゆる李参平）らが小溝周辺に住んでいたことを記している。あるいは平戸藩三川内の『今村氏文書』には、有田の南川原で三之丞が

「白手焼細工」を習得しようとした内容や五郎七（高原五郎七）が南川原で初めて青磁を製作したとの内容も記されている。『今村氏文書』の内容はほとんど伝承に近いような話で矛盾も多く、細かな真偽は明らかではないが、「南川原」、「小溝」が当時の窯業の中心であったことを推測させる。そのため、有田の西部地区の求心力は磁器生産技術を含む先進技術が大きな要因であったと考えられるが、陶工集団の数、入手可能な原料（陶石）の量も一因にあろう。そして、磁器生産が盛んになるとともに藩境を越えて、その求心力を強めた結果、三藩の境界地域を一体化させる窯業圏が形成されていったと考えられる。

そして、窯業圏を形成する上で重要となるのが商人の問題である。陶器生産の場合、基本的に窯焼きらが自前である程度の規模までなら原料や材料、燃料を調達することが可能である。しかし、磁器生産の場合、少なくとも顔料の入手については商人を介在させなければ不可能である。それぞれの窯場の窯焼きが輸入品である呉須を入手するために当時の海外貿易港まで出向いたとは考えにくい。この窯業圏に安定した供給を行う商人（あるいは有力な窯焼き）の存在を推測させる。

また、製品の流通に関してもその需要が近隣地域や特定の消費者に限られる場合は、ことさら商人の重要性は認められないであろうが、遠隔地域の不特定の消費者にまで商圏が及ぶ場合は商人等の介在は不可欠となる。前山博は寛永一五年（一六三八）の『毛吹草』に「唐津今利ノ焼物」、『隔冥記』の寛永一六年（一六三九）の条に「今利焼藤実染漬之香合」とあり、早くも積出港の今利（伊万里）の名を冠した呼称が成立していることから、海運により上方へもたらされる量が決して少なくなかったことを感じさせるとしている（前山一九九〇c、三三頁）。また、第2章で述べたように寛永一九～二〇年（一六四二～一六四三）には大坂商人塩屋与左衛門、えぐや次郎左衛門らとともに伊万里町東嶋徳左衛門が地元の商人として、有田皿山の「山請け」となることが許可されており、少なくとも一六三〇～一六四〇年代においては積極的な伊万里商人の介在があるようである。

それでは一六三〇年代より前の段階においてはどうか。まず、この窯業圏で生産された陶磁器は莫大なものである。佐々木達夫は畑ノ原窯では一回の焼成で三万～五万個の陶器皿を生産したと試算している（佐々木一九八八、二二七-二三三頁）。この窯業圏全体で生産された陶磁器の数は、それぞれの窯が一回だけ焼成されたとしても一〇〇万個を越える計算になる。畑ノ原窯の場合は、焼成室数も多い上、重ね積みの灰釉皿の割合が高いことから、他の窯より一回の焼成で生産される製品数が多いとは思うが、それぞれの窯が一回のみ焼成して廃されたとは考えられず、莫大な生産量であることは正確な実数がわからないまでも確かなことであろう。近接して大きな市場を持たない位置にこれほど大規模な生産能力をもつ窯業圏が形成された背景には、海運によって遠隔地へ運搬する流通機構が前提としてあったことは容易に推測されるし、消費地における出土例や運搬中に沈没した沈船資料によっても確認することができる。大橋康二は消費地における出土例から慶長年間頃の肥前陶磁の商圏について、日本海側は北海道まで、太平洋側は関西までの範囲で、瀬戸・美濃の出土量に近いか、それ以上の割合で出土する事例が一般化しているとする（大橋一九八九d、七頁）。また、玄界灘の玄界島海底遺跡では九〇〇点近い砂目積み段階の唐津系陶器が引揚げ、あるいは確認されている（第2章図38）。おそらく肥前の生産地から玄界灘を経由して消費地にもたらされる途上で何らかの海難に遭遇し、沈没したものであろう。これらは有田西部地区周辺で大量に生産された灰釉溝縁皿などが主体である。

そして、有田の西部地区の陶磁器を積出すのに最も適した港はもちろん伊万里港である。有田西部地区の下流に位置しているだけでなく、玄界灘に向いた伊万里港は消費地との位置関係においても有利な場所にある。砂目積み段階の陶器皿はその伊万里湾の入口に位置する鷹島海底遺跡からも出土している。また、鷹島海底遺跡では三川内地区の砂目積み段階の陶器皿も出土している。同時期、有田の西部地区の製品と同様に三川内地区の製品も伊万里から積み出されていた可能性を示唆している。胎土目積み段階より伊万里津は陶磁器の積出し港としての機能を有していたと推測されるが、砂目積み段階における有田の西部地区を中心とした窯業圏の発展は、その後の伊万里津の積出し港としての役割を決定づけ、陶磁器専門商人の活動の発展を促したと考えられる。すなわち、有田で生産し、伊万里から積み出すという江戸時代を通した物流システムが確立したと考えられる。窯業の生産と流通の両面において、有田の西部地区が三藩の境界地域の窯業圏の中心であることはもちろんのこと当時の肥前の窯業圏の中心でもあったことは間違いないと思われる。

第2節　地域的窯業圏の形成

三藩境界域窯業圏は、有田の西部地区の窯場を中心とした藩境を越えたネットワークで結ばれた窯業圏であった。しかし、一六三〇年代以降、佐賀・大村・平戸の三藩はそれぞれ自藩で窯業圏を形成するようになる。現在の有田焼、波佐見焼、三川内焼としての産地形成の始まりでもある。ここでは有田東部地区を中心とした窯業圏、波佐見東部地区の窯業圏の形成過程を考察し、三藩境界域窯業圏から地域的窯業圏への移行について明らかにしたいと思う。

第１項　有田東部地区を中心とした窯業圏の形成

佐賀藩は寛永一四年（一六三七）に窯場の整理統合を行う。『山本神右衛門重澄年譜』によれば、燃料採取のため山を伐り荒らすことから山林保護を理由に、日本人陶工八二六人を陶磁器生産から追放し、さらに伊万里の皿屋四ヶ所、有田の皿屋のうちの七ヶ所の合計一一ヶ所の窯場を廃して、残る皿屋を有田の「黒牟田・岩谷川内皿屋より上、年木山切、上白川切」の範囲に合わせて一三ヶ所に統合するものであった。前山博は急激に伸びつつあった有田・伊万里地方の窯業に対して、無制約の状態から一挙に統制強化の方向へ転換が行われたものとしている（前山一九九〇c、二四頁）。また、大橋康二はこの整理統合によって廃絶した窯場はいずれも唐津陶器の砂目積み溝縁皿を焼いた窯であり、より付加価値の高い磁器生産の保護育成をねらったものとしている（大橋一九八九d、一四頁）。いずれにせよこの佐賀藩による窯場の整理統合は、窯業圏に対する藩の本格的介入の始まりであり、この後、近世をとおして続く有田東部地区（後の内山地区、口絵６）を中心とする生産機構の始まりでもある。ここでは有田東部地区の中でも比較的早い段階に成立した窯場の一つである天狗谷窯を中心とした白川地区の窯場の出土資料からその形成状況を考えたいと思う。

１　白川地区の窯場の成立

白川地区は、有田の東部地区に位置し、黒髪山に源を発する白川が中樽川と合流するまでの上流域に位置している。現在、この地区には三ヶ所の窯場が確認されているが、それらは全て白川の左岸丘陵に立地している。上流から順に天狗谷（上白川）窯、中白川窯、そして、下白川窯の三ヶ所である。白川地区が初めて文献に登場するのは前記の『山本神右衛門重澄年譜』にある寛永一四年（一六三七）の窯場の整理統合の記載である。その中に統合する範囲の境界として「上白川」の名が見える。そして、承応二年（一六五三）『万御小物成方算用帳』には有田皿屋の内訳として一四ヶ山が列記されており、その中には「上白川山、中白川山、下白川山」とある。よって承応二年には白川地区に既に三ヶ所の窯場が成立していたことを推測することができる。

また、寛永二一年（一六四四）の記載から現存する『竜泉寺過去帳』には、その記載初年の寛永二一年（一六四四）にはすでに白川地区の初見が見られ、「上白川」とある。以後、上白川の記載は寛文八年（一六六八）の「上白川　佐左衛門　子」の記載まで続き、その間、正保元年（一六四四）に「下白川　太□□内方」、万治二年（一六五九）に「中白川　柳本五兵衛」の記載も見える。そして、寛文一一年（一六七一）の「白川　千右衛門」の記載以降、白川の上・中・下の区分が消失し、「白川」、「白川皿山」、「白川山」という名称に変わる。大橋康二はこの区分名称の消失は白川の三窯場の統合に関係があると推測している（大橋一九八八d、二二四-二二五頁）。すなわち、一八世紀以降も存続したと考えられる窯場は下白川窯のみであるため、区分名称が消失した頃（寛文年間）までには天狗谷窯、中白川窯が廃窯を迎えて、下白川窯だけが白川地区の窯場として存続した可能性が考えられるとする。

そして、白川地区、特に天狗谷窯の開窯の問題については、これまでしばしば大きく取り上げられてきた。それは有田焼の陶祖と伝えられる李参平（初代金ヶ江三兵衛）との関わりから日本の磁器発祥の窯として、旧来考えられてきたことによる。その考えでよく引用されるのが次の『金ヶ江家文書』や『多久家文書』などの古文書の記述である。

一、其砌皿山之儀は至而深山ニて、田中村と申、人家飛々有之、纔之田畠ニて百姓相立居候由。其末右唐人御含ニより、段々見廻り候処、今之泉山江陶器土見当り、第一水木宜故、最初は白川天狗谷ニ釜を立、〔後略〕

（『金ヶ江家文書』有田町史編纂委員会一九八五a、五六六頁）

皿山金ヶ江三兵衛高麗ゟ罷越候書立　覚

一、某事、高麗ゟ罷渡、数年長門守様江被召仕、今年三十八年之間、丙辰之年ゟ有田皿山之様ニ罷移申候。多久ゟ同前ニ候者十八人、彼者共も某子ニ御座候。〔後略〕

（『多久家有之候御書物写』有田町史編纂委員会一九八五a、七-八頁）

前者によれば金ヶ江三兵衛が現在の泉山磁石場を発見し、白川の天狗谷に開窯したとされる。そして、後者によれば金ヶ江三兵衛が丙辰の年に有田皿山に移ったとされる。また、有田に移って三八年になるとあることから、日付の「巳年四月廿日」は承応二年（一六五三）、文中の「丙辰之年」は元和二年（一六一六）と推定される。

以上の内容から、金ヶ江三兵衛が有田に移り住んだ元和二年（一六一六）を泉山磁石場の発見、天狗谷窯の開窯、そして、磁器創始と結びつけて天狗谷窯の元和二年（一六一六）開窯説が広く一般に知られることとなったのである。しかし、天狗谷窯の開窯が泉山磁石場の発見が契機であることは確かであっても金ヶ江三兵衛が有田に移り住んだ年と結びつけることに合理的な理由はない。

一九六〇年代の天狗谷窯の発掘調査団の団長である三上次男は、その後の著作の中で「家永家文書」について引用し、金ヶ江三兵衛（李参平）が創始したのではなく、家永壱岐守の孫正右衛門がその前に開窯した可能性を指摘している（三上一九七五、七八–八八頁）。大橋康二は窯の焼成室規模に着目し、天狗谷窯で層位的に最も古いE窯の焼成室規模が磁器創始期の窯のグループよりも規模が大きく年代が下がる可能性を指摘した（大橋一九八六b、六一–八九頁）。また、大橋康二は天狗谷窯のE窯内出土の染付花卉文碗が天神山窯採集品である寛永一六年（一六三九）銘の染付碗の文様に酷似していることを指摘している（大橋一九八二c、四頁）。これによって、天狗谷窯のE窯の廃窯年代が一六三〇〜一六四〇年代であることが推測できるようになったが、窯内資料はE窯の最終段階の製品であり、開窯年代を示すものとはならなかった。筆者は一九六〇年代の発掘調査資料以外の天狗谷窯採集資料や窯の耐用年数からその開窯時期は一六三〇年代頃であり、一六二〇年代に遡るとしても一六二〇年代の後半代であろうと推測したが（野上一九九二、四四頁）、これも推測に過ぎず、確証があるものではなかった。

(1)　天狗谷窯

①出土遺物

一九六〇年代の発掘調査ではE・A・D・B・C・X窯などの窯体が検出されている（有田町教育委員会一九七二、九–二七頁）。天狗谷窯の製品の特徴の一つは、碗類が主体であり、皿類が少ない点である。そして、瓶・壺・香炉などの割合が比較的高いことも特徴の一つにあげられる。これらの特徴は、最も古いE窯から最も新しいC窯まで共通の特徴となっている。ここでは一九六〇年代の発掘調査で出土したE・A窯の製品について述べていく。

（E窯）図54−1〜5

E窯は天狗谷窯で現在確認されている窯体の中では最も古い窯である。位置的にはA窯と重なる位置にあり、A室の11室から15室にかけての床下から検出されている。ここではE窯13室、E窯窯尻部から出土している製品をとりあげる。染付碗、瓶、皿、青磁碗、瓶、青磁・透明釉掛分け碗、白磁碗、鉄釉掛分け碗などがある。碗が最も多く、瓶がそれに次ぎ、皿類は少ない。窯道具はトチン、ハマ、ボシなどが出土するが、ボシは轆轤作りのものと紐作りのものがある。

碗は高台内まで施釉してあるものと無釉にしたものがある。前者が大半を占めているが、鉄釉・白釉掛分け碗、青磁・透明釉掛分け碗などは後者に属する。染付窓絵笹文碗は、中白川窯物原最下層（6層）で類品が出土している。文様は同じ窓絵笹文と思われ、高台の畳付が鋭く削られ、高台内がいわゆる兜巾形になっている点など成形上も酷似している。また、青磁・透明釉掛分け碗も中白川窯物原最下層（6層）で出土している。染付花卉文碗（図54−2）ついて、前述のように大橋康二は天神山窯で採集されている寛永一六年（一六三九）銘の碗（第1章資料3−図12）に酷似していることを指摘する。また、大橋はE窯の製品が武雄市山内町窯ノ辻窯物原下層の製品と類似していることも指摘する。例えば染付吹墨月兎文皿、染付松梅文瓶などに類品が見られ、染付山水文皿の見込み周辺の雲花文様も窯ノ辻窯物原下層段階では多用されている。窯ノ辻窯物原下層では寛永一六年（一六三九）箱書銘のある染付鷺文皿や寛永一九年（一六四二）箱書銘のある染付唐花文皿などの伝世品（小木一九八八、一五−一六頁）の類品も出土している。

染付松梅瓶は一六三七年以前に廃窯になった小溝上窯で酷似した製品が出土する。小溝地区は白川地区と同様に金ヶ江三兵衛、あるいは家永家が関わったと推定されている窯場であり、碗類や瓶類の割合が比較的大きい点など、器種組成に共通点も見られる（佐賀県立九州陶磁文化館一九八七、二九頁）。

（A窯）図54−6〜11

A窯はE窯に続く窯である。染付碗、瓶、皿、青磁鉢、白磁小坏、碗、香炉などが出土する。A窯もE窯と同様に碗が最も多いが、E窯には見られなかった器形も出土している。窯道具はトチン、ハマ、焼台が出土する。

染付碗はその大半が高台内まで施釉したものであるが、高台無釉の製品もみられる。その文様は柳文（図54−6）、山水文（図54−7・

8）、竹筍文（図54−9）、唐草文（図54−10）などがみられる。柳文は山辺田窯、弥源次窯、猿川窯、中白川窯でも出土している。中白川窯では物原最下層で出土がみられる。山水文については一六五〇年代前半頃に廃窯したと推測される小樽2号窯、波佐見町三股青磁窯などで類品が出土する。ただし、天狗谷A窯や三股青磁窯の製品が高台内まで施釉しているのに対し、小樽2号窯の製品は高台無釉である。簡略化が進んだ山水文を描く碗が山辺田窯、谷窯などで出土している。これらもA窯の製品が高台内まで施釉しているのに対し、高台無釉である。同様の文様であっても窯場によって、高台施釉のものと無釉のものがあるようである。そして、A窯では白磁碗、白磁小坏など白磁製品も多いことが特徴の一つである。また、天狗谷窯跡採集品の中に「寛永廿年」（一六四三）銘の染付壺がある（野上一九九二、三四頁の写真4）。これはE窯あるいはA窯の製品と推測される製品である。

②開窯年代

一九六〇年代の天狗谷窯の発掘調査は窯体が主体

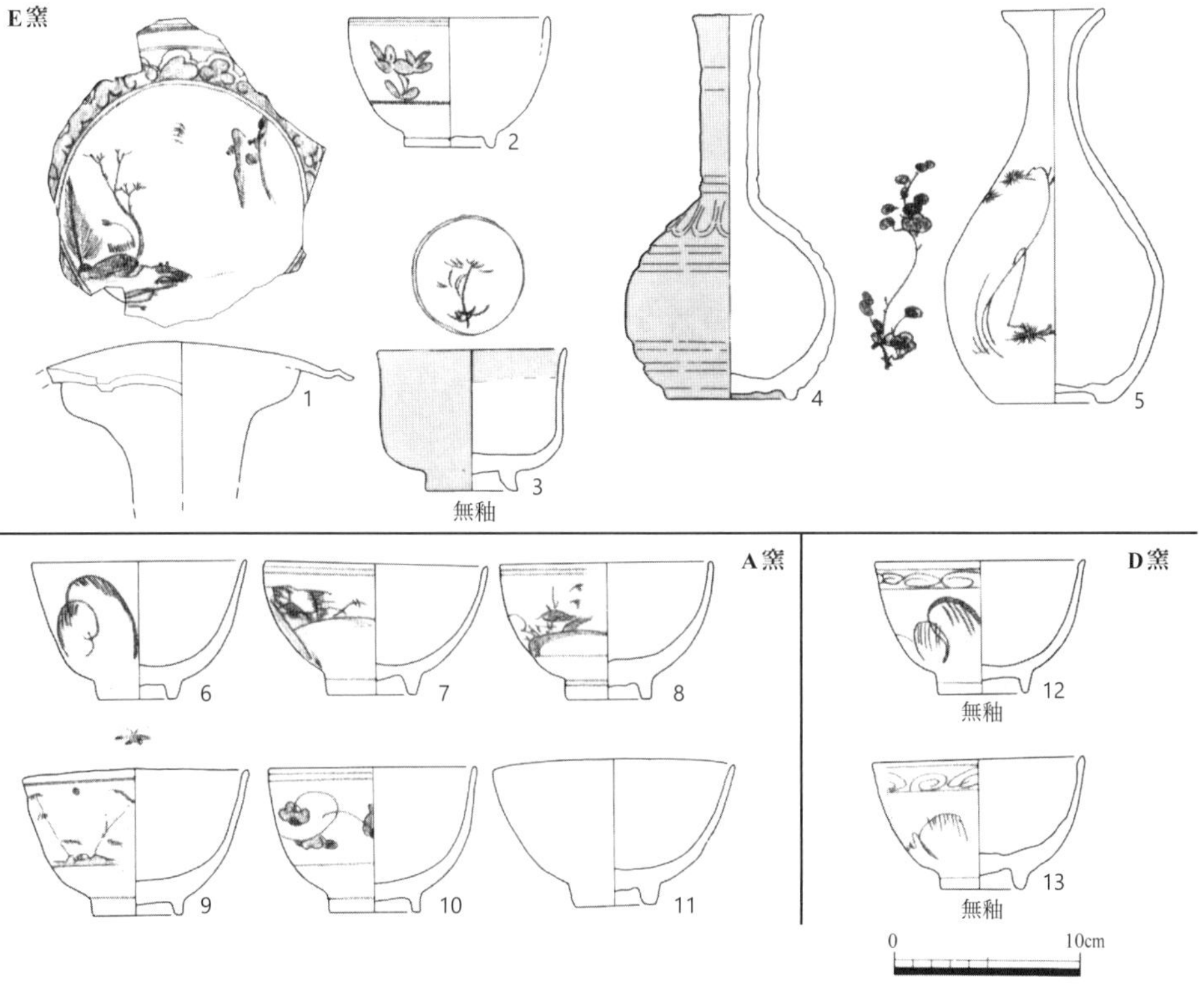

図54　天狗谷E・A・D窯跡出土遺物（有田町教委1975a）

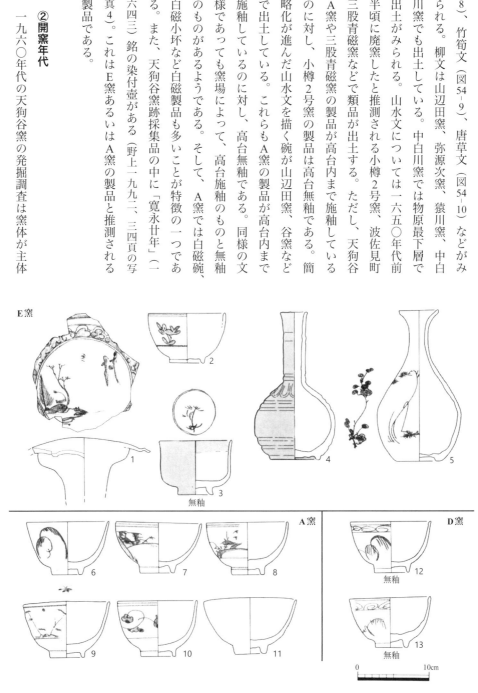

の調査であったため、物原部分は未調査であり、開窯時期の製品を含めて、その製品の全体像が明らかになっているわけではなかった。そこで一九九九年、二〇〇〇年に天狗谷窯跡の物原の発掘調査を行った。一九九九年の調査は不明瞭な形状で検出されていたA窯の胴木間の再確認、物原の位置と規模の確認などを目的として行った。その結果、物原については、D窯・B・C窯の物原層と推測される土層は確認されたが、それよりも相対的に古いE・A窯については作業段の重複状況は確認できたものの明確な物原層は確認できなかった。一九九九年の調査で判明したことは、D窯・B窯・C窯の物原はE・A窯の作業段の上に形成されていること、E・A窯の物原はさらに窯体から離れた南側に位置することなどである。

二〇〇〇年に行った発掘調査では、一九九九年の調査トレンチをさらに南側と西側に拡大した。そして、E窯やA窯の物原層と推定される堆積層を確認することができた。また、E窯の後半期あるいはA窯の前半期の物原と推定される堆積層がトレンチの南端で確認されている。複数の整地層が確認され、E窯・A窯の廃窯後にB窯・C窯などを順次築く際に製品の失敗品を埋め込んで造成し、その上に黄褐色粘土を貼って、作業段を設けている様相もわかった。

確実にE窯の物原層と推定される土層は薄く、出土する遺物も少ないが、従来確認されていた製品の年代を大きく遡る製品は含まれていない。A窯の物原から出土する遺物は、E窯窯内資料と共通する要素をもつものもあり、E窯の廃窯後、休止期間をおかずにA窯が築かれた可能性が高い。また、E窯の整地面と推定される面上には大きな割れ石が残されていた。人為的に置かれたものではなく、窯の上部からの転石と思われる。このような転石は窯体の南側のほとんどのトレンチで確認されており、E窯の稼働期間中に上部の岩壁から崩落したものである可能性が高い。そして、A窯も同様の危険にさらされていた。一九六〇年代の発掘調査ではA窯の焼成室内で大岩が確認されている。おそらく上部の岩壁から崩落した岩が窯に直撃したものであろう。E窯やA窯が落石などの危険にさらされていたことは、A窯では、有田の他の窯では例をみない土止め壁を窯尻背後に築いていることからもわかる。よって、落石等の危険のあるE窯・A窯が築かれた場所を放棄し、より岩壁から離れた北側に新たな窯、すなわちB窯などを築き、移動したと考えるのが妥当である。天狗谷窯ほど狭い範囲の中で比較的短期間に三〜四回も築き直された例は他になく、その理由はその特殊な立地環境にあったと推定される。つまり、E窯やA窯は窯の耐用年数期限を待たずに廃窯した可能性が考えられること、E窯とA窯の製品の間に断絶は見られず、その製品の推定年代幅も狭いことを考え合わせれば、天狗谷窯の開窯年代はやはり一六三〇年代頃と推定され、一六二〇年代に遡る可能性は低い。

(2)　中白川窯跡

中白川窯跡については、一九八九年に発掘調査を行った。確認されている窯体は一基のみである。物原についてもトレンチ調査を行い、製品や窯壁片を含む堆積層を確認した。表土（1層）の下に2層から最下層の6層まで五つの物原堆積層がある。ここでは一六三〇～一六五〇年代と推定される最下層の製品についてとりあげる。

①出土遺物

染付碗（図55-3）、青磁掛分け碗（図55-1・2）などが出土しているが、量は少ない。染付碗は、高台無釉のものと高台内まで施釉したものがある。文様は柳文、窓絵網目文などがある。天狗谷E・A・B窯前期の製品に類似する。青磁掛分け碗は高台無釉であり、天狗谷E窯の製品に類似する。

②開窯年代

文献史料等による中白川窯の初見は、承応二年（一六五三）の『万御小物成方算用帳』である。『竜泉寺過去帳』万治二年（一六五九）には、「中白川　柳本五兵衛」と記されている。文献史料から一六五〇年代には操業されていたことはわかる。物原最下層である物原6層から出土する製品は、一六三〇～一六五〇年代である。最も遡る可能性があるものは、天狗谷E窯と共通する青磁掛分け碗の一六三〇～一六四〇年代頃である。

(3)　下白川窯跡

下白川窯については、佐賀県立九州陶磁文化館が一九八八年に発掘調査を行っている。調査では、『安

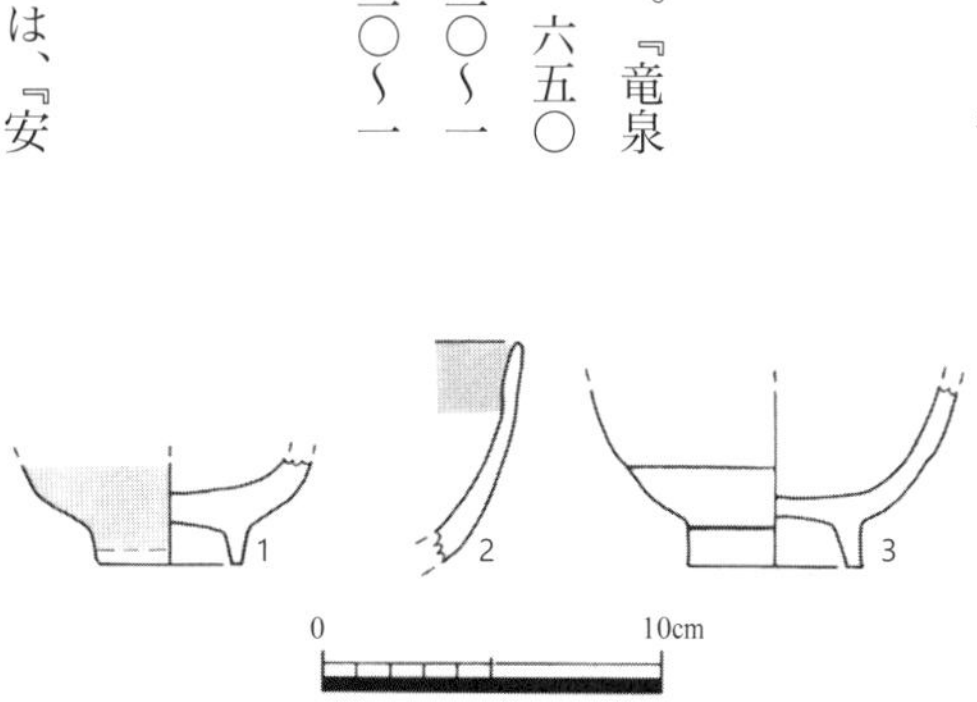

図55　中白川窯跡物原6層出土遺物（有田町教委1990）

政六年松浦郡有田郷図』にも描かれている窯体と一七世紀後半を主とする物原層が検出されている。窯体の床下からは窯を築く際に埋められたと推測される一八世紀前半頃の製品を主体とする堆積層が確認されている。ここでは一七世紀前半～中頃と推定される製品を抽出する。

①出土遺物

染付小皿、面取壺、鉄釉掛分け碗、白磁壺などが出土する。その中で染付吹墨皿、染付面取壺、鉄釉掛分け碗は一六三〇～一六四〇年代の製品と推定される。

②開窯年代

文献史料にみる下白川の初見は、『竜泉寺過去帳』の正保元年（一六四四）の「下白川太郎兵衛内方」である。物原出土遺物の中にも一六三〇～一六四〇年代と推定されるものが含まれるので、遅くとも一六四〇年代には開窯していたとして間違いなかろう。大橋康二は下白川窯の一六三〇～一六四〇年代の製品について、小皿、瓶、壺類が多いことを指摘しており、瓶、壺が多い点は天狗谷窯と共通する特色として、陶工集団の深い関わりを推測している（佐賀県立九州陶磁文化館一九八八、二九頁）。一方、小皿類が多い点は、天狗谷窯、中白川窯と異なっている。

2　有田東部地区を中心とした窯業圏

有田の東部地区（後の内山地区）を中心とした窯業圏の形成（図56）は、寛永一四年（一六三七）の窯場の整理統合によって確固たるものとなることは確かである。しかし、その前提となったのは泉山磁石場の発見であり、豊富で良質な原料が求心力となって、新たな窯が次々と築かれていったと推測される。そして、文献史料に泉山磁石場発見後に初めて築かれたと伝わる天狗谷窯の開窯年代が一六三〇年代頃と推定されることから、急速に形成されたことが推測される。また、有田の東部地区は、窯の立地条件としてはその地質的・地勢的条件は決して恵まれたものではない。天狗谷E窯・A窯が自然災害で廃窯となったと推測されることからも理解できるが、また一つの悪条件は水捌けの悪さである。有田の東部地区は山がちで、しかも不透水層である岩盤が地表から近い。そのため、特に上流域に位置する窯の中には床下に大量の砂や製品を埋めた例が多く見られる。天狗谷窯においても確認できたが、楠木谷窯、年木谷3号旧窯などでも見られた。天狗谷窯の開窯に際して、『金ヶ江家文書』には「第一水木宜故」とあり、自然条件が重視されたことが記されているが、あくまでも泉山磁石場に近いという前提条件の中での選択であったのである。言い換えれば、豊富で良質な原料産地に地理的に近いという条件がいかに重視され、地質的・地勢的な悪条件を補って余るものであったかを示している。

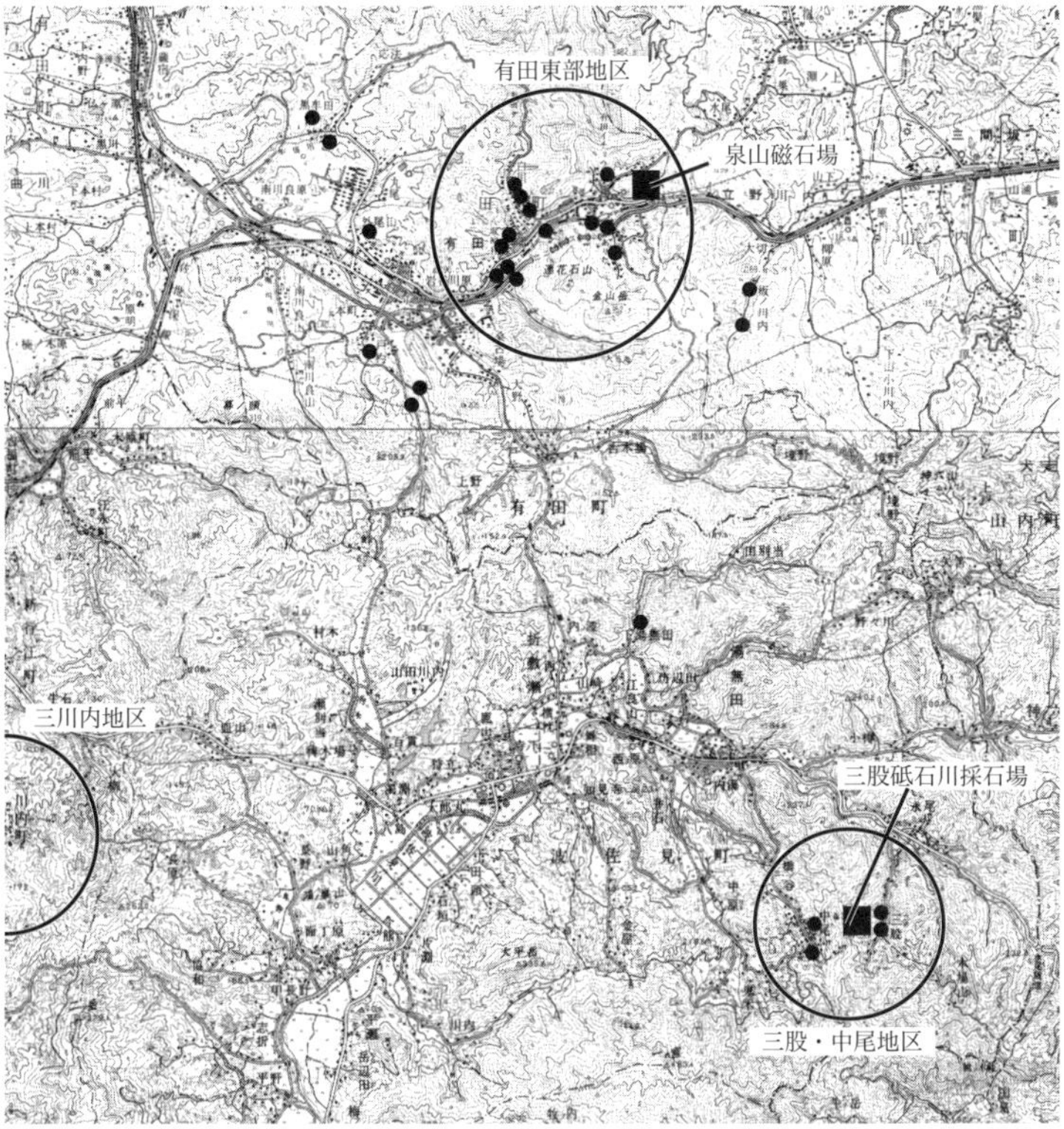

図56　1630～1640年代の磁器出土古窯跡分布図

そして、その窯業圏の形成については、前述したように大きく二つの陶工の流れが考えられる。一つは金ヶ江家や家永家などのように有田の西部地区から移ってきた陶工、もう一つは深海家など武雄地区など有田の東方から移ってきた陶工である。それは『竜泉寺過去帳』の記載によってもある程度推測が可能である。有田の東部地区で一七世紀前半の記載のある窯場は、年木山、上白川、下白川である。竜泉寺が有田の西部に所在することを考えれば、これらの窯場には有田の西部地区周辺から移ってきた陶工を含んでいることがわかる。『金ヶ江家文書』や『家永家文書』などに金ヶ江家や家永家が有田の西部地区から白川へ移ってきたことが記されている上、上白川に比定される天狗谷窯の製品と有田の西部地区の窯場の一つである小溝地区の製品は共通する点が多いこともそのことを裏付けている。そして、白川地区の各窯場は一六三〇～一六四〇年代においては共通する要素が多いことについては、中白川窯や下白川窯の開窯に天狗谷窯の陶工たちの影響があったか、あるいは関わりをもった陶工らによる開窯であったことが推測される。すなわち、小溝地区の窯場などから東部地区へともに移ってきた可能性が考えられる。ただし、下白川窯については碗が比較的少なく、小皿類が多いという天狗谷窯や中白川窯では見られない特色もあるため、白川地区の窯場にあっても単一の陶工集団によってのみ構成されていない可能性が高い。統合される際にそれまで別々であった陶工集団が統合されることもあったのであろう。

第2項　波佐見東部地区を中心とする窯業圏の形成

第1節で述べたように波佐見地区の陶磁器生産はその西部地区で始まっている。胎土目積み段階の下稗木場窯、砂目積み段階の畑ノ原窯、古皿屋窯、山似田窯などである。畑ノ原窯など村木地区の窯場は三藩境界域窯業圏の一部をなす窯場であるが、いずれも陶器主体の窯場である。

有田で泉山磁石場が発見されたように、波佐見でも三股で原料が発見されたが、その年代については明らかではない。文献史料などでは慶長年間に三股の窯場が成立したと記されているが、今のところ、それを裏付けるような考古資料はない。また、大村藩では佐賀藩の窯場の整理統合のような政治的事件は知られていないが、この時期には有田と同様に窯業圏の中心が原料産地に近い東部地区に移り、磁器製品の専業化が始まっている。ここでは波佐見の東部地区でも比較的早い段階に成立した三股地区と中尾地区の窯場の出土資料からその生産状況を推測しようと思う。

1　三股地区・中尾地区の窯場の成立

(1)　三股地区

三股地区の三股古窯跡や三股青磁窯跡の製品（図57）についてみていくことにする。これらの窯跡から一九七八年の砂防工事の際に大量の製品が採集されており、その後、三股古窯跡は一九九三年、三股青磁窯跡は一九九七年に波佐見町教育委員会によって発掘調査が行われている。出土資料等からこれらの窯跡が青磁を主体に生産したものであったことがわかる。有田においては同時期に青磁を主体に生産した窯は確認されていない。ただし、三股地区の窯場が開窯当初から青磁主体であったのかどうかは明確ではない。

まず、有田の製品と比較しやすい染付製品からみていこう。三股古窯跡では、皿、碗類が出土している。染付皿では山水文（図57－3）と菊花文（図57－1・2）等が見られる。菊花文を見込みいっぱいに一つ描くA類（図57－1）と菊花を散らすB類（図57－2）に分け、さらにB類を空隙を塗り潰すもの（B－1類）と空隙を点描で埋めるもの（B－2類、図57－2）に分けると、A類は有田では南川原地区の天神森窯跡、有田東部地区の猿川窯跡・天狗谷窯跡などで出土しているが、三股古窯跡出土のものは天狗谷窯跡出土（図58－1）のものに近い。B－1類は有田東部地区の猿川窯跡、小樽2号窯跡などに類例が見られる。B－2類は黒牟田地区の山辺田7号窯跡や有田東部地区の猿川窯跡、天神山窯跡（図58－5）などで類例が見られ、寛永二年（一六二五）を下限にもつ武雄市みやこ遺跡出土品にも見られる。みやこ遺跡出土製品の見込みは菊花の配置は同じであるが、点描も細かく丁寧であり、三股古窯跡採集のものはそれよりは粗雑である。また、見込みに扇を散らした文様も有田で比較的見られるものである。次に染付碗に見られる菊花唐草文（図57－6）、半菊唐草文（図57－8）について見ると、菊花唐草文は猿川B窯跡、山辺田6・7号窯跡、天狗谷窯跡（図58－3）などで類例が出土する。半菊唐草文は天神森窯跡、百間窯跡（武雄市山内町）、山辺田窯跡、原明B窯跡に類例が見られる。三股地区では少量天目形の染付碗（図57－9）が見られるが、口部の折れは明瞭ではなく、口部外面を巡る文様も粗雑である。有田の西部地区で見られる製品よりは東部地区に見る製品（第1章資料3－図4・5）に近い。畑ノ原窯跡出土の磁器が寛永一四年（一六三七）の窯場の整理統合までに廃窯したと推定される有田の南川原などの西部地区に分布する窯跡から出土する磁器を中心に類例が見られたのに対し、三股古窯跡の出土磁器はそれらに加え、小樽2号窯跡、猿川窯跡、天神山窯跡、天狗谷窯跡など有田東部地区の比較的早い段階に開窯した窯跡から出土する磁器にも類例がかなり見られることを指摘できる。そして、染付製品の文様の多くはその要素を取り上げると同時期の有田に比較的見られるもので区別がつきにくい。少なくとも有田と共通の影響下にあったようである。

次に三股青磁窯跡では小坏・碗・皿・鉢などが出土している。染付碗はそのほとんどが高台内まで施釉したものであるが、数点高台無釉のものが見られる。文様は山水文や松文が見られる。中野雄二は、山水文は天狗谷A窯跡出土資料、松文は稗古場窯跡出土の寛永一九年（一六四二）銘の染付碗の文様に類似していることを指摘している（波佐見町教育委員会一九九八、二八頁）。染付皿は山水文

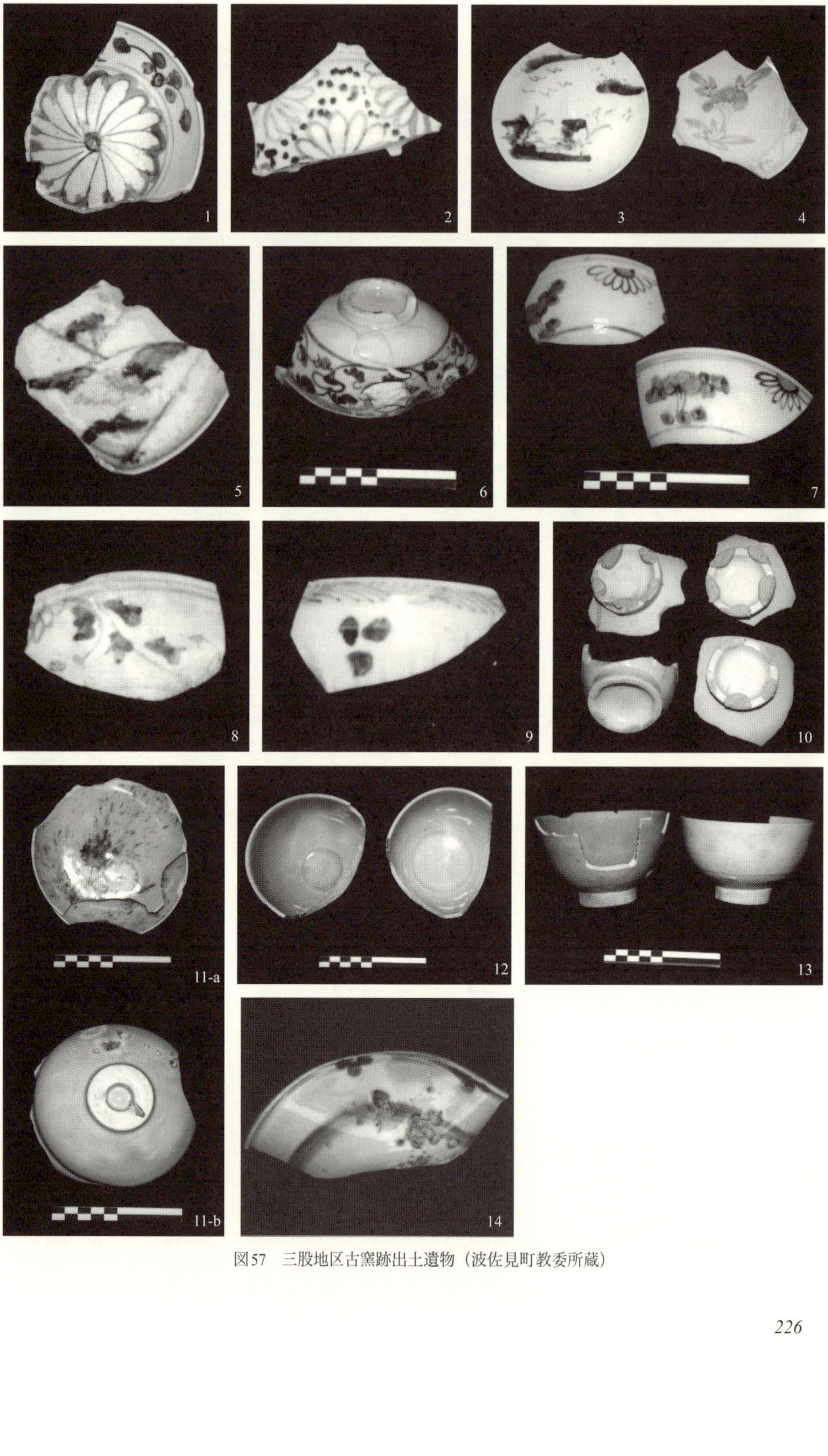

図57　三股地区古窯跡出土遺物（波佐見町教委所蔵）

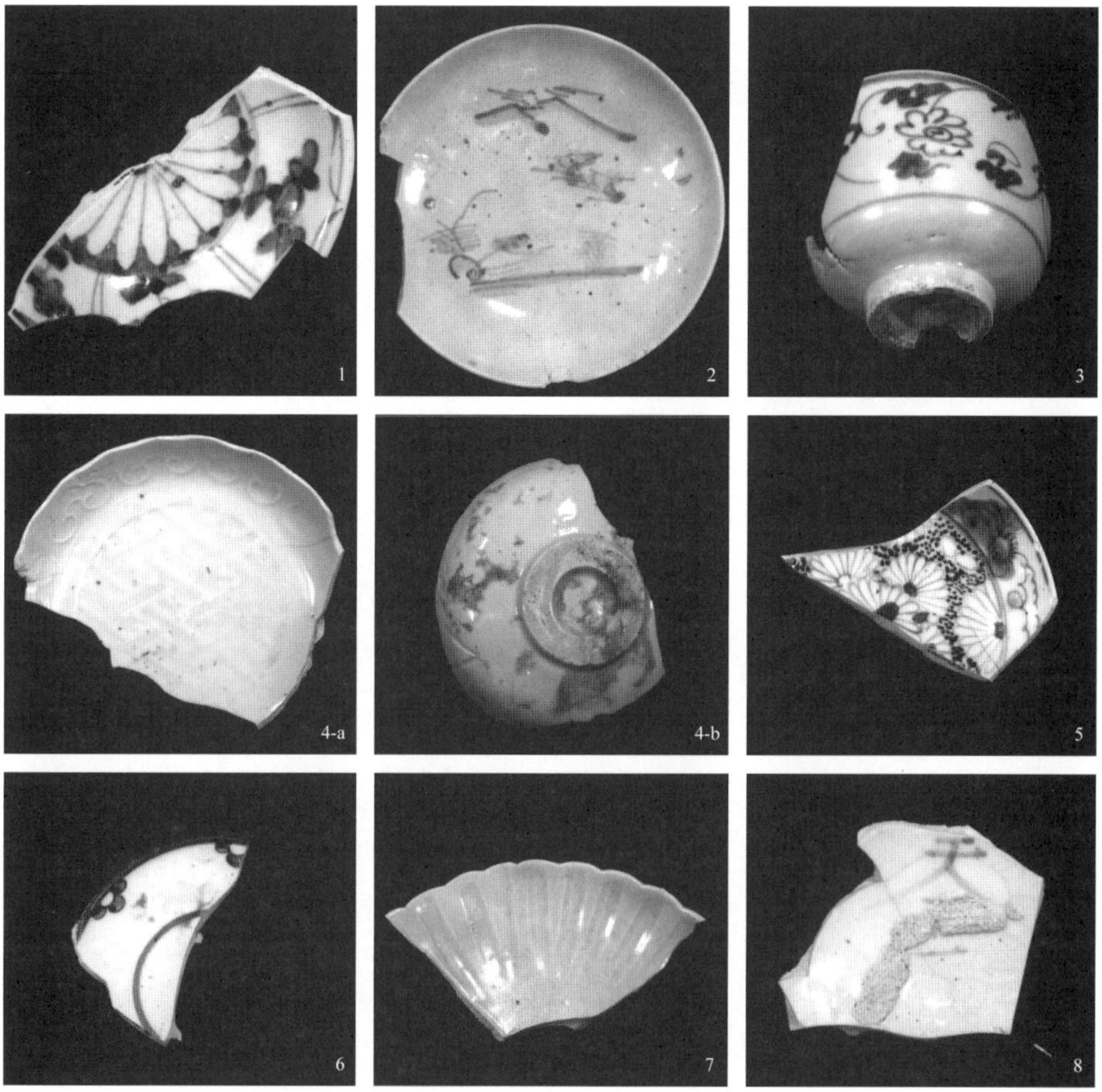

図58　1630～1640年代の有田古窯跡出土遺物
（1～4天狗谷窯跡、5～7天神山窯跡、8山辺田窯跡、有田町教委所蔵）

が多く、他に丸文・花蝶文・芙蓉手文様・日字鳳凰文などが見られる。山水文皿は有田でも一般的に見られる製品であるが、中野雄二は小樽2号窯、山辺田6・7号窯、掛の谷窯などの出土製品に近いことを指摘している（中野一九九八）。丸文は有田では一六四〇年代頃多用されている文様である。日字鳳凰文皿は有田では一六五〇年代を中心に最も一般的に生産された製品の一つであるが、有田の窯跡出土資料の中で最も近いのが、楠木谷1号窯や小樽2号窯の出土資料である。これらは染付見込み荒磯文碗・鉢と時期的に重複しない段階の日字鳳凰文皿であり、一六五〇年代中頃以降の海外輸出が本格化される前段階の製品と推測される。三股青磁窯の製品は三股古窯の製品と異なり、有田で寛永一四年（一六三七）の窯場の整理統合までに廃窯したと推定される窯の資料との類似性は見られず、日字鳳凰文皿のようにむしろ一六五〇年代が生産年代の主体となる製品が見られる。よって、三股古窯と三股青磁窯はその両者の操業年代に重複期間があったとしてもずれがあるように推測される。それは三股青磁窯で検出されている焼成室の横幅（四・六m、推定平均四・三m）が、有田では一六五〇年代を操業期間に含む掛の谷窯や天狗谷B窯で検出されている焼成室の横幅（四・三m）に近いことからも推測される。

そして、三股地区の窯場を特徴づける青磁、いわゆる三股青磁についてみていく。少なくとも優品については当時の肥前の最高の技術水準にある。釉色は一般に有田の製品に比べて水色がかっており、明るい印象を受けるものが多い。器種は皿、碗、鉢、瓶、香炉、仏飯器などがある。そして、装飾技法は篦彫り、または線彫りが多用されている。中には印花技法や貼り花技法を用いたものもみられる。また、三股青磁窯跡では口部を辰砂によって口紅装飾をしたものが出土している。この種の装飾は平戸藩の中野窯で白磁皿に見られるものの、今のところ有田の青磁製品の中では確認されていない。碗では見込みに鏡をもつものも見られ、外面に線彫りを施すものもある。一六三〇～一六五〇年代の有田で比較的多く生産された高台部を無釉にした青磁碗あるいは青磁・白釉（または透明釉）の掛分け碗の類は三股地区では少量見られるが（図57-13）、むしろ開窯時期が三股地区よりやや遅れると思われる中尾地区では高台無釉碗の出土量が多いことから、中尾地区で窯場が成立した以後に高台無釉碗が流行した可能性が高い。その他に有田に類例がみられるものをいくつか例に挙げると、鼓の側面を模した文様（図57-14）は天神山窯跡（図58-6）、稗古場窯跡、天狗谷窯跡などで類品が出土している。輪花状にし花弁に幅広の篦彫りを施した製品は猿川窯跡、天神山窯跡（図58-7）で出土している他、伝世品に正保二年（一六四五）の箱書銘を伴うもの（小木・村上一九九八、四九頁）もある。その伝世品については実見しておらず、有田製か波佐見製か断定しかねるが、三股古窯跡や猿川窯跡で出土している製品と同様に見込みに線彫りによる文様が施されている。そして、有田で一六四〇～一六五〇年代前半に流行する蛇の目高台（図58-4）は三股地区では青磁染付皿（図57-11）などに見られる。

白磁については三股古窯跡では皿、碗、鉢などが出土し、三股青磁窯跡では皿、鉢などが出土している。砂目痕が見られるものもある（図57-10）。碗、鉢の高台は比較的高いものが多い。こうした高台が比較的高い白磁碗は天神山窯跡・武雄市山内町窯ノ辻窯跡などで類品が見られるが、天神山窯跡の出土例には砂目痕は確認されない。また、磁器ではないが、高台が比較的高い陶器碗は有田西部の天神森窯跡などでも出土している。

窯道具については資料が少ないが、トチン、ハマ、ボシが見られる。ボシに「天下一」の線彫りが見られるものがある。有田ではこの銘を染付した製品が山辺田窯跡（図58-8）、猿川窯跡などで出土している。

そして、有田では一六四〇年代ごろに色絵焼成技術が始まるが、一七世紀中頃から後半にかけては有田以外に九谷窯（石川県）・姫谷窯（広島県）・吉田窯（佐賀県嬉野市）などで色絵生産が確認されている。波佐見においても一六四〇～一六五〇年代に生産されたと思われる色絵片が三股地区で採集されており、有田と同じ頃に色絵生産を行った可能性を示唆しているが、そうした色絵素地は現資料の中では見られず、現段階ではまだ確証がない。

⑵　中尾地区

中尾地区（口絵9）は波佐見の磁器専業の窯場の中では三股地区に次いで古い窯場とされている。そして、中尾地区の窯跡でこの時期（一六三〇～一六五〇年代）に該当する可能性がある窯は広川原窯・中尾上登窯の二ヶ所である。また、白岳窯も採集品の性格によっては可能性を考えることができる。文献史料では中尾山の開窯は正保元年（一六四四）と伝えられており、この時期の中では遅い段階と思われる。かつ、これらの下限を明確に一六五〇年代として区切ることは難しく、むしろ次の時期（一六五〇～一六九〇年代）の早い段階を含めた時期に位置づける方が適当であろう。

広川原窯において、出土している資料は青磁碗を中心としたものである。大半が青磁製品であり、染付製品が少量含まれている。そして、これらの青磁碗は高台内まで施釉したものと高台内無釉のものが見られる。

中尾上登窯については、この時期以降も引き続き、操業されているので、確実にこの時期に生産された製品を抽出するのは困難であるが、一九九一年度の発掘調査で検出されたＥＴ９層出土製品などがこの時期の製品である可能性をもつ。その内容は染付日字鳳凰文皿、青磁碗（高台無釉）、青磁皿（見込み蛇の目釉剥ぎ・高台無釉）などである。

白岳窯の採集品については、青磁碗・皿、染付皿などがある。染付皿は染付日字鳳凰文皿である。青磁碗は高台無釉にしたものが多く、青磁皿も見込みを蛇の目釉剥ぎし、高台無釉にしたものが多い。ただし、現在の白岳窯は一八～一九世紀の窯として確認されており、一七世紀中頃まで操業年代が遡るような別の窯の存在については現地表面では全く確認できない。さらに、これらの採集資料については白岳窯が中尾上登窯と混同されていた経緯があるらしく、確実に白岳窯のものであるかどうかは不明である。

さて、この時期の中尾地区の窯場で見られる青磁碗については、高台内まで施釉したものと高台部を無釉にしたものと両方見られるが、広川原窯の床面では両者が見られ、中尾上登窯は後者が多くを占める。現在、層位的な証明はなされていないが、三股地区の三股古窯や三股青磁窯で出土している青磁碗の多くが高台内施釉していることや三股地区でも後の咽口窯などでは高台無釉碗を生産していることを考えると、広川原窯の採集資料の方が中尾上登窯の出土資料より生産年代が遡る可能性が高い。言い換えれば広川原窯は古文献に見られる正保元年（一六四四）の開窯年代に最も近い操業年代をもつ窯と言える。中尾上登窯については有田で一六五〇年代を中心に生産されたと思われる染付日字鳳凰文皿が出土していることから、その生産年代を操業期間に含む可能性が高い。

2　波佐見東部地区を中心とした窯業圏

波佐見東部地区を中心とした窯業圏の形成は、磁器原料の発見に起因するものであることは明らかであろう（図56）。大村藩では佐賀藩の窯場の整理統合に相当するような政治的事件は知られていないし、出土製品において陶器製品は確認されておらず、磁器の専業を前提として形成された窯業圏であることが理解できる。そして、波佐見東部地区の窯場の成立が有田東部地区の窯場の成立とほぼ同時期であることも出土製品からわかる。すなわち、村木地区の製品が有田西部地区を中心とした窯場の製品と共通であったのに対し、三股地区の窯場の製品は有田東部地区の比較的早い段階に開窯した窯跡から出土する製品にも類例が見られるのである。

一方、有田東部地区の窯場が有田西部地区やその他の地域から東部地区へ陶工集団が移住して形成されたと推測されるのに対し、波佐見東部地区の場合、村木地区と三股地区の関わりが明確ではない。両者の製品の間に共通性を見出すことは難しい。村木地区の窯場が陶器主体で三股地区の窯場が磁器専業という性格の違いもあるが、まず、磁器製品の器種組成が大きく異なっている。村木地区の磁器製品のほとんどは皿類であったのに対し、三股地区では多くの器種を網羅しているのである。また、村木地区の磁器製品が染付主体であったのに対し、三股地区は青磁主体である。よって、単純に村木地区の窯場の廃止後、三股地区に移動して窯場を築いたとは思えないのである。有田東部地区の窯場が有田西部地区に限らず、周辺部の陶工が移住して形成されたように、波佐見東部地区もまた村木地区に限らず、周辺部の陶工が移住してきたと考えられるのである。

『今村氏文書』には、今村三之丞が有田の南川原で高原五郎七の弟子となり、「白手焼細工」を学んだが、五郎七が上方へ上って病死した後に波佐見の三股へ移ったこと、あるいは南川原から波佐見の中尾川内皿山に陶土を発見し、その地で小柳吉右衛門を弟子としたこと、など平戸藩の今村三之丞が有田や波佐見を行き来していたことが記されている。細かい内容そのものは矛盾が多く、信憑性に欠けるが、他藩の陶工が波佐見に出入りしていたことは確かであろうと思う。そして、興味深いのは高原五郎七の名が今村三之丞を介して登場することである。『今村氏文書』の他の部分をみると、竹（高）原五郎七は椎峰を経て有田の南川原皿山へ移り、この年に青磁ができたとある。また、『有田皿山創業調子』の「副田氏系図」には、高原五郎七は岩谷川内に移って青磁を焼き出したとあり、さらに「青磁ノ法、人不知ニ依」とあり、青磁生産が限られた集団によるものであったことを記している。信憑性に乏しい文献史料ではあるが、高原五郎七と青磁の関わりを示す内容は少なくない。ここで問題となるのは当時の有田の青磁生産の状況である。大橋康二は窯場の整理統合で廃されたとみられる窯では青磁はほとんどみられず、この事件以後の窯で青磁焼成が一般的になるとする（大橋一九九六b、七八頁）。確かに畑ノ原窯を含めた三藩境界域窯業圏においても青磁製品は出土しているが、量は少なく、三股地区で出土するような完成されたものではないように思う。そして、一七世紀前半の青磁が比較的出土するのは、有田東部地区の猿川窯などであり、窯場の整理統合以前に本格的に青磁生産が行われていたとすれば、『有田皿山創業調子』にあるように高原五郎七が関わったとされる岩谷川内であった可能性は高い。

また、大園隆二郎は『多久家文書』「鍋島勝茂書状」（佐賀県史料集成第八巻二二六、二二八）に「高原市左衛門尉」が、キリシタン嫌疑がかけられている内容が記されていることを指摘する（大園一九一）。大橋康二はこの「高原市左衛門尉」と高原五郎七が同一人物である可能性が高いとする（大橋一九九六b、七七頁）。書状は寛永一三年（一六三六）頃と推定されているもので、藩主鍋島勝茂から多久美作守に宛てている。そして、「副田氏系図」には高原五郎七は捕えられる前に逃亡したとある。書状の内容からキリシタンの嫌疑をかけられていたことは確かであろうし、キリシタン嫌疑のため逃亡したというのは十分ありうることである。そして、書状の推定年代によれば、五郎七の逃亡直後に窯場の整理統合を迎えていることになる。高原五郎七の逃亡と窯場の整理統合が直接的な関わりをもつものとは思えないが、三藩境界域窯業圏では青磁生産が稀であること、三股地区の青磁製品の年代が一六三〇年代頃以降であることを考え合わせると、高原五郎七の逃亡後にその技法をもった集団の一部が波佐見に移った可能性も考えられよう[1]。

そして、『今村氏文書』の内容を信じれば、今村三之丞も五郎七が有田を去ってから波佐見に移ったものであり、年代は五郎七が逃亡した寛永一三年以降であろうから、やはり窯場の整理統合の頃であろう。前記の『肥陽舊章録』には、追放すべき対象として、「唐人之内ニも、他国より参、其所ニ家を持候ハぬ者」とあり、今村三之丞などはこれに該当しており、追放されたかどうかはともかくこの事件を契機に波佐見に移った可能性を考えることができる。また、三之丞らと同様に窯場の整理統合を契機に波佐見に移った陶工が数多くいたように思う。佐賀藩は窯場の整理統合を行い、他藩の陶工を追放したが、大村藩の波佐見では平戸藩の今村三之丞が往来しているように他藩の陶工の流入を容認しているように思うからである。村木地区と三股地区の製品の違いは、単なる内部発展によるものではなく、外部からの技術導入によるところがあるのではないかと考える。

第3項　地域的窯業圏の形成

有田東部地区、波佐見東部地区いずれの地域もその窯業圏の基盤は、地域の磁器原料である。泉山陶石、三股陶石の発見が契機となり、窯業圏が形成されたことは明らかである。三藩境界域窯業圏（図53）が有田西部地区そのものを求心力としていたのに対し、有田東部地区、波佐見東部地区は良質で豊富な原料が求心力となってそれぞれ窯業圏を形成されていったのである（図56）。

そして、そうした原料採掘地を中心とした窯業圏が形成される中、佐賀藩では寛永一四年（一六三七）に窯場の整理統合が行われる。窯場の整理統合そのものは、文献史料に記されているように山林保護が直接的な理由であるが、日本人陶工を中心に追放していることを考えると朝鮮人陶工を保護する目的もあったのであろう。安永二年（一七七三）に先祖（家永氏）の由緒を申し立てた記録によれば、南京焼を作るのが上手な高麗人が焼物生産を一手に引き受けたいとの申し出によって日本人陶工の追放が行なわれたとある（池田編一九六六、四七五-四七六頁）。それが事実であるかどうかはともかく後世にそう思わせるほどの朝鮮人陶工に対する優遇措置であったことは確かである。

また、山林保護を前提とした上で、どのような窯業圏を形成させるか模索する段階では、大橋康二が指摘するように付加価値の高い磁器生産の保護育成を狙うことを目的としていたと思われる。実際にこの事件を機に有田は基本的に磁器専業体制へと変化する。限られた燃料を有効に使うためには、陶器よりも付加価値の高い磁器を優先することは妥当であり、当時、磁器とともに陶器の生産も行っていた西部地区の窯場を廃することは当然であろう。しかし、寛永一四年（一六三七）の段階であっても西部地区はある程度まだ磁器生産においても中心地であったと思う。窯業圏の中心であるが故に陶工の集中がもたらされるのであり、結果的には山林が伐り荒らされるのである。それは有田東部地区で比較的早い段階に開窯したと推測される天狗谷窯でも開窯年代が寛永一四年（一六三七）に近い一六三〇年代頃と推定されること、窯場の整理統合で廃した西部地区の窯が陶器生産を行っていたとはいえ、すでに磁器を主体に生産した窯を含んでいることからも推測される。よって、有田西部地区が三藩境界域窯業圏の中心地であったからこそ廃する必要があったと思われるのである。有田西部地区を廃することは陶工人口の抑制だけでなく、有田の西部地区を中心とした三藩境界域窯業圏が無制約に拡大することを防ぐことにつながるからである。

さらに窯業圏について有田東部地区を中心とした範囲に限定することは、窯業圏そのものの管理を容易にしたと推測される。有田東部地区は泉山磁石場を東端とする東西に細長い谷筋であり、西部地区と異なり地形によって隔絶された閉鎖的な空間である。窯業圏を管理する上で適した条件を備えていると言える。特に泉山陶石の管理が容易となる。磁器原料を一元的に供給し、かつ他地域に原料等が流出しない排他的な供給を行うことで窯業圏そのものを管理する環境が整ったと考えられる。この場合、必ずしも藩そのものが原料の管理を行わなくてもよい。泉山磁石場の発見に功績があった朝鮮人陶工金ヶ江三兵衛が泉山磁石場を支配しており、その死後はその一族が土伐り支配を任されたとされる。土伐り支配を行う立場を保証することで、藩にとっては間接的に原料の管理を行うことができたと思われるのである。そのため、東部地区から離れた位置にある黒牟田山などが窯場の整理統合で廃されなかったのは泉山の原料を一元的に供給及び需要する体制の中に組み込まれていなかった可能性も考えられる。佐賀藩による窯場の整理統合は、佐賀藩が本格的に窯業という産業に介入を行った最初のものであり、それまで自然発生的に形成をまかせておいた窯業圏を一定の管理化におくものであった。そして、それは窯業圏の単なる空間的な管理にとどまらず、泉山陶石の一元的かつ排他的な供給を基礎におく管理システムを伴った窯業圏へと変化させることになった。そして、他藩に対しては排他的な性格をもつ窯業圏の形成となったと考える。

それでは佐賀藩が排他的な窯業圏を形成させたこと、特に三藩境界域窯業圏の中心である有田の西部地区を廃したことが、他藩に対して与えた影響について考えてみたい。磁器専業化の流れが、磁器原料を産する地域にあっては経済的な必然性をもつことは、窯場の整理統合のような政治的事件が知られていない波佐見地区においても原料産地に近い東部地区に窯業圏が形成され、磁器専業化が確立していることからも明らかである。しかし、波佐見地区の村木地区以外の鳥越窯では寛永一四年（一六三七）以降も唐津系陶器を生産していた可能性が高く、窯場の整理統合とほぼ同時期に波佐見の村木地区の窯場が廃する理由は、経済的必然性の問題だけではないように思う。やはり、有田の西部地区という中心核を失ったことにより、三藩境界域窯業圏が解体してしまうことに理由があるように思う。窯場の整理統合によって、有田東部地区を中心とした排他的な窯業圏を形成することで、藩境を越えたネットワークが分断され、佐賀藩以外においてもそれぞれの領内の原料産地を中心とする窯業圏の形成を促したと考えられる。

次に波佐見地区においては、一六三〇〜一六四〇年代に三股あるいは中尾の原料産地を中心とした東部地区に地域的窯業圏が形成される。それは藩内の村木地区の窯場以外の窯場からも陶工の移入があって形成されたものと思われる。製品の技術水準の高さや種類の豊富さは佐賀藩の窯場の整理統合によって追放された陶工集団も含まれていたことをうかがわせる。そして、その窯業圏は村木地区と異なり、生産地として自立性の高いものであったと思う。村木地区は有田の西部地区を中心とする窯業圏の一部として、最も需要の多い器種である皿類を補完的に生産する性格を有していたが、三股地区では器種の多くを網羅し、器種構成の上でも自立した産地形成を行っている。また、三股地区の青磁製品の技術水準は当時の最高水準をもっており、染付主体の有田と青磁主体の波佐見というように製品の種類の違いによって棲み分けている。生産量において圧倒的に少ない波佐見磁器は青磁製品を主体とすることで、有田磁器と磁器市場の中で棲み分けを行い、有田と性格の異なった産地形成を図ろうとしている。そして、それは波佐見地区における生産環境に立脚した上での選択でもあったように思う。一七世紀後半以降、染付製品の生産が増加する段階においても三股地区に比較的近い木場山地区では青磁製品を大量に生産している。そして、三股地区や木場山地区の南側の反対の谷に位置する嬉野市の不動山窯でも青磁製品が大量に出土している。こうした地域では青磁製品の生産に適した原料が採取された可能性が考えられるからである。つまり、青磁製品を主体に生産することは地域の原料の特性を生かした上での選択でもあり、波佐見地区における窯業の前提条件が生産される製品に反映された結果であろうと思う。三藩境界域窯業圏の一部であった村木地区の窯場は、その窯業圏の中心であった有田の西部地区の窯場とのネットワークを基礎において成立したものであったが、波佐見東部地区を中心とする窯業圏は、原料を主とした地域の生産環境に立脚する窯業圏として形成されたと考えられる。それゆえ自立性の高い産地形成が可能になったのである。

一方、平戸藩内の窯場についてはまだ調査例が少なく不明な点が多い。しかし、寛永一〇年（一六三三）頃に針尾三ツ岳で白磁の原料である網代石が発見されたとする説があり（金森得水一八五七『本朝陶器攷証』）、長葉山窯では磁器の本格的生産を一六四〇年代頃には始めている。また、『肥前陶磁史考』には寛永一八年（一六四一）に今村三之丞が「皿山棟梁代官」の職を受けたとする説、寛永二〇年（一六四三）に木原山と江永山に皿山役所の出張所をおいたとする説などが記されている（中島一九三六、二二四頁）。平戸藩と窯業の関わりを示す考え、あるいは平戸藩内で完結する窯業圏の確立の条件が整ってきていることを示唆している。やはり、有田や波佐見と同様に原料発見を契機として、自藩の地域的窯業圏を形成する過程にあると考えられる。

有田における泉山磁石場の発見、波佐見における三股陶石の発見、あるいは平戸藩における網代石の発見は、技術や情報を媒体とした三藩境界域窯業圏から、地域の原料に立脚する地域的窯業圏へと変化させることになった。すなわち、三藩が交流を図りながら形成された窯業圏から、それぞれの藩の中で生産ネットワークが完結する自己完結的な窯業圏をつくりあげていったと思われる。それを大きく促した政治的事件が佐賀藩による窯場の整理統合であったと考えられる。藩の窯業圏に対する政治的介入は、藩自身の自己完結化あるいは経済自立化を目指すためのものでもあり、当時の全国支配機構である幕藩体制の確立とも関わりをもつものであろう。現在の有田焼、波佐見焼、三川内焼の産地形成はこの頃に始まるといってよい。

註

1　伊藤和雅は窯場の整理統合の一因、とりわけ日本人陶工を追放した背景にはキリスト教対策にあったと考えている（伊藤二〇〇一、一八四-一八五）。この考えはすでに野田敏雄によって示されていたものであるが（野田一九九五、二〇七頁）、窯場の整理統合においては、百姓として生活していくものについてはそのまま暮らすことを許しており、積極的な要因とは認めがたい。ただし、『見聞録』第一三巻「波佐見村邪宗道具露顕に付て伊丹様え御状の事」によれば、正保二年（一六四五）に波佐見ではキリシタン嫌疑で数人が検挙されており（波佐見史編纂委員会一九七六、二七六頁）、そして、波佐見の野々川にはキリシタン墓地と推測される十字墓碑群が発見されている（波佐見史編纂委員会一九七六、二八〇-二八九頁）。波佐見には窯業従事者かどうかは明らかではないものの、寛永一四年の島原の乱以後もキリシタンがいたことは確かなようである。また、波佐見の南の反対側斜面にある嬉野市不動山でもキリシタン弾圧の伝承が残されている（嬉野町教育委員会一九九八、三頁）。

第４章　海外流通の開始と拡大

一七世紀中頃、肥前窯業圏は大きな転換期を迎える。有田を中心に次々と新しい技術が開発導入され、技術革新が行われるとともに、肥前全体の生産能力が著しく拡大した。市場は日本国内のみならず、海外にまで拡大することとなった。本章から第６章にかけては肥前磁器の海外輸出の実態について述べていくことにする。

第１節　清朝の海禁政策と陶磁器貿易

肥前の窯業、とりわけ磁器産業にとって、一七世紀中頃の明から清への王朝交替に伴う中国国内の混乱と、それに続く海禁政策は、最も大きな影響を受けた社会情勢の一つである。中国国内の混乱と海禁政策は、中国磁器の海外輸出を大幅に減退させ、その結果、日本国内を含めた海外の市場に流通する中国磁器が激減したとされる。一六三〇年代以降、磁器生産を本格化させ、急速な発展過程にあった肥前の磁器産業は、こうした社会情勢を受けて一六五〇年代頃を中心に技術革新を行い、海外への大量輸出を本格化させていったのである。一六五六年に海禁令が公布されてから、肥前磁器が輸出された先は東南アジアをはじめ、南アジア、西アジア、アフリカ、ヨーロッパ、そして、アメリカ大陸など世界各地に広がっていったが、一六八四年に展海令が発布されると、大量輸出時代は終わりを迎える。それ以降、海外市場、特に東南アジア市場などの遺跡から肥前磁器の出土が見られなくなることをみても、いかに海禁政策が肥前磁器の輸出に与えた影響が大きなものであったか理解できる。

ここではまず肥前磁器の輸出に影響を与えた海禁政策、そして、その政策による中国磁器の輸出状況の変化の実態を考えたいと思う。

第1項　文献史料にみる海禁政策下の中国陶磁貿易

長崎に来航する唐船が、遷界令が公布された一六六一年から一六八四年の展海令までの年間の来航数が二〇～三〇隻で推移しているのに対し、展海令直後の一六八五年には八五隻と激増し、さらに一六八八～一六八九年の唐人屋敷開設まで増加の一途をたどって一六八八年には一九四隻来航しており（長崎市教育委員会二〇一三）、海禁政策による貿易の抑制があったことは確かである。一方で文献史料の中には、抑制がありながらも海禁政策が完璧なものではなかった可能性をうかがわせるものもある。

まず金沢陽は海禁政策下の密貿易による逮捕者や漂流民についての文献史料からその可能性を指摘している（金沢一九九九）。すなわち、海禁令や遷界令をかいくぐって長崎貿易を行う私貿易者の存在を裏書きしている事例などを紹介している。

フォルカーが海禁政策下の中国磁器の交易状況を示す内容を紹介している中にもいわゆる「密貿易」を伺わせる記述がある。例えば、一六七三年の内容として「マカオに近いランパコで彼ら自身の自衛のもとで多数のオランダの［自由船］と中国のジャンク船が碇をおろし、かれらは広東から来る中国系タタール人と取引きしている。中国皇帝は、自国の船舶や中国人に外国との貿易をかたく禁じているにもかかわらず、名目上彼らはマカオに来ていることになっていて、実際には、マカオに近いラムパカオまで出かけているのだ。」（フォルカー一九七九－一九八四）とある（図60）。これについては、「国姓爺（鄭氏）の軍は今や厦門と金門島を支配してしまったので、このために、中国沿岸では磁器を入手することは容易ではなかった。したがって［自治区市民］の船やバタヴィア—中国の船ならびに土地の船など個人所有の船がマカオ水域に向けて出かけてゆき、同地で磁器の売買した。」という事情があり、前掲した記述はこのことに対する不満をマカオのポルトガル政庁がバタビア総督に表明した内容である。マカオに近いランパコ（ランパカオ・ラムパカオ）で取引している磁器は中国磁器であろうし、また鄭氏一党が厦門や金門島を支配したことによって、入手が困難になった磁器もまた中国磁器であったと推測される。清朝の海禁政策下にあって、磁器の取引が困難になっていたことは確かであろうが、不可能な状況ではないようである。少なくとも鄭氏一派が厦門や金門島を支配していない期間は中国沿岸部から中国磁器が輸出されて

図59　東アジア関連図

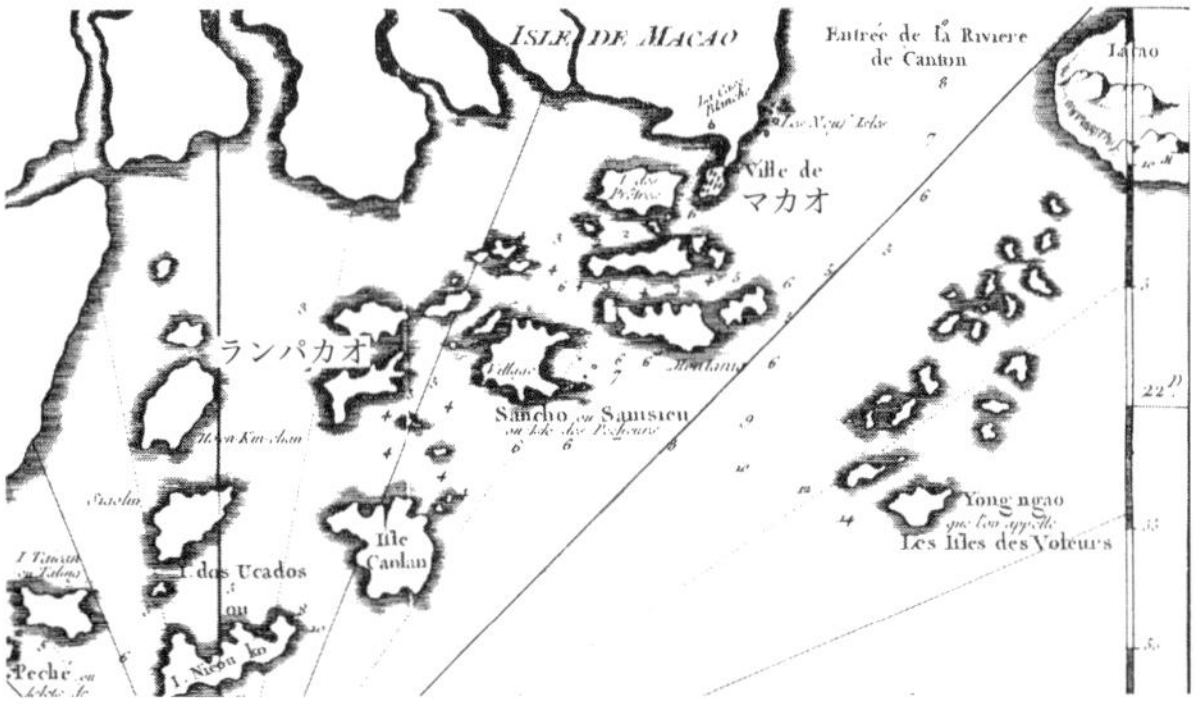

図60　マカオ・ランパカオ位置関係図（澳門海事署1986より転載）

いたことを読み取ることができるし、沿岸部で磁器の入手が困難な場合であってもマカオ近くなどで海上取引を行うことが可能であったと見られる（野上二〇〇二c）。

また、王淑津は、貿易品目に陶磁器が含まれていたかどうかは定かではないものの、靖南藩が船を長崎に派遣して貿易を行っており、福州から長崎に向けて出帆した唐船の数が康熙六年（一六六七）に最も多くなっていることを指摘する（王二〇一〇、一二九頁）。海禁政策下の只中のことである。

さらに当時のマニラの税関記録を調査した方真真は、マニラに入港した唐船について分析し、一六六四年以前では、広州を出帆地とする船が最も多く、一六六四年から一六七三年の間では、大員（台湾）を出帆地とする船の数が最も多く、一六七四年から一六八〇年代では、アモイを出帆地とする船の数が最も多いと指摘している（方二〇〇六、王二〇一〇、一二九頁）。一六七四年から一六八〇年にかけては、鄭成功の子の鄭経が再度アモイを根拠地とした時期であり、アモイ周辺に関して言えば、実質的に海禁令が機能していないことをうかがわせる。

よって、文献史料で見る限り、海禁政策による中国磁器の輸出の抑制の度合いは、一六五六〜一六八四年の間でも一様ではなく、海禁政策下の陶磁器流通の状況は鄭氏一派の勢力の盛衰、清と鄭氏の両者の制海権の推移、海禁政策自体の強度などのバランスの中で推移したと見える（野上・李・盧・洪二〇〇五、九頁）。

第2項　考古資料にみる海禁政策下の中国陶磁貿易

考古資料においてはどうか。海禁政策下の中国磁器の流通を知るためには、一六五六〜一六八四年の間の中国磁器の製品の抽出が不可欠であるが、現在の中国磁器の編年水準では、康熙年間の製品から厳密に海禁政策下の年代のものを抽出することは難しい。ましてや海禁政策下における変遷をみることは難しい。

ここでは海禁政策下に海外流通した可能性が高い考古学資料をまず挙げていこうと思う。

①日本

（吹上浜）

鹿児島県吹上浜では、一六五〇年代後半〜一六六〇年代の製品と推定される肥前磁器が大量に採集されている（大橋一九八五）。長崎から東南アジア方面に向けて積み出されて、何らかの海難に遭遇して沈んだ製品と推定されるものである。そして、陶磁器のほとんどが肥前磁器であるが、中国産の粗製の染付寿字文端反碗が少量採集されている（図61）。沈没船の場合、主たる積荷の産地が船籍と異なる場合が少なくない。積荷よりはむしろ量的に少ないが、船員の使用品と推定される製品の入手先が船籍を示している可能性が高い。長崎から東南アジアへ積出した船としては、オランダ船と唐船が考えられるが、これらの粗製の中国磁器が唐船であることを示唆している。

②中国

（東山冬古湾沈船遺跡）（図59）

福建省東山県東山島沖に位置する。冬古半島南側の冬古湾内にある。「十五期間福建沿海水中遺跡調査プロジェクト」における「鄭成功軍船」水中考古学調査の成果の一つである。鉄砲や銅銃、弾丸や剣の鞘、「永暦」貨幣などが出土しており（鄂・趙二〇〇五、李・孫二〇〇五）、鄭成功一派あるいは靖南藩・耿氏の軍船と推測される（王二〇一〇、一二九頁）。いずれにしても海禁政策下の船である。そのため、この船に伴う陶磁器はいずれも海禁政策下で使用された陶磁器と考えられる。出土している陶磁器のほとんどは明末清初の製品であるが、宋代や元代の製品も少量混入している。また、肥前で生産された一六六〇～一六七〇年代の染付見込み荒磯文碗が一点含まれている。王淑津によると、明末清初の製品として、福建省の徳化窯製の白磁坏・皿・執壷、江西省の景徳鎮窯製の「大清康熙年製」銘を有する染付纏枝花卉文碗とともに福建省の漳州窯系及び安渓窯系など閩南地域において製造された染付葉文皿（図62）・染付文字文碗などが見られるという（王二〇一〇、一二七頁）。

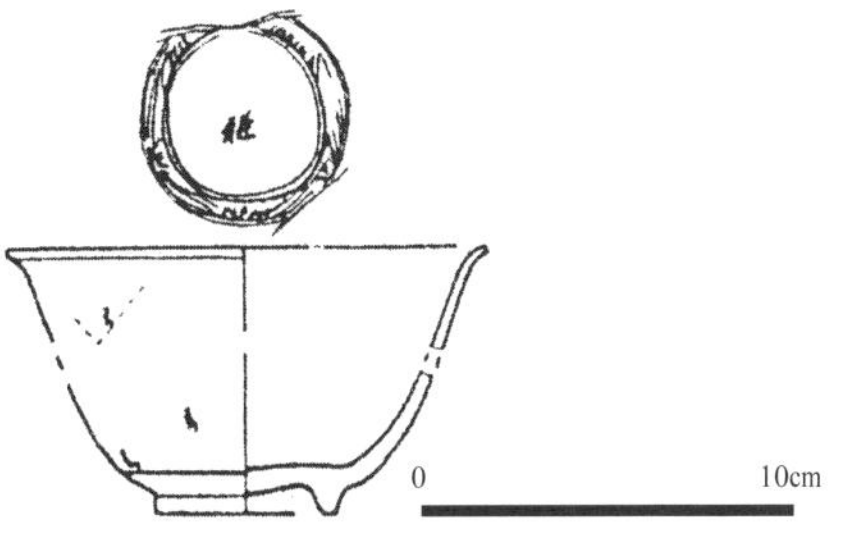

図61　鹿児島県吹上浜採集遺物（大橋1985よりトレース）

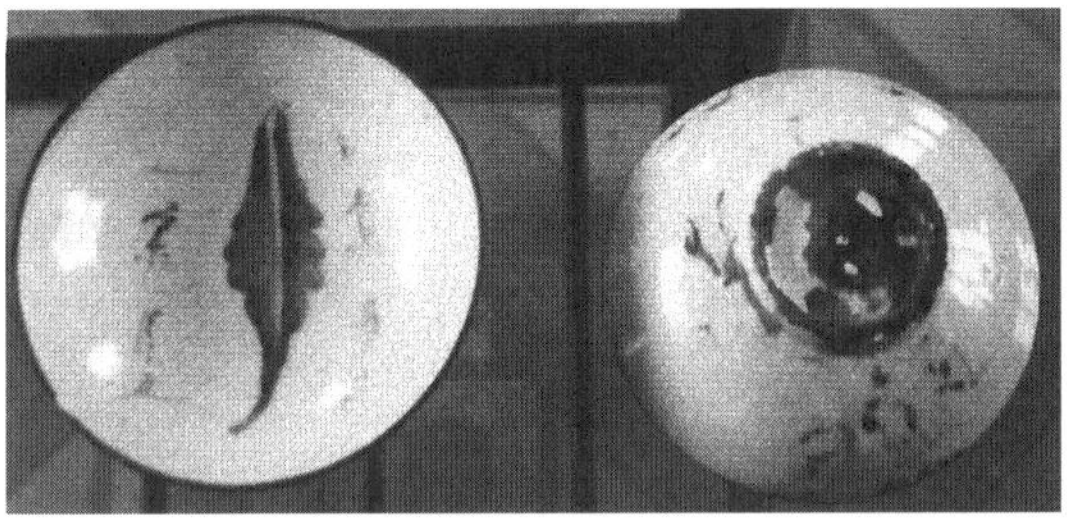
図62　東山冬古湾沈船遺跡回収遺物

（宝陵港沈船遺跡）

海南省文昌県城東の銅鼓嶺の北方に位置する。一九八七年頃に発見され、一九八九年に海南省文化庁が遺物数百件を回収し、沈船の位置を確定している。その後、中国歴史博物館が調査を行い、銅銭、銅手鐲などの銅製品、鉄鍋、青花瓷器、船板などが発見されている。「永暦通宝」が大量に出土しており、出土した陶磁器は明末清初の資料とされる（中国歴史博物館水下考古学研究室ほか一九九七）。

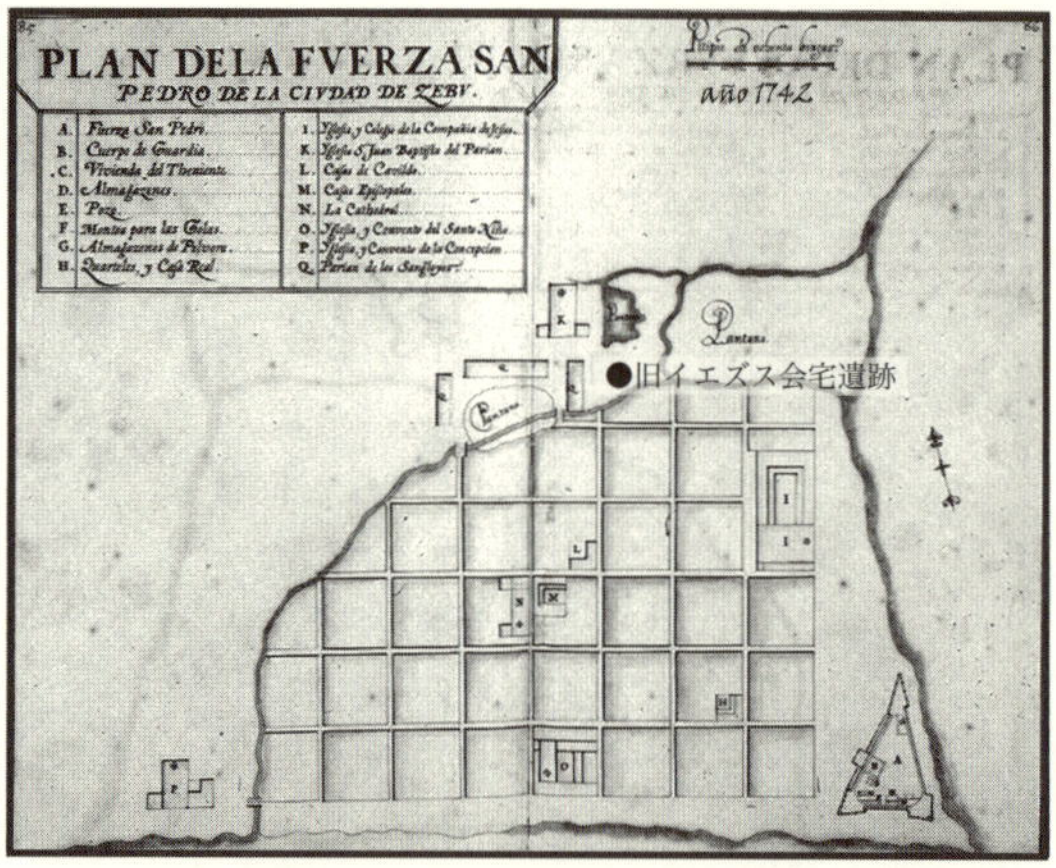

図64　セブシティ古地図（1742年）

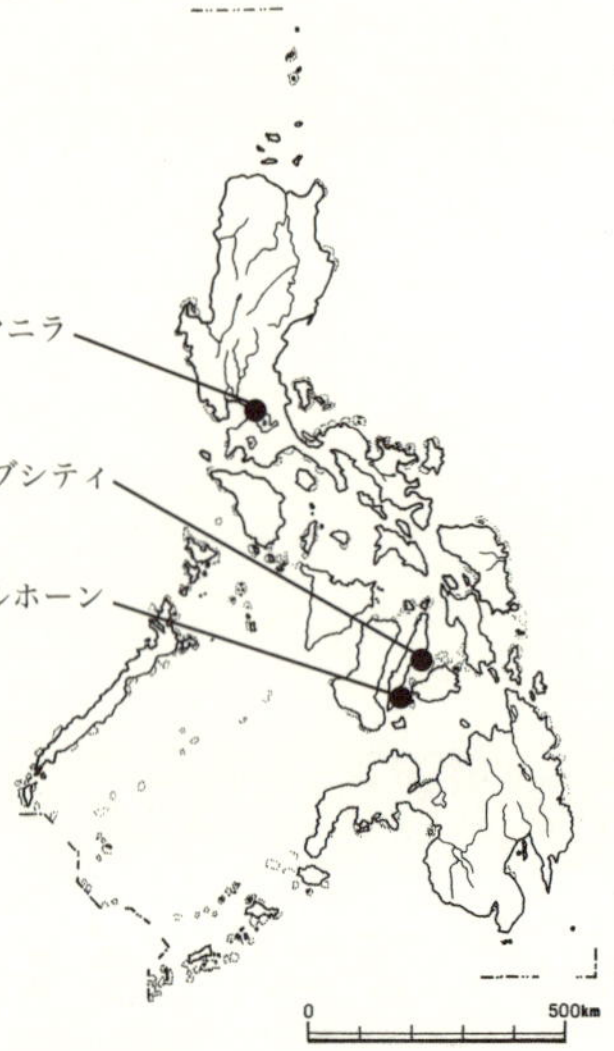

図63　フィリピン地図

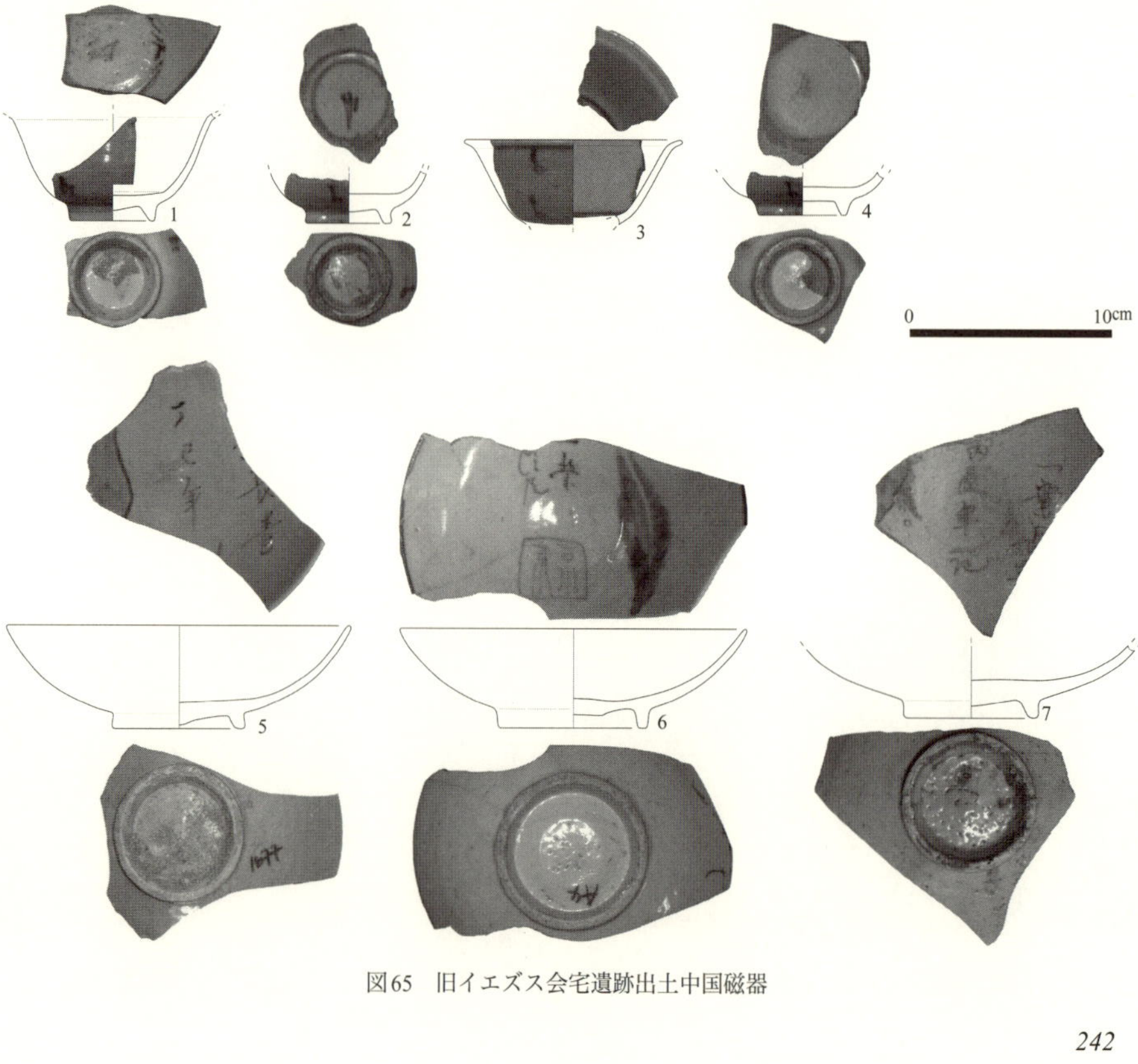

図65　旧イエズス会宅遺跡出土中国磁器

③フィリピン（図63）

（旧イエズス会宅遺跡）（図64・65）

セブシティの旧パリアン地区に位置している。セブシティの最初の通りと言われるコロン通りに近く、一七三〇年にイエズス会宅が建てられている。この建物の柱の修復に伴って、大量の陶磁器が出土している。一六世紀末から一八世紀前半にかけての中国磁器が多いが、一七世紀後半の肥前磁器も見られる。中国磁器の中には染付葉文皿（図65-5～7）や染付寿字文端反碗（図65-1～4）が数多く見られる。「丙辰（一六七六）」（図65-7）や「丁巳（一六七七）」（図65-5）銘が入る染付葉文皿も見られ、一七世紀後半の海禁政策下で生産されたものであることがわかる（野上二〇一三b）。

（ボルホーン教区教会遺跡）

セブ島の南部の東海岸にあるボルホーンに位置する（図63）。ボルホーン教区教会は、セブ島で現存する石造教会の中では最

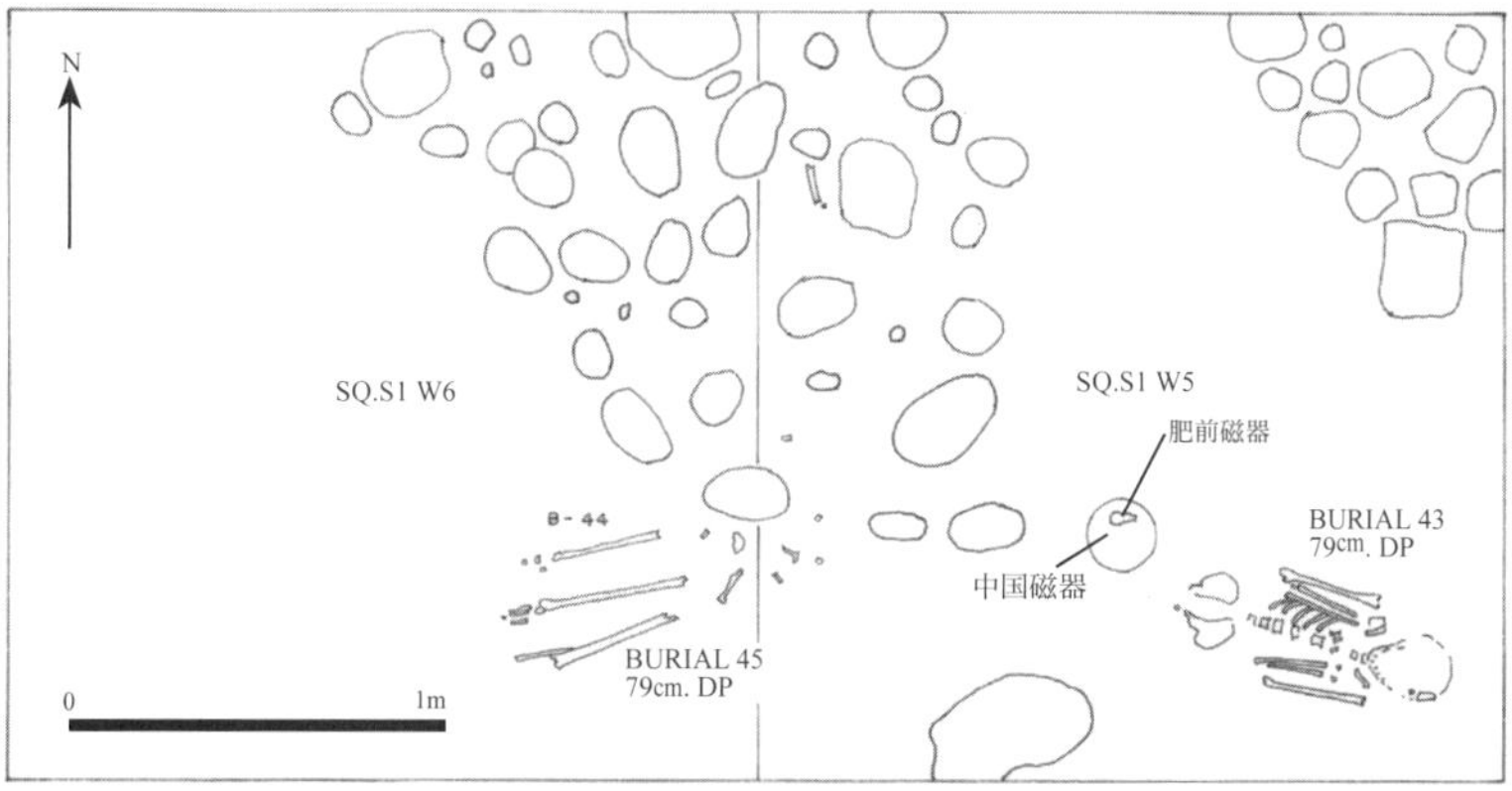

図66　ボルホーン教区教会遺跡（BURIAL 43・45）平面図

図67　BURIAL 43検出状況写真

図68　中国磁器・肥前磁器出土状況写真

古の教会であり、教会の前面に広がる広場が、サン・カルロス大学やフィリピン国立博物館によって、二〇〇七年から発掘調査された。その結果、墓葬された人骨が副葬品とともに数多く発見されている。これらの副葬品の中に中国磁器や肥前磁器が含まれている。その中に一六五〇～一六七〇年代に有田で生産された染付瓢形小瓶と重ねて埋葬された福建産の染付葉文皿が出土している（図66～68）（野上二〇一三a、一五七頁）。

④インドネシア

（ティルタヤサ遺跡）

インドネシアのバンテン州セラン県ティルタヤサ郡ティルタヤサ村を中心に位置し、バンテン王国ティルタヤサ大王の離宮跡と周辺の水利施設跡で構成される（坂井編二〇〇七）。離宮の存続期間が一六六三～一六八二年に限られているため、出土する陶磁器の使用年代や廃棄年代も一六六〇～一六七〇年代を中心としたものと推定されている。大橋康二はティルタヤサ遺跡では肥前磁器の割合の方が中国磁器よりも多いとするが（大橋・坂井一九九九、七七頁）、その後の坂井隆の報告では出土陶磁器の割合は、肥前磁器の三三・二％に対して、景徳鎮系三七・一％、福建・広東系一六・八％となっている（上智大学アジア文化研究所ほか二〇〇〇、三二頁）。坂井は海禁政策下にあっても依然として陶磁貿易における最大地位を占める程度の規模の輸出は継続していたとする（坂井二〇〇一、一〇二頁）。また、坂井は、肥前磁器は単独では動いておらず、必ず中国陶磁とくに景徳鎮磁器と共に動いているとも指摘する（坂井二〇〇一、一〇〇頁）。

第3項　海禁政策下の陶磁器貿易

前に述べたように、展海令以後、すぐに東南アジア市場において肥前磁器が中国磁器にとって代わられ、多くの肥前の窯が国内向け主体の窯に転換し、あるいは廃窯となることを考えると、中国磁器の輸出が抑制されていたことは明らかであり、展海令に至るまで海禁政策がある程度機能していたことは、考古資料においても状況証拠ではあるものの認めることができる。また、一七世紀中頃における中国磁器から肥前磁器への転換を示す資料がホイアン市内遺跡でも確認されている。菊池誠一はホイアン市内遺跡ディン・

図69　コンダオ沈船引揚げ遺物

カムフォー地点では一六世紀末～一七世紀前半においては景徳鎮系や福建・広東系の磁器が多いが、一七世紀後半にはそれらが少なくなり、肥前磁器の方が多くなると報告している（昭和女子大学一九九七）。

その一方で各地の遺跡で、海禁政策下に輸出された中国磁器が発見されている。文献史料でも見たように海禁政策も完璧ではないようである。それではどういったものがどの程度、流通していたか、検証してみたい。

吹上浜採集資料、東山冬古湾沈船遺跡、宝陵港沈船遺跡などは、沈没船あるいは沈没積荷資料である。吹上浜採集資料と主体となっている肥前磁器は商品であるが、中国磁器は船員の使用品と推定される。東山冬古湾沈船遺跡、宝陵港沈船遺跡は、商船とは考えにくく、発見されている中国磁器は船上での使用品である可能性が高い。鄭氏一派は海禁政策下、盛んに肥前磁器を海外に輸出したが、日常使用したのは中国国内と同様に中国磁器であった可能性が考えられる（野上・李・盧・洪二〇〇五、九頁）。つまり、海禁政策下であっても生活用品としての中国磁器は入手可能であったことを示している。

また、吹上浜で採集されている粗製の染付寿字文端反碗の類の生産年代の主体は一七世紀後半と推定される。アジアのみならず、メキシコのメキシコシティ、グアテマラのアンティグアなどでも出土が確認されている。おそらく唐船によってマニラに輸入されたものが、スペイン船によって太平洋を越えて運ばれたものであろう。一六九〇年代頃に沈んだとされるコンダオ沈船資料にも同種のもの（図69-2）が見られるため、必ずしも展海令以前の海禁政策下に流通した陶磁器であるわけではないが、生活用品としてマニラの華僑世界に持ち込まれたものが、結果的にガレオン貿易の商品として運ばれた可能性を考えることができる。

この粗製の染付寿字文端反碗とともに、一七世紀後半を主体に流通したと考えられる製品が、一枚の葉を内面に大きく描いた染付皿である。台湾、フィリピン、インドネシアをはじめ、アジア各地で発見されている。その多くは粗製品である。特にセブ島では数多く流通したと見られる。この種の皿もまたコンダオ沈船資料に同種のもの（図69-1）が見られるため、展海令以前に海外輸出されたものばかりではないが、一六七六年や一六七七年の年号が記されたものを含むことや一六五〇～一六七〇年代の肥前磁器と共伴していることを考えると、流通の主体は一七世紀後半であったと考えてよいと思う。旧イエズス会宅のある場所は、パリアンとよばれる華僑世界の商業地区であり、中国大陸から直接、持ち込まれたものであろう。

よって、少なくとも福建あたりで生産された粗製の生活用品に関しては、海外にかなりの量が輸出されているとみられる。その担い手については、一六五六年の海禁令直後はまだ鄭成功が大陸側拠点を有していたので、鄭氏一派の船が積み出すことも可能であろう。そして、一六六一～一六六二年に鄭成功が台湾に移り、大陸側拠点を失ってからは、いわゆる密貿易で輸出されることになろうが、一六七四年には再び鄭氏一派が大陸側拠点を奪還するため、再び鄭氏一派の船が輸出することができる。また、鄭氏一派以外の船であっても前述したようにマカオ付近などで海上取引して、密貿易することが行われていた。セブ島で見られる中国磁器はこの時期のものであろう。

以前、東南アジアでも中国南部に近い地域では展海令以前の一六七〇年代には粗製の中国磁器が相当量流入している可能性を指摘したことがある（野上二〇〇二a）。ベトナムのホイアン市内遺跡のディン・カムフォー地点では、中国磁器から肥前磁器への転換が明確に現れたものの、ベトナムで出土する肥前磁器は一六五〇～一六六〇年代のものが多く、それ以降の製品が少なくなるためであるが、一六七〇年代と言えば、鄭氏一派が再びアモイを奪還した時期とも重なる。

一方、景徳鎮の製品についてはどうか。海禁令によって、国内向け中心に転換せざるをえないのは確かであろう。中国沿岸部に近い福建・広東地方の窯業地に比べて、より輸出されにくい状態になったとみられるが、それでも海禁政策下に景徳鎮産の製品が大量に輸出されている例をインドネシアのティルタヤサ遺跡に見ることができる。離宮跡という遺跡の特殊性を考慮に入れる必要はあるが、少なくとも一定量の景徳鎮産の磁器が輸出されていることは認められる。景徳鎮産の磁器が輸出される経緯は、福建・広東産と同様であろうと思われる。すなわち、一六七〇年代には鄭氏一派らが大陸側拠点を奪還しているため、大陸で入手した中国磁器を海外に輸出できる環境にあったからである。

1. 染付花虫文芙蓉手皿（16世紀末～17世紀前半・中国）
2. 染付花虫文芙蓉手皿（17世紀後半・肥前）
3. 染付花虫文芙蓉手皿（18世紀前半・中国）

図70　芙蓉手皿の変遷（1. 個人蔵、2. 蒲生コレクション、3. カ・マウ沈船引揚げ資料）

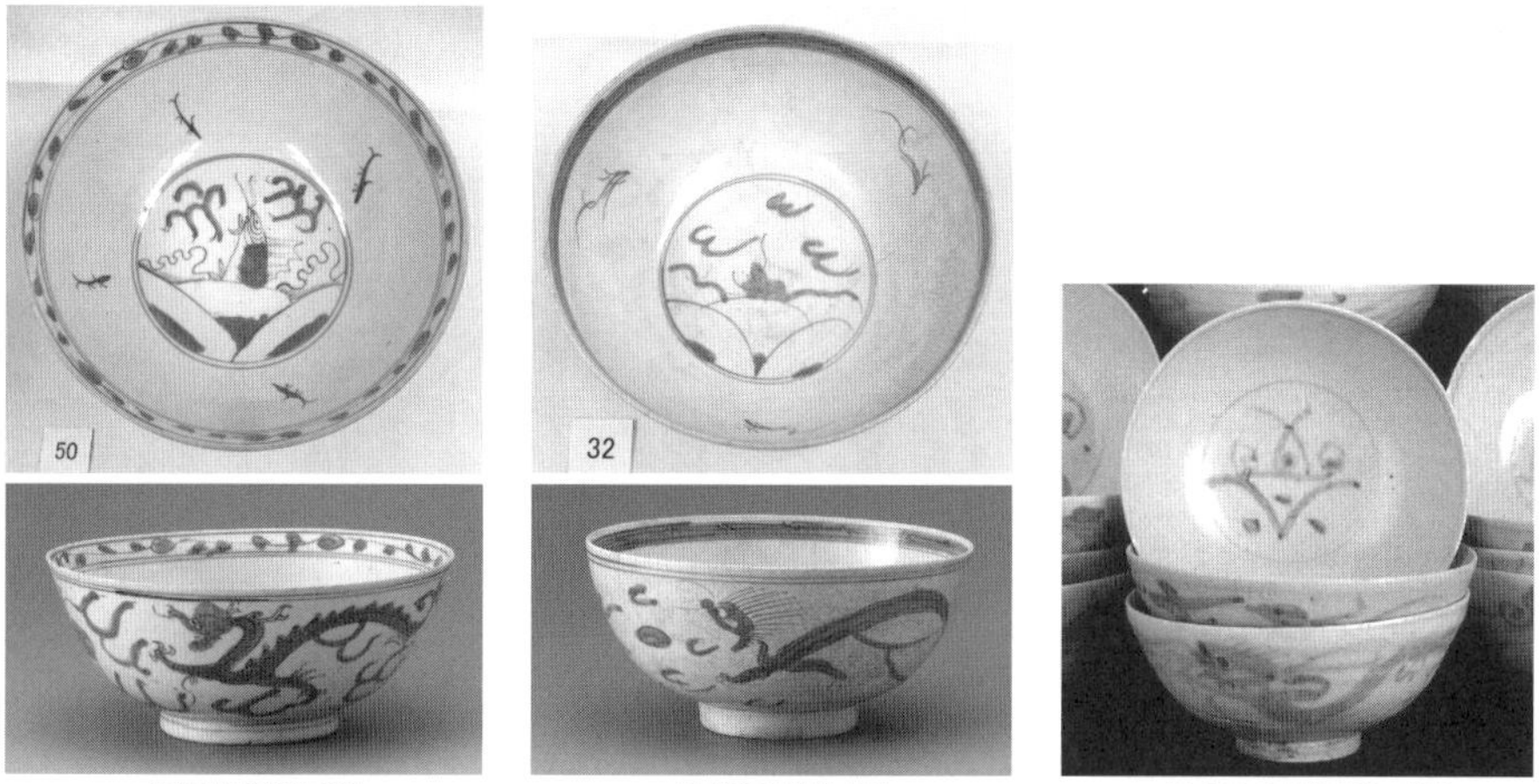

1. 染付雲竜荒磯文鉢（17世紀前半・中国）
2. 染付雲竜荒磯文鉢（17世紀後半・肥前）
3. 染付雲竜荒磯文碗（鉢）（17世紀末・中国）

図71　雲竜荒磯文碗（鉢）の変遷（1.2. 蒲生コレクション、3. コンダオ沈船引揚げ資料）

それでは、海禁政策下の陶磁器貿易は、中国磁器に肥前磁器がとって代わったというものではなく、単に中国磁器の輸出量が減少した分を肥前磁器が量的に補完しただけに過ぎなかったのであろうか。

まず鄭氏一派が台湾を拠点として、大陸側の拠点を失っていた一六六〇年代頃については、肥前磁器が市場の中で圧倒していたとみてよかろう。しかし、一六七〇年代以降となると、中国磁器も海外に輸出されるようになった可能性が高い。海禁政策によって生じた磁器市場の空白を埋めるように、肥前磁器の産業は著しい発展を遂げたわけであるが、それでも需要に対して量的に追いつくものではなかったのであろう。中国磁器と肥前磁器の両者の量的な分析は困難であるが、中国磁器が支えていた磁器市場は、日本の一地方の生産規模でまかなえる量ではなかったとも言える。

しかしながら、量的には全てをまかな

うことはできなかったとしても、決して肥前磁器は中国磁器の量を補完するだけの役割ではなかった。海禁政策下において、中国磁器と肥前磁器で大きく異なる点がある。肥前磁器は意匠、デザイン、器形を含めて、海外向けの製品を量産した。とりわけ一七世紀中頃に開発された色絵技術は、技術的にも様式的にも大きく発展し、海外の磁器市場に大きな影響を与えた。磁器市場における色絵磁器の地位を大きく向上させ、それは一八世紀に肥前磁器の金襴手色絵磁器の影響を受けて、いわゆるチャイニーズ・イマリが中国で量産されたことでも理解できる。一方、中国磁器の場合、一七世紀後半においてはいわゆる海外向けの製品の生産が大きく減退させている。例えば、芙蓉手皿（図70）や見込み荒磯文碗の類（図71）、ヨーロッパの注文品などはほとんど見ない。展海令後の一六九〇年代に沈んだとされるコンダオ沈没船資料の中に福建・広東産の粗製の染付見込み荒磯文碗が見られる（図71-3）。また、一八世紀前半の雍正年間に沈んだとされるカ・マウ沈没船資料の中には染付芙蓉手皿が見られるが（図70-3）、一七世紀代のそれらとは意匠やデザインの連続性が感じられないこともそれらの生産の一時的な断絶をうかがわせる。あえて海外向けに生産したものはなかったが、中国陶磁自体は中国国内にあまねく流通しており、沿岸部に流通の担い手を得た時にそれらがそのまま海外に運ばれたように思うのである。

海外向けの製品の生産が減退した理由としては、一つには海禁令や遷界令によって、沿岸部と内陸部が分断され、流通の担い手と生産地の間の受注ラインの機能低下を招いたことが考えられる。また一つには沿岸部の戦闘状況や支配状況によって不安定化する海外需要を生産地側の方が嫌ったのかもしれない。一六七〇年代には鄭氏一派が大陸側拠点を奪還し、中国磁器を海外輸出できる環境になっても、沿岸部と内陸部の連携の回復には至らなかったのであろう。

海禁令や遷界令の直接的な影響を受けたのは、海上貿易を行う沿岸部であったが、内陸部の窯業地もまた沿岸部との関係性において大きな影響を受けたとみられる。

第4項　清の海禁政策の意義

展海令以後の陶磁器流通を見ながら、清の海禁政策の意義を振り返って考えたいと思う。展海令が公布された結果、中国磁器が本格的に海外市場に出回るようになったことはこれまでにも述べてきたとおりである。それは量的にもそうであり、いわゆる海外向けの製品の生産の復活を果たす。コンダオ沈没船をはじめ、一七世紀末～一八世紀の沈没船資料には多くの景徳鎮産の海外向け製品が見られる。また、福建・広東産の陶磁器においても一六七〇年代から相当量出回っていたとはいえ、やはり抑制の反動によって海外により一層出回るようになり、東南アジア市場では一八世紀に徳化窯など福建・広東系の磁器の需要層が広まることになる（野上・李・盧・洪二〇〇五）。

この陶磁器使用の拡大は、消費地の購買能力を背景にしたものであるが、生産地側の事情もあろう。一七世紀後半の海禁政策下において中国磁器の産地では海外需要の分を国内需要に振り向けるために、低コストによる量産化が図られたと考える。その結果、展海令以後は低廉な印青花や型押成形による碗・皿が東南アジアをはじめとした地域に広く流通していった（野上・李・盧・洪二〇〇五）。

日本の場合は、大橋康二が指摘するようにヨーロッパなどに向けられた輸出はオランダによって継続されるが、東南アジア自体の市場は失う結果となった（大橋一九九〇c）。波佐見など有田周辺の窯場は海禁令以後に海外需要の増加に応えて急成長した窯場であり、海外需要の占める割合が有田などより相対的に高かった（野上一九九七c）。そうした窯場では海外市場を失うと、余剰の生産能力を新たな市場に振り向けなくてはならず、それを国内市場に求めるとなると、それまで磁器を使用していなかった社会階層となる。低コスト化によって、新たな国内需要の拡大を図った結果、日本国内市場に磁器を行き渡らせた。いわゆるくらわんか碗・皿が日本全国に普及することとなり、結果的には日本への中国磁器の再輸入を防ぐことになった。

アジア以外の地域に与えた影響もまた見逃すことができない。アメリカ大陸では一七世紀前半まで、景徳鎮産や福建産の磁器がマニラ経由で大量に輸入されていたが、海禁政策下においては、中国磁器は肥前磁器へとって代わられることになる。しかし、アメリカ大陸に運ばれる一七世紀後半の肥前磁器は、ほぼ有田焼に限られ、品質の劣る製品の輸入は行われない。質の劣る製品の需要については、プエブラ焼など現地の陶器がまかなったと考えている。景徳鎮産の磁器については、代用が効かないために有田焼を輸入するよりほかになかったが、福建産などの粗製の磁器に関しては、現地産の陶器で代用できたのであろう。プエブラでは一七世紀後半に肥前の芙蓉手皿などのアジアの染付磁器を模倣した白釉藍彩陶器を盛んに生産して、窯業地として大きく発展した。これもまた海禁政策の影響と言えるであろう。

一八世紀初めにはヨーロッパでも磁器生産が始まり、展海令以後は世界的規模で磁器使用が普及していくことになる。磁器使用の普及において、清の海禁政策やその政策下で著しい成長を遂げた肥前磁器の役割は決して小さいものではなかった。

第2節　肥前陶磁の輸出磁器

肥前磁器が海外に大量に輸出された時期は大きく分けて二つあり、一つは一七世紀後半〜一八世紀前半にかけて、もう一つは一九世紀の幕末〜明治期である。いずれも海外の社会情勢、とりわけ中国の情勢の変化が大きく関わっている。前者は前節で述べたように、明から清への王朝交替の過程で、清朝に抵抗する鄭氏一族を孤立させるために行った一六五六年の海禁令から一六八四年の展海令に至る清朝の海禁政策によって、海外市場で磁器が欠乏したことによる。後者はアヘン戦争をはじめとした中国に対する西欧諸国の侵略戦争によって中国国内の混乱と国力低下をもたらせたことが大きな一因となっている。

肥前陶磁が海外に輸出された記録上の初見は、山脇悌二郎によると正保四年（一六四七）である。正保四年に長崎を出帆し、シャム経由でカンボジアへ向う一艘の唐船が「粗製の磁器一七四俵」を積んでいたとの記録である（有田町史編纂委員会一九八八a、二六五頁）。この一六四七年頃は中国では明から清へと王朝が交替する混乱期にあたり、前年の一六四六年には景徳鎮のある江西省饒州府も清軍により攻略されている。この混乱は一方では中国の陶業者の流出を招き（大橋一九九〇c、九八頁）、肥前磁器産業の技術革新をもたらすとともに、他方では日本国内への中国磁器の輸入が減少することによって、国内の磁器需要は肥前磁器に向けられることになったのである。全国の消費地遺跡における出土例も一六四〇〜一六五〇年代頃から急増するし（大橋一九八八d、一一三頁）、有田皿屋の運上銀も一六四一年から一六四八年の八年間で約三五倍に急増している（大橋一九八八d、一一二頁）。肥前陶磁の海外輸出はこうした状況の中で始まったのである。さらに清朝では鄭成功らの戦力をそぐために一六五六年に海禁令、一六六一年には海禁令をさらに強化した遷界令を発し、中国磁器の海外輸出がさらに減退したことはすでに述べたとおりである。以後、肥前の海外輸出は本格化することになる。

この海外輸出の本格化が肥前の窯業圏にもたらした需要は、単に量的に莫大なだけではなく、品質と品種のいずれにおいてもこれまでにない多様性をもったものであった。それゆえ窯業圏に与える影響が大きなものとなったのである。そこで、まず海外に輸出さ

図72　海外向け肥前磁器（1:佐賀県立九州陶磁文化館1987、3・10・15:波佐見教委1993、4:佐々木1982、12:佐賀県立九州陶磁文化館1988より転載、他は筆者実測）

れた肥前陶磁を種類ごとにあげていく。海外に輸出された肥前陶磁は、大きく二つに分けられる。一つは主に海外向けに生産された製品であり、もう一つは海外向けを意識して生産していないにもかかわらず結果的に輸出された製品である。海外輸出の実態を明らかにするためには、いずれの製品の検討も必要であるが、生産遺跡の出土資料によって海外輸出の実態を検討するには、主に海外向けに生産された製品の生産状況から推測するしかない。

海外向けに生産された製品は多種多様であるが、特に日字鳳凰文皿（図72-1～4）、見込み荒磯文碗・鉢（図72-5～8）、寿字鳳凰文皿（図72-9・10）、青磁大皿（図72-11・12）、芙蓉手皿（図72-13～15）をとりあげ、その生産状況を考えてみたい。そして、その他の海外向けの製品についても古窯跡出土資料等をまとめておきたい。

第1項　日字鳳凰文皿

(1)　日字鳳凰文皿の出土例

日字鳳凰文皿が出土している窯は二八基以上にのぼる。その範囲は佐賀県有田町、嬉野市、長崎県波佐見町、佐世保市にわたる（図73、表18）。後述する見込み荒磯文碗・鉢とは多くの窯で共伴しているが、日字鳳凰文皿が出土する窯の多くは一六五〇年代前半以前に成立している窯場である。例えば承応二年（一六五三）の『万御小物成方算用帳』には有田皿屋として一四ヶ山、有田皿屋以外の窯場として「嬉野　南川原　廣瀬　方ノ瀬　平古場皿屋」などが挙げられているが、応法山の窯場を除いて日字鳳凰文皿が出土する窯のほとんどがこの記載に該当する窯場である。波佐見地区においても日字鳳凰文皿が出土している三股山、中尾山の窯場はいずれも文献史料等では一六五〇年以前に成立したことが伝えられる。

以下、日字鳳凰文皿の出土例をいくつか年代ごとにあげていく。また、厳密には日字鳳凰文皿ではないが、その変形と思われるものもとりあげる。

（一六四〇～一六五〇年代）

猿川窯で日字鳳凰文皿が出土している（図74-1）。報告書が刊行されておらず、残念ながら出土層位など出土状況が明らかではない。

（一六四〇年代末～一六五〇年代中頃）

楠木谷1号窯は有田内山で日字鳳凰文皿が最も多く出土している窯である（図74-2～5・7～9）。楠木谷1号窯では付近の泉山口屋番所遺跡で出土した「慶安元年（一六四八）」銘の染付皿とほぼ同様の製品が物原下層（調査時3c・3d層）から出土している。日字鳳凰文皿はその3c・3d層からも出土が見られるが、多く出土するのはその上の層からである。そして、物原からは他に「承応弐年（一六五三）」銘の磁器片が数点出土している。そして、これらとほぼ同時期と思われる資料が小樽2号窯（図74-6）、波佐見町の三股青磁窯出土製品（図75-1～5）である。いずれの窯も一六四〇年代以前より操業されている窯で、かつ見込み荒磯文碗・鉢の出土をみない窯である。

（一六五〇年代）

楠木谷1号窯の床面には多くの日字鳳凰文皿が残されていた。前述したように楠木谷1号窯の物原からは「承応弐年（一六五三）」の磁器片が出土していることから、床面に残されていた日字鳳凰文皿（図74-8）は一六五三年以降の製品である可能性が高い。さらに物原上層、焼成室覆土からは見込み荒磯文碗・鉢、伝世品で金銀彩が施された製品と同一の染付製品などが出土している。これらは楠木谷1号窯の製品の中では日字鳳凰文皿以外で最も生産年代が下りうるものである。また、有田町の『竜泉寺過去帳』の記載も一六四〇～一六五〇年代に集中していることから、一六五〇年代の内に収まるのではないかと思われる。

また、掛の谷2号窯は外山地区で最も多く日字鳳凰文皿を生産した窯の一つである。掛の谷2号窯では物原の最下層から上層に至るまで、日字鳳凰文皿が大量に出土している（図74-11）。これは楠木谷1号窯と同様に皿類を主体に生産

図73　日字鳳凰文皿出土古窯跡分布図

表18　日字鳳凰文皿出土古窯跡一覧表

市町村名	窯場名	古窯跡名	年代	種類	備考
有田町	小樽山	小樽2号窯跡	1620～1650年代	A類	日字濃み
	年木山	楠木谷1号窯跡	1640～1650年代	A類・E類	皿類が主体、日字濃みナシ
	年木山	楠木谷2号窯跡	1650年代	A類	
	年木山	枳藪窯跡	1640～1650年代	A類	皿類が主体、日字濃み・濃みナシ
	年木山	年木谷3号窯跡	1650年代	B類	皿類が主体、日字濃み
	大樽山	西登窯跡	1630～1650年代	A類	採集品、日字濃み
	白川山	天狗谷B・C窯跡	1650～1660年代	A類	
	稗古場山	稗古場山	1640～1650年代	A類・E類	日字濃み
	岩谷川内山	猿川窯跡	1650～1660年代	A類・D類	字濃み・濃みナシ
	南川原山	樋口窯跡	1650～1660年代	A類	
	外尾山	丸尾窯跡	1640～1660年代	A類	
	黒牟田山	山辺田4号窯跡	16世紀末～1660年代	A類	
	黒牟田山	山辺田1号窯跡		A類	
	黒牟田山	山辺田2号窯跡		A類	
	応法山	掛の谷1号窯跡	1640～1650年代	A類	
	応法山	掛の谷2号窯跡		A類	皿が主体
	応法山	窯の谷窯跡	1650年代～20世紀	A類	
	応法山	弥源次窯跡	1650～1670年代	A類	
	広瀬山	広瀬向1号窯跡	17世紀	A類	
	広瀬山	広瀬向5号窯跡	17世紀後半～18世紀	A類	
	広瀬山	コウタケ窯跡	1640～1650年代	A類	
波佐見町	三股山	三股青磁窯跡	1630～1650年代	A類	一画なし含む、圏線1本
	中尾山	中尾上登窯跡	1640～20世紀	A類	一画なし含む、圏線1本・2本
	中尾山	中尾下登窯跡	1660年代～20世紀	C類	
	中尾山	白岳窯	17世紀～18世紀？	A類	画なし、圏線1本
佐世保市	江永山	江永窯跡	17世紀後半～18世紀前半	C類	鳳凰2羽、日字なし
嬉野市	吉田山	吉田2号窯跡	1650～1660年代	A類	
	内野山	内野山南窯跡	17世紀	A類	
長崎市		万才町遺跡	1663年大火層	A類	
ベトナム		ホイアン遺跡		A類・B類	荒磯文と共伴

	A-I類	A-II類	A-III類	A-IV類	C類
見込みa類	1  猿川窯				
見込みb類		2 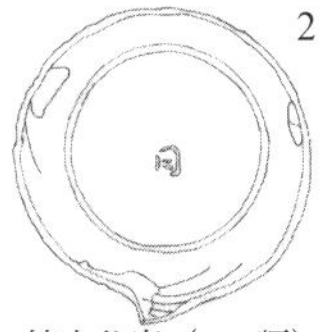 楠木谷窯（II-2類）			
見込みc-1類		3 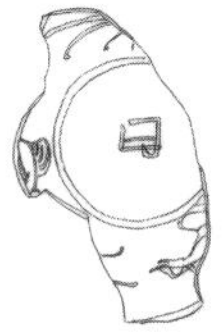 楠木谷窯（II-1b類）	6 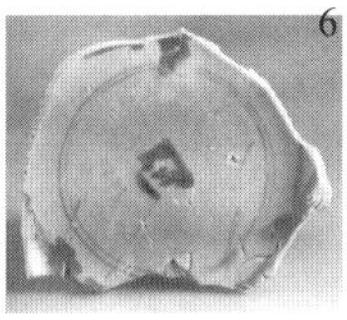 小樽2号窯（III-1b類）		
見込みc-2類		4 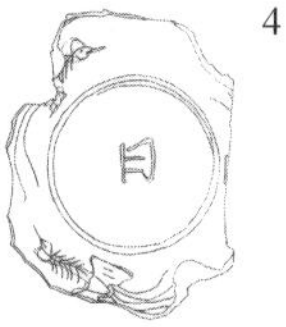 楠木谷窯（II-1c類）	7 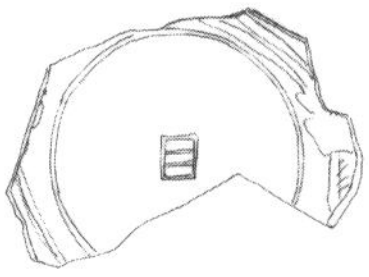 楠木谷窯（III-1c類）		
見込みd-1類		5 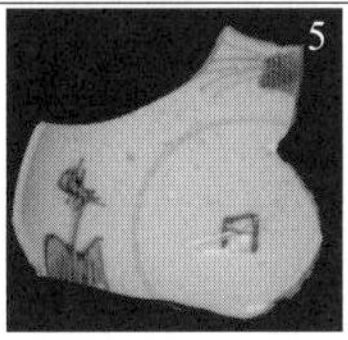 楠木谷窯（II-1a類）	8 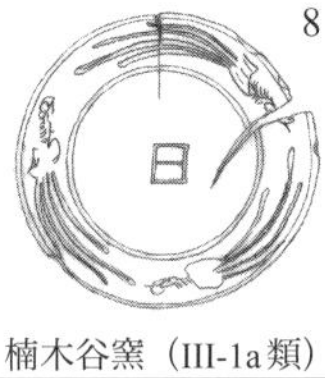 楠木谷窯（III-1a類）		
見込みd-2類			9 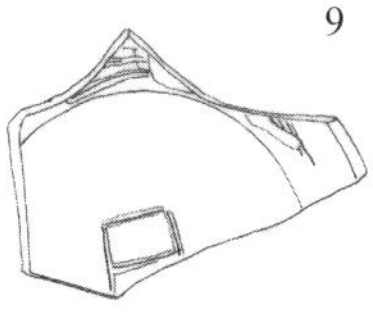 楠木谷窯（III-3類）	10 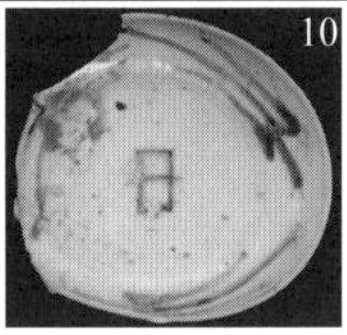 広瀬向窯（IV-3類）	
見込みd-3類				11  掛の谷窯（IV-4類）	

図74　日字鳳凰文皿分類図（1）

した窯場であったからである。また、掛の谷2号窯の物原下層では一六五〇年代頃の技術革新によって一般化していく新しい技術は見られない。

（一六五〇年代後半～一六六〇年代）

掛の谷2号窯物原上層では、物原下層では見られなかった磁器製ハマ、逆台形ハマ、紐作りボシなどが現れ始める。また、焼成室覆土では見込み荒磯文碗も見られる。また、長崎市万才町遺跡の寛文三年（一六六三）の大火層に伴う日字鳳凰文皿に似る。

（一六六〇年代～一六七〇年代）

『郷村記』に寛文元年（一六六一）、『皿山旧記』に寛文五年（一六六五）の開窯が伝えられる中尾下登窯から日字鳳凰文皿が出土している（図75-8）。中尾下登窯では見込み荒磯文碗・鉢も出土している。同じ時期と思われる製品が中尾上登窯の出土製品に見られる（図75-7）。

（一六七〇年代）

寛文一〇年（一六七〇）に木原山より分窯したと伝えられる江永山の江永C窯より鳳凰文皿が出土している（図76-7）。ただし、見込みに「日」字は見られない。見込み荒磯文碗・鉢の出土も見られる。

(2)　日字鳳凰文皿の種類と分類

（成形技法・焼成技法）

成形技法・焼成技法の種類を以下にあげる。

①轆轤成形による丸皿で、高台畳付のみ釉が剥いであるもの（成形a類、図74、図75-1～6、図76-1～5）。さらに成形a類は口縁部

	A-I類	A-II類	A-III類	A-IV類	C類
見込みb類		1 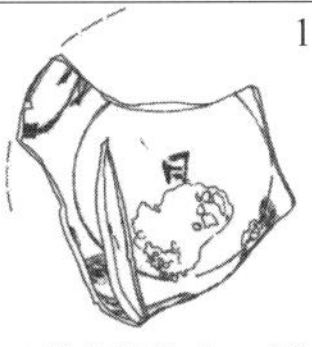 三股青磁窯（II-2類）			
見込みb'類		2 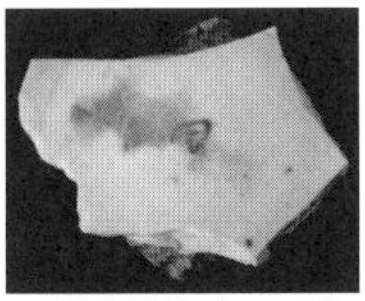 三股青磁窯（II-2'類）			
見込みc-1'類		3 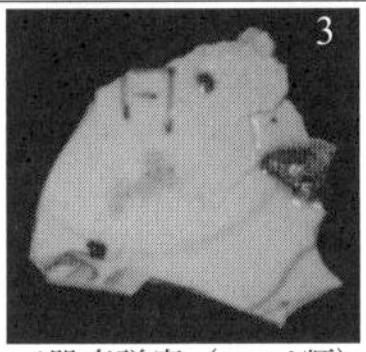 三股青磁窯（II-1b'類）	4 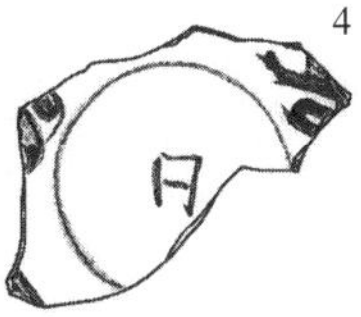 三股青磁窯（III-1b'類）		
見込みb-2'類			5 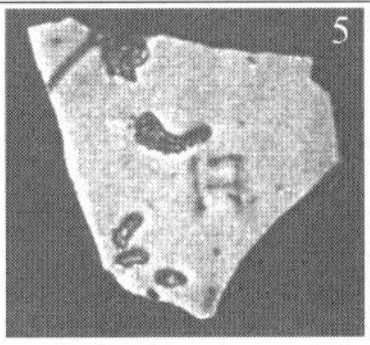 三股青磁窯（III-3'類）		
見込みb-3'類				6 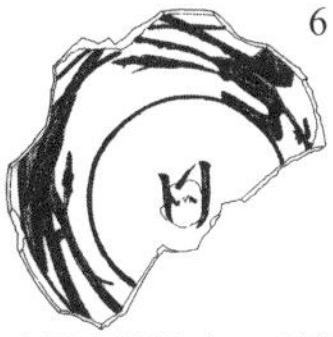 中尾上登窯（IV-4'類）	7 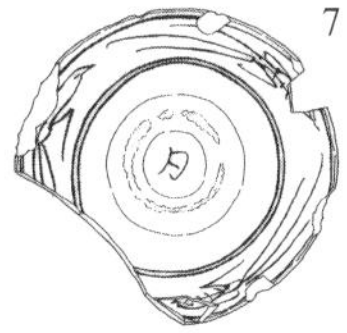 中尾上登窯（C類）
					8 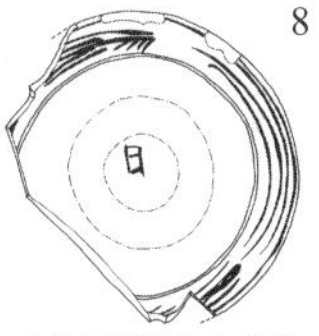 中尾下登窯（C類）

図75　日字鳳凰文皿分類図（2）

が直行するもの（成形a-1類）、口縁部がわずかに端反になっているもの（成形a-2類）に分けられる。

②轆轤成形による丸皿で、見込み蛇の目釉剥ぎあるいは高台無釉にしてあるもの（成形b類、図75-7・8、図76-7・8）。さらに成形b類は小皿（成形b-1類）、中皿で口部が外反するもの（成形b-2類）に分けられる。

③型打成形による菊花皿で、高台畳付のみ釉が剥いであるもの（成形c類、図76-6）

これらの中で一般的なのは成形a類である。波佐見諸窯、平戸諸窯には成形b類が見られる。成形c類は今のところ年木谷3号窯で確認されているのみである。

（装飾技法）

装飾技法について、［1］見込み文様、［2］見込み圏線、［3］内側面文様、［4］絵具の項目ごとに種類をあげる。

［1］見込み文様の種類

①「日」字及びその変形字（見込みa類〜d類）

・雲を描き、その上に「日」字を入れるもの（見込みa類、図74-1）

・「日」字を小さく（一cm×一cm程度）描くもの（見込みb類、図74-2、図75-1）

・「日」字の第二画の末端を撥ねたもの（見込みc-1類、図74-3・6）

・「日」字が「月」字あるいは「目」字になっているもの（見込みc-2類、図74-4・7）

・「日」字の第四画を省略したもの（見込みb'類、c'類、図75-2〜7）。b類・c類で第四画を省略したものをそれぞれb'類、c'とする。

・細い線描きの「日」字を入れるもの（見込みd-1類、図74-5・8）

・線描きの上に濃みを入れた「日」字を入れるもの（見込みd-2類、図74-9・10）

・太い線描きの「日」字を入れるもの（見込みd-3類、図74-11）
②見込み花卉文（見込みe類、図76-1）
③見込み山水文（見込みf類、図76-2）
④見込み文様なし（見込みi類、図76-5・7）

これらの中で最も一般的なのは見込みd類である。中でもd-2類、d-3類が一般的である。内山地区の窯場ではd-2類が多く、

	A-V類	B-V類	C-V類
見込みe類	1  楠木谷窯（V-1類）		
見込みf類	2  楠木谷窯（V-2類）		
見込みg類	3  楠木谷窯（V-3類）		
見込みh類	4 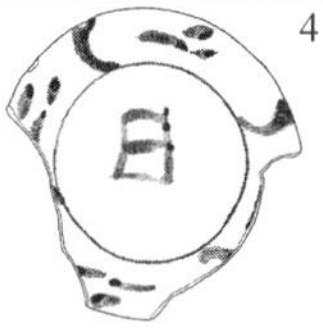 山辺田窯（V-4類）		
見込みd-2類		6 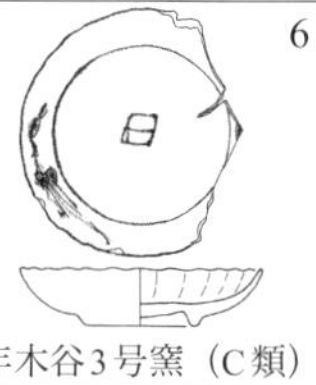 年木谷3号窯（C類）	
見込みi類	5 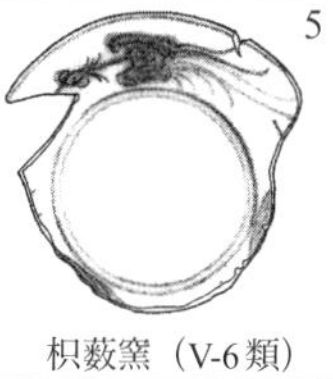 枳薮窯（V-6類）		7 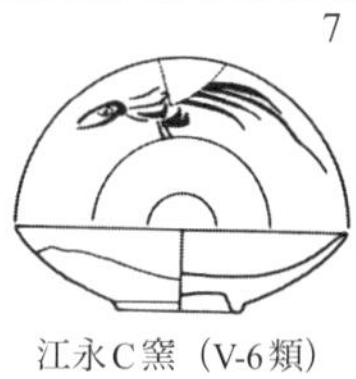 江永C窯（V-6類）
見込みj類			8 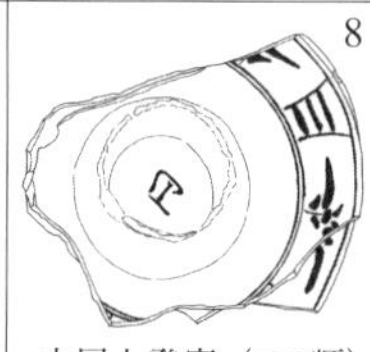 中尾上登窯（V-5類）

図76　日字鳳凰文皿分類図（3）

外山地区や他産地ではd-3類が多い。ただし、楠木谷窯ではd-2類、d-3類よりd-1類の方が多い。a類は今のところ猿川窯のみである。b類は楠木谷窯、三股青磁窯で見られる。c類及びc'類は楠木谷窯、小樽2号窯、三股青磁窯、広瀬向窯などで見られるが、有田がc-1類、c-2類が多いのに対し、波佐見は第二画の末端を撥ね、かつ四画を省略したc-1'類が多い。e～f類は楠木谷1号窯のみ確認されている。i類は枳薮窯に見られるが、書き損じの類である可能性がある。

［2］見込み圏線の種類

①見込み圏線がないもの（見込み圏線a類、図74-1）
②見込み圏線が二重のもの（見込み圏線b類、図74-2など）
③見込み圏線が一重のもの（見込み圏線c類、図75-1など）

これらの中で一般的なのは見込み圏線b類である。a類は猿川窯の一部、あるいは書き損じなど例外的なものを除けば少ない。c類は楠木谷1号窯にも見られるが、波佐見諸窯に多い。三股青磁窯、中尾上登窯、白岳窯の出土品あるいは採集品に見られる。

［3］内側面文様の種類

①鳳凰文

・首部が折れるもの（首a類、図75-4など）
・首が折れないもの（首b類、図74-8など）
・翼部が左右に広がるもの（翼a類、図74-1）
・翼が肩部で折れるが、尾部とは明確に区別されるもの（翼b類、図74-5）
・翼が肩部で折れ、尾部とは明確に区別されないもの（翼c類、図74-10など）
・尾部が細い線描きのもの（尾a類、図74-4など）
・線描きに濃みを入れた尾部をもつもの（尾b類、図74-8など）、

・尾部が太い線描きだけのもの（尾c類、図75-6など）

②唐草文（内側面g類、図76-3）

③芙蓉手（内側面h類、図76-4）

④芙蓉手中皿（内側面j類、図76-8）

首部はb類が一般的であるが、一部a類が見られる。ベトナムのホイアン遺跡ではa類・b類いずれも見られる。翼部はb類・c類が一般的であるが、猿川窯ではa類が見られる。翼部は楠木谷1号窯、三股青磁窯などでa類が見られるが、一般的なのはb類あるいはc類である。また、鳳凰文は三羽描くものがほとんどであるが、一部二羽のみ描くものが枳薮窯などで見られる。そして、鳳凰文の間に点状文様や弧状文様など鳳凰以外の文様が入るものが楠木谷窯、天狗谷窯、広瀬向窯などで見られる。なお、点状文様はインドネシアのパサリカン遺跡で出土している日字鳳凰文皿の中にも見られる。そして、鳳凰文を描かないものとして、内側面g、h、j類がある。g類は楠木谷1号窯、h類は山辺田６・７号窯に見られる。j類は波佐見諸窯（咽口窯、三股古窯、中尾上登窯）、木原地蔵平東A窯などで見られ、これらは見込みの「日」字が欠損している咽口窯の製品を除いて、見込みc'類である。

［4］絵具の種類

ほとんどの製品は染付であるが、一部辰砂製品が見られる。

［5］日字鳳凰文皿の分類

ここで各要素の種類の組合せから、日字鳳凰文皿を分類したいと思う。まず、成形技法・焼成技法によって、成形a類のものをA類、成形b類のものをB類、成形c類のものをC類に分類する。そして、文様構成によってⅠ～Ⅴ類に分類する。翼a類のものをⅠ類、翼b類＋尾a類のものをⅡ類、翼b類＋尾b類のものをⅢ類、翼c類のものをⅣ類とし、「日」字あるいは鳳凰文のいずれかを文様として取り入れた製品をⅤ類とする。ただし、寿字鳳凰文皿は含まない。内側面g・h・j類、見込みe・f・i類などがⅤ類に該当する。さらにⅡ〜Ⅳ類を見込み文様によって1a類〜4類に細分し、Ⅴ類を1〜6類に細分する(図74〜76)。

⑶　日字鳳凰文皿の特徴

肥前の日字鳳凰文皿の本歌となった中国青花の事例をみることにする。①「天啓年製(一六二一〜一六二八)」銘があるとされる色絵皿(日本陶磁協会一九九八『陶説』五四九号の裏表紙)は、太陽を表現する円の中に細い線描きで「日」字を入れ、雲文と組み合わせている。鳳凰二羽が翼を広げ「日」字に向かっている。ただし、「日」字は見込み中央にはない。②(Sumarah Adhyatman 一九八一、二五三頁の311左)は、「日」字が入らないが、太陽を表現する円に雲文を組み合わせている。鳳凰は三羽翼を広げて「太陽」に向かっている。③(佐賀県立九州陶磁文化館一九八二、四六頁の71)は見込み中央に「日」字を入れ、その周囲に二重圏線が巡らされ、雲文を組み合わせている。「日」字は輪郭を縁取りし、中に濃みが入れられている。鳳凰三羽はやはり翼を広げ、「日」字に向かっている。④秀篆窯出土の日字鳳凰文皿(福建省博物館一九九七、一八頁及び図版39-1)は見込みに比較的小さな二重圏線を入れ、その中に「日」字を入れている。「日」字は線描きで輪郭をとり、中に濃みを入れている。鳳凰はやや頭部を「日」字に向けている。⑤ベトナムのホイアン出土の日字鳳凰文皿(昭和女子大学一九九七、四八頁の図23-58)は高台無釉で見込み中央に「日」字を入れ、その周囲を二重圏線が巡っている。中国青花の日字鳳凰文皿の中にも「日」字に雲文が伴うものと伴わないものがあり、見込みに二重圏線が入るものと入らないものがあるようである。雲文を伴い、二重圏線を伴わないものはⅠ類に近く、雲文を伴わずに二重圏線を入れるものについては、鳳凰の描き方はⅠ類に近いものの他の要素はⅡ〜Ⅳ類の製品に近い。

次に肥前の日字鳳凰文皿の文様構成についてⅠ〜Ⅴ類の順にみていくことにする。Ⅰ類(図74-1)は今のところ猿川窯のみで見られる。翼を左右に広げ、見込みの「日」字に向かっているような鳳凰の構図は他窯の製品には見られないし、見込みに雲を描き、その上に「日」字を描いたものも例がない。一般の日字鳳凰文皿に見られる見込み圏線もない。これらの特徴はむしろ中国青花に見られる。よって、一般的な日字鳳凰文皿よりは年代が遡るか、あるいはⅠ類以外の日字鳳凰文皿とは手本となった中国青花そのものが異なる可能性が高い。また、猿川窯で出土するⅠ類以外のⅢ類などの製品についても他の窯の製品と比べて、見込み圏線の円が小さいものが見られる。中国青花の日字鳳凰文皿の中には「日」字を囲むように二重圏線が入れられているものがよく見られる。猿川窯出土の日字鳳凰文皿の場合、Ⅰ類だけでなく、Ⅲ類の一部においても中国青花のそれに近い要素をもつものがあると言える。なお、中国青花に見られる「日」字の輪郭を線描きし、その内部に濃みを入れたものは肥前では確認されていないが、肥前でも日字鳳凰文皿より後出すると思われる寿字鳳凰文皿の「寿」字は輪郭を線描きし、その内部に濃みを入れたものが一般的である。

Ⅱ類については楠木谷１号窯（図74-２～５）、三股青磁窯（図75-１～３）などで見られるものである。楠木谷１号窯は有田内山で日字鳳凰文皿が最も多く出土している窯である。内山地区では未調査の窯も多いが、楠木谷窯が皿類を主体に生産していたことを考えると最も多く生産した窯の一つとみてよいだろう。隣接する２号窯からも少量出土が見られるが、量的には１号窯が多い。１号窯物原下層ではすでにⅡ類及びⅢ類～Ⅴ類が出土しており、焼成室床面ではⅢ-1a類（図74-８）が出土している。Ⅲ類～Ⅴ類については後述するとして、ここではⅡ類についてのみ記すことにする。Ⅱ-1a類（図74-５）は一般的な「日」字の描き方であるが、Ⅱ-1b類（図74-３）は「日」字の第二画の終端部を撥ねている（見込みc-1類）ことを特徴とする。撥ねている部分は、本来「日」字を第二画から第三画へ運筆する部分と思われる。Ⅰ類の猿川窯出土の日字鳳凰文皿においても「日」の第二画の撥ねが見られるが、楠木谷１号窯の場合、運筆とは無関係に撥ねを入れているものが見られるのである。中にはその撥ねによって「日」字の形を失ってしまっているものもある。おそらくこうした崩れによって「月」字、「目」字を入れるⅡ-1c類（図74-４）、Ⅲ-1c類（図74-７）が現れたのではないかと思われる。こうした撥ねをもつものは他に小樽２号窯、三股青磁窯などがある。「日」字を小さく描くⅡ-２類も楠木谷１号窯以外では三股青磁窯で見られるものである。小樽２号窯は一六五〇年代中頃以前には廃されたと推定され、三股青磁窯は一六三〇～一六五〇年代に操業された窯と推定されている。両者は基本的には一六五〇年代に一般化する技術革新以前の技術で生産されており、見込み荒磯文碗・鉢などは出土していない。よって、両窯場で出土する日字鳳凰文皿の年代も楠木谷１号窯物原下層のそれと同じ頃と考えてよいと思う。一方、有田地区と波佐見地区などでは地域差も見られる。例えば三股青磁窯の場合、「日」字の第四画を省略しているものが見られる（見込みc-1'類）。「日」字を草書体で記す場合は第二画と第三画をつなげて第四画を省略することは比較的見られることであるが、三股青磁窯では第二画と第三画をつなぐ撥ねの部分も省略され、「日」字の形を失ってしまっているものが見られる。結果的に楠木谷１号窯と三股青磁窯では画数が異なるものが現れることとなる。そして、三股青磁窯で見られた字画の省略は中尾上登窯のⅣ類、Ⅴ類、さらには木原地蔵平東Ａ窯のⅤ類においても引き続き見られる。こうした地域差は見込み圏線の数においても見られる。すなわち、楠木谷1号窯では一部の製品に見込み圏線b類が見られるものの、多くは見込み圏線c類であるのに対し、三股青磁窯では見込み圏線b類がむしろ一般的であり、その後も中尾上登窯などで作られている。

Ⅲ類及びⅣ類は、最も一般的な日字鳳凰文皿のスタイルである。東南アジアで出土する日字鳳凰文皿の多くがこのスタイルである。そして、Ⅲ類及びⅣ類の分類は製品の精粗の差によるところが大きい。まず、Ⅲ-1類（図74-6～8）は楠木谷1号窯の物原下層からも出土しているが、楠木谷1号窯焼成室床面から出土しており、承応二年（一六五三）以降、かつ見込み荒磯文碗・鉢出現以降においても多く生産されていることは確かである。そして、Ⅲ-3類（図74-9）は内山地区諸窯の製品に多いものであるが、外山地区の窯においても広瀬向窯など一部で見られる。内山地区諸窯における日字鳳凰文皿の生産年代の下限は明確ではないが、一六六〇年代には成立したと思われる赤絵町遺跡や一六六〇年代の一括資料とされる吹上浜採集資料の中にも日字鳳凰文皿が見られないことから、生産年代は一六五〇年代を中心としたもので、一六六〇年代を大きく下ることなく生産が中止されている可能性が高い。次にⅣ類（図74-10・11）は外山地区で最も一般的な製品である。線描きの部分と濃みの部分の濃淡の差があまりないため、Ⅳ-3類とⅣ-4類どちらに属するのか不明なものも多いが、Ⅳ-3類は内山地区の一部の窯、外山地区の掛の谷2号窯物原最下層、コウタケ窯、広瀬向窯で出土しており、Ⅳ-4類（図74-11）は内山地区の天狗谷窯、外山地区の掛の谷2号窯物原上層、山辺田1号窯、山辺田2号窯、広瀬向窯、嬉野市の吉田2号窯、内野山南窯、波佐見町の中尾上登窯などで出土している。また、長崎市万才町遺跡の寛文三年（一六六三）の大火層からもⅣ類と思われる日字鳳凰文皿が出土している。ここで掛の谷2号窯の出土状況をみてみたい。掛の谷2号窯では物原の下層から上層に至るまで日字鳳凰文皿が大量に出土している。外山地区では日字鳳凰文皿が製品の中で占める割合が最も高い窯場である。これは楠木谷窯もそうであるが、前にも述べたように皿類を主体に生産した窯場であったからである。掛の谷2号窯出土の日字鳳凰文皿は口径一四～一六cmのもので占められ、同窯出土のその他の染付皿（口径一一～一三cm）よりも大きめに作られている。大橋康二はホイアンで出土する中国磁器の皿類が口径一五～一六cm程度のものが主であることを指摘しており（大橋一九九七c、二〇七頁）、掛の谷2号窯の日字鳳凰文皿はこうした需要を意識したものと推測される。

Ⅴ類（図76-1～5）は日字鳳凰文皿ではないが、「日」字あるいは鳳凰文の文様の一部を取り入れた製品群（ただし、寿字鳳凰文皿を除く）である。Ⅴ-6類については単なる描き忘れの可能性があるため、検討は行わない。Ⅴ-1類及びⅤ-2類は内側面に鳳凰文を入れるが、「日」字の代わりに別の文様を入れたものである。Ⅴ-3〜5類は逆に見込みに「日」字を入れるものの、内側面には鳳凰文の代わりに別の文様を入れたものである。そして、Ⅴ-1類〜3類は楠木谷1号窯物原ではⅡ類と共伴している。鳳凰文や「日」字の描き方もⅡ類と共通であり、年代はⅡ類と同様とみてよいと思う。その中でⅤ-3類については、長崎市万才町遺跡出土の中国青花の中に見込みは「寿」文で内側面に唐草文を入れたものが見られる。あるいはこうした類の製品を模倣したものかもしれない。Ⅴ-4類は山辺田6・7号窯で出土している。7号窯を壊して6号窯が築かれており、6号窯の焼成室床面では一六五〇年代頃の染付中皿、染付鉢が出土しているため、山辺田6・7号窯のⅤ-4類は一六五〇年代以前と思われる。Ⅴ-1〜4類の製品は厳密には日字鳳凰文皿ではないものの、Ⅱ類に見られた日字鳳凰文皿のバリエーションの一つと位置づけた方がよかろう。一方、Ⅴ-5類は後述する染付芙蓉手皿でもとりあげるが、粗製芙蓉手中皿の内側面文様に見込み「日」字を入れたものである。咽口窯、三股古窯、中尾上登窯などの波佐見諸窯、木原地蔵平東A窯において出土しているが、これらの窯では見込み荒磯文碗・鉢と共伴しているものが多く、成形技法・焼成技法による分類ではB類に属するものであり、生産年代は他のⅤ類に比べて下るものと思われる。

次に成形技法・焼成技法について、A類とB・C類との関係を述べたい。まず、C類（図76-6）は年木谷3号窯において出土しているのみである。当時、一般的に製作された型打菊花皿に「日」字と鳳凰文を文様として取り入れたものである。よって、意識としてはA類のⅤ-1〜4類に近いとみてよかろう。そして、B類（図75-7・8、図76-7・8）は見込みを蛇の目釉剥ぎしたもの、あるいは高台無釉にしたものである。今のところ有田では見られない。重ね積みをして焼くための技法であり、最も上に積まれた製品には蛇の目釉剥ぎする必要がないため、釉剥ぎせず高台のみ無釉にしているものも見られる。B類は口縁部が直行する小皿の成形b-1類と中皿の成形b-2類がある。b-2類は先に述べた文様構成ではⅤ-5類に分類したものである。小皿の成形b-1類は今のところ中尾上登窯、中尾下登窯、江永C窯で出土している。そして、波佐見地区においてはA類からB類への変化を認めることができる。波佐見地区においてA類の日字鳳凰文皿が出土するのは三股青磁窯、中尾上登窯、白岳窯などである。白岳窯の日字鳳凰文皿は後世の混入ともされているが、いずれにせよ中尾地区の窯場である。すなわち、今のところ一六五〇年代以前に開窯したと文献等で伝えられる三股山、中尾山（中尾上登窯）などに限られている。それが寛文元年（一六六一）ないし寛文五年（一六六五）に開窯した文献で伝えられる中尾下登窯ではB類が現れている。同じくb-1類が見られる江永C窯も寛文一〇年（一六七〇）に開窯が伝えられる窯である。よって、一六六〇年代の内に波佐見地区などではA類からB類へと変化していった可能性が高い。

⑷　日字鳳凰文皿の生産

以上のことから日字鳳凰文皿の生産についてまとめてみる。まず、寛永一四年（一六三七）の窯場の整理統合以前に廃された窯場では日字鳳凰文皿の出土はみない。そして、一六三七年以降、とりわけ一六四〇年代には有田では中国磁器の模倣例が増加する。文様・構図はもちろん、例えば蛇の目高台のような器形の模倣も盛んに行われている。一六四〇年代〜一六五〇年代には全国の消費地遺跡における肥前磁器の出土例も急増する。磁器市場を中国磁器に代わって獲得しようとする過程で、新しい商品開発のために中国磁器を盛んに模倣したのであろう。日字鳳凰文皿の出現もそうした例の一つであろうと思う。よって、日字鳳凰文皿もその出現段階においては海外向けに限定されるものではなかろう。猿川窯におけるI類は明らかに他の類の日字鳳凰文皿とはタイプが異なっている。このI類は一般的な日字鳳凰文皿よりは年代が遡る可能性があるとともに、本歌となった中国青花そのものが異なる可能性がある。

一六五〇年代中頃以前に多いII類についても出土する窯は比較的限られている。楠木谷1号窯物原下層、三股青磁窯である。そして、II類に近い要素をもつIII類が出土する窯が小樽2号窯である。楠木谷1号窯物原下層では見込み荒磯文碗・鉢の出土は見られないし、三股青磁窯、小樽2号窯も同様である。一方、見込み荒磯文碗・鉢と共伴する日字鳳凰文皿はほとんどがIII・IV類である。しかし、これはI・II類からIII・IV類に単純に変化していったことを意味するものではない。楠木谷1号窯や三股青磁窯においてもIII類はすでに見られることから、むしろIII類・IV類も含めてI・II・V-1〜4類など多くのバリエーションをもった段階から、III類あるいはIV類のスタイルが主体となる段階へ変わったと考えられる。バリエーションの多さは複数の異なる中国青花を本歌として用いたことにもよると思うが、目的とする需要層がまだ海外市場のみに限られていないのではないかと思う。そのため、V類のように「日」字あるいは鳳凰文など日字鳳凰文皿の一部の文様を取り入れ、その他の文様と組み合わせた製品も作られたのではないかと思われる。そして、海外貿易が本格化していく段階でIII類が海外向けとして規格化された「輸出スタイル」となっていったのではないかと思う。

一六五〇年代中頃以降、日字鳳凰文皿は大量に海外市場に輸出されるようになる。質よりも量が要求され、売れることが確実な商品であれば、工夫したり、バリエーションを作り、変化を与える理由もないであろう。これは比較的技術水準の低い窯場にとっては受け入れやすい条件である。その条件のもとで有田外山地区の各窯や嬉野地区諸窯などで主にⅣ類の日字鳳凰文皿が大量に生産されるようになる。有田内山における日字鳳凰文皿の生産年代は一六五〇年代を中心としたものと前述したが、有田内山以外の窯場で大量に生産されるようになると、同じように日字鳳凰文皿を生産していては有田内山の技術力や原料の優秀性が製品に見合わなくなると思われる。いくら良質であっても同じ日字鳳凰文皿であれば品質に見合うだけの価格差は見込めないであろう。色絵技術を含めた技術力を最大限に生かし、競合することが少ない需要層へ重心が移ることは自然であろうと思われる。一六五九年に大量注文を行うオランダ連合東インド会社がもたらす市場もその一つであろう。同じ皿類で言えば染付芙蓉手や寿字鳳凰文皿を求める需要層へ重心が移ったと思われる。そして、このことは年代が下るが、見込み荒磯文碗・鉢の生産年代の下限についても同様のことが言えるのではないかと思われる。

そして、一六六〇年代になると波佐見諸窯（中尾下登窯・中尾上登窯）ではB類が現れ、A類からB類へと変化していく。B類は有田では見られないものである。これも質よりは量が重視された結果であるが、このB類の日字鳳凰文皿がどの程度海外に輸出されているかはわからないし、海外需要をどの程度意識したものかも今のところわからない。これらB類の日字鳳凰文皿は東京都旧芝離宮庭園遺跡や北海道瀬田内チャシ跡などでも出土しており、おそらくこの段階では他の雑器の皿類と性格的には変わらなくなってきているのではないかと思われる。波佐見でもA類の段階から日字鳳凰文皿の生産を行っていた三股山や中尾山を除いて、一六六〇年代に新しく興った永尾山、木場山、稗木場山などでは見込み荒磯文碗・鉢は多く見られるものの、今のところ日字鳳凰文皿の出土はB類を含めて見られない。よって、一六六〇〜一六七〇年代には少なくとも有田以外の他産地の窯場においても有力な海外向け商品ではなくなってきていると思われる。

第2項　見込み荒磯文碗・鉢

(1)　見込み荒磯文碗・鉢の出土例

見込み荒磯文碗・鉢が出土している窯は四三基以上にのぼる（表19）。範囲は日字鳳凰文皿が出土する佐賀県有田町、嬉野市、長崎県波佐見町、佐世保市に加え、佐賀県武雄市、熊本県天草市、苓北町などが含まれる（図77）。日字鳳凰文皿が出土する窯の多くが一六五〇年代前半以前に成立した窯場であったのに対し、見込み荒磯文碗・鉢は一六五〇年代前半以前に成立した窯場も含めて、一六五〇年代後半以降に操業された窯場のほとんどの磁器窯で出土する。それらの中から見込み荒磯文碗・鉢の出土例をいくつか年代ごとにあげていきたいが、見込み荒磯文碗と同時期の製品として見込みに荒磯文の代わりに竜文や鳳凰文を入れたものがある。ここではそれらも含めて取り上げていきたい。

（一六五〇年代中頃〜後半）

日字鳳凰文皿でも挙げた楠木谷1号窯で見込み荒磯文碗・鉢が出土している。しかし、量は極めて少ない。また、同じく内山地区の天狗谷B窯11室奥壁下出土遺物に見込み荒磯文碗・鉢が含まれる（第1章資料7-図7・8）。天狗谷B窯床下資料の中には見込みに承応歳（一六五二〜一六五四）の可能性をもつ「□応歳」銘のある染付碗が出土している。天狗谷B窯奥壁下出土遺物と製品の内容が似る中白川窯物原五層出土製品（第1章資料7-図10）もほぼ同時期のものであろう。

（一六五〇年代後半〜一六六〇年代）

天狗谷B窯奥壁下や中白川窯物原5層段階よりも層位的に新しい天狗谷B窯（B窯後期）・C窯、中白川窯物原3層段階（第1章資料7-図28）で見込み荒磯文碗・鉢が出土している。中白川窯物原3層では染付花鳥文芙蓉手皿が大量に出土する（第1章資料34）。前述したように天狗谷窯（上白川）、中白川窯（中白川）が位置する白川地区に関する『竜泉寺過去帳』の記載をみると、寛文一一年（一六七二）以降、上・中・下の区分名称がなくなり、「白川」・「白川皿山」・「白川山」などの表記で幕末まで続いている。これは天狗谷窯

表19　見込み荒磯文碗・鉢出土古窯跡一覧表

市町村名	窯場名	古窯跡名	年代	備考	共伴遺物
有田町	年木山	楠木谷１号窯跡	1640 ～ 1650年代	量的に少ない。	
	白川山	天狗谷Ｂ・Ｃ窯跡	1650 ～ 1660年代		
	白川山	中白川窯跡	1630 ～ 1660年代		芙蓉手Ⅱ類
	白川山	下白川窯跡	1630年代～ 20世紀		芙蓉手Ⅱ・Ⅲ類、青磁大皿、寿字鳳凰文皿
	幸平山	谷窯跡	1640年代～ 19世紀		芙蓉手Ⅱ類
	稗古場山	稗古場窯跡	1620-30年代～ 20世紀		芙蓉手Ⅱ類、寿字鳳凰文皿
	稗古場山	天神山窯跡	1630 ～ 1660年代		
	岩谷川内山	猿川窯跡	1620-30年代～ 20世紀		芙蓉手Ⅰ・Ⅱ類
	岩谷川内山	岩中窯跡	1620 ～ 1660年代		
	岩谷川内山	長吉谷窯跡	1650 ～ 1670年代		芙蓉手Ⅱ類、青磁大皿、寿字鳳凰文皿
	南川原山	樋口１号窯跡	1650 ～ 1670年代		
	南川原山	平床窯跡	1650 ～ 1660年代		
	南川原山	柿右衛門窯跡	1660 ～ 1680年代		寿字鳳凰文皿、芙蓉手Ｂ類、青磁大皿
	外尾山	外尾山窯跡	1650 ～ 1660年代		芙蓉手Ⅰ・Ⅱ類、寿字鳳凰文皿
	外尾山	丸尾窯跡	1640 ～ 1660年代	小片	青磁大皿
	黒牟田山	山辺田窯跡	16世紀末～ 1660年代		青磁大皿
	黒牟田山	多々良の元Ａ窯跡	1650 ～ 1660年代		芙蓉手Ⅰ類、青磁大皿
	黒牟田山	多々良の元Ｃ窯跡	1660 ～ 18世紀前半		寿字鳳凰文皿
	応法山	掛の谷窯跡	1640 ～ 1650年代	１点のみ	
	応法山	弥源次窯跡	1650 ～ 1670年代		芙蓉手Ⅰ類
	広瀬山	広瀬向窯跡	1640年代～ 20世紀		芙蓉手Ⅰ類、青磁大皿
波佐見町	三股山	咽口窯跡	1660 ～ 1680年代		
	中尾山	中尾上登窯跡	1640年代～ 20世紀		
	中尾山	中尾下登窯跡	1660年代～ 20世紀		青磁大皿
	永尾山	永尾高麗窯跡	1660 ～ 1680年代		
	永尾山	永尾本登窯跡	1660年代～ 20世紀		
	木場山	木場山窯跡	1660年代～ 18世紀前半		青磁大皿
	稗木場山	向平窯跡	17世紀後半		
	稗木場山	辺後ノ谷窯跡	1660 ～ 1670年代		寿字鳳凰文皿
	稗木場山	高尾窯跡	1670 ～ 18世紀中頃		芙蓉手Ⅲ類
武雄市		筒江窯ノ辻窯	17世紀後半？		
		板屋窯跡	17世紀後半？		
佐世保市	江永山	江永窯跡	17世紀後半～18世紀前半		
	木原山	木原地蔵平窯跡	17世紀		
	三川内山	長葉山窯跡	17世紀		
	三川内山	三川内東窯跡	17世紀後半～ 20世紀		
嬉野市	吉田山	吉田２号窯跡	1650年代～ 20世紀		芙蓉手Ⅰ類
	不動山	皿屋谷１・２号窯跡	17世紀後半		芙蓉手Ⅱ類
	不動山	皿屋谷３号窯跡	17世紀後半		芙蓉手Ⅱ類
	不動山	皿屋谷４号窯跡	17世紀後半		芙蓉手
本渡市		仁田原窯跡	17世紀後半		
苓北町		内田皿山窯跡	17世紀後半		芙蓉手Ⅰ・Ⅱ類
天草市		皿山窯跡	17世紀後半		

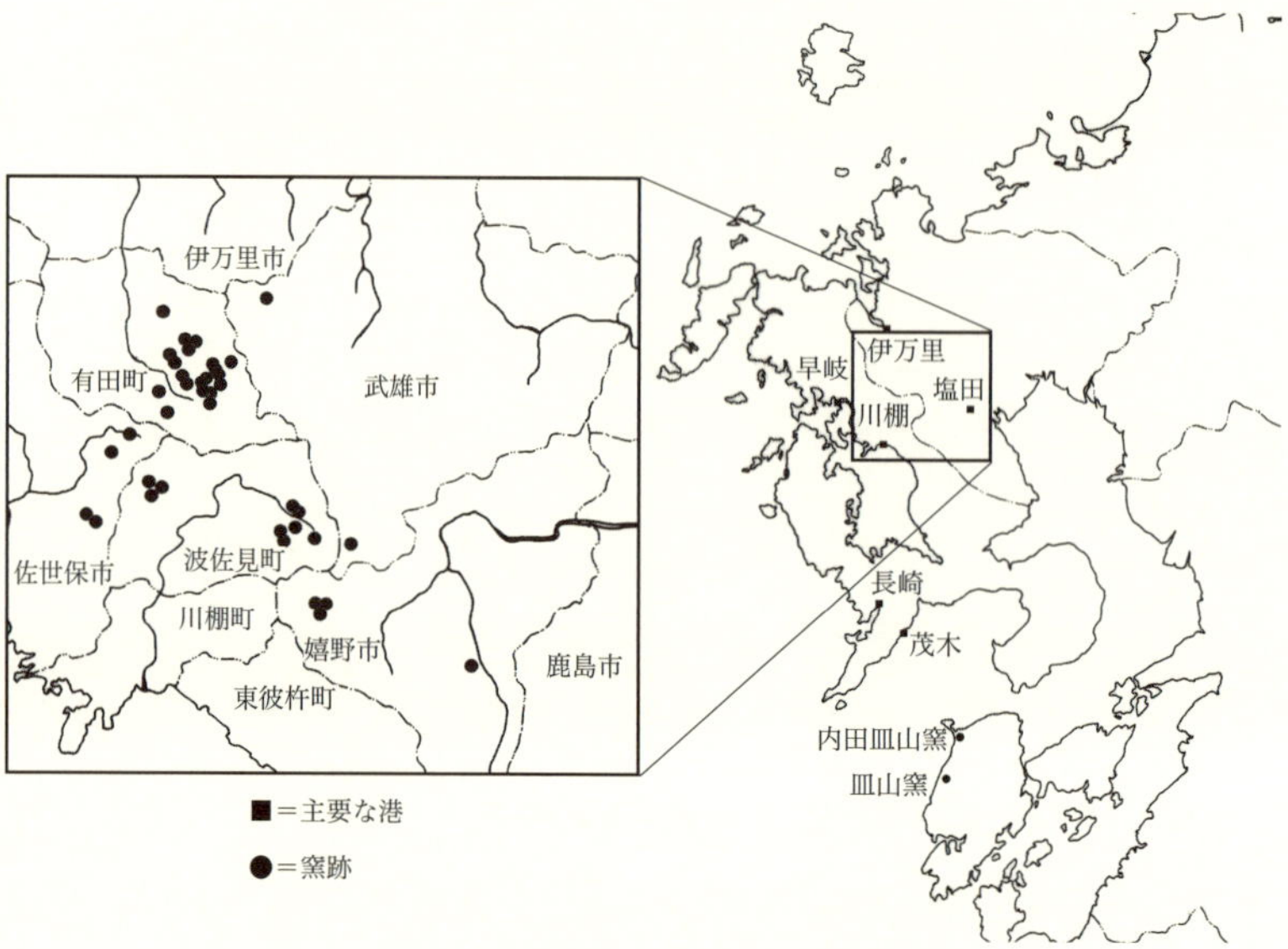

図77　見込み荒磯文碗・鉢出土古窯跡分布図

や中白川窯が下白川窯などに統合されたことと関わりがあるものと思われる。

この時期の紀年銘資料としては、長吉谷窯出土の万治三年（一六六〇）銘資料（第1章資料7-図9）がある。また、日字鳳凰文皿の項でも挙げた長崎市万才町遺跡の寛文三年（一六六三）の大火層に伴う資料の中にも見込み荒磯文碗・鉢は含まれている。さらに一六六〇年代頃の一括資料としては、鹿児島県吹上浜採集品（第5章図83-1）がある。吹上浜採集品には金銀彩製品や染付芙蓉手皿が含まれている（第2章図41）。

（一六五〇年代後半～一六七〇年代）

嬉野地区諸窯（不動山諸窯、吉田2号窯）や応法山（弥源次窯）、広瀬向窯、外尾山4号窯、多々良の元窯など外山地区の窯場の多くが含まれるものと思われる（第1章資料8-図9・10・13・14）。吉田2号窯が位置する吉田山に関する『竜泉寺過去帳』の記載は一六六二～一六六七年と一六六〇年代に集中しており、『蓮池藩請役所日記』にある享保一二年（一七二七）の六〇～七〇年前より開窯していたとする内容とも矛盾しない（佐賀県立九州陶磁文化館一九八九、二頁）。弥源次窯が位置する応法山に関する『竜泉寺過去帳』の記載は一六六八～一六八一年に集中している。やはり一六六〇～一六七〇年代を操業期間に含めてよいと思う。そして、外尾山4号窯物原上層や多々良の元C窯では染付日字鳳凰文皿ではなく、染付寿字鳳凰文皿と共伴している。一六六〇年代以前には廃窯したと思われる丸尾窯、山辺田窯においては染付寿字鳳凰文皿の出土はみないことから、外尾山4号窯物原上層や多々良の元C窯はいくらか後出の一六六〇～一六七〇年代のものである可能性がある。

（一六六〇年代～一六七〇年代）

外尾山3号窯で見込み荒磯文鉢が出土している。外尾山3号窯は4号窯の廃窯に際して築かれた可能性が高い窯である。4号窯ではすでに染付寿字鳳凰文皿が出現しているため、3号窯の見込み荒磯文碗・鉢は寿字鳳凰文皿出現以降のものである。また、見込み荒磯文鉢以外の製品は内山地区の中白川窯物原三層段階の製品に似る。

（一六六〇年代～一六八〇年代）

文献史料等で寛文元年（一六六一）あるいは寛文五年（一六六五）に開窯したと推定される中尾下登窯から見込み荒磯文碗が出土している。波佐見地区諸窯、木原地蔵平東窯、天草地区諸窯など他産地の窯場の多くが含まれるものと思われる。

（一六六〇年代後半～一六八〇年代）

文献史料等で一六六〇年代後半以降に開窯したと推定される永尾高麗窯、永尾本登窯、木場山窯などで見込み荒磯文碗・鉢が出土している（第7章図141‐17～19）。永尾高麗窯・永尾本登窯が位置する永尾山は寛文六年（一六六六）、木場山窯が位置する木場山は寛文七年（一六六七）に開窯したと文献史料では伝えられている。

（一六七〇年代～一六八〇年代）

寛文一〇年（一六七〇）に木原山より分窯したと伝えられる江永山の江永C窯より見込み荒磯文碗が出土している。また、波佐見の高尾窯物原Ⅵ層段階から見込み荒磯文碗・鉢が出土している。中野雄二は高尾窯を海外向けの生産から国内向けの生産への過渡期の窯と位置づけており、物原Ⅵ層段階については一六七〇～一六八〇年代と推測している（中野一九九八、三七頁）。肥前の見込み荒磯文碗の終末期のものと推測される。

(2) 見込み波濤文の変遷

古窯跡出土の見込み荒磯文碗・鉢に関する分類と変遷は大橋康二がすでに行っている（大橋一九八二a）。それによれば見込み荒磯文碗・鉢の文様及び器形からⅠ類～Ⅵ類に分類しており、荒磯文の左右の波涛が弧状に描かれたものに比べ、波状に描かれたものの方が古式としている。考察の中では波状に描かれたものをⅢａ類、弧状に描かれたものをⅢｂ類、さらにⅢｂ類が崩れたものをⅢb'類とし、見込み荒磯文碗・鉢をいち早く焼造し始めたのは有田内山であり、そして、有田外山や不動山へと焼成窯は拡がり、内山でⅢａ類に続くⅢｂ類を焼くころ、佐世保市や波佐見皿山郷においても生産するようになり、Ⅲb'類が焼かれたのではないかと推測している。また、Ⅲｂ類とⅢb'類の年代には重複があったとみられるが、Ⅲb'類の下限がⅢｂ類のそれよりも下降することも十分予想されるとしている（大橋一九八二a、三一頁）。

このことについて、近年増加した古窯跡出土資料で検証してみたい。内山地区で層位的に比較的早い段階の製品と考えられるものが、日字鳳凰文皿でも挙げたが、楠木谷1号窯で見られる見込み荒磯文碗・鉢であり、天狗谷B窯11室奥壁下資料に見られる見込み荒磯文碗・鉢、中白川窯五層段階の製品などである。大橋分類によるⅢａ類にあたる。それらに比べて層位的に新しい天狗谷B・C窯、中白川窯物原三層出土資料もやはり大橋分類のⅢａ類である。大橋分類のⅢａ類の紀年銘資料としては長吉谷窯出土の万治三年（一六六〇）銘資料がある。また、日字鳳凰文皿の項でも挙げた長崎市万才町遺跡の寛文三年（一六六三）の大火層に伴う資料の中にも見込み荒磯文碗・鉢も大橋分類のⅢａ類である。さらに一六六〇年代頃の一括資料と推測される鹿児島県吹上浜採集品に含まれる見込み荒磯文碗・鉢もⅢａ類が多い。

外山地区では、大川内山の窯場を除いたこの時期のほとんど全ての磁器窯で出土すると言っても過言ではない。そして、日字鳳凰文皿と共伴する窯も少なくない。例えば樋口窯、丸尾窯、山辺田窯、掛の谷2号窯、窯の谷窯、弥源次窯、広瀬向1号窯、吉田2号窯などは日字鳳凰文皿と共伴する。これらの中で大橋分類によるⅢａ類が見られるのは、丸尾窯、山辺田窯、掛の谷2号窯、広瀬向1号窯などであり、外山地区の中でも比較的早い段階に開窯した窯ではⅢａ類も見られるようである。そして、掛の谷2号窯などに続く弥源次窯などではⅢｂ類となる。一方、日字鳳凰文ではなく寿字鳳凰文皿と共伴する窯もある。これまで確実に日字鳳凰文皿と寿字鳳凰文皿が共伴した例はない。窯場によって品質による作り分けが行われていた可能性が高いが、相対的に寿字鳳凰文皿の方が新しいことは確かである。寿字鳳凰文皿と共伴している窯は柿右衛門窯、外尾山４号窯・３号窯、多々良の元Ｃ窯などである。柿右衛門窯を除けば、多くはⅢｂ類である。外尾山３号窯の製品は内山地区の中白川窯物原三層の製品に近く、操業年代も近いことが推測されるが、前述のように中白川窯物原三層出土製品はⅢａ類である。概して外山地区でも早い段階ではⅢａ類が見られるが、一六六〇年代以降、Ⅲｂ類が主体となるようである。一方、内山地区と同等以上の技術水準をもつ柿右衛門窯などの場合はⅢａ類が生産されている。外山地区の中のⅢａ類とⅢｂ類の違いは年代差だけでなく、品質差も反映しているようである。

次に波佐見地区の窯場の中で、文献史料等で開窯年代が推定できるのは、中尾下登窯、永尾高麗窯、永尾本登窯、木場山窯などである。いずれも一六六〇年代に開窯したと伝えられている。特に永尾高麗窯、永尾本登窯、木場山窯などは一六六〇年代後半に開窯した可能性が高い。永尾高麗窯・永尾本登窯が位置する永尾山は寛文六年（一六六六）、木場山窯が位置する木場山は寛文七年（一六六七）に開窯したと文献史料では伝えられている。そのほとんどがⅢｂ類あるいはⅢｂ'類の製品であり、後者が多い。また、波佐見諸窯の中で染付見込み荒磯文碗の終末期と推測される製品が高尾窯物原Ⅵ層段階の製品である。見込みの波濤文はⅢｂ'類が多い。

平戸諸窯では、三川内山の長葉山窯、江永山の江永窯、木原山の木原地蔵平窯跡などで出土する。この中で最も年代が遡りうる資料は長葉山窯出土製品であるが、見込み荒磯文よりは見込み団竜文の方が主体である。そして、見込み荒磯文で確認できるものはⅢａ類であり、一六五〇～一六六〇年代の中でも比較的早い段階であろうと推測される。一方、江永窯、木原窯に見られる見込み荒磯文はⅢｂ'類で文様の崩れも著しい。前述したように江永窯は『肥前陶磁史考』によると、寛文一〇年（一六七〇）に木原より分窯したという（中島一九三六、二五五頁）。平戸諸窯の中では染付見込み荒磯文碗の生産の終末期にあたる可能性が高い。

天草諸窯では内田皿山窯でⅢａ類、Ⅲｂ類いずれも見られる他、天草皿山窯などはⅢｂ'類で崩れも著しい。内田皿山窯は芙蓉手皿なども出土しており、天草諸窯の中では比較的古い段階から操業していた可能性がある。『旧内田村庄屋役松江家文書』延宝四年（一六七六）の新田検地帳に「皿山」の小字名が見られることから（苓北町教育委員会一九九三、一一頁）、一六七六年以前に開窯していたことは確かであろう。

以上のことから、内山地区では一六六〇年代でも比較的早い段階まではおおむねⅢａ類が多いようである。また、外山地区の窯場では日字鳳凰文皿と共伴する山辺田窯や丸尾窯の見込み荒磯文碗・鉢はⅢａ類であるのに対し、寿字鳳凰文皿と共伴する多々良の元

C窯、外尾山窯4号・3号窯ではⅢb類が主体である。一方、一六六〇年代から本格的に見込み荒磯文碗・鉢を生産し始める波佐見諸窯においてもほとんどがⅢb類ないしⅢb'類であり、特に一六六〇年代後半以降に開窯したと推測される諸窯はⅢb'類が多い。そして、染付見込み荒磯文碗の生産の終末期と思われる高尾窯や江永C窯出土資料はいずれもⅢb'類が主体である。大橋康二が指摘したⅢa類からⅢb類、さらにⅢb'類へという変遷はそれぞれの間に重複期間がありながらも認められる。

⑶ 染付見込み荒磯文碗・鉢の種類と分類

前述のように見込み中央の魚文の両側の波濤文については、大橋康二がすでに分析しており、古窯跡出土資料によっても検証することができた。ここではさらに口縁部内側、内側面文様、見込み文様、外側面文様、高台内銘、絵具などの各項目について種類を抽出し、古窯の出土状況と照し合せていきたい。

［1］口縁部内側の文様

①雷文

・雷文（口縁a類、図78-1・2）

・雷文が崩れたもの（口縁'a'類、図78-3）

・雷文がさらに崩れ帯文だけとなったもの（口縁b類、図78-4）

②唐草文

・唐草文を描いたもの（口縁c類、図78-5）

・帯状に濃みを塗り、白抜きで唐草を表現するもの（口縁d類、図78-6）

・点と線をつなげた唐草文を描くもの（口縁e類）

③圏線

・二重圏線（口縁f類）

・一重圏線（口縁f'類）

④その他

・渦文（口縁g類、図78-7）

概して鉢は口縁a～b類である。口縁c類は天狗谷窯、中白川窯で出土する。口縁a'類、b類は外山地区、他藩諸窯の製品に多く見られる。口縁d類は墨弾きによるものが中白川窯、長吉谷窯、掻き取りによるものが広瀬向窯で出土する。口縁e類は中国青花に

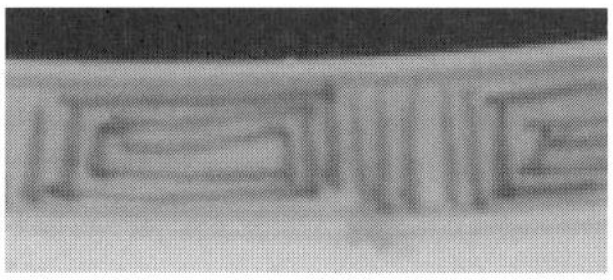
1. 口縁a類

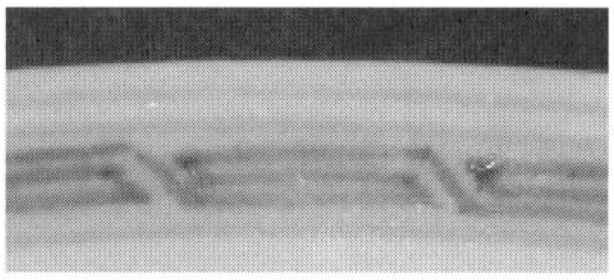
2. 口縁a類

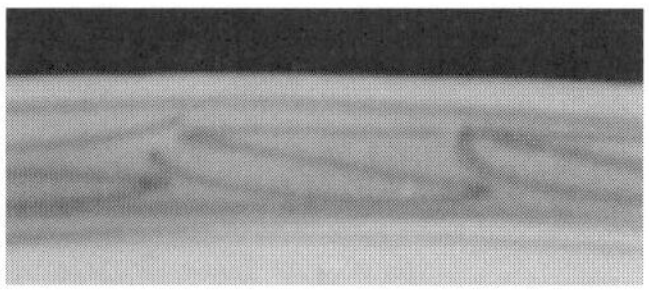
3. 口縁a'類

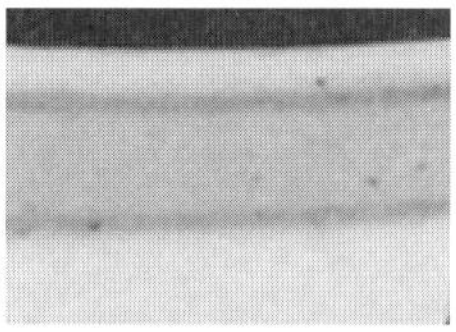
4. 口縁b類

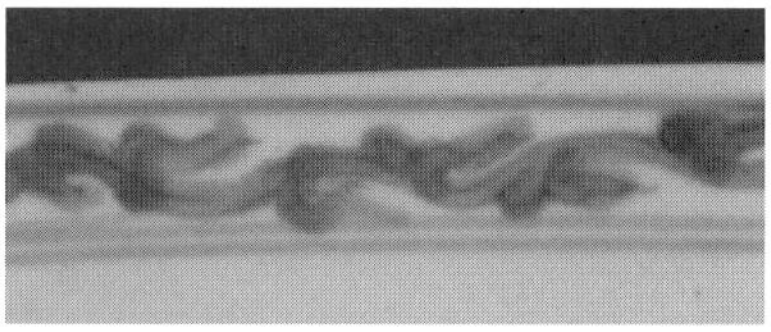
5. 口縁c類

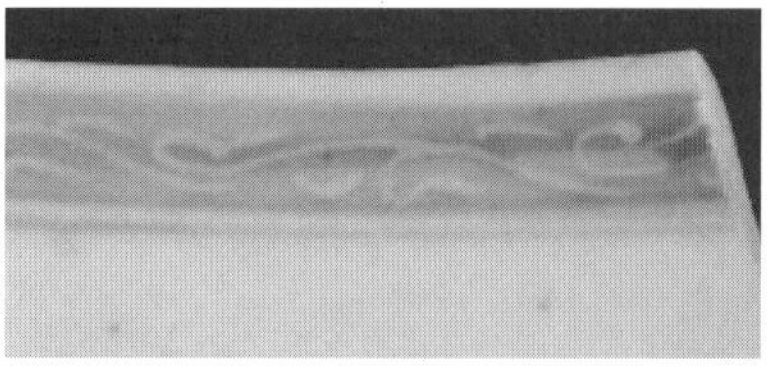
6. 口縁d類

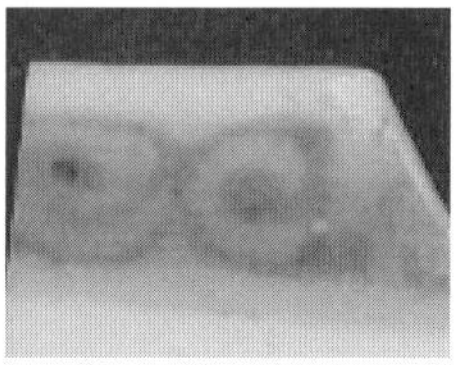
7. 口縁g類

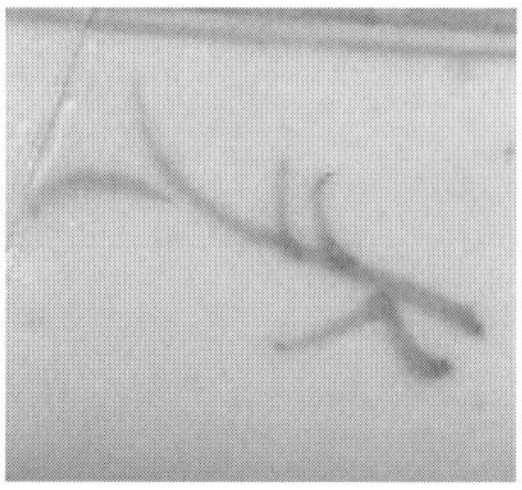
8. 内側面a類

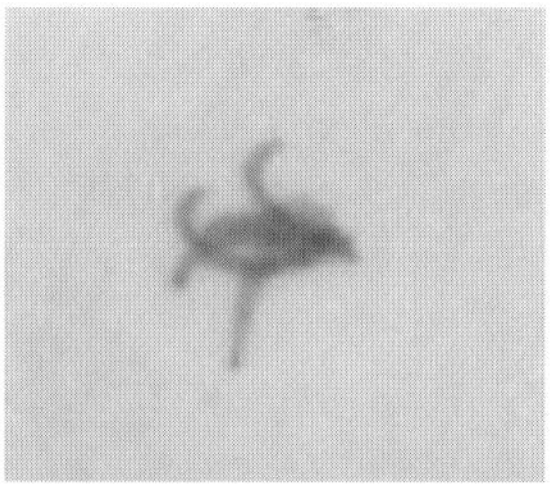
9. 内側面b類

10. 内側面c類

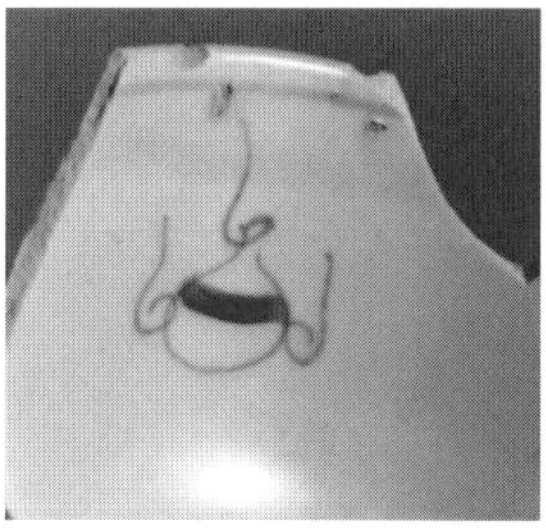
11. 内側面c類

図78　見込み荒磯文碗・鉢における文様の種類（1）

は見られるものの肥前では確認されていない。概して碗は口縁f類、口縁f'類である。口縁g類はほとんど見られない。

［2］内側面文様

①線描きによる魚文（内側面a類、図78-8）

②水すまし状の魚文（内側面b類、図78-9）

③花文や雲文・宝文（内側面c類、図78-10・11）

概して内側面a類は鉢に用いられ、内側面b類は碗に用いられる。ただし、外山地区などでは大形の鉢にも内側面b類が用いられることが多い。c類は猿川窯、長葉山窯で出土する。

［3］見込み文様

①魚と認識できる魚文を描いたもの（見込みa類）

・魚が波間より顔をのぞかせた図柄（見込みa-1類、図79-1）

・波涛の上まで撥ねたもの（見込みa-2類、図79-2）

・魚を二匹描いたもの（見込みa-3類、図79-3）

②宝珠文と思われる丸文を描いたもの（見込みb類）

・目玉状に描くもの（見込みb-1類）

・丸文を塗りつぶしたもの（見込みb-2類）

・丸文を渦状に描くもの（見込みb-3類、図79-4）

③宙に浮いた宝珠文を描いたもの（見込みc類、図79-5）

④龍文、鳳凰文を描いたもの（見込みd類）

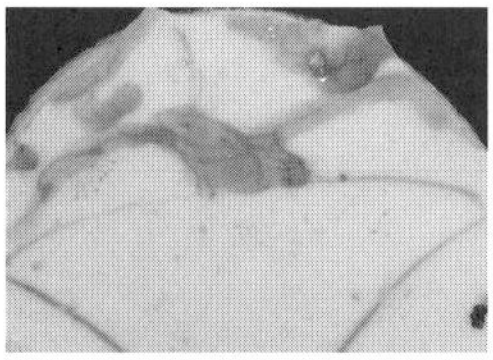
1. 見込み a-1 類

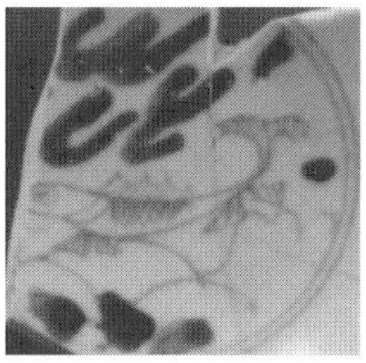
2. 見込み a-2 類

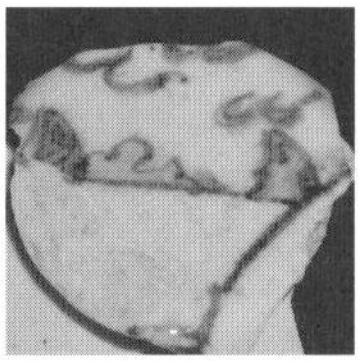
3. 見込み a-3 類

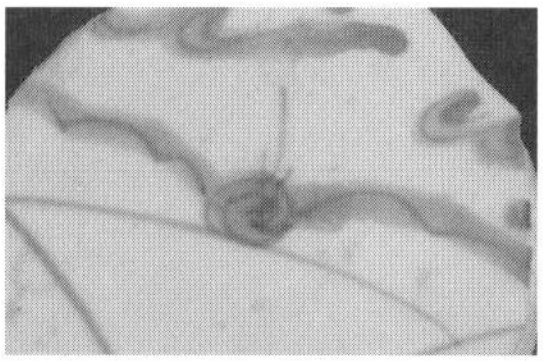
4. 見込み b 類（b-3 類）

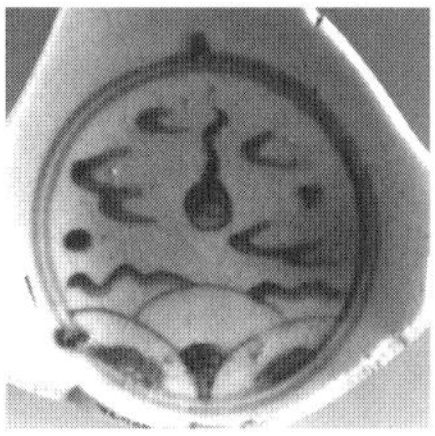
5. 見込み c 類

6. 見込み d-2 類

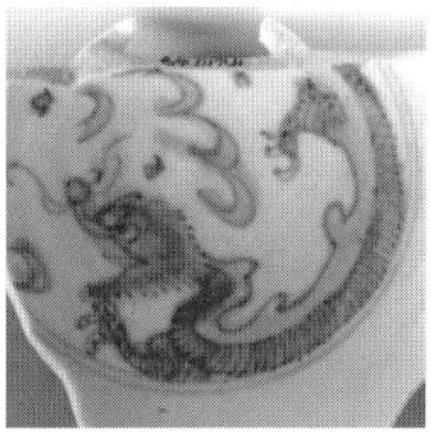
7. 見込み d-3 類

8. 見込み d-4 類

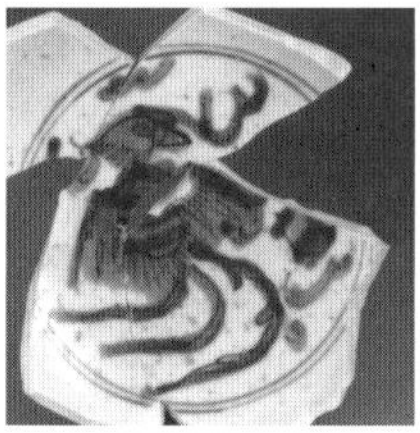
9. 見込み e 類

10. 外側面 a 類

11. 外側面 b 類

12. 外側面 c-1 類

13. 外側面 c-2 類

14. 外側面 d 類

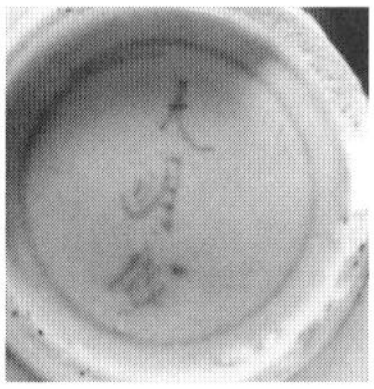
15. 高台内 b 類

16. 高台内 b 類

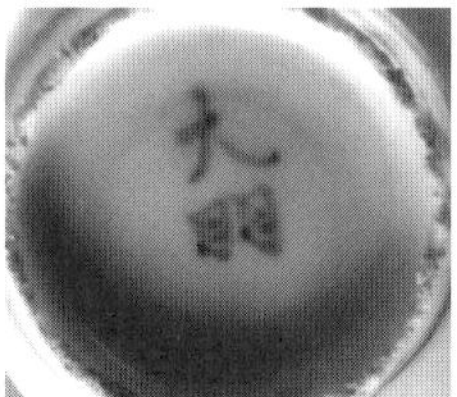

17. 高台内 c 類

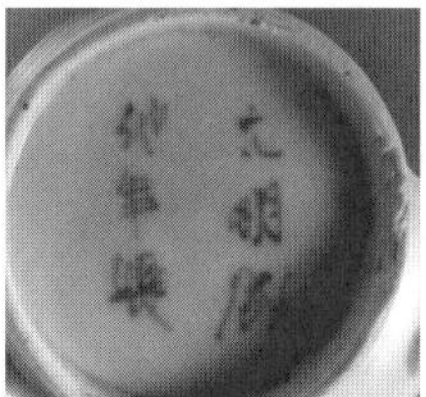
18. 高台内 c 類

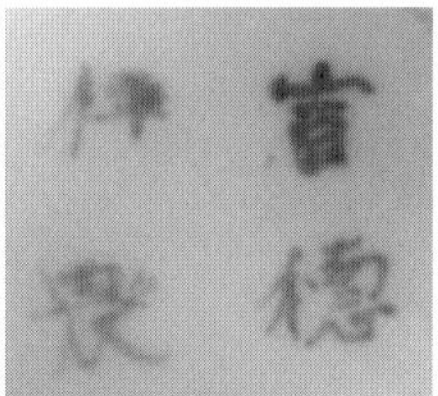
19. 高台内 c 類

20. 高台内 c 類

図 79　見込み荒磯文碗・鉢における文様の種類（2）

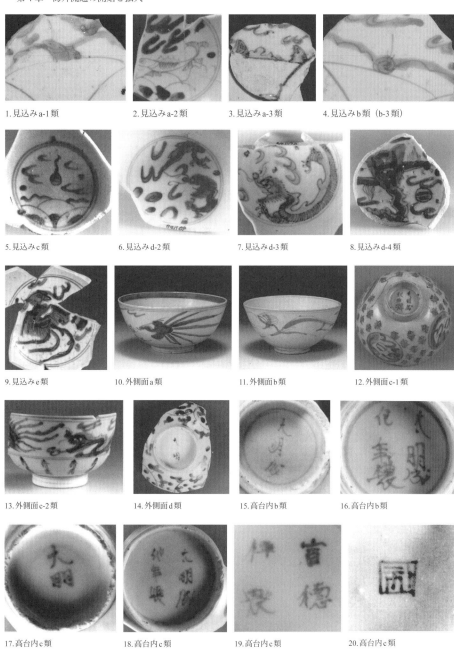

・魚文の代わりに竜文を描いたもの（見込みd-1類）
・雲竜文を描いたもの（見込みd-2類、図79-6）
・団竜文を描いたもの（見込みd-3類、図79-7）
・正面を向く竜文を描いたもの（見込みd-4類、図79-8）
・鳳凰を描いたもの（見込みd-5類、図79-9）

概して鉢には見込みa類（特に見込みa-1類）が一般的である。見込みa-2類は谷窯、見込みa-3類は天狗谷窯で出土する。碗には見込みb類が主に用いられる。最も一般的なものは見込みb-1類であり、見込みb-2類も比較的多い。見込みb-3類は猿川窯に見られ、外尾山窯の大鉢にも見られる。見込みc類は猿川窯で見られる。見込みd類はいくつかの窯で一定量見られる。見込みd-1類は長吉谷窯、見込みd-2類は猿川窯、弥源次窯、見込みd-3類は猿川窯、谷窯、長葉山窯などで見られる。特に長葉山窯は見込み荒磯文よりも見込みd-3類が主体となる。そして、見込みd-2類あるいは見込みd-3類が著しく崩れたものが三川内東窯などで出土する。

［4］外側面文様

①龍鳳文（外側面a類、図79-10）
②雲竜文（外側面b類、図79-11）
③寿字と組み合わせた龍文（外側面c類）
・外側面の団竜文の周囲を寿字文で埋めたもの（外側面c-1類、図79-12）
・外側面下部に寿字文で埋めたもの（外側面c-2類、図79-13）
④唐草文（外側面d類、図79-14）

外側面a類は有田では碗、鉢ともに多用される。波佐見、天草諸窯では鉢には多用されるが、碗ではほとんど見ない。外側面b類は有田では碗に多用される。波佐見の碗はほとんどがこの外側面b類である。外側面c－1類は長吉谷窯で出土する。外側面c－2類は猿川窯、長吉谷窯、柿右衛門窯、長葉山窯で出土する。外側面d類は谷窯で出土する。

［5］高台内銘

①圏線を入れ、銘がないもの（高台内a類）
②圏線を入れ、「大明」、「大明成」、「化年製」などの銘を入れるもの（高台内b類、図79－15・16）
③圏線を入れずに「大明」、「大明成」、「化年製」などの銘を入れるもの（高台内c類、図79－17～20）
④無文（高台内d類）

多くは高台内d類である。高台内a類は谷窯で出土する。高台内b類は猿川窯（「大明」、「大明成」、「宣徳年製」銘）、長葉山窯（「大明」、「福」字変形銘）などで出土する。高台内c類は中白川窯（「化年製」銘）、谷窯（「大明」銘）、猿川窯（「福」字変形銘）、長吉谷窯（「大明」、「大明成化年製」銘）で出土する。外山地区や他藩の窯では、長葉山窯を除いて銘や圏線が入るものは少ない。

［6］絵具

ほとんどが染付製品であるが、色絵製品が少量見られる。赤絵町遺跡では色絵で文様を描いたものが出土し、吉田2号窯付近では染付製品の上に色絵を施したものが見られる。

(4)　東南アジア出土の中国青花碗との比較

本歌となった中国青花からみていく。見込み荒磯文あるいは跳魚文の文様は明代の磁器にしばしば見られるものである。アユタヤでは「天啓年造（一六二一～二八）」銘の見込み荒磯文青花碗が出土し、博多築港線遺跡では「大明萬暦年製（一五七三～一六二〇）」銘の見込み荒磯文青花碗が出土している（大橋一九九六ａ、二九頁）。そして、肥前の見込み荒磯文碗・鉢に最も類似する中国青花碗がアユタヤ日本人町遺跡出土製品（豊田一九八三、二〇-五頁、二一-六頁）やホイアン市内遺跡出土製品（昭和女子大学一九九七、四五頁の図20-2、七五頁の図34など）である。口縁部内側文様はアユタヤ日本人町遺跡出土の青花碗では口縁ｃ類、ｅ類が確認できる。ホイアン市内遺跡出土の青花碗では口縁ｅ類、ｆ類が確認できる。内側面文様はアユタヤ日本町遺跡出土の青花碗では内側面ｂ類、ホイアン市内遺跡出土の青花碗では内側面ａ類・ｂ類が確認できる。見込み文様はアユタヤ日本人町遺跡出土の青花碗では見込みａ類が見られ、ホイアン市内遺跡出土の青花碗では見込みａ-１類、ｂ-１類・３類、ｃ類が確認できる。ビンディン省ティナイでもｃ類が確認できる。外側面文様はアユタヤ日本人町遺跡出土の青花碗では外側面ａ類、ホイアン市内遺跡出土の青花碗では外側面ａ類、ｂ類が確認できる。高台内はアユタヤ日本町遺跡出土の青花碗では高台内ｄ類、ホイアン市内遺跡出土の青花碗では高台内ａ類・ｄ類が確認できる。その他、ベトナム・ビンティン省ティナイでは、高台内ｂ類ないしｃ類の「大明成□□□」銘が出土している。また、ホイアン市内遺跡出土の青花碗では口径は一四・五～一六cm、高さ六・四～七・四cm、底径六・二～七・〇cm程度のものが多い。そして、口縁ｅ類は中国では一般的であるものの肥前ではまだ確認されない。逆に口縁ｄ類は肥前では見られるものの、今のところ中国の事例は知らない。

一方、肥前の染付見込み荒磯文碗・鉢で最も一般的な組合せは①＝口縁ａ類／内側面ａ類／見込みａ-１類／外側面ａ類、②＝口縁ｆ・ｆ'類／内側面ｂ類／見込みｂ類／外側面ａ類、②'＝口縁ｆ・ｆ'類／内側面ｂ類／見込みｂ類／外側面ｂ類である。②と②'は外側面のみ異なる。また、見込みに団竜文を入れた製品の文様の一般的な組合せは③＝口縁ｆ・ｆ'類／内側面ｃ類／見込みｄ-３類／外側面ｂ類ないしｃ-２類である。

一般的には①が鉢、②、②'が碗の文様構成となる。有田などでは②、②'のいずれも見られるが、波佐見などでは②'がほとんどである。そして、両者の見込み文様を比較した場合、①が魚文が比較的魚とわかるように描かれているのに対し、②や②'は丸に細線を二本程度描いただけの文様となっているが、これは①の文様が崩れて②や②'の文様となったことを意味しない。両者の出現時期にはほとんど時期差は見られないし、前述したようにむしろ器種による組合せの違いがあるのに加え、ホイアン市内遺跡出土の青花碗でも見込みａ-１類、ｂ-１類・３類のいずれも見られることから、本歌となった中国青花が異なっているためと思われる。③の本歌となる中国青花を見出せていないが、おそらくこれも本歌があるものと思われる。肥前地区で染付見込み荒磯文碗・鉢の生産を開始する頃、少なくとも三種類以上の中国青花の本歌があったと推測される。口縁部内側の文様や見込み文様の種類の多さを考えると、実際にはもっと多くの本歌があったと思われる。

ここで中国青花に見られ、肥前地区では特定の窯場で出土することが多い要素を抽出すれば、口縁c類、見込みb-3類、見込みc類、高台内a～c類である。口縁c類は天狗谷窯、中白川窯で中国青花と酷似したものが出土する。忠実に模倣したものであろう。見込みb-3類は猿川窯、外尾山窯など、見込みc類は猿川窯、高台内a～c類は谷窯、猿川窯、中白川窯、長吉谷窯、長葉山窯などで見られる。これらの窯は比較的早い段階に染付見込み荒磯文碗の類を生産し始めた可能性が高い。そして、その中でも特に猿川窯は製品の種類も豊富であり、中国青花と共通する要素を有している。また、大橋康二が着目した見込み文様の中の波濤文がまだ波の盛り上りを見せ、その形をとどめているものが出土している窯は猿川窯、長吉谷窯、中白川窯など内山地区の窯場である。内山地区の中でも中部、西部に位置する窯場が多い。もちろん、内山地区の発掘調査事例が偏っているためでもあろうが、内山地区の東部に位置する窯場が皿類を主体とした窯が多かったことにもよる。

(5) 染付見込み荒磯文碗・鉢の生産

以上のことから染付見込み荒磯文碗・鉢の生産についてまとめてみたい。肥前で最も早く見込み荒磯文碗を生産した窯は明らかではないが、大橋康二は有田の内山地区の窯場であると推測している（大橋一九八二a、三一頁）。内山地区では①、②、②'、③の全ての組合せの製品が見られ、そのバリエーションも多い。そして、猿川窯などは内山地区の中でも比較的早い段階に染付見込み荒磯文碗の生産を始めたと思われる。前にも述べたように猿川窯は染付見込み荒磯文碗にやや先行して生産された染付日字鳳凰文皿においても中国青花と近い要素をもったものを生産している。おそらく内山地区の中でも中国青花製品などからいち早くデザインを取り入れることに長けた窯場の一つであったと推測される。しかし、本歌となる見込み荒磯文は一種類のみでなく、少なくとも三種類以上の中国青花があったと推測される。そのため、文様の種類等も多いのであろう。比較的早い段階から生産を行ったと推測される窯は他に長吉谷窯、天狗谷窯、中白川窯などがあげられる。長吉谷窯や中白川窯などでは、見込みの波濤文が高く盛り上がり、中国青花の波濤文により類似するものも含まれている。猿川窯も含めて、内山地区の中でも中部、西部に位置する窯場が多い。そして、内山地区で多いのは文様の種類だけではない。内山地区では小振りの製品が少なくない。中白川窯の見込み荒磯文碗の口径は一二～一三cm程度であり、鉢が推定一四～一六cmである。口径一一～一三cmの製品は、下白川窯、長吉谷窯などで出土している。一方、口径二〇cm以上の大鉢も見られる。長吉谷窯では口径二一cm以上の製品が見られる。文様だけでなく、大きさにおいても多様性がある。

　内山地区で盛んに染付見込み荒磯文碗・鉢が生産されるようになった段階では、外山地区でも生産が始まっていたと推測される。外山地区で量産された染付見込み荒磯文碗・鉢は①、②、②'の組合せが主体であり、その他のバリエーションは少ないが、外尾山窯で見込みb-3類が見られる他、広瀬向窯で口縁d類、弥源次窯で見込みd-2類が見られ、いくつかの窯ではバリエーションが見られる。外山地区の中で比較的早い段階に生産を始めたか、内山地区から直接陶工が移動して生産を行った可能性がある。また、日字鳳凰文皿を生産した窯場などは、比較的早い段階に生産を始めた可能性が高い。そうした窯場の中には本格的な量産に至る前に廃窯した窯も多い。掛の谷2号窯や山辺田窯などはそうした窯ではないかと推測される。よって、外山地区では一六五〇年代後半の内には生産を始めた可能性が高いが、量産するのは一六六〇年代に入ってからではないかと推測される。バリエーションが少ないのは、すでに内山地区で定型化していたか、あるいは最も一般的な組合せを選択して生産したか、いずれかであろう。製品の大きさは内山地区で見られるような小振りのものは少なく、最も需要が大きいと思われる一般的なサイズの口径一四～一六cmの製品を生産するが、大形製品も少なからず見られる。例えば外尾山窯（口径二三cm）、山辺田窯（口径二〇・六cm）、弥源次窯（二一・六cm）などである。外山地区が染付見込み荒磯文碗・鉢に限らず、青磁製品など大形製品の生産に特色をもっていたためであろう。

　そして、有田皿山以外の窯場では、さらに製品の種類と大きさが絞られるようである。一部①の組合せが見られるが量は少ない。三川内地区の窯場を除いて、ほとんどが②'の組合せである。これは碗類に絞った生産を行うためで、大きさも口径一四～一六cmのものが多い。また、文様の簡略化もさらに進んでいる。大橋康二の指摘する見込みの波濤文もそうであるし、内側面のb類の魚文も単なる点状の文様となっている。一六六〇年代、特に一六六〇年代後半には波佐見諸窯で新しい窯場が興っている。永尾山、木場山、稗木場山などである。この窯業圏の急速な拡大は海外貿易の本格化に触発された結果に他ならない。波佐見以外の他産地の見込み荒磯文碗・鉢の生産開始時期については明らかではないが、やはりその生産は一六六〇年代後半以降が主体となるのではないかと思われる。ただし、長葉山窯のように他藩の窯場の中でも一部の窯では比較的早い段階で生産を始めたと推測される窯もある。この窯の特色は③の組合せの製品を主体としている点であり、有田では猿川窯で見られるものである。②の組合せの製品も内山地区と共通する要素をもっている。長葉山窯の場合は一六五〇年代後半の内には生産を始めているか、一六六〇年代の中でも早い段階である可能性が高い。そして、三川内地区内で長葉山窯及び長葉山窯に続くと思われる三川内東窯では見込みd-2類あるいは見込みd-3類が著しく崩れたものが大量に出土しており、長葉山窯では当初見込み荒磯文よりも団竜文が主体であったことと関わりがあるものと推測される。このことは有田内山地区で崩れた文様が模倣されたというよりは、同産地内で文様の崩れが進んだ可能性を示唆する。

肥前における染付見込み荒磯文碗・鉢の生産が東南アジアへの海外輸出と大きな関わりがあることは言うまでもない。その生産量に比して、国内から出土する量はあまりに少なく、一方、東南アジアでは大量に出土するからである。生産当初は、種類や大きさも比較的多い。これは本歌とした中国青花が複数あったことにもよるであろうし、日字鳳凰文皿と同様に独自に他の製品の文様や技法を組み合わせたこともあったであろう。しかし、外山地区、他藩地区へと生産窯が拡がる中で、新たに生産し始める窯場では、種類や大きさを絞って生産している。おそらく最も需要の多い大きさにしぼって生産したと思われる。質よりも量が優先される場合、当然の選択であろう。

そして、清朝の展海令が一六八四年に公布され、再び東南アジア市場に中国磁器が大量に出回るようになると、肥前における見込み荒磯文碗・鉢の生産は終焉を迎える。終末期に位置づけられるのは高尾窯、江永窯などの製品である。いずれも②'が主体で文様の崩れが著しい。一六九〇年代に沈没したと推定されるコンダオ沈没船Con Daoの資料には粗雑な中国青花の見込み荒磯文鉢（図71-3）が含まれている。これらは口縁f'類／内側面なし／見込み文様a-1類／外側面a類／高台内不明であり、肥前の①、②、②'のいずれも組合せとも合致しない。また、大きさも口径二〇cmと肥前の終末期の見込み荒磯文碗と比べるとかなり大きい。そして、最も異なる点は文様が著しく崩れながらも見込み中央の魚文の両側に波濤文が描かれていることである。すなわち、肥前の見込み荒磯文碗・鉢に取って代るにあたって、同時期の肥前の見込み荒磯文碗・鉢を本歌とはしていないと考えられる。量的には不明であるが、一七世紀後半の中国においても見込み荒磯文碗・鉢の生産が継続されていた可能性が考えられる。そして、今のところ、コンダオ沈没船資料に見られるような中国青花の見込み荒磯文鉢の出土は東南アジアにおいては見ない。おそらくこの時期には主力商品ではなくなっている可能性が高い。他のスタイルの商品にとって代わられていると推測される。肥前の見込み荒磯文碗・鉢から中国青花の見込み荒磯文碗・鉢へと単純に変化したとは言えないようであるが、いずれにせよ大量の中国磁器が再び流入した結果、肥前の見込み荒磯文碗・鉢の産地は東南アジア市場を失うことになることは確かなようである。

第3項　寿字鳳凰文皿

寿字鳳凰文については、どの程度海外需要を意識したものか明らかではないが、ベトナムやインドネシアなど海外に渡っていることは確かである。また、ベトナムなどでは一七世紀前半の中国青花の寿字鳳凰文皿が出土しており、中国磁器の代用品として肥前磁器が輸出され始めた経緯を考えると、中国青花のそれに代わって肥前の寿字鳳凰文皿が輸出された可能性は高い。

有田とりわけ内山地区や一部の外山地区の窯では、一六六〇年代には日字鳳凰文皿に代わって寿字鳳凰文皿の生産が行われていると思われる。内山地区の下白川窯、稗古場窯、長吉谷窯、柿右衛門窯、外山地区の外尾山窯、多々良の元C窯、ムクロ谷窯などである。日字鳳凰文皿は一六五〇年代を中心とした技術革新以前の技術でも生産できる品質のものであったが、寿字鳳凰文皿は基本的に技術革新以降の技術で生産されている。器壁も薄く、口縁部外部や高台脇に圏線が入るものや高台も広く銘が入るものも見られる。そして、寿字鳳凰文皿の鳳凰の描き方は、中国青花の描き方に近い。すなわち、鳳凰の翼が左右に広がり、首部が折れる。鳳凰と鳳凰の間に雲文等を描く点も中国青花に見られるものである。さらに「寿」字の文字の輪郭を線描きし、その内部に濃みを入れる描き方も中国青花に見られるものであり、肥前の日字鳳凰文皿には見られないものである。おそらく一六五〇年代の技術革新を経て、技術的に景徳鎮製の中国青花をも比較的忠実に模倣できる段階で模倣されたからであろうと思われる。そして、日字鳳凰文皿と寿字鳳凰文皿は同じく鳳凰文を描いたものであっても全く別個の製品として位置づけられるようである。寿字鳳凰文皿の文様構成や成形技法はいくらか生産年代が重なると思われる他地区の窯場の日字鳳凰文皿にも影響は与えていない。日字鳳凰文皿の製品としてのスタイルが固まっていたからであろうし、本歌となった中国青花においてすでに両者に質差があった可能性がある。中国青花の日字鳳凰文皿に高台無釉のものが比較的見られることもそのことを示唆している。そして、有田の寿字鳳凰文皿を模倣したと思われるものが波佐見町の辺後ノ谷窯の寿字鳳凰文である。辺後ノ谷窯の鳳凰は丁寧ではあるものの翼部は肩で折れ、後ろに流れている。構図としては日字鳳凰文皿あるいは見込み荒磯文碗・鉢の鳳凰に近い。また、寿字鳳凰文皿が出土する窯の多くが見込み荒磯文碗・鉢や染付芙蓉手皿を出土している窯である。特に染付見込み荒磯文碗・鉢はほとんどの窯場で出土しているが、一六八〇年代頃開窯したと推測されるムクロ谷窯のみ見込み荒磯文碗・鉢が出土していない。寿字鳳凰文皿の中では最も年代の下る可能性をもつタイプである。

第4項　青磁大皿

青磁大皿が出土する窯は有田地区の猿川窯・長吉谷窯・下白川窯・外尾山窯・丸尾窯・山辺田窯・多々良の元A窯・多々良の元C窯・柿右衛門窯、波佐見地区の中尾上登窯・中尾下登窯・木場山窯・長田山窯、嬉野地区の皿屋谷諸窯などである。

青磁の大皿あるいは鉢については、高台内を蛇の目釉剥ぎし、そこに窯道具（チャツ）を当てて窯詰めする焼成技法が一六五〇年代頃より一般化している。この技法は中国・明代の龍泉窯（浙江省）が盛んに行ったもので、一六四〇年代頃の内乱で、中国陶工が渡来してもたらした可能性が指摘されている（大橋一九八九c、一三一頁）。また、大橋康二は蛇の目釉剥ぎした内方を浅く削り込んでいるものと削り込まないものの二種類があり、削り込まないものの方が中国の青磁に近いことからより古式としている（佐賀県立九州陶磁文化館一九八八、二九頁）。有田で削り込まないものが出土している窯は猿川窯、長吉谷窯、外尾山窯、丸尾窯、山辺田窯、多々良の元窯などであり、内方を浅く削り込んでいるものが出土する窯は下白川窯、柿右衛門窯などである。長崎市万才町遺跡の寛文三年（一六六三）の大火に伴う遺構からは削り込まないものが出土している。一方、波佐見では内方を浅く削り込んだものが中尾下登窯、木場山窯で出土している。寛文七年（一六六七）に開窯したと文献史料で伝えられる木場山窯では浅く削り込んだものの他、蛇の目凹形高台と称してよいほど、深く削り込んだ製品も多い。一七世紀末に開窯したと推測される長田山窯でも同様に浅く削り込んだものと凹形に深く削り込んだ製品が見られる。そして、有田の製品の多くが蛇の目状に釉を剥いだ部分に鉄泥を塗布してあるのに対し、木場山窯や長田山窯では鉄泥を塗布しないものも多く見られる。

有田では地域的に大量に生産しているところがある。該当する窯場は外尾山、黒牟田山などである。この両者は地理的にも隣接しており、色絵古九谷様式の中形品、大形品をともに生産している点も共通している。一六五〇年代の色絵製品において、内山地区が比較的小形で上質なものを生産したのに対し、外尾山や黒牟田山ではむしろ大形であることを特色としたように、青磁においても青磁大皿の生産がこれらの窯場の性格に適していたように思う。一八世紀末以降、再び大皿の需要が増大する時、これらの窯場は再び大皿を盛んに生産している。一七世紀中頃～後半の技術的な伝統が製品に現れないまでも継続されてきたのであろうが、それと同時に一七世紀から一九世紀に至るまで変わらぬ外尾山や黒牟田山の窯場の生産条件によるものと思われる。すでに述べたように江戸後期の文献においては少なくとも公式的には内山地区と外山地区では使用できる泉山陶石の質が異なる。すなわち、比較的上質な原料は内山地区の窯場で使用し、外山地区ではその使用を制限している。そのため、原料の段階から両者には質差がある。江戸時代における泉山陶石そのものの質差を知ることは難しいが、現代の感覚をそのままあてはめて白くて薄く仕上がるような原料を上質とするならば、その上質な原料とは鉄分などが少なく耐火度の高いものとなる。そうした原料を内山地区が主に使用し、外山地区の窯場では逆に鉄分などを含み耐火度の低い原料を使用したとすれば、外山地区では質的に内山地区と同様のものを生産しようとしても難しいであろう。一方、耐火度が低い原料は大形品の生産についてはむしろ適している場合もある。外尾山や黒牟田山ではこうした適性を生かしたのではないかと思われる。

波佐見地区では一七世紀後半の大量輸出時代の青磁大皿の生産の主役は木場山窯である。中尾上登窯、中尾下登窯においても生産は見られるものの、その割合は少ない。また、長田山窯は一七世紀末頃により操業された窯であり、長田山窯で生産された青磁製品がどれぐらい海外輸出を意識したものであったかはわからない。ただし、一七世紀末より中国磁器が再び東南アジアなどの市場に出回った際に中国の青磁製品も同様に輸出されたかは明らかでなく、見込み荒磯文碗・鉢などの比較的粗雑な染付製品は市場を奪われたのは確かであるとしても肥前の青磁の需要はいくらか残されていたのかもしれない。

嬉野地区では皿屋谷諸窯で青磁大皿など青磁製品が大量に生産されている。皿屋谷諸窯のある不動山地区は波佐見の木場山窯とは直線距離にして約三㎞である。両者は窯場としては波佐見と嬉野の境をなす山地によって隔てられているが、地理的には同じ山地に位置している。すでに述べたようにこれらの地域では青磁製品の生産に適した原料が採取された可能性が考えられる。

窯場の技術水準に応じて、窯場間の「棲み分け」が行われる例は多いが、青磁大皿の生産の場合、原料などの生産条件がその棲み分けに対して一定の役割を担っているようである。

第5項　染付芙蓉手皿

染付芙蓉手皿（口絵7）についてはすでに大橋康二の論考がある（大橋一九九五ａ）。大橋康二は肥前の染付芙蓉手皿を側面文様や見込み文様などによって、Ａ類〜Ｉ類に分類している。ここでは大橋康二による分類を参考に、改めてその器形及び品質によって以下のように分類したい。まず、大橋康二の分類で側面Ａ-イ類のものをⅠ類とする。Ⅰ類の中でも折縁にしているものをⅠ-1類、外反させているものをⅠ-2類（図72-14）、見込み蛇の目釉剥ぎのものをⅠ-3類（図72-15）とする。Ⅰ-3類には日字鳳凰文皿であげたⅤ-5類を含む。そして、大橋康二の分類で側面Ａ-ロ類のものをⅠ'類とする。次に大橋康二による分類で側面Ｂ類、Ｃ類としたものをⅡ類とする。Ⅱ類の中でも中白川窯物原三層から出土するような比較的上質な染付芙蓉手皿の類をⅡ-1類（図72-13）、Ⅱ-1類に文様構成は似るが粗雑に描いたものをⅡ-2類（第1章資料38-図11）とする。そして、いわゆる名山手をⅢ類、大橋分類のⅠ類及びＪ類をⅣ類（第1章資料44-図6）とする。

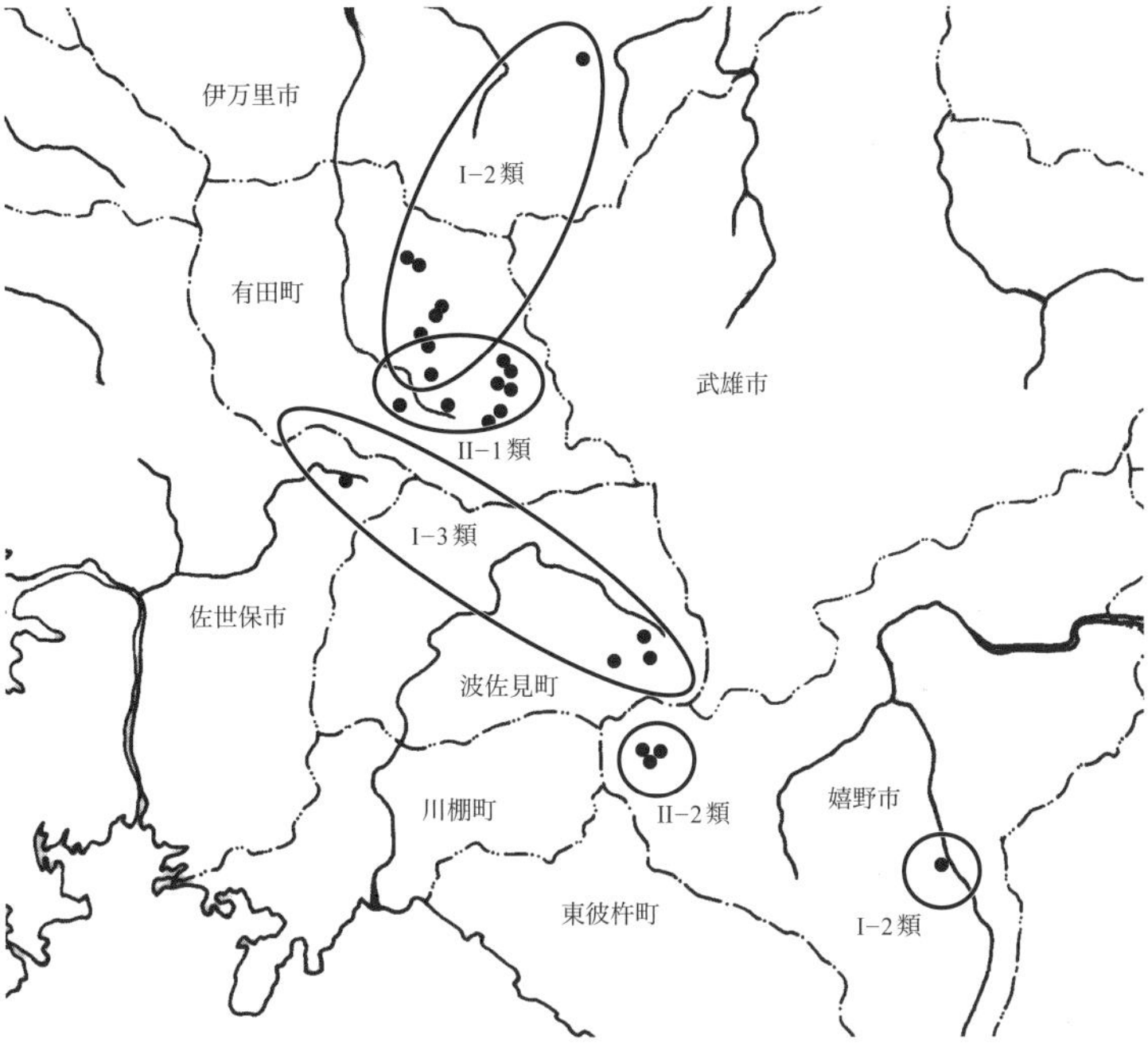

図80　Ⅰ・Ⅱ類芙蓉手皿出土古窯跡分布図

Ⅰ類は中皿が主体であり、Ⅱ類は同意匠でも数種類のサイズがある。Ⅰ類が出土する窯は猿川窯、外尾山窯、山辺田窯、多々良の元Ａ窯、弥源次窯、窯の谷窯、広瀬向1号窯、広瀬向5号窯付近、吉田2号窯などであり、外山地区が中心である（図80）。Ⅰ'類が出土する窯は長吉谷窯、柿右衛門窯などがある。そして、Ⅰ-3類が出土する窯は三股青磁窯、咽口窯、中尾上登窯、木原地蔵平東窯など、他藩地区の窯に多い（図80）。Ⅰ-3類は通常、見込みに「日」字が入れられる。Ⅱ-1類が出土する窯は中白川窯、下白川窯、谷窯、稗古場窯、猿川窯、長吉谷窯、外尾山窯、柿右衛門窯、内田皿山窯などであり、内山地区が中心である（図80）。これは内山地区の製品が主体となって出土する赤絵町遺跡の染付芙蓉手皿がⅡ-1類が主体であることと矛盾しない。そして、Ⅱ-2類が嬉野市の皿屋谷3号窯跡（不動山窯跡）で出土している。

Ⅰ類とⅡ類がともに出土する窯は有田では猿川窯、外尾山窯などの他、比較的限られており、多くの窯場ではそのどちらか一方のみが出土している。概して技術水準の高い窯場ではⅡ類を生産し、技術水準の低い窯場ではⅠ類を生産している。また、鹿児島県吹上浜ではⅠ類、Ⅱ類いずれも採集されており、両者の生産年代に重複期間があることも確かであろう。よって、時期差というよりはそれぞれの窯場の技術水準に合わせてⅠ類とⅡ類の生産の棲み分けを行っているようである。

そして、Ⅰ類、Ⅱ類いずれも見込み荒磯文碗・鉢と共伴するが、日字鳳凰文皿と共伴するのはⅠ類である。このことは両者の生産年代に重複期間がありながらもその主たる年代にはずれがあることを示唆している。Ⅱ類の生産に関しては、大橋康二は長吉谷窯から出土する大量の芙蓉手皿についてオランダ商館からの大量受注の表れであり、輸出初期の製品とみてよいとしている（大橋一九九五a、五二七頁）。もちろん、この場合の輸出初期とは、大量輸出時代における輸出初期の意味である。このことは長崎市万才町遺跡の寛文三年（一六六三）の大火に伴う資料の中にもⅡ類がすでに見られることとも矛盾しない。そして、大橋康二は長吉谷窯から出土する染付芙蓉手皿が三ないし四つのサイズがあることと、オランダ商館側からも三ないし四つのサイズの注文があることを対比させて、その考えを補強している（大橋一九九五a、五二六-五二七頁）。長吉谷窯と同様に内山地区の中白川窯から出土する染付芙蓉手皿にも三つ以上のサイズに分類することができることから、おそらくオランダ商館は複数の窯場に注文したのであろう。こうしたⅡ類の生産の背景と日字鳳凰文皿や見込み荒磯文碗・鉢の出土状況から次のように考えている。

Ⅰ類の中でも比較的良質なⅠ-1類の生産が猿川窯や山辺田窯などでは一六五〇年代には行われているが、内山地区では万治二年（一六五九）のオランダ連合東インド会社による大量注文の頃からⅠ類よりはむしろⅡ-1類の生産が主体となる。Ⅱ-1類が大量に生産されるようになる段階では、内山地区では見込み荒磯文碗・鉢の生産は続くものの日字鳳凰文皿の生産は減退している。日字鳳凰文皿でも述べたように内山地区のもつ技術水準と原料の優秀性を生かすために対象とする需要層が変化したためと思われる。中白川窯物原三層段階の資料がこの年代の製品組成を表している。一方、外山地区では日字鳳凰文皿の生産は依然続いており、見込み荒磯文碗・鉢とともにⅠ類（とりわけⅠ-2類）の生産も引き続き行っている。これは外山地区の多くの窯場で見られる製品組成である。しかし、見込み荒磯文碗・鉢とは共伴するものの日字鳳凰文皿の出土が見られない窯場もいくつかあることから、生産年代の下限は日字鳳凰文皿よりもいくらか下る可能性をもつ。一方、波佐見ではⅠ-3類がほとんどである。Ⅰ-3類は概して見込み荒磯文碗・鉢と共伴しているが、出土する窯場は今のところ、波佐見では三股山及び中尾山に限られている。これらの窯場に偏っていることは日字鳳凰文皿と同様である。一六六〇年代以降に新たに興った永尾山、木場山、稗木場山などでは報告書を見る限り見られない。よって、生産年代の下限は見込み荒磯文碗・鉢よりは遡る可能性がある。そして、Ⅰ-3類は見込みには花鳥文あるいは花虫文などの文様は見られず、主として「日」字のみ入れられている。「日」字を入れることについては日字鳳凰文皿が海外向け製品の一つであることからこのⅠ-3類も輸出製品であるという意識があったのであろうか。

Ⅲ類は下白川窯、柿右衛門窯、波佐見の高尾窯などで出土している。また、伝世品で「元禄年製（一六八八～一七〇四）」銘をもつものがある（小木一九八八、七四頁）。下白川窯に隣接する中白川窯ではⅡ類が大量に出土するものの、Ⅲ類の出土はわずかである。前述したように白川地区は寛文一一年（一六七一）以前に統合された可能性が高く、中白川窯もそれ以前に廃窯した可能性がある。そのため、白川地区における主たる生産時期は白川統合後である可能性が高い。また、高尾窯では物原Ⅵ層段階で終末期と推定される見込み荒磯文碗とともに出土している。よって、Ⅲ類は一六六〇～一六九〇年代の間に生産されたと推測されるが、Ⅱ類よりも相対的に新しく一六七〇～一六八〇年代を中心に生産された可能性が高い。

Ⅳ類は稗古場窯、下白川窯、谷窯、塩田町上福2号窯などで出土する。登り窯以外では赤絵町遺跡、泉山口屋番所遺跡から出土する。泉山口屋番所遺跡の出土例は整地用に登り窯の物原から持ち込まれたものであり、付近の登り窯の製品を推測される。見込み中央にＶＯＣのマークが入るものも含まれる。大橋康二はこれらが長吉谷窯や柿右衛門窯では出土しないことから、相対的に新しいタイプであることを指摘する（大橋一九八七ｃ、五二六頁）。また、上福2号窯は文献史料等から一七三〇年代を中心とした操業期間が推定される。よって、Ⅳ類は一六八〇年代～一八世紀前半の間に生産されたと推定される。

第6項　その他の海外向け製品

第1～5項にあげた製品以外の海外向け製品について、生産地における出土状況を中心に年代ごとにあげていく。

(1)　一七世紀後半の海外向け製品

(端反小坏・小碗)

海外向けに限定されるものではないが、可能性をもつものとして、ダンバギリ窯(第1章資料17-図42～44)、天狗谷B窯前期(第1章資料17-図46)、中白川窯物原5層(第1章資料17-図47～48)、楠木谷窯(第1章資料17-図45)、枳薮窯(第1章資料7-図3・4)などがある。

(染付大碗・鉢)

一七世紀後半においては見込み荒磯文碗・鉢以外にも大振りの碗や鉢が大量に生産されている。海外向けに限定するものではないが、海外に大量に輸出されていることは確かである。鹿児島県吹上浜採集品(第2章図41)の中にも数多く含まれている。一七世紀後半の見込み荒磯文碗・鉢を生産する多くの窯で出土している。文様は牡丹唐草文、牡丹折枝文、山水文、芙蓉手文様などがある。有田内山地区では猿川窯・長吉谷窯・天狗谷窯・中白川窯・下白川窯・谷窯、外山地区では山辺田窯・掛の谷2号窯・外尾山窯・コウタケ窯・広瀬向窯など、波佐見地区では咽口窯・永尾高麗窯・辺後ノ谷窯、平戸藩領では長葉山窯などで出土する。多くは見込み荒磯文碗・鉢と同形のものであるが、折縁にした大鉢が長吉谷窯、谷窯、外尾山窯、永尾本登窯などで出土する。

(色絵大碗・鉢)

下白川窯、樋口窯、吉田2号窯などで出土する。登り窯以外では赤絵町遺跡、泉山口屋番所遺跡、吉田皿屋遺跡などで出土する。そして、これらの色絵素地と推測されるものが天狗谷窯、中白川窯、吉田2号窯などで出土する。鹿児島県吹上浜採集品の中には色絵大碗・鉢及び白磁大碗・鉢が含まれる(第2章図41)。色絵は赤絵具のみ使用するものや赤と緑を主体とし、青、黄色の絵具を用いるものなどがある。藤原友子はバタヴィア行フォーゲルザンク号の積荷の品目の中に「赤と緑の鉢」と記されているものが、後者の類品ではないかと推測している（佐賀県立九州陶磁文化館二〇〇〇、三二頁）。また、タイのアユタヤなどでは多くの中国の色絵碗が出土していることから（三杉一九八六、一一二－一一五頁）、そうした地域に向けて生産された可能性が考えられる。

（染付牡丹唐草文皿）

内面あるいは内側面を牡丹唐草文で埋め尽す一群の皿類がある。口縁部を波縁状に作るものも多い。有田では赤絵町遺跡で出土する（第1章資料41－図7）。

（色絵大皿）

大橋康二は東南アジアに輸出された色絵大皿として、いわゆる青手古九谷様式の大皿と印判手色絵大皿をあげている（大橋・坂井一九九四、一五八～一六五頁）。青手古九谷様式の大皿は山辺田窯などで出土するが、海外向けに限定されるものではないと思われる。印判手色絵大皿は吉田2号窯、吉田皿屋遺跡などで出土する。吉田2号窯について、大橋康二は国内の消費地遺跡よりも東南アジアでの肥前陶磁のなかに占める割合がはるかに高いことから、東南アジアを重要な市場としたものであったと推測している（大橋・坂井一九九四、一六五頁）。その他、印判手ではないが、色絵素地と推測される粗製の白磁中・大皿が弥源次窯、多々良の元窯などで出土する。Ⅰ類の染付芙蓉手皿と類似した器形をしており、海外向けである可能性をもつ。弥源次窯では上絵付けしたものも出土するが、部分的にしか上絵具が残っていないため、文様は不明である。

（合子）

長吉谷窯、谷窯、赤絵町遺跡、幸平遺跡などから出土する。鹿児島県吹上浜採集資料の中にも含まれている。合子は径五～七㎝の小形のものから径一五～二〇㎝以上の大形のものまである。形状も円形の他、鳥形や鮑形などの変形合子があるが、合子は国内においても需要があるもので全てが海外向けというわけではない。しかし、大形の合子については一七世紀後半を中心に見られるものであるため、海外向けと考えてもよいだろう。

一六五九年一二月一〇日のオランダ商館長ワーヘナールの報告に「わたくしは自分の創意で祖国向けの見本としてバタヴィアに持参するため、瑠璃地に小さな銀の唐草文をあしらった特殊な磁器約二〇〇個をある人に注文しました。」とある（フォルカー一九七九‐一九八四、連載二八‐六一頁）。瑠璃地に銀彩による唐草文をあしらった合子が赤絵町遺跡などで出土し、その色絵素地と推測されるものが長吉谷窯などで出土する。そして、鹿児島県吹上浜採集品にも含まれている。

（蓋物）

長吉谷窯、下白川窯、弥源次窯、赤絵町遺跡、幸平遺跡などで出土する。合子などと同様に海外向けに限定されるものではないが、海外に大量に輸出された器種の一つである。鹿児島県吹上浜採集資料の中にも含まれる（第2章図41）。

（アルバレロ壺）

ヨーロッパのアルバレロ形の瓶（壺）を模倣したもので、猿川窯、下白川窯、谷窯などで出土する。染付製品と白磁製品があり、下白川窯ではいずれも出土している。登り窯以外では赤絵町遺跡で出土する。アルバレロ壺以外にも薬瓶などがバタビア政庁病院などに向けて輸出されていることが文献史料に記されているが（有田町史編纂委員会一九八八a、二八五頁ほか）、窯跡出土資料の中で具体的に提示できるものは少ない。

（ケンディ瓶）

長吉谷窯、稗古場窯などで出土する。登り窯以外では赤絵町遺跡、幸平遺跡などで出土する。染付、色絵、青磁製品などがある。

（柿右衛門様式色絵製品）

一七世紀後半から一八世紀前半にかけて海外向けに生産された製品の中に、いわゆる柿右衛門様式と称される一群の色絵群がある。

典型的な柿右衛門様式の色絵素地と推測される白磁製品は柿右衛門窯や南川原窯ノ辻窯など南川原地区の窯場で出土する。こうした南川原地区の上質の白磁製品やそれに上絵付けしたものは赤絵町遺跡ではほとんど出土していない。

(その他)

唾壺形壺が長吉谷窯、下白川窯、谷窯、赤絵町遺跡、幸平遺跡などで出土する。高足付碗や把手付水注などが長吉谷窯で出土する。また、チョコレートカップが赤絵町遺跡で出土する（口絵8）。

(2)一七世紀末～一八世紀の海外向け製品

(古伊万里様式【金襴手様式】色絵製品)

いわゆる古伊万里様式（金襴手様式）と称される製品の中に海外向けの皿、髭皿、瓶、壺などの製品が見られる。猿川窯、稗古場窯、下白川窯、谷窯、南川原窯ノ辻窯、外尾山窯、多々良の元窯、窯の谷窯などで出土する（第1章資料43-図15～17）。有田内山地区の中部・西部の窯場の他、外山地区の窯でも多くの窯で出土する。外山地区でも比較的見られるのは、大形の製品が多いためと推測される。

(受皿付碗)

一七世紀後半においてすでに見られるものであるが、赤絵町遺跡（口絵8、第1章資料18-図24～32）、上福2号窯（第1章資料18-図34）などで出土する。上福2号窯は前述したように一七三〇年代を中心に操業されたと推測されている。後述するアムステルダム市内遺跡の出土状況や前記の一八世紀代の清朝磁器を積載した沈船資料をみても当時のヨーロッパの磁器市場の中で受皿付碗（カップ&ソーサー）の需要が占める割合が高いことがわかる。

（その他）

調味料入れセット、ガリポット瓶、人形類などが赤絵町遺跡で出土する。ガリポット瓶について、藤原友子は中国磁器に類品が見られず、肥前磁器の専売であるかのような様相をもつとする。また、ヨーロッパで上絵付けされたものも多いという（藤原二〇〇〇、一五一頁）。また、前述したようにヨーロッパ向けの清朝磁器を模倣したと思われる染付皿が猿川窯、稗古場窯などで出土する。飯櫃あるいは便器に使用されたとされる把手付き蓋付鉢が猿川窯、下白川窯、赤絵町遺跡などで出土する。

(3)　一九世紀の海外向け製品

（コンプラ瓶）

醤油や酒などを輸出するための容器として生産されたもので、「C. P. D」銘が入るものが多い。「C. P. D」とは「Comprador」の略号とされている。「JAPANSCH ZOYA」や「JAPANSCH ZAKY」などの洋文字が染付され、「1 STE. SOORT. JAPANSCHZOYA」、「1 STE. SOORT.JAPANSCHZAKY」などと記されているものもある。また、伝世品に「JAPAN SOYA 1821」銘の入るものがある。そして、橋口佐登司は波佐見地区では明治・大正期には、主に中尾山の小柳家で焼かれていたこと、明治五年（一八七二）には長崎裁判所がコンプラ仲間の増永文治に「徳利詰醤油」二〇〇本を海外の博覧会（一八七三年のウィーン万博）用に納入を命じたことなどを紹介している（橋口一九八五、七七頁）。

古窯跡では中尾上登窯、永尾本登窯、三股新登窯などの波佐見諸窯や有田の窯の谷窯で出土している。染付銘は手描きによるものと型紙摺りによるものがある。窯の谷窯の出土例は型紙摺り技法によるもののみで、明治期の製品と推測される。江戸期におけるものは今のところ、波佐見諸窯に限られている。

また、長沼孝によれば、国内では長崎市の出島遺跡で出土する他、北海道の幕末の陣屋跡などから出土する（長沼一九九七、一八〇頁）。出島遺跡では八五〇個体以上出土しており、「長尾村（波佐見町永尾郷か）」銘のものも含まれる。北海道では特に道南の五稜郭をはじめ少なくとも一〇ヶ所以上の遺跡から出土している（長沼一九九七、一八一頁）。長沼孝は北海道で出土することについて、他の製品とともに日常の雑器として持ち込まれた可能性と、蝦夷地と長崎の交易の過程で、航海中の消費用として船に積み込まれた可能性を指摘している（長沼一九九七、一八二頁）。いずれも可能性としては考えられるが、北海道に出土が集中していることについての説明にはならない。一方、大橋康二は長崎港で日露開港条約を要求したロシア艦隊に乗っていたロシアの文豪ゴンチャロフの航海記『フレガット・パルラダ号航海記』の中に、安政元年（一八五四）、帰国する際に江戸幕府からの贈り物の中に「コンプラ醤油瓶　千籠」があったことを紹介し、北海道に集中して出土することについて、ロシアに輸出するコンプラ醤油瓶の経路を示している可能性について言及している（大橋・坂井一九九四、一八一-一八三頁）。また、安政七年（一八六〇）日米和親条約批准のため、渡米した幕府の使節団一行が、大西洋からインド洋を廻る帰途、ジャカルタに到着した際にコンプラ瓶と見られる瓶に詰められた醤油を購入している。『亜行日記』には、「銀七十六匁、日本醤油四陶」「日本醤油は三合ほどの徳利に入れて上の所に横文字にて日本醤油を認め、その下に長崎改め済の札有り、その価四半ドルと云々」「阿蘭陀の商船長崎エ到り買得ル者ニシテ陶器に盛り口木ヲ以テ塞グ、味変セス」と記されている。

（「蔵春亭」銘製品）

有田の幕末の貿易商である久富家が注文製作させたもので、主に海外向けの製品が知られている。知北万里によれば、蔵春亭の歴史は天保一二年（一八四二）に有田中野原の久富与次兵衛昌保がオランダ向けに陶磁器貿易を開始したことに始まるとする（知北一九九一、二頁）。また、『肥前陶磁史考』によれば、久富家の三代与次兵衛昌保は、白川の南里嘉十、南川原の柿右衛門、樋口太平などの窯焼きに製品を造らせたという（中島一九三六、五二七-五二八頁）。「蔵春亭」銘の入る製品は年木谷3号窯（第1章資料16-図7）、樋口3号窯などで出土する。年木谷3号窯では「蔵春亭三保造」銘の碗、皿、樋口3号窯では「蔵春亭三保造」、「□春亭西畝造」銘の染付皿が出土する。前にも触れたが、蔵春亭が店舗を構えていた長崎市の旧大村町一二番地に位置する万才町遺跡では「蔵春亭三保造」、「蔵春亭西畝造」、「山」に「畝」字銘、「三保」銘などの製品が出土する。与次兵衛昌保（一八二二〜一八七八）は山畝と号し、三保助と名乗ったことから、「三保」あるいは「山畝」の文字を使用し、与次兵衛の末弟（後に養子）の与平昌起（一八三二〜一八七一）は西畝と号したことから「西畝」の文字を使用したと推測される。また、与次兵衛昌保は薄手物を得意とした三川内にも発注したとされるが、万才町遺跡では「三川内平戸造」銘などの銘が入る製品も出土している。

第5章　アジア・アフリカ・ヨーロッパへの流通

古くから東アジアの中国から南シナ海を経て東南アジアに至り、インド洋を経て南アジア、西アジア、東アフリカに渡る海上の道は、陶磁の道の主ルートであった。このルート上を大量の中国磁器が運ばれていった。そして、ヨーロッパ諸国による大航海時代になると、さらにヨーロッパへ直接、海上の道がつながることとなった。そして、中国磁器に代わって海外市場に運ばれるようになった肥前磁器もまたこのルートを主ルートとしていたのである。

本章では、この南シナ海、インド洋、そして、大西洋を渡って運ばれた肥前磁器についてみていくことにする。

第1節　アジア・アフリカ・ヨーロッパ出土の肥前陶磁

最近は東南アジアを中心に海外消費地における出土例が増加している（図81）。また、沈船資料にも海外向けの肥前陶磁が確認される（図82～84）。ここではアジア・アフリカ・ヨーロッパの各地域や国別に肥前陶磁の出土例を整理する。ただし、台湾、中国、フィリピンとスペインについては、次章のガレオン貿易による流通で扱うことにする。

アジア・アフリカ・ヨーロッパにおいて、調査例が多い地域とそうでない地域があり、その出土傾向をそのまま地域や国の流通量として考えることはできないが、肥前陶磁が出土する地域や国別にその出土傾向をまとめ、特色や生産窯との関係を考察してみたい。

1 Tainan 台南, Taiwan
2 Kaohsiung 高雄
3 Pescadores 澎湖諸島
4 Kinmen 金門
5 東山冬古湾沈船遺跡
6 Monte Fortress site, Macao
7 Intramuros, Manila
8 Cebu city
9 Boljoon
10 Ha nôi, Vietnam
11 Ho'a Binh
12 Hai Hu'ng
13 Thanh Hoa
14 Quang Tri
15 Huê
16 Hôi An
17 Bin Dinh
18 Lâm Dông
19 Côn Dao
20 Kien Giang
21 Ôdôngk, Cambodia
22 Vientiane, Laos
23 Ayutthaya, Thailand
24 Lop Buri site
25 Chiang Mai
26 Nakhon Si Thammarat
27 Melaka, Malaysia
28 Kota Tinggi
29 The Geldermalsen
30 Gien site, Sumatra
31 Banten Lama, Jawa
32 Tirtayasa site
33 Batavia
34 Benteng Somba Opu site, Sulawesi
35 Benteng Wolio site, Buton

図81　南シナ海周辺・東南アジアにおける肥前陶磁出土地分布図

図82　海外向け肥前磁器の沈船資料（1）アーフォントステル号出土資料（Centre for International Heritage Activities 2007）

図83　海外向け肥前磁器の沈船資料（2）
1：吹上浜採集資料（大橋・西田1988より転載）、2・3：キェンザン沖引揚げ資料（チン・カオ・トゥオン氏提供）、4:オースターランド号出土資料（佐賀県立九州陶磁文化館2000より転載）

図84　海外向け肥前磁器の沈船資料（3）
1：ヘルデルマルセン号引揚げ資料（C.J.A.Jörg1986より転載）、2：ヨーテボリ号引揚げ資料（Berit Wastfelt 1990より転載）、3：ザウトドルプ号引揚げ資料（筆者撮影）

(1) ロシア

(ジュパノヴォ遺跡)

カムチャッカ半島に位置する。この遺跡から日本製の寛永通宝やキセル・刀子などとともに出土した肥前陶磁について、大橋康二が一六六〇年代～一八世紀初におさまるものとして紹介している(大橋二〇〇〇、五八-六一頁)。

(2) 韓国

韓国では、近世当時、唯一の日朝通交の窓口であった釜山及び東萊とその周辺の他、ソウルの朝鮮時代の王宮、昌徳宮からも出土している(家田二〇〇六、二〇一〇)。染付皿、色絵皿、色絵碗、染付蓋物等が見られる。年代は一七世紀後半のものが一部見られるが、多くは一八世紀以降のものであり、特に一八世紀後半のものが多い。家田淳一によれば、朝鮮輸出のためのデザインを持った磁器として想定できるのは碗、皿の見込み中央、あるいは蓋の内面に「福」「壽」などの吉祥文字を一字描くものと、その文字に加え主文様として定型的な栗文様を描く碗・皿類である(家田二〇〇六、七三頁)。また、産地は有田および有田周辺の肥前地域であるが、一八世紀末になると対州窯の朝鮮向製品も加わった(家田二〇〇六、七五頁)。

(3) ベトナム

ベトナムから出土する肥前磁器について、菊池誠一は鄭氏政権下の北部の遺跡の八地点、広南阮氏政権下の中部から南部の遺跡の一七地点で確認されていると報告している。すなわち、前者はハノイ市タンロン皇城遺跡、ハノイ市の文廟、ハノイ市チャンティエン、タインホア省ラムキン遺跡(黎朝皇帝の墓所)、ハイズォン省ランゴム遺跡(窯跡)、ホアビン省ドンテェックのムォン族墓(領主墓)、ホアビン省ズンフォンのムォン族墓、フンイェン省フーヒェン遺跡(港跡)の八地点(菊池二〇一〇)、後者は港跡と考えられる遺跡が五地点、窯跡が二地点、古墓が三地点、城館跡が一地点、その他六地点である(菊池二〇〇〇、一九二頁)。

また、中部については、チン・カオ・トゥオンがクアンチ省マイサー遺跡・クァヴィェット港・フックリー窯跡群、トゥアティエン・フエ省ミースェン窯跡群、フエ市タインハー港跡、ホイアン市内遺跡群、クァンナム省タインチュム地点・ドンズォン遺跡・ノイザン地点、ビンディン省ヌックマン港跡、ビンディン省トォックロック塔・ズォンロン塔、ラムドン省ダイラオ古墓群・ダイドン社古墓群、そして、南部のバーリアーヴンタウ省イギリス東インド会社跡地を挙げている（チン・カオ・トゥオン一九九七、二三七―二三八頁）。

（ハノイ王宮跡）

トン・チュン・チン氏の御好意で拝見させて頂いた写真で、見込み荒磯文碗、染付草花文皿を確認することができた。他に大量の肥前磁器が出土している。

（ハノイ文廟）

染付山水文碗が出土している。

（フォーヒェン遺跡）

高台内に「宣明年製」銘が入る染付碗が出土している。

（ドンテェック遺跡）

ベトナム北部のホアビン省に位置する少数民族ムォン族領主墓から肥前磁器が出土している。ファム・クォック・クァンらの報告（ファム一九九九）及び菊池誠一の報告（菊池二〇〇〇、一九三頁）によれば、Ｍ３号墓と名づけた墓では、染付見込み荒磯文碗一点が一七世紀前半の中国磁器碗四個と重なって出土している。Ｍ７号墓と名付けられた墓では、染付見込み荒磯文碗と色絵皿が中国磁器碗・皿と重なって出土している。そして、菊池誠一はＭ３号墓の立石に被葬者が一六四七年に死亡し、一六五〇年に埋葬されたことが刻まれており、一方、Ｍ７号墓の立石に被葬者が一六五八年に死亡し、一六六三年に埋葬されたことが刻まれていることから、それぞれの墓から出土している肥前磁器はそれぞれの埋葬年以前の製品であると考えている（菊池二〇〇〇、一九三頁）。

特殊なタイプであれば、一六四七年あるいは一六五〇年以前に遡る可能性もあるが、M3号墓、M7号墓で出土している見込み荒磯文碗はいずれも口縁f類／内側面e類／見込みb-3類／外側面a類ないしb類／高台内d類の典型的な②の組合せのものである。見込みの魚文の両側の波濤文が波濤の形をいくらか残しているので、大橋分類によるⅢa類に相当するものの中でも比較的早い段階の有田産の製品と推測されるが、生産地における編年観から一六四七年あるいは一六五〇年以前に生産されたとは考えにくい。今後の資料の増加を待つほかない。

（ホイアン市内遺跡）

ホイアン市内遺跡については、昭和女子大学によって一九九三年から発掘調査が行われている。そして、一九九三年〜一九九五年の発掘調査に関する報告書がすでに刊行されている（昭和女子大学一九九七）。以下、報告書掲載分の肥前磁器の観察を行う。

ディン・カムフォー第1トレンチでは、染付小碗、大振りの碗、鉢、小皿、蓋物の蓋が出土している。染付小碗は高台内に「宣明年製」銘が入る。大振りの碗は見込み荒磯文碗が多く、他に見込みに折枝文、内側面に折れ松葉文を描いたものがある。前者には見込みの魚文の両側の波濤文が波状に描かれたもの（大橋分類のⅢa類）と弧状に描いたもの（Ⅲb類）の両方が出土する。鉢は見込み荒磯文鉢と思われる製品の小片が出土している。小皿の多くは一六五〇〜一六六〇年代の日字鳳凰文皿であり、他に一六五〇年代頃の牡丹唐草文皿がある。日字鳳凰文皿は全てA類である。牡丹唐草文皿は枳薮窯出土遺物に類似する。蓋物の蓋は周辺部に鋸歯状の文様を入れたものである。報告書掲載分の肥前磁器は日字鳳凰文皿と見込み荒磯文碗が主体を占めている。

ディン・カムフォー第2トレンチでは、溝跡遺構と川跡が検出されているが、溝跡遺構からは肥前磁器はほとんど出土していない。川跡からは染付碗、大振りの碗、鉢、小皿などが出土している。碗は高台脇に点状の文様が巡らされているもので、一六四〇〜一六五〇年代頃の製品と思われる。大振りの碗、鉢は見込み荒磯文碗、鉢が主体である。見込み荒磯文碗は大橋分類のⅢa類、Ⅲb類のいずれも出土している。Ⅲa類の中には見込みb-3類のものも見られる。見込み荒磯文鉢は小片であるが、口縁b類のものが見られる。他に染付芙蓉手鉢が出土している。小皿は日字鳳凰文皿が主体である。いずれもA類である。他に山水文皿があり、掛の谷窯2号出土遺物に類似する。そして、遺構外の遺物として、見込みd類の染付見込み竜文碗、Ⅰ類とした粗製の染付芙蓉手皿が出土している。

ディン・カムフォー第3トレンチでは、染付見込み荒磯文碗、見込み荒磯文鉢、A類の日字鳳凰文皿、牡丹唐草文瓶（壺）が出土している。また、染付見込み荒磯文碗の胴部片を打ち欠いて円形にしたものが出土している。有田の山辺田遺跡、長崎市万才町遺跡などでも同様に磁器片を打ち欠いて円形にしたものが出土している。

ディン・トゥレーでは染付碗、鉢、皿などが出土している。碗、鉢は小片で全体の文様が不明であるが、外側面に竜文を描いたもの、牡丹文を描いたものなどがある。皿は見込みに兎文、口縁部に雷文、高台内に「大明」銘が入るもので、稗古場窯跡など有田諸窯で見られるものである。

フォーチューチン129では染付碗、皿が出土する。碗は大橋分類によるⅢｂ類あるいはⅢｂ'類の見込み荒磯文、見込みｄ類の見込み雲竜文碗などがある。後者は著しく文様が崩れたものが含まれ、三川内東窯などで類品が見られる。皿はA類の日字鳳凰文皿、Ⅲ類のいわゆる名山手と称される染付芙蓉手皿などがある。

チャンフー80では染付碗、皿が出土している。碗は山水文碗、皿は山水文皿と口縁部に雷文を入れるものが見られる。

その他、ホイアン市内から出土したとされる資料の中には染付山水文鉢、染付牡丹文鉢、B類の日字鳳凰文皿、Ⅱ-1類及びⅡ-2類の染付芙蓉手皿が含まれる。また、ホイアン出土遺物の中に一六四〇年代頃の染付瓶が含まれていることを長谷部楽爾が発見し、大橋康二が確認している（大橋・坂井一九九四、一五九頁）。

(4)　カンボジア

古都ウドン地域や近郊のポニャ・ルー地域で肥前磁器の出土が確認されている。その他、カンボジアから出土したと言われる製品を収集した蒲生コレクション（有田町歴史民俗資料館蔵）が知られる（野上二〇一三ｂ）。同様にJ・コーツの収集品もあるが（九州近世陶磁学会二〇一〇）、出土地等の詳細な情報は不明である。

（ウドン遺跡）

カンボジア中南部に位置する一七世紀におけるカンボジアの旧都遺跡である。プノンペンの北郊三〇kmに位置する。トンレサップ川沿岸には日本町があったとされるポニャ・ルーがある。一九九六年に北川香子らによって一七世紀後半の肥前磁器あるいは肥前磁器と思われる破片が一二点以上採集されている（北川一九九九）。多くは碗あるいは鉢であり、染付蓋物蓋が一点含まれる。碗（鉢）には染付見込み荒磯文碗（鉢）、色絵碗（鉢）などが含まれる。

（ポニャ・ルー地域）

ロンヴェーク、ウドンに王都が置かれた時代には、中国町、日本町、ポルトガル町、オランダ商館などが設置された。二〇〇四年から二〇〇七年にかけて、トンレサップ川沿いの遺物分布調査が行われ、ストゥン・クラン・ボンレイ河口地点とポニャ・ルーの教会跡の二ヶ所の発掘調査が行われている（佐藤二〇一〇）。佐藤由似によると、両地点から六点の肥前磁器が確認されており、一六六〇～一六八〇年代の染付雲竜見込み荒磯文碗二点、一六六〇～一六七〇年代の内面梅文小皿片一点、一六六〇～一六七〇年代の「寿」字竜文小碗片一点、一六五〇～一六七〇年代の碗片、一六五〇～一六六〇年代の青磁大皿底部片などがある（佐藤二〇一〇）。

（スレイ・サントー地域）

メコン河東岸に位置するスレイ・サントー地域（コムポン・チャーム地方）で肥前磁器が発見されている（北川二〇一〇）。メコン河からやや離れた内陸にあるパサンの丘近辺で、一九九七年一二月の調査により一六五五～一六七〇年代の肥前磁器が見つかっている（北川二〇一〇）。

(5)　ラオス

ヴィエンチャン市一号線道路の改修工事に伴う発掘調査が実施され、ラーンサーン期の都城域内の遺物包含層から肥前陶磁が確認されている（Shimizu 2007, 2008, 2009、清水二〇一〇）。調査を行った清水菜穂によれば、総破片数一〇三点、個体数九四点の肥前陶磁が確認されており、その九四個体数の内訳は、碗三三点、蓋付鉢一四点、蓋二二点、小坏あるいは小碗一点、皿一〇点（唐津系陶器皿二点を含む）、瓶三点、小壷一一点である。蓋が蓋付鉢に伴うとすれば、全資料の七〇％が碗及び蓋付鉢となる（清水二〇一〇）。主な種類を挙げると、染付見込み荒磯文碗、染付牡丹唐草文蓋物、染付牡丹唐草文瓶、染付見込み牡丹文碗、染付竹梅文碗、染付山水文皿などがある。

(6)　タイ

（アユタヤ［チャオプラヤ］川）

肥前陶磁の流通遺跡としてもあげた資料である。アユタヤの南のチャオプラヤ川から大量の陶磁器類が引揚げられている。これらの遺物はチャオプラヤ川を利用した河川運搬の途上で沈没したものと、流域における消費過程で廃棄されたものが含まれると推測される。河川運搬の途上であってもアユタヤを主目的として運搬されたものであろうから、アユタヤにおける需要をある程度反映していると思われる。大橋康二の調査によれば、主に中国磁器であるが、七七点の肥前染付製品が含まれている（大橋一九九〇c、一五八頁）。器種は大振りの碗が主であり、他に鉢・碗・小碗・蓋物などがある。一八世紀前半頃、波佐見諸窯で焼かれたと思われる染付八橋梅樹文碗が一点含まれている他は全て一七世紀後半の製品である。

大振りの碗及び鉢は、見込み荒磯文碗・鉢が主体である。①＝口縁a類／内側面a類／見込みa-1類／外側面a類、②＝口縁f・f'類／内側面b類／見込みb類／外側面a類、②'＝口縁f・f'類／内側面b類／見込みb類／外側面b類、③＝口縁f・f'類／内側面c類／見込みd-3類／外側面b類ないしc-2類のいずれも見られるが、②と③の組合せが多く、①の組合せは少ない。②'と③の組合せも文様が著しく崩れたものが多い。特に後者の割合が他の遺跡に比べて高い。②'の組合せで文様が著しく崩れた製品については波佐見諸窯などの出土製品に類似する。一方、③の組合せで文様が著しく崩れたものは三川内東窯で大量に出土している。他に高台内c類で「大明成化年製」銘が入るもの、大橋分類によるⅥ類に相当するもの、口縁a類／見込みd-3類／外側面c類／高台内b類（「宣徳年製」）で内側面に蓮や草花を描くもの、特殊なものとして外側面に雲竜文、内側面に流水に水車を描くものがある。これらは有田産である可能性が高い。ただし、大橋分類によるⅥ類に相当するものの中で見込みに竜文を描くものについては、三川内産である可能性もある。

見込み荒磯文以外の大振りの碗・鉢の製品は、有田産と思われる染付三方割果木文鉢、染付牡丹唐草文碗、染付折枝花文碗、肥前諸窯で数多く生産された染付山水文碗・鉢など、その他、染付梅樹文碗、染付紅葉文碗、染付富士山文碗、染付芙蓉手牡丹文碗、染付芙蓉手草花文碗などがある。染付折枝文碗は天狗谷窯、谷窯、長吉谷窯、猿川窯、中白川窯などに類例が見られる。染付富士山文碗の見込み文様は波佐見諸窯でしばしば見られるものであり、芙蓉手草花文の葉部分の描き方などは波佐見諸窯の製品に類似する。

口径一一cm以下の碗及び小碗は、染付花鳥文碗、染付芙蓉手花卉文碗、染付草花文碗などが引揚げられている。染付花鳥文碗について、大橋康二はオランダのデルフト陶の碗に共通文様を見出せることから、ヨーロッパからの求めに応じて有田で作られたものと推測する（大橋一九九〇c、一六四頁）。

碗・鉢以外では蓋付鉢の身と蓋、蓋物の蓋が引揚げられている。蓋付鉢の身は染付牡丹唐草文、山水文、唐草文などがある。蓋付鉢の蓋は牡丹唐草文で長吉谷窯や下白川窯に類例が見られる。蓋物の蓋は宝文を二方に配し、間を渦文で埋め尽している。

〈アユタヤ王宮遺跡〉

アユタヤ王宮遺跡から染付角瓶、小瓶などが出土している。角瓶は底部にＶＯＣのマークを呉須で焼き入れているものである。大橋康二は一六七〇～一六八〇年代と推測し、さらにオランダ連合東インド会社のマークが入っている点からオランダ商館を通じてアユタヤ王宮に入ったと推測し、記録に見るオランダ商館が扱った最後の輸出である一六七七年の可能性が強いと考える（大橋一九九〇c、一六八頁）。小瓶はアユタヤ王宮内から出土したもので、大橋康二は一六四〇～一六五〇年代に遡る可能性があるとする（大橋一九九〇c、一六八頁）。

〈ウボソット寺付近〉

アユタヤ王宮の南方に位置するウボソット寺から肥前磁器が九点程度出土している。器種は色絵合子の蓋、染付蓋物の蓋、色絵蓋物の蓋、染付ケンディなどで碗類は見られない。

（アユタヤ日本町遺跡）

アユタヤ日本町と推定されている地点で昭和三八年（一九六三）に「アユタヤ日本人町の跡」の石碑建設の際、多くの陶磁器が出土している。豊田進の報告によれば、明代の青花磁器が主体である（豊田一九八三、一五–二四頁）。豊田の報告にあるモノクロ写真のみの観察であるが、その中に肥前の見込み荒磯文碗・鉢と推測されるものが含まれている。なお、アユタヤ日本町遺跡は東恩納寛惇が昭和八年（一九三三）に発掘調査を行い、その際にも陶磁器片が多数出土している。

（アユタヤ・オランダ商館跡）

二〇〇四年、タイ文化省によって行われた発掘調査で、白磁ガリポット、染付ＶＯＣ章付皿、染付鉢が出土している（草野二〇一〇）。

（アユタヤ地域内遺跡）

前記のアユタヤ及び周辺遺跡以外にアユタヤ遺跡では染付鉢、染付山水文壺などが出土している。

（ロッブリ遺跡）

アユタヤ北方に位置するロッブリ遺跡から見込み荒磯文碗・鉢、唐津二彩刷毛目文大皿などが出土している。チャオプラヤ川引揚げ資料の中に見られた、②の組合せで高台内ｃ類で「大明成化年製」銘が入るもの、③の組合せで文様が著しく崩れたものなどが含まれる。

（チェンマイ周辺遺跡）

チェンマイ地方のプミポル・ダムの工事中に出土した遺物の中に一六六〇～一六八〇年代と推定される染付梅花文蓋付鉢の身が含まれている。三杉隆敏によると、一ヶ所から出土したものではなく、ダム建設中に水没する地域の複数の箇所から発見されたものという（三杉一九八六、一一九-一二〇頁）。

（パタニー）

一六〇一年から一六二二年までオランダ連合東インド会社の商館が置かれていたが、正確な場所は不明である。このパタニーから肥前の染付山水文ケンディが出土している（草野二〇一〇）。西岸のプーケットにもオランダ商館が置かれていたとされ、ここでも肥前陶磁が確認されている（草野二〇一〇）。

（ナコン・シ・タマラート周辺遺跡）

染付唐草文小壺、唐津二彩手刷毛目文大皿、色絵茶筅形瓶、染付縞手山水文ケンディ、染付山水文蓋付鉢の身などがある。染付唐草文小壺はナコン・シ・タマラート市街にあるタオ・コート寺の境内にある仏塔の内部から出土したもの、色絵茶筅形瓶・染付縞手山水文ケンディ・染付山水文蓋付鉢の身はプラ・マハタート寺に伝来したものである（大橋一九九〇c、一七〇-一七二頁）。

(7)　マレーシア

（マラッカ）

盧泰康がマラッカから出土した染付花鳥文芙蓉手皿、波佐見産の青磁刻花文大皿、有田産の青磁印花文大皿を紹介している（盧二〇一〇）。青磁大皿はいずれもマラッカのジョンカー Jonker 街で出土したものである。

(8)　インドネシア

（パサール・イカン［パサリカン］遺跡）

バタビア（現ジャカルタ）市街に位置する。一九八二年に三上次男が出土遺物を紹介している（三上一九八二、一一二頁）。それによれば、一九八〇年に国立博物館によって発掘調査が行われ、輸入陶磁総計二,八八〇点が出土している。その中で中国陶磁が六五・五〇％を占め、次いでオランダ陶器一五・三一％、タイ六・六五％、日本六・三九％と続いている。そして、一九九〇年には大橋康二が肥前陶磁について紹介している（大橋一九九〇c、九八-一二三頁）。

出土した肥前陶磁は、染付、青磁、白磁、色絵、染錦、陶器などの種類があり、器種は碗、鉢、小坏、小皿、中皿、大皿、合子、瓶、壺、唾壺、蓋付鉢などがある。海外向けの製品ではないものも含まれる。

主なものをあげると、染付碗・鉢は見込み荒磯文、見込み団竜文、芙蓉手意匠の文様、牡丹唐草文など大振りの碗あるいは鉢が見られる。皿類は芙蓉手皿が多い。芙蓉手皿はⅠ類、Ⅱ類、Ⅳ類が見られる。その他、青磁大皿、唐津二彩手刷毛目文大皿、古伊万里様式（金襴手）の色絵大皿、内側面に牡丹文で埋めた中皿などが出土している。合子は染付合子と色絵合子がある。瓶は染付小瓶の他、いわゆるガリポット瓶と称される染付や白磁のものが含まれる。壺は染付壺と染錦壺がある。蓋付鉢は飯櫃あるいは便器に用いたとされる把手付蓋付鉢が出土する。

（ジャラン・コピー遺跡）

当時のバタビア市街中心地に位置する。一九九〇年に大橋康二が出土遺物を紹介している（大橋一九九〇c、一二一-一二五頁）。Ⅱ類、Ⅳ類の染付芙蓉手皿、染錦小皿などが出土している。染錦小皿は受皿付碗の受皿である。

（バンテン・ラーマ遺跡）

ジャカルタの西方約一〇〇kmに位置し、バンテン遺跡群の中の一つである。一九七六年に現国立考古学研究センターが最初に発掘調査を行ってから、現在まで数多くの調査が実施されている。一九九〇年には日本とインドネシアとの共同研究を目的として坂井隆を中心にバンテン遺跡研究会が結成され、一九九三年と一九九七年に出土陶磁片の整理調査が行われている。大橋康二は一九九〇年にバンテン・ラーマ遺跡出土遺物を紹介し（大橋一九九〇c、一二四-一四七頁）、一九九九年には大橋康二、坂井隆の両人が遺跡出土陶磁器をまとめた論文を発表している（大橋・坂井一九九九、四七-八一頁）。

染付、白磁、青磁、色絵、染錦、陶器などの種類があり、器種は碗、小坏、手塩皿、小皿、中皿、大皿、髭皿、合子、蓋物、瓶、段重、受皿、壺、蓋付鉢、植木鉢などがある。海外向けの製品ではないものも含まれる。

主なものをあげると、染付碗は見込み荒磯文碗、富士山文碗などがある。前者は大橋分類によるⅢａ類とⅥ類が見られる。手塩皿は大橋康二が発見したもので、一六四〇年代に遡りうる製品である。皿類は寿字鳳凰文皿、Ⅰ類・Ⅱ類・Ⅳ類の芙蓉手皿、波佐見青磁大皿、色絵仙境図を写した吉田2号窯などで焼かれた色絵皿、山辺田窯などで焼かれたいわゆる古九谷様式の色絵大皿、いわゆる古伊万里様式（金襴手様式）の染錦大皿、染錦の受皿付碗の受皿などがある。髭皿は染付と染錦がある。合子は径一〇cm以下の小形のものや径二〇cm以上の大形の合子がある。大形の合子は染付が多く、小形の合子は染付と色絵がある。蓋物の蓋も染付と色絵がある。瓶は染付・色絵のケンディ瓶、把手付瓶、いわゆるガリポット瓶などがある。段重は染錦のものが出土している。受皿は染錦のものが出土する。見込み蛇の目釉剥ぎし、黄色などの上絵具で釉剥ぎ部分を隠したものも含まれる。壺はいわゆる古伊万里様式（金襴手様式）の大壷の蓋が見られる。蓋付鉢は飯櫃あるいは便器に用いたとされる把手付蓋付鉢が出土している。植木鉢は染付製品が出土している。大橋康二はオランダの延宝五年（一六七七）の記録にすでに植木鉢の記載が見られ、長吉谷窯で一六六〇〜一六七〇年と推測される植木鉢が出土しているとする（大橋一九九〇c、一四六頁）。唐津系陶器は、三島手、刷毛目陶器、鉄釉皿、内野山窯産と思われる砂目積み陶器皿、叩き成形による褐釉甕などがある。褐釉甕について、大橋康二は『皿山代官旧記覚書』天明七年（一七八七）の記事に「皿山阿蘭陀焼物商人吉富弥惣右衛門、勘右衛門は阿蘭陀水甕商売を以前より許されていたが、この度嬉野湯宿酒屋好右衛門、水甕商売をしたく」とあることやツンベルクの『日本紀行』安永五年（一七七六）に「塩田は焼きのよい褐色の土甕の産地として知られている。この土甕は数石の水を容れうるのだから、私の知っている限り一番大きなものである。阿蘭陀人はこれを非常に沢山買い入れてバタヴィアその他の印度の会社所在地に送り、その地でよい値で売る。土甕は日常の飲料水の容器として使われるのである。」とあることなどから、こうした甕の輸出は一八世紀後半が主たる時期ではないかと推測している（大橋一九九八b、五六-五七頁）。また、細片ではあるが、青海波状の叩き痕をもつものがあり、肥前陶器の輸出の年代が遡る可能性も残ることを指摘している（大橋・坂井一九九九、七二頁）。その他、肥前陶磁ではないが、関西系陶器である耳付鍋が出土している。耳付鍋について、大橋康二は海外では他に南アフリカのケープタウンで出土しており、二ヶ所に共通するのはオランダ勢力が強い点であることを指摘している（大橋・坂井一九九九、七二-七四頁）。

(ティルタヤサ遺跡)

西部ジャワ州セラン県ティルタヤサ郡ティルタヤサ村に位置する。バンテン遺跡群の中の一つでバンテン・ラーマの東一八kmに位置する。一七世紀後半のティルタヤサ大王の離宮跡と推定されており、一九九七年と一九九九年に坂井隆を日本側班長とする日本・インドネシアの共同発掘調査が行われ、二〇〇〇年に報告書が刊行されている(上智大学アジア文化研究所他二〇〇〇)。文献史料や発掘調査の成果から坂井隆は一六七八〜一六八二年の間しか存続期間がない短期間の遺跡と推定している(坂井一九九九)。

肥前陶磁は染付碗・鉢・皿・合子・瓶・ケンディ瓶、青磁大皿、色絵小皿・大皿・合子、白磁合子、刷毛目陶器などが出土している。染付碗・鉢は見込み荒磯文碗、牡丹唐草文鉢、窓絵草花文鉢、花唐草文鉢などがある。見込み荒磯文は文様の崩れが著しく、一六六〇年代後半以降の製品と思われる。牡丹唐草文鉢は波佐見諸窯などで見込み荒磯文碗と共伴している製品に文様が類似する。染付皿は芙蓉手の小皿・中皿・大皿、花卉文大皿などの海外向け製品の他、内側面に墨弾きで捩花文や流水文を表した中皿、鳥文小皿、山水文小皿、草花文中皿など国内向けと推測される製品がある。墨弾きによる中皿は見込みに五弁花状の文様を入れる。一七世紀末以降、一般的に普及した見込み五弁花文がそれぞれの花弁の頂部に葉状の文様を入れるのに対し、ティルタヤサ遺跡出土製品は花弁と花弁の間に葉状の文様を入れている点が異なる。定型化されていない段階の文様である可能性が高い。染付合子は蓋と身が出土している。径二〇cm以上の大型の合子である。染付瓶は草花文、ケンディは芙蓉手意匠をもつ。青磁大皿は波佐見地区の青磁と推測される。へら彫りや櫛描きにより文様を施している。色絵小皿は輪花皿と折縁皿があり、後者は赤絵町遺跡出土遺物に器形が類似する。色絵大皿は印判手仙境文を描いたものであり、吉田2号窯で生産されたと推測される。白磁合子は型成形による陽刻文がみられる。刷毛目陶器は大皿の口縁部が出土している。

(ギエン遺跡)

スマトラ島の西端付近に位置する。坂井隆が採集した資料の中に見込み荒磯文碗が含まれている(大橋一九九〇c、一〇〇頁)。

（ソンバ・オプー城跡）

南スラウェシ・マカッサルに位置する。大橋康二・坂井隆によれば、肥前磁器が出土しているという（『バンテン遺跡研究会ニュース』No. 58）。

（ウォリオ城跡）

ウォリオ城は、スラウェシ島南東部に位置するブトン・イスラーム王国の王都跡である（坂井編二〇〇七）。報告書によると、大量に出土している肥前磁器のほとんどは一六六〇年代以降のものである。バンテンやパサール・イカン遺跡で見られたような嬉野の吉田窯（佐賀県）などの粗製品は見られない。高級品が多く、磁器は有田窯のものがほとんどと推測される。その点ではティルタヤサ離宮遺跡に似通っている（坂井編二〇〇七）。主要なものを挙げると、染付花虫文芙蓉手皿、染付ＶＯＣ章入皿、染付山水文蓋付大深鉢、色絵碗、青磁大皿、染付八角大壺、色絵八角大壺、染付ケンディなどの磁器製品、緑釉皿、刷毛目唐津大鉢などの陶器製品が出土している（坂井編二〇〇七）。

(9)　インド

（プリカット）

プリカットは、一六世紀初頭にはインド南東海岸でも有数の港となり、一七世紀中頃にはオランダ連合東インド会社の商館が設置されている。プリカットで採集された陶磁器片の中に一六六〇〜一六八〇年代に有田の内山地区などで生産された染付花虫文芙蓉手皿の破片が含まれている（山本二〇一〇）。

（ゴア）

ゴアは南インドの西海岸に位置する。ポルトガル海上帝国のインド洋交易の中心地であった。東アフリカから東アジアに達する海上路の中継地であったと同時に、インド内陸の市場に向けても重要な地であった（佐々木二〇一〇）。佐々木花江は、オールド・ゴア考古学博物館に展示されている遺物の中に肥前磁器を見つけて、紹介している（佐々木二〇一〇）。出土している肥前磁器は一六六〇～一六八〇年代に有田の内山地区などで生産された染付花虫文芙蓉手皿であり、裏面にはハリ支え跡が三ヶ所残る。

⑽　スリランカ

（アーフォントステル号）

ゴール沖で一六五九年に沈んだオランダ船アーフォントステル号から肥前磁器が発見されている（ケイトル二〇一〇）。一六五六年には長崎への航海を行っており、その際に求めたものである可能性がある。発見された肥前磁器は一六五〇年代頃の染付アルバレロ形壷（図82-2・4・5）、染付宝文芙蓉手皿（図82-1・3）などである。染付アルバレロ壷には内容物である膏薬が残されている。最終的には運搬船として使用されていたため、これらの肥前磁器は船上での使用品である可能性が高い（野上・Ketel二〇〇六）。

⑾　モーリシャス

（フレデリック・ヘンドリック城跡）

一九九七年から行われているフレデリック・ヘンドリック城跡の発掘調査で肥前磁器が一一六点出土している（金田二〇一〇）。金田明美によれば、地元のモーリシャン・コース・ウエアを除けば、景徳鎮産磁器に次ぐ破片数である。染付アルバレロ形壷、白磁アルバレロ形壷、白磁瓶、染付小碗、染付芙蓉手中皿などが出土している（金田二〇一〇）。

（パンプルムース県）

モーリシャスの北部に位置するパンプルムースで発見された廃棄土壙から肥前磁器が数点発見されている（Spijker 2001）。白磁アルバレロ形壷と染付芙蓉手皿である。

(12)　エジプト

（フスタート遺跡）

一六七〇～一七〇〇年代と推測される色絵碗が出土している（出光美術館一九八四）。いわゆる柿右衛門様式と称される色絵である。

(13)　ケニア

（モンバサ）

モンバサ周辺の採集陶磁器の調査を行った栗建安によると、一六六〇～一六八〇年代に有田の内山地区などで生産された染付花虫文芙蓉手皿が確認されている。なお、モンバサにあるイエズス砦跡には色絵大壷（金襴手）が所蔵されている。

(14)　南アフリカ共和国

（ケープタウン）

Jane Kloseによれば、喜望峰周辺の発掘調査は、少なくとも一七五〇年代までは肥前磁器が輸入されていることを示しており、一七世紀から一八世紀初のほとんどの遺跡で有田の磁器皿や碗が出土するという（Klose1993, p. 71-72）。出土地点にはThe Castleや一六六九～一七三〇年の間にＶＯＣの出先機関が置かれたケープタウンの北一二〇kmのOudepost、そして、一八世紀の遺跡であるStellenbosch付近のElsenberg、Bree Streetなどが含まれる。そして、城の堀から一六六〇～一六八〇年代の染付牡丹文鉢、染付牡丹唐獅子文皿、一七世紀末～一八世紀前半の染付花卉文皿などが出土している。Bree Streetでは一七世紀末～一八世紀前半のⅣ類の染付果木文芙蓉手皿やティーウェアの色絵製品が出土している。

その他、ケープタウンでは関西系の耳付鍋が出土している（大橋・坂井一九九九、七二頁）。

(15)　オーストラリア

(ザウトドルプ号)

オーストラリア西海岸では数多くの沈没船が発見されており、その中にはオランダ連合東インド会社の船も含まれる。一七一二年に沈んだザウトドルプZuytdorp号もその一つであり、それに伴う遺物と推定される陶磁器に一七世紀後半の肥前の染付花鳥文皿(図84-3)が含まれている。商品というより見本あるいは使用品と思われる。

(16)　オランダ

オランダ全体の肥前磁器の出土状況については、金田明美の論考に詳しい(金田二〇一〇)。まず金田はアムステルダムでは他の都市と比較にならない量で検出されており、一七世紀後半の肥前磁器はオランダ西岸部の都市から検出されている例が多いことを指摘する。すなわち、アムステルダム、アルクマール、デルフト、デンハーグ、グローテブルック、ミデルブルグ、エンクハウゼンなどで出土している。そして、一八世紀になると西岸部以外の地域、すなわち、ナイメイヘン、ティール、ドルドレヒト、ズウォレなどで肥前磁器が検出されるという(金田二〇一〇)。

(アムステルダム市内遺跡)

アムステルダム市内遺跡出土の肥前陶磁については、ヤン・M・バートの論考(バート二〇〇〇、二〇〇六-二一五頁)がある。その論考によれば、アムステルダム市内の二一ヶ所以上の調査地点で肥前磁器が出土している。大量の中国磁器、オランダ陶器、ドイツのライン炻器とともに約一〇〇点確認されている。内訳は一六五〇〜一六六〇年代一点、一六六〇〜一六九〇年代三六点、一六九〇〜一七三〇年代五八点であるという(バート二〇〇〇、二一〇頁)。いくらか生産地における編年観とずれがあるものが含まれるが、概ね一六九〇〜一七三〇年代の製品が多いことは確かであろう。一七世紀後半〜一八世紀前半の染付、色絵、染錦製品があるが、概して一七世紀後半のものは染付製品が多く、一七世紀末〜一八世紀前半のものは染錦、いわゆる古伊万里様式(金襴手様式)のものが多い。器種は碗、皿(受皿を含む)、髭皿、把手付杯、アルバレロ壺、壺などがある。

碗は一七世紀後半から一八世紀前半を通して、口縁端部がやや外側に反るものが多い。コーヒーカップあるいはティーカップとして使用されたものと推測される。一六六〇～一六八〇年代の染付碗、色絵碗と一七世紀末～一八世紀前半の染錦碗がある。後者は赤絵町遺跡2号窯出土遺物に類似する。

皿は小皿、中皿・大皿がある。小皿は碗とセットとなる受け皿の類が多い。一六六〇～一六八〇年代と推測される染付釣人文小皿（高台内に「宣明年製」銘が入る）、染付花鳥文皿、一七世紀末～一八世紀前半の型紙摺りによる染付花散らし文小皿、染付花唐草文小皿、一七世紀末～一八世紀前半の染錦碗とセットとなる染錦受皿がある。中皿・大皿には芙蓉手皿が含まれる。芙蓉手皿は一六六〇～一六七〇年代の花鳥文皿と思われるⅡ類の製品、いわゆる名山手と称される一六六〇～一六八〇年代と推定されるⅢ類の製品、そして、一六九〇～一七二〇年代と推測されるⅣ類の製品が含まれる。Ⅰ類は確認されない。芙蓉手皿以外の中皿は一六六〇～一六七〇年代と推測される高台のない染付折縁皿、一六六〇～一六八〇年代と推測される染付輪花皿などがある。前者の高台のない折縁皿は長吉谷窯でも出土している。アムステルダム出土のものはハリ支え痕が見られるものであるが、長吉谷窯出土遺物の中にはチャツの熔着痕が見られるものもある。バートによれば、文様はオランダの陶器にも見られるという（バート二〇〇〇、二〇八頁）。後者の染付輪花皿は口縁部に口紅を施したもので型打成形によるものである。

髭皿は三点出土している。その中の一つには縁にある二つの孔に編んだ絹紐が残されている。把手付杯は染付によって窓絵松竹梅文などが描かれている。アルバレロ壺は染付製品であり、アムステルダムが一六六〇年代に町を拡張する際、整地のために使用された町のゴミ捨て場層で発見されている。バートはこうした製品が一六五〇年代におけるオランダ連合東インド会社の肥前磁器の輸出記録にある「膏薬壺および保存用壺」に相当するものと推測している（バート二〇〇〇、二〇六-二〇七頁）。壺は最大径二一・三cm程度の染付製品で、窓絵に花文を描いたものである。

また、アムステルダムから出土した肥前磁器については、金田明美が年代、器種、装飾技術等で分類、考察を行っている（金田二〇一〇）。金田が分類を行った八四個体数の器種とその割合を列挙すると、ガリポット（一・二%）、ジャグ（四・八%）、大皿（一・二%）、中碗（三・六%）、中皿（九・五%）、アルバレロ（二・四%）、髭皿（二・四%）、小碗（カップアンドソーサー　四五・二%）、小皿（カップアンドソーサー　二八・二%）、タンカード（大型ジョッキ　一・二%）である（金田二〇一〇）。七〇%以上をカップアンドソーサーが占めていることがわかる。

（アルクマール）

北ホラント州に所在し、アムステルダムの北部に位置している。二〇〇三年までの発掘調査で約五〇〇点の東洋磁器が出土しており、その内、一七点が肥前磁器である（金田二〇一〇）。一七世紀後半の染付芙蓉手皿、染付牡丹文皿、染付山水文ケンディ、染付芙蓉手碗、色絵花文碗などが出土している（金田二〇一〇）。

（デルフト）

一七世紀後半の染付芙蓉手製品四点、一八世紀前半の色絵（金襴手）製品六点が出土している（金田二〇一〇）。

（デンハーグ）

一七世紀後半の染付八角碗が出土している（金田二〇一〇）。三川内東窯（長崎県佐世保市）で類似した製品が出土している。

（ヴルデン）

一七世紀後半の染付松鹿文芙蓉手皿が出土している（金田二〇一〇）。いわゆるモンスターマスクとよばれる文様が折縁部に描かれており、裏面にはハリ支え痕が一つ見られる。

（グローテブルック）

エンクハウゼンの東部に位置する。一七世紀後半の染付花鳥文芙蓉手皿が出土している（金田二〇一〇）。

第2節　アジア・アフリカ・ヨーロッパ出土の肥前陶磁の傾向と生産窯

アジア・アフリカ・ヨーロッパの遺跡出土の肥前陶磁について、地域毎に分けてその傾向と特色、生産窯との関係などをまとめてみたい。

まず、東南アジアについては、大橋康二が二つの特徴を指摘する。一つはインドネシアを除いた国々では一六八〇年代以前の製品が主体であること（大橋一九九〇c、一七二頁）、もう一つは東南アジア地域における一七世紀後半の肥前磁器の内容は、東南アジアの国々の生活文化の違いを反映してそれぞれ異なることである（大橋一九九九b、大橋・坂井一九九九、七八‐七九頁）。前者について、大橋康二は清朝の展海令の公布により再び中国磁器の輸出が盛んになると、地理的に近い東南アジア市場はたちまち中国磁器に奪われ、一八世紀以降もオランダの本拠地があったインドネシアのみ一八世紀以降の肥前磁器が発見されると述べている。後者について、インドネシアは大皿が目立ち、タイは碗類、ベトナムは小皿と碗の出土が多いという特徴があることを指摘している（大橋一九九九b）。筆者自身、生産地における日字鳳凰文皿と見込み荒磯文碗・鉢の生産年代や生産量と、東南アジアにおける出土量の比較から東南アジア地域内における両者の市場の地域性と時期差について考えたことがあったが（野上一九九五‐一九九六）、当時はまだ結論を見出せなかった。しかし、最近の東南アジア各地における肥前陶磁の出土例の増加はそうした地域性をより明確にしていくことになろう。

そして、さらに同じ国内であってもその地域や遺跡の性格によっても出土する製品の内容が異なることもわかってきている。ベトナムについて、菊池誠一がベトナムの北部社会と南部社会における肥前磁器受容のあり方の相違を指摘している（菊池二〇〇〇、一九二頁）。すなわち、北部社会では前代からベトナム陶器生産があったため、肥前磁器が日常食器として普及することができず、特殊な遺跡から一部の人々の使用品や贈答品としての使用品が出土するのに対し、中部社会では日常食器として受容されたと述べている。

また、タイのアユタヤ周辺の遺跡出土資料をみると、アユタヤ川（チャオプラヤ川）引揚げ資料などは碗類がほとんどを占めるのに対し、寺院跡では合子や蓋物、ケンディなどが出土し、碗類が見られない。王宮跡ではオランダ商館から持ち込まれたと推測される瓶類が出土している。食生活の習慣が反映する遺跡とそうではない遺跡では内容は異なっている。

インドネシアにおいても同様である。ティルタヤサ遺跡についてはすでに述べた通りであるが、バンテンやバタビアなどは消費地であるとともに当時の東南アジア地域における陶磁器の集散地でもある。最終的な目的地に届くまでに陶磁器が破損し、廃棄されることもある。フォルカーの『磁器とオランダ東印度会社』（フォルカー一九七九‐八四）の中には陶磁器の破損に関する記載が散見される。例えば一六一六年にハンス・デ・ハーズがマスリパタムからクンに送った書状には「ヤン・テイスンが貴殿に申し述べた通り、ジャカルタから積載されて来た磁器は三分の一が毀損しており、小舟一隻以上の積荷が捨てられた。したがって今後は乗組員や船長は船積みの際一層慎重に取扱うべきで、さもないと余りにも損失が大きいことになる。」とある（フォルカー一九七九-八四、連載一四-六〇頁）。また、一六三七年の書簡では「スラートの商人頭バレント・ピーターズはスラートに到着した多くの磁器が惨憺たる状態であったことに不平をこぼしている。それによれば、かなり多量の磁器が破損していたり、束がほどけて荷の多くが転がり落ちていたとのことである。このため、器物を改めて分類したり、数え直したりしなければ商館に運び込めない状況であった。ピーターズは「ヘルトゲンボシュ号」の船長の話では、これはバタヴィアで積み込まれる際に奴隷たちが品物を艀に放り投げて入れたため、すでに破損状態にあった、とのことで、「こうした事実を貴殿方は御存知ないと思います。」と書いている。」とある（フォルカー一九七九-八四、連載一六-七八頁）。さらに一六三八年のスラートからアムステルダムの重役に送った書状にも「これらの磁器は会社にかなりの利益をもたらしはしましたが、もし品物の中に破損品がこれほど多くなかったら、さらに一層多くの利益が得られたと思います。私達は次年度に向けて多量の磁器を注文するつもりですが、（もし少しでも可能なら）木製のケースに入れて送ってくれるように書く積りです。と申すのも木製のケースの場合は毀損率が著しく少なく、ケースの値段が高くついても少なくとも木製のケースはその十倍の埋め合わせをすることになるからです。」とある。その後も船積みされた陶磁器が紛失したり、毀損した記事は散見され、一六七一年にバタヴィアから長崎出島に宛てた手紙では、多くの毀損品が出たこれまでの器物のいい加減な荷造りや取扱い、それに船積みなどについて、著しい不満の意を表明している（フォルカー一九七九-八四、連載三一-六八頁）。また、在庫がだぶついた記事も散見される。よって、バンテンやバタビアの出土遺物には消費過程における廃棄だけではなく、流通過程における廃棄に伴う遺物が多く含まれていると推測される。

次に生産窯の出土状況とあわせて考えてみたい。一六四〇年代まで生産年代が遡りうる磁器製品は、今のところ、有田地区を中心とした窯場の製品である。これらは海外向けに生産されたものではないので、一六四〇年代当時の肥前全体の磁器生産量の中で有田地区の窯場が占める割合を考えると確率的にそのようになろう。そして、一六五〇年代以降においても海外向け以外の製品の出土は全てではないが、有田諸窯のものが目立つ。海外向けでない製品をあえて積み出す場合、商品価値の高いものが選ばれたため、結果的に良質な有田地区の製品が輸出されることになったのであろう。

ベトナムに出土分布が偏る日字鳳凰文皿は、海外向けに規格化された最初の製品の一つと考えられる。このことは肥前磁器の海外輸出が記録上インドシナ半島向けに始まったこととも関わりがあろう。有田地区、波佐見地区、三川内地区、嬉野地区など当時の主だった窯場で生産されているが、ベトナムの出土製品の中で、波佐見地区の日字鳳凰文皿に多い「日」字の第四画を省略した見込みc-1'の製品、あるいは内面蛇の目釉剥ぎしたB類の製品は少ない。三川内地区で確認されている翼b類の製品や鳳凰を二羽のみ描く製品も少ない。量的には有田地区や嬉野地区の製品が多いのではないかと思う。

東南アジア一帯で出土する見込み荒磯文碗については、比較的上質なものは有田地区の製品と推測されるが、その他は生産窯も多く、特定が難しい。一方、同じ大振りの碗でも牡丹唐草文や見込み団竜文などは、生産量から推測して、特定がある程度可能である。いずれも有田においても生産されているものであるが、有田産を除けば牡丹唐草文碗は波佐見地区、見込み団竜文碗は三川内地区のものが多いと推測される。牡丹唐草文碗はインドネシアなどでも出土をみるが、見込み団竜文の文様が著しく崩れたものはベトナム、タイで出土している。そして、見込み荒磯文碗、牡丹唐草文、見込み団竜文碗以外にも大振りの碗の出土が見られるが、それらについては有田地区の製品が多いのではないかと思われる。

I類の粗製芙蓉手皿はベトナムでも出土をみるが、最も多く見られる地域は次章で述べるフィリピンである。波佐見地区や三川内地区で見られる見込みに「日」字を入れた粗製芙蓉手皿もフィリピンで確認されている。II類の芙蓉手皿はインドネシアとフィリピンに出土が多く見られ、IV類はインドネシアに集中する。I類は有田外山各窯や嬉野吉田山の製品である可能性が高い。II類・IV類の芙蓉手皿は有田地区の製品がほとんどであろう。II類については有田以外に天草地区、嬉野不動山など、IV類については塩田地区などで生産しているものの量的には少なかろう。また、インドネシアを中心に印判手仙境図色絵皿は大橋康二が指摘するように嬉野地区の吉田山の製品としてよかろう(大橋・坂井一九九四、一六一－一六三頁)。

インドネシアに出土が集中する青磁大皿については、釉色などから比較的特定しやすい。有田地区や嬉野不動山の青磁大皿も相当量輸出されていると思うが、波佐見地区の青磁が大きな割合を占めるようである。

タイ、インドネシアで出土している唐津二彩刷毛目大皿については武雄・嬉野地区などの唐津系陶器窯であろう。そして、インドネシアで出土している唐津系甕については塩田地区などの製品であろう。そして、大橋康二は唐津系陶器の甕の輸出年代が遡る可能性について言及しているが、十分考えられることである。商品そのものである磁器製品の場合は、消費地に需要がなければ輸出されにくいが、甕や壺などはそれ自体に需要がなくてもその内容物に需要があれば、容器として積み出される。特に甕の場合、船上では飲料水を貯蔵する容器が不可欠であるため、航海用の水甕として船積みされる可能性がある。沈船資料の中には大形の壺や甕を積載していたことを示す例が多く見られる。

それでは、東南アジア以外の地域についてはどうか。東南アジアからさらに西へ向ったものも少なくないと推測されるが、出土例はあまり多くない。南アフリカのケープタウンやアムステルダムの出土遺物が多いが、いずれもオランダ連合東インド会社の本拠地や中継地があった地域である。出土している肥前磁器はいずれもほとんどが有田地区の製品と見られる。一方、東南アジアに多く見られた見込み荒磯文碗・鉢の類は見ないが、牡丹唐草文碗などはケープタウンでも見られる。肥前磁器ではないが、一六一三年に大西洋のセントヘレナ島で沈没したとされるヴィテ・レーウ号の引揚げ遺物の中にも東南アジアで出土するような中国青花の碗・鉢類が含まれているので、ヨーロッパなどに輸出された肥前磁器においても必ずしも有田地区の良質な製品に限られるものではなかろう。

第３節　アジア・アフリカ・ヨーロッパへの海外輸出

アジア・アフリカ・ヨーロッパへ輸出された肥前陶磁が辿った主な経路は、最終消費地によって（A）長崎〜東南アジア、（B）長崎〜東南アジア〜インド洋〜喜望峰〜ヨーロッパ、（C）長崎〜東南アジア〜南アジア・西アジアの三つに分けられる。

第２章で述べたように海外流通に関する直接的な資料となる沈船資料は少ない。吹上浜採集資料（図83-1）は（A）に該当し、オースターランド号（図83-4）、ヘルデルマルセン号などオランダ連合東インド会社の沈船資料は（B）に該当する。そして、キェンザンの資料（図83-2・3）は（A）〜（C）のいずれであるか不明である。

以下、輸出される地域や担い手別に海外輸出の状況を文献史料による成果を加えてまとめようと思う。

第1項　東南アジアとヨーロッパへの海外輸出

肥前磁器の海外輸出の主な担い手は、オランダ連合東インド会社と唐船に分けられ、さらにオランダ連合東インド会社は公式貿易と私貿易に分けられる（有田町史編纂委員会一九八八a、三八五頁）。なお、唐船は中国ジャンク船を主とするものであるが、ここでは長崎で交易を行った唐人の船を総称する意味で用いている。

(1)　オランダ連合東インド会社の公式貿易

肥前磁器の海外輸出の担い手の中で比較的内容の性格が明らかなものがオランダ連合東インド会社の公式貿易である。山脇悌二郎によれば、オランダ連合東インド会社による海外輸出記録の初見は、慶安三年（一六五〇）にウイッテン・ファルク号がトンキンのオランダ商館に届けるために積載した「種々の粗製磁器一四五個」である。翌慶安四年（一六五一）にはカンペン号が「一七六個の日本製の磁器平鉢、皿、瓶」をトンキン商館に積送している。翌承応元年（一六五二）から明暦三年（一六五七）の間は長崎商館長発行の送り状によれば、膏薬壺、薬用瓶のような薬剤容器をタイワン商館とバタビアの政庁所属の病院に送っている（有田町史編纂委員会一九八八a、二六五–二六六頁、二八四–二八五頁）。この段階まではまだインド以西へ肥前磁器が公式に輸出された記録はない。続く万治元年（一六五八）に至ってはじめてベンガルの商館に送っている。しかし、ベンガル向けは量的に四五七個と少量で、その他の大半の四，八〇〇個はバタビアの病院用の壺と瓶である（有田町史編纂委員会一九八八a、一八五頁）。そして、万治二年（一六五九）には大量輸出が開始される（表20）。送り先も多岐にわたり、オランダ本国、アラビアのモカ商館、インドのスラット商館、コロマンデル商館、ベンガル商館などインド以西の地域の商館に送っている（表21・22）。文献史料にはそれらの磁器について送り先、数量、種類などが記されている（有田町史編纂委員会一九八八a、二八五–二九四頁）。それによれば最終的な消費地は明らかではないものの、オランダ連合東インド会社の各商館宛てに送られており、バタビアの病院向けなどを除けば、東南アジアにとどまるよりはインド洋以西に運ばれるものが多く、もちろんヨーロッパへも運ばれている。

表20　文献史料にみる肥前陶磁輸出量の推移（有田町史編纂委員会1988aを引用）

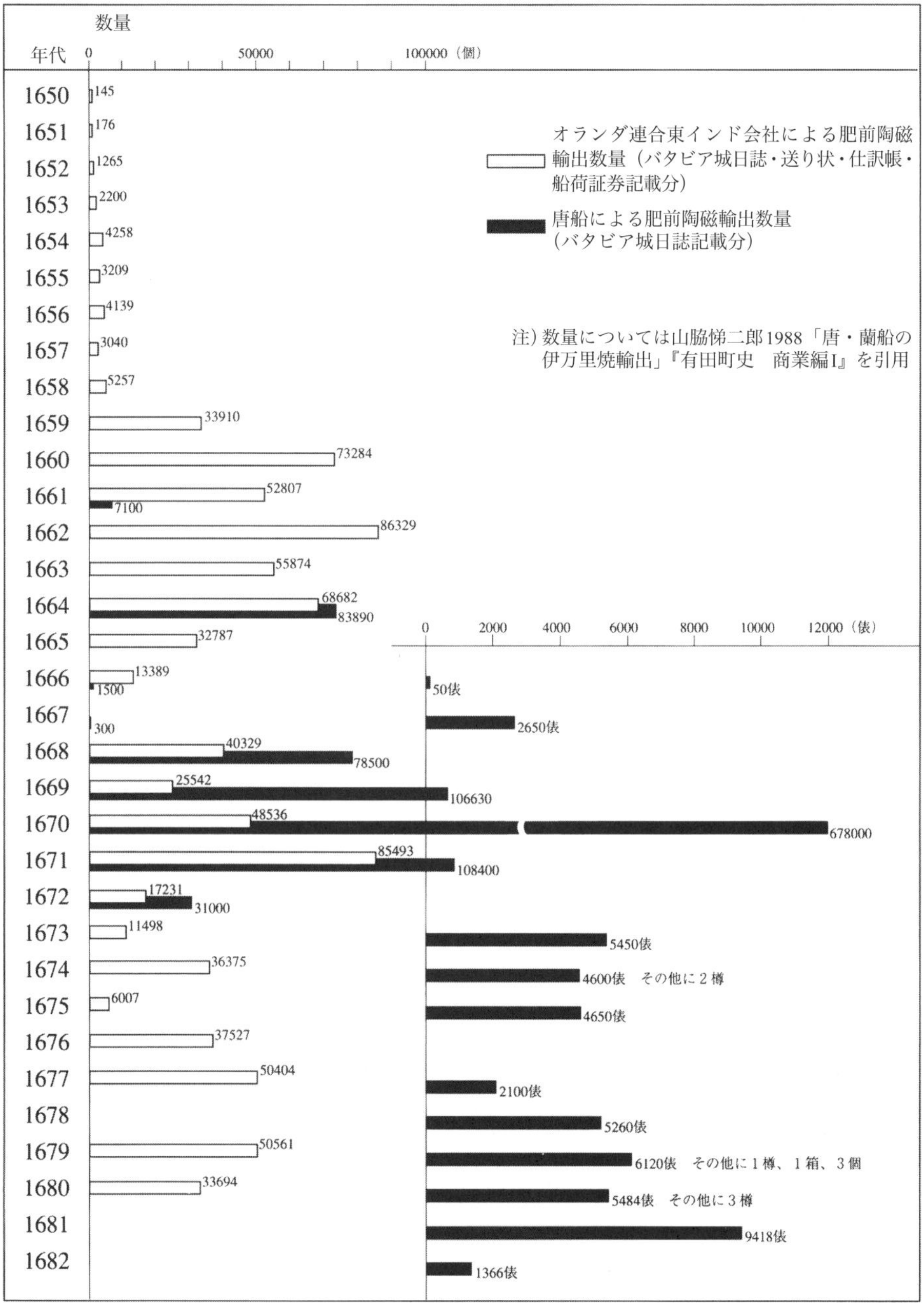

表21　オランダ連合東インド会社による1659年の送り先別の製品の種類（数値は有田町史編纂委員会1988aより引用）

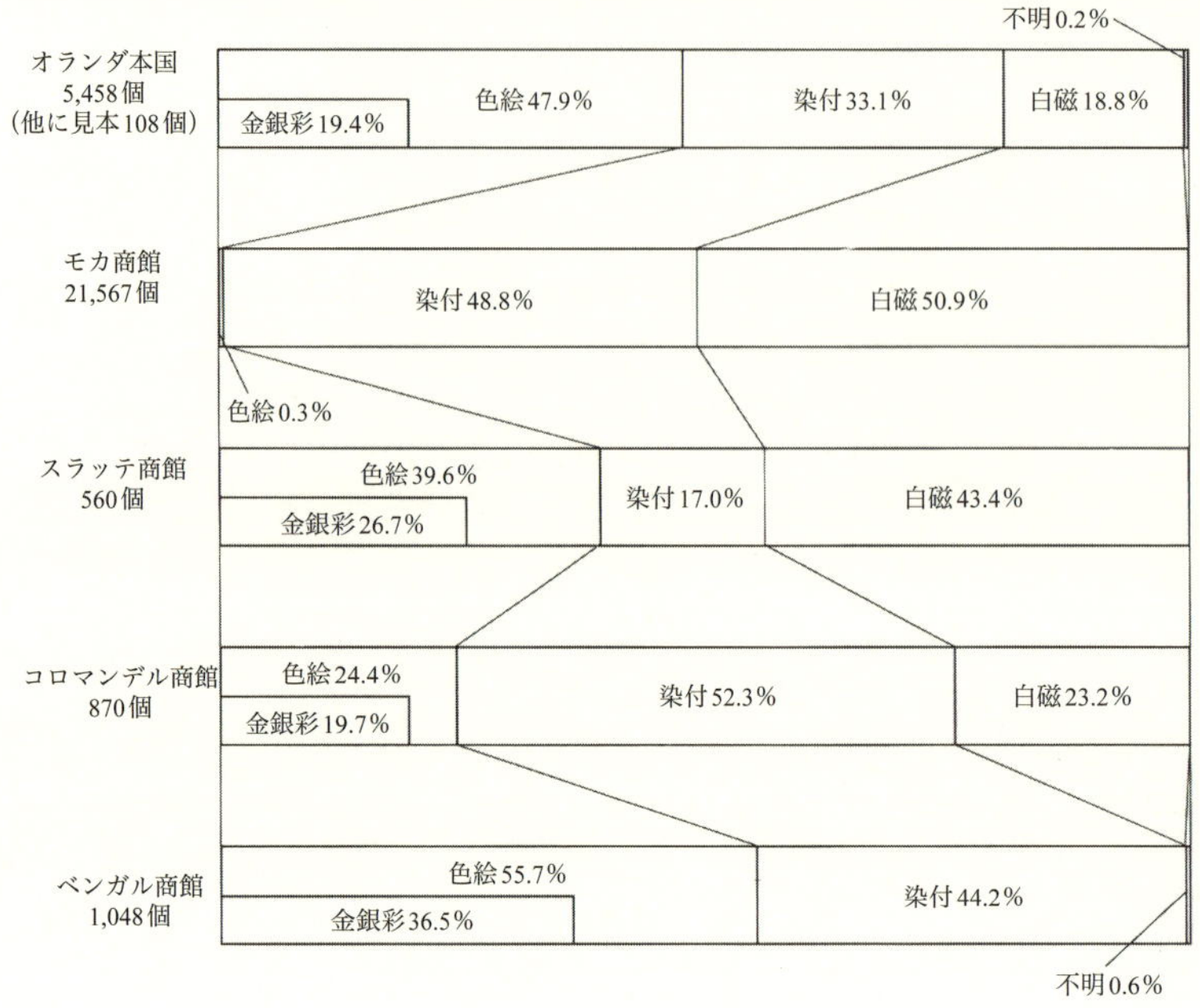

表22　オランダ連合東インド会社による肥前陶磁送り先（数値は有田町史編纂委員会1988aを引用）

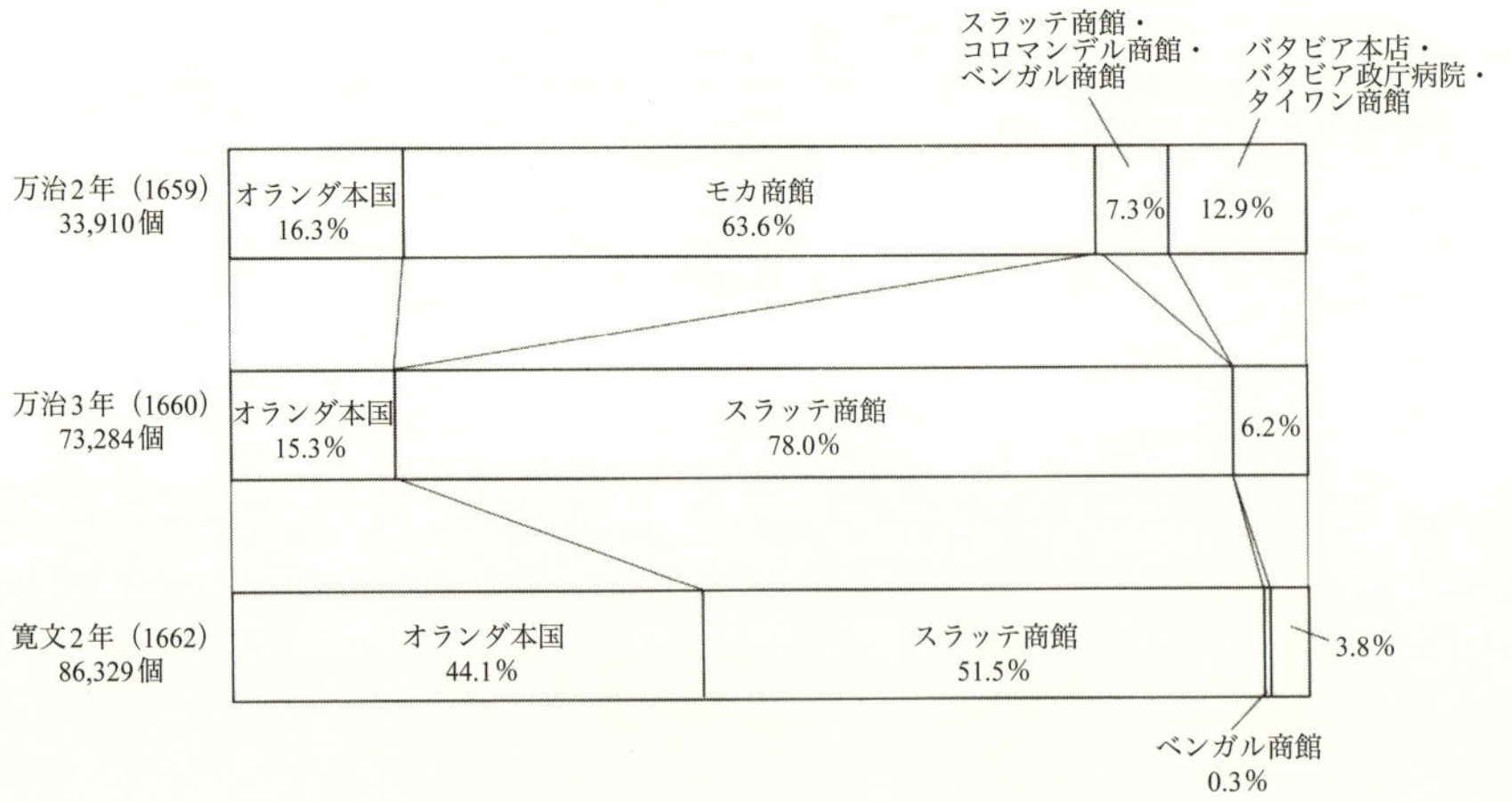

(2)　オランダ連合東インド会社の私貿易

次にオランダ連合東インド会社の私貿易の数量については山脇悌二郎が推測を試みている（有田町史編纂委員会一九八八a、三八五－四〇二頁）。すなわち、「阿蘭陀船日本ニて万買物仕、積渡寄帳」（以下、積渡寄帳）と「商館仕訳帳」（以下、仕訳帳）に記されている数量の差から私貿易の数量を推測している。積渡寄帳は長崎商館が輸出した肥前磁器の品種・数量と脇荷（すなわち、私貿易）として輸出された品種と数量を合わせて記したものであり、仕訳帳には長崎商館が輸出した肥前磁器の品種と数量を記したものである。例えば宝永六年（一七〇九）は差引七四，四六三個と蓋茶碗四一三組、ひな道具五，三三四組、正徳元年（一七一一）は差引一四九，五八三個、正徳二年（一七一二）は差引一八一，九二六個が私貿易の数量とする。三ヶ年で四一万個を超過している。公式貿易記録はそれぞれ七，八六〇個、九，〇〇〇個、〇個の計一六，八六〇個であり、私貿易の推定量は同三ヶ年の公式貿易の記録を大きく上回っている。そして、寛文年間～享保八年（一七二三）までの私貿易による肥前磁器の輸出量を極めて控え目な推定量として合計三六〇万個と推定している。この推定値も慶安三年（一六五〇）～宝暦七年（一七五七）の公式貿易の記録一二三万三，四一八個をはるかに上回るものである。

次なる問題はこれら私貿易による輸出磁器がどの地域の需要に応えたものであったかである。オランダ連合東インド会社のオランダ本国への直接的な公式貿易は一六八三年までで終わるが、ヤン・M・バートによればアムステルダム出土の肥前磁器の大部分は一六九〇～一七三〇年代のものである（バート二〇〇〇、二一〇頁）。よって、これらの肥前磁器はオランダ連合東インド会社の各商館から間接的に運ばれたものを除けば、私貿易によってもたらされた可能性が考えられる。それらの中にはカップとソーサーが数多く含まれている（バート二〇〇〇、二〇九頁）。ここで藤原友子が着目した文献史料に残る輸出磁器の品目をみてみる。宝永六年（一七〇九）、正徳元年（一七一一）、正徳二年（一七一二）の三ヶ年の私貿易による輸出磁器の品目で最も大きな割合を示すのは「ちょく皿」あるいは「猪口皿」である。宝永六年の私貿易による「ちょく皿」の輸出は四四，三三六個で、ひな道具を除いた私貿易による輸出磁器全体の五九・五％を占める。同様に正徳元年は八五，〇一二個で全体の五六・九％、正徳二年は一五八，六四〇個で全体の八七・二％を占める。宝永六年のひな道具を除いた三ヶ年の全体では七〇・九％を占めている（有田町史編纂委員会一九八八a、三九三－三九七頁）。数量からみる限り、「猪口皿」が私貿易による主要な輸出磁器であることは間違いあるまい。そして、藤原友子は「猪口皿」を猪口と皿つまりカップとソーサーとする解釈を示している（藤原二〇〇〇、一五〇頁）。この見解は興味深く、アムステルダムの出土状況とともに有田などの生産地の出土状況とも合致する。有田では赤絵町遺跡で一七一〇～一七四〇年代のカップとソーサーが大量に出土しており、アムステルダム出土製品と類似するものも含まれている。また、「ひな道具」つまりミニチュアは宝永九年は五,三三四組、正徳元年は五,五八〇（組か？）輸出されている。藤原友子は「ひな道具」についても当時、ヨーロッパで流行したドールハウスに使用していたと考えている（藤原二〇〇〇、一五三頁）。よって、輸出時代の主体となる一七世紀後半については明らかではないものの、一八世紀初頭の私貿易による輸出磁器の需要については、ヨーロッパが主要な位置を占めると推測される。

また、享保二年～八年（一七一七～一七二三）には清朝が再び海禁を行ったため、この間、唐船は毎年大量の肥前磁器、特に「受皿付茶碗」をマカオ・広東に輸出している（有田町史編纂委員会一九八八a、三九八-三九九頁、四〇七頁）。おそらくマカオ・広東に入港してくるヨーロッパ諸国の貿易船相手に売り捌くためのものであろうが、ヨーロッパ諸国の中でもオランダ連合東インド会社の場合は長崎で直接購入することもできたであろう。そして、『蓮池藩請役所日記』には、「元文二年（一七三七）二月二十五日　塩田町　池田与左衛門儀、かねて御法度の焼き物に赤絵を仕立て、阿蘭陀向きの陶器を長崎表に差し越しの儀」と記される（塩田町教育委員会一九九八、一頁）。その阿蘭陀向きの陶器を生産したと推定される嬉野市塩田町の上福2号窯でもカップとソーサーが出土している。少なくとも一七三〇～一七四〇年代頃まではヨーロッパ向けにそうした肥前磁器の需要があったようであり、生産も行われている。オランダ連合東インド会社の私貿易によるカップとソーサーの輸出もその頃までは続いたのではないかと推測される。

磁器製品の中で肥前磁器を主体に積載したオランダ連合東インド会社の沈船資料は今のところ発見されていない。とりわけ長崎からバタビアに向うオランダ船の沈船資料、例えば一六六三年に長崎からバタビアへの帰途、南シナ海で沈没したとされるS'graveland号（Shipwreck&Sunken Treasure in Southeast Asia）などが発見されれば、長崎から積み出した肥前磁器の様相がより具体的に解明されるであろう。

(3)　唐船（中国のジャンク船など）

次に唐船の輸出磁器はどの地域の需要に応えたものであったか。山脇悌二郎は寛文元年（一六六一）から天和二年（一六八二）まで唐船がバタビアへ輸出した肥前磁器の数量を二〇三万八,一八三個と推定している（有田町史編纂委員会一九八八a、四〇六頁）。バタビアに限ったものだけでも莫大な数量である（表20）。もちろん、唐船が寄港したのはバタビアだけではない。山脇悌二郎によれば、寛文六年（一六六六）長崎を出港した唐船数は三五隻であって、その内訳は台湾船（一一隻）、広南船（八隻）、柬埔寨船（四隻）、暹羅船（五隻）、太泥船（二隻）、六昆船（二隻）、宋居勝船（一隻）、潮州船（二隻）であり、天和元年（一六八一）の長崎入港の唐船数は三〇隻で、内訳は台湾船（九隻）、福州船（五隻）、広東船（五隻）、暹羅船（二隻）、カラパ船（四隻）、泉州船（三隻）、東京船（二隻）である（山脇一九六四、四七頁）。広く中国及び東南アジアの船が長崎へ往来している。長崎に至る唐船が全て肥前磁器を積載するものではないが、唐船による肥前磁器の輸出が東南アジアの需要に応えたものであることは確かであろう。逆に唐船がインド洋以西に赴いて交易を行った資料は今のところない。

すでに述べたように唐船による海外輸出の記録の初見は、山脇悌二郎によれば正保四年（一六四七）長崎出帆のシャム経由のカンボジア向けの「粗製の磁器百七十四俵」である。慶安四年（一六五一）にはトンキンに向けてトンキン華僑の船が「かなりの量の粗製磁器」を輸出している。そして、万治元年（一六五八）一一月五日～八日までに長崎を出帆した七隻の唐船は全て厦門と安海に向ったが、大量の各種粗製磁器を積んで出港している。同月一八日に中国に向けて出港した二隻の積荷は、ほとんど粗銅と磁器、同月二〇日～二八日に向けて中国に向けて出港した六隻の積荷もほとんどが粗製磁器であった（有田町史編纂委員会一九八八a、二六五-二六六頁）。一六四七年から一六五〇年代にかけては専ら「粗製の磁器」を輸出していたようである。この年代の海外輸出製品は、染付日字鳳凰文皿、粗製の染付芙蓉手皿などが考えられ、一六五〇年代中頃からは東南アジア向けの主力製品である染付見込み荒磯文碗・鉢が加わることになる。

それでは、唐船は専ら東南アジア向けの「粗製の磁器」を扱っていたのか。大橋康二は、輸出磁器の担い手として、染付見込み荒磯文碗・鉢、青手古九谷様式の色絵大皿、青磁大皿などは唐船、染付芙蓉手皿などはオランダ船である可能性が高いとする（大橋・坂井一九九四、一五五-一七四頁）。海外消費地において東南アジア地域に出土が集中する染付見込み荒磯文碗・鉢、青手古九谷様式の色絵大皿、青磁大皿などについては唐船によるものが主と考えてよいであろう。一方、染付芙蓉手皿の輸出の担い手をオランダ船に限ることについては疑問が残る。確かに染付芙蓉手皿はヨーロッパに多く伝世しており、オランダ連合東インド会社によって輸出されていることは明らかである。特にサイズが規格化したものについてはオランダ連合東インド会社の注文による可能性が高い。そして、東南アジアでもオランダ連合東インド会社の本拠地が置かれていたインドネシアでよくみられるのに対し、他のベトナムやタイなどではほとんどみられない（大橋・坂井一九九四、一六九頁）。しかし、一六四〇〜一六五〇年代に沈んだ中国のジャンク船と推定されているハッチャー・ジャンクの資料に見られる中国磁器には染付芙蓉手皿をはじめとしたヨーロッパ向けの製品が大量に含まれている。同じく中国のジャンク船と推定されているコンダオの資料も同様である。ハッチャー・ジャンクは清朝による海禁令の直前、コンダオ沈没船は展海令の直後に沈没している。これらが特殊な例でなければ、その間の一七世紀後半の肥前磁器の輸出にあっても唐船がオランダ船と同様にインド洋以西向けの製品を長崎から輸出していた可能性が高いと考える。もちろん、唐船自体がインド洋以西に輸出していたことを意味するものではない。ハッチャー・ジャンクやコンダオ沈没船においては東南アジア向けの中国磁器も積載しており、沈没地点から推定して、おそらくバタビアなど東南アジアにおける磁器集散地にもたらして売り捌く目的をもった船であったと推測される。年代は下がるが、文献史料の中に唐船がヨーロッパ向けの肥前磁器を輸出していた記録も見られる（有田町史編纂委員会一九八八a、四〇七頁）。前に述べたように享保二年〜八年（一七一七〜一七二三）に清朝の海禁下、バタビア・マニラ方面への出洋貿易を抑えられた唐船は、「受皿付茶碗」をマカオ・広東に輸出している。「受皿付茶碗」の需要がヨーロッパなどにあることもすでに述べた。よって、東南アジアを主要な消費地としない磁器製品についても唐船によって長崎から輸出されたものがあった可能性が高いと考える。その意味で、キェンザン海域で引揚げられている肥前磁器の染付芙蓉手皿を積載していた船の船籍は重要である。

第2項　インド洋世界への海外輸出

山脇悌二郎は長崎商館の仕訳帳にみる肥前陶磁の輸出先及び輸出量を集計している（有田町史編纂委員会一九八八a、三七八–三八一頁）。その中でオランダ連合東インド会社によって南アジア、西アジアに積み出された肥前陶磁の数量をみると、セイロン商館二九,七八九個、ベンガル商館一八,八八六個、スラッテ商館一八五,八六二個、コロマンデル商館三,九九〇個、ペルシア商館一〇二,〇五五個、モカ商館二一,五六七個、マラバール商館五,二五三個、コチン商館一,一〇〇個の合計三六八,五〇二個である。これに送り先は不明であるものの南アジア、西アジアに向けられたと推測されるマラッカ経由の一一一,四五五個を加えると四七九,九五七個となる。長崎商館仕訳帳にみるオランダ連合東インド会社の輸出量が一二三万三,四一八個であるので、南アジア・西アジアに向けられたものは全体の三八・九％と約四割を占める。一方、輸出年代は一六五八年のベンガル商館宛てに四五七個送った記録が最初であり、その翌年から輸出量は増大し、一六八一年まで大量に送っていることがわかる。そして、例外的に一七四五年にペルシアのガムロン商館宛てに二七〇個の平鉢・中皿を送った記録が見られる。

これらの数値はオランダ連合東インド会社の公式貿易による輸出に限ったものであり、オランダ連合東インド会社の私貿易や唐船による積出しは含まないので、実際に南アジア・西アジアに向った肥前陶磁の量はもっと多かったと推測される。

陶磁器の種類をみてみると、碗・茶碗が最も多く、中皿・大皿・盛り皿などの皿類がそれに次ぐ。それらに平鉢・鉢・猪口皿などを加えるとほぼ九九％を占める。これを南アジアと西アジアに分けてみてみると、南アジアの送り先はスラット商館、コロマンデル商館、ベンガル商館、セイロン商館、マラバール商館、コチン商館、西アジアの送り先はペルシア商館、ガムロン商館、モカ商館などである。その中で南アジアのスラット商館について、山脇悌二郎はインド最大の対外貿易都市であり、ペルシアのガムロン、アラビアのガムロンに送られる日本商品は、マラッカの商館からひとまずこの商館に送られてガムロン・モカに転送されたとする（有田町史編纂委員会一九八八ａ、三四五頁）。長崎商館の仕訳帳にみるスラット商館宛ての磁器製品の中にもさらにペルシアやアラビアへ転送されるものが含まれていると思われる。

スラット商館を除いた南アジアの商館に向けた製品は、皿類が多く、西アジアの商館に向けた製品は皿、平鉢も多いが、碗・茶碗の量が突出している。両者に多い皿類には染付芙蓉手皿や青磁大皿などが含まれていると推測される。インドのプリカットやゴアで染付芙蓉手皿が採集されている他、スリランカのコロンボ国立博物館には有田の染付芙蓉手皿が所蔵されている（Sasaki 1989, p. 164）。三杉隆敏はモルディブ島では有田の青磁大皿、イランのメシェッドでは染付草花文皿、インドのレッド・ホートでは染付芙蓉手皿、ベイルートでは染付芙蓉手皿四点など、現地で伝世したと推測される資料を紹介している（三杉一九八六、一二三・一二四・一三三・一四五頁）。また、大橋康二はトルコのトプカプ宮殿の調査を行い、肥前の青磁大皿などを確認している（大橋一九九五ｂ、一一七–一二二頁）。また、オランダの記録に一六四六年、モカ向けに「全幅の大きな粗製のゴリー（青磁）皿二，〇〇〇枚」という記事があることやトプカプ宮殿所蔵品にも一七世紀の中国青磁大皿が含まれることから、青磁大皿に対する需要やこの地域にあり、肥前の青磁大皿が求められる下地があったといえると述べている（大橋一九九五ｂ、一二〇–一二二頁）。そして、坂井隆はヨーロッパのドイツから東では一六八〇年代以前の肥前磁器がきわめて少ないことから、トプカプ宮殿に所蔵されている一七世紀後半の肥前磁器は紅海地域から運ばれた可能性が高いとする（坂井一九九八、六九頁）。こうした交易ルートがあったことは、紅海で発見された沈船資料であるサダナ沖沈没船Sadana Wreckの資料の中に、トプカプ宮殿に所蔵されている青花皿に類似したものを含んでいることからも明らかであろう。

一方の碗、茶碗などについては、コーヒーカップあるいはティーカップと推測される。松下久子はオランダ連合東インド会社が扱った「コーヒーカップ」の大部分は中東地域向けであったことを指摘している（松下一九九五、二五-二八頁）。そして、一六〜一七世紀の中東地域におけるコーヒー飲用風景を描いた版画や絵画に描かれているコーヒーカップの形態が把手がなく、口縁に向って広がった形の碗であることも指摘している（松下一九九五、二八-二九頁）。家田淳一はアムステルダム出土の端反碗の形状から一七世紀後半〜一八世紀前半の内山地区の端反碗を海外向けのコーヒーカップあるいはティーカップとして選定している（家田二〇〇〇、二二二頁）。一六七七年及び一六七九年にペルシアに送ったティーカップ計六〇,〇〇〇個について、「縁がそり返らない茶碗」（有田町史編纂委員会一九八八a、三三八・三四一頁）とわざわざ注文していることからも当時、縁がそったカップが一般的であったことを示すのであろう。また、一六六二年にスラッテ商館に送られた碗の内訳は白磁一三,二〇〇個で、色絵三二,三二〇個とあり、松下久子が整理したオランダ連合東インド会社によるコーヒーカップ取引一覧によれば、一六五九年に「白磁で高台内に六個の日本文字」を入れたコーヒーカップ五,〇〇〇個をモカ用に契約している（松下一九九五、二七頁）。これらの製品に相当するものが、圏線のみ、あるいは圏線と「大明成靖年製」など六文字の銘を入れた染付端反小碗（第1章資料17-図46、第1章資料7-図15）やそれらに上絵付けした製品のようなものではなかったかと思われる。

それでは、こうしたコーヒーカップの海外輸出はオランダ連合東インド会社の公式貿易によって始まったのであろうか。その場合、肥前におけるコーヒーカップの生産開始あるいは輸出開始は一六五九年以降である可能性が高くなる。しかし、私貿易が先行して行われた可能性もあるし、前述したように唐船もまたインド洋以西に向けた肥前磁器を扱っていた可能性が高く、唐船によって輸出されたコーヒーカップも少なくなかったろうと思われる。その場合、コーヒーカップの生産開始あるいは輸出開始を必ずしもオランダ連合東インド会社による大量注文が始まった一六五九年に結びつける必要はなくなる。むしろ、市場で中国磁器が入手できるかどうかという消費地側の問題と、中国磁器の代用品としての需要に応えるだけの技術水準があるかどうかという肥前の生産地側の問題によって輸出が始まると考えられる。前者について、山脇悌二郎はオランダ側の記録の中から一六四七年の一般政務報告に「シナでは戦争がつづいているのでタイワンへは個人の普段着用の織物、日常生活用の磁器さえも入って来ない」とあり、一六五〇年一二月になるとバタビアへも磁器輸入はほとんど途絶えたことが報告されていることを紹介している（有田町史編纂委員会一九八八a、二六七-二六八頁）。そして、後者については楠木谷窯の「承応弐歳（一六五三）」銘の製品などによって、一六五〇年代前半頃には需要に応えるだけの技術水準に達している窯場が存在することを示している。

　そして、すでに述べたように一六四〇～一六五〇年代のハッチャー・ジャンク資料の中国磁器の中には見込み荒磯文碗、瑠璃釉合子、染付芙蓉手皿、柑子口瓶など、一六五〇～一六六〇年代に肥前磁器の海外輸出が本格化していく段階の製品と共通するものが多い。中国磁器の代用品として、肥前磁器の海外輸出が始まることを考えると当然であるが、ハッチャー・ジャンクの資料の中にはコーヒーカップと目される青花端反碗も多数含まれている。松下久子が指摘するようにオランダ連合東インド会社が扱ったコーヒーカップの大部分が中東向けであったとすれば、これらも中東向けに東南アジアを中継して輸出されるものであったのであろう。オランダ連合東インド会社による大量注文の前にこうしたコーヒーカップに代わって肥前磁器のコーヒーカップが唐船によって輸出されたことも十分考えられる。そして、それは生産地における製品の年代とも矛盾するものではない。前にあげた肥前の染付端反小碗の類は有田では天狗谷B窯前期、中白川窯物原5層段階、谷窯、長吉谷窯などで出土しているが、天狗谷窯や中白川窯では一六五〇年代を中心とした土層から出土する。また、天狗谷B窯前期や中白川窯物原5層段階において、染付端反小碗と共伴している製品の中に見込み荒磯文碗があるが、その他に圏線のみ、あるいは圏線と高台内銘のみを入れた一群の丸碗（第1章資料7-図1・2・13・14）があり、赤絵町遺跡では上絵付けされたものも出土する。そして、天狗谷B窯11室奥壁下から出土している同種の製品は「承応歳（一六五二～一六五四）」の可能性が高い「□応歳」銘が見込みに入っている。一六五九年のオランダ連合東インド会社との取引では、コーヒーカップとは別に碗、ティーカップなど他の碗類も見られるため、染付端反小碗と同一意匠をもつこの一群の丸碗も海外向けであった可能性もある。こうした染付圏線文碗も海外輸出向けとするにはまだ検討を要するが、少なくともコーヒーカップと目される染付端反小碗については一六五九年のオランダ連合東インド会社による大量注文より前の一六五〇年代中頃には生産を始めていることは確かであろうと思われる。一六五九年より前であれば、オランダ連合東インド会社の私貿易によるものを除いて、唐船によって東南アジアまで運ばれたとするのが妥当であろう。

それでは、日本から東南アジアまでは唐船が運んだとして、東南アジアからさらに南アジア・西アジアへ運んだ担い手についてはどうであろうか。坂井隆は一六六四年にはマチリパッタムの南にあるヴェロール王国のプリカットに地元の船がマラッカから六ケースの肥前磁器を運んでいることや同年、南インド西海岸ビジャプール王国のヴェングルラからイスラム教徒の船一八艘が、一,六〇〇個の磁器をモカなどに積んできたこと、一六七〇年ジャワのバンテン王国スルタンの船が大量の磁器を積んでスラットに出港している例などを挙げ、モカなど西アジアに肥前磁器を運んだのはオランダだけではないとする（坂井一九九八、七三–七四頁）。さらにイスラム教徒を中心に形成されていたインド・インドネシアを結ぶ環インド洋貿易圏の一部に短時間オランダが参入したにすぎないと述べている（坂井一九九八、七五頁）。

よって、一六五〇年代中頃〜後半頃には、唐船によってすでに東南アジアの需要だけでなく、インド洋以西の需要にも応えた肥前磁器が東南アジアに積み出され、バンテン・アチェ・マラッカなどの都市を中継して、インド洋を交易圏とするイスラム商人によって南アジア・西アジアに運ばれており、その情勢をみたオランダ連合東インド会社が一六五九年に大量注文を行うのではないかと推測する。

第6章　ガレオン貿易による流通

一九七〇年代、三杉隆敏がメキシコシティの出土品の中に有田焼の破片数点を発見している（後掲図106）。地下鉄工事の際に出土したものであった。メキシコシティへどのように流入したか、その経路や経緯について、三杉は以下の三つの考えを示していた。

①当時、ヨーロッパに大量に運ばれていた肥前磁器の一部が大西洋を渡って、アメリカ大陸へ運ばれていたとする考え。
②海賊が略奪した肥前磁器をスペイン人が入手してマニラからガレオン船で運んだとする考え。
③当時の陶磁器の集散地であったバタビアで入手したものをマニラからガレオン船で運んだとする考え。

①は大西洋経由、②・③は太平洋経由であるが、商業活動として継続的に太平洋を運ばれた可能性をもつものは③である。このように流入経路については、いくつかの可能性が考えられたものの、その後、新資料が現れず、積極的な議論には発展しなかった。積極的な議論とならなかった理由はいくつかあるが、一つは鎖国時代においてカトリック教会であるスペインとの関わりが想定しにくかったためである。すなわち、長崎に入港できないスペイン船が肥前磁器を入手することは難しいと考えられた。実際、文献史料において長崎からマニラへ直接輸出された記録が確認されていなかった上、考古学的には何よりもマニラにおいて肥前磁器の出土が確認されていなかった。

以前より、台湾をめぐる情勢と唐船の活動の実態から、唐船がマニラに輸出した肥前磁器をスペインのガレオン船がメキシコへ運んだとする仮説を示していたが（野上二〇〇二c）、太平洋を渡って運ばれたことを立証するためには、ガレオン貿易のアジア側の拠点であるマニラに肥前磁器が輸入されていたことを証明することが不可欠であった。

そのため、マニラでの陶磁器調査を田中和彦と計画し、二〇〇四年に田中和彦、洪曉純とフィリピン国立博物館でマニラのイントラムロス出土陶磁器片の調査を行った。イントラムロスとは「壁の中」という意味であり、城壁に囲まれたスペイン人の城塞都市であった。そして、その出土陶磁片の中に初めて肥前磁器の存在を確認した（口絵25）。三杉がメキシコシティで発見した有田焼の破片と同種のものも含まれていた。この発見がガレオン貿易と肥前磁器の関わりを議論する上での新たな出発点となった。

第1節　マニラに持ち込まれた陶磁器

第1項　イントラムロス出土の陶磁器の概要

イントラムロスはスペインがマニラに建設した城塞都市である（口絵24、図85）。イグナシオ・ムニョスIgnacio Muñozが一六七一年に描いたマニラ市並びに近郊地図（セビリア印度文書館所蔵）には、すでに現在の城壁に囲まれた範囲にほぼ等しいイントラムロスの姿が見られる（図86）。現在は海岸や濠も埋め立てられてしまっているが、かつては西側のマニラ湾、北側のパシグPasig河、東側と南側の濠によって囲まれていた。また、現在のチャイ

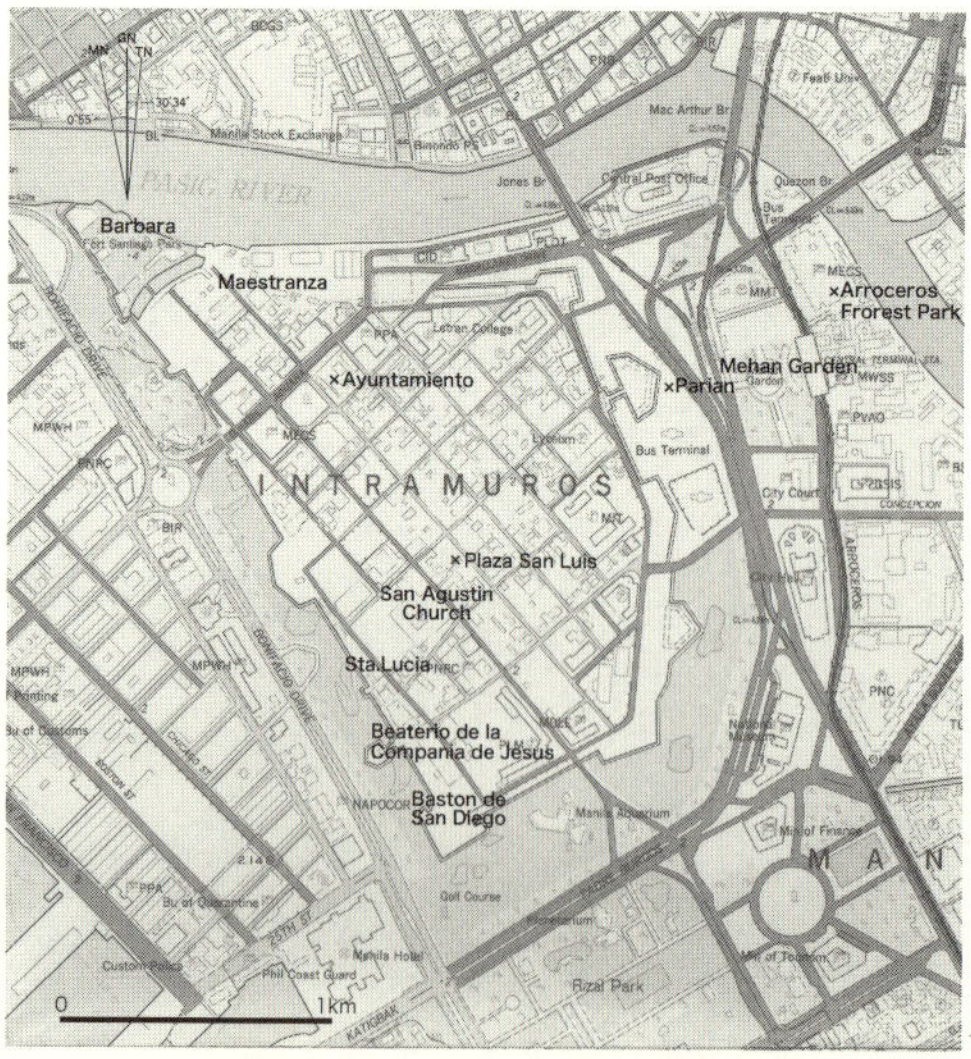

図85　イントラムロス遺跡地図

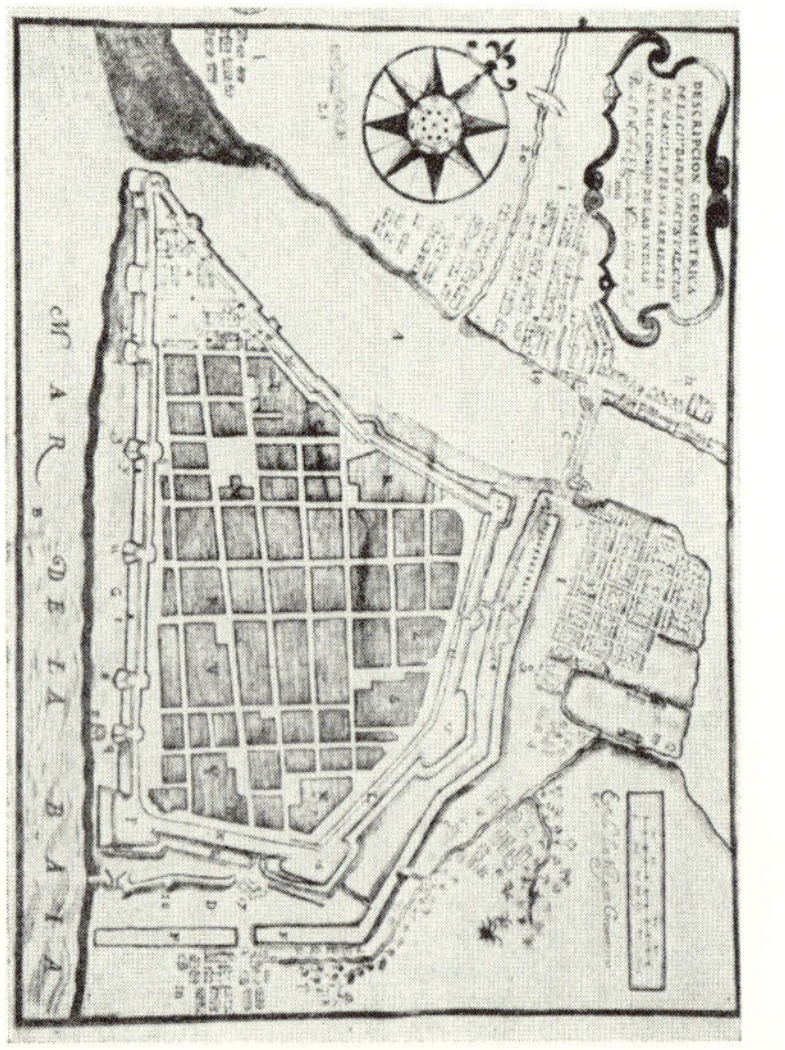
図86　マニラ市街並びに近郊図（1671年）
（岩生1966: pp.244より転載）

ナタウンはイントラムロスからみてパシグ河を挟んだ対岸に位置しているが、一六七一年当時はイントラムロスの東側の濠の外側に形成されていた。現在のメハン・ガーデンMehan Garden付近にあたる。そして、その南側の市庁舎、国立博物館付近に日本町があったと推定されている（岩生一九六六、二四三頁）。

イントラムロス内の遺跡については、フィリピン国立博物館によって発掘調査が行われてきたが、出土した陶磁器については未整理のままであった。そこで二〇〇五年にまずアユンタミエントAyuntamiento遺跡、バストン・デ・サン・ディエゴBaston de San Diego遺跡、ベアテリオ・デ・ラ・コンパニア・デ・ヘススBeaterio de la Compania de Jesus遺跡、プラサ・サン・ルイスPlaza San Luis遺跡、パリアンParian遺跡などの出土陶磁器の分類作業を行った。ここに挙げた遺跡の多くはイントラムロスの現在の城壁内に位置する遺跡であるが、パリアン遺跡のみイントラムロスの城壁外の濠部に位置している。

次に年代毎に中国磁器を中心に出土陶磁器の概要を述べる。

1　一六世紀後半～一七世紀前半

中国磁器が主体である。景徳鎮系、福建・広東系の磁器のいずれもみられる。貯蔵具や大型容器などは中国産の他、タイのノイ川流域で生産された大壷など東南アジア産のものが見られる。

一六〇〇年に沈没したサン・ディエゴ号The San Diego、一六一三年に沈没したヴィッテ・レウ号The Witte Leeuw、ビン・トゥアンThe Binh Thuan沈船から回収された製品と共通するものが多い。また、同時代の大坂、堺、長崎、平戸などの日本国内の遺跡でも類似した製品の出土例を数多く確認することができる。

図87-1、図88-1などはいわゆるカラックとよばれる染付皿である。景徳鎮系。日本では芙蓉手とよばれている。見込み文様は鹿文、花鳥文、山水文などがあるが、特に鹿を題材にしたものが多い。図87-2、図88-2はいわゆる名山手とよばれるもので芙蓉手皿の一種である。景徳鎮系。見込みには花鳥文などが描かれている。図88-3、4は染付折縁皿である。景徳鎮系。サン・ディエゴ号でも数多く発見されている。図89-7は染付丸皿である。縁部に四方襷文が巡らされている。図87-4は寿字鳳凰文皿である。景徳鎮系。ベトナムのホイアン市内遺跡などで出土が見られ、肥前では一六六〇～一六八〇年代頃に模倣された。図89-1～5は染付碗であ

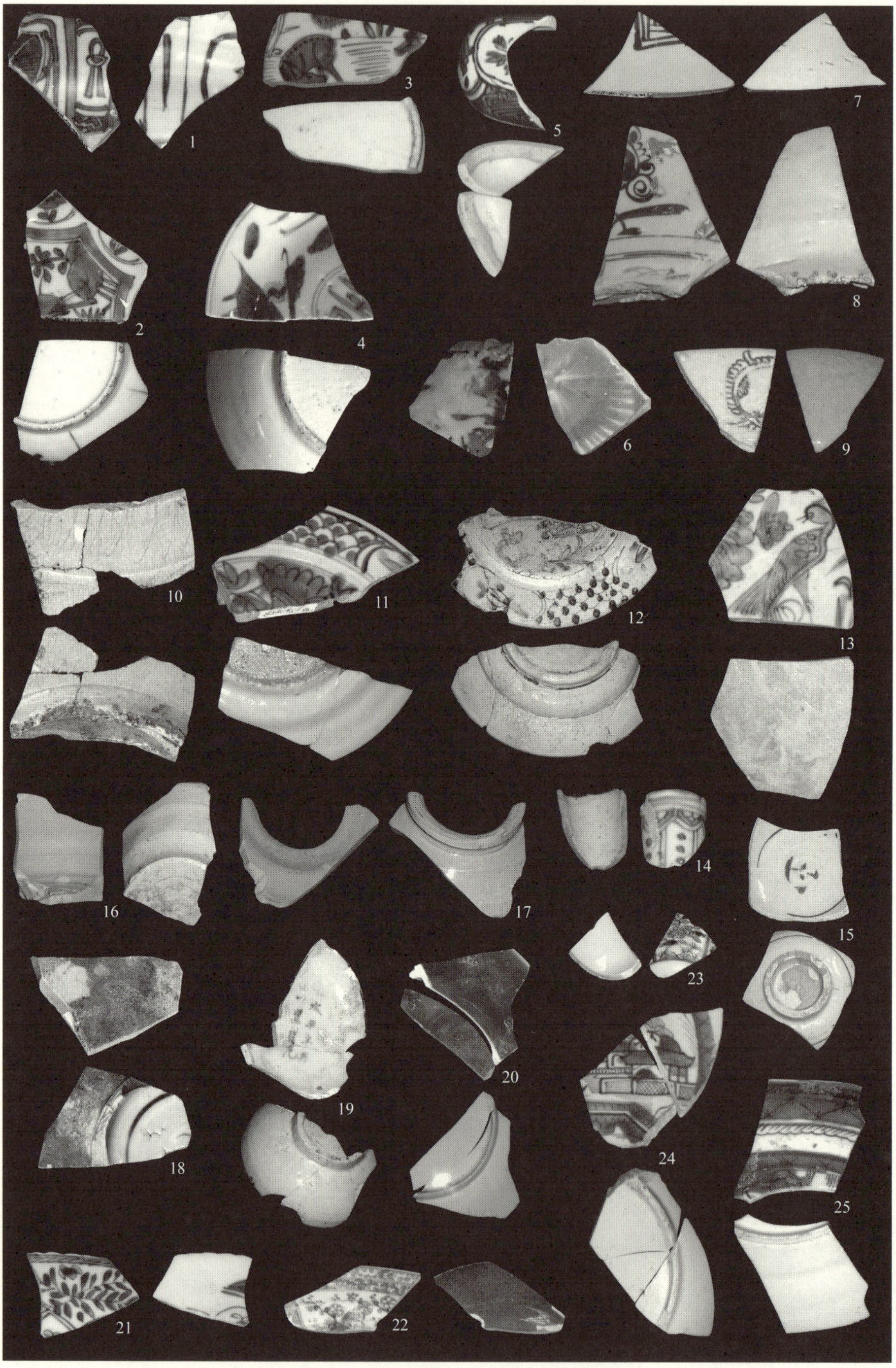

図87　アユンタミエント遺跡出土中国磁器

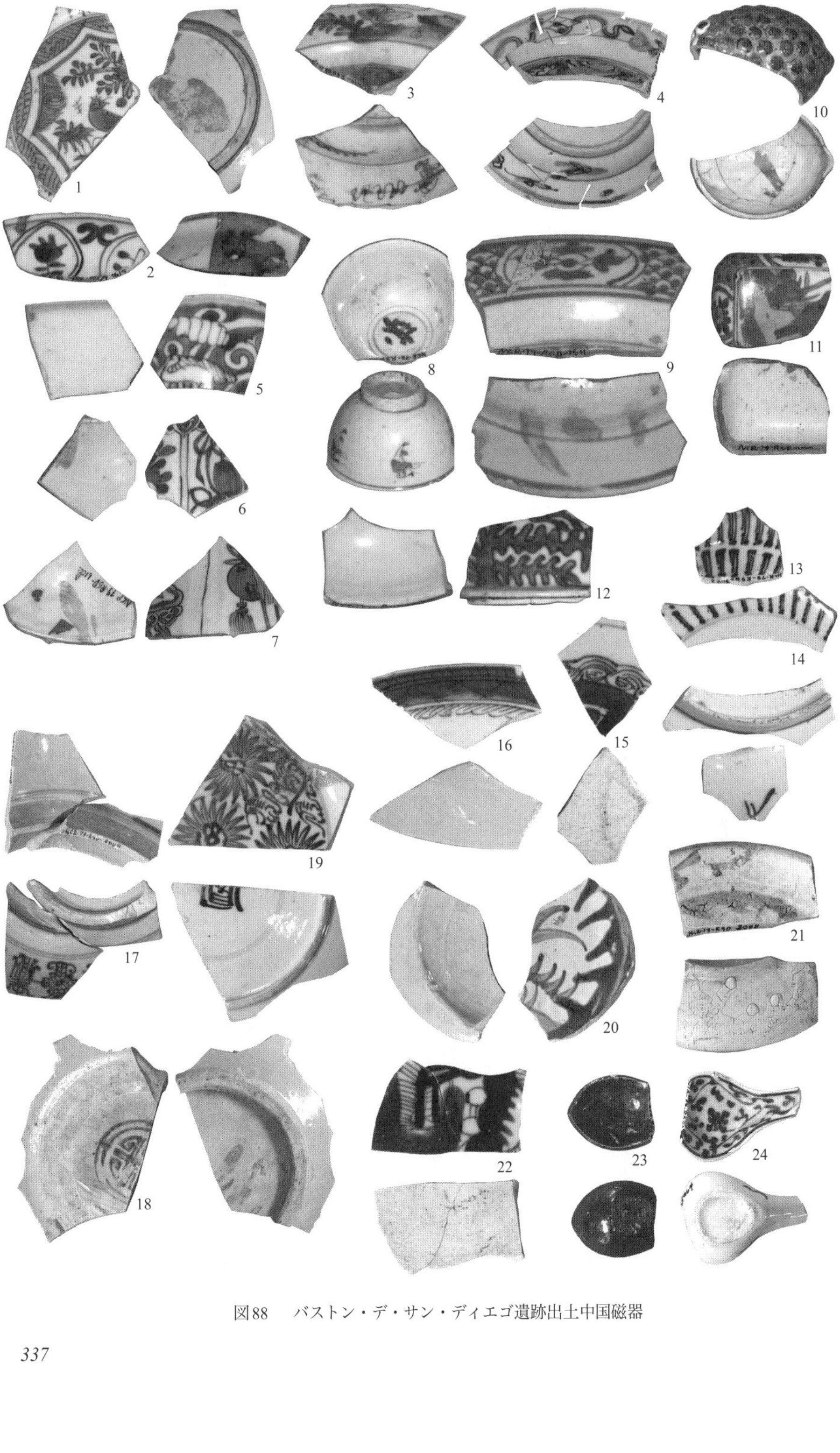

図88　バストン・デ・サン・ディエゴ遺跡出土中国磁器

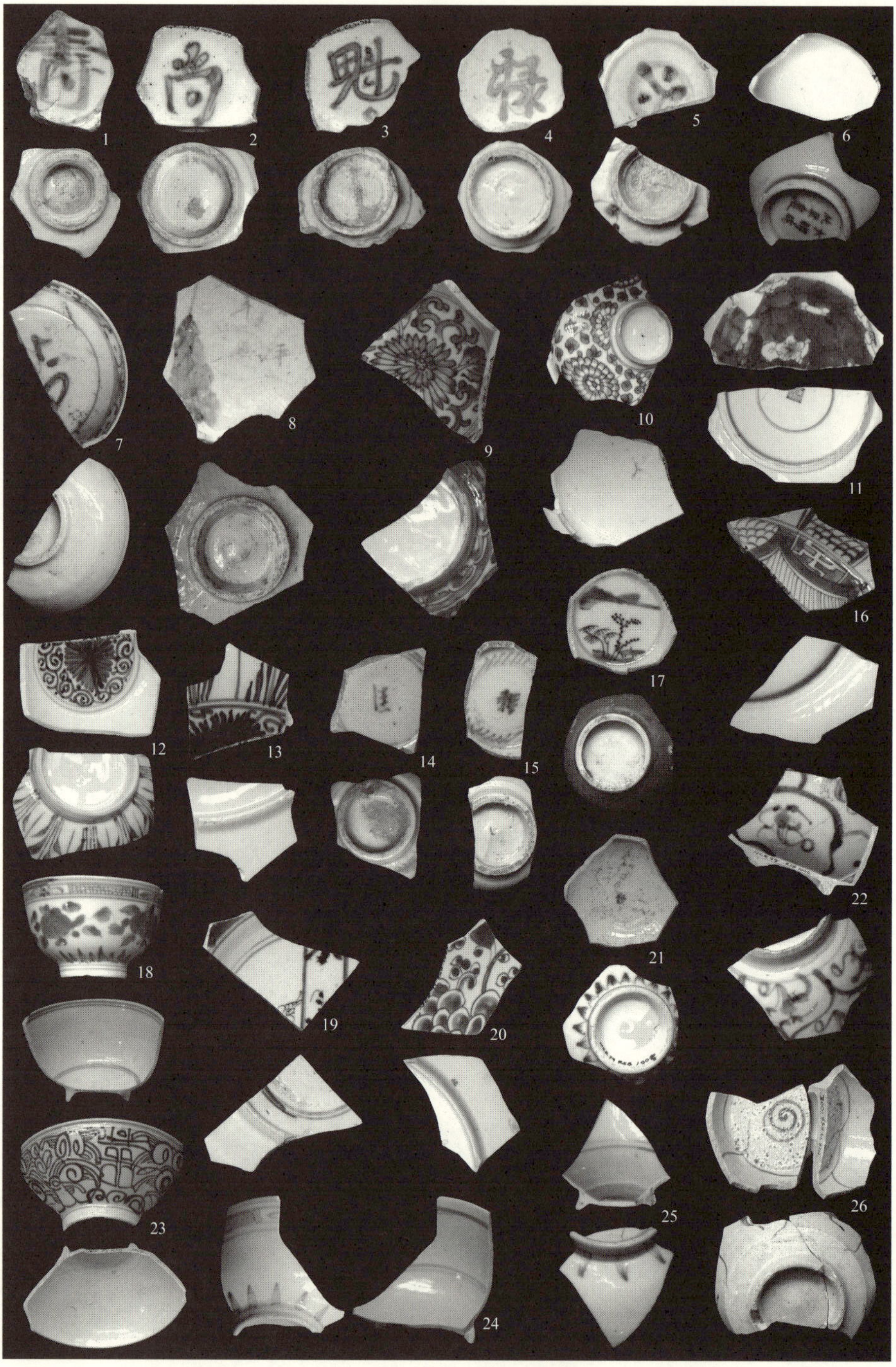

図89　パリアン遺跡出土中国磁器

る。見込みに「寿」、「尚」、「魁」、「禄」などの文字を入れるもの、花卉文、竜文、銭形花文、宝文などの文様が入るものがある。図89-6は高台内に「大明成化年製」銘が入る染付碗である。景徳鎮系。図88-5は鷺と花唐草文が描かれた染付碗である。地は塗りつぶされている。サン・ディエゴ号の遺物に同種の製品がある。図88-8は外面に人物文を配した染付碗である。見込みもまた人物文であろう。図87-5、図88-10、11は染付合子である。図87-5、図88-11は隅丸方形の合子である。ヴィッテ・レウ号やサン・ディエゴ号の遺物に同形の製品が見られる。図88-10は蛙形合子と思われる。図87-14、図88-6、7は芙蓉手文様の染付瓶である。図87-14は口縁部、図88-6、7は体部である。景徳鎮系の製品。類例はサン・ディエゴ号の遺物に見られる。図88-12は染付壷の蓋である。図87-11、12は染付折縁皿である。見込みには花鳥文や草花文が入る。漳州窯系。花鳥文皿はベトナム・ホイアン市内遺跡で出土が見られる他、ベトナム・ダナン沖海底からも回収されている。ヴィッテ・レウ号の資料にも類例をみる。図87-13は福建省漳州窯系の染付大皿である。胎土断面や露胎部は赤褐色を呈する。高台内は無釉で高台畳付には砂が付着する。ビン・トゥアン沈船に類例が見られる。図88-9は染付折縁大皿である。縁部には窓絵網目文が描かれている。漳州窯系の碗窖山窯などで出土している。図87-6はいわゆる餅花手の皿である。白泥で草花文を描き、藍釉がかけられている。漳州窯系。図87-15は見込みに赤絵で「玉?」字を入れた色絵碗である。文字の書き方が異なるが、色絵玉字文碗は漳州窯系火田窯で出土している。図87-7、8はいわゆる呉須赤絵の大皿である。漳州窯系。図87-9はいわゆる印判手仙境図が描かれたものであろう。図87-16、17はいわゆる安平壷とよばれている白磁壷である。サン・ディエゴ号やヴィッテ・レウ号の遺物に見られるし、一六九〇年代に沈んだと推定されるコンダオ沈船の積荷であるいわゆるヴンタオ・カーゴにも類例が見られる。消費地でも一七世紀代の遺跡では比較的よく見られ、日本でも数例出土が確認されている。図87-10は青磁皿である。内面には菊花文と思われる文様が刻線で表されている。高台内は無釉である。

2　一七世紀後半〜一八世紀前半

中国磁器が主体であることは変わりないが、肥前磁器、ベトナム陶器が少量見られる。

図87-19、図89-8は一枚の葉に詩歌や落款等を加えた文様を内面に描いた染付皿である。このように葉を一枚描いた染付皿は福建・漳州窯系の一六七五、一六七九、一六八〇年の紀年銘資料が知られる（大橋一九九九、五〇-五三頁）。台湾・社内遺跡、東山冬古湾

沈船遺跡、インドネシア・ティルタヤサ遺跡でも見られる。肥前でも一六八〇～一七〇〇年代頃に模倣された製品が見られる。図89-14は見込み「佳」字文碗である。いわゆるヴンタオ・カーゴに類例が見られる。図89-15は見込み「雅」字文碗である。図89-17はいわゆるバタヴィアン・ウエアとよばれる褐釉掛け分けの碗である。高台内を除いた外面に褐釉を施し、内面は染付で山水文を描いている。バタヴィアン・ウエアはインドネシア・ティルタヤサ遺跡、一七世紀末～一八世紀初と推定される碗礁一号沈船遺跡、一八世紀前半と推定されるカ・マウ Ca Mau 沈船遺跡、一七五二年に沈んだヘルデルマルセン号などの資料に見られる。図89-10は菊花唐草文蓋物の蓋である。カ・マウ沈船遺跡、インドネシア・バンテン遺跡出土遺物に類例が見られる。図89-16は見込み鞠ばさみ文の芙蓉手皿である。バンテン遺跡、カ・マウ沈船資料に類例をみる。図87-22、23はいわゆるチャイニーズ・イマリである。景徳鎮系。図87-22は外面に瑠璃釉がかけられている。図89-12は草花文碗である。等間隔に区割した中に草花文を描く。見込みは花を描き、周囲を渦巻き状の文様で埋める。景徳鎮系。図89-13は同様の文様の皿である。同様の文様の製品はインドネシアのバンテン遺跡やウォリオ城跡、タンザニア・キルワキスワニイ、メキシコシティ、アラブ首長国連邦の Khashm Nādir でも出土している。図89-11は氷裂文皿である。見込みの氷裂文を濃みで塗りつぶし、花文を散らす。高台内は二重圏線内に方形枠銘を入れる。碗礁一号沈船遺跡で同様の文様の製品が回収されている。粗雑なタイプのものが台湾・板頭村遺跡で出土している。図89-9は染付端反碗であろう。見込みに菊唐草文、高台脇には蓮弁文が崩れた連続文様が入れられている。インドネシア・ティルタヤサ遺跡、ヴンタオ・カーゴの資料の中にも見られる。図87-18は表面が変色しているが、三彩皿である。図89-19は折縁皿である。見込みに花籠文が描かれる。インドネシア・バンテン遺跡でも出土している。同様の文様で粗雑なタイプのものが台湾・板頭村遺跡で出土している。図89-20は花唐草文皿である。インドネシア・バンテン遺跡や紅海のサダナ Sadana 島沖沈船の資料に類例が見られる。

3　一八世紀後半～一九世紀

中国磁器が主体であるが、一九世紀に入るとヨーロッパ産の陶磁器が増加する。近代以降の日本磁器は見られるが、近世後期の肥前磁器は確認されていない。

図88-17、18は印青花皿、碗である。一八世紀～一九世紀初。福建・広東系の窯で生産されたと推定される。台湾・淇武蘭遺跡、イ

ンドネシア・バンテン遺跡の資料の中に類例が見られる。図88-20、21は麒麟あるいは竜文を描いた染付皿である。文様の崩れが著しい。型作りで口縁部と底部内の一部は無釉である。徳化窯の三班鎮などで採集されている。一七五二年に沈んだヘルデルマルセン号の遺物に見られ、台湾・淇武蘭遺跡、インドネシアのバンテン遺跡、大西洋のセントヘレナ島沖でも確認されている。一八世紀後半〜一九世紀前半。図88-13〜15は内側面に梵字の崩れた文様を描きつめた染付皿である。図88-15は見込みに寿字の変形字が描かれている。徳化窯の潯中鎮で採集されている。一八一七年に沈んだダイアナ号の遺物に見られる。図88-19は花唐草文皿である。ダイアナ号やソマリア・モガディシオの遺物に類例が見られる。図89-23は「囍」字文碗である。台湾の下石頭埔地点や雞卵面墓葬区、ベトナム・ホイアン地域の各遺跡、シンガポールのプラウ・サイゴン遺跡、インドネシアのバンテン遺跡、アラブ首長国連邦のマサフィ砦跡、コールファッカン砦跡など広い範囲で出土する。図89-22、26は仙芝祝寿文碗である。図87-24、25、図88-16は染付折縁皿である。楼閣山水文が描かれる。図89-18、24は口縁部外側に窓絵帯文、高台脇に鋸歯文を巡らせた染付碗である。型成形である。徳化窯系。図89-24に類似したものは台湾の社内遺跡・淇武蘭遺跡・港口遺跡、インドネシア・バンテン遺跡、メキシコシティでも出土している。図88-23、24は散り蓮華である。褐釉と染付がある。染付は唐草文が描かれており、台湾の板頭村遺跡・淇武蘭遺跡の遺物にも見られる。日本でも長崎、江戸などの遺跡で出土する。

第2項　イントラムロスの磁器需要の特質と傾向

まずイントラムロスの磁器需要の特質と傾向をみてみる。二〇〇五年にイントラムロスの遺跡で出土している磁器片を生産地、器種、年代等により分類し、破片数を計算した。対象としたのは基本的には一九世紀中頃までの磁器のみであるが、ベトナム産の染付製品やヨーロッパ産の施釉陶器や軟質磁器製品については、その使用性格を考慮して対象に含めることにした。

①アユンタミエント遺跡出土磁器の組成

アユンタミエント遺跡出土磁器の産地別内訳（表23）をみると、中国磁器九一・三%、肥前磁器〇・七%、ベトナム陶器〇・一（〇・〇六）%、ヨーロッパ産陶磁器七・九%である。ただし、一七世紀後半〜一八世紀前半に限った中での肥前磁器の割合は九・九%であり、一八世紀後半～一九世紀に限った中でのヨーロッパ産陶磁器の割合は七七・〇％と高い。

全体の九〇％以上を占める中国磁器の内、九〇・一％が一六世紀後半～一七世紀前半にかけての製品である。一七世紀後半～一八世紀前半の製品は七・三％、一八世紀後半以降の製品は二・六％を占めるに過ぎない。よって、アユンタミエント遺跡出土磁器の八〇％以上が一六世紀後半～一七世紀前半の中国磁器である。一六世紀後半～一七世紀前半の中国磁器は景徳鎮系と福建・広東系のものがほとんどである。景徳鎮系が四三・七％、福建・広東系が五五・六％を占めており、後者がやや多い。また、一六世紀後半～一七世紀前半の中国磁器の中で皿類が占める割合は七二・一％、碗類は二五・一％でそれに次ぐ（表24）。

②バストン・デ・サン・ディエゴ遺跡出土磁器の組成

バストン・デ・サン・ディエゴ遺跡出土磁器の産地別内訳（表25）をみると、中国磁器が九七・五％、肥前磁器〇・二％、ヨーロッパ産陶磁器二・三％である。中国磁器の内、七一・九％が一六世紀後半～一七世紀前半にかけての製品である。一七世紀後半～一八世紀前半の製品は一一・三％、一八世紀後半以降の製品は一六・九％である。

一六世紀後半～一七世紀前半の中国磁器は景徳鎮系と福建・広東系のものが大半を占める。景徳鎮系が四三・一％、福建・広東系が五四・八％を占めており、後者がやや多い。また、一六世紀後半～一七世紀前半の中で皿類が占める割合は七八・九％であり、碗類が一六・〇％、その他が五・一％と続く。

③パリアン遺跡出土磁器の組成

次にパリアン遺跡出土磁器の概要を述べる（表26）。近代以降（一九世紀後半以降）と思われる製品を除いた磁器の内、肥前磁器は一・七％であり、残りは中国磁器である。一七世紀後半～一八世紀前半に限った製品の中で肥前磁器が占める割合は四・二％である。そして、中国磁器の内、一六世紀後半～一七世紀前半の製品と思われるものが三九・六％、一七世紀後半～一八世紀前半の製品と思われるものが三九・一％、そして、一八世紀後半～一九世紀前半の製品と思われるものが二一・三％を占める。一六世紀後半～一七世紀前半の製品と思われる中国磁器の内、景徳鎮系と福建・広東系の磁器の比率は一対二・九程度である。また、一六世紀後半～一七世

表23　アユンタミエント遺跡出土磁器時期・産地別数量表（破片点数）

生産地	年代	景徳鎮系	福建・広東系	不明・他	計	%
中国	16c後-17c前	627	799	10	1436	82.3%
	17c後-18c前				117	6.7%
	18c前-19c				41	2.3%
肥前	17c				13	0.7%
ベトナム	17c				1	0.1%
ヨーロッパ	19c				137	7.9%
合　計					1745	100%

表24　アユンタミエント遺跡出土中国磁器時期・産地・器種別数量表（破片点数）

	生産地	碗類	皿類	他	計
16c後半-17c前半	景徳鎮系	142	482	3	627
		22.6%	76.9%	0.5%	100%
	福建・広東系	215	546	38	799
		8.0%	68.3%	4.8%	81.1%
	不明・他	3	7	0	10
	計	360	1035	41	1436
		25.1%	72.1%	2.9%	100%
17c後半-18c前半		25	79	13	117
		21.4%	67.5%	11.1%	100%
18c後半-19c		5	30	6	41
		12.2%	73.2%	14.6%	100%

表25　バストン・デ・サン・ディエゴ遺跡出土磁器時期・産地・器種別数量表（破片点数）

	景徳鎮系				福建・広東系				その他・不明				計	肥前	ヨーロッパ
	碗	皿	他	小計	碗	皿	他	小計	碗	皿	他	小計			
16c後半-17c前半	20	111	12	143	31	148	3	182	2	3	2	7	332	0	0
17c後半-18c前半	3	4	0	7	5	12	5	22	10	7	6	23	52	1	0
18c後半-19c	2	2	0	4	13	38	0	51	10	8	5	23	78	0	11
合　計	25	117	12	154	49	198	8	255	22	18	13	53	462	1	11

表26　パリアン遺跡出土磁器時期・産地・器種別数量表（破片点数）

	景徳鎮系			福建・広東系			計	肥前	合計
	碗	皿	小計	碗	皿	小計			
16c後半-17c前半	25	23	48	86	52	138	186	0	186
17c後半-18c前半							184	8	192
18c後半-19c							100	0	100
合　計							470	8	478

紀前半の製品と思われる中国磁器の内、皿と碗の比率が一対一・五と碗の方が多い。

以上の内容からイントラムロスから出土した磁器の特質を概観する。イントラムロスはガレオン貿易におけるアジア側の貿易拠点であると同時にスペイン人が生活する空間でもあった。そのため、イントラムロスに持ち込まれる磁器も大きく二つに分けられる。一つはイントラムロス内で消費するための磁器、もう一つはイントラムロスを経由して他の地域に運ぶための磁器である。後者はさらにガレオン船でアメリカ大陸、ヨーロッパに運ばれるものと、フィリピン諸島内に運ばれるものなどがある。

イントラムロスから出土する個々の磁器について、その種類によって性格を判断することは難しい。イントラムロス内、アメリカ大陸のスペイン人植民地、ヨーロッパのスペイン本国などいずれも西洋的なスペイン人社会であり、磁器需要の基本的性格が似ているからである。フィリピン諸島内の需要は多様であるが、イントラムロスを経由して運ばれる地域はやはり同様の需要の性格を有している可能性が高い。

まずイントラムロスの城壁内に位置するアユンタミエント遺跡及びバストン・デ・サン・ディエゴ遺跡に共通する特色をいくつか挙げる。中国磁器が九〇%以上を占める点、そして、その中でも一六世紀後半から一七世紀前半の製品が七〇～九〇%と高い割合を占める点、景徳鎮系と福建・広東系の割合について後者がやや高い点、皿類が七〇～八〇%と高い割合を占める点などである。年代的な偏りは、必ずしもイントラムロス内の磁器の消費量の変化だけを反映しているわけではない。イントラムロスに持ち込まれた磁器は域内で消費されるためだけのものではなく、マニラからさらに他の地域に運ばれるものも含まれていた。一六世紀後半～一七世紀前半の中国磁器がマニラからガレオン船でアメリカ大陸に向けて大量に運ばれていたことはメキシコシティ市内遺跡の出土遺物や沈没船資料によってもわかる。両遺跡の出土磁器が示す製品組成もその盛んな陶磁器貿易を反映しているものと思われる。いわゆるカラックKraakとよばれる景徳鎮系の輸出磁器が数多く含まれているので、景徳鎮系の比率も高いものとなっている。皿類の割合が高い点についてはスペイン人社会の食生活を反映しているものであろう。

両者の遺跡の全体的な傾向は類似しているが、異なる点をあえて挙げる。中国磁器について一六世紀後半～一七世紀前半の製品が多いことは共通であるが、バストン・デ・サン・ディエゴ遺跡の中国磁器の七一・九%が一六世紀後半～一七世紀前半の製品であるのに対し、アユンタミエント遺跡は九〇・一％とより年代的に偏っている。また、アユンタミエント遺跡の方がヨーロッパ産陶磁器の割合が高い。こうした違いは調査地の建物の歴史や敷地内の土地利用の状況の違いによる部分もあると思われる。例えばアユンタミエント遺跡は、かつてマニラの参事会（City Council）が置かれた場所である。一五九九年から一六〇七年に最初に建物が建てられ、一六四五年や一六五八年の地震などによって損害を被り、新しい建物のための道をあけるために壊されている。続いて建てられたのが一七三五年であり、一八六三年の地震によって壊れている。アユンタミエント遺跡から出土する一七世紀前半以前の製品の中には一七世紀中頃の地震によって破損して廃棄されたものが多く含まれている可能性がある。また、建物が建てられていない空白期間を有することも製品組成に影響を与えている可能性がある。それぞれの建物がそれぞれの歴史を有しており、同じイントラムロス内であっても調査地点によって陶磁器の出土状況が異なることは十分考えられる。

次にイントラムロスの城壁の内側と環濠付近の状況を比べてみる。すなわち、アユンタミエント遺跡とバストン・デ・サン・ディエゴ遺跡の両遺跡をパリアン遺跡と比較してみる。まずパリアン遺跡は年代的な偏りが小さい。すなわち、中国磁器全体の中で一六世紀後半～一七世紀前半の製品は三九・六％を占めるに過ぎず、アユンタミエント遺跡の九〇・一％、バストン・デ・サン・ディエゴ遺跡の七一・九％に比べてかなり低い割合となっている。パリアン遺跡の一六世紀後半～一七世紀前半の製品の内訳をみると、他の両遺跡に比べて福建・広東系の製品の割合がかなり高く、かつ碗の割合が高い。

パリアン遺跡はイントラムロスの環濠付近に位置する遺跡である。年代的な偏りが小さいのは、ガレオン貿易の商品としての磁器が占める割合が小さいため、遺跡内の磁器の消費量の推移を比較的反映していると思われる。景徳鎮系の輸出磁器であるいわゆるカラックが少ない分、福建・広東系の磁器が高くなっている。そして、他の遺跡に比べて碗の割合が高い点については、イントラムロスの城壁内のスペイン人社会ではなく、華僑世界の食生活を反映している部分が大きいと思われる。

第2節　ガレオン貿易ルート上で発見された肥前陶磁

ここではまずガレオン貿易ルート上で発見された肥前陶磁について紹介したいと思う（図90）。具体的にはガレオン貿易のアジア側の拠点であったフィリピンやその中継地、そして、太平洋を越えて運ばれたラテンアメリカ各地、大西洋を隔てたスペイン本国で発見された資料を挙げていく。

(1) 台湾

（高雄左営遺跡）

台湾南部西海岸に位置する高雄北郊の漢人城市遺跡である。北に三〇km離れた台南安平に本拠を持つ鄭氏政権が一六六一年に築いた屯田の拠点万年州に始まる。鄭氏降伏後、清朝により鳳山県城となったが、乾隆五一年（一七八六）に林爽文事件を契機に、鳳山県城は移転している。一九八八年に台湾の中央研究院調査団が試掘調査を行っており、一七世紀後半〜一八世紀の福建・広東系及び景徳鎮の青花類を主体とする陶磁器が出土している。いわゆる安平壺やベトナム産焼締陶器なども出土する。坂井隆は明末の製品が含まれないことを指摘し、一六六一〜一七八六年の間を中心とする可能性が高いとする（坂井一九九九）。そして、謝明良や大橋康二はそれらの中に肥前磁器が含まれていることを指摘している（謝一九九六）。一点は高台内に「宣明」銘が入るもので一六六〇〜一六七〇年代の製品と推測される。他に一七世紀後半と推測される肥前の染付製品が含まれている。

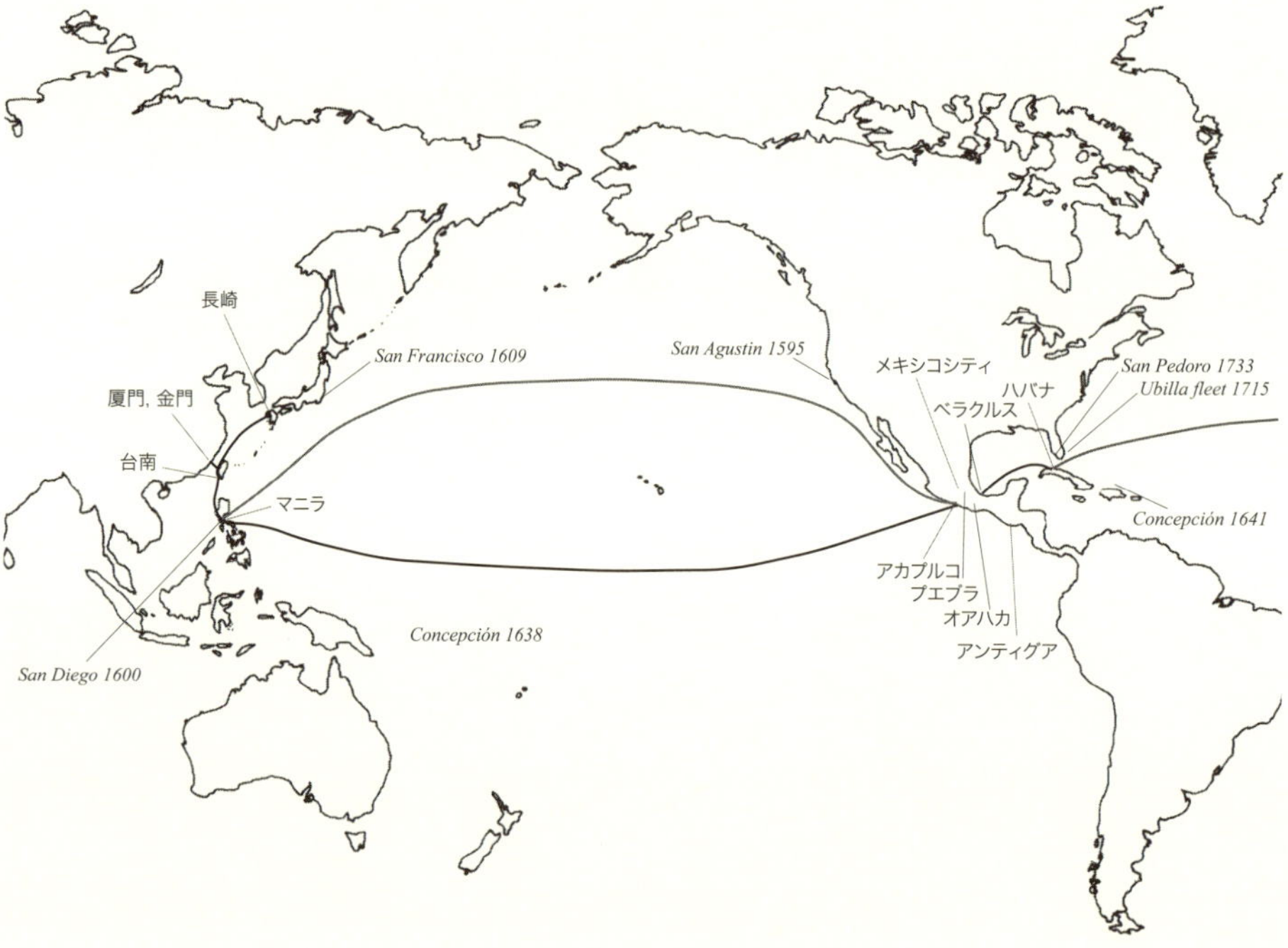

図90　ガレオン貿易関連図

（台南ゼーランディア城遺跡）

一六二四年にオランダ人が現在の台南安平に建設した城であり、オランダの対中国・日本貿易の中継基地と台湾全島統治の政治的中心であったが、一六六二年に鄭成功がオランダ政権を打倒し、安平鎮となし、その名称も王城と改めた（王二〇一〇、一一九頁）。ゼーランディア城遺跡は、二〇〇三年、二〇〇五年の二度にわたって考古発掘プロジェクトが進められ、肥前陶磁が出土している。主なものを挙げると、染付芙蓉手大皿二点、染付草花文小皿一五点、染付纏枝草花文小碗一点、染付山水文小瓶一三点などの磁器製品、二彩手刷毛目皿一七点、緑褐釉櫛目文甕二点、甕、壺、三島手唐津水指、瓶などの陶器製品が確認されている（王二〇一〇）。

（社内遺跡）

台南郊外に位置する。二〇〇三年から二〇〇四年にかけて李匡悌らによって発掘調査が行われ、盧泰康が陶磁器の分類・分析を行っている（李二〇〇四）。二〇〇五年、二〇〇九年には筆者も訪れ、確認した（野上・李・盧・洪二〇〇五）。台湾で海外輸出向けの製品の出土が報告された初めての例であり、台湾を中継して他の地域に運ばれていた可能性を示す資料となった。一六六〇～一六八〇年代に有田の内山地区などで生産された染付芙蓉手皿、一六六〇～一六七〇年代に有田で生産された高台内に「宣明」銘が入る染付碗、一六六〇～一六八〇年代に生産された染付見込み荒磯文碗、竹笹文が描かれた一七世紀校半の染付瓶などが出土している（図91-1～4）。

（台南市地下街）

台南市の地下街工事の際に、一六六〇～一六八〇年代に有田で生産された染付碗が出土している（野上・李・盧・洪二〇〇五）。高台内に「宣明年製」銘が入る（図91-5）。

（台北大坌坑遺跡）

台湾北部の台北県八里郷観音山北西麓、淡水河河口の南に位置する。先史時代文化の遺物の他、一二世紀から一七世紀に至る海外陶磁器が発見されており、その中に一七世紀後半の染付花草文碗の底部が含まれている（王二〇一〇）。内底部に花草を描いたもので、高台内には「年」銘が入る。

（澎湖諸島）

澎湖諸島では染付碗、染付皿が確認されている。盧泰康は澎湖諸島の馬公港の浚渫土の中から発見された陶磁器を分類し、その中から肥前磁器を抽出している（盧・野上二〇〇八、二〇〇九）。そして、盧は馬公港が鄭氏による陶磁貿易航路における中継地であったと述べている（盧二〇〇八）。一六五〇～一六七〇年代に有田の外山地区などで生産された染付芙蓉手皿、一六六〇～一六八〇年代に生産された染付見込み荒磯文碗、一七世紀後半の染付碗などが出土している（図92）。

また、謝明良は澎湖諸島の海岸採集品の中に肥前磁器を発見して紹介している（謝二〇〇八）。いずれも一七世紀後半の染付芙蓉手皿であり、澎湖県立文化局に所蔵されている。筆者も二〇〇九年に実見した（図93）。

（金門島）

正式な出土例の報告はないが、林金榮が紹介した金門島採集の芙蓉手皿片（林二〇〇六、六四頁）の中に肥前磁器片が含まれていることを確認できた。一六五〇年代頃に有田で生産された染付芙蓉手皿の縁の部分が五片（接合して四片）認められる（図94）。同一種類のもので同一個体であるかもしれない。その他、大橋康二は金門島採集品とされる台湾国立歴史博物館所蔵の「大明成化年製」銘の染付小皿が鹿児島県吹上浜採集品と同種であることを指摘している。吹上浜採集品は長崎から南方に向けて肥前磁器を運んでいる途上、何らかの海難に遭遇して、沈んだ船荷が流れ着いたものと推定されている。推定年代は一六五〇～一六六〇年代頃である。なお、この台湾国立歴史博物館所蔵の染付小皿の由来については、王淑津が陸泰龍に問い合わせており、それによると、それらは金門島の旧金城で採集されたものであるという（王二〇一〇、一一七頁）。

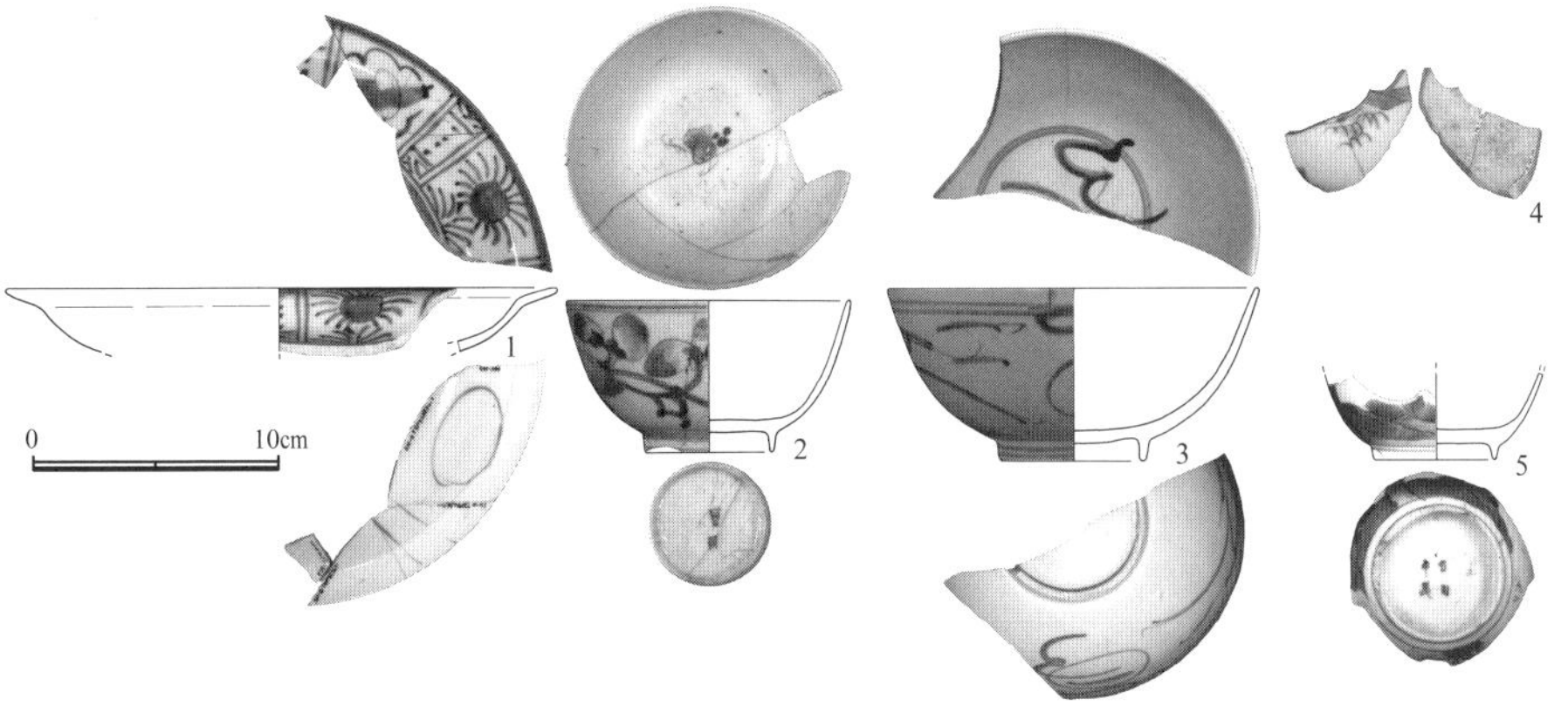

図91　台南出土肥前磁器（社内遺跡・台南市内）（李2004）

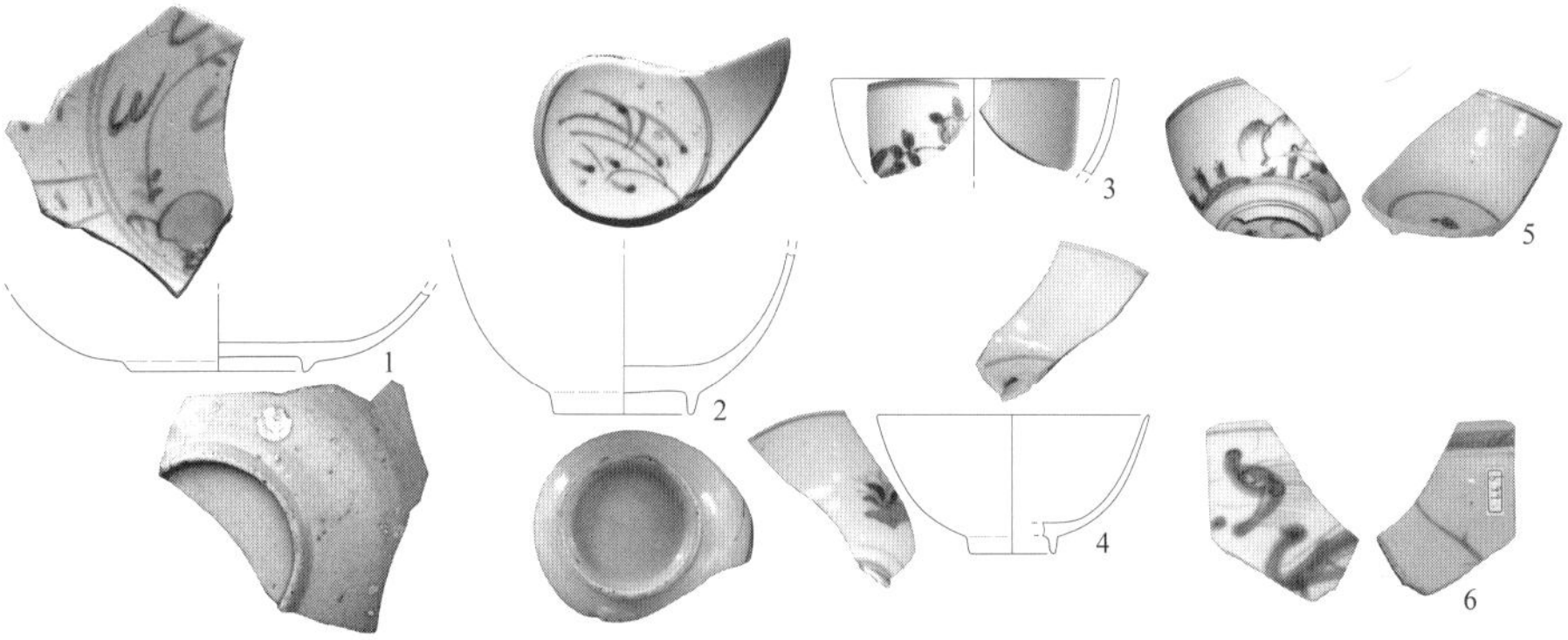

図92　澎湖諸島馬公港出土肥前磁器（5,6は縮尺不同）（盧・野上2008）

図94　金門島採集肥前磁器（林2006）

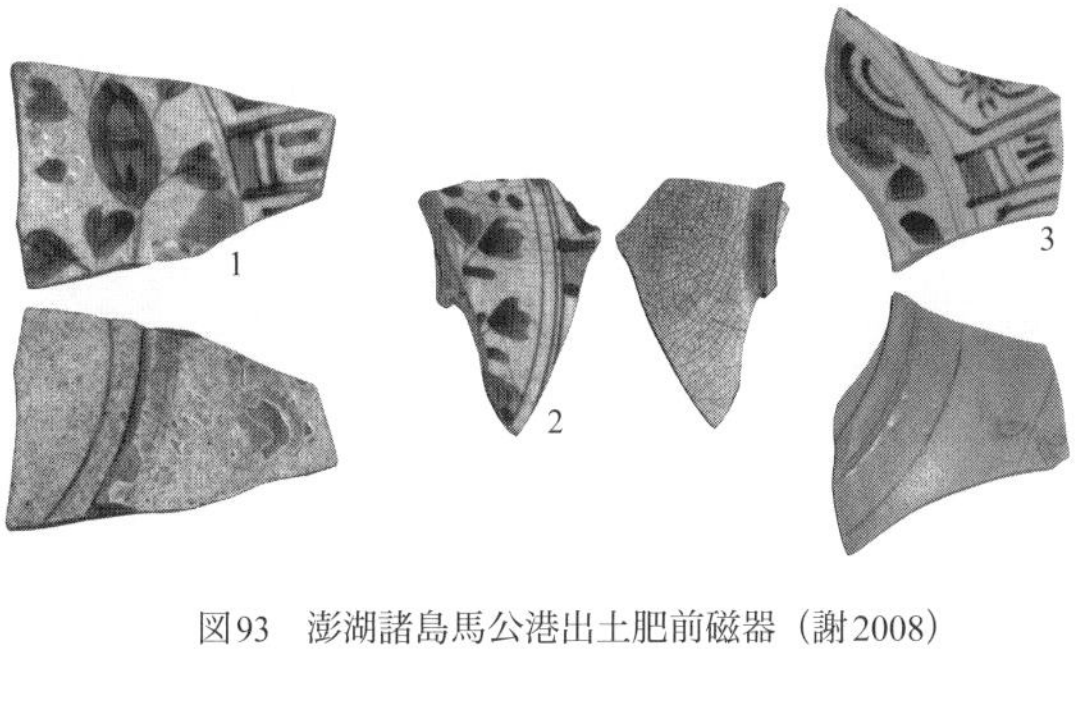

図93　澎湖諸島馬公港出土肥前磁器（謝2008）

(2) マカオ

二〇〇五年にマカオ芸術博物館、マカオ博物館の協力を得て、盧泰康・洪暁純・黄慧怡らとともにモンテ・フォートレス（大砲台）遺跡出土陶磁器の調査を行った（野上二〇〇五b）。その結果、染付碗や染付髭皿など五点の肥前磁器片を発見した（図95）。一六五〇～一六七〇年代に有田で生産された染付松梅文碗が出土している。文様の配置構成からみて欠損部分に竹文があった可能性がある。見込みに梅文、高台内に「太明」が入る。一六五〇～一六七〇年代の染付山水文碗、一六七〇～一七〇〇年代に有田で生産された染付髭皿が出土している。髭皿は、同様の文様の破片が天狗谷窯跡（佐賀県有田町）で採集されている。髭皿の生産年代と天狗谷窯跡の操業年代とややずれがあり、他窯から持ち込まれた可能性が高いが、いずれにせよ有田の内山地区で焼かれたものと思われる。また、同様の文様の伝世品がいくつか知られている。エルミタージュ美術館所蔵の染錦髭皿（国際日本文化研究センター一九九三）もその一つであり、大橋康二の教示によると、他にオランダの個人所蔵の伝世品にも見られる（Mededelingenblad...1981）。ただし、モンテ・フォートレス遺跡出土品や天狗谷窯跡採集品に比べて、伝世品二点は文様の簡略化が見られ、年代は下がる可能性がある。

二〇一〇年に再調査を行い、新たに七点の肥前磁器片を発見した（野上二〇一一b）。内訳は染付小碗（小坏）一点、染付碗一点、染付皿四点、染付髭皿一点などである（図95）。その内、髭皿一点は二〇〇五年に発見した染付髭皿の破片に接合した。染付小碗（小坏）は、一六五〇～一六七〇年代に有田で焼かれたもので、当時はコーヒーカップとしても使用されていたと推測される器形である。染付碗は

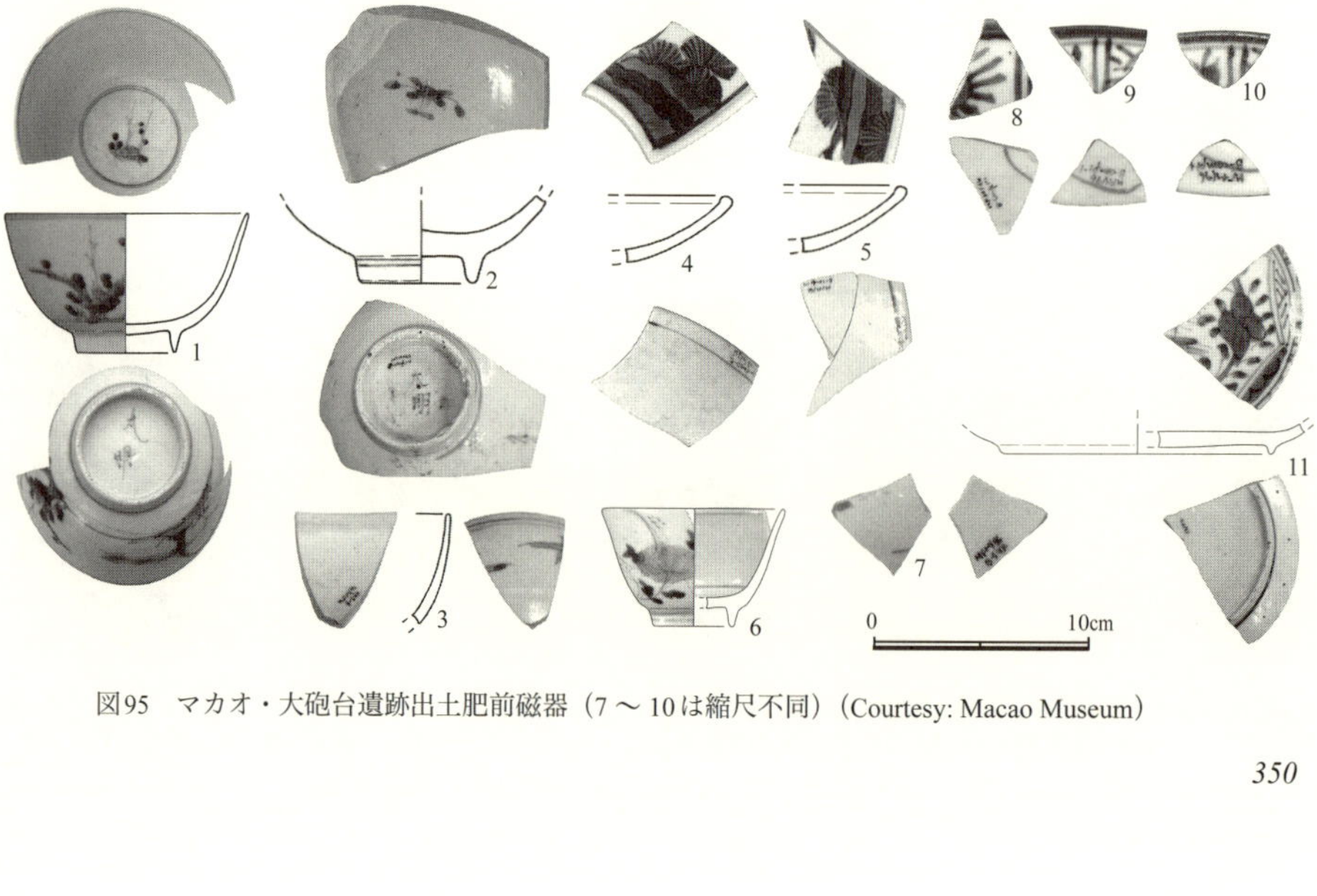

図95　マカオ・大砲台遺跡出土肥前磁器（7～10は縮尺不同）（Courtesy: Macao Museum）

一六五〇～一六七〇年代のものであり、染付皿は一六六〇～一六七〇年代に有田の内山などで生産された染付芙蓉手皿である。染付芙蓉手皿の一つには修復用と思われる四つの小穴が裏面に等間隔に空けられている。貫通はしておらず、鎹状のもので接合していたのだろう。

(3) 中華人民共和国

〔東山冬古湾沈船遺跡〕

福建省のアモイと南澳の間に位置する沈没船遺跡である（徐・朱二〇〇五）。一七世紀後半の海禁政策下における鄭氏一派あるいは靖南藩・耿氏の船と推定されている（王二〇一〇）。

二〇〇八年に栗建安氏に見せて頂いた当遺跡出土陶磁器の写真の中に肥前磁器を確認した（図96）。一六六〇～一六八〇年代に焼かれた染付見込み荒磯文碗であった。おそらく軍船であり、発見された肥前磁器も商品ではなく、使用品と考えられるが、鄭氏一派らが肥前磁器を扱っていたことを傍証する資料となる。

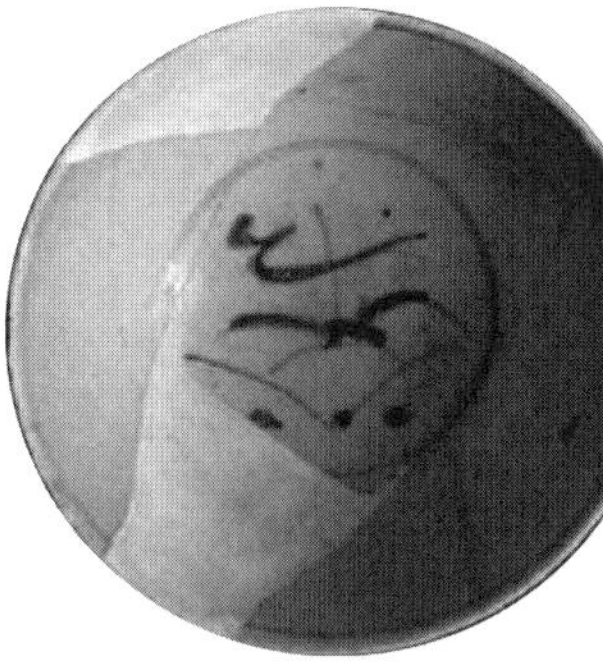

図96 東山冬古湾沈船遺跡出土肥前磁器（王2010）

(4) フィリピン

二〇〇四年三月、筆者はフィリピン国立博物館の協力を得て、田中和彦と洪曉純と博物館所蔵の陶磁器の調査を行い、マニラのイントラムロス出土陶磁器の中に肥前磁器五点（図97）を確認した（野上・Orogo・田中・洪二〇〇五）。マニラにおける初めての発見例である。そこでフィリピン国立博物館と共同研究の覚書を交わし、調査を継続することになり、二〇〇五年に筆者と田中の他、国立博物館員のアルフレッド・オロゴ、ニダ・クエバスとともに、イントラムロス出土陶磁器の調査を行った。前に述べたようにイントラムロスは一五七一年にスペイン人によって建設された城壁都市であり、スペイン人の主要なアジア拠点である。筆者らがこれまで調査を行った遺跡はアユンタミネント遺跡、バストン・デ・

サン・ディエゴ遺跡、プラサ・サン・ルイス遺跡、ベアテリオ・デ・ラ・コンパニア・デ・ヘスス遺跡、パリアン遺跡、マエストランサ遺跡などである。パリアン遺跡やマエストランサ遺跡は城壁部や環濠部に位置しているが、他はいずれもイントラムロスの城壁内部に位置している。

そして、マニラ以外ではセブ島で肥前磁器の出土が複数の遺跡で確認されている。セブ島は一五二一年にフェルディナンド・マゼランが上陸した島であり、セブシティはフィリピンにおけるスペイン植民地の最初の都市であった。マニラが建設されるまでの六年間は首都として機能している。このセブ島で肥前磁器が発見されている遺跡はセブシティの独立広場遺跡、イエズス会宅遺跡、ボルホーンのボルホーン教区教会遺跡などである。

（アユンタミエント遺跡）

一六五〇～一六七〇年代に有田の外山地区などで生産された粗製の染付芙蓉手皿（図98-1～5）、一六六〇～一六八〇年代に有田の内山地区などで生産された比較的上質な染付芙蓉手皿（図98-7～9）、一六六〇～一六八〇年代に有田の内山地区などで生産された染付大皿（図98-10）、一六五〇～一六七〇年代に生産された山水文や松文が描かれた染付碗（図98-11～13）、一六六〇～一六八〇年代に有田で生産された染付チョコレートカップ（図98-14）、一七世紀後半の色絵皿（図98-15）など、清朝による海禁政策下に輸出された製品が主体である。その他、一七世紀末～一八世紀初めに生産された染付笹文（あるいは紅葉文）折縁皿（図98-16）、外面に唐草文を廻らせた染付皿なども見られる（図98-17）。前者の皿の文様はコンニャク印判のように見える。

（プラサ・サン・ルイス遺跡）

二〇〇四年に初めてマニラで肥前磁器の出土が確認された遺跡である。イントラムロスの中央部に位置している。ジェネラル・アントニオ・ルナ通り、レアル通り、カビルド通り、ウルダネタ通りに囲まれた区画にある。西側には通りを挟んで、サン・アグスティン修道院、教会がある。一七世紀中頃に有田で生産された宝文と思われる染付芙蓉手皿（図100-18）、一六五〇～一六七〇年代に有田の外山地区なので生産された粗製の染付芙蓉手皿（図100-1～17）、一六六〇～一六八〇年代に有田の内山地区などで生産された比較的上

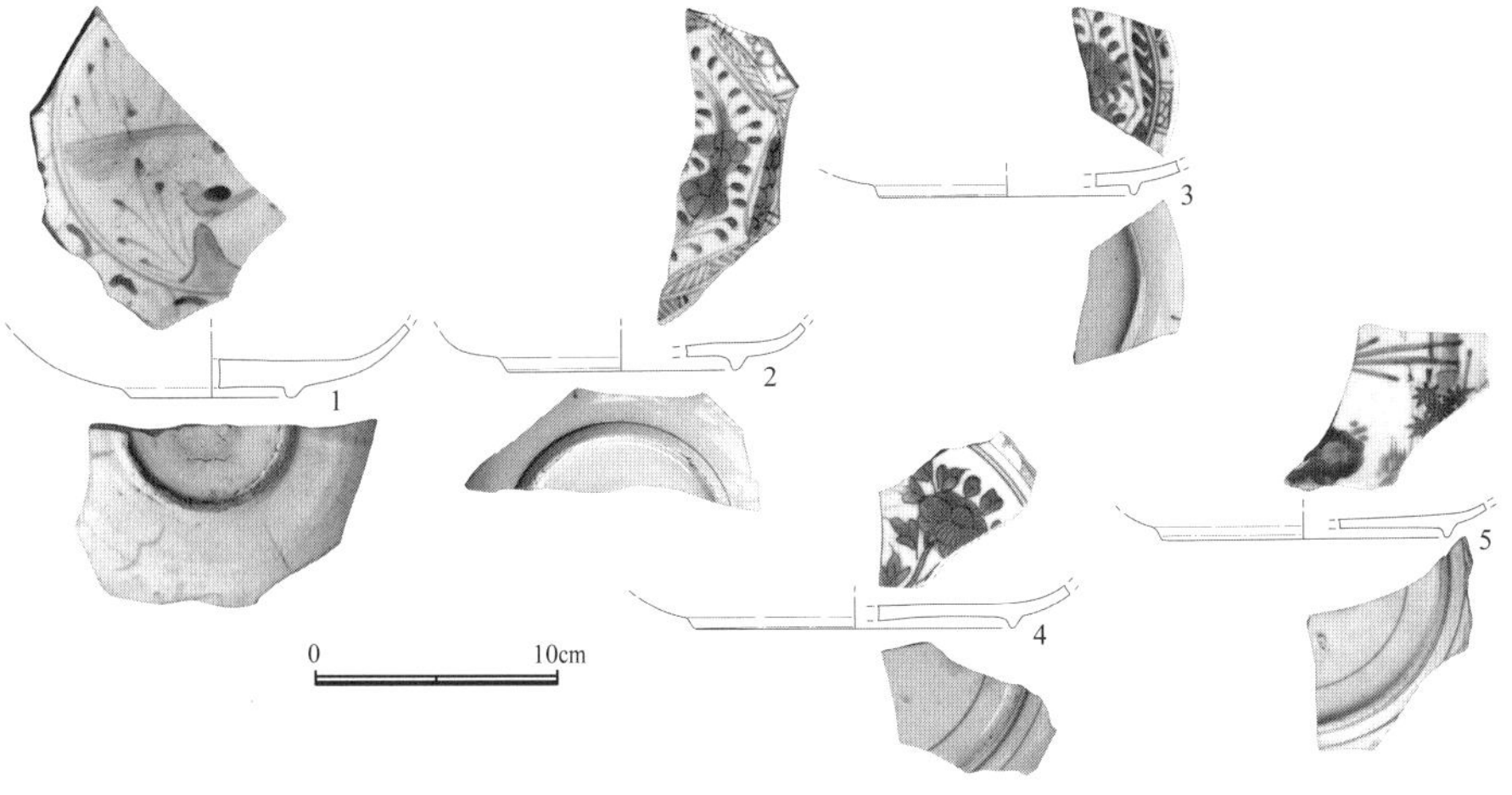

図97　マニラ・イントラムロス出土肥前磁器（Courtesy: National Museum of the Philippines）

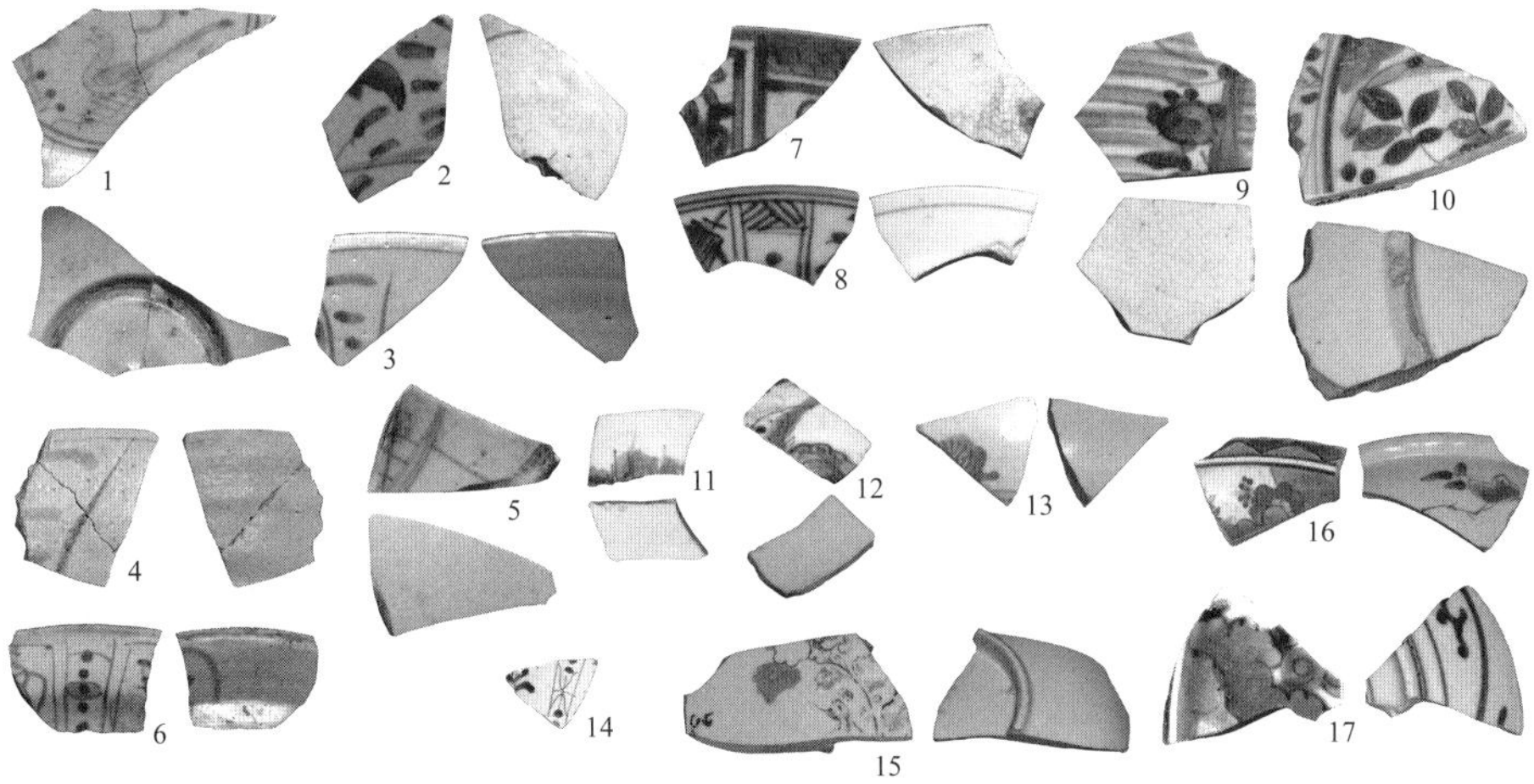

図98　マニラ・アユンタミエント遺跡出土肥前磁器（縮尺不同）（Courtesy: National Museum of the Philippines）

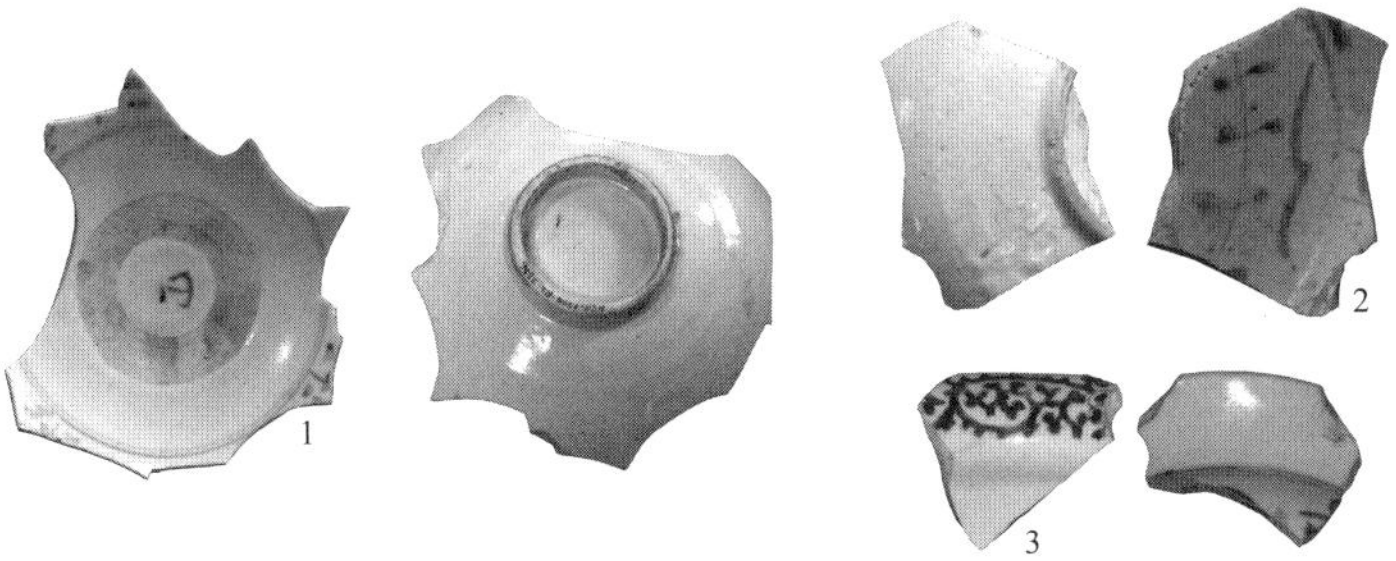

図99　マニラ・ベアテリオ・デ・ラ・コンパニア・デ・ヘスス遺跡出土肥前磁器（縮尺不同）（Courtesy: National Museum of the Philippines）

質の染付芙蓉手皿（図100－19～23）など、芙蓉手皿が主体である。その他、一六六〇～一六八〇年代に有田の内山地区などで生産された染付牡丹文皿、一六七〇～一七〇〇年代に有田で生産された染付唐草文便器、一七世紀末～一八世紀初めに有田で生産された染付竹笹文皿などが見られる。竹笹文の笹葉はコンニャク印判で施文されている。

（ベアテリオ・デ・ラ・コンパニア・デ・ヘスス遺跡）

アユンタミエント遺跡やプラサ・サン・ルイス遺跡などで見られる粗製の染付芙蓉手皿の他、一六五〇～一六八〇年代に波佐見で生産された染付見込み日字芙蓉手皿（図99－1）、一六八〇～一七〇〇年代に有田で生産された染付唐草文便器の口縁部が出土している（図99－3）。染付見込み日字芙蓉手皿は、染付日字鳳凰文皿と粗製の芙蓉手皿を組み合せた構図を持ち、内面は重ね積みを行うために蛇の目状に釉剥ぎが施されている。

（パリアン遺跡）

アユンタミエント遺跡やプラサ・サン・ルイス遺跡などで見られる粗製の染付芙蓉手皿や比較的上質の染付芙蓉手皿の他、一七世紀後半の染付皿や染付唐草文碗（あるいは蓋物の身）が出土している（図101）。また、一六六〇～一六八〇年代に生産された染付見込み荒磯文碗や染付見込み竜文碗が出土している（図101－8・9）。東南アジアで広く出土が確認される製品であるが、イントラムロスでは非常に少ない。

（マエストランサ遺跡）

イントラムロスの北側に流れるパシグ川に沿って築かれた城壁部分に位置している。一九世紀前半までは兵器工場として機能したが、一九世紀末に閉鎖された。その後、建物はアメリカ軍によって使用されていたが、第二次世界大戦で破壊された。二〇〇七年に発掘調査が行われている。

一七世紀中頃の染付宝文芙蓉手皿、粗製の芙蓉手皿、比較的上質の芙蓉手皿の他、染付髭皿、染付鳳凰文皿、染付山水文皿、染付

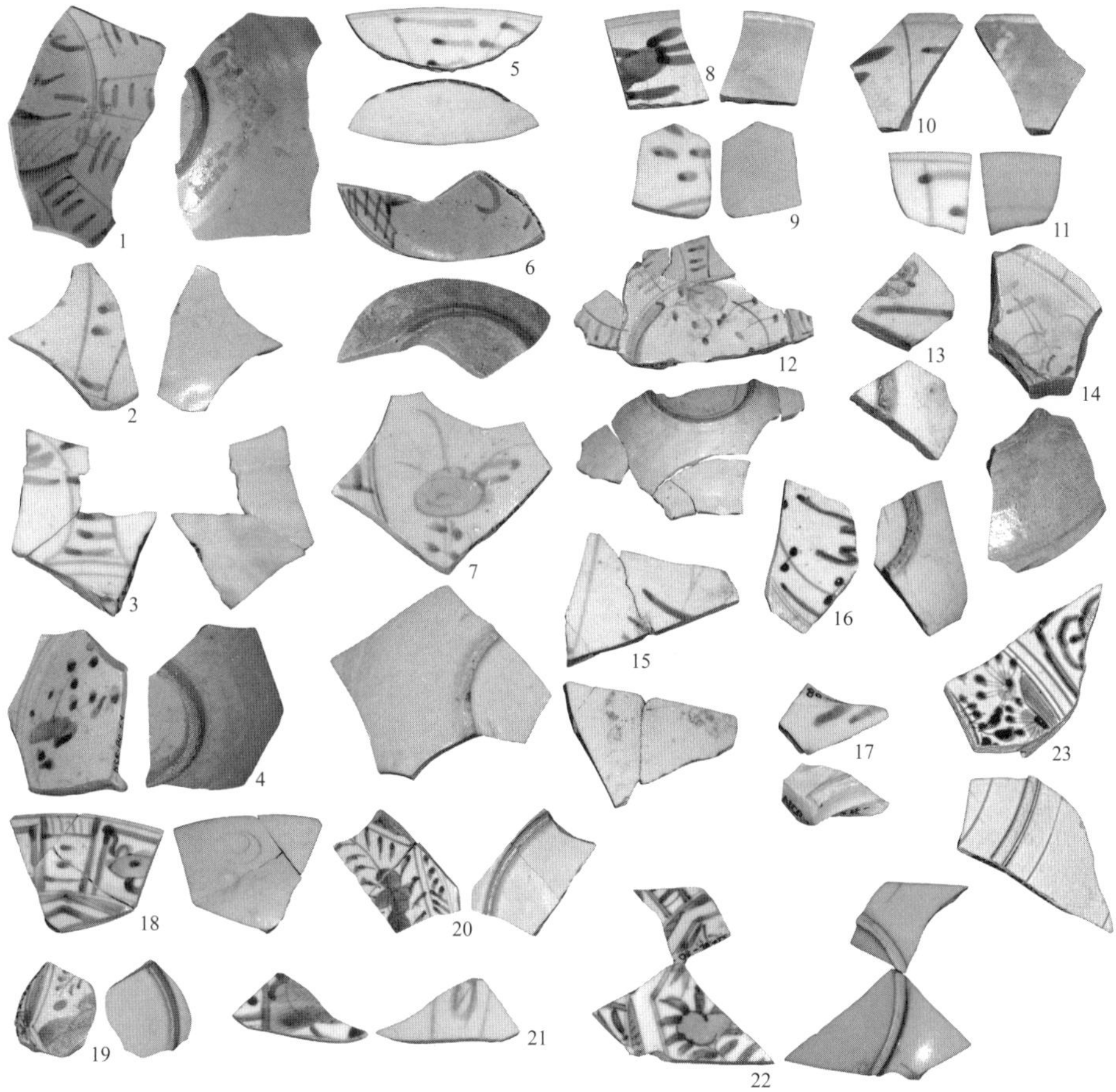

図100　マニラ・プラサ・サン・ルイス遺跡出土肥前磁器（縮尺不同）（Courtesy: National Museum of the Philippines）

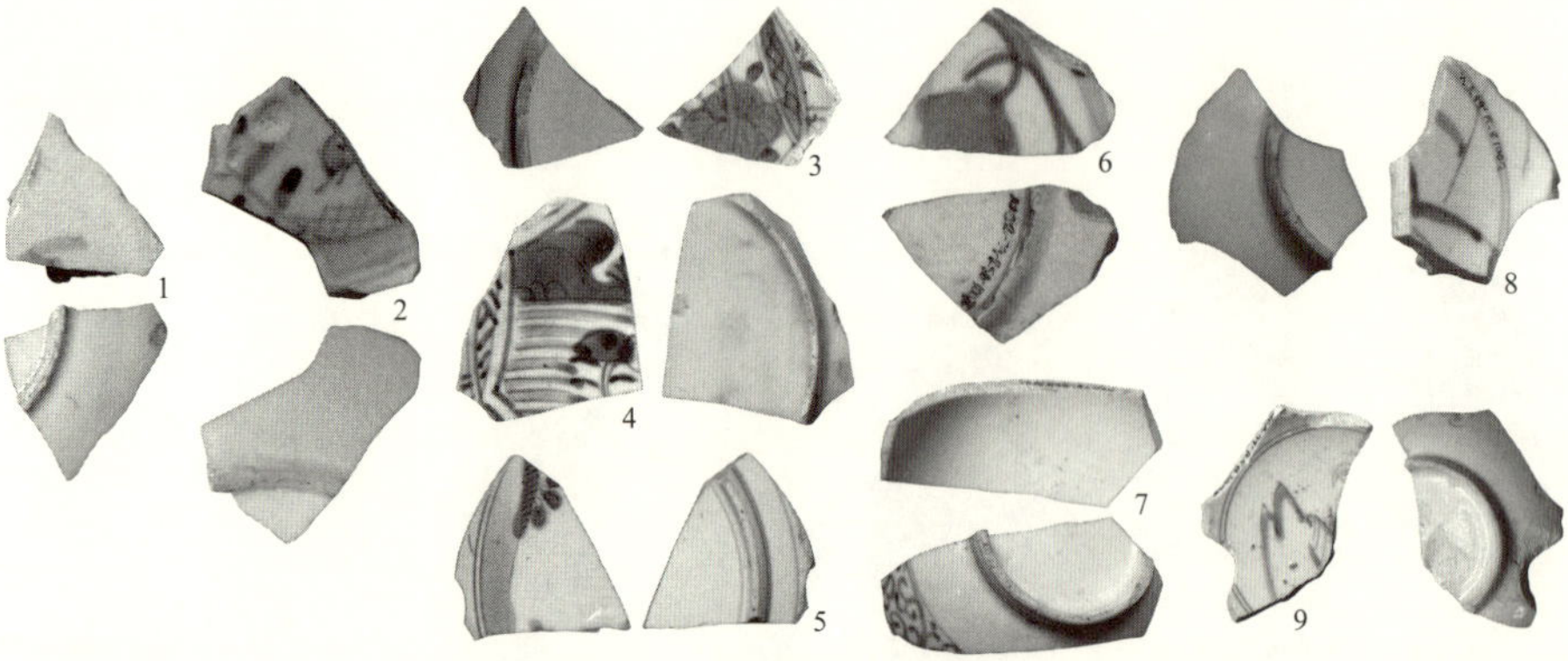

図101　マニラ・パリアン遺跡出土肥前磁器（縮尺不同）（Courtesy: National Museum of the Philippines）

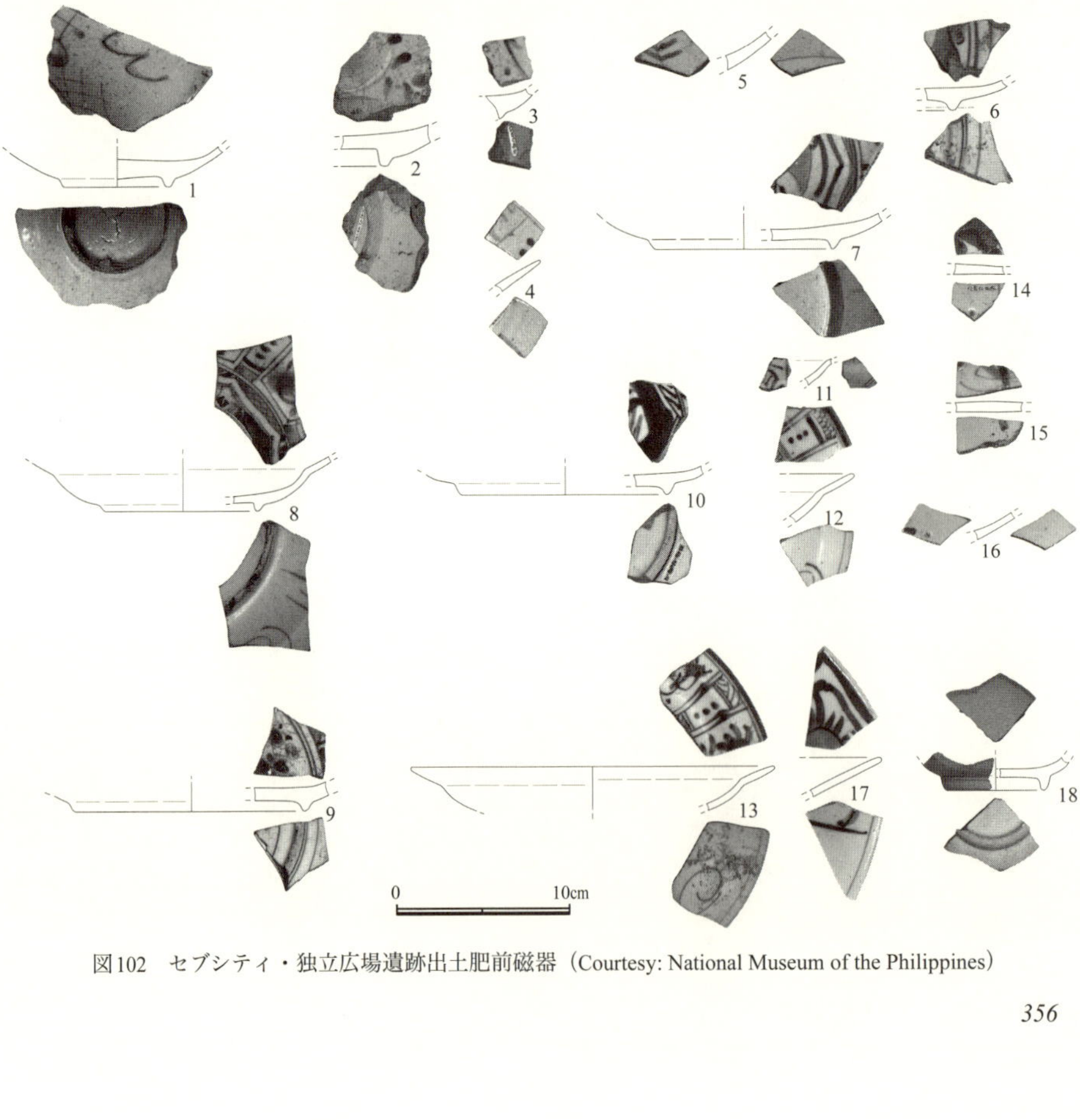

図102　セブシティ・独立広場遺跡出土肥前磁器（Courtesy: National Museum of the Philippines）

花鳥文チョコレートカップなどの有田の内山地区で生産された製品の他、粗製の染付見込み荒磯文碗、波佐見で生産されたと思われる染付見込み日字芙蓉手皿などが出土している。

（独立広場遺跡）

セブシティのサン・ペドロ要塞の前面に位置する広場であり、地下道路の建設に伴い、発掘調査が行われ、数多くの陶磁器が出土している。付近にはセブ大聖堂、サント・ニーニョ教会、マゼラン・クロスなどがあり、スペイン人社会の需要を色濃く反映したものとなっている。需要の性格はマニラのスペイン人居住区であるイントラムロスと共通すると考えられる。

マニラのイントラムロスの各遺跡などでみられる一七世紀中頃の染付宝文芙蓉手皿（図102-7）、一六五〇〜一六七〇年代の粗製の染付芙蓉手皿、一六六〇〜一六八〇年代の比較的上質の染付芙蓉手皿の他、一七世紀後半の染付碗も確認できる。

（旧イエズス会宅遺跡）

セブシティに建設された最初の通りと言われるコロン通り（口絵26）に近く、旧パリアン地区（中国人街）に位置している。一七三〇年に建築されたイエズス会宅（口絵27）の柱の修復に伴って、大量の陶磁器が出土している（口絵28）。出土した陶磁器の多くはイエズス会宅建築以前のものであり、パリアン地区という商業地としての性格上、出土している陶磁器は多様な需要を反映している。

一六五〇〜一六七〇年代に有田の外山地区などで生産された粗製の染付芙蓉手皿を中心に、一六六〇〜一六八〇年代に有田の内山地区などで生産された比較的上質な染付芙蓉手皿、一六六〇〜一六八〇年代の染付チョコレートカップおよび瑠璃釉チョコレートカップ、色絵蓋物、染付山水文皿、染付唐草文蓋物などが出土している（図103）。

（ボルホーン教区教会遺跡）

セブ島南部の東海岸に位置するボルホーンのボルホーン教区教会の前面に広がる広場に位置している（口絵29・30）。教会は一七八三年に建築されたもので、セブ島で現存する石造教会の中で最古のものである。二〇〇七年からサン・カルロス大学やフィリピン国

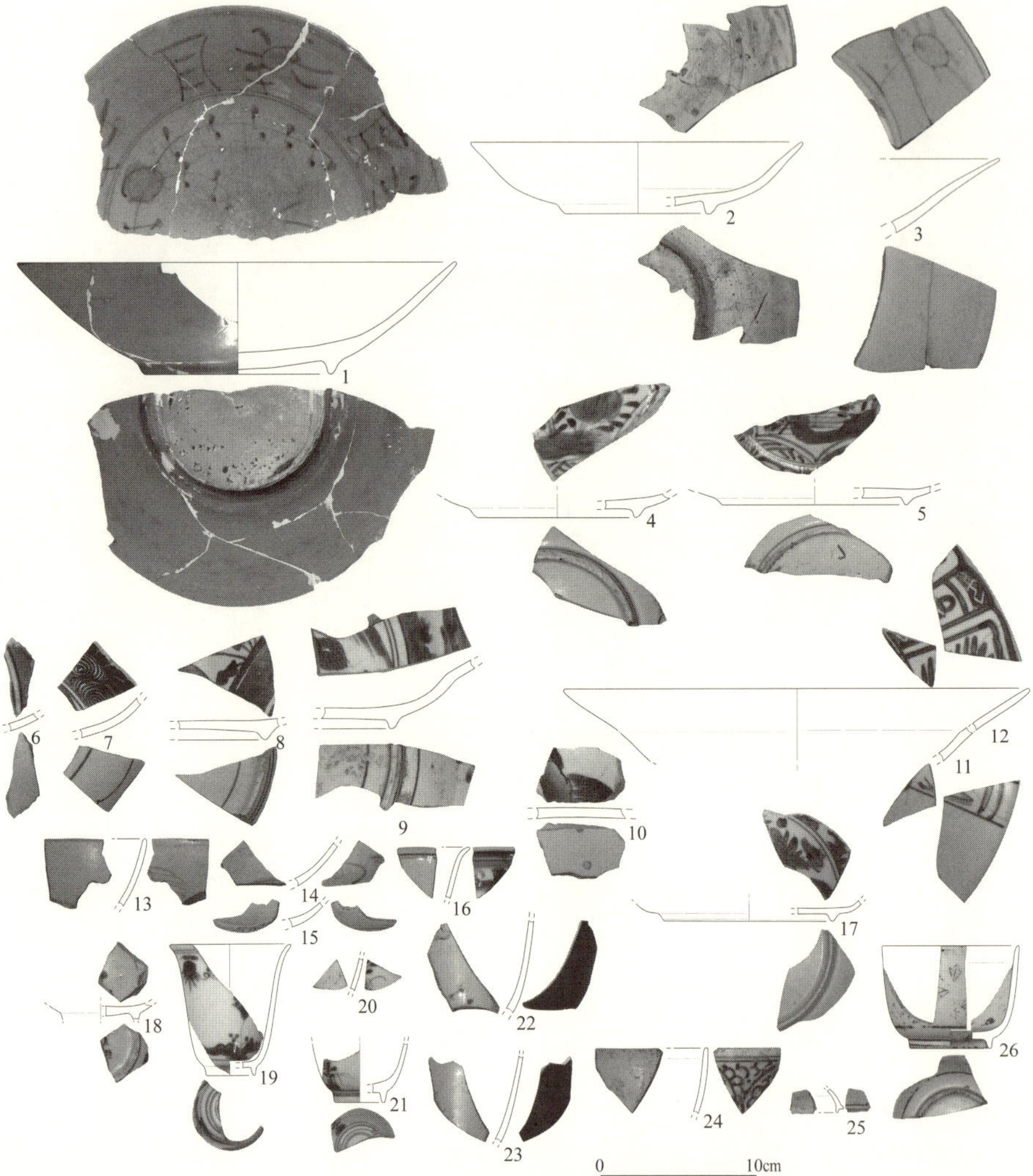

図103　旧イエズス会宅跡遺跡出土肥前磁器（Courtesy: Jesuit House）

立博物館によって調査が行われている（Leonほか2009）。これまで墓葬された人骨が副葬品とともに数多く発見されている。これらの副葬品の中に肥前磁器が含まれていた（図104）（野上二〇一三a、二〇一五a）。

一六五〇～一六六〇年代頃に嬉野市吉田地区（佐賀県）で生産された色絵仙境図大皿（図104-1）が遺体の顔に被せられた状態で出土している（口絵31）。この種の色絵素地は吉田2号窯跡で出土しており、海外ではインドネシアのバンテン遺跡、パサリカン遺跡などで出土している。一六五〇～一六七〇年代に有田で生産された色絵瓶（図104-2）が、遺体の腰のあたりに置かれた状態で発見されている（口絵33・34）。一六五〇～一六七〇年代に有田で生産された染付小瓶（図104-3）が、内面に葉を一枚描いた一七世紀後半の中国染付皿の上に置かれた状態で出土している（口絵32）。その他、一七世紀中頃の染付芙蓉手皿、一七世紀後半の染付チョコレートカップと見られる製品の小片が出土している。一八世紀前半の色絵ソーサーの可能性をもつ破片も見られるが、小片であるため、肥前磁器か中国磁器か判別が難しい。

(5)　メキシコ（図105）

(テンプロ・マヨール遺跡)

現在のメキシコシティは、アステカ帝国の首都であったテノチティトランの上に築かれている。テノチティトランの中心部にあった中央神殿がテンプロ・マヨールである（口絵35）。スペイン人はかつての都の中心部に自らの都を建設している。テンプロ・マヨール遺跡の発掘調査で出土する肥前磁器は、もちろんテンプロ・マヨールの遺構に伴うものではなく、テンプロ・マヨール破壊後の堆積土や造成土、廃棄土に含まれていたものである。また、現在、この地区一帯は歴史地区として保存されており、工事等に際して発掘調査が行われており、それに伴って陶磁器が出土している。

筆者は二〇〇六年、二〇〇九年、二〇一〇年にわたって、陶磁器調査を行った。その結果、約四六点の肥前磁器を確認できた（口絵36、図107・108）。一六六〇～一六八〇年代に有田の内山地区などで生産された染付花虫文芙蓉手皿（図107-1～3）、染付山水文大皿（図108-7）、染付チョコレートカップ（図108-10～26）、瑠璃釉チョコレートカップ（図107-13）、染付瓶などの他、一六七〇～一七〇〇年代の染付見込み五弁花文碗が見られる（図107-12）。また、玉縁状の口縁をもった髭皿と思われるものも出土している（図107-8）。

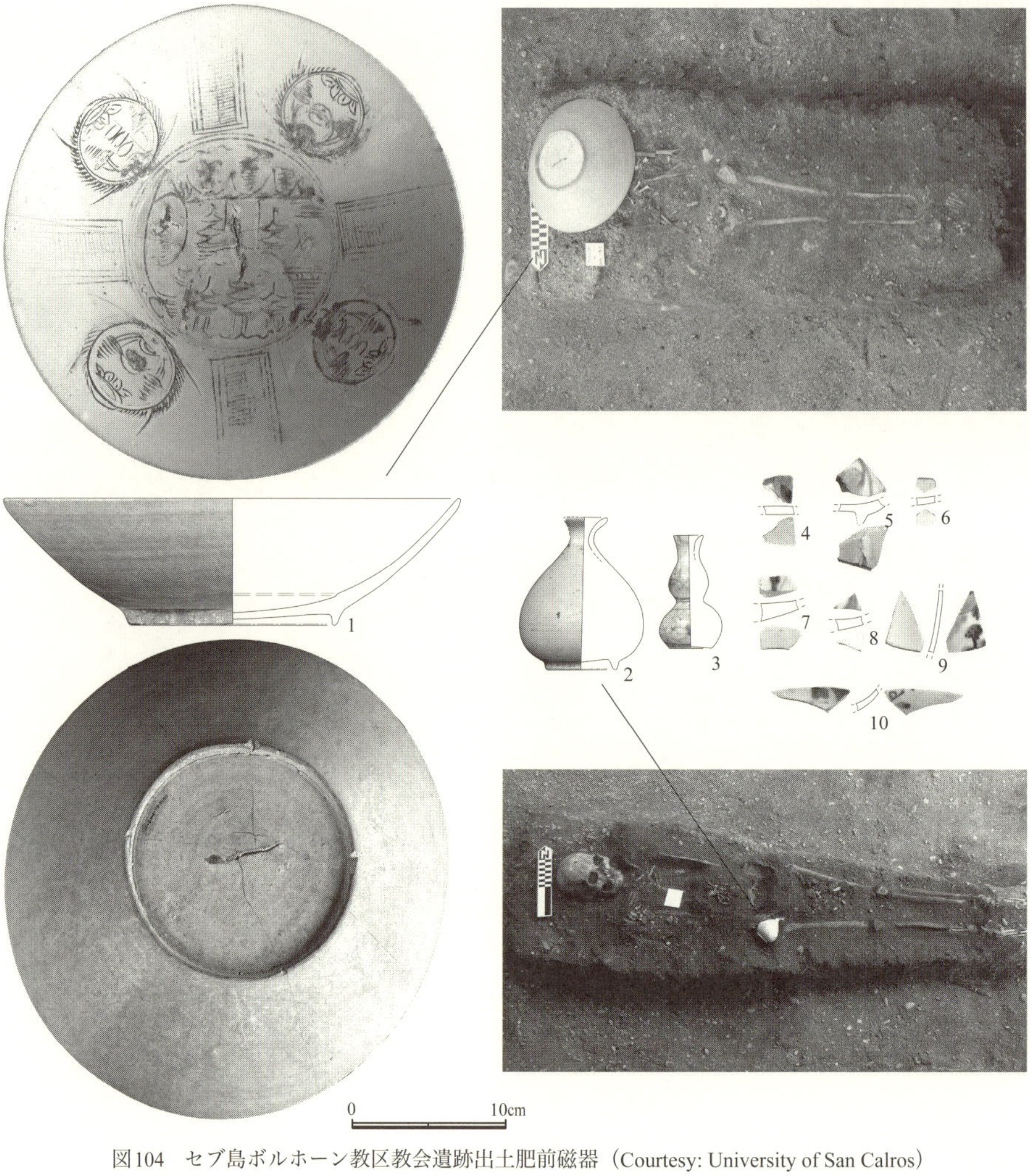

図104　セブ島ボルホーン教区教会遺跡出土肥前磁器（Courtesy: University of San Calros）

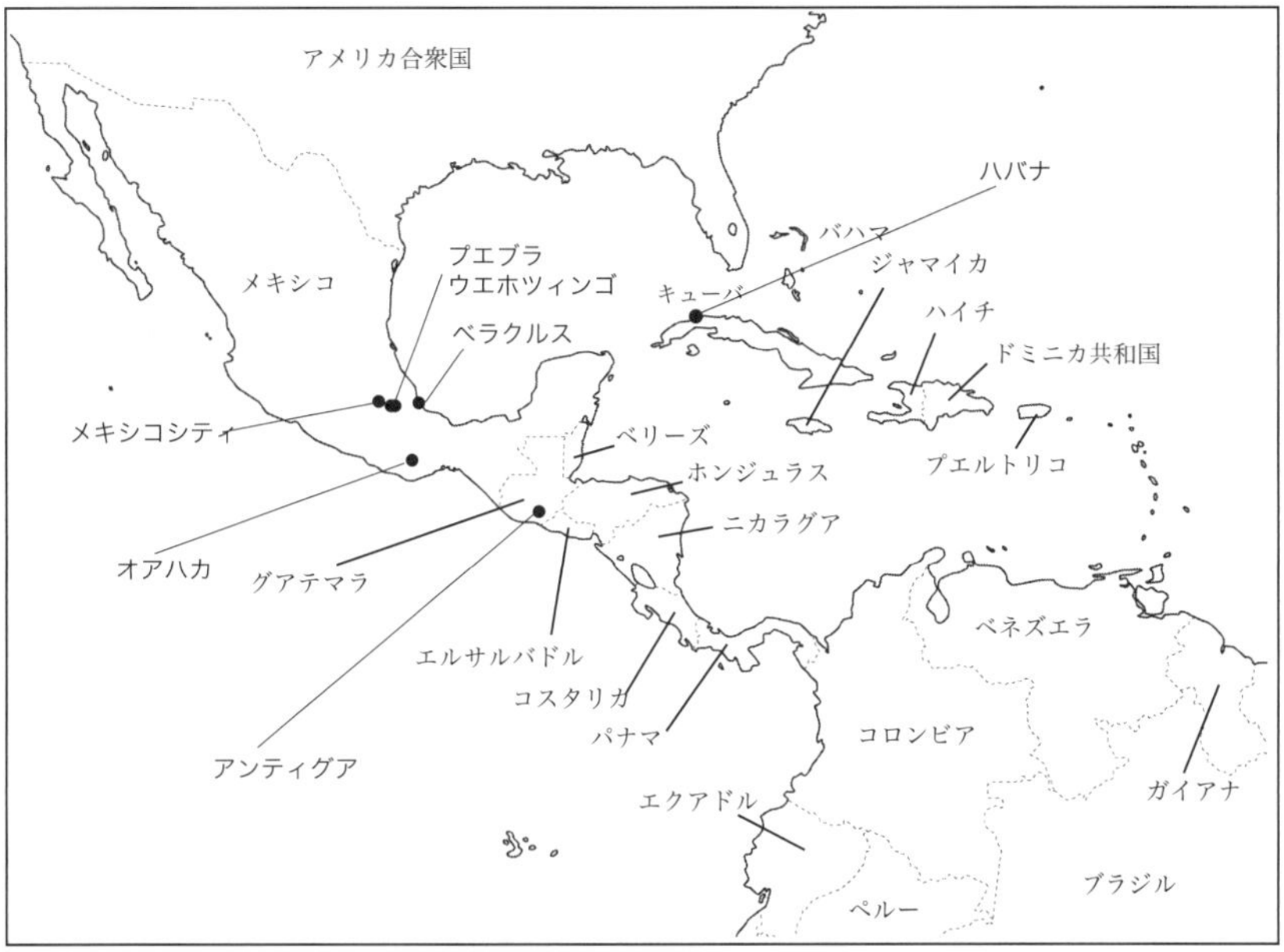

図105　中米・カリブ海における肥前磁器出土分布図

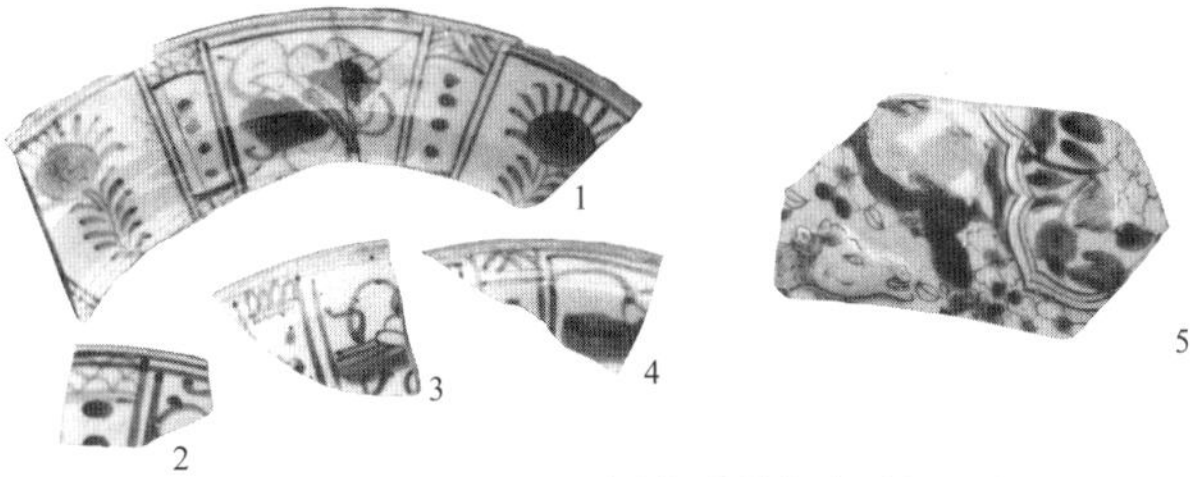

図106　メキシコシティ出土肥前磁器（三杉1986）

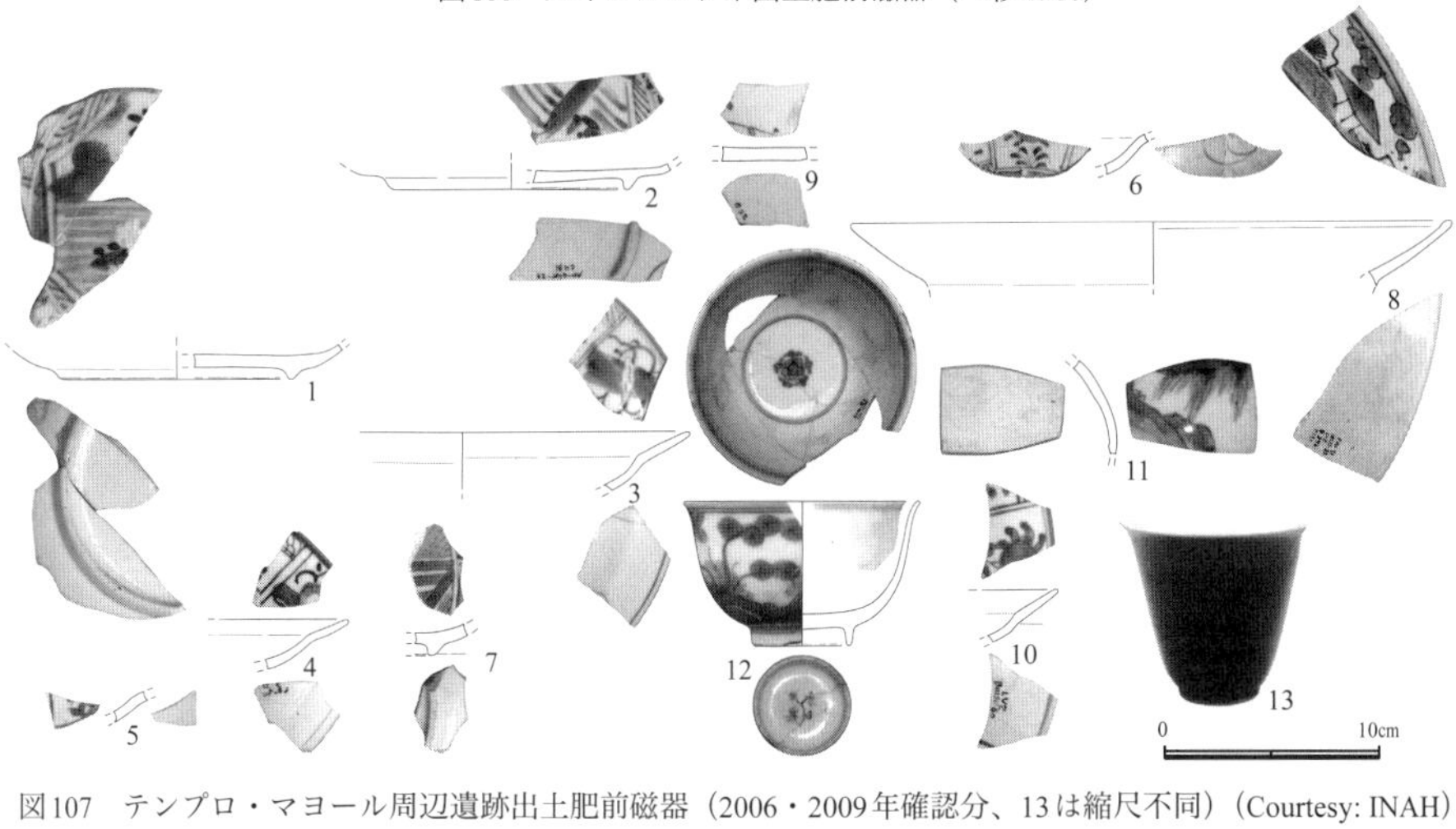

図107　テンプロ・マヨール周辺遺跡出土肥前磁器（2006・2009年確認分、13は縮尺不同）（Courtesy: INAH）

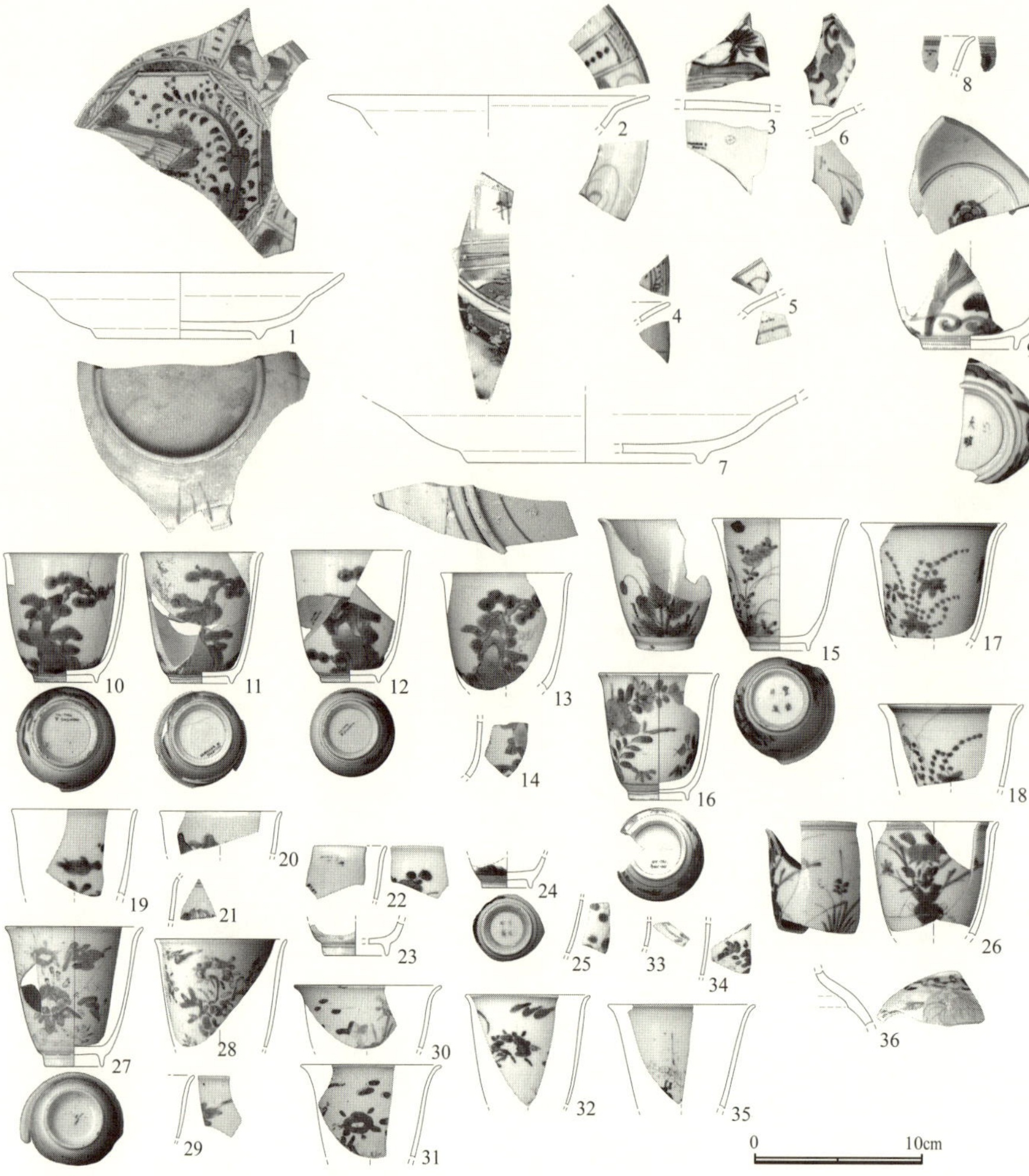

図108　テンプロ・マヨール周辺遺跡出土肥前磁器（2010年確認分）（Courtesy: INAH）

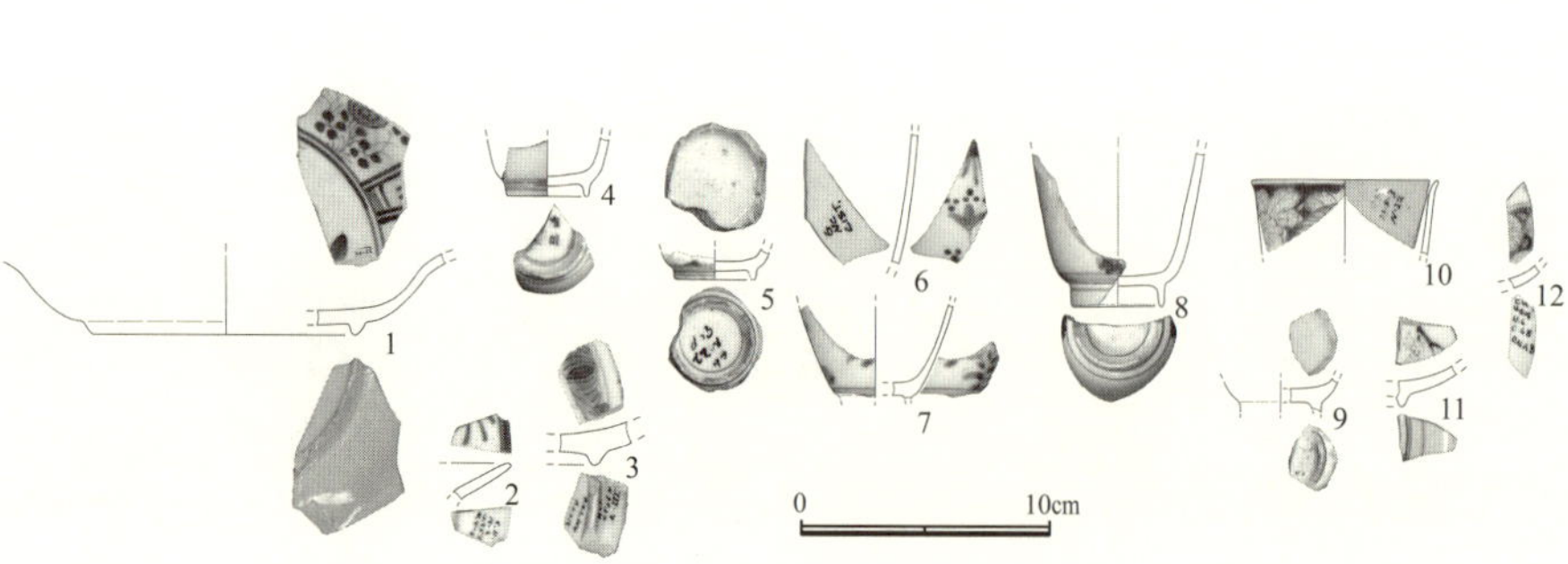

図109　メキシコシティ市内遺跡出土肥前磁器（2010年確認分）（Courtesy: Ceramoteca INAH）

（メキシコシティ市内遺跡）

テンプロ・マヨール遺跡以外にもメキシコシティの各地点から肥前磁器の出土が確認されている。メキシコシティで初めて肥前磁器の出土を確認したのは三杉隆敏である。メキシコシティで一九六八～一九七〇年までの三年間に市中心部から郊外に伸びる三本の地下鉄工事があり、その際に大量の土器、陶磁器が出土している。ほとんどが地元産の低火度の土器であったが、中国磁器二九一点と肥前磁器四点が含まれている（三杉一九八六、一四九頁）。肥前磁器の四点はすべて同種のもので、一六六〇～一六八〇年代に有田の内山地区などで生産された染付花虫文芙蓉手皿の破片である（図106-1～4）。

二〇〇六年以降の筆者の調査でも数多くの肥前磁器の出土を確認している（図109・110）。三杉が紹介した染付花虫文芙蓉手皿の他、一六六〇～一六八〇年代の有田の染付花卉文芙蓉手皿（図110-6）、染付チョコレートカップ（図109-5～8）、色絵チョコレートカップ（図109-9）、一六八〇～一七四〇年代の色絵カップアンドソーサー（図109-10～12、図110-8～11）などがある。

（サン・アンヘル）

メキシコシティのサン・アンヘル地区にカサ・デル・リスコという邸宅がある。その中庭に陶磁器片や貝殻を壁面にはめ込んで装飾を施した噴水施設が残っている（口絵37・38、図111）。一八世紀後半に

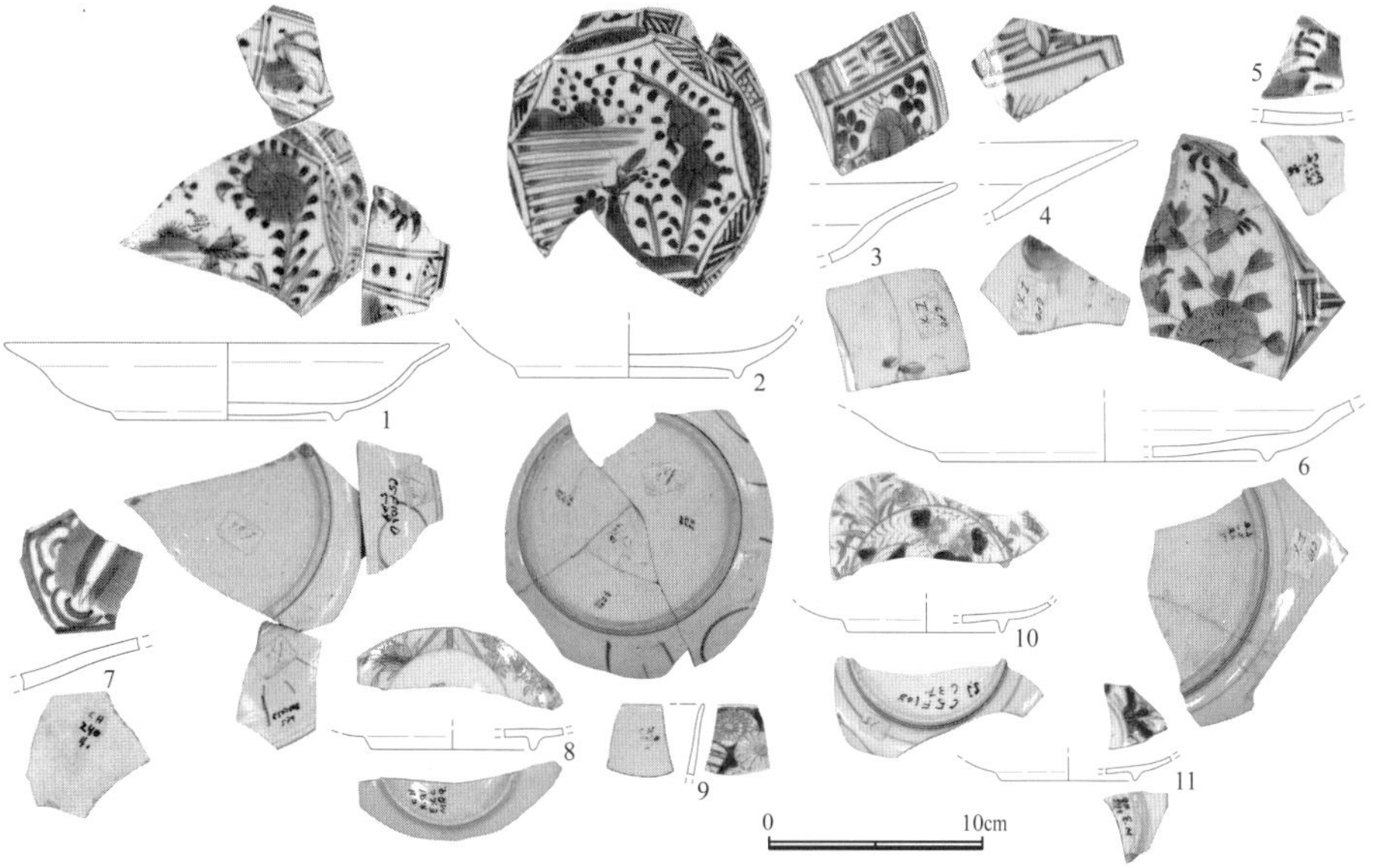

図110　メキシコシティ市内遺跡出土肥前磁器（2009年確認分）（Courtesy: Ceramoteca INAH）

作られたと考えられており、一九三〇年代になって修復・復元作業が行われた際に、新しい陶磁器が欠落部分に埋め込まれていったという（たばこと塩の博物館二〇〇九）。そのため、壁面に見られる一八世紀後半以前のものについては後世の持ち込みではなく、当時の廃棄品を再利用したものと考えている。出土品ではないが、一般の伝世品と異なり、後世の持ち込みの可能性が低いため、出土品に準じる資料として紹介する。

装飾壁面にはめこまれた陶磁器の中で確認できる肥前磁器は、一七世紀後半から一八世紀前半にかけての製品にほぼ限られている。また、生産窯はいずれも有田であり、内山地区の窯の製品がほとんどである。種類は染付、色絵（金襴手）などがある。器種は中皿、大皿、壺、碗蓋などがある。

主なものを挙げると、一六六〇〜一六八〇年代の染付花虫文芙蓉手皿（図111-1）、染付山水文大皿（図111-2）、染付菊花文壺（図111-3）、一六八〇〜一七一〇年代の染付花盆文芙蓉手皿（図111-4）、一七〇〇〜一七四〇年代の色絵碗（チョコレートカップ）の蓋などがある（図111-5）。

（オアハカ）

オアハカはオアハカ州の州都である。市内の歴史地区内のサント・ドミンゴ修道院の発掘調査で数多くの肥前磁器が出土しており（Serafín・Dávila 2007）、その一部はオアハカ文化博物館で展示されている（田中二〇一〇）。サント・ドミンゴ修道院で最も多く出土している肥前磁器は、染付および色絵、瑠璃釉掛分のチョコレートカップである（図112・113）。一六六〇〜一六八〇年代で有田の内山地区などで生産されたものである。次いで一六六〇〜一六八〇年代の染付花虫文芙蓉手皿が出土する。他には一七世紀後半の染付ケンディ、色絵蓋物の蓋、一八世紀前半の色絵（金襴手）ソーサーなどが出土している（野上二〇一三a）。

（ベラクルス）

ベラクルスはメキシコ湾岸に位置する港町である。スペイン植民地時代には大西洋側の貿易港として栄えた。ベラクルス市内から出土した陶磁器の中に五点の肥前磁器の破片の出土を確認した（図114）（野上・アランダ二〇一一）。一六六〇〜一六八〇年代に有田の

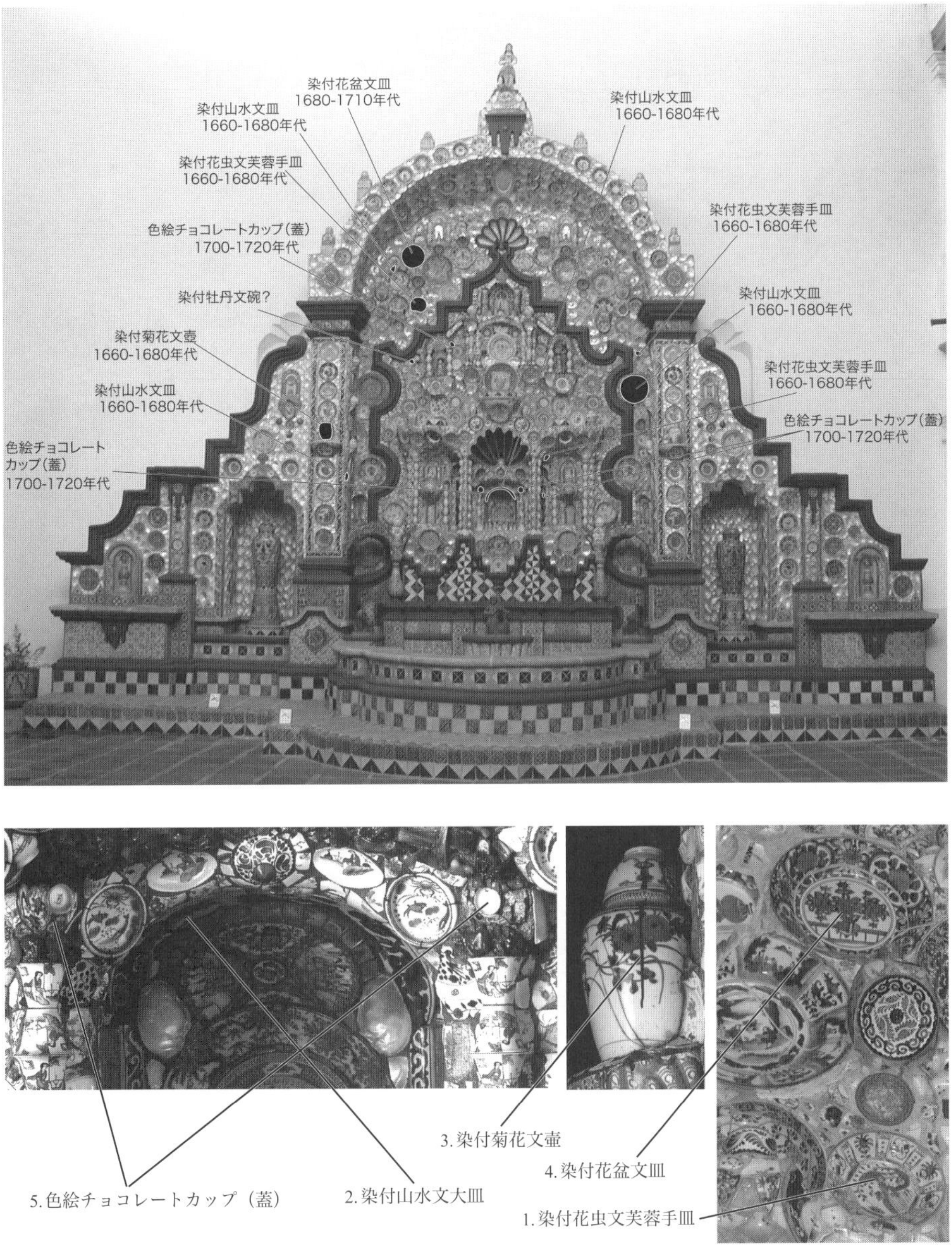

図111　カサ・デル・リスコで確認された主な肥前磁器

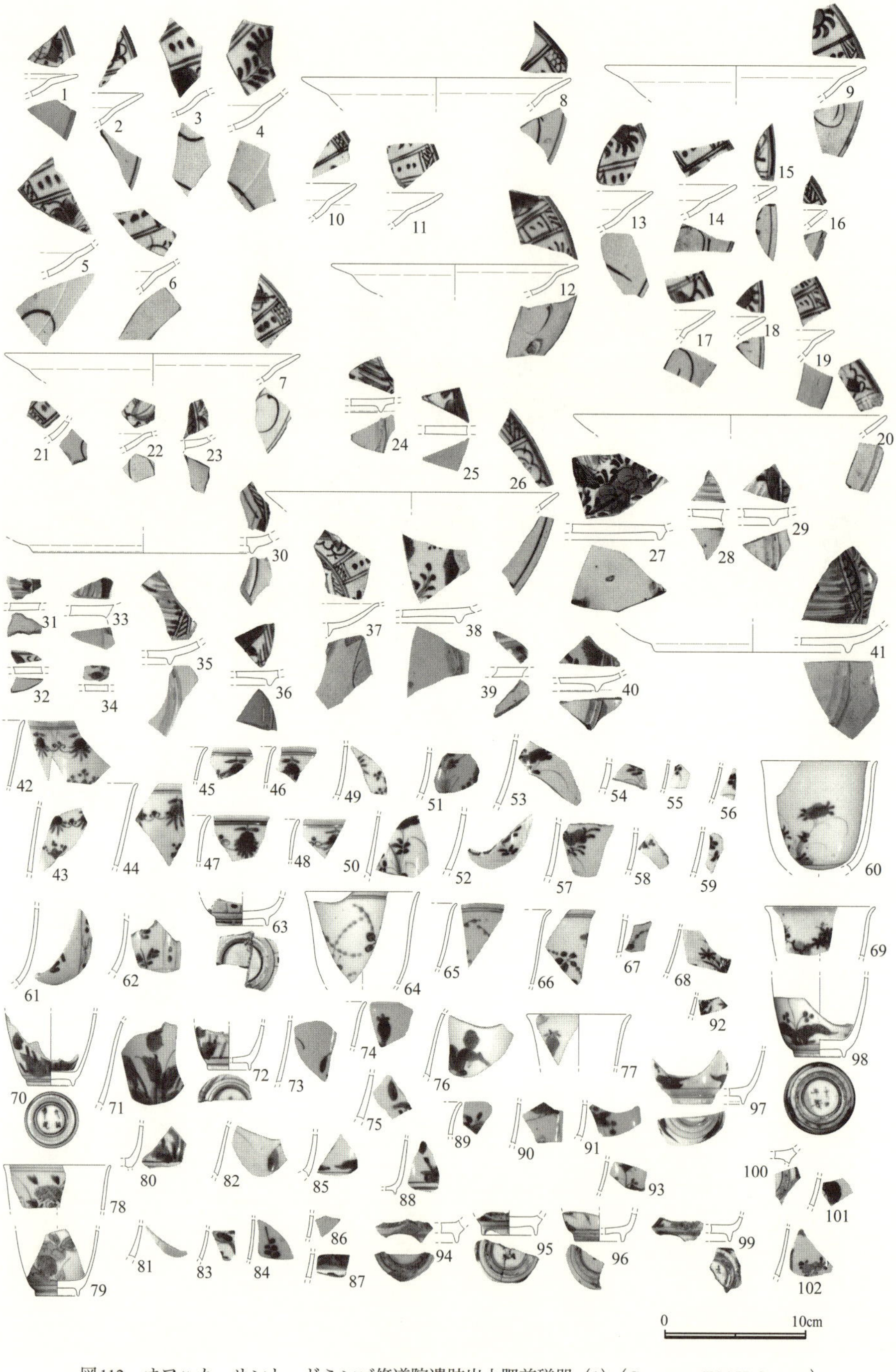

図112　オアハカ・サント・ドミンゴ修道院遺跡出土肥前磁器（1）（Courtesy: INAH-Oaxaca）

内山地区などで生産された染付花虫文芙蓉手皿の破片や染付チョコレートカップ、一六五〇〜一六八〇年代の染付牡丹文皿、一六五〇〜一六八〇年代の山水文と思われる染付皿、一七〇〇〜一七四〇年代に有田の内山地区で焼かれ、赤絵町で上絵付けされた色絵（金襴手）カップアンドソーサーのソーサーが出土している。

（プエブラ）

メキシコシティから東へ一二〇kmほどの位置にある。メキシコシティとベラクルスを結ぶ交通の要衝として発展してきた都市であり、プエブラ陶器の産地としても知られる。一七世紀後半の染付皿、染付碗が出土している。

（ウエホツィンゴ）

プエブラの北西二六kmに位置する村である。一七世紀後半の染付花虫文芙蓉手皿、染付碗が出土している。

(6)　グアテマラ（図105）

（アンティグア・グアテマラ）

グアテマラの首都として栄えた古都である（口絵39）。一七七三年のサンタ・マルタの大地震による壊滅的な破壊を受け、

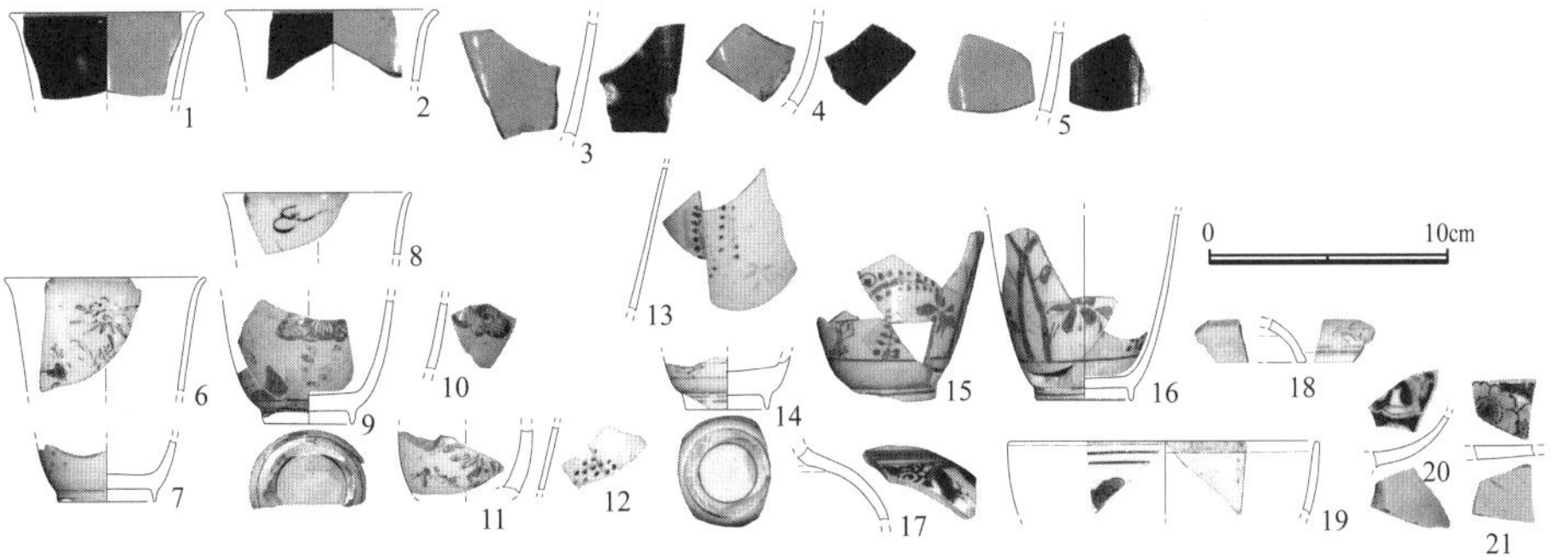

図113　オアハカ・サント・ドミンゴ修道院遺跡出土肥前磁器（2）（Courtesy: INAH-Oaxaca）

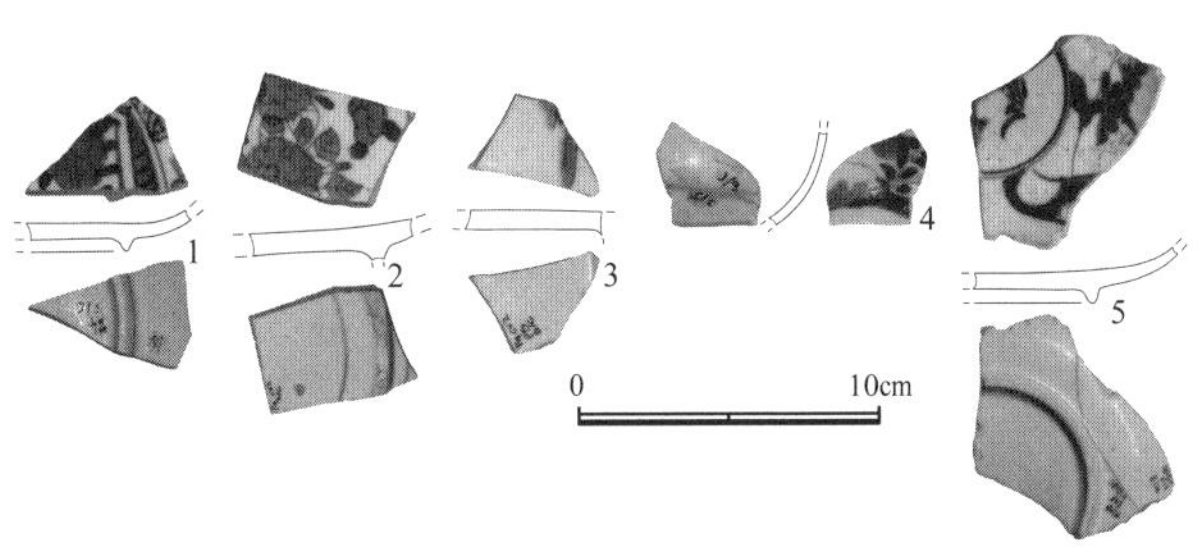

図114　ベラクルス出土肥前磁器（Courtesy: INAH-Veracruz）

現在のグアテマラシティに首都は移転した。町中には教会や修道院がそのまま廃墟として残されている（口絵40）。近年の発掘調査によって、これらの廃墟から数多くの陶磁器が出土しており、その中には肥前磁器も含まれている（図115）。これまで肥前磁器の出土が確認された遺跡は、サント・ドミンゴ修道院跡、ベアテリオ・デ・インディアス遺跡、サン・フランシスコ修道院跡である（野上二〇一四）。

サント・ドミンゴ修道院跡では三三点の肥前磁器が出土している（口絵41）。一六六〇～一六八〇年代の染付花虫文芙蓉手皿、染付牡丹文大皿、染付チョコレートカップ、色絵チョコレートカップ、瑠璃釉掛分チョコレートカップ、色絵蓋物あるいは鉢が出土している。ベアテリオ・デ・インディアス遺跡では三点の肥前磁器が出土している。染付芙蓉手皿と染付チョコレートカップである（野上二〇一四）。そして、サン・フランシスコ修道院跡では瑠璃釉掛分のチョコレートカップが出土している（Kuwayama and Pasinski 2002）。

(7) キューバ（図105）

（ハバナ）

スペイン植民地時代のハバナはカリブ海随一の貿易港であった。新大陸からスペイン本国へ向かう船はハバナに集結した。ハバナの旧市街のアルマス広場やサンタ・クララ修道院跡から一六六〇～一六八〇年代の有田の染付チョコレートカップが出土している（口絵42～45、図116）（田中二〇一〇、野上・エスピノサ二〇一五）。

(8) ペルー

（リマ）

首都リマの市内の各遺跡から一七世紀後半の肥前磁器が出土している（口絵46、図118）。いずれも染付のチョコレートカップである。ボデガ・イ・クアドラ遺跡 Bodega y Quadra から七点（口絵47・48、図118-1～7）、サンタ・カタリナ修道院遺跡 Santa Catalina から一点（図118-9）、ルースウェルト遺跡 Rooswelt から一点（図118-8）、計九点が確認されている。

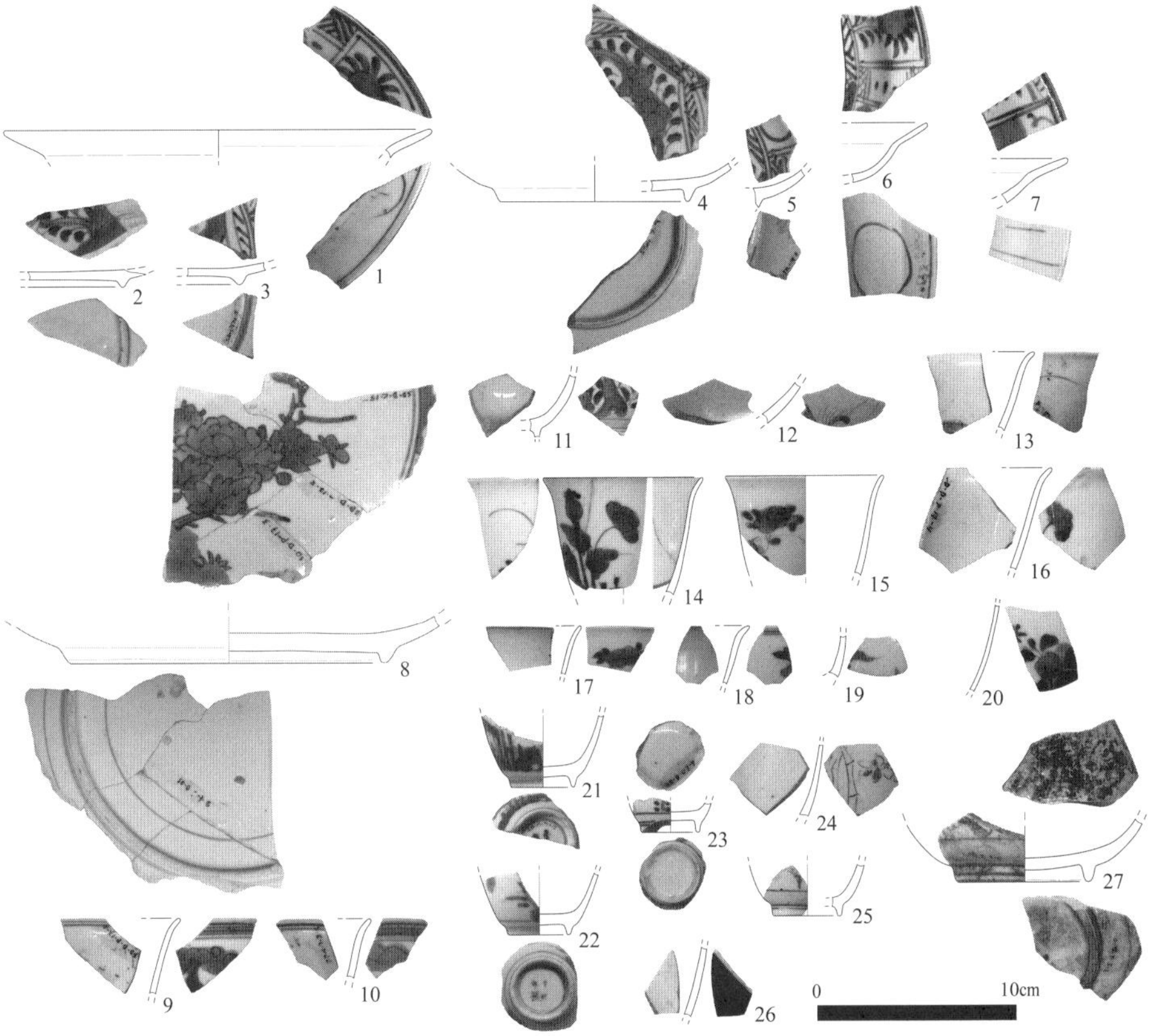

図115　アンティグア出土肥前磁器（Courtesy:El Proyecto Arqueológico Hotel Museo Casa Santo Domingo）

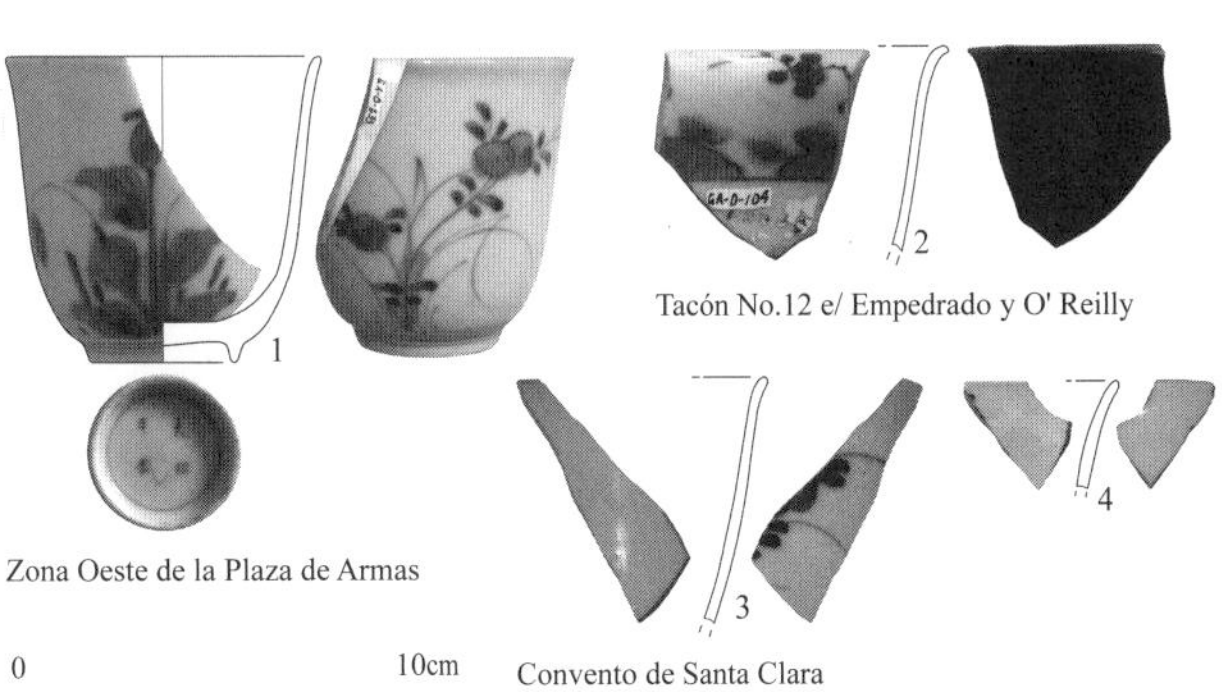

図117　ペルー伝世肥前磁器
（Kuwayama2000）

図116　ハバナ旧市街地出土肥前磁器

⑼　コロンビア

〈トゥンハ〉

トゥンハは、ボヤカ県の県都であり、首都ボゴタの北東一三〇kmに位置している（口絵49・50）。トゥンハ市内にある教会には、壁面に陶磁器の皿などを埋め込んで装飾としているものがいくつか見られる。カテドラルCatedralでは、キリスト像の背後の赤い壁面に、ヨーロッパ産の陶器などの皿の見込みの周囲を金に彩色した木製の花弁をあしらいながら、はめ込んで装飾していた。サン・フランシスコ教会Iglesia de San Franciscoでは、十字形を象った装飾の中心に陶器皿を配して、天井部に貼付けている。

そして、最も数多くの陶磁器を装飾に用いているのが、サント・ドミンゴ教会Iglesia de Santo Domingoである。サント・ドミンゴ教会は、一六世紀後半に建設が行われ、大部分は一六世紀末に行われたという（Sebastián 2006 p.115）。大天井部をはじめ、多くの天井や壁に陶磁器による装飾を施している。とりわけマリア像のチャペルでは、マリア像の背後の壁や天井を陶磁器や貝殻によって装飾している（口絵51）。東洋磁器によって装飾されていることがすでに報告されていたが、ガラス越しに観察する限り、東洋磁器を模してはいるものの、そのほとんどはヨーロッパ産の陶器であった。しかし、教会のご厚意により内部に入らせて頂くと、それらの陶磁器の中に一六世紀末〜一七世紀初の景徳鎮産の染付皿や一七世紀後半の有田の染付花虫文の芙蓉手皿が含まれていることが確認できた（口絵52）。特に後者はコロンビアで初めて確認された肥前磁器である。これまでメキシコシティ、オアハカ、ベラクルス、アンティグア・グアテマラなどで発見されているものであり、ラテンアメリカに広く流通した製品である。サント・ドミンゴ教会のこれらの皿は、考古資料ではないが、性格的にはメキシコのカサ・デル・リスコの磁器片と同様のものである。すなわち、後世に持ち込まれたものではなく、一七世紀後半に輸入されたものを装飾とした可能性が高く、当時の肥前磁器のコロンビアにおける流通

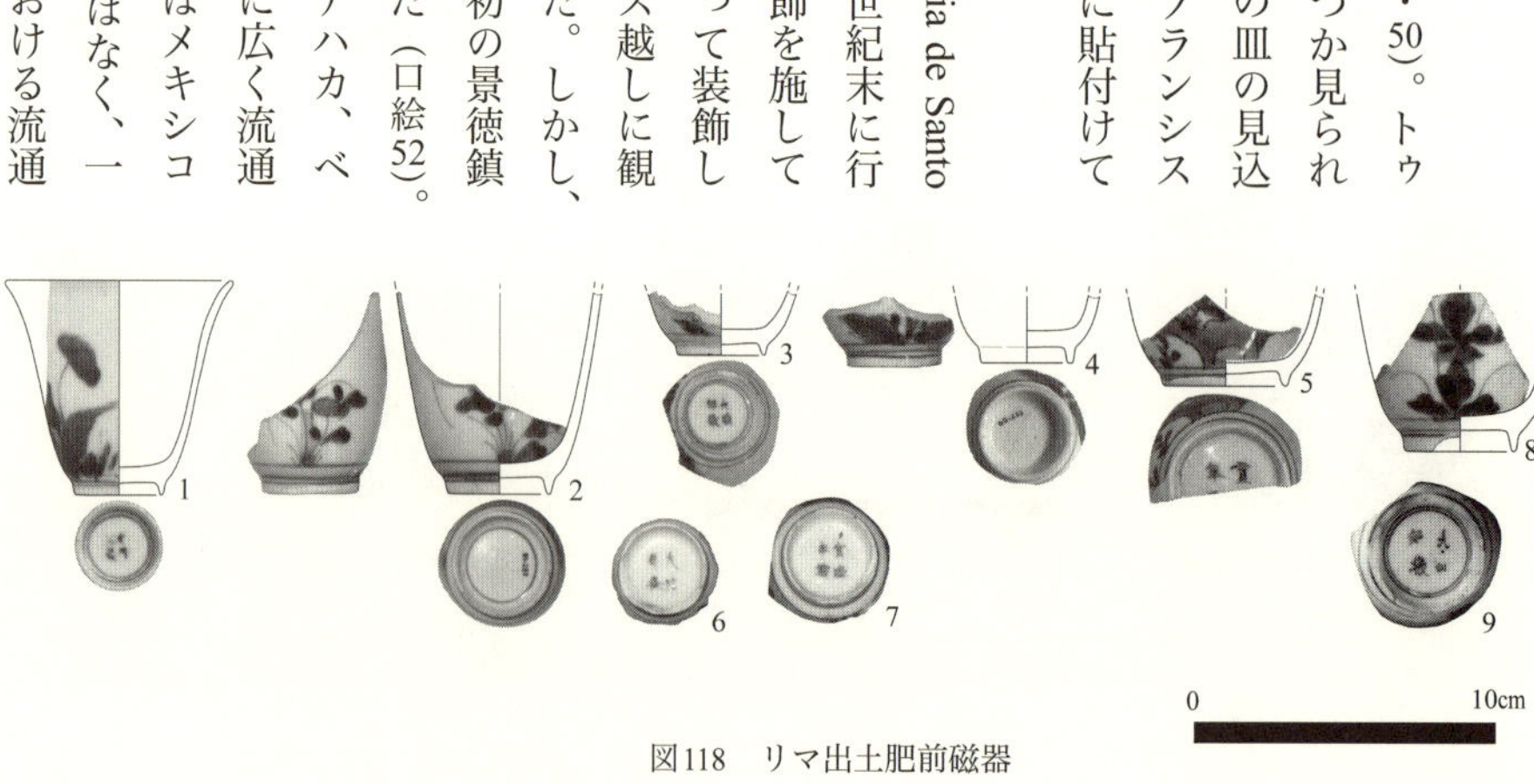

図118　リマ出土肥前磁器

を傍証するものとして、貴重な資料である。東洋磁器以外のヨーロッパ陶器皿も意匠は東洋磁器を模したものが多い。その他、ファン・デ・ヴァルガス博物館Museo Juan de Vargasにも同様の装飾が見られた。

⑽　スペイン

（トレド）

トレドのカプチナス修道院で肥前磁器が発見されており、トレドのサンタ・クルス博物館に収蔵されている（Krahe 2013）。一六六〇〜一六八〇年代に有田の内山地区などで生産された染付花虫文芙蓉手皿である。

（カディス）

カディスのHospital Real of Cádizで一九九八年に肥前の染付芙蓉手チョコレートカップが出土している（田中二〇一〇）。一六六〇〜一六八〇年代に有田の内山地区などで生産されたものである（後掲図122）。

第3節　フィリピンにおける需要と流通

第1項　イントラムロス出土の肥前磁器

イントラムロス出土の肥前磁器の年代については、大半が一六五〇〜一六八〇年代の製品である（図97〜100）。すなわち、一六八四年の展海令以前の製品が大半を占める。マニラに肥前磁器を輸入した担い手が唐船であると推定されることから妥当な結果と思われる。唐船は展海令公布後、本格的輸出が可能になった中国磁器を主に扱うようになるからである。一方、コンニャク印判の製品や染付便器など一七世紀末〜一八世紀初の製品であり、展海令前後あるいは以後の製品も少量見られる。

次に器種は圧倒的に皿が多い。特にイントラムロスの城壁内はその傾向が強い。中国磁器も同様の傾向を見せるので、地域の食生活を反映しているのであろう。染付便器や染付髭皿なども長崎のオランダ商館などで出土しており、ヨーロッパの生活様式を反映したものであろう。その中で環濠部付近に位置するパリアン遺跡では碗類が少量確認される。東南アジア一帯で出土が確認されている肥前の染付見込み荒磯文碗やその類いの碗である。

産地については、比較的上質な染付芙蓉手皿など(図97-2・3など)は有田の内山地区と一部の外山地区(外尾山や南川原山など)、粗製の芙蓉手皿など(図97-1など)は有田の外山地区や嬉野の吉田山を中心に焼かれた製品である。その他に波佐見産と推定されるものもある(図99-1)。

遺跡の性格と肥前磁器の出土傾向については、これまで肥前磁器が最も多く確認されている遺跡はプラサ・サン・ルイス遺跡である。これまでマニラで確認されている肥前磁器の半数近くがプラサ・サン・ルイス遺跡から出土したものである。一方、同じくイントラムロスの城壁の内側にあるバストン・デ・サン・ディエゴ遺跡の場合、肥前磁器はほとんど確認されないし、アユンタミエント遺跡も磁器全体の中で肥前磁器が占める割合は〇・七%と少ない。同じイントラムロスであっても遺跡によって大きく異なることがわかる。一七世紀後半以降の製品の割合が小さい遺跡では、全体の中で肥前磁器が占める割合も小さくなる。

一方、一七世紀後半以降の製品も多く出土するパリアン遺跡では、一・七%と全体の中での比率はアユンタミエント遺跡を上回っているが、肥前磁器が海外輸出された年代である一七世紀後半〜一八世紀前半の製品に限ると、アユンタミエント遺跡の場合、九・九%を肥前磁器が占めるのに対し、パリアン遺跡では四・二%を占めるのみであり、その数値は逆になる。これは両者の遺跡の需要の性格の違いによる可能性がある。アユンタミエント遺跡の出土磁器はスペイン人社会の需要を反映しているのに対し、イントラムロスの環濠部付近に位置するパリアン遺跡の出土遺物は華僑世界やフィリピン人などに関わるものである可能性が高い。マニラに肥前磁器を持ち込んだのは中国商人と推定されるが、一七世紀後半の清朝による海禁令下であっても華僑世界で自分たちが使用する磁器については、中国磁器をかなり輸入している可能性が考えられる(野上・李・盧・洪二〇〇五)。つまり、肥前磁器については中国商人や在マニラ華僑自らが使用するためではなく、スペイン人など他者と取引するための商品として持ち込んでいたと考えられる。そのため、華僑世界の中では肥前磁器の使用率は低く、むしろスペイン人社会の方が肥前磁器の使用が普及している可能性が考えられる。圧倒的に皿類が占める割合が高いこともそのことを示している。

以上のことから肥前磁器が遺物の中に数多く含まれる遺跡の条件を考えてみる。まず肥前磁器の海外輸出が本格化する一七世紀後半の遺物そのものが多いことである。次に景徳鎮系、福建・広東系を問わず、スペイン人社会の需要を反映した海外輸出向けの中国磁器が数多く出土する遺跡の方が、その性格上、肥前磁器が多く含まれる可能性が高い。器種で言えば、皿類が多く出土する遺跡の方が肥前磁器を多く含む可能性が考えられる。プラサ・サン・ルイス遺跡などはそうした諸条件が重なった遺跡ではないかと推測される。

第2項　セブ島出土の肥前磁器

セブ島内で肥前磁器が出土しているのは、セブシティの独立広場遺跡（図102）、イエズス会宅遺跡（図103）、ボルホーンのボルホーン教区教会遺跡（図104）の三ヶ所である。独立広場遺跡はサン・ペドロ要塞の前の広場の遺跡であり、付近にはマゼラン・クロス、セブ大聖堂、サント・ニーニョ教会などがあり、スペイン植民地時代の面影を色濃く残す土地である。出土する陶磁器も同様にヨーロッパ世界の需要を示したものであり、マニラのイントラムロスと同様にヨーロッパ世界の需要を示したものであり、マニラのイントラムロスと同様に染付芙蓉手皿などの皿類を中心としたものである。

イエズス会宅遺跡は、旧パリアン地区に位置している。一七三〇年にイエズス会宅が建てられたが、この建物の柱の修復作業に伴って、大量の遺物が出土している。出土する陶磁器の多くは一七三〇年以前のものであり、華僑等による商業地区の性格を反映したものと見られる。粗製の染付芙蓉手皿が最も多く、その他に比較的良質な芙蓉手皿、その他の染付皿、チョコレートカップなどがある。皿類が多い点は、マニラのイントラムロスや同じセブシティの独立広場遺跡と同様であるが、染付碗や染付蓋物、色絵蓋物なども見られ、比較的器種は多様である。

そして、ボルホーン教区教会遺跡は、現在の教会前に広がる広場に位置する教会建築以前の墓地遺跡である。副葬品として大皿や染付瓶や色絵瓶などが出土している。出土した破片の中に皿類も見られるが、器種が多様であるという点では、イントラムロス内の遺跡よりはパリアン遺跡に近い印象を受ける。

これら三者の違いについては、スペイン人社会と非スペイン人社会（華僑社会、フィリピン人社会）との違い、生活に関わる遺跡、流通に関わる遺跡と墓葬に関わる遺跡という性格の違い、あるいはこれらの要素が組み合わさったことによるものであろう。

セブ島に肥前磁器が輸入される形態はいくつか考えられるが、まずマニラから再分配される場合と直接セブに持ち込まれる場合が考えられる。またその担い手もスペイン船である場合と唐船である場合が考えられる。セブシティの独立広場遺跡の出土磁器は、イントラムロス出土磁器の傾向と類似しているため、マニラで再分配されてスペイン船などで運ばれた可能性も考えられるが、イエズス会宅の出土遺物をみると、スペイン人社会の需要も満たしており、セブのパリアンに直接、唐船が運んだものをスペイン人が入手した可能性も考えられる。ボルホーンの場合、セブのパリアンに輸入されたものがもたらされたと考えるのが妥当のように思える。

第4節　マニラへの流通ルート

マニラで肥前磁器の出土が確認されたことから、マニラでの陶磁器調査を継続するとともに、マニラへの輸入経路の調査を始めた。輸入経路が合理的かつ妥当性のあるものでなければ、これらの出土品も一般的な貿易によるものではなく、偶発的にマニラにもたらされたものと考えざるをえなくなるからである。唐船が長崎からマニラに直接、輸出した記録は知らないので、台湾海峡周辺や中国沿岸の交易都市を中継地として想定することにし、二〇〇五年に台南、マカオ、二〇〇九年に台南・澎湖諸島、二〇一〇年にマカオの調査を行った。その結果、それぞれの地で肥前磁器の出土を確認することができた。かつそれらはマニラで発見されている肥前磁器と同種のものを含んでいた。その結果、マニラへの輸入経路をいくつか想定することが可能になった。

長崎に入港できる外国船はオランダ船と唐船であった。オランダ船が敵対するスペインのマニラに貿易に出かけるとは考えにくく、マニラに肥前磁器を運んだ可能性が高いのは唐船である。一六五六年の海禁令以後、肥前磁器の海外輸出が本格化し、多くの唐船が中国大陸の鄭成功一派の本拠地を経由して、各地に運んでいる。すなわち、大陸側を本拠地にしていた間は、長崎から厦門、金門・銅山島、安海などを中継してマニラへ運ばれたと想定される。さらに一六六一～一六六二年に台湾に拠点が移ってからは、台湾を中継してマニラへ運ばれたと想定するのが最も妥当と考える。もちろん、三杉が言及したようにバタビアを経由したルートも考えられるし、バタビア以外の東南アジアの交易都市で入手することも理論上可能であるが、最も合理的な流通ルートとして想定されるのは、台湾海峡周辺の鄭成功一派の本拠地を経由するルートであろう。その他、マニラへの流通ルートとしては、マニラ—マカオ貿易によってマニラに流入した可能性も考えられる。そこで二〇〇五年から、台湾海峡の周辺の陶磁器の出土状況に関心を持ち、盧泰康とともに継続的に調査を行ってきた。また、王淑津や栗建安の協力を得ながら、情報収集を図ってきた。その結果、金門島、東山冬古湾沈没船、澎古諸島、台南地区、マカオにおいて肥前磁器の出土・採集を確認できた。

これらの資料から時期毎にマニラへの流通ルートをまとめてみる。

［一六五〇～一六六〇年代］

一六五六年の海禁令の公布から一六六三年頃に鄭成功一派が台湾に本拠を移すまでの時期である。マニラで出土している肥前磁器でこの時期に該当すると推定される製品は、粗製の芙蓉手皿である。海禁令前後あるいは直後に輸出されたものである。この時期には盛んに大量の「粗製の磁器」を長崎からアモイや安海など中国大陸側の拠点に輸出している（山脇一九八八、二七六頁）。アモイに近接する金門島で発見された染付芙蓉手皿（図94）はこの時期の製品であり、この時期のマニラへの流通ルートとしては、長崎～アモイ・金門島～マニラというルートが想定される（図119）。

［一六六〇～一六八〇年代］

鄭成功一派が台湾のオランダ勢力を駆逐し、本拠を置いてから、一六八三年に降伏するまでの時期である。この間、鄭経は一六六六年にアモイに進駐し、海上貿易を行い、一六七四年には金門島、アモイを奪回している。

マニラで出土する肥前磁器は、この時期の製品が中心となっている（図97～101）。澎湖諸島や台湾で発見されている染付見込み荒磯文碗や染付芙蓉手皿などもこの時期の製品であり（図91～93）、この時期のマニラへの流通ルートとしては、主に長崎～台湾～マニラというルートが想定される（図120）。

この時期、台湾からマニラへ多くの陶磁器が輸入されていることは文献記録にも残されている。方真真はスペイン・セルビアのArchivo General de Indias にある税関記録（Testimonio a la letra de todos los registros de visitas de champanes y pataches que han venido al comercio de estas

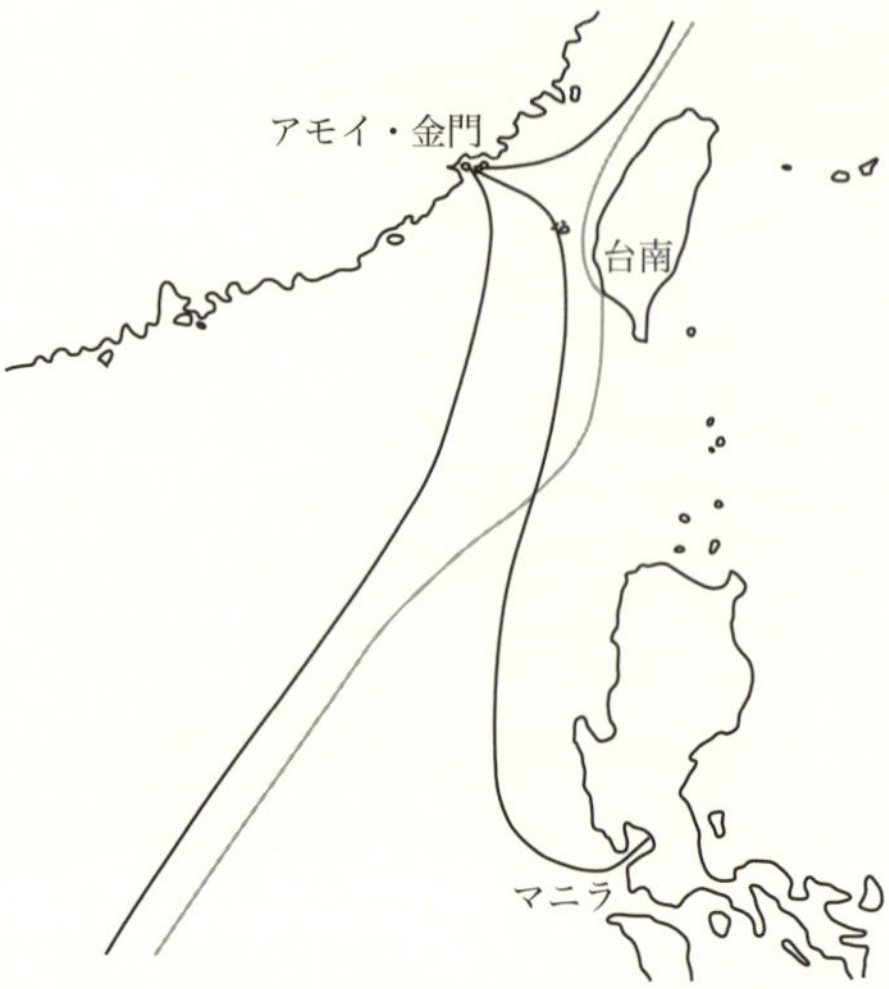

図119　肥前磁器の流通ルート（1650〜1660年代）

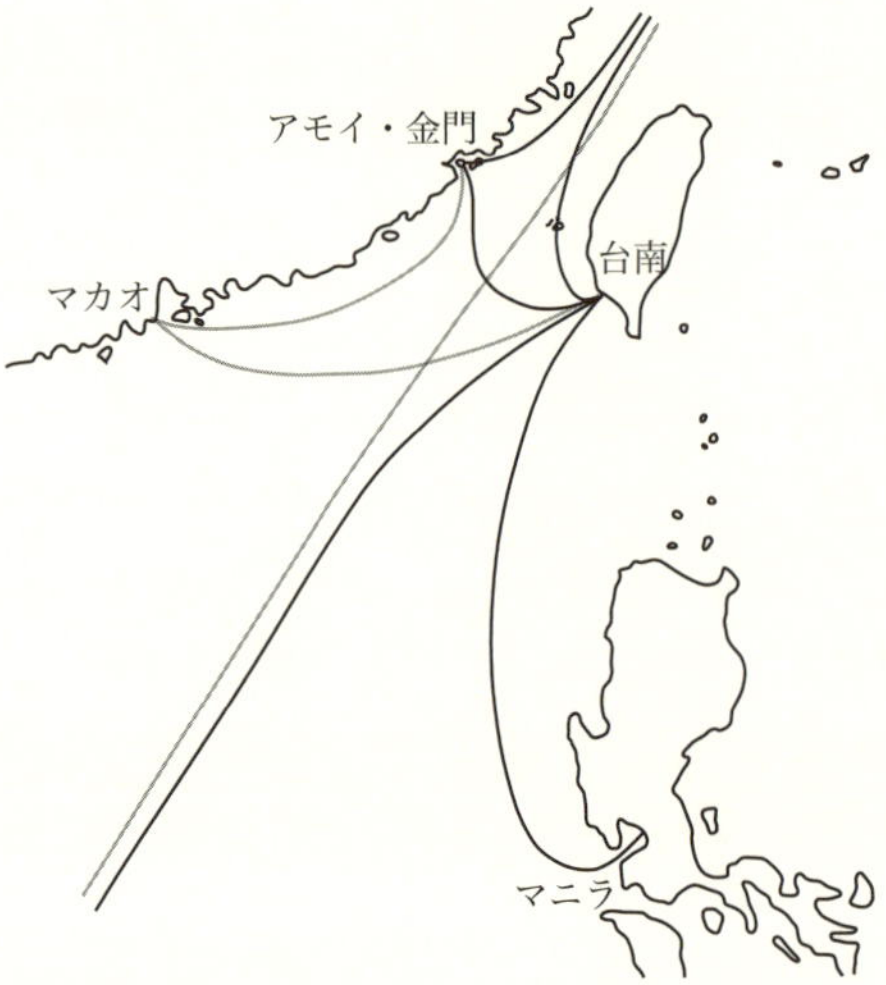

図120　肥前磁器の流通ルート（1660〜1680年代）

islas el señor Almirante de galeones, D.Gabriel de Curuzelaegui y Arriola, cauallero del orden de Sanctiago. Quaderno 2, que llama al tercero）の調査を行い、その成果を発表している。記録は一六五七年から一六八四年の間のフィリピン群島の貿易に関するものであるが、方はその中でも台湾に関わりのある部分を分析している。以下にその論文の内容を引用する。台湾の大員（現在の台南安平）からマニラへ至った商船の記録の初見は一六六四年である。すなわち、鄭成功一派が台湾に本拠を移した直後から記録が見られる。そして、一六八四年までの二〇年間に五一艘の船が台湾からマニラへ至っている。主要な目的は商業貿易である。長崎〜台湾〜マニラ、あるいは中国〜台湾〜マニラの中継貿易を行っていることがわかる。清朝による海禁令下には台湾が肥前磁器の貿易のみならず、ガレオン貿易そのものにとって重要な役割を担っていたと考えられる。

マニラに輸入された商品の内容も興味深いものである。日本の産物や商品が数多く含まれている。特に銅、鉄などの金属は日本がその主要な産地であった。そして、陶磁器に関する記録も多く見られる。例えば一六八一年一月八日にマニラが輸入した商品の中には精緻な大皿（盤子）一六〇梱（毎梱三〇個）、小碗七五梱（毎梱一〇〇個）が含まれている。その他、以下の記録も見られ、日本製と明記された皿類（platos de Japón）もマニラに運ばれていることがわかる。

一六六五年四月一八日　茶壺

一六六六年四月二日　日本製大皿（盤子）
一六六八年四月五日　大皿
一六七二年四月一九日　碗
一六八二年二月一八日　大皿（盤子）一〇梱（毎梱三〇個）、チョコレートカップ一〇〇〇個
一六八二年四月一五日　大碗二〇梱
一六八三年四月一一日　精緻な大皿六〇梱（毎梱三〇個）
一六八四年一月三一日　碗一〇桶（毎桶五〇個）
一六八四年三月四日　盛湯用一〇〇梱（毎梱二〇個）

また、日本から台湾を経由してマニラに至る一六七一年、一六八三年、一六八四年の五艘の商船にも多くの商品が積載されていた。すなわち、「銅、綿花、釘子、生鉄、飼料、松木厚板、松木、木棍、木排、大皿、碗、鍋〔後略〕」などである。この大皿、碗なども肥前磁器である可能性が高い。

その他、鄭成功一派の本拠地であった台湾だけでなく、中国の大陸側の交易都市を経由してマニラへ流入した可能性もある。一六六六年から一六八〇年の間、鄭成功一派は再び金門島、アモイで貿易活動を行っている。さらにフォルカーによる『磁器とオランダ連合東インド会社』には、一六七三年の記載として、「マカオに近いランパコ（ランパカオ）で彼ら自身の自粛のもとで多数のオランダの自由船と中国のジャンク船が碇をおろし、かれらは広東から来る中国系タタール人と取引している。」とある（フォルカー一九七九–一九八四）。マカオのモンテ・フォートレス（大砲台）遺跡でも肥前磁器が出土しており（図95）、マカオ水域で取引されていた商品の中に肥前磁器が含まれていた可能性も考えられる。

［一六八〇～一七〇〇年代頃］

一六八三年に鄭氏が降伏し、翌一六八四年には展海令が公布された。次いで翌一六八五年に広東、アモイ、舟山、福建等を諸外国

の船舶に開放する外国貿易公許の法令を発している。この時期は中国磁器の再輸出が本格化していく時期である。そのため、マニラを含んだ東南アジアの磁器市場において肥前磁器は中国磁器に取って代わられ、市場を奪われてしまう。一方、山脇悌二郎は展海令以後の一八世紀においても唐船が長崎から肥前磁器を輸出していたことを紹介している。限定的ながら唐船による輸出は続いたのであろう。

マニラではこの時期の肥前磁器が少量出土しているが、台湾海峡周辺ではまだこの時期の肥前磁器は確認されていない。展海令の公布以後、肥前磁器輸出の重要な中継地であった台湾が、その陶磁器貿易の中継地としての地位を失っていったためであろう（盧二〇〇六）。よって、この時期のマニラへの中継地は中国の広東、アモイ、舟山、福建であるかもしれないし、インドネシアのバタビアなど東南アジアの港市かもしれない。

［一七一〇〜一七四〇年代］

確実にこの時期に該当すると思われる肥前磁器はまだマニラでは確認されていない。しかし、メキシコではこの時期の製品の出土が確認されており、今後、マニラでも発見される可能性は十分考えられる。

この時期のマニラへの輸入経路は前時期と大きく変わることはないと思われる。唐船はこの時期においても肥前磁器を一部扱っている。『唐蛮貨物帳』によれば、一七一一年においても一，三三九俵と一，九五〇個を輸出し、そのうちの一，一八七俵をバタビアに運んでいる（山脇一九八八、四〇七頁）。また、一八世紀に入っても清朝によって海禁政策が行われた時期もあり、その間も唐船は肥前磁器を扱っている。一七一七年から一七二三年まで清朝が再度の海禁を行った際、唐船が毎年多量の肥前磁器、特に「受皿付茶碗」をマカオ・広東に輸出したという（山脇一九八八、四〇七頁）。

第5節　ラテンアメリカにおける需要と流通

肥前磁器の輸出に関して、太平洋ルートの存在を直接的に証明する資料として、太平洋で発見されている沈没船資料に注目していたが、これまで肥前磁器を伴ったスペイン船の沈没船資料は発見されていない。

そこでマニラの出土状況との比較によって、太平洋ルートの存在を証明するために、二〇〇六年からメキシコシティの調査を開始した。調査のきっかけとなったのは、二〇〇六年三月にマニラで開催されたＩＰＰＡ（インド太平洋先史学会）である。マニラでの肥前磁器の発見を発表した後、ラテンアメリカ圏内における東洋陶磁の調査研究を長年行ってきたジョージ・クワヤマから連絡があり、共同で調査を行うことになった。そして、マニラでの発見以来の共同研究者である田中和彦、テンプロ・マヨール博物館のエラディオ・テレロスとともに、二〇〇六年六月から七月にかけて、初めての調査を行った。その後、メキシコシティを含めたメキシコ国内各都市で出土した陶磁器等の調査を行い、オアハカ、ベラクルス、プエブラ、ウエホツィンゴなどで肥前磁器の出土を確認した。

さらに二〇一二年にはグアテマラのアンティグア、二〇一三年にはパナマのパナマ・ビエホ、二〇一四年にはキューバのハバナ、二〇一五年にはペルー、二〇一六年にはコロンビアで調査を行い、アンティグアとハバナとリマで肥前磁器の出土を確認した。

第１項　製品の器種

太平洋を渡った肥前磁器の器種は、皿、碗、髭皿、ケンディ、壺（瓶）などがあるが、皿と碗が大半を占める。皿は小皿よりも中皿、大皿が多く、染付芙蓉手皿が多い。一方、碗はほとんどがチョコレートカップである。いずれも限られた階層の人々しか使用できなかった高級品であったとしても飲食器として流通したものであって、いわゆる希少品ではない。一つの邸宅で複数点数を使用するのが一般的であったと思う。皿と碗以外の製品は非常に少ない。その中で壺の需要は一定量あったと思われる。グアダラハラの大聖堂に所蔵されている肥前磁器も大壺であり（大泉二〇〇四）、カサ・デル・リスコの装飾壁にも染付壺が置かれている（野上二〇一〇）。また、ペルーにも伝世している（図117、Kuwayama 2000）。

以下、ガレオン貿易で運ばれた二つの主要な製品について述べる。染付芙蓉手皿とチョコレートカップである。

まず染付芙蓉手皿、特に染付花虫文芙蓉手皿（図106‐1〜4など）は、メキシコシティ、オアハカ、ベラクルス、ウエホツィンゴ、アンティグアで見られ、メキシコやグアテマラのスペイン植民地として栄えた都市などで広く出土するものである。もっともこれはメキシコなどのラテンアメリカに限ったものではなく、アジアにおけるヨーロッパ勢力の拠点であったマカオ、ゴア、プリカットなどでも見られるので、ヨーロッパ世界において最も広く流通した肥前磁器の一つである。

チョコレートカップ（図108-10〜35など）は、メキシコシティ、オアハカ、ベラクルス、アンティグア、ハバナ、リマで見られ、さらに大西洋を隔てたカディスなどスペインでも出土している。大西洋ルートも含めたスペインの交易ルート上で出土が見られる。

先にもあげたマニラの税関記録にもチョコレートカップがマニラに輸入された記録が見られる。例えば一六八二年に「一，〇〇〇個のチョコレートカップ（Ytten mill escudillas de chocolate）」が台湾からマニラに輸入されている。それらの一部はマニラで使用されるものの、多くは太平洋を渡っていったのであろう。一六八四年の展海令以前の記録であり、これらのチョコレートカップは肥前磁器である可能性が考えられる。チョコレートカップの輸入はその後も続いており、方真真の教示によれば、一六八五〜一六八七年の間だけでも少なくとも四八，〇八〇個のチョコレートカップがアモイなど中国の港を出帆した船によって、マニラに輸入されている。記録の年代から考えて、中国磁器と思われるが、ラテンアメリカに変わらぬ需要があったことを推測させる。

生産地側からチョコレートカップの生産についてみてみる。オランダ連合東インド会社による大量注文が始まるのが一六五九年である。この頃から有田では本格的にヨーロッパ世界向けの磁器生産が始まる。チョコレートカップの生産もその頃からであろう。ヨーロッパ世界だけでなく、インド洋世界にも需要があったコーヒーカップの生産も同じ頃か、やや先行して始まっている。チョコレートカップの特徴をもつ碗が窯跡から出土している例は少ないが、赤絵町遺跡では一七世紀後半〜一八世紀前半にかけてのコーヒーカップ等の色絵カップ類が数多く出土しており、コーヒーカップに比べて量は少ないが、チョコレートカップも出土している。赤絵町遺跡で出土する製品のほとんどは内山地区の窯場で生産されたものである。一七世紀後半のチョコレートカップと推定されるものは、色絵素地と思われる白磁製品、瑠璃釉掛分製品である。把手はついていない。一方、一八世紀前半のチョコレートカップと推定されるものは、いずれも金襴手の色絵製品である。把手はつかないが、受皿や蓋も見られる。ただし、受台がつくいわゆるマンセリーナは見られない。これらの特徴はラテンアメリカで出土する肥前磁器の色絵チョコレートカップの一般的特徴と一致する。異なるのはチョコレートカップが占める割合である。メキシコで出土している肥前磁器の碗のほとんどがチョコレートカップであり、今のところ、確実にコーヒーカップである例は確認されていない。一方、生産地の遺跡においてはコーヒーカップの方が一般的である。

この傾向は中国磁器においても同様である。器高の低い碗の方が、汎用性が高く、全てがコーヒーカップであるわけではないが、ラテンアメリカ以外でチョコレートカップが主流を占めることはない。年代はやや下がるが、一八世紀半ばの沈没船の記録や注文記録をみてみる。

まず一七五二年のヘルデルマルセン号の公式記録をみると、紅茶カップ六三,六二三個、コーヒーカップ一九,五三五個、チョコレートカップ九,七三五個であり（Jörg 1986）、紅茶カップ、コーヒーカップ、チョコレートカップの比率は、六八・五パーセント、二一・〇%、一〇・五%である。続いて一七五八年一一月一六日付「一七五八年度陶磁器製品の請求」をみると、コーヒーカップ一八四,〇〇〇個、紅茶カップ一一一,〇〇〇個、チョコレートカップ一〇,〇〇〇個であり（三杉一九八六）、三者のカップ類の中で占める割合は、それぞれ六〇・三%、三六・四%、三・二%である。ヘルデルマルセン号の公式記録と「一七五八年度陶磁器製品の請求」の数字にはやや差があるが、いずれもカップ類の中でチョコレートカップが主流を占めることはない。さらにアジアの陶磁器集散地であるバタビアなどの出土状況も同様である。これらは全体的な需要の割合を示していると言ってよいと思う。ほぼ同時期にヨーロッパに輸入されるようになりながら、嗜好飲料としてはチョコレートが競争に敗れたこともその一因であろう。以上のことから、出土する肥前磁器の碗類のほとんどがチョコレートカップであり、出土する肥前磁器全体の中で半数以上を占めていることがいかに特徴的な様相であるか理解できるであろう。中南米はカカオの原産地、栽培原産地であり、カカオは薬、飲み物、貨幣、貢納・交易品として文化の中に深く根付いており、侵略したスペインもまたカカオを飲用し、当初はその貿易も独占していた。一八世紀にチョコレートがコーヒーや茶に、嗜好飲料の普及競争に敗れた後も新大陸やスペイン本国ではチョコレートの飲用習慣が他国よりも浸透していたのであろう。

インド洋を横断してヨーロッパに向かう予定であったヘルデルマルセン号には茶が多く積まれていた。インド洋がティー・ロードであるならば、大西洋はまさにチョコレート・ロードであり、その文化の一部を東洋の磁器が担うために太平洋を横断していたのである（野上二〇〇九）。

第2項　製品の産地

産地は有田の内山地区などの製品がほとんどであることはすでに述べた。有田以外では三川内東窯で出土している染付八角碗と同種の製品がメキシコシティで出土していることが確認されているが、今のところ、波佐見諸窯、吉田山の製品などは確認されていない。特定の器種で一定の品質以上のものが選ばれていることが理解できる。

一方でメキシコ出土の一七世紀前半以前の中国磁器を見ると、景徳鎮系の製品が多いことは確かであるが、漳州窯系など比較的粗雑な製品も含まれている。陶磁器貿易全体を見た場合、必ずしも品質がよいものだけが運ばれたわけではない。一七世紀前半までに輸入されていた景徳鎮系の磁器の代わりに有田内山の比較的上質な磁器が輸入されたと考えられるが、漳州窯系の磁器の代わりに有田の外山や他産地の磁器は輸入されなかったのであろうか。マニラまではそうした粗雑な製品も運ばれているので入手できなかったわけではなく、メキシコ側に漳州窯系の磁器のような粗雑な磁器の需要そのものがなくなったわけでもないと思う。

これについてはメキシコ国内の陶器生産の成長があったのではないかと考えている。プエブラで生産された施釉陶器、特にプエブラ染付陶器（白地藍彩陶器）は東洋磁器の形や意匠の影響を受けて、一七世紀後半から一八世紀前半にかけて生産され、広く流通している（Terreros and Morales 2011）。材質の違いもあり、完全に代用できたとは考えないが、清朝の海禁令によって輸入量が減った東洋磁器の中でも比較的品質が劣る製品の一定のシェアをプエブラ陶器が担うようになった可能性を考えることができる。つまり、景徳鎮系の磁器とは品質や材質に大きな差があり、プエブラ陶器では代用できなかったため、有田の内山地区などの比較的上質な磁器が輸入されたが、品質の劣る製品についてはプエブラ陶器で代用されたため、有田の外山地区や他産地の製品はあまり必要とされなかった可能性がある。

第3項　製品の年代

ラテンアメリカで出土が確認されている肥前磁器は、近代の製品を除けば、一七世紀後半〜一八世紀前半に収まる。特に一七世紀後半が大半を占めている。マニラへ磁器を輸出していた唐船が肥前磁器を主に扱った時期が、一六五六年の海禁令と一六八四年の展海令の間の海禁政策下であるため当然であろう。

しかし、メキシコにおける出土状況や伝世品の存在を考慮すれば、展海令以後の一八世紀前半の製品も一定量はメキシコに持ち込まれているようである。マニラでも展海令以後の製品と思われる一六八〇〜一七〇〇年代の肥前の染付皿などが確認されているが、一八世紀前半の金襴手製品などはまだ確認されていない。そのため、一八世紀前半の肥前磁器がどういった経路でメキシコにもたらされたか明らかではない。展海令以後、マニラに肥前磁器を輸入していた唐船は中国磁器を中心に扱うようになったのに対し、オランダ船の方は継続して長崎から肥前磁器を輸出して、ヨーロッパへも数多くもたらしており、ヨーロッパ経由でメキシコに運ばれた可能性も考えられるからである。

ただし、マニラ出土陶磁器調査もまだ一部の出土遺物を対象に行ったに過ぎず、今後の調査で発見される可能性は十分考えられる。というのは一八世紀前半においても限定的ながら唐船による肥前磁器の輸出記録が見られる。特に一七一七年から一七二三年まで清朝が再度の海禁を行った際、唐船が毎年多量にマカオ・広東に輸出したという「受皿付茶碗」とは、カップアンドソーサーと推測されるので、メキシコ各地で出土している色絵カップアンドソーサーなどはそれらの一部である可能性もある。

第4項　製品の出土地

出土地について述べると、小破片まで含んだ状態ではあるが、メキシコ国内で出土している肥前磁器片の半数以上は、オアハカのサント・ドミンゴ修道院から出土したものである。グアテマラのサント・ドミンゴ修道院やサン・フランシスコ修道院でも肥前磁器は出土している。さらにウエホツィンゴのような農村においてもフランシスコ会修道院からも出土している。そして、教会や修道院に肥前磁器のコレクションが見られる例もいくつかある。メキシコシティのヴィレイナト国立博物館のコレクションやグアダラハラの大聖堂所蔵の色絵大壺などである。伝世コレクションについては考古資料ではないため、入手時期などが明らかではないが、当時の教会や修道院に肥前磁器など東洋磁器の大きな需要があったことは確かであると思う。

特にチョコレートカップについては教会にまつわる逸話も残されている。例えば、「チアパスのチョコレートに注意」という格言で知られるもので、メキシコの教会でチョコレートを禁止にした僧侶が毒殺されたとする話もそのひとつである（八杉二〇〇四、一七七頁）。また、チョコレートがヨーロッパにもたらされ、広がったのは、キリスト教の聖職者たちによるところが大きいという（八杉二〇〇四、一七八頁）。オアハカのサント・ドミンゴ修道院、グアテマラのアンティグアのサント・ドミンゴ修道院やサン・フランシスコ修道院など各地の修道院でチョコレートカップが出土していることもその関わりを示しているのであろう。

もちろん、教会や修道院以外の富裕層の邸宅等でも肥前磁器が使用されていた。カサ・デル・リスコの装飾壁面に残されたいくつかの肥前磁器がそのことを物語っている。

第5項　製品の出土点数と種類の数

現在、ラテンアメリカで二〇〇点以上の肥前磁器片が出土しているが、染付芙蓉手皿とチョコレートカップだけで九〇%近くを占めており、その他のものは点数、種類ともに少ない。さらに同じ種類のものが各地で出土している。あるいは同じ種類のものがメキシコ国内の伝世品に見られる傾向がある。以下、いくつか例をあげる。

ヴィレイナト国立博物館所蔵の染付山水文大皿（図121-3）は、テンプロ・マヨール周辺遺跡の出土品に見られ（図108-7）、カサ・デル・リスコの装飾壁面の中にも見ることができる（図111-2）。

テンプロ・マヨール周辺遺跡出土の見込に五弁花文が入った染付松文碗（図107-12）は、オアハカのサント・ドミンゴ修道院遺跡でも出土している。

ヴィレイナト国立博物館所蔵の染付山水文ケンディ（図121-1）は、オアハカのサント・ドミンゴ修道院遺跡出土品に見られる（図113-17）。

テンプロ・マヨール周辺遺跡出土の染付芥子文・草花文のチョコレートカップ（図108-15）は、オアハカのサント・ドミンゴ修道院遺跡（図112-70、71）、グアテマラのサント・ドミンゴ修道院遺跡（図115-14～17）、キューバのハバナ市内遺跡の出土品（図116-1）、スペインのマドリッド装飾美術館の所蔵品に類例が見られる（図123）。

オアハカのサント・ドミンゴ修道院遺跡出土の染付芙蓉手チョコレートカップ（図112-61～63）は、マニラのアユンタミエント遺跡（図98-14）、スペインのカディスでも出土してい

図121　ヴィレイナト国立博物館所蔵肥前磁器Museo Nacional del Virreinato (Kuwayama 1997)

る（図122）。

テンプロ・マヨール周辺遺跡出土の瑠璃釉掛分チョコレートカップ（図107-13）は、オアハカのサント・ドミンゴ修道院遺跡（図113-1～5）、グアテマラのアンティグアのサン・フランシスコ修道院遺跡などでも出土している。

以上、同種のものが出土している例や伝世している例をあげた。こうした例が多いことは種類の少なさ、ひいては輸入回数の少なさを物語っているように思う。出土点数の多い染付芙蓉手皿やチョコレートカップなどは、複数回にわたってガレオン船でアメリカに運ばれたと推定されるが、染付山水文大皿、染付松文碗、染付山水文ケンディなどはそれぞれ一度にガレオン船で運ばれたものが各地に流通したものではないかと考える。

種類の少なさについては、需要層が植民地支配層という特定の社会階層に限られていることから、品質や器種に偏りを見せることが大きな要因と考えられるが、その流通形態とも関わりをもつのではないかと思われる。東南アジア地域やインド洋世界では、交易ネットワーク上を頻繁かつ複雑に交易船が往来して流通したのに対し、ガレオン貿易のアジア―アメリカ間貿易は太平洋を定期的に単純に往復航海して運ぶという形態であった。積出し港（マニラなど）や荷揚げ港（アカプルコなど）も限定されており、その間の中継地も少なく、交易経路も単純である。この流通経路の単純さが製品の種類の少なさに結びついていると考えられる。しかも往復する船数も制限され、船の積載量も限られていることから、雑多な商品が入り込む余地が少なく、結果的に他地域に比べて種類が限定されるのではないかと考える。

第６項　ラテンアメリカ地域内における流通

ラテンアメリカに肥前磁器が広く流通していたことはこれまでの調査で明らかになったが、それらがどのようにラテンアメリカ地域内で流通していたか、不明な点が多い。地域最大の消費地と推定されるメキシコシティについては、太平洋岸のアカプルコに荷揚げされて陸路で運ばれたと考えられるし、さらに陸路へベラクルスまで運び、一部はハバナに渡っていたこともわかるが、グアテマラのアンティグアの場合、メキシコシティなどから陸路で運ばれたのか、それとも海路でグアテマラ沿岸まで運んだ後に陸路で運んだものか、よくわからない。

また、リマにもたらされた経路もいくつか考えられる。理論上、スペインからアルゼンチンのブエノスアイレスを経て、ラプラタ川経由でポトシに持ち込まれ、さらに陸路でリマまで運ばれた可能性も考えられるが、可能性としては低いであろう。やはり、最も可能性の高い経路は、リマの外港であるカヤオに荷揚げされ、リマまで陸送されるルートである。そして、カヤオまでは少なくとも三通り、考えられる。一つはマニラから直接カヤオに運ばれるルート、一つはマニラからアカプルコを経由してカヤオに運ばれるルート、もう一つはパナマからカヤオに運ばれるルートである。さらにパナマまでのルートはアカプルコ経由とハバナ経由が考えられる。ハバナ経由の場合、マニラからアカプルコ、メキシコシティ、ベラクルスを経てハバナに運ばれたものが再び太平洋側に運ばれたことになる。

コロンビアのトゥンハにもたらされた経路も複数考えられるが、最も可能性の高い経路は、大西洋側のカルタヘナに荷揚げされたものが陸路でボゴタに運ばれ、そして、トゥンハに持ち込まれる経路であろう。

当時の流通についてはまだ不明な点が多いが、基本的には銀が運ばれた「銀の道」を逆になぞるように東洋磁器を含めた物資が運ばれたとみられ、今後、銀の輸出ルートとともに検討していく必要がある。比較的、記録が見られるものの、遺物としては残りにくい銀と、遺物としてよく残るものの、流通の記録があまりない陶磁器を共に考えることで、当時のモノの動きを具体的に明らかにすることができると考える。

第6節　各地域の相互比較

第1項　台湾海峡周辺とマニラの比較

台湾海峡周辺とマニラを比較してみる。マニラへ輸出したのは唐船と考えられるので、マニラで確認される肥前磁器は、同様の製品が台湾海峡でも発見される可能性が高いが、逆に台湾海峡周辺で発見される肥前磁器のすべての種類のものがマニラに運ばれたとは限らない。マニラの需要に応じたものが選択的に運ばれる可能性が考えられるからである。

台湾海峡周辺とマニラで共通して出土しているものは染付芙蓉手皿である。染付芙蓉手皿はマニラで最も数多く出土する種類の製品であり、台湾海峡周辺でも台南、澎湖諸島、金門島などで出土している。一方、東南アジア一帯で出土が確認される染付見込み荒磯文碗については、台南、澎湖諸島、東山冬古湾沈船遺跡などで発見されているが、マニラでは非常に少ない。マニラの場合、肥前磁器の碗そのものが少なく、イントラムロスの環濠部付近に位置するパリアン遺跡やマエストランサ遺跡から僅かに出土するものの、イントラムロスの城壁の内部に確実に位置する遺跡ではまだ発見されていない。マニラは東南アジアにあってもヨーロッパ世界の一部としての食生活が反映された結果であろう。もちろん、今後、イントラムロス以外の箇所の発掘調査が進めば、異なる結果が出るものと思われる。ちなみにポルトガルの拠点であったマカオでも染付見込み荒磯文碗はまだ発見されていないが、碗の出土は比較的見られるので、今後発見される可能性は十分考えられる。

第2項　マカオとマニラの比較

マカオは、マニラとともにアジアにおけるヨーロッパ勢力の拠点の一つである。その食生活はヨーロッパ的な要素が大きく、ヨーロッパで髭剃りや瀉血治療に使用されていたという髭皿の形をした染付髭皿も出土している。

マカオにおける肥前磁器の出土点数はまだ十数点と少なく、全体の傾向を把握するにはまだ十分な資料数ではないが、マニラとは染付芙蓉手皿が出土している点など共通しており、中国磁器の出土傾向も両者は類似している。

一方、両者に相違点もある。マニラの場合は大半が皿類であるが、マカオでは碗類が比較的見られる。マニラでもスペイン人が拠点としたイントラムロスの環濠部付近のパリアン遺跡などでは染付見込み荒磯文碗の類も出土しているし、中国磁器の中で碗類が占める割合もイントラムロスの城壁内の遺跡よりも高い。城壁内より華僑世界や東南アジア世界の食生活を反映しているからと思われる。大陸に位置するマカオと島嶼のマニラでは、中国文化との親密度が異なり、それが食生活の差となり、器種構成の差となって現れている可能性が考えられる。

また、マニラを経由してメキシコに運ばれた嗜好品の飲料容器のほとんどがチョコレートカップであり、マニラでもメキシコでも肥前磁器のコーヒーカップはまだ確認されていない。それに対し、マカオではチョコレートカップは確認されず、コーヒーカップが一点確認されている。結論については今後の資料の増加を待つしかないが、両者の需要の違いが現れる可能性がある。

第3項　マニラとメキシコの比較

マニラとメキシコ、いずれも皿類、特に芙蓉手皿が多いことは共通である。染付芙蓉手皿は大きく分けて二種類あり、一つは有田の外山地区や有田以外の産地で焼かれた粗製の芙蓉手皿、もう一つは有田の内山地区などで焼かれた比較的上質な芙蓉手皿である。前者の主なものは染付花鳥文皿、後者の主なものは染付花虫文皿である。

マニラの場合は粗製の芙蓉手皿が数多く含まれているのに対し、メキシコでは粗製の芙蓉手皿は今のところ確認されていない（表27）。生産地で言えば、マニラが有田だけでなく、有田以外の肥前地区の窯場で焼かれた製品が出土するのに対し、メキシコの場合はほとんどが有田産、特に内山地区で焼かれた製品である。この傾向は芙蓉手皿に限ったものではなく、出土磁器全体について言えることである。

マニラに持ち込まれた製品の全ての種類のものが太平洋を渡るのではなく、マニラからメキシコへ積み出される時に取捨選択が行われたと考えられる。限られた船倉に商品を積み込んで長距離輸送する場合はやはり相対的に高価な製品の方が選ばれたのであろう。言い換えれば、有田の外山地区や他産地で焼かれた製品については、ガレオン貿易の対象製品ではなく、マニラで消費することを目的としていた可能性が高い。

メキシコではチョコレートカップが数多く出土している。破片数であれば、染付芙蓉手皿よりも多く確認されている。一方、マニラではまだあまり出土が確認されていない（表27～29）。アユンタミエント遺跡で、スペインのカディス出土の染付芙蓉手チョコレートカップと同種の製品の出土が確認されている他、セブシティのイエズス会宅遺跡では数点確認されている程度である。メキシコなどで出土しているチョコレートカップがマニラを経由して運ばれたことは確かであるが、マニラにおける需要よりもメキシコなどラテンアメリカの需要の方が大きかった器種であろうと思う。マニラのイントラムロスもメキシコも同じスペイン人社会であるが、マニラの場合はカカオを入手するためにはメキシコから渡ってくるガレオン船の積荷に頼らざるをえない。そうしたカカオの入手の困難性や普及度の差が出土量の差となる可能性が考えられる。つまり、チョコレートカップについてはマニラで使用されるものもあっ

表27　フィリピン・ラテンアメリカ出土肥前磁器の種類別数量表

	金門	台湾	パリアン遺跡	旧イエズス会宅遺跡	独立広場遺跡	イントラムロス	フィリピン合計	メキシコシティ	オアハカ	アンティグア	ベラクルス	ハバナ	リマ	ラテンアメリカ合計	スペイン
国内市場向け	—	6	1	—	—	—	1	—	—	—	—	—	—	0	—
東南アジア市場向け	—	3	2	5	—	1	8	—	—	—	—	—	—	0	—
初期芙蓉手皿	4	0	1	0	1	1	3	—	—	—	—	—	—	0	—
粗製芙蓉手皿	—	1	2	52	5	47	106	—	—	—	—	—	—	0	—
花虫文芙蓉手皿	—	1	2	6	5	16	29	19	41	7	1	—	—	68	1
その他の芙蓉手皿	—	7	—	8	2	15	25	9	—	—	1	—	—	10	—
チョコレートカップ	—	—	—	5	—	1	6	34	77	14	1	3	9	138	1
その他	—	—	1	3	5	26	35	15	4	6	2	—	—	27	—
合　計	4	18	9	79	18	107	213	77	122	27	5	3	9	234	2

表29　ラテンアメリカ出土肥前磁器の種類別割合

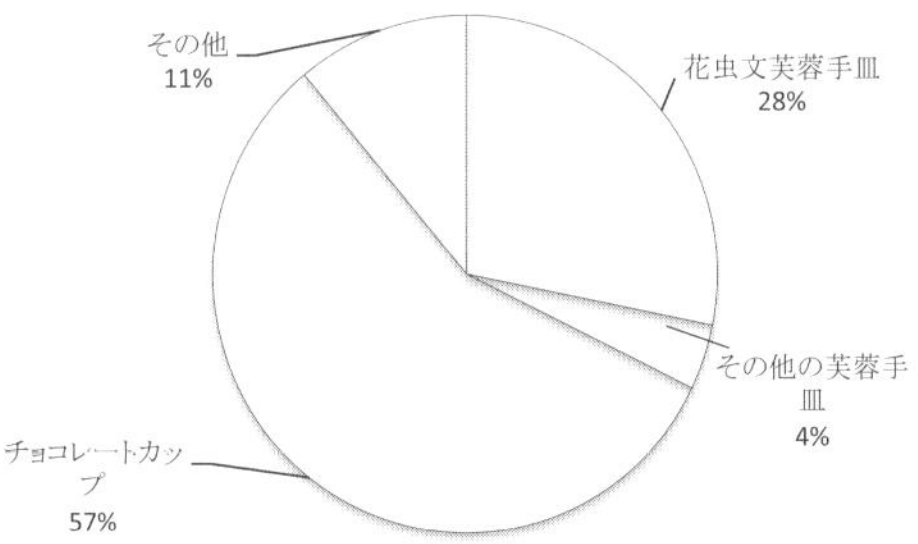

表28　フィリピン出土肥前磁器の種類別割合

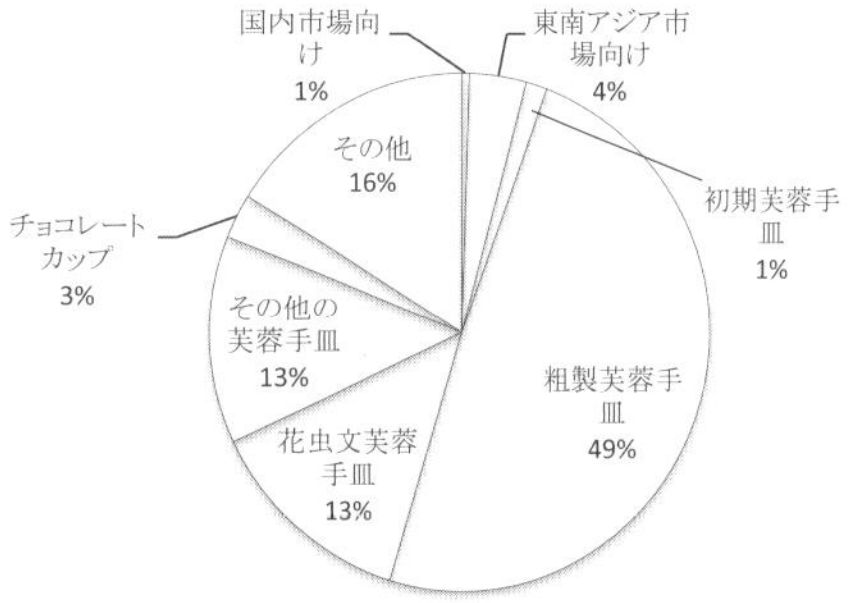

図123　スペイン・マドリッド装飾美術館所蔵肥前磁器（田中2010）

図122　スペイン・カディス出土肥前磁器（田中2010）

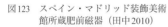

たであろうが、その輸入の主目的はメキシコなどラテンアメリカ向けの商品であった可能性が高い。

製品の年代については、いずれも一七世紀後半を中心としたものであるが、前述のとおり、メキシコ出土の肥前磁器の中には一八世紀前半の金襴手製品が見られるのに対し、マニラではそうした金襴手製品はまだ確認されていない。

第7節　大西洋ルート

ベラクルスからスペインに向かう途中に一六四一年にドミニカ沖で沈んだコンセプシオン号では多くの中国磁器が発見されている。太平洋を渡ってアメリカ大陸に運ばれた陶磁器がさらに大西洋を渡ってヨーロッパに運ばれていたことがわかる。

それでは肥前磁器の場合はどうか。これまでカディス、トレドで肥前磁器のチョコレートカップ（図122）や染付芙蓉手皿が確認されている他、マドリッドの装飾美術館のコレクションの中にも染付チョコレートカップの存在が知られている（図123）。オランダ船などがヨーロッパに輸出した製品の一部がスペインにもたらされた可能性も考えられるが、同様の製品がマニラ、メキシコシティ、オアハカ、ベラクルス、ハバナ、リマなどガレオン貿易ルート上およびラテンアメリカの各地で発見されている。これらの種類に限れば、太平洋と大西洋の二つの大洋を渡って運ばれたものとしてよいと思う。今後、スペイン本国はもちろんベラクルスからスペイン本国に帰帆する船の最大の集散地であったハバナの調査が進めば大西洋ルートも明らかになるであろう。

第7章　窯業圏の拡大と地域的分業化の確立

第4章から第6章にかけて、肥前陶磁の海外輸出、とりわけ一七世紀後半の海外輸出についてみてきた。そして、この海外需要がいかに量的にも莫大で多様なものであったかみることができたと思う。この海外輸出が肥前の産地形成に果たした役割は極めて大きいことは言うまでもない。ようやく地域的窯業圏を形成し、急速な発展過程にあった肥前の陶磁産業にとって、一七世紀中頃に出現したこの膨大かつ多様な需要は、窯業圏の産業構造を変革させるに十分なものであったことは容易に推測できる。また、インド洋以西向けの製品の輸出が一六五九年のオランダ連合東インド会社による大量注文を嚆矢としない可能性が高いことから、一六五〇年代頃の技術革新も海外需要の変化に対応するためのものであった側面が見受けられる。この時期の窯業圏の動向は、二つの動きに集約されると考える。一つは需要増大に伴う窯業圏そのものの拡大であり、もう一つは窯業圏内における地域的分業化である。第7章ではこの二つの動きを中心に有田窯業圏と波佐見窯業圏の二つの地域的窯業圏の形成を考察していこうと思う。すなわち、有田と波佐見それぞれがこの海外需要の出現に対して具体的にはどのような対応をとったのか、そして、それによってどのような窯業圏が形成されたのか、一六五〇年代頃の技術革新の様相も含めてみていこうと思う。

第1節　有田窯業圏の窯場の再編成

第1項　一七世紀中頃～後半の窯場の展開

まず一七世紀中頃～後半にかけての有田窯業圏のいくつかの窯場の様相について出土資料を中心にみていくことにする。次に登り窯の数と分布からみた窯業圏の空間的変遷と合わせて、有田窯業圏全体の様相について明らかにしていきたいと思う。

有田地区の窯場は内山地区と外山地区に分けられる。第3章において一六三〇年代に有田東部地区を中心とする地域的窯業圏が形成されたことはすでに述べたが、この有田東部地区の範囲は後に内山とよばれる地区とほぼ一致するものである。そして、以下にあげる白川地区と赤絵町はその内山地区に位置するものである。前者は窯場であり、後者は上絵付け業者が集まって形成された地区である。そして、応法山と大川内山は外山地区に位置するものである。前者は一般的な外山地区の窯場の性格を有する窯場であるが、大川内山は後に藩窯が置かれた特殊な立場の窯場である。このように地区や性格が異なる窯場の成立状況あるいは変遷を明らかにしたいと思う。

1　有田内山地区(1)――白川地区――

第3章でも述べたように白川地区は、有田東部地区の中でも比較的早い段階に成立した窯場である。一七世紀中頃～後半にかけて操業されていたと推測される窯場は、一七世紀前半と同様に天狗谷窯、中白川窯、下白川窯の三ヶ所である。いずれも承応二年（一六五三）の『万御小物成方算用帳』に記載が見られる窯場であることはすでに述べた。以下、順にみていきたい。

(1)　天狗谷窯

第3章で述べたE窯・A窯に続くD窯・B窯・C窯などがこの時期に該当する窯である。A窯はE窯を埋めたその上に築かれたが、D窯以降は北側に窯を移し、E窯やA窯があった位置を作業段として用いている。そして、D窯については二〇〇〇年の発掘調査で一九六〇年代の調査結果と異なる結果が得られたので、そのことも含めて説明しようと思う。

①出土遺物

（D窯）

D窯の位置づけについては後述するとして、ここでは一九六〇年代の報告書の記述のとおり、D窯の製品としてあげていく。D窯内で出土した製品の大半は染付碗（第3章図54‐12・13）であり、他に染付瓶、皿が少量見られる。窯道具はトチン、ハマが出土する。碗の中でも大半を占めるのが高台無釉の染付柳文碗である（第3章図54‐12・13）。また、山水文碗も高台無釉にしている。柳文碗はA窯においても焼成されているが、D窯の製品は碗の外側の縁に雷文の崩れと思われる渦巻き状の文様を巡らしている製品が多い。類品は中白川窯においても出土している。

また、正保三年（一六四六）銘の染付草花文皿の昆虫の描き方が、天狗谷窯跡採集の染付草花文碗の昆虫の描き方に酷似している（大橋一九八八d、一八〇頁）。この碗は高台無釉である。A窯でも高台無釉碗は見られるので、A窯もしくはD窯の製品であろう。

（B窯11室奥壁下）

B窯は改修前のB窯前期と改修後のB窯後期に分けられる。B窯11室奥壁下遺物（図124）はB窯前期以前の遺物である。染付碗、鉢、瓶、皿、飴釉鉢などが出土する。

碗の多くはE・A・D窯の製品と推測されるもので（有田町教育委員会一九七二では一七点出土）、特にD窯と共通する製品が多い。一方、E・A・D窯では出土していない薄手の染付碗（同五点出土）も出土する。その中の染付圏線文碗（図124‐1・2）は、見込みに承応歳（一六五二～一六五五）銘の可能性がある「□応歳」銘が入るものが含まれる。染付圏線文碗は長吉谷窯や谷窯で類品が出土し、赤絵町遺跡の5層段階では類品に上絵付けされたものが出土する。また、端反小碗（同一点出土）が出土している。端反小碗（図124‐3）は中白川窯物原5層で類品が出土している。コーヒーカップの可能性をもつ製品である。染付見込み荒磯文鉢をはじめとした鉢類は、E・A・D窯では出土していない。見込み荒磯文の竜鳳文鉢（同五点以上出土）以外に、花木文（同五点出土）、竜牡丹唐草文などがある。

瓶類は刳り込み底をもつもの（同五点以上出土）と高台をもつもの（同五点以上出土）がある。また、小瓶（同二点出土）も出土する。皿は山水文皿（同二点出土）が出土する。その他、紅皿（同一点出土）が出土しているが、一八世紀以降の製品と推測されるもので後世の混入であろう。

（B窯）

B窯窯内資料（図125―1～7）は基本的にはB窯後期の製品で構成される。染付碗、鉢、小坏、瓶、壺、皿、青磁碗、白磁香炉、辰砂製品などが出土する。窯道具はトチン、ハマ、ボシが出土している。その中には磁器製のハマ、糸切り細工による変形高台をもつ製品を焼成したと推測される長方形ハマの出土も見られる。染付圏線文碗、染付端反碗（小坏）、染付蕉葉文瓶などは、いずれも中白川窯跡の物原5層で同種の製品が出土している。また、染付網目文碗、染付丸文瓶、染付山水文鉢なども中白川窯跡の物原5層で類品が出土している。一方、染付葡萄文香炉に描かれている葡萄文は中白川窯跡の物原

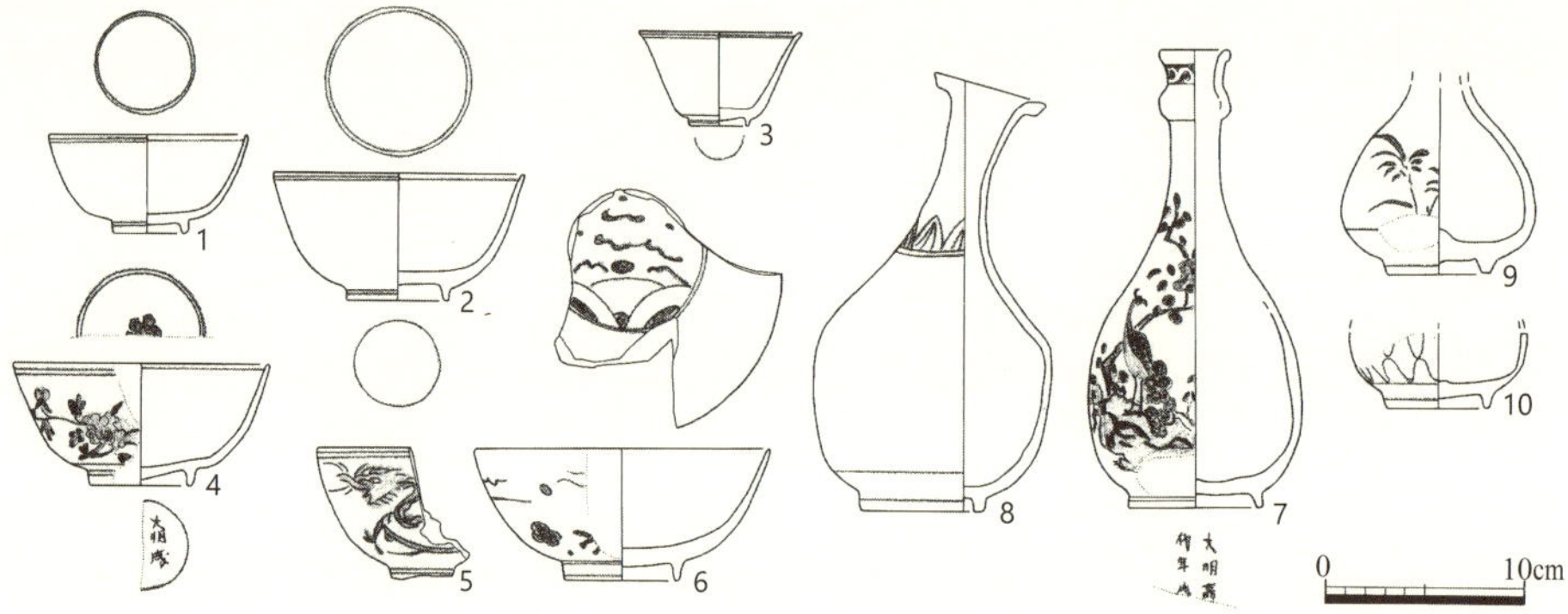

図124　天狗谷B窯跡11室奥壁下出土遺物

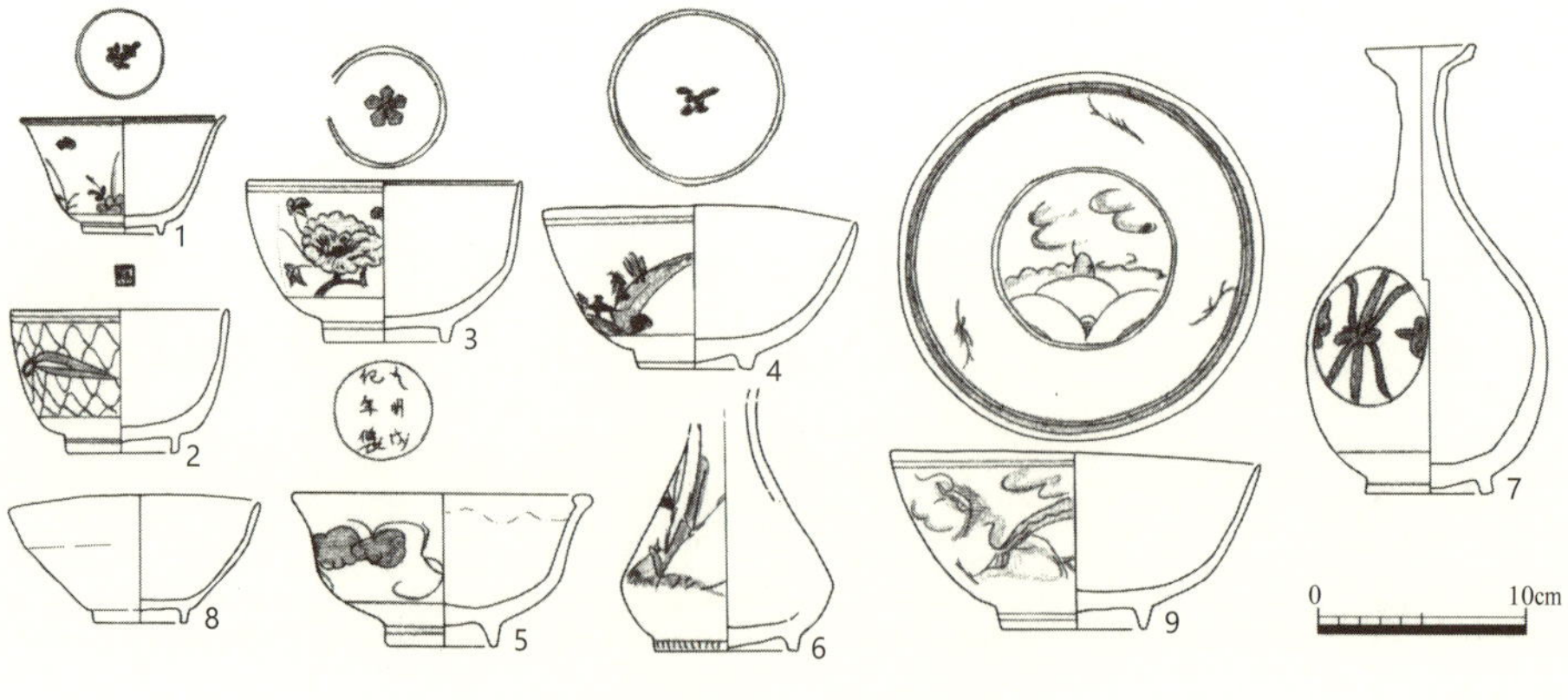

図125　天狗谷B・C窯跡出土遺物

３・２層で使用が見られる。Ｂ窯11室奥壁下出土遺物と共通する製品も多く、修築後のＢ窯の操業期間が比較的短期間であった可能性がある。

（Ｃ窯）

Ｃ窯はＢ窯を壊して築かれた窯で、天狗谷窯の最終段階の窯と推測される。地表に最も近い窯で遺存状況はあまりよくなかったようである。よって、窯内の遺物（図125－８・９）も量的には少ない。染付鉢、瓶、白磁碗、皿が出土する。窯道具はトチン、焼台、ボシが出土する。白磁天目形碗、染付竜鳳見込み荒磯文鉢は、いずれも中白川窯跡の物原で出土する。天目形碗は同形の青磁碗が谷窯などでも出土している。また、二〇〇〇年の天狗谷窯の発掘調査では、遺存している最も新しい物原層でこの種の染付竜鳳見込み荒磯文鉢が大量に出土している。

②一七世紀中頃～後半の天狗谷窯

すでにＥ窯・Ａ窯については記したので、それらに続くＢ窯・Ｃ窯についてみていく。一九六〇年代の発掘調査では、Ｅ窯・Ａ窯の他にＤ窯・Ｂ窯・Ｃ窯・Ｘ窯の四基の窯を検出しているが、筆者はその出土遺物の検討からＤ窯とＸ窯の一部が同一の窯であると推定した（野上一九九二、三二－三四頁）。そして、二〇〇〇年の発掘調査では、Ｄ窯とＸ窯の一部とＢ窯が同一の窯であり、Ｘ窯の一部がＣ窯と同一の窯であることを確かめることができた（図126）。よって、天狗谷窯には六基以上の窯が存在したとされていたが、実際はＥ窯・Ａ窯・Ｂ窯・Ｃ窯の四基であったことを確認することができた。同時に一九六〇年代の調査ではＡ窯とＤ窯の前後関係が明らかにされなかったが、Ｄ窯の焼成室がＢ窯の一部であることがわかったため、Ａ窯よりも新しい窯であることがわかった。よって、Ｂ窯には一九六〇年代調査時のＤ窯最上室を窯尻としたＢ窯前期とＢ窯11室を窯尻としたＢ窯後期の二つの時期があることになる。

Ｂ窯11室奥壁下で出土する製品は、大きくＥ・Ａ・Ｄ窯に類似した製品群とそれ以外の製品群に分けられることから、筆者はＢ窯11室奥壁下出土製品の中で、Ｅ・Ａ・Ｄ窯では出土していない製品をＢ窯前期の製品として抽出したことがあった（野上一九九二、三二－三四頁）。しかし、Ｄ窯とＢ窯前期段階のＢ窯の窯は同一の窯であり、かつＢ窯11室奥壁下遺物はＢ窯改修時に埋められたものである可能性が高い（野上二〇〇〇）。そのため、B窯11室奥壁下出土製品には、B窯以前のE・A窯の製品が含まれる可能性はあるが、B窯の改修時に近い年代、すなわちB窯前期の年代の製品が主ではないかと考える。E・A窯の旧来の技術の延長で生産された製品と、B窯前期になって導入された新しい技術によって生産された製品が混在している段階ではないかと考えるのである。

よって、A窯廃窯後の天狗谷窯の変遷は、D窯を窯尻の焼成室とするB窯前期、B窯11室を窯尻の焼成室とするB窯後期、C窯へと続く。一九六〇年代の窯内出土遺物との関係を記せば、D窯床上資料、B窯11室奥壁下資料の多くがB窯前期、B窯胴木間～11室までの床上資料がB窯後期、C窯床上資料がC窯の製品とすることができる。

出土製品と対比させながら、天狗谷窯の変遷についてまとめておく。E窯からA窯、B窯前期へと窯体は焼成室規模、全長ともに拡大している。寛永一四年（一六三七）の窯場の整理統合以降、磁器専業生産が軌道にのり、国内需要も増大していく時期である。B窯前期では染付高台無釉碗を量産するとともに、一六五〇年代の技術革新に伴う新しい技術の導入も図られ、染付見込み荒磯文碗など海外市場向けの製品の生産も開始されている。B窯後期、C窯と窯規模はやや縮小するが、この段階は染付見込み荒磯文碗・鉢を

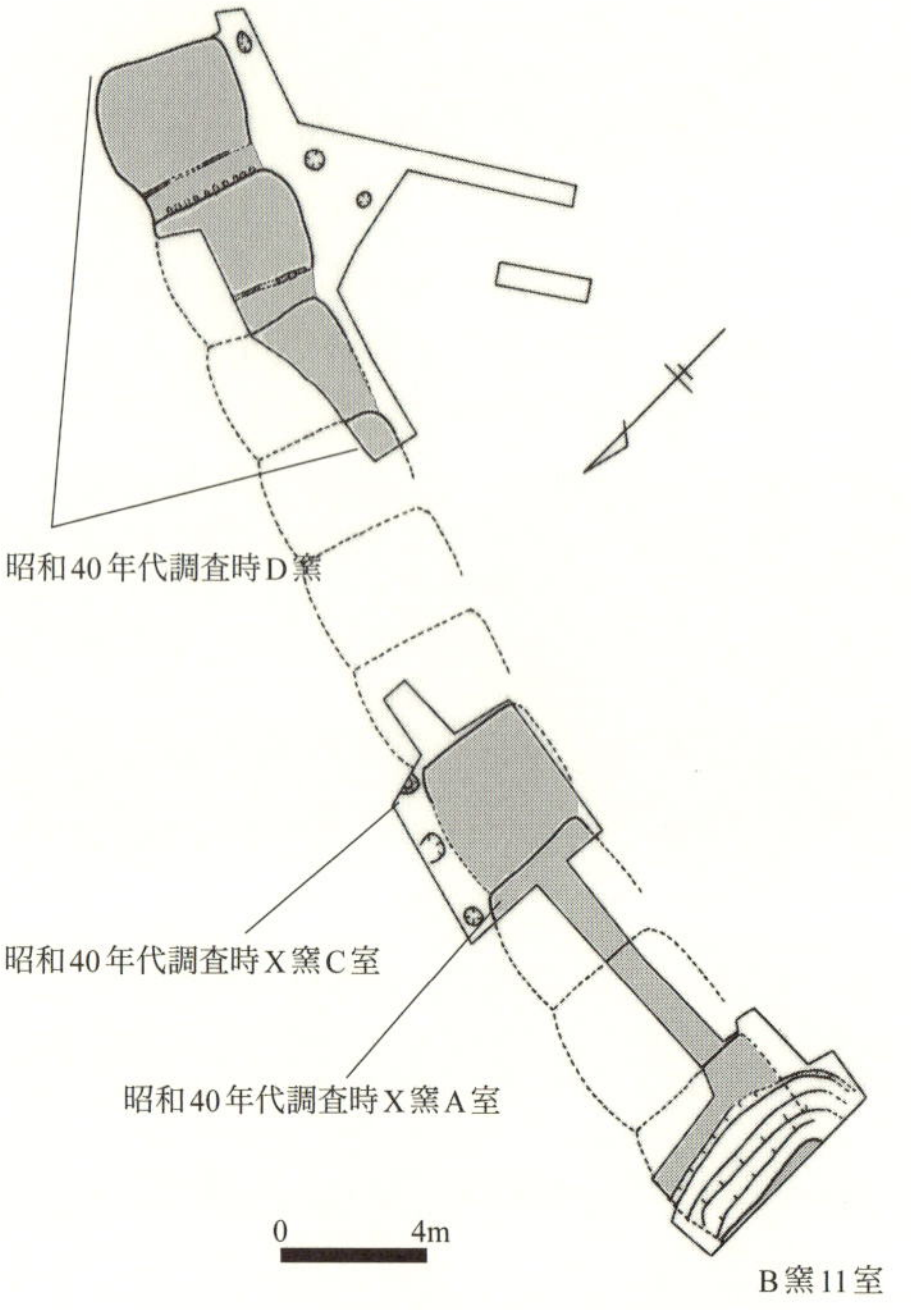

図126　天狗谷B窯跡検出遺構

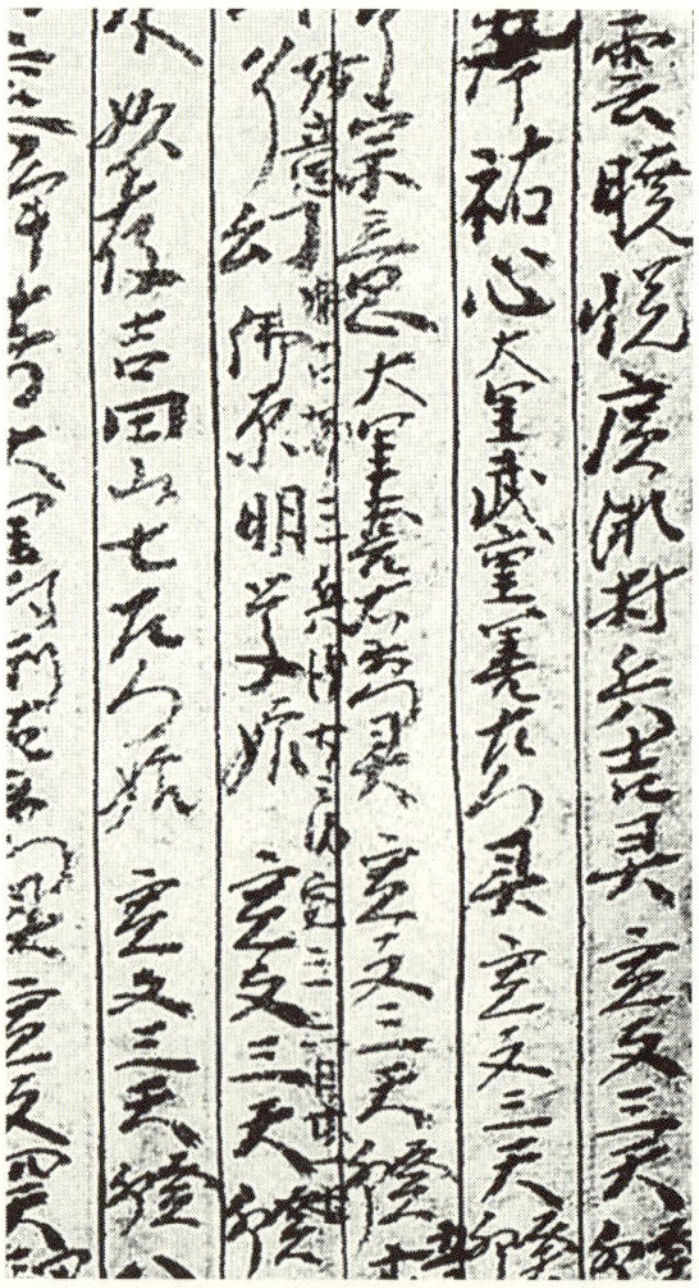
図127　『竜泉寺過去帳』（「稗古場三兵衛女房」記載部分）

大量に生産しており、その生産年代の間に天狗谷窯は廃窯を迎えている。

その廃窯年代は『竜泉寺過去帳』の白川地区についての表記の仕方の変化から、寛文一一年（一六七一）以前である可能性が高い。寛文八年（一六六八）に「上白川」とあるのを最後に寛文一一年（一六七一）からは「白川皿山」、「白川山」などの表記に変わり、白川地区の窯場が統合されたことをうかがわせる（大橋一九八八d、二二四-二二五頁）。また、同過去帳にある金ヶ江三兵衛家の記載をみると、万治三年（一六六〇）に「上白川三兵衛娘」とあるのを最後に、寛文三年（一六六三）には「稗古場山三兵衛女房」（図127）とあることから、一六六〇〜一六六三年の間に稗古場山に移っているようである。金ヶ江三兵衛家は文献史料に天狗谷窯の開窯に関わったと記される陶工であり、この移転が直接的あるいは間接的に天狗谷窯の廃窯につながった可能性が考えられる。

(2)　中白川窯跡

一九八九年の発掘調査で検出された窯体がこの時期の窯体である。大きく六つの層に分層できる物原のうち、物原5層以上の堆積土層がこの時期に該当する物原である。

①出土遺物

（物原5層）

染付碗、鉢、小坏、小皿、瓶、白磁碗、鉢が出土する（第1章資料7-図10〜19）。碗、鉢が主体であり、その他の製品は少ない。染付碗は丸碗と端反小碗（小坏）があり、文様は圏線文（第1章資料7-図13・14）、見込み荒磯文（第1章資料7-図10）、山水文（第1章資料7-図16）、松文などがある。主体となるのは圏線文と見込み荒磯文である。染付端反碗は圏線文丸碗と同意匠のもので、圏線文丸碗と圏線文端反小碗（小坏）と見込み荒磯文碗の組合せは天狗谷B窯前期・B窯後期と共通である。松文は、同様の松の描き方をしたものが楠木谷窯・谷窯・長吉谷窯・柿右衛門窯などで出土する。白磁は天目形碗（第1章資料7-図19）が見られる。これは天狗谷C窯で類品が見られる。白磁鉢（第1章資料7-図17）は物原5層よりもむしろ上層の3層からの出土が多いが、5層でも少量出土している。同種製品に上絵付けしたものが赤絵町遺跡5層段階で出土しており、鹿児島県吹上浜でも採集されている。

（物原3層）

染付碗、鉢、小坏、皿、白磁碗、鉢が出土する（第1章資料7-図25～29、第1章資料33-図2・3・6・8～10・12・15、第1章資料34-図1・4～6）。主体となるのは、染付見込み荒磯文碗・鉢、染付芙蓉手皿、白磁鉢である。いずれも海外需要に応えた製品である。染付見込み荒磯文碗・鉢は天狗谷B窯・C窯と共通であるが、染付芙蓉手皿は天狗谷窯ではほとんど出土しない。染付芙蓉手皿は、見込み文様の種類から花虫文（第1章資料34-図1）、花鳥文（第1章資料34-図4・5）、花籠文（第1章資料34-図6）の三種に分けられる。大きさは花虫文が推定口径二一・六cm、花鳥文が推定口径三三・八cmと推定口径四一・六cmの二種が多い。花籠文の大きさは不明である。類例は花虫文が長吉谷窯跡、下白川窯跡、猿川窯跡、柿右衛門窯跡など、花鳥文が長吉谷窯跡、下白川窯跡、谷窯など、そして、花籠文が長吉谷窯などに見られる。白磁鉢は物原5層でも少量見られたが、物原3層から大量に出土する。それに対して染付圏線文碗は出土をみなくなる。

その他、染付葡萄蔓草文碗の文様は天狗谷B窯と共通であり、白磁天目碗（第1章資料7-図29）は天狗谷C窯で出土する。そして、芙蓉手皿以外の染付皿も豊富である。栗文・蔓草文・花盆文などの小皿、松鶴文・牡丹唐獅子文・折枝牡丹文などの中皿などがある。小皿の裏文様は圏線のみのものや折れ松葉文を入れたものがあり、無文のものもある。中皿の裏文様は花唐草文であり、唐草の茎は一本線の線描きで描かれている。松鶴文皿（第1章資料33-図10）の松の描き方は「延宝年製」（一六七三～一六八〇）銘のある伝世品（小木一九八八、五〇頁）に描かれた松文に類似しており、同様の松文と鶴文の製品は柿右衛門窯においても出土している。

物原3層で出土する製品は、一六五〇年代後半以降の海外輸出の本格化に伴う製品と推測される。特に染付芙蓉手皿などは万治二年（一六五九）に本格的に始まる対オランダ貿易に伴う可能性が高い。

（床上出土遺物）

中白川窯跡の廃窯時の製品である可能性が高い製品が焼成室床上出土遺物である。内面に色紙を描き、その周囲に桐葉文などを散らした染付皿（有田町教育委員会一九九〇、PL 15-8）が出土する。色紙の周囲に桐葉を散らした文様は下白川窯跡などの出土品に類似しており、裏面の宝文をめぐらした製品は下白川窯、柿右衛門窯などで出土している。

（その他の出土遺物）

焼成室の覆土から染付富士山蜘蛛巣文皿（野上一九九二、四三頁の写真10）、染付色紙草花蜘蛛巣文皿（野上一九九二、四三頁の写真11）が出土する。富士山を題材にした製品は、一七世紀後半に流行したもので、寛文元年（一六六一）銘をもつ染付絵馬（佐賀県立九州陶磁文化館一九九一c、三〇頁）の背景にも描かれているし、『酒井田柿右衛門家文書』の中で、明暦四年（一六五八）に金銀焼付の製品を酒井田喜三右衛門が献上した記述の中にも「錦手富士山之鉢猪口抔」の名が記される（有田町史編纂委員会一九八五a、五五四頁）。また、染付富士山蜘蛛巣文皿に酷似した伝世品（佐賀県立九州陶磁文化館一九九一b、八六頁）をみると、松文は物原3層に見られた染付松鶴文皿の松文に類似し、裏文様も同種の皿に同様のものが見られる。染付色紙草花蜘蛛巣文皿と酷似した伝世品（佐賀県立九州陶磁文化館一九九一b、九一頁）の裏文様は床上出土遺物の裏文様と同様のものである。その他に瑠璃釉芝垣文皿（第1章資料33-図1）、染付梅花文皿（野上一九九二、四三頁の写真13）が出土する。前者は瑠璃釉をかけ、白抜きした部分に染付で文様を入れたものであるが、同様の手法による製品は下白川窯などで出土する。後者は焼成不良の製品であるが、文様を観察することはできる。梅の描き方はいわゆる柿右衛門様式の色絵製品などに多用されているものである。

②一七世紀後半の中白川窯

中白川窯の物原堆積からみる変遷は、物原6層の染付碗や青磁掛分け碗が主体のⅠ期、物原5層の染付見込み荒磯文碗や染付圏線文碗を主体とするⅡ期、物原3層以上の染付見込み荒磯文碗・鉢、白磁鉢や染付芙蓉手皿など皿類を主体とするⅢ期である。

技術水準が大きく変化するのは、Ⅰ期からⅡ期にかけてであるが、器種構成が大きく変化するのは、Ⅱ期からⅢ期にかけてである。Ⅰ期からⅡ期にかけては、碗類が主体であることは変わらないが、Ⅱ期になると碗の器壁は薄くなり、文様も比較的精緻で高台内銘款を入れたものも現れる。そして、Ⅲ期になると染付芙蓉手皿をはじめとした皿類が増加する。碗・鉢類は海外向けの染付見込み荒磯文碗・鉢や白磁鉢が主体であるのに対し、皿類は海外向けの染付芙蓉手皿以外に国内向けと思われる小皿、中皿も多い。中皿、大皿が現れるのもⅢ期になってからである。

また、天狗谷窯と共通する要素を多く見出せるのは、Ⅱ期までであり、Ⅲ期以降はむしろ長吉谷窯や柿右衛門窯などの窯との類似点が多くなる。

そして、Ⅲ期の年代と廃窯時の間に大きな時期差は認められず、染付芙蓉手皿の生産年代の内に廃窯した可能性が高い。その廃窯年代については、『竜泉寺過去帳』万治二年（一六五九）の記載から、一六五九年以降であると推定されるが、天狗谷窯跡と同様に同過去帳の白川地区の表記の仕方の変化から、寛文一一年（一六七一）以前である可能性が考えられる。

(3) 下白川窯跡

この時期に該当する窯体は発見されていないが、物原からはこの時期の製品が出土している。

①出土遺物

一七世紀後半の製品は器種も豊富である。小皿、中皿、大皿、手塩皿、小坏、香合、水滴、アルバレロ壺、唾壺形壺、蓋物などが出土している。染付芙蓉手小皿、中皿をはじめとした海外向けの製品も多く見られ、糸切り細工による精緻な変形皿、丁寧な絵付けを行った染付小皿や青磁の優品も多い。染付芙蓉手皿は、中白川窯物原3層以上で見られる製品と同様のものも見られるが、それらよりもやや後出するタイプの染付芙蓉手皿も含まれる。その他、染付小皿の中には中白川窯物原3層で見られる製品と共通するものも含まれる。青磁大皿は高台内を蛇の目釉剥ぎし、鉄銹を塗ったものである。蛇の目釉剥ぎした部分と高台内中央部分には小さな段差があり、浅く円凹状にくぼませている。

②一七世紀後半の下白川窯

一七世紀後半は、器種も豊富で明確な特色をつかみにくいが、皿類が主力製品であることはうかがえる。中白川窯との共通性を多く見出せる一方で、青磁の優品が多い点など中白川窯では見られない特色もある。

(4)　一七世紀後半の白川地区の窯場

肥前の磁器産業は一六五〇年代には技術革新と海外需要の本格化を迎える。もちろん、白川地区においても、天狗谷窯ではB窯前期、中白川窯では物原5層の段階に新しい技術が導入されている。ただし、出土状況には異なる点もある。天狗谷B窯前期で見られる製品は、高台無釉碗など旧来の技術で生産された製品と新しい技術導入による製品が混在している。このような例は同時期の楠木谷窯などにも見られる（佐賀県立九州陶磁文化館一九八七、有田町教育委員会一九九二a）。一方、中白川窯の物原5層で見られる製品はほとんどが新しく導入された技術によって生産された製品である。

また、染付見込み荒磯文碗などの海外向けの製品の生産も同時期から始まる。染付見込み荒磯文碗は、天狗谷窯ではB窯前期からC窯まで継続して生産されており、中白川窯でも物原5層から3層以上にかけて大量に生産されている。下白川窯でも出土している。コーヒーカップである可能性をもつ染付端反碗が出土し始めるのもこの時期からである。

中白川窯の物原3層の段階では、皿類の割合が大きくなる。天狗谷窯がその開窯から廃窯まで、碗類、瓶・壺類などが主体となる器種組成に変化がないのに対し、中白川窯は物原3層の段階で大きく変化する。中白川窯のこの器種組成の変化の要因の一つに万治二年（一六五九）の対オランダ貿易の本格化が挙げられる。中白川窯の物原3層で出土する染付芙蓉手皿などは大きさが規格化されており、オランダ連合東インド会社による大量注文を背景に生産された可能性が高い。そして、中白川窯の物原3層段階の国内向けの染付小皿の中には下白川窯の製品に共通するものが多く見られる。天狗谷窯とこれらの窯との相違の要因の一つには、廃窯年代の差が考えられる。天狗谷窯の廃窯の直接的あるいは間接的な要因として、金ヶ江三兵衛家の移転があった可能性はすでに述べた。対オランダ貿易の本格化は万治二年（一六五九）以降であり、金ヶ江三兵衛家は万治三年（一六六〇）～寛文三年（一六六三）の間に稗古場山に移転している可能性が考えられる。対オランダ貿易の本格化以後、ほどなく移転している可能性が考えられるのである。よって、天狗谷窯は一六五〇年代中頃には本格化する東南アジア向けの染付見込み荒磯文碗・鉢の生産を行っているが、対オランダ貿易用の染付芙蓉手皿などについては本格的に生産する以前に廃窯となった可能性がある。

次に中白川窯と下白川窯の製品を比較してみると、同じく染付芙蓉手皿が出土するものの、下白川窯では一六七〇～一六八〇年代と推定されるやや新しいタイプの名山手の染付芙蓉手皿が比較的見られるのに対し、中白川窯ではごく少量見られるのみである。

よって、新しいタイプの染付芙蓉手皿の本格的生産以前に中白川窯は廃窯となっている可能性が考えられる。また、下白川窯は青磁の優品が多いことも特色の一つであるが、中白川窯では青磁製品はほとんどみない。下白川窯の青磁大皿などは見込み蛇の目釉剥ぎ部分の内部を円凹状に浅く削り込んだものである。一六五〇～一六六〇年代の青磁大皿に多く見られる円凹状に削り込まないタイプはみられない。つまり、中白川窯の操業期間と重複する時期にはまだ下白川窯でも青磁大皿の生産は行っておらず、中白川窯の廃窯後、生産を始めた可能性がある。この年代は寛文八年（一六六八）に「上白川」とあるのを最後に寛文一一年（一六七一）からは「白川皿山」、「白川山」などの表記に変わり、白川地区の窯場が統合されたことをうかがわせることと矛盾しない。

2　有田内山地区(2)──赤絵町地区──

赤絵町については、一般に寛文年間ごろには赤絵屋を集めて形成され、以後は技術漏洩防止のために上絵付け業者を制限したとされている。生産工程の一部をなす上絵付け工程の技術的分業化であり、それがそのまま専門業者化し、社会的分業の確立をみた例でもある。

まず、赤絵町の成立年代について考えてみる。文献史料に見られる赤絵町の初見は『竜泉寺過去帳』の一六八〇年の記載である。そして、文献史料以外では出光美術館所蔵の「色絵狛犬」の腹部に赤絵具で「元禄五年赤絵町」（一六九二）と書かれたものが現存する（小木一九八八、七二頁）。そして、『肥前陶磁史考』には「寛永年間（寛文年間か）下幸平の下部を割きて、赤繪町と稱するに及び、下幸平は單に幸平と稱せしが、後本幸平と改稱せしものである。」とある（中島一九三六、四四七頁）。一方、『竜泉寺過去帳』をみれば、本幸平山の名称の変遷は、幸平山（万治二年［一六五九］、寛文七年［一六六七］）から下幸平山（延宝八年［一六八〇］）、そして本幸平山となっており、本幸平山の初見は元禄五年（一六九二）、本幸平の初見は元禄六年（一六九三）である。また、久米邦武著の『有田皿山創業調子』の中の「有田陶器沿革史」に「同（寛文）十二年は我が有田において赤絵町等の称呼ありて金鐀工の有る所を以て町名に昌する者とす（報恩寺鐘銘に云く、上幸平山・大樽山・下幸平山・上白川山・冷古場山・赤絵町・中野原町・岩谷川内山等の称呼あり。）」とある。残念ながらこの鐘は現存しないが、「有田陶器沿革史」が書かれた明治二〇年（一八八七）には当時報恩寺の鐘は存在しており（有田町史編纂委員会一九八五ａ、三五五‐三五六頁）、寛文一二年（一六七二）には赤絵町という名称が使用されていたとみてよいだろう。そして、一九八八年の赤絵町遺跡の発掘調査でも調査区内における赤絵屋の成立は一六五〇年代後半〜一六六〇年代前半と推定されている。よって、寛文年間ごろに赤絵町が成立したとする伝承は概ね認められる。

次に上絵付けの技術漏洩防止や赤絵屋の制限について、文献史料からみてみる。有田の上絵付け技法については、「日本山海名産図絵」に「赤絵の物を錦様といいて五彩金銀を銹に施すこと是一山の秘術として口外を禁ず。故に此に略す」（千葉一九七〇、一六九‐一七〇頁）と記されるように秘術とされていた。『蓮池藩請役所日記』元文二年（一七三七）には「塩田町池田与左衛門儀、かねて御法度の焼き物に赤絵を仕立て、」とあり（有田町史編纂委員会一九八五ａ、三四八頁）、一七三七年にはすでに一定の制限を設けていたことは推測される。ただし、赤絵町を中心とした赤絵屋以外の上絵付けを禁じていたものか、佐賀本藩以外の上絵付けを禁じていたものか不明確である。一八世紀後半になれば、文献史料から赤絵屋が一六軒に制限されていることがわかる。『肥前陶磁史考』には、「赤繪屋業者は、赤繪町の九軒と、幸平の二軒に限られしも、明和七年（一七七〇）又本幸平に一軒、大樽に一軒、白川に一軒、稗古場に一軒、中野原へ一軒計五軒が更に許されて、茲に十六軒の團結が出來たのである。」（中島一九三六、四四七頁）とある。寺内信一著『有田磁業史』（一九三三）の中には「赤絵付家株家督相続定法」と題する規定が紹介されている。内容は赤絵付け技法の秘密保持のための相続規定等であり、日付は安永八年（一七七九）三月七日である。その中には「十六軒の赤絵屋がめいめい心をくだいて絵具の調合法を工夫し、現在では他家に洩らさず、家々の家伝になし、一子相伝としている。」とある（有田町史編纂委員会一九八五ａ、三七一‐三七六頁）。『日本陶磁器史論』によれば文政一二年（一八二九）の段階で赤絵屋を営むものは、赤絵町に九名、本幸平町に三名、白川町・大樽町・稗古場町・中の原町に各一名の計一六名である（有田町史編纂委員会一九八五ａ、三七七頁）。そして、『肥前陶磁史考』には、幕末に至って赤絵屋の増加問題が起こったことが記される。すなわち、赤絵付札を新たに増加するように窯焼きらが訴えている内容である（中島一九三六、五三五頁）。これらの史料によって、一七七〇年代にはすでに赤絵屋が一六名に制限され、そのまま幕末に至っていることがわかるが、それ以前については明確ではない。

ここで上絵付けの技術漏洩防止あるいは赤絵屋の制限と赤絵町の成立が直接結びつくものかどうか問題にしたい。各窯場にあった赤絵屋を赤絵町周辺の一地区にまとめるのであるから、赤絵屋の一定の制限は行われたと考えられる。一六四〇〜一六五〇年代の色絵磁器片は比較的多くの窯場で出土する。赤絵町の成立以前は各窯場に赤絵座及び赤絵窯があったと想定されているので、赤絵町成立が赤絵屋の制限を伴ったと考えて矛盾するものではない。一方、赤絵町成立後も外山地区で上絵付けが行われたと推測される窯場も存在する。応法地区、南川原地区などの窯場である。応法地区では一七世紀末～一八世紀初の色絵油壺が色絵素地とともに出土し、南川原地区でも柿右衛門窯で色絵片が少量出土する他、柿右衛門窯、南川原窯ノ辻窯では色絵素地が多数出土する。『酒井田柿右衛門家文書』には色絵具の調合方法が記され、酒井田柿右衛門に対して「一、赤絵釜　壱ツ」などを「今度公儀御焼物方ニ付而、出来立候内、如書載被下由申来リ候条、可被得其意候。」（有田町史編纂委員会一九八五a、五五六頁）と記される。応法地区や南川原地区の色絵素地は赤絵町遺跡ではほとんど確認されないので、赤絵町成立後も外山地区で上絵付けが行われたとみてよいであろう。『鹿島藩日記』元禄一七年（一七〇四）には「建部内匠頭様より御所望の焼き物絵薬二色、赤絵・青絵、右の通り山崎七郎右衛門より付け状致し、伏見御屋敷にて御用人に当て候て、長崎町飛脚にて尼崎彦六迄差し越し候」とあり、公然と有田の色絵具が外部へ移出されている（有田町史編纂委員会一九八五a、三四七-三四八頁）。江戸後期の文献史料などをみると、最も技術漏洩防止に気を使っているのが色絵具であるため、一八世紀初の段階では厳密な技術漏洩防止策を施していないことが読み取れる。赤絵町の成立によって、赤絵屋に一定の制限が加わったものの、成立の背景の中に技術漏洩の防止という目的意識は低かったと思われる。

それでは、赤絵町成立の背景には何があったのか。まず、考えられるのは海外貿易の本格化であろう。万治二年（一六五九）にはオランダ連合東インド会社より大量注文を受けるが、染付主体のモカ向けを除けば、色絵製品の割合が高い（第5章表21）。それは一六五九年以降も同様である。そして、赤絵町の位置は内山地区の中心部に位置し、内山地区の窯場との受注生産を行うために機能的な位置にある。色絵製品の大量受注生産に対応するために機能的な配置をとったものと推測される。また、赤絵町及び幸平町は付近に幸平山、稗古場山、白川山など内山地区でも窯場が最も密集している地域でもあり、すでに赤絵屋が比較的多い地区ではなかったかと推測され、そうした下地があったからこそ可能であった施策と推測されるのである。こうした点は寛永一四年（一六三七）の窯場の整理統合と共通である。そして、赤絵屋の制限については、過当競争を避けるためであった可能性も考えられる。当時の急激な需要の増大による過当競争を物語る史料としては、一六五九年一二月一〇日のオランダ商館長ワーヘナールの報告に「わたくしは自分の創意で祖国向けの見本としてバタヴィアに持参するため、瑠璃地に小さな銀の唐草をあしらった特殊な磁器二〇〇個をある人に注文しました。しかし、どこの街角や店先にもそれらが売られており、その野の草花のように平凡なものとなっていたことをあとから知って、私はその少しを購入し」たという一節、あるいは「われわれはこれらの焼き物が年々改良されて、さらに立派なものになって来ていることも知っています。しかも、実は一方が技術と速さで、またさまざまな種類の焼物を生産し、価格を下げることによって他方を負かそうとしていることもあって、彼らは共倒れの状態にすらなっています。と申しますのは、前述のモカ向けの磁器に関することでございますが、われわれが注文したのと同じ磁器がわれわれが入手いたします一か月も前に出島に大量に出まわりましたので、誰でも購入することができたのには驚いてしまいました。このことは同種のものを生産するためには、われわれと契約した窯主だけでなく、見本の若干を一時的に入手し、それらを大急ぎで大量に模倣した幾人かのいかさま師と想われる奴らによって行われたものと思われます。」（有田町史編纂委員会一九八八c、二〇八頁）という一節がある。おそらくこうした状況に対処する必要が生じたのであろう。

よって、現段階では次のように考えている。まず、一六五〇年代頃には今の赤絵町や本幸平には谷窯や稗古場窯、下白川窯など有田内山地区でも中部に位置する窯場の赤絵窯を含む工房が築かれ、その後、寛文年間までに有田内山地区の窯場全体の上絵付けを行う制度的な赤絵町が成立した。もちろん、これは海外輸出の本格化を背景にしたものである。そして、成立当初においては内山地区全体の上絵付け工程の技術的分業を行うためと過当競争を避けるために生まれた制度であった。そのため、技術漏洩防止の目的意識は低く、外山地区では赤絵町成立後も上絵付けが行われた窯場が存在することになった。そして、時期は不明であるが、ある段階から内山地区のみならず、外山地区も含めた制度となり、赤絵町を中心とした一一軒ないし一六軒の赤絵屋に制限されたと推測する。名目は技術漏洩防止を目的としているが、幕末の赤絵屋の増加問題をみると、赤絵屋や窯焼き側にとっては既得権をめぐる争いに他ならないようである。

3　有田外山地区(1)——応法地区——

応法地区は、有田町の北西部、黒牟田川の上流に位置する（図128～131）。応法地区から黒牟田川を約八〇〇ｍ下ったところに山辺田窯跡や多々良の元窯跡などの窯場を有

図128　有田町応法地区（南西から）

する黒牟田地区がある。応法地区と黒牟田地区を結ぶ道の途中にある分岐を北に向えば峠を越えて広瀬地区にでる。現在、応法地区で確認されている古窯跡は、掛の谷窯、窯の谷窯、弥源次窯の三ヶ所である（図129）。その中で江戸時代の窯体が確認されているのは、一七世紀の掛の谷1号・2号窯の二基と最終段階の窯の谷窯である。まず、各窯場の出土製品をみていくことにする。

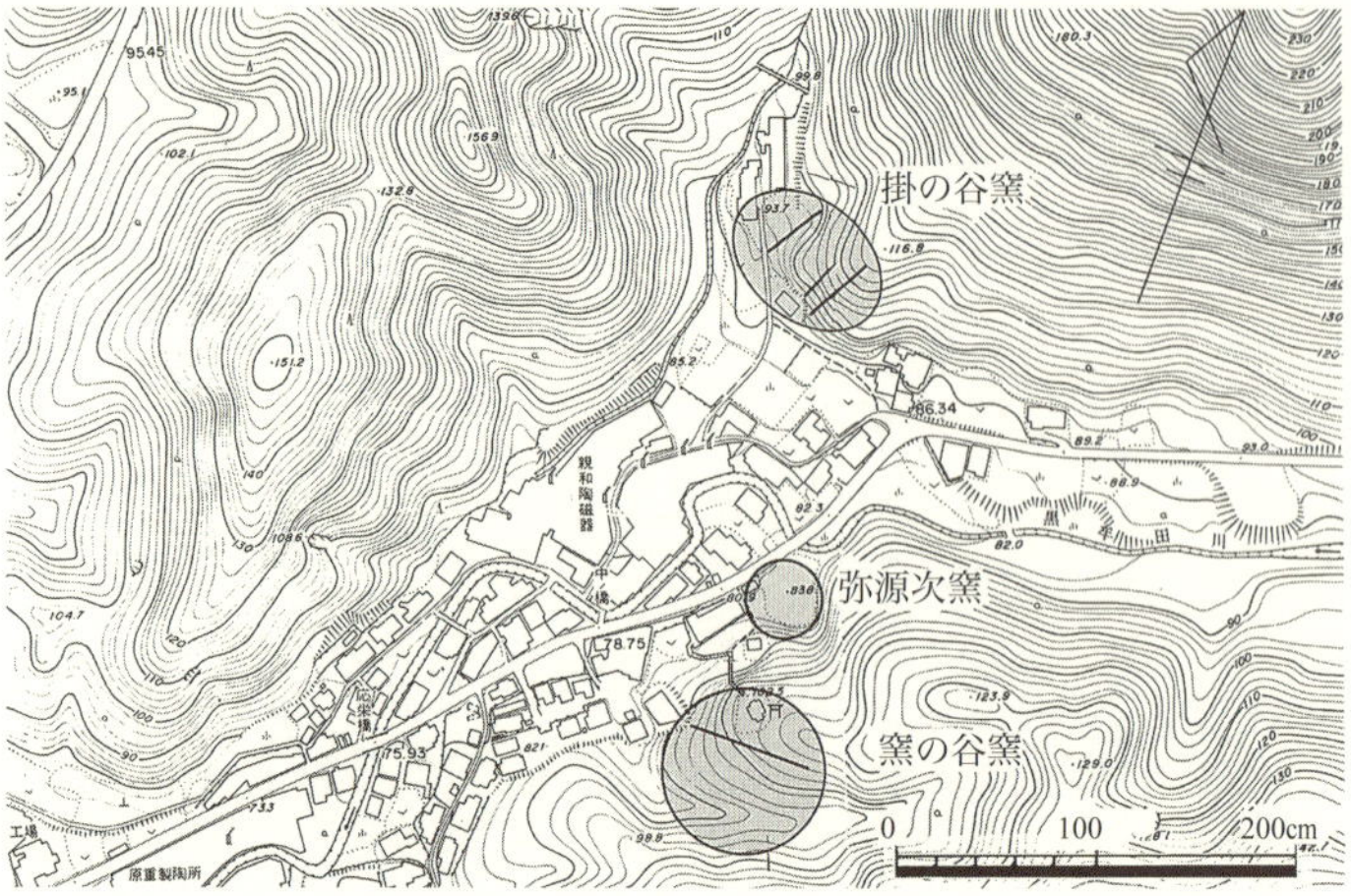

図129　応法地区古窯跡位置図

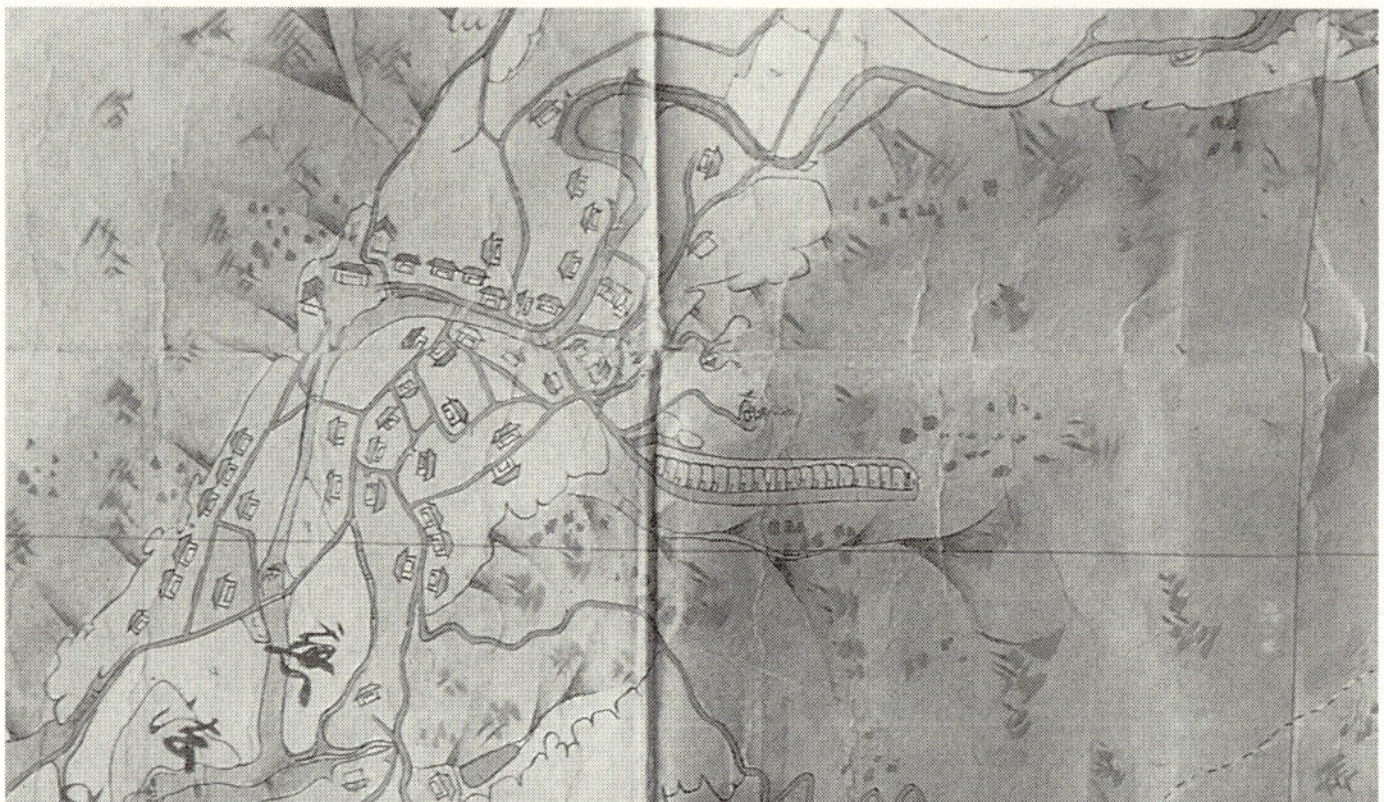

図130『安政六年松浦郡有田郷図』（応法地区部分）

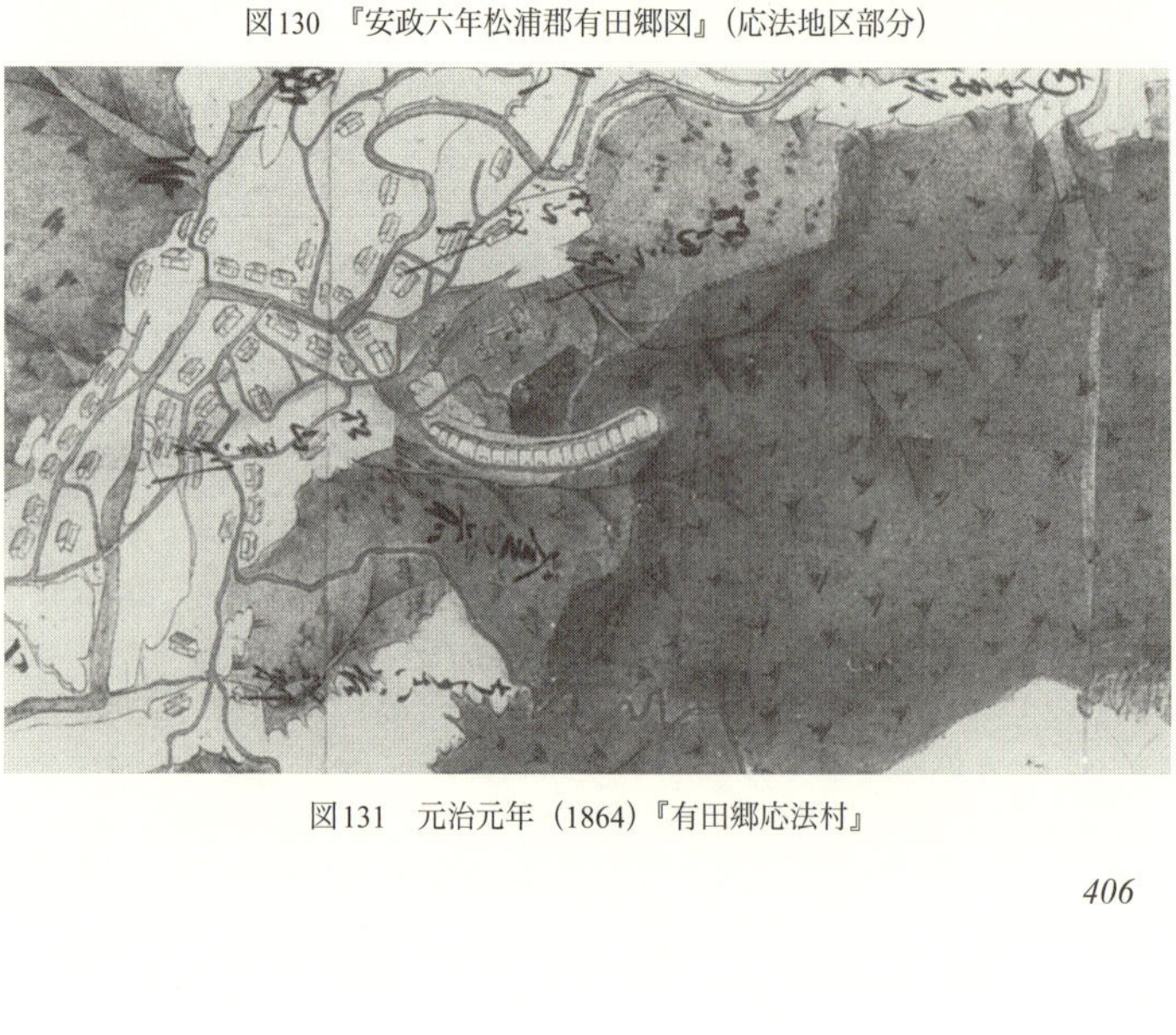

図131　元治元年（1864）『有田郷応法村』

(1)　掛の谷窯

掛の谷１号窯については、一九六七〜一九六八年にかけて発掘調査が行われている。窯体のみの調査で、物原の調査は行われていない。出土製品のほとんどは粗製の染付小皿である（図132-1〜3）。山辺田４・６・７号窯の製品（図132-12・13）に類似している。

掛の谷２号窯は一九九二年に踏査を行って発見した窯であり、同年発掘調査を行った。焼成室の一部と物原の調査を行ったが、物原は上層と下層と分けられる。１号窯と同様に大半が粗製の染付小皿（図133-1〜5・10〜14）で、他に物原下層から高台無釉の鉄釉掛分け碗（図133-6）、青磁掛分け碗、染付仏飯器、青磁仏飯器（図133-7）が出土する。物原以外では高台無釉の染付碗（図133-24・25）、染付見込み荒磯文碗（図133-27）が出土している。染付見込み荒磯文碗は窯の焼成室の覆土からの出土であり、廃窯時期に近い年代に生産された可能性が高い。また、物原下層で見られず、上層でのみ出土する窯道具として、逆台形ハマ（図133-18）、磁器製ハマ（図133-17）、紐作りの桶形ボシ（図133-20）などがある。出土するほとんどの染付小皿は高台径が小さく、ハリ支え技法の使用も見られないが、焼成室の覆土から一点のみハリ支えを使用したやや上質の染付小皿（図133-26）が出土している。墨弾きの使用も見られる。ボシはこうした製品の焼成のために使用されたのであろう。掛の谷２号窯では、物原上層の段階に一七世紀中頃の技術革新に伴う新しい技術が一部導入されているが、一般化するには至っていない。

そして、掛の谷２号窯の染付小皿の中で物原下層・上層ともに大きな割合を占めているのが、染付日字鳳凰文皿である。これらはベトナムなど海外へも輸出された製品である。長崎市万才町遺跡の寛文三年（一六六三）の火災に伴う土層から類品が出土している。その他の２号窯物原上層出土資料の染付小皿は、掛の谷１号窯（図132-1〜3）、山辺田６号・７号窯の製品（図132-11〜13）に類似する。染付碗は山辺田４号窯・１号窯床上資料（図132-23・24）に類似しており、皿・碗ともに山辺田窯の製品と共通するものが多い。

(2)　窯の谷窯

窯の谷窯については、一九八八年と一九九二年に発掘調査を行っている。最終段階の窯体と一七世紀中頃から近代にかけての製品が堆積する物原が検出されている。

一七世紀中頃の製品は、染付小皿が主体であり（図132-4〜10）、他に碗などが見られる。皿については掛の谷窯跡出土資料と類似す

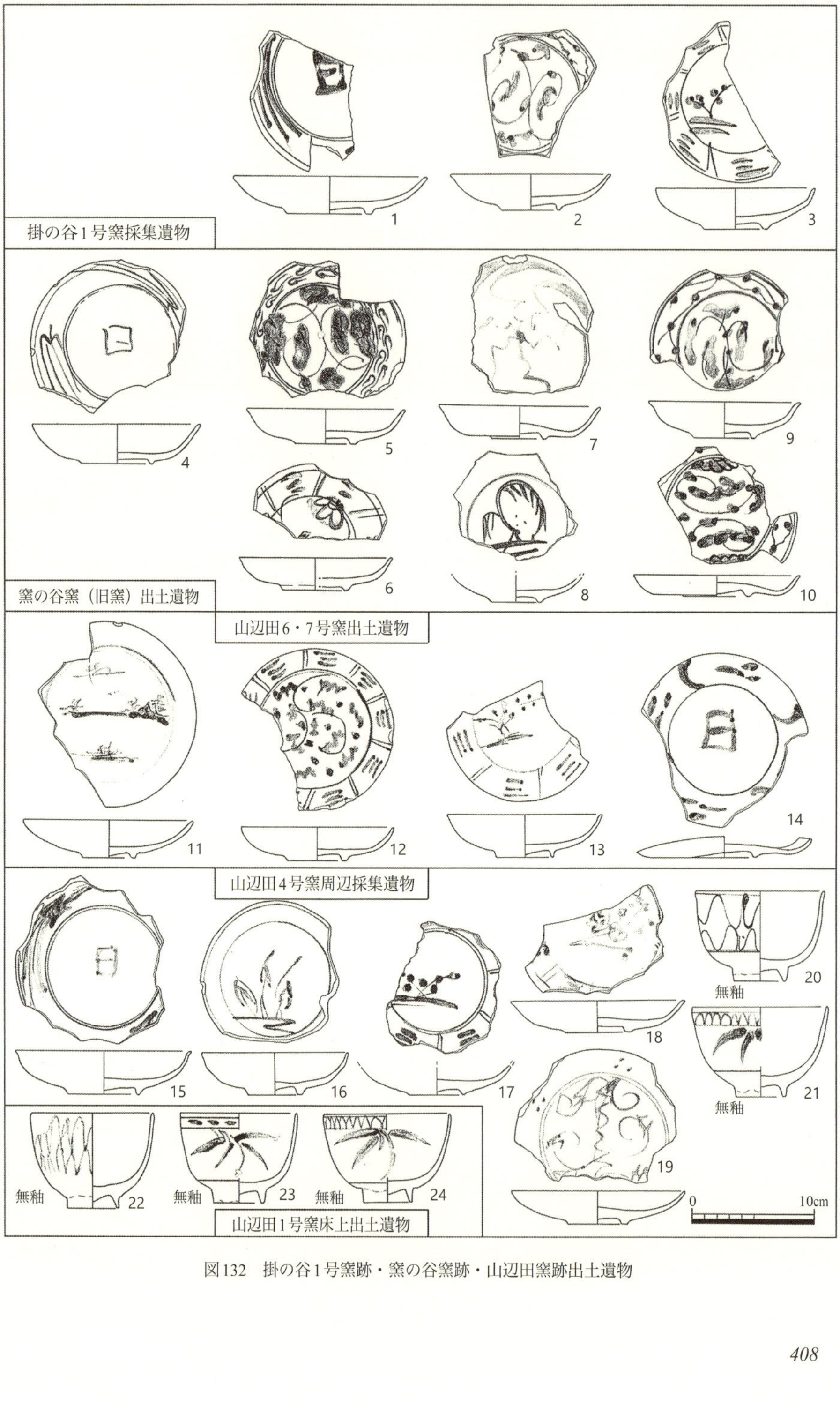

図132　掛の谷1号窯跡・窯の谷窯跡・山辺田窯跡出土遺物

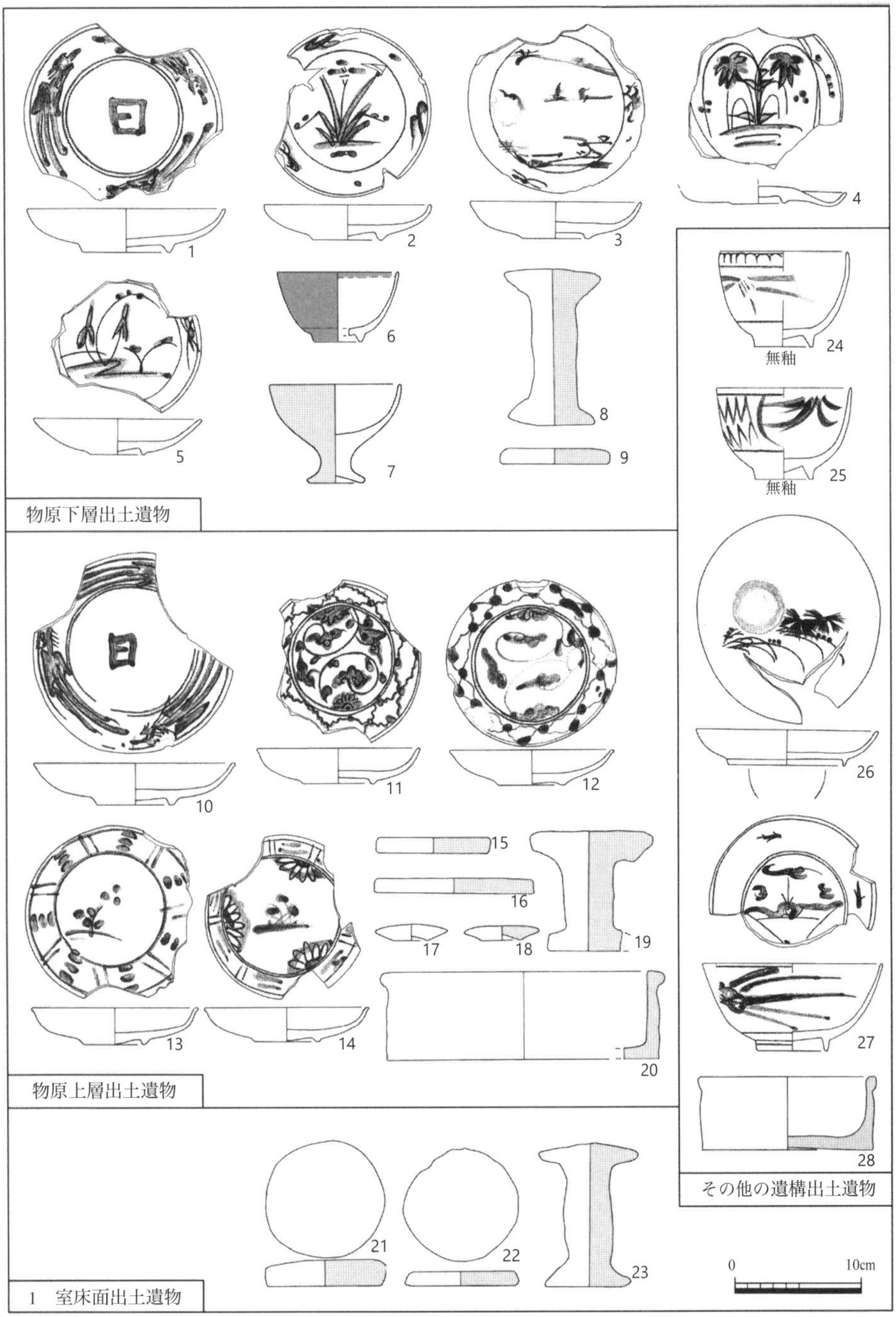

図133　掛の谷2号窯跡出土遺物

る。特に掛の谷1号窯床上資料や掛の谷2号窯物原上層資料とよく似ている。そして、黒牟田山の山辺田窯出土資料と類似している点も掛の谷窯と同様である。

一七世紀後半の製品は染付見込み荒磯文碗・鉢が出土している。続く一七世紀末〜一八世紀前半にかけての製品の主体は、碗と瓶・壺類である。そして、一八世紀後半以降は碗の生産もほとんど見られなくなり、ほとんど瓶類のみの生産を行っている。文化一二年(一八一五)に成松万兵衛信久が設けたとされる製品種別制度に応法山は「神酒瓶及び小瓶」に限られたとされたとする内容とも合致する。

(3) 弥源次窯

弥源次窯は一九六六年に調査が行われている。この遺跡の性格についてはすでに述べたので、製品の概要のみを記すことにする。出土遺物は染付碗・鉢・小皿・中皿・手塩皿・瓶・油壺、白磁小坏・碗・中皿・瓶・油壺、色絵碗・中皿・蓋物・瓶・油壺などである(図134・135)。染付碗・鉢類は、網目文、山水文、寿字文、窓絵文、梅樹文などの小碗、見込み荒磯文などの大振りの碗や鉢などがある。意匠的には長吉谷窯、猿川窯、平床窯などに共通のものが見られる。口径二〇cmを越えるような大振りの染付見込み荒磯文鉢(図134-20)は外尾山窯、山辺田4号窯、多々良の元窯などの外山地区各窯や長吉谷窯などで出土している。染付皿類は、嬉野市吉田2号窯の製品に類似しており、小皿類や粗製の染付芙蓉手皿(図135-20)、白磁(色絵素地)中皿(図135-18)などに類品が見られる。粗製の染付芙蓉手皿は多々良の元A窯の出土資料に類品が見られる。白磁中皿については、楠木谷2号窯床上資料や多々良の元窯に同形の製品が見られる。染付瓶類(図134-27・28)は粗雑ではあるが、一七世紀後半の長吉谷窯などと共通する意匠をもつものが見られる。

一七世紀中頃の掛の谷窯や窯の谷窯が小皿類主体であったのに対し、一七世紀後半の弥源次窯の製品は碗・瓶類が多く、皿類も小皿だけでなく、中皿が多く見られる。掛の谷窯や窯の谷窯の製品が山辺田窯との密接な関わりを示すのに対し、弥源次窯の製品は意匠的には同時代の窯に広く見られるものである。特に吉田2号窯の製品と共通する部分が多い。

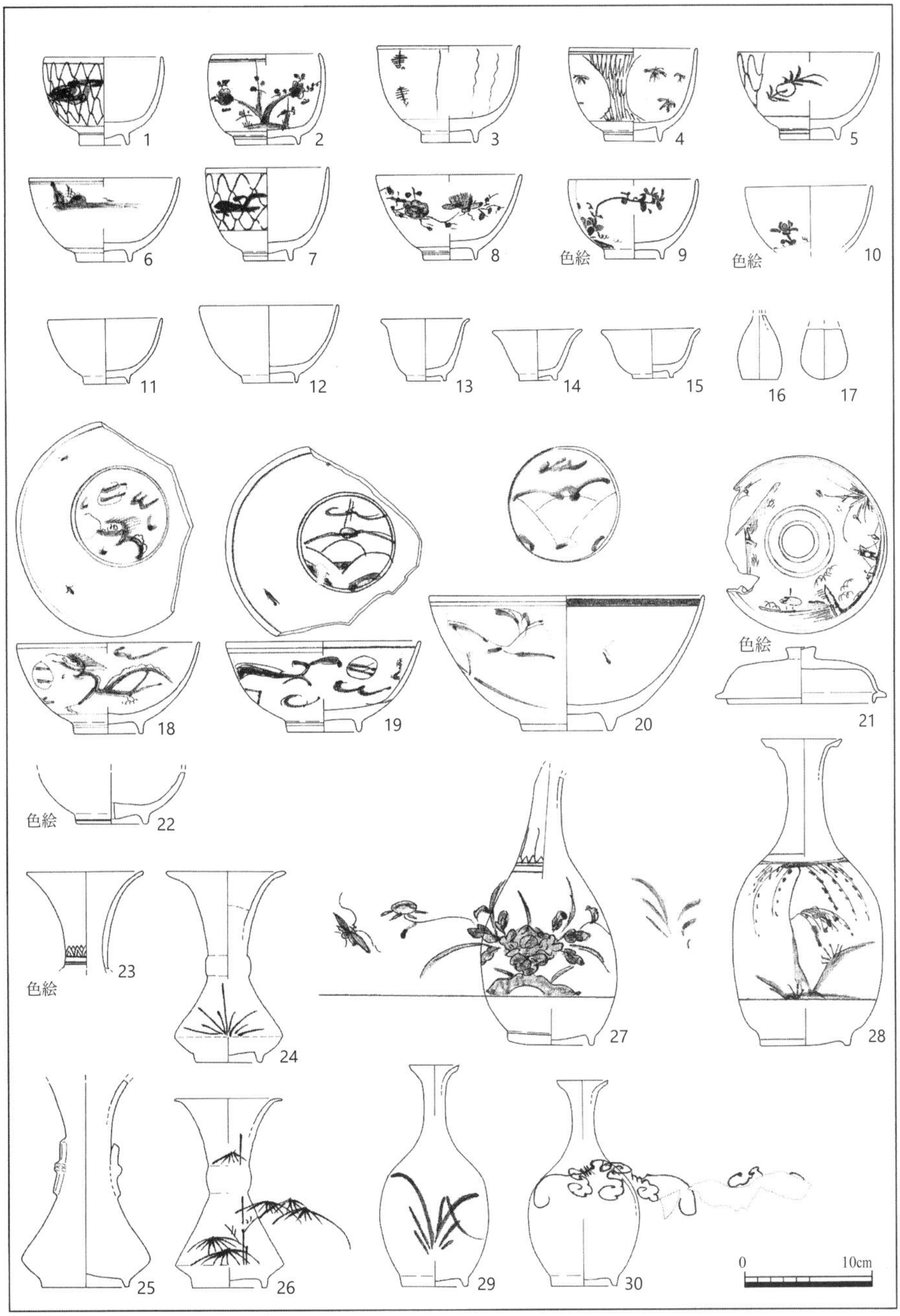

図134　弥源次窯跡出土遺物（1）

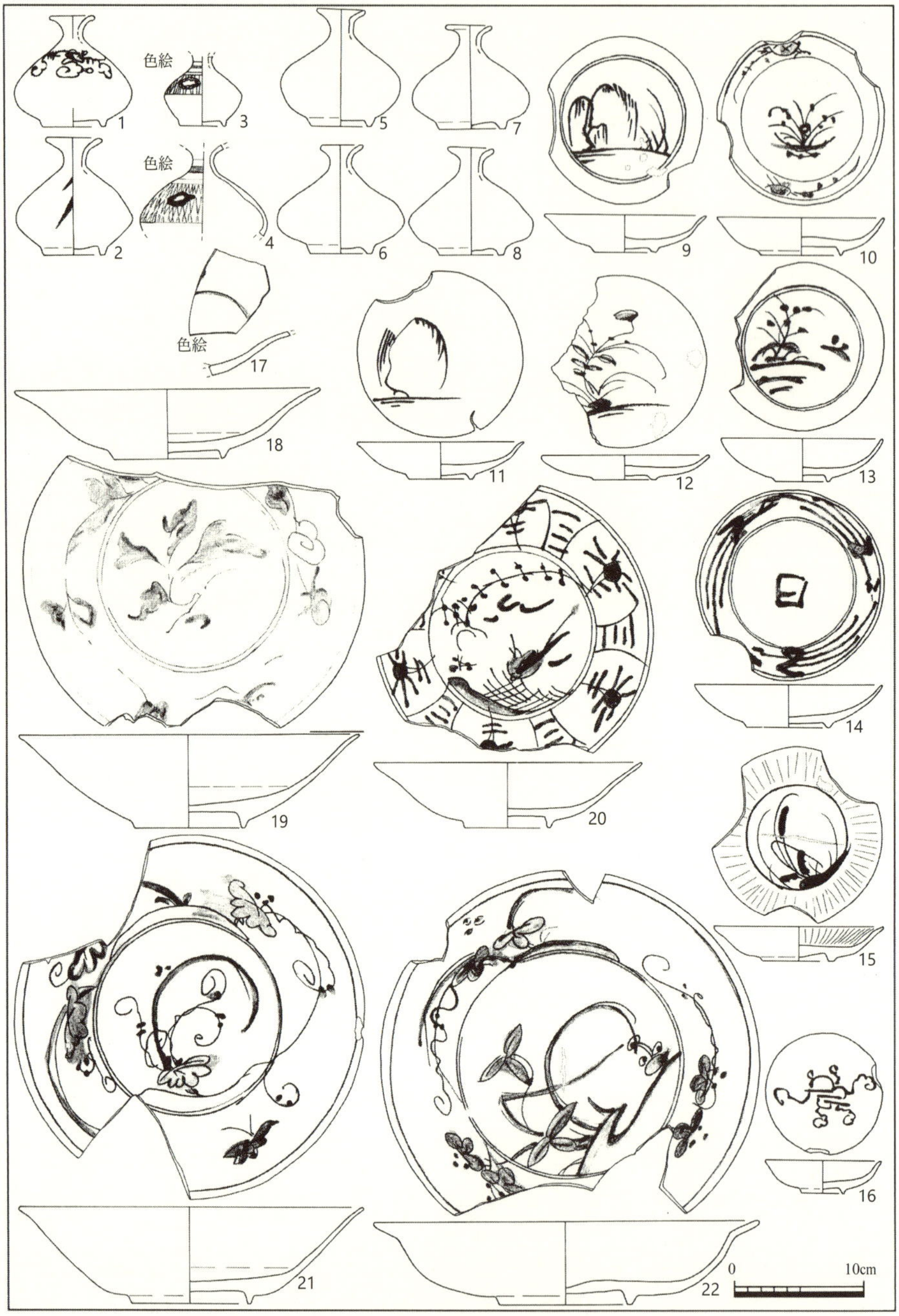

図135　弥源次窯跡出土遺物（2）

(4)　応法山の成立と変遷

現在、応法地区で確認されている窯場で陶器生産は行われておらず、磁器製品も寛永一四年（一六三七）の窯場の整理統合以前に遡るような資料は確認されていない。最も遡りうる資料は、一六四〇〜一六五〇年代の掛の谷窯、窯の谷窯の出土製品である。よって、考古資料から推定される応法山の成立は、寛永一四年（一六三七）以降の一六四〇〜一六五〇年代である。一方、承応二年（一六五三）の『万御小物成方算用帳』の有田皿山の内訳にも記載が見られない。この記載がないことについては、一六五三年当時に応法山に窯がなかったとする可能性と一六五三年の時点では他の窯場の一部であった可能性と二つの考え方があるが、考古資料からみた場合、後者の可能性が高い。

応法山が他の窯場の一部であった場合、その地理的環境から黒牟田山の一部であった可能性が高い。それは掛の谷窯や窯の谷窯の製品が山辺田窯の製品と極めて類似していることからも推測される。応法地区の窯場の成立に際しては、山辺田窯など黒牟田地区の陶工が深く関わっていることが推測されるのである。寛永一四年（一六三七）の窯場の整理統合によって、有田東部地区中心の窯業圏が形成されたが、一六四〇年代以降の磁器需要の増大に伴い、新たな窯場が興っている。黒牟田地区の多々良の元窯や広瀬地区のコウタケ窯などは、一六三七年以降に開窯したと推測される。おそらく応法山地区の窯場もそうした磁器需要の増大に応えて成立した窯場の一つであり、当初は黒牟田山の一部として成立したのであろう。

そして、文献史料における応法山の初見は、『竜泉寺過去帳』の寛文八年（一六六八）の「応宝山七左衛門子」の記載である。以下、一七世紀における応法山の過去帳記載を列記すると、

寛文八年（一六六八）　応宝山藤五左衛門
寛文一三年（一六七三）　応法皿山千兵衛娘
延宝二年（一六七四）　応法山権之允内儀
延宝二年（一六七四）　応法山千兵衛
延宝九年（一六八一）　応法山安左衛門内

とあり、一六六〇年代末〜一六七〇年代を中心に記載されている。また、窯の谷窯に隣接する磁山社には寛文九年（一六六九）の銘のある灯籠が存在する。文献史料や石造物をみると、一六六〇年代末には応法山として独立しており、一六六〇年代末〜一六七〇年代にかけて応法山で窯業が営まれていたことが確認される。この時期に相当する製品が出土する窯は弥源次窯である。一方、掛の谷窯や窯の谷窯が操業していたと推定される一六四〇〜一六六〇年代には、応法山の記載は同過去帳には一六六〇年代末を除いて見当らない。前述のように、黒牟田山の一部であった可能性があるので、黒牟田山の記載をみてみることにする。一六五三年から一六六九年の間に黒牟田山から応法山へと名称が変更しただけであれば、一六六九年以前の過去帳の記載は応法山でなく、黒牟田山として記されている可能性が考えられるからである。

寛永二一年（一六四四）　黒牟田山
寛永二一年（一六四四）　黒牟田山
寛文一二年（一六七二）　黒牟田皿山九良右衛門
延宝六年（一六七八）　黒牟田山弥太右衛門
延宝七年（一六七九）　黒牟田山市左衛門

とあり、以後は大きく途切れることなく記載されている。寛永二一年（一六四四）に二件記載がみられるものの、やはり掛の谷窯や窯の谷窯の主たる操業年代には記載が見られない。よって、同過去帳において、一六六〇年代末〜一六七〇年代を中心に応法山の記載が見られるのは、単に黒牟田山から応法山へと名称が変わっただけでなく、異なる陶工集団が応法山へ流入した可能性が高い。一六四〇〜一六五〇年代においては同過去帳に記載されない集団によって操業されていたが、一六六〇年代には同過去帳に記載される集団が加わったと考えられる。すなわち、山辺田窯などは同過去帳に記載されない集団が中心となって操業していたのであり、その影響下で成立した掛の谷窯や窯の谷窯もやはり同過去帳に記載されない集団が中心となって操業していたと推測される。そして、一六六〇年代までには同過去帳に記載される集団が加わり、弥源次窯の操業が行われたと推測されるのである。考古資料においても弥源次窯が他の二窯に比べて山辺田窯との共通性が見られない点、他の二窯と器種組成が大きく異なる点、他の二窯より操業年代の上限が下がる点など、異なる陶工集団が後から加わったことを推測させる。

それでは、一六六〇年代までに新たに流入した集団とは、どういった集団であろう。『竜泉寺過去帳』に記載されている千兵衛については、応法地区内に「本□正意　延宝二□□　秋九月□日」銘の石碑（図136）が残り、その施主に金ヶ江千兵衛と刻まれていることから、金ヶ江一族であることがわかる。また、「本□正意」は過去帳にある権之允内儀のことであることも過去帳の記載からわかる。よって、権之允内儀も金ヶ江家ゆかりの者であることが推測される。前記六名の応法山の記載の内、判明しているだけで半数の三名は金ヶ江家一族関係が占めている。また、応法山と金ヶ江家の関わりは江戸後期～明治初期においても資料から垣間見ることができる。応法地区の天満社境内にある天保三年（一八三二）建立銘の碑にも金ヶ江□吉の名が見られる。前記過去帳においても「明治七年（一八七四）金ヶ江千太郎ツマ」、「明治一一年（一八七八）金ヶ江荒太郎ケン」と記載されており、金ヶ江千太郎については「天保一四年（一八四三）千太郎子」、「弘化二年（一八四五）千太郎女房」とあることから江戸後期には応法地区に居住していたと推測される。よって、一六六〇年代までに新たに流入した集団とは金ヶ江一族を含む集団と考えられる。すでに述べたように金ヶ江一族が関わった可能性が高い一七世紀後半の窯場は、内山地区では白川山、稗古場山、大樽山、幸平山など内山地区の中部の窯場、外山地区では広瀬山などである。

図136「本□正意」銘石碑（有田町応法）

次に考古資料について見てみる。弥源次窯の製品の器種組成をみると、碗、瓶類が多い。これらは掛の谷窯、窯の谷窯ではほとんど見られなかった器種であり、この器種組成の変化は新しく流入した陶工集団の移入に伴うものと考えることができる。皿類は外山地区の各窯で類品が見られる一般的なものが多いことからも旧来の陶工によって継続して生産されたものであろうと推測される。一方、一七世紀中頃に碗、瓶類を多く生産した窯は内山地区には多いが、有田周辺の外山地区では少ない。特に瓶類を多く生産した窯は、有田周辺の外山地区では広瀬地区などを除けばほとんどない。また、弥源次窯では色絵製品が出土する。掛の谷窯や窯の谷窯では見られなかったものである。色絵製品そのものは外山地区でも山辺田窯、丸尾窯など一七世紀中頃には生産されているが、やはり皿類が主であった。碗、瓶類を多く生産した広瀬山ではこれまで色絵製品の出土はみない。類似するのは外山地区よりもむしろ内山地区の赤絵町遺跡、幸平遺跡などの出土色絵製品である。特に幸平遺跡では皿よりもむしろ碗、瓶、油壺などの色絵製品が多く、類品も見られる。

よって、応法地区に新たに流入した陶工集団は、有田内山地区の中部の窯場の陶工であった可能性が高いと思われる。もちろん、色絵技法が新たな陶工集団とは別に導入されたと考えれば、地理的にも近い広瀬山から応法山へ移ってきた可能性も考えられる。しかし、広瀬山も寛永一四年（一六三七）の窯場の整理統合の時点では窯場はなく、それ以降に金ヶ江一族が移ってきたと推定される。状況としては応法山と似ており、両者の製品が類似するのは、ともに有田内山地区の中部の窯場から共通性の高い陶工集団がそれぞれの窯場に移ってきたからである可能性が高い。また、有田以外では嬉野市の吉田2号窯の製品組成が、弥源次窯の製品組成に極めて類似する。色絵製品を生産している点も共通である。出土遺物からみる開窯年代も近く、過去帳の記載も有田からの陶工の移住を推測させる。これも弥源次窯と吉田2号窯の直接的な関わりがあった可能性と共通性の高い陶工集団がそれぞれの窯場に移ってきたからである可能性が考えられる。

一七世紀中頃～後半における応法山の成立についてまとめると、寛永一四年（一六三七）の窯場の整理統合以降の磁器需要の増大に伴い、黒牟田山など同じ外山地区の陶工によって一六四〇～一六五〇年代に成立し、主に皿類を生産した。この段階は既存の外山地区の窯場の拡大とみてよい。そして、一六五〇～一六六〇年代には有田の内山地区から金ヶ江家一族を含む新たな陶工集団が移入し、皿類に加えて碗、瓶類の生産が大きくなった。この時期は有田内山地区から有田周辺の外山地区へ、あるいは有田から有田以外の窯場へ陶工が移住しており、応法地区における新たな陶工集団の移入もその一つであったと思われる。

4　有田外山地区(2)――大川内地区――

大川内地区は、有田内山地区の北方に位置しており、延宝年間（一六七三～一六八一）には佐賀藩による藩窯が置かれたとされている窯場である。大川内地区では、現在一三ヶ所の古窯跡が確認されており、最も古い窯跡は権現谷高麗神窯跡、二本柳高麗神窯跡、徒幾川内窯跡などの一六世紀末～一七世紀初の唐津系陶器窯である。よって、大川内地区の窯場の成立は、唐津系陶器の生産に始まることは確かであるが、ここでは藩窯の成立につながる磁器産地としての大川内地区の成立について考える。大川内地区において一七世紀代の磁器を生産した窯は、日峯社下窯跡、御経石窯跡、清源上・下窯跡、鍋島藩窯などである。この中で初期鍋島と称される製品が出土する日峯社下窯跡の遺構と遺物について中心に取り上げ、検討を行う。

(1)　日峯社下窯跡検出遺構

一九八九年の日峯社下窯跡の調査では窯体と物原の一部が検出されている。窯体の焼成室規模は、横幅四・八m、奥行三・三五mである。奥壁にはトンバイを使用している。さらに二〇一四年からの調査では、全長約五二m、胴木間を除いて一四室の焼成室があったと推定されている（船井二〇一六）。焼成室の横幅で最も近い数値を示すのが、同じ大川内地区の清源下窯（横幅四・六〇m、奥行三・七五m）や嬉野市不動山皿屋谷3号窯（横幅四・七三m、奥行三・八二m）である。同じ大川内地区の御経石窯の焼成室の規模が横幅五・五m、奥行三・〇mであり、こちらは柿右衛門B窯（横幅五・三六m、奥行三・六二m）、波佐見町辺後ノ谷窯（横幅五・〇三m、奥行四・〇九m）、佐世保市江永C窯（横幅五・五〇m、奥行三・六〇m）に近い。

(2)　日峯社下窯跡出土遺物

染付製品が主体で、青磁製品も比較的多い。他に青磁掛分け、薄瑠璃白抜き、白磁、瑠璃釉の製品が見られる。器形は碗が大半を占めており、他に皿、香炉、瓶、壺などがある。

染付製品は粗製の碗が主体で、その他に上質の碗、皿、鉢が含まれる。上質の製品の中にはいわゆる「初期鍋島」的な要素をもった製品が含まれる。碗は網目文、山水文、簾文、寿字文、渦文、窓絵宝文、窓絵笹文などの染付碗と青磁碗がある。網目文碗は外面いっぱいに緩やかな曲線で網目が描かれる。中には魚文が添えられているものも含まれる。網目文碗は有田では多くの窯で染付見込み荒磯文碗・鉢と共伴している。魚文が添えられた網目文碗は、天狗谷B窯、猿川窯、長吉谷窯、多々良の元A窯、平床窯、弥源次窯、山辺田窯などに類例が見られる。ただし、山辺田窯の出土例は魚文の崩れか、笹文・蔓草文の崩れか判別しかねるものが多い。山水文碗は網目文碗と多くの窯で共伴している。簾文碗は猿川窯、長吉谷窯、山辺田窯、吉田2号窯（吉田皿屋遺跡）に類例を求められる。文様の形状は山辺田窯、吉田2号窯出土のものに近い。寿字文碗は猿川窯、長吉谷窯、谷窯、平床窯、柿右衛門窯、弥源次窯などに類例が求められる。渦文碗は口縁外周に雷文の崩れと思われる渦文を巡らしたものである。天狗谷D窯（B窯前期）、猿川窯、長吉谷窯などの製品によく似る。窓絵宝文碗や窓絵笹文碗などは祖形と思われるものは猿川窯などいくつかの窯で出土しているが、日峯社下窯出土製品ほど文様が省略されたものは出土しない。

青磁製品は碗、皿、香炉、瓶などが出土する。青磁碗は高台内まで施釉したものと、高台無釉のものがあり、後者の中には、無釉部分に鉄銹を塗ったものもある。青磁皿は高台内を蛇の目釉剥ぎし、釉剥ぎ部分に鉄銹を塗ったものも出土する。白磁製品は小片であるが、糸切り細工による変形皿などが出土する。

(3) 大川内地区の成立

寛永一四年（一六三七）の窯場の整理統合の際に統合された範囲の中に大川内地区は含まれておらず、一六三七年あるいはそれ以前に前記の唐津系陶器窯は廃窯しているものと推定される。また、承応二年（一六五三）の『万御小物成方算用帳』の窯場の内訳の中にも大川内地区の窯場は認められない。これまで一六四〇年代以前の磁器製品の出土はみないので、一六五三年の時点でもまだ窯場として再興していなかった可能性が高い。そして、『有田皿山創業調子』に掲載されている『源姓副田氏系圖』によれば、「御道具山」について初代喜左衛門日清の項に「附承應萬治年中迄御道具山岩谷川内ニアリ」、二代喜左衛門清貞の項に「寛文年中御道具山南川原へ移」、三代藤次郎清長の項に「延宝年中御道具山大川内へ移」とある。すなわち、延宝年中（一六七三～一六八一）までには、大川内山は成立していると推測される。また、『竜泉寺過去帳』の中の大川内山の初見は延宝七年（一六七九）であり、一六八三年までの間に四件の記載が集中している。一六七九年以前に有田から陶工集団が移ってきていることが推測される。よって、文献史料等から推測される大川内地区の窯場の成立は、一六五三～一六七九年の間である。

一方、考古資料をみてみる。まず、染付碗などを主体とした粗雑な製品からみていく。青磁高台無釉碗、染付渦文碗、窓絵笹文碗など、一六五〇年代以前に比較的多く見られる技法や文様も含まれるが、文様などは簡略化されたものが多い。また、日峯社下窯の製品の中で大きな割合を占める染付網目文碗は、一六五〇年代前半以前に廃窯したと推定される天狗谷Ｅ・Ａ窯、小樽２号窯などでは見られず、染付見込み荒磯文碗と共伴することが多いことから一六五〇年代中頃から一般的に見られると思われるものである。よって、日峯社下窯の開窯は遡っても一六五〇年代中頃であろうと推測される。このことは承応二年（一六五三）の窯場の記載に大川内山が見られないこととも矛盾しない。

そして、内山地区で最も類例が見られる窯は、猿川窯、長吉谷窯である。類例は両者に共通であり、その年代は猿川窯と長吉谷窯が操業年代において重複する時期である可能性が高い。猿川窯は一七世紀前半から一九世紀に至るまで操業された窯であるが、大橋康二は一九六九年の調査時の資料の中には確実に一六七〇～一六八〇年代に入るものは見られないとする（大橋一九八八ｄ、二三五頁）。そして、それ以前の製品で最も生産年代が下りうる製品が染付芙蓉手皿や染付鉢であり、柿右衛門窯や中白川窯物原３層段階の製品に描かれる一本線の唐草文（大橋一九八九ｄ、八一―八五頁）を裏文様とする製品は報告を見る限りほとんど見られない。柿右衛門窯は一六六〇年代には開窯しており、中白川窯物原３層段階の製品は前述したように一六五〇年代末～一六六〇年代のものを含むもので、一六六〇年代を中心としたものと推測される。よって、猿川窯の一九六九年調査時の一六七〇～一六八〇年代以前の資料の年代の下限は、一六六〇年代の中でも比較的早い段階ではないかと推測される。一方、長吉谷窯は「明暦弐年（一六五六）」銘の製品が出土していることから、一六五六年以前には開窯したと推測したと思われるが、一六五六年からさほど遡らない時期には開窯していると思われる。すなわち、猿川窯と長吉谷窯が操業期間において重複する時期は一六五〇年代中頃～一六六〇年代前半の間と推定される。

よって、日峯社下窯は有田の内山地区における一六五〇年代中頃～一六六〇年代前半の製品組成から始まる窯場である可能性が高い。そして、大川内地区においては、日峯社下窯よりも確実に操業年代が遡る磁器窯は今のところ存在しない。日峯社下窯の開窯の頃に大川内地区の窯場そのものが成立した可能性が高い。そのため、日峯社下窯が内山地区から直接陶工集団が移住し成立した窯場であれば、その時期も一六五〇年代中頃～一六六〇年代前半の頃である可能性が高い。

次に「初期鍋島」的な要素をもつ上質な製品をみていく。大橋康二は、猿川窯の出土製品の中に他窯にみられない特殊な製品があるとする（大橋一九九六ｂ、七八頁）。口縁部を小さく折縁に作り、丁寧な糸切り細工によって作られた変形小皿・中皿である。従来、松ヶ谷手と称された一群の製品の中に見られる特徴であり、大橋はこれらの一部が一六五〇～一六六〇年代の岩谷川内御道具山時代の製品と推測している（大橋一九九六b、七九頁）。また、大橋康二は一六六〇～一六八〇年代の柿右衛門窯出土製品が他の有田諸窯と比較して、鍋島の特徴により近い点をあげている一方、鍋島藩窯製品と全く同じ製品がないことも指摘している（大橋一九九六b、七九-八〇頁）。

そして、日峯社下窯跡の上質の製品群は南川原の柿右衛門窯出土製品よりもむしろ岩谷川内の猿川窯などの出土製品に近い。大橋康二は日峯社下窯跡出土の内面流水文の折縁皿の折縁の特徴は猿川窯の変形皿と共通であり、内面流水柴垣文の皿の高台なども猿川窯の一群と同様に丁寧に三面削りを施していることを指摘している（大橋一九九六b、八〇頁）。また、高台側面に巡らされた鋸歯状の文様も天神町窯など岩谷川内の碗類などには比較的見られるものである。

ここで日峯社下窯の全体的な性格について考える。日峯社下窯の操業年代の頃、肥前のほとんどの磁器窯が染付日字鳳凰文皿、染付見込み荒磯文碗・鉢、染付芙蓉手皿などの海外輸出向けの製品をその品質と器種に応じて生産している。需要がこれほどあったにもかかわらず、今のところ、日峯社下窯をはじめとした大川内地区の窯場では出土した例を知らない。海外市場の需要に対する関心の低さが大川内山の特徴であり、それは後の藩窯と共通する。また、日峯社下窯は後の藩窯と同様に製品の品質差が極端である。高度な製作技術を有していたにもかかわらず、それがいわゆる御道具以外の製品には反映されない、あるいは技術漏洩の防止のためにあえて反映させていない。鍋島の生産においても登り窯に関しては他窯と同様の窯を使用する。『肥前陶磁史考』によれば、鍋島藩窯の御道具山の登り窯の室数は三三室で、その中央部分の三室のみが御用品を焼くためのものであったという（中島一九三六、四〇五頁）。良好に焼成できる空間は限られていることや生産量の制限もあってか、登り窯のごく一部にしか窯詰めされないのである。その他焼成室に製品を窯詰めするために御手伝い窯焼きを任命している。御道具山で最も優先されるのは、御用品の生産であり、そのために他の製品を詰めるのであるから、海外市場の需要に関心が低くても当然であろう。

『源姓副田氏系圖』によれば、御道具山は岩谷川内から寛文年間に南川原へ移転し、延宝年間には大川内山に移るとあるが、すでに述べたように大川内山の日峯社下窯の製品は南川原の柿右衛門窯よりも岩谷川内の猿川窯に近く、そして、性格的には後の藩窯に共通する要素が見られる。また、『酒井田柿右衛門家文書』には、御注文品があったこと、御道具屋や赤絵釜などが下されたことが記されており、ある時期において南川原に御道具山があったことは確かであろうし、それが寛文年間である可能性も高い。それでは日峯社下窯と柿右衛門窯はどのような関係にあるのか。柿右衛門窯と日峯社下窯は年代的には重複する可能性が高く、併存した時期があったと考えられる。また、岩谷川内の製品と南川原の製品との間に共通性は見出しにくく、柿右衛門窯の技術集団の母体の一つが楠木谷窯などの年木山の陶工集団であったことを考えると、岩谷川内と南川原は異なる技術集団であった可能性が高い。すなわち、御道具山が岩谷川内から南川原に移った際に岩谷川内の陶工集団が南川原に移ったとは思えない。そして、日峯社下窯と猿川窯の製品の類似性を考えると、むしろ猿川窯などで「御道具」を生産していた陶工たちは南川原ではなく、大川内山に直接移った可能性が高いと推測される。つまり、日峯社下窯が岩谷川内の系統の陶工集団によって操業され、同時期にそれとは別の年木山の系統の陶工集団が柿右衛門窯で御道具を生産していた可能性が高い。あるいは楠木谷窯の廃窯に伴って一部の陶工が柿右衛門窯に移ったように、猿川窯などの廃窯に伴って一部の陶工が大川内山に移った可能性が考えられる。それは日峯社下窯の粗雑な製品群からみた開窯年代の上限や特徴とも矛盾するものではない。そして、延宝年間に大川内山が藩窯として整備されるにあたって、改めて南川原を含む有田皿山の技術水準の高い陶工を集めたのではないかと推測する。ここで『竜泉寺過去帳』の大川内山の記載をみてみる。初見は延宝七年（一六七九）からであり、一六八三年までに記載が集中している。それ以前の記載が見られないのは、一六六〇年代以前に大川内山に移った陶工集団が同過去帳に記載されない集団であったためと思われる。同過去帳に見られる岩谷川内の一七世紀代の記載は、寛文三年（一六六三）の「岩屋川内正次郎」のみである。すなわち、猿川窯のある岩谷川内は、基本的に同過去帳に記載されない集団で操業されており、岩谷川内から一六六〇年代以前に陶工集団が大川内山に移ったとしても大川内山の記載は同過去帳には現れないのである。また、逆に一六七〇年代頃に大川内山に移った集団は同過去帳に記載される集団を含むと言える。南川原山も一七世紀代においては基本的に同過去帳に記載されない集団で操業された窯場であり、同過去帳に見える大川内山の記載が南川原山からの陶工集団の移入を示すものではない。むしろそれとは別の陶工集団が移入したことを示しているのである。先に述べたように有田皿山の技術水準の高い陶工を集めた際に移入した集団ではなかったと思われる。

また、現段階では推測に過ぎないが、酒井田喜三右衛門が寛文六年（一六六六）に没していることも御道具山の移転に関わりをもっているように思う。『酒井田柿右衛門家文書』の一節には「親柿右衛門儀南川原へ罷在、御用物之儀者不申及、方々御大名方御誂物相調罷居」とあり、続いて「親柿右衛門隠家仕、某ニ家を渡申候時節、世上焼物大分之大なぐれニ而、大分之雑佐（作か）を仕込申候。

上手之物皆悉捨ニ罷成、しばらく家職を相止罷有候。」とある（有田町史編纂委員会一九八五a、五五五頁）。いつ頃書かれたものか不明であるが、親柿右衛門から家を譲られた頃、「世上焼物大分之大なぐれ」とあるのは、おそらく海外貿易の本格化の頃の情勢と思われる。そして、「親柿右衛門」とは喜三右衛門のことであろう。喜三右衛門は、赤絵創始者として認められている人物であり、佐賀藩主鍋島三茂が江戸から佐賀へ入部した際には、「錦手富士山の鉢・ちょこ」を献上している人物である（有田町史編纂委員会一九八五a、五五二頁）。南川原に御道具山があったのは、一つには喜三右衛門個人に負う部分が大きかったのではないかと思われるのである。第1章でみたように泉山磁石場の発見に功績があったとされる初代金ヶ江三兵衛がその生存中は泉山磁石場の実効支配が認められたように、赤絵付け成功の功績があったとされる喜三右衛門にはとりわけ赤絵について「御用物」を製作する職を許されていたと思われる。しかし、その功績のあった喜三右衛門が没したのに加えて、海外貿易の本格化で色絵製品が量産されるようになると、赤絵そのものの付加価値が低下することになり、御道具山を南川原に置く意味が薄れたのではないかと思われる。先の初代の金ヶ江三兵衛の死後はその次男が「土伐支配」となり、制度的に公認される。御道具山もまた制度的に定められ、大川内山の藩窯として成立したと考えられる。

そして、このことは『源姓副田氏系圖』の記載内容に矛盾するものでもないのである。『源姓副田氏系圖』の内容から大川内山における鍋島藩窯の成立は延宝年間とする考えが有力である。しかし、これはあくまでも制度上の問題であり、大川内山の窯場成立と藩窯の制度上の成立を同一視する必然性はない。将来の藩窯を目的とした窯が延宝年間以前に築かれ、操業していたとしても、制度上整っていなければ藩窯とみなされず、『源姓副田氏系圖』の記載内容と矛盾するものではないと考えられる。『源姓副田氏系圖』にある副田家代々の役職の名は岩谷川内、南川原にいた頃や大川内山に移る頃は「御道具山役」であるが、大川内山に移った後から「御陶器方附役」に変わっていることも制度上の変化を示すものであろう。また、大川内山の日峯社下窯と南川原の柿右衛門窯が併存するように、寛文年間以前には「御道具山」的な窯場は御道具山以外にもあった可能性が高く、承応・万治年間の岩谷川内、寛文年間の南川原は、他の窯場と明確に区別されたものではなく、それぞれの時期の御道具山の中心的存在という位置づけが適当であろうと思う。それゆえ窯場の技術水準の推移に応じて御道具山が移ってもそれに伴って陶工集団そのものが移ることはしない。御道具を生産する陶工が専門業者化しておらず、社会的分業化されていないのである。それが延宝年間の大川内山に至って、御道具を製作する陶工の社会的分業化を確立させ、他の窯場と区別された藩窯として成立したと考えられる。大川内山は当時の窯業圏の中心地である内山地区から離れた位置にある。その内山地区と離れた位置に藩窯を設置するためには、生産システムの整備が必要である。すなわち、良質な原料の安定した供給を行う制度や継続的に優秀な技術者を確保する制度、そして、技術などが他に漏れないための制度など、藩窯の制度上の成立のためには、多くの体制整備が必要とされると考えられる。言い換えれば、この段階に至ってようやくそうした環境が整ったということであろう。

最後に大川内山に藩窯が成立する要因としては、有田内山などでは諸国諸領内の商人や旅人が多く往来することや大川内山には青磁釉の原料の礦床があったことが従来より挙げられている。藩が秘密保持に力を入れていたことや日峯社下窯でも青磁釉を用いた製品が多数出土していることを考えると、いずれも妥当な見解だと思う。加えて有田内山地区の窯場そのものにも原因があると思われる。元禄六年（一六九三）に二代藩主光茂が有田皿山代官に宛てた『元禄六年光茂様有田皿山代官江相渡手頭写』（佐賀県立図書館保管）には「一、献上陶器の品、脇山にて焼立、商賣物に出し候ては以ての外宜しからざる事に候、脇山の諸細工人大河内本細工所へ濫に出入致さざる様申付け置く可き事。」とある。「脇山」の中で最も警戒すべきは、大川内藩窯の母体となっている有田皿山にほかならない。高度な製作技術を御道具以外の製品には反映させないのもそのためであろう。諸国諸領の商人や旅人よりはむしろ内山地区などの窯焼きとある程度距離をおく必要が生じたと推測される。海外需要の増大に応えた内山地区の均一な品質の製品を大量に生産するシステムは、経済的には有効なものと思われるが、御道具山や藩窯におけるシステムは経済的な理由より優先されるべきものによったのであろう。そのため、同じ内山地区の中にこれら二つのシステムは共存できなかったと思われる。すなわち、目的に応じて機能を分化させた地域的分業化の流れの中に両者はともに位置づけられると思われる。

第2項　有田窯業圏の窯場の再編成

第1章で登り窯の数と分布の変遷をみたが、この時期の窯業圏の空間的変遷は大きく二つの動きがあることがわかった。一つは内山地区内の窯場の集約であり、もう一つは内山地区から外山地区への窯業圏の拡大傾向である。大橋康二は当時に廃窯となった窯場の多くが有田皿山の東端に位置し、新たに興った窯場が有田皿山の西部に位置していることから、有田皿山における窯場が西へと移動したと指摘している（大橋一九八八d、二〇九頁）。そして、その理由について輸出などが盛んになると輸送距離の短縮のため、製品の搬出港伊万里や海外輸出港長崎に、地理的により近い西部に移動したのであろうと推測している（大橋一九八八d、二〇九頁）。これはある意味では正しいと思う。海外輸出が本格化したことで生産量を増加するためには、政治的に有田東部地区（内山地区）に統合された範囲から外へ窯業圏を拡大させることが最も合理的だと思われるからである。一方、内山地区から外山地区へ窯業圏が拡大したといっても窯業圏の中心が西へ移動したわけではない。むしろ赤絵町の形成によって有田窯業圏における内山地区の中心的基盤はより固まったように思うのである。この場合、伊万里や長崎に地理的に近いことがそれほど大きな意味をもつとは思えない。よって、有田窯業圏全体の窯場の動きをみた場合、単なる海外輸出の本格化に伴う需要の増大だけでなく、その多様化に大きな要因があろうかと思うのである。需要の多様化が内山地区と外山地区の品種的・品質的分業をもたらせたと考えられる。もちろん、生産する製品には共通するものが多いが、基本的には色絵製品を含めてある程度の質を維持しなければならない製品は内山地区で生産し、質よりも量が優先される製品については外山地区で生産するという構造が形成されたと思われるのである。そのため、外山地区に向けて窯業圏を拡大させるだけでなく、内山地区の内部の窯場を淘汰し、集約させることにつながったのではないかと思われる。

そうした意味でこの時期の窯場の興廃を寛永一四年（一六三七）の窯場の整理統合以来の窯場の再編成と位置づけてよかろうと思う。窯場の整理統合が磁器生産と陶器生産の分業化でもあったならば、この窯場の再編成は内山地区と外山地区の地域的分業化と位置づけられよう。以下、内山地区と外山地区に分けてその過程をまとめてみようと思う。

1　内山地区

一六五〇年代には内山地区の中でも東部に位置する窯場が廃されている。これらはいずれも泉山磁石場の近くに位置する窯場であり、かつ川の上流域に位置する（図137）。内山地区のさらに東側にある板ノ川内山も同様である。前述したように有田の内山地区の窯場は、原料産地に近いことを前提に製土するための水の便などに恵まれているという地理的有利性によって築かれたものであったが、一六五〇年代にはこうした自然条件、地理的条件が優先されていないことを示している。このことは一つには原料採掘に伴う工程がすでに分業化され、窯場へ原料を供給するシステムが整備されていた、あるいは管理されていた可能性を示唆する。前にも掲げたが、

『金ヶ江家文書』（第1章史料3）によれば、土場は三兵衛以後代々その子孫が支配したといい、広々に掘り崩したため、冥加銀を課すようになったという。当初は比較的自由に掘削されていたようであり、そうした状況であれば、原料産地に近いことは地理的に有利な条件となろう。しかし、冥加銀が課せられ、藩の支配や規制が生じてくると、その地理的有利性が薄れ、それよりも優先されるべき条件が生まれたと推測される。この背景には有田の内山地区の開発が進み道路が整備されたことによって、地区内の物流が容易になったことも考えられよう。

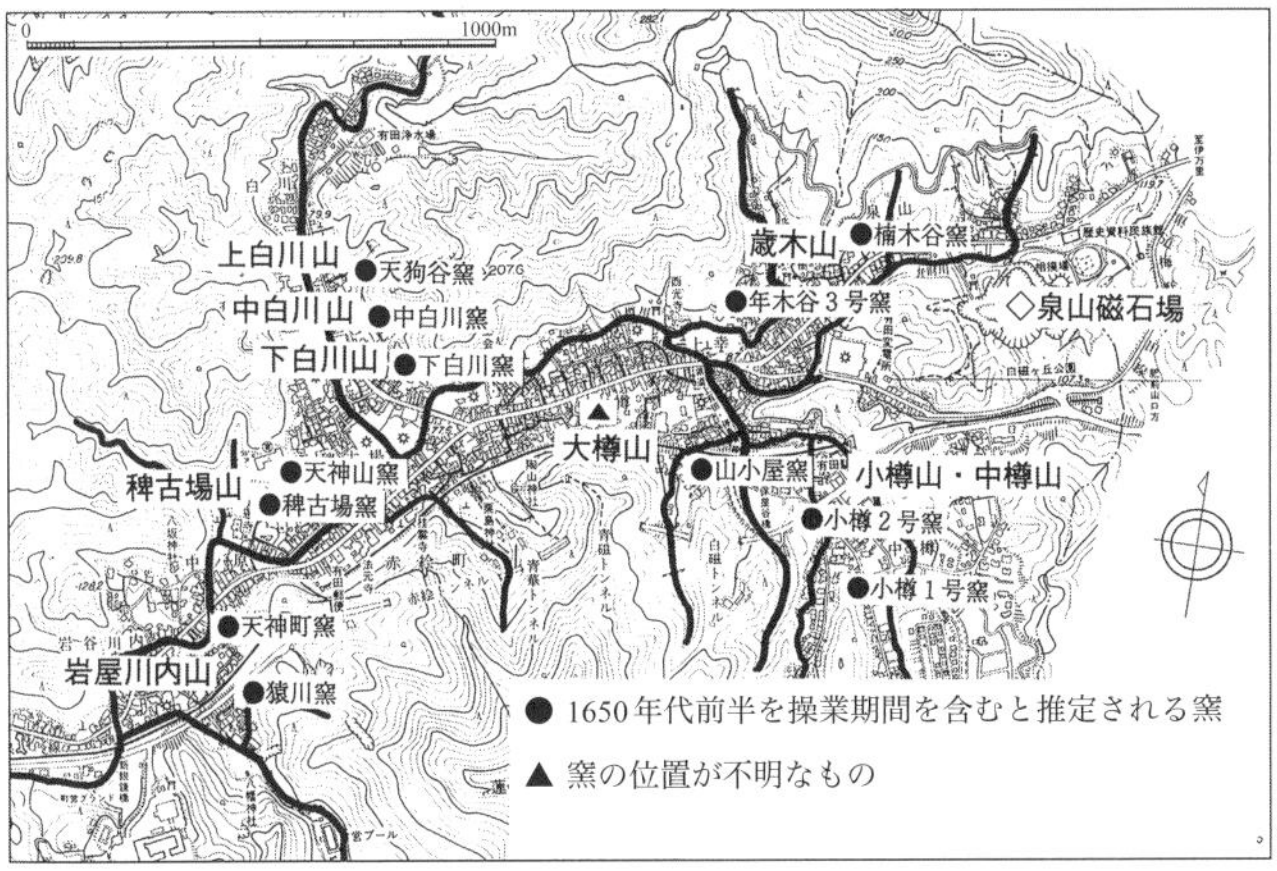

図137　1650年代頃の有田内山地区の窯場と川

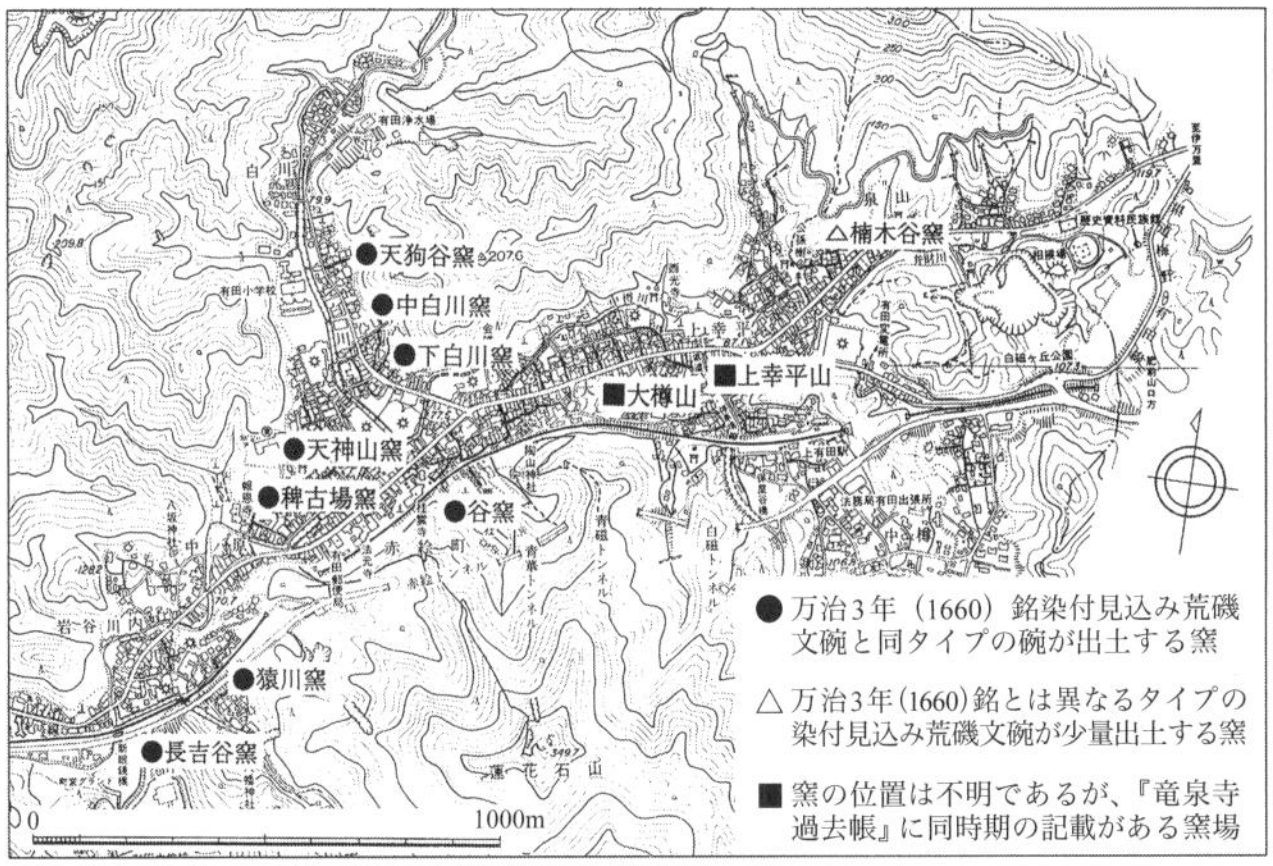

図138　1650年代後半～1660年代頃の有田内山地区の窯場

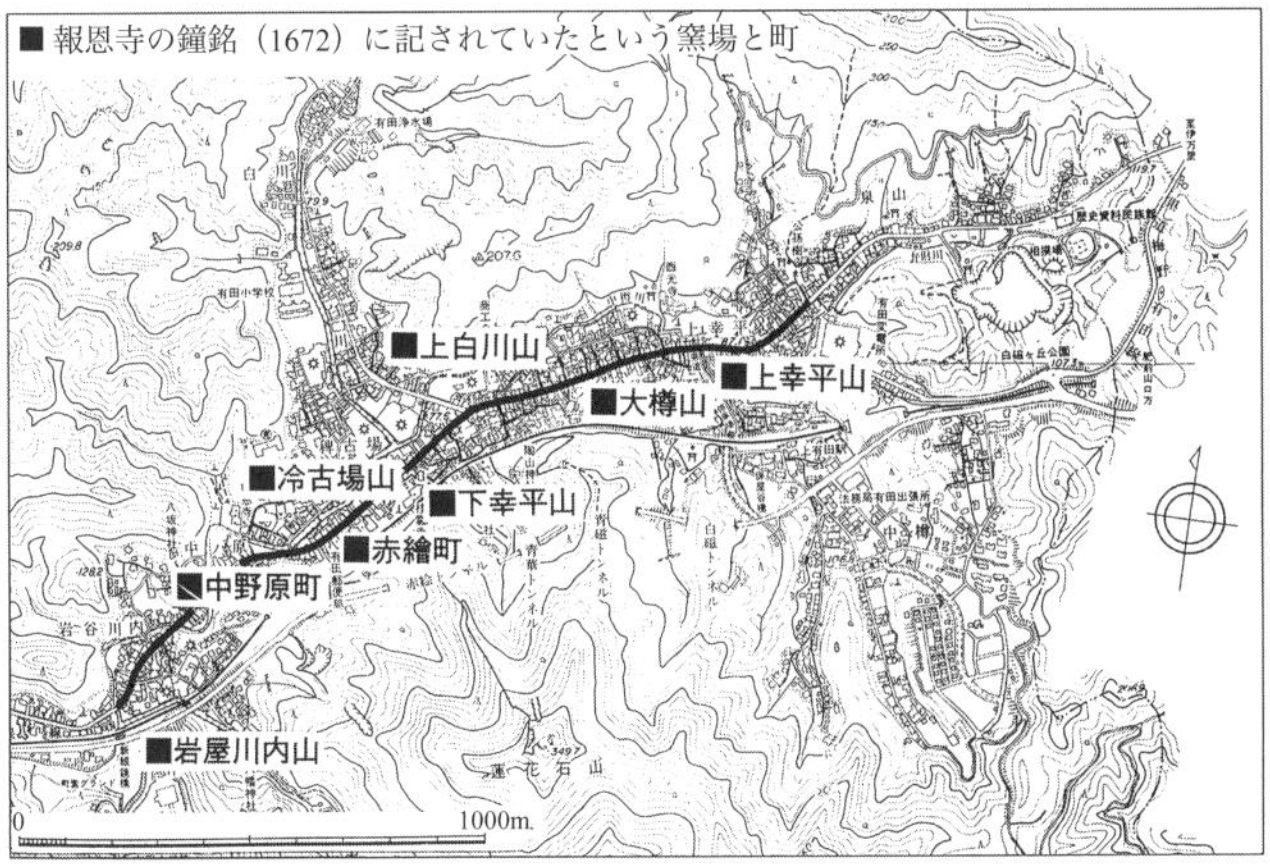

図139　1670年代頃の有田内山地区の窯場と幹線

そして、一六五〇年代中頃から一六六〇年代にかけて、有田内山地区の窯場は東西に貫く幹線沿いに窯場が集約されている（図138・139）。これはそれぞれの窯場の地理的条件よりはむしろ内山地区全体として機能的であるような条件が優先されていることを意味する。すなわち、有田の東部地区においては、生産工程が各々で自己完結する窯場の集合体から内山地区全体を一つの窯場として生産工程が完結する環境へと変化していくと思われるのである。そして、それを最も理解しやすい例が赤絵町の成立である。赤絵町の成立以前は各々の窯場に赤絵窯が存在したと考えられるが、赤絵町成立以後は東部地区の色絵素地は赤絵町に集められ、上絵付けされたと思われる。赤絵町の成立は生産工程における技術的分業化の確立であると同時に内山地区内の各々の窯場が完全に独立した存在ではありえなくなっていることを示している。それならば個々を連結する機能的配置が必要となる。ここで赤絵町の位置をみると、幹線を通して各々の窯場から容易に色絵素地を持ち込める位置に赤絵町は形成されている。また、商人が多く住んでいたと思われる中ノ原町にも隣接しており、窯場との関係だけでなく、商人との連携も行いやすい位置にある。つまり、赤絵町は生産システム及び受注システムの両面において機能的な位置にある。

さらに内山地区では一六七〇年代までには、各窯場に一つの登り窯となる可能性が高い（図139）。この窯の集約が可能となった要因の一つが第1章でみた焼成室規模の拡大であることは間違いないが、それだけではなく内山地区の陶工集団の一部が外山地区、あるいは有田以外の産地へと移ったことによる可能性が高い。それは過去帳の記載とも合致するし、『金ヶ江家文書』文化四年（一八〇七）に「上幸平山中樽奥江も百軒程之釜相立候処、余り片付候場故相止、其後は村々所々江釜を移し」（有田町史編纂委員会一九八五a、五六七頁）とあることとも矛盾しない。一六五〇年代の楠木谷窯でも異なる技術を有する陶工が混在していたと推定され、上質の製品を生産した集団の一部が柿右衛門窯など南川原へ移動したと考えられている。柿右衛門窯は内山地区ではないが、内山地区以上に技術水準の高い窯場であり、この窯場に楠木谷窯で粗製の製品を生産していた陶工集団が移住したとは思えないし、また内山地区にとどまったとも思えないのである。内山地区から外山地区への陶工の流出は、ワーヘナールの総督宛の報告にあるように内山地区の中で共倒れとなった結果であるかもしれないが、相対的に技術水準の低い陶工は内山地区から淘汰され、外山地区へと移るのではないかと推測される。極めて短期間に技術革新による新しい技術が内山地区においては一般化したのもこの淘汰に一因があると思う。寛永一四年（一六三七）の窯場の整理統合と同様に質的変化を重視した場合には物理的な生産量そのものが抑制された可能性が考えられる。すなわち、窯場の整理統合は主に限られた燃料を有効に生かすための方策を生んだが、この窯場の再編成は限られた良質な原料を有効に生かすための方策であったと考える。

こうした一六五〇～一六七〇年代にかけての内山地区の窯場の再編成の要因の一つが海外輸出の本格化にあったことは各窯場や赤絵町遺跡、幸平遺跡の出土状況によってもわかる。内山地区の中央部の白川地区の天狗谷窯や中白川窯では一六五〇年代中頃～後半にかけて、出土する製品の品質や種類が大きく変化する。品質については一七世紀中頃の技術革新によるものであるが、海外向け製品の割合が格段に高くなる。この段階においては唐船（中国ジャンク船）によって輸出されるものが主であるが、すでに述べたように東南アジアだけではなく、インド洋以西の需要に応えた可能性が考えられる。一六五〇年代末になるとオランダによって輸出される製品が加わるようになる。また、赤絵町遺跡や幸平遺跡の初期の段階で出土する色絵製品もまた海外需要を強く反映したものである。鹿児島県吹上浜採集品に見られるように唐船によって運ばれるものも多いが、万治二年（一六五九）のオランダ連合東インド会社による注文品の中で占める色絵製品の割合も高い。そして、このオランダによる大量注文は、肥前磁器産業にとって器種や器形、サイズ、品質まで指定される初めての大量受注生産であったと推測されている。すでにあげたワーヘナールの総督宛の一六五九年一二月一〇日の報告のようにオランダ側の史料も当時の有田皿山の混乱を記している。こうした状況に対応するために単なる窯場の機能的配置にとどまらず、制度的にも受注の円滑化や生産の効率化を意図する体制を整える必要性が生まれたと推測されるのである。

２　外山地区

承応二年（一六五三）の『万御小物成方算用帳』をみると、有田の東部地区以外の窯場が増加していることがわかるが、それは窯場の整理統合によって一度は窯業圏が縮小されたが、増大する需要に対応するために、再び窯場が増加したとみてよかろう。整理統合後、諸岡彦右衛門の意見で神右衛門が追放した日本人のうち、一部は赦されて、朝鮮人陶工に加わって焼物生産を行い、運上銀を増したとする内容とも合致する（大橋一九八九ｄ、二三頁）。そして、海外貿易が本格化する一六五〇～一六六〇年代においてもその傾向は続いている。内山地区の上流域の窯場の廃止と合わせて考えると、前掲の『金ヶ江家文書』文化四年（一八〇七）の記述と一致する。具体的に内山地区から外山地区へと陶工が移動したことを示す例もみられる。例えば内山地区の楠木谷窯と外山地区の柿右衛門窯の関わりをみても陶工の移動はあったと考えられるし、応法山や広瀬山においても金ヶ江家の一部が移動してきたであろうと考えられる（野上一九九四、二一-二二頁）。特に応法山の場合、陶工の移動に伴って生産される製品の器種構成にも大きな変化が見られる。一七世紀中頃までは小皿類を大量に生産していたが、一七世紀後半より碗・瓶類の割合の高い窯場に変化するのである。しかし、こうした陶工の移動は窯業圏の中心が移ることを意味するものではない。赤絵町が内山地区の中心にある以上、やはり窯業圏の中心は内山地区であろう。また、一六五〇～一六六〇年代に外山地区で新たに興った多くの窯場は既存の外山地区の窯場の影響を強く受けており、需要の増大に応じてそれぞれの窯場が生産量を増加させるために新たに窯場を築いた側面が強い。それに内山地区から移動してきた陶工が加わったとみるのが妥当と思われる。外山地区の貿易の本格化についての対応は、基本的には質よりも量を重視したものであったと思われる。

しかし、南川原（特に柿右衛門窯）や後に藩窯となる大川内山の存在は、基本的に質より量を重視する外山地区にあって特殊なものである。これらは内山地区よりもむしろ技術水準の高い窯場である。比較的良質で均一な製品を大量に生産する場合には、内山地区の生産システムが有効と思われるが、経済的な採算性を重視せずに最高品質の製品を生産する場合においては、単一の窯場内で生産工程が完結する環境が選ばれたようである。また、こうした窯が外山地区に存在することは、言い換えれば泉山磁石場から離れた位置にあっても良質の原料が安定して供給されているということであり、やはり泉山磁石場に近いことが窯場の成立条件ではなくなっていることを示している。

そして、生産工程において自己完結性が高い点は、南川原山や大川内山に限らず、外山地区の窯場全体について言えることであろう。おそらく原料の採掘を除いて、生産工程が窯場内で完結できる環境にあったと思われる。そのため、外山地区では赤絵町成立後も上絵付けを行う窯場が存在するのである。赤絵町の機能的な利点を違う角度からみれば、その利点は内山地区に限られるものであり、外山地区にとっては機能的なものではない。赤絵町の成立後も外山地区の南川原山や応法山で上絵付けが行なわれたことについて、赤絵町の成立が従来言われているように技術漏洩の防止という理由では説明つかないが、機能的な理由であれば説明がつく。赤絵町が外山地区にとって機能的な位置になければ、赤絵窯を有する外山地区の窯場があってもよいのである。赤絵町の成立によって、内山地区は地区全体で生産工程が完結する環境を整えたが、外山地区の場合は生産工程を窯場内で完結させる環境を継続させたと考

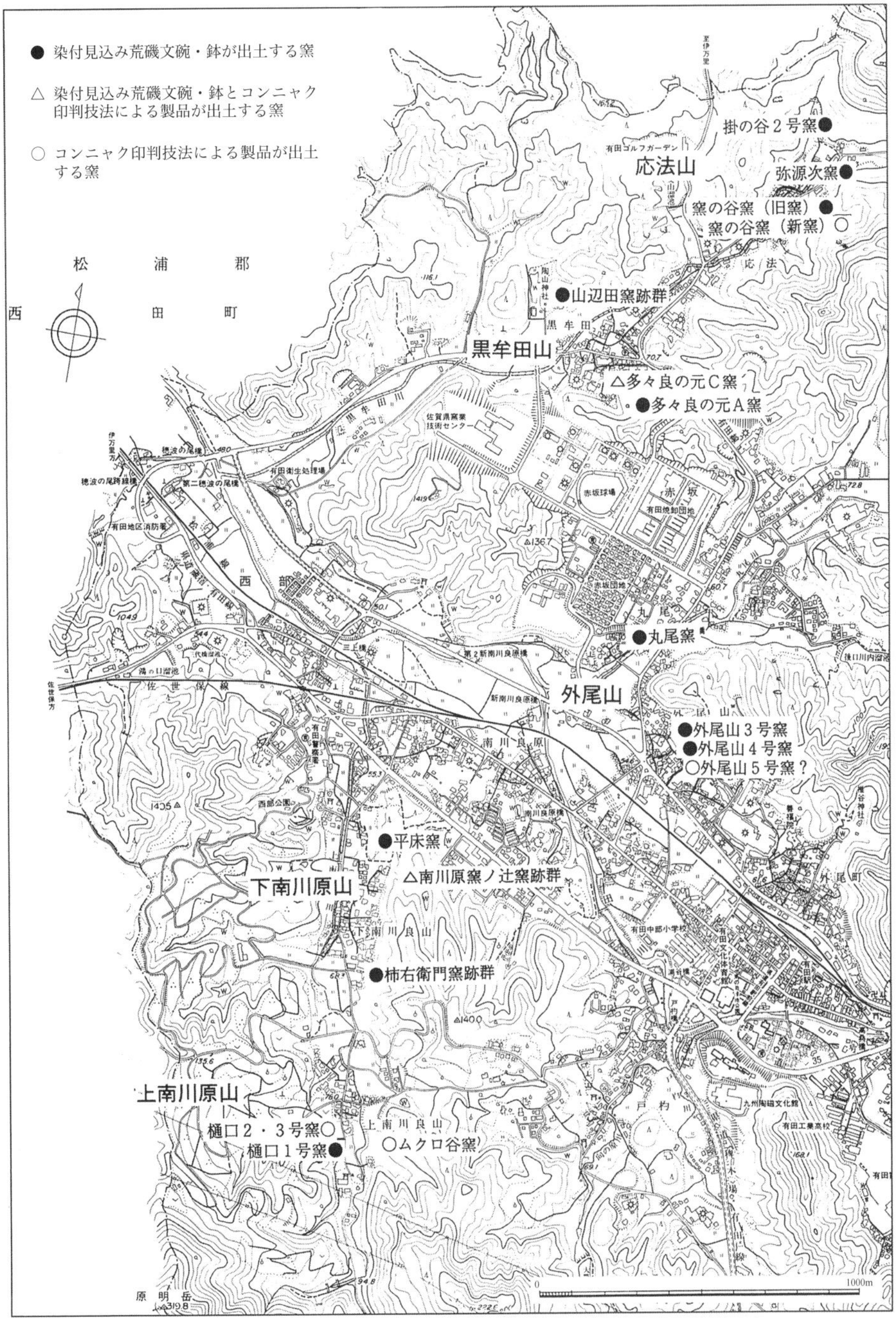

図140　17世紀後半～18世紀前半の有田外山地区の窯場

える。それでも南川原山を除いた窯場で色絵製品が大きな発展を見せないのは、やはり質より量を重視する生産システムにあっては上絵付けを行う利点を見出しにくいからであろう。

また、一六五〇～一六六〇年代にかけては、需要の増大に応じて、窯場が増加した外山地区であるが、一六六〇～一六七〇年代に入ると、逆に窯の数は減少するようである。南川原山を除いて、各窯場にそれぞれ一基のみとなる(図140)。急激な需要の増大に対して、一時的に窯を増やすことでそれに対応するが、次の段階では自然淘汰されたり、合理化が進んだりするのであろう。前掲のワーヘナールの総督宛の報告(一六五九年一二月一〇日)にあるように技術は急速に進歩したが、また一方では窯焼き間の競争も激しくなったとみられている。この窯焼き間の競争は有田の中だけの問題ではないであろう。文中には中国人も年々船積みしていることが記されているが、中国人に船積みされた製品には東南アジア方面に向けられたものが多く含まれていた。そして、東南アジア向けの製品を大量に生産するようになった窯場は有田だけではない。次に述べる波佐見地区もまたそうである。一六六〇年代頃より有田以外の磁器生産地が急成長したことにより競合せざるをえなくなり、拡大傾向が頭打ちになった可能性が高い。他産地の急速な発展が、外山地区の窯の増加傾向に歯止めをかける一因となったと推測している。

第2節　波佐見窯業圏の拡大

波佐見地区における一七世紀前半の磁器専業の窯場は、三股地区と中尾地区に限られていたが、第1章で述べたように一六六〇年代になると新たな窯場が次々と築かれていく。文献史料に残されている開窯記録をあげると、『皿山旧記』によれば、寛文三年(一六六三)に稗木場山、寛文五年(一六六五)に中尾下登窯、寛文六年(一六六六)に永尾山、寛文七年(一六六七)に木場山がそれぞれ開窯したと記される(太田一九六二、六四-六五頁)。『郷村記』の場合、中尾下登の開窯を寛文元年(一六六一)、稗木場山の開窯を寛文七年(一六六七)とするなど(藤野編一九八二、三一三・三八四頁)、多少年代の相違があるが、一六六〇年代に開窯としている点は変わりない。この中で中尾下登窯は中尾地区に所在するものであるが、それ以外の稗木場山、永尾山、木場山は窯場そのものが新しく興ったものである。この波佐見窯業圏の拡大傾向は、海外輸出の本格化に起因するものとしてよかろう。

ここでは、これらの窯場も含めた一七世紀後半に操業されたと推測される窯場の出土資料を整理するとともに有田窯業圏との比較を行いながら、その生産状況を明らかにする。そして、海外輸出の本格化に対応した波佐見窯業圏の拡大と変容についてみようと思う。

第1項　一七世紀中頃〜後半における窯場出土資料

この時期の窯場を三股地区、中尾地区、永尾地区、稗木場地区の四つの地区に分けて、窯場の出土資料をみていくことにする。

1　三股地区

この時期に操業されたことが確認されている窯は咽口窯である。一九九〇年に波佐見町教育委員会によって調査されている。報告によると、出土製品の種類の割合は染付七三・五%、青磁二三・〇%、白磁三・五%で、染付製品を主体としている。三股地区の一七世紀前半の窯である三股古窯や三股青磁窯が青磁主体であったのと性格が異なる。染付製品は大碗と鉢（図141-10）、中皿などの大ぶりの製品が主体をなすという。東南アジアを中心に輸出されたとされる染付見込み荒磯文碗（図141-9）は多い。皿類は高台径の割合が比較的小さいものが多く、見込みを蛇の目釉剥ぎしたものも見られる。青磁製品については、小皿は見込みを蛇の目釉剥ぎした高台無釉のものが主体である（図141-1〜6）。青磁中皿については蛇の目高台で見込みを蛇の目状に釉剥ぎしたもの（図141-7）が出土している。

2　中尾地区

この時期に操業された窯として、中尾上登窯、中尾下登窯などが知られる。中尾上登窯跡は一九九一年に発掘調査が行われている。この時期に該当する製品（図141-11〜16）は物原A地点より出土している。その中で染付見込み荒磯文碗・鉢や染付日字鳳凰文皿が出土しているのは4層〜7層である。報告によれば、7層で染付日字鳳凰文皿、青磁碗・皿、5層で染付見込み荒磯文碗、青磁碗・皿、4層で染付見込み荒磯文碗、山水文碗、青磁皿・香炉が出土するという。7層に見られる染付日字鳳凰文皿が第3章で述べたET9

層出土のものと大きく異なる点は、体部外面の下部から高台内にかけて無釉にしてあるもの、また見込みを蛇の目釉剥ぎしたものが見られることである。そして、物原A地点7層とET9層の層位的関係は明らかではなく、どれほどの時期差があるものか分からないが、報告者の宮崎貴夫は染付日字鳳凰文皿の特徴の相違に加え、ET9層の青磁小皿の形態の特徴（口縁部形態が折縁に限られている）を挙げて、ET9層出土の染付日字鳳凰文皿が物原A地点7層のものより古相の様相をもつとしている（波佐見町教育委員会一九九三、五八頁）。すでに述べたように、物原A地点7層で出土するような高台無釉や見込み蛇の目釉剥ぎの染付日字鳳凰文皿は今のところ有田では出土例が確認されていない。

中尾下登窯は一九七九年に発掘調査が行われている。前述の通り、文献史料に寛文元年（一六六一）または寛文五年（一六六五）に開窯したとある中尾「下登釜」に該当する窯と考えられている。報告によれば染付見込み荒磯文碗、染付日字鳳凰文皿（見込み蛇の目釉剥ぎ）、青白磁小皿（見込み蛇の目釉剥ぎ）などが出土する。中尾上登窯のET9層で見られるような染付日字鳳凰文皿は確認されていない。

3　永尾地区

この時期に操業された窯は永尾高麗窯、永尾本登窯、木場山窯などである。ただし、永尾本登窯跡は永尾高麗窯跡に隣接しており、また物原とした谷も共有していることから、両者の関係は検討の余地を残している。というのは、古文献に寛文六年（一六六六）に開窯したとある永尾山にどちらが該当するのか。元禄五年（一六九二）には永尾山には一三室の登り窯があったというが、これがいずれの窯のことをさすか、今の段階では不明である。確実なのは永尾高麗窯では染付見込み荒磯文碗・鉢が生産されていることであり、一七世紀後半の窯体が確認されていない永尾本登窯跡から出土している染付見込み荒磯文碗・鉢の中には永尾高麗窯の製品が含まれている可能性を残すということである。

永尾高麗窯ではこの時期、染付製品を主体に生産している（図141-17～25）。磁器は全て染付であり、器種は碗・瓶・鉢・皿などがある。碗は草花文、山水文の丸碗もあるが、見込み荒磯文碗（図141-17～19）や牡丹文碗（図141-21）などの比較的大きな碗が多い。皿は小皿・中皿が出土しており、ハリ支え痕が見られるもの（図141-23・25）もある。

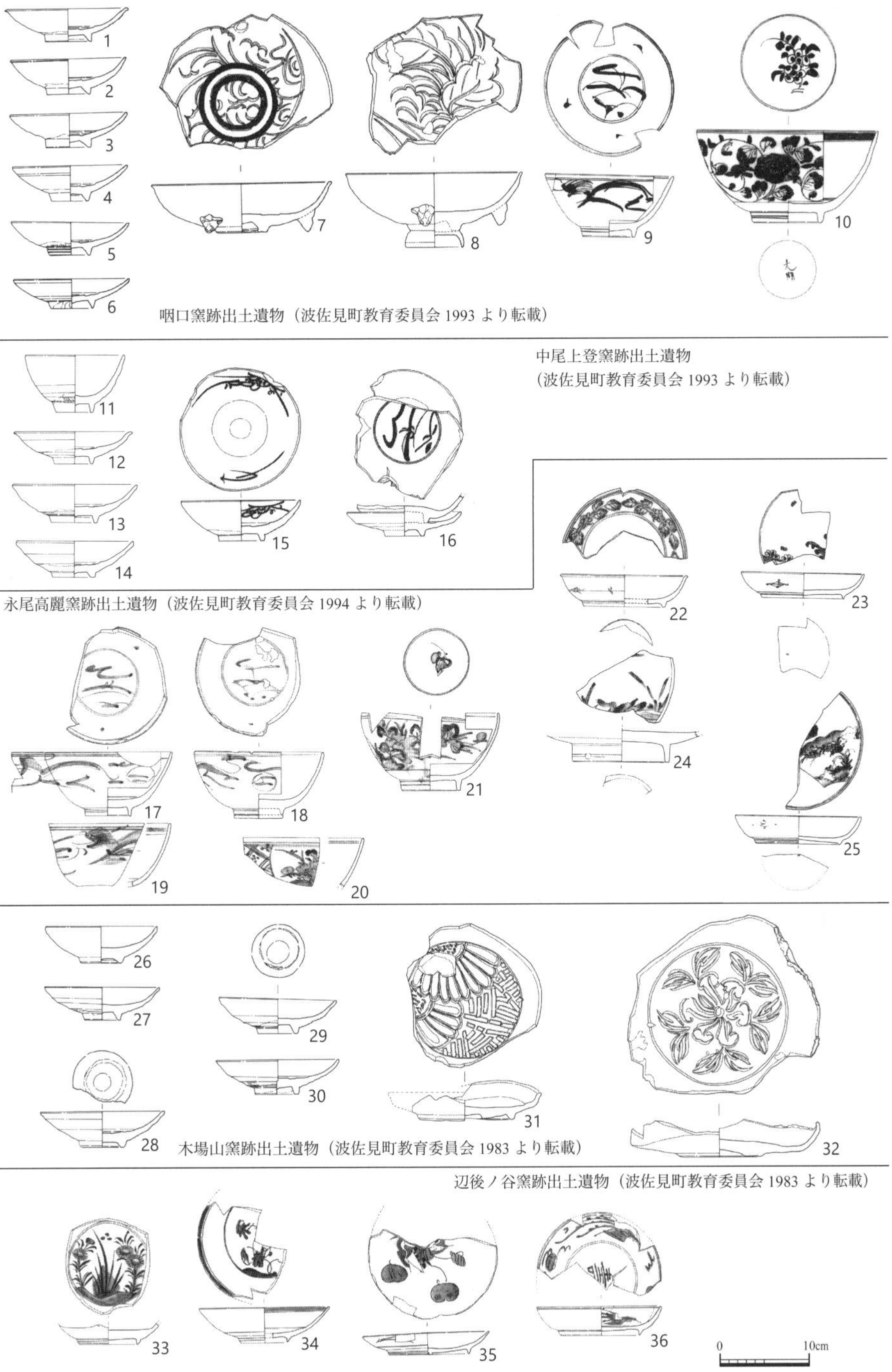

図141　17世紀後半の波佐見地区古窯跡出土遺物

木場山窯ではこの時期、青磁製品を主体に生産したと推測される（図141-26～32）。青磁製品の他には染付見込み荒磯文碗などが出土している。青磁製品は高台内を蛇の目釉剥ぎしたもので、皿・鉢などの比較的大形のものが多く、次いで小形皿が出土する。その他、香炉、瓶、小壺が少量見られるが、碗は出土していない。小形皿（図141-26～30）は見込みを蛇の目釉剥ぎし、高台を無釉にしたものが多い。中皿・大皿・鉢などは高台内を蛇の目釉剥ぎしたものが多い。釉剥ぎ部分と高台内中央部と段差がないもの、浅い段差をもつもの（図141-32）、そして、中央部を円凹状にくぼませた蛇の目凹形高台のものがある（図141-31）。前二者は有田においても同時代見られるものであるが、蛇の目凹形高台のものは香炉など一部の製品を除いて、同時代の有田では見られない。蛇の目釉剥ぎ部分に鉄銹を塗るものと、塗らないものとあるが、有田では青磁中皿・大皿に関してはほとんど鉄銹を塗っている。装飾は篦彫りを施したものが多く、印花も見られる。

4　稗木場地区

この時期に操業されたと思われる窯は辺後ノ谷窯、高尾窯である。他に採集資料をみる限り、向平窯跡、皿山本登窯跡などでいずれも生産年代が一七世紀後半まで遡りうる製品が少量ではあるが出土している。

辺後ノ谷窯跡は一九九一年に発掘調査が行われている。報告によれば製品は染付（図141-33～36）を中心にしたもので、その他青磁（小片三点のみ）・白磁なども出土している。染付寿字鳳凰文皿（図141-36）は有田では長吉谷窯跡・柿右衛門窯跡・下白川窯跡・外尾山窯跡などで類例が見られる。染付草花文皿（図141-34）のように内面口縁付近に帯状の文様（雷文の崩れか）を巡らし、高台部から口縁部にかけて比較的直線的に広がる形態の皿製品は長吉谷窯・稗古場窯・皿屋谷3号窯跡（嬉野市）などで見られるものである。見込みに草花文、内側面に魚文を描いた皿（図141-33）は楠木谷窯跡・外尾山窯跡・小樽1号窯跡などで出土している。また、染付製品の高台内銘は「大明」、「大明年製」、「宣明年製」などの例が報告書では紹介されている。

高尾窯跡は一九九五年に発掘調査が行われている。高尾窯は碗類を主体に生産した窯であり、この時期の製品は海外向けと思われる染付見込み荒磯文大碗・鉢をはじめとした染付碗・鉢が多いが、染付中碗などの国内向けと思われる製品も見られる。前者の中には外側面を区画割りして花卉文等を描いた大碗・鉢類も含まれる。そして、中野雄二はこの時期の物原層では層位が新しいほど前者の出土量が減少して、後者の出土量が増加する傾向が見られることから、この時期を海外需要から国内需要への転換の過渡期と位置づけている（波佐見町教育委員会一九九六、一八頁）。また、中野雄二は国内向けの染付碗について東京大学医学部付属病院地点の天和二年（一六八二）～元禄一六年（一七〇三）に比定されるF34-11土壙を中心とする遺構出土品に類品が多いことも指摘している（波佐見町教育委員会一九九六、一八頁）。一方、有田の窯跡出土資料で、東京大学医学部付属病院地点のF34-11土壙を中心とする遺構出土品の類品に見込み荒磯文碗・鉢が共伴している例は今のところない。有田と波佐見では染付見込み荒磯文碗などの生産年代の下限に差がある可能性も考えられる（野上一九九四、二八頁）。碗・鉢以外では染付芙蓉手皿が出土している。波佐見では稀な例である。いわゆる名山手と称される類であり、有田では赤絵町遺跡、下白川窯などで出土している。

第2項　一七世紀中頃～後半の波佐見窯業圏の生産状況

一七世紀中頃～後半の波佐見窯業圏における生産状況を有田窯業圏のそれと比較しながらみていきたい。染付製品の生産、青磁製品の生産、そして、一七世紀中頃の技術革新についてとりあげようと思う。

1　染付製品の生産

一七世紀前半において波佐見窯業圏の中心的存在であった三股地区が青磁を主体に生産した窯場であったのに対し、この時期では全体的に染付製品の割合が高くなり、染付製品を主体に生産した窯場も現れる。咽口窯、永尾高麗窯、辺後ノ谷窯、高尾窯などである。咽口窯は青磁生産も行っているが、永尾高麗窯、辺後ノ谷窯、高尾窯などはその製品のほとんどが染付である。永尾高麗窯、辺後ノ谷窯、高尾窯はいずれも一六六〇年代に開窯した永尾山、稗木場山に属する。

そして、この時期に操業された全ての窯で海外輸出向けと推測される見込み荒磯文碗・鉢が出土しており、染付製品の主体となっている。一方、見込み荒磯文碗とともに海外にも輸出された日字鳳凰文皿の出土が見られる窯場は三股青磁窯、中尾上登窯、中尾下登窯、中尾白岳窯など三股・中尾地区の窯場である。三股・中尾地区は一六五〇年代以前に成立している窯場であり、一六六〇年代に成立したと伝えられる永尾山、稗木場山ではまだ確認されておらず、染付見込み荒磯文碗・鉢の出土分布に見られるような拡がりはみせない。出土分布の拡がりの差が見られる点は有田と同様である。

また、有田では見込み荒磯文碗が出土する窯では、網目文碗が大量に出土する例があるが、この時期の波佐見地区の窯場では網目文碗の出土量は少ない。同様に芙蓉手皿の類も波佐見ではほとんど見られない。有田の網目文碗は国内向け、芙蓉手皿は海外向けと推測されるものである。逆に波佐見地区で見られる見込み蛇の目釉剥ぎし、高台無釉にした小皿の類は有田では見られない。これらは国内向けであろうと思われる。

この時期の波佐見地区の染付製品の多くが有田の製品に類例を求められるものであるが、波佐見では有田で生産されている海外向けの製品を取捨選択して重点的に生産する傾向が見られる。そして、青磁についても言えることであるが、有田の製品と類似した製品を生産する一方で、見込みを蛇の目釉剥ぎして重ね積み焼成を行い、量産化を図っている。質よりも量を重視した選択である。一七世紀前半の有田と波佐見の製品の相違は質よりはむしろ種類による差、すなわち染付主体と青磁主体という相違であったが、この時期より質による差が大きくなっていく。

2　青磁製品の生産

青磁製品はこの時期においても生産が続けられている。一七世紀前半においては三股地区を中心に生産されていたが、一七世紀後半には三股地区の咽口窯、中尾地区の中尾上登窯・中尾下登窯、永尾地区の木場山窯などで生産されている。その他、辺後ノ谷窯では数片の青磁片が出土するのみで、永尾高麗窯では出土が確認されていない。

そして、咽口窯・中尾上登窯・中尾下登窯などの青磁製品は見込みを蛇の目状に釉剥ぎした皿類などを主体としている。一方、木場山窯などは蛇の目釉剥ぎ高台をもつ青磁中・大皿を大量に焼成している。おそらく前者は国内向け、後者は海外向けであろう。前者の青磁製品は有田では見られないが、前者の中の青磁小皿類について、大橋康二は嬉野市内野山窯の銅緑釉小皿と素地と釉が異なるだけで極めて類似していることを指摘している(大橋一九八四a、一五四頁)。後者の青磁製品は有田でも大量に生産されている。柿右衛門窯・下白川窯・長吉谷窯などでも出土が確認されているが、特に外山地区の外尾山窯・丸尾窯・多々良の元窯などでは製品全体の中で青磁製品が占める割合は比較的高い。さらに前述したように有田では蛇の目釉剥ぎ高台の釉剥ぎ部分に中国青磁を模して鉄錆を塗っているが、木場山窯でもそうした装飾が施されるものが見られるものの、鉄錆を塗らないものも多い。また、咽口窯などでは青磁製品に限られる技法ではないが、見込み蛇の目釉剥ぎ部分に鉄錆を塗るものが見られる。これも中国・明代の青磁の中に見込み蛇の目釉剥ぎしたものがあり、その釉剥ぎ部分が鉄錆色に発色していることから、それを模倣した可能性がある。

碗類は高台無釉のものが多くなる。有田の古窯跡でも青磁高台無釉碗は出土するが、この時期よりはむしろ前段階の一六四〇年代を中心に見られる。また、波佐見の青磁高台無釉碗は青磁釉を内外面に施釉するのに対し、有田の青磁高台無釉碗は内外面を青磁釉と透明釉で掛け分けたものが一般的である。そして、波佐見では最初から高台内あるいは高台付近に施釉しない方法を用いるのに対し、有田ではそうした方法に加え、高台内あるいは高台付近まで施釉した後に高台周辺を削って調整したり、調整した後に鉄錆を塗ったものも少なくない。波佐見では同時期、碗のみでなく小皿も同様に高台を無釉にするものが多いのに対し、有田では基本的に碗に限られる。よって、両者は生産年代だけでなく、性格的にも異なると推測される。波佐見の青磁高台無釉碗が生産コストの軽減を主目的に生産された可能性が高いのに対し、有田の青磁高台無釉碗は高台内まで施釉した一般的な碗よりも手間がかかるものが少なくなく、生産コストの軽減よりはむしろ碗の一つの装飾スタイルとして、生産された可能性が高い。

そして、波佐見の青磁高台無釉碗と性格的により近い有田の高台無釉碗は青磁よりはむしろ染付の高台無釉碗である。青磁高台無釉碗に比べて生産年代の下限が下がりうるので、年代的にもより近い。それらは施釉後の調整などの手間が省ける上、焼成の際に窯道具などと熔着しにくいことから、生産コストの軽減を主目的に生産されたものが多い。しかし、同じく生産コストの軽減を主目的とするにしても、波佐見で青磁高台無釉碗が出土する窯は、同様に高台無釉で見込みを蛇の目釉剥ぎした皿が大量に出土する窯に多く、重ね積み焼成を目的としていると推測される。これらの皿と重ね積みすることによって、その生産コストの軽減効果を一層高めているのである。それに対し、有田地区では同時期に重ね積みという技法は一般的ではなく、波佐見地区の窯場ほど高台無釉の技法がもつ生産コストの軽減効果を引き出していない。

そして、波佐見の高台無釉碗が施釉技法と焼成技法の両面で生産コストの軽減を求めた点において、性格的に近く、かつ年代的にも重なりをもつものは、前述の見込み蛇の目釉剥ぎ小皿と同様に内野山窯の銅緑釉碗であると思われる。波佐見地区の窯場と嬉野地区は藩こそ異なるが、隣接しており、内野山窯と中尾地区などの窯場は水平距離約四㎞隔てただけの地理的環境にある。高台無釉以外でも中皿類などで見込み蛇の目釉剥ぎした部分に鉄銹を塗る技法など共通する特色も見られる。陶器窯である内野山窯が磁器窯である波佐見地区の窯場の製品に影響を受けたものか、あるいは逆に波佐見地区の窯場が低廉な碗、皿の生産を目指して、内野山窯などの陶器碗、皿を模倣したのか、あるいは両方である可能性もある。いずれにせよ両者は影響関係があったと推測されるし、これらの製品は共通の需要層を対象としていたと推測される。

3　一七世紀中頃の技術革新

肥前では一七世紀中頃に著しい技術革新を迎える(大橋一九八九d、二八頁)。有田で一七世紀中頃に一般化する新しい技法を列挙すると、上絵付け技法・糸切り細工技法・ハリ支え技法・チャツによる焼成技法・墨弾き技法・桶形ボシ(サヤ)による焼成技法などであり、成形・装飾・焼成技法の多岐にわたる。築窯技術におけるトンバイの奥壁の積極的使用や窯道具の形の変化も含めてよいかと思う。この中で今のところ一七世紀後半の波佐見地区の窯場で確実に確認されるのはハリ支え技法・チャツによる焼成技法・トンバイの積極的使用などである。第1章で述べたように有田については不明であるが、波佐見では製土過程における水碓の導入もこの時期に行われた可能性がある。一方、上絵付け技法については一七世紀中頃の色絵片が三股地区で採集されているものの、実態は不明であり、少なくともその後有田のような様式の展開は見られない。そして、糸切り細工技法や墨弾き技法なども今のところほとんど確認されておらず、一般に装飾効果を高めるための技法にはあまり関心が払われていないように思える。

波佐見で確認されているハリ支え技法やチャツによる焼成技法も装飾効果を高めるための技法と言えるが、ハリ支え技法については窯場間によってその普及度に違いも見られるようである。辺後ノ谷窯や永尾高麗窯などでは比較的出土するが、咽口窯・中尾上登窯・中尾下登窯では一般的ではない。今後の調査資料の増加によって、確認される可能性もあるが、少なくとも中皿などでもハリ支え技法を用いないで高台の小さな製品を生産していることは確かである。この普及度の違いは時期差によるものか、一七世紀前半から存続する窯場では旧来の技法を色濃く残すためか、いずれかであろうが、後者の可能性が高いように思う。一方、チャツによる焼成技法については蛇の目釉剥ぎ高台の青磁皿を焼成する際に用いる点は有田と同じであるが、波佐見では重ね積みにチャツを用いる例が見られる。咽口窯の調査報告によればチャツの出土は多いものの、青磁皿は蛇の目釉剥ぎ高台ではなく、通常の高台をもつ製品が多い。また、見込みを蛇の目釉剝ぎして重ね積みで焼かれているものが多い。そして、三足付の青磁皿にはチャツを逆さまに使用して熔着した例が見られた（図141－8）。これは焼成中に逆さまになったのではなく、このようにして焼成する技法であろうと思われる。見込みの蛇の目釉剝ぎした部分に輪状の熔着痕が見られたが、その径はチャツの径と同一であることを確認することができた。三足の付かない青磁皿では製品と製品を直接重ね積みすることも可能であるが、三足付の場合は足部の熔着を防ぐためにチャツを間に用いたものと推測される。このようなチャツの使用例は有田では今のところ確認されていない。また、その他の窯道具について、有田で一七世紀中頃より一般化する逆台形ハマは、波佐見の一七世紀後半の窯場ではいずれも出土している。そして、陶質と磁質いずれも出土するが、その比率は窯場によって違いがあるようである。原料産地との距離とも関わりがあるのかもしれない。桶形ボシ（サヤ）についてはボシ（サヤ）そのものの使用例が一七世紀後半の波佐見では確認されていない。一方、これまでいくつか例をあげたように有田では当時あまり一般的ではない重ね積み技法が波佐見では盛んに行われているようである。ただし、これも窯による違いが大きい。重ね積み技法を多用しているのは咽口窯・中尾上登窯・中尾下登窯などであり、これらの窯が位置する三股地区や中尾地区は一七世紀前半より窯場が継続して存続している地区である。永尾高麗窯や辺後ノ谷窯などでは多用されていない。これも新興の窯場と旧来の窯場との違いによるものではなかろうか。

以上のことから、一七世紀中頃の技術革新の様相は有田と波佐見ではやや異なっている。おそらく技術導入の機会そのものはさほど変わりなくあったと思われるが、その受け入れ方に違いを見せるようである。それは波佐見の中の窯場間においてもその違いがある。外部から新しい技術を導入する場合、もしくはどちらか一方で始められた新しい技術を他方が導入する場合であってもそのまま受け入れるのではなく、必要な技術を取捨選択しながら、また必要であれば改良しながら導入している。有田と波佐見、いずれも生産コストがかからなくて、よい製品をつくることを目指すのであろうが、どのあたりで折り合いをつけるかが大きく異なっている。波佐見は有田に比べると品質をある程度のところで妥協し、その分生産コストを下げる選択をしているようである。

第３項　波佐見窯業圏の拡大と変容

波佐見窯業圏は一七世紀前半の三股地区・中尾地区を中心とした窯業圏から一六六〇年代には新たに窯場を興し、生産能力を急速に拡大させた。後にいう「波佐見四皿山」が形成されるのである。それが海外輸出の本格化にあることはすでに述べてきたとおりである。寛文五年(一六六五)には三股に皿山役所が置かれ、寛文七年(一六六七)には波佐見地区から海外輸出港の長崎まで新たに船賃を定められている。生産と流通の両面において一六六〇年代には体制を整えていることがわかる。しかし、一七世紀前半と比較して変化したのは空間的な窯業圏の拡大や物理的な生産能力の拡大ばかりではない。その後の波佐見窯業圏の特質はこの時期より現れるようになるのである。一七世紀中頃~後半にかけての波佐見窯業圏の特質についてまとめておこうと思う。

まず、一七世紀前半より存続する三股地区や中尾地区では海外向けとされる製品以外に国内向けの製品も少なからず生産しているが、一六六〇年代に新たに興った窯場の場合、海外向けとされる製品を主体に生産している窯場が多いことである。このことは一六六〇年代における波佐見窯業圏の拡大が海外輸出の本格化を直接的な要因としていることを推測させる。波佐見地区では海外貿易の本格化に伴う需要の増大に窯を増やし、生産量を拡大することで対応したと考えられるのである。この点については有田の外山地区の状況と似ているが、有田の外山地区と波佐見では窯業圏の拡大の時期にずれが見られる。有田の外山地区が、寛永一四年(一六三七)の窯場の整理統合以降、すでに国内需要の増加に応えるために窯業圏を拡大させており、その延長上に海外需要に応えた窯業圏の拡大があったのに対し、波佐見の窯業圏の拡大は海外貿易の本格化をより直接的な要因としている。そのため、波佐見では非常に海外需要に製品が偏った窯場が見られるのである。

次に一七世紀前半においては波佐見地区は青磁製品を主体に生産していたが、染付製品の割合が増大する。これも海外輸出の本格化を一因とするものである。主に東南アジア向けに生産された染付見込み荒磯文碗をはじめとした大振りの染付碗を主力製品とする窯場が増加するからである。これは一六五〇年以降の記録に見られる大量の絵薬の輸入(フォルカー一九七九-一九八四、有田町史編纂委員会一九八八a、一四三-一五〇頁)もその背景にあると思われる。

そして、第3章で述べたように一七世紀前半においては、有田地区と波佐見地区は、染付製品と青磁製品という製品の種類によって市場を棲み分けていたが、波佐見地区においても染付製品の生産を拡大させるこの時期よりそうした棲み分けができなくなってしまう。そして、そのことが主に品質による分業化につながるようである。それは国内向け、海外向けを問わない。波佐見地区で生産された海外向け製品は、染付大碗と青磁大皿などが主たるものであり、これらが大半を占めるといってもよい。青磁製品の場合は、波佐見地区には一七世紀前半より青磁生産技術の伝統があり、有田の青磁製品と遜色があるものではないが、染付製品の生産にあっては有田で大量に生産しているものを必ずしも波佐見では生産していない。その一つが芙蓉手皿である。概してオランダ連合東インド会社が取扱ったとされる製品については生産を行っていないのである。よって、もちろんより付加価値の高い色絵製品も見られない。国内向けにあっても同様である。有田が染付網目文碗をはじめとした国内向けの染付碗、皿を大量に生産したのに対し、波佐見ではこの時期そのような製品を量産していない。その代わり、より低廉な製品の購入層を対象として、青磁高台無釉碗、青磁や染付の見込み蛇の目剥ぎ皿を生産する窯場がある。概して質よりも量が重視される製品を有田の製品の中から取捨選択し生産している。製品の種類を絞った上でそれを量産するようにしている。

それは生産技術においても同様であり、一七世紀中頃に有田を中心に導入される新しい技術を全て取り入れるのではなく、やはり取捨選択している。その一方で高台無釉と蛇の目釉剥ぎを組み合わせた重ね積み技法など有田では見られない技法が波佐見では導入されている。やはり、質よりも量を重視する技術を積極的に開発、あるいは取り入れたのであろう。

第３節　地域的分業化の確立

有田皿山及び周辺の窯場は内山、外山、大外山に区分されている。いつの時代からこうした名称が用いられたものか不明であるが、近世後期の文献史料にはすでにその名称は存在する。内山について、明治九年（一八七六）の『陶業盟約』には「泉山・上幸平・中樽・大樽・本幸平・白川・稗古場・赤絵町・中野原・岩谷川内以上十所を内山と言う」、「黒牟田・応法・外尾・上南川原・下南川原・広瀬・大川内・一ノ瀬以上八ヶ所を外山と言う」と定義されている（有田町史編纂委員会一九八五b、二七頁）。また、外山について、明治二五年（一八九二）の「磁礦場事実書」には「外尾山・黒牟田山・応法山・南川原山・広瀬山・大川内山・一ノ瀬山を外山と総称す。」とある（有田町史編纂委員会一九八五b、四七〇-四七一頁）。さらに同書には「また大外山と称する六か所あり、すなわち筒江山・弓野山・志田山・小田志山・吉田山・内野山等なり」とある。一方、『肥前陶磁史考』によれば、内山は同様であるが、筒江山が外山に含められており、大外山に弓野山以下の窯場の他に平戸藩の三河内山・江永山・木原山、大村藩の稗木場山・中尾山・三の股山・永尾

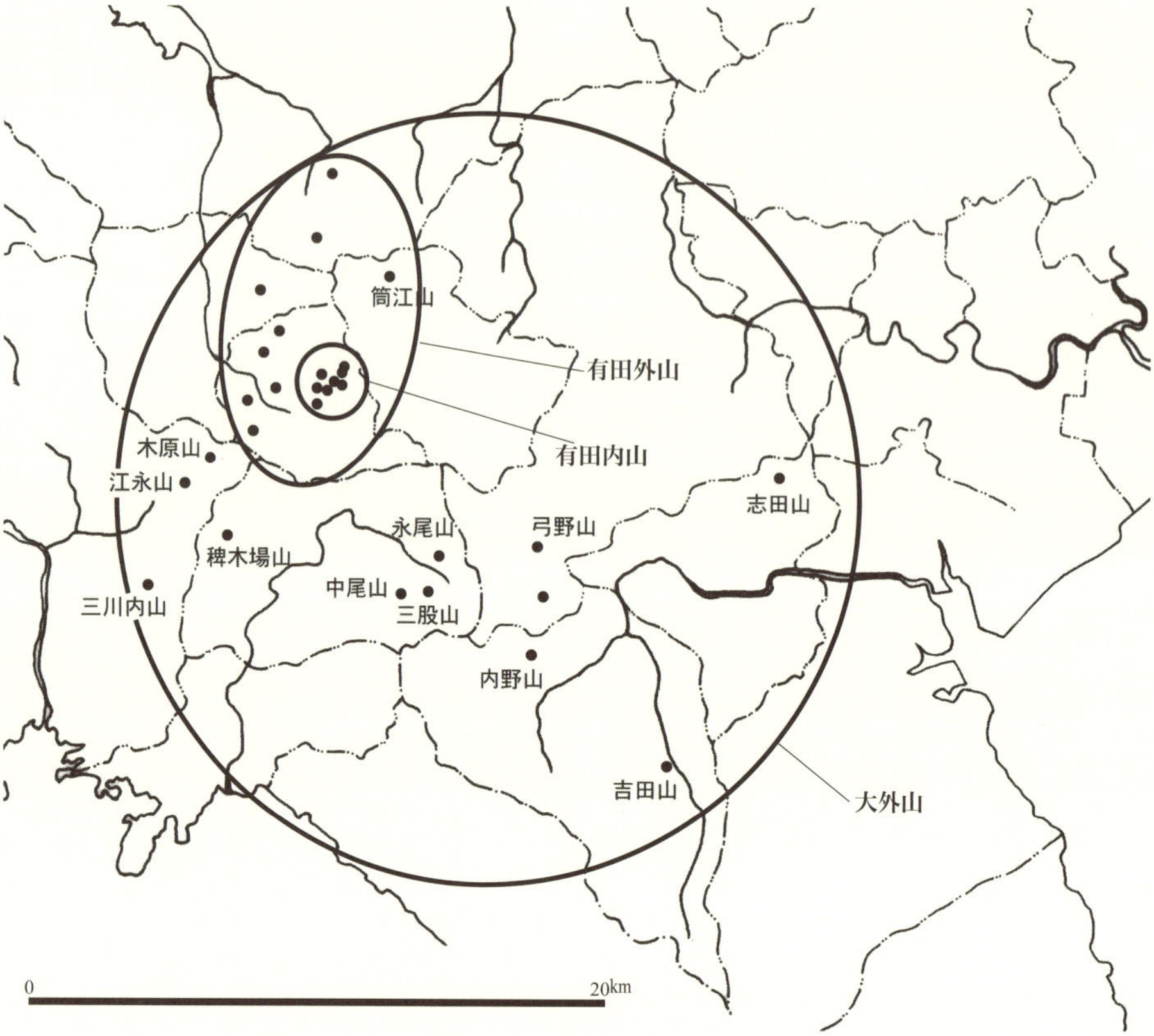

図142 『肥前陶磁史考』による有田内山・外山・大外山区分

山等を含めている（中島一九三六、四六〇頁）。いずれにせよ概ね泉山の陶石の配分状況に応じた区分と考えられる。すなわち、良質な泉山陶石を用いる窯場、相対的に質の劣る泉山陶石を用いる窯場、そして、原則として泉山陶石を用いない窯場である。

そして、ここにあげた窯場は、近世後期以降の窯場であるが、これらの多くが一七世紀後半までには成立している窯場である。肥前の窯業圏の空間的範囲はおおよそ一七世紀後半までには形成されたといってよいだろう。加えて内山、外山、大外山の区分もその名称はともかく性格的区分はこの段階に形成されている。近世後期には見られる内山地区と外山地区における泉山陶石の配分形態が制度化されていたかどうかについては根拠をもたないが、以下のように少なくとも製品はこの性格的区分を表している。

一七世紀後半の内山地区では相対的に良質で多様な製品を生産している。そこでは国内向けの上質の製品も生産すれば、網目文碗のような日用食器も生産する。ヨーロッパに向けた海外輸出製品も生産すれば、東南アジアに向けた染付見込み荒磯文碗のような一般食器も生産する。また、有田内山地区は肥前の色絵製品の生産の中心地ともなる。赤絵町の成立は上絵付け工程の専門化に伴う技術的分業化であると同時に内山地区の性格を他地域と区分することにもつながっている。

そして、外山地区では南川原や大川内などの一部の窯場を除いて、内山地区に比べて相対的に質の劣る製品を主体に生産している。製品の種類も内山地区よりは少なく、南川原地区や応法地区を除けば付加価値の高い色絵製品を生産する窯場も少ない。

また、波佐見地区では、一七世紀前半以来の青磁生産の伝統があるため、青磁大皿などの製品については比較的良質のものが生産されているものの、主として外山地区で生産された製品の種類をさらにしぼりこんで量産している。それらは主として質よりも量が重視される製品である。海外向け製品であれば染付見込み荒磯文碗などの大碗などである。また、より低廉な高台無釉碗、見込み蛇の目釉剥ぎした高台無釉皿の組合せなどを量産している。

こうした傾向は、海外向けの肥前磁器のそれぞれの種類においてもみてきたとおりである。すなわち、日字鳳凰文皿や見込み荒磯文碗については、内山地区が最もバリエーションが多く、外山地区がそれに次ぐ。そして、波佐見地区などではさらに種類が絞り込まれ、有田地区では見られない重ね積みを行った日字鳳凰文皿をみる。芙蓉手皿においても概して内山地区、外山地区、波佐見地区では生産する製品の種類が決まっており、品質的にもこの順に並んでいるのである。

もちろん、一七世紀前半においても有田の東部地区と西部地区では全体的な製品の品質差は見られたが、むしろ窯場内の品質差が大きかった。それが一六五〇～一六六〇年代にかけての窯場の再編成によって各窯場内の技術水準が均一化することでより地域的な品質差が明瞭になったのである。また、一七世紀前半の有田と波佐見は染付と青磁という製品の種類によって棲み分けている側面が強かったが、一七世紀後半になり波佐見でも染付の量産を行うようになると、有田とは品質による差が明らかになったのである。よって、波佐見地区を大外山と称していたかどうかは別として、内山、外山、大外山という製品の性格的区分はこの時期に形成されたといってよいと思う。つまり、有田内山地区を中心とする同心円状の窯業圏の形成である（図142）。それによって、それぞれの地域的窯業圏がそれぞれの機能を有し、需要層を棲み分ける地域的分業化が確立すると考える。有田地区と波佐見地区では藩も異なり、生産システムが異なる別々の地域的窯業圏であるが、泉山磁石場を中心的存在とする有田窯業圏から見れば、波佐見地区は泉山陶石を使用しない「大外山」的な存在なのである。もちろん佐賀藩は波佐見窯業圏の直接的な管理を行うことをしていないが、泉山陶石を他藩に流出させないことで、他の大外山に対する管理と同様の状態を作り出せたのである。また、この時期には御道具の製作を社会的分業化することによって、御道具山ないし藩窯を内山地区と切り離し、自己完結性の高い窯場として機能的に分化させている。佐賀藩の後の藩窯では泉山の中でも最上等の陶石が使用され、これを「御用土」と称していた（有田町史編纂委員会一九八五a、九〇頁）。一七世紀後半に最上等の陶石を使用した可能性が高いのは寛文年間に御道具山があったとされる南川原山であり、延宝年間以降の大川内山の鍋島藩窯である。

以上のことから、この時期に異なる生産システムの地域的窯業圏あるいは窯場を泉山陶石の管理を基礎にコントロールする生産機構が確立したといえる。そして、それは泉山陶石の品質が当時の原料の中で最良であるという前提によるものである。三股陶石が泉山陶石と同等の品質を有するものであれば、こうした性格的区分は形成されない。肥前の窯業圏の中でもとりわけ佐賀藩が排他的な窯業圏を形成したのもそこに理由があろうと考える。

第8章　磁器の量産化と生産機構の変容

一七世紀後半の清朝の海禁政策による肥前磁器の海外輸出の本格化によって、肥前の窯業圏はその生産能力を大きく拡大させるとともに、窯業圏全体における地域的分業化や窯業圏内における技術的分業化が進められた。しかし、清朝は一六八四年に展海令を公布することにより海禁を解き、翌一六八五年にはヨーロッパ諸国に対する貿易開放を行った（有田町史編纂委員会一九八八a、三五九–三六〇頁）。その結果、中国磁器が再び海外市場へ大量に出回ることで肥前磁器の海外貿易は一七世紀末頃より減退していった。とりわけ東南アジア市場は中国磁器が肥前磁器にかわって流通するようになり、東南アジア方面中心に輸出していた窯場への影響は大きなものであった。海外需要が減退した分、生産規模を縮小させるか、あるいは新たな需要を獲得しなければならなくなった。そのため、海外輸出の本格化を直接的な契機として成立した窯場の中には、その需要の減退により廃窯となった窯場もある。一七世紀後半の天草諸窯や嬉野の不動山窯などである。

一方、肥前窯業圏の中核的存在であった有田と波佐見の窯業圏はどうであったか。波佐見地区は海外輸出の本格化以前の一七世紀前半に地域的窯業圏を形成させていたが、海外輸出の本格化によって、生産能力を大きく拡大させた地域である。そのため、一七世紀後半に飛躍的に拡大した生産能力の余剰を国内市場に振り向け、国内市場の中に新たな需要層を求めることになった。一方、有田地区もヨーロッパやオランダ連合東インド会社の本拠地のあるインドネシアなどに向けて海外輸出が続いたとはいえ、全体的には輸出が減退しており、そのオランダ連合東インド会社を介した海外輸出も公式貿易は宝暦七年（一七五七）を最後に打ち切られている（有田町史編纂委員会一九八八a、三六三頁）。同様に国内市場の比重が高まるのである。

第1節　展海令以後の窯業圏の様相

一七世紀後半の窯業圏の拡大と地域的分業化の確立は、海外輸出の本格化という需要の変化に対応した窯業圏の発展過程に伴うものであったが、一七世紀末以降の国内市場における新たな需要層の開拓は、むしろ確立された窯業圏でどのように対応するかという対応の問題であったように考えている。ここではまず展海令以後の有田と波佐見の窯業圏の様相をみていこうと思う。

第1項　展海令以後の有田窯業圏の様相

内山地区においては、一七世紀末以降、泉山本登（年木谷3号窯）、泉山新登（年木谷1号窯）、中樽登（中樽窯）、小樽登（小樽2号窯）などが新たに開窯している。いずれも一六五〇～一六六〇年代にかけて地理的条件によって廃された窯場の位置にあたる。すなわち、「往還」と称された有田内山地区を貫く幹線沿いに一七世紀後半に窯場が形成される中で、幹線から比較的離れた位置にあるこれらの地域の窯場は廃されている。前掲の『金ヶ江家文書』文化四年（一八〇七）の資料にも「上幸平山中樽奥江も百軒程之釜相立候処、余り片付候場故相止、其後は村々所々江釜を移し」とあり、内山地区の東部に位置する窯場は場所が辺鄙であったために廃されたことが記されている。しかし、内山地区は狭隘な地形で土地が限られており、新たに窯場を興すとなれば、そうしたかつて辺鄙であった土地に築かざるをえなかったのであろう。もちろん、その段階では町並みも形成されており、地理的条件の悪さも克服されていたのであろう。

そして、近世後期には本登に対して新登が新たに築かれる例が、内山地区に限らず多く見られるが、内山地区では、一八世紀末に築かれた泉山新登が泉山本登に対する新登にあたる。一九世紀初に築かれた小樽登は位置的には小樽山として独立しているが、窯揚げしているのは上幸平山の庄屋や窯焼きであり、これもやはり上幸平山の「新登」的性格を有していた可能性がある。一方、位置的には本幸平山に属すると思われる白焼登の一部を大樽山の久太夫が伊万里の陶商前川家に売っていたり、上幸平山に属する西登の一部を泉山の北村徳兵衛が同じく前川家に売っていたりする（前山一九九〇c、五五五頁）。この場合、「山」と「登」の関係が必ずしも明確ではない。内山地区全体が一つの枠組みとなっていて、その中では「山」を越えて複雑に陶工が入り組んでいたと思われる。一七世紀後半に形成された内山地区全体で一つの窯場として機能するシステムはそのまま維持されている。

また、一九世紀初から中頃にかけて、有田内山地区の焼成室の総数が減少しているが、この要因については有田内山の大半が焼失した文政一一年（一八二八）の大火を想定することができよう。この大火は有田皿山の「数千人の窯焼き細工人どもの職方相続」を困難にしたほどの大災害であった。佐々木達夫は全国に磁器窯が生まれる背景として、この文政の大火によって、陶工が全国に離散したことが一因と推測している（佐々木一九九一、二〇〇頁）。さらに一九世紀初頭より磁器生産を開始した瀬戸・美濃地方の磁器生産との競合も一因であろう。とりわけ内山地区の東部の窯場は瀬戸・美濃地方の磁器生産地と同様に碗類を主体にした窯場であるため、影響は大きかったと考える。

外山地区においては、外尾山廟祖谷窯、黒牟田新窯、広瀬新登（茂右衛門窯）、市ノ瀬新登などが開窯している。しかし、外山地区の場合も旧来の窯場の枠組みを変えることなく、その枠組みの中で窯が増減している。いずれも既存の本登に対して築かれた新登に相当する窯であり、本登と新登の製品は非常に類似している。本登と新登の関係は、それぞれ独立した窯というよりは、むしろ一つの窯を二つに分けたという関係であるように思う。この点で一七世紀後半の窯の増加とは異なる。そして、一九世紀初から中頃にかけての焼成室総数の変化をみてみると、南川原地区の焼成室総数が減少しているものの、外尾山や黒牟田山などでは逆に増加している。外尾山や黒牟田山などの焼成室の増加の理由については、一つは文政一一年の大火で内山地区の大半が焼失したことによって、有田の窯場における相対的な比重が大きくなったことが考えられるが、もう一つは大皿の需要の増大が考えられる。荒川正明は近世初頭に大皿ブームがあり、一七世紀後半には確実に沈静化に向い、再び一八世紀後半には大皿の需要が増大するとする（荒川一九九六、一〇〇‐一〇一頁）。また、成瀬晃司や堀内秀樹は一八世紀末に江戸遺跡の大皿出土状況の画期があるとする（成瀬・堀内一九九八、一三〇頁）。有田の窯場で比較的大型の製品を生産した窯は、南川原地区・外尾山・黒牟田山などの外山地区の窯場である。その中で発掘調査が行われているのは、上南川原山の樋口３号窯、黒牟田山の多々良の元窯、黒牟田新窯などであるが、いずれも大皿等の大型製品の出土が見られる。外尾山などでもそうした製品を採集することができる。また、碗類の日常什器を主体とした瀬戸・美濃地方と器種の上であまり競合しなかったことも大皿の需要を伸ばせた要因であろう。すなわち、外尾山や黒牟田山などでは消費地の大皿の需要の増大を一つの要因として焼成室の総数が増加したと推定されるのである。

よって、一八世紀～一九世紀にかけては、需要の増減などの社会情勢の変化に対しては、一七世紀後半に形成された窯場の枠組みの中で対応していたようである。内山地区では地区全体で機能するシステムが維持されていたし、外山地区では需要が増加したり、陶工の数が増加すれば、焼成室の数を増やし、それでも不足であれば「新登」を築いていた。窯場の枠組みそのものが大きく変わらないのは、さまざまな制度がすでに固定化し、生産システムがすでに整備されていたからであろう。また、生産システムの枠組みを変えるにはあまりにも登り窯が巨大化しすぎていたし、対応すべき需要のほとんどが国内市場であり、需要における質的な変化がなかったこともその一因であろう。

第2項　展海令以後の波佐見窯業圏の様相

一七世紀末～一八世紀初に開窯したと思われる窯は、中尾大新窯・百貫西窯・長田山窯及び文献上見られる稗木場新登（どの窯に該当するか不明）などである。窯の数だけを比較すると、一七世紀後半よりもむしろ増加している。しかも百貫西窯や長田山窯などは旧来の窯場と距離的に離れた位置にあり、窯場そのものが新たに興ったものである。中野雄二は一八世紀初頭の段階で「巨大窯を擁した量産体制」というシステムが高尾窯跡において成立していた可能性を指摘している（波佐見教育委員会一九九六、一九-二〇頁）。すなわち、この時期の窯には横幅七ｍ台の焼成室を有するものが現れ、焼成室も格段に多いものが現れた可能性がある。よって、窯の数と規模からみる限り、生産能力をさらに拡大している。波佐見地区の窯業は、海外需要が減退したことを受けて、生産規模を縮小するのではなく、新たな需要を獲得することで生産地としての存続を図ったようである。

『皿山旧記』には「焼物商売仕初宝永二年酉五月十一日送状にて仕登候事」とあり、宝永二年（一七〇五）には本格的に国内市場への売り込みを行い始めている（波佐見史編纂委員会一九七六、四一六頁）。また、消費地の遺跡における出土状況もそれを裏付けている。一七世紀末～一八世紀初より波佐見の製品の出土が急激に増加するのである。第1章でみたように一七〇〇～一七一〇年代と推定される消費地遺跡では、波佐見諸窯の蛇の目釉剥ぎ・高台無釉の染付皿、陶胎染付碗・火入れなどが内野山窯の銅緑釉碗・皿などとともに数多く出土する。一七世紀後半においても波佐見はすでに有田よりも低廉な染付製品や青磁製品を生産しており、国内の磁器需要層の開拓に一定の役割を果たしていたが、一七世紀末以降は窯業圏をあげて国内磁器需要の裾野を拡大させることになったと考えられる。すなわち、生産コストを削減し、より安価な磁器製品を提供することで、これまで磁器を使用していなかった需要層にまで市場の裾野を拡大しようとしたと考えられる。手描きよりも簡便な印刷技法の盛行もそれを反映したものであろうし、窯規模の拡大も一度の焼成で大量に生産することができることから生産コストの削減に直接つながるものである。また、窯の数を増やすことそのものは生産コストの削減には直接結びつくものではないが、新たな大規模な窯を築くことは旧来の窯を集約し、窯場としての効率化を図ることにつながるし、製品一つあたりの差益が少なくなった分を販売する量を増やすことで補う意図もあったと思われる。よって、波佐見地区では一七世紀末の需要の変化に伴い、国内向けにより安価な商品を本格的に量産化する対応を行ったと考えられる。

そして、一八世紀中頃には、木場山・百貫西窯・長田山窯・高尾窯などが廃窯する。これらは高尾窯を除いて、いわゆる波佐見四皿山（三股・中尾・永尾・稗木場）の中心から離れた位置にあり、窯場は一七世紀後半に形成された波佐見四皿山に集約されている。それ以後は第１章でみたように登り窯の数そのものに大きな変化は見られない。その一方で焼成室数が格段に増加する傾向にある。窯場の構成そのものには大きな変化がないが、生産能力そのものは飛躍的に高まっているとみてよい。

第２節　国内市場向け製品の本格的量産化

国内市場における新たな需要層を獲得しようとする場合、とりわけ需要の裾野を拡大させようとする場合は、生産コストを削減し、量産化することが最も有効な対応となろうと思う。ここでは国内市場向けにどのような量産体制をとっていったか明らかにしていこうと思う。

第1項　文献史料にみる生産状況

1　文献史料にみる有田地区の生産状況

有田地区の窯場の生産量を具体的に記した史料は今のところ知らない。第1章で述べたように『代官旧記』の「文化十一戌年日記」(一八一四)を見ると、内山地区に一二登で二五〇室、外山地区(有田町内及び広瀬山)に七登で一一〇室、合計三六〇室の焼成室を数える。後に述べる『郷村記』による天保年間の波佐見の焼成室の合計(灰安光を含めて)の約一・六七倍である。また、『安政六年松浦郡有田郷図』(一八五九)及び元治元年(一八六四)『有田郷図』に描かれている窯及び焼成室の数は内山地区一一登で二一一室前後、外山地区(有田町内及び広瀬山を含む)九登で一〇六～一〇八室前後、合計一八登で三一七～三一九室前後であり、『郷村記』による天保年間の波佐見の焼成室の合計(灰安光を含めて)の約一・四七～一・四八倍である。同じく第1章でみたように有田の年間焼成回数は寛政年間頃で五～六回と推定され、天保年間の波佐見の三～六回と大きな違いはみせず、むしろ有田の方が多い。よって、(焼成室総数)×(焼成回数)という単純な計算であれば、有田の年間生産量は波佐見の生産量の一・五倍前後あるいはそれ以上であったことになる。しかし、全国の消費地の遺跡から出土する両者の傾向は必ずしもそのようになっていない。むしろ波佐見の製品の方が量的に上回っている。これは焼成室一室あたりの生産量に違いがあると思われる。

焼成室一室あたりの生産量は、一つはその焼成室規模によって決まる。例えば『酒井田柿右衛門家文書』文政一二年(一八二九)「文政十二下南川原登丑八月」(有田町史編纂委員会一九八五a、五四六-五五〇頁)によると、下南川原登は一四室の焼成室があったが、窯の下方から小釜、中釜、大釜に分類され、その運上銀はそれぞれ小釜が三匁三分～七匁七分、中釜が一〇匁三分～一五匁、大釜が一八匁六分～二七匁と記される。小釜で最も運上銀の少ない三匁三分と大釜で最も運上銀の多い二七匁では、八倍以上の開きがある。運上銀は生産能力をある程度反映していると思われるため、一つの窯の中でも焼成室による生産量の違いは大きいのである。しかし、第1章でみたように有田と波佐見では登り窯の構造においても焼成室規模においても大きな違いは見られない。

また、焼成室規模以外の要素で一室あたりの焼成室の生産量を決める大きなものの一つは窯詰め技法である。例えば製品を数枚重ねて焼成するだけで、生産量は数倍になる。窯の規模を数倍拡大するよりもはるかに容易である。そして、波佐見では十字ハマやタコハマが一八世紀中頃まで操業されたと推定される長田山窯や高尾窯などで出土しており、天秤積み技法が比較的早い段階から一般化していた可能性が高い。一方、有田でも一九世紀になると窯の谷窯で小瓶をオオハマの上に並べて焼成することや年木谷3号窯で染付薬盒をオオハマの上に並べて焼成することが行われていたが、十字ハマなどの出土例は少なく、碗類は磁器製ハマを用いて焼成することが一般的であった。こうした窯詰め技法の違い、焼成室の上部空間の利用の違いが生産量に反映されている可能性が高い。

次に運上銀から生産量を逆算する試みをしてみたい。有田では『代官旧記』天明二年（一七八二）「向後釜積入手数覚」（池田編一九六六、六八-七〇頁）には運上銀の目標額は二八貫二六〇匁であったが、目標額には達せず、三ヶ年の荷高運上銀納め高の平均は二四貫七三一匁二厘であったことが記されている。そして、安政二年（一八五五）から元治元年（一八六四）までの小物成収入を記した史料では「有田皿山諸運上銀」（有田町史編纂委員会一九八五c、六一-六三頁）は平均約三五貫八七一匁であることを知る。これには荷高運上銀以外の諸運上銀も含まれる。年代は異なるが、天明年間の荷高運上銀納め高は、『郷村記』による天保年間の波佐見の焼物運上銀九貫六八九匁の二・五倍程度である。そして、荷高運上銀あるいは焼物運上銀で注意したいのは、その課税率である。波佐見は天保年間で一俵に付き「二分宛三分銀」であった。波佐見の年間生産高四八,四四六俵に二分を乗じると、九貫六八九匁二分であり、記録に合致する。一方、有田の方は『代官旧記』の「明和元年（一七六四）申年申渡帳」（池田編一九六六、二四九-二五〇頁）には一俵に付き「銀六分」（ただし、応法山は下焼き物として銀五分）と記される。明和元年と天保年間とではやや開きがあるが、有田と波佐見の製品の品質を考えると、課税率に差があるとみた方が妥当である。ここで仮に有田の課税率を一俵に付き銀六分として、明和元年から約二〇年ほど下った天明年間の荷高運上銀納め高から年間生産高を逆算すると、約四一,二一八俵に過ぎなくなる。この数値は、天保年間の波佐見の年間生産量より少ないものであり、消費地遺跡の出土状況を考えると妥当なものであるが、一方、疑問点も残される。この数値は後に述べる流通量に関する史料の中の数値に遠く及ばないのである。『伊万里歳時記・巻之二』には佐賀藩領内の焼物は「凡三拾壱万俵」とあり、文久三年（一八六三）の記録から推定される積み出し高は二〇数万俵である。さらに『重宝録』から推定される江戸入津の肥前陶磁は大村藩領産と明記された焼物を除いて八二,〇九六俵であり、運上銀から逆算された年間生産高は江戸入津に限った数値にも満たないのである。もちろん、佐賀藩領内の窯場は支藩なども含めると有田皿山だけではないが、それを考慮したとしてもなお少なすぎる。また、天明年間と天保年間～文久年間との時期差による可能性もあるが、安政二年（一八五五）から元治元年（一八六四）の「有田皿山諸運上銀」の額をみると、天明年間の荷高運上銀と比較して飛躍的に生産量が増大したとみるのは難しい。今のところ、この矛盾を説明しうる資料は持ち合わせていないが、一つの可能性として考えているのは、拝借銀の問題である。『代官旧記』「明和七年（一七七〇）寅年申渡帳」（池田編一九六六、二六一-二六二頁）には有田皿山の拝借銀は莫大な額にのぼっていることが記される。内容は細かく分けられるが、約六〇〇貫以上にのぼっている。天明年間の荷高運上銀納め高の二〇倍以上の額である。さらに時代が下った「文化十一戌年（一八一四）日記」（池田編一九六六、二三九-二三三頁）では皿山のほとんど全部の登り窯が借銀していることがわかる。荷高運上銀と拝借銀の具体的な関わりとその仕組みについては明らかではない点が多いため推測の域を出ないが、荷高運上銀から推定される生産量は当然のことながら最低限の数値として理解すべきものなのであろう。

2　文献史料にみる波佐見地区の生産状況

波佐見地区の磁器産業に関しては、一七世紀末と一九世紀の生産状況が記載された文献史料が残されている。すなわち、『大村記』（波佐見町教育委員会一九八六、二八-三〇頁）と『郷村記』（藤野編一九八二、三二〇-三八五頁、波佐見史編纂委員会一九七六、四二四頁）である（表30～34）。これまで佐々木達夫、宮崎貴夫らによっても検討されている史料であるが（佐々木一九八二、二八-三二頁、波佐見町教育委員会一九九三、一三二-一三四頁、野上一九九五-一九九六、一九九七）、ここでは『大村記』に記された元禄年間の窯場の状況と『郷村記』に記された天保年間の窯場の状況を比較して、その生産状況の変化をみてみたいと思う。

(1)　『大村記』にみる一七世紀末の生産状況

『大村記』に記載されている主な内容を以下に記す。

三股山　　釜数二八軒　年間生産量九,八二八俵程度
　　　　　一室あたり一回につき三〇俵程度　年間焼成回数九回

木場山

焼物土量五,〇四〇荷（一室あたり一回につき二〇荷程度）
薪量七,〇五六荷（一室あたり一回につき三〇荷程度）
釜運上銀四二〇目（一室あたり年間一五匁）
焼物運上銀三貫八匁四分（一俵に三分）

釜数五軒　年間生産量二,七四五俵程度
一室あたり五四九俵程度　年間焼成回数九回
焼物土量九〇〇荷（一室あたり一回につき二〇荷程度）
薪量一,三五〇（一室あたり一回につき三〇荷程度）
釜運上銀七五目（一室あたり年間一五匁）
焼物運上銀八二三匁五分程度（一俵に三分）

永尾山

釜数一三軒　年間生産量三,九七八俵程度
一室あたり三〇六俵　年間焼成回数九回
焼物土量二,三四〇荷（一室あたり一回につき二〇荷程度）
薪量四,六八〇荷（一室あたり一回につき四〇荷程度）
釜運上銀一九五匁（一室あたり一五匁）
焼物運上銀一貫一九三匁（一俵に三分）

中尾山

釜数三九軒　年間生産量一八,六〇三俵程度
一室あたり四七七俵　年間焼成回数九回

焼物土量八,七七五荷（一室あたり一回につき二五荷程度）
薪量八,〇七三荷（一室あたり一回につき二五荷程度）
釜運上銀五七五匁程度（一室あたり一五匁）
焼物運上銀五貫五八〇目九分（一俵に三分）

稗木場山

釜数一三軒　年間生産量二,三五〇俵程度
一室あたり一回につき三〇俵程度　年間焼成回数九回
焼物土量一,七五五駄（一室あたり一回につき一五駄程度）
薪量三,五一〇駄程度（一室あたり一回につき三〇駄程度）
釜運上銀一九五匁（一室あたり一五匁）
焼物運上銀七〇五匁（一俵に三分）　竈数二三軒

稗木場山新釜　釜数六軒

水碓総数　一三四丁　竈総数七三三軒（内、上波佐見村四三二軒、下波佐見村三〇一軒）
皿山竈数　八一軒（内、上波佐見村五六軒、下波佐見村二五軒）

まず、年間生産量を左右する要素は、（a）焼成室の数、（b）焼成室一室あたりの一回の生産量、（c）年間焼成回数である。つまり、計算上では年間生産量＝（a）×（b）×（c）である。ただし、（a）は規模の異なる焼成室をどのように数えるかにおいて問題があり、（b）は焼成室の規模だけでなく窯詰方法によっても変化することも推測される。三股山の場合の年間生産量は九,八二八俵程度とあるが、（a）×（b）×（c）は、二八軒×三〇俵程度×九回＝七,五六〇俵となり、記録とは大きく異なる。稗木場山も同様で年間生産量は二三五〇俵とあるが、（a）×（b）×（c）は、一三軒×三〇俵程度×九回＝三，五一〇俵となり、記録とは大きく異なる。（b）は目安にすぎないようである。一方、木場山、永尾山、中尾山の場合は、年間の一室あたりの生産量（d）はあるものの（b）の記載がない。年間の一室あたりの生産量は、（b）×（c）であり、上の計算式にあてはめると、年間生産量＝（a）×（d）となる。木場山の場合の年間生産量は二，七四五俵程度とあり、（a）×（d）＝五室×五四九俵程度＝二七四五俵となり、記録と合致する。永尾山、中尾山も同様に合致している。このことは逆に年間の一室あたりの生産量が、年間生産量と焼成室の数から逆算して求められた可能性が考えられる。焼物運上銀が製品一俵あたりにかけられているから、年間生産量の把握は当時において行われていたと思われるが、年間の一室あたりの生産量はそれから逆算することによって得られた計算上の一室あたりの平均値とみるべきであろう。

　そこで三股山、稗木場山についても同様に一室あたりの平均値を求めると、それぞれ三五一俵、一八〇俵程度となる。一室あたりの平均値を大きい順に並べると、木場山五四九俵程度、中尾山四七七俵、三股山三五一俵、永尾山三〇六俵、稗木場山一八〇俵程度となる。

　この違いの要因は何であろうか。年間焼成回数はいずれも九回であるので、一室あたり一回につき生産された量の違いであることは確かである。そして、それを決める要素は焼成室の規模、窯詰技法や俵詰めの違いなどが考えられる。窯詰技法や俵詰めの違いは製品の違いが反映されると思われる。そして、焼成室の規模の違いは不明であるが、焼成室規模が大きいほど使用する薪の量が多くなることは推測される。そこで一室あたりの薪の使用量（年間使用薪量÷釜数）を計算し、量の多い順に並べてみると、永尾山三六〇荷、木場山二七〇荷、（稗木場山二七〇駄）、三股山二五二荷、中尾山二〇七荷となる。稗木場山のみ単位が異なるものの、一室あたりの平均生産量との相関は見られない。次に一俵あたりの製品をつくるための焼物土の量（年間使用焼物土量÷年間生産量）を算出してみる。木場山〇・三二荷、中尾山〇・四七荷、三股山〇・五一荷、永尾山〇・五八荷、（稗木場山〇・七四駄）である。稗木場山のみ単位が異なるが、概ね焼物土の量は一室あたりの平均生産量に反比例している。すなわち、一俵の製品を生産するのに焼物土の使用量が少ないほど、一室あたりの平均生産量が多いということである。窯道具など製品以外の焼物土も含まれているのか、明らかではなく、検討の余地はあるが、製品の違いが反映されている可能性は考えられる。例えば木場山窯は青磁大皿などを量産した窯場である。『大村記』が編纂された元禄四年（一六九一）頃までその生産を行っていたとする根拠はないものの、『大村記』には一七世紀末〜一八世紀前半にかけて青磁製品を量産した長田山の記載は見られず、波佐見地区における青磁生産の連続性を考えれば、生産されていた可能性は考えられよう。青磁大皿などの梱包方法と小形の碗、皿の梱包方法では一俵あたりに含まれる製品の重量が変わってくる可能性があるのである。
(2)『郷村記』にみる一九世紀の生産状況

『郷村記』に記された主な内容を以下に記す。

三ツ股皿山　釜数六八軒　焼物出来高一三，二三〇俵（一室あたり二四〇俵）
年間焼成回数三回
焼物土一九，四四〇荷　薪数一，三七八，〇〇〇本
釜運上銀　一年あたり六九〇匁（一軒あたり一五匁）
焼物運上銀二貫六四六匁（一俵につき二分宛三分銀入）
水碓数　一一〇丁　竃数　一〇八軒（内、窯焼き二六人）

永尾皿山　釜数二九軒　焼物出来高六，六二〇俵
焼物土九，七二〇荷　薪数九二七，〇〇〇本
釜運上銀　一年あたり三四五匁（一軒あたり一五匁）
焼物運上銀一貫三二四匁（一俵につき二分宛三分銀入）
水碓数　四〇丁　竃数　四四軒（内、窯焼き一〇人）

中尾皿山　　釜数九八軒　焼物出来高二一，九六六俵
焼物土二七，七二〇荷　薪数二，〇五六，〇〇〇本
釜運上銀　一年あたり一貫一五五匁（一軒あたり一五匁）
焼物運上銀四貫三九三匁二分（一俵につき二分宛三分銀入）
水碓数　一五〇丁　竈数　一五〇軒（内、窯焼き二六人）

稗木場皿山　釜数二〇軒　焼物出来高六六三〇俵（一室あたり三九〇俵）
年間焼成回数六回
焼物土八，七七二荷　薪数八四〇，〇〇〇本
釜運上銀　一年あたり二一〇匁（一軒あたり一五匁）
焼物運上銀一貫三二六匁（一俵につき二分宛三分銀入）
水碓数　二七丁　竈数　六六軒（内、窯焼き一二人）

年間焼成回数が、三股皿山が三回であるのに対し、稗木場皿山は六回とある。永尾皿山と中尾皿山の年間焼成回数については記載がないが、佐々木達夫はともに四回と推定している（佐々木一九八二、三〇頁）。これは稗木場皿山の一回の焼成における一室あたりの生産量を一室あたりの年間生産量と年間焼成回数から算出し、それを永尾皿山、中尾皿山の一室あたりの年間生産量と比較して割り出した数値である。稗木場皿山の一回の焼成における一室あたりの生産量は、三九〇俵÷六回＝六五俵である。永尾皿山、中尾皿山の一室あたりの年間生産量は、それぞれ六六二〇俵÷二七軒（灰安光を除いた釜数）＝約二四五俵、二一九六六俵÷八九軒（灰安光を除いた釜数）＝約二四六俵である。これら一室あたりの年間生産量を稗木場皿山で得られた一回の焼成における一室あたりの生産量六五俵で割ると、おおよそ四回の焼成回数であったことがわかるとしたのである。ここで三股皿山の数値を用いて、同様の作業をやってみる。三股皿山の一回の焼成における一室あたりの生産量は二四〇俵÷三回＝八〇俵となり、これを永尾皿山、中尾皿山にあては

めると、焼成回数は三回程度となるのである。ここで改めて記載方法について考えてみる。三股皿山の年間生産量は一三、一三〇俵、年間焼成回数は三回、釜数は灰安光を除いて五八軒である。計算上、一室あたりの年間生産量は、一三、一三〇俵÷五八軒＝約二二八俵となり、一回の焼成における一室あたりの生産量は二二八俵÷三回＝約七六俵となる。三股皿山の記載には数値上の矛盾が生じるのである。同様の矛盾について『大村記』では一室あたりの年間生産量は目安であろうとしたが、この三股皿山の箇所に記されている一室あたりの年間生産量二四〇俵は、三股皿山のみの記載ではなく、三股皿山・永尾皿山・中尾皿山の三ヶ所の窯場の平均値ではないかと思うのである。計算上出されるそれぞれの窯場の一室あたりの年間生産量は、約二二八俵・約二四五俵・約二四六俵であるが、それを平均すると二三九・六という数値が算出され、記載と合致するのである。同様に年間焼成回数についても永尾皿山・中尾皿山の記載がないのではなく、三股皿山と同様であるため、あえて記載していないものと思われる。三股皿山の箇所のみ記されている一室あたりの年間生産量と年間焼成回数は、上波佐見村の窯場についての記載とみてよいのではないかと思われる。稗木場皿山に改めて年間焼成回数の記載があるのは、上波佐見村と異なる下波佐見村に属するためであろう。よって、波佐見地区の窯場の年間焼成回数は、上波佐見村の三股皿山、永尾皿山、中尾皿山がいずれも三回ずつ、下波佐見村の稗木場皿山が六回ということになろう。

次に釜数と年間生産量の関係をみてみると、釜数が多いほど年間生産量が大きいことはいうまでもないが、それは年間焼成回数が同じである場合である。例えば三股地区は稗木場地区の約三・四一倍の焼成室を有しながら、年間生産量が約一・九九倍に過ぎないのは、年間焼成回数が三股地区が三回であるのに対し、稗木場地区が六回であることによるところが大きかろう。現在、遺構として残されている窯体から理解できるのは、焼成室の規模であり、その数であるが、年間生産量が必ずしもそれに比例するとは限らないのである。

(3)　文献史料にみる波佐見地区の生産状況の変化

窯場の構成については、『大村記』には一七世紀後半～一八世紀前半にかけて操業された木場山の記載が含まれる一方、一九世紀の『郷村記』には見られないものの、表30・31のように大きな違いはみられない。

次に『大村記』と『郷村記』に見られる波佐見地区全体の数値の比較を行う。『大村記』に見られる波佐見地区全体の焼成室の数は

表30　波佐見地区の窯場の年間生産高の割合（%）
（ただし、グラフ中の数値は第2小数点以下切り捨てによる。）

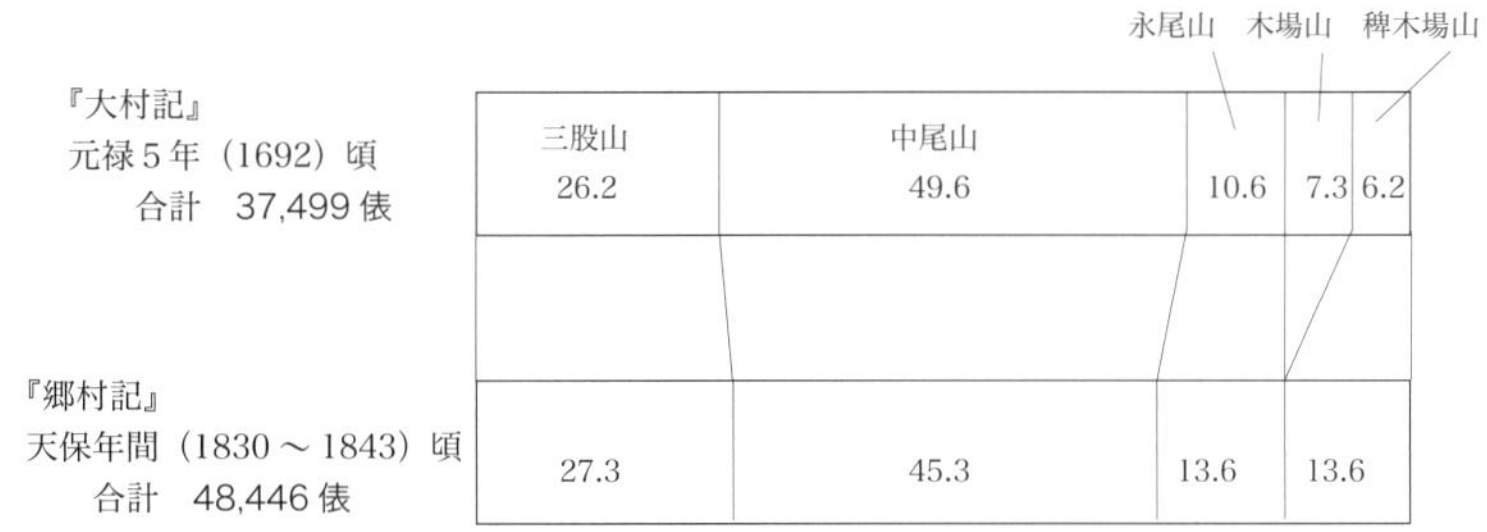

表31　波佐見地区の窯場の釜数（焼成室数）の割合（%）
（ただし、グラフ中の数値は第2小数点以下切り捨てによる。）

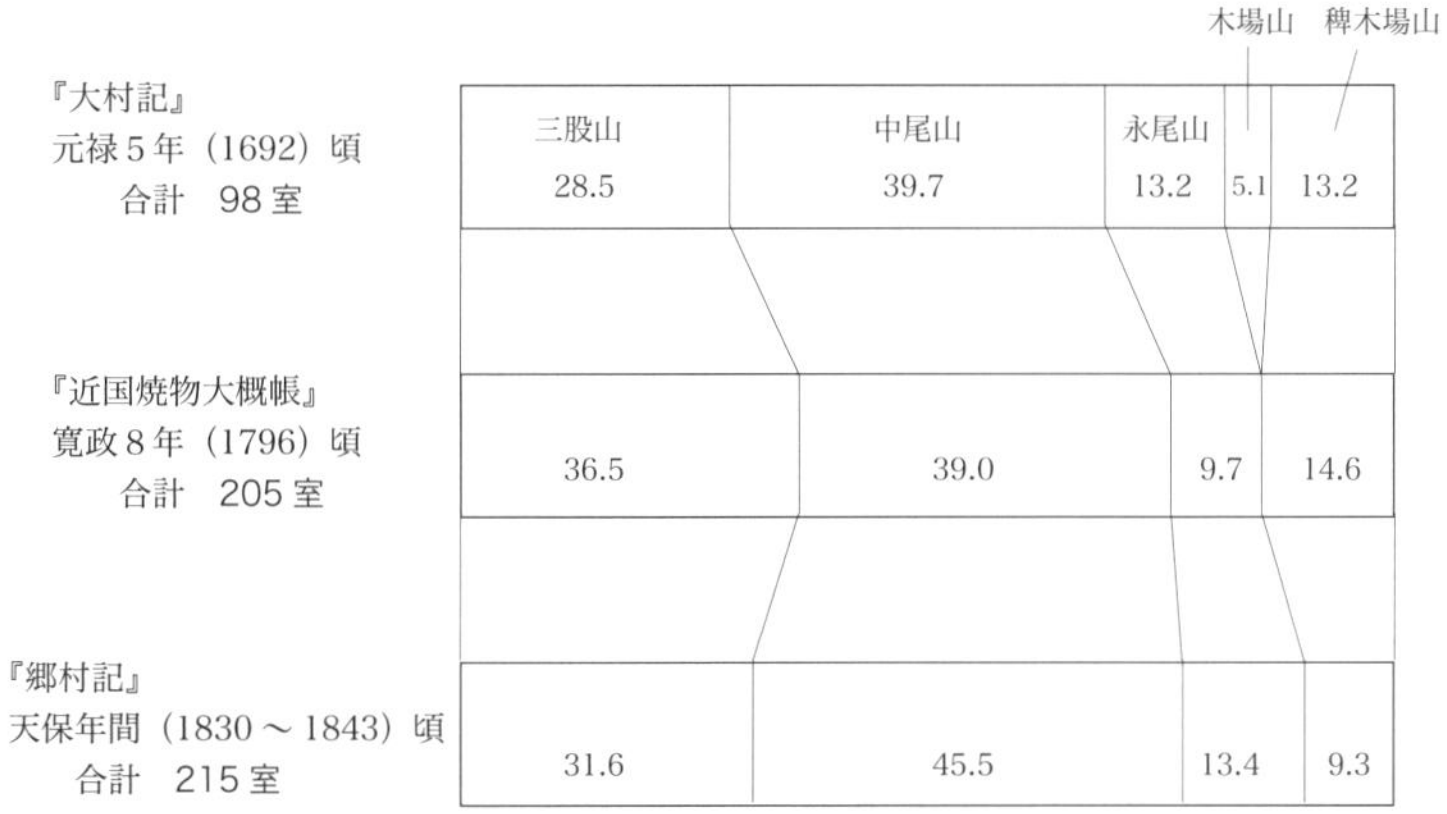

九八軒、年間生産量は三七,四九九俵、焼物運上銀一一貫三二〇匁八分、釜運上銀一貫四六〇匁、焼物土推定量一八,八一〇荷、薪推定量二四,六六九荷、水碓数一三四丁、竈数（皿山竈数）八一軒である。一方、『郷村記』に見られる波佐見地区全体の焼成室の数は二一五軒（灰安光を除いて一九一軒）、年間生産量は四八,四四六俵であり、その他、焼物運上銀九貫六八九匁、釜運上銀二貫四〇〇匁、焼物土六六五,六五二荷、薪四九〇万一,〇〇〇本、水碓数三二七丁、竈数三六八軒とある。そして、この両者の内容を比較したものが表33・表34である。

まず、釜数が二・一九倍（灰安光を除けば一・九四倍、本釜のみであれば一・六三倍）に増加している。それに比例して釜運上銀一・六四倍に増加している。課税率は同じく一室あたり一五匁であることから当然であろう。さらに一回の焼成による一つの焼成室あたりの生産量は『大村記』では三〇~六一俵であるのに対し、『郷村記』では三股地区で八〇俵、稗木場地区で六五俵と増加している（表32）。これは焼成室規模の

表32『大村記』・『郷村記』に見る1回の焼成における焼成室1室あたりの生産量

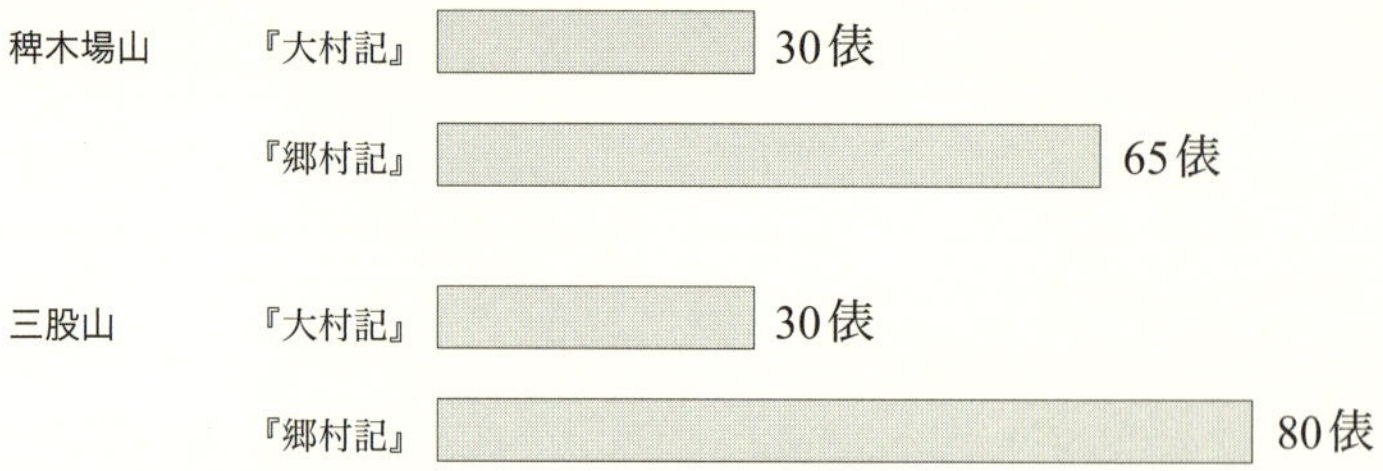

表33　元禄年間頃と天保年間頃の波佐見の窯場の状況

	『大村記』(A)	『郷村記』(B)	(B／A)
焼物生産高	37,504俵	48,436俵	1.29
焼物運上銀	11貫310匁8分 37,504俵×3分＝11貫251匁2分	9貫689匁 48,436俵×2分＝9貫687匁2分	0.85
釜数	98室	215室（内、本釜160室）	2.19（1.63）
釜運上銀	1貫460匁 98室×15匁＝1貫470匁	2貫400匁 160室×15匁＝2貫400匁	1.64
焼物土	18,810荷	65,652荷	3.49
水碓数	130丁	327丁	2.51
薪使用量	24,669荷	4,901,000本	—
竈数	81軒	368軒	4.54

表34　元禄年間頃と天保年間頃の波佐見の人口と世帯数

	『大村記』(A)		『郷村記』(B)		(B／A)	
	波佐見村上	波佐見村下	波佐見村上	波佐見村下		
竈数	432軒	301軒	1,611軒	659軒	3.72	2.18
		（計）733軒		（計）2,270軒		（計）3.09
人口	2,549人	1,780人	5,531人	3,099人	2.16	1.74
		（計）4,329人		（計）8,630人		（計）1.99
（男）	1,429人	981人	2,851人	1,593人	1.99	
		（計）2,410人		（計）4,444人		（計）1.84
（女）	1,120人	799人	2,680人	1,506人	2.39	1.88
		（計）1,919人		（計）4,186人		（計）2.18

拡大、あるいは天秤積みなど窯詰技法の変化によるものとみてよいと思う。しかし、釜数や一回の焼成による一つの焼成室あたりの生産量の増加にもかかわらず、年間生産量の伸びは一・二九倍にとどまっている。これは焼成回数の差に大きな要因があると推測される。焼成室規模の拡大や焼成室数の増加による生産能力の向上は、一回の焼成による生産量の拡大をもたらすことは確かであるが、年間の生産量にそのまま反映されるものではない。窯の規模の拡大は、需要の増大に応える面もあるとは思うが、むしろ一回の焼成で大量に生産することによる製品一つあたりの生産コストの軽減を大きな要因としていると考えられる。

年間生産量の伸びを上回る伸びを見せるのが、焼物土の量である。三・四九倍になっている。水碓数も焼物土の量の増加に応じて二・五一倍になっている。この原因については原料の質の変化、磁器製ハマの多用、あるいは器壁の厚い製品を多くつくるようになったことを反映している可能性がある。あるいは窯の規模の拡大に伴い、製品の失敗率が高くなっている可能性も考えられる。

一方、逆に減少しているものもある。焼物運上銀である。年間生産量が一・二九倍であるのに対し、焼物運上銀は〇・八五倍と減少している。これは課税率の差によるものである。『大村記』では一俵に付き三分であるのに対し、『郷村記』では一俵に付き二分宛三分であり、課税率が下がっているからである。貨幣価値そのものが変動するものであろうが、釜運上銀は一五匁と一定であるため、製品一つあたりの価格を下げた結果を反映している可能性が考えられる。

第2項　登り窯の拡大傾向と構造変化

登り窯の窯体規模拡大の意図は単に量的に生産量を増大させるだけでなく、一回の焼成における生産量を増やすことで生産コストを下げることにあったようである。そのため、登り窯の窯体規模を拡大させる一方で焼成回数を大幅に減らしている。第2項ではその窯体規模の拡大について、登り窯の巨大化が頂点に達した一九世紀の登り窯の遺構からみてみようと思う。

1　一九世紀における古窯跡資料

（年木谷1号窯）

年木谷1号窯が位置する泉山はかつて年木山と称されており、一七世紀前半に窯場が興っているが、一七世紀中頃に一度は廃されている。そして、有田町『浄源寺過去帳』の元禄一一年（一六九八）に「上泉山百姓源太左エ門下人伊右エ門」、有田町『竜泉寺過去帳』の享保一四年（一七二九）に「上泉山松永又右エ門」とあり、それ以後、上泉山あるいは泉山の呼称で記載が続いている。年木谷1号窯の南側に位置する年木谷3号窯の右手上方には宝暦二年（一七五二）三月「奉寄進上泉山登釜焼中」の石碑が残されており、遅くともその頃には窯場として再興されており、『代官旧記』に一八世紀後半以降登場する「泉山本登」はこの年木谷3号窯であった可能性が高い。一方、『代官旧記』（池田編一九六六、二六七頁）によれば安永七年（一七七八）に新たに新登が築かれたとある（史料17）。この「新登」が年木谷1号窯であろう。

よって、一七七八年以降、泉山では「泉山本登」（年木谷3号窯）と「泉山新登」（年木谷1号窯）の二基の登り窯が操業することになる。『上田家文書』寛政八年（一七九六）『近国焼物大概帳』には「泉皿山」に二登あり、焼成室は約五〇室とある。文化一一年（一八一四）の『代官旧記』「文化十一戌年日記」には「新登」は焼成室一五室を有していたことが記されている（池田編一九六六、二三〇頁）。しかし、『安政六年松浦郡有田郷図』（一八五九）には年木谷3号窯のみ描かれており、年木谷1号窯は描かれていない。一方、慶応四年（一八六八）の『有田郷上皿山見取図』には年木谷3号窯とともに年木谷1号窯は一六室を有する窯として描かれており、『百田家文書』（百田家所蔵）の文久二年（一八六二）史料には「泉山新登下ヨリ五番壱間」の永代売渡に関する記載がある（史料18）。また、『陶業盟約』明治九年（一八七六）には、「泉新窯」と「泉窯」と二ヶ所記されている。よって、年木谷3号窯は明治九年まで継続して操業されたと推測されるが、年木谷1号窯に関しては、廃絶期間あるいは休止期間があったことが推測される。『代官旧記』によって一八一八年まではその存在が追えるため、廃絶期間あるいは休止期間はそれ以降に始まり、少なくとも一八五九年までは廃絶あるいは休止していたと思われる。そして、一八五九年から一八六二年の間には再興した可能性が高く、一八七六年には確実に操業していると考えられる。

佐賀県立九州陶磁文化館による一九八七年の発掘調査では、焼成室の一部、作業段、物原を検出している（佐賀県立九州陶磁文化館一九八八）。窯壁は全てトンバイを積んでいる。焼成室の横幅は約五・五m、砂床と次室の火床との比高差は四五cmである。砂床は最終段階と思われる床の二二cm下にもう一枚の砂床とそれに伴う奥壁が検出されている。そして、作業段も同様に新旧の二枚あり、一度大きな改築があったと推測される。この改築が前述の年木谷1号窯の廃絶期間あるいは休止期間と関わりがあるものか不明である。

また、作業段の段部にはトンバイが並んでいる。

そして、物原は木口の反対側にあるため、失敗品を廃棄する場合、一七世紀の窯のように木口から取り出してそのまま作業段に隣接する谷などに捨てたのではなく、少なくとも胴木間あるいは窯尻を回り込んで廃棄していたことになる。ここで、慶応四年（一八六八）『有田郷上皿山見取図』を見てみると、一六室を有する窯の右側（東側）に小屋が描かれ、その先は地形が上がっている。なお、描かれている小屋は窯番小屋と思われる。そして、慶応四年の絵図では窯の左側（西側）の川沿いに水碓小屋が並んでいる。それは年木谷1号窯が描かれていない安政六年の絵図にも同じ箇所に水碓小屋と思われる建物が描かれている。つまり、年木谷1号窯は失敗品を廃棄するには決して条件に恵まれた箇所ではなく、かなり計画的な廃棄が必要であったと思われるし、廃棄後も物原部分の整地が必要であったと思われる。

史料17　『皿山代官旧記覚書』「安永七戌申渡帳」（池田編一九六六、二六七頁）

泉山釜焼共ゟ同所新登相願被差免候処、去十一月心見釜積入候ニ付、運上被差除度、弐番釜ゟハ運上被相定候様相願候、其通被仰付候、然処弐番釜焼物思敷無之不出来物勝ニ而、商売不相成ニ付、四番釜積入迄之儀ハ運上被差除度旨願出、訴面之趣吟味之上美作殿御聞届、初積入釜ゟ三度迄之儀ハ御運上銀被相除、四番釜之儀ハ御運上当前之半分相納候様被仰付候事

史料18　『百田家文書』「泉山新登下ヨリ五番壱間永代売渡副状之事」（百田家所蔵）

泉山新登下ヨリ五番壱間永代売渡副状之事

右釜永代売渡則釜沽券相渡代金慥ニ受取申沿い売ろう儀実正也、右釜ニ付　御上筋者不及申、脇方何之出入モ無御座候、自然疎之儀モ御座候節者此副手形を以御沙汰可被成候、為其役筋印形を取差出置申候、仍而永代売渡證文如件

百田源次郎

文久二年　深海政之介殿

右釜永代売渡之儀慥ニ致存候　己上　咾宗市

（年木谷3号窯）

文献史料などで、年木谷1号窯が「泉山新登」・「泉新登」と記載されているのに対し、年木谷3号窯は「泉山本登窯」・「泉登」と記載されている。年木谷3号窯の窯体の右手上方には宝暦二年（一七五二）三月「奉寄進上泉山登釜焼中」銘の石碑があることから、一七五二年以前に築窯されたことは確かである。そして、一九九六年の発掘調査では少量ながら一七世紀末～一八世紀前半の製品が出土していること、有田町『浄源寺過去帳』の元禄一一年（一六九八）に「上泉山百姓源太左エ門下人伊右エ門」とあり、有田町『竜泉寺過去帳』の享保一四年（一七二九）に「上泉山松永又右エ門」の記載があること、また、付近の泉山口屋番所遺跡では一七世紀末～一八世紀初の製品の失敗品が整地用に持ち込まれていることを考えると、一七世紀末～一八世紀初にはすでに成立していた可能性が高い。

そして、幕末の安政六年（一八五九）の『安政六年松浦郡有田郷図』、慶応四年（一八六八）の『有田郷上皿山見取図』には、いずれも年木谷3号窯の窯体が描かれている。それによれば、前者の絵図では二八室前後、後者の絵図では二二室前後の焼成室が描かれている。よって、一八五九～一八六八年に六室程度縮小されている可能性がある。そして、窯の下半部の作業段脇には小屋が立ち並んでおり、「釜番小屋」も含まれる。また、胴木間の間近に川が流れており、水碓小屋が描かれている。

一九九六年に発掘調査を行い、窯尻部分から数えて八室までの焼成室を検出した（有田町教育委員会一九九七）。検出された焼成室の規模は、横幅七・〇～七・六m、奥行四・五～五・三mである。第1室と第2室の火床付近の下部から排水溝が検出されている（図143・144）。いずれも蓋がしてあり、第1室・第2室使用時には暗渠として機能していたと推定される。第6室右外部にも排水溝が検出されている。この溝は焼成室の外側の作業段の地下に位置するもので、やはり蓋がしてあり、暗渠として機能していたと推定される。

窯尻部分は、第1室奥壁の背後に約六〇cmの平坦な部分があり、さらにその背後にV字状の溝がある。平坦な部分と溝の部分には炭が大量に堆積している。窯尻から吹きだしたものが堆積したものであろう。第1室の背後は高さ一〇mほどのほぼ垂直な岩壁となっている。築窯に際してコの字状に岩を掘削し、造成したものと推定される（図143）。そして、第2室の砂床・火床は炭層によって覆われていた。奥壁付近には廃棄されたままの窯道具と製品が残り、床境は取り除かれている。炭層はこれらの上に堆積しており、製品を焼成し、床境を壊した後に炭層が形成したことを示している。窯の築窯時あるいは修復時に空焚きすることによって、炭や煤が

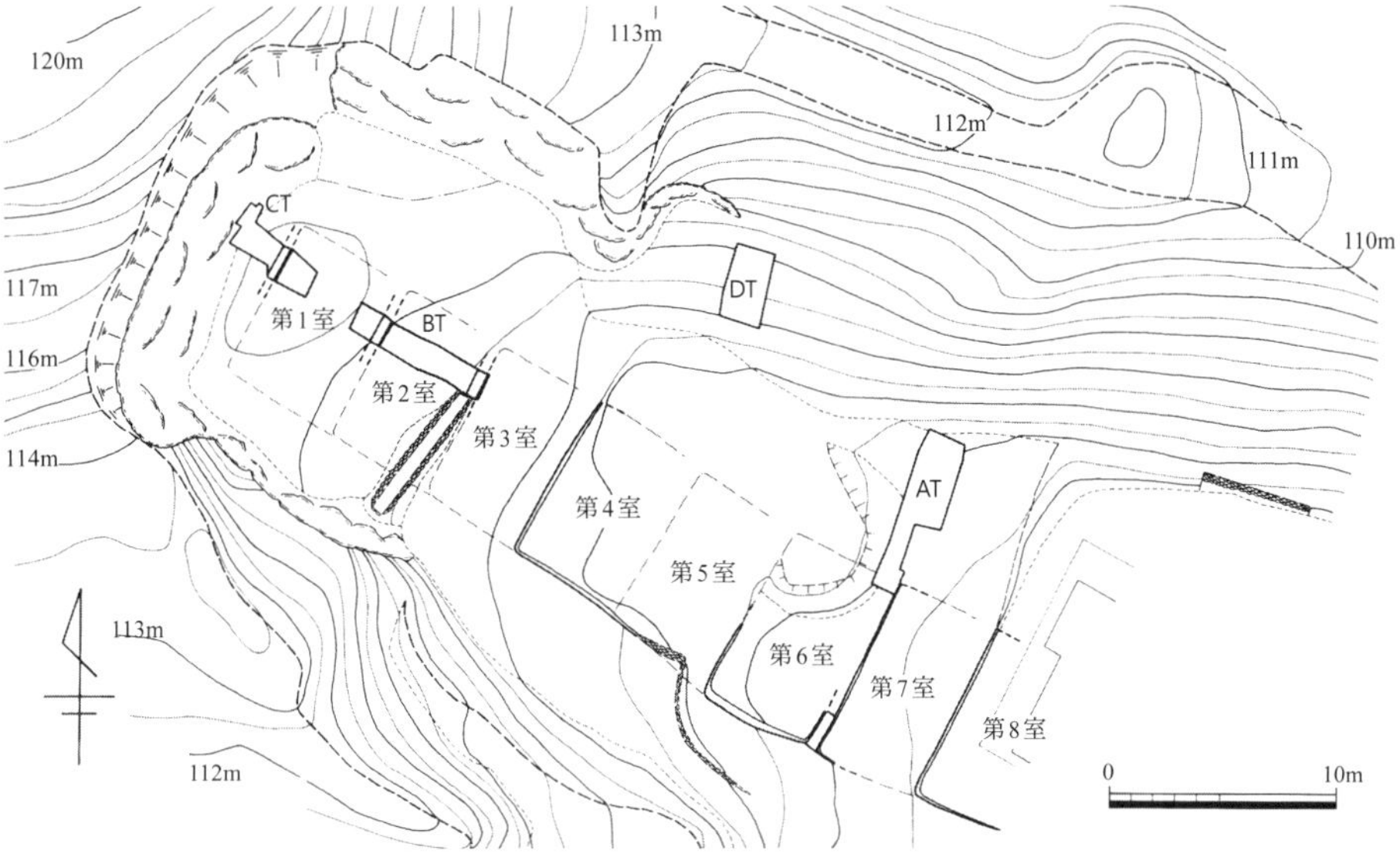

図143　年木谷 3 号窯跡窯体平面図

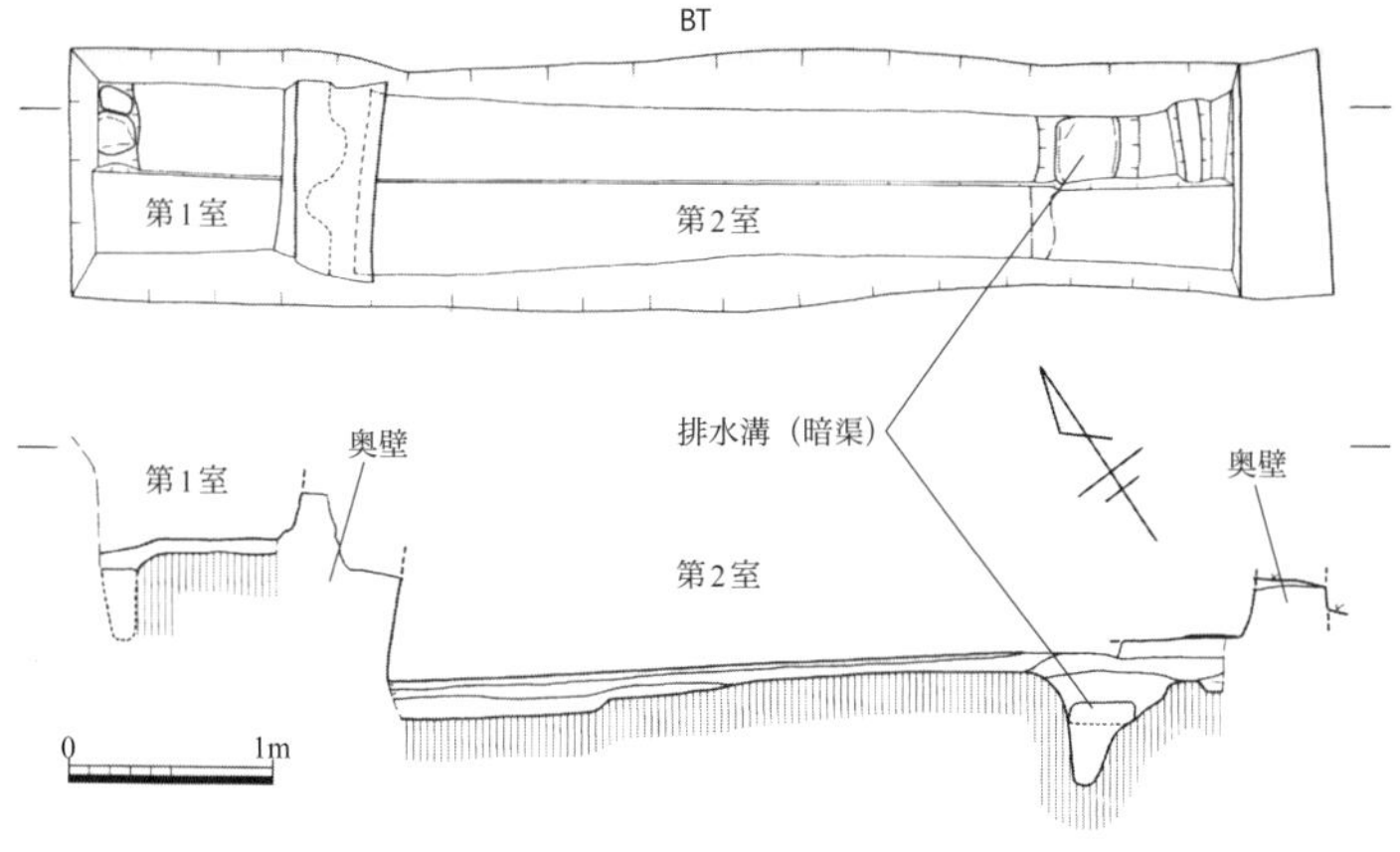

図144　年木谷 3 号窯跡検出排水溝断面図

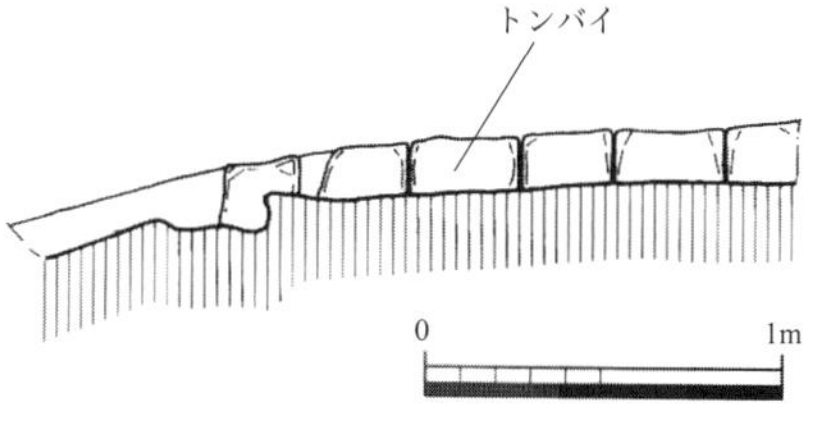

図145　年木谷 3 号窯跡作業段脇構築物遺構断面図

大量に排出されることはあるが、製品を残したまま修復することは考えにくいし、床境を取り除いて修復することも同様に考えにくい。よって、第2室をそのままの状態で廃棄して、第3室以下のいずれかの焼成室を窯尻として窯の使用を続けたために、その窯尻から吹き出した炭が使用していない第2室に堆積した可能性が高い。一八五九～一八六八年の間に窯体が縮小したと推測されることと関わりがある可能性が考えられる。また、窯の右側の作業段脇には石が並べてある（図145）。

（小樽2号新窯）

小樽山は泉山（年木山）と同様に一七世紀前半に成立し、一六五〇年代には廃されている。廃された後、史料に現れるのは『御屋形日記』元禄一一年（一六九八）の「有田小樽山釜焼き上瀧惣太左衛門娘を縁組み仕り度き由」という記載である（大橋一九八八d、三六九-三七〇頁）。しかし、この時期の考古資料は確認されていない。また、寛政八年（一七九六）の『近国焼物大概帳』には「中樽皿山」に二登、約五八室の窯があるとされており、小樽山がその中に含まれていた可能性を残すものの、「小樽山」そのものの記載は見られない。よって、確実に小樽山が成立したことがわかるのは、史料19・20にあげたように上幸平釜焼源吾が文化七年（一八一〇）に小樽山の畠地の内に新釜を築きたいと願い出、翌八年（一八一一）に「当七月廿七日小樽登釜火入之末、釜揚之節」とある「小樽登」すなわち、小樽2号新窯の開窯の記録である（池田編一九六六、四六七・四六九頁）。そして、小樽登（小樽2号新窯）は『代官旧記』「文化十一戌年日記」（一八一四）には一五室の焼成室があったことが記されている（池田編一九六六、一二三一頁）。『松尾家文書』の嘉永六年（一八五三）の「覚」には「小樽釜六番目壱軒」とあり、「釜焼惣太右衛門」にあてている（有田町教育委員会一九八六b、2、前山一九七三頁）。また、『安政六年松浦郡有田郷図』（一八五九）には一六室の焼成室を有する窯が描かれている。そして、小樽2号新窯の廃窯の年代については明らかではないが、明治九年（一八七六）の『陶業盟約』の中にはその名は見られない。

有田町教育委員会による一九八五年の発掘調査では、焼成室5室分の遺存が確認されている（有田町教育委員会一九八六）。下から第1室・第2室……第5室である。第5室の上方に続いたとしても、多くて二～三室で窯尻に達するものと推測されている。木口は窯体の左側（北側）であり、物原も北側に形成されている。

焼成室の規模は横幅約八・八m、奥行約五mであり、窯室内側はトンバイを積んで築いてある。奥壁の高さは第2室で約一〇五cm

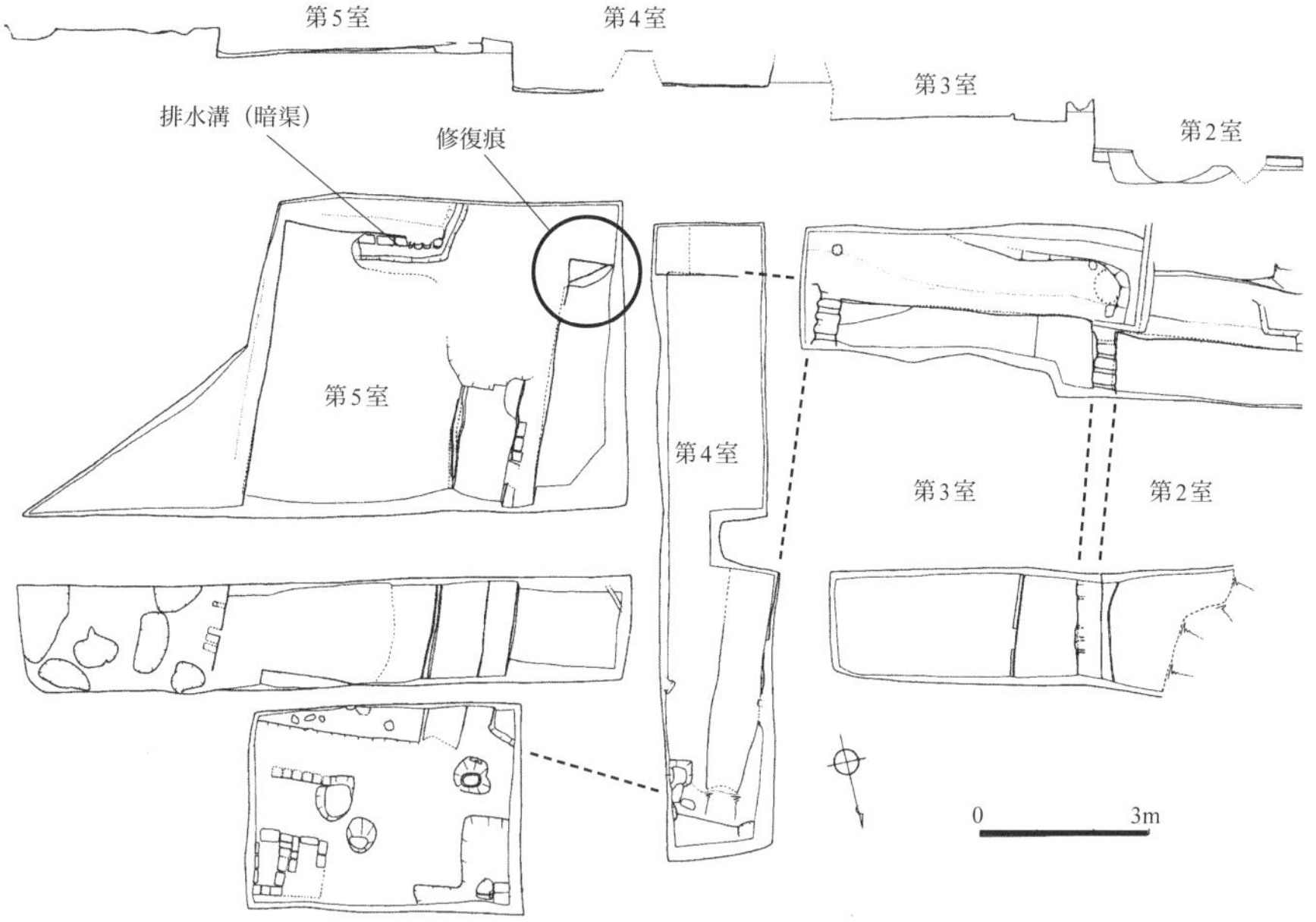

図146　小樽2号窯跡焼成室奥隅部修復痕および排水溝（暗渠）

である。窯の壁の厚さは第5室左側（北側）で九〇cm、第3室右側（南側）で約一mである。火床と砂床の比高差は五～一〇cmである。焼成室内には明治期後半～大正期と見られる「英山」、「深川製」、「大正癸亥年製」（一九二三）などの底裏銘を有する製品が、窯道具とともに堆積していたが、これらの製品は物原からは出土しておらず、廃窯後に他窯の製品の廃棄場となっていた可能性が強いという。そして、焼成室の奥隅部では斜めに窯壁の塗り直しを行っている（図146）。こうした修復あるいは補強は一九世紀の窯では比較的見られるものである。後述する谷窯（有田町）や鍋島藩窯の最終段階の窯（伊万里市）、瀬古窯（長崎市）などでも検出されている。次に窯の右側（南側）では窯床下に排水溝が設けられているが、こうした例は他に年木谷3号窯・松浦皿山窯（長崎県松浦市）でも見られる。また、『安政六年松浦郡有田郷図』（一八五九）には小樽2号新窯の窯尻部分にトンバイで築かれた構築物のような図が描かれている。絵図にあるほとんどの窯に描かれており、煙出しと思われる。

次に窯体以外の施設については、第5室の作業段とみられる平坦面にトンバイを積んで構築した遺構が検出されている。性格は不明であるが、竈の可能性もあるという。そして、前掲の『安政六年松浦郡有田郷図』では、作業段に沿って五軒の小屋が並んでいるが、調査地と対照させてみると、既に破壊消滅していると思われる。また、覆屋の柱穴が検出されている。

そして、物原は窯の木口側に形成されている。窯の木口側に版築状の黒色土の薄い四枚の層からなる版築状の土層の下に上から物原1層・2層・3層と堆積し、その下は粘質土が混じったハマの多い層が堆積している。さらにその下の土層が築窯時の整地作業で堆積したものである可能性を指摘している。版築状の土層が作業段の拡張に伴うものであれば、物原1層以前の土層には作業段拡張後の製品は含まれないことになる。そして、小樽2号新窯は前掲の『安政六年松浦郡有田郷図』から当時の環境を推測する限り、年木谷1号窯ほど失敗品を廃棄するのに不都合な場所ではなかったようである。

史料19　『皿山代官旧記覚書』「文化七午申渡帳」(池田編一九六六、四六七頁)

一、但、御山方ゟ之申渡

皿山上幸平釜焼源吾

右之者儀、有田郷小樽山御山方畠地之内新釜床被差免被下度奉願候ニ付

史料20　『皿山代官旧記覚書』「文化八未申渡帳」(池田編一九六六、四六九頁)

一、上幸平山庄屋源吾

右之者儀、当七月廿七日小樽登釜火入之末、釜揚げ之節、運上銀役筋相納候儀散々相煩居候ニ付、上幸平山釜焼惣太左エ門へ取計候様申含置候処、〔後略〕

(下白川窯)

『代官旧記』「文化十一戌年日記」(一八一四)には白川登として、焼成室二一室あったと記される(池田編一九六六、二三一頁)。『安政六年松浦郡有田郷図』(一八五九)には二一室の焼成室が描かれている。焼成室の横幅は七・〇〇m、奥行は四・九mである。温座の巣の通炎孔の数は二七~二八個である(佐賀県立九州陶磁文化館一九八八)。

（谷窯）

『代官旧記』「文化十一戌年日記」（一八一四）には、谷登は金数「弐拾四番」と記されている（池田編一九六六、二三一頁）。『安政六年松浦郡有田郷図』（一八五九）には、幕末時の谷窯の姿が描かれており、二五室程度の焼成室が見られる。一九世紀の谷窯は二四〜二五室程度の焼成室を有していたと推測される。

胴木間の一部と、そこから二六mほど登ったところから上に続く六室（B-1〜6室）、さらにそこから二七mほど登ったところの一室（C-1室）の焼成室が検出されている（有田町教育委員会一九九二）。胴木間からC-1室までの距離は八四mであるが、窯尻はさらに上方にあったと推測される。

胴木間は奥壁と西壁の一部が確認されたのみで、奥壁の幅は推定一・九mである。奥壁はトンバイを使用している。B-1室の奥壁の横幅は推定七mである。奥壁、側壁ともにトンバイを使用している。B-2室の焼成室の奥行は約五mである。B-3室の焼成室の奥行は約四・九mである。火床面が温座の巣の通炎孔の底面より約三〇cm低い位置にある。B-4室は焼成室の奥行は約四・八mである。B-5室の焼成室の横幅約七・五m、奥行約五・〇mである。奥壁、側壁ともにトンバイを使用している。左右の奥隅に補修痕が見られる（図147）。B-6室の焼成室の横幅は奥壁付近で約七・五m、中央部で約七・八m、奥行は約五・〇mである。西側の側壁には修復した痕跡が認められ、修復後、焼成室は約三〇cm狭められているようである。C-1室では砂床、奥壁の一部が検出されている。

よって、谷窯の焼成室は、奥壁、側壁ともにトンバイによって築かれており、焼成室の横幅は七・〇〜七・八

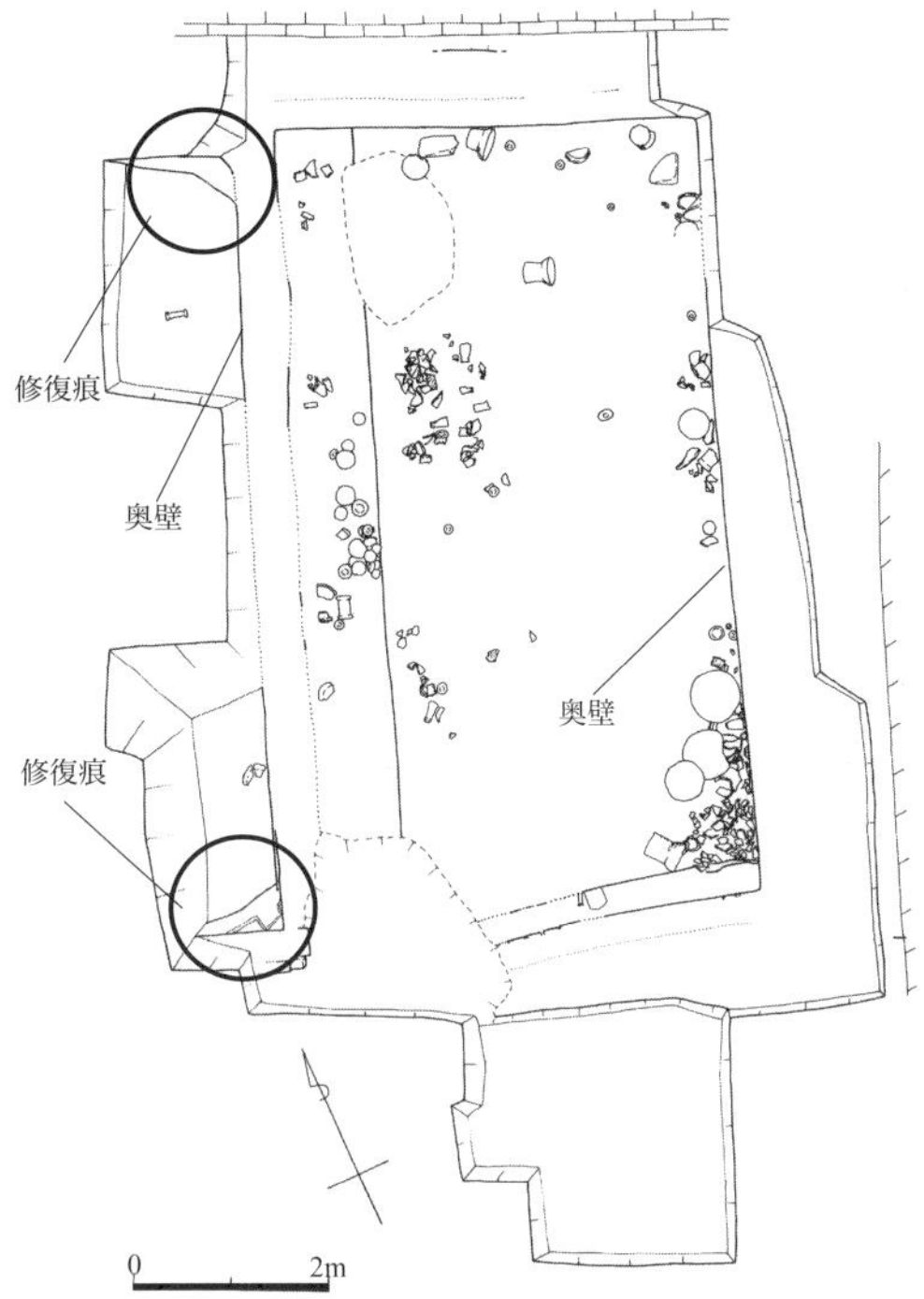

図147　谷窯跡焼成室奥隅部修復痕

m、奥行は四・八〜五・〇mである。B-1室の横幅が推定七m、B-6室の横幅が七・五〜七・八mであるので、上方にいくに従い、やや拡大傾向が見られる。

(南川原窯ノ辻D窯)

『代官旧記』「文化十一戌年日記」(一八一四)には釜数一四室と記される(池田編一九六六、二三一頁)。元治元年(一八六四)『松浦郡有田郷南川原村』絵図には五室程度の焼成室が描かれている。

佐賀県立九州陶磁文化館による一九八五年の調査、駒澤大学による一九九〇年の調査では、現地表に露出する焼成室を計測している(駒澤大学一九九三)。奥壁幅七・七〜七・八m、奥行四・四mである。窯壁はトンバイを使用している。この焼成室は文化一一年(一八一四)以降、元治元年(一八六四)までに廃棄されたものであろうと推測される。

(多々良の元D窯)

『代官旧記』「文化十一戌年日記」(一八一四)には、釜数一八と記される(池田編一九六六、二三一頁)。『安政六年松浦郡有田郷図』(一八五九)には、一四〜一五室の焼成室が描かれている。

有田町教育委員会による一九八八年の発掘調査では、焼成室の一部が検出されている(有田町教育委員会一九八九)。窯壁の残存状況は、最大横幅六・一mである。奥行は約四・六mである。焼成室の床下には製品が敷き詰められている。その下は岩盤である。水捌けに配慮したものであろう。

(黒牟田新窯)

『代官旧記』「文化十一戌年日記」(一八一四)には、黒牟田山の登り窯は多々良の元窯と推定される「黒牟田登」の記載があるだけで、黒牟田新窯はまだ築窯されていなかったと推定される。窯体付近の山中に奉られた石製の「山神宮」に「久富太兵已　窯焼中天保十□年」の銘が入っているので、一八一四年から天保一〇年代(一八三九〜一八四四)の間には築窯されたと推測される。そして、『安政六年松浦郡有田郷図』（一八五九）には、八～九室の焼成室が描かれている。明治九年（一八七六）『陶業盟約』の中には黒牟田窯（登支配人　久富太八）の名で記されており、聞き取り調査によれば、大正五年（一九一六）頃廃窯したという。

一九九〇年に発掘調査を行い、窯尻から数えて八つの焼成室を確認した（有田町教育委員会一九九一）。窯尻の背後と両側は急傾斜となっており、築窯するにあたってコの字状に平坦に造成している。焼成室は奥壁、側壁ともにトンバイを使用している。窯尻から数えて第4室・第5室・第6室の焼成室の横幅は、奥壁付近でそれぞれ七・六m、七・二m、六・六mである。第4室・第5室の奥行はいずれも四・八mである。奥行に変化はないが、横幅は窯尻に近くなるにつれ、拡大傾向にある。第4室と第5室はそれぞれ幅約一六cmの床境があり、砂床と火床を分けている。砂床と火床の奥行は、それぞれ約三・一mと〇・八四～一・〇mである。第4室の火床は温座の巣の通炎孔の底面より約二〇cm低く設けられており、床境の高さも二〇～三〇cmある。

窯尻から数えて第1室・第2室では、大規模な修築の痕跡が認められる。第1室では古い順にa壁、b壁、c壁の三つの奥壁が確認されている。a壁が最も窯の上方にあり、b壁はその一・五mほど手前にあり、c壁はさらにb壁の手前一mほどの位置にある。そして、第1室・第2室ともに三つの奥壁に対応する三枚の床面が確認されている。最終段階（c壁使用時）の第1室・第2室・第3室の奥行は、それぞれ三・九m、四・九m、四・八mであり、最も古い段階（a壁使用時）の第1室・第2室・第3室の奥行は、それぞれ五・四m、五・五m、五・六mである。それぞれ焼成室の規模を五〇～八〇cmほど縮小させている。

第1室のb壁は、ガラス化した表面に煤が大量に付着している。一方、c壁はトンバイを垂直に一列積み重ねて築かれたもので表面は自然釉の付着によるガラス化は見られない。すなわち、b壁使用時の最終段階やc壁使用時には焼成温度が上がっていない。b壁に付着している煤が、c壁使用時に付着したものであれば、c壁使用時の第1室が素焼き用に使用された際に窯尻から吹き出した煤がb壁に付着したと考えられる。窯尻の最上室を素焼き用として使用することは近代の登り窯においてはしばしば見られるからである。

排水溝が窯体付近で二ヶ所検出されている。一ヶ所は第5室の右側（北西側）、一ヶ所は第1室の右側である。第5室の右側で検出された排水溝は、窯体の方向に沿って築かれており、石やオオヌケなどを被せてある。第1室の右側で検出された排水溝は、T字状を呈している。窯体に沿って上方から下方へ向う溝と、それに直交して第1室のa壁に沿った溝が検出されている。石や窯道具などを蓋として被せてあったのは、T字の接点から第1室の方に伸びる方向と、胴木間に向って下る方向の溝に限られており、接点から窯尻方向へのびている溝は埋まってしまっていた。おそらく蓋が被せられたL字形の部分が最終的に使用されていた排水溝と推測される。窯の縮小に伴い、接点から上部の溝が廃棄された可能性が高い。

そして、窯体の左側では、作業場ないし建物跡と思われる遺構が検出されている（図148）。斜面を平坦にならし、大ハマを用いた石垣を築いている。ハマは一直線に切り揃えられており、その下にはトンバイが敷かれている箇所もある。

（窯の谷窯）

『代官旧記』「文化十一戌年日記」（一八一四）には「応法登」として二〇室あったと記される（池田編一九六六、二三一頁）。『安政六年松浦郡有田郷図』（一八五九）、元治元年（一八六四）『有田郷応法村』には一七室程度の焼成室が描かれている。

有田町教育委員会による一九八八年の発掘調査では、窯尻から1～3室、13室の四室の焼成室及び廃窯時の焚口が検出されている（有田町教育委員会一九八九）。1室の焼成室奥行は約四・四m、2室の焼成室横幅は約八・〇m、奥行は約四・八m、3室の奥行は約四・八m、13室の焼成室横幅は七・六mである。焚口は四つあり、一列に並んでいる（図149）。13室は新旧二枚の床面が出土している。旧床面の上にトンバイを約一五cm幅で置き、ハマで蓋をした東西方向（窯の主軸方向）の溝が設けられている。新床面使用時に暗渠として機能していたと推定される。また、3室の出入口側の反対側側壁の奥壁近くに最大幅約三九cm、最も狭い部分で約二〇cmの色見孔がある。高さは床面から約一一〇cmの位置にある。

（広瀬向窯跡）

『代官旧記』「文化十一戌年日記」（一八一四）には、広瀬本登の釜数一六室と記さ

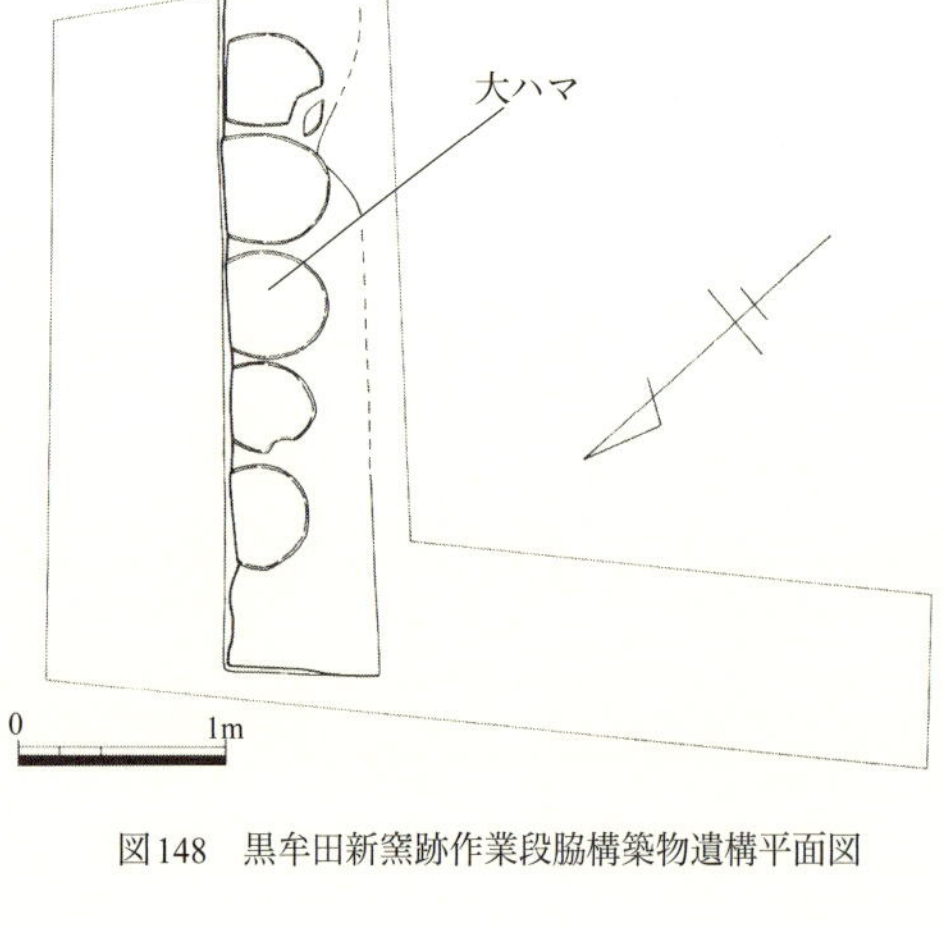

図148　黒牟田新窯跡作業段脇構築物遺構平面図

れる（池田編一九六六、二三一頁）。『安政六年松浦郡有田郷図』には一六室の焼成室が描かれている。聞き取り調査によれば、明治期まで操業が続いたという。佐賀県立九州陶磁文化館による一九八五年の調査では、窯の中央部で焼成室横幅七・八m、奥行四・六mを計測している（佐賀県立九州陶磁文化館一九八六）。窯壁はトンバイを使用している。全長は約八〇mと推測される。

（権現谷窯跡）

伊万里市教育委員会による一九八五年の発掘調査では焼成室六室（上からA～F室）が検出されている（伊万里市教育委員会一九八六）。A室は焼成室横幅六・六〇m、奥行四・一〇mである。B室は焼成室横幅六・五五m、奥行三・九五mである。C室は焼成室横幅五・九五m、奥行三・五五mである。D室は焼成室横幅五・三〇m、奥行三・二〇mである。E室は焼成室横幅四・六〇m、奥行二・九六mである。各焼成室の推定高差は〇・四二～〇・五三mである。調査箇所においては、下から上へ横幅、奥行ともに拡大傾向にある。奥壁、側壁ともにトンバイや角礫を使用して築かれている。

（鍋島藩窯跡）

伊万里市教育委員会による一九七二年、一九七五年の発掘調査では、全長一三七mの登り窯であったことがわかる（伊万里市教育委員会一九七四、一九七六）。万延元年（一八六〇）の『松浦郡伊万里郷大川内村図』には、二五室程度の焼成室が描かれている。

胴木間から2室までは江戸期ではなく、近代以降に使用されていたものである。胴木間の横幅は約三・九m、奥行一・〇mである。

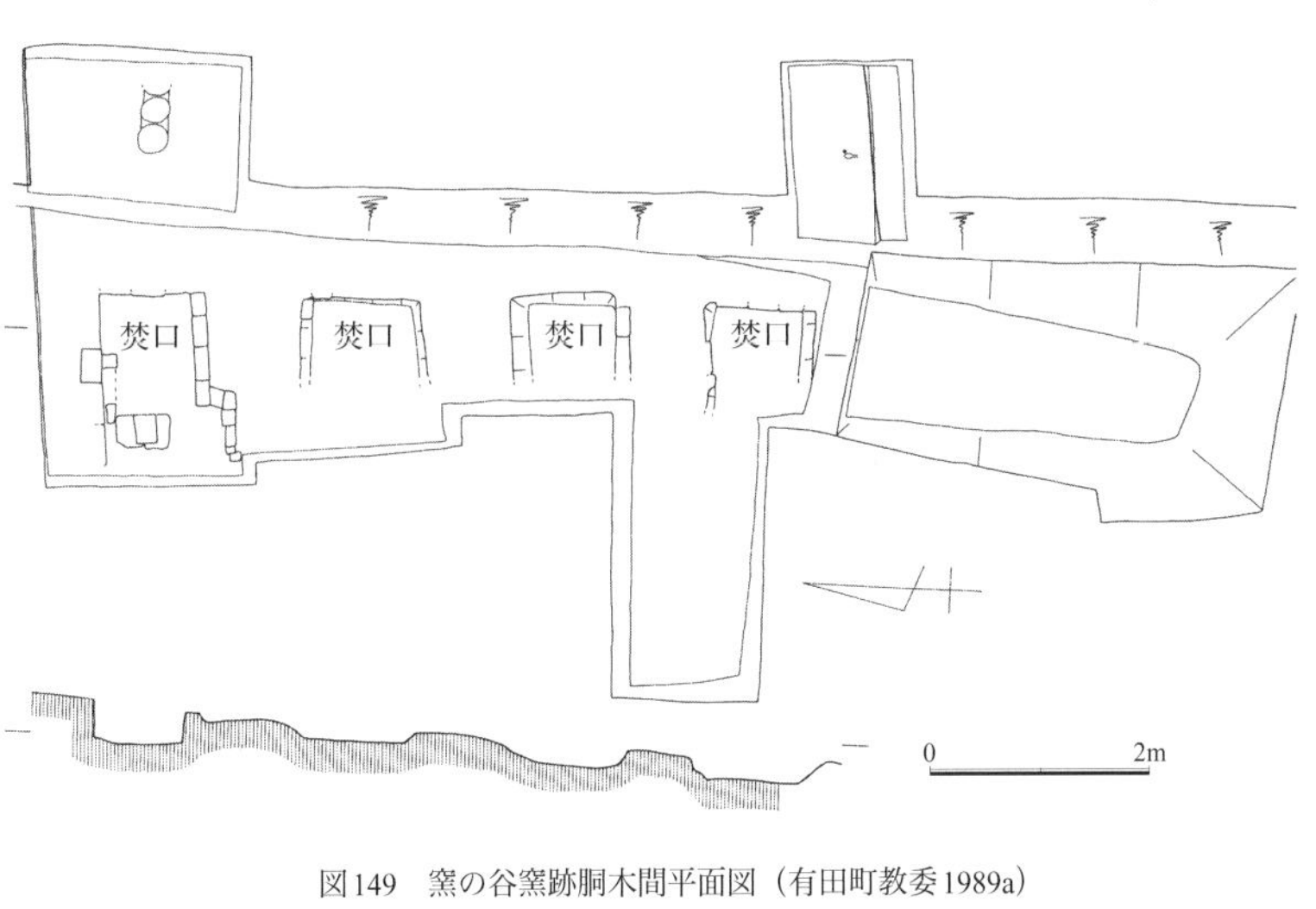

図149　窯の谷窯跡胴木間平面図（有田町教委1989a）

四つの通風孔（焚口？）が一列に並んでいる。1室（報告では第1号温座）の横幅は四・四m、奥行〇・八mである。2室（報告では第2号温座）の横幅は四～五m、奥行二・〇～二・二mである。14室の焼成室横幅は八・〇三～八・一六m、奥行は三・四〇～三・六八mである。奥壁はトンバイを使用している。側壁は、内側はトンバイを使用し、外側はトンバイと自然石を使用している。西側（右側）側壁は砂岩岩盤を加工痕が見られる。15室の焼成室横幅は八・〇三m、床面の一部では基盤が露出している。

（瓶屋窯跡）

『代官旧記』享和二年（一八〇二）には「一、桃川山釜焼共より、武雄私領脇田村へ焼物山相立、（後略）」（池田編一九六六、一四六頁）と、一九世紀に脇田地区で窯が築かれた記載がある。該当する窯は、瓶屋窯の他に古瓶屋下窯が考えられるが、いずれか不明である。伊万里市教育委員会による一九八八年の発掘調査では焼成室三室が検出されている（伊万里市教育委員会一九八九）。焼成室横幅七・四～七・五m、奥行約四～五mである。焼成室は奥壁、側壁ともにトンバイを使用している。窯尻背後と推定される箇所はコの字状に掘削造成されている。

（吉田1号窯跡）

『代官旧記』文政一二年（一八二九）にある「上吉田山登」（池田編一九六六、一七七頁）に該当する可能性が高い。幕末の絵図には九室の焼成室が描かれている。明治一四年（一八八一）の『陶器製造沿革調』では「藤津郡吉田村字白岩山」の窯一登り、一四室とある。佐賀県立九州陶磁文化館による一九八九年の発掘調査では、焼成室一室を検出している（佐賀県立九州陶磁文化館一九九〇）。焼成室の横幅は八・〇五m、奥行四・六五mである。奥壁、側壁ともにトンバイを使用している。下の焼成室との間の奥壁部分は砂岩質の割石がみられ、その焼成室側は砂岩の剥離したものに窯壁のガラス質の面が見られる。その奥壁の上側（北側）は、奥壁の外面から約四五cmの間隔を置いて、一〇cm程度の深さと二五～三八cmの幅をもつ溝状の凹地がみられる。この底面付近は被熱している。また、奥壁付近の側壁に、砂床面からの高さ約一一〇cmの位置に孔がある。径は約一〇cmである。物原の位置から推測して、出入口側の反対側の側壁にある。

（浜町皿山窯跡）

『鹿島藩日記』安永四年（一七七五）には「享保三年、浜一騎の峠へ皿山相立て度、相願い、差免ぜられ、焼物焼立て候処、訳これ有る半ばにて相止め候」とあり、『鹿島年譜』には「享保六年、浜山ニテ陶器を製ス」とある（佐賀県立九州陶磁文化館一九九三、二頁）。享保年間、同地にて窯が操業されていたが、一時期操業が中断しているようである。そして、安永四年（一七七五）八月に武雄吉田焼物師の八郎右衛門が、皿山が再興されるならば協力する旨藩に願い出たことを契機に、吟味の末、再興が許可されている。同年の一一月には再興成就の式典が行われ、浜町皿山窯は再興されている（佐賀県立九州陶磁文化館一九九三、二頁、鹿島市一九七四）。

文化年間（一八〇四～一七）に鹿島藩が佐賀本藩に提出した調書によれば、当時の浜町皿山窯は一四間の長さであった（佐賀県立九州陶磁文化館一九九三、四頁）。明治一〇年代中頃に佐賀・長崎県で実施された、県下の陶磁器製造地の概況調査書である『明治十三年ヨリ同十六年迄、勧業課商工務掛事務簿』（長崎図書館所蔵）によれば、「藤津郡八本木村字皿山」には、窯数は七基、間口は平均で奥行三間九合、横幅一間五合九扚であった（佐賀県立九州陶磁文化館一九九三、四頁）。そして、廃窯時期は昭和一六年（一九二一）である（佐賀県立九州陶磁文化館一九九三、二頁）。

佐賀県立九州陶磁文化館による一九九二年の発掘調査では、五つの焼成室が検出されている（佐賀県立九州陶磁文化館一九九三）。奥壁、側壁ともにトンバイを使用している。焼成室の横幅は五・七六m、奥行三・〇八m、火床の奥行は〇・八六mである。出入口、作業段は窯の右側（南側）と推測される。出土遺物から一八世紀末～明治あるいは大正ごろにかけてと推測されるが、検出された窯体はむしろ江戸時代よりも明治・大正期頃の可能性が強いという。

（大山新窯跡）

前山博は大山新窯に関する文献史料を研究し、文化一〇年（一八一三）～文政元年（一八一八）の間に操業されたと推定している（前山一九八三a・b、一九八四c・d、一九八五）。史料によれば一〇間の窯である。

窯体については、大橋康二が現況を報告している（大橋一九九七b、一四八－一五二頁）。現況では焼成室四室（下からa～d室）が確認される。b・c室は天井にかかる部分まで残る。温座の巣の高さまでトンバイで築かれているが、それより上部は粘土塗りの壁である。d室は窯壁の下部が残るだけである。現況の四室は窯の上部にあたる可能性が高く、全長三三～三五mくらいと推測される。b室の焼成室横幅は六m、奥行約三・二m、火床幅約七五cm、温座の巣の通炎孔の数は三〇を数える。

（中尾上登窯跡）

天保一五年（一八四四）頃に編纂された『郷村記』には釜数（焼成室）三三軒と記載される（藤野編一九八二、三一二頁）。内訳は本釜二五軒、安光四軒、灰安光四軒である。明治四〇年（一九〇七）頃には二つに区分されて二登として使用されていたという。聞き取り調査によれば昭和四年（一九二九）頃に最終的に廃窯された（波佐見町教育委員会一九九三、六八頁）。登り窯は水平全長一六〇m以上で、焼成室の横幅は残存している部分で最大七・九m、奥行は五・八mである。窯尻には排水溝が設けられており、その背後はL字状に砂岩岩盤が掘削造成されている（口絵10）。

（中尾下登窯跡）

天保年間の『郷村記』には釜数二六軒と記されている（藤野編一九八二、三一二頁）。内訳は本釜二〇軒、安光四軒、灰安光二軒である。聞き取り調査では、昭和一七年（一九四二）に廃窯したという（佐々木一九八二、五頁）。登り窯は最終段階の窯体の窯壁が露出しており、全長一〇〇m以上である。焼成室の横幅は残存している部分で六・七m以上である。

（永尾本登窯跡）

天保年間の『郷村記』には釜数二九軒と記されている（藤野編一九八二、三一一頁）。内訳は本釜二三軒、安光四軒、灰安光二軒である。波佐見町教育委員会による一九九二年の調査では、水平全長一五五m以上であることがわかっている。登り窯は最終段階の窯体の窯壁が一四ヶ所で露出している。焼成室の横幅は残存している部分で最大八・六三mである。奥行は最大七・〇五mである。山の斜面を削って、狭い谷を埋めて造成している。聞き取り調査によれば昭和二五年（一九五〇）頃に廃窯したという（波佐見町教育委員会一九九三、一〇二頁）。窯の最上室にアゲテミ孔のような窯壁の屈折が見られる。

〔三股本登窯跡〕

天保年間の『郷村記』には釜数二四軒と記されている（藤野編一九八二、三一〇頁）。内訳は本釜一七軒、安光釜四軒、灰安光釜三軒である。一九九九年の発掘調査では焼成室が八室検出されている。

〔三股新登窯跡〕

天保年間の『郷村記』には釜数二一軒と記されている（藤野編一九八二、三一〇頁）。内訳は本釜一二軒、安光釜六軒、灰安光釜三軒である。窯体は窯壁が一ヶ所で露出している。焼成室の横幅は残存している部分で最大八ｍ、奥行は中間部分で四・三四～四・五二ｍである。アゲテミ孔のようなものが北側側壁に残る。

〔皿山本登窯跡〕

天保年間の『郷村記』には釜数二〇軒と記されている（藤野編一九八二、三八四頁）。内訳は本釜一四軒、安光釜三軒、灰安光釜三軒である。最終段階の窯体が地表に露出している。出土遺構は登り窯と物原などである。焼成室は三室検出されており、焼成室の平均横幅は約八ｍ、奥行約四ｍである。一つの焼成室に二つずつ孔をもつ例が二ヶ所確認されている。一ヶ所は床より五五㎝の高さにアゲテミ孔があり、それから八八㎝離れた位置に二一㎝×二三㎝の円形に近い色見孔がある。もう一ヶ所は砂床面に接する縦長の長方形（五〇㎝×一八㎝）のアゲテミ孔と径二七㎝の色見孔がある。いずれもアゲテミ孔の位置が奥壁寄りで、かつ砂床面に近いものである。この窯体の出入口は基本的に窯尻に向かって右側であり、遺存している色見孔あるいはアゲテミ孔はいずれも左側の壁にある。

〔瀬古窯跡〕

諫早家『日新記』によれば、文化二年（一八〇五）に矢上村八戸重の願い出により、開窯したとされる（長崎市埋蔵文化財調査協議会二〇〇〇、三頁）。古地図によって、嘉永六年（一八五三）にはすでに廃窯していることが明らかであるが、正確な廃窯年代は不明である（長崎市埋蔵文化財調査協議会二〇〇〇、三頁）。

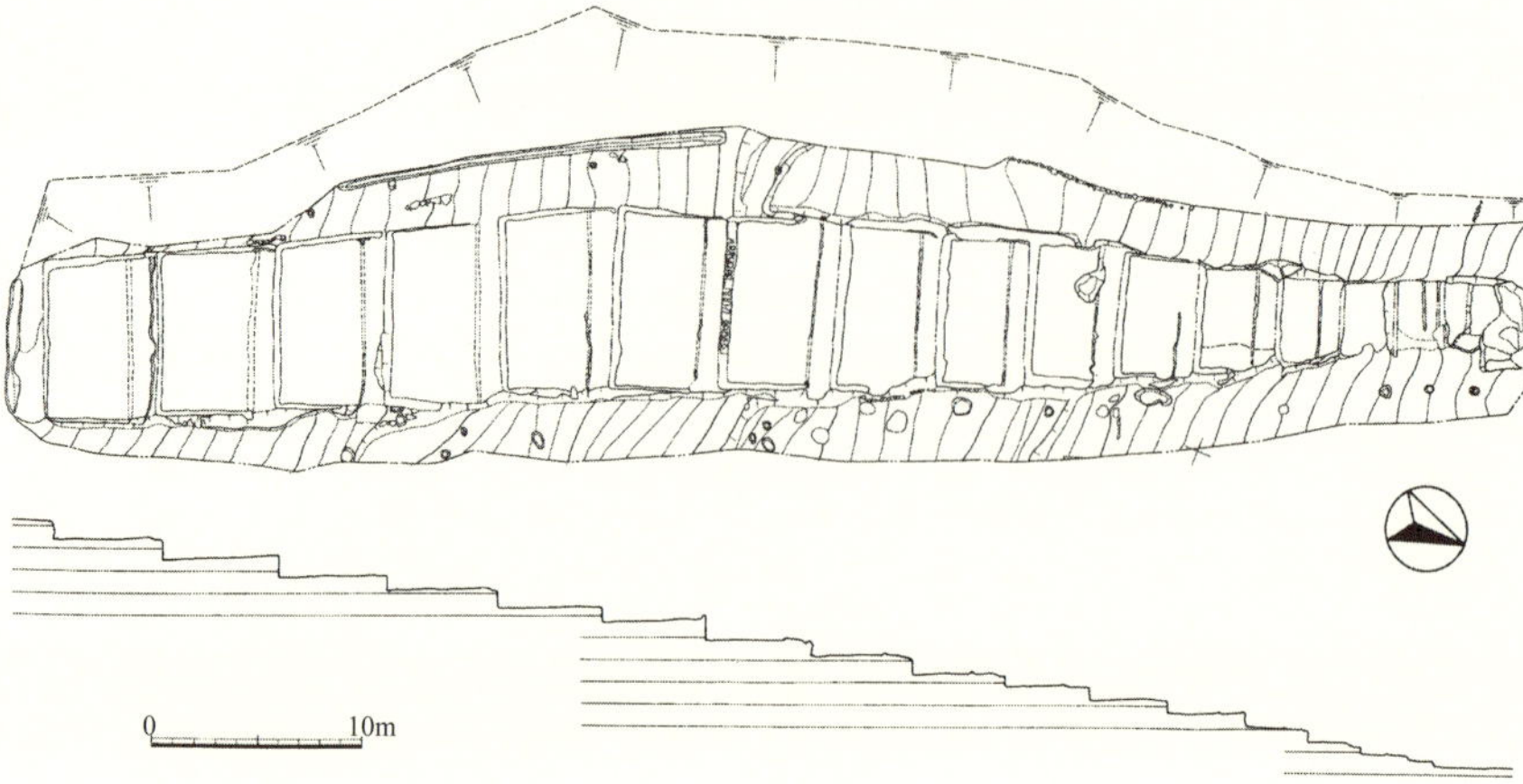

図150　瀬古窯跡1号窯窯体平面図（長崎市埋蔵文化財調査協議会2000より転載）

1号窯は全長約六八m、焼成室は一五室を数える（図150）。木口は窯体の左側（東側）にあり、物原もその方向に形成されている。胴木間は残存する奥行一・七m、奥壁幅二・四mである。残存部では奥壁、側壁ともにトンバイは確認されず、自然石を粘土で固めて構築されていることが確認されているが、その上面には奥壁、側壁ともにトンバイの使用痕を残す。1室は奥行二・一八m、幅三・二mである。奥壁はトンバイを使用しているが、側壁にはトンバイの使用が見られない。2室は奥行二・四二mである。奥壁はトンバイを使用しているが、側壁は残存しておらず不明である。3室は焼成室横幅三・六六m、奥行二・八二mである。奥壁はトンバイを使用している。4室は焼成室横幅四・三四m、奥行三・六四mである。左側壁奥隅に窯壁の補修痕がある。5室は焼成室横幅五・一〇m、奥行三・六六mである。6室は焼成室横幅五・九四m、奥行四・〇二mである。7室は焼成室横幅六・五五m、奥行四・二六mである。左右奥隅部に補修痕がある。8室は焼成室横幅七・一六m、奥行四・七八mである。左右奥隅部に補修痕がある。9室は焼成室横幅七・三八m、奥行五・〇四mである。10室は焼成室横幅七・九〇m、奥行五・二六mである。11室は焼成室横幅七・八二m、奥行五・二七mである。12室は焼成室横幅七・九六m、奥行五・二〇mである。13室は焼成室横幅七・四四m、奥行五・三二mである。14室は焼成室横幅七・一〇m、奥行五・四六mである。15室は焼成室横幅六・九〇m、奥行五・三八mである。明確な煙出し遺構は確認されていない。

よって、1号窯は奥壁、側壁ともにトンバイを使用しており、焼成室の横幅は1室から10室までは上部にいくほど拡大傾向にある。そして、10室から12室までは七・九〇m、七・八二m、七・九六mとほぼ一定であるものの、13室以降は縮小傾向にある。13室以降が縮小傾向にあることは地形的制約によるものであろう。奥行については横幅と同様に1室から10室までは拡大傾向にあるが、10室以降は増減はあるもののほぼ一定である。そして、4室から10室までは床面が左側（東側）に傾く傾向が見られる。造成のために盛土した部分が地盤沈下したためと推測されている。

2号窯は1号窯の下層で確認された登り窯である。1号窯の4室から13室までの範囲で、焼成室10室が確認されている。2室は焼成室奥行三・五〇mである。3室は焼成室横幅（中央部）五・三四m、奥行三・七〇mである。4室は焼成室横幅（中央部）五・七〇m、奥行三・六〇mである。5室は焼成室横幅（中央部）六・四〇m、奥行四・二〇mである。6室は焼成室横幅（中央部）六・四〇m、奥行四・五〇mである。7室は焼成室横幅（中央部）六・三〇m、奥行四・三〇mである。奥壁にトンバイを使用しておらず、安山岩石材の表面に粘土を塗って奥壁を築いている。8室は焼成室横幅（奥壁）六・六〇m、奥行四・四〇mである。7室と同様に奥壁にトンバイを使用せず、石材を用いている。9室は焼成室横幅（奥壁部）六・八〇m、奥行四・五〇mである。検出された右側壁は安山岩を用いて構築されている。検出された奥壁、側壁はいずれもトンバイを使用せず、安山岩を使用しているが、1号窯と2号窯の間の土層ではトンバイが出土している。

よって、2号窯は奥壁、側壁ともに石材に粘土を塗ったもので築かれているが、トンバイも使用された可能性がある。焼成室の横幅は少なくとも1室から5室までは拡大傾向にあり、5室～7室はほぼ一定である。8室・9室については計測部位が異なるので単純には比較できない。奥行は1室～6室までは拡大傾向が見られるが、6室以降はほぼ一定となる。

（亀山焼窯跡）

亀山焼は文化元年（一八〇四）ないし文化四年（一八〇七）に始まると言われる。下川達彌は、『亀山一件』に大神甚五平ら四人が文化元年頃にオランダ人が多くの水瓶を必要としたことによって、文化四年に長崎奉行所から産業元手銀を借用し始めていることから、実際に陶器生産を行ったのは文化四年からとする（高田一九九八、二〇頁、下川一九八七）。

第2室の奥壁はトンバイの使用が見られるが、側壁には使用が見られない。火床は温座の巣の通炎孔の底面よりも低く作られている。第3室は奥壁のみの確認であるが、トンバイの使用が認められる。第4室は奥壁のみトンバイの使用が認められる（長崎市埋蔵文化財調査協議会一九九八）。

（田ノ江窯跡）

長崎県五島市富江町松尾に所在する。文化二年（一八〇五）に五島藩富江領の六代当主の五島伊賀守運龍が、天草の高浜村庄屋第七代宣珍の弟上田定胤を招聘して焼かせたとされる（下川二〇〇一、四五頁）。二〇一六年に長崎大学が測量調査を行った。その結果、窯の全長は推定五五m程度であり、比高差約一五～一六m、焼成室の数はおおよそ一五室前後と推定される。焼成室の横幅は上部の焼成室で、六・六～六・九mである。奥行は三・七～四・〇mである。窯体はトンバイによって築かれており（口絵13）、上から3室目と4室目の間には二七個の通炎孔が確認できる。

2　一九世紀の窯の特徴

(1)　造成

窯の巨大化に伴い、築窯に際して地形変更を伴う大規模な造成を行うものがある。永尾本登窯、瀬古窯などは山の斜面を削り、谷側を埋めて、平坦地を確保している。その結果、瀬古窯は埋土造成した谷側の部分が地盤沈下をおこしている。窯の傾斜を抑え、長大な窯の敷地を確保するために、窯尻背後の山をコの字状に削り出す例も比較的多い。年木谷3号窯の窯尻背後は約一〇mの高さの岩壁になっており、岩盤を削って敷地を確保している（図143）。その他、下白川窯、黒牟田新窯、瓶屋窯も同様にコの字状に削り出している。また、中尾上登窯はL字状に山を削り出している。

(2)　地下構造

平坦地を確保するために岩盤を削って造成することから、鍋島藩窯などは岩盤をそのまま床面に利用している。多々良の元D窯などは岩盤の上に製品の失敗品を敷き詰め、水捌けをよくしている。また、排水溝を焼成室の床下に設けるものがみられる。ハマや石などを蓋にして暗渠としたものが多い。方向は大きく分けて、窯の主軸方向と平行するものと直交するものがある。年木谷３号窯、小樽２号窯（図146）、窯の谷窯などでは平行するものが検出され、年木谷３号窯（図144）、黒牟田新窯では直交するものが検出されている。

(3)　焼成室等の構造

窯の構築材について、大橋康二は一九世紀の窯は奥壁・側壁ともにトンバイを用いるとする（大橋一九八六b、八五頁）。先であげた一九世紀以降の窯の焼成室のほとんどは奥壁・側壁ともにトンバイを用いている。一方、文化二年（一八〇五）に開窯したとされる瀬古窯の２号窯の一部ではトンバイを使用せず、安山岩石材の表面に粘土を塗って奥壁を築いている。また、同窯１号窯では胴木間の奥壁・側壁の下部は自然石を粘土で固めて構築されている。石材の使用は権現谷窯の奥壁・側壁、鍋島藩窯の側壁、吉田１号窯の奥壁にも見られる。

天井部まで遺存している例が少ないが、一八一〇年代に操業されたとされる大山新窯は温座の巣の高さまでトンバイで築き、それより上部は塗り壁で築かれている。

そして、大橋康二は温座の巣の底面を火床面より二〇～三〇cm高く築くことが特徴であるとする（大橋一九八六b、八五頁）。また、焼成室の床面が奥壁に向って下がる傾向が一七世紀後半の第４グループから現れ、第６グループ、すなわち一九世紀まで続くことを指摘している（大橋一九八六b、七九頁）。

窯尻部分について、『安政六年松浦郡有田郷図』（一八五九）には、煙出し部に四角な構造物が描かれている。今のところ、遺構として確認された例はないが、第１章で述べたように一九世紀の「有田皿山職人尽し絵図大皿」に描かれている素焼き窯の後部に似ている。

築窯当初の構造ではないが、焼成室の奥隅にトンバイなどを埋め、斜めに粘土を塗って補修したものが見られる。小樽２号窯、谷窯、瀬古窯などで見られるもので、焼成室奥隅部が構造上の弱点であったのであろう。

また、窯の谷窯・皿山本登窯・吉田１号窯など色見孔が木口側の反対側の壁にも設けられたものも見られる。おそらく両側にあったものと推測される。また、皿山本登窯では色見孔とアゲテミ孔が並んで遺存している。アゲテミ孔の方が奥壁寄りで、かつ砂床面に近い位置にある。

(4)　焼成室の平面プラン

焼成室の平面プランの全体的な傾向について、秀島貞康は土師野尾古窯跡群と他窯との比較で焼成室の奥行と幅に注目し、陶器窯から磁器窯への移行に伴い、縦長プランから正方形プランを経て横長プランへと変遷していくと指摘する。また、同時に規模の拡大化、火床の増大を指摘している（諫早市教育委員会一九八五、四八-四九頁）。そして、大橋康二は具体的な計測数値をあげ、年代が下降するほど奥行よりも幅が長い横長形が顕著になることを指摘している（大橋一九八六b、六四-六五頁）。そして、その規模について、一九世紀段階では大橋康二は焼成室横幅の平均幅七・一～八・五m程度とする（大橋一九八六b、八五頁）。先にあげた窯の焼成室の計測値もおおむねその範囲におさまる。

胴木間については、窯の谷窯（図149）や鍋島藩窯などで複数の焚口を一列に並べた構造のものが検出されている。いずれも近代以降に使用されたと推測される構造で、確実に江戸期に築窯された窯でこの構造の胴木間を有する窯は確認されていない。ただし、黒牟田新窯で検出されている焼成室と『安政六年松浦郡有田郷図』（一八五九）に描かれている焼成室数から推定される胴木間の奥壁の横幅は四・六～五・〇mとなる。検出されている焼成室の平面プランが江戸期につくられたものであれば、構造は不明であるとしても横幅の大きい胴木間があった可能性は考えられる。また、南川原窯ノ辻D窯や樋口窯などは、元治元年（一八六四）『松浦郡有田郷南川原村』絵図に五室（胴木間を除く）しか焼成室が描かれていない。有田地区にあっては極端に焼成室数が少なく、これらも横幅の大きな胴木間を使用していた可能性がある。

(5)　窯体の平面プラン

窯全体の平面プランについて、副島邦弘は須恵窯（福岡県粕屋郡須恵町）、平原窯（宮崎県延岡市）などを例に胴木間から窯尻までが扇状に拡張する傾向が磁器窯の中に現れるとした（副島一九八三、七三-八六頁）。一方、大橋康二はその傾向は磁器窯に限らず、肥前系の窯の築窯技術の変遷の可能性が強いとし、焼成室幅は年代が下降するほど窯の上方と下方の焼成室幅に差が開く傾向（特に10室位まで）にあることを指摘する（大橋一九八六ｂ、六二頁）。

　また、大橋康二は文献史料においても窯が上方にいくほど拡大する傾向があることが裏付けられるとする（大橋一九八六ｂ、八四頁）。前掲の『酒井田柿右衛門家文書』文政一二年（一八二九）の下南川原登の史料には、下から1〜5室が小釜、6〜8室が中釜、9〜14室が大釜となっている[1]。大橋康二はその運上銀額が上方にいくほど高くなることに注目している。すなわち、1〜5室が三匁三分から七匁七分、6〜8室が十匁三分から十五匁、9室〜14室が十八匁六分から二十七匁と概ね上方にいくほど運上銀額が高くなっているのである。そして、運上銀額は同じ窯では原則として焼成室の規模を表しているとする。

　黒牟田新窯は窯尻から数えて第4〜6室のみの計測であるが、上方にいくほど拡大する傾向にある。一方、瀬古窯、特に1号窯は一九世紀の窯体全体が完掘された好資料であるが、その計測数値をみると、焼成室の横幅は1室から10室までは上方にいくほど拡大傾向にあるものの、10室から12室まではほぼ一定であり、13室から15室までは逆に縮小傾向にある。この13室から15室までの縮小傾向が地形的制約に起因するものであることはすでに述べた。地形的制約がなければ、13室以降もほぼ一定に築かれたであろうことは推測できる。

　ここで前掲の『酒井田柿右衛門家文書』文政一二年（一八二九）の同文献の焚き賃の記載について見てみたい（表35）。焚き賃は焼成室が必要とする熱量に比例すると考えられるので、焚き賃は製品の焼成室の生産効率に関わりなく焼成室の規模をより反映しやすいと考える。焚き賃は1室には記載がなく、2〜4室が六匁で一定で、5〜9室まで一四匁〜三四匁と増加し、10〜13室は三六匁と一定で、14室が三八匁と微増している（有田町史編纂委員会一九八五ａ、五四九頁）。2〜4室が六匁で一定であることは、窯の規模の拡大傾向と合致しないが、おそらく大差ない銀額差だからであろう。さらに明治七年（一八七三）の『西登諸雑用帳』（有田町史編纂委員会一九八五ａ、二一六−二三五頁）に記されている各焼成室間の焚き賃を見てみる（表36）。やはり10室までは漸次増加するが、10室から15室まで一定である。肥前地区の窯ではないが、『上田家文書』安政四年（一八五七）の「高浜村陶山竈之図」に見る焼成室幅（大橋一九八六ｂ、八六頁）も9室程度まで拡大傾向にあるが、9室以降はほぼ一定している（表37）。下南川原登、西登、高浜陶山竈は、いずれも胴木間から9〜10室程度までは拡大傾向にあり、それより上部の焼成室の規模は一定している。このことは瀬古窯の調査事例と合致する。小釜・中釜・大釜の用語を使用すれば、焼成室幅が拡大傾向にあるのは概ね小釜・中釜の部分で大釜にあたる部分はほぼ一

表35「下南川原登釜焚賃定」文政12年（1829）に見る各焼成室の焚き賃

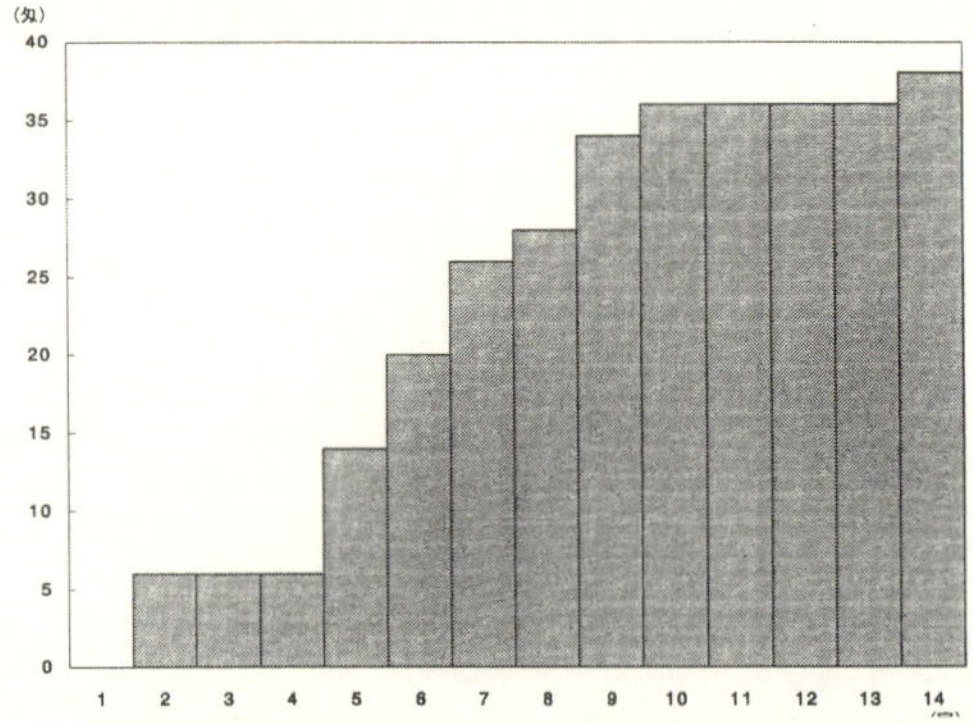

表36『西登諸雑用帳』明治7年（1873）に見る各焼成室の焚き賃

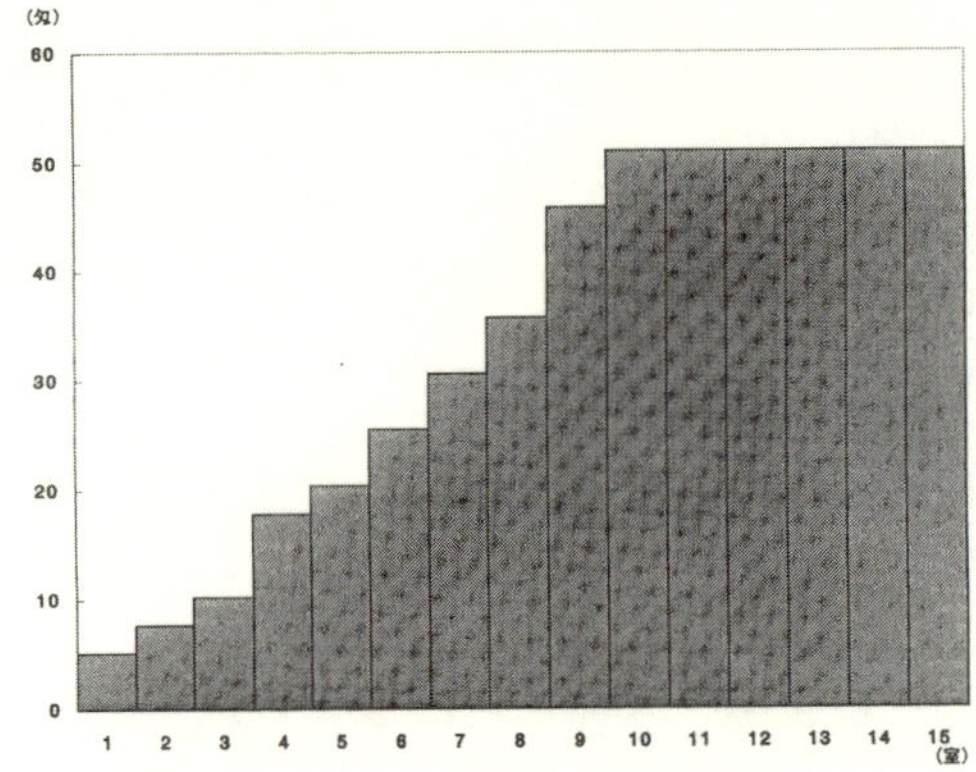

表37『上田家文書』「高浜村陶山竈之図」（1857）に見る各焼成室の横幅

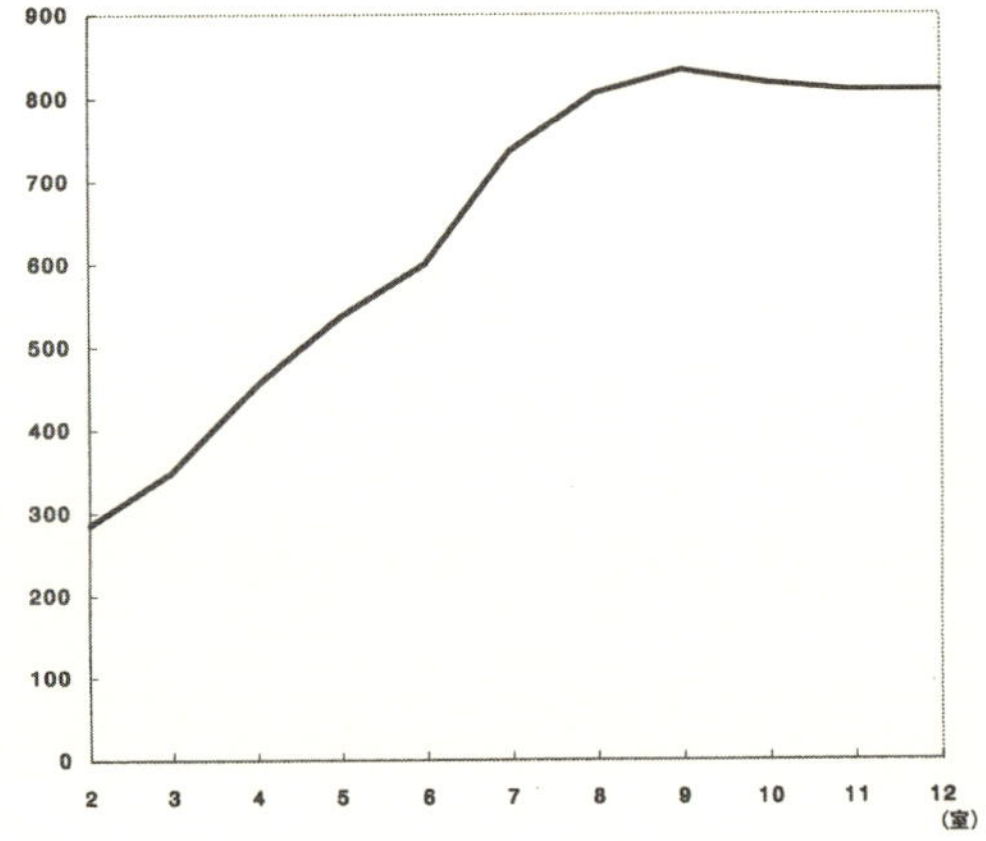

定になるとみてよかろう。

それでは一〇室以内の小規模生産の窯が多い地方窯はどうであるかみてみたい。一〇室以内ということは、いわゆる小釜・中釜の部分だけで大釜の部分がないことになる。能古窯や松浦皿山窯などをみると、瀬古窯などに比べると扇状の部分の角度が比較的大きい。限られた焼成室数でより多くの製品を生産する意図があるためであろう。

(6) 窯体の規模

一九世紀においては一〇〇m以上の登り窯が多数稼働していた状況と推測できる。宮崎貴夫は発掘調査で確認された中では、中尾上登窯が世界最大規模の窯であったとする（波佐見町教育委員会一九九三、六八頁）。中尾上登窯のある波佐見地区には長大な窯が多い。中尾上登窯が一六〇m以上、永尾本登窯が一五五m以上、中尾下登窯が約一二〇m、三股新登窯が約一〇〇mである。すでにみたように『郷村記』によれば、天保年間のそれぞれの窯の焼成室数は三三軒、二九軒、二六軒、二一軒である。波佐見地区にはこの他に中尾大新窯三九軒、三股上登窯二三軒、三股下登二三軒、皿山本登窯二〇軒などがあり、焼成室二一室の三股新登窯が約一〇〇mであることから推測すると、およそ一〇〇mないし一〇〇m以上の登り窯が波佐見地区には八基程度あったことになる。その中には一二〇mを越すと推測される窯が四基含まれる。

有田皿山（有田町外も含む）では、鍋島藩窯が水平全長約一三七mと推測されている。『代官旧記』文化一一年（一八一四）によれば最も多い二九室を有する年木谷3号窯をはじめ、二〇室以上の焼成室をもつ一〇基の窯があったと記される。焼成室規模が同程度と仮定すれば、年木谷3号窯は永尾本登窯と同じ一五五m以上の窯であったと推測される。『安政六年松浦郡有田郷図』（範囲は南川原を除く有田町内）には安政六年（一八五九）で二〇室以上の焼成室をもつ五基の登り窯が描かれている。

一方、有田町内の窯で一〇室以下の窯もいくつか確認される。『安政六年松浦郡有田郷図』（一八五九）にある八～九室の黒牟田新窯、九室の外尾山廟祖谷窯、元治元年（一八六四）の『松浦郡有田郷南川原村』にある五室（胴木間を含めない）の南川原窯ノ辻窯、五室（胴木間を含めない）の樋口窯などである。黒牟田新窯は多々良の元窯から分窯して成立した窯場であるし、外尾山にも外尾山廟祖谷窯の他に外尾山窯があり、一つの窯が分かれたものであろう。しかし、南川原窯ノ辻窯、樋口窯はそうした分窯を行っていない。『代官旧記』文化一一年（一八一四）には、それぞれ一四室、一三室の焼成室があったことが記されているため、一八一四～一八六四年の間に縮小させていることがわかる。そして、南川原窯ノ辻窯は『酒井田柿右衛門家文書』文政一二年（一八二九）に一四室の焼成室があったと記されているため、一八二九～一八六四年の間に大幅に縮小していることがわかる。南川原窯ノ辻窯の場合、絵図に描かれている登り窯の位置、あるいは発掘調査の結果から推測すれば、窯の上部を廃棄している。単純に縮小したとすれば小釜五室のみの窯になっている。そして、大橋康二は文献史料等から小釜は生産効率が低いことを指摘する（大橋一九八六b、八四頁）。すなわち、『上田家文書』明和二年（一七六五）に「安光より二番目の焼成室までは窯詰めをせず、三番目から五番目までの焼成室には焼物を少し窯詰めするが、出来方は良くない。六、七番目の焼成室からはだんだん余計に窯詰め」（史料21）することが記されており、同じく『上田家文書絵図』には「此上何間モ下ニ同シ、五十間モ有ル間数多ク有程、宜キ陶器出来スルナリ」と記される（大橋一九八八d、三五四–三五六頁）。また、『代官旧記』明和六年（一七六六）には「有田郷泉山本登リ釜之内、十番迄之処至而小釜ニ而、焼物不出来有之候ニ付」とある。『酒井田柿右衛門家文書』文政一二年（一八二九）運上銀額から単純に上部の焼成室を除いて計算してみると一九六匁から二七匁三分へ七分の一以下に減少していることになる。つまり、縮小された焼成室の規模まで考慮すれば、焼成室の数の減少の割合以上に生産能力が減少することになってしまうのである。あるいは先に述べたように焼成室の平面プランで述べた横幅の大きい胴木間を取り入れた可能性も考えられる。横幅の大きい胴木間を導入した場合、胴木間に近い位置の焼成室であっても比較的大きな焼成室を築くことが可能になるからである。

史料21　『上田家文書』（大橋一九八八d、三五六頁）

焼方の儀、口窯あんこうゟ焼付、段々次第上リニ相成、窯も焼揚リ申候、尤あんこうゟ弐窯目迄ハ焼物少シも入不申、ぬくめを入候計ニ一夜余も焼申候、三番目窯迄ハ焼物少々宛入申候出来方も不宜、六七番目之窯より段々余計ニ焼物入、拾番目ゟ者何拾番も窯之内法同様塗立申候

(7)　覆屋

『安政六年松浦郡有田郷図』（一八五九）には登り窯に覆屋が描かれているが、全ての窯に描かれているわけではない。八基の登り窯に描かれており、残る一〇基には描かれていない。また、描かれている覆屋も描き方が二種類あるが、これらが覆屋の有無、種類を表現しているものかどうか不明である。ただし、一般的には覆屋は不可欠であろうし、絵図には覆屋が描かれていない小樽2号窯でも覆屋の柱穴が検出されている。

(8)　作業段及び周辺

年木谷1号窯、小樽2号窯、瀬古窯などで作業段の段部にトンバイを使用したものが見られる。一九世紀の「有田皿山職人尽し絵図大皿」にもトンバイを並べた段部が描かれている。肥前ではないが、天保七年（一八三六）に築窯されたとされる瀬上窯（熊本県南関町）でも見られる。

黒牟田新窯・年木谷3号窯などで作業段あるいはその付近に窯道具やトンバイによる石垣を設けている（図145・148）。作業段として使用していたか、何らかの建物の基礎であった可能性が高い。「有田皿山職人尽し絵図大皿」にも作業段の外側に小屋が描かれている。慶応四年（一八六八）『有田郷上皿山見取図』には窯番小屋と思われる小屋が描かれている。『安政六年松浦郡有田郷図』には内山地区のほとんどの窯の作業段脇に小屋が描かれている。稗古場窯のみ描かれていないが、最も多い谷窯では七軒描かれている。

(9) 物原

窯の谷窯、瀬古窯などは作業段の外側に失敗品等を廃棄し、物原が形成されているが、年木谷1号窯などは作業段の反対側で検出されている。外山地区のように比較的土地に余裕がある場所では、出入口から出してそのまま廃棄しているようであるが、窯規模が拡大し、廃棄量も莫大なものとなると、内山地区のように町並みが形成された中に位置する窯場は、出入口から取り出してそのまま廃棄するわけにはいかなかったようである。

3 窯規模の拡大傾向と築窯技術

肥前の登り窯が最も肥大化した一九世紀の窯の特徴をまとめてみたが、これらの特徴の中には一七世紀以降、漸次推移したものも多く、すでに一七～一八世紀に見られる特徴もある。焼成室の拡大傾向や横長化がそうである。一方、いつごろから現れたか、わからない特徴も多い。それは一七世紀に比べて一八世紀の調査例が少ないことにもよる。焼成室の床下などに製品を埋め込み、水捌けをよくすることは、すでに一七世紀には見られる。ただし、楠木谷窯、枳藪窯、年木谷3号窯、天狗谷窯など内山地区の窯に多かった。内山地区は山がちで、しかも不透水層である岩盤が近いためであろう。しかし、一九世紀のように窯が巨大化すると、外山地区など比較的土地に余裕がある箇所でも大規模造成が必要となり、結果的に岩盤の上に築くこととなり、何らかの排水処置が必要となる。

排水処置の一つとして、床下に排水溝を設ける例は、一八世紀以前では松浦皿山窯などですでに見られる。また、発掘調査時の写真のみの観察であるが、天狗谷B窯で床下に埋め込まれている底のない窯道具の列が床下の排水溝である可能性がある。

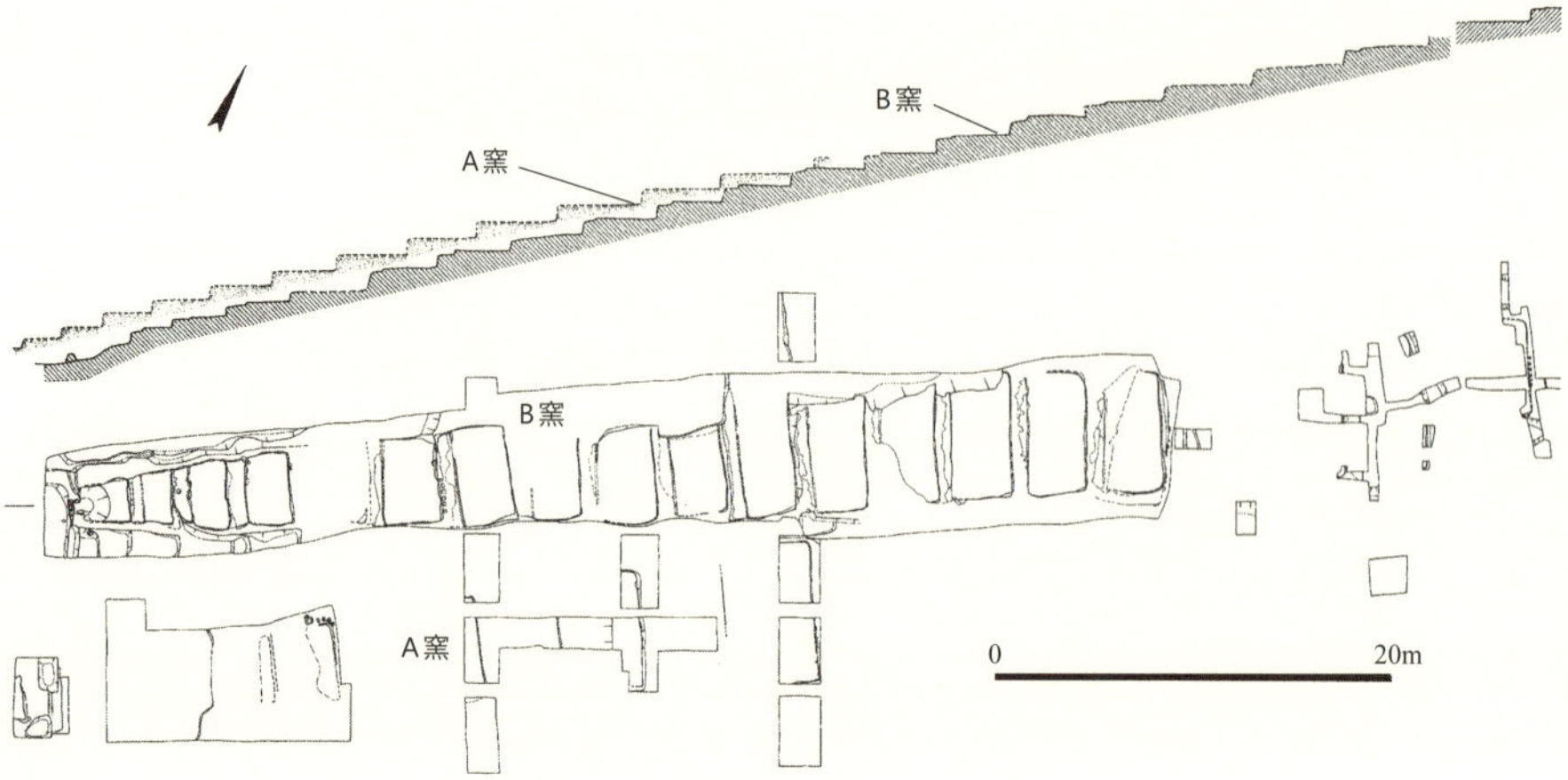

図151　柿右衛門窯跡窯体平面図・縦断図（有田町教委1977-1979）

トンバイによって側壁を築くことについては、小樽2号新窯の開窯年代から考えて、文化八年（一八一一）以前から行なわれていたことはわかるが、上限は不明である。現地表に露出している広瀬向2号窯の窯体が天明七年（一七八七）に大破した3号窯（口絵11）を築き直した当初のものとすれば、一七八七年頃にはトンバイ使用による側壁が築かれていたことになるが、今のところまだわからない。一七世紀末〜一八世紀中頃まで操業されたと推測されるムクロ谷窯や高尾窯（波佐見町）においては側壁にはトンバイの使用が確認されておらず、おそらく一八世紀中頃〜一九世紀初のうちに始まるのではないかと推測される。

焼成室の規模については、一七世紀末〜一八世紀前半の百貫西窯（波佐見町）の検出焼成室が幅七・六三m、奥行四・三四mであり、江永A窯（佐世保市）の検出焼成室は幅七・一二m、奥行四・六mである。一七世紀末〜一八世紀前半には幅七m代の焼成室が築かれているが、幅八m以上の焼成室は一八世紀以前の窯では今のところ、確認されていない。

窯の平面プランについて、焼成室幅が拡大傾向にあるのは、胴木間から最大規模の焼成室に至るまでである。この拡大傾向は年代が下がるほど強まるのであろうか。一七世紀後半の柿右衛門窯B窯で確認されている焼成室の最大幅は約六mであり、瀬古窯の焼成室幅七・九六mの約〇・七五倍の大きさである。両者は規模こそ異なるものの相似形をしている（図150・151）。扇状の角度に明瞭な差があるわけではない。仮に瀬古窯の平面図を〇・七五倍縮小して、柿右衛門B窯の平面図と比較すると、窯の輪郭そのものに大きな違いはなく、ほぼ同じ形となる。扇状の角度に大きな差がなければ、大釜の規模が大きいほど小釜・中釜の部分は長く

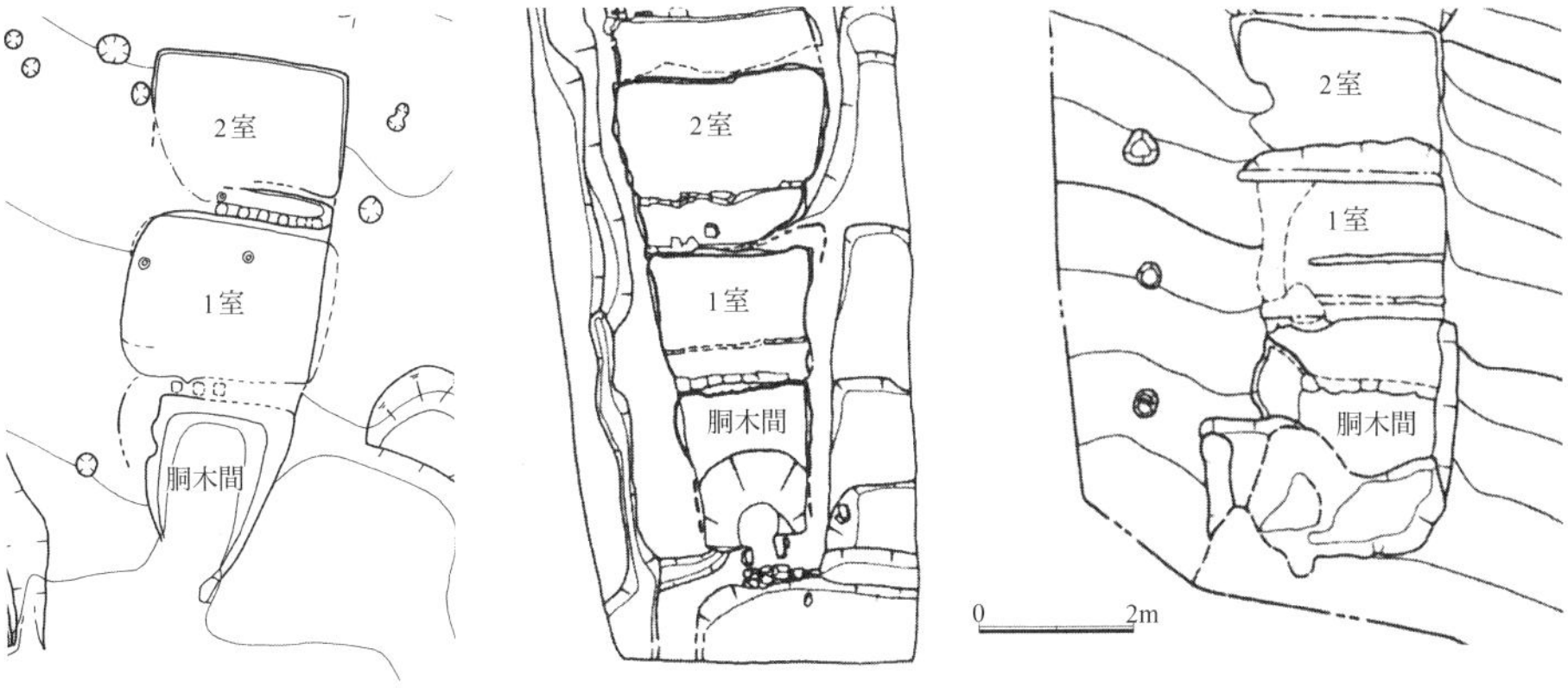

1. 小溝上1号窯跡

2. 柿右衛門B窯跡（有田町教委1977-1979）

3. 瀬古窯跡1号窯（長崎市埋蔵文化財調査協議会2000）

図152　近世の肥前の登り窯の胴木間

なる。よって、年代が下がるほど扇状により開くようになるのではなく、扇状の部分がより長くなると理解した方が適切である。

一六〇〇～一六三〇年代頃の原明窯の場合、胴木間から第2室で焼成室最大幅に近くなるので、扇状の部分は第1室のみである。一六四〇年代頃の天狗谷A窯の場合、胴木間から第3室で焼成室最大幅となるので、扇状の部分は第2室までである。一六五〇年代頃の山辺田1号窯は第5室あたりで最大幅に近くなるので、第4室までが扇状の部分となる。一六六〇～一六八〇年代と推定される柿右衛門B窯の場合、第7～9室あたりで最大幅に近くなるので、第6～8室あたりまでが扇状の部分となる。一八世紀については調査資料を得ないが、『上田家文書』明和二年（一七六五）には、「拾番目ゟ者何拾番も窯之内法同様塗立申候」（大橋一九八六b、八二頁）と記されており、10室目以降は焼成室の内法を同様に築くとあることから、9室程度までが扇状の部分であったのであろう。一九世紀の窯は一般的に第8～9室までが扇状の部分であったことはすでに述べた。胴木間を含めた窯全体の調査例が少なく、一概には言えない面もあるが、おおよその目安にはなるであろう。

こうした扇状の部分が長くなる傾向は、一つには築窯技術の進歩による焼成室規模の拡大にその原因があることは疑いないのであるが、逆に一九世紀に至るまで窯の基本的構造に変化がなかったためでもある。いわゆる大釜に至るまで少しずつ焼成室規模を拡大させなければならない理由は、とりわけ胴木間の規模や構造に大きな変化がないからである。谷窯で確認されている胴木間の横幅は推定一・九mであり、瀬古窯で確認されている胴木間の横幅は二・四mである。一六三〇年代以前の原明A窯の胴木間の奥壁横幅が二・一m、小溝上1号窯の胴木間の横幅が約二・〇m、一六三〇～一六四〇年代の天狗谷A窯の胴木間の奥壁横幅が一・七〇m、一六五〇～一六六〇年代の天狗谷B窯の胴木間の奥壁横幅が二・二〇m、柿右衛門B窯の胴木間の奥壁横幅が約二・〇mであり、年代が下がるほど拡大する焼成室と異なり大きな変化は見られないのである（図152）。つまり、焼成室あるいは窯全体の規模が拡大する一方で、胴木間については基本的な構造や規模が有田周辺で窯業が成立した当初とあまり変わらないため、窯規模の拡大化に際しては、窯全体をそのままの形で大きくするのではなく、扇状に上方に向って焼成室を拡大させていく部分を長くすることによって行わなければならなかったのである。そのため、胴木間の規模と構造が変わると、こうした傾向は顕著ではなくなる。窯の谷窯や鍋島藩窯で見られる新しい構造の胴木間（図149）が現れると、胴木間から上方へ扇形に築く必要がなくなる。小釜・中釜に相当する部分の多くが不要となる。窯の谷窯の胴木間の横幅は七・六m、一〇室程度はさんで離れた焼成室の横幅が八・〇mと大きな差はない。

窯の長さについては、一八世紀以前の窯で調査されたものでは、一八世紀中頃に廃窯したと推定される高尾窯の推定全長が約一〇〇mである。一九世紀に見られる一二〇mを越えるような長大な窯は一八世紀以前では今のところ確認されていないが、『代官旧記』天明七年（一七八六）の記載から広瀬向窯が焼成室三〇ないし三三あったと推定されるので（池田編一九六六、一一八-一一九頁）、一八世紀後半には一三〇～一五〇mぐらいの窯であった可能性が考えられる。

以上のことから、一九世紀の窯の特徴は基本的に窯規模の拡大化に伴うものと考えられる。大規模造成も拡大化に伴うものである。トンバイ使用による側壁についても巨大化した窯の耐久性を保つためであろうし、物原の形成位置についても廃棄される量が莫大であるために工夫をしなければならなかったのである。色見孔などを窯の両側に設けることも巨大化した焼成室の焼成具合をみるには片側だけでは不足したからであろう。築窯技術に関しては、窯の基本的な構造を変えることなく、規模を拡大させることのみに多くの技術が結集されたといってよいと思う。窯の規模の拡大は、決して利点ばかりがあるわけではない。焼成に失敗した時のリスクは小規模な窯よりもはるかに大きいし、変移する需要に対して機敏に対応できるわけでもない。しかし、これらの巨大化させていった登り窯によって、本格的量産化が可能となり、国内の新たな需要層を獲得していったことは確かであろう。

4　他地域と比較した窯規模拡大の特質

江戸時代を通して、肥前の登り窯はその規模を拡大させ、幕末には最大規模となるが、他の窯業地と比較しながら、その特質をみてみたい。ここでは瀬戸・美濃系と関西系の窯の事例と比較してみていく。

(1)　瀬戸・美濃系（図153）

元屋敷窯は美濃地方において最初に連房式の登り窯が導入された窯とされている。胴木間と複数の焼成室からなる構造や焼成室に火床が設けられ、下方の焼成室の炎や熱が横狭間を通して上の焼成室に伝わる構造も肥前と同様である。床面が傾斜している点も初期の肥前の登り窯ではしばしば見られる。そして、全体の平面プランもよく似る。一方、基本的な構造は肥前の登り窯と類似するものの異なる点も見られる。一つは各焼成室の平面プランである。肥前の一六世紀末～一七世紀初の初期の登り窯の焼成室の横幅と奥行の関係をみてみる。中道窯・焼山上窯（幅／奥行＝〇・八七）は横幅よりも奥行が長い縦長の長方形プランを呈する。焼山中窯（幅／奥行＝〇・七九二）や神谷窯（幅／奥行＝〇・八五～〇・九八）なども同様に縦長の長方形プランを呈する。帆柱窯（幅／奥行＝〇・九八）・飯洞甕上窯（幅／奥行＝一・〇五）・飯洞甕下窯（幅／奥行＝〇・八五～一・一三）などはほぼ正方形に近い。山瀬上窯（幅／奥行＝一・〇?～一・四七）・皿屋下窯（幅／奥行＝一・〇四～一・五六）なども下方は横長の長方形プランを呈する焼成室もあるが、上部はほぼ正方形プランの焼成室と

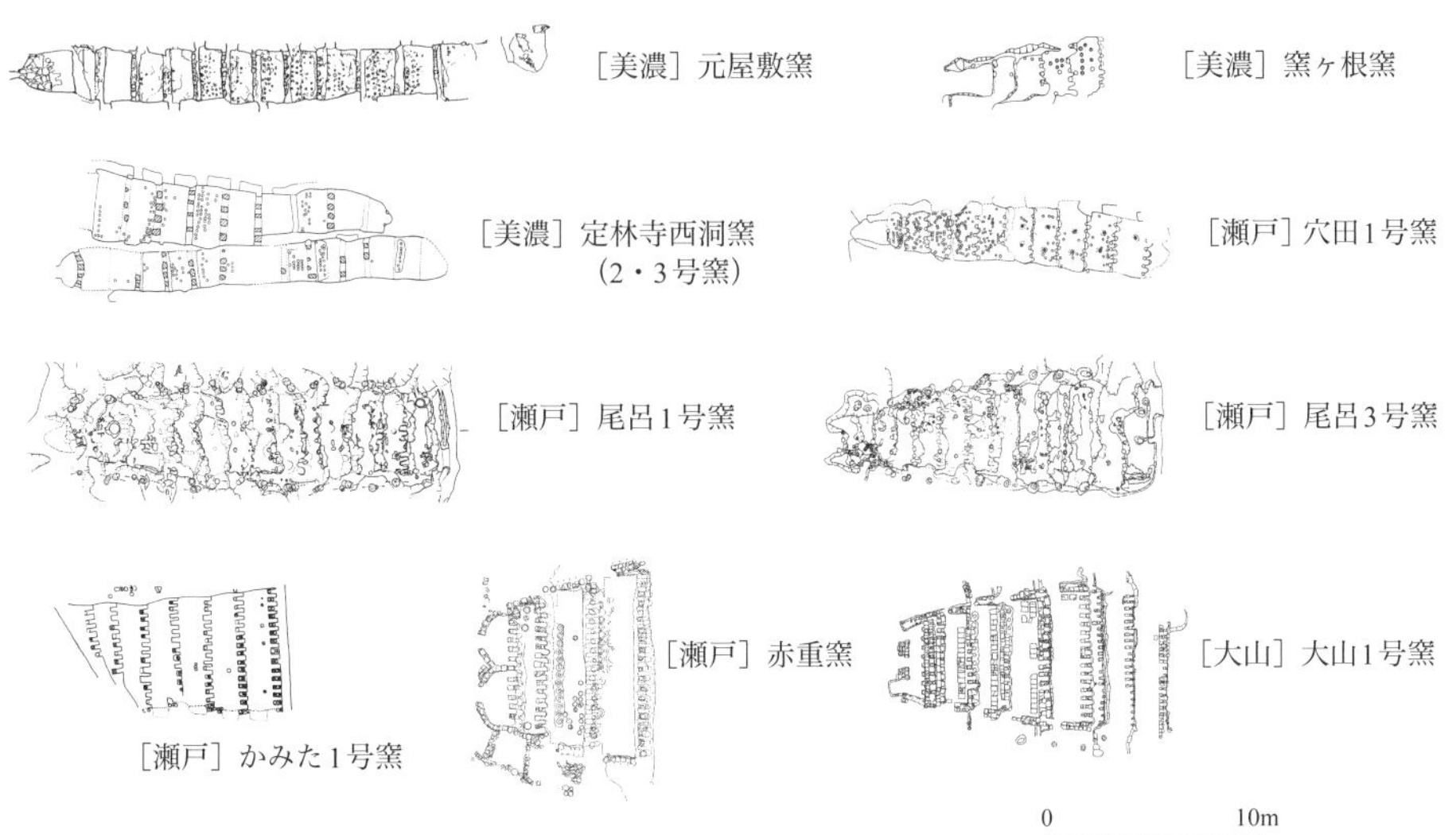

図153　瀬戸・美濃系の登り窯平面図

なっている。そして、有田で磁器が生産され始めた頃の連房式階段状登り窯をみると、一部に縦長の平面プランをもつものもあるが、正方形プランが一般的となる。つまり、肥前の初期の登り窯の焼成室の平面プランは縦長の長方形か、あるいは正方形に近い形である。一方、元屋敷窯は焼成室横幅が二・二m前後、奥行一・五m前後であり、幅／奥行＝一・四六の横長の長方形である。同時期の肥前の登り窯と比較すると、焼成室の横幅に対して奥行が短いことが特徴である。

さらに各焼成室に設けられている出入口（木口）が窯の片側に偏っていない点も異なる。第1室から第5室までは出入口が交互に配されている。第5室と第6室は同じ側に出入口があるが、第6室から第8室まではまた交互に配されている。作業場などの空間配置が肥前と異なるためであろう。つまり、肥前の登り窯の窯構造をそのまま導入するのではなく、旧来の技術に合うようにアレンジしたと考えられる。

そして、横幅に対して奥行が短い傾向は元屋敷窯に続くとされる窯ヶ根窯も同様であり、時代が下がるにつれてより顕著になる。肥前の登り窯の焼成室が横幅、奥行ともに拡大するのに対し、瀬戸・美濃の登り窯の場合、横幅が拡大し、全体の平面プランの中に扇状の部分が現れる点は同様であるが、奥行は江戸後期に至るまで大きな変化はない。こうした傾向の違いは基本的な窯詰め技法が肥前と瀬戸・美濃では異なることによるものであろう。肥前は朝鮮半島から包括的な技術導入を行っており、築窯技術だけでなく、窯詰め技法もまた当時の朝鮮半島の技術がベースとなっている。一方、瀬戸・美濃の場合、窖窯から大窯へと産地内で窯構造を発展させ、それに応じた焼成技法を用いていた。肥前では江戸後期に天秤積みを行うようになるまで製品同士の重ね積みを行うことはあっても高く積み上げることはしていない。瀬戸・美濃の場合、大窯以来の伝統でエンゴロとよばれる匣鉢を高く積み上げて焼成している。肥前でもエンゴロのように製品を積み入れる窯道具であるボシが存在するが、その使用意識は大きく異なっている。肥前の場合、ボシは相対的に品質が高い製品を焼くために使用される。そのため、一般にボシの中で重ね積みをするようなこともしない。羅善華は韓国の中央官窯では上級品はサヤ、中級品はハマ、下級品はハマの上で重ね焼きを行うことを報告している。肥前の場合、こうした朝鮮半島のサヤの使用意識を持ち込んでおり、ボシを積み上げて焼く意識は低かった。つまり、肥前が製品を焼成室内に広く「敷き詰める」焼成技法であるのに対し、瀬戸・美濃は高く「積み上げる」焼成技法を採用している。そのため、肥前では敷き詰める面積を広げるために奥行もまた拡大させていき、その結果、幕末には肥前の登り窯は世界最大級の大きさにまで長大化することとなったが、瀬戸・美濃では焼成室面積そのものを拡大させる意識が肥前ほど強く働かなかった。それぞれがもつ窯詰め技法の違いが焼成室の平面プランの違いとなって表れたとみてよかろう。

このことは狭間構造の変化にも現れる。積み上げて焼くことを前提とした場合、横狭間よりも下方の焼成室から狭間を通して入る熱や炎が天井まで導かれやすい縦狭間式の方が都合がよいと思われる。そのため、斜め狭間から縦狭間へと変化していく。藤澤良祐は瀬戸・美濃型大窯の倒炎式の縦狭間構造と匣鉢積み技法とは一体的な焼成技法であり、大窯以来の伝統が反映しているとする。特に大窯時期に縦狭間の構造につながる昇炎壁を有しており、原理的にはすでに内包していた。同様に大窯で分炎柱を兼ねた柱などを設ける技術が存在したためか、焼成室に天井を支える柱を設ける窯が初期の段階から見られる。

そして、一九世紀になると、瀬戸・美濃地方でも磁器の生産が開始される。藤澤良祐によれば、享和年間（一八〇一〜一八〇四）に磁器生産が開始されると、旧来の陶業は本業焼と称され、それを焼成する窯を本業窯と呼んだという（藤澤一九八六）。当時の本業窯は「横室形縦狭間構造」の登り窯で、登り窯で磁器を生産するために導入された横狭間式の丸窯に比べると、焼成室の横幅が広く、焼成室の内部の数ヶ所に天井を支える柱が構築されている。窯の規模や構造は大きく変わっていったが、元屋敷窯や窯ヶ根窯など初期の登り窯で見られた肥前の登り窯との構造の違いが江戸後期まで引き継がれていたようである。

(2)　関西系（図154・155）

①信楽焼

信楽焼の窯跡の発掘調査例はまだ多くない。牧101号窯は一七世紀代の窯と推定されている。焼成室横幅は約二m、奥行は横幅と同じかやや長い程度である。焼成室間の狭間構造は斜め狭間とされる（信楽町教委二〇〇四）。おそらくは一七世紀前葉に瀬戸・美濃より導入された窯構造であろう。畑中英二は有段斜め狭間の窯構造が一八世紀前半まで継続するという（畑中二〇〇六）。

一八世紀後葉から一九世紀にかけての窯構造については牧11号・12号窯の資料によって知ることができる。調査報告書では横狭間と報告されており（信楽町教委二〇〇四）、信楽における一八世紀後半以降の狭間構造は横狭間のみで占められるとされていたが（畑中二〇〇五）、その後の畑中英二の観察によると牧11号・12号窯の狭間構造は縦狭間であるという（畑中二〇〇六）。

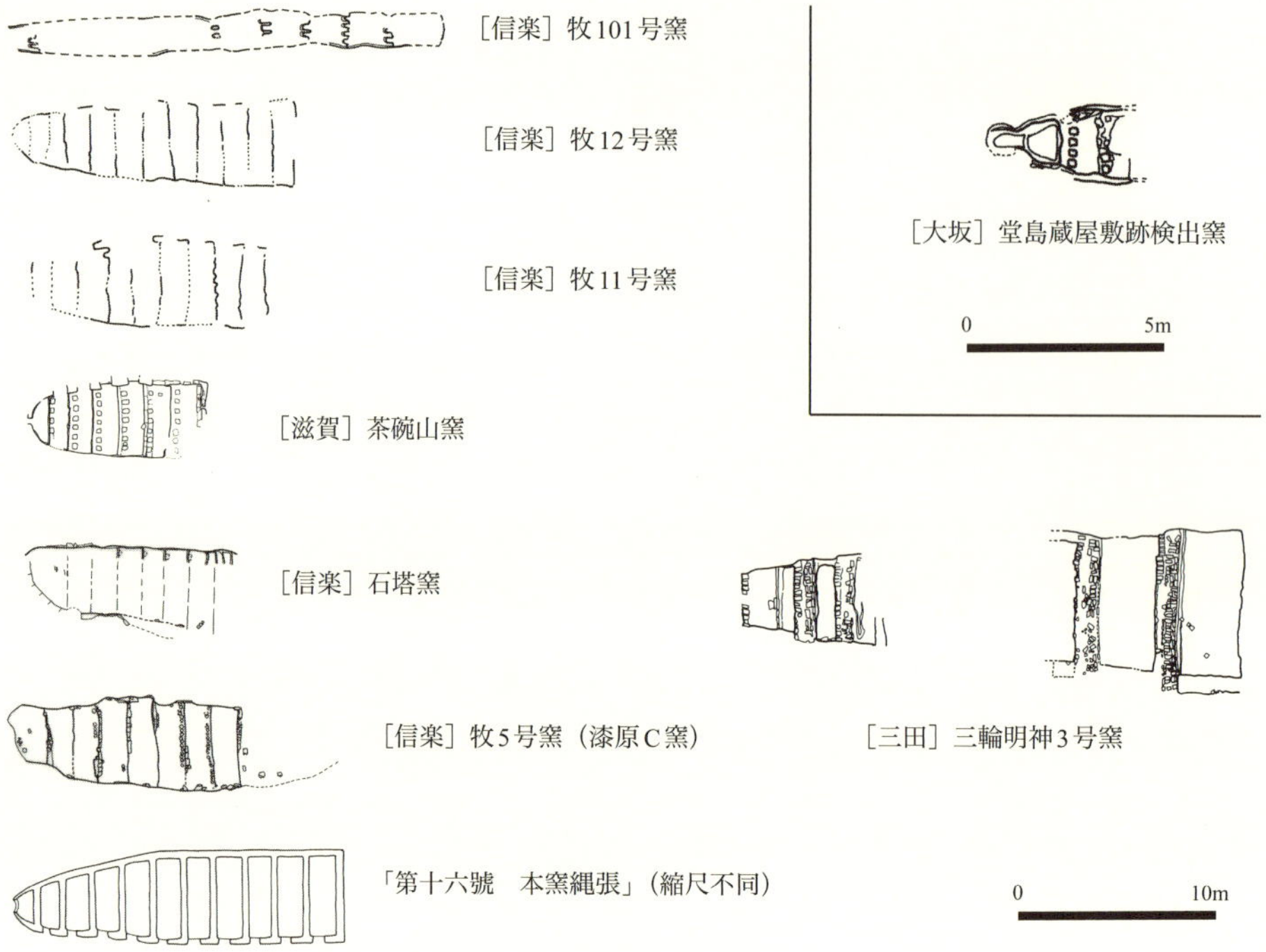

図154　関西系の登り窯平面図

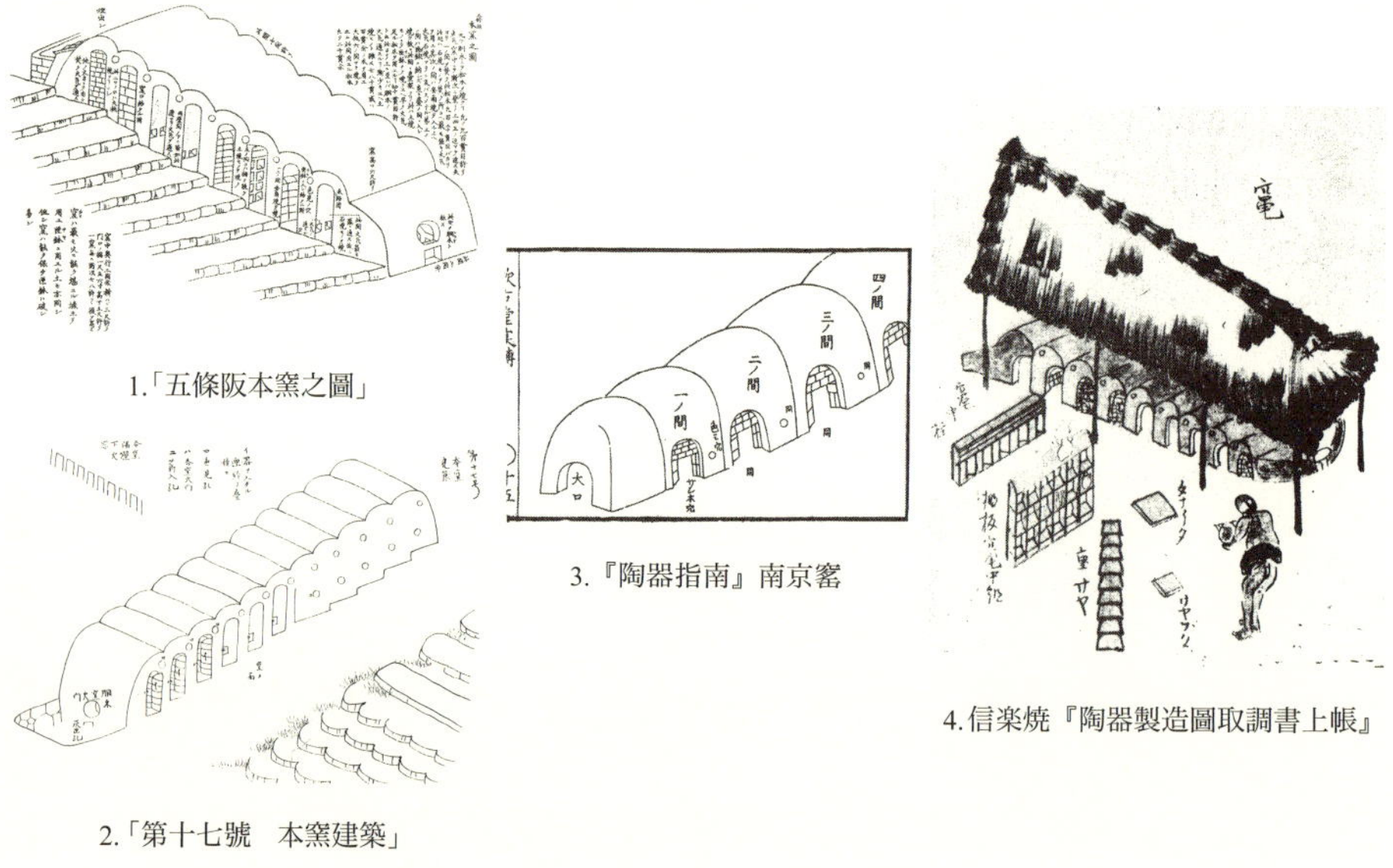

図155　関西系の登り窯の絵図（小野ほか1976）

そして、一九世紀以降の窯構造については、発掘調査事例（牧5号・長野5－1・2号窯）はいずれも有段の横狭間である（畑中二〇〇六）。一八世紀後半以降、異なる種類の狭間構造が混在しているようである。

そして、焼成室の平面プランは一七世紀代の牧101号はほぼ正方形かやや縦長であるものの、一八世紀後半以降の登り窯はいずれも横幅に比べて奥行が短い長方形となっている。幕末明治頃の信楽焼の窯場の様子を描いたとされる『陶器製造圖取調書上帳』明治五年（小野ほか一九七六）に見られる登り窯も焼成室は細長い短冊状の平面プランをしている。

登り窯全体の平面プランをみると、牧101号窯などは側壁が平行する形をしているが、牧12号窯などは窯下半部が扇状を呈する。しかし、牧5号窯は焼成室の横幅の拡大に合わせて、胴木間の横幅も拡大しており、扇状に開く角度は小さくなっている。その場合、胴木間は半円形、あるいはそれがさらにつぶれた形をしている。同様の平面プランは同じ滋賀県内の茶碗山窯に見られる。また、『陶器製造圖取調書上帳』に描かれている登り窯も胴木間の横幅が広い窯として描かれている。窯詰め技法は製品の種類によって異なるが、前掲の絵図には匣鉢積みと棚板積みによる窯詰め風景が描かれている。

②京焼

京焼については発掘調査例がほとんどなく不明な点が多い。まず京焼の系譜上の窯と推定されている大坂の堂島蔵屋敷跡の1号窯について述べる。操業年代は一七世紀末～一八世紀初頭を上限とし、一八世紀第一四半期を下限とすると推定されている。焼成室の床が階段状に上がっていくのではなく、段をもたずに上がって行く斜め狭間である（佐藤二〇〇五）。窯詰め技法については匣鉢積みが多用されている。

江戸中期の鳴滝乾山窯跡は窯本体が検出されていないため、窯構造は不明であるが、匣鉢が大量に出土していることから匣鉢積みを主体としていることはわかる（木立二〇〇五）。

一八世紀以前における窯詰め技法は匣鉢積み技法が主体であり、信楽焼と同様に狭間構造は斜め狭間であった可能性が考えられる。一九世紀以降においても匣鉢積み技法は継続されているが、狭間構造については不明な点が多い。『陶磁器説図』明治六年（小野ほか一九七六）にある粟田口、五条坂の登り窯の図をみても明瞭ではない。技術的な面を考えれば、匣鉢積みに適した狭間構造は縦狭間であり、斜め狭間から縦狭間に変化する方が自然な変化と言えるが、民俗例では横狭間の窯も残されている（木立二〇〇五）。木立雅朗は磁器を焼かない信楽に横狭間の「京窯」が伝播していることや各地に伝播した「京窯」の多くで横狭間が目立つことなども指摘しており（木立二〇〇五、一三九頁）、単純には考えられないようである。一方、文政一三年（一八三〇）に京都の欽古堂亀祐が出版した『陶器指南』（小野ほか一九七六）をみると、石ヤキあるいは南京焼の記述の部分では肥前の磁器生産技術のことを述べており、南京窰とする図もまた肥前の登り窯のような窯を描いている。京焼では文化年間には磁器の量産を行っているが、欽古堂亀祐自身、文化年間頃に肥前系の技術の影響が見られる三田焼の窯場で指導を行ったとされており、肥前系の技術を見聞する機会はあった。『陶器指南』の「本竈清水五條粟田焼事」の詳細な窯構造は不明であるものの、「窰ハ石ヤキ窰ノ如シ小ナル形ニ作ル」とあることから肥前系の技術を一部取り入れて小型に改良した登り窯であった可能性を考えることができる。後掲の絵図などをみると京焼の窯は焼成室間の段差が小さい。その場合、狭間構造の種類による機能的な違いは小さく、狭間構造の変化に対しても柔軟であったのかもしれない。もともと異なる種類の狭間構造が混在していたのか、あるいは磁器生産の技術導入の過程で横狭間が導入され、吸収されていったものか、今後の検討課題として残る。

次に登り窯の全体形や特徴について絵図から推測してみる。まず登り窯の外観について、『都名所図会拾遺』の清水三年坂に描かれている登り窯は蒲鉾を斜面に並べたような形をしており、焼成室の平面プランは横幅に対して奥行が短い横長の長方形を呈するものと思われる。『陶磁器説図』に描かれている「五條阪本窯之圖」の登り窯も同様である。これらの他、『陶磁器説図』の「第十六號　本窯縄張」、「第十七號　本窯建築」などをみても焼成室の平面プランは横長の長方形を呈するようである。そして、肥前のような大型のドーム形をしておらず、側壁は垂直に立ち上がっており、色見孔が天井部に近い位置に見られる。胴木間については平面プランが台形状のもの（「第十六號　本窯縄張」）と長方形のもの（「五條阪本窯之圖」・「第十七號　本窯建築」など）が見られる。やや丸まった台形状のものは肥前でも見られるが、長方形のものは江戸時代には見ない。また、「五條阪本窯之圖」・「第十七號　本窯建築」などを見ると、胴木間の正面に灰かき出し口と焚口を一つずつ設けていることがわかる。肥前などでは例がなく、「第十七號　本窯建築」のように灰かき出し部分を深く掘り窪めた例も知らない。

(3)　肥前の登り窯の規模拡大の特質

技術的な問題から見ると、窯の長さを長くすることは経費と労力の問題であり、特に連房式登り窯の場合、技術的に変わることはない。肥前の登り窯は本来、長い窯構造をしているものである。朝鮮半島から直接、龍窯の技術系譜をたどる窯構造を導入したものであり、それまで窖窯から発展させてきた国内の窯構造とは全く異なるものであった。一七世紀初にはすでに五〇～七〇ｍの長さをもつと推定される窯もあり、生産規模を拡大させようとする時、窯を長くするということは、構造上、最も容易な方法であった。一方、長さではなく、横幅を広げるには技術改良が必要である。この技術には築窯技術のみでなく、焼成技術も含まれる。近世の肥前の登り窯の築窯技術の進歩は主に横幅を拡大させるため、あるいは焼成室の規模を拡大させるためのものであった。

瀬戸・美濃焼、京・信楽焼、萩焼なども江戸後期にかけて大きく窯規模は拡大している。角度に差はあるものの、胴木間から扇状に広がるようになるのは、いずれも共通である。扇状になるのは、胴木間と最大焼成室横幅と差があるからであるが、胴木間の横幅を広くすることでその差を縮める工夫も見られる。京・信楽焼の場合、焼成室の横幅に合わせて、胴木間の横幅も拡大していった。そのため、胴木間の形が半円形からつぶれた半円形へと変化していった。瀬戸・美濃焼や肥前の登り窯の場合、近代になると焚口を複数にすることで胴木間の横幅を拡大させた。

焼成室の規模拡大化に注目すると、瀬戸・美濃焼や京・信楽焼の場合、横幅の拡大は顕著であるが、奥行はあまり変わらない。肥前の窯の場合、横幅ほどではないにせよ奥行も拡大している。そのため、瀬戸・美濃焼や京・信楽焼の窯は焼成室の規模が増加し、数が増えたとしても肥前ほど長くはならないのである。それぞれの狭間構造をみると、肥前系は横狭間、瀬戸・美濃系が縦狭間、京焼系が斜め狭間あるいは横狭間であり、狭間構造の種類が奥行の変化の違いの要因となっていないようである。むしろ、その大きな理由は窯詰め技法の違いによる。それは色見孔の位置の高さの違いともなる。

肥前は朝鮮半島から技術導入をする際に築窯技法だけでなく、焼成技法も導入している。一方、瀬戸・美濃焼は窖窯から大窯へと産地内で窯構造を発展させ、それに応じた焼成技法を用いていた。一七世紀初に登り窯が導入されるが、新たな窯構造が導入され、それに伴う改良が焼成技法にも加えられたとしても一変させるようなことはなかったと思う。肥前が伝統的に「敷き詰める」技法であったのに対し、瀬戸・美濃焼は「積み上げる」技法であったと考えられる。瀬戸・美濃焼と肥前ではその根底にある窯詰め技法が異なり、それが窯構造にも反映されることになったと考える。「敷き詰める」技法の場合、焼成面積を確保するために奥行もまた拡大させる意識が強く働いたのである。これも肥前の登り窯が他に比して、長大化した一因である。

以上のことをまとめると、肥前の登り窯は、その全体の規模の割には胴木間が小さく、そのため、胴木間と最大横幅の焼成室をつなぐための扇状部分が長くなっていった。そして、他産地に比べて奥行もまた拡大したことから、長大な窯が築かれることになった。その結果、世界最大と言われる肥前の長大な登り窯が築かれるようになったと考えられる。いわば龍窯の系譜をたどる窯が従来の窯構造と窯詰め技法を継承しながら規模を拡大させていった結果なのである。

第3項　製品の画一的生産と製品種別制度

これまで一七世紀末以降の国内向け製品における本格的量産化についてみてきたが、それは一度に大量に焼成するという方法がとられていたことを述べてきた。そして、この大量焼成とともにあるのが製品の画一的な生産である。画一的に生産することで、生産工程における生産技術を単純化させることができ、一度に大量に生産させることが可能になるのである。製品それぞれに違った文様を描くよりも一つの文様を多くの製品に描く方がはるかに容易で早いことはいうまでもなく、複雑な文様を簡略化し、製品を粗雑化させることも生産コストの削減につながるものである。しかしながら、製品の粗雑化や文様の簡略化はこれを容認する生産システムによる結果であって目的ではない。つまり、同じ製品を大量に生産することを繰り返すことによって、製品は粗雑化し、文様も簡略化していくと思われるのである。ここではその過程と背景を製品の面からみていく。

1　裏文様にみる製品の画一化

一七世紀末以降の製品の画一化と粗雑化や簡略化について、一七世紀末〜一八世紀前半を中心とした皿等の裏文様の種類と変遷からみてみようと思う。

(1)　17世紀末〜18世紀の製品の裏文様

赤絵町遺跡Ⅳ層段階、ムクロ谷窯、多々良の元窯から出土した製品の裏文様の種類をあげ、それぞれまとめていく。

（赤絵町遺跡Ⅳ層段階）

赤絵町遺跡Ⅳ層段階で出土した製品の裏文様は大別して、連続唐草文（A～F類）とそれ以外の文様に分類できる（図156～160）。量的には前者が圧倒的に多い。また、前者の中でもいわゆる如意頭文の崩れなどを画一的な唐草文で結ぶものが大半を占め、これらは描き方によりA～C類の三つに分けられる。A類は連続唐草文の茎、葉ともに二本線で輪郭をとり、中を濃みで塗りつぶしたものである（図156）。輪郭を手描きではなく、型紙摺りによって施したものもある。B類は葉のみ二本線で輪郭をとり、茎は一本線で描くものであり（図157）、C類は茎、葉ともに一本線で描くものである（図158）。以下、各類の種類をあげていく。

A類は連続梅花唐草文（A-1類）、白抜きした如意頭文の崩れを描いたもの（A-2・3類）、如意頭文の崩れを濃みで塗りつぶしているもの（A-4・5類）、そして、A-2～5類に含まれる文様の中でも特殊なもの（A-6・7類）に分けられる。

A-1類　連続梅花唐草文である。梅花の部分は花弁と花芯に濃みを入れたもの（a）と花芯のみに濃みを入れたもの（b）などがある。

A-2類　白抜きされた如意頭文の崩れが逆Y字形をしている。

A-3類　白抜きされた如意頭文の崩れをハート形に描くか、ハート形を意識して描いているもの。

A-4類　A-2～3類と異なり、如意頭文の崩れと思われる部分が濃みで塗りつぶされているもの。

A-5類　唐草の茎の部分が一度折れるもの。

A-6類　二つの如意頭文の崩れを結ぶ茎の中間に位置する唐草の接点（矢印部分）を弧状に結んでいるもの。

A-7類　唐草の茎の部分が一度折れ、折れた付近に葉を三枚描いているもの。

B類は如意頭文の崩れが白抜きされているもの（B-1～5類）、如意頭文の崩れを濃みで塗りつぶしたもの（B-6～9類）に分けられる。

B-1類　如意頭文の崩れが逆Y字形をしているもの。

B-2類　如意頭文の崩れがハート形、もしくは円形を呈し、線を入れることによってハートのくぼみを表しているもの。

B-3類　B-2類の変形で、如意頭文の崩れの部分はB-2類と同様であるが、唐草の接点（矢印部分）の茎が巻かれずに切れている。

B-4類　如意頭文の崩れが円形もしくは楕円形を呈しており、ハート形を意識した描き方はしていない。

B-5類　如意頭文の崩れが逆Y字形を呈し、唐草の茎の部分が一度折れているもの。

B-6類　如意頭文の崩れが濃みで塗りつぶされ、唐草の接点（矢印部分）付近の茎が巻いてあるもの。

B-7類　如意頭文の崩れについてはB-6類と同様であるが、唐草の接点（矢印部分）付近の茎が巻かれずに切れているもの。

B-8類　唐草の接点付近の描き方はB-6類と同様であるが、茎の部分が一度折れているもの。

B-9類　茎の部分が一度折れ、如意頭文の崩れから離れた部分に葉を描いているもの。A-7類やB-9類のように茎の途中に葉が描かれている例は「寛延三年」の箱書を持つ染付花卉文輪花皿（小木一九八八）にも例がある。寛延三年は一七五〇年である。赤絵町遺跡ではⅣ層段階の他、より新しいⅢ層段階以降の層や遺構からの出土も多い。

C類は如意頭文の崩れの部分が白抜きにされているもの（C-1～4類）と濃みで塗りつぶされているもの（C-5～6類）、そして如意頭文の崩れが描かれないもの（C-7類）に分けられる。

C-1類　如意頭文の崩れはまだハート形を呈しているものである。

C-2類　如意頭文の崩れの部分がハート形ではなく、円形もしくは楕円形を呈しており、ハートのくぼみの部分に線を入れることによって表している。

C-3類　如意頭文の崩れの部分が円形もしくは楕円形を呈している。ハート形を意識するような描き方はしていない。

C-4類　C-3類がさらに崩れた文様。如意頭文の崩れの部分の脇の三枚の葉が一枚ずつ描かれず、二枚の葉を一直線に描いてい

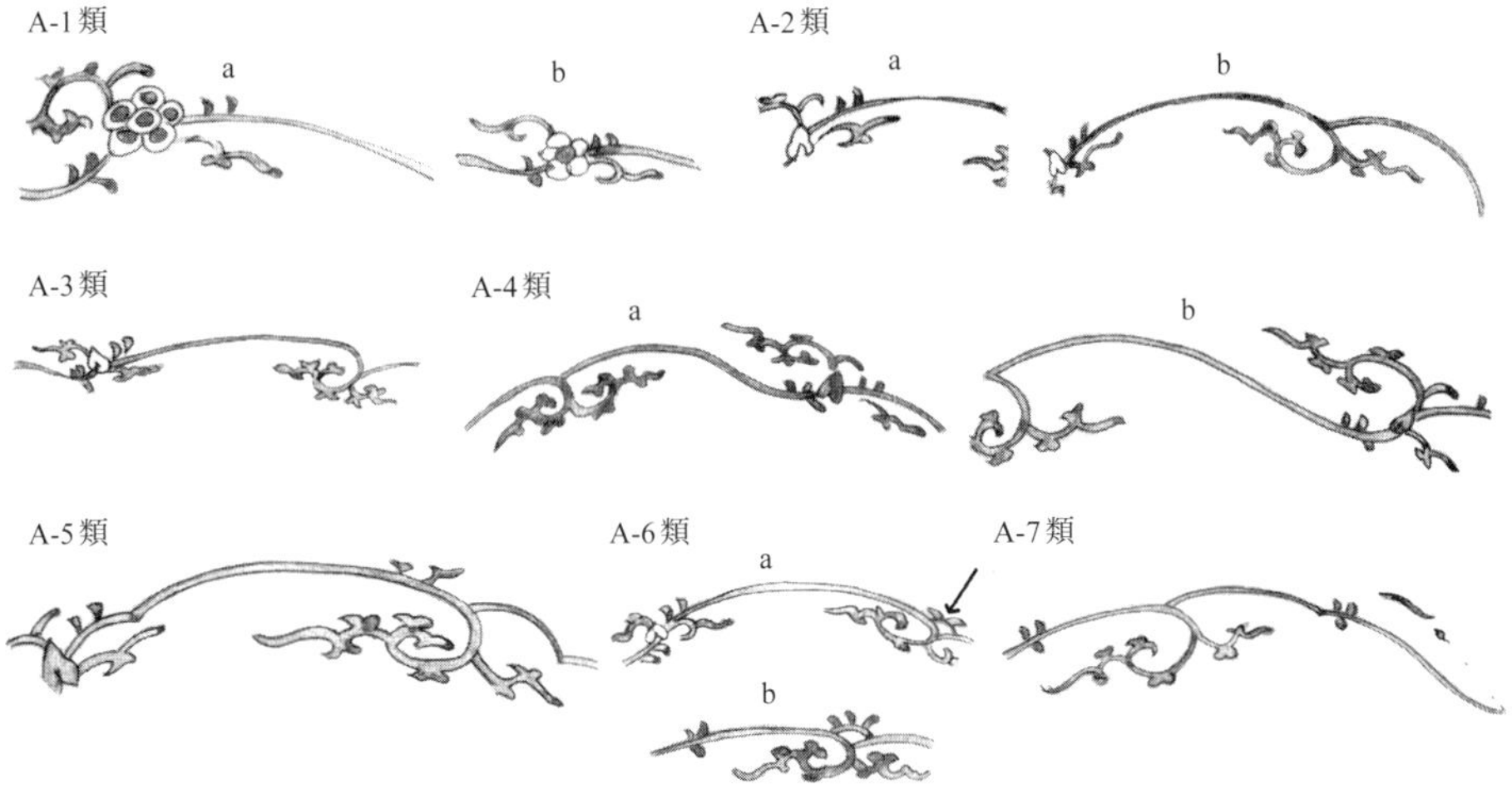

図156　赤絵町遺跡Ⅳ層段階出土製品の裏文様（1）

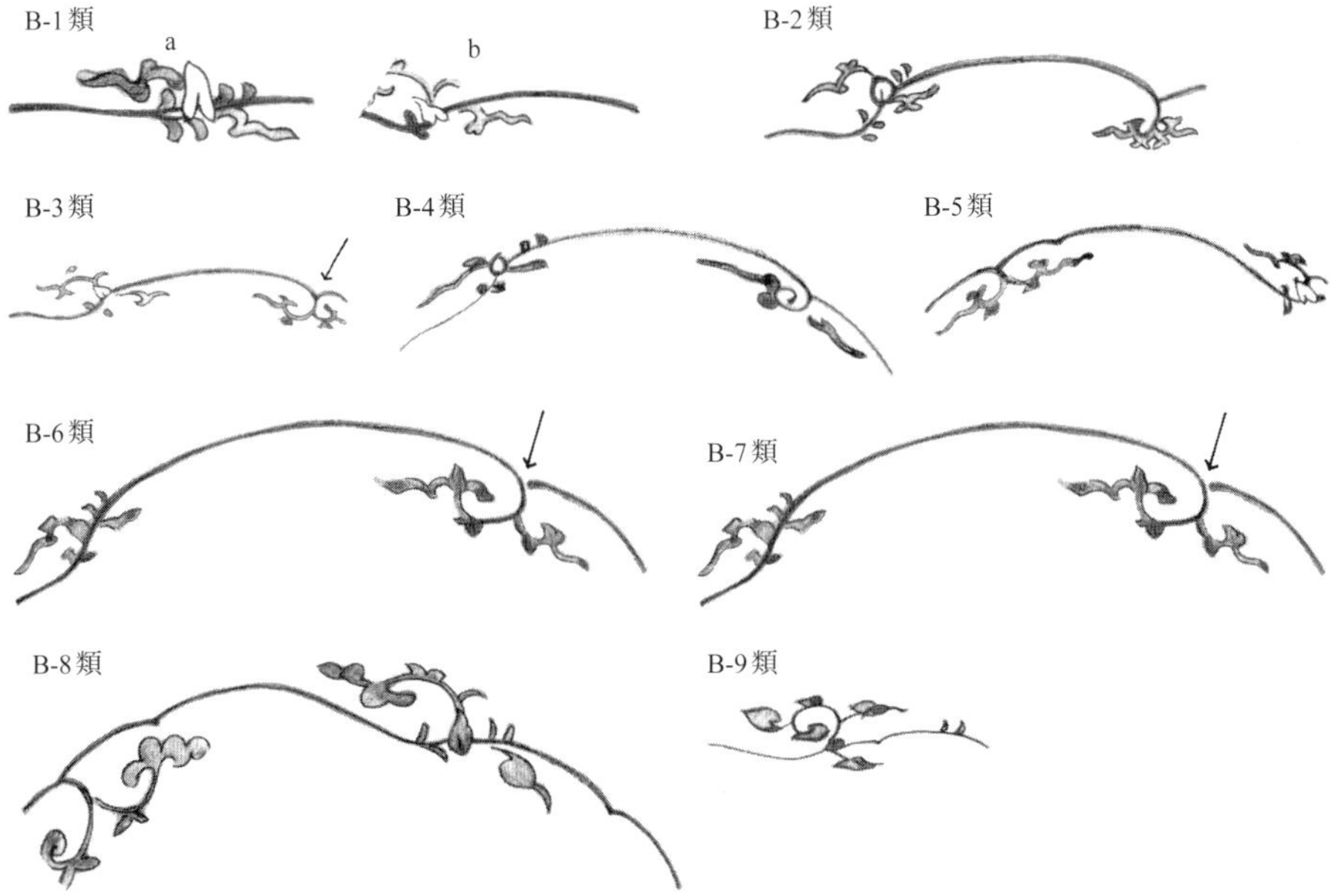

図157　赤絵町遺跡Ⅳ層段階出土製品の裏文様（2）

る。また、C‐2～4類は唐草の接点の茎が巻かれずに切れているものが多い。

C‐5類　濃みで塗りつぶされた如意頭文の崩れが円形もしくは楕円形を呈しており、唐草の接点の茎が巻かれている。

C‐6類　如意頭文の崩れはC‐5類と同様であるが、唐草の接点の茎が巻かれずに切れているもの。

C‐7類　如意頭文の崩れが描かれておらず、ただの接点となっている。その周辺の葉も簡略化されたものが多く、一枚ずつ描かれることはなく、直線で描かれていることが多い。

D類は柿右衛門窯出土の皿の裏文様に見られるタイプ（D）を祖形に持つと思われる裏文様である（図159）。

D‐1類　梅花のかわりに如意頭文の崩れを描き、茎と葉ともに二本線で枠をとり、中を濃みで塗りつぶしたものである。

D‐2類　白抜きした如意頭文の崩れは残るが、茎は一本線で描かれている。葉の部分については二本線の線描きの中を濃みで塗りつぶしている。

D‐3類　濃みで塗りつぶした如意頭文の崩れがわずかに形をとどめている。葉の部分もかなり簡略化が見られる。

D‐4類　全て一本線による線描きで描かれている。如意頭文の崩れは形をとどめず、葉の部分も一枚ずつ描かれることはない。このD‐4類の茎を圏線で描いたものがL‐2類であろうと思われる。

E類は長吉谷窯や柿右衛門窯など一七世紀後半の窯跡で出土している連続花唐草文の茎からひげ根状の裏文様（E）に似たタイプのものである（図159）。

E‐1類　花の部分に簡略化が見られ、ひげ根状の部分が残るもの。ひげ根状の部分が渦巻き形になったもの（a）と巻いた茎に幾本ものひげが伸びているもの（b）がある。

E‐2類　花の部分は認められるが、花、葉ともに簡略化され、ひげ根状の部分が葉のように描かれているもの。

E‐3類　ひげ根状の部分が見られないもの。E‐1・2類が転化したものか、どうか断定はできないが、葉の描き方はE‐2類に類似している。また、この葉の描き方はL‐1類のそれにも類似している。

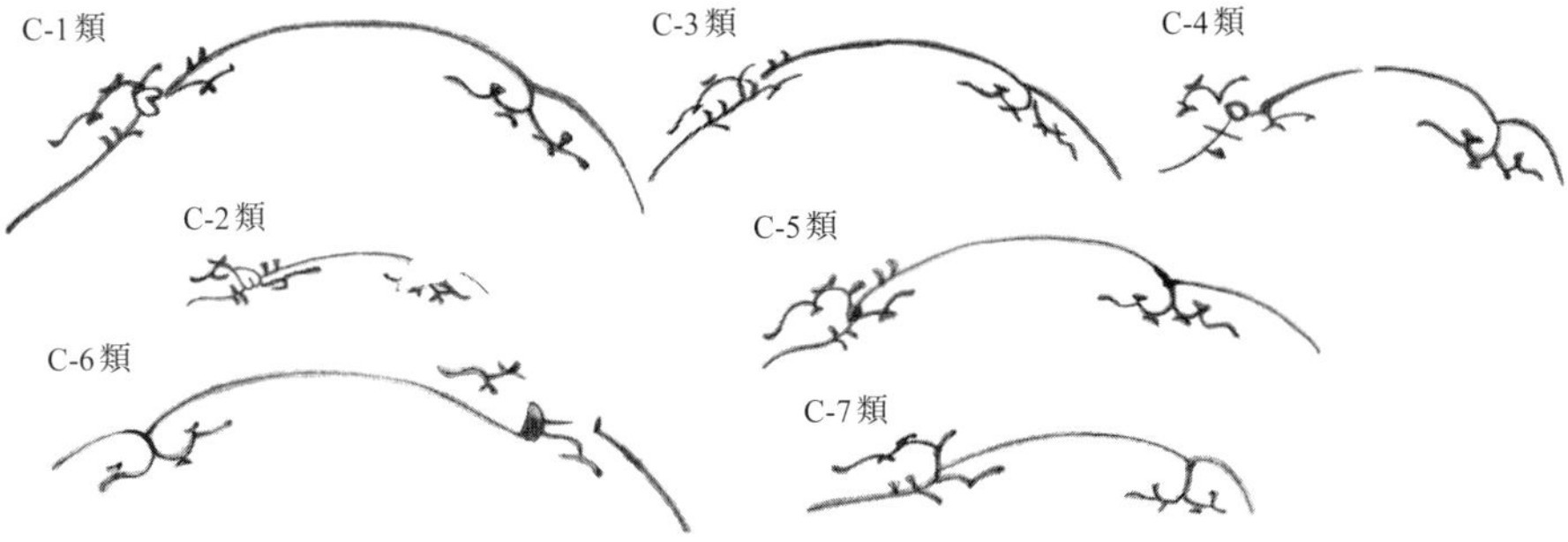

図158　赤絵町遺跡Ⅳ層段階出土製品の裏文様（3）

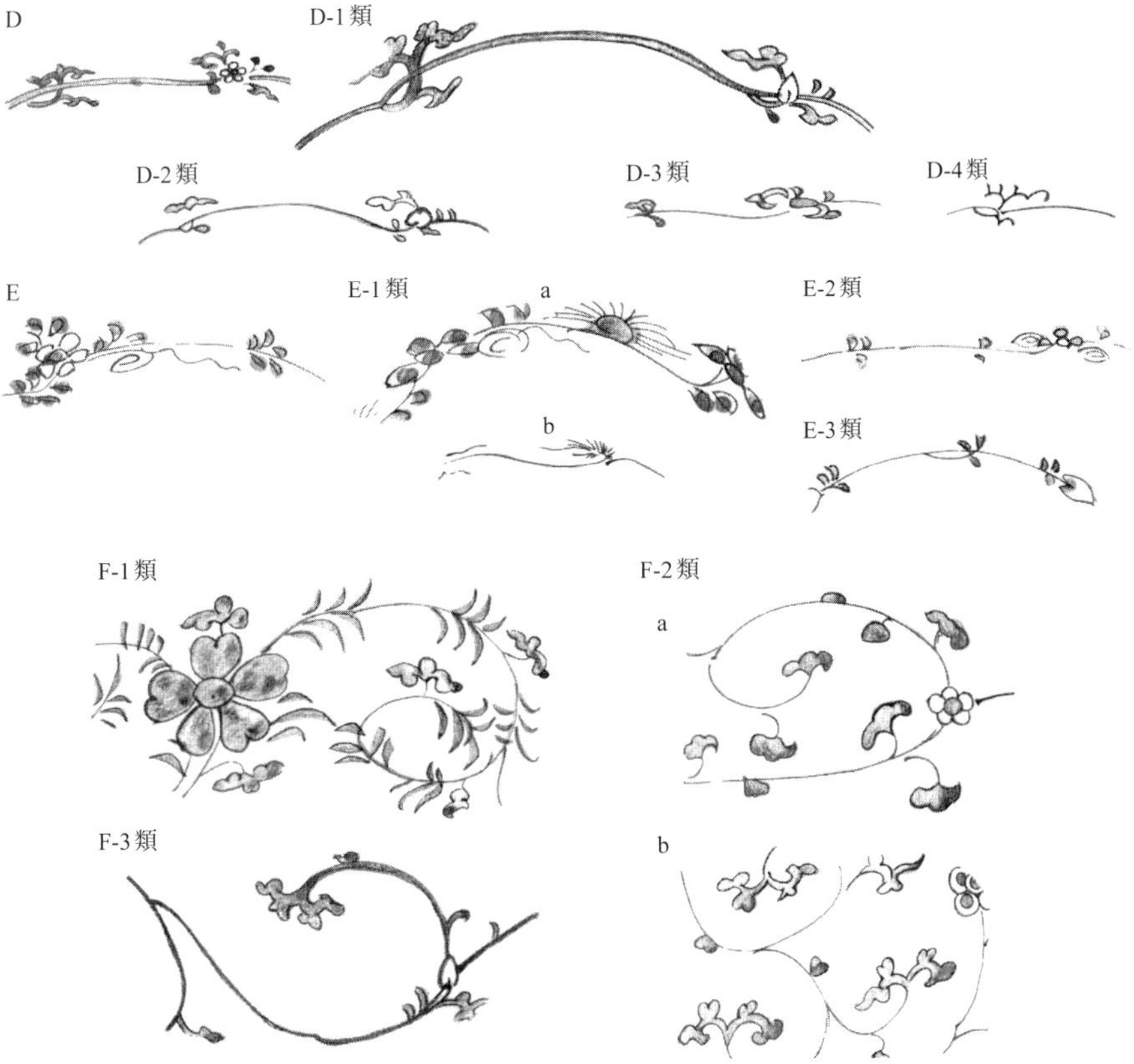

図159　赤絵町遺跡Ⅳ層段階出土製品の裏文様（4）

F類は茎の巻きの大きな連続唐草文である（図159）。F類の製品の器形の大半は鉢もしくは深皿である。逆にこの時期の鉢の裏文様の大半がF類であると言える。

F-1類　連続桜花唐草文である。茎の部分に細長い葉が描かれている。

F-2類　連続梅花唐草文である。梅花はA-1類と同様に花芯のみ濃みを入れているものと花弁の一部にも濃みを入れるものとある。葉の描き方も二通りあり、A類などに見られる葉と同様のもの（a）と銀杏の葉もしくは蓮葉の形をした葉を描くもの（b）がある。柿右衛門窯出土の製品に類似したものが見られる。

F-3類　梅花の代わりに白抜きの如意頭文の崩れを描いているもの。

以下、G類～S類を説明する（図160）。

G類　蔓草文が描かれている。

H類　牡丹花の蕾のようなものを配した折れ枝文である。一七世紀後半より輸出用の染付芙蓉手皿の裏文様などによく見られる。

I類　全体の構図は明らかではないが、如意頭文の崩れのような文様に茎が巻いている。ただし、この製品は色絵（染錦）素地である可能性が高い。

J類　梅花唐草文を描いている。一七世紀から見られる構図である。梅花の代わりに如意頭文、七宝文を描いたものもある。また、線描きの部分が型紙摺りによるものも見られる。

K類　外側面に牡丹唐草文を描き詰めた文様である。一七四〇年代頃に廃窯したと推定されるムクロ谷窯の床上出土の染付青磁皿などにも類例が見られ、比較的上質の製品に多い。長吉谷窯や南川原窯ノ辻窯でも見られるが、それらを比較すると牡丹花の描き方がデザイン的となり、花弁が牡丹花よりは菊花に近い形となっている。また、この文様は皿の場合は内側面に、碗や鉢の場合は外側面に用いられることの方が多い。すなわち、主文様として用いられることの方が多い。

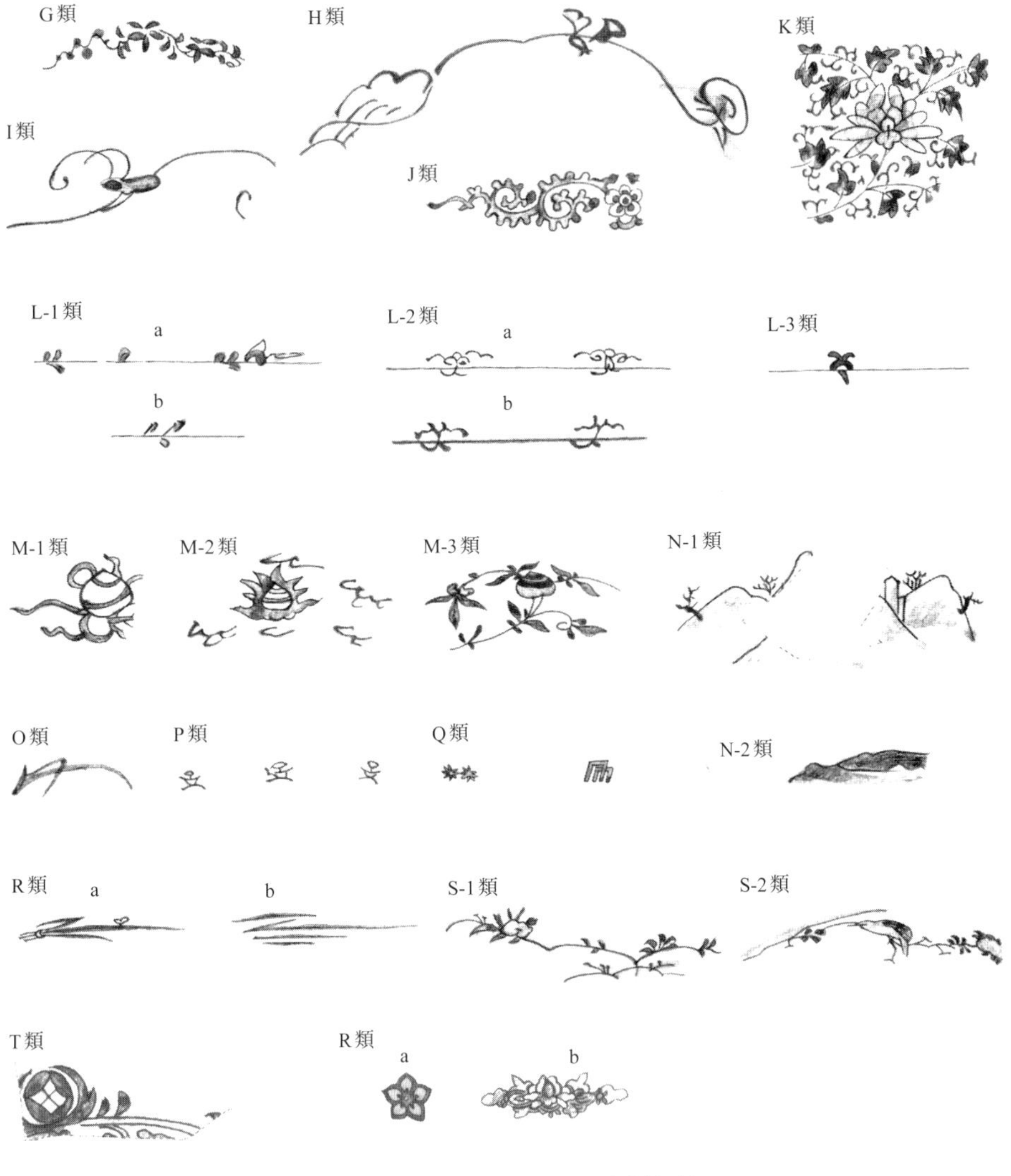

図160　赤絵町遺跡Ⅳ層段階出土製品の裏文様（5）

L類は連続唐草文の簡略と思われるが、茎の部分を圏線で描き、簡単な葉文様を加えたものである。

L-1類　A～C類、E類の簡略と思われる。特にE-3類の裏文様に近いが、如意頭文の崩れと思われるハート形の文様が描かれているものもある。圏線に葉のみを数枚描いているもの（b）はムクロ谷窯、多々良の元C窯、下白川窯などでも出土が見られる。

L-2類　D類の簡略と思われる。D類にあるような如意頭文の崩れの形をとどめるものもあるが、大半は形をとどめず、葉を線描きした連続文様である。かなり記号化している。bはそれらがさらに崩れたものである。また、L-2類の裏文様を持つ皿は小皿が多いが、特に見込みにコンニャク印判による文様を施し、内側面は全面に呉須が塗られ、墨弾きにより白抜きされた小皿が多い。そうした主文様と裏文様の組み合わせを持つ製品は稗古場窯や百貫窯などの出土品、採集品に見られる。

L-3類　連続唐草文の変形の一種である。

M類は宝珠文を描いたものである。

M-1類　宝珠結び文が描かれている。

M-2類　火炎宝珠文を中央に描き、その周囲に雲文を散らしている。この雲文の描き方はムクロ谷窯の床上出土の染付桐鳳凰文皿の内側面に描かれた鳳凰の周囲の雲文の描き方に類似している。

M-3類　連続宝珠唐草文が描かれた裏文様である。

N類は山水を描いたものである。

N-1類　比較的丁寧に山水文が描かれているもの。

N-2類　山とわずかな樹木が描かれているもの。皿は口径に対して器高が低いため、裏文様も横長のものとならざるをえない。

山水文のような風景を描く場合は、簡単に山のみを描いたようなものが大半を占めることになる。

O類　折れ松葉文を外側面に配したもの。折れ松葉文の裏文様は一七世紀からその使用が見られるが、赤絵町遺跡Ⅳ層段階ではその製品の大半が手塩皿である。

P類　異形字を描いたもの。一七世紀後半の長吉谷窯や柿右衛門窯などでも見られるほか、一八世紀第1四半期までの操業と推定されている樋口2号窯でも蓋物の外側面にも用いられている。

Q類　紅葉と源氏香文を描いたもの。

R類　草束文を描いたもの。

S-1類　樹花文を描いたもの。

S-2類　樹花と鳥のような文様を描いたもの。

T類　七宝文を外側面に複数配したもの。

U類　コンニャク印判の技法を用いた裏文様である。aは桔梗花文を施したものである。裏面を外側面と高台内に分けずに全面にこの文様を散らしている。また、内外面にコンニャク印判による文様を散らしたものには桐文などがある。bは牡丹花を押印したものである。

以上、赤絵町遺跡で出土した製品の裏文様の種類を挙げた。赤絵町遺跡の出土品の具体的な生産窯を特定することは難しいが、概して内山地区の製品であることは言えるであろう。

まず器形ごとに見てみると、丸皿は大半がA～C類である。D・E類がそれに次ぐ。その他、小皿にはL類、N-2類などが比較的使われている。特にL類は製品の特徴が似通っており、比較的短期間に使用された裏文様である可能性がある。また、F類は深皿、鉢に一般的な文様である。連続文様ではなく、一つの文様を複数箇所配するJ類、O類、Q類、R類、S類、T類などは角皿や変形皿に多い。特にO類の折れ松葉文はほとんどが手塩皿である。外側面全体を敷き詰めるようなK類やM-2類などの文様は器形を問わず、比較的上質の製品に多い。描く手間を考えると当然であろう。また、コンニャク印判や型紙摺りの技法を用いた裏文様が見られるのもこの時期の特徴と言えよう。

最も多いA～C類についてであるが、A-1類のように梅花を描いたものはB・C類には見られない。逆にB類やC類、特にC類に比較的多く見られる唐草の接点が切れているもの（B-3・7類、C-2～4・6・7類）はA類には見られない。また、A-5・7類やB-5・8・9類のように茎が折れているものはC類では稀である。

（ムクロ谷窯）

ムクロ谷窯の物原と焼成室床上から出土した製品の裏文様を紹介する。ムクロ谷窯は一七世紀末～一八世紀初めに開窯し、焼成室床上に残された製品から一七四〇年代頃に廃窯したと推定している。また、検出された物原は11層の堆積層から成り、それは間層によって五つに分けられる。各層の間に大きな時期差は認められないが、層位的に古い順に裏文様を赤絵町遺跡出土製品と比較しながら見ていきたい。

［物原11・10層］

図161-1は赤絵町遺跡出土製品のB類に相当する裏文様である。如意頭文の崩れの部分は濃みで塗りつぶしてしまわずに中心部に白地をわずかに残している。

［物原9・8層］

図161-2はB類に相当する裏文様である。茎を一本線で描き、葉の部分は二本線で枠をとった後に濃みで塗りつぶしている。如意頭文の崩れの部分も濃みで塗りつぶしている。図161-3はL-1類に相当する裏文様である。9層から5層にかけて見られる。9層出土の図161-4はL-2類に類似した製品である。これらL類に相当する文様は物原5層以前にのみ見られ、一八世紀でも比較的早い時期に用いられた。

［物原7・6・5層］

7層下層出土の図161-5は茎の部分しかわからないが、F-2類に類似するものである。7層出土の図161-6・7はA類に相当する裏文様である。このA類の裏文様が施された製品は内面の主文様も緻密で、成形も丁寧に仕上げられている。そして、一様に口紅が施されている。こうした製品は南川原窯ノ辻窯や樋口2号窯などでも見られるものである。7層出土の図161-8は比較的巻きの大きな連続牡丹唐草文である。茎は二本線で枠がとられ、中を濃みで塗りつぶしている。牡丹花も丁寧に描かれ、茎の部分よりも薄い濃みが入れられている。7層出土の図161-9はB類に相当する裏文様である。茎は一本線で描かれ、葉の部分だけ二本線の枠をとり、濃みで塗りつぶしている。5・6層出土の図161-10はN類に相当する裏文様で簡単な山水文を描いている。5・6層では他にB類に相当する裏文様の製品も出土している。

［物原4・3層］

図161-11はB類に相当する裏文様で、葉のみ二本線で枠をとり、中を濃みで塗りつぶしている。図161-12はC類に相当する裏文様で、茎も葉も一本線で描かれている。これらの層より古い層からの出土は見られない。図161-13は折れ枝梅文を描いたものである。

［物原2層］

この層で確認された製品の裏文様は、少量B類のものが認められるが、ほとんどがC類に相当するものである。図161-14はB類に相当する裏文様である。中皿によく見られる。図161-15はC-2類に相当する裏文様である。如意頭文の崩れに入る線がハート形を意識していることを示している。図161-16はC-3類に相当する裏文様である。如意頭文の崩れはすでにハート形を意識していない。図161-17はO類に相当する裏文様である。3層でもO類の折れ松葉文が見られたが、いずれも見込みにコンニャク印判を施した手塩皿である。図161-18はU類に相当する裏文様である。内面にも同様の文様がコンニャク印判により施されている。

［焼成室床上］

最上室である第1室と第5室の床上から出土しているが、第1室の製品はほとんどが上質のものであり、第5室の製品とは焼成室間の質差が見られる。焼成室第1室床上出土の図161-19はA類に相当する裏文様である。A-4類に最も近い。茎、葉ともに二本線で枠をとり、中を濃みで塗りつぶしている。第1室床上出土の図161-20はK類に相当する裏文様である。牡丹花唐草文を描き詰めている。第5室床上出土の図161-21はC類に相当する裏文様である。C-4類に最も近い。葉、茎ともに一本線で描かれ、唐草の接点（矢印部分）の付近の茎が切れており、葉は一枚ずつ描かれていない。如意頭文の崩れはハート形をまだ意識している。第5室床上出土の図161-22はC-5類に相当する裏文様である。

以上がムクロ谷窯出土製品の主な裏文様である。物原7層と第1室床上を除いて、ムクロ谷窯では5層以前においてはB類の連続唐草文が主流であるが、3層以降はC類の連続唐草文がそれに代わる。さらに細かく見れば同じC類の連続唐草文でも3層・2層段階ではC-2・3類に類似したものが多いが、第5室床上ではC-4・5類に類似したものが出土している。すなわち、連続唐草文に関してはB類の葉のみ二本線で枠をとり、濃みを入れたものから、C類の全て一本線で描くものへという流れが考えられ、C類の中でも文様の変化が見られ、簡略化が進んだとみえる。これは製品の粗雑化とともに進んだ。この傾向はムクロ谷窯だけでなく、同じ上南川原山の樋口窯でも2号窯から3号窯の第2期層へと製品が粗雑になる傾向があり（大橋一九八八）、また、下南川原山の南川原窯ノ辻窯においても物原I層段階で粗放なものが現れるという（大橋一九八八）。こうしたことから、一八世紀前半の間に製品の粗雑化、すなわち、裏文様が簡略化する傾向があるといってもよさそうである。

一方、ムクロ谷窯でも物原7層や第1室床上の出土製品をみると、B類やC類が主流を占めている時期であってもA類の丁寧な連続唐草文が見られる。一様に簡略化が進んだわけではないようである。上質な製品を作る技術集団の中では、簡略化されない連続唐草文を継続して描いたか、あるいは製品の品質に応じて、裏文様の精粗を使い分けていたと見られる。『酒井田柿右衛門家文書』の享保八年（一七二三）の「口上手続覚」には、「右の通り代々相続仕来り候処、近年御道具御注文等も仰せ下げこれなく、年に増し相衰え、某儀は申すに及ばず、絵書、細工人、荒使子ていの者迄職業これなく、日に増し難渋重なり、年老の者空しく相休み、童子よ

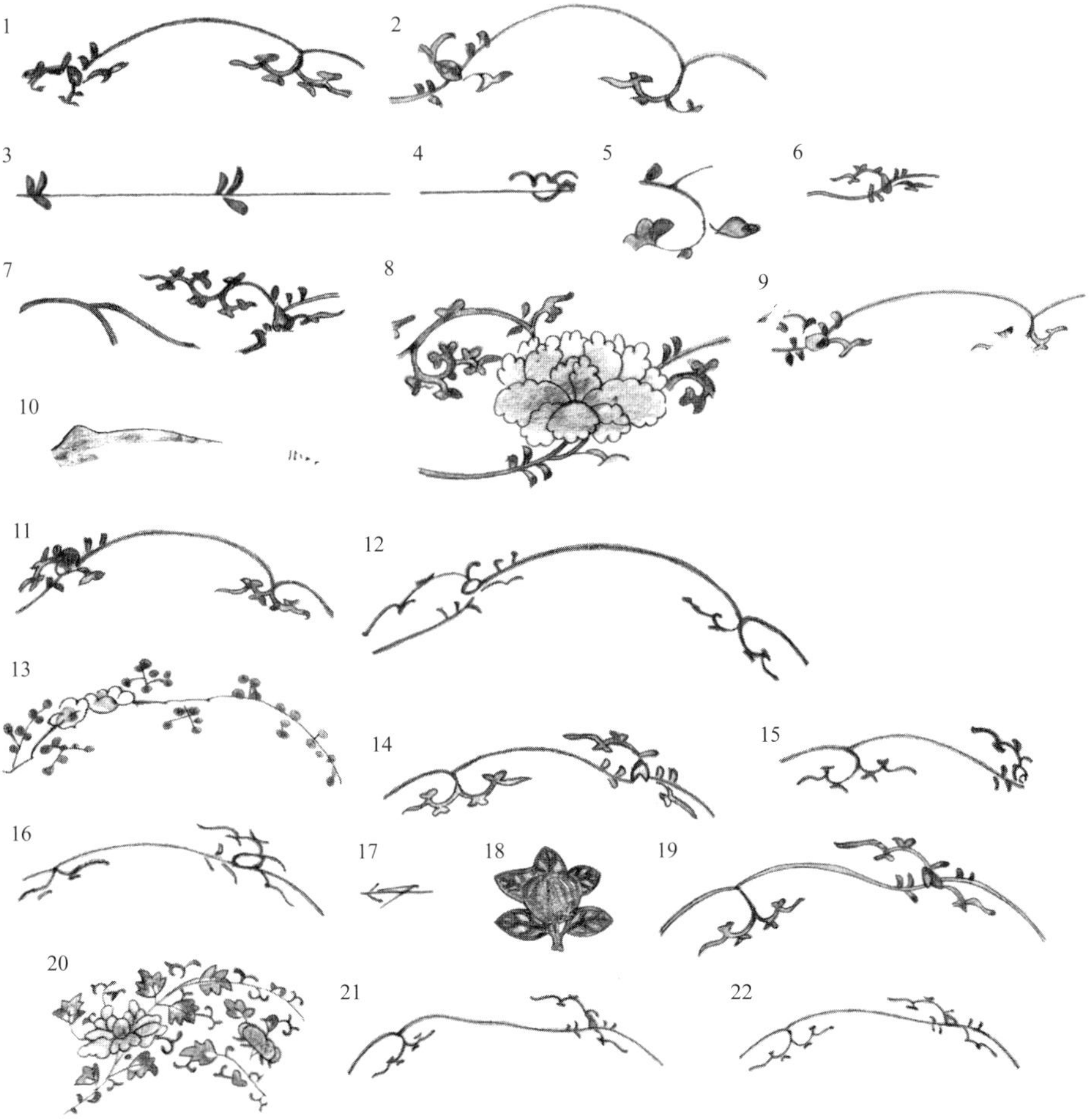

図161　ムクロ谷窯跡出土製品の裏文様

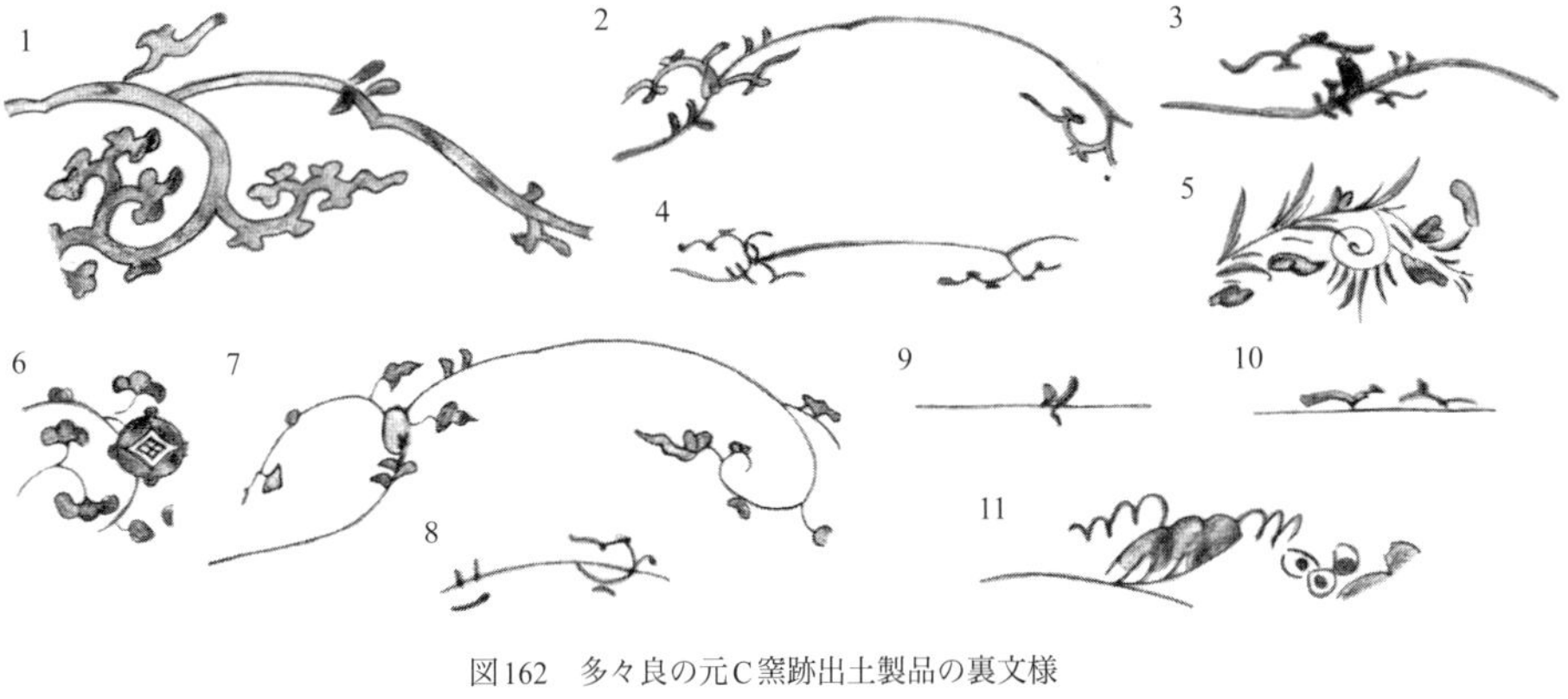

図162　多々良の元C窯跡出土製品の裏文様

りは其の職仕習い申さずては相叶わず候処、右の職退転仕り候場にて、壮年の者共にては上品の仕習い罷り在り候故、脇山へ罷り出で候でも懇望に預り候〔後略〕」と、柿右衛門が窮状を訴える内容が書かれてある。その窮状のため、「上品」を作る技術者が「脇山」に出かけていたとあるが、柿右衛門がいたと考えられる下南川原山の南川原窯ノ辻窯と関わりの深い窯場は地理的にも近い上南川原山である。そのため、「脇山」が上南川原山のムクロ谷窯や樋口窯であった可能性は高い。加えて7層の年代が享保年間頃と推定されていることを考え合わせると、7層で見られる上質の製品が焼かれた背景には、南川原窯ノ辻窯の陶工の影響があった可能性が高い。

（多々良の元C窯）

多々良の元窯は一六三〇年代から近代まで操業が続けられた窯場であるが、一八世紀前半を操業年代に含む窯はC窯である。C窯は、窯体は確認されていないが、物原の一部が検出されている。以下、多々良の元C窯で見られる裏文様を挙げていく。

図162‐1はA‐5類に相当し、茎と葉ともに二本線の枠をとり、中を濃みで塗りつぶしている。図162‐2はB類に相当する。B‐8類に最も近く、茎は一本線で描かれ、一度折れている。葉は二本線で枠をとり、中を濃みで塗りつぶしている。如意頭文の崩れはハート形をしており、濃みで塗りつぶされている。図162‐3はC類に相当し、C‐5類に近い。図162‐4はC‐4類に最も近く、茎と葉ともに一本線で描かれている。葉は一枚ずつ描かれていない。図162‐5は笹状の葉のついた連続唐草文であり、E類に最も近い。図162‐6はF類に相当するもので、七宝文を巻きの大きな唐草文で結んでいる。図162‐7はF‐3類に相当し、図162‐8はD‐4類に相当する。図162‐9はL‐1類に相当し、ムクロ谷窯で見られるL‐1類の製品と器形、主文様ともに同様の製品である。図162‐10はL類に相当する裏文様であるが、崩れがひどく原形をとどめない。図162‐11は蔓草文が描かれている裏文様である。

以上が多々良の元C窯の出土製品に見られる主な裏文様である。B類とC類が主体である。一方、一九八八年の調査報告によると、大皿は量的には少ないが、小皿・中皿と全く作行きが異なり、絵付けが非常に巧みである（有田町教委一九八九）。その大皿の裏文様がA類、そして、小皿・中皿の裏文様は主にB類、C類である。この場合のA類とB・C類の違いは時期差によると考えるよりは、製品の質の差がそのまま裏文様の種類の違いとなったと考えるべきであろう。

ここで一七世紀末～一八世紀の製品の裏文様の簡略化についてまとめてみる。一八世紀の中で裏文様、特に連続唐草文が簡略化されていく傾向がある。特に葉の描き方の変化が顕著である。Ｂ類の二本線による枠をとるものから、Ｃ類の一本線で描くものへと簡略化されていく。しかし、一様に簡略化が進んだのではなく、技術集団による技術差があることも認められる。すなわち、上質の製品の中にはＡ類の裏文様がかなり後まで残るようである。多々良の元Ｃ窯でも製品の質の差がそのまま裏文様の差となって表れている。

一七世紀後半に比べると、裏文様の種類は少なく、これらの裏文様のほとんどの祖形を一七世紀世紀後半の製品の裏文様に求めることができる。しかし、皿類に裏文様を入れる割合は一八世紀の方が高い。すなわち、一六三〇年代頃から中国の製品を模倣して、漸次裏文様を施すようになり、一七世紀後半にはその種類・量ともに急増するが、それでも比較的上質の製品を生産する窯に偏っていた。一七世紀後半のそうした窯で数多くの種類の裏文様が生まれ、それが有田をはじめとした肥前全体に一般化する中で、ある程度画一化されたようである。そのため、種類は少ないが、品質による差異が裏文様に大きく現れるようになったと言えよう。裏文様の簡略化は、すなわち製品の粗雑化であり、それは製品の画一化の過程で生み出されたものである。

2　製品種別制度と画一的生産

(1)　製品種別制度

製品の画一的な生産を最もよくあらわす制度の一つとして、一九世紀に設けられたとされる窯焼の製品種別制度がある。『肥前陶磁史考』によれば、文化一二年（一八一五）に窯焼の製品種別制度を設けたとある。すなわち、「文化十二年（一八一五）十二月、有田皿山代官に補せられし成松萬兵衛信久は、窯焼の製品種別制度を設けて、他山の追従を赦さざる迄に熟練せしめ、そして各山旧来の特色を保たしむることとした。（中略）而して各山定むるところは、南川原山は型打丼類、外尾山と黒牟田山は型打角鉢及小判型皿、広瀬山は嗽ひ丼及び八角鉢、応法山は神酒瓶及び小瓶、市の瀬山は六角丼等であった。此制度は有田皿山にも行はれ、泉山、上幸平、中樽は膳附物即ち食器類とし、大樽は丼と鉢、白川、幸平、稗古場は鉢丼と花瓶に定め、岩谷川内は、火入れと弁当重類に限られたのである。」(中島一九三六、五〇九頁)とある。これを発掘調査が行われた窯とともに整理すると以下のようになる。

(窯場名)	(器　種)	(古窯跡名)
泉山・上幸平・中樽	膳附物(食器類)	小樽2号窯・年木谷1号窯・年木谷3号窯
大樽	丼と鉢	未調査
白川・幸平・稗古場	鉢丼・花瓶	下白川窯・谷窯・白焼窯・稗古場窯
岩谷川内	火入れと弁当重類	猿川窯
南川原山	型打丼類	南川原窯ノ辻窯・樋口3号窯
外尾山・黒牟田山	型打角鉢及び小判型皿	多々良の元D窯
広瀬山	嗽い丼及び八角鉢	広瀬向2号窯、茂右衛門窯
応法山	神酒瓶及び小瓶	窯の谷窯
市ノ瀬山	六角丼	未調査

そして、この制度が設けられたのは、文化一二年(一八一五)であるが、「各山旧来の特色を保たしむること」とあるように、それ以前より窯場ごとの器種の偏りはあったのである。ここではこのような器種の偏りがどのような過程で形成されたかについて、いくつか窯場の例をあげてみていきたい。

(2) 各地区の製品組成の変遷

(泉山地区)

前述のように泉山地区の窯場は、一七世紀当時は年木山と称されており、一七世紀中頃に一度廃されている。一七世紀の年木山の窯場を構成していた楠木谷窯、枳薮窯、年木谷3号窯(旧窯)は、いずれも皿類を主体に生産していた窯である。一方、年木谷3号窯（新窯）の背後に宝暦二年（一七五二）「奉寄進上泉山登釜焼中」の石碑があることから一七五二年には泉山地区の窯場が再興されていたことは確かであり、その年木谷3号窯（新窯）の発掘調査では主に一九世紀以降の製品が出土したが、染付碗類を主体としている。安永七年（一七七八）に築窯されたとされる年木谷1号窯、文化一〇年（一八一〇）に築窯を願い出て翌年焼いた記録が残る小樽2号窯も同様に染付碗類が主体である。なお、小樽2号窯は築窯を願い出た者が「皿山上幸平釜焼源吾」であり、当時の上幸平の窯場もまた染付碗が主体であった可能性が高い。いずれも製品種別制度の記述と合致する。一方、泉山口屋番所遺跡で検出された整地土壙には登り窯の物原から一括して持ち込まれたと思われる一七世紀末頃の製品が多数廃棄されていた（野上一九九三、一〇二－一一〇頁）。それらの中には碗以外にも皿、鉢類が多数含まれていた。これらが泉山地区の窯場の製品であるかどうかは不明であるが、失敗品であることから近接する窯場から持ち込まれた可能性が高い。泉山の窯場でなければ、付近の上幸平、中樽地区あたりの窯場の失敗品と思われるが、いずれにせよ製品種別制度では膳附物を焼かせたとされる窯場である。一七世紀末頃にはまだ製品種別制度に記される器種に製品が偏った様子は見られないようである。

（白川地区）

白川地区の天狗谷窯は成立当初より、碗・瓶の割合が高い窯であり、中白川窯や下白川窯も共通する特色をもっていた。しかし、海外輸出が本格化する頃に大きく器種構成が変化する。すなわち、染付芙蓉手皿をはじめとした皿類の割合が高くなるのである。一七世紀末～一八世紀前半は国内向けの製品も多いが、海外向けの染錦素地皿、染錦素地大壷なども多く見られる。一八世紀中頃以降は国内向けの染付小皿、碗、鉢、紅皿が出土する。

この製品種別制度で、白川とともに鉢丼と花瓶を生産する窯として記されている幸平、稗古場は、白川周辺に位置する窯場であるが、いずれも一七世紀代に金ヶ江一族が関わった窯場である点で共通している。

（応法地区）

第7章で述べたように、応法地区の窯場は一七世紀中頃の成立当初は染付小皿類を主体に生産しており、瓶類はほとんどみないが、内山地区の窯場の再編成の頃に大きく器種組成が変化する。一七世紀後半より碗、瓶、中皿の割合が高くなるのである。そして、一七世紀末から一八世紀前半の間は碗、瓶を主体に生産するが、皿類もまだ比較的多い。一八世紀中頃よりその製品のほとんどが瓶類となる。

また、『代官旧記』文化九年申日記（池田編一九六六、四頁）によれば、応法山は享保一七年（一七三二）の大凶作によって、応法山は庄屋を勤める者がいなくなり、黒牟田山に住んでいた林右衛門が応法山に引っ越して、応法山を再興している（野上一九九四、四五-四六頁）。林右衛門の子一郎右エ門が宝暦一一年（一七六一）から庄屋を勤めているので、一七三二～一七六一年の間に中断している時期があったようである。近接する黒牟田山の者が庄屋を勤めるようになるなど、当時の応法山と黒牟田山の関わりは深い。一八世紀前半において黒牟田山の多々良の元C窯では瓶類が出土し、窯の谷窯では比較的皿類が多いことなどはその関わりに一因があると推測される。両者の関わりはこの応法山の中断の時期に限ったものではないと思われるが、窯場が中断した際には陶工が黒牟田山へ移る者もいたであろうし、新たな庄屋が黒牟田山から引っ越してきた際にはそれに伴って応法山へ移る者もいたと思われる。こうした陶工の移動がまた器種構成に変化を生みだすようである。

(3) 器種における画一的生産

各窯場によって様相はいくらか異なるし、必ずしも製品種別制度に記載されている製品を主体としていない窯場もあるが、全体としては窯場ごとに製品の偏りが顕著になることは確かなようである。そして、窯場ごとの器種の画一的な生産に至る過程については、以下のような指摘が可能であろう。

まず、生産される製品の器種は、本来、その陶工集団の性格によるところが大きい点を指摘できる。つまり、陶工集団の構成が変化すれば、製品の器種構成も変化するし、窯場内の陶工集団の構成に変化がなければ、生産される製品の器種の変化も乏しいということである。例えば瓶や壺などの袋物や碗類の生産と金ヶ江一族との関わりは深い。一六三〇年代以前に金ヶ江三兵衛が関わったとされる小溝地区の窯場でも瓶や壺類及び碗類の出土は比較的多いし、一六三〇年代頃に開窯したとされる天狗谷窯もまたそうである。一七世紀後半に金ヶ江一族を含む陶工集団が移住した応法地区の窯場もその頃より瓶・壺類及び碗類の生産を始めている。また、製品器種制度に「鉢丼・花瓶」を焼かせたとされる白川・幸平・稗古場はいずれも金ヶ江一族ゆかりの窯場である。第１章で述べたように過去帳の記載から白川地区には一七世紀後半以降も金ヶ江家の一部がとどまり、稗古場山には一七世紀後半に金ヶ江三兵衛家が白川地区から移った窯場であることがわかるし、幸平地区もまた金ヶ江家一族が関わった可能性が考えられるのである。ある特定の陶工集団がもつ特色によって窯場の性格が形成され、それが窯場の基本的な性格の一部として継続された可能性が考えられる。

そして、海外輸出の本格化に伴って、器種構成が大きく変わる点も指摘できる。これについては二つの側面があろうと思う。一つは当時の窯場の興廃に伴う陶工の移動が頻繁であったこと、一つは海外輸出の本格化による需要の多様化が器種の増加につながったことである。前者の陶工の移動が製品の器種構成に大きな影響を与えることについてはすでに述べたとおりである。

また、製品種別制度にある器種の生産の多くは一七世紀後半にはすでに始められている点も指摘できる。応法地区の瓶類の生産がそうであり、白川・幸平・稗古場における瓶類の生産もまたそうである。そして、一八世紀以降、生産される器種の種類が減少していくことも指摘できる。応法山のように一時中断することで、近接する黒牟田山から陶工が移動する特殊な例などはあるが、一八世紀以降は概して陶工集団も窯場に定着し、少なくとも集団を伴う移動があまり行われなかったことを示しているように思う。

よって、製品の器種における画一的な生産が行われる過程は次のようにまとめられる。一七世紀後半の大規模な陶工の移動に伴い、窯場の器種構成がそれ以前と大きく変化したが、地域的分業化が確立した段階で、陶工集団の定着化が行われた。そして、その定着した陶工集団により窯場の特色が形成されたが、一七世紀後半の段階ではまだ海外需要という共通の需要のために共通して生産される器種の製品が多かった。そして、一七世紀末以降は海外需要が減退することで、窯場がもっている本来の特色が器種構成にもより現れるようになる。しかし、一七世紀末〜一八世紀前半にかけては器種においてまだ極端な偏りはなく、特色となる器種を主体としながらも窯場ごとに複数の器種の生産が行われているようである。そして、一八世紀後半以降になると、生産される製品の種類がさらに減り、製品の器種における分業化が促進されたと考える。製品種別制度はこうした前提のもとに制度化されたものであろう。

註

1　『皿山代官旧記覚書』明和元年（一七六四）には、「壱登之内小釜何間、中釜何間、大釜何間と書戴可差出候事」とあるように一八世紀中頃～後半に窯の焼成室においても小釜・中釜・大釜の三区分が見られる。

第9章　国内市場の流通販路の拡大

展海令以後の海外輸出の減退に伴って、国内市場の比重が高まり、とりわけ波佐見では国内向け製品の本格的量産を行うようになったことはすでに述べた。それでは量産された製品はどのように流通していったのであろうか。そこには肥前磁器の主要な積み出し港である伊万里などの商人とともに、国内流通を支えた地方商人の活躍があった。紀州商人、越後商人、伊予商人など多くの地方商人が伊万里に来航し、陶磁器を積み込んでは消費地へと運んでいった。肥前磁器の流通販路は彼らによって支えられているところが大きかった。その地方商人の代表格が筑前商人であった。筑前商人が拠点とした玄界灘や響灘の海岸部では多くの陶磁器を採集することができる。ここでは本格的量産を支えた流通機構について、文献史料と考古資料の両面からみていきたい。

第1節　文献史料にみる肥前陶磁の流通量

文献史料にみられる肥前陶磁の流通量についてみてみることにする。積出し港に関する史料と荷揚げされる港の史料の二種類をここであげる。

積出し港に関する史料は、二つの史料を取り上げる。一つは天保六年（一八三五）に記された『伊万里積出陶器荷高国分日又陶器旅客別当付下宿并当所陶器商人肴問屋宿屋之事』（『伊万里市史続編史料篇』一九六五、八二一-八二四頁）である。もう一つは文久三年（一八六三）の『川口番所関係史料』（前山一九九〇c、八一三-八八二頁）である。

『伊万里積出陶器荷高国分日又陶器旅客別当付下宿并当所陶器商人肴問屋宿屋之事』（以下、『伊万里歳時記』）は伊万里津から積出された焼物について記されており、佐々木達夫や前山博によってすでに分析が行われている（佐々木一九八二、三一-三三頁、前山一九九〇c、三五七-三七一頁）。佐々木達夫が統計の目的や方法は不明であるとし、前山博が調査報告の直接的契機やその信頼度の如何についてはなお今後の課題としている史料である。同史料によると伊万里津から積み出された陶磁器の総量は「凡三拾壱万俵」である。その中で江戸を含めた関八州向けが「拾壱万俵」であり、全体の約三分の一を占める。江戸を含めた関東地方が幕末当時、最大の消費地であることがわかる（表38・39）。次いで大坂の「三万六千俵」であり、この両者だけで四七％であり、約半分を占めている。肥前陶磁の流通は一様ではなく、大都市部周辺と地方とでは大きな差があるようである。これについて大都市周辺と地方とでは磁器需要に差があるとみる見方と、各地方に磁器窯が生まれており、地方における肥前磁器の占有率が下がったという二通りの見方が可能である。

表38『伊万里歳時記』に見る伊万里津積出し国（地方）の割合

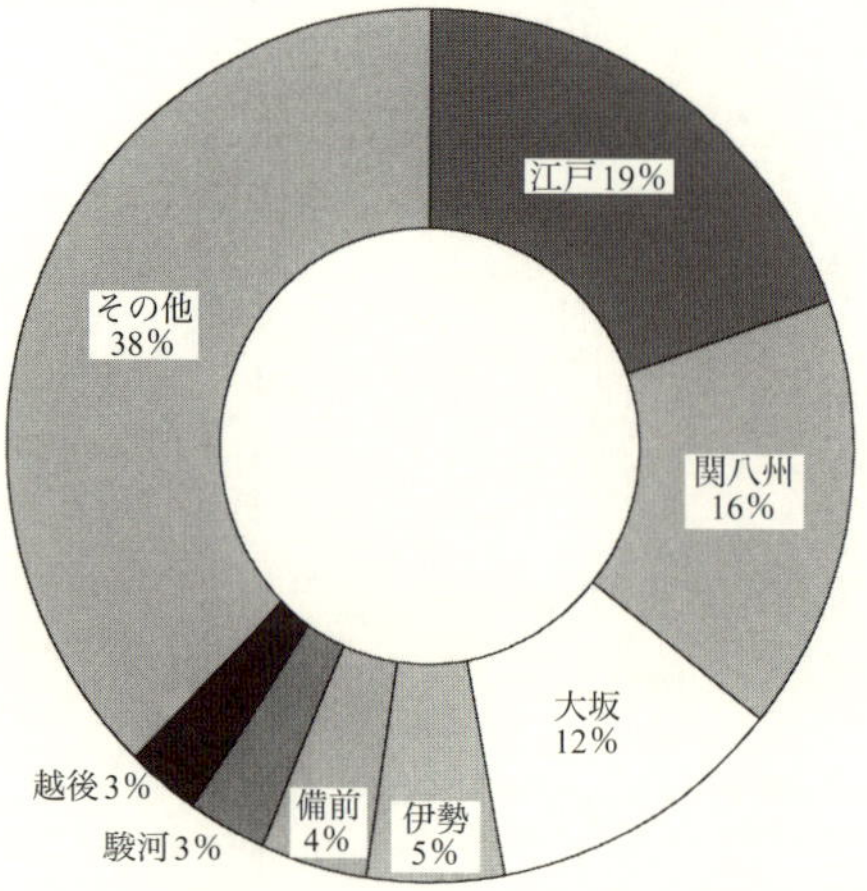

また、これらの陶磁器の購入者については、「凡弐拾万俵」が筑前商人買高であり、「同六万俵」が紀州商人買高である。その他、伊予・出雲・下ノ関・越後らが七万両とある。いずれも旅商人とよばれる買積商人であり、全国の市場に積み出された陶磁器の総量の六〇％以上が筑前商人、二〇％弱が紀州商人ということになり、筑前商人が肥前陶磁の全国流通に果たした役割の大きさをうかがわせる。

そして、同史料には「旅陶器」と称される佐賀領以外の地で生産された焼物の産地と概数が記され、波佐見焼についても「一、三万七百俵　大村領破佐見　代同千八百両」とあり、伊万里津から積み出されていたことが推測される。また、盛峰雄によれば伊万里市内で波佐見焼と思われる製品が多数出土するという。そして、佐々木達夫は「旅陶器」の中で波佐見焼は数量の六七％を占めるが、価格は三五％にすぎないことを指摘し、波佐

表39『伊万里歳時記』に見る伊万里津から積み出された国別量

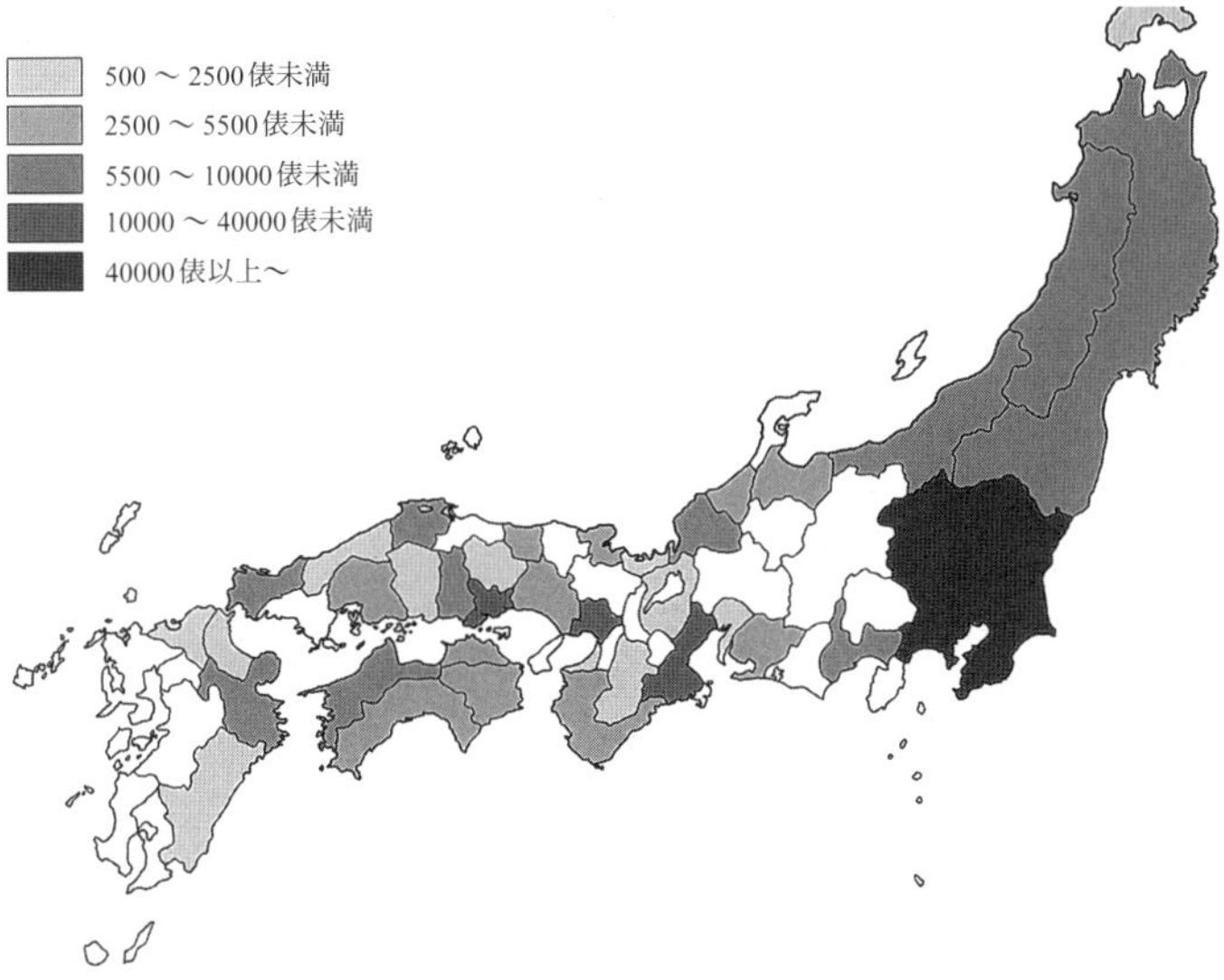

見焼が安価品であったことを指摘している（佐々木一九八二、三一頁）。一方、『郷村記』に記される天保期頃の波佐見焼の年間生産高である四八，四四六俵と比較すると、伊万里津から積み出された波佐見焼の三〇，七〇〇俵という数値はその六三・三％にあたり、記録上は波佐見焼の大半が伊万里から積み出されたことになるが、伊万里津から出荷した焼物の総量の中で波佐見焼の占める割合はその一〇％にも満たないものである。これがそのまま生産量の占める割合を示すとは考えにくく、記録に見えない実態があるのかもしれない。

もう一つの文久三年（一八六三）の『川口番所関係史料』は、前山博が分析を行った史料である（前山一九九〇c、八一三‐八八二頁）。欠損部分があるものの文久三年（一八六三）における伊万里津の焼物積出に関する一ヶ年全体の状況をある程度推し量ることが可能な史料である（前山一九九〇c、八一五頁）。前山博は文久三年（一八六三）に伊万里津を経由して運輸された貨物に関する記録から、あくまでも概数としながらも月ごとに二〇，〇〇〇俵前後、年間にして二〇数万俵の焼き物積み出し高になると推定している（前山一九九〇c、八四七頁）。前述の天保六年の「凡三拾壱万俵」という数字も非現実なものではないように思う。

次に消費地側の史料としては、『重宝録』がある。『重宝録』には安政三年（一八五六）に江戸に入津した焼物の量が産地別（出荷者別）に記載されている。この史料についても佐々木達夫や前山博によって既に分析が行われている（佐々木一九八七、二二一頁、前山一九九〇c、三〇一‐三〇三頁）。それによると合計三〇五,五三三俵の内、尾張様御国産一三二,二〇八俵（四三・三％）・紀州様御蔵入御国産四五,一一七俵（一四・八％）・松平肥前守様御国産二四,七九四俵（八・一％）・大村丹後守様同六,六七二俵（二・二％）・相馬大膳亮様同四,六九七俵（一・五％）・筑前様持下荷物一二,一八五俵（四・〇％）・京都焼二三,一六五俵（七・六％）・信楽焼二五,〇四二俵（八・二％）・堺擂鉢八,一五三俵（二・七％）・尾州常滑並細工物二三,五〇〇俵（七・七％）とある。尾張国産の瀬戸・美濃焼が圧倒的な量を示す一方、有田焼などの肥前国産はわずか八・一％に過ぎないが、佐々木達夫や前山博は紀州国産の焼物も大半が紀州箕嶋商人が扱った肥前磁器であろうと推測し、さらに前山博は筑前様持下荷物もほとんど筑前芦屋商人らが扱った肥前磁器と推測している。もちろん、紀州の男山焼や筑前の須恵焼なども考慮しなければならないが、生産規模を考えると大半を肥前磁器と考えて問題ないであろう。紀州国産、肥前国産と筑前様持下荷物の合計は八二,〇九六俵（二六・九％）となり、これに波佐見焼などの大村藩領の焼物を加えると、八八,七六八俵（二九・一％）である。瀬戸・美濃焼には及ばないが、江戸入津の焼物の三割ほどが肥前陶磁であった可能性が高い。そして、ここで再び注目されるのが、大村藩領の割合の低さである。わずか二・二％にすぎない。前山博は「有田物」の焼物の中に波佐見焼の一部が含まれると推測している（前山一九九〇c、三〇二頁）。これは前掲の『伊万里歳時記』の中の「旅陶器」に波佐見焼が含まれることからも可能性が高いが、前述したとおり、伊万里津から出荷した焼物の中で波佐見焼が占める割合は一〇分の一にも満たないものである。つまり、肥前国産の焼物に含まれる波佐見焼の量を加えたとしてもなお大村藩領の焼物の割合は低いように思われる。また、紀州箕嶋商人や筑前芦屋商人らが「伊万里津陶器積出陶器」とは別に波佐見焼を扱った可能性についてはどうか。今のところ、紀州や筑前の商人と大村藩を結ぶ史料を確認することはできない。伊万里津から積み出される焼物や江戸に入津する焼物のどちらの記録をみても波佐見焼の占める割合は非常に小さい。もちろん、伊万里津及び江戸を経由しないルート、例えば川棚あたりから積み出し、大坂の蔵屋敷へ運ぶ藩の専売ルートなどによって運ばれたものが多かったことを示すものかもしれない。この流通ルートであれば、確かに伊万里津を経由しない。しかし、大坂から江戸へ運ぶのはやはり水運であろうから江戸入津の焼物に含まれてよいようにも思う。江戸と大坂では波佐見焼の出土量に差があるのであろうか。全国の消費地遺跡から出土する波佐見地区の製品と思われる製品は多く、有田地区の製品よりもむしろ多い。しかし、文献史料からはそれが読み取れないのである。やはり記録には見えない実態がある可能性がある。

第2節　筑前商人と国内流通

筑前商人は、『伊万里歳時記』によれば天保六年（一八三五）頃の伊万里から積み出した肥前陶磁器の六〇％以上を買積みしたとされる旅商人である。前山博によれば旅商人にはそれぞれ縄張りがあり、その概略について次のように記している（前山一九九〇c、三六五–三六六頁）。

紀州商人――専ら江戸を含めた関八州
伊予商人――瀬戸内から上方にかけて
下関商人――山陽・山陰などへの継送
出雲商人――専ら山陰地方
越後商人――越後を中心に、出羽・秋田を含むか。
筑前商人――江戸・関八州を含む全国の地方市場

この縄張りをみてもわかるように筑前商人は、その流通量と流通範囲において、肥前陶磁の国内流通の担い手として大きな役割を担っていた。特に江戸・大坂などの大都市圏以外の地方市場への販売は、肥前の磁器産業が国内需要の裾野を拡大する上でも欠かせないものであり、言い換えれば国内向け製品の本格的量産化を流通面で支えていたといえよう。

第1項　文献史料にみる筑前商人の活動

肥前陶磁を扱った筑前商人の活動については前山博の研究がある（前山一九九〇c）。筑前商人は主に遠賀郡や志摩郡などに本拠を置く商人で、彼らの出身地は遠賀郡周辺の芦屋（口絵14）・山鹿・柏原・脇ノ浦・脇田、志摩郡周辺の船越・岐志・新町・久家などである。他に筑前商人の出身地としては姪浜・加布里・博多などがあるが、大部分は遠賀郡と志摩郡に属する浦々の人々によって占められており、いつからか前者を上浦、後者を下浦と称するようになったという（前山、一九九〇c、四〇二頁）。彼らは商人であるとともに船主であり、かつ船頭であったともいい、伊万里の陶器商人から陶磁器を買い入れ、それを全国の市場へと販売したのである。

筑前商人のこうした「旅行（たびゆき）」と称する商売を始めた時期については明確ではない。伊万里津の陶商前川家の天明三年（一七八三）から天保五年（一八三四）にわたる「銀控帳」を見れば、前川家は天明三年にはすでに筑前商人との取引を始めている（前山一九九〇c、三九九-四三五頁）。前川家は享保年間頃には二〇〇石積みの手船を持ち、大坂の問屋に積み登らせていたが、やがて手船を保有せず、もっぱら雇船に依存するようになり、筑前商人ら旅商人との間の取引が天明三年（一七八三）には始まっているのである（前山一九九〇c、三九九-四三五頁）。また、『稚狭考』（板屋一助、明和四年自序）の巻六（産業交易）には「諸国より米穀・四十物の類小浜に来る事」を考証しており、その中で米の他に「筑前の磁物」とあることから、明和四年（一七六七）頃にはすでに筑前商人が肥前磁器を日本海に面した小浜にもたらしていたことがわかる（前山一九九〇c、八八九頁）。

また、筑前商人の消費地における行商活動を知る史料として「武州関口日記」がある（佐々木一九八二、三四-三五頁、前山一九九〇c、四四二-四五〇頁）。武蔵国生麦村で名主をつとめた関口藤右衛門家の代々の当主が書き継いだもので、文化三年（一八〇六）から明治三四年（一九〇一）まで残されている。その日記の中には頻繁に筑前商人から焼物を購入した記載がみられる。天保年間で茶漬碗一個一〇〇文程度で購入しており、これは酒二・七合、さんま一四本、蒟蒻一七枚、傘一本の直し代、下駄の片方といった価格である（佐々木一九八二、三六頁）。この時期にはこうした農村の名主程度の階層にまで肥前磁器の使用が普及していることがわかるものであるが、筑前商人が全国の地方市場へ直接行商を行えるようになるには、こうした地方のある程度の階層にまで肥前磁器の使用が普及することが必要であったと思われる。

それでは、筑前商人はどのような形態で肥前陶磁を積み出していたかについてみてみる。ここでは前山博による文久三年（一八六三）の『川口番所関係史料』の数値（前山一九九〇c、八一三-八八二頁）から考察してみようと思う。俵銭総数の上位を占める防州（全体の三二%）・紀州（一五%）・筑前（一四%）・伊万里（八%）の各商人の積出俵数・石高・俵銭数を比較してみる（表40～45）。伊万里の俵銭総数が上位を占める理由は伊万里の船頭の中では例外的な勝助の積出俵数の多さによるものである（表42）。前山博によれば、伊万里の勝助、すなわち犬塚勝助は江戸の佐賀国産陶器の蔵元（いわば肥州代理店）である犬塚駒吉に関わる人物であり、勝助の手船はつまり佐賀国産陶器の蔵元の持船であったのであり、安政五年（一八五八）には兵庫の肥前屋粘右衛門へ宛てて、江戸の犬塚駒吉向けの荷九〇〇余俵を運び、また同年大坂堂嶋の佐賀藩陶器蔵元鴻池庄十郎宛てに一,三〇〇余俵を送っている（前山一九九〇c、八七二頁）。その勝助を除けば伊万里の船頭は皆一件あたり二五〇俵以下の小規模なものである。残る防州・紀州・筑前の船頭の一件あたりの平均俵数・俵銭数をみると、防州（九六五・三俵、二〇三〇・一文）、紀州（二一八六・三俵、四三八一文）、筑前（四七三・六俵、一〇六二・五文）である。その規模差は歴然としている。紀州と筑前を比較した場合、紀州は件数は少ないが、一度に大量に積み出し、筑前は一度に積み出す量は少ないが、件数は多いということになる（表44・45）。一度に積み出す量の違いはおそらく船の大きさを反映したものであろう。船の大きさを規定するものは、その船頭の財力によるところが大きいと思われるが、その本拠地や商圏の違いによるところもあると考える。先にあげたように商人はそれぞれ本拠地をもち、商圏をもっていた。多くの商人が本拠地の地の利を生かした商圏を形成する中にあって、紀州商人と筑前商人は直接本拠地とは関わりない地域を商圏としている。紀州商人と筑前商人の異なる点は、紀州商人は江戸・関八州といった限定された地域を商圏としているのに対し、筑前商人は江戸・関八州を含めた全国の地方市場を商圏としている点、また、紀州商人の本拠地箕島は伊万里から遠く離れた位置にあるのに対し、筑前商人が伊万里に比較的近い位置に本拠地をもっている点である。当時、江戸・関八州は国内では最大の市場であり、大量に陶磁器を持ち込んでも売り捌ける市場である。紀州商人は関東一円で直売行商も行っているが、江戸までは同じ海運経路をたどる。一九世紀に入り、兵庫〜江戸間を菱垣廻船問屋の手で江戸へ積み登るようになったとしても兵庫までは同じ経路をたどる。伊万里から遠く離れた紀州商人にしてみれば一度に大量に伊万里から積み出した方が効率的である。一方、筑前商人は伊万里に近い位置に本拠地があるため、伊万里での買積みは容易である。また、商圏も全国の地方市場を覆っており、必ずしも一ヶ所で大量に売り捌ける市場のみを対象としていない。その場合、紀州商人とは逆に一度に大量に積み出すことは不都合になると思われるのである。

一方、こうした旅商人による市場直売方式と相反する商売形態が専売制である。大村藩については、『皿山旧記』に「焼物商売仕初宝永二年酉五月十一日送状にて仕登候事」とあり、宝永二年（一七〇五）には本格的に国内市場への波佐見焼の売り込みを行い始めている。その後、寛保三年（一七四三）には大村藩による専売制を実施したという（波佐見史編纂委員会一九七六、四〇二頁）。一方、佐賀

表40『川口番書関係史料』文久3年（1863）に見る国別商人の俵銭総数（単位は文）

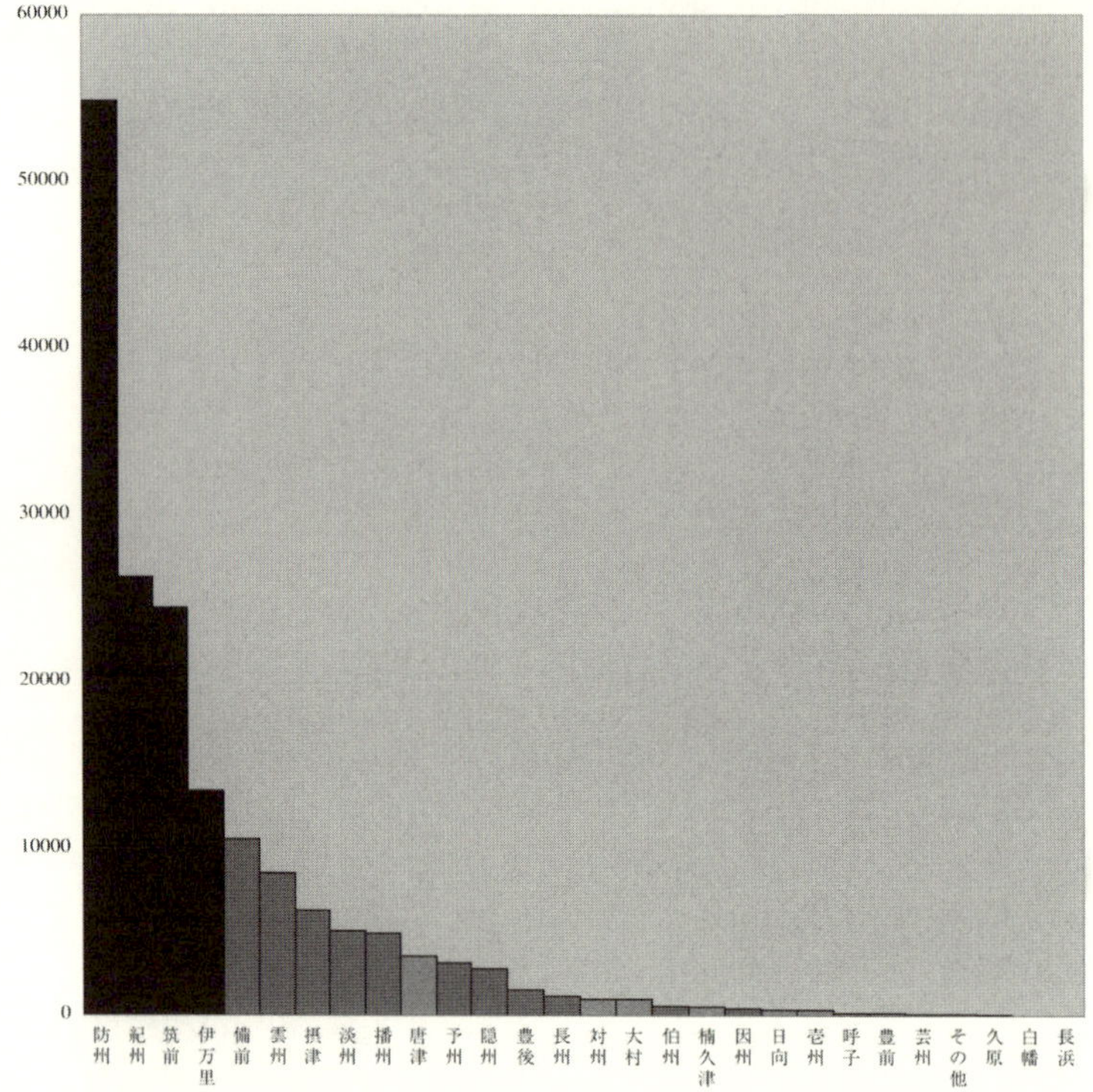

表41『川口番書関係史料』文久3年（1863）に見る国別商人の平均俵銭数（単位は文）

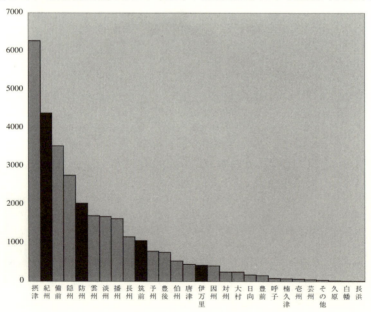

表42　伊万里商人の積出俵数・石高・俵銭数

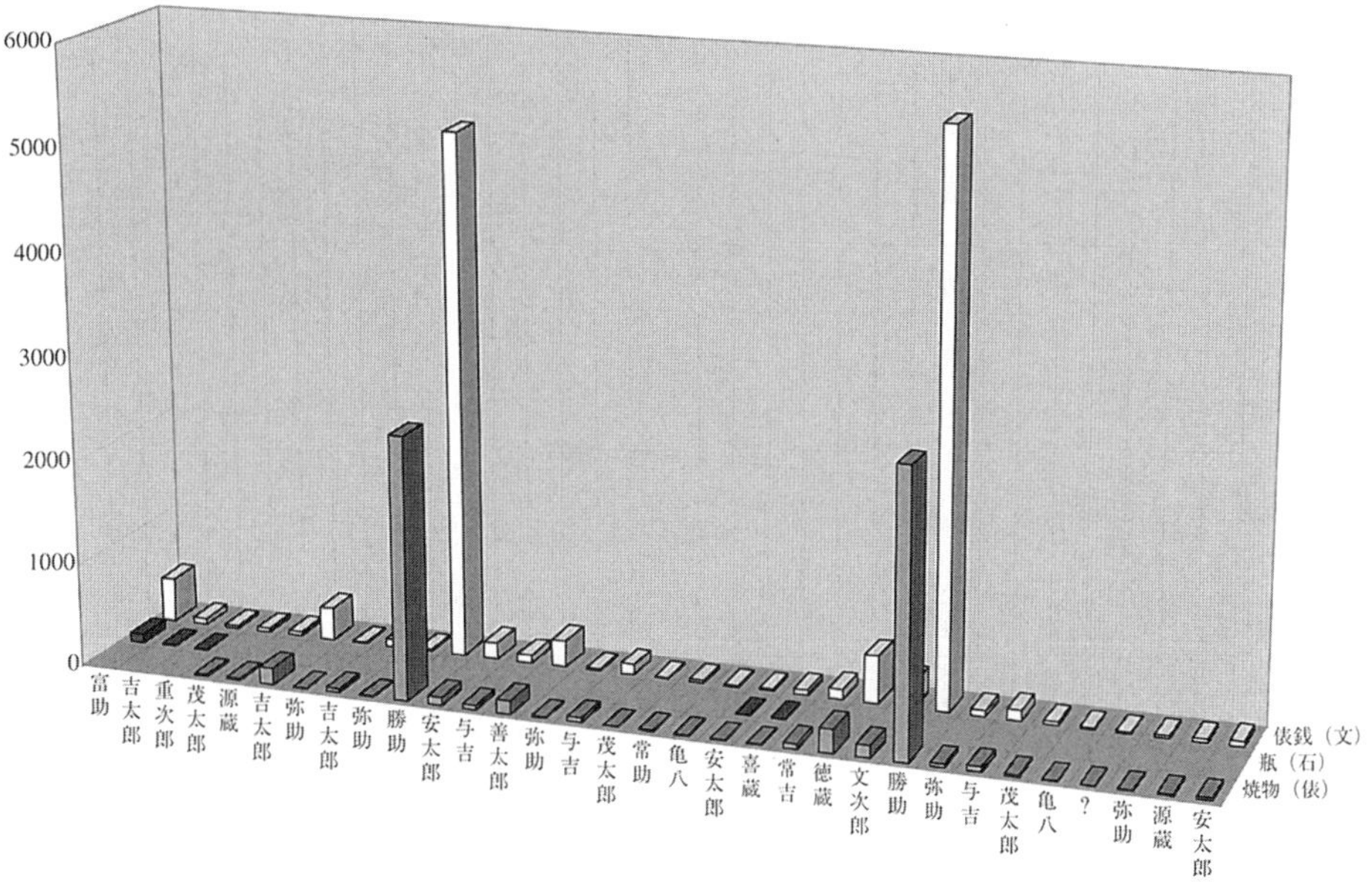

表43　防州商人の積出俵数・石高・俵銭数

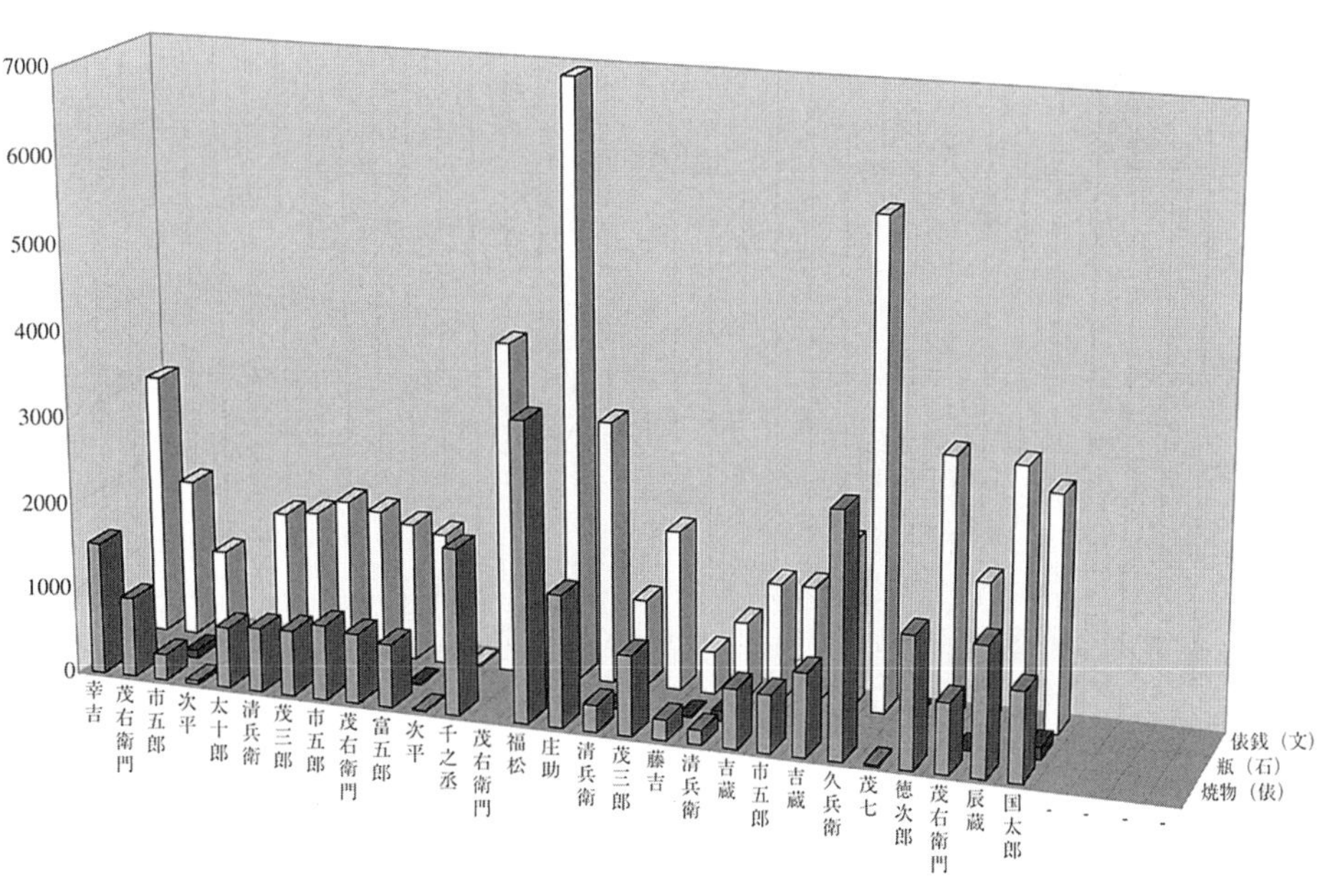

表44　紀州商人の積出俵数・石高・俵銭数

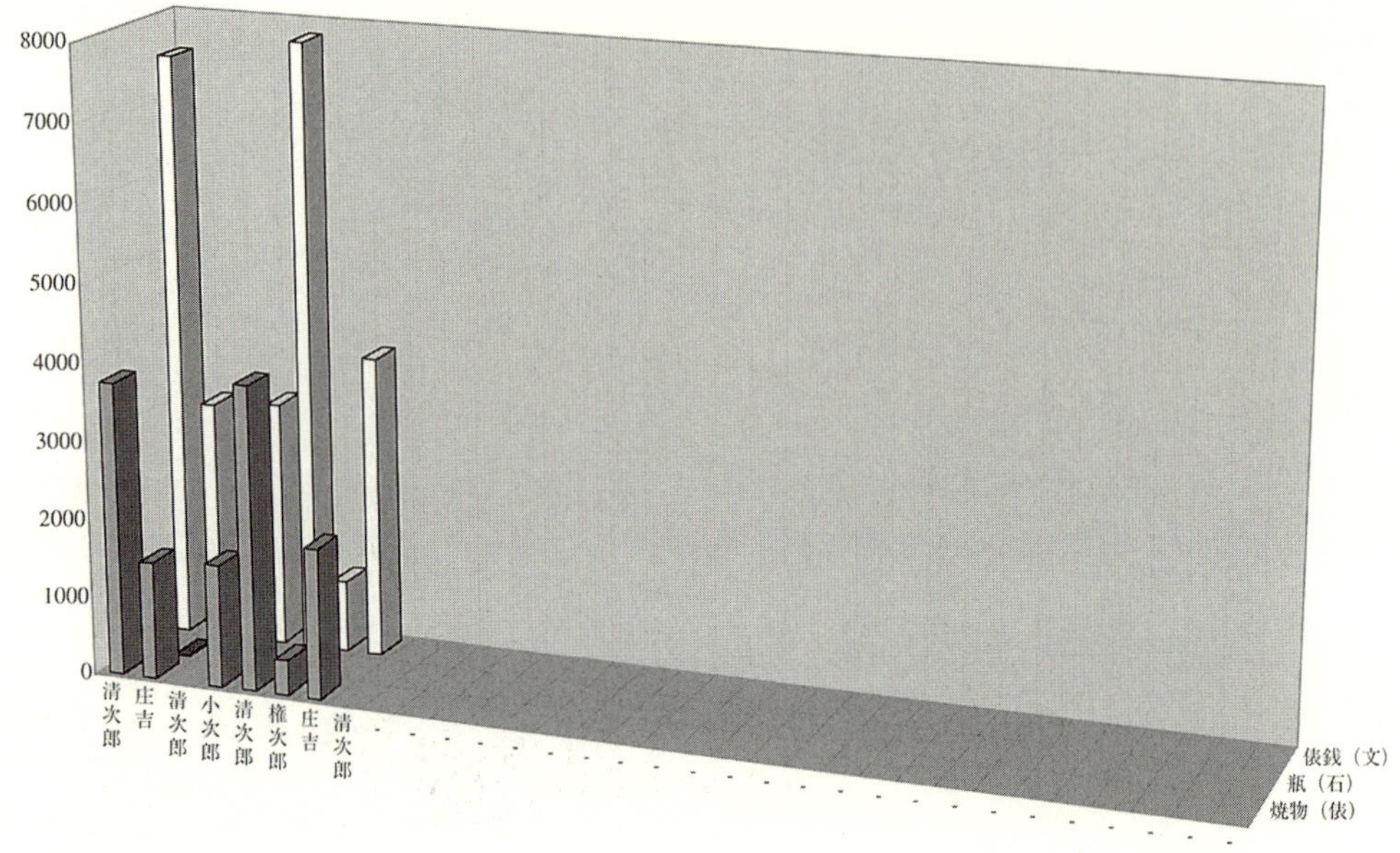

表45　筑前商人の積出俵数・石高・俵銭数

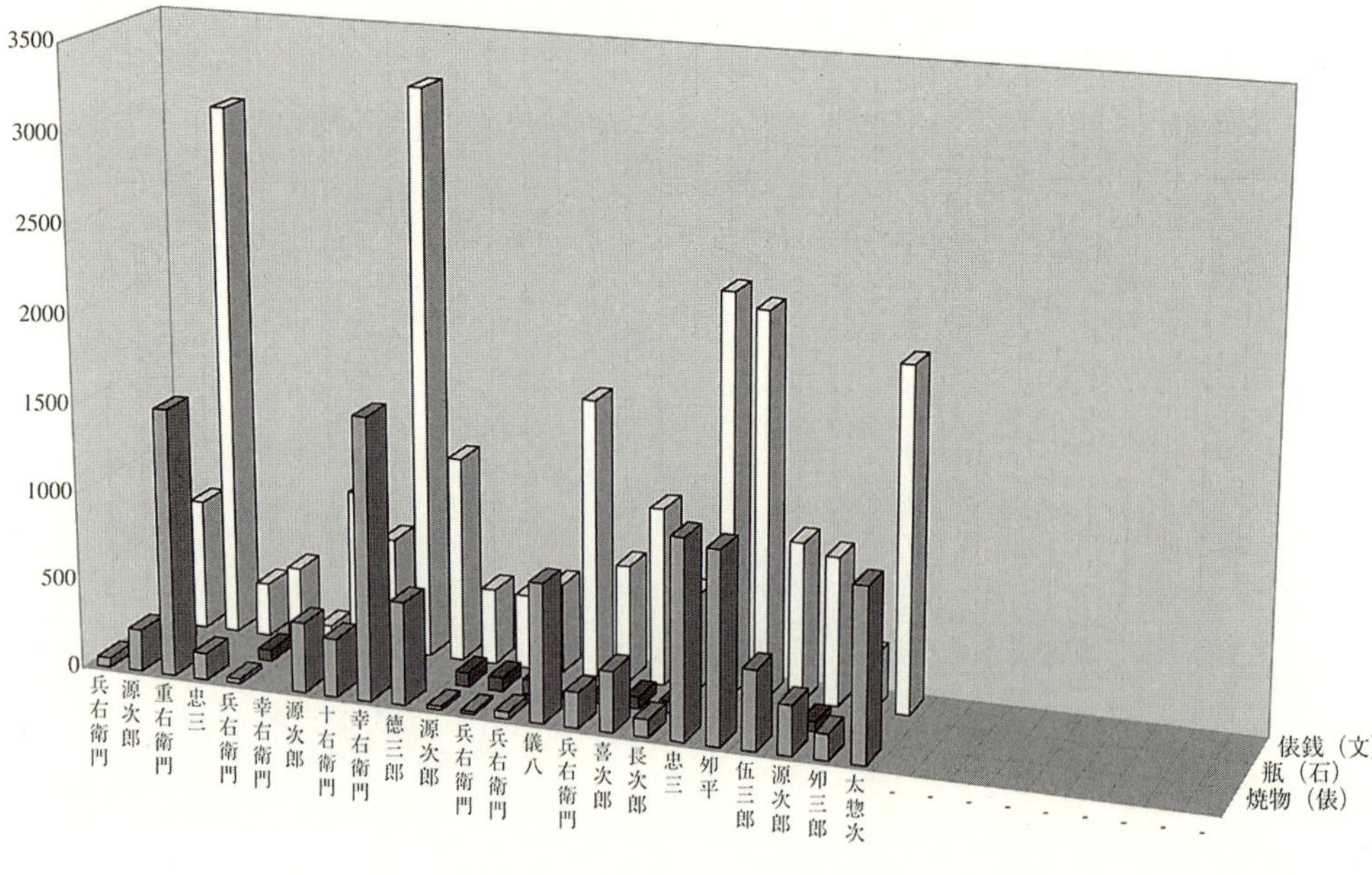

藩も一八世紀前半に藩が肥前陶磁の流通に対して直接介入を始める。前山博によれば、佐賀藩の流通統制は以下の通りである。享保一九年（一七三四）に佐賀藩蔵屋敷内において仲買商への直売を行う御屋敷売制を導入し、さらに元文四年（一七三九）には直接的に資金の供与から仕入・販売までを管理する皿山陶器御上仕込制が具体化する。この制度は寛延二年（一七四九）には廃止されるが、明和元年（一七六四）には、大坂為替方仕法が開始され、明和三年（一七六六）にはまた廃止される。そして、享和元年（一八〇一）には見為替仕法が始まる（前山一九九〇c、三五二―三五四頁）。このように一八世紀以降の佐賀藩の陶磁器の流通は、専売制と非専売制の繰り返しだったようである。専売制が実施された期間と実施されなかった期間ではその流通形態も変わってくると考えられる。ただし、前山博は伊万里の陶商について「いわゆる専売仕法の行わない期間は言うに及ばず、かりに専売仕法の行われている期間であっても、不自由な条件にも拘わらず、時によっては細々となったり、またいわゆる地方市場への販路に主力を注ぐことなどにより、伊万里陶商の商業活動は決して絶えることなく行われた」とする（前山一九九七、三四頁）。伊万里の陶商が相手にしたのは筑前商人をはじめとした旅商人であり、旅商人もまたさまざまな流通統制の中、活動を続けていたのであろう。

第２項　玄界灘沿岸採集資料と国内流通

文献史料においては筑前商人の具体的な活動をみることができたが、考古資料においてそれを行うことは難しい。消費地で出土する肥前陶磁のかなりの割合のものが筑前商人によって肥前からもたらされたものであることは推測できるが、発掘される考古資料の中にその痕跡を残すことはしていない。一方、筑前商人の本拠地である玄界灘沿岸では大量の肥前陶磁が採集されている。これらは必ずしも筑前商人が関わったものばかりではないが、文献史料からみた筑前商人の活動と照し合せると、関わった製品を多く含むと考えて差し支えないと思われる。以下、その検証も含めて、これらの資料を紹介したいと思う。

(1)　玄界灘沿岸海域の環境

玄界灘は九州北部沿岸に面した海域である。対馬海峡の一部を形成しており、対馬海峡を西に抜ければ東シナ海、東に抜ければ日本海に出る。そして、肥前陶磁の積出し港の一つである伊万里津から伊万里湾を出て最初に出会う外海でもあり、伊万里津から積み出された肥前陶磁のほとんどはこの海域を経由することになるし、伊万里津以外の積出し港から積み出された肥前陶磁においても海外の消費地と国内の一部の消費地に向うものを除いて、国内向けのほとんどの肥前陶磁がこの海域を経由することになる。九州北西部に位置する肥前陶磁の生産地にとって、玄界灘は日本海や瀬戸内海への入口でもあるからである。日本海は「沿日本海長距離輸送路」（佐々木一九九四、一六一－一六二頁）として、瀬戸内海は西廻り海運・九州海運の幹道としての機能を果たす海の道であった。

一方、海難も多い海域であった。海の豪族である宗像は、玄界灘沿岸の芦屋津から新宮浜までの海岸に流れ着いた寄物（漂着物）を宗像社の修理の費用の足しにしてもよいことを国家から認められていた（正木一九九四、一〇五頁）。大陸との交渉路にあたる玄界灘では古来より多くの人や文物が往来していたことは言うまでもないが、漂着物が修理の足しとなるほどの質量であったことはこの海域で生じた多くの海難を想起させる。近世においても海難記録が文献史料に数多く残されている（表46）。筑前芦屋浦の組頭をつとめ後に浦庄屋になった中西三四郎の『諸御用書留』には、天保から嘉永・安政にかけての海難事故が詳しく記されている（芦屋町誌編集委員会一九七二、二五八－二六一頁）。記載されている内容が全てかどうかわからないが、天保四年（一八三三）から安政五年（一八五八）の二〇数年の間に七件の海難事故が芦屋周辺の海域で発生している。江戸時代を通した玄界灘全域となれば相当な数の海難事故が発生していると思われる。いくつか興味深い点を挙げれば、まず天保四年（一八三三）と嘉永二年（一八四九）の海難事故である。前者は暴風雨に遭って波津・鐘崎あたりまで流されて遭難しており、後者の場合、溺死体は芦屋浦に漂着したが、元船は波津浦まで流されている。仮に陶磁器類を積載した船がこうした遭難過程を辿れば、かなり広範囲にわたって陶磁器が海中に没することになろう。また、天保一〇年（一八三九）に遭難した芦屋浦直乗船頭栄右衛門の船は博多で荷を積んだ後、芦屋でさらに荷を積んで出帆している。芦屋の商人が肥前陶磁を伊万里で仕入れた際も日本海や瀬戸内海に入る前に芦屋に寄航することはむしろ自然であろう。また、高田茂廣は近世初頭から明治初頭まで能古・今津・浜崎・宮浦・唐泊の五つの浦を本拠に活動していた五ヶ浦廻船の海難例をあげている。五ヶ浦廻船は最盛期の正保から享保年間にかけては最大艘数五〇余艘を数え、一艘平均の石数も一，三〇〇石を越えていた（高田一九九三、九七－九八頁）。しかしながら二百数十年の間に確認できただけでも二〇〇艘を越える遭難があった。能古の村丸のルソン島への遭難をはじめ、ミンダナオ島への漂着など四艘の海外への漂着も含まれている。大型船は比較的沖合を航行するためか、海外まで漂流することもしばしばあったようである。前山博も肥前陶磁を扱った船の海難例をあげている。寛延元年（一七四八）の筑前沖、文化

表46　玄界灘周辺における海難記録一覧表

西暦（和暦）月日	船名	船籍（船主）	乗組員	避難箇所　沈没情況／備考	積荷	参考文献
1736（元文元年）10月6日	塩飽丸		18名	波津沖？　難破		『岡垣町史』
1748（寛延元年）閏10月5日		伊万里船頭北側徳内	多久家被官前川弥左衛門	筑前沖　福岡城下伊崎浦（福岡市中央区伊崎、西公園の西側にあたる。）	焼物	『伊万里焼流通史の研究』「多久家役所日記」「多久家御屋形日記」
1802（享和2）正月				藍島白瀬　客蝋塩田川出帆したる回米船。	米	『塩田町史』「蓮池藩日誌」
1814（文化11）6月16日	天神丸	雲州	為次郎・卯三郎・竹二郎	伊万里川口　大風により破船溺死。	焼物？	『有田町史商業編Ⅰ』「常光寺過去帳」
1814（文化11）6月16日	住吉丸	雲州	直兵衛・利三郎・市五郎	伊万里川口　大風により破船溺死。	焼物？	『有田町史商業編Ⅰ』「常光寺過去帳」
1814（文化11）6月16日	大黒丸	雲州	彦十・助五郎	伊万里川口　大風により破船溺死。	焼物？	『有田町史商業編Ⅰ』「常光寺過去帳」
1814（文化11）6月16日	金比羅丸	雲州	武左衛門・久吉・万次郎	伊万里川口　大風により破船溺死。	焼物？	『有田町史商業編Ⅰ』「常光寺過去帳」
1817（文化14）1月17日		平戸領志佐浦船頭与左衛門		呼子沖　箕島商人又兵衛・萬屋栄次郎が仕入れた陶器1,800俵を積み、16日伊万里を出帆、17日呼子沖で難破。	陶器1,800俵	『伊万里焼流通史の研究『有田市誌』
1832（天保3）11月23日	三徳丸	堺糸荷廻船	12名	波津沖？　長崎から堺向けの廻船。	薬種類・糸荷物	『岡垣町史』
1833（天保4）9月		芦屋浦	幸助・伝蔵・徳右衛門・久市	大暴風雨にあい波津・鐘崎あたりまで流されて遭難。		『芦屋町誌』『諸御用書留』
1835（天保6）12月		予州越智郡今治城下柳瀬屋竹五郎	勇次郎他5名	芦屋沖　芦屋浦川口横洲にのりあげて破損。	立花家の大坂登米	『芦屋町誌』『諸御用書留』
1836（天保7）				防州姫島　塩田川より大坂向け回漕船。	米500俵	『塩田町史』「蓮池藩日誌」
1839（天保10）		芦屋浦直乗船頭栄右衛門	船頭水夫とも4人乗り	響灘　17日博多出帆、18日芦屋港で荷を積み、23日出港。脇田沖から北東風が吹き出し、藍島あたりで激しくなった。赤間関に入ろうとしたが、にわかに南東風に変わって風となり、遭難した。	博多の生蝋・鶏卵・博多織	『芦屋町誌』『諸御用書留』
1842（天保13）		大村藩？		唐津加唐嶋？　陶器破舩ニ因テ到于唐津加々良嶋	焼物	「大村藩士系録」
1845（弘化2）		大村藩？		筑前相ノ島？　依陶器破舩赴于筑前相ノ島	焼物	「大村藩士系録」
1845（弘化2）6月		豊前中津		芦屋沖		『芦屋町誌』『諸御用書留』
1847（弘化4）1月16日	観音丸	筑前芦屋掛屋船観音丸	乗組5名	筑前相ノ島？ 相ノ島浅瀬に150俵ほどの荷が打ち寄せられたという。	焼物？	「天相日記」
1849（嘉永2）12月27日	天徳丸	予州大州串村塩屋弥三郎	伝四郎他5名	芦屋沖　4名溺死（芦屋浦に漂着）、元船は波津浦まで流された。生存者2名。	平戸の焚石	『芦屋町誌』『諸御用書留』
1853（嘉永6）2月		芸州豊田郡大崎中之浦		山鹿沖		『芦屋町誌』『諸御用書留』
1857（安政4）4月26日	宝徳丸	加賀国	7名	波津沖?		『岡垣町史』
1858（安政5）11月		不明	身元不明（4遺体）			『芦屋町誌』『諸御用書留』
1881（明治14）8月4日	牛間田船			平戸前津吉村		『塩田町史』「円福寺過去帳」

一一年（一八一四）の伊万里川河口、文化一四年（一八一七）の呼子沖などで海難が発生している（有田町史編纂委員会一九八八ａ、一〇六-一〇七頁、前山一九九〇ｃ、五五・八三七頁）。文化一一年の海難例は港内も決して安全ではなかったことを示す。また、大村藩の「士系禄巻之三十三」にも「陶器破舩」のため唐津加々良嶋（佐賀県加唐島か）や筑前相ノ島に赴いている記録が見られる。

(2) 玄界灘沿岸採集資料

玄界灘沿岸で採集された肥前陶磁について、主なものを以下にあげる。

（津屋崎海岸）

曽根鼻と北九州津屋崎病院の間は海に突き出るように礫質が長く延びており、この付近から中西弘によって約五，〇〇〇点の肥前系陶磁が採集されている（石井一九九七、三-四頁）。津屋崎町教育委員会の池ノ上宏氏、安武千里氏の御厚意により拝見させて頂いた資料は主として一八世紀後半～一九世紀にわたるもので、多くは有田周辺の諸窯の雑器であった（図163）。製品の種類は多岐にわたり、碗・皿・鉢・瓶・蕎麦猪口・水滴・散り蓮華・段重・香炉・仏飯器などがある。碗は丸碗・筒形碗・広東碗・端反碗など江戸中後期に一般的な器形のものが多く、皿は蛇の目凹形高台を有する製品が多く含まれる。また、志田焼と思われる製品も見られた。変わったものでは窯道具である足付きハマも見られた。そして、段重の数量が比較的多いことも付け加えておこう。これらの資料の性格については海難に伴うものか、あるいは消費遺跡の流出であるのか、あるいは両方であるのか、明確ではない。なお、石井忠は当時、藩米積出し港であり、製塩で栄えた津屋崎と関わりをもつ可能性を指摘している（石井一九九二、一二〇頁）。

（岡垣海岸）

矢矧川と汐入川の間の約三kmにわたる自然の砂丘海岸（口絵15）から添田征止によって数万点にのぼる古代から近代にわたる土器や陶磁器片が採集されている。肥前陶磁が数多く採集されており、その中には江戸中後期の肥前陶磁の完形品三九〇点以上が含まれる（口絵16、図164）（石井一九九七、三頁）。

器種については碗・皿をはじめとして、ほとんどの種類が見られるため、ここでは一々挙げない。そして、釉種については磁器の大半が染付であり、他に青磁・青磁染付・白磁・瑠璃釉などがあるが、色絵は幕末期の製品を除いてほとんど見られない。

次に、肥前陶磁の年代について述べれば、一七世紀以前の製品は少ない。鉄絵唐津皿、向付など、染付寿字鳳凰文皿（図164-6）、染

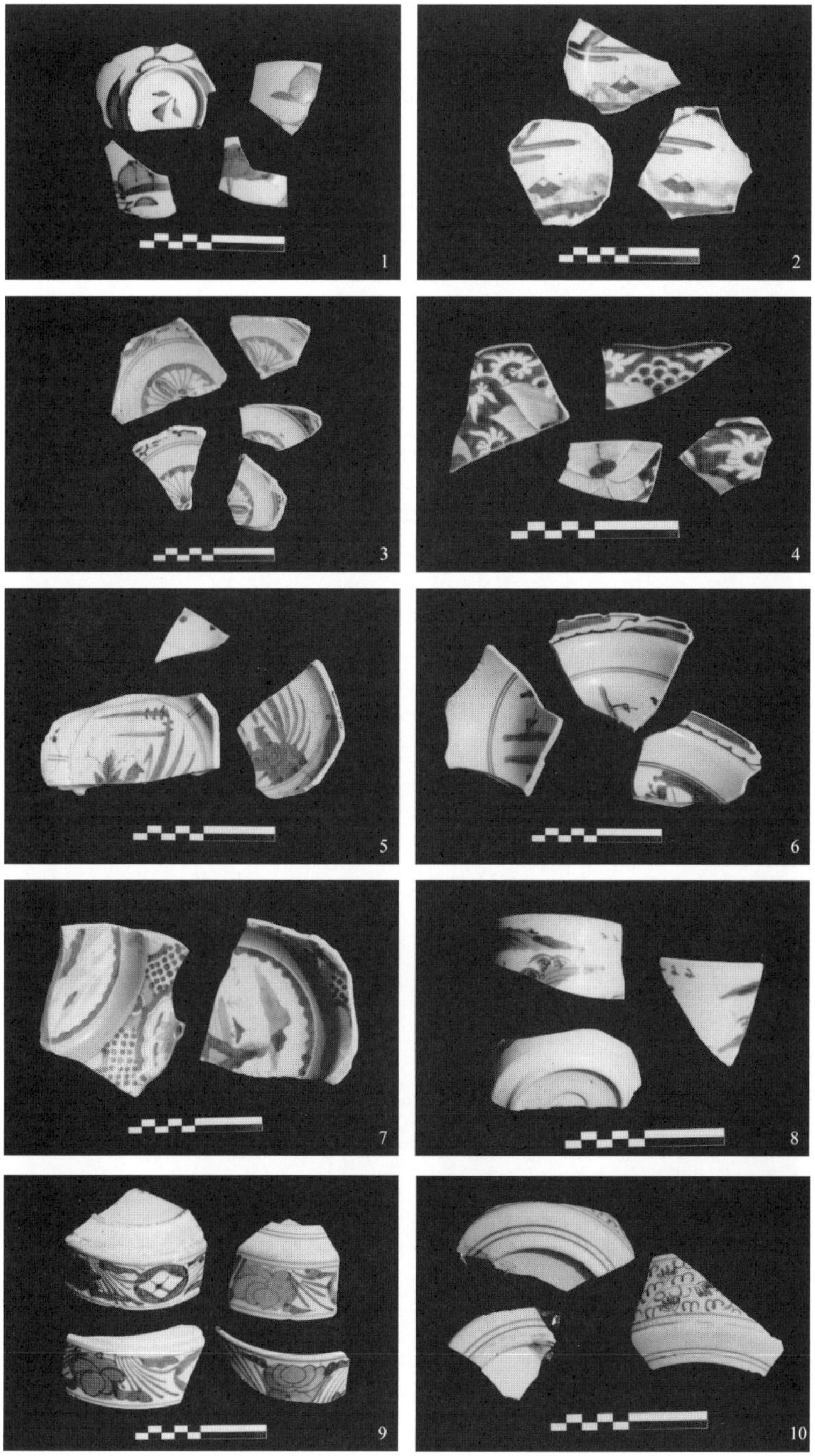

図163　津屋崎海岸採集資料（津屋崎町教委所蔵）

付見込み荒磯文碗などが確認されている。その中で染付見込み荒磯文碗は摩耗が激しく、中国青花である可能性もある。比較的まとまった数量が確認できるのは一七世紀末〜一八世紀前半からである。有田の製品では、型紙摺りを用いた染付皿や牡丹唐草文の小皿などが確認される（図164-7・8）。周辺諸窯の製品では、陶胎染付碗（図164-9）・刷毛目陶器碗・京焼風陶器碗・コンニャク印判を用いた碗・皿などが確認される。少量、海外市場向けの染付芙蓉手皿や、いわゆる鍋島も見られる。そして、採集品の主体となっているものは一八世紀後半〜一九世紀前半の製品である。生産窯の推定は、筒江窯や志田窯などの一部を除けば難しいが、有田製のものも一定の量見られる。その中には「年木庵喜三製」銘のあるもの（図164-14）や年木谷3号窯出土製品と同様のものも見られ、生産窯がおおよそ特定できるものもあった。しかし、一八世紀後半以降の窯は有田でもまだ調査例が少なく、窯の特定は今後の資料増加を待つしかない。また、いわゆる「くらわんか碗・皿」と称される雑器（図164-11・12）などは生産地の生産規模を考えると波佐見諸窯の製品が多く含まれると考えてよいであろう。全体としてはやはり有田よりは有田周辺諸窯の製品が圧倒的に多いようである。それは色絵製品がほとんど見られないこととも関わりがあろう。

そして、これらの資料の性格であるが、全てではないにしても大半は沈没船あるいは積荷の投棄によるものであろう。完形品も多く含まれるし、複数個体確認されているものもある。しかも製品の年代の幅を考えると、一度の海難ではないようである。おそらくは頻繁に何らかの海難が生じていると思われる。一方、資料の年代に大きな偏りがあることも指摘できる。前述したように製品の主体は一八世紀後半〜一九世紀前半である。これは単に一八世紀前半以前と一八世紀後半以降の生産量との差を反映しているのではないと思う。この岡垣海岸採集資料には中国陶磁も一定量含まれる。その多くは龍泉窯や同安窯などの青磁製品（図164-1）であり、それに続く明代の青花は少ない。一六世紀末〜一七世紀前半の染付寿字鳳凰文皿（図164-4）など数点を確認したにすぎない。採集資料の全てを観察すれば、もっと資料数は増えるとは思うが、全体的な割合としてはあまり変わりないであろう。すなわち、一六〜一七世紀頃の製品が中国陶磁や肥前陶磁ともに少ないということである。生産量の差が採集資料の資料数の差に反映している部分も当然のことながらあると思うが、それ以外に芦屋周辺の沿岸部の状況やそれに伴う航路の変化などの要因も含めなければならないと思う。

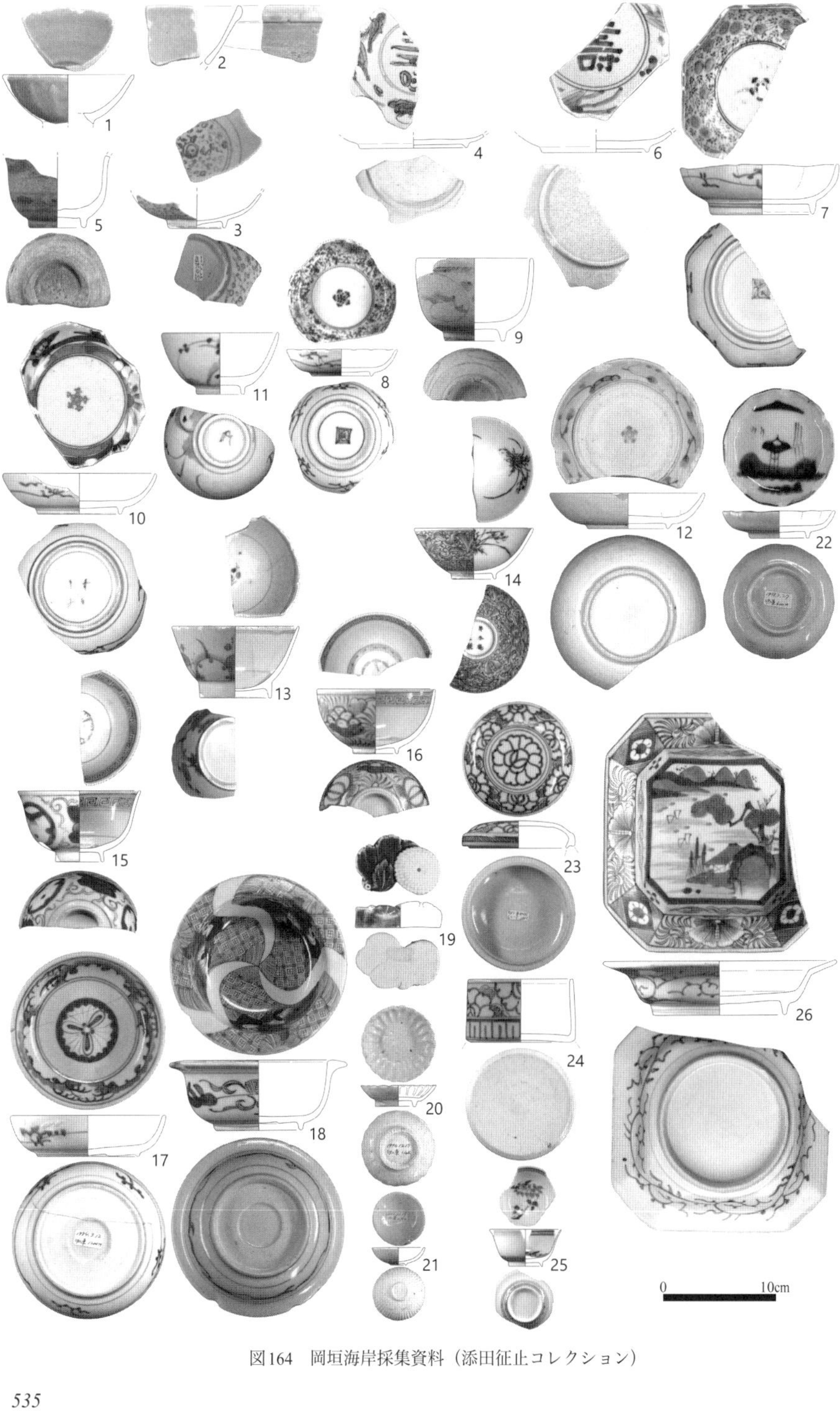

図164　岡垣海岸採集資料（添田征止コレクション）

（芦屋海岸）

芦屋海岸からは多くの肥前陶磁が採集されている。採集資料の性格は大きく二つに分けられる。一つは玄界灘で遭難した船の積荷が漂着したものである。一九七八年に大量の古銭が漂着し、翌一九七九年には大量の肥前陶磁が漂着している。芦屋沖にある風向き「セライ風」は多くの海難事故を生んできたらしく、鐘岬以西が南風である時、岩屋以東には東風が吹いていて、それらの風が芦屋沖でぶつかり、運行する船を悩ませたという（芦屋町誌編集委員会一九七二、四五九頁）。もう一つは芦屋町歴史民俗資料館の山田克樹氏のご教示によるものであるが、かつての船着き場に堆積していたものが芦屋海岸にもたらされたものも含まれている可能性があるとのことである。芦屋町西ノ浜～中ノ浜の遠賀川左岸一帯は、かつては船着き場となっており、明治期の浚渫によってその地区の土砂が大量に芦屋海岸に運ばれたという。その土砂の中に陶磁器が含まれていた可能性が考えられる。『芦屋町誌』によれば、明治四二年（一九〇九）～大正五年（一九一六）に芦屋地区の遠賀川改修が行われている（芦屋町誌編集委員会一九七二、四六五-四六六頁）。筆者が実見した資料がいずれの性格を有するものかは明確ではないが、資料の中で砂粒などによって摩耗したと思われるものについては漂着物の可能性が高いように思う。

さて、山田克樹氏の御好意により拝見させて頂いた資料（図165）の内、三一〇点の写真撮影を行い、資料化した。総点数は算出していないが、種類としてはほぼ網羅している。資料化を行った三一〇点の内、約九〇％にあたる二八一点が染付であり、次いで染付青磁（青磁染付）が一九点、その他に青磁九点、瑠璃釉一点が見られる。これらは破片数であり、必ずしも個体数の割合とは一致しないが、大半が染付によって占められていることは確認できると思う。また、器種は碗・皿が大半を占め、その他に瓶・水滴・鉢・合子・蕎麦猪口などが見られる。碗は丸碗が最も多く、その他に筒形碗一二点、広東碗八点、端反碗一〇点などが見られる。皿は丸皿が多いが、蛇の目凹形高台を有するものが三三点と比較的多い。そして、装飾技法としては手描きの他、コンニャク印判を用いた製品が二九点（大半は見込み五弁花）と比較的見られる。

そして、生産地については、ほとんどが肥前磁器であることは明らかであるものの、筒江窯製と思われる一点を除いて、具体的な生産窯は不明である。しかし、確実に有田の製品と思われるものは少なく、多くは有田以外の周辺の窯場の製品であることは言えるようである。また、生産年代についてはほとんどが一八世紀後半以降のものであるが、資料全体の一括性は認められない。

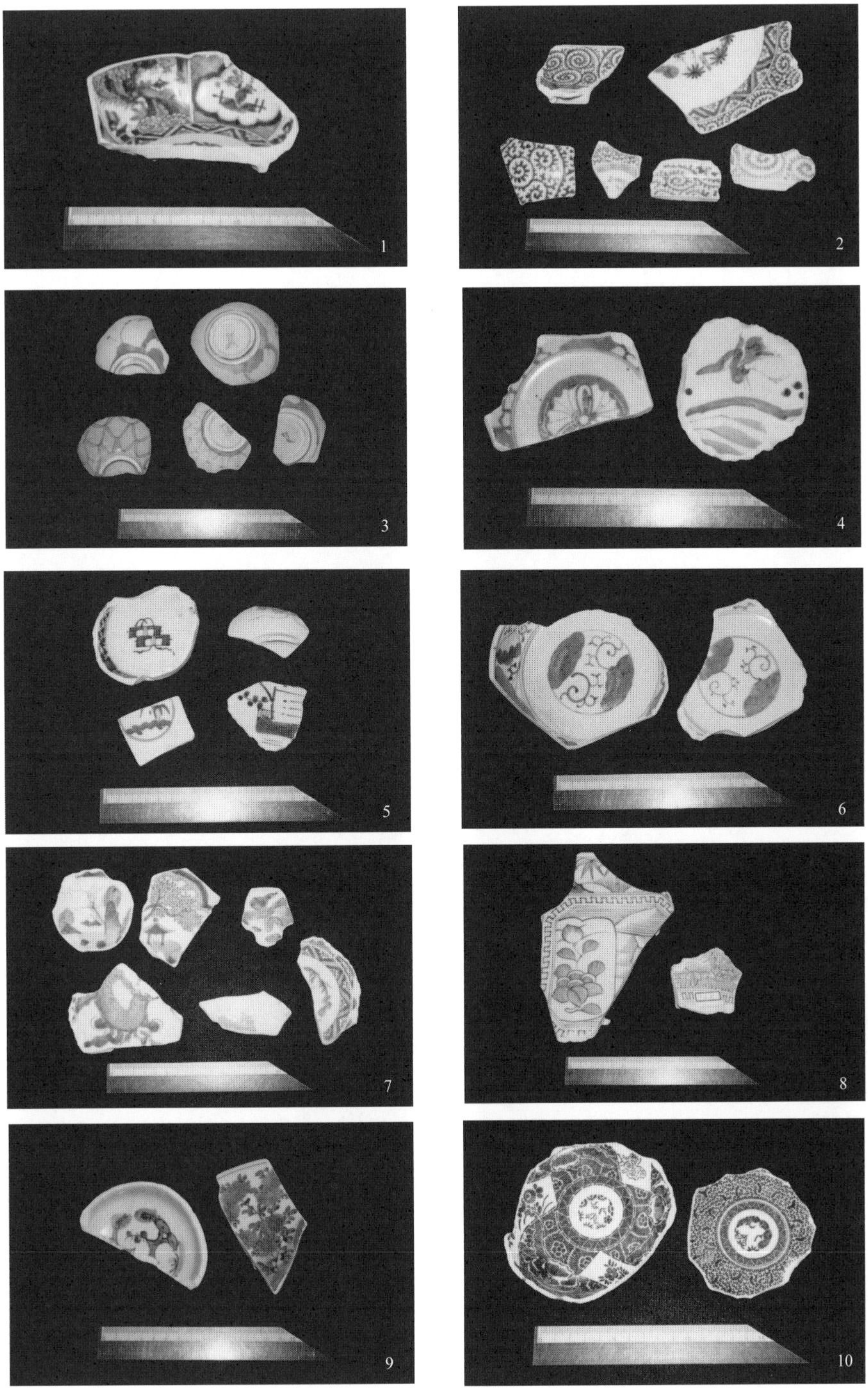

図165　芦屋海岸採集資料（芦屋町歴史民俗資料館所蔵）

以上、芦屋海岸で採集された資料を概観すれば、一八世紀後半以降に有田以外の周辺の窯場で生産された碗・皿などの雑器が主体となっている。

(北九州市若松海岸等)

昭和五八年(一九八三)には前述した芦屋海岸も含めて響灘沿岸漂着古陶磁片の調査が行われているが、その報告である『響灘沿岸漂着古陶磁器片の分類研究』によれば、昭和五四年(一九七九)秋から波津~芦屋町~若松脇ノ浦にかけて中国古銭が漂着し、翌昭和五五年(一九八〇)には北九州市若松区の脇ノ浦・脇田・岩屋で陶磁器片が漂着している。そして、若松高校の研究スタッフによって若松区白島の調査の際に男島の海岸線や磯辺で中国古陶磁片が発見されている。この若松高校による調査は『昭和五六年度県教育科学研究究(グループ研究)集録』、『若松高校研究紀要第一三集』に掲載されているというが、実見する機会を得ていない。そして、昭和五七年(一九八二)七月には基地パラシュート訓練地海岸(満潮線)で「青白磁染付」が発見されている。以上のような経緯の後に昭和五八年の調査が行われたようである。さらに報告の内容を抜粋すれば、下関市彦島・竹ノ子島・豊浦海岸でも三,〇〇〇点もの資料が収集されているという。これら下関側の資料についても実見しておらず、その年代・生産地は不明である。また、漂着した陶磁片の大きさと量によって、陶磁器が沈んでいた箇所を二ヶ所推定している。その正否はともかく根拠としてはかなり脆弱なように思う。

(北九州市藍島周辺)

北九州市小倉北区藍島周辺より陶磁器片が多数採集されている。その中には志田地区の染付皿と思われる江戸後期の肥前磁器も含まれている(塩田町歴史民俗資料館一九九三、二三頁)。

(3) 玄界灘沿岸採集資料の性格と特徴

玄界灘沿岸には厖大な量の肥前陶磁が打ち上げられている。もちろん、これらの全てが海運途上の製品とするわけではない。石井忠は、これらの性格について、海岸沿いの生活遺跡、河川からの流出、過去の積荷破損による投棄、海岸ないし島の浸食か沈下、沈没船からの流出などのいくつかの可能性をあげている（石井一九九七、五頁）。芦屋海岸採集資料においては遠賀川河口の芦屋中ノ浜の浚渫土に含まれていた製品が海岸に持ち込まれた可能性があることもすでに述べた。しかし、比較的狭い範囲に大量に漂着するものについては海難による結果である可能性が高い。特に岡垣海岸採集資料は資料数も厖大で完形品も数多く同一品種の製品が複数個体採集されている。これらは流通途上で沈没あるいは廃棄された資料である可能性が高い。そして、その製品の生産年代も幅広いことから一度の海難ではなく、長期間にわたって比較的頻繁に海難が生じていた結果と推測される。

玄界灘沿岸採集資料の肥前陶磁の製品の特徴は、まず、その年代が一八世紀後半〜一九世紀前半を主体にしていることである。一八世紀前半の資料は一定量見られるが、一七世紀以前の製品が占める割合は極めて小さい。そして、製品の生産地が肥前一帯に及ぶが、有田以外の窯場の製品が多くを占めている点も特徴の一つである。

まず、年代的な偏りについて、一八世紀後半から一九世紀の製品が大量に見られるのは、これまで述べたように一七世紀末以降、国内市場の比重が大きくなったことと、それに対応して本格的な量産化が行われたことを反映するものであろう。海外市場に向けられる製品は東シナ海を経由するもので、玄界灘は経由しないからである。ただし、一七世紀においても国内向けの製品は生産されており、その割合が極めて少ないことについては、これらの資料が特定の流通形態の傾向をも反映している可能性を考えることができる。一方、生産地の偏りについてはどうか。確かに一八世紀後半以降、消費遺跡の出土状況をみても有田以外の窯場の製品が急増する傾向が見られるが、有田は肥前の中でも最大の生産地の一つであることは疑いない。有田の製品が占める割合の小ささもまた同様に特定の流通形態の傾向を反映している可能性がある。玄界灘を経由した全ての製品の傾向をそのまま反映しているのであれば、最終目的地がどこであれ国内向けの製品の大半が玄界灘を経由したことは確かであるため、採集される製品の傾向は生産地における生産量がそのまま反映されると思われるからである。

つまり、玄界灘沿岸で採集される資料は一七世紀末以降の肥前の国内向け製品の本格的量産化を反映していることは確かであるが、一方で特定の流通形態を反映している可能性もまた指摘できるのである。特定の流通形態とは何か。やはり、筑前商人による流通形態が反映されている可能性が高かろう。まず、製品の主たる年代が筑前商人の活動の盛行時期と重なることに加え、玄界灘沿岸、特に岡垣海岸から芦屋海岸にかけては筑前商人の本拠地が位置するところである。先に述べたように玄界灘を航行する船は筑前商人に限らないが、玄界灘沿岸に陶磁器を積んだまま接近する機会が最も多いのも筑前商人である。伊万里で荷積みした後に自らの本拠地に一旦寄港することが考えられ、陶磁器を積んだまま玄界灘沿岸に接近する機会が他の商人より多かったと推測される。また、先に文献史料によってみたように、筑前商人は比較的小さな船で頻繁に往来している。船が小さければより沿岸に近い航路をたどることになると思われる。こうした玄界灘沿岸との緊密性が玄界灘沿岸で採集される陶磁器の量に反映されているのではないかと思われるのである。そして、有田の製品が少ないことについても筑前商人による流通形態を反映していると考えれば理解できる。筑前商人が全国の地方市場を対象としていたことはすでに述べた。地方市場の遺跡で出土する肥前陶磁の多くは有田以外の製品であり、筑前商人が扱った主たる製品もそうしたものであったと考えられる。

そうした筑前商人による流通形態の要因の一つに佐賀藩の流通統制があるように思う。佐賀藩はたびたび流通統制を行い、専売制を行っているが、伊万里の陶器商人だけでなく、筑前商人ら旅商人にとっても同様の痛手であった（有田町史編纂委員会一九八八a、一七六頁）。そうした佐賀藩による流通統制を受けて買積み商売が制限されることにより、江戸や大坂以外の地方市場をさらに開拓することを迫られたように思うのである。また、流通統制によって旅商人が扱える商品が制限された可能性もある。佐賀藩の生産地の中で最も統制を受けうるのが有田内山であり、次いで有田外山であろうと思われる。有田の製品については筑前商人のような全国の地方市場に展開する買積み行商よりは、むしろ都市部に大量かつ定期的に運ばれる流通機構の中に組み入れられている可能性が考えられる。例えば文久三年の史料に現れる犬塚勝助の手船などのような江戸の佐賀国産陶器の蔵元の持船である。このように有田の製品が佐賀藩の流通統制を受けて大坂の蔵元などに直送される度合いが高ければ、旅商人が扱える有田磁器も限られてくると思われる。すなわち、地方市場の需要の性格に加え、佐賀藩による流通統制の影響もあって、筑前商人が扱う製品が有田以外の生産地のものに偏り、それが玄界灘沿岸採集資料の陶磁器の傾向となって反映された可能性が考えられるのである。

海岸における採集資料という性格上、個々の流通形態を示す資料とはならない。筑前商人以外の積荷も含まれていることは確かであるが、玄界灘沿岸採集資料が一八世紀後半～一九世紀前半の製品が主体であり、有田以外の周辺の窯場の製品が多いという傾向は、国内向け製品の本格的量産化の反映であるとともに、筑前商人の活動をも反映していると認めてよいと考える。

第10章　生産機構の変容

大橋康二は一七八〇～一八六〇年代を地方窯との競合の時期と位置づけている。すなわち、この時期になると九州以外の各地に磁器窯が生まれ、九州内にも磁器窯が急増することになり、肥前磁器が全国市場をほぼ独占していた時代は終わることとなる。また、大橋康二はさらに焼継という新しい接着法が盛行し、磁器の需要を減退させたためか、有田皿山では登り窯の縮小の例がみられ、肥前磁器生産は低迷期を迎えるとしている（大橋一九八八d、三六三頁）。

確かに国内の地方市場においてそれぞれの地方窯と競合する場面が現れた。また一九世紀初頭に大窯業地である瀬戸・美濃地方で磁器生産が始まり、国内最大の消費地である江戸市場で競合するようになった。しかし、その一方で国内の磁器需要は増大し続けており、国内市場における肥前磁器の相対的な地位の低下がそのまま生産量、流通量の減退にはつながらない面もある。また肥前の磁器生産の中心である有田内山地区が文政一一年（一八二八）の大火によって、町の大半が焼失してしまう大災害に見舞われた一方で、肥前磁器の窯業圏の中でもこの時期に急成長を遂げる産地も見受けられる。この時期には肥前の窯業圏の内部の生産機構も大きな変化を迎えている。

ここでは、地方窯の出現の問題も含めて、この時期において変容する肥前の生産機構について明らかにしたいと思う。

第1節　地方窯への技術伝播

一九世紀になると、全国に磁器窯が成立する。肥前の技術がそのまま伝播したと見られる窯場もあるし、いくつかの窯業地の技術が混合した窯場もある。ここでは地方窯の一つである九谷焼の窯の技術系譜について、窯構造を中心にみてみたいと思う（図166）。

九谷焼は大きく分けて、二つの時期がある。一つは一七世紀に肥前の技術を導入して成立した時期であり、もう一つはその廃絶後の一九世紀に再び技術導入を行い、生産を始めた時期である。後者については現代まで続く伝統産業として継続されている。

まず一七世紀の九谷窯について述べた上で、一九世紀の九谷窯をみていくことにする。一七世紀の九谷窯では色絵生産を行っている。一方、少量見られる貼付高台による変形皿を除いて、ハリ支え技法、墨弾き技法など有田で一六五〇年代頃に一般化する新しい技術による製品が確認できない。よって、導入された技術は肥前で一六四〇年代の色絵技術が開発された後、かつ一六五〇年代頃の技術革新による新しい技術が一般化する直前の技術である可能性が高い。それは焼成室の奥壁にトンバイを使用していないことと矛盾しない。肥前でも地域によってその新しい技術の普及度には差があるが、九谷窯が明暦年間頃には開窯していたとする考えは妥当である。

そして、九谷1号窯は、同時期の肥前の登り窯と比べると、やや規模は小さいが、構造的には極めて類似する。この点は同じく一七世紀中頃に肥前から技術を導入して開窯した姫谷窯と共通である。一方、美濃の元屋敷窯が肥前の登り窯をアレンジして導入したことと異なる。在来技術が存在しないことから、築窯技術とともに基本的な製陶技術もセットで導入されたためであろうと思われる。同じく肥前の登り窯を導入するが、在来技術の有無が窯構造の違いとなって表れたとみてよかろう。

1号窯に続いて築かれたと思われる2号窯の基本的な構造は1号窯と変わらないが、規模が小さくなり、規格性も失われている。そして、2号窯に見られる窯尻の煙出しの構造は肥前では見られないものである。1号窯と異なり、肥前との技術的な同時性を見出せない。一七世紀における肥前系の技術導入については、1号窯の開窯当初に限られ、その後、継続的に技術が導入された形跡はない。

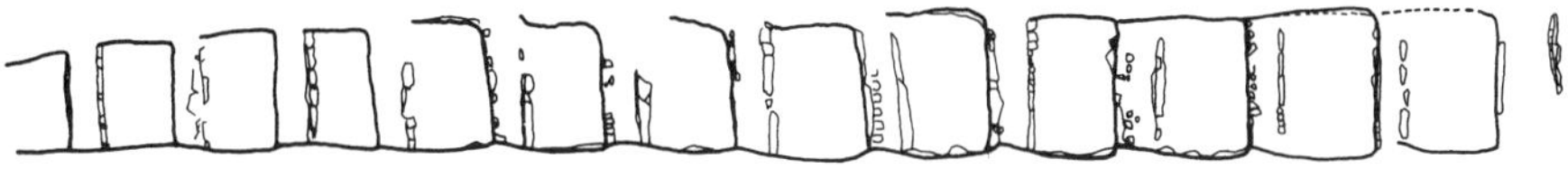

九谷1号窯

九谷2号窯

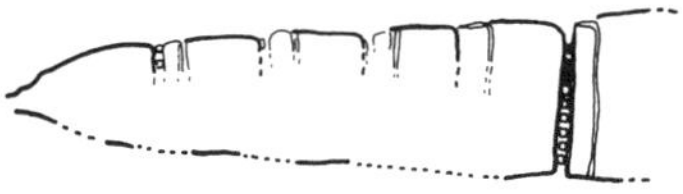

［参考］姫谷窯

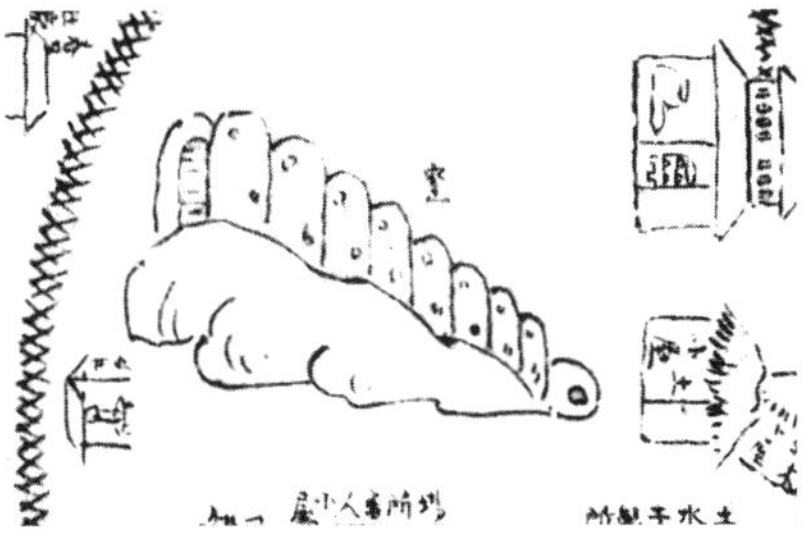

「春日山窯陶器場所之圖」
（小野・加藤・宝雲舎編1976）

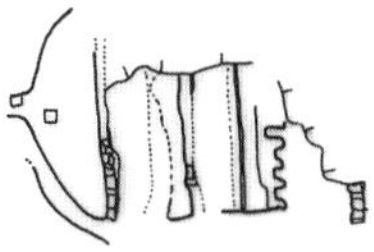

若杉窯

九谷吉田屋窯

山代再興九谷窯

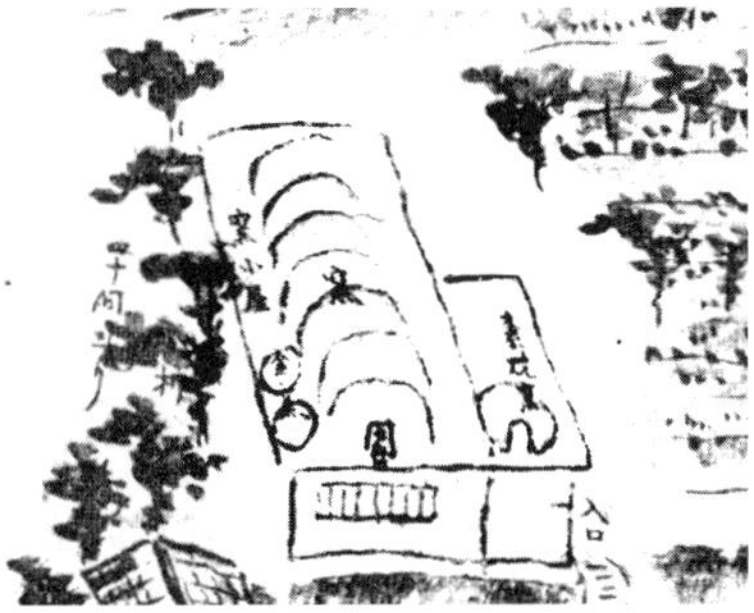

「山代窯九谷陶器會社見取圖」
（小野・加藤・宝雲舎編1976）

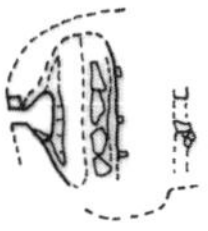

松山窯（第一登窯）

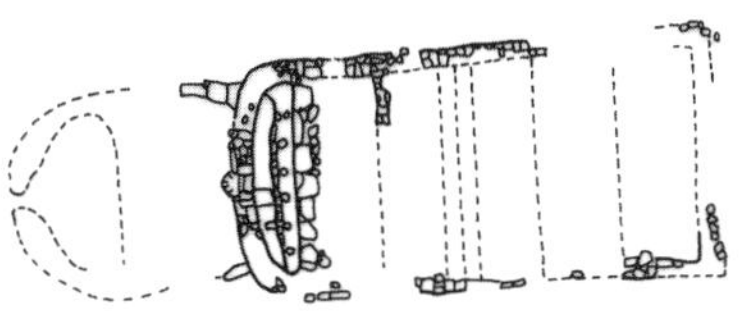

松山窯（第二登窯）

0　5m

図166　九谷焼の登り窯の平面図及び絵図

続いて一九世紀の九谷焼の窯について、第8章で述べた瀬戸・美濃系や関西系の窯構造とも比較しながら、技術導入の過程をみてみる。文化年間に開窯したとされる若杉窯の窯構造をみてみる（小村一九八三）。まず胴木間がつぶれた半円形である点、横幅に比して奥行がかなり短い焼成室である点、平面プランがあまり扇状に広がった形にならない点など、関西系の窯に近い。特に胴木間の形状などは絵図にある信楽焼などの登り窯に近い。そして、焼成室間の段差が小さい点も絵図にある京焼の登り窯と共通である。平面プランや全体的構造を見る限り、関西系の登り窯の技術導入が図られた可能性が高い。また、発掘調査は行われていないが、同じく文化年間に開窯したと伝えられる春日山窯を描いた絵図には、焼成室の奥行が短く、色見孔が天井近くにある登り窯が描かれている。絵図で見る限り、外観は瀬戸・美濃系あるいは関西系の窯に近い。開窯に青木木米が関わっていることや青木木米に伴った本多貞吉が参画したとされる若杉窯の窯構造が関西系に近いことを考えると、春日山窯の窯構造もまた関西系であった可能性は高い。

一方、文政年間に開窯した九谷吉田屋窯は平面プラン及び構造ともに肥前系の登り窯に近く、天保年間に開窯したとされる八幡若杉窯（藤田二〇〇六）も上部の焼成室の構造に限っては肥前系に近い。特に九谷吉田屋窯は窯道具の組み合わせも肥前と同一であり、窯構造だけでなく、窯詰め技法も導入している。一九世紀に全国各地に生まれた肥前系の地方磁器窯の一つと考えてよかろう。八幡若杉窯の場合、上部と下部が別々の窯である可能性もあるが、いずれにしても一つの窯場に複数の技術が混在しているようである。そして、このように肥前系の技術が一時期、導入されていることは確かであるが、その技術がそのまま継続されることはなかったようである。九谷吉田屋窯から移転して築かれた山代再興九谷窯の平面プランは焼成室が横幅に比して奥行が短く、肥前系ではない。発掘調査された山代再興九谷窯が移転当初の姿をどの程度とどめているか明らかではなく、移転当初は肥前系の窯構造であった可能性も残すが、いずれにせよ長い期間を経ずに肥前系以外の窯構造に変化している。しかし、肥前系の技術が全くなくなるのではなく、前述の八幡若杉窯のように一部取り入れられることもあったようである。そして、嘉永年間に開窯したとされる松山窯も胴木間がつぶれた半円形であること、横幅に比して奥行がかなり短い焼成室である点など関西系の窯に近い。

また、一九世紀の九谷焼の登り窯の場合、燃焼室や比較的下方の焼成室に縦狭間がしばしば見られる。すでに述べたように縦狭間は瀬戸・美濃の登り窯に見られる狭間構造である。九谷焼では若杉窯も写真と図で見る限り、縦狭間であるように見えるし、八幡若杉窯の下方部分、松山窯（第二登り窯）、山代再興九谷窯の胴木間などでも見られる。関西系の信楽焼の一八世紀後半以降の窯の狭間構造が横狭間構造と考えられていたため、縦狭間の窯構造がどこから導入されたのか、検討課題として残されていたが、一八世紀後半から一九世紀にかけての信楽焼の登り窯にも縦狭間が見られることが判明した。瀬戸・美濃系の技術的影響を否定するほどの材料はもちろんないが、瀬戸・美濃系の登り窯の構造から直接導入したと考えるよりは関西系の窯構造を導入した際にその狭間構造も取り入れたと考える方が妥当のように思われる。

そして、遅くとも明治期には胴木間に高い奥壁が設けられ、その上に縦狭間を有するものが現れる。この高い奥壁については、山代再興九谷窯が肥前系の技術で築かれた九谷吉田屋窯の廃窯後に移ってきた窯場であることから、焼成室間に大きな段差をもつ肥前系の築窯技術から生まれた可能性が考えられる。一方、堂島蔵屋敷跡検出の登り窯、関西系の茶碗山窯などでも奥壁そのものは見られることから、京焼の窯などにすでに用いられていた可能性があり、その場合、京焼の影響で成立したスタイルとも考えられるのである。前に挙げた『陶磁器説図』には、胴木間の前面部分を掘りくぼめた図が描かれている。焚口の下に灰のかき出し口を設けているためであるが、掘りくぼめた分、胴木間と焼成室の間には高低差が生じることになる。その場合、若杉窯のように胴木間の床に傾斜があれば、高い壁を必要としないが、水平な床であれば、高い壁が必要となってくる。胴木間が高い奥壁を有するようになる経緯についてはまだ不明な点が多く、資料の蓄積を待ちたい。

よって、一七世紀の九谷焼の場合は、肥前の磁器生産の技術を一括した形での導入を図っているが、一九世紀の九谷焼の登り窯には複数の系統の技術が導入されている。九谷吉田屋窯や八幡若杉窯の一部の窯を除いて、概して関西系の登り窯の構造をベースにしていると考えられる。少なくとも肥前の技術は目に見える形では継続的には受け入れられていない。一九世紀の肥前系の登り窯は長大な規模で一度に大量に焼成するのに適した構造である。焼成室数を少なくすることも可能であるが、それでも他の窯構造に比べて小規模なわけではなく、巨大な焼成室内の上部空間を有効に使えない肥前の窯詰め技法では燃料経費も高くなる。一つの窯で多品種の製品を生産する点において、京焼などの窯の方が規模的にも性格的にも受け入れやすい面があったのかもしれない。

第2節　肥前の窯業圏の内部変化

地方窯の出現、とりわけ瀬戸・美濃窯の磁器生産開始によって、肥前磁器の相対的な地位が低下したことは確かであろうと思う。しかし、それがそのまま生産規模の縮小につながるかどうかは別である。磁器需要そのものが拡大している状況にあっては、市場における相対的地位の低下がそのまま生産規模の縮小につながるとは限らないからである。また、大橋康二が登り窯の縮小を指摘しているのも有田皿山においてであって、肥前全体においてではない。有田皿山における登り窯の縮小傾向が肥前全体について一般化できることかどうか確認する必要がある。第1章でみたように確かに一九世紀初から一九世紀中頃にかけて、有田皿山の焼成室の総数は減少している。有田内山、外山（有田町内及び広瀬山）の焼成室の総数は、三六〇室から三〇五～三〇七室へと約八五％になっている。しかし、その内情はさまざまであることはすでに述べてきた。減少しているのは内山地区の焼成室の総数であり、外山地区の焼成室の総数は大きな変化がない。そして、外山地区では南川原地区の焼成室の減少が著しいが、他の外山地区の窯場の焼成室の数はむしろ増加している。これらの理由について、一つは文政の大火によって、内山地区の陶工が外山地区へ流出したためであること、一つは一九世紀に入って磁器生産を開始した瀬戸・美濃窯が碗類を主体とした生産であったため、器種的に内山地区と競合したためであること、もう一つは大皿の需要の増加によって外山地区の窯場の生産が増加したためであることもすでに指摘してきた。つまり、この時期の焼成室の増減にみる生産規模の変化は、地方窯の競合という単純な生産地間競争に起因するものではないと考えられる。そして、有田や波佐見以外の窯場の中で一九世紀初から中頃にかけて急速に成長した窯場もある。志田地区の窯場である（口絵12）。志田地区については第1章でみたように寛政二年（一七九〇）の絵図には二登しか描かれていないが、幕末の絵図によれば志田西山に二基三六室（本登二一室、新登一五室）、志田東山に三基五二室の焼成室が描かれており、格段に増加している（小木ほか一九九四）。志田地区の幕末の焼成室の合計八八室は、有田の内山地区の焼成室数の四一％、有田の外山地区（有田町内及び広瀬山）の焼成室数の八一～八三％、波佐見地区の焼成室数の四〇％に相当する数である。小木一良は、志田地区の窯場の焼成室数は伊万里全皿山の一七％程度と計算している（小木・横粂・青木一九九四、八四頁）。そして、寛政八年（一七九六）の「近国焼物大概用帳」にある志田皿山の焼成室数を「凡参拾間」を参考にすれば、五〇〜六〇室の増加であり、一九世紀初から中頃にかけて、有田の内山で減少した焼成室数にほぼ匹敵する増加となるのである。[1] これほどの窯業圏の構成の内部変化は一七世紀末以降なかったものと言える。そして、志田地区の生産地としての発展は、江戸遺跡における出土状況とも合致している。堀内秀樹は、江戸遺跡の出土状況においては、江戸に多くの瀬戸・美濃磁器が流入しても肥前磁器の割合の急激な減少傾向がうかがえないとしている（堀内二〇〇一、一七二頁）。また、江戸遺跡では皿は一七世紀後半以降、肥前磁器が主体的な産地として流通しており、これは一九世紀に入っても大きな変化は見られないとする（堀内二〇〇一、一七三頁）。さらに堀内秀樹によって作成された江戸遺跡における肥前陶磁器の器種組成をみると、Ⅶ期（一八世紀末〜一九世紀初頭）からⅧ期（一九世紀前半〜幕末）にかけて磁器碗が五〇数％から三五％前後に減少し、磁器皿が一〇％前後から二〇％前後に増加している（堀内二〇〇一、一七二頁）。Ⅷ期（一九世紀前半〜幕末）にあたる時期に志田地区は皿類を主体的に生産しており、江戸の磁器市場における肥前磁器のシェアの維持に大きな役割を果たしたことは間違いなかろう。よって、地方窯が各地で出現したこの時期において、肥前の磁器産業の陶磁器業界における位置づけが変化することは確かである。その一方で肥前の窯業圏の内部変化が既存の有田窯業圏に与えた影響も大きかったと考えられる。

第3節　塩田川流域の窯業圏

肥前の地域的窯業圏はそれぞれ河川流域に位置している。有田の窯業圏は伊万里湾に注がれる有田川や伊万里川流域に位置し、波佐見の窯業圏は大村湾に注がれる川棚川、三川内の窯業圏は小森川流域にそれぞれ位置している。そして、志田地区などは有明海に注がれる塩田川流域に位置する窯場である（図167）。志田地区の他には嬉野の吉田山、内野山なども塩田川流域に位置している（図168）。これら塩田川流域に位置する窯場が属する藩や領地はさまざまであり、吉田山の中で吉田2号窯は蓮池支藩、1号窯は鍋島本藩の鍋島伝兵衛家領、内野山は佐賀本藩、志田地区の中で志田西山は蓮池支藩、東山は佐賀本藩に属している。有田、波佐見、三川内の窯業圏がそれぞれ佐賀本藩、大村藩、平戸藩という単一の政治機構下にあったのに対し、塩田川流域の窯業圏の場合、同じく塩田川流域に位置しながら同一の政治機構下にない。一方、これらの窯場は政治機構が異なってもいずれも「大外山」あるいは「大外山」的

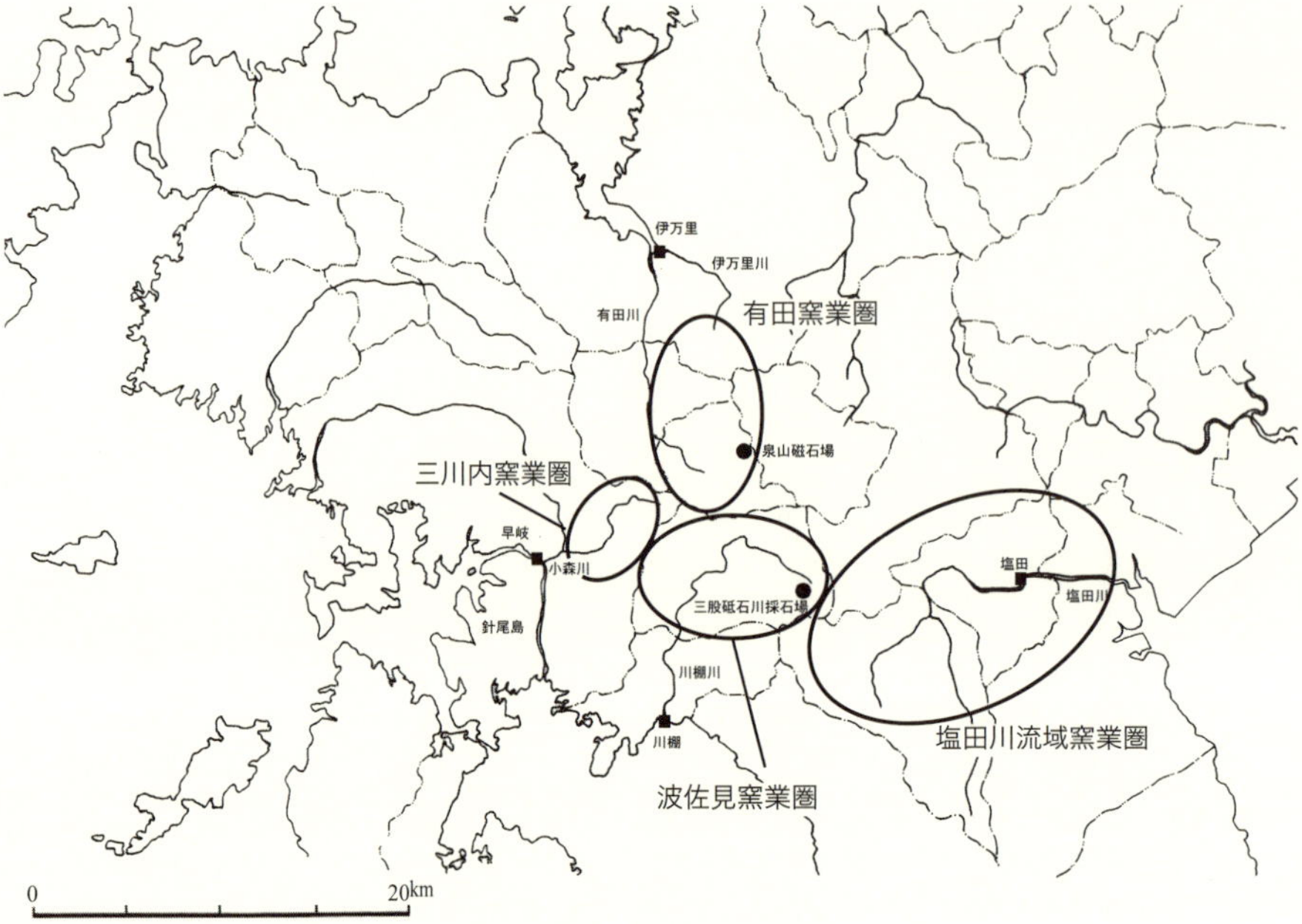

図167　塩田川流域窯業圏の位置図

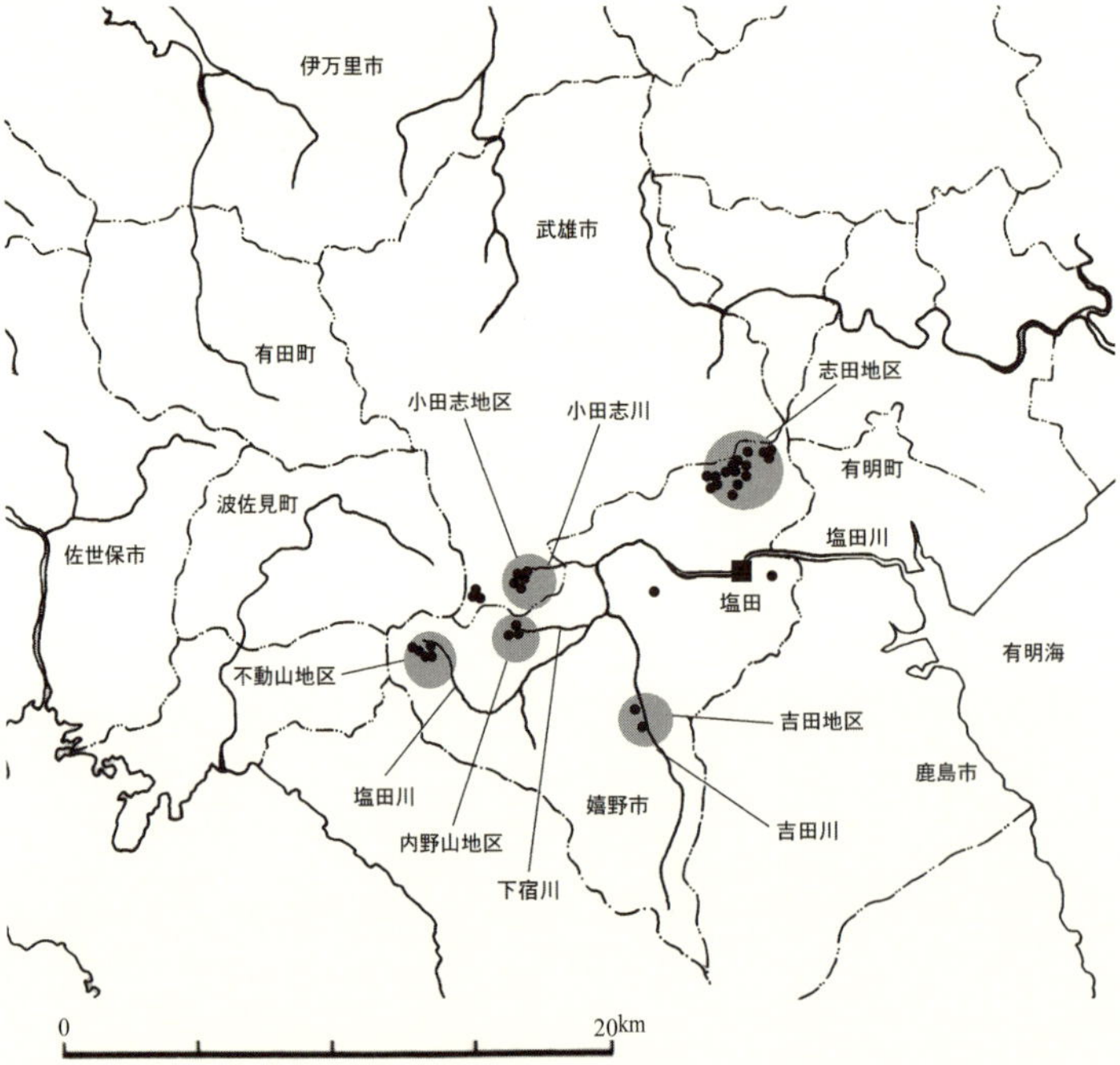

図168　塩田川流域窯業圏の古窯跡・窯場の位置図

な窯場であるという共通の性格をもつ。大外山の概念は、厳密には佐賀本藩の窯場の分類概念であろうが、性格的には佐賀本藩以外であっても同様であり、明治二五年（一八九二）の「磁礦場事実書」や中島浩氣の『肥前陶磁史考』ではいずれも大外山に属する窯場としてある。ここでは志田地区を含む塩田川流域の窯業圏の磁器生産をとおして、一九世紀初～中頃に急成長を遂げた志田地区の窯場の発展要因について考察したい。

第1項　塩田川流域の窯業圏と天草陶石

一七世紀における磁器生産は地元の地域の原料の存在が前提となっており、その品質や量が産地の性格を決定づける大きな要因となっていた。そのため、地元の磁器原料に乏しい塩田川流域の窯業圏で磁器生産が開始されたのは、一七世紀中頃のことであった。中国における明から清への王朝交替の混乱に伴い、中国磁器の海外輸出が滞ったことで、国内外の磁器市場に空白が生まれたことによる。その空白を埋めるために肥前では磁器生産が広がり、塩田川流域の窯業圏でも不動山窯、吉田窯、内野山窯などで磁器が生産され、東南アジアなどに輸出されたのである。しかし、清の展海令以後、中国磁器の再輸出が本格化し、肥前磁器の海外輸出が頭打ちとなると、塩田川流域のように良質な磁器原料に乏しい窯業圏では質的な転換を図ることもできず、磁器生産の規模は縮小していった。あるいは陶器生産に立ち戻るか、不動山窯のように窯場そのものが消失してしまうこととなった。

一八世紀に入っても磁器生産がその地域の原料を前提としていたものであることは変わらなかった。当時の磁器生産の中心である有田皿山は、良質で豊富な泉山陶石によって支えられていたことはここで述べるまでもないが、有田皿山の場合は中核となる内山とその周辺諸窯の外山に分け、泉山陶石の品質による使用区分を行っていた。つまり、良質な原料を内山に限定して使用させていた。その結果、内山と外山の製品の質の違いが生じるようになった。その他に大外山という区分もあった。これはおおよそ佐賀本藩以外の窯場という概念である。この内山・外山・大外山の区分を泉山陶石の使用の点から整理してみると、泉山陶石の良質なものを使用した窯場が内山であり、泉山陶石の中でも相対的に質の劣るものを使用した窯場が外山である。そして、泉山陶石を使用しなかった窯場が大外山となる。地元に良質な磁器原料を持たない大外山の窯場では、自ずと陶器生産が中心となり、外山の中でも泉山磁石場から離れた窯場は良質な原料の入手が困難であることから、陶器生産を行うこととなった。

また、一八世紀において肥前の陶工が他産地に移り、磁器生産を行った記録が文献に残っているが、その多くは磁器の原料となる陶石を産出する地域である。まず、同じ肥前地域内では長与皿山（長崎県長与町）の開窯について、『郷村記』によれば「皿山之事（中略）其後正徳二辰年波佐見稗木場より太郎兵衛と云者当地へ来り此所へ皿山を立陶器を焼く」（長与町教育委員会一九七四、五頁）とあるが、長与皿山は中尾土とよばれる陶石（あるいは陶土）を産出し、元禄一一年（一六九八）には現川窯に分売した記録も見られる（長与町教育委員会一九七四、六頁）。また、熊本県天草地方の『上田家文書』の「御改申上焼物運上金之事」によれば、享保一八年（一七三三）に「（前略）肥後国天草郡下津深江村焼物山、肥前国大村領三ツ又焼物師共、子丑弐ヶ年、年延奉願焼物仕候而茂、年柄悪敷渡世相成不申、去国元江罷帰焼物不仕候間、来寅年年延相止候様被仰付被下候」とある（池田一九八九、一六四頁）。すなわち、享保一七年（一七三二）より下津深江村（熊本県天草市）で波佐見の三股地区の陶工が焼物を生産したが、採算がとれず二ヶ年で中止となったとある。さらに『上田家文書』には「當村皿山焼物仕立候初ハ去ル寶暦十二午年肥前大村ゟ焼物師共雇入」（越中一九八九、二五四頁）とあり、宝暦一二年（一七六二）に大村領の陶工らによって高浜焼が始まったという。天草地方については言うまでもなく、天草陶石を産出する地域である。そして、五島の『鶚山君御直筆日記』には、明和四年（一七六七）に大村藩より陶工が来て五島藩の小田（長崎県五島市）で焼物を始めたというが、天和二年（一六八二）の掟書きに「楊梅の皮、焼物土石並薬石、（中略）右の品々他所えこれを出さざるよう（後略）」（吉永一九八八、一三一頁）とあることから、五島藩にとって焼物土や釉薬石が重要な産物であったことが知られる。それから、砥部（愛媛県砥部町）では大村藩長与皿山の職人、安右衛門・さと・市次・政治・安平を雇い入れて、安永四年（一七七五）に磁器焼成を試みたという（波佐見史編纂委員会一九七六、四〇四頁）。砥部については天草と同様に砥石の産地として知られており、大坂の砥石問屋和泉屋治兵衛がこの原石の屑片を利用した磁器生産を考えたとされている。

いずれも自国の産物を生かして産業の振興を図ろうとしたものであるが、このように一八世紀においても地域に原料が存在することが、磁器窯が成立する上で大きな前提条件であったのである。しかし、その一方で磁器原料である陶石が商品として流通することでその前提条件が大きな意味をなさなくなる過程がみられるのもこの時期である。つまり、天草陶石の流通によって、磁器生産が必ずしも地域の原料に立脚したものでなくてもよくなってきたのである。

第1章においてみたように肥前の窯業圏においても一八世紀初の頃には天草陶石の使用が見られる。記録や伝承に残る早い例は、平戸藩領の窯場及び塩田川流域の吉田地区の窯場である。いずれも磁器生産技術はすでに有するものの、地域の原料に恵まれていない佐賀本藩以外の窯場において天草陶石がまず採用されていることを指摘することができる。平戸藩では磁器原料となる網代石が産出するものの、泉山磁石場や三股砥石場を有する有田や波佐見に比べると原料には恵まれていない。吉田地区もまた一七世紀後半代の製品の胎土が示すように原料の質は劣る。そして、一八世紀前半に磁器を生産した塩田川流域の窯場は嬉野市の吉田2号窯、上福2号窯、志田西山1号窯などである。吉田山については第1章で述べたように泉山の陶石が量的制限を受けながら配分されていたが、少なくとも後二者については天草陶石を使用あるいは配合して使用した可能性が考えられる[2]。しかし、上福2号窯などは享保年間に操業期間が限られるとされるし、志田西山1号窯では磁器だけでなく陶器も大量に出土している。また、同じ志田地区の東山2号窯の一八世紀代の製品の主体は陶器である。このようにまだ後に見られるような天草陶石を使用した本格的な磁器の量産化には至ってないように思われる。これは、一つには原料を他地域から入手することによる採算性の問題であろうし、一つは天草陶石を供給する側が安定的な供給ができる体制になかったことによろう。

次に一八世紀中頃以降について、天草陶石の流通状況を古文書史料から見てみる。まず平賀源内が明和八年（一七七一）に天草陶石について記している。すなわち、「一、陶器土　右の土、天下無双の上品に御座候。今利焼・唐津焼・平戸焼等、皆々この土を取り越し焼き候」とある。陶器である唐津焼や、今利焼の生産の中心である有田において、天草陶石を使用していた確証はないが、この頃までには天草陶石を大量に磁器原料として供給するシステムが形成されているとみてよかろう。これは宝暦一二年（一七六二）に天草地方そのものに高浜焼が興ることとも関わりがあろうと思われるし、天草陶石を使用する窯場が増加することによって、天草地方における陶石採掘業の発展が促されたものと推測される。

そして、天草陶石が採れる高浜村の庄屋であった上田家に残る古文書の記録である『上田家文書』では当時の窯場における天草陶石の使用状況や原料の種類を知ることができる。明和四年（一七六七）と寛政八年（一七九六）の記録がすでに活字化されている。それによると明和四年の段階で有田の内山・外山は地元の原料を使用しているものの、その周辺の「しだ皿山」、「吉田皿山」、「脇田皿山」、「つちえ（筒江）皿山」などでは天草陶石を使用している。他藩をみてみると、波佐見が地元の原料を使用しているのに対し、「三河内皿山」は天草陶石を地元の原料と混ぜて使い、「さざ皿山」では天草陶石を使っているという。寛政八年（一七九六）の段階になると、さらに「浜皿山」、「弓野皿山」、「長与皿山」、「稗木場皿山」などでも使用が見られ、肥前以外でも九州各地、瀬戸内海地方にまで天草陶石は流通している。さらに『代官旧記』によれば、佐賀本藩の大外山である志田東山においても寛政九年（一七九七）には磁器を少量生産しており（池田編一九六六、四五八頁）、その後、磁器を量産している。また、文政～幕末期を含む時期に操業していた可能性が高い志田西山6号窯で採集された製品は磁器のみで陶器は採集されていない。一八世紀中頃から後半にかけて、天草陶石を大量に陶石として供給するシステムが形成され、天草陶石の商品化と使用の一般化が進んでいったことが理解できるが、それはやはり地域の原料に恵まれていない窯場ほど導入が早かった。もちろん、塩田川流域の窯業圏はこれに該当した。

天草陶石が商品として流通することで、地域に原料が存することが大きな前提条件とはならなくなり、むしろ地域の原料に立脚しない磁器生産地の場合は、天草陶石の原料産地との位置関係が重要な地理的条件となったと考えられる。ここで塩田川流域の窯業圏と天草下島西海岸との位置関係をみてみると、肥前窯業圏の中では最も有利な位置にあると言えよう。天草島西海岸を北上し、天草下島と島原半島の間の早崎瀬戸に入ると、穏やかな内海である島原湾、有明海を経て、塩田川河口に至るのである。また、塩田川の水運を利用すれば窯業圏と原料産地を水運のみで直結することができるのである。陶石のような重量物の運搬は水運が最も適しており、これほどの条件が揃っている窯業圏は他になかろうと思う。よって、一九世紀初～中頃にかけての志田地区の窯場の急速な発展は、一八世紀後半までに天草陶石が広く商品として流通する環境になったことが大きな前提条件であったと考えられる。

第2項　塩田川流域の窯業圏と商人

原料の安定確保はあくまでも磁器生産地の成立の前提条件であって、それだけで継続的に生産地として存続するものではない。このことは豊富で良質な原料を有する天草地方において、一七世紀後半に磁器窯が成立しても後に継続されず、さらに享保年間の技術導入も失敗に終わり、ようやく一八世紀後半に高浜焼が始まることからも理解される。一八世紀において肥前の陶工が他産地に移って磁器生産を行ったその他の窯場についてもその後必ずしも成功はしていない。原料の確保と技術の導入だけでは磁器生産そのものには成功しても産地としては必ずしも成功につながるものではないのである。少なくとも継続的に産業として維持するためには原料と技術以外の諸条件が必要なことは確かであろう。その一つが技術力を維持し、労働力の安定確保を図るための生産システムであるが、塩田川流域の窯業圏は一七世紀以来、陶磁器産地として存続している地域であり、そうした生産基盤はすでに有していたとみてよかろう。そして、もう一つがこれから述べる商人の問題である。ここでは一七世紀末以降の塩田川流域の窯業圏と商人の関わりについて、茂木港外遺跡と芦屋沖海底遺跡の二つの沈船資料をとおしてみてみたいと思う。

(1)　茂木港外遺跡

茂木港外遺跡は長崎市茂木港沖に位置する海底遺跡である（図169・170）。以前より「茶碗曽根」と称して沈船の伝承をもつ海域であり、昭和初期にすでに陶磁器が引揚げられている経緯をもつ。そして、一九九六年四月に海底作業中に多数の陶磁器が発見され、その翌月の潜水調査でも多数の陶磁器が海底に散乱していることが確認されている（口絵17）。そして、一九九八年八月に潜水確認調査、二〇〇三年八月に発掘調査を行った。

①茂木港外遺跡の環境

（位置）

茂木港は長崎市の中心市街の南東五kmに位置し、橘湾（千々石湾）に面する港である。南方には天草灘を挟んで天草諸島がある。茂木港は現在も天草あるいは熊本とフェリー等の運行によって結ばれているが、江戸時代においては天草をはじめ肥後・薩摩の諸港から長崎へ通ずる要港として繁栄した。長崎港の東側外港としての役割を有していたのである。

図169　茂木港外遺跡（長崎市茂木港沖）

図170　茂木港外遺跡位置図

(発見当時の海底状況)

一九九六年四月二〇～二二日の遺跡発見時の新聞報道(毎日新聞一九九六年四月二三日付)を引用すれば、「水深一五～二〇m付近の岩場周囲の泥を約二〇～三〇cm掘ると多数の陶器が出てきた。」とある。一九九六年五月一九日の調査結果によれば、水深一八m、潮流〇not、視界二mで、底質は表層が柔らかいシルトになっているという。また、陶器等が多数確認された箇所は周囲より五〇～一〇〇cm程度えぐれた状態になっており、ここを境に岩礁のようなものが十数mのびており、南西に三mほど離れた海底にも同じような岩礁がみられたという。

一九九八年の潜水確認調査後、この五月一九日の調査の際の写真及び水中ビデオ映像を見る機会があった。陶器が多数散乱しているが、それは沈没時の状態を保っているものではなく、また付着物も少ないことから五月一九日に近い時期に海底土中より掘り出されたもののように思えた。おそらくその前月の四月二〇～二二日に遺跡が発見された際に掘り出されたものではないかと推測される。

②一九九六年発見の引揚げ陶磁器

唐津系陶器を中心に約一〇〇点引揚げられている(口絵18、図171)。資料の多くは遺跡発見者であるNTTが保管しているが、一部は長崎市教育委員会においても保管されており、同教育委員会によって実測図作成及び写真撮影が行われ、資料化されている。同教育委員会が分類した内訳をみると、①唐津系銅緑釉皿(小)四〇点以上、②唐津系銅緑釉皿(中)四点、③唐津系銅緑釉碗四点、④唐津系灰釉皿(小)一点、⑤唐津系灰釉皿(中)一二点、⑥唐津系飴釉碗一点、⑦唐津系擂鉢一点、⑧唐津系刷毛目片口鉢三〇点以上、⑨唐津系三島手大鉢三点以上、⑩染付瓶一点であり、合計九六点以上を数える。

まず、①～④の唐津系銅緑釉の碗・皿、灰釉皿(小)は佐賀県嬉野市内野山北窯跡出土品に類似している。内野山北窯跡は一九八八年に発掘調査が実施され、一九九六年に発掘報告書が刊行されている。報告書では物原の層序によって製品をI～V期に分けている。報告書ではII期の年代を一七世紀後半頃、III期の年代を一七世紀末～一八世紀前半としている。①唐津系銅緑釉皿(小)(図171-1)は口径一二・三cm、高さ三・三cm、高台径四・七cmで、内面に銅緑釉、外面に透明釉(灰釉)が施釉されており、高台部周辺は無釉である。また、見込みは蛇の目状に釉剥ぎされているが、砂目の付着は見られない。この種の銅緑釉皿は内野山北窯跡ではII～III期に見られ

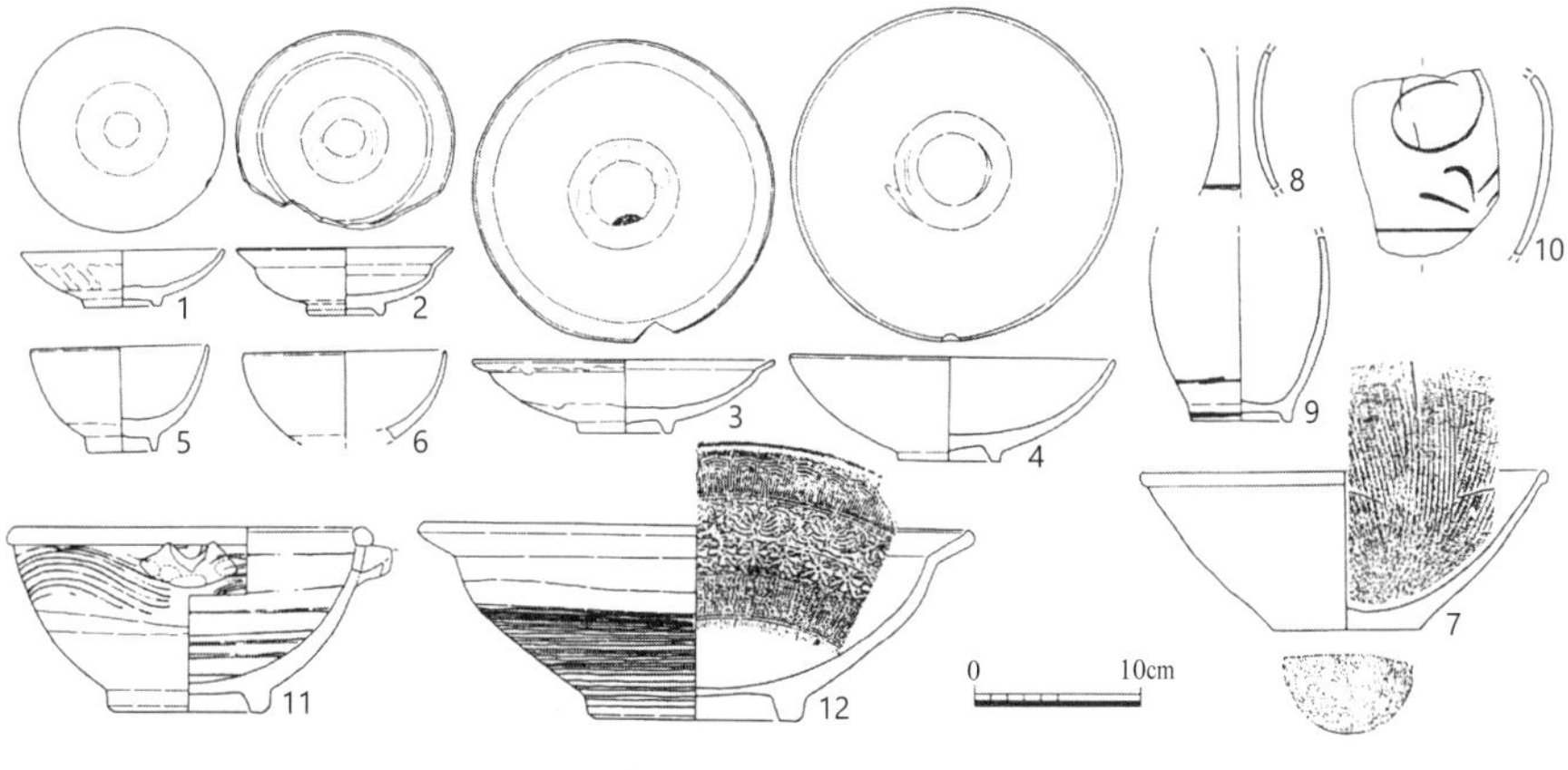

図171　茂木港外遺跡出土遺物

る。②唐津系銅緑釉皿（中）（図171－3）は口径一八・二cm、高さ四・五cm、高台径五・六cmで、内面に銅緑釉、外面に透明釉（灰釉）が施釉されており、高台部周辺は無釉である。見込みは蛇の目状に釉剥ぎされ、砂目の付着が四ヶ所に残る。いわゆる折縁状に口縁下で屈曲しており、器形は内野山北窯跡のII期の製品に類似している。③唐津系銅緑釉碗（図171－5）は口径一〇・八cm、高さ六・三cm、高台径四・二cmで、外面に銅緑釉、内面に透明釉（灰釉）が施釉されており、高台部周辺は無釉である。この種の銅緑釉碗は内野山北窯跡ではII～III期に見られる。④唐津系灰釉皿（小）（図171－2）は口径一三・一cm、高さ四・一cm、高台径四・四cmで、内外面に透明釉（灰釉）が施釉されており、高台部周辺は無釉である。口縁下で屈曲しており、見込みは蛇の目状に釉剥ぎされている。⑤唐津系灰釉皿（中）（図171－4）は口径一九・四cm、高さ六・二cm、高台径六・二cmで、内外面に透明釉（灰釉）が施釉されており、高台部は無釉である。胎土・釉色等から内野山周辺の製品と推測され、器形そのものは同様のものが内野山北窯跡から出土している。⑥唐津系飴釉碗（図171－6）は推定口径一二・〇cm、高さ・高台径は不明である。内外面ともに飴釉が施釉されているが、高台部周辺は無釉のようである。内野山北窯跡に類例が見られる。⑦唐津系擂鉢（図171－7）は口径二四・五cm、高さ九・三cm、底径八・九cmで、口縁部は玉縁状、底部は糸切り底となっている。肥前では一七世紀後半の中で口縁部を玉縁状に作り、糸切り放し底が主になるという。なお、生産地の特定はできない。⑧唐津系刷毛目片口鉢（図171－11）は口径二一・〇cm、高さ一一・〇cm、高台径九・〇cmで、外面上部に波状の刷毛目が入り、内面にも薄く刷毛で白化粧土が塗られている。胎土は赤褐色で、内野山北窯跡出土の刷毛目片口鉢の類とは異なるようである。武雄周辺の製品であろうと思われるが、生産地の特定はできない。なお、赤絵町遺跡では同様の形の刷毛目片口鉢がⅣ層段階より出土している。赤絵町遺跡のⅣ層段階は一七世紀末〜一八世紀前半を中心とした年代が与えられている。⑨唐津系三島手大鉢（図171－12）は口径三三・五㎝、高さ一一・四㎝、高台径八・三㎝で、内側面は象嵌が施されている。象嵌は印花を施した後に白化粧土を薄塗りしただけのようなものも含まれる。また、見込みには砂目痕が見られる。生産窯の特定は難しいが、樫ノ木山窯跡など武雄市の小田志周辺の窯場ではないかと推測している。年代は一七世紀後半頃ではないかと推測している。⑩染付瓶（図171－8〜10）は草花文を粗放に描いたもので、胎土・釉色などは嬉野市の吉田2号窯跡の出土製品に類似している。

以上、各製品の特徴を記したが、内野山北窯跡のⅡ期あるいはⅢ期に相当するものが多い。また、これらは第1章でみた年代推定可能な遺跡の資料の中で一七〇〇〜一七一〇年代に廃棄されたと推定される製品に近い。よって、一七世紀末〜一八世紀初を中心とした年代の製品群であろうと思う。

③一九九八年発見の陶磁器

一九九八年の潜水調査で確認できた遺物は約一七〜二〇点である。遺物の取り上げは行わずに、写真撮影とビデオ撮影にとどめている。資料数に幅があるのは、潜水調査者が遺物の存在を確認しても視界不良のため再確認することが難しく、重複している可能性があるからである。

遺物の年代は最も古いもので一七世紀後半〜一八世紀前半の陶磁器であり、新しいものでは近現代の製品が含まれる。一七世紀後半〜一八世紀前半の遺物については一九九六年引揚げ資料と同じ積荷の一部であった可能性が高く、その確認地点は集中している。唐津系陶器鉢など一九九六年に大量に引揚げられている陶磁器と同様のものも確認されているが、銅緑釉のかかった碗・皿の類は一九九八年の調査では発見されていない。また、有田製の染付水注など一九九六年の引揚げ資料には見られない製品も確認されている。生産年代は一九九六年に引揚げた陶磁器の年代と比較的近いと思われるものの、同じ積荷に含まれていたものなのか、明らかではない。

④茂木港外遺跡出土資料にみる流通形態

茂木港外遺跡における一九九六年引揚げ資料は海底下から引揚げられたもので一括性が高いと判断される。海運途上に沈没あるいは投棄されたものであろう。それらの生産地は、佐賀県嬉野市、武雄市南部などの窯場であると推定される。内野山北・西窯などの内野山、吉田２号窯などの吉田山、樫木山窯などの小田志山の窯場である。内野山と吉田山は同じ嬉野市にあり、その水平距離は約五kmである。また、小田志山は武雄市にあるが、嬉野市の内野山と武雄市の小田志山は市境を挟んで隣接しており、その両者の窯場の距離はわずか二kmほどしかない。そして、これらはいずれも塩田川の支流（下宿川、吉田川、小田志川）沿に位置する窯場である。すなわち、茂木港外遺跡引揚げ資料の生産地と推定される窯場はかなり狭い範囲に限って分布しており、かつ地理的には緊密な関係にある。一方、それらの窯場は政治的には、内野山は鍋島本藩領、吉田山は蓮池支藩領、小田志山は武雄鍋島領に属し、それぞれ管轄が異なっている。このことは茂木港外遺跡引揚げ資料について各々の藩がそれぞれに積出したというよりは、この地域の陶磁器を扱う商人等が集荷して積み出したことを推測させる。

ここで茂木港外遺跡の陶磁器の沈没に至るまでの想定されるルートをあげる。すなわち、①塩田川支流域―伊万里津―西彼杵半島西岸沖―茂木、②塩田川支流域―長崎街道―彼杵―大村湾―西彼杵半島西岸沖―茂木、③塩田川支流域―長崎街道―彼杵―大村湾―時津―時津・茂木街道―茂木、④塩田川流域―塩田津―有明海―茂木の四通りである（図172）。

発見された陶磁器の産地組成が積荷のそれを反映しているとした場合、伊万里や川棚を主要な積出港としていた有田や波佐見周辺の窯場の製品は含まれていない可能性が高いことを考えると、①のルートはまず考えにくい。発見された陶磁器の主体となっている内野山系銅緑釉碗・皿は全国市場に向けられて生産された製品である。肥前の窯業圏からみて、全国市場は一部の市場を除いて、玄界灘を東行した先にある。江戸・大坂はもちろん日本海沿岸の消費地もまた玄界灘を東行した先にある。そのため、②や③のようにあえて玄界灘の反対方向の海域に進む場合に目指す消費地は、肥後・天草地方、薩摩地方など九州西側の地域や沖縄地方に限られる。塩田川流域と九州西側の地域などの位置関係を考えると、それらの地域を目的とした場合、②や③のように大村湾や西彼杵半島西岸沖を経由するよりも塩田川から有明海に積出し、南下する方が合理的である。よって、②と③の可能性も低いように思う。そのため、今のところ、④のルートである可能性が高いと考えられる。すなわち、塩田商人が塩田川支流域に点在する窯場の製品を集荷し、塩

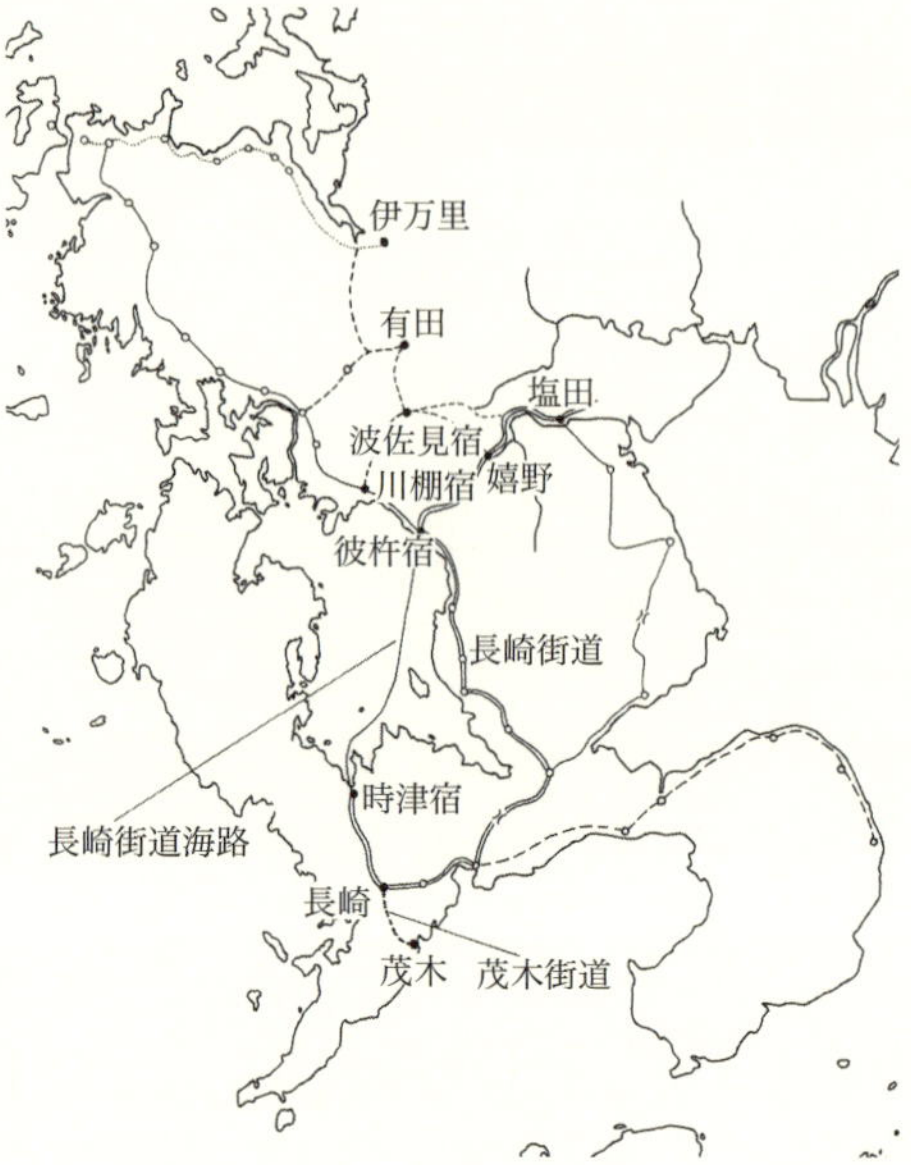

図172　長崎街道図

田津から有明海を経由して消費地に向けて積み出したが、何らかの海難に遭遇し、茂木沖で沈んでしまったものと考えるのが最も妥当であろう。

塩田商人が塩田川流域の陶磁器を扱っていたことは文献史料にも見られる。吉田皿山の焼物商売にあたっており、一八世紀前半の享保年間には塩田商人の協力があって、船五艘に焼物を積んで大坂へ送り出した記録がみられる（前山一九九〇、六七頁）。これもまた塩田津から有明海に出ていって、大坂に向かったものであろう。一八世紀後半においても『蓮池藩請役所日記』明和四年六月六日（一七六七）には「一、今度吉田志田陶器、上ヶの仕入申付、毎月陶器大坂江指登候、右に付而ハ借船計ニ而不相叶候付、於大坂、六百俵積之船壱艘買入有之候、右船焼印無之候而不相叶候、船頭の儀者、塩田町罷在候嘉七与申者江申付候（後略）」と記されている（小木ほか一九九四、一三一頁）。蓮池藩自身が関わり、船頭も塩田町在住の者であれば、この場合の積出港はやはり塩田津であろう。また、佐賀本藩の志田東山においても江口平兵衛ら塩田の商人がその経営や販売に大きく関わっている（松尾一九九三、三六頁）。塩田の商人が直接販売に関わる場合の積出港はやはり同じく塩田津であろう。このように塩田川流域の窯場では、地元の塩田商人が中心となって流通に関わっていたことがわかる。

⑵　芦屋沖海底遺跡

①芦屋沖海底遺跡の引揚げ資料

芦屋海岸から北西六・四km、水深約二〇mの海底より（口絵20〜22、図173）、ほぼ同じ場所から一〇〇点以上の皿、碗、湯飲み等が引揚げられており、年代は一八世紀後半から一九世紀前半という（西日本新聞一九九二年五月一五日付）。そして、今林忠義氏の御厚意で拝見させて頂いた資料の中で確認することができたのは約六五個体の肥前磁器であり、陶器は含まれていなかった。釉種は染付六一点、染付青磁三点、青磁一点などがあり、器種は碗一七点（図174-1〜3・5・6）、碗蓋一点（図174-4）、皿三〇点（図174-7〜12、図175）、蓋物の蓋三点（図174-17）、鉢一点（図174-13）、灰落とし六点（図174-16）、灰落とし蓋三点（図174-15）、火入れ（香炉）四点（図174-14）などがある。その後、二〇〇四年に筆者が潜水調査を行い、遺物を回収したが、いずれも最初の引揚げ時と同様の製品であった（図176）。

碗は小碗一点（図174-1）を除いて全て端反碗である。端反碗は文様で分類すれば草束唐子文・井桁宝文・格子文・鶴文の四種に分けられ、碗蓋は井桁宝文の蓋であった。皿は小皿一六点、変形皿二点、中皿五点、大皿七点である。小皿（図174-7・8）はいずれも志田焼の可能性が高く、中皿（図174-11）についても多くはそうではないかと思われる。灰落としと火入れ（香炉）については同一の窯の製品と思われるが、生産窯の推定はできない。また、大皿（図175）はいずれも口径が四〇cm以上のもので、有田で生産された可能性が高いように思う。特に染付青磁大皿（図175-3）などは黒牟田や南川原など有田の外山地区の窯場で生産された可能性が高い。よって、推定可能な生産地は志田山（志田西山あるいは東山）、有田外山、その他である。有田外山と志田東山は佐賀本藩、志田西山は蓮池藩の窯場である。確実に波佐見と思われる製品は含まれていない。おそらくほとんどが佐賀藩、蓮池藩内の製品であろうと思われる。

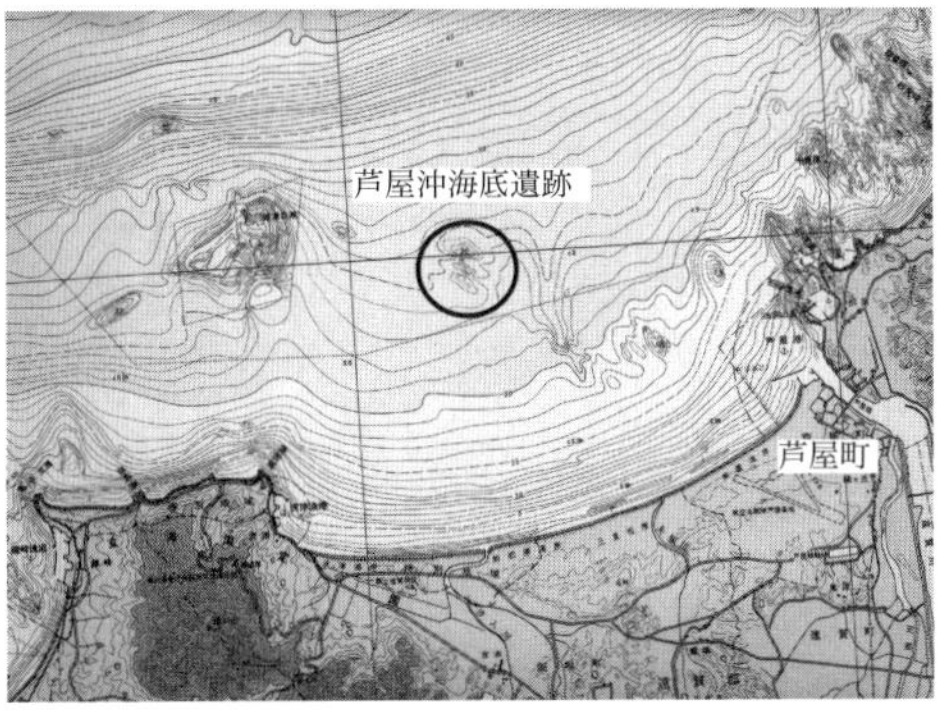

図173　芦屋沖海底遺跡位置図

そして、筆者が確認した資料だけで判断すれば、一八世紀後半の染付皿（図174-12）を除いて、一八二〇〜一八六〇年代を中心とした年代に限ってよいように思う。また、これらの資料の多くが複数個体見られることも注目すべきであろう。最も多いものでは染付小皿で同一の器と文様のものが一三個体引揚げられている。また、引揚げ当時、大皿などは数枚重なった状態であったという。おそらく藁などで結わえられたまま沈んだのであろう。こうしたことを考えると沈没船あるいは積荷の投棄に伴う一括資料の可能性が非常に高いように思う。

そして、この引揚げ地点の海底は南北に岩の根が数条走っており、製品はその最も西側の岩の根の西側斜面で発見されている。潮流などで製品が移動したことを想定すれば、そ

図174　芦屋沖海底遺跡引揚げ資料（1）1989～1992年回収（芦屋町歴史民俗資料館所蔵）

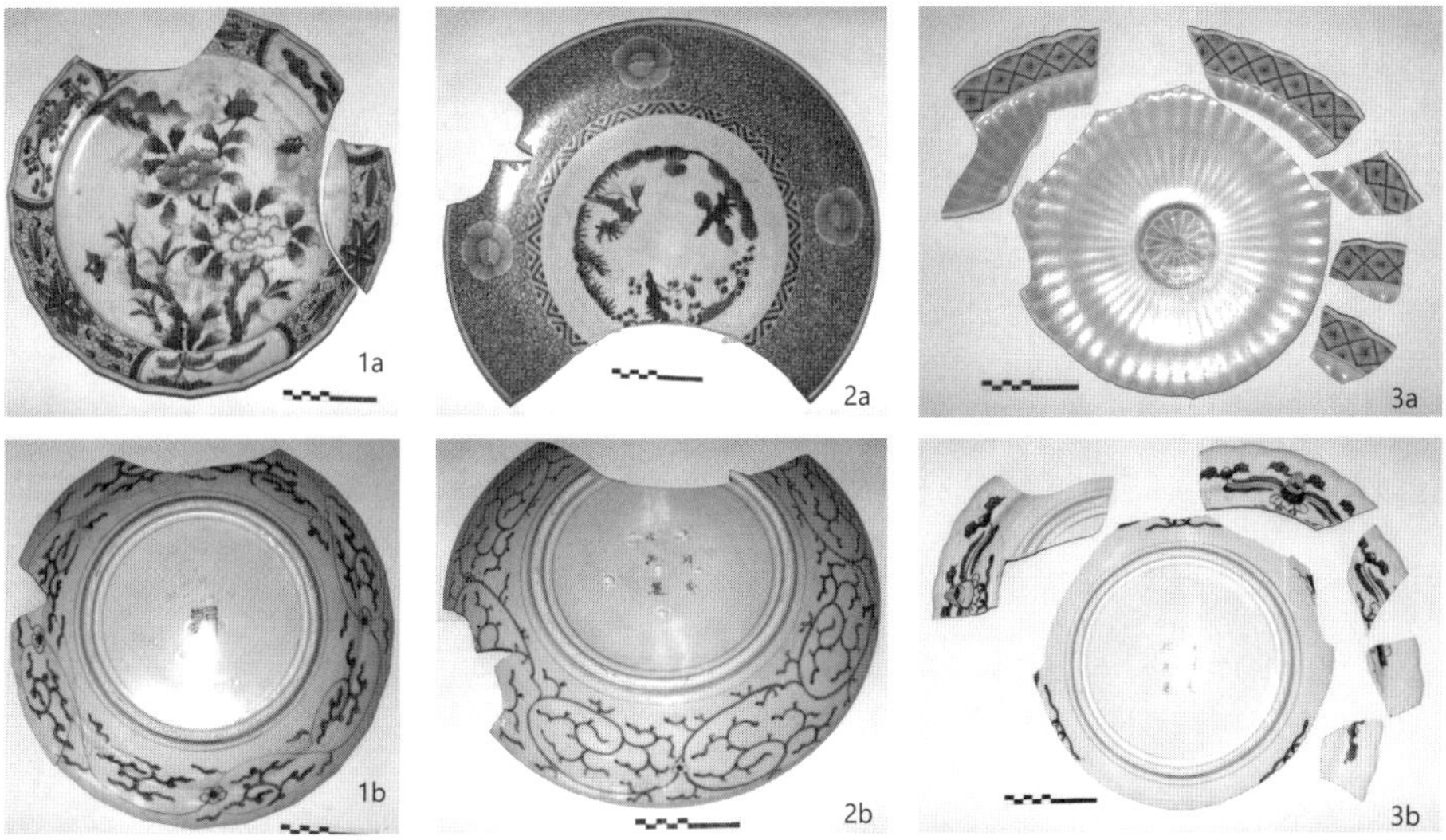

図175　芦屋沖海底遺跡引揚げ資料（2）1989～1992年回収（芦屋町歴史民俗資料館所蔵）

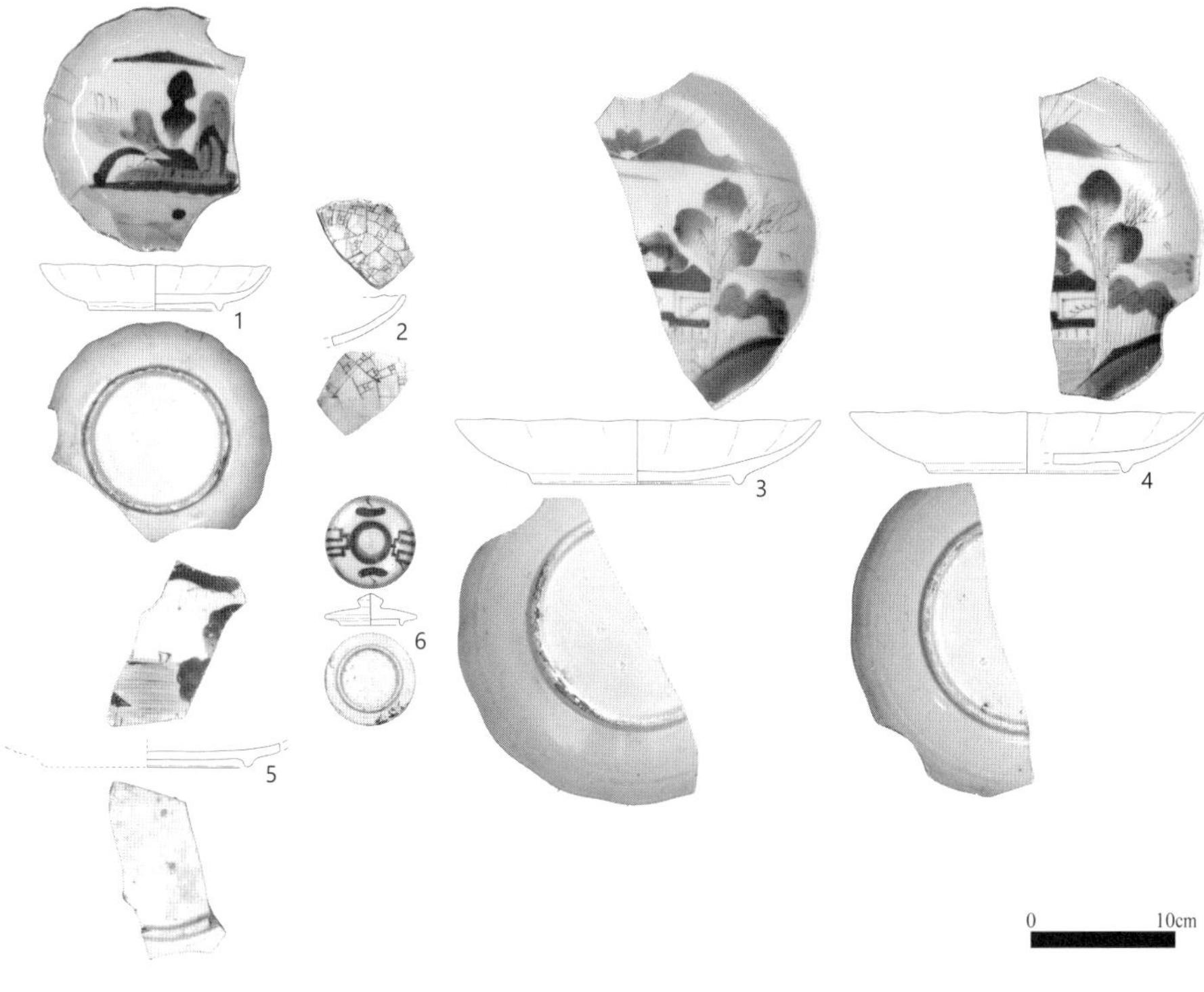

図176　芦屋沖海底遺跡引揚げ資料（3）（芦屋町歴史民俗資料館所蔵）

の沈没箇所あるいは投棄箇所は根の西側の海域であった可能性が考えられる。

なお、現在、これらの引揚げ資料の多くは芦屋町歴史民俗資料館で保管されている。

②文献史料に見る志田地区製品と陶器商人

芦屋海岸沖引揚げ状況等を考えれば、一括資料である可能性が高く、有田の外山地区の窯場の製品と塩田の志田地区の製品が同じ船の積荷であった可能性が高い。有田外山の製品については継続的に伊万里津に運ばれ、積み出されたことは知られている。一方、志田地区では河川港である塩田港が最も近い積出港となる。　前述したように一八世紀には塩田商人が中心となって流域の陶磁器の流通に関わっていた。　志田東山においても江口平兵衛ら塩田の商人がその経営や販売に大きく関わっている（松尾喬一九九三、三六頁）。塩田の商人が直接販売に関わる場合の積出港はやはり塩田港であろう。そして、塩田港から直接大坂などへ運搬する場合は、有田外山の製品と同じ船で運ばれる可能性は低い。やはり、芦屋沖引揚げ資料の組合せを考えた場合、最終的に有田外山の製品と同様に伊万里津から積み出されたケースを考えなくてはならない。例えば、大坂の手仲買である木津屋吉兵衛の場合、嘉永三年（一八五〇）に繰綿を仕入れて伊万里へ行き、これを売り捌いた代金で佐賀藩の陶器を仕入れ、これを売り捌きながら瀬戸内海を航海して大坂に戻っている。このとき伊万里では八六二俵と三一八提の荷物を仕入れているが、このうち木原物（平戸領の製品）が二一七俵で残りの一六九俵は志田・大川内・弓野の製品であった（有田町史編纂委員会一九八八a、一八四頁）。

ここで伊万里津を本拠地とする伊万里商人と志田地区の窯場の関わりについてみていく。前山博は志田地区の窯場と関わりをもつ伊万里の商人として、横尾武右衛門、松尾彦兵衛、岩本佐兵衛、田丸和兵衛などを挙げている（前山一九九〇c、五八六-六〇五頁）。志田西山の山ん神（陶山神社）に献納された狛犬の施主の中に「横尾武右衛門」の名があり、同神社には志田西山が建てたと思われる文久四年（一八六四）建立の彼の記念碑も残されている（前山一九九〇c、六一四-六一五頁）。そして、その記念碑には「この西山□陶器を商ゐそめし文化乙丑としならん、（中略）世に広く陶器の運路を開き、（中略）当山産物の弘まりしは全恩沢の至り也（後略）」と記されている。横尾武右衛門は文化乙丑（一八〇五）から文久年間頃までの長期にわたって、志田西山の陶器を商った伊万里津の本下町の商人であった（前山一九九〇c、六一五頁）。『天相日記』には伊万里商人との商取引の具体例の記載がないが、横尾武右衛門らの名前は日記の至るところに出ており（松尾一九九三、三六頁）、伊万里商人の志田地区における活動が窺える。

そして、横尾武右衛門ら志田地区の陶磁器を扱った伊万里商人が筑前商人などの旅商人と関わりをもつことも文献史料により知ることができる。まず、嘉永三年（一八五〇）戌四月に武右衛門が提出した一願書には「惣而者志田東山・西山焼物而巳仕入仕居候処、兼而売付之旅人抔近年思和敷参着不仕候ニ付、焼物売口差塞キ、」とあり（前山一九九〇c、一九〇頁）、旅商人相手に志田地区の製品を売っていたことがわかる。また、筑前商人の本拠地の一つである芦屋（福岡県遠賀郡芦屋町）にある神武天皇社の石灯籠にも「伊万里世話人」として、横尾武右衛門の名が刻まれている（前山一九九〇c、六一九-六二一頁）。また、伊予桜井浦の桜井神社等の玉垣にも松尾彦兵衛とともに「掛屋武右衛門」の名が刻まれている（前山一九九〇c、七九五頁）。伊万里商人が志田地区の製品を買い入れ、筑前商人や伊予商人ら旅商人に売りつけていたことを傍証している。

一方、旅商人の側から見れば、年代はいくらか遡るが、筑前商人の本拠地の一つである船越の商人佐右衛門に対する寛政一二年（一八〇〇）の訴文には（松尾）彦兵衛や（岩本）佐兵衛ら一七人の伊万里商人が名を連ねている（前山一九九〇c、四七八頁）。それだけ多くの伊万里商人と取引していた旅商人がいたことを示すものであろう。同様に芦屋浦の市蔵との取引に際しては、岩本佐兵衛ら五名の伊万里商人が各自の貸高に比例して配分を受けている（前山一九九〇c、四六二頁）。仮に横尾武右衛門のように「志田東山・西山焼物而巳仕入仕居」であったとしてもそれを運搬する旅商人の船には複数の伊万里商人が仕入れた製品が積まれることになることを示している。

③芦屋沖海底遺跡引揚げ資料にみる流通形態

以上のことから、芦屋沖海底遺跡引揚げ資料は、志田地区の窯場と伊万里商人、そして、筑前商人などの旅商人との結びつきを示す資料である可能性が高い。すなわち、伊万里商人によって買い入れられた志田地区の製品が伊万里津にもたらされ、同様に伊万里商人などによって伊万里津にもたらされた有田の外山地区の製品とともに筑前商人などの旅商人によって積出しされた。そして、芦屋沖で海難事故が発生し、沈没あるいはその沈没を防ぐために積荷の投棄が行われた結果である可能性が高い。

芦屋沖海底遺跡引揚げ資料に見られる有田外山の製品はもちろんのこと志田地区の製品も同様に一九世紀においては広く全国市場

に流通したことは消費遺跡の出土例などからみて間違いない。そして、志田地区の製品は先にみた玄界灘沿岸採集資料の中にも数多く含まれている。生産地と消費地の位置関係を考えれば、志田地区の製品が玄界灘を経由することは容易に推測できるが、この玄界灘沿岸採集資料が筑前商人の活動の盛行を反映したものである可能性が高いことはすでに述べたとおりである。言い換えれば玄界灘沿岸採集資料は、筑前商人が扱っていた陶磁器の組成をある程度反映していると思われる。そして、それらの中に志田地区の製品が相当量含まれていることを考えれば、筑前商人が相当量の志田地区の製品を全国市場に流通させていたことを推測させるのである。

志田山にある横尾武右衛門の記念碑を改めて見てみると、彼が志田焼の商売を始めたのが文化乙丑（一八〇五）のこととあり、それによって「世に広く陶器の運路」が開かれたとある。一九世紀前半の志田焼が全国の遺跡の出土状況や一九世紀前半に産地として急成長したこととも合致する。その急成長を促したのが伊万里商人の参入であったことは確かであるが、伊万里商人自身が全国に販路を拡大させたわけではない。その直接の担い手となったのは筑前商人ら旅商人である。志田焼は伊万里商人がもつ旅商人による全国販売の流通ネットワークと結びつくことによって、その販路を大きく伸ばすことができたと考えられる。

第4節　生産機構の変容

一九世紀初～中頃に志田地区は格段に生産能力を増大し、急成長を遂げている。このことは全国の消費地遺跡の出土状況とも矛盾しない。そして、これまで見てきたように、この成長の背景にはいくつか合理的な理由があるようである。第一は天草陶石の集散地として塩田港が機能し、豊富な原料の入手が容易であるという生産地としての利点である。天草陶石の原料採掘地と塩田川流域の窯業圏は、海と河川を利用した水運によって直接、結ばれていたからである。そして、その地理的優位性を生かすだけの産業基盤はすでに整っていた。第二は在地の塩田商人だけではなく、伊万里商人が生産に直接関与し、その全国流通に貢献したことである。茂木港外遺跡出土資料はその目的地については明らかではないものの、少なくとも塩田川流域窯業圏の製品が塩田商人によって塩田港から積み出されていたことを示すものであり、享保年間や明和年間の文献史料もまた塩田商人が嬉野や志田の製品を大坂へ運搬していることを示している。一方、伊万里商人は遅くとも一八世紀後半以降、筑前商人をはじめとする旅商人を媒介として、全国の市場に陶磁器を販売する流通ネットワークを有していた。塩田川流域の窯業圏はその伊万里商人のもつ流通ネットワークと直結することにより、大きく販路を拡げたものと考えられる。志田地区は瀬戸・美濃地方の磁器生産地と競合する碗類ではなく、皿類を主体に生産しており、有田の外山地区と同様に大皿の需要にも応えている。これも商人が介在したことで消費地の需要に合わせて生産を行うことができたと思われる。

これら二つの理由によって、志田地区の急速な発展があったと考えるが、この発展はこれまでの生産機構が変わりつつあることも示している。有田や波佐見の窯業圏では、原料の陸運を前提として、原料産地に近い地域に成立したものである。そのため、良質な原料の産地から距離的に離れた塩田川流域の窯業圏は磁器専業ではなく、陶器生産も行っていた。しかし、塩田川流域の窯業圏では、原料の水運を前提として原料産地と直結した窯業圏を形成させ、地域の原料に立脚する地域的窯業圏とは性格の異なる窯業圏を形成させている。本来、塩田川流域の窯業圏は単一の政治機構下になく、地域内で自己完結化させる意識が低かったこともあって、窯業圏内の窯場の結びつきは、原料そのものではなく、むしろ原料を商品として扱う商人によるものとなるのである。

また、泉山陶石の一元的管理による生産機構は、泉山陶石が最も良質で量も豊富であることを前提としたものであった。その前提があったからこそ泉山陶石を排他的かつ段階的に供給することによって、陶器と磁器の分業のみならず、品質による分業も可能としたのである。しかし、泉山陶石よりも良質かつ量も豊富な天草陶石の使用の一般化はその前提を根本から覆すことになったのである。とりわけ、原料産地に恵まれない地域ほど早くから天草陶石を導入しており、一八世紀代より佐賀本藩以外の「大外山」では天草陶石を使用した磁器生産を開始し、一八世紀末～一九世紀初にはそれまで陶器生産が主体であった佐賀本藩の大外山においても天草陶石を使用して磁器生産を行うようになったと推定される。有田内山地区を中心とする同心円状の窯業圏から、有田や波佐見など原料産地に立脚する地域的窯業圏と天草陶石の産地を一つの起点とする生産ネットワークに組み込まれた窯業圏が併存する窯業圏に変わったのである。そして、天草陶石を使用して磁器生産を行った窯場は、寛政八年（一七九六）の『近国焼物大概帳』によれば一八世紀末の段階で筑前（須恵皿山）、筑後（黒崎皿山）、肥後（大田皿山）、薩摩（川内［平佐］皿山）、伊予（伊予国皿山）、安芸国（広島皿山）に及んでいる。さらに一九世紀初～前半の間には、五島の富江窯、長崎の亀山焼、瀬古焼、一の瀬窯（福岡県浮羽町）、末広焼（大分県臼杵市）、小宛焼（大分県緒方町）でも天草陶石を使用していたといわれる（佐賀県立九州陶磁文化館一九九六、一三頁）。地方の磁器窯、とりわけ九州及び周辺地区に成立した地方窯は、既存の生産機構が変容し、新たな生産ネットワークが拡大していったことによるものであろうと考えられる。その生産ネットワークの拡大とともに肥前の磁器生産技術も広く伝わり、全国に地方窯を出現させる要因の一つとなったのではないかと考える。

一方、この新しい生産ネットワークに組み込まれることが最も遅れた窯業圏が、それまで地域の原料に立脚した窯業圏であったことはむしろ当然である。波佐見の中でも三股陶石の産地から比較的離れた稗古場山では天草陶石の使用が早くから見られたが、産地付近に形成されていた三股山、中尾山、永尾山では天草陶石の使用が遅れ、泉山陶石を有する有田窯業圏ではさらに遅れることになったのである。(3) そして、この時点で泉山陶石の一元的管理による生産機構は完全に消失することとなる。

註

1 ここにある志田皿山には、寛政二年（一七九〇）の『塩田郷志田村図』に描かれている志田東山の二〇室の登り窯は含まれていないと思われるが、この時期の志田東山は陶器生産が主体であり、志田地区の磁器生産は、志田西山の焼成室数と思われる「凡参拾間」のみとしてよいと考える。

2 明和四年（一七六七）『近国焼物大概帳天草郡大江組高浜村』には、「一　しだ皿山　釜数凡三拾間　但壱登　天草焼物土ヲ以南京焼の焼物出来仕候由」と記されており、一七六七年には天草陶石を使用していたことがわかる。

3 塩田町常在寺境内の天明元年（一七八一）建立の「金毘羅宮」石祠には「泉山釜焼中　岩谷川内釜焼中」と刻まれている（小木・横粂・青木、一三一頁）。また、塩田町の八天神社の天保三年（一八三二）建立の鳥居の刻銘には、皿山関係として、「広瀬皿山中、応法皿山中、黒牟田皿山中、外尾皿山中、両南川原皿山中」と有田の外山が名をつらね、平戸藩領の三川内皿山も見られるという（前山一九九〇c、六〇七-六〇八頁）。有田皿山の窯焼きと塩田港に荷揚げされる天草陶石の関わりを示す可能性もある。その一方で天草陶石の使用を制限あるいは禁止していることは第1章で述べたとおりである。有田の地域的窯業圏の中にあっても旧来のシステムを維持しようとする動きと変わりつつある生産機構に組み込まれようとする動きがあるようである。

第11章　肥前窯業圏の生産機構の特質

ここまで窯業圏の形成過程について明らかにしてきた。本章ではそれらを総括して肥前窯業圏の生産機構の特質について考えるとともに、近世の肥前窯業の生産機構が近代以降の窯業とどのように関わっているかについても触れてみたいと思う。

窯業圏の形成過程からみる肥前窯業圏の生産機構の特質は、第一に磁器原料を基盤とするものであったことである。比較的、広範囲で原料の入手が可能な陶器生産と異なり、磁器の場合は原料産地が限られているため、原料の存在やその確保条件が産地形成において大きな意味をもった。第二に社会的に確立された分業システムに支えられたものであったことである。視点を変えれば、産地や産業としての発展とともに分業システムが社会的に確立されていったと言ってもよい。第三は流通機構と密接な関わりをもっていたことである。海外市場はもちろんのこと国内市場においても中心となる市場は生産地から見て遠隔地にあり、生産地と消費地をつなぐ流通の担い手の役割は極めて大きなものであった。

以下、これらの特質についてそれぞれまとめてみようと思う。

第1節　磁器原料を基盤とする生産機構

第一の磁器原料について、陶器生産においても原料の確保は生産地の大きな形成要因であるが、磁器原料に比べると比較的入手が容易であり、その原料が存在する範囲も広い。そのため生産地の形成要因においては相対的に燃料の確保が大きな位置を占めるものとなる。そして、第3章でみたように磁器生産の開始以後は、まず磁器原料の存在が生産地の形成要因となる。一六三〇年代頃までには原料産地を中心に窯場が成立し、一六三〇〜一六五〇年代にそれぞれの藩内で生産工程を完結させる生産システムを構築し、その生産システムを共有する地域的窯業圏の形成が行われたのもまた原料産地を中心としたものにほかならない。肥前の窯業圏の中でもさらに限られた範囲の地場産業として成立することになるのである。

そして、同じく原料産地が存在する地域であってもその質と量はそれぞれ異なっている。その性格が窯場の性格を規定する最も大きな要因の一つとなる。有田と波佐見の窯場の性格の違いも基本的にはそれに起因するものである。使用する原料の性格によって、受け入れる技術も異なり、製品も異なってくるのである。そのため肥前磁器の生産システムは、磁器の原料を最も重視するものであり、それを安定供給するためのシステムがまずその基礎となる。そして、そのシステムを確立することによって、窯場の立地条件においては地理的条件よりも社会的条件が優先されることとなる。一七世紀中頃〜後半の有田内山の窯場の再編成を可能にしたのもそうした生産システムの確立を前提としている。

また、原料を管理することで窯業圏そのものの管理が可能になる。特に有田の場合、泉山陶石の一元的管理がそのまま窯業圏の管理システムに直結しており、泉山陶石の流通する範囲においては同一の生産機構の下で管理が行えるようになっている。さらに泉山陶石の流通圏外においてもまたその使用を制限することによって、生産機構に組み入れることができ、肥前全体における有田窯業圏の中心的地位の確立を図っているのである。

そして、こうした生産機構に変化が生じるのは、肥前以外の天草陶石の使用の普及によってである。繰り返し述べるが、佐賀藩が泉山陶石の一元的管理によって、その流通圏外においても生産地を同一生産機構の下に置くことができたのは、泉山陶石が最上質であることが前提であった。泉山陶石以上の品質をもつ天草陶石の大量供給は、泉山陶石の流通圏外、あるいは品質の低い泉山陶石の流通圏における生産地の形成要因に変化をもたらしている。幕末期の志田地区などはその好例であろう。そして、天草陶石の産地を一つの起点とする生産ネットワークが拡大することにより、肥前の生産技術もまた広く普及することになり、多くの地方窯の出現を引き起こすことになったと考えられる。こうした生産機構の変容も結局は磁器原料の供給システムの変化に伴うものであったことは言うまでもない。

また、この生産機構の変容は近代以降の肥前窯業圏の生産機構にも大きな影響を与えている。天草陶石の使用の普及は、原料産地の天草地方に原料採掘業を発展させ、原料荷揚げ地の塩田川流域に製土業を発展させることになる（有田町史編纂委員会一九八八b、四一九-四二〇頁）。地域的窯業圏の中で生産工程が完結するのではなく、より広域的な地域において生産工程が完結する窯業圏へと変わることとなるのである。

第2節　分業システムに支えられた生産機構

肥前陶磁の生産システム形成の過程は、生産地の発展に応じた分業化が社会的に確立する過程でもある。肥前の窯業の分業化は大きく二つに分けられる。一つは生産工程における各工程や生産技術の技術的分業化であり、各工程や技術を専門化させることにより生産効率を高めるものである。技術的分業化には、「有田皿山職人尽し絵図大皿」にも描かれているような窯場内の年齢、性別などによる役割分担的な分業にとどまるものもあれば、赤絵屋などのように業種として窯焼きから独立している分業もある。もう一つは窯や窯場あるいは産地間における製品の作り分けによる地域的分業化であり、窯業圏を構成する窯や窯場がそれぞれ役割を分担するものである。これらの分業システムが社会的に確立することによって多様な需要に対しても量産することができるのである。肥前の磁器産業の生産システムは、これら二つの分業化を効率的かつ継続的な生産に結びつけるための仕組みであったと言える。

こうした技術的分業や地域的分業は窯業の成立当初から存在するわけではない。下平尾勲は社会的分業に基づいて産地が形成されるのではなく、産地形成の基盤の上に社会的分業が発達するとする（下平尾一九九六、二七頁）。小規模な窯場の場合、単純作業から複雑な技術を必要とする作業まで、多くの工程を同じ人がこなさなくてはならないことは容易に推測できる。複数の窯場からなる地域的分業はもちろん技術的分業化においても一定の生産規模と人数を必要とすることは確かであろう。

生産規模の拡大と人数の増加については、胎土目積み段階から砂目積み段階に至る段階が顕著であった。窯場は平野に面した丘陵地に立地することになるが、主たる生産工程以外で必要かつ技術を要しない作業、例えば原材料や燃料の運搬といった作業の担い手を農業地が有する潜在的な労働力に求めることは自然であろうと思う。これも技術的分業化の一つであり、それによって窯焼きらは主たる生産工程に専念することができる。

そして、肥前の窯業の主たる生産工程の中で最も早く分業化された、言い換えれば窯場から切り離された工程は原料採掘業であろうと思う。陶器生産の段階、あるいは磁器生産においても初期の段階においては各々の窯場で原料を確保していたと思われるが、泉山磁石場の発見以後になると、原料の採掘そのものは窯場から切り離されている。『金ヶ江家文書』に「最前ハ右土代銀無之、伐賃丈ニ而引取候段申伝候義は、只今之釜焼老人共存罷在候」（有田町史編纂委員会一九八五ａ、五六八頁）とあるように、原料を採掘することによって「伐賃」を手にする職種が生まれるのである。また、江戸後期においては原料の粉砕を生業とする「賃替」が出現している。川筋に設けられた水碓で粉砕していたことから、位置的にも窯場の空間から切り離されており、製土業は最も分業化しやすい工程の一つでもあった。空間的に離れた工程ほど分業化しやすいことは言うまでもなかろう。

また、寛永一四年（一六三七）の窯場の整理統合は、有田皿山の磁器専業化の過程の画期といえるが、最初の地域的分業でもあった。つまり、佐賀藩全体からみた場合、磁器と陶器の地域的な分業であったのである。また、この事件はその意図はともかく結果的には朝鮮人陶工が優遇された措置でもあった。これは後の上絵付け業の分業においてもそうであるが、政治的な理由などで分業化された場合、特定の業者の独占あるいは寡占を生む。それによって生じる既得権の保守がまた分業を支えていくことになるようである。時代は下がるが、幕末の赤絵屋の増加問題（有田町史編纂委員会一九八五ａ、五三五頁）に見られる赤絵屋側の抵抗もまた既得権の保守とみることができると思う。

また、一六五〇～一六六〇年代は海外輸出が本格化し、生産地として大きな発展をみるが、この発展に伴って地域的分業化と技術的分業化が急速に進んでいる。一七世紀後半における主たる技術的分業化は、上絵付け工程と御道具生産である。赤絵町の成立により内山地区では上絵付け業が分業化される。これは生産工程の一部を窯焼きから新たな業種として独立させ、専門業者化させた技術的分業である。大川内山の御道具山の藩窯としての整備もまた御道具を生産する人々を専門職種化させるものであった。そして、肥前窯業圏全体において窯業圏の拡大とともに地域的分業が確立する。いわゆる内山・外山・大外山の性格的区分である。それは海外輸出の本格化に伴って、需要が増大しただけでなく、それが多様性をもって増大したことによる。そして、前にあげた上絵付け工程と御道具生産の技術的分業化もまた地域的分業化と直接的あるいは間接的な関わりをもつものである。赤絵町の成立は海外輸出の本格化を背景とするものであるが、これはまた内山地区の性格形成において大きな位置を占めるものであり、以後、幕末に至るまで内山地区が有田はもちろんのこと肥前の色絵生産の中心となる。一方、藩窯の成立は海外輸出の本格化を直接的な要因とするものではないが、海外需要の増大に応えた内山地区の生産システムと経済的な採算性を考慮しない藩窯のシステムは、同じ内山地区の中に共存できなかったと思われる。すなわち、目的に応じて機能を分化させたものと言える。

そして、有田の窯業の分業化を考える上で、一九世紀までに確立している重要な制度が二つある。一つは泉山の原料の配分の問題であり、もう一つは窯場の製品種別制度である。前者は品質における分業であり、後者は品種における分業である。一六五〇～一六六〇年代に内山地区と外山地区の品質による地域的分業化が進んだことは既に記したが、それを制度的に固定するものが泉山の原料の配分の問題である。原料の質が生産される製品の質に反映されることは言うまでもない。そして、次に製品種別制度は、窯場の旧来の特色を生かしてその製品の種類を窯場ごとに制限するものである。この制度がどこまで厳密に実施されたかわからないが、これまで発掘調査された一九世紀の窯場ではおおむね製品の出土傾向と合致している。一九世紀には肥前以外の他産地の窯業の発展もあり、「旧来の特色」を保つことによって、有田皿山（特に外山地区）の品質向上に努めるとともに、産地内における過当競争を避けることを目的としたものであろう。

こうした分業システムを社会的に確立させることは、産業を継続させる上で重要である。まず、技術的分業は技術の保持あるいは継承することにおいて有効である。地域的分業は需要の変化によって、構成される窯場が一部欠けた場合もそれを相互に補うことができ、全体としては継続されるシステムであるからである。一八世紀以降、肥前の磁器生産技術を導入し、磁器生産を行った窯場が必ずしも成功しなかったのはこうしたシステムに支えられた産業基盤が脆弱であったことが大きい。

そして、天草陶石の使用の普及が、近代以降の広域的地域において生産工程が完結する窯業圏へ変化する要因となったことはすでに述べたが、それは生産工程における広域的な地域的分業化とも言える。先に述べた天草の原料採掘業、塩田川流域の製土業の成立と発展がそうであり、戦後の波佐見の生地業、有田の赤絵付け業の発展もまたそうした広域的な地域的分業を前提として発達したものと言えよう。また、下平尾勲は生産工程の中で分業化されやすい分野として、単純な作業を必要とする分野と熟練度を必要とする分野をあげている（下平尾一九九六、二六頁）。すなわち、単純な生産工程の繰り返しが行われるか、複雑な、しかも技術水準の高い工程が大きなウェイトを占める場合には、その分野が独立して切り離され、社会的分業化されたとする（下平尾一九九六、二六頁）。一方、空間的に離れた工程が分業化しやすいことはすでに述べたが、近世からとおしてみると、生産工程における分業化はおおむね工程順に分業化されていくようである。原料採掘業の分業化の次には原料砕石業である江戸後期の「賃替」が生まれ、そして、近代以降になると水簸工程まで含めた塩田川流域の製土業が成立する。さらに次の工程の成形については波佐見で生地業が発達することになる。一方、赤絵町の成立や戦後の有田の赤絵付け業をみると、生産工程の最終段階の工程も分業化しやすいようであり、一連の生産工程の中で端部に位置する工程ほど分業化しやすいのかもしれない。生産工程の連続性を考えるとむしろ当然であろう。

また、近世において社会的に確立された分業システムが地場産業としての継続を支えたことは確かであるが、一方で近代以降の企業の零細化につながっているように思う。生産工程の細分化はそれぞれの工程の機械化あるいは近代化を容易にしたが、一方で生産工程が専門業者化することによって、資本が集約しにくい企業形態を生むことになった。また、近世においては、登り窯は共同窯であったため、複数の窯焼きからなる窯場であっても共通の特色や役割を共有できたが、近代以降、巨大化した登り窯が解体されることに伴って、それぞれの窯焼きが自立することにより資本が分散することになった。近世の肥前の窯業が典型的な資本主義の発展をみることができなかったのもそこに一因があろうと思う。

第3節　流通機構と密接な関わりをもつ生産機構

肥前陶磁の生産機構が流通機構と密接な関わりをもつことは、肥前陶磁が地域の技術と原料に立脚した地場産業であるものの、地域の市場に立脚した地場産業ではないためである。城下町など都市部周辺に所在する手工業の場合、生産地に与える外的要因はその近接する都市部の需要そのものである。一方、肥前陶磁の場合においても市場の需要の影響を最終的に受けることは確かであるが、主要な市場が遠隔地にあることから、直接的な影響は生産地と消費地の間に介在する流通機構によって受けることになる。肥前陶磁がその初期段階において、すでに遠隔地に海運によって運ばれていたことについては、全国の消費遺跡や流通遺跡においても明らかである。一六〇〇〜一六三〇年代の急速な窯業の発展は、日本海沿岸ルートや瀬戸内海ルートの海運の発達が前提にあったといえる。

そして、生産と流通が分化しており、消費者と生産者の直接的な接触がないことは、肥前陶磁が生産地の名称ではなく、唐津、伊万里といった積出し港あるいはその商人の本拠地の名称によって称されていたことからも理解されよう。

そして、肥前陶磁の生産システムに最も大きな影響を与えたものは、一七世紀後半を中心とする海外輸出である。有田では窯場の再編成が行われ、波佐見ではこれを直接的な契機として急速に窯業圏が拡大する。また、新たに興った窯場も多い。これは東南アジアをはじめとした海外市場における磁器の欠乏から生じたものであるが、東南アジア市場の需要そのものが変化したわけではない。市場は常に磁器を求めており、一七世紀前半まで中国磁器が大量に東南アジアへ流入する経路が政治的に遮断されたことにより、一七世紀後半に肥前陶磁がその代用品として輸出されたものである。よって、一七世紀末に中国磁器が再び本格的に海外輸出されるようになると、すぐさま中国磁器が東南アジア市場に流通することとなる。この場合においても消費地が肥前陶磁と中国磁器を比較して後者を選択したのではなく、肥前陶磁を輸出していた唐船などが中国磁器を扱うことに立ち戻ったにすぎない。肥前陶磁が中国磁器と異なる流通形態をもち、別の流通媒体によって普及していたのであれば、その転換期において市場における産地間競争も起こりうるが、肥前陶磁の海外流通は基本的に従来の中国磁器の海外流通経路にのせた形で行われており、その流通状況は消費地の需要の動向ではなく、むしろ流通経路の担い手によって左右されている。一七世紀後半に海外輸出された肥前磁器が中国磁器の影響を色濃く受けているのに対し、一七世紀末に海外輸出された中国磁器に肥前磁器の影響を一部の種類を除いてあまりみることができないのもそのためであろう。

そして、一七世紀末以降、国内市場の比重が高まれば、国内における流通機構の影響が大きくなる。一七世紀末以降の生産地の量産体制は、製品を全国に売り捌く流通機構に支えられたものであった。一八世紀に入り、藩によって行われる専売制度や流通統制、あるいは一八世紀中頃以降に盛行した旅商人による直売形態が生産地に与えた影響は大きい。一八世紀以降、肥前以外でも磁器生産地が成立したが、その多くが短期間に終わるものが多いことも産業基盤の脆弱さに加え、流通機構の差による部分が大きかったと思われる。一九世紀初～中頃に志田地区の窯業が飛躍的に発展したのも窯業圏と伊万里商人がもつ全国の流通ネットワークと直結したことが大きな要因の一つになっている。

一方、陶磁器生産の原材料や燃料の調達においても商人の役割は大きく、染付顔料の呉須の入手などは商人の介在なくしては不可能である。よって、生産された製品の販売に関する流通だけでなく、原材料や燃料などの流通機構もまた生産機構に大きな影響を与えている。陶器における生産地の形成要因としては燃料の確保が相対的に大きな位置を占めていたが、燃料の確保が磁器生産においても重要であることは変わらない。寛永一四年（一六三七）の窯場の整理統合も山林保護が理由であったし、以後も山林保護の理由から皿屋廃止の命令が出されたことがある。しかし、それは燃料が商品化することにより解決される。他領からの薪の買い入れを行い、佐賀藩もそれを奨励している。例えば『代官旧記』「請筋へ相達諸伺一通・安永八亥年日記」には「皿山窯焼き共の儀、先年は武雄・嬉野の百姓ども（が）上下両口より（薪を）持ち込み候について、不足なく月々焼き整えども」（有田町史編纂委員会一九八五a、四二三頁）とあり、また「文化十四年諸日記・佐賀藩林制沿革史」には「右の通り我々儀、平戸・唐津郷の島々より薪を買い入れ、焼き物山々へ売り方仕り候につき、」（有田町史編纂委員会一九八五a、四二二頁）とある。商人によって燃料の安定供給が行われるようになれば、生産地の発達要因の中で地域の燃料の存在が占める位置は小さくなるのは当然であろう。このことは磁器原料である陶石においても言えることである。有田は泉山磁石場の陶石を商品化しないことで、地域の原料を中心とした地域的窯業圏のシステムを維持したが、天草陶石の商品化と普及は、生産地における地域の原料の位置づけを小さくし、むしろそれをもたらす商人との関わりが産地形成に大きな影響を与えることになる。

幕末～明治期にかけて、有田では久富家や田代家などの貿易商人を生み出し、海外貿易を盛んに行った。そして、近代以降になると有田商人は伊万里商人から肥前磁器の流通ネットワークを引き継ぐことになる。肥前磁器を扱う卸商人は、伊万里商人から有田商人へと変わり、旅商人を介した地方市場への行商もまた有田商人に引き継がれている。全国の旅館や料亭に行商して売り捌く直売方式がそうであろう。有田の場合は、伊万里商人がもっていた全国の流通ネットワークをうまく応用し、近代以降の肥前磁器の流通を担うことができた。それによって近世においては肥前磁器を「伊万里焼」と総称していたように、近代以降は「有田焼」と総称されるようになったのである。一方、波佐見の場合、近代に入ると一時期、非常に低迷することになる。中野雄二のいうように資本を失った存亡の危機を迎えるのである（波佐見焼四〇〇年祭実行委員会一九九九、二二頁）。波佐見は明治時代に入ると、焼成室の数は減少し、明治四年（一八七一）の『大村藩史』（波佐見町二〇〇〇、二二頁）に記載が見られる焼成室の数は一二七軒で、幕末の『郷村記』の数値の六割程度の数である。それとともに焼物生産高も五五％に落ち込んでおり、窯の縮小がそのまま生産量に反映されている。明治一四年（一八七一）の『勧業課商工掛事務簿』（前山一九-）では波佐見の焼成室数は八八とあり、さらに減少している。窯の数は一二登と増加しているようであるが、焼成回数は三回程度で、肥前の他産地に比べても最も少ない。波佐見における明治期の低迷の理由は、一つは生産機構の変容であり、一つは幕藩体制の崩壊とともにその保護を失ったことによるものであろうが、有田との決定的な差は背後の商人の力の差にあったのではないかと思われる。

結論

これまで近世の肥前磁器の生産と流通について研究を行ってきた。ここで研究成果の概略として、主に窯業圏の形成過程と生産・流通の特質について、項目ごとにまとめることにする。

（窯業の成立と三藩境界域窯業圏の形成）

肥前の窯業の最初期段階と推定される岸岳周辺に位置する窯跡は数も少なく、その規模も小さい。窯場は山間部に位置しており、集落から離れた地域にある窯場も多い。集落に近いという利便性よりは燃料が豊富な山間部に窯場の環境が求められている。

一方、一六世紀末～一七世紀初に成立する有田の西部地区及び周辺地区の窯場はむしろ平野に面した丘陵地に位置している。窯の数も増加し、それぞれの窯の規模も格段に大きくなっており、こうした窯の立地は窯業の急速な発展によって増大した人口を支えるだけの環境を山間部には求められなくなったためと考えられる。また、その発展が豊富な労働力を必要としたために潜在的な労働力を抱える農業地と結びついた可能性も考えられる。そして、これらは佐賀藩・大村藩・平戸藩の三藩の境界域に位置するものであり、藩が異なってもその製品は類似したものが多く見られ、文献史料によっても当時の陶工が頻繁に往来していたことをうかがわせる。このようにこれらの地域では基本的な焼成技法や装飾技法を共有する窯業圏が藩境を越えて形成された。その一方で登り窯の数から推測される生産規模、付加価値の高い磁器の生産においても有田西部地区が中心であった。有田西部地区で磁器生産が盛んになるとともに、その求心力を強めた結果、技術と情報を媒介として三藩の境界域を一体化させる窯業圏が形成されていったと考えられる。それは生産の問題だけでなく、流通においても同様である。この窯業圏で生産された陶磁器の量は莫大なものであり、その流通を当時の海運が支えていたことは沈船資料によってもわかる。有田西部地区の陶磁器を玄界灘を経由して積み出すのに最も適した港は伊万里港である。有田西部地区を中心とした窯業圏の発展が、その後の伊万里港の積出し港としての役割を決定づけ、陶磁器専門商人の活動を促したと考えられる。有田で生産し、伊万里から積み出すという近世をとおした基本的な物流がこの時期に確立したと考えられる。すなわち、三藩境界域窯業圏は、有田西部地区を中心とした藩境を越えた生産と流通のネットワークで結ばれた窯業圏であったのである。

（三藩境界域窯業圏から地域的窯業圏への移行）

三藩境界域窯業圏は、豊富で良質な磁器原料産地の発見、佐賀藩による寛永一四年（一六三七）の窯場の整理統合による有田西部地区の窯場の廃止によって消失してしまう。遅くとも一六三〇年代には、有田では泉山磁石場の陶石が発見され、天狗谷窯をはじめとした窯場が次々と泉山磁石場に近い有田東部地区に築かれていった。金ヶ江家や家永家などのように有田の西部地区から移ったものもあったであろうし、深海家のように有田の東方から移ったものもあったのであろう。有田東部地区は窯場を築くにあたって地質的・地勢的には決して恵まれた条件を有していない。豊富で良質な原料産地に近いという地理的条件はその悪条件を補って余るものであったのである。同様の動きは波佐見においても見られる。一六三〇～一六四〇年代には磁器の原料産地である三股地区を中心に東部地区に窯場が築かれるようになる。しかし、波佐見の西部地区の村木地区と三股地区の関わりは明らかではない。とりわけ青磁生産の技術は有田から導入された可能性が考えられる。

そして、磁器原料産地が新たな求心力をもつ中核となって、有田東部地区に窯業圏が形成されつつある中、佐賀藩による窯場の整理統合が山林保護を目的として行われる。山林保護を前提として、すなわち、限られた燃料を有効に使うことを前提として、どのような窯業圏を形成させるか模索する段階では、付加価値の高い磁器生産の保護をとるのは当然の施策である。実際にこの事件を機に有田は基本的に磁器専業体制へと変化する。しかし、この事件によって廃された有田西部地区においても一六三〇年代には磁器を主体に生産していた窯場が多かったようである。むしろ有田の西部地区が求心力をまだ失っていなかったからこそ、廃する必要があったと考える。有田西部地区の窯場の廃止は、陶工人口の抑制だけでなく、有田西部地区を中心とした三藩境界域窯業圏の無制約な拡大を防ぐことにつながるからである。また、有田東部地区は西部地区と異なり、地理的に閉鎖的な空間であり、窯業圏を管理する上で適した条件を備えている。特に泉山陶石の管理が容易になる。磁器原料を一元的に供給し、かつ他地域に原料等が流出しない排他的な供給を行うことができるからである。この窯場の整理統合は、佐賀藩が本格的に窯業という産業に介入を行った最初のものであり、それまで自然発生的に形成を任せておいた窯業圏を一定の管理化におくものであった。そして、それは窯業圏の単なる空間的な管理にとどまらず、泉山陶石の一元的かつ排他的な供給を基礎におく管理体制を伴った窯業圏へと変化させることになり、他藩に対しては排他的な性格をもつ窯業圏の形成となったと考える。

この窯場の整理統合は、佐賀藩の問題であるが、有田西部地区の窯場の廃止、そして、排他的な性格をもつ窯業圏の形成は、他藩に対しても大きな影響を与えている。磁器専業化の流れが、磁器原料を産する窯場にあっては経済的な必然性をもつことは、窯場の整理統合のような政治的事件が知られていない波佐見地区においても原料産地に近い東部地区に窯業圏が形成され、磁器専業化が確立していることからも明らかである。しかし、窯場の整理統合とほぼ同時期に三藩境界域窯業圏の一翼を担っていた村木地区の窯場が廃する理由は、経済的必然性だけの問題だけではないと考える。やはり、有田西部地区という中心核を失ったことにより、三藩境界域窯業圏が解体してしまうことに理由があると思われる。窯場の整理統合によって、佐賀藩が有田東部地区を中心とした排他的な窯業圏を形成することで、藩境を越えたネットワークが分断され、佐賀藩以外においてもそれぞれの領内の原料産地を中心とする窯業圏の形成を促したのである。

よって、三藩境界域窯業圏から各藩の地域的窯業圏の移行は次のようにまとめられる。有田における泉山磁石場の発見、波佐見における三股陶石の発見、あるいは平戸藩における網代石の発見は、技術や情報を媒介とした三藩境界域窯業圏から、地域の原料に立脚する地域的窯業圏へと変化させることになった。すなわち、三藩が交流を図りながら形成されていった窯業圏から、それぞれの藩の中で生産ネットワークが完結する自己完結的な窯業圏をつくりあげていったと思われる。現在の有田焼、波佐見焼、三川内焼の始まりといってよい。そして、それを大きく促した政治的事件が佐賀藩による窯場の整理統合であり、それは幕藩体制の確立に伴う藩の経済的自立化の動きでもあった。

（肥前磁器の海外輸出とその背景）

肥前磁器の海外輸出が始まる背景には、中国の明から清への王朝交替とその後の海禁政策による中国磁器の海外輸出の減退があった。しかし、海禁政策が行われた一六五六～一六八四年の間、その状況は一様ではなかった。清朝の海禁政策下にあっても海外磁器市場の動向を左右したのは中国磁器であり、どの程度中国磁器が流れるかが肥前磁器の輸出状況に大きな影響を与えたのではないかと考える。

まず肥前磁器が一六四〇年代頃にはインドシナ半島など東南アジアに向けて粗製の磁器を輸出した。当時はまだ肥前磁器が一七世紀中頃の技術革新を迎える前の段階であった。一六五〇年代頃の技術革新を経ながら、肥前磁器はインド洋以西の市場を含めた製品を海外輸出することになるが、それは必ずしも一六五九年のオランダ連合東インド会社による大量注文を嚆矢とする必要はないと考える。インド洋以西の市場を対象とした製品を積載した船がヨーロッパ諸国籍の船に限られるのであれば、その大量注文を嚆矢とすべきであろうが、少なくとも一七世紀前半や一七世紀末においては中国ジャンク船もまたヨーロッパを含むインド洋以西向けの中国磁器を積載しており、その間の一七世紀後半のみ東南アジア市場に限られた肥前磁器を扱ったとは思えない。中国ジャンク船がインド洋以西向けの肥前磁器を扱っていた場合、一六五九年よりも前に肥前磁器がインド洋以西に運ばれた可能性も十分考えられるのである。また、中国ジャンク船がインド洋以西向けの肥前磁器を積載していた可能性は、ヨーロッパに肥前磁器をもたらした船がオランダ船に限らないことを示している。イギリス船なども中国ジャンク船がもたらす肥前磁器を購入して運ぶこともできるからである。年代は下がるが、スウェーデン沖で沈没したスウェーデン船からも肥前磁器が発見されている。

そして、これまでほとんど明らかにされていなかったが、スペイン船によって多くの肥前磁器が太平洋を越えて、アメリカ大陸へと運ばれていた。長崎から積み出された肥前磁器は、鄭成功らの本拠地である台湾などを経由してマニラに運ばれ、そこからガレオン船によってアカプルコへ運ばれていた。アカプルコに荷揚げされた肥前磁器はアメリカ大陸の各地のスペイン植民地に流通した。その多くは芙蓉手皿などの皿類やチョコレートカップであった。

海外消費地で出土する肥前磁器の中で一六四〇年代までに遡りうる磁器製品は、今のところ、有田及びその周辺の窯場の製品である。これらは海外向けに生産されたものではなく、一六四〇年代頃の肥前全体の磁器生産量の中で有田及びその周辺の窯場が占める割合を考えると当然であろう。一六五〇年代以降においても海外向け以外の製品は有田地区の窯場の製品が目立つ。海外向けでない製品をあえて積み出す場合、商品価値の高いものが選ばれたためであろう。そして、肥前の磁器製品の中で海外向けに規格化された製品の中で最も早い製品の一つが染付日字鳳凰文皿である。染付日字鳳凰文皿が多く出土する海外消費地はベトナムなどである。このことは肥前磁器の海外輸出が記録上インドシナ半島向けに始まったこととも関わりがあろう。染付日字鳳凰文皿が出土する窯は数多いが、染付日字鳳凰文皿は技術的には一六五〇年代の技術革新以前の技術の延長で生産できるものであり、それらは一六五〇年代前半以前に成立している窯場であることが多い。一方、染付見込み荒磯文碗は一六五〇年代前半以前に成立した窯場も含めて、一六五〇年代後半〜一七世紀末の間に操業された窯場のほとんどの磁器窯で出土する。そして、文献史料で一六六〇年代に開窯したと伝えられる波佐見の新興の窯場では染付見込み荒磯文碗は大量に生産しているが、染付日字鳳凰文皿の生産は一部を除いて見られず、すでに有力な海外向け商品とはなっていない。そして、染付日字鳳凰文皿も染付見込み荒磯文碗もいずれも生産開始の頃は種類にバリエーションがあるが、多くの窯で量産される段階には種類は減り、規格化された画一的なものとなっている。すなわち、有田内山ではバリエーションが多いが、外山地区になるとその種類が減少し、有田皿山以外になるとさらに種類と大きさが絞られるようである。また、窯場によって海外向けの製品には種類そのものの偏りがみられる。芙蓉手皿などはその顕著な例であり、内山地区と外山地区と波佐見地区では生産される種類も異なっており、波佐見などでは有田地区で生産されるような芙蓉手皿はほとんど生産されていない。その他、ヨーロッパを含めたインド洋以西の市場に向けられた肥前磁器は、有田地区とりわけ内山地区や南川原の製品が大半を占める。波佐見地区の製品は青磁大皿など一部インド洋以西に運ばれた可能性があるものを除けばほとんどが東南アジア向けである。それぞれの窯場の性格や技術水準に応じた生産が行われており、それはそのまま商圏の違いとなって表われている。

（海外市場における肥前磁器の意義）

清朝による海禁政策下にあっても中国磁器の輸出が続いていたことは確かである。海禁令直後においては、中国磁器の輸出がほぼ止まった可能性があり、海外市場において肥前磁器が中国磁器に対して圧倒していたと見られるが、少なくとも一六七〇年代には数多くの中国磁器が海外に輸出されていたと考える。海禁政策によって生じた磁器市場の空白を埋めるように、肥前磁器の産業は著しい発展を遂げることになるが、それでも需要に対して追いつくものではなかったのであろう。中国磁器が支えていた世界の磁器市場は、日本の一地方の窯業地の生産規模でまかなえる量ではなかったのであろう。しかしながら、量的には全てをまかなうことはできなかったとしても、決して肥前磁器は中国磁器の不足量を補完するだけの役割ではなかった。一七世紀後半の海禁政策下で海外輸出された中国磁器は、海外市場を意識したものではなく、中国国内に流通していた陶磁器が沿岸部で輸出の担い手を見出した時にそれらが海外に運ばれていたと見られる。そのため、海禁政策下においては、肥前磁器が意匠、デザイン、器形を含めて、海外市場を意識した製品を量産し、海外の磁器市場を主導していたと言える。特に肥前磁器の色絵磁器の発展はその後の磁器市場に大きな影響を与えている。一八世紀に入ると、肥前磁器を模倣したいわゆるチャイニーズ・イマリが生まれることもその延長であろう。また、市場における磁器の欠乏はアメリカ大陸の陶器生産にも影響を与え、その生産規模拡大を促したが、その際、主要産地であるプエブラなどでは染付製品を模したような白釉藍彩陶器を盛んに生産した。東洋磁器の染付をモデルとしたものであるが、肥前磁器の芙蓉手皿もそのモデルの一つであった。

（海外輸出の本格化に伴う窯業圏の拡大と地域的分業化）

海外輸出の本格化が肥前の窯業圏にもたらした需要は、単に量的に莫大なだけではなく、品質と品種いずれにおいてもこれまでにない多様性をもったものであった。それゆえ窯業圏に与える影響は量的な変化だけでなく、質的な変化をもたらすものであった。すなわち、窯業圏の範囲の拡大と地域的分業化をもたらした。窯業圏の拡大については、有田東部地区から西部地区への窯業圏の拡大、波佐見の窯場の増加が主なものとしてあげられるが、その他、有田・波佐見の周辺の磁器窯の増加、さらには肥前ではないが、天草地方における磁器窯の成立もまた窯業圏の拡大の動きとみてよいだろう。肥前の窯業圏の空間的範囲はおおよそ一七世紀後半までには形成されている。

一方の地域的分業化は、有田東部地区（内山地区）の窯場の集約に始まるものである。一六五〇年代には内山地区の中でも東部に位置する窯場が廃されている。これらはいずれも泉山磁石場の近くに位置する窯場であり、かつ川の上流域に位置する。これらの窯場は原料産地に近く、かつ製土するための水の便がよいという地理的有利性によって築かれたものであったが、一六五〇年代にはこうした自然条件、地理的条件が優先されていない。そして、一六五〇年代中頃から一六六〇年代にかけて、有田東部地区（内山地区）を東西に貫く幹線沿いに窯場が集約されている。それぞれの窯場の地理的条件よりはむしろ内山地区全体として機能的となるような条件が優先されている。その最大の産物が赤絵町であろうと考える。赤絵町の形成は上絵付け業を各窯場から切り離し、専門業者化させるものであり、その結果、各々の窯場が生産工程上も完全に独立した存在ではありえなくなる。それならば個々を連結する機能的配置が重要になるからである。赤絵町は内山地区の幹線に沿った中央部に位置しており、各々の窯場から容易に色絵素地を容易に持ち込める位置にあるのである。海外輸出の本格化に伴う需要の多様化に対応しながら、かつ競合せずに効率的な生産を行うための窯場の再編成が行われたと考える。江戸時代を通して肥前の窯業圏の中心となる内山地区が実質的に形成されたといってよいであろう。そして、一六五〇〜一六六〇年代の窯場の再編成の結果、内山地区では一六七〇年代までには各窯場に一つの登り窯となる可能性が高い。この窯場の集約を可能にしたものが、焼成室の規模拡大にあることは確かであるが、それと同時に内山地区の陶工の一部が西部地区（外山地区）に移ったことにもよる。一六五〇年代の技術革新によって、新しい技術が開発あるいは導入される段階にあっては新旧の技術が混在する窯場がいくつか見られるが、その後、相対的に技術水準の低い陶工が淘汰されたと考えられる。極めて短期間に技術革新が東部地区においては一般化したのもこの淘汰に一因があろうと思う。

一方、窯場の整理統合で一部の窯場を除いて廃された西部地区の窯場は、一六四〇年代以降の国内需要の増大に応じて新たな窯場を築く動きがあったが、これらの窯場に内山地区から移ってきた陶工が加わることによって、一六五〇〜一六六〇年代には窯場が増加すると考える。外山地区の窯場は、内山地区のような全体で機能的になるような配置も体制もとっていない。赤絵町の位置も内山地区にとっての機能的な配置であって、外山地区にとって機能的なものではない。そのため、外山地区にあっては赤絵町成立後も上絵付けを行った窯場が存在したと考えられる。外山地区は、海外貿易の本格化に伴い、それぞれの生産規模を拡大することで対応しており、内山地区に比べて質よりも量が重視される製品の生産が基本的なスタイルとなる。そうした外山地区の窯場にあって、特殊な位置づけにあるのが、南川原（特に柿右衛門窯）や後に藩窯となる大川内山である。これらは内山地区よりもむしろ技術水準の高い製品を生産する。比較的良質で均一な製品を大量に生産する場合には、内山地区の生産システムが有効と思われるが、それ以上に良質なものを生産する場合には、地区全体で生産工程が完結するシステムよりも窯場で自己完結するシステムの方が都合がよいのであろう。

そして、波佐見地区は、海外輸出の本格化に伴い、格段に生産規模を拡大させている。有田の外山地区の場合、国内需要の増大に応えるために窯業圏を拡大させており、その延長上に海外需要に応えた生産規模の拡大があったのに対し、波佐見地区の窯業圏の拡大は海外輸出の本格化をより直接的な要因としている。そのため、波佐見地区では非常に海外需要に製品が偏った窯場が見られる。また、この生産規模の拡大は染付製品の生産の拡大でもあった。一七世紀前半においては、有田地区と波佐見地区は、染付製品と青磁製品という製品の種類によって市場を棲み分けていたが、波佐見地区においても染付製品の生産を拡大させたことによりそうした棲み分けができないようになる。そして、そのことが品質による地域的分業につながるようである。有田地区と比較すると、一七世紀前半以来の青磁生産を除けば、国内向け、海外向けの製品いずれもより低廉な製品の購入層を対象とする製品を生産している。概して質よりも量が重視される製品を有田の製品の中から取捨選択し、製品の種類を絞った上でそれを量産するようにしている。

よって、内山地区では相対的に良質で多様な製品を生産し、外山地区では南川原や大川内などの一部の窯場を除いて、内山地区に比べて質よりも量が重視される相対的に質の劣る製品を主体に生産し、そして、波佐見地区では外山地区で生産された製品の種類をさらに絞り込んで量産するという品質による地域的分業が成立することになる。これらの製品の性格的区分は近世後期には制度化されると考えられる有田皿山における内山、外山、大外山の区分につながるものとみてよい。もちろん、一七世紀前半においても地域による製品の品質差は見られたが、むしろ窯場内の品質差が大きかった。それが一六五〇～一六六〇年代にかけての窯場の再編成によって、各窯場内の技術水準が均一化することで、より地域的な品質差が明瞭になったのである。有田と波佐見は藩も異なり、生産システムも異なる別々の地域的窯業圏であるが、有田からみれば泉山陶石を使用しない「大外山」的な存在である。佐賀藩が大村藩の窯場を管理することはしないが、泉山陶石を商品化せず、他藩に流出させないことで、他の大外山に対する管理と同様の状態を作り出せたのである。異なる生産システムの地域的窯業圏や窯場を泉山陶石の管理を基礎にコントロールすることで、有田内山地区を中心とする同心円状の窯業圏を形成し、品質による地域的分業化を確立することができたと言える。そして、それは泉山陶石の品質が当時の原料の中で最良であるという前提によるものである。肥前の窯業圏の中でもとりわけ佐賀藩が排他的な窯業圏を形成したのもそこに理由があろうと考える。

（国内向け製品の本格的量産化）

一七世紀後半の清朝による海禁政策による海外輸出の本格化によって、肥前の窯業圏はその生産能力を大きく拡大させるとともに、地域的分業化や技術的分業化が社会的な確立をみた。しかし、一六八四年の展海令の公布により、再び中国磁器が海外市場に大量に出回るようになると、海外輸出は減退することになる。そのため、国内市場の比重が大きくなり、とりわけ海外需要の増大を直接的な要因として生産規模を拡大した波佐見地区は、拡大した生産能力を国内市場における新たな需要層に振り向けることになる。それは生産コストを削減し、量産化することで国内の磁器市場の裾野を拡大するものであった。一七世紀後半の窯業圏の拡大と地域的分業化の確立は、産業の発展過程に応じて行われたものであったが、一七世紀末以降の国内市場における新たな需要層の開拓は、むしろ確立された窯業圏でどのように対応するかという対応の問題であった。

その対応の方法として有効であるのが製品の大量焼成と画一的生産であった。この大量焼成と画一的生産によって、国内向け製品の本格的量産化を行うことになる。一七世紀末と一九世紀の波佐見の生産状況を比較すると、窯規模が格段に巨大化している。焼成室規模も拡大しているが、それ以上に焼成室数の増加が著しい。一方、年間の生産量も拡大しているが、窯規模の拡大が示すほどの増加はみせない。これは焼成回数の減少によるところが大きい。すなわち、窯規模の拡大は、生産量を単純に増加させるのではなく、一回の焼成で大量に生産することにより、製品一つあたりの生産コストの軽減を大きな目的としている。

こうした大量焼成とともにあるのが、製品の画一的生産である。画一的に生産することで、生産工程における生産技術を単純化させることができ、一度に大量に生産させることが可能になる。同じ製品を大量に生産することによって、製品は粗雑化し、文様も簡素化していくことになるが、それを容認する生産システムであったのであろう。佐賀藩による製品種別制度は製品の画一的生産の典型であったが、すでに一八世紀中頃より窯場ごとの品種の画一性は顕著なものとなっており、この制度はこうした品種の分業化が促進されていたことを前提に行われたものであった。

そして、この生産地における量産化を支えたものが、当時の流通機構である。一八世紀以降、藩による専売制が導入されるが、その一方で筑前商人ら旅商人の活躍が盛行する。そして、同じ旅商人であっても筑前商人と紀州商人はその流通形態は異なっている。紀州商人の本拠地箕島は伊万里から遠く離れた位置にあり、その商圏を主に江戸・関八州に限定している。一九世紀、おそらくそれ以前も江戸・関八州は国内では最大の消費地であり、大量に陶磁器を持ち込んでも売り捌ける市場である。そのため、紀州商人は一度に大量に伊万里から積み出す方が効率的であり、そのため船も大きい。筑前商人の場合は、本拠地が伊万里から近い玄界灘沿岸に位置することから、伊万里との間を頻繁に往来し、商品を仕入れることが可能である。また、その商圏は全国の地方市場に及んでおり、必ずしも一ヶ所で大量に売り捌ける市場のみを対象としていない。そのため一度に大量に積み出すことはかえって不都合であり、小さな船によるものとなる。小さな船である分、機動的な展開が可能であり、肥前磁器の販売網が全国に張り巡らされることになったと考えられる。筑前商人はそうした販売網によって地方市場にまで磁器の使用を普及させることに大きな役割を果たしており、肥前磁器の国内需要の裾野の拡大にもつながったのである。そうした筑前商人の活動とその盛行が玄界灘沿岸で採集される肥前磁器にも反映されていると考えられる。

（生産機構の変容）

一八世紀末〜一九世紀初にかけては、肥前以外の磁器生産地が急増する。肥前磁器が国内の磁器市場を独占できる状態は終わる。しかし、磁器需要そのものが拡大している状況にあっては、市場における肥前磁器の相対的地位の低下がそのまま生産規模の縮小につながるものではない。確かに一九世紀初〜一九世紀中頃にかけては、有田では内山地区と南川原地区の窯場の縮小が著しいが、その他の外山地区では大きく変わらず、外尾山や黒牟田山ではむしろ拡大している。内山地区が縮小していることについては、文政の大火の影響もあろう。一方、この時期に格段に生産規模を拡大させている窯場が志田地区の窯場である。志田地区において一八世紀末から一九世紀中頃までに拡大させた磁器の生産能力は、有田内山の減少分に匹敵するものである。これほどの窯業圏の構成の内部変化は一七世紀末以降なかったものである。地方窯が各地に出現したこの時期において、肥前の磁器産業の陶磁器業界における位置づけが変化することは確かであるが、肥前の窯業圏の内部変化が既存の有田の窯業圏に与えた影響も大きかったと考えられる。

一九世紀初〜中頃にかけて、志田地区の窯場が格段に磁器生産能力を増大させ、急成長した背景には、いくつか合理的な理由がある。一つは塩田港が天草陶石の集散地として機能し、豊富な原料の入手が容易であるという生産地としての利点である。天草陶石の原料採掘地と志田地区をはじめとした塩田川流域の窯業圏は、海と河川を利用した水運によって直接結ばれていたからである。そして、その地理的優位性を生かすだけの産業基盤はすでに整っていた。二つめは在地の塩田商人だけでなく、伊万里商人が生産に直接関与し、伊万里商人がもつ全国の市場に陶磁器を販売するネットワークと直結したことで、大きく販路を拡げたことによる。

これら二つの理由によって、志田地区の急速な発展があったと考えるが、この発展はこれまでの生産機構が変わりつつあることも示している。有田や波佐見の窯業圏では、原料の陸運を前提として、原料産地に近い地域に成立したものであったが、志田地区などの塩田川流域の窯業圏では、原料の水運を前提として原料産地と直結した窯業圏を形成させており、地域の原料に立脚する地域的窯業圏とは異なっている。窯業圏内の窯場の結びつきは、原料そのものではなく、むしろ原料を商品として扱う商人によるものとなるのである。

有田でいう内山、外山、大外山の区分は、泉山陶石の一元的かつ段階的な供給による生産機構上の区分であるが、それは泉山陶石が最も良質で量も豊富であるということを前提としていたものであった。泉山陶石よりも良質かつ量も豊富な天草陶石の普及は、その前提を根本から覆すことになった。とりわけ、地域の原料産地に恵まれない地域ほど早くから天草陶石を導入しており、それまで陶器生産しか行わなかった窯場においても磁器生産が行われるようになった。有田内山地区を中心とする同心円状の窯業圏から、有田や波佐見など原料産地に立脚する地域的窯業圏と天草陶石の産地を一つの起点とする生産ネットワークに組み込まれた窯業圏が併存する状況に変化したのである。一八世紀末～一九世紀にかけての九州及び周辺地区の地方窯の増加現象は、既存の生産機構が変容し、新たな生産ネットワークが拡大していく過程におけるものである。そして、その生産ネットワークの拡大とともに肥前の磁器生産技術も広く伝わったことが、全国に地方窯を出現させる要因の一つとなったのではないかと考える。

（肥前窯業圏の生産機構の特質）

肥前窯業圏の生産機構の特質は、第一は磁器原料を基盤とするものであったこと、第二は社会的に確立された分業システムに支えられたものであったこと、第三は流通機構と密接な関わりをもっていたことである。

第一の磁器原料については、地域的窯業圏の成立、地域的分業化の確立、そして、生産機構の変容がいずれも磁器原料の存在あるいはその供給体制の変化に起因するものであることからも明らかである。一七世紀前半に有田や波佐見で地域的窯業圏が成立したのも磁器原料そのものが求心力であったし、一七世紀後半の品質による地域的分業化は有田が泉山陶石を一元的かつ排他的に供給することによって行われた。そして、一八世紀末〜一九世紀にかけてみられる生産機構の変容もまた磁器原料の供給体制の変化であったのである。

第二の分業システムについては、大きく二つに分けられる。一つは生産工程における各工程の技術的分業であり、各工程を専門化することにより生産効率を高めるものである。原料採掘業の分業化、賃替の出現、赤絵町の成立などはこれに該当する。もう一つは窯や窯場あるいは地域的窯業圏の間における製品の作り分けによる地域的分業であり、窯業圏を構成する窯や窯場などがそれぞれ役割を分担し、機能的配置を行うものである。これによって、多様な需要に対しても量産を維持できるのであり、かつ需要の変化によって、構成される窯場が一部欠けた場合もそれを相互に補うことができるのである。一七世紀後半に形成される地域的分業化や一八世紀以降進められる製品の画一的生産において窯場ごとの器種における分業化がこれに該当する。肥前の磁器産業の生産システムは、これら二つの分業化を効率的かつ継続的な生産に結びつけるための仕組みであったと言える。

第三の流通機構については、肥前窯業圏が対象とする市場が近接した地域よりもむしろ遠隔地にある市場であることから、必然的に生産機構と密接な関わりをもつことになる。一七世紀後半〜一八世紀前半の海外輸出もその担い手の動向が肥前の磁器産業に大きな影響を与えたし、一七世紀末以降の国内向け製品の本格的量産を支えたものは、その製品を売り捌く流通機構であった。そして、一九世紀初〜中頃の志田地区などの生産地を急成長させた要因の一つもまた流通機構であったのである。

あとがき

筆者が考古学資料としての陶磁器に初めて触れたのは、大学三年の時であった。大学の恩師に連れられて、長崎県の波佐見町へ調査に出かけて、毎日、磁器片を実測する日々を送った。とりたてて陶磁器に興味があったわけではないが、それまで頭に描いていたものと違う新しい考古学の世界が目の前に開けたことは確かであった。ただ、まだその時は、その二年後に波佐見町の隣町の有田町で仕事をするようになり、以後、現在に至るまで数十年の時間を陶磁器とともに過ごすことになるとは思いもしていなかった。

筆者はまず有田焼や波佐見焼などの肥前磁器の生産のあり方を知るために、肥前の窯跡の発掘調査を行った。続いて、流通のあり方を知るために磁器を積んだまま沈んだ沈没船の調査を行った。さらには消費や廃棄のあり方を知るために消費地から出土した磁器の調査も行ってきた。最初から意図していたわけではないが、陶磁器が生まれて廃棄されるまでのライフヒストリーを追うように、生産、流通、消費・廃棄のそれぞれの遺跡を調査してきた。ライフヒストリーと言えば、一本の線のような単純な姿が想起されるが、その物語の舞台はとても広いものであった。肥前磁器が生まれた地域は九州の北西部の一角に過ぎないが、廃棄されるまでの旅路はとても果てしないものである。筆者の調査研究の旅もまた若い頃に想像していたものよりも遥かに豊かなものとすることができた。多くの諸先生方、諸先輩方に感謝しなければならない。とりわけ、佐々木達夫先生には学部生の時より三十年来、多くの御指導を賜り続けている。私が行っている肥前の有田や波佐見における生産地研究や九州周辺の沈船調査の際はもちろんのこと、先生が行われている西アジア、中央アジア、東南アジアの調査にも参加させて頂き、多くの御教示を頂く機会に恵まれた。また、肥前陶磁の調査研究に関しては大橋康二先生のご指導も有難いものであった。肥前陶磁研究の第一人者であられる先生に身近に御教示を受ける機会に恵まれたことは幸運であったと思うし、また感謝したい。先生方の学恩に応えるべく努めたつもりであるが、学恩の大きさに比べれば、まだその成果は程遠いと思う。今後もさらに研究の旅を続けるとともに、若い人たちに私が受けた学恩の一部をお返ししたいと思う。

さて、本書は、一九八九年から行ってきた有田を中心とした古窯跡の発掘調査の成果、一九九三年から行ってきた沈船遺跡の調査研究の成果、そして、主に二〇〇四年からの海外消費地の調査成果に基づくものである。近世考古学と水中考古学はいずれも比較的新しい学問分野であり、それだけに課題も多く、やりがいのある分野でもあったが、まだまだ残された課題が多いことを改めて実感している。

以下、本論の各章節のもとになった論文を列記し、あとがきとする。第1章第1節は、「肥前における磁器産業について」『研究紀要』第5号（一九九七）、第3節第2項1・2は「磁器の編年（色絵以外）1 碗・小坏・皿・紅皿・紅猪口」『九州陶磁の編年』（二〇〇〇）、第2項3は「応法地区における窯業について」『研究紀要』第3号（一九九四）がもとになっている。第2節及び第3節第1項は博士論文で執筆したものである。第2章は「肥前陶磁の流通形態――海揚がりの資料を中心に――」『貿易陶磁研究』No.19（一九九九）、「肥前陶磁の積出し港について」『金大考古』第45号（二〇〇四）、「海底・海岸発見の肥前陶磁――海揚がりの陶磁器の特質について――」『考古学と陶磁史学――佐々木達夫先生退職記念論文集』金沢大学考古学研究室（二〇一一）がもとになっている。第3章第1節は「波佐見焼の成立」『波佐見焼四〇〇年の歩み』（一九九九）、第2節第1項は「17世紀における白川地区の窯業について」『研究紀要』第2号（一九九二）、第2節第2項は「波佐見地区の窯業について――有田地区の窯業との比較を中心に――」（一九九七）がもとになっている。第3項は博士論文で執筆したものである。第4章第1節は、「清朝の海禁政策と陶磁器貿易」『金沢大学考古学紀要』（二〇一五）がもとになっている。第2節は博士論文執筆時に改めてまとめたものである。第5章は博士論文執筆時に改めてまとめたものである。第6章は「ガレオン貿易と肥前磁器」『東洋陶磁』第42号（二〇一三）がもとになっている。第7章第1節第1項1は「17世紀における白川地区の窯業について」『研究紀要』第2号（一九九二）、第1項3は「応法地区における窯業について」『研究紀要』第3号（一九九四）、第1項4は「有田皿山における大川内山の位置づけ」『初期鍋島――初期鍋島の謎を探る――』（一九九六）を加除修正したものである。第1項2及び第2項は博士論文に執筆したものである。第2節は「波佐見地区の窯業について――有田地区の窯業との比較を中心に――」（一九九七）がもとになっており、第3節は博士論文に執筆したものである。第8章第1節は博士論文に執筆したもので、第2節第1項は「波佐見地区の窯業について――有田地区の窯業との比較を中心に――」（一九九七）がもとになっている。第2項は一九九七年二月に九州近世陶磁学会で発表した内容と「近世における窯体構造に関する考察」（二〇〇四）がもとになっている。第3項

1は「肥前磁器の製品における裏文様について――18世紀前半の製品を中心として――」『研究紀要』第1号（一九九一）を加除修正したものである。第3項2は博士論文に執筆したものである。第9章は「海揚がりの肥前陶磁――玄界灘沿岸を中心に――」『研究紀要』第7号（一九九七）がもとになっている。第10章第1節は「九谷焼生産技術の系譜」（二〇〇八）がもとになっている。第3節第1項は博士論文に執筆したもので、第3節第2項は「茂木港外遺跡確認調査報告」『金沢大学考古学紀要』第25号（二〇〇一）がもとになっている。第2節と第4節は博士論文に執筆したものである。そして、第11章、結論は博士論文に執筆したものをもとにしている。

そして、本書の刊行にあたっては、編集を担当してくださった中央公論美術出版の伊従文さんに大変お世話になった。慣れない筆者に的確なアドバイスを与えてくれた。深く感謝申し上げる。

最後に、私事ながら家族に対しても謝意を表すことをお許し頂きたい。これまで曲がりなりにも研究者であり続けられたのは、とりわけ妻の美千子のおかげである。これまで研究生活を支え続けてくれ、おそらくこれからも支えてくれるであろう彼女に感謝したいと思う。

なお、本刊行物は、ＪＳＰＳ科研費（16HP5092）の助成を受けたものである。

between the kiln and production area or regional ceramic industry, etc. Due to this it became possible to to maintain the production meeting various demands, moreover in case of missing some part of the kilns due to the changes in demand it became possible to compensate it each other. The regional division of labor in the 17th century and the division of labor in the vessel species in the 18th century or later are included to that category. It can be said, that production system of the porcelain industry of Hizen, was a mechanism for linking these two division of labor in the efficient and continuous production.

Regarding the third factor of the distribution mechanism, since Hizen ceramics targeter markets were the markets located far away, it had necessary a close relationship with production mechanism. The overseas export of the second half of 17th century -the first half of the 18th century gave a major impact on the porcelain industry of Hizen, and a full-scale mass production of the domestic product of the end of 17th century and later was supported by the distribution mechanism. And, one of the factors that stimulated the rapid growth of the production areas in the Shida district in the first half of 19th century's was a distribution mechanism.

to the Amakusa kaolin stone by water transport. It was different from that of the local ceramic industry area to build on raw materials in the region. The kilns in Shiota river basin area were connected each other by the merchants that treated raw material.

Classification of Arita district, which is Uchiyama, Sotoyama, and Osotoyama is the classification derived from the division of the production mechanism by the centralized and step-by-step supply system of Izumiyama kaolin stone, but it is also based on the fact of the best quality and the most abundant amount of Izumiyama kaolin stone. However, the spread of Amakusa kaolin stone, that was higher than Izumiyama in terms of quality and quantity had overturn the premise from the root. From the early stage, it introduced Amakusa kaolin stone in the areas without abundant raw materials. And stoneware production kilns also started to produce porcelain. In the 19th century, the production area with the different production system became to conexist in Hizen region. One was regional ceramic industry area based on raw material, such as Arita and Hasami. Another was ceramic industrial area was connected to Amakusa kaolin stone by the merchants.

The increase phenomenon of local kiln in Kyushu and the surrounding district in the 18th century to 19th century, was one of the process that the existing production mechanism was transformed and new production network expanded. And, the porcelain production technology of Hizen was also transmitted widely with the expansion of the production network and it led to the emergence of the local kilns all over the country.

The character of the production mechanism of Hizen ceramics

The production mechanism of Hizen ceramics is characterized by mainly three characters. The first one is character that it was founded on the porcelain raw materials. The second one is that it was supported by socially established division of labor system. And the third one is that it was closely related the distribution system.

At first, regarding the porcelain's raw material, it is clear that the establishment of regional ceramics area, the establishment of a regional division of labor and the transformation of the production mechanism are caused by the presence or change in the supply system of porcelain raw materials. The establishment of regional ceramic industry in Arita and Hasami districts in the first half of 17th century was due to the centripetal force of porcelain raw material and the regional division of labor of the late 17th century was conducted due to the fact of centrally and exclusively supply of Izumiyama kaolin stone. Then, transformation of the production mechanism can be seen through the end of the 18th century to 19th century was about changes in the supply system of porcelain raw materials.

For the division of labor system, it is roughly divided into two. One is each stage of the technical division of labor in the production process, that was intended to increase the production efficiency by specializing of the respective fields. Division of labor in raw materials mining industry, the emergence of "*chingae*", the establishment of the "*Akaemachi*" are included to that category. The other one was a regional division of labor due to separate formation of the product role in it to spread the use of porcelain to the local market, it had also led to the expansion of the base of domestic demand of Hizen porcelain. Hizen porcelains found on the seaside of the Sea of Genkai show us such activity of Chikuzen merchant and its success.

Transformation of the production mechanism

The period from the end 18th century to the beginning of 19th century's showed the rapid increase in porcelain production in areas other than Hizen. The period when Hizen porcelain could monopolize the domestic porcelain market came to the end. However, in the situation of increasing demand for porcelain, the relative decrease in market share of Hizen porcelain did not lead directly to a decreaase in production scale. Definitely, the reduction of the kilns of Nangawara area and Uchiyama district in Arita in the first half of 19th century was significant, however there were no significant changes in other districts such as Sotoyama district. Rather it was expanding in Hokaoyama and Kuromuta areas. The conflagration of *Bunsei* influenced the shrinking of production scale in Uchiyama district. On the other hand, production area kilns that have significantly expanded its production scale at this time were the production area kilns of the Shida district.

The production capacity of porcelain in Shida district, that was expanded from the late 18th century until the middle of 19th century, is comparable to the decreased volume of production scale of Uchiyama district in Arita. There were the internal changes in the ceramics area structure that had never been observed since the end of the 17th century. When local kiln appeared in various places, the change in position in the ceramic industry of the porcelain industry of Hizen was obvious. However the internal changes inside Hizen region also made an influence to the existing ceramics area in Arita.

Considering the background of rapid increase in the porcelain production capacity in the first half of 19th century in Shida district, there are some rational reasons. First one is the advantage of production areas such as Shiota Port that functioned as a distribution center of Amakusa kaolin stone where you could easy obtain the abundant raw materials. This was because the ceramic industry area in Shiota river basin such as Shida district, and the raw material mining land of Amakusa kaolin stone had been tied directly by water transportation using the sea and rivers. Moreover, the industrial base taking the advantage of its geographic superiority was already in place. Second one was that not only local Shiota merchants but also Imari merchants were directly involved in the production process and by directly connecting to the whole network of porcelain sales at the national market of Imari merchants they could expand the sales route.

It is considered that these two reasons enabled the rapid development of Shida district, however this development was going along with the changes in the production mechanism. The kilns in Arita and Hasami districts were based on the land transportation of raw materials and were established in the place close to the raw material producing area. On the other hand, ceramic industrial area in Shiota river basin, such as Shida district, was formed on the direct connection development process of the industry. On the other hand, the problem was how the exploration of new demand layer in the domestic market of the late 17th century. It was corresponded within the established ceramics industrial area.

The effective corresponding method was mass burning and unification of the production process. Due to the mass burning and unified production, it could perform a full-scale mass production of domestic product. When you compare the production status of Hasami district in late 17th century and in 19th century, you will see that kiln size became much bigger. Firing chamber scale was also expanded, but a significant increase in the firing chamber's number is more than that. On the other hand, despite the expand in annual production, it still did not show enough increase despite the expansion of the kiln scale. This is largely due to a decrease in burning times. In other words, the largest purpose for the expansion of the kiln scale was the reduction in production cost per unit by producing a large amount in a single burning rather than simply increase the production volume.

Together with the mass burning the unification of production had been also observed. By simplification of the production technology in the production process, it became possible to do a mass-production at once. By producing large quantities of the same product at once, the product was roughened, but the pattern was also simplified. And the production system also tolerated it. Although product classification system adopted by Saga domain was typical of the unified production of the product, the uniformity of the varieties of each kiln became already remarkable until the middle of the 18th century. This system was implemented on the assumption that the division of labor was prompted.

The mass production mechanism was supported by the distribution mechanism of that time. Since the 18th century, government monopoly by the domain was introduced, but on the other hand the success of Chikuzen merchants was impressive. By the way, even Chikuzen merchants and Kishu merchants were the same itinerant traders "*tabiyuki*", their distribution methods were different. Kishu merchant's home Minoshima is located in a region far away from Imari and is limited to the trade area in the mainly Edo and Kanto region. In 19th century or probably earlier Edo and Kanto region was the largest consuming region in the country, the market where the large amount of ceramic was brought and sold. Therefore, Kishu merchant considered the shipment of a large amount from Imari as the most efficient way at that time, therefore they needed a large ship. In case of Chikuzen merchants, judging from the fact that home is located in the Sea of Genkai coast near from Imari, there is a possibility of frequent travels between the Imari and their home for the purpose of purchasing goods.

In addition, the trade area expanded across the country regional markets, so it didn't necessarily intend to sell the large quantities at sales market in one place. The large amount of shipment at once is a rather inconvenient. They selected the small ship size. On the other hand, due to the small size of the ships, it enabled the flexible deployment, and spread of sales network of Hizen porcelain around the country. Chikuzen merchants such by the sales network has played a major

Arita district, with the exception of celadon production, they had produced porcelains that targets the purchase layer of less expensive products regardless of overseas or domestic consumption in Hasami district. The mass-production focused on reducing the number of types of product and gave the priority to the amount rather than quality.

Thus, the regional division of production was as following: Uchiyama district produced a variety of products at a relatively good quality, in Sotoyama district with the exception of the part of the kilns, such as Nangawara and Okawachi, quantity was given much priority than quality compared to Uchiyama district, and in Hasami district the mass-production with further narrowing down of the kinds was performed. The classification of these products led to administrative division of Uchiyama, Sotoyama, Oosotoyama in *Arita-Sarayama,* institutionalized in the late modern period.

Of course, the difference in quality of the product was observed in different regions even in the early 17th century, but it was rather quality difference inside the production area itself. By it is reorganization of the kilns of over the 1650 to 1660's, the technical level of each kiln was unified, and the regional quality difference became clear. Arita and Hasami districts belonged to different domains, so they were their production systems belonging to separate regional ceramics area, but from Arita point of view, the condition of Hasami district was similar to "Oosotoyama" which was not using the Izumiyama pottery stone. Saga domain didn't manage the kilns of the Oomura domain, but it was able to create the same condition of Oosotoyama by not allowing Izumiyama kaolin stone to flow to the other domain. Each production area had each production system. However Saga domain could create a production system centered on Uchiyama area and establish a regional division of labor due to quality by the management and control of Izumiyama kaolin stone. It based on the premise of superiority of the quality of Izumiyama kaolin stone among the raw materials at that time. Therefore Saga domain formed an exclusive ceramics area among the ceramics area of Hizen.

Full-scale mass production of domestic products

By formation of full-scale overseas export caused by prohibition of sea trade policy by the Qing Dynasty in the second half of the 17th century, ceramics industrial area in Hizen has socially established the regional and technical division of labor together with large expansion of its production capacity. However, in 1984 the Qing Dynasty cancelleted the prohibition of sea trade. As a result, Chinese porcelain started massively appear in overseas markets which led to the decline in Hizen porcelain's overseas exports. Therefore, importance of the domestic market enlarged, especially Hasami district which increased its production scale due to the direct influence of increase in foreign demand, and then applied its expanded production capacity to the new demand layer in the domestic market. It reduced production cost and expanded the horizons of domestic porcelain market by mass production. Establishment of regional division of labor and expansion of kilns area in the second half of the 17th century was carried out during the say that Uchiyama area that became the center of ceramics area of Hizen through all Edo period was substantially formed. Then, from 1650 to 1660's as the result of reorganization of the ceramic industry, each *yama* (ceramic industrial area) became have only one climbing kiln in Uchiyama area until the 1670s. Obviously, the enlargement of firing chamber enabled the intensive industries, but at the same time it also depended on the fact that the part of the Uchiyama area of potters moved to the western district (Sotoyama district). Due to the development of the technologies in 1650's, at the stage of development and introducing the new technologies, several kilns with mixed old and new technologies were seen. Then low technological level potters were weeded out. The selection was mainly caused by generalizing of new technologies in the Arita eastern district in a very short period of time.

On the other hand, in 1640's among abolished production area on western district (Sotoyama district), on the exception of part of the kilns, there was a movement to build new production area in order to correspond to the increase in the demand. Moreover in the 1650-1660's the number of the kilns of Sotoyama district increased because the potters that moved from Uchiyama district joined. In the case of Sotoyama district's production area, each kiln was neither located nor systematically arranged to become functional for the whole Sotoyama district, such as the district Uchiyama. *Akaemachi* located functionally for Uchiyama district and not for Sotoyama district. Therefore, it is considered that workshops for overglazed enamel decoration existed at each ceramic industrial area in the Sotoyama district even after the establishment of *Akaemachi*. After foreign trade went into full swing, Sotoyama district have responded by expanding their production scale giving priority to the products quantity rather than quality compared to Uchiyama district as its basic style. In the kilns of Sotoyama district, Nangawara (especially Kakiemon kiln) and Okawachi kiln were special kilns. They produced a high technical level product. In case of producing a large amount of relatively high quality and uniform products, the production system of Uchiyama district appears to be effective, however in case to produce of best quality products, the system to be self-contained in a ceramic industry would be more convenient rather than the system, where the production process is completed in the entire district.

Also in Hasami district, along with formation of the full-scale overseas exports the production scale expanded a lot. In the case of Sotoyama district of Arita, in order to meet the increase in domestic demand the ceramic industry zone was expanded, along with the increase of production scale in order to meet the overseas demand. The expansion of the ceramic industry in Hasami district has a direct connection with the full-scale overseas export. Therefore, the kiln producing the products leaning too much to the needs of overseas markets were seen in Hasami district. In addition, the expansion of the production scale was also the expansion of production of blue and white porcelain. In the early 17th century, Arita district and Hasami district had segregated the market depending on the type of product – blue and white or celadon products, however such segregation became almost impossible because of expanding the production of the blue and white in Hasami district. And that is leading to regional division of labor due to quality. Compared to the porcelain produced for the export to foreign markets with consideration of appropriate design, led the foreign markets. In particular, the development of the Hizen porcelain decorated with overglazed enamel, had a significant impact on subsequent porcelain market.

As a continuation of this process we have to mention the birth of so-called Chinese Imari that imitated the Hizen porcelain in 18th century. In addition, the lack of porcelain in the market also influenced the pottery production in the American continent and prompted the expansion of its production scale. For example, white glazed ware with cobalt-blue imitating the blue and white pottery were actively produced in Puebla, Mexico. This modeled the blue and white Oriental porcelain. *Kraak* design ware of Hizen porcelain were one of its models.

Expansion of the ceramics area due to overseas exports and regional division of labor

The new demand brought to ceramics area of Hizen due to overseas exports, was not only about an exceeding in quantity, but also about the diversity in both quality and variety. Effect on ceramics sphere was not only about the quantitative change, but also resulted in a qualitative change. In other words, it resulted in the expansion of ceramic industry area and regional diversification of labor. Regarding the expansion of the ceramics area, the expansion of ceramic industry from Arita eastern area to western area, and increase in the production area kilns of Hasami district are cited as the main factors. The factors of increase in the porcelain kilns in the vicinity of Arita and Hasami, and moreover, the opening of porcelain kilns such as Amakusa other than Hizen district can be seen as the movement of the expansion of the ceramic area. The spatial range of ceramic industry of Hizen was formed until about the second half of 17th century.

One the other side, the regional division of labor began to aggregate the kilns of Arita eastern district (Uchiyama area). In 1650's the kilns located in the eastern part of Uchiyama area were abolished. All these kilns had located near Izumiyama kaolin site and around upper river. These kilns were close to diggings of raw material and were constructed due to the geographical advantage of water availability necessary for the making of clay, however in 1650 these natural conditions, geographical conditions were not given priority. Also, from the mid-1650s to the 1660s, the kilns are located almost along the main street through the Arita eastern district (Uchiyama area) from the east to the west. Rather than each of the geographical conditions of the kilns, the functionality of the whole Uchiyama area were given the priority. Its largest result is considered to be *Akaemachi*.

The process of formation of *Akaemachi* is about to disconnect the overglazed enamel decoration from each of the kilns and to specify it to each professional manufacturer, as a result, it will be impossible for each of the kilns to completely independent from the point of view of the production process. In this case the functional arrangement that connects the individual parts is important. *Akaemachi* is located in the center along the main street of Uchiyama area, where it is easy to bring porcelain for overglazed enamel from each of the kilns. It is considered that while countermoving to the diversification of demand due to full-scale overseas export, the reconstruction of kilns for efficient production without conflict were performed. It will be better to due to the extension of the 1650's innovation previous technology and many of them were created in the first half of 1650's.

On the other hand, blue and white porcelain bowls with the design of *Ariso* (the design of wave and carp) were mostly produced in most of the porcelain kilns that were operating in Hizen during the period from 1650 to 1680s. Also blue and white bowls with the design of *Ariso* were massively produced in the emerging kilns which were believed to be opened in 1660s in Hasami, according to the historic materials, however blue and white porcelain with the design of phoenixes plates were not produced except for some parts and did not belong to the already major overseas goods. Despite the fact that both blue and white porcelain phoenixes plates and *Ariso* bowls had variety of kinds at the moment of the start of production, at the stage of mass-production at many kilns, the number of types is reduced and it seems standardized and unified.

Therefore, there are lot of variations in the Arita Uchiyama area, but when it comes to Sotoyama area, the number of kinds is reduced. Moreover in the case of the regions other than Arita district, the size and variety is more restricted. In addition, it is clear than depending on the kiln, the deviation of the type of product supplied overseas can be clearly observed. *Kraak* design ware is its typical example. The types that were produced in the Uchiyama area and Sotoyama area and Hasami district are different. The type of *Kraak* design ware produced in Hasami district was almost not produced in Arita. Also, most of the Hizen porcelain products, produced to be exported to Europe or markets westerner than Indian Ocean were produced in Arita district, especially Uchiyama district and Nangawara area. Most of Hasami ware were exported for Southeast Asia, except celadon plates were supplied to the region of the Indian Ocean and westerner. The production was carried on in accordance with the character and technological level of each of the production area, which represents the difference between each trade area.

The significance of Hizen porcelain in overseas markets

It is true that even under prohibition of sea trade policy, imposed by Qing dynasty, exports of Chinese porcelain still continued. Immediately after the prohibition, there was a possibility that exports of Chinese porcelain was almost stopped and the portion of Hizen porcelain in overseas markets overwhelmed the Chinese porcelain, but a lot of Chinese porcelain were exported to foreign markets in 1670s. To fill the lack at the porcelain market caused by prohibition of sea trade policy, Hizen porcelain industry achieved a significant development, but still it couldn't catch up to the demand. The production scale of Japanese kilns concentrated in one region could not provide the necessary volume of the porcelain to the world porcelain market, supported by China.

However, even it was not possible to cover all in quantity, Hizen porcelain didn't just play a role of supplementation of the shortage of Chinese porcelain. In the second half of 17th century China porcelain that was exported abroad under prohibition of sea trade policy didn't consider the overseas market, rather ceramics circulating at domestic market in China were just transported abroad. Therefore, under prohibition of sea trade policy, the mass-production products of Hizen

Overseas exports of Hizen ceramics and its background

In the background of the beginning of overseas export of Hizen porcelain, there was a decline in overseas export of Chinese porcelain caused by the dynasty change in China from the Ming to Qing and subsequent drop in Chinese porcelain export caused by the prohibition of sea trade. However, during the implementation of the sea trade prohibition policy in 1656-1684 years the situation was not the same. Even under such policy, the movement of foreign porcelain market was mostly influenced by Chinese porcelain and finally, the situation around the export of Hizen porcelain was largely influenced by the extent of the flow of Chinese porcelain.

At first, Hizen porcelain was exported as a crude porcelain to Southeast Asia region such as Indochina in 1640s. At that time, it was the previous stage before the technological revolution in the middle of the 17th century. While through the innovation of the early 1650s, Hizen porcelain was started to being exported overseas including the market westerner of the Indian Ocean.

Although Chinese ships had never been to the Indian Ocean, they had dealt with Hizen porcelain for the market of the region westerner of the Indian Ocean. Therefore there is enough possibility of Hizen porcelain being taken to the region westerner than Indian Ocean before the order of the Dutch East India Company of 1659. Also, there is the possibility that the ships that brought Hizen porcelain to Europe were not limited only to the Dutch ships, too. This is because the British vessels could also buy Hizen porcelain delivered by the Chinese junk ships. Even after that, Hizen porcelain was found at the Swedish ship that wrecked near Sweden off the coast.

And a lot of Hizen porcelain was transported to America continent by the Spanish ship across the Pacific Ocean. Hizen porcelain shipped from Nagasaki, was brought to Manila via such as Taiwan, the home of Koxinga, and then transported to Acapulco by galleon ship. Hizen porcelain that were unloaded in Acapulco was distributed in the Spanish colonies around the American continent. But most of them were chocolate cups and dishes, such as *Kraak* style ware.

Hizen porcelains, which were produced in 1640's, excavated in overseas consumption areas are products of production area from Arita and its vicinities. These are not those that have been produced for overseas export, which become clear, once we think about the percentage of Arita kilns among the whole number of Hizen porcelain kilns in early 1640s. Even among the products other than overseas later 1650's, the products of the kilns of the district Arita were prominent. If the products produced not for overseas were shipped, it is probably because of high commercial value of this product that were selected. And one of the earliest products among the products standardized for overseas markets and even among the porcelain products of Hizen are blue and white porcelain plates with the design of Chinese phoenixes and Chinese chracter 'hi' that means sun. They were produced for the market of Vietnam and many pieces of them were excavated at archaeological sites in Vietnam. This means that it is also related to the fact that as it comed from records, the overseas export of Hizen porcelain started on the Indochina peninsula. Although there are numerous kilns where blue and white porcelain with the design of Chinese phoenixes plates were excavated, blue and white porcelain phoenix plates are those that were technically produced western district, Arita eastern district was a geographically closed space and provided with the conditions mostly suitable for managing the ceramics area. In particular, it is easy to manage Izumiyama pottery kaolin stone. The reason is because it is possible to provide the centralized supply of ceramic raw material and supply of the raw materials on exclusive basis provided that it did not flow to other regions. The consolidation of the ceramic industry was the first step performed by Saga domain during its full-scale intervention into ceramic industry. Saga domain put the ceramic industry zone which was left spontaneously formed up to a certain management. Not limiting just to only spatial management of the ceramics area, it led to the changes in the ceramic industry that was accompanied by a management system based on the centralized and exclusive supply of Izumiyama pottery kaolin stone. It also led to the formation of ceramic area with an exclusive character toward other domains also.

The consolidation of these kilns is the issue of Saga domain, however the abolition of the kilns of Arita western district and the formation of the exclusive ceramic industry had a significant impact on other domains. In spite of the fact that the political facts such as the consolidation of the kilns was not known in Hasami district belong to Omura domain, the production area was formed in Mitsunomata area close to the digging place of raw materials and porcelain specialization was established in Hasami district,too. The fact shows us that the trend of porcelain specialization had the economic necessity.

However, the reason why the kilns in Muraki area which was a part of a three-domains borderline ceramics area were abolished at the same period with consolidation of kilns is considered not only as just the economic necessity. The three-domains borderline ceramics area is believed to be dismantled because of the loss of its core region of Arita western district. By consolidation of the kilns, Saga domain had formed an exclusive ceramic industry centralized in Arita eastern district, which led to the dividing of the network beyond the borderline of domain and prompted the process of formation based on raw material in the territory also in other than the Saga domain.

Thus, the transition from a three-domain boundary zone ceramic industry to the regional ceramics area of each domain can be summarized as follows. The discovery of Izumiyama kaolin in Arita, the discovery of Mitsunomata kaolin in Hasami, or the discovery of Ajiro kaolin in the territory of Hirado domain, led to the changes from the three-domain border zone ceramic industry that was mediated by technology and information to the regional ceramic industry based on raw materials. In other words, three domains created a self-contained ceramic area unified by the production network in each domain from the ceramic area created by the exchange between the domains. It can be called as the beginning of the current ceramic production areas of Arita, Hasami and Mikawachi. And, the large political incident that prompted it was a consolidation of the kilns by Saga domain, it became also a movement of economic independence that was led by the establishment of Shogunate system.

The development of ceramic industry mainly focused on Arita western districts, decided the role of Imari port subsequently becoming the main shipment port and believed to promote the activities of the merchants specializing in ceramics trade. The basic logistics route used through the early modern period such as manufacturing in Arita with its consequent shipment from Imari is considered to be established at this time. In other words, the ceramics area of three-domain borderline was a ceramic industry connected by a network of production and distribution beyond the domain border centralized by Arita western district.

Transition from the three-domains boundary zone ceramics sphere to the regional ceramic industry

Three-domains border zone ceramic industry disappears after the discovery of high-quality porcelain raw materials production areas, the abolition of the kilns of Arita western district due to consolidation of the kilns of 1637 years by Saga domain. Around 1630s as the latest, the pottery kaolin stone of Izumiyama field was discovered in Arita which led to building of many kilns in Arita eastern district close to Izumiyama. Tengudani kiln was one of them. Some of them were possibly moved from the western district of Arita, such as Kanagae family and Ienagaya family, and some were moved from east of Arita as Fukaumi family. Arita eastern district did not have any privileged conditions for building of production area from the geological and geographical point of view. Geographical conditions of proximity to the rich and high-quality raw materials production area were compensating such unfavorable conditions. Similar movement can be also observed in Hasami. In 1630-1640's some kilns started being constructed in the eastern district around Mitsunomata kaolin site that is diggings of raw materials necessary for porcelain production. However the fact of involvement of Muraki area and Mitsunomata area in the western district of Hasami was not clear. There is a possibility, that the technology of celadon were introduced from Arita district.

Also, under the condition that the existence of porcelain raw material diggings area becoming new centripetal force, ceramic industrial area was formed in the Arita eastern district. Moreover the consolidation of ceramic industrys by Saga domain was carried out for the purpose of forest protection. Given the premise of forest protection, that is, the premise of the effective use of limited amount of fuel, at the stage of planning which ceramic industry should be formed, the policy for protection of porcelain products with value-added was consequently taken. Actually Arita transformed into porcelain specialized system after this consolidation. However, many kilns that were abolished in Arita western district, had already produced in large quantities of porcelain in 1630's.

It is considered that since Arita western district has not yet lost its centripetal force, it was necessary to abolish its kilns. Abolition of Arita western district kilns led not only to the restraint of the potter population, but also to prevention of the unrestricted expansion of the three domain border zone ceramic industry concentrated in the Arita western district. In addition, in differ from

The History of Production and Distribution of Hizen Porcelaim

Takenori Nogami

The begininng of the production of Hizen ceramics and the establishment of the production area of ceramic industry near the boundaries of Three-domains

The kiln sites located in the peripheral of Kishitake area (modern prefecture Saga, Kyushu) and estimated to belong to the ceramics of the earliest stages of Hizen ceramic, are found in small amount and their size is also small. Japanese pottery workshops equipped with kiln were located in the mountainous area; kilns often can be found in areas away from the villages. This may be explained by the fact, that the environment of such kilns required the mountainous area rich with the fuel, rather than just the convenience of being located close to the villages.

On the other hand, production area of the western district of Arita and its vicinities established in the end of 16th – the beginning of 17th century are located in the hilly area that was rather facing to the plain. The number of kilns also increased and the size of each kiln became significantly larger. One of the possible reasons considered for the location of these kilns in such area is the necessity to support the population largely increased after the rapid development of ceramics, which no longer required the placement in mountainous areas.

As it is also considered, such development required the abundant workforce therefore leading it to the agricultural areas having the necessary workforce potential. They are located in the border zone of the three domains of Saga, Omura and Hirado, and despite the difference between the domains, there are lot of similarities found in its products. Also as we can suggest from the historical documents of that time, there was frequent traffic of potters. This is how in this area the ceramic industry sharing the basic burning and decoration techniques in these areas was formed overcoming the domain borders. On the other hand, the western part of Arita area was the central in terms of the production area and producing of porcelain with high added value as it is suggested from the number of climbing kilns.

It is considered, that along with the porcelain production thriving in Arita western district, as a result of strengthening its centripetal force, the ceramic industry area integrating the border areas of the three domains while intermediating the technology and information was formed. It was not only the problem of production process, as the same situation was in distribution. The amount of ceramics produced in the ceramics area is very large, so at that time the huge volume of distribution was supported by shipping as is can be judged from the shipwreck materials. The most suitable harbor in western Arita area for shipping the ceramics via the Sea of Genkai was Imari Port.

国立歴史博物館

1996 『澎湖海域古沈船発掘初勘報告書』

謝明良

1996 「左営清代鳳山県旧城集落出土陶瓷補記」『台湾史研究』3-1　中央研究院台湾史研究籌備処

2008 「澎湖発現的十七世紀日本肥前青花瓷」『故宮文物月刊』303　p102-113

周世荣

1997 「浅談馬六甲海況“戴安娜”号沈船中的清代外銷瓷」『中国古陶磁研究』第4輯 p196-201

徐海濱・朱濱

2005 「福建東山東門嶼沈船水下考古調査報告」『福建文博』2005年増刊 p113-117

崔　勇

1997a 「広東水下考古回顧与展望」『福建文博』1997第2期 p23-27

1997b 「西沙発現的明代沈船和鄭和下西洋関係初探」『福建文博』1997第2期 p74-75

中澳聯合定海水下隊

1999 「福建定海沈船遺址1995年度調査与発掘」『東南考古研究』第二輯　厦門大学出版社 p186-198

中国歴史博物館水下考古学研究室・広東省博物館考古隊・海南省博物館

1997 「海南文昌宝陵港沈船遺址」『福建文博』1997第2期 p34-36

陳建中編著

1999 『徳化民窰青花』文物出版社

福建省博物館

1997 『漳州窰──福建漳州地区明清窰址調査発掘報告之一──』福建人民出版社

福建文博編輯部

1997 『福建文博　紀年中国水下考古十年w輯』1997年第二期

方真真

2006 『明末清初台湾与馬尼拉的帆船貿易（1664-1684）』稲郷

李匡悌

2004 『三舍及社内遺址受相関水利工程影響範囲搶救考古発掘工作計劃』台南県政府・中央研究院歴史語言研究所

李濱・孫鍵

2005 「2004年東山冬古湾沈船遺址B区発掘簡報」『福建文博』2005年増刊号 p124-131

林果・呉春明・朱濱・栗建安

2000 「東山古沈船遺址調査」

林金榮

2006 『金門地区使用的陶瓷器文化探源』内政部營建署金門國家公園管理處

盧泰康

2008 「澎湖所見的肥前瓷器」『金大考古』61号　金沢大学考古学研究室　p1-4

盧泰康・野上建紀

2008 「澎湖馬公港与金門所発現的肥前瓷器」『史物論壇』第6期　p93-119

2009 「澎湖群島、金門島発見の肥前磁器」『金沢大学考古学紀要』第30号　金沢大学文学部考古学講座　p90-100

1989 *Ceramics From Excavation Lop Buri 1986-1987*, Bangkok

Pham Quoc Quan

1994 *Cac Di Tich Co Mo Muong Co O Hoa Binh Va Ha Tay*

Rijks Museum

Ceramic Load of the 'WITTE LEEUW'

Sasaki, Tatsuo

1989 Trade Ceramics from the Coast of the Indian Ocean. I. *Journal of East-West Maritime Relations* Vol.1:117-165 Study Group for East-West Maritime Relations The Middle Eastern Culture Center in Japan

Sebastián, Santiago

2006 *Estudios sobre el arte y la arquitectura coloniales en Colombia*. Corporación la Candelaria Convenio Andrés Bello (Bogotá).

Susana Gómez Serafín, Enrique Fernández Dávila

2007 *Las cerámicas colonials del ex convento de Santo Domingo de Oaxaca*, Instituto Nacional de Antropología e Historia.

Shimizu, N.

2007 The Ceramics Recovered from The Old City of Vientiane-Preliminary Report on the Artifacts Unearthed in the Buried Cultural Property Survey Accompanying the Project for the Improvement of the Vientiane No.1 Road (Phase One) in Lao P.D.R..In *Journal of Southeast Asian Archaeology* 27:85-99: Tokyo: Japan Society for Southeast Asian Archaeology.

Shimizu, N. Sayavongkhamdy, T.

2008 Japanese Hizen Ceramics Recovered from The Old City of Vientiane (1)-Trading and Distribution of Imari and Karatsu wares under the LaneXang Kingdom in Lao P.D.R..In *Journal of Southeast Asian Archaeology* 28: 99-112. Tokyo: Japan Society for Southeast Asian Archaeology.

2008 Japanese Hizen Ceramics Recovered from The Old City of Vientiane (2)-Trading and Distribution of Imari and Karatsu wares under the LaneXang Kingdom in Lao P.D.R..In *Journal of Southeast Asian Archaeology* 28: 23-36. Tokyo: Japan Society for Southeast Asian Archaeology.

Spijker, Kim

2001 The Unknown pottery of Mauritius（未刊行）

William M.Mathers, Nancy Shaw

Treasure of the Concepcion

Terreros, Eladio and Morales S.,Rocio

2011 Mayolica poblana azul sobre blanco, con disenos de porcelain tipo Kraak（野上建紀訳）金沢大学考古学紀要第32号　金沢大学人文学類考古学研究室 p51-56

1981 Mededelingenblad nederlandse vereniging van de ceramiek 101/102.

3　中国語表記

鄂杰・趙嘉斌

2005 「2004年東山冬古湾沈船遺址A区発掘簡報」『福建文博』2005年増刊号 p118-123

2　英語等アルファベット表記

Alexandra De Leon, Jose Eleazar Bersales, Jose Santiago, Dante Posadas

2009　The Archaeological Excavation of the Boljoon Parish Vhurch, Cebu（Phase 5）

Barbara Harrison

1987　「Ceramics traded to Indonesia during the early Qing」『貿易陶磁研究』No.7　日本貿易陶磁研究会 p105-115

Berit Wastfelt

1990　*Porcelain from the East Indiaman Gotheborg*

1990　*The Gotheborg's Cargo of Porcelain*

Bruno E.J.S Werz

1993　Maritime Archaeological Project Table Bay:Aspects of the First Field Season. *Historical Archaeological Society Goodwin Series 7*: p33-39

Bruno E.J.S Werz&Jane E.Klose

1994　Ceramics analysis from the VOC ship Oosterland(1697). *South African Journal of Science.* vol.90:522-526

Centre for International Heritage Activities, The Netherlands(Hans bonke, Robert Oarthesius, Chirstine van der Pijl-Ketel eds.)

2007　*Avondster Project-Artefact Catalogue of the VOC Ship Avondster*.

C.J.A.Jörg

1986　*The Geldermalsen History and Porcelain*. Kemper Publishers Groningen.

Colin Sheaf & Richard Kilbum

1988　*The Hatcher Porcelain Cargoes*. Phaidon-Christie's Limited1988

C.S.Woodward.

1974　*Oriental Ceramics at the Cape of Good Hope 1652-1795*

David Gibbins and Jonathan Adams

2001　*World Archaeology -Shipwrecks-*. Taylor&Francis Ltd

Jane Klose

1993　Excavated Oriental Ceramics from the Cape of Good Hope:1630-1830. *Transactions of the Oriental Ceramic Society*. THE ORIENTAL CERAMICS SOCIETY:69-81

Krahe, Cinta

2013　Chinese Porcelain in Spain during the Habsburg.(Lecture given on 12 2013)

Kuwayama, George

1997　*Chinese Ceramics in Colonial Mexico*. Los Angeles County Museum.

2000　Chinese Ceramics in Colonial Peru. *Oriental Art*. Vol.XLVI No.1;2-15.

Kuwayama, George and Pasinski, Anthony

2002　Chinese Ceramics in the Audiencia of Guatemala. *Oriental Art*. Vol. XLVIII No.4; 25-35.

Michael Flecker

1992　Excavation of an oriental vessel of c.1690 off Con Dao,Vietnum. *The International Journal of Nautical Archaeology*(1992)21.3:221-244

Natthapatra Chandavij.

p206-220
弓場　紀知
1993 「中国趣味全盛時の沈没船」『目の眼』201里文出版 p37-41
弓場紀知・崎山留未栄編訳
1992 「ブンタオカーゴ」『陶説』472日本陶磁協会 p15-27
吉岡　康暢
1989 「北東日本海域における中世陶磁の流通」『国立歴史民俗博物館研究報告』第19集　国立歴史民俗博物館 p59-166
吉崎　伸
19── 「中国西沙群島の水中考古調査」『水中考古学ニュース』No.12 水中考古学研究所
1998 「瀬戸内海・早崎水中遺跡の調査」『第19回貿易陶磁研究集会発表資料集』日本貿易陶磁研究会
吉田章一郎
1983 「「皿山代官旧記覚書」と有田の古窯址」『佐久間重男教授退休記念中国史・陶磁史論集』燎原
吉永　陽三
1988 「長崎の陶磁」『昭和63年度企画展長崎の陶磁』佐賀県立九州陶磁文化館 p127-132
読売新聞北陸支社編
1997 『日本海こんぶロード北前船』能登印刷出版部
渡辺　信夫
1992 「7.船による交通の発展」『日本の近世6』中央公論社 p261-310
羅　善華
1997 「十六～十七世紀における韓国の窯業技術──窯址発掘調査資料を中心に──」『東洋陶磁』vol.27　東洋陶磁学会 p5-19
栗　建安
1997 「十六・十七世紀の福建漳州地区における窯業技術」『東洋陶磁』vol.27　東洋陶磁学会 p21-31
盧　泰康
2006 『十七世紀臺灣外来陶瓷研究──透過陶瓷探索明末清初的臺灣』台南：國立成功大學歷史學研究所博士論文（未出版）
2010 「マラッカの肥前磁器貿易」『世界に輸出された肥前陶磁』九州近世陶磁学会 p212-216
和歌山市教育委員会
1997 『和歌山市加太友ヶ島沖出土の陶磁器』
渡邊　庫輔
1958頃 「三河内焼覚書」『三河内焼窯元今村氏文書』
渡辺　芳郎
1993 「中国・ベトナム・朝鮮半島の染付」『世界の染付』佐賀県立九州陶磁文化館 p147-150
渡辺芳郎・関一之・下鶴弘
2000 「鹿児島県の製品の編年」『九州陶磁の編年』九州近世陶磁学会 p370-381

盛　峰雄

1994 「日峰社下窯発掘から見た鍋島焼のルーツ」『目の眼』208　里文出版 p11-19

1996 「日峰社下窯跡の出土品について」『鍋島展――我が国唯一の官窯鍋島――その出現から終焉まで』伊万里市教育委員会 p103-108

森村　健一

1987 「"Witte Leeuw"号の陶磁器」『貿易陶磁研究』No.7　日本貿易陶磁研究会 p49-60

1993a 「アユタヤ・ワット（寺）・ブダイ・サワンの清朝陶磁器と伊万里窯系陶磁器」『関西近世考古学研究Ⅱ』関西近世考古学研究会 p343-351

1993b 「17・18世紀における町・農村・寺院出土の陶磁器」『第5回関西近世考古学研究大会　近世陶磁器の諸様相――消費地における17・18世紀の器種構成』関西近世考古学研究会 p85-119

八杉佳穂

2004 『チョコレートの文化誌』世界思想社

柳田　國男

1988 『定本柳田國男集』第二巻（新装版）筑摩書房（1968年第1刷）

山口　剛志

1996 「小田原城――宝永4年（1707）の富士山噴火に伴う資料――」『第6回九州近世陶磁学会資料』九州近世陶磁学会 p112-120

山口剛志他

1995 「発掘調査によって明らかにされた遺構と遺物」『小田原市史』別編城郭　小田原市 p129-197

山崎一雄・成瀬晃司・堀内秀樹・大橋康二・望月明彦・杉崎隆一・内田哲男・小山睦夫・高田實弥・藁科哲男・東村武信

1994 「東京大学医学部附属病院地点出土の江戸時代の陶磁器片の材質および産地」『考古学雑誌』第79巻第4号 p87-123

山田　雄久

1993 「徳川後期における肥前陶磁器業の展開――佐賀藩領有田の事例を中心に――」大阪大学経済学部 p1-27

1994 「幕末期陶磁器産地問屋の経営――肥前国有田皿山河内家の販売活動について――」『大阪大学経済学』第43巻第2・3・4号 p49-59

山本信夫

2010 「インドの肥前磁器」『世界に輸出された肥前陶磁』九州近世陶磁学会 p251-252

山本典幸・山内利秋

1994 「近世考古学における神津島沖海底遺跡の持つ意義-遺跡構造と硯・擂鉢の分析から-」『國學院大學考古学資料館紀要』第10輯　國學院大學考古学資料館 p89-123

山脇悌二郎

1964（新装版1995）『長崎の唐人貿易』日本歴史叢書　吉川弘文館

1980 『長崎のオランダ商館』中公新書579

1988 「唐・蘭船の伊万里輸出」『有田町史』商業編Ⅰ　有田町史編纂委員会 p265-410

ヤン・M.バート

2000 「アムステルダムの日本磁器出土遺物」『古伊万里の道』佐賀県立九州陶磁文化館

肥前磁器』駒沢大学 p14-34
1993b「赤絵町遺跡の調査」『東洋陶磁』第20・21号　東洋陶磁学会 p33-41
1993c「伊万里の調査研究の歩みと現状」『伊万里百趣』　里文出版 p98-136
1993d「山辺田窯跡付近出土の新資料について」『陶説』第487号　日本陶磁協会 p15-27
1994「有田における初期の窯業」『磁器へのあこがれ』　多久市教育委員会 p50-68
1996a「鍋島様式」の成立とその背景に関する考察」『初期鍋島』　古伊万里刊行会 p63-76
1996b「古九谷様式を焼いた有田の古窯と素地」ほか『別冊太陽　色絵絢爛』　平凡社 p42-49
1996c「生産地における肥前陶磁」『考古学ジャーナル』410　ニュー・サイエンス社 p31-34
1997a「日本磁器の創始を再考する」『生産の考古学』　同成社 p267-274
1997b「肥前における初期の陶器生産に関する考察」『有田町歴史民俗資料館・有田焼参考館研究紀要』第6号 p1-37
1997c「肥前における初期の陶器生産にみられる地域性について」『陶説』第532号　日本陶磁協会 p30-42
1997d「肥前における初期の登窯について」『東洋陶磁』第27号　東洋陶磁学会 pp33-48
1997e「伊万里染付の源流」『別冊太陽　染付の粋』　平凡社 p44-47
1997f「有田における色絵の変遷」『関西近世考古学研究Ｖ』　関西近世考古学研究会 p96-109
1998a「列島への磁器技術の導入」『陶磁器の文化史』　国立歴史民俗博物館 p44-45
1998b「日本磁器の創始を考察する一つの視点」『初期伊万里小皿』　古伊万里刊行会 p62-78
1999a「肥前における明・清磁器の影響」『貿易陶磁研究』No.19　日本貿易陶磁研究会 p65-84
1999b「柿右衛門窯の変遷」「伊万里の古窯址」『やきもの名鑑4　色絵磁器』　講談社 p80
1999c「有田町周辺地域における初期の陶器生産について」『陶説』第561号日本陶磁協会 p11-21
2000a「地図皿を焼いた窯」『小さな蕾』No.379　創樹社美術出版 p46-50
2000b「磁器の編年（色絵・色絵素地）」『九州陶磁の編年』　九州近世陶磁学会 p212-249
2000c「有田における色絵磁器生産の変遷」『有田町歴史民俗資料館・有田焼参考館研究紀要』第9号 p35-42
2000d「窯跡が語る産業都市・有田の町並み」『季刊　陶磁郎』22　双葉社 p107-110
2001e「肥前の連房式登り窯と漳州窯の横室階級窯」『青山考古』第18号　青山考古学会 p75-84
2014「泉山一丁目・中樽一丁目遺跡の発掘調査」『季刊皿山』104号　有田町歴史民俗資料館
2016「山辺田遺跡発掘調査速報」『陶説』第759号　日本陶磁協会p25-31

森　毅
1994「大坂出土の唐津焼の変遷」『第4回九州近世陶磁研究会』九州近世陶磁研究会 p21-50
1995「十六・十七世紀における陶磁器の様相とその流通──大阪の資料を中心に──」『ヒストリア』第149号　大阪歴史学会 p87-106
1997a「大坂出土の十六・十七世紀の陶磁器──美濃陶器を中心に──」『東洋陶磁』vol.26東洋陶磁学会 p5-17
1997b「城下町大坂における唐津焼出現期の様相」『陶説』第532号　日本陶磁協会 p11-20
1998「大坂出土の清朝陶磁」『清朝陶磁をめぐる諸問題』第19回貿易陶磁研究集会発表資料集　日本貿易陶磁研究会 p11-19

増山　仁

1999 「SK11出土の陶磁器の検討」『下本多町遺跡』金沢市埋蔵文化財センター p121-126

松尾　喬

1993 「天相日記に見る一資料──志田焼の流通──」『幕末期の志田焼』塩田町歴史民俗資料館 p36-38

松下　久子

1995 「オランダ連合東インド会社とコーヒーカップ」『陶説』510　日本陶磁協会 p24-44

2000 「平戸・三川内」『九州陶磁の編年』九州近世陶磁学会 p290-303

真鍋　篤行

1994 「瀬戸内海における沈船遺跡について」『貝塚』48 物質文化研究会 p1-21

三上　次男

1975 「有田磁器と李三平」『歴史と人物』

1982 「パサリカン遺跡出土の貿易陶磁」『貿易陶磁研究』No.2　日本貿易陶磁協会 p111-119

1988 「メキシコの中国陶磁」『貿易陶磁史研究　南アジア・西アジア篇』三上次男著作集二　中央公論美術出版 p303-310

三杉　隆敏

1986 『世界の染付6　陶磁片』同朋社出版

1992 『マイセンへの道──東西陶磁交流史──』東書選書　東京書籍

水町和三郎・鍋島直紹

1963 『唐津』白鳳社

溝上　隼弘

2016 「平戸領内における17世紀海外輸出用陶磁器の一考察─雲竜文碗を中心として」『西海考古』第9号　p73-82

宮崎　貴夫

1996 「長崎市万才町遺跡の寛文3年の火災に伴う資料について」『第6回九州近世陶磁学会』九州近世陶磁学会 p85-98

1999 「遺物の「製作・使用・廃棄」についての覚書──近世遺跡の調査のなかから──」『博多研究会誌』第7号　博多研究会 p1-21

宮田幸太郎

1985 『有田町史　陶業編Ⅰ』有田町史編纂委員会

1988 「有田焼の専売制度」『有田町史』商業編Ⅰ　有田町史編纂委員会 p173-264

村上直次郎訳註・中村孝志校注

1975 『バタヴィア城日誌3』東洋文庫271　平凡社

村上　伸之

1988 「有田の窯業から見た古九谷」『青山考古』第6号　青山考古学会 p52-66

1991a 「窯跡出土の初期色絵素地大皿について」『有田町歴史民俗資料館・有田焼参考館研究紀要』第1号 p22-60

1991b 「山辺田窯の新資料」『陶説』第462号　日本陶磁協会 p15-35

1991c 「赤絵町遺跡（有田町1604番地）の調査」『肥前の色絵「その始まりと変遷」展』佐賀県立九州陶磁文化館 p178-179

1993a 「南川原窯ノ辻窯をとりまく歴史的環境と窯跡の変遷」『遺物・文献両面から観た近世

1998 「江戸遺跡出土の清朝陶磁」『清朝陶磁をめぐる諸問題』第19回貿易陶磁研究集会発表資料集　日本貿易陶磁研究会 p1-10

1999 「江戸遺跡出土の清朝陶磁」『貿易陶磁研究』No.19　日本貿易陶磁研究会 p1-22

2001 「関東地方（1）──江戸遺跡出土の肥前陶磁──」『国内出土の肥前陶磁──東日本の流通をさぐる──』九州近世陶磁学会 p157-185

堀内秀樹・坂野貞子

1996 「江戸遺跡出土の18・19世紀の輸入陶磁」『東京考古』第14号　東京考古談話会 p99-118

前山　博

1973 「伊万里焼の流通（四）」『からすんまくら』11

1982 「17世紀における日本・中国陶磁の交易」『17世紀の景徳鎮と伊万里』佐賀県立九州陶磁文化館 p86-91

1983a「文化年間の多久陶器山再興について（上）」『セラミック九州』7　佐賀県立九州陶磁文化館 p2-4

1983b「文化年間の多久陶器山再興について（下）」『セラミック九州』8　佐賀県立九州陶磁文化館 p2-4

1984a「近世、伊万里焼の流通」『北海道から沖縄まで　国内出土の肥前陶磁』佐賀県立九州陶磁文化館 p142-151

1984b「史料による大川内山の研究」『鍋島藩窯とその周辺（増補改訂版）』伊万里市郷土研究会編　芸文堂 p43-62

1984c「多久・大山新窯の廃窯事情について（上）」『セラミック九州』9　佐賀県立九州陶磁文化館 p2-5

1984d「多久・大山新窯の廃窯事情について（中）」『セラミック九州』10　佐賀県立九州陶磁文化館 p5-7

1985 「多久・大山新窯の廃窯事情について（下）」『セラミック九州』11　佐賀県立九州陶磁文化館 p3-4

1986 「伊万里陶商の基礎的研究（一）──武富家文書・記録（一）──」『研究紀要』第2号　佐賀県立九州陶磁文化館 p1-42

1990a「伊万里陶商の基礎的研究（二）──武富家文書・記録（二）──」『研究紀要』第2号　佐賀県立九州陶磁文化館 p1-45

1990b「伊万里陶商の基礎的研究（三）──武富家文書・記録（三）──」『研究紀要』第2号　佐賀県立九州陶磁文化館 p47-61

1990c『伊万里焼流通史の研究』

1994 「李三平について──朝鮮人陶工三兵衛が有田にくるまで」『磁器へのあこがれ』多久市教育委員会 p72-77

1997 「伊万里焼の流通と製品」『第7回九州近世陶磁学会資料』九州近世陶磁学会 p1-9219

──『長崎県管下著名物産地名表・長崎県商況調査・陶器製造沿革調』

前山博・宮田幸太郎

1988 「有田磁器の流通機構」『有田町史』商業編Ⅰ　有田町史編纂委員会 p1-172

正木喜三郎

1994 「中世の宗像大宮司と海」『中世の海人と東アジア』海鳥ブックス16　海鳥社 p99-111

1987 「肥前における近世の大甕」『東アジアの考古と歴史下　岡崎敬先生退官記念論集』同朋舎出版 p750-770

1989 「岸岳飯胴甕下窯跡について」『横山浩一先生退官記念論文集Ⅰ生産と流通の考古学』横山浩一先生退官記念事業会

1995 「玄海町池尻海底遺跡出土の蓋付端反碗」『研究紀要』第1集　佐賀県立名護屋城博物館 p1-5

枚方市教育委員会・財団法人枚方市文化財研究調査会

2001 『枚方宿の陶磁器』

ファン・クォック・クアンほか

1999 「ムオン族古墓出土の中国と日本の陶磁器」『歴史の中の日・越関係—15～17世紀の陶磁器交流を通じて—』ハノイ国立大学ベトナム研究交流センター・昭和女子大学国際文化研究所

フォルカー

1979-1984 「磁器とオランダ連合東インド会社」(1)～(47) 井垣春雄校閲、前田正明・深川栄訳『陶説』312-370　日本陶磁協会

福田　浩子

1993 「沈没船と明・清の中国陶磁」『目の眼』201 里文出版 p31-35

藤澤　良祐

1998 「近世瀬戸・美濃窯の変遷—窯業技術を中心として—」『第8回九州近世陶磁学会資料』p1-25

2005 「近世の瀬戸・美濃窯—窯構造・窯道具の分類とその変遷—」『窯構造・窯道具からみた窯業—関西窯場の技術的系譜をさぐる—』関西陶磁史研究会 p27-45

藤田　邦雄

1995 「(4) 北陸地方」『東洋陶磁学会会報』第26号　東洋陶磁学会 p6-7

2006 「八幡若杉窯の調査から」『九谷焼』東洋陶磁学会第34回大会研究発表集

藤野　保編

1982 『大村郷村記』第三巻　国書刊行会

藤野保・清水紘一

1994 『大村見聞集』高科書店

藤原　友子

1995 「茶・珈琲・煙草と古伊万里」『トプカプ宮殿の名品—スルタンの愛した陶磁器』佐賀県立九州陶磁文化館 p129-137

2000 「古伊万里の道展について」『古伊万里の道』佐賀県立九州陶磁文化館 p143-165

船井　向洋

2016 「史跡大川内鍋島窯跡発掘調査調査速報—日峯社下窯跡出土の初期鍋島について」『陶説』第759号　日本陶磁協会　p32-39

細川　章

1994 「多久家文書に見る金ヶ江三兵衛」『磁器へのあこがれ』多久市教育委員会 p78-84

堀内　秀樹

1997 「東京大学本郷構内の遺物における年代的考察」『東京大学構内遺跡調査研究年報1 1996年度』東京大学埋蔵文化財調査室 p279-305

野上建紀・Christine van der Pijl-Ketel
2006 「アーヴォンド・ステレ号発見の肥前磁器」『水中考古学研究』第2号 p74-77
野上建紀・フディス エルナンデス アランダ
2011 「ベラクルス出土の肥前磁器」『金沢大学考古学紀要』32号 p47-50
野上建紀・エラディオ テレロス エスピノサ
2015 「ハバナ出土の東洋磁器」『多文化社会研究』第1号 長崎大学多文化社会学部 p141-157
野上建紀・エラディオ テレーロス
2016 「ペルーに渡った日本磁器」『横浜ユーラシア文化館紀要』No.4 p1-17
能芝 勉
2000 「京都市内出土の近世陶磁」『近世の実年代資料』関西近世考古学研究会 p93-107
野田 敏雄
1995 『古伊万里探究』創樹社美術出版
野村崇・杉浦重信
2000 「カムチャッカ半島南東部ジュパノヴォ遺跡出土の日本製品」『北方博物館交流12号』（財）北方博物館交流協会 p16-27
波佐見史編纂委員会
1976 『波佐見史上巻』
波佐見町教育委員会
1986 『大村記』
波佐見焼400年祭実行委員会
1999 『波佐見焼400年の歩み』
橋口佐登司
1985 「波佐見のコンプラ瓶」『海を渡った日本のやきもの』ぎょうせい p76-77
橋口 亘
1999 「薩摩出土の清朝磁器」『貿易陶磁研究』No.19 日本貿易陶磁研究会 p141-146
畑中 英二
2005 「中近世の信楽──窯構造と窯道具の様相を中心に──」『窯構造・窯道具からみた窯業──関西窯場の技術的系譜をさぐる──』関西陶磁史研究会 p46-61
2006 「近世の信楽焼」『江戸時代のやきもの──生産と流通──』記念講演会・シンポジウム資料集 財団法人瀬戸市文化振興財団埋蔵文化財センター
ハッサン・M・アムバリィ・坂井隆
1994 『肥前陶磁の港バンテン──インドネシアのイスラム港市遺跡』穂高書店
馬場 晶平
2016 「佐世保市早岐瀬戸遺跡発掘調査」『近世肥前磁器研究の諸問題──江戸前期の廃棄年代が判る新資料を中心として』近世陶磁研究会 p128-141
林田 憲三
1993 「博多湾海底出土遺物とその意義」『能古島──能古島遺跡発掘事前総合調査報告書』福岡市教育委員会 p104-114
1995 「志賀島・玄界島の海底調査」『志賀島・玄界島──遺跡発掘事前総合調査報告書──』福岡市教育委員会 p70-97
東中川忠美

講座 p49-63
2001b「コンダオ沈没船」『季刊考古学』第75号　雄山閣 p74-75
2001c「中世交易船の探査　4.第4次調査」『玄界灘における海底遺跡の探査と確認調査』九州大学大学院考古学研究室 p82-97
2001d「異常地点21（推定彦山丸）周辺で確認された陶磁器」『玄界灘における海底遺跡の探査と確認調査』九州大学大学院考古学研究室 p21-26
2001e「沈船資料にみる明末〜清朝磁器」『貿易陶磁研究』No.21　日本貿易陶磁研究会 p63-74
2001f「陶磁器研究と水中考古学」『考古学ジャーナル』No.480　ニュー・サイエンス社 p17-20
2002a「水中考古学の可能性」『アジアの海──沈没船が語る中世交流史──』第37回歴博フォーラム　国立歴史民俗博物館 p33-39
2002b「海外輸出された肥前磁器」『近世日越交流史』柏書房 p317-331
2002c『近世肥前窯業生産機構論──現代地場産業の基盤形成に関する研究──』（博士論文）
2004a「肥前陶磁の積出し港について」『金大考古』第45号 p3-4
2004b「近世における窯体構造に関する考察」『金沢大学考古学紀要』第27号 p70-91
2005a「肥前陶磁の積出し港について」『NEWSLETTER』No.19　九州・沖縄水中考古学協会 p15-16
2005b「澳門出土の肥前磁器」『金大考古』50号　金沢大学考古学研究室 p7-11
2009　「チョコレートカップの変遷と流通」『金大考古』64号　金沢大学考古学研究室 p22-30
2010　「カサ・デル・リスコの東洋磁器」『金大考古』67号　金沢大学考古学研究室 p10-18
2011a「海底・海岸発見の肥前陶磁──海揚がりの陶磁器の特質について──」『考古学と陶磁史学──佐々木達夫先生退職記念論文集』金沢大学考古学研究室 p135-152
2011b「肥前磁器の海上交易ネットワークの研究──アジアの港市とメキシコ諸都市の出土状況について──」『財団法人鍋島報效会研究助成研究報告書』第5号　p121-139
2013a「ガレオン貿易と肥前磁器──二つの大洋を横断した日本のやきもの─」『東洋陶磁』第42号 p141-176
2013b「アジアが初めて出会った有田焼」『アジアが初めて出会った有田焼──蒲生コレクションを中心に──』有田町歴史民俗資料館 p47-61
2014　「アンティグア・グアテマラ出土の東洋磁器」『金沢大学考古学紀要』第35号 p73-85
2015a『近世鎖国期における先駆的輸出工業製品の考古学的研究──平成24年度三菱財団人文科学助成研究報告書（2012-2014）』
2015b「塩田川流域の陶磁器と沈没積荷に関する考察」『高野晋司氏追悼論文集』高野晋司氏追悼論文集刊行会 p277-285
2016　「ガレオン貿易と中国陶磁──新大陸に向かう東回りの陶磁の道──」『東洋陶磁』第45号　p59-79

野上建紀・向井亙

2000　「東南アジア周辺の沈船遺跡──南シナ海・タイ湾を中心に──」貿易陶磁研究集会大会資料

野上建紀・Alfredo B. Orogo・田中和彦・洪曉純

2005　「マニラ出土の肥前磁器」『金大考古』48号　金沢大学考古学研究室 p1-5

野上建紀・李匡悌・盧泰康・洪曉純

2005　「台南出土の肥前磁器」『金大考古』48号　金沢大学考古学研究室 p6-10

1991 「肥前磁器の製品における裏文様について――18世紀前半の製品を中心として――」『有田町歴史民俗資料館・有田焼参考館研究紀要』第1号 p6-21
1992 「17世紀における白川地区の窯業について」『有田町歴史民俗資料館・有田焼参考館研究紀要』第2号 p25-51
1993 「泉山口屋番所遺跡発掘調査概報」『金沢大学考古学紀要』第20号金沢大学文学部考古学講座 p102-110
1994 「応法地区における窯業について」『有田町歴史民俗資料館・有田焼参考館研究紀要』第3号 p1-54
1995-1996 「有田からみた波佐見焼」『陶説』513-524　日本陶磁協会
1996a「有田皿山における大川内山の位置づけ」『初期鍋島――初期鍋島の謎を探る――』古伊万里刊行会編 p47-62
1996b「産業としての有田焼――有田と波佐見を比較して」『CNS　西日本文化』320　西日本文化協会 p18-20
1997a「佐賀県有田町年木谷1号窯と小樽2号新窯について」『第7回九州近世陶磁学会資料』九州近世陶磁学会 p109-135
1997b「肥前における磁器産業について」『有田町歴史民俗資料館・有田焼参考館研究紀要』第5号 p1-53
1997c「波佐見地区における窯業について――有田地区の窯業との比較を中心に――」『金大考古』23　金沢大学考古学研究室
1997d「登窯における「孔」について」『陶説』534　日本陶磁協会 p81-87
1998a「初期伊万里様式の終焉」『初期伊万里――小皿編』古伊万里刊行会・創樹社美術出版 p84-98
1998b「海揚がりの肥前陶磁」『NEWS LETTER』九州・沖縄水中考古学協会 p2-7
1998c「海揚がりの肥前陶磁――玄界灘沿岸を中心に――」『有田町歴史民俗資料館・有田焼参考館研究紀要』第7号 p1-26
1998d「茂木港外遺跡に関するノート」『有田町歴史民俗資料館・有田焼参考館研究紀要』第7号 p27-32
1999a「肥前陶磁の流通形態――海揚がりの資料を中心に――」『貿易陶磁研究』No.19　日本貿易陶磁研究会 p121-140
1999b「波佐見焼の成立」『波佐見焼400年の歩み』波佐見焼400年祭実行委員会 p40-46
1999c「天目が眠る海底遺跡――定海白礁1号沈船遺址」『陶説』558　日本陶磁協会 p27-33
1999d「元寇の島の海底遺跡――鷹島海底遺跡」『陶説』559日本陶磁協会 p41-43
1999e「茶碗曽根の海底遺跡――茂木港外海底遺跡」『陶説』560日本陶磁協会 p65-67
2000a「深海から戻された有田焼――舳倉島沖」『陶説』562　日本陶磁協会 p70-71
2000b「海岸に漂着する陶磁器――岡垣海岸」『陶説』563　日本陶磁協会 p73-75
2000c「響灘の海底遺跡――芦屋海岸沖」『陶説』564　日本陶磁協会 p68-70
2000d「ベトナムの沈船遺跡」『陶説』566日本陶磁協会 p77-79
2000e「韓国の沈船遺跡――木浦国立海洋遺物展示館」『陶説』567　日本陶磁協会 p64-66
2000f「陶磁器と水中考古学」『陶説』570　日本陶磁協会 p62-65
2000g「磁器の編年（色絵以外）1.碗・小坏・皿・紅皿・紅猪口」『九州陶磁の編年』九州近世陶磁学会 p76-157
2001a「茂木港外遺跡確認調査報告」『金沢大学考古学紀要』第25号　金沢大学文学部考古学

1994 「波佐見焼」『近世陶磁器の諸様相──消費地における18・19世紀の器種構成──』第6回関西近世考古学研究大会発表資料　関西近世考古学研究会

1996 「波佐見町内古窯跡群の調査成果──1990〜1995の調査成果を中心として──」『波佐見青磁展・くらわんか展』世界・焱の博覧会波佐見町運営委員会 p30-34

1997 「波佐見における唐津系陶器生産窯」『平成9年度長崎県考古学会』資料　長崎県考古学会

1998 「17世紀末〜18世紀初頭の波佐見窯業」『有田町歴史民俗資料館・有田焼参考館研究紀要』第7号 p33-45

1999 「長崎県波佐見町近世窯跡群の調査と歴史的意義」『日本歴史』第608号　吉川弘文館

2000 「波佐見」『九州陶磁の編年』九州近世陶磁学会 p254-289

中村　質

1988 『近世長崎貿易史の研究』吉川弘文館

中元美智子

1967 「佐賀藩における陶磁器専売」『九州史学』第41号　九州史学研究会 p1-13

鍋島藩窯調査委員会

1954 『鍋島藩窯の研究』

楢崎　彰一

1993 「九谷古窯の調査成果」『東洋陶磁』vol.20・21　東洋陶磁学会 p95-112

成瀬　晃司

1996 「東京大学本郷構内の遺跡医学部附属病院病棟地点──天和2(1682)年・元禄16(1703)年の火災に伴う資料」『第6回九州近世陶磁学会資料』九州近世陶磁学会 p99-111

1997 「江戸遺跡出土資料による磁器碗・皿の変遷──文様・銘款を中心に」『東京大学構内遺跡調査研究年報1　1996年度』東京大学埋蔵文化財調査室 p307-330

2000 「江戸における実年代資料」『近世の実年代資料』関西近世考古学研究会 p109-148

成瀬晃司・堀内秀樹

1990 「消費遺跡における陶磁器の基礎的操作と分析──東京大学構内遺跡出土資料を中心に」『東京大学本郷構内の遺跡　医学部病院地点』東京大学遺跡調査会 p821-860

1998 「江戸遺跡出土の大皿──加賀藩本郷邸出土品を中心として──」『大皿の時代展』出光美術館 p121-131

西田記念東洋陶磁史研究グループ・大坂城研究会・堺環濠都市遺跡研究会・関西近世考古学研究会

1994 『福建省漳州窯系陶磁器についてⅡ』

西田　宏子

1983 「清朝の輸出陶磁──欧米向製品を中心として──」『世界陶磁全集15清』小学館 p228-248

2000 「明末清初の民窯青花磁器──山水図の展開とその需要について──」『東洋陶磁』vol.29　東洋陶磁学会 p27-37

西村　圭子

1998 『近世長崎貿易と海運制度の展開』文献出版

日本観光文化研究所編

1985 『海を渡った日本のやきもの』ぎょうせい

野上　建紀

1999 「中国福建省定海村に於ける1990年度の調査と試掘報告」（山崎龍雄訳）『NEWS LETTER』vol.5 No.1 九州沖縄水中考古学協会 p2-10

チン・カオ・トゥオン

1997 「ベトナムの遺跡出土の肥前磁器」『ホイアンの考古学調査』昭和女子大学国際文化研究所紀要vol.4　昭和女子大学 p237-240

寺内　信一

1919 『有田磁業史』

東京大学埋蔵文化財調査室

1997 『東京大学構内遺跡調査研究年報1』

富永　樹之

1998 「出土品に見る景徳鎮青花の底裏銘」『青山考古』第15号　青山考古学会 p35-65

豊田　瓠庵

1978 『慈光寺出土の陶磁器』

豊田　進

1983 「山田長政とアユタヤ日本人町遺跡出土の陶磁」『陶説』362号　日本陶磁協会 p15-24

トレイシー・ボウデン

1996 「沈没船から財宝を回収」“NATIONAL GEOGRAPHIC”第2巻第7号 p122-137

永井　正浩

2000 「堺（堺環濠都市遺跡）」『近世の実年代資料』関西近世考古学研究会 p23-36

長崎県考古学会

1994 『長崎県の考古学──中・近世研究特集──』

長崎県立美術博物館

1980 『三川内・現川・長与三彩焼』

長佐古真也

1989 「理学部7号館地点出土古九谷様式磁器片の蛍光X線分析」『東京大学遺跡調査室発掘調査報告書Ⅰ 東京大学本郷構内の遺跡理学部7号地点』p434-440

1990 「消費遺跡における陶磁器組成の視点とその一例」『江戸の陶磁器　発表要旨』江戸遺跡研究会 p34-39

1994 「和泉伯太藩上屋敷跡出土の陶磁器の様相」『和泉伯太藩上屋敷跡』帝都高速度交通営団・地下鉄7号線溜池駒込間遺跡調査会 p199-207

長佐古真也・羽生淳子

1988 「東京大学構内遺跡理学部7号館地点出土『古九谷』の産地推定」昭和63年度日本文化財科学会大会発表要旨

中島　浩氣

1936 『肥前陶磁史考』（復刻版1985青潮社）

中島　平一

1966 「焼峰古窯跡の発掘」『湯か里』25武雄歴史研究会

1982 「三ノ丸窯と耐火煉瓦」『湯か里』37武雄歴史研究会

長沼　孝

1997 「コンプラ瓶」『考古学による日本歴史10対外交渉』雄山閣 p179-182

中野　雄二

積山　洋
1996「大阪市住友銅吹所跡ほか」『第6回九州近世陶磁学会資料』九州近世陶磁学会 p121-127
1996「関西における肥前陶磁」『考古学ジャーナル』410 p20-24
1997「近世初期大坂の肥前陶磁」『陶説』第532号　日本陶磁協会
副島　邦弘
1983「近世古窯の窯本体の構造について」『古高取永満寺宅間窯跡』直方市教育委員会 p73-86
高島　裕之
2008「有田・南川原窯ノ辻窯跡出土の陶磁器――窯場の変容段階の物原出土資料を中心に――」『駒澤考古』第33号　p11-26
高島裕之・山本文子・中山雄市
2009「有田・南川原窯ノ辻窯跡出土の陶磁器――陶磁器の施文法と高台内銘の分析を中心に――」『駒澤考古』第34号　p39-54
高田　茂廣
1989「筑前五ヶ浦廻船の諸記録」『福岡市立歴史資料館研究報告』第13号　福岡市立歴史資料館 p1-30
1991「五ヶ浦廻船とその遭難」『NEWSLETTER』第1巻・第3／4号　九州・沖縄水中考古学協会 p8-10
1993「能古の歴史」『能古島――能古島遺跡発掘事前総合調査報告書――』福岡市教育委員会 p91-100
高田美由紀
1998「文献にみる亀山焼古窯」『亀山焼窯跡』長崎市埋蔵文化財調査協議会 p20-23
竹内理三編
1987『角川日本地名大辞典42長崎県』角川書店
田嶋　正和
1996「大聖寺藩家老屋敷跡の調査」『第6回九州近世陶磁学会資料』九州近世陶磁学会 p128-132
田中　恵子
2010「メキシコ、キューバ、スペインでの4個の肥前染付チョコレート・カップの発見――17世紀のスペイン貿易による知られざる肥前磁器の交易ルート――」『世界に輸出された肥前陶磁』九州近世陶磁学会 p307-312
たばこと塩の博物館
2009『ガレオン船が運んだ友好の夢』たばこと塩の博物館
ダントルコール・小林太市郎訳注・佐藤雅彦補注
1979『中国陶瓷見聞録』東洋文庫363　平凡社
知北　万里
1991「蔵春亭――歴代当主にみる進取の気風――」『研究紀要』第1号有田町歴史民俗資料館・有田焼参考館 p1-5
千葉徳爾註解
1970『日本山海名産名物図会』社会思想社
中豪共同考古学専門委員養成班定海調査隊

下川　達彌

1987「長崎県のやきもの史──最近の問題点から──」『肥前崎陽の古陶磁』つかさコレクション

2001『土と炎の里　長崎のやきもの』昭和堂

下平尾　勲

1978『現代地場産業の研究』新評論

1985『現代地場産業論』新評論

1988『有田町史』商業編II　有田町史編纂委員会

1996『地場産業──地域からみた戦後日本経済分析──』新評論

下村　節子

1998「くらわんか茶碗の世界」資料

2000a「枚方宿遺跡の実年代資料」『近世の実年代資料』関西近世考古学研究会 p37-58

2000b「陶磁器からみた枚方宿成立前夜の様相──枚方宿遺跡三矢町地区第8次調査出土資料から──」『研究紀要』第5集　財団法人枚方市文化財研究調査会 p1-23

十三代中里太郎右衛門・東中川忠美

1998「献上唐津考」『楢崎彰一先生古稀記念論文集』p316-328

シンシア・フィアレ

2000「オランダ向け日本磁器：オランダ連合東インド会社の記録」『古伊万里の道』佐賀県立九州陶磁文化館 p166-183

2000「オランダ連合東インド会社によってオランダへ輸出された日本磁器の年代記」『古伊万里の道』佐賀県立九州陶磁文化館 p184-205

新谷　武夫

1991「倉橋の埋蔵文化財」『倉橋町史・資料編II』倉橋町 p1-109

陣内　康光

2001「岸岳古窯跡群の調査」『東洋陶磁』vol.30　東洋陶磁学会 p53-66

鈴木　裕子

1999「清朝陶磁の国内の出土状況」『貿易陶磁研究』No.19　日本貿易陶磁研究会 p38-47

鈴田由紀夫

1990「17世紀の素焼きと生掛けについて」『盛期伊万里の美　染付磁器名品集』古伊万里刊行会 p104-107

1993「佐賀県吉田窯」『東洋陶磁』vol.20・21　東洋陶磁学会 p43-53

1995「17世紀末から19世紀中葉の銘款と見込み文様」『柴田コレクションIV──古伊万里様式の成立と展開──』佐賀県立九州陶磁文化館 p272-279

1997「肥前陶器の変遷と唐津緑釉の問題」『東洋陶磁』vol.27　東洋陶磁学会 p57-68

鈴田由紀夫編

1991『伊万里青磁』古伊万里刊行会

関口　広次

1992「広島県姫谷窯の生産技術について──肥前地域の窯業との対比を中心として──」『青山史学二十五周年記念号』p221-234

1993「広島県姫谷窯の作品とその製作者について」『東洋陶磁』vol.20・21　東洋陶磁学会 p69-77

学教育開放センター p155-172
1997 「近世におけるやきものの流通」『考古学による日本史』9 交易と交通　雄山閣 p159-175
1999 『陶磁器、海をゆく──「物」が語る海の交流史』Z会ペブル選書13　増進会出版
佐々木達夫・佐々木花江
1975 「東京都日枝神社境内遺跡の調査」『考古学ジャーナル』105号　ニュー・サイエンス社
1978 「江戸時代以降の遺物　陶磁器」『文京区　動坂遺跡』動坂貝塚調査会 p112-145
佐々木達夫・玉林美男
1974 「松浦郡有田郷図と有田古窯の関係について」『考古学ジャーナル』101号　ニュー・サイエンス社 p13-17
佐々木花江
2010 「インド・ゴアで出土した肥前製染付芙蓉手皿」『世界に輸出された肥前陶磁』九州近世陶磁学会 p253-258
佐藤　隆
1999 「陶器窯における生産と製品の系譜」『堂島蔵屋敷跡』大阪市文化財協会 p57-67
2005 「大坂とその周辺における陶器窯の技術」『窯構造・窯道具からみた窯業──関西窯場の技術的系譜をさぐる──』関西陶磁史研究会 p93-118
佐藤　雅彦
1978 『中国陶磁史』平凡社
佐藤　由似
2010 「ポスト・アンコール期における陶磁器の流通に関する考察──ポニャ・ルー地域出土陶磁器の組成分析──」『世界に輸出された肥前陶磁』九州近世陶磁学会 p204-211
三田市教育委員会
1981 『三田青磁』
塩田町教育委員会
1991 『明治／大正／昭和　塩田のやきもの』第2回特別展
塩田町歴史民俗資料館
1993 『幕末期の志田焼』
塩屋　勝利
1988a 「玄界島の海底陶器」『福岡市歴史資料館研究報告第12集』福岡市歴史資料館 p41-58
1988b 「船で運ばれた品々」『古代の船──今甦る海へのメッセージ──』市制100周年記念特設展図録　福岡市歴史資料館
1991 「博多湾の水中考古学」『NEWSLETTER』第1巻・第2号九州・沖縄水中考古学協会 p2-3
嶋崎　丞
1987 「古九谷について」『伊万里・古九谷名品展』佐賀県立九州陶磁文化館・石川県立美術館 p14-19
清水　菜穂
2010 「ヴィエンチャン旧市街地内出土の肥前陶磁器―ラオス・ラーンサーン王朝下における伊万里・唐津の搬入と流通―」『世界に輸出された肥前陶磁』九州近世陶磁学会 p133-176

駒澤大学禅文化歴史博物館
2010 『窯跡資料にみる有田焼の変遷――有田・南川原窯ノ辻窯出土の陶磁器――』
坂井　隆
1994 「肥前陶磁輸出と鄭氏・バンテン王国」『肥前陶磁の港バンテン――インドネシアのイスラム港市遺跡』穂高書店 p181-184
1997「台湾のイマリ　十七世紀後半の交易拠点」『陶説』533　日本陶磁協会 p24-36
1998 『「伊万里」からアジアが見える――海の陶磁路と日本』講談社選書メチエ 130
1999 「インドネシア・バンテン遺跡」『17世紀アジアの海上交流――東南アジア出土のイマリ――』東京シンポジウム資料　上智大学アジア文化研究所 p9-16
2000 「十七・十八世紀のアジア陶磁貿易――バンテンでの貿易を中心に――」『東洋陶磁』vol.30　東洋陶磁学会 p81-104
佐賀県教育委員会
1964 『佐賀県の遺跡』
佐賀県肥前古陶磁窯跡保存対策連絡会
1999 『肥前古陶磁窯跡　基礎調査・基本方針策定報告書』
佐賀県立九州陶磁文化館
1982 『17世紀の景徳鎮と伊万里』
1984b『国内出土の肥前陶磁』
1990b『柴田コレクション展（Ⅰ）』
1990c『海を渡った肥前のやきもの展』
1991b『柴田コレクション展（Ⅱ）』
1991c『肥前の色絵展』
1994b『国内出土の肥前陶磁――北海道から沖縄まで――』
1996 『土と炎――九州陶磁の歴史的展開――』
2000 『古伊万里の道』日蘭交流四〇〇周年記念・佐賀県立九州陶磁文化館開館二〇周年記念
佐々木達夫
1980a「御鷹匠同心組屋敷跡と出土陶磁器」『都市の地方史』雄山閣
1980b「九谷・松山窯発見の上絵窯跡」『陶説』第328号　日本陶磁協会 p11-16
1982 「波佐見下登窯跡」『日本海文化』第9号　金沢大学文学部日本海文化研究室編 p1-42
1983a「再興九谷の古窯と出土品」『世界陶磁全集』9江戸（四）　小学館 p170-172
1983b「窯跡からみる明代窯業技術」『金沢大学文学部論集史学科篇』3号 p1-59
1984 「磁器生産の開始」『日本技術の社会史4　窯業』日本評論社
1985 『元明時代窯業史研究』　吉川弘文館
1987 「江戸へ流通した陶磁器とその背景」『国立歴史民俗博物館研究報告書』14国立歴史民俗博物館 p189-230
1988 「室内残存遺物から見る窯詰め」『畑ノ原窯跡』　波佐見町教育委員会 p227-233
1988 「畑ノ原窯跡の陶磁器生産」『畑ノ原窯跡』　波佐見町教育委員会 p234-249
1991 『日本史小百科　陶磁』近藤出版社
1992 「船載遺物の考古学」『アジアのなかの日本史　Ⅲ海上の道』東京大学出版会 p173-210
1994 「海の道――物と文化を運んだ歴史――」『日本海域――水の科学と文化――』金沢大学大

北川　香子
1999「カンボディア・ウドン遺跡」『17世紀アジアの海上交流──東南アジア出土のイマリ──』東京シンポジウム資料　上智大学アジア文化研究所 p17-27
2010「カンボジアの山王・水王」『世界に輸出された肥前陶磁』九州近世陶磁学会 p202-203
木立　雅朗
2005「京都の陶器窯」『窯構造・窯道具からみた窯業──関西窯場の技術的系譜をさぐる──』関西陶磁史研究会 p137-153
九州近世陶磁学会
2000『九州陶磁の編年──九州近世陶磁学会10周年記念──』
2001『国内出土の肥前陶磁──東日本の流通をさぐる──』
2002『国内出土の肥前陶磁──西日本の流通をさぐる──』
2010『世界に輸出された肥前陶磁』
九州大学文学部考古学研究室
1992『鷹島海底のおける元寇関係遺跡の調査・研究・保存方法に関する基礎的研究』
欽古堂亀祐・註解河村蜻山
1933「陶器指南」『陶器全集』陶器全集刊行會
草野　英信
2010「タイ出土の肥前陶磁」『世界に輸出された肥前陶磁』九州近世陶磁学会 p197-201
久米邦武編
1890『有田皿山創業調子』
『有田陶器沿革史』
倉田芳郎他
1993『遺物・文献両面から観た近世肥前磁器』
倉田　芳郎
1994「肥前磁器創始者と佐賀・多久唐人古場窯の工人」『磁器へのあこがれ』多久市教育委員会 p30-36
クリスティネ・ファン デア パイル・ケイトル（野上建紀訳）
2010「1659年沈没のアーフォントステル号で発見された肥前磁器」『世界に輸出された肥前陶磁』九州近世陶磁学会 p272-275
黒川真頼・前田泰次校注
1976『増訂工芸志料』東洋文庫254　平凡社
古泉　弘
1984『江戸を掘る』柏書房
古伊萬里調査委員会
1959『古伊萬里』金華堂
合力理可夫
1992「近・現代の北九州」『北九州の100万年』海潮社 p169-228
国際日本文化研究センター
1993『エルミタージュ美術館所蔵日本美術品図録』日文研叢書2
小嶋　一郎
1968『南波多における古唐津の研究』

小野賢一郎編
1933 『陶器全集』陶器全集刊行會
小野正人・加藤唐九郎・宝雲舎編
1976 『陶器全集』第4巻　株式会社思文閣
小長谷正治ほか
2000 「伊丹郷町遺跡元禄大火の層出土遺物」『近世の実年代資料』関西近世考古学研究会 p83-92
小村　茂
1983 「若杉窯」『世界陶磁全集9』小学館 p168-170
加賀市教育委員会
2003 『九谷焼窯跡展示館解説図録』
鹿　島　市
1974 『鹿島市史』中巻
加藤　有重
1994 「平戸和蘭商館跡出土中国製舶載陶磁器について」『長崎県の考古学―中・近世研究特集―』長崎県考古学会 p55-66
金沢　陽
1999 「明から清にかけての海禁政策と民間貿易への影響について」『貿易陶磁研究』No.19 日本貿易陶磁研究会 p97-108
金子　健一
2006 「江戸時代瀬戸・美濃の生産技術―焼成技術を中心に―」『江戸時代のやきもの―生産と流通―』記念講演会・シンポジウム資料集　財団法人瀬戸市文化振興財団埋蔵文化財センター
金田　明美
2010 「南インド洋モーリシャス島のフレデリック・ヘンドリック城址出土の肥前磁器について―遺構F3382とF3383から出土の陶磁器の考察―」『世界に輸出された肥前陶磁』九州近世陶磁学会 p259-271
2010 「「イマリ」と呼ばれる肥前磁器―オランダ出土の肥前磁器について―」『世界に輸出された肥前陶磁』九州近世陶磁学会 p234-250
金森　安孝
1999 「仙台城本丸の発掘と出土陶磁」『貿易陶磁研究』No.19　日本貿易陶磁研究会 p109-120
河島達郎・小木一良
1991 『古九谷の実証的見方』創樹社美術出版
関西近世考古学研究会
2000 『近世の実年代資料』第12回関西近世考古学研究会大会
菊池　誠一
1998 「ベトナム中部の沈没船引き揚げ陶磁器」『貿易陶磁研究』No.18日本貿易陶磁研究会 p137-148
2000 「ベトナム北部と中部の肥前磁器」『日本考古学協会第66回総会研究発表要旨』日本考古学協会 p192-195
2010 「ベトナム出土の肥前陶磁器」『世界に輸出された肥前陶磁』九州近世陶磁学会 p123-125

1997a「草創期における肥前陶磁の成形・装飾技術」『東洋陶磁』vol.27　東洋陶磁学会 p49-55
1997b「佐賀県多久市大山新窯について」『第7回九州近世陶磁学会資料』p148-152
1997c「ホイアン出土中国磁器の特質」『ホイアンの考古学調査』昭和女子大学国際文化研究所紀要vol.4　昭和女子大学 p205-209
1997d「ホイアン出土肥前磁器の特質」『ホイアンの考古学調査』昭和女子大学国際文化研究所紀要vol.4　昭和女子大学 p211-214
1997e「ベトナム・ホイアン発見の肥前磁器」『目の眼』253　里文出版 p62-65
1998a「初期伊万里の文様」『初期伊万里──小皿編』古伊万里刊行会・創樹社美術出版 p99-112
1998b「インドネシア・バンテンで発見した国内向け肥前陶磁」『目の眼』No.257 里文出版 p54-57
1999a「明末・清代における中国福建省徳化窯系磁器について」『大阪市文化財協会研究紀要』第2号　大阪市文化財協会 p241-248
1999b「東南アジア発見の肥前陶磁」『17世紀アジアの海上交流──東南アジア出土のイマリ──』東京シンポジウム資料　上智大学アジア文化研究所 p3-8
2000「北方、カムチャッカ発見の伊万里」『目の眼』No.289 里文出版 p58-61
2001「長崎市五島町遺跡出土のベトナム産鉄絵印判花文碗について」『五島町遺跡』長崎市埋蔵文化財調査協議会 p77-81
2003「沖縄出土の日本陶磁」『東洋陶磁』vol.32　東洋陶磁学会 p47-56
2004『海を渡った陶磁器』吉川弘文館

大橋康二・坂井隆

1994『アジアの海と伊万里』新人物往来社
1999「インドネシア・バンテン遺跡出土の陶磁器」『国立歴史民俗博物館研究報告』82　国立歴史民俗博物館 p47-94

大橋康二・坂井隆・扇浦正義

1994「インドネシア・バンテン遺跡出土の中国・日本陶磁」『日本考古学協会第60回総会発表要旨』日本考古学協会 p90-93

大橋康二・藤口悦子

2000「鍋島家伝来の色絵磁器について」『東洋陶磁』vol.29　東洋陶磁学会 p65-75

大村史談会編

1994-1996『九葉実録』第一～四冊

岡　泰正

1984「ウィロウ・パターンの起源と変様について──18世紀輸出陶磁史の一視点──」『研究紀要』1号　神戸市立博物館 p25-45
1995「平安京左京六条三坊七町出土のヨーロッパ製転写磁器について」『平安京左京六条三坊七町──京都市下京区小田原町東錺屋町──』京都文化博物館調査研究報告第11集　京都文化博物館 p141-152

小木　一良

1988『伊万里の変遷──製作年代の明確な器物を追って』創樹社美術出版

小木一良・村上伸之

1998『［伊万里］誕生と展開』創樹社美術出版

小木一良・横粂均・青木克巳

1994『伊万里　志田窯の染付皿──江戸後・末期の作風をみる──』里文出版

1989c「肥前の青磁」『日本の青磁──近世から現代まで』佐賀県立九州陶磁文化館 p131-134
1989d『肥前陶磁』考古学ライブラリー 55　ニュー・サイエンス社
1989e「志田焼について」『塩田のやきもの　志田焼展』塩田町歴史民俗資料館 p5-6
1990a「肥前磁器碗の形態の変遷」『九州上代文化論集』乙益重隆先生古稀記念論文集刊行会
1990b「柿右衛門古窯と17世紀後半の銘款」『盛期伊万里の美　染付磁器名品集』古伊万里刊行会 p94-103
1990c「東南アジアに輸出された肥前陶磁」『海を渡った肥前のやきもの展』佐賀県立九州陶磁文化館 p88-176
1990d「肥前磁器の変遷──技法と器形からみた」『柴田コレクション展（I）』佐賀県立九州陶磁文化館 p227-242
1990e「いわゆる京焼風陶器の年代と出土分布について──肥前産の可能性があるものを中心として──」『青山考古』第8号　青山考古学会 p13-26
1991a「肥前磁器の変遷──文様を中心として」『柴田コレクション展（II）』［資料編］佐賀県立九州陶磁文化館 p87-97
1991b「肥前の色絵」『肥前の色絵「その始まりと変遷」展』佐賀県立九州陶磁文化館 p168-177
1992a「福岡の陶磁──古窯跡の年代的位置づけ──」『福岡の陶磁展』佐賀県立九州陶磁文化館 p176-183
1992b「近世における肥前陶磁の流通」『国立歴史民俗博物館研究報告』46　国立歴史民俗博物館
1993a「海を渡った古伊万里」『海を渡った古伊万里展』有田ポーセリンパーク p13-15
1993b「肥前磁器の海外輸出」『陶磁の東西交流展』有田ポーセリンパーク p13-15
1993c「肥前の色絵磁器──江戸前期を中心として──」『東洋陶磁』vol.20・21　東洋陶磁学会 p5-31
1993d「日本の染付」『世界の染付』佐賀県立九州陶磁文化館 p151-153
1993e「江戸前期の肥前磁器と姫谷窯」『姫谷──17世紀後半の色絵磁器の系譜』福山市立福山城博物館 p103-107
1993f「江戸前期における肥前の色絵──古九谷様式から柿右衛門様式へ」『ヨーロッパに開花した色絵磁器　柿右衛門』朝日新聞社 p172-173
1993g「肥前磁器の変遷」『第3回九州近世陶磁研究会資料』九州近世陶磁研究会 p2-11
1994a「肥前陶磁草創期と唐人古場窯」『磁器へのあこがれ』多久市教育委員会 p37-49
1994b『古伊万里の文様──初期肥前磁器を中心に』理工学社
1994c「肥前の色絵──江戸前期を中心として」『大英博物館の日本磁器』有田ポーセリンパーク p27-48
1994d「インドネシア出土の肥前陶磁の特質」『肥前陶磁の港バンテン──インドネシアのイスラム港市遺跡』穂高書店 p173-175
1995a「海外輸出された肥前磁器の特質について──芙蓉手皿を中心として」『王朝の考古学』雄山閣 p513-535
1995b「オスマン・トルコの盛衰と東洋陶磁」『トプカプ宮殿の名品──スルタンの愛した陶磁器』佐賀県立九州陶磁文化館 p117-128
1995c「九州における明末〜清時代の中国磁器」『青山考古』第12号　青山考古学会 p55-68
1996a「肥前磁器の交流諸問題」『東洋陶磁』vol.25　東洋陶磁学会 p21-38
1996b「初期鍋島について」『初期鍋島──初期鍋島の謎を探る──』古伊万里刊行会編 p77-88

19――「多久家文書にみる高原市左衛門尉」
太田新三郎
1962 『波佐見地方陶祖の探究』 波佐見町・波佐見町教育委員会
大橋　康二
1982a「伊万里染付見込荒磯文碗・鉢に関する若干の考察」『白水No.9』白水会 p26-34
1982b「17世紀における伊万里の窯跡とその製品――発掘資料を中心として」『17世紀の景徳鎮と伊万里』佐賀県立九州陶磁文化館 p92-103
1982c「寛永16年銘を伴う染付碗」『セラミック九州』No.3　佐賀県立九州陶磁文化館 p4
1983a「伊万里磁器創成期における唐津焼との関連について――窯詰技法よりみた――」『佐久間重男教授退休記念中国史・陶磁史論集』燎原
1983b「初期赤絵――出土品からみる」『柿右衛門の世界――源流から現代まで』朝日新聞社 p160-163
1984a「肥前陶磁の変遷と出土分布――発掘資料を中心として――」『北海道から沖縄まで　国内出土の肥前陶磁』佐賀県立九州陶磁文化館 p152-169
1984b「肥前陶磁の流通――出土品よりみた」『白水No.10』白水会 p29-36
1985a「鹿児島県吹上浜採集の陶磁片」『三上次男博士喜寿記念論文集』陶磁編　平凡社 p275-291
1985b「考古学からみた日本磁器創業期」『日本磁器400年』朝日新聞社 p159-161
1986a「肥前の白磁――窯跡出土品を中心として」『白磁の美――中国・朝鮮・日本・現代』佐賀県立九州陶磁文化館 p111-120
1986b「肥前古窯の変遷――焼成室規模よりみた――」『研究紀要』第1号　佐賀県立九州陶磁文化館 p61-89
1986c「陶磁器からみた肥前と中国福建・広東地方の交流――17世紀から19世紀における」『新郷土』451　新郷土刊行会
1987a「十六・十七世紀における日本出土の中国磁器について」『東アジアの考古と歴史下　岡崎敬先生退官記念論集』同朋舎出版 p603-627
1987b「鍋島藩窯跡出土品にみる初期の鍋島」『鍋島――藩窯から現代まで』神奈川県立博物館 p155-162
1987c「17世紀後半の肥前磁器について――染付芙蓉手皿を中心として」『オランダ東インド会社出島商館ワーヘナール』長崎オランダ村 p. 50-52
1987d「肥前陶磁器の変遷」『貿易陶磁研究』No.7　日本貿易陶磁研究会 p71-76
1987e「17世紀における肥前磁器について」『伊万里・古九谷名品展』佐賀県立九州陶磁文化館・石川県立美術館 p7-13
1988a「18世紀における肥前磁器の銘款について」『青山考古』第6号　青山考古学会 p67-74
1988b「肥前磁器にみる皿の裏文様について」『白水No.12』白水会
1988c「波佐見焼の変遷」『長崎の陶磁』佐賀県立九州陶磁文化館 p147-151
1988d『有田町史』古窯編　有田町史編纂委員会
1988e『西有田の古窯』 西有田町町史編さん委員会
1989a「肥前磁器の発展と輸出磁器について」『有田・マイセン磁器300年展』日本経済新聞社
1989b「17世紀後半における肥前磁器の落款について――長吉谷窯出土品を中心として」『東洋陶磁』17　東洋陶磁学会 p25-37

池田　栄史
1989「天草近世磁器窯考──熊本県天草郡天草町下津深江窯編──」『國學院大學考古学資料館紀要』第5輯　國學院大學考古学資料館 p162-177
池田史郎編
1966『皿山代官旧記覚書』金華堂
石井　忠
1986『漂着物事典』海鳥社
1992『海辺の民俗学』新潮社
1999『新編漂着物事典』海鳥社
出光美術館
1984『陶磁の東西交流』
伊藤　和雅
2001『古伊万里の誕生』吉川弘文館
今泉雄作・小森彦次
1925『日本陶瓷史』雄山閣
岩生　成一
1966『南洋日本町の研究』岩波書店
上田宜珍日記輪読会
19-『近国焼物大概帳』
上田　雅洋
1981「幕末・明治期の赤穂塩輸送と廻船経営」『大阪大学経済学』vol.30 No.4 p80-113
上山　佳彦
1997「山口県下関市奇兵隊陣屋跡出土陶器」『第7回九州近世陶磁学会資料』九州近世陶磁学会 p153-156
江川真澄・高島裕之・半田素子
2005「有田・南川原窯ノ辻窯跡出土の陶磁器──成立段階の物原出土資料を中心に──」『駒澤考古』第30号　p67-85
江浦　久志
1991「天草上田家文書『近国焼物山大概書上帳』について」『あまくさ雑記　創刊号』
江戸陶磁土器研究グループ
1992『シンポジウム江戸出土陶磁器・土器の諸問題Ⅰ』発表要旨
越中　哲也
1989「九州地方の伊万里系磁器窯」『世界陶磁全集』8　小学館 p222-256
王　淑津
2010「台湾左営、ゼーランディア城及び大坌坑遺跡出土の十七世紀肥前陶磁器──鄭氏集団による陶磁貿易の議論を兼ねて」『水中考古学研究』第3号　p113-136
扇浦　正義
1999「長崎出土の清朝陶磁」『貿易陶磁研究』No.19　日本貿易陶磁研究会 p23-37
大泉光一
2004『メキシコの大地に消えた侍たち』新人物往来社
大園隆二郎

広瀬町教育委員会
1977 『富田川河床遺跡発掘調査報告書』
福岡市教育委員会
1993 『能古島—能古島遺跡発掘事前総合調査報告書』
1995 『志賀島・玄界島—遺跡発掘事前総合調査報告書—』
港区教育委員会
1983 『港区三田済海寺長岡藩主牧野家墓所発掘調査概報』
山口県埋蔵文化財センター編
1996 『柳瀬遺跡・奇兵隊陣屋跡』

(2) 論文・図録・書籍等

赤松和佳・渡邊晴香
2000 「伊丹郷町遺跡における実年代資料」『近世の実年代資料』関西近世考古学研究会 p59-81
芦屋町誌編集委員会
1972 『芦屋町誌』芦屋町役場
荒川　正明
1996 「大皿の時代—近世初期における大皿需要の諸相—」『出光美術館研究紀要』第2号 出光美術館 p71-103
1997 「富士山を描いた肥前磁器—17世紀中期における明快な意匠への志向—」『出光美術館研究紀要』3号　出光美術館 p21-39
1998 「大皿の時代—宴の器—」『大皿の時代展』出光美術館 p9-21
荒野泰典・石井正敏・村井章介
1992 『アジアのなかの日本史Ⅲ海上の道』東京大学出版会
有田町史編纂委員会
1985a『有田町史　陶業編Ⅰ』
1985b『有田町史　陶業編Ⅱ』
1985c『有田町史　政治・社会編Ⅰ』
1986a『有田町史　政治・社会編Ⅱ』
1986b『有田町史　通史編』
1987 『有田町史　陶芸編』
1988a『有田町史　商業編Ⅰ』
1988b『有田町史　商業編Ⅱ』
1988c『有田町史　古窯編』
飯淵康一・永井康雄・田中正三
1991 「切込焼工房・登窯屋の復元案」『東北大学建築学報』第30号 p43-51
家田　淳一
2000 「有田出土の輸出磁器」『古伊万里の道』佐賀県立九州陶磁文化館 p221-235
2006 「朝鮮へ輸出された江戸時代の肥前・対州磁器」『財団法人鍋島報效会研究助成研究報告書』第2号 p59-85
2010 「韓国出土の伊万里焼」『世界に輸出された肥前陶磁』九州近世陶磁学会 p92-93

1986 『みやこ遺跡』
嬬恋村教育委員会
1981 『鎌原遺跡発掘調査概報』
帝都高速度交通営団・地下鉄7号線溜池駒込間遺跡調査会
1994 『和泉伯太藩上屋敷跡』
東京大学医学部附属病院
1990 『東京大学本郷構内の遺跡　医学部附属病院地点』──東京大学遺跡調査室発掘調査報告書3──
東京大学理学部遺跡調査室
1989 『東京大学本郷構内の遺跡　理学部7号地点』──東京大学遺跡調査室発掘調査報告書1──
東京大学埋蔵文化財調査室
1990 『東京大学本郷構内の遺跡　山上会館・御殿下記念館地点』──東京大学埋蔵文化財調査室発掘調査報告書4──
東京都教育委員会
1993 『神津島村神津島沖海底遺跡』東京都埋蔵文化財調査報告書第20集
同志社大学
1992 『同志社大学キャンパスの遺跡──考古学調査のあらまし──』
長崎県教育委員会
1995 『万才町遺跡──長崎県庁新別館建替えに伴う発掘調査報告書──』長崎県文化財調査報告書123集
2001 『栄町遺跡（旧袋町・市立長崎高等学校跡地）』長崎県文化財調査報告書162集
長崎市教育委員会
1986 『出島和蘭商館範囲確認調査』
1997 『築町遺跡──築町別館跡地開発に伴う埋蔵文化財発掘調査報告書──』
1998b『興善町遺跡──日本団体生命保険株式会社長崎ビル建設に伴う埋蔵文化財発掘調査報告書──』
2007 『興善町遺跡──市立図書館建設に伴う埋蔵文化財発掘調査報告書─』
2013 『唐人屋敷跡─長崎市館内町5-2における埋蔵文化財発掘調査報告書─』
長崎市埋蔵文化財調査協議会
1993 『銅座町遺跡──十八銀行本店敷地埋蔵文化財発掘調査報告書──』
1996 『万才町遺跡──朝日生命ビル建設に伴う埋蔵文化財発掘調査報告書──』
1996 『新地唐人荷蔵跡──「ホテルJALシティ長崎」建設に伴う埋蔵文化財発掘調査報告書──』
2001 『五島町遺跡』
野上　建紀
2000 「茂木港外遺跡確認調査報告──1998年8月──」『金沢大学考古学紀要』第25号　金沢大学文学部考古学講座 p49-63
野村　崇
2000 「一九九九年度カムチャッカ半島の考古学的調査概要」『北方博物館交流──特集　南カムチャッカの考古学──』北海道北方博物館交流協会会誌第12号 p15
柱本遺跡調査会
1972 『高槻市柱本遺跡試掘調査概報』

1994 『小田原城下・法雲寺跡』小田原市文化財調査報告書第49集
金沢市埋蔵文化財センター
1999 『下本多町遺跡』
上ノ国町教育委員会・函館土木現業所
1987 『上ノ国漁港遺跡──昭和58・60年度発掘調査報告書──』
北九州市教育文化事業団
1999 『常盤橋西勢溜り跡──紫川都市小河川改修工事に伴う埋蔵文化財の発掘調査報告書──』
京都府教育委員会
1980 『埋蔵文化財発掘調査概報』
旧芝離宮庭園調査団
1988 『旧芝離宮庭園』
神戸市教育委員会
2000 『ゆの山御てん　有馬温泉・湯山遺跡発掘調査の記録』
堺市教育委員会
1984 『堺市文化財調査報告書第20集』
坂井　隆編
2007 『バンテン・ティルタヤサ遺跡　ブトン・ウォリオ城跡発掘調査報告書』NPO法人アジア文化財協力協会
佐々木達夫・野上建紀・佐々木花江
2010 「青森県むつ市・北海道松前町・上ノ国町・江差町・函館市の水中文化遺産」『金大考古』第68号 p1-12
佐藤　雄生
2015 「江差町鴎島沖の海揚がり遺物」『弘前大学國史研究』第138号 p46-71
信楽町教育委員会
2004 『牧西遺跡・中井出遺跡・漆原E遺跡発掘調査報告書』
島根県教育委員会
1984 『富田川』
上智大学アジア文化研究所・バンテン遺跡研究会・インドネシア国立考古学研究センター
2000 『バンテン・ティルタヤサ遺跡発掘調査報告書』
昭和女子大学
1997 『ホイアンの考古学調査』昭和女子大学国際文化研究所紀要vol.4
鈴木　重治
1990 『同志社大学徳照館地点・新島会館地点の発掘調査』同志社大学校地学術調査委員会
鷹島町教育委員会
1992 『鷹島海底遺跡』
1993 『鷹島海底遺跡Ⅱ』
1996 『鷹島海底遺跡Ⅲ』
鷹島町教育委員会・床浪海底遺跡発掘調査団
1984 『床浪海底遺跡──長崎県北松浦郡鷹島町床浪港改修工事に伴う緊急発掘調査報告書──』
武雄市教育委員会

2006 『九谷A遺跡Ⅱ』
臼杵市教育委員会
1985 『末広焼──窯跡発掘調査報告書──』
観光資源保護財団
1974 『古九谷窯跡』
郷土文化研究所
1964 『延岡小峯窯址』郷土文化研究所紀要1輯
熊本県教育委員会
1980 『生産遺跡基本調査報告書Ⅱ』
財団法人大阪市文化財協会
1999 『大阪市福島区堂島蔵屋敷跡──1998年度大阪第5地方合同庁舎建設に伴う福島1丁目所在遺跡発掘調査報告書』
南関町役場
1991 『小代焼瀬上窯跡・瓶焼窯跡──南関町大字宮尾所在近世陶器窯跡・工房跡の調査』
直方市教育委員会
1983 『古高取永満寺宅間窯跡』
宮崎町教育委員会
1990 『切込窯跡──近世磁器窯跡の調査──』
山口県教育委員会・日本工芸会山口支部
1991 『萩焼古窯』
苓北町教育委員会
1993 『内田皿山窯跡──熊本県天草郡苓北町所在の近世窯跡の調査──苓北町文化財調査報告書第2集

③消費地及びその他

青森県史編さん考古部会編
2003 「49　脇野沢沖海上がり陶磁器」『青森県史資料編考古4　中世・近世』青森県史友の会
出宮徳尚
1985「岡山県二日市遺跡」『日本考古学年報35（1982年度版）』
江差町教育委員会・開陽丸引揚促進期成会
1982『開陽丸──海底遺跡の発掘調査報告Ⅰ』
大分県教育委員会
1993『府内城三ノ丸遺跡』
大阪市文化財協会
1991 『旧佐賀藩大坂蔵屋敷船入遺構調査報告』
1997 『広島藩大坂蔵屋敷跡──大阪市北区中之島4丁目における発掘調査──』
1998 『住友銅吹所跡発掘調査報告──住友銀行鰻谷新システムセンター建設に伴う発掘調査報告書──』
1999 『大阪市福島区堂島蔵屋敷跡──1998年度大阪第5地方合同庁舎建設に伴う福島1丁目所在遺跡発掘調査報告書』
小田原市教育委員会

1975 『江永古窯』―江永古窯跡発掘調査報告書―
1978a『三川内古窯跡群緊急確認調査報告』―分布調査―
1978b『三川内古窯跡群緊急確認調査報告』―木原地蔵平窯跡の発掘調査―
1983 『葭の本窯跡範囲確認調査報告書』
1984 『牛石窯跡記録報告書』―佐世保市埋蔵文化財調査報告書―
1999 『長葉山窯跡発掘調査報告書』
長崎県立美術博物館
1986 『長崎県北松浦地方の文化　松浦市、吉井町、大島村』―特定地域の基礎文化調査報告書IV―
長崎市教育委員会
1998a『現川焼窯跡発掘調査報告書』
長崎市埋蔵文化財調査協議会
1998 『亀山焼窯跡』
2000 『瀬古窯跡』
長与町教育委員会
1974 『長与皿山古窯物原発掘報告書　長与焼の研究』
波佐見町教育委員会
1982 『長崎県波佐見町古窯跡分布調査報告書』―波佐見町文化財調査報告書第2集―
波佐見町教育委員会（佐々木達夫編）
1988 『畑ノ原窯跡』
波佐見町教育委員会
1993 『波佐見町内古窯跡群調査報告書』―波佐見町文化財調査報告書第4集―
1994 『下稗木場窯跡・三股古窯跡・永尾高麗窯跡』―波佐見町文化財調査報告書第5集―
1995 『古皿屋窯跡・鳥越窯跡』―波佐見町文化財調査報告書第6集―
1996 『I高尾窯跡　II岳辺田郷圃場整備に伴う確認調査』―波佐見町文化財調査報告書第7集―
1997 『長田山窯跡』―波佐見町文化財調査報告書第9集―
1998 『三股青磁窯跡』―波佐見町文化財調査報告書第10集―
2001 『智恵治窯跡』―波佐見町文化財調査報告書第13集―
2002『広川原窯跡』―波佐見町文化財調査報告書第14集―
平戸市文化協会
1994 『中野窯跡の発掘・平戸和蘭商館跡の発掘V・馬込遺跡の発掘III』
松浦市教育委員会（倉田芳郎編）
1982 『長崎・松浦皿山窯址』
宮崎貴夫ほか
1993 『長与皿山窯跡範囲確認結果報告』

②生産地―肥前地区以外―
石川県立埋蔵文化財センター
1995 『九谷A遺跡―九谷ダム建設工事に係る第一次発掘調査の速報』
石川県教育委員会（財）・石川県埋蔵文化財センター

1978b『三川内古窯跡群緊急確認調査報告』—木原地蔵平窯跡の発掘調査—
塩田町教育委員会
1997 『大草野窯跡調査概報』—塩田町文化財調査報告書第15集—
1998 『上福2号窯跡調査報告書』—塩田町文化財調査報告書第17集—
1999 『本源寺窯跡調査概報』—塩田町文化財調査報告書第19集—
2001 『志田東山2号窯跡調査概報』—塩田町文化財調査報告書第23集—
多久市教育委員会
1994 『唐人古場窯跡』
武雄市教育委員会
1992 『武雄市内古窯跡分布調査報告書』
1993 『七曲窯跡』—武雄市文化財調査報告書第30集—
1994 『武雄市内古窯跡群発掘調査報告書Ⅰ』—武雄市文化財調査報告書第33集—
1995 『武雄市内古窯跡群発掘調査報告書Ⅲ』—武雄市文化財調査報告書第35集—
1996 『武雄市内古窯跡群発掘調査報告書Ⅲ』—武雄市文化財調査報告書第36集—
1997 『武雄市内古窯跡群発掘調査報告書Ⅳ』—武雄市文化財調査報告書第37集—
1998 『武雄市内古窯跡群発掘調査報告書Ⅴ』—武雄市文化財調査報告書第38集—
1999 『武雄市内古窯跡群発掘調査報告書Ⅵ』—武雄市文化財調査報告書第39集—
唐人古場窯跡調査委員会
1994 『唐人古場窯跡』
西有田町教育委員会
1977 『迎の原古窯跡』
1981 『原明古窯跡』
1994 『西有田町内古窯跡群分布・発掘調査報告書』
日本の色絵磁器技術始まりの美術史的・考古学的研究調査団、有田町教育委員会
2014 『山辺田遺跡　発掘調査概要報告書』
野上　建紀
1993 「泉山口屋番所遺跡発掘調査概報」『金沢大学考古学紀要第20号』金沢大学文学部考古学講座 p102-110
盛　　峰雄
1981 「焼山窯跡発掘調査略報」『烏ん枕』27伊万里市郷土研究会
1982 「御経石窯跡・清源下窯跡発掘調査略報」『烏ん枕』29伊万里市郷土研究会
1990 「日峰社下窯跡調査略報」『烏ん枕』45伊万里市郷土研究会

（長崎県）
扇浦　正義
2000 「現川」『九州陶磁の編年』九州近世陶磁学会 p304-309
下川達彌・秀島貞康ほか
1985 『土師野尾古窯跡群』諫早市文化財報告書第6集
大村市教育委員会
1991 『土井の浦窯跡』大村市文化財調査報告第16集
佐世保市教育委員会

1998 『不動山窯跡群・吉田1号窯跡』
唐津市教育委員会
1988 『小十古窯跡』
観光資源保護財団
1982 『有田古窯跡群と町並み──第Ⅲ次・町並編2──』
北波多村教育委員会
2000 『岸岳古窯跡群Ⅰ──皿屋窯・飯洞甕上窯・皿屋上窯の試掘調査概報──』北波多村文化財調査報告書第4集
九州近世陶磁学会
1998 『九州近世陶磁学会会報No.3』
1999 『九州近世陶磁学会会報No.4』
2000 『九州近世陶磁学会会報No.5』
駒澤大学
1993 『遺物・文献両面から観た近世肥前磁器』
佐賀県教育委員会
1969 『有田町猿川古窯跡──第一部　発掘調査概報──』
1971 『有田町猿川古窯跡──第二部　発掘調査図録──』
1996 『内野山北窯跡──内野山北窯跡・甕屋窯跡──』九州横断自動車道関係埋蔵文化財発掘調査報告書（20）
佐賀県教育庁文化財課
1996 『佐賀県文化財年報1』
1997 『佐賀県文化財年報2』
佐賀県文化課管理指導班
2001 「志田東山3号窯跡の調査」『佐賀県文化財情報』第57号
佐賀県文化館
1970 『有田外山応法地方　弥源次古窯址物原ならびに掛の谷古窯址について』
佐賀県立九州陶磁文化館
1984 『窯ノ辻・ダンバギリ・長吉谷』──肥前地区古窯跡調査報告書──
1985 『百間窯・樋口窯』──肥前地区古窯跡調査報告書第2集──
1986 『南川原窯ノ辻窯・広瀬向窯』──肥前地区古窯跡調査報告書第3集──
1987 『楠木谷窯・小溝上窯』──肥前地区古窯跡調査報告書第4集──
1988 『下白川窯・年木谷1号窯』──肥前地区古窯跡調査報告書第5集──
1989 『吉田2号窯跡』──肥前地区古窯跡調査報告書第6集──
1990 『吉田1号窯跡』──肥前地区古窯跡調査報告書第7集──
1991 『塩田町志田西山1号窯跡』──肥前地区古窯跡調査報告書第8集──
1992 『西有田町小森窯跡』──肥前地区古窯跡調査報告書第9集──
1993 『浜町皿山窯跡』──肥前地区古窯跡調査報告書第10集──
1994 『伊万里市大川原1号窯跡』──肥前地区古窯跡調査報告書第11集──
1995 『北波多村帆柱窯跡』──肥前地区古窯跡調査報告書第12集──
佐世保市教育委員会
1978a『三川内古窯跡群緊急確認調査報告』──分布調査──

2集—
1989b『赤絵町』—佐賀県西松浦郡有田町1604番地—
1990 『一本松窯・禅門谷窯・中白川窯・多々良2号窯』—町内古窯跡群詳細分布調査報告書第3集—
1991 『向ノ原窯・天神山窯・ムクロ谷窯・黒牟田新窯』—町内古窯跡群詳細分布調査報告書第4集—
1992a『楠木谷窯・天神町窯・外尾山窯』—町内古窯跡群詳細分布調査報告書第5集—
1992b『佐賀県有田町谷窯跡の発掘調査』
1993 『小物成窯・平床窯・掛の谷窯』—町内古窯跡群詳細分布調査報告書第6集—
1994a『小溝上窯・年木谷3号窯』—町内古窯跡群詳細分布調査報告書第7集—
1994b『窯の谷窯跡』
1995 『小溝上窯・向ノ原窯』—町内古窯跡群詳細分布調査報告書第8集—
1996 『天神森窯・小物成窯』—町内古窯跡群詳細分布調査報告書第9集—
1997 『枳薮窯・年木谷3号窯』—町内古窯跡群詳細分布調査報告書第10集—
1998 『有田の古窯』—町内古窯跡群詳細分布調査報告書第11集—
2002 『幸平遺跡』—佐賀県西松浦郡有田町幸平二丁目1521・1522番地の調査—
2009 『広瀬向窯跡』
2010 『国史跡　天狗谷窯跡』
2011a『小溝上窯跡　発掘調査概要報告書』—町道三代橋〜宮ノ元線道路建設に伴う—
2011b『白焼窯跡』
2012 『岩中窯跡』—有田町内古窯跡群発掘調査報告書—
2016 『泉山一丁目遺跡・中樽一丁目遺跡』

伊万里市教育委員会
1974 『大川内山鍋島藩窯発掘調査概報第3次調査』
1976 『大川内山鍋島藩窯発掘調査概報第4次調査』
1977 『大川内山鍋島藩窯発掘調査概報遺物編』
1984 「茅ン谷1号窯跡発掘調査概略報告」『古窯跡分布調査報告書』p95-100
1984 『古窯跡分布調査報告書』—佐賀県伊万里市内所在の近世古窯跡の調査—
1985 『阿房谷下窯跡』
1986 『権現谷窯跡』
1987 『神谷窯跡』
1988 『金石原窯辻窯跡・焼山上窯跡・焼山中窯跡・市の瀬高麗神上窯跡』
1989 『瓶屋窯跡・瓶屋遺跡・餅田窯跡』
2004 『日峯社下窯跡』
2012 『東田代筒江窯跡』

伊万里市郷土研究会
1975 『鍋島藩窯とその周辺』

嬉野町教育委員会
1979 『不動山窯跡』
1995 『嬉野町内古窯跡分布調査・発掘調査Ⅰ』
1997 『内野山南窯跡・内野山北窯跡』

文献目録

本書における引用文献・参考文献の目録は以下のように扱っている。まず、日本語表記の文献と外国語表記の文献に大別している。日本語表記の文献は、遺跡の発掘報告書などの調査報告書等とそれ以外の論考、図録書籍等に分けている。そして、調査報告書等は、肥前地区の生産地、肥前以外の生産地、消費地及びその他に分け、さらに肥前地区の生産地の調査報告書は佐賀県、長崎県に分けている。いずれも発行者あるいは著者の五十音順、つづいて発行年の順に並べている。論考、図録、書籍等についても同様に発行者あるいは著者名の五十音順、つづいて発行年の順に並べてある。同一著者、同一発行年のものについては、発行年に小文字のアルファベットを付して区別した。そして、外国語表記の文献は英語等アルファベット表記と中国語表記の文献に分けている。英語表記の文献は著者名のアルファベット順、つづいて発行年の順に並べている。同一著者、同一発行年のものについては日本語表記の文献と同様に発行年に小文字のアルファベットを付している。中国語表記の文献については日本語表記の文献目録に準じて扱っている。

1　日本語表記

(1) 調査報告書等

①生産地—肥前地区—

(佐賀県)

有田町教育委員会

1972『有田天狗谷古窯』

1975『佐賀県有田町天神森古窯址群調査概報』

1977『柿右衛門窯跡発掘調査概報』

1978『柿右衛門窯跡第2次発掘調査概報』

1979『柿右衛門窯跡第3次発掘調査概報』

1980『佐賀県有田町山辺田古窯址群の調査（遺構篇）』

1981『長吉谷窯跡』

1985『有田内山伝統的建造物群保存対策調査報告書』

1986a『佐賀県有田町山辺田古窯址群の調査（遺物篇）』

1986b『小樽2号窯跡』

1987『山小屋遺跡』

1988a『清六ノ辻2号窯跡』

1988b『小溝中窯・小溝下窯・清六ノ辻1号窯・清六ノ辻大師堂横窯』—町内古窯跡群詳細分布調査報告書第1集—

1989a『窯の谷窯・多々良の元窯・丸尾窯・樋口窯』—町内古窯跡群詳細分布調査報告書第

や

ら

わ

ま

な

は

た

さ

か

索　引（地名・遺跡名）

あ

や

ら

わ

な

は

ま

た

さ

か

索　引（事項・人物）

【著者略歴】

野上　建紀（のがみ・たけのり）

一九六四年　北九州市生まれ
一九八九年　金沢大学文学部史学科（考古学専攻）卒業
一九九七年　同　大学院文学研究科（史学専攻）修了
二〇〇二年　同　大学院社会環境科学研究科（博士課程）修了　博士（文学）

一九八九年　有田町教育委員会　文化財調査員
二〇一四年　長崎大学多文化社会学部　准教授
現在に至る

《主要著書・論文》

「近世肥前窯業生産機構論」（博士論文）二〇〇二年
『国史跡天狗谷窯跡』有田町教育委員会、二〇一〇年
「ガレオン貿易と肥前磁器」『東洋陶磁』第42号、二〇一三年

二〇〇九年にカンボジア王国よりサハメトレイ勲章を受勲、二〇一六年に第37回小山富士夫記念賞奨励賞を受賞。

伊万里焼の生産流通史©
——近世肥前磁器における考古学的研究

平成二十九年二月十五日印刷
平成二十九年二月二十八日発行

著者　野上建紀
発行者　日野啓一
印刷　広研印刷株式会社
製本　松岳社
用紙　北越紀州製紙株式会社

中央公論美術出版
東京都千代田区神田神保町一-一〇-一　IVYビル六階
電話〇三-五五七七-四七九七

製函　株式会社加藤製函所

ISBN 978-4-8055-0776-6